I0354794

www.ingramcontent.com/pod-product-compliance
Lightning Source LLC
Chambersburg PA
CBHW081437070526
44586CB00019B/2150

* 9 7 8 1 5 9 5 8 4 8 6 3 5 *

بنیاد نیشابور
۷۹

شاهنامهٔ فردوسی

(۲)

شرکت کتاب
ketab.com

ویرایش: فریدون جنیدی

Ferdowsi's Shahnameh 2
Subject: Ferdowsi's Shahnameh
Poet: Abolqasem Ferdowsi
Editor: Fereydoon Joneydi
Copyright © 2025 by: **Fereydoon Joneydi**
All right reserved.
First Edition: 2025

شاهنامه فردوسی جلد ۲
موضوع: شاهنامه فردوسی
شاعر: حکیم ابوالقاسم فردوسی
ویراستار: فریدون جنیدی
۱۴۰۴ خورشیدی - ۲۰۲۵ میلادی

No part of this book may be reproduced in any manner without the express written consent of the author, except in the case of brief excerpts in critical reviews or articles.
For information about permission to reproduce selections from this book, write to Permissions @ ketab Corporation

The Library of Congress Cataloging-in-publishing Data is available upon request.

ISBN: 978-1-59584-863-5
Ketab Corporation:
12701 Van Nuys Blvd., Suite H,
Pacoima, CA, 91331, USA
www.ketab.com

1 2 3 4 5 6 7 8 25

فهرست

داستان سیاوخش	۱۳
بردن رستم سیاوخش را بسیستان و پروریدن، وی را	۱۷
بازآمدن سیاوخش از زابلستان	۱۸
شیفته شدن سودابه بر سیاوخش	۲۱
رفتن سیاوخش به شبستان کاووس	۲۳
رفتن سیاوخش به شبستان دودیگر بار	۲۷
رفتن سیاوخش به شبستان سدیگر بار	۳۰
گذشتن سیاوخش بر آتش	۳۸
تاختن افراسیاب به ایران	۴۲
آراستن سیاوخش سپاه خود را	۴۵
لشکر کشیدن سیاوخش بسوی افراسیاب	۴۶
نامهٔ سیاوخش به کاووس	۴۸
خواب دیدن افراسیاب	۵۰
رسیدن گرسیوز بنزد سیاوخش	۵۷
نامهٔ سیاوخش به نزد کاووس و رفتن رستم	۶۱
پاسخ نامهٔ کاووس بنزد سیاوخش	۶۵
رفتن زنگهٔ شاوران و بردن گروگانان بنزد افراسیاب	۷۱
نامهٔ افراسیاب به سیاوخش	۷۳
نامهٔ سیاوخش به کاووس و رفتن بنزد افراسیاب	۷۵
هنر نمودن سیاوخش پیش افراسیاب	۸۲
گفتار پیران با سیاوخش	۸۸
پیوند کردن سیاوخش با افراسیاب	۹۴
دادن افراسیاب کشوری را بسیاوخش	۹۷
صفت کنگِ دز سیاووش به ترکستان	۹۹
ساختن سیاوخش سیاوشکرد را	۱۰۴
رفتن گرسیوز بنزد سیاوخش	۱۰۹
رفتن گرسیوز بنزد سیاوخش دیگربار	۱۱۸
نامهٔ سیاوخش به افراسیاب	۱۲۳
خواب دیدن سیاوخش	۱۲۴
بهم رسیدن افراسیاب و سیاوخش	۱۲۸
کشته شدن سیاوخش	۱۳۳
آگاهانیدنِ پیلسم پیران ویسه را	۱۳۶
اندر زادنِ کیخسرو از مادر	۱۳۹

سپردن پیران کیخسرو را بشبانان	۱۴۱
آگاهی یافتن ایرانیان از کشته شدن سیاوخش	۱۴۷
رفتن رستم بنزد کیکاووس و کشتن سودابه را	۱۴۸
لشکر کشیدن ایرانیان به کین سیاوخش	۱۵۱
آگاهی یافتن افراسیاب از سپاه ایران	۱۵۳
آگاهی یافتن افراسیاب از کشته شدن سرخه	۱۵۶
پادشاهی رستم در توران‌زمین	۱۶۴
بازگشتن رستم بایران و افراسیاب بتوران	۱۶۹
خواب دیدن گودرز سروش را	۱۷۰
رفتن گیو به ترکستان به جُستن شاه کیخسرو	۱۷۳
یافتن گیو کیخسرو را	۱۷۴
گرفتن کیخسرو شبرنگ بهزاد را	۱۷۸
آگاه شدن پیران از گریختن کیخسرو و فرنگیس	۱۸۲
رفتن پیران در پی شاه کیخسرو و رزم	۱۸۵
آگاه شدن افراسیاب از گریختن کیخسرو و گیو و فرنگیس	۱۹۰
گفت‌وگوی گیو با بازبان	۱۹۳
رسیدن کیخسرو به ایران‌زمین	۱۹۷
رسیدن کیخسرو بنزدیک تخت کاووس کی	۱۹۹
رفتن توس و فریبرز به دژ بهمن	۲۰۵
رفتن کیخسرو و گودرز به دژ بهمن	۲۰۶
پادشاهی کیخسرو	۲۱۳
آمدن زال و رستم بدیدن کیخسرو	۲۱۶
گردیدن کیخسرو گردِ پادشاهی	۲۱۸
پیمان بستن کیخسرو با کاووس در جنگ افراسیاب	۲۱۹
گفتار؛ اندر نمایشِ لشکر	۲۲۳
گذشتن سپاهیان ایران بر کیخسرو	۲۳۲
گفتار اندر رزم فرودِ سیاوخشان	۲۳۹
رزم فرود با ریونیز و کشته شدن ریونیز	۲۵۵
رزم فرود با زَرَسپ	۲۵۶
رزم فرود با توس	۲۵۷
رزم فرود با گیو	۲۵۹
رزم فرود با بیژن	۲۶۳
اندر خواب دیدن جریره مادرِ فرود	۲۶۵

رزم فرود با ایرانیان و کشته شدن فرود	266
رزم بیژن با پلاشان	271
نامهٔ کیخسرو به فریبرز کاووس	288
نشستن فریبرز کاووس بجای توسِ نوذران	292
رفتن گیو و بیژن ازپسِ بهرام	306
گریختن ایرانسپاه از پیران ویسه	310
داستان کاموس کُشانی	313
آغاز داستان	314
نبرد توس، با هومان ویسه	323
پناه گرفتن ایرانیان در کوه هماون	339
تاختن ایرانیان بر تورانیان	345
آگاهی یافتن کیخسرو از کار سپاه	351
اندر خواب دیدن توس نوذر سیاوخش را	354
فرستادن افراسیاب خاقان چین و کاموس را بیاری توران	356
آمدن خاقان چین به هماون	360
آگاه شدن توس از آمدن سپاه ایران	366
رفتن خاقان چین بدیدن لشکر ایران	366
رسیدن فریبرز کاووس به کوه هماون	369
رای زدن پیران با خاقان چین	371
رسیدن رستم نزدیکِ ایرانیان	378
لشکر آراستن تورانیان و ایرانیان	381
رزم رستم با اشکبوس	386
پرسیدن پیران از آمدن رستم	389
کشته شدن اَلوای زابلی بر دست کاموس	393
نبرد رستم با کاموس کشانی	395
داستان خاقان چین	399
رزم چنگش با رستم	400
فرستادن خاقان هومان را نزد رستم	403
رای زدن پیران با هومان و خاقان	406
سخن گفتن رستم با لشکر خویش	416
لشکر آراستن ایرانیان و تورانیان	420
رزم رستم با شنگل	426
نبرد رستم با ساوه شاه و گهارِ گهانی و کشته شدن هردو بر دست رستم	430

نامهٔ رستم زال بکیخسرو	۴۴۳
آگاهی یافتن افراسیاب از کار لشکر	۴۴۸
رای زدن افراسیاب با بزرگان توران در کارِ جنگ	۴۴۸
نامه افراسیاب به پولادوند	۴۶۰
رزم رستم زال با پولادوند	۴۶۳
داستان اکوان دیو	۴۷۵
جُستنِ رستم اکوان دیو را	۴۷۶
انداختن اکوان دیو رستم را بدریا	۴۷۸
کشته شدن اکوان دیو بر دست رستم	۴۸۱
داستان بیژن و منیژه	۴۸۵
آغاز داستان	۴۸۷
رفتن بیژن به جنگ گرازان	۴۹۰
آگاه شدن افراسیاب از کار منیژه و بیژن	۴۹۸
بازگشتن گرگین بایران و دروغ گفتن در کار بیژن	۵۰۷
آوردن گیو، گرگین را بنزد کیخسرو	۵۱۱
دیدن کیخسرو بیژن را در جام گیتی نمای	۵۱۴
نامه نوشتن کیخسرو به رستم	۵۱۶
بخشیدن کیخسرو گناه گرگین را بخواهش رستم	۵۲۷
رفتن رستم زال به توران بآیین بازرگانان	۵۳۱
آمدن منیژه بنزد رستم	۵۳۳
آگاهی یافتن بیژن از آمدن رستم	۵۳۵
رهاندن رستم بیژن را از چاه	۵۳۹
شبیخون رستم در ایوان افراسیاب	۵۴۲
آمدن افراسیاب بجنگ رستم	۵۴۴
بازآمدن رستم به نزد کیخسرو	۵۴۹
داستان دوازده رخ	۵۵۳

سیاوخش

داستان سیاوخش

کنون ای سخنگوی بیدارمغز — یکی داستانی بیارای نغز
سخن چون برابر شود با خرد — روان سراینده رامش برد
کسی را که اندیشه ناخوَش بود — بدان ناخوشی رای او کَش بود؛[۱]
همی خویشتن را چلیپا کند — بنزد خردمند رسوا کند[۲]
ولیکن نبیند کس آهوی خویش — ترا روشن آید همه خوی خویش[۳]
اگر داد باید که ماند بجای — بیاراي و زانپس بدانا نمای[۴]
چو دانا پسندد، پسندیده گشت — بجوی تو در، آب چون دیده گشت[۵]
بگفتار دانا کنون بازگرد — نگر تا چه گوید سراینده مرد[۶]
کهن گشته این داستانها، ز من — همی نو شود بر سر انجمن[۷]
اگر زندگانی بود دیرباز — بر این دین خرم بمانم دراز[۸]
یکی میوه‌داری بماند ز من — که نازد همی بار او بر چمن
ازان پس که بنمود پنجاه‌وهشت — به سر بر فراوان شگفتی گذشت[۹]
همی آز کمتر نگردد به سال — همی روز جوید به تقویم و فال[۱۰]
چه گفت اندرین، موبد پیشرو — که: «هرگز نگردد کهن گشته، نو[۱۱]
تو چندانکه گویی، سخن‌گوی باش — خردمند باش و جهانجوی باش[۱۲]

---

۱ - لت دویم ناهماهنگ است، افزاینده را رای بر آن بوده‌است که بگوید: «از آن اندیشهٔ (ناخوش) خشنود باشد.»

۲ - بسا اندیشهٔ ناخوش که خردمندان را از آن آگاهی نیست و دارندهٔ آن اندیشه‌ها نیز در نزد مردمان چلیپا نمی‌شود.

۳ - در لت نخست «کس» و در لت دویم «تو» همخوان نیستند.

۴ - «داد بر جای مانَد»؟ «داد» را می‌باید، «روان بودن».

۵ - کنش «پسندد» با «پسندیده گشت» همخوان نیست.

۶ - از پیش گفتنِ رج‌های ۱۵و۷۶۱۴است.

۷ - داستان کهن، همواره کهن است و نو نمی‌شود.

۸ - این گفتار بگونه‌ای زیباتر، از سوی فردوسی چنین سروده شده است:

همی خواهم از داورِ یک خدای — کـه چندان بگیتی بمانم بپای
کـه ایـن نـامهٔ شهریاران پیش — درآرم بدین، خوب گفتار خویش

۹ - افزاینده را رای آن بوده‌است که بگوید به پنجاه و هشت سالگی رسیده‌ام، اما سخن وی ناهموار است «بنمود پنجاه و هشت» و چه را بنمود؟... اینجا شاید افزودن... بنمود سوار، بنمود دیوار، بنمود گردو...!! در برخی نمونه‌ها «پیمود» آمده‌است، و بر این بنیاد می توان گفتن پیمود پنجاه و هشت جام... پنجاه و هشت فرسنگ... سخن پایان ندارد.

۱۰ - **یک:** «همی» نادرست است. **دو:** «آز» را بگفتارهای پیشین پیوند نیست. **سه:** لت دویم درهمریخته.

۱۱ - افزاینده، در رج دویم پیشین، نه چنین گفته‌بود.

۱۲ - آنکس که «می‌گوید»، «سخن‌گوی» نیز هست... و خردمند، را، با جهانجوی فرسنگها جداییست.

چـو رفـتـی سـر و کـار بـا ایـزد است   اگـر نـیـک بـاشـذت جـای ار بـد است[1]
نگـر تـا چـه کـاری هـمان بـدروی   سـخن هـرچـه گـویی هـمان بشنوی[2]
درشـتـی ز کس نشـنـود نـرم گـوی   بـجـز نـیـکوی در زمـانـه مـجوی[3]»
بـه گـفتار دهـقان کـنون بـازگرد   نگـر تـا چـه گـوید سـرایـنده مـرد[4]

*

چنین گفت موبد کـه: «یک روز، تـوس   بـدانگـه کـه خیزد خـروش خـروس؛
ابـا گـیـوِ گـودرز و چـندی سـوار   بـرفتند شـاد از درِ شـهریار
بـنخچیر گـوران بـدشت دغـوی   ابـا بـاز و یـوزان نـخچیرجـوی[5]
فـراوان گـرفتند و انـداخـتند   عـلفها چـهل روزه را سـاختند[6]
بـدانـجایگه تـرک نـزدیک بـود   زمـینش ز خـرگاه تـاریک بـود[7]
یکـی بـیشه پـیش انـدر آمـد ز دور   بـنزدیکِ مـرز سـواران تـور[8]
هـمی رانـد در پـیش بـا تـوس، گـیو   پس انـدر، پـرستندهای چـند، نـیو
بـه بـیشه یکـی خـوبرخ یـافتند   پـراز خـنده لب، هـردو بشـتافتند
بـدیدارِ او، در زمـانـه نـبود   بـر او بـر، ز خـوبی، بـهانه نـبود
بـدو گـفت گـیو: «ای فـریبنده مـاه   تـرا سـوی ایـن بـیشه چـون بـود راه؟»[9]
چـنین داد پـاسخ کـه: «مـا را پـدر   بـزد دوش و بگـذاشتم بـوم و بـر[10]
شب تـیره مست آمـد از دشت سـور   هـمان چـون مـرا دیـد، جوشان ز دور[11]
یکـی خـنجری آبگـون بـرکشید   هـمی خـواست از تـن سـرم را بـرید»[12]
بـپرسید زو پـهلوان، از نـژاد   بـر او سـروبن، یک بـیک کـرد یـاد[13]

---

۱ - **یک:** «سر و کار» نادرست است: «سر و کارت». **دو:** در لت دویم «باشد» با «است» در پایان رج همخوان نیست.

۲ - لت نخست، درست است، اما لت دویم را، روی نیست، زیراکه بسا کسان پاسخ گفتار نیک، بیدی می‌شنوند و این، پیوسته به شنونده است نه گوینده!   ۳ - همان سخن   ۴ - سخن درست در رج پسین می‌آید، با «گفتار موبد»، نه «گفتار دهقان».

۵ - **یک:** «نخچیر گور» درست است، همچون شکارِ آهو! **دو:** دشت دغوی را نشناختم. **سه:** «باز و یوز» نه «باز و یوزان».

٦ - «علف» را پیشتر می‌بایستی فراهم کردن، نه پس‌از گرفتن و انداختنِ نخچیر!

۷ - **یک:** هنوز «ترک» هزاران فرسنگ از ایران دور بود در رج درستِ پسین از «تور» یاد می‌شود، نه از «ترک». **دو:** سخن تاریک و بی‌پیوند است!

۸ - **یک:** «پیش اندر» نادرست است. آنهم بیشه‌ای که پای داشته باشد و به «پیش اندر» آید(!). افزاینده را شایستن گفتن به بیشه‌ای نزدیک شدند! **دو:** چگونه است که گیو و توس از درگاه شهریار (قزوین) برای شکار رفتند، و بنزدیک (مرز سواران تور) رسیدند. **سه:** مرز (سواران) تور نیز نادرست است: «مرز توران».   ۹ - سخن زیبا است، اما پیوسته به رج پسین است.

۱۰ - «ما» در لت نخست با «بگذاشتم» در لت دویم هماهنگ نیست.

۱۱ - **یک:** دشت سور: نادرست است: ۱ - «سور» در زبان اوستایی «سَئورَ»، خوراک و مهمانی نیمروز است، و در شب روی نمی‌دهد. ۲- دشتِ سور نیز نابجا است و دیگر، هیچگاه در زبان فارسی... پهلوی، اوستایی دیده نشده است. **دو:** «همان چون مرا دید» نیز نادرست است.

۱۲ - در رج ۷۶۲۴ دخترک گفته‌بود که پدر (مرا) (ما را) [بزد] و از خانه گریختم، و اینجا سخن از خنجر آبگون می‌رود!

۱۳ - وابسته به رج پسین است.

بدو گفت: «من خویش گرسیوزم — بشاه آفریدون کشد پروزم»[1]
«پیاده» بدو گفت: «چون آمدی؟ — که بی‌باره و رهنمون آمدی!»[2]
چنین داد پاسخ که: «اسپم بماند — ز سستی، مرا بر زمین بر، نشاند[3]
بی‌اندازه زرّ و گهر داشتم — بسر بر، یکی تاج زر داشتم[4]
بران روی بالا ز من بستدند — نیام یکی تیغ بر من زدند[5]
چو هشیار گردد پدر، بیگمان — سواران فرستد پسِ من دمان[6]
بیاید همی تازنان مادرم — نخواهد کز این بوم و بر بگذرم»[7]
دل پهلوانان بدو نرم گشت — سر توس نوذر بی‌آزرم گشت[8]
شه نوذری گفت: «من یافتم — ازیرا چنین تیز بشتافتم»
بدو گفت گیو: «ای سپهدار شاه — نه؟ با من برابر بدی با سپاه!
همان توس نوذر بدان بستهید — کجا پیش، اسپ من اینجا رسید»[9]
بدو گیو گفت این سخن خود مگوی — که من تاختم پیش نخچیرجوی[10]
ز بهر پرستنده‌ای گرمگوی — نگردد جوانمرد، پرخاشجوی»

*

سخن‌شان ز تندی، بجایی رسید — که: «این ماه را، سر بباید برید!»
میان شان، چون این داوری، شد دراز — میانجی برآمد، یکی سرفراز
که: «این را برِ شاه ایران برید — بران، کاو نهد، هردو فرمان برید»
نگشتند هردو ز گفتار اوی — برِ شاه ایران نهادند روی
چو کاووس، روی کنیزک بدید — بخندید و لب را بدندان گزید
به هردو سپهبد چنین گفت شاه — که: «کوتاه شد بر شما، رنجِ راه
بر این داستان، بگذرانیم روز — که: «خورشید گیرند، گُردان، به یوز*

---

۱ – آفریدون!... ۲ – «پیاده»، خود «بی‌باره» است، هردو را رودرروی یکدیگر نهادن نادرست است.
۳ – اگر اسپ بماند... سوار را پیاده میکند. یا بر زمین می‌زند، نه آنکه اورا بر زمین بر «بنشاند».
۴ – **یک:** دختری که پدرش او را از خانه می‌راند، چگونه بی‌اندازه زرّ و گهر بهمراه دارد؟ و بهنگام راندن و تازاندن او از خانه، چگونه زمان می‌یابد که (بی‌اندازه) زرّ و گوهر با خود بردارد!... **دو:** تاجِ زر ویژه پادشاهان بوده‌است.
۵ – گفتارِ دروغ، از این برتر نمی‌شود، که چند مردِ راهزن، دختری تابنده را (که توس و گیو بدو دل می‌دهند) بی‌یار و یاور... برفراز کوه، چند نیام شمشیر بزنند، و از خویش دور کنند!!! ٦ – وابسته به رج پسین.
۷ – چگونه است که پدر، با بیگناهی که دختر داشته است، خود بدنبال دختر خوبروی نمی‌آید، و سواران را ازپسِ وی می‌فرستد، اما همرای می‌شود که زنش را نیز بدنبال دختر، همراه با آنان کند! بتازد؟
۸ – **یک:** «دل پهلوانان، بدو نرم گشت» نادرست است. دل پهلوانان بر او برانگیخته شد... **دو:** و اگر هردو را دل بر او نرم شده بود، چگونه است که سرِ توس، تنها بی‌آزرم شد! ۹ – «بستهید» را در زبان فارسی جای نیست مگر بستوهید، که بستوه آمده باشد!
۱۰ – چون افزاینده هردو را پیشتاز می‌داند، جای داوری برای خواننده نمی‌ماند!
* – پهلوانان با یوز بشکار نخجیر رفتند، و خورشید (دختر زیباروی) شکار کردند.

گوزن است اگر آهوی دلبر است
شکاری چنین، از درِ مهتر است»[1]

بدو گفت خسرو: «نژاد تو چیست؟
که چهرت همانند چهر پریست»[2]

ورا گفت: «از مام خاتونیم
ز سوی پدر آفریدونیم[3]

نیایم سپهدار گرسیوزست
بر آن مرز خرگاهِ او مرکزست»[4]

بدو گفت کاین روی و موی و نژاد
همی خواستی داد هر سه بباد[5]

بمشکوی زرّینِ من، شایدت؟
سر ماهرویان کنم بایدت؟»[6]

چنین داد پاسخ که: «دیدم ترا
ز گردنکشان برگزیدم ترا»[7]

بت اندر شبستان فرستاد شاه
بفرمود تا برنشیند بگاه

بیاراستندش بدیبای زرد
بیاقوت و پیروزه و لاجورد

دگر ایزدی، هرچه بایست، بود
یکی گوهرِ سرخ بُد، ناپسود

*

بسی برنیامد برین روزگار
که رنگ اندر آمد بخرّم بهار

جدا گشت زو کودکی چون پری
به چهره بسان بت آذری[8]

بگفتند با شاه کاووس کی
که: «برخوردی از ماه فرخنده‌پی

یکی بچّهٔ فرّخ آمد پدید
کنون، تخت بر اَبر؛ باید کشید»

جهان گشت از آن خُرد، پرگفت‌وگوی
کزان‌گونه نشیند کس، روی و موی

جهاندار، نامش؛ سیاوَخش کرد
بر او چرخ گردنده را بخش کرد*؛

ازآنک او شمار سپهر بلند
بدانست، نیک و بد و چون و چند[9]

ستاره بر آن بچّه آشفته دید
غمین گشت چون کار او خفته دید

---

۱ – سخن نادرست است: (اگر این) گوزن است اگر آهو... .

۲ – **یک:** پری در اندیشهٔ ایرانیان باستان ستودنی نبود. **دو:** نژاد تو چیست؟ نیز نادرست است: «نژاد از که داری».

۳ – **یک:** در آنزمان، هنوز تیره‌های ترک از سیبری بسوی دشت‌های میانین آسیا نیامده‌بودند که مادر او خاتون باشد... **دو:** بازآنکه اگر مادرش نیز از ترکان می‌بود، پس؛ اگر سخن درست می‌بود، می‌بایستی چنین بوده باشد، که ازسوی مادر، خاقانیم! نه خاتونی! **سه:** آفریدون!

۴ – **یک:** پیشتر گفته‌بود که «من خویش گرسیوزم»... نوادهٔ گرسیوز، هیچگاه نمی‌گوید. که من خویشِ گرسیوزم، و خویش را از نیای خویش دور نشان دهد. **دو:** گزارندگان شاهنامه، بر لتِ دویم چند گونه گزارش کرده‌اند که خرگاه او در پشت مرکز است، یا در دشتِ خرگاه مرکز اوست و... اگر خرگاهِ او مرکزِ دشت بوده‌است، چرا دختر از پشت کوهی دیگر آمده‌است؟... باری دختر، اکنون در دربارِ شاه است، و کاووس که «آن دشت» را ندیده‌بود که دختر از «آن» یاد کند!

۵ – کاووس کجا بود که دختر را در میان بیابان ببیند و چنین داوری کند؟ باری روی و موی را بباد توانست دادن اما «نژاد» بر جای می‌ماند، و با خواهران و برادران و دیگر همنژادانش در جهان روان می‌شود!

٦ – آن دختر، سر ماهرویانِ مشکوی کاووس نبود، که سودابه را این پایگاه بود.

۷ – چون چنان پرسش، از دختر نشده بود، چنین پاسخ نیز افزوده است.

۸ – **یک:** «پری» در فرهنگ ایرانی شایستهٔ ستایش نبود. **دو:** بت آذری را، هزار فرسنگ از فرهنگ ایرانی جدایی است.

* – سخن اندکی در همریخته است: بخش (بهر، قسمت) را که از چرخ گردنده بدو می‌رسد، بنگریست.

۹ – «بدانست» نادرست است، «می‌دانست».

پرورش سیاوخش

بدید از بد و نیک و آزار او   بیزدان پناهید از کار او[1]

بردن رستم
سیاوخش را بسیستان
و پروریدن، وی را

چنین، تا برآمد بر آن؛ روزگار   تهمتن بیامد برِ شهریار
چنین گفت: که:«این کودک شیرفش   مرا، پرورانید باید، بکش
چو دارندگان ترا مایه نیست   مر او را بگیتی، چو من، دایه نیست»
بسی، مهتر؛ اندیشه کرد اندران   نیامد همی بر دلش بر، گران
برستم سپرد آن دل و دیده را   جهانجوی، پور پسندیده را[2]
تهمتن ببردش بزاوُلستان   نشستنگهش ساخت در گلستان
سواریّ و تیر و کمان و کمند   عنان و رکیب و چه و چون و چند
نشستنگه مجلس و می‌گسار   همان باز و شاهین و یوز و شکار
ز داد و ز بیدادِ تخت و کلاه   سخن گفتنِ رزم و، راندن سپاه
هنرها بیاموختش سربسر   بسی رنج برداشت، و آمد به بر
سیاوش چنان شد که اندر جهان   همانند او کس نبود از مهان
چو یکچند بگذشت و او شد بلند   سوی گردن شیر شد با کمند؛
چنین گفت با رستم سرفراز   که: «آمد بدیدار شاهم نیاز
بسی رنج بردیّ و دل سوختی   هنرهای شاهانم آموختی[3]
پدر باید اکنون که بیند ز من   هنرها، از آموزش پیلتن»
گوِ پیلتن کار او را بساخت   فرستادگان را ز هرسو بتاخت
ز اسپ و پرستنده و سیم و زر   ز مُهر و ز تخت و کلاه و کمر[4]
ز پوشیدنی هم ز گستردنی   ز هرسو بیاورد آوردنی[5]

---

۱ - **یک:** بد و نیک دوباره آمده‌است! **دو:** «از» بد و نیک، نادرست است: «بد و نیک و آزاری که بوی می‌رسد».
۲ - **یک:** چون در رج ۷۶۶۸ از کودک‌شیرفش یاد شده‌است و در رج پسین با «او» از وی یاد می‌شود، اینجا نیز چنین می‌باید، و «آن دل و دیده» سخنی سست است **دو:** کودک خُرد، جهانجوی نیست! **سه:** لت دویُم، ناهماهنگ است.
۳ - از هنرها بگونه درست در رج پسین یاد می‌شود.
۴ - مُهر شاهی در دست تهمتن نیست که سیاوخش را دهد.
۵ - «آوردنی» چه باشد!

جز این هرچه در گنج رستم نبود ... ز گیتی فرستاد و آورد زود[1]
گُسی کرد از آنگونه او را براه ... که شد بر سیاوش نظاره سپاه[2]
جهان را بآیین بیاراستند ... چو خشنودی نامور خواستند[3]
همه زر به انبر برآمیختند ... ز گنبد بسر بر، همی ریختند[4]
جهان گشت پر شادی و خواسته ... در و بام هر برزن، آراسته
بزیر پی تازی اسپان درم ... به ایران نبودند یک تن دژم[5]
همه یال اسپ از کران تا کران ... بر اندوده مشک و می و زئفران[6]

بازآمدن سیاوخش
از
زابلستان

چو آمد به کاووس شاه آگهی ... که آمد سیاوخش، با فرّهی
بفرمود تا با سپه گیو و توس ... برفتند با نای رویین و کوس[7]
همه نامداران شدند انجمن ... چو گرگین و خراد لشکرشکن[8]
پذیره برفتند، یکسر؛ ز جای ... بنزد سیاوخشِ فرخنده رای
چو آمد برِ کاخ کاووس شاه ... خروش آمد و برگشادند راه
پرستار با مجمر و بوی خوش ... نظاره بر او دست کرده بکش[9]
به هر کُنج در سیسد استاده بود ... میان در، سیاوخش آزاده بود[10]
بسی زرّ و گوهر برافشاندند ... سراسر همه آفرین خواندند

---

۱ - «زودِ» پایانی سستی سخن را نشان می‌دهد، چراکه نمونه را، نمیتوان از چین و هند «زود» چیزی را آوردن.

۲ - **یک:** گُسی نکرد که خود؛ بهمراه او رفت. **دو:** لت دویم سخت سست می‌نماید. زیرا که روشن است که مردمان، هم او را می‌نگریستند.

۳ - خشنودی کدام نامور؟

۴ - بازآمیختن زر با انبر!!

۵ - **یک:** آنان از سیستان می‌رفتند، و دیگر ایرانیان را آگاهی از رفتن سیاوخش نبود. **دو:** لت نخست ناتمام است، و لت دویم را با لت نخست پیوند نیست.

٦ - **یک:** «همه یال اسپ» نادرست، «همه یال اسپان». **دو:** این افزاینده یال اسپان را با مشک و می و زئفران اندوده است... و سرشته‌ای (خمیری) سرخ و زرد و سیاه پدید آورده است که یال اسپان را آلوده و بدرنگ می‌کرد!

۷ - **یک:** در رج پسین از همهٔ نامداران یاد شده است، و تنها گیو و توس نبودند. **دو:** برای پذیره، همه رودها و سازها را بهمراه می‌بردند، نه تنها «نای رویین» و «کوس» که پساوایی برای توس فراهم گردد!

۸ - «چو» نادرست است.

۹ - **یک:** «پرستاران» درست است. **دو:** اگر پرستاران را «مجمر» در دست بوده باشد، چگونه توانند دست رابکش کنند؟

۱۰ - شمار «پرستاران» هر کنج در این رج پیدا می‌شود، اما روشن نیست که چند کنج در آن میدان بوده‌است.

بازآمدن سیاوخش ۱۹

چو کاووس را دید بر تخت آج ز یاقوت رخشنده بر سرش تاج
نخست آفرین کرد و بردش نماز زمانی همی گفت با خاک راز
اُزان پس بیامد برِ شهریار سپهبد گرفتش سر اندر کنار
شگفتی ز دیدار او خیره ماند بر او بر همی نام یزدان بخواند[1]
بدان اندکی سال و، چندان خرد که گفتی روانش خرد پرورد[2]
بسی آفرین بر جهان‌آفرین بخواند و بمالید رخ بر زمین[3]
همی گفت ک:«ای کردگار سپهر خداوند هوش و خداوند مهر[4]
همه نیکوی‌ها به گیتی ز تست نیایش ز فرزند گیرم نخست»[5]
ز رستم بپرسید و بنواختش برِ تخت پیروزه بنشاختش
بزرگان ایران همه با نثار برفتند شادان برِ شهریار
ز فرّ سیاوش فروماندند بدادار بر، آفرین خواندند
بفرمود تا پیش ایرانیان ببستند گردان لشکر میان[6]
بکاخ و بباغ و بمیدان اوی جهانی بشادی نهادند روی
بهر جای جشنی بیاراستند می و رود و رامشگران خواستند
یکی سور فرمود کاندر جهان کسی پیش از وی نکرد از مهان[7]
بیک هفته زان گونه بودند شاد بهشتم درِ گنج‌ها برگشاد[8]

---

۱ – از گفتار شاهنامه برگرفته شده است.

۲ – **یک:** «اندکی سال» نادرخور است بدان سال اندک. **دو:** هنوز که سیاوخش را نیازموده‌اند و او سخن نگفته است، کاووس از کجا دانست که سیاوخش اندک سال چندان خرد دارد که گویی روان او خرد می‌پرورد!

۳ – چگونه کاووس که بر روی تخت سیاوخش را در آغوش گرفته‌است، رخ بر زمین می‌مالد؟ ۴ – سخن سست

۵ – سخن نادرخور: نیایش از فرزند گرفتن چیست؟ و چگونه است؟ سراینده خواسته است بگوید که برای همه نیکیهای تو، ترا نیایش می‌کنم، و نیایش نخستین من برای دادن این فرزند است بمن! در شاهنامه فلورانس پیش‌ازاین ۵ رج دو رج دیگر نیز بدینگونه آمده‌است:

چنان از شگفتی بدو در بماند بسی آفرین بزرگان بخواند
بران برز و بالا و آن فرّ اوی بسی بودنی دید، در پرّ اوی

که خودِ سخن، گواه سستی آنست. در برخی نمونه‌ها، رج نخستین چنین آمده‌است:

چنان از شگفتی بدو در بماند بر او هر زمان نام یزدان بخواند

لت نخست را می‌باید که با یک پیوند (که) به لت دویُم بپیوندد، و چون چنین نیست سخن از هم گسیخته می‌شود.

٦ – گردان لشکر را که بزرگان ایران‌اند، نشاید پیش ایرانیان کمربستن!

۷ – **یک:** سخن بی‌پایان است: یکی سور فرمود (دادن یا برگزار کردن...). **دو:** آهنگ لت دویم برهم می‌خورد. در برخی نمونه‌ها چنین آمده‌است: «کسی پیش‌از او، آن نکرد از مهان»، که سخن؛ سست‌تر می‌نماید. این رج دوباره‌گویی رج پیشین است «بهر جای جشنی بیاراستند...» با کوچک‌تر کردن آن جشن که در هر جای بود، و اینجا در یک جا انجام پذیرفته‌است.

۸ – **یک:** «زانگونه» درست نمی‌نماید و نیز «به» در «بیک هفته»! سخن درست چنان است که گفته آید: یک هفته آنگونه شاد بودند. **دو:** لت دویم را با لت نخست، پیوند نیست.

ز هر چیز گنجی بفرمود شاه — ز مُهر و ز تیغ و ز تخت و کلاه [1]
از اسپان تازی بزین پلنگ — ز برگستوان و ز خفتان جنگ [2]
ز دینار و از بدره‌های درم — ز دیبا و هرگونه از بیش و کم [3]
جز افسر که هنگام افسر نبود — بدان کودکی تاج درخوَر نبود [4]
سیاووش راداد و کردش امید — ز خوبی بدادش فراوان امید [5]
چنین هفت سالش همی آزمود — بهرکار جز پاکزاده نبود [6]
بهشتم بفرمود تا تاج زر — زمین کُهستان و زرّین کمر [7]
نبشتند منشور بر پرنیان — برسم بزرگان و راه کیان [8]
زمین کَهستان ورا داد شاه — که بود او سزای بزرگیّ و گاه
چنین خواندندش همی‌پیش‌تر — که خوانی ورا ماوراالنّهر بر

۱ - **یک:** اگر فرمان داده بود که از هر چیز گنجی بسیاوش دهند، یک گنج مُهر چگونه تواند بودن؟ **دو:** مُهر، مُهر شاهی است. بازآنکه در رج سیوم پس‌ازاین، می‌آید که جز افسر که هنگام افسر نبود! پس اگر هنگام افسر نبود، هنگام مهر هم نبوده‌است! همچنین هنگام کلاه، که آن نیز افسر است.

۲ - خفتانِ «جنگ» نادرخور است، زیراکه برگستوان نیز برگستوان جنگ است.

۳ - **یک:** هر گونه، چه باشد؟ **دو:** «بیش و کم» چه را می‌تواند نمودن؟... هر چیز را که بیش بخشند بهتر است، و بخشش کم، درخور یادآوری نیست.

۴ - این لت ناهماهنگ است و سراینده خواسته است بگوید که: سیاوش چون کودک بود، درخورِ تاج نمی‌نمود، و «تاج درخور نبود» اینرا می‌گوید که: تاج درخورِ او نبود. و اوبرتر از تاج می‌نمود!!

۵ - امید، دادنی است، نه کردنی! و اگر گمان بریم که نویسندگان در آن دست برده‌اند، می‌بایستی که چنین بوده باشد «سیاوخش را داد و، دادش امید» و دوبار بکار بردن «داد» در یک سخن درست نیست.

٦ - «چنین» نادرست است، زیراکه نشان می‌دهد، هفت سال آزمایش او چنین،... با دادن گنج و خواسته همراه بوده‌است.

۷ - در شاهنامهٔ فلورانس «زمین در کَورستان» آمده‌است و دوبار دیگر نیز همین نام بدنبال می‌آید در دیگر نمونه‌ها کوی‌ساران، کهستان، کورسان، کورستان، کوستان، کورشان، کواوسان، ازوشان، خراسان (خالقی مطلق ۲-۲۱۱) ارسان (مسکو ۳-۱۳) آمده‌است و چندین پریشانی از آنجا است که نویسندگان، جایگاه زمین کهستان را نمی‌دانسته‌اند و برخی این بیت را نیز افزوده‌اند که:

زمین کورستان (کهستان) بُد از پیشتر — که خوانی ورا ماوراالنهر در

این زمین چون با دگرگونی ک به ق قهستان نیز خوانده شده است، در نامه‌ها با «قُ» قُهستان خوانده شد، و این گونه، چیزی جز کُهستان و کوهستان را نشان نمی‌دهد، جایگاه آن را نیز از سرزمین خود، بجایی بردند که دارای کوه بوده باشد! اما راست آنستکه این زمین «قَهستان» است و بر بنیاد پژوهش **فیروز منصوری** «قَه» که گونه‌ای دیگر از «کَه» درکهریز و کاریز و قنات، همان کاریز است و قهستان جاییست که با آب کاریز آبیاری می‌شود. این زمین جایی بجزاز بخش پایینی خراسان نیست که هنوز نیز ژرف‌ترین کاریزهای ایران و جهان در شهرهای گناباد و قاین و بیرجندِ آن دیده می‌شود! از آنجاکه نویسندگان در این بخش از خراسان، کوهستانی نمی‌شناسند، ناچار برای آنکه «قهستان» راگزارش کنند، آنرا به بالای خراسان «ورارود» (ماوراءالنهر) بُرده‌اند، یا هرگونه نام شگفت که پیشتر آمد بدان داده‌اند! بنداری نیز، این آشفتگی را دیده و تنها نوشته است: «... و کتب لهُ منشور، علی بعض الممالک» «و فرمان چند سرزمین را برای او نوشت».

۸ - «رسم بزرگان» نادرست است، چنان که راه کیان.

شیفته شدن سودابه
بر
سیاوخش

برآمد برین نیز یک روزگار — چنان بُد که سوداوهٔ پرنگار
ز ناگاه روی سیاوش بدید — پر اندیشه گشت و دلش بردمید[1]
چنان شد که گفتی تراز نخ است — اگر پیش آتش نهاده، یخ است[2]
کسی را فرستاد نزدیک اوی — که: «پنهان سیاوخش را، این بگوی؟[3]
که: اندر شبستان شاه جهان — نباشد شگفت ار شوی ناگهان»[4]
فرستاده رفت و بدادش پیام — برآشفت زان کار او نیکنام[5]
بدو گفت: «مرد شبستان نیَ‌ام — مجویم که با بند و دستان نیَ‌ام»[6]
دگر روز، شبگیر سودابه رفت — برِ شاه ایران خرامید تفت[7]
بدو گفت ک:«ای شهریار سپاه — که چون تو ندیده‌است خورشیدوماه؛[8]
نه اندر زمین کس چو فرزند تو! — جهان شاد بادا به پیوند تو![9]
فرستش بسوی شبستان خویش — برِ خواهران و فغستان خویش[10]
همه رویْ پوشیدگان را ز مهر — پراز خون دل است و، پراز آب چهر[11]
نمازش برند و نثار آورند — درخت پرستش ببار آورند»[12]
بدو گفت شاه: «این سخن درخور است — بر او بر، ترا مهر سد مادر است»[13]
سپهبد سیاوخْش را خواند و گفت — که: «خونِ دل و مهر نتوان نهفت

۱ – وابسته به رج پسین است.

۲ – **یک:** گفتی... **دو:** تراز نخ چگونه باشد؟ تراز را با چوب یا فلز می‌سازند و نخ را نمی‌توان تراز کردن.

۳ – «این بگوی» در پایان سخن نادرست است.

۴ – در آینده خواهیم دیدن که سیاوخش با دستوری و فرمان پدر، چون می‌خواهد از شبستان دیدار کند، استوارمردی بنام هِرزبد که نگهبان شبستان بود، و کلید مُشکوی شاه را در دست داشت اورا بدرون پردهٔ پرده‌نشینان رهبری می‌کند! پس چگونه است؟ که در این پیام بدو می‌گویند ناگهان بشبستان درآی!

۵ – «نیکنام» نادرست است می‌باید «شاهزادهٔ نیکنام»، «جوان نیکنام» بیاید.

٦ – **یک:** سیاوخش را از کجا آگاهی آمده‌بود که این کار با بند و دستان همراه است. **دو:** مجویم در آغاز سخن نادرست است.

۷ – سودابه نمی‌توانست از مشکوی شاه بیرون رود!

۸ – شهریار «سپاه» نادرست است و «شهریار بزرگ» «شهریار ایران»... .

۹ – پیوند این رج با رج پیشین نادرست است: «نه چون تو... نه چون فرزند تو».

۱۰ – **یک:** «فرستش» به سیاوخش باز نمی‌گردد، چون در گفتار پیشین از شاه و سیاوخش هردو نام برده بود. **دو:** خواهران درست است اما فغستان را درنیافتم.

۱۱ – **یک:** روشن نشده است که از مهر چه کس! **دو:** خواهران را شایستی مهر بر برادر داشتن، اما همه روی پوشیدگان را که زنان دیگر کاووس بوده‌اند، نمی‌شایست!

۱۲ – دنبالهٔ گفتار بی‌پیوند.

۱۳ – مهر مادر پایان ندارد و مهر سد مادر سخت نادرست است.

پس پردهٔ من ترا خواهر است … اُسوداوه چون مهربان مادر است
ترا پاک یزدان چنان آفرید … که مِهر آورد بر تو، هر کِه‌ت بدید
بویژه که پیوستهٔ خون بُوَد … چو از دور بیند ترا، چون بُوَد؟
پس پرده پوشیدگان را ببین … زمانی بمان تا کنند آفرین»
سیاوش چو بشنید گفتار شاه … همی کرد خیره بدو در، نگاه[1]
زمانی همی با دل اندیشه کرد … بکوشید تا دل بشوید ز گرد[2]
گُمانی چنان برد کو را پدر … پژوهد همی تا چه دارد بسر![3]
که بسیاردان است و چیره زبان؟ … هشیوار و بینادل و بدگمان![4]
بپیچید و بر خویشتن راز کرد … ز انجام آهنگ آغاز کرد[5]
که: «گر من شوم در شبستان اوی … ز سوداوه یابم بسی گفت‌وگوی[6]
سیاوش چنین داد پاسخ که: «شاه … مرا داد فرمان و تخت و کلاه
از آن جایگه کآفتاب بلند … برآید کند خاک را ارجمند*
چو تو شاه ننهاد بر سر کلاه … بخوبی ودانش به آیین و راه[7]
مرا موبدان ساز با بخردان … بزرگان و کارآزموده ردان[8]
دگر نیزه و گرز و تیر و کمان … که چون پیچم اندر صف بدگمان؟[9]
دگر گاهِ شاهان و آیین بار … دگر بزم رود و می و میگسار
چه آموزم؟ اندر شبستان شاه!● … بدانش زنان کی نمایند؟ راه!
ورایدونکه فرمان شاه این بُوَد … مرا زین سپس؛ رفتن، آیین بُوَد»
بدو گفت شاه: «ای پسر، شاد باش … همیشه خرد را تو بنیاد باش

---

۱ – پیوسته برج پسین.

۲ – **یک:** اندیشه با دل نیست، و در مغز است. **دو:** کدام گرد؟ هنوز که گردی در میان انگیخته نشده است!

۳ – «گمانی برد» درست نیست «گمان کرد»، «گمان برد».

۴ – بسیار دانی و چیره زبانی را چه پیوند با «گمانی» است؟ پسان، بینادل و هشیار که بدگمان نمی‌شود!

۵ – **یک:** «بر خویشتن راز کرد» چه باشد؟ **دو:** مرد هشیار از آغاز فرجام کار را می‌بیند، نه باژگونه!

٦ – روشن نیست که گفت‌وگویی پیش بیاید. اما افزاینده خواسته است که از آغاز، پایان، کار سیاوخش را بنمایاند. پس‌ازاین گفتار در شاهنامه چنین می‌آید: «سیاوش چنین داد پاسخ...» و اگر آن سخنان از شاهنامه فردوسی می‌بود، اینجا می‌بایستی چنین آید: «پس» سربرداشت و چنین پاسخ داد، زیراکه نام سیاوش در رج نخستین این گفتار آمده‌است، و دوباره‌گویی، آن دور از سخن خداوند زبان فارسی است.

* – پادشاهی از سرزمین خراسان را بمن دادی. پیوند گفتار این رج را با رج پنجم پسین را در نیافته‌اند. مجتبی مینوی در این باره می‌نویسد، از آن سرزمین تا کجا؟ (بنگرید به گزارش شگفت این گفتار در دفتر دویم «داستان ایران بر بنیاد گفتارهای ایرانی»)

۷ – این سخن را بگفتار پیشین پیوند نیست. ۸ – موبدان و بخردان و کارآزمودگان (ساختنی) نیستند.

۹ – دو رج: این آموزش‌ها را رستم، بهنگام خود، بسیاوخش داده بود.

● – چرا مرا می‌باید که به خووران (غرب کشور) بروم؟ گزارش این بخش را در داستان ایران بر بنیاد گفتارهای ایرانی، دفتر دویم بخوانید.

سخن کم شنیدم بدین نیکوی — فزاید همی مغز کاین بشنوی [1]
مدار ایچ اندیشهٔ بد بدل — همه شادی آرای و غم برگسل [2]
ببین پردگی کودکان را یکی — مگر شادمانه شوند اندکی [3]
پس پرده اندر ترا خواهرست — پراز مهر سوداوه چون مادرست» [4]
سیاوش چنین گفت کز بامداد — بیایم کنم هرچه او کرد یاد» [5]

رفتن سیاوخش به شبستان کاووس

یکی مرد بُد نام او هرزبَد — زدوده دل و مغز و رایش ز بد [6]
که بتخانه را هیچ نگذاشتی — کلید در پرده او داشتی [7]
سپهدار ایران بفرزانه گفت — که: «چون برکشد تیغ، هور از نهفت؛ [8]
به پیش سیاوش همی رو بهوش — نگر تا چه فرماید آن‌دار گوش [9]
به سوداوه فرمای تا پیش اوی — نثار آورَد گوهر و مشک و بوی [10]
پرستندگان نیز با خواهران — زبرجد فشانند با زعفران» [11]
چو خورشید برزد سر از کوهسار — سیاوش بیامد برِ شهریار
بر او آفرین کرد و بردش نماز — سخن گفت با او، سپهبَد، براز
چو پرداخته شد، هِرزبد را بخواند — سخن‌های شایسته چندی براند
سیاوخش را گفت: «با او برو — بیارای دل را، بدیدارِ نو»

---

۱ - سستی سخن، بی‌نیاز بگفتار، خود را می‌نمایاند! نمونه‌های دیگر: چون بشنوی، از این خوش بوی، نکو مغز کس را چنین بشنوی. همه نادرخوراند.

۲ - دنبالهٔ گفتار

۳ - **یک:** پردگی کودکان، نادرست است. **دو:** چرا اندکی؟ اگر آنان برادر نادیدهٔ خویش را بنگرند، سخت شادمان خواهند شدن، نه اندکی.

۴ - پیشتر، سوداوه «سدمادر» بود، و اکنون؛ چون مادر شد!

۵ - او یاد نکرد، شاه فرمان داد.

٦ - نام هرزبد در رج ۷۷۷۳ می‌آید.

۷ - **یک:** شبستان بود، یا بتخانه؟ **دو:** درِ پرده؟ پرده را «در» چگونه باشد؟

۸ - دنبالهٔ گفتار است، اما برآمدن بامداد، در رج ۷۷۷۱ می‌آید.

۹ - سستی سخن آشکار است.

۱۰ - اگر فرمان به نثار وپیشکش است، می‌بایستی پیش‌از رفتن سیاوخش بسودابه گویند، و اکنون که همراه با سیاوخش به شبستان اندرون، می‌رود شایسته نمی‌نماید که پیش او، برای نثار و گوهر، با سودابه سخن گوید!

۱۱ - چگونه است که تنها زبرجد بپای سیاوخش بیفشانند، در رج پیشین فرمان نثار گوهر آمده‌بود، و اینجا زئفران افزوده می‌شود، و هیچ نابخرد در جهان نمیتوان یافتن که زئفران را بجای خوردن، و از بوی آن بهره بردن، بی‌بوی و خشگ زیر پای کسی ریزد!

۲۴ داستان سیاوخش

برفتند هردو بیکجا، بهم — روان شادمان و تهی دل؛ ز غم
چو برداشت پرده ز در هرزبد — سیاوش همی بود ترسان ز بد[1]
شبستان همه پیش‌باز آمدند — پراز شادی و بزمساز آمدند[2]
همه جام بود از کران تا کران — پراز مشک و دینار و پر زعفران[3]
درم زیر پایش همی ریختند — عقیق و زبرجد برآمیختند[4]
زمین پر دُر و پر ز دیبای چین — پراز درّ خوشاب روی زمین[5]
می و رود و آوای رامشگران — همه بر سران افسرانِ گران[6]
شبستان بهشتی بد آراسته — پراز خوبرویان و پر خواسته
سیاوش چو نزدیک ایوان رسید — یکی تخت زرّین درفشنده دید
بر او بر، ز پیروزه کرده نگار — بدیبا بیاراسته شاهوار
بر آن تخت سودابهٔ ماهروی — بسان بهشتی پراز رنگ و بوی
نشسته چو تابان سهیل یمن — سرِ جعدزلفش سراسر شکن[7]
یکی تاج بر سر نهاده بلند — فروهشته تا پای مشکین کمند
پرستار، نالین* زرّین بدست — بپای ایستاده سرافکنده پست
سیاوش چو از پیش پرده برفت — فرود آمد از تخت، سودابه؛ تفت

---

۱ – این سخن دروازه همهٔ داوریهای پیشین است. که اگر سیاوش در رج پیشین با روان شادمان و دل شاد پای بشبستان می‌نهد، بر هیچ یک از آن سخنان پیشین که افزوده بشاهنامه است، نمی‌توان استوار بودن! **یک:** اما باز هم، افزاینده پس‌ازاین سخن یک گفتار دیگر افزوده است که سیاوخش شادمان، ترسان شود. **دو:** هرزبد پرده از در بر نمی‌دارد، که پرده‌داران چنین می‌کنند. **سه:** روانِ ترسان در این رج درست است؟ یا روان شادمان رج پیشین؟

۲ – این سخن را سستی همراه نیست، اما نام شبستان، در سخن درستِ فردوسی در رج ششم پسین می‌آید، و اینجا، پیش گفته، و نادرست است.

۳ – سخن گزافه، که همهٔ شبستان پراز جام بود... مشک و زنفران.

۴ – چرا جام‌های رج پیشین را زیرپای سیاوخش نریختند؟

۵ – **یک:** هیچگاه بزمین در زیرِ گستراک نگریسته نمی‌شود، که پراز درّ خوشاب باشد بازگونهٔ آن درست می‌نماید: زمین، پوشیده از گستراک چینی بود. **دو:** هیچگاه دیبا را بجای گستراک در زمین نمی‌گسترند، که اینکار با قالی انجام می‌شد، و دیبای ساده را که کاری هنرمندانه نیست، در آنزمان دور از چین برای مشکوی شاه ایران بیاورند. **سه:** باز به روی زمین نگریسته می‌شود، و درست؛ آن می‌نماید که گفته آید: درّ خوشاب در زیر پایها ریخته می‌شد!

٦ – **یک:** چون زیر دیبا، و روی زمین در سخن می‌آید، بایستی جای می و رود و آوای رامشگران نیز روشن شود. «آوای رود و نی، مشکوی شاه را پر کرده بود»، و «جامهای می در دست مهرویان می‌چرخید»... بهیچ روی نمی‌توان می و رود را بی‌هیچ روشنگری دیگر در کنار هم آوردن، آنهم در زیر دیبای چین. **دو:** «بر سران» و «افسران» درست نیست: همه بر سر، افسرِ گران داشتند.

۷ – **یک:** ایرانیان باستان این ستاره را که امروز سهیل یمانی خوانده می‌شود بنام ستاره «سَت وِیس» می‌خواندند که سپاهبد آسمان نیمروزانش می‌نامیدند. کاربرد سهیل یمانی، از پیشامدهای پس‌از اسلام است؛ و در زمان پیش روایی نداشته است. **دو:** در رج پسین از زلف سودابه چنین یاد شده است «فروهشته تا پای، مشکین کمند» و بر این بنیاد، از زلفی که تا پای آویخته می‌شود، نمی‌توان با جعد شکن در شکن یاد نمود.

* – نالین: گونه‌ای کفش است که آنرا با سبک‌تر کردن آوای «اَ» بگونهٔ نَلِین نیز می‌توان خواندن، چنانکه: جاده و جَدّه؛ اما چون این واژه با «ع» نوشته شده گمان بتازی بودن آن رفت: نَعلَین.

رفتن سیاوخش به شبستان کاووس ۲۵

بیامد خرامان و بردش نماز / ببر درگرفتش زمانی دراز
همی چشم و رویش ببوسید، دیر / نیامد ز دیدار آن شاه سیر
همی گفت: «سد ره ز یزدان سپاس / نیایش کنم روز و شب بر سه پاس[1]
که کس را بسان تو، فرزند نیست / همان شاه را نیز پیوند نیست!»[2]
سیاوش بدانست، کان: بهرِ چیست / چنان دوستی، نز؛ ره ایزدیست
بنزدیک خواهر خرامید زود / که آن جایگه، کار، ناساز بود
بر او خواهران آفرین خواندند / به کرسیّ زرّینش بنشاندند
برِ خواهران بُد زمانی دراز / خرامان بیامد سوی تخت باز
شبستان همه شد پراز گفت‌وگوی / که «اینت• سرِ تاج فرهنگ‌جوی
تو گویی بمردم نماند همی / روانش خرد، برفشاند همی»
سیاوش به پیش پدر شد، بگفت / که: «رفتم به پرده‌سرای نهفت
همه نیکویی در جهان بهرِ تُست / ز یزدان، بهانه نبایذت جست
ز جمّ و فریدون و هوشنگ شاه / فزونی بگنج و بشمشیر و گاه»
ز گفتار او شاد شد شهریار / بیاراست ایوان چو خرّم بهار[3]

*

می و بَربَت و نای برساختند / دل از بودنی‌ها بپرداختند[4]
چو شب گشت پیدا و شد روز تار / شد اندر شبستان، شه نامدار[5]
پژوهید سوداوه را شاه و، گفت / که: «این رازت از من نباید نهفت
ز فرهنگ و رای سیاوش بگوی / ز بالا و دیدار و گفتار اوی
پسند تو آمد؟ خردمند هست؟ / از آوازِ دور، ار بدیدن بهست؟»
بدو گفت سودابه: «همتای شاه / ندیده‌است بر گاه، خورشید و ماه

---

۱ - «همی گفت» نادرست است، «چنین گفت». اما در همهٔ نمونه‌ها اینگونه آمده‌است.

۲ - پس اگر شاه را پیوند چون سیاوخش نیست، وی فرزند کیست؟

• - در همهٔ نمونه‌ها «اینت» آمده‌است، ازآنجاکه شاهنامه‌نویسان، واژهٔ «اینک» را به جای «اکنون» می‌شناسند. و «اینک» در زبان فارسی، برای انگشت نمودن (اشاره) بنزدیک است: گر سرِ صلح داری اینک دل ور سر جنگ داری، اینک جان. این واژه در خراسان، با فروافتادن «ک» پایانی بگونهٔ «اینَه» کاربرد دارد که در زبان تهران «اینا» خوانده می‌شود. در واژهٔ آمیختهٔ اینا‌هاش (=اینا+ها+اش). اما چون شاهنامه‌نویسان این واژه را درنیافته‌اند، در همهٔ پچین‌ها آنرا بگونهٔ «اینت» آورده‌اند. بر این بنیاد، این رج چنین خوانده می‌شود: «که اینک! سرِ تاج فرهنگجوی».

۳ - ایوان شاه، همواره آراسته است.

۴ - بربت «ساختنی است» (برساختن = کوک کردن) اما می و نی برساختنی نیست. **دو:** از بودنی (=تقدیر) آگاهی نداشتند که آنرا از دل بپردازند (بزدایند)!

۵ - **یک:** «شب پیدا شد»، همان «روز تار شد» و دوباره‌گویی است. **دو:** سخنی از «شاه» در رج پسین می‌آید، در این رج نشایستی از «شه» یاد کردن. **سه:** «شاه» بتنهایی بهتر می‌نمود، اما افزاینده را پساوای «تار» در کار بوده‌است!

۲۶ داستان سیاوخش

چو فرزند تو کیست؟ اندر جهان! … چرا گفت باید؟ سخن در نهان!»
بدو گفت شاه: «ار بمردی رسد … نباید که بیند ورا چشم بد»[1]
بدو گفت سوداوه: «گر گفتِ من … پذیرد، شود رای او جفتِ من[2]
هم از تخم خویشش یکی زن دهم … نه از نامداران برزن دهم
که فرزند آرد ورا در جهان … پدید آورَد در میان مهان[3]
مرا دختراند مانند تو … ز تخم تو و پاک پیوند تو[4]
گر از تخم کی‌آرش و کی‌پشین … بخواهد، بشادی کنند آفرین»[5]
بدو گفت: «این خود، بکام من است … بزرگی، بفرجام؛ نام من است»
سیاوش بشبگیر شد نزدِ شاه … بسی آفرین خواند بر تاج و گاه
پدر با پسر، راز گفتن گرفت … ز بیگانه مردم نهفتن گرفت
بدو گفت کز کردگار جهان … یکی آرزو دارم اندر نهان
که مانَد ز تو، نام من یادگار … ز تخم تو آید یکی شهریار
چنان کز تو، من گشته‌ام تازه‌روی … تو، دل برگشایی بدیدار اوی
چنین یافتم اخترت را نشان … ز گفتِ ستاره‌شمر موبدان
که از پشتِ تو، شهریاری بُوَد … که اندر جهان، یادگاری بُوَد
کنون از بزرگان یکی برگزین … نگه کن پس پردهٔ کی‌پشین[6]
به خان کی‌آرش همان نیز هست … ز هرسو بیارای و بپساو دست»[7]
بدو گفت: «من شاه را بنده‌ام … بفرمان و رایش سرافکنده‌ام
هرآن‌کس که او برگزیند، رواست … جهاندار، بر بندگان پادشاست
نباید که سوداوه این بشنود … دگرگونه گوید، بدین نگرود
به سوداوه زینگونه گفتار نیست … مرا در شبستان او کار نیست»[8]
ز گفتِ سیاوش بخندید شاه … نه آگاه بُد، زآبِ در زیرِ کاه
«گزین تو باید» بدو گفت: «زن … ازو هیچ مندیش و از انجمن

---

۱ – نه چنین است: نمی‌باید چشم بد بدو رسد، تا بمردی رسد! بازآنکه سیاوخش در آنزمان مرد بوده‌است و در رج‌های آینده، کاووس از او می‌خواهد که زنی برگزیند.
۲ – «رای او جفت من» نادرست است: اگر با من همرای شود.
۳ – پیوند سخن سست است، با دوبار «آرد» و «آورد».
۴ – آیا کاووس نمیداند، که سودابه از او فرزند دارد؟ و تازه بدو آگاهی می‌رسد!
۵ – **یک:** از پیوند با او شاد می‌شوند... نه بشادی آفرین می‌خوانند. **دو:** چون سودابه گفت که از نژاد خود بدو زن می‌دهم، نه از نامداران بر زن این گفتار را جای نیست. پاسخ کاووس نیز همین را می‌نماید که... اگر از فرزندان خویش زنی بدو دهی بکام و نام من خواهد بودن!
۶ – «از بزرگان یکی را» برگزیدن روا نیست، که «از دختران بزرگان».
۷ – **یک:** «ز هرسو بیارای» هیچ گزارشی ندارد. **دو:** با پساویدن دست، نشاید زن گزیدن!!
۸ – سخن بی‌پیوند!

که گفتار او مهربانی بُوَد   بجان تو بر، پاسبانی بُوَد»[1]
سیاوش ز گفتار او شاد شد   روانش، از اندیشه؛ آزاد شد
بشاه جهان بر، ستایش گرفت   نوان پیش تختش نیایش گرفت[2]
نهانی ز سوداوهٔ چاره‌گر   همی بود پیچان و خسته جگر
بدانست، کان؛ نیز گفتار اوست   همی زو بدرّید بر تنش پوست[3]
بر این داستان نیز، شب برگذشت   سپهر از برِ خاکِ تیره بگشت

رفتن سیاوخش

به شبستان

دودیگر بار

نشست از برِ تخت، سودابه؛ شاد   ز یاقوت و زر، افسری برنهاد
همه دختران را برِ خویش خواند   بیاراست و بر تخت زرّین نشاند[4]
چنین گفت با هرزبد، ماهروی   کز ایدر برو با سیاوش بگوی
که باید که رنجه کنی، پایِ خویش   نمایی مرا، سروبالای خویش»
بشد هرزبد باسیاوخش گفت   برآورد پوشیده راز از نهفت[5]
خرامان بیامد سیاوش برش   بدید آن نشست و سر و افسرش
به پیشش بتان نوآیین بپای   تو گفتی بهشت است کاخ و سرای[6]
فرود آمد از تخت و شد پیش اوی   بگوهر بیاراسته روی و موی
سیاوخش برِ تختِ زرّین نشست   به پیشش بکَش کرد، سودابه دست[7]
بتان را به شاه نوآیین نمود   که بودند چون گوهر ناپسود
بدو گفت: «بنگر بدین تخت و گاه   پرستنده چندین، بزرّین کلاه!
همه نارسیده بتان تراز   که بسرشت‌شان ایزد از شرم و ناز[8]

---

۱ – لت دویم سخت نابهنجار می‌نماید.   ۲ – اگر شاد شد، چه جای ناله و زاری است؟

۳ – این گفتار با سخن کاووس که گفت «زنِ خویش را خود برگزین، و از سودابه هیچ مندیش» همخوانی ندارد!

۴ – **یک:** تخت زر ویژه شاه و سودابه بوده‌است! و در رج پنجم پس‌ازاین افزاینده چنین آورده است که: «به پیشش بتان نوآیین بپای»! پس دخترکان بر تخت، آنهم تخت زرین نمی‌نشستند. **دو:** لت دویم بد آهنگ است.

۵ – رازی در میان نبود که هرزبد، آنرا بگشاید.

۶ – **یک:** تو گفتی... **دو:** آنجا مشکوی و شبستان بود نه کاخ و سرای، که بیرونی است.

۷ – سودابه خود با افسر و گوهر بر روی تخت نشسته بود چگونه است که در این سخن، چون پرستاران، پیش سیاوخش، دست بکش کرده ایستاده‌است؟

۸ – فرزندان کاووس و کی‌پشی و کی آرش از شهر تراز نیامده بودند، که همه ایرانی بودند!

کسی که‌ت خوش آید از ایشان، بگوی   نگه کن بدیدار و بالای و موی»
سیاوخش چشم اندکی برگماشت   از ایشان، یکی؛ چشم ازو برنداشت
همی این بدان آن بدین گفت ماه   نیارد بدین شاه کردن نگاه[1]
برفتند هریک سوی تخت خویش   ژکان و شمارنده بر بخت خویش[*]
چو ایشان برفتند، سودابه گفت   که: «چندین چه داری؟ سخن در نهفت!
نگویی مرا تا نژاد تو چیست؟   که بر چهر تو فرّ چهر پریست[2]
هرآنکس که از دور بیند ترا   شود بیهش و برگزیند ترا[3]
از این خوب‌رویان بچشم خِرد   نگه کن که با تو که اندر خورد»

*

سیاوش فروماند و پاسخ نداد   چنین آمدش بر دل پاک یاد؛
که: «گر بر دل پاک شیون کنم   به آید که از دشمنان زن کنم
شنیده‌ستم از نامور مهتران   همه داستان‌های هاماوران
که: «دُربیس» با شاه ایران چه کرد[•]   ز گُردان ایران برآورد گرد
پراز بند، سوداوه، کاو، دُخت اوست   نخواهد، هم، این دوده را مغز و پوست»
بپاسخ سیاوش چو نگشاد لب   پریچهره برداشت از رخ قصب
بدو گفت: «خورشید با ماهِ نو   گرایدونکه بینند بر گاهِ نو؛
نباشد شگفت ار شود ماه، خوار   تو خورشید داری خود اندر کنار
کسی کو چو من دید بر تختِ آج   ز یاقوت و پیروزه بر سرْش تاج[4]
نباشد شگفت ار بمه ننگرد   کسی را ز خوبان بکس نشمرد![5]

---

۱ – در سخن درست شاهنامه (رج پیشین) هیچیک از دختركان، از سیاوخش چشم برنداشتند، و در این رج باژگونهٔ آن آمده‌است.

* – دختركان چون میدانستند که سیاوخش آنانرا برنگزیده‌است، زیر لب می‌ژکیدند (= غُر می‌زدند) و ببخت خویش دشنام می‌دادند (شمارنده).

۲ – بیشتر نمونه‌ها «نژاد» آورده‌اند و شاهنامهٔ لندن و قاهره «مراد» اگر نژاد بوده باشد که نادرست است زیراکه پیدا است نژاد سیاوخش از کاووس است و آنگاه فرّ ویژهٔ چهر نیست، و ایرانیان برای «پری» که پیشتر دربارهٔ آن سخن رفت «فرّ» نمی‌شناختند! اما اگر بر بنیاد برخی نمونه‌ها بجای نژاد «مراد» باشد –آنرا جای در سخن فردوسی نیست!– و لت دویم را با آن هیچ پیوند نیست.

۳ – آن دختركان همه از نزدیک وی را دیده‌بودند، و هیچیک نیز بیهش نشده بودند!

• – در هیچیک از پچین‌ها نام «دُربیس» نیامده و چون آنرا درنیافته‌اند بگونهٔ در پیش آورده‌اند، و برخی پچین‌برداران نیز چون «در پیش» را درست ندیده‌اند آنرا درست کرده «از پیش» نوشتند. در بنداری خوشبختانه این بار نیز نام دربیس آمده‌است: «ماصنع ابوها دُربیس ملک الهاماوران با کابر ایران» پدرش دُربیس پادشاه هاماوران با بزرگان ایران چه کرد؟ خالقی مطلق نیز این را درنیافته و گفتار بنداری را زیر لت دویم پسین آورده‌است: و غیرخاف ماصنع ابوها دربیس. از آنجاکه هیچیک را آشنایی با «دُربیس» شاه هاوران نبوده‌است. (بنگرید بداستان ایران بر بنیاد گفتارهای ایرانی، دفتر دویم)

۴ – زیبایی زن برتر است، یا تخت و تاج او؟ زیراکه شاید که زن بس زشت و نازیبا، بر روی تختی آراسته و زرین نشیند!

۵ – دوباره‌گویی رج ۷۸۶۶است.

رفتن سیاوخش به شبستان دودیگر بار ۲۹

اگر با من اکنون تو پیمان کنی / نپیچیّ و اندیشه آسان کنی
یکی دختری نارسیده بجای؛ / کنم چون پرستار، پیشت بپای
بسوگند پیمان کن اکنون یکی / ز گفتار من سر مپیچ اندکی[1]
چو بیرون شود زین جهان شهریار / تو خواهی بُدَن زو، مرا یادگار؛
نمانی که آید بمن بر، گزند / بداری مرا، همچو او؛ ارجمند
من اینک به پیش تو استاده‌ام / تن و جان شیرین ترا داده‌ام
ز من هرچه خواهی، همه کام تو؛ / برآید، نپیچم سر از دام تو!»
سرش تنگ بگرفت و یک بوسه داد / بداد و نبود آگه از شرم و داد[2]
رُخان سیاوش چو گُل شد ز شرم / بیاراست مژگان بخوناب گرم
چنین گفت با دل، که: «از کار دیو / مرا دور داراد، گیهان خدیو!
نه من با پدر بیوفایی کنم / نه با اهرمن آشنایی کنم!
اُگر سرد گویم بدین شوخ چشم / بجوشد دلش، گرم گردد ز خشم
یکی جادوی سازد اندر نهان / بدو بگرود شهریار جهان
همان به که با او بآواز نرم / سخن گویم و دارمش چرب و گرم»
سیاوخش ازانپس بسودابه گفت / که: «اندر جهان، خود ترا کیست؟ جفت!
نمانی مگر نیمهٔ ماه را / نشایی بگیتی جزاز شاه را
کنون دخترت بس که باشد مرا / نشاید جز او کس، که باشد مرا!
برین باش و با شاه ایران بگوی / نگه کن که پاسخ چه یابی ازوی!
بخواهم من او را و پیمان کنم / زبان را بنزدت گروگان کنم
که تا او نگردد ببالای من / نیاید بدیگر کسی، رای من
اُدیگر که پرسیدی از چهر من / بیامیخت جانِ تو با مهر من[3]
مرا آفریننده از فرّ خویش / چنان آفرید، ای نگارین ز پیش[4]
تو این راز مگشای و با کس مگوی / مرا جز نهفتن، همان، نیست روی[5]
سرِ بانوانیّ و هم مهتری / من ایدون گمانم که تو مادری»
بگفت این و غمگین برون شد بدر / ز گفتارِ او، بود آسیمه‌سر

---

۱ - **یک:** دوباره‌گویی دو رج پیش است: «اگر با من اکنون تو پیمان کنی». **دو:** پیمان بستن خود، پیمان است، و سوگند نمی‌خواهد! **سه:** برای انجام یک کار و پایدار بودن برای بفرجام رساندن آن «پیمان» می‌بندند، نه «یک پیمان». **چهار:** «اندکی سر نپیچیدن» چه بوده باشد؟ سرپیچیدن، سرپیچیدن است، و اندک و بسیار ندارد!

۲ - **یک:** کسیکه سر دیگری را تنگ می‌گیرد، از وی بوسه برمی‌گیرد، نه آنکه بوی بوسه «می‌دهد» «داد». **دو:** دوباره «بداد».

۳ - سودابه از چهر سیاوخش نپرسیده‌بود.

۴ - سیاوخش که سودابه را مادر میخواند، نمیتواند نگارینش نامیدن!

۵ - چون پیمان زناشویی بسته شود، راز نیست و بر همه‌کس آشکار خواهد بودن!

۳۰ داستان سیاوخش

*

چو کاووس کی در شبستان رسید — نگه کرد سودابه، او را بدید
برِ شاه شد زان سخن مژده داد — ز کار سیاوش بسی کرد یاد
که: «آمد، نگه کرد؛ ایوان همه — بتان سیه چشم، کردم رمه
چنان بود ایوان ز بس خوبچهر — که گفتی همی بارد از ماه مهر [1]
جزاز دختر من پسندش نبود — ز خوبان کسی ارجمندش نبود»
چنان شاد شد زان سخن شهریار — که ماه آمدش گفتی اندر کنار [2]
در گنج بگشاد و چندان گهر — ز دیبای زربفت و زرّین کمر [3]
همان یاره و تاج و انگشتری — همان توغ و هم تخت گنداوری [4]
ز هر چیز گنجی بُد آراسته — جهانی سراسر پراز خواسته [5]
نگه کرد سودابه خیره بماند — به اندیشه افسون فراوان بخواند [6]
که: «گر او نیاید بفرمان من — روادارم ار بگسلد جان من [7]
بد و نیک هر چاره کاندر جهان — کنند آشکارا و اندر نهان [8]
بسازم گر او سر بپیچد ز من — کنم زو فغان، بر سر انجمن» [9]

رفتن سیاوخش
به شبستان
سدیگر بار

نشست از برِ تخت، با گوشوار — بسر برنهاد افسرِ شاهوار
سیاوخشِ رَد را برِ خویش خواند — ز هر گونه با او سخن‌ها براند
بدو گفت: «گنجی بیاراست شاه — کزان‌سان ندیده‌ست کس تاج و گاه [10]

۱ – این رج میان رج‌های پیشین‌وپسین، جدایی می‌افکند، و مگر کاووس، شبستان خویش را ندیده‌است و نمی‌داند؟
۲ – گفتی... از آمدن ماه در کنار(؟)، شادی می‌افزاید؟
۳ – **یک:** گفتار دربارهٔ این گنج پایان ندارد، و پس‌ازاین روشن نمی‌شود که کاووس این گنج را چه کرد! **دو:** «چندان گهر، از دیبای زربفت» چه باشد؟
۴ – «تخت گنداوری» چگونه چیزی است؟
۵ – از چند چیز بیشتر نام برده نشد، و ز هر چیز نادرخور است.
٦ – افسون؛ چاره‌گری باشد، و چاره‌گری در اندیشه خوانده نمی‌شود.
۷ – پیوند با گفتار پیشین ندارد.
۸ – سخن سخت پریشان است... «از بد و نیک، هر چاره که بایسته باشد، آشکار و پنهانی بانجام می‌رسانم».
۹ – **یک:** پیش‌بینی کار آینده... **دو:** پیوسته به گفتار افزودهٔ پیشین.
۱۰ – گنجی را که شاه، آراسته بود، با تاج و گاه، نمی‌توان سنجیدن!

رفتن سیاوخش به شبستان سدیگر بار ۳۱

ز هر چیز چندان که اندازه نیست / اگر بر نهی پیل باید دویست[1]
بتو داد خواهم همی دخترم / نگه کن به روی و سر و افسرم!
بهانه چه داری؟ تو از مهر من! / چه پیچی؟ ز بالا و از چهر من!
که تا من ترا دیده‌ام برده‌ام / خروشان و جوشان و آزرده‌ام[2]
همی روز، روشن نبینم ز درد / برآنم که خورشید شد لاجورد
کنون هفت سال است تا مهر من / همی خون چکاند بدین چهر من[3]
یکی شادگردان، نهانی؛ مرا / ببخشای روز جوانی، مرا
فزون زانکه دادت جهاندار شاه / بیارایمت یاره و تاج و گاه
اُگر سر بپیچی ز فرمان من / نیاید دلت سوی پیمان من
کنم بر تو بر، پادشاهی تباه / شود تیره بر روی تو، چشم شاه»
سیاوش بدو گفت: «هرگز مباد! / که از بهر دل، دین دهم من؛ بباد
چنین با پدر بیوفایی کنم / ز مردیّ ودانش جدایی کنم[4]
تو بانوی شاهیّ و خورشیدِ گاه / سزد کز تو ناید بدینسان گناه»
ازان تخت برخاست با خشم و جنگ / بدو اندر آویخت سودابه چنگ
بدو گفت: «من راز دل پیش تو / بگفتم نهان، از بداندیش تو[5]
مرا خیره خواهی که رسوا کنی؟ / به پیش خردمند رعنا کنی!»[6]
بزد دست و جامه بدرّید پاک / بناخن دو رخ را همی کرد چاک
برآمد خروش از شبستان اوی / فغانش ز ایوان برآمد بکوی
یکی غلغل از باغ و ایوان بخاست / که گفتی شب رستخیزست راست[7]
بگوش سپهبد رسید آگهی / فرود آمد از تخت شاهنشهی
پر اندیشه از تخت زرّین برفت / به سوی شبستان خرامید و تفت[8]
بیامد، چو سودابه را دید، روی؛ / خراشیده و، کاخ پر گفت‌وگوی؛
ز هرکس بپرسید و شد تنگدل / ندانست، کردار آن سنگدل
خروشید سودابه در پیش اوی / همی ریخت آب و همی کند موی

---

۱ - لت دویم سست است.
۲ - **یک:** چگونه برده است، بر روی تخت؟ **دو:** خروشان و جوشان شاید، اما چرا آزرده؟
۳ - چند روز بیشتر نگذشته است!
۴ - دوباره گویی آن سخن پیشین است که «نه من با پدر بیوفایی کنم».
۵ - بداندیش (دشمن) سیاوخش کیست؟
۶ - **یک:** سیاوخش نگفته‌بود که رسوایت خواهم کرد. **دو:** این سخن برگرفته از داستان زال و رودابه است:
آروسم نباید که رعنا شوم / بنزد خِردمند، رسوا شوم
۷ - روز رستخیز گویند، اما شب رستخیز تاکنون شنیده نشده است.
۸ - دوباره گویی سخن پیشین است.

چنین گفت کـ :«امد سیاوش بتخت   بـرآراست چنگ و برآویخت سخت
کـه: جز تو نخواهم کسی را ز بن   جز اینت همی راند باید، سخن [1]
کـه از تُست جان و دلم پر ز مهر   چه پرهیزی از من؟ تو ای خوبچهر!
بینداخت افسر ز مشکین سرم   چنین چاک شد جامه اندر برم»

*

پر اندیشه شد زان سخن شهریار   سخن کرد، هرگونه‌ای خواستار
بدل گفت: «ار این راست گوید همی   اُز این روی، زشتی نجوید همی؛
سیاوخش را سر بباید برید   بدینسان بُود بندِ بَد را کلید
خردمند مردم چه گوید؟ کنون!   خُوَیِ شرم از این داستان، گشت خون!»
کسانی کـه انـدر شبستان بدند   هشیوار و مهترپرستان بدند [2]
گُسی کرد و، بر گاه؛ تنها بماند   سیاوخش و سودابه را پیش خواند [3]
«بهوش و خرد» با سیاوش بگفت   کـه: «این راز بر من نشاید نهفت
نکردی تو این بَد، که من کرده‌ام!   ز گفتار بیهوده آزرده‌ام
چرا خواندم؟ اندر شبستان ترا!   کنون غم مرا، بند و دستان ترا؟
همه راستی جوی و با من بگوی   سخن بر چه سان رفت؟ بنمای روی»
سیاوش بگفت آن کجا رفته‌بود   اُزان در، کـه سودابه آشفته بود
چنین گفت‌سوداوه کـ :«این نیست راست   کـه او از بتان جز تن من نخواست
بگفتم همه هرچه شاه جهان   بدو داد خواست آشکار و نهان [4]
ز فرزند و ز تاج و ز خواسته   ز دینار و ز گنج آراسته [5]
بگفتم کـه: چندین برین سرنهم   همه نیکوی‌ها بـه دختر دهم» [6]
«مرا» گفت: با خواسته کار نیست   بـه دختر مرا راه دیدار نیست [7]
ترا بایدم زین میان، گفت: بس   نـه گنجم بکارست بی‌تو نـه کس [8]
مرا خواست کارد بناگه بچنگ   دو دست اندر آویخت چون سنگ، تنگ

---

۱ - این پیدا است که سیاوخش نمی‌توانسته است، زن شویمند را خواستار باشد! و این رج پیوند میان رج‌های پیشین‌وپسین را می‌گسلاند.

۲ - «کسانی» نادرخور است و پیوند (را) می‌خواهد. شاهنامهٔ فلورانس و نیز نمونه‌های ل، لی، س ۲: «کسی را» و پیدا است که تنها یک کس در شبستان کار نمی‌کرده است.

۳ - خانهٔ آنان در شبستان بود، بکجایشان گسیل کرد؟

۴ - لت دویم ناهماهنگ است.

۵ - کاووس که می‌خواست فرزند سودابه را بسیاوخش دهد!

٦ - **یک:** «چندین»، نشان دادن چیزیست که دیده می‌شود، مگرآنکه چندِ این باشد؛ باندازهٔ این. و در این گفتار، آهنگ سخن برهم می‌خورد. **دو:** سر نهم یا برنهم؟ درست آن بود که بر این خواسته، افزون می‌کنم، یا بر سر آن می‌افزایم، سرنهم، سرنهادن کسی بر روی بالش باشد. **سه:** زر و گوهر نیکویی نیست، که خواسته و مال است.

۷ - راه دیدار دختران که چشم است، و دیدن آنان جزاز خواستاری آنانست.

۸ - «گفت» در این رج، دوباره گویی «گفت» رج پیشین است و نادرست!

نکردمْش فرمان، همی موی من — بکند و، خراشیده شد روی من
یکی کودکی دارم اندر نهان — ز پشتِ تو ای شهریار جهان
ز بس رنج، کشتنْش نزدیک بود — جهان، پیشِ من تنگ و تاریک بود»

*

چنین گفت با خویشتن شهریار — که: «گفتارِ هردو نیاید بکار
بر این کار بر، نیست جای شتاب — که تنگی دل آرد خرد را به خواب[1]
نگه کرد باید، بر این در، نخست — گواهی دهد دل، چو گردد درست!
ببینم، کز این دو، گنهکار کیست؟ — به پادافرهِ بد سزاوار کیست؟»
بدان باز جستن، همی چاره جست — ببویید دست سیاوش نخست
بر و بازو و سرو بالای اوی — سراسر ببویید هر جای اوی[2]
ز سودابه بوی می و مشک ناب — همی یافت کاووس و بوی گلاب؛
ندید از سیاوش بدانگونه، بوی — نشان پسودن نبود اندروی
غمین گشت و سودابه را خوار کرد — دل خویشتن را، پر آزار کرد
بدل گفت، کـ:«این را بشمشیر تیز — بباید کنون کردنش ریزریز!»
ز هاماوران، زانپس اندیشه کرد — که آشوب خیزد بر آوازِ درد*
دو دیگر بدانگه که در بند بود — برِ او نه خویش و نه پیوند بود؛
پرستار، سودابه بُد روز و شب — که پیچید از آن درد و نگشاد لب
سدیگر که یک دل پراز مهر داشت — ببایست زو، هر بد، اندر گذاشت
چهارم کزو کودکان داشت خرد — بجان بر، غمِ خرد نتوان شمرد°
سیاوش از آن کار بُد بیگناه — خردمندی وی بدانست شاه
بدو گفت: «ازین، خود مینْدیش، هیچ — هشیواری و رای و دانش بسیچ
مکن یاد ازین؛ هیچ و، با کس مگوی — نباید که گیرد سخن رنگ و بوی»

*

چو دانست سودابه کاو گشت خوار! — همان سرد شد بر دل شهریار؛
یکی چاره جست اندر آن کار، زشت — ز کینه، درختی بنوّی بکشت
زنی بود با او به پرده درون — پراز جادویی بود و رنگ و فسون

---

۱ – **یکی**: این اندیشه که «شتاب در این کار روا نیست» در رج پسین آمده‌است: «نگه کرد باید». **دو**: لت دوئم درهم ریخته و ناروشن است.

۲ – این سخن در رج پیشین آمده‌است که دستِ اورا ببویید، چون اگر وی را با سودابه آویزشی بوده‌است، کف دستش از سودابه بوی می‌گیرد، نه بازو، و بالای او.

* – چون آوازهٔ کار سودابه بهاماوران رسد، آشوب از آن سرزمین خیزد.

° – غم کودکان خرد را نمیتوان بر دل هموار کردن.

گران بود و اندر شکم بچّه داشت / همی، آن گرانی، بسختی گذاشت
بدو گفت: «پیمانْث خواهم نخست» / براو راز بگشاد و، زو چاره جست
چو پیمان ستد چیز بسیار داد / «سخن» گفت:«از این در، مکن هیچ یاد
یکی دارویی ساز کاین بفکنی / تهی مانی و راز من نشکنی
مگر کاین همه بند و چندین دروغ / بدین بچگان تو گیرد فروغ![1]
بکاووس گویم که: این از من است / چنین کشته، بر دست اهریمن است
مگر کاین، شود بر سیاوش درست / کنون چارهٔ این، ببایذت جست
گر این نشنوی، آب من نزد شاه / شود تیره و دور مانم ز گاه»[2]
بدو گفت زن: «من ترا بنده‌ام / بفرمان و رایت سر افکنده‌ام»
چو شب تیره شد دارویی خورد زن / که افتاد ازو بچّهٔ اهرمن
دو بچّه چنانچون بود دیوزاد / چه زاید خود از دیو و جادو، نژاد؟[3]
نهان کرد زن را و، او خود، بخفت / فغانش برآمد ز کاخ نهفت
در ایوان پرستار چندانکه بود / بنزدیک سودابه رفتند زود
یکی تشت زرّین بیاورد پیش / بگفت آن سخن با پرستار خویش[4]
نهاد اندران بچّهٔ اهرمن / خروشید و بفکند بر جامه تن[5]
دو کودک بدیدند مرده به تشت / از ایوان، بکیوان؛ فغان برگذشت
چو بشنید کاووس از ایوان خروش / بلرزید در خواب و، بگشاد گوش[6]
بپرسید و گفتند با شهریار / که چون گشت، بر ماهرخ، روزگار!
غمین گشت و آن شب نزد هیچ دم / بشبگیر برخاست و آمد دژم[7]
بران گونه سودابه را خفته دید / سراسر شبستان، برآشفته دید[8]
دو کودکِ بر آن گونه در تشت زر / فکنده بخواریّ و خسته جگر[9]
بباریدسودابه از دیده آب / بدو گفت: «روشن ببین، آفتاب!»
همی گفتمت کاو چه کرد از بدی / بگفتار او، خیره، ایمن شدی»[10]
دل شاه کاووس شد بدگمان / برفت و، در اندیشه شد یک زمان

---

۱ – هنوز روشن نیست که آن زن را دو کودک؛ در نهان بود. که از «بچگان» وی یاد شود!
۲ – «پیشتر» پیمان بسته بود. و «گر این نشنوی» بایسته نیست. ۳ – از دیو و جادو، «نژاد» نمی‌زاید.
۴ – **یک**: سودابه بر روی تخت، خودش تشت را نمی‌توانست آوردن! **دو**: یک پرستار نبود که سخن در رج پیشین از «پرستار چند»: پرستاران بود. **سه**: آن سخن رازی میان سودابه و زن جادو بود و نمی‌بایستی آشکارش کردن!
۵ – پیدا است که او، کودکان فروافتاده را در تشت ننهاد که همان زن جادو چنین کرده بود.
۶ – پس‌از شنیدن، گوش گشادن درست نیست. ۷ – لت دویم را آهنگ؛ درهم است. ۸ – دنبالهٔ سخن
۹ – کودکِ افکنده را جگر، خسته نمی‌شود. ۱۰ – بَدی را شُدی پساوا نباشد!

همی گفت ک:«این را چه درمان کنم؟ نشاید که این بر دل آسان کنم»[1]
ازانپس نگه کرد کاووس شاه کسی را که کردی به اختر نگاه؛
بجست و ز هرسو بر خویش خواند بپرسید و بر تخت زرّین نشاند[2]
ز سودابه و رزم هاماوران سخن گفت هرگونه با مهتران[3]
بدان تا شوند آگه از کار او بدانش بدانند کردار او
اُزآن کودکان نیز بسیار گفت نهفته برون آورید از نهفت[4]
همه زیج و سُرلاب برداشتند بر آن کار یک هفته بگذاشتند[5]
سرانجام گفتند ک:«این کی بود؟ بجامی که زهر افکنی، می بود!
دو کودک ز پشتِ کسی دیگرانند نه از پشت شاه و نه زین مادرانند
گر از گوهر شهریاران بُدی از این زیج‌ها جستن آسان بُدی[6]
نه پیداست رازش در این آسمان نه اندر زمین، این شگفتی بدان»[7]
نشان بداندیش، ناپاک زن بگفتند با شاه، در انجمن
نهان داشت کاووس و باکس نگفت همی داشت، پوشیده؛ اندر نهفت[8]
بر این کار بگذشت یک هفته نیز ز جادو، جهان را پُر آمد قفیز[9]
بنالید سودابه و داد خواست ز شاه جهاندار فریاد خواست
همی گفت: «همداستانم ز شاه بزخم و به افکندن از تخت و گاه
ز فرزندِ کشته، بپیچد دلم زمان تا زمان، جان ز تن بگسلم»
بدو گفت: «ای زن تو آرام‌گیر چه گویی؟ سخن‌های نادلپذیر!»
همه روزبانان درگاه شاه بفرمود تا برگرفتند راه
همه شهر و برزن بپای آورند زن بدکنش را بجای آورند
بنزدیکی اندر، نشان یافتند جهاندیدگان تیز بشتافتند
کشیدند بدبخت زن را ز راه بخواری ببردند نزدیک شاه
بخوبی بپرسید و کردش امید بسی روز راداد نیزش نوید[10]

۱ - دوبار «این» در یک سخن آمده‌است و نادرست است.

۲ - اخترماران پادشاهی شناخته شده بودند، و جُستن در کار نبود.

۳ - مهتران همه خود از رزم هاماوران آگاه بودند، آنچه را که کاووس از اخترماران، و نه از مهتران می‌خواست، کار سودابه و بچگان بود.

۴ - بسیار گفتن در کار نبود، از آنها خواست تا از آن کار آگاه شوند و بگویند.

۵ - سرلاب را به جای استرلاب و ستاره‌یاب در سخن فردوسی جای نیست.

۶ - **یک:** دو کودک می‌باید باکنشِ «بُدند» همراه شود. **دو:** زیج گرفتنی است، نه جستنی.

۷ - **یک:** «این آسمان» سخت نادرست است، مگر آسمانی دیگر هم هست؟ **دو:** لت دویم، سخن ناهموار.

۸ - انجمن از کار او آگاه بود. ۹ - پیوسته به رج پیشین.

۱۰ - امید «کردنی» نیست، «دادنی» است، و «داد» در لت دویُم همراه با نوید آمده‌است.

أزان پس بخواریّ و زخم و به بند ‌‌ بپردخت ازو شهریار بلند[۱]
نبُد هیچ خستو، بدان داستان ‌‌ نبُد شاه پرمایه، همداستان

*

بفرمود کـ :«ز پیش بیرون برید ‌‌ بسی چاره جویید و افسون برید
چو خستو نیاید، میانش به ار ‌‌ ببرّید و این باشد آیین و فر»
ببردند زن را ز درگاه شاه ‌‌ ز شمشیر گفتند و از دار و چاه
چنین گفت جادو که: «من بیگناه! ‌‌ چگویم بدین نامور پیشگاه؟»
بگفتند با شاه، کان زن چه گفت: ‌‌ «جهان‌آفرین داند اندر نهفت»
بسوداوه فرمود تا رفت پیش ‌‌ ستاره‌شمر، گفت؛ گفتار خویش
که: «این هردو کودک ز جادو زن‌اند ‌‌ پدیدند کز پشت اهریمن‌اند»[۲]
چنین پاسخ آورد سودابه باز ‌‌ که: «نزدیک ایشان، جز اینست راز!
فزون است زین‌شان سخن درنهفت ‌‌ ز بهر سیاوش نیارند گفت
ز بیم سپهبد، ؟ ر پیلتن، ‌‌ بلرزد همی، شیر در انجمن!
کجا زور دارد به هشتاد پیل ‌‌ ببندد چو خواهد ره آب نیل[۳]
همان لشکر نامور سدهزار ‌‌ گریزند ازو در صف کارزار[۴]
مرا نیز پایاب او چون بود؟ ‌‌ مگر دیده همواره پرخون بود[۵]
جز آنک او بفرماید، اخترشناس ‌‌ چه گوید؟ سخن! وز که جوید؟ سپاس!
ترا، گر غم خرد فرزند، نیست ‌‌ مرا هم فزون از تو پیوند نیست
سخن گر گرفتی چنین سرسری ‌‌ بدان گیتی افکندم این داوری»
ز دیده فزون زان ببارید آب ‌‌ که بردارد از رود نیل آفتاب[۶]

*

سپهبد ز گفتار او، شد دژم ‌‌ همی زار بگریست با او، بهم
گُسی کرد سودابه را، خسته دل ‌‌ بران کار بنهاد، پیوسته، دل
چنین گفت کـ :«اندر نهان، این سَخُن ‌‌ پژوهیم تا خود چه آید به بُن»

---

۱ – **یک:** هنوز، زن در بارگاه است و زمانی «بند» پیش می‌آید که بزندان برندش، و چون از پیش کاووس می‌برندش، تازه در آنجا از شمشیر و دار و چاه سخن بمیان می‌آید. **دو:** هنوز از کار او نپرداخته‌اند، چاره‌جویی و افسون در آینده است، و زن نیز در نزدِ شاه است.

۲ – کودکان از زن جادو، بودند، درست!، اما نمی‌توانستند، آنانرا از پشت «اهریمن» درشمار آورند.

۳ – **یک:** هشتاد پیل را افزاینده بدانروی آورده است که سدوهزار و دیگر شمار که نشان بیشی است در این لت نمی‌گنجد! **دو:** لت دویم بس سست می‌نماید.

۴ – **یک:** همهٔ لشکریان، نامور نمی‌شود، که ناموران هر لشکر سپاهبدان آن‌لشکرند. **دو:** کارزار، صف نمی‌پذیرد. صف را پیش‌از کارزار می‌بندند. **سه:** در بنداری نیست.

۵ – سخن، درست است، اما پیوسته بگفتار پیشین است.

۶ – گزافهٔ سخت!

گذشتن سیاوخش بر آتش ۳۷

ز پهلو همه موبدان را بخواند … ز سودابه چندی سخن‌ها براند
چنین گفت موبد، بشاه جهان … که: «درد سپهبد نماند نهان
چو خواهی که پیدا کنی گفت‌وگوی … بباید زدن سنگ را بر سبوی[1]
که هرچند فرزند هست ارجمند … دل شاه از اندیشه یابد گزند[2]
وز این دختر شاه هاماوران … پر اندیشه گشتی به دیگر کران[3]
ز هر در، سخن، چون بدین‌گونه گشت … بر آتش، یکی را، بباید گذشت
چنین است فرمان چرخ بلند … که بر بیگناهان نیاید گزند»
جهاندار، سودابه را پیش خواند … همی با سیاوش بگفتن نشاند
سرانجام گفت: «ایمن از هردوان … نه؛ گردد مرا دل، نه؛ روشنروان
مگر کآتش تیز، پیدا کند! … گنه‌کار را، زود رسوا کند»
چنین پاسخ آورد سودابه پیش … که: «من راست گویم بگفتار خویش
فکنده، دو کودک، نمودم بشاه … ازین بیشتر کس نبیند گناه
سیاوخش را کرد باید درست … که: «این بد نکرد و، تباهی نجست!»
بپورِ جوان گفت شاه زمین … که: «رایت چه بیند؟ کنون؛ اندرین!»
سیاوش چنین گفت با شهریار … که: «دوزخ مرا، زین سخن، گشت خوار
اگر کوه آتش بود بسپرم … ازین ننگ خوارست اگر بگذرم»*
بداندیش شد جان کاووس کی … ز فرزند و سوداوهٔ نیک پی[4]
که: «ز این دو یکی گر شود نابکار … ازان پس که خواند مرا شهریار؟[5]
چو فرزند و زن باشد و هوش و مغز … که را پیش بیرون شود کار نغز[6]
همان به کز این زشت‌کردار، دل … بشویم، کنم چاره‌ای دلگسل[7]
چه گفت آن سپهدار نیکوسخن … که: با بددلی شهریاری مکن»[8]

---

۱ - گفت‌وگوی را پیدا کردن نمی‌خواست. راز می‌باید آشکار (پیدا) می‌شد.

۲ - پیوند میان دو لت استوار نیست: «اگرچه فرزند، ارجمند است، (اما) دل شاه (نیز) نباید (که) گزند یابد».

۳ - از سوی دیگر یا از کران دیگر! کجا باشد؟

* - بکار گرفتن دوبارهٔ بندِ اگر در یک رج دور از گفتار فردوسی می‌نماید. اندیشه من چنین رهنمون می‌شود که لت دویم را بدینگونه بخوانیم: «ازین ننگ خوارست و می‌بگذرم».

۴ - **یک:** چرا اکنون که راستی از دروغ پیدا می‌شود باید جان کاووس بداندیش شود! **دو:** سودابه نیک‌پی؟ سیاوخش نیک‌پی نبود؟

۵ - **یک:** نابکار، دشنامی است که در زمان‌های پسین روان گشت، نابکار در زمان و زبان فردوسی، کس یا چیزیست که بکار نیاید، دیگر آنکه بیگمان یکی از آندو بدکاره بوده‌اند و این تازگی ندارد! **دو:** همان کسان که با چنان آشوب، باز اورا شهریار می‌خوانند.

٦ - این رج را هیچ گزارش و برآیند، درشمار آوردن، نتوان!

۷ - دنبالهٔ گفتار است.

۸ - **یک:** کدام سپهدار؟ **دو:** بنداری نیاورده است.

گذشتن سیاوخش بر آتش

بدستور؛ فرمود، تا ساروان ... شتر آرد از دشت، سد کاروان
هیونان بهیزم کشیدن شدند ... همه شهر ایران بدیدن شدند
بسد کاروان اشتر سرخ موی ... همی هیزم آورد پرخاشجوی [1]
نهادند هیزم دو کوه بلند ... شمارش گذر کرد بر چون و چند [2]
ز دور از دو فرسنگ هرکس بدید ... چنین جست باید بلا را کلید [3]
همی خواست دیدن درِ راستی ... بکار اندرون کژی و کاستی [4]
چو این داستان سربسر بشنوی ... به آید ترا گر بدین بگروی [5]
نهادند بر دشت هیزم دو کوه ... جهانی نظاره شده همگروه [6]
گذر بود چندانکه جنگی سوار ... میانه برفتی بتنگی، چهار [7]
بدان گاه سوگند پرمایه شاه ... چنین بود آیین و این بود راه [8]
اُزان پس بموبد بفرمود شاه ... که بر چوب ریزند نفت سیاه
بیامد دو سد مردآتش‌فروز ... دمیدند و گفتی شب آمد بروز [9]
نخستین دمیدن، سیه شد ز دود ... زبانه برآمد پس‌از دود، زود

---

۱ – **یک:** دوباره گفتن سد کاروان. **دو:** اشتر سرخ‌موی، یا زردموی؛ برای کشیدن هیزم برتری ندارد! **سه:** کنش یگانهٔ «آورد» برای سدها شتر نادرست است. **چهار:** این پرخاشجوی کیست که یکباره نامش می‌آید و برای همیشه فراموش می‌شود؟

۲ – **یک:** دوباره‌گویی «نهادند بر دشت هیزم دو کوه» است (رج چهارم پسین). **دو:** مگر هیزم را می‌شمارند که شمار آن از چند بگذرد؟ **سه:** باری از چند که بگذریم. «چون؟» را چه می‌توان گزارش کردن؟ شمار آن از چون گذشت؟!

۳ – **یک:** یا از دور، یا از دو فرسنگ! و هردو با هم نادرست است. **دو:** لت دویم، خواننده را بهیچ چیز ره نمی‌نماید.

۴ – **یک:** درِ راستی، یا راستی؟ **دو:** پیوند با لت نخست ندارد.

۵ – **یک:** در میانهٔ داستان این داوری پذیرفته نیست، یا چنین سخن می‌باید در آغاز داستان بیاید، یا پس‌از پایان یافتن آن! **دو:** در بنداری نیست. **سه:** گرویدن و گروش همانست که در زبان تازی (ایمان یا اعتقاد) خوانده می‌شود، و چگونه می‌توان بیک داستان گرویدن؟ **چهار:** «به آید ترا» نیز نادرست است: «بهتر است که».

٦ – لت نخست دوباره‌گویی لت نخست از رج ۸۰۷۳

۷ – چون افزایندگان از دو کوه هیزم نام بردند، پس می‌بایستی جدایی از آن دو کوه را بسنجند. اما، **یک:** اندازه تن سوار جنگی با سوار کشاورز و... یکی است نام بردن آن نادرست است. **دو:** میانه بتنهایی نادرخور است. بایستی روشن شود که: «(از) میانهٔ (آنها)». **سه:** «برفتی» ویژهٔ یک کس است. **چهار:** بتنگی نادرست است: «کنار هم». **پنج:** شمارش باژگونه است: «چهار سوار»، و نه «سوار چهار».

۸ – **یک:** دوباره‌گویی سخن موبدان است که می‌باید برای روشنْ شدن راستی، از آتش بگذرند. **دو:** «چنین» و «این» در لت دویم باز می‌گردد به گذر چهار سوار جنگی، و نه فرمانِ گذر از آتش!

۹ – **یک:** «دوسد مرد» را «بیامدند» بایسته است. **دو:** آتش افروزان، آتش افروختند؟ یا دمیدند؟

زمین گشت روشن‌تر از آسمان … جهانی خروشان و، آتش دمان
سراسر همه دشت بریان شدند … بر آن چهر خندانش گریان شدند[1]
سیاوش بیامد به پیش پدر … یکی خود زرّین نهاده بسر
هشیوار و با جامه‌های سپید … لبی پر ز خنده دلی پر امید
یکی تازیی برنشسته سیاه … همی خاک نعلش برآمد بماه[2]
پراکنده کافور بر خویشتن … چنانچون بود رسم و ساز کفن[3]
بدانگه که شد پیش کاووس باز … فرود آمد از باره بردش نماز[4]
رخ شاه کاووس پر شرم بود … سخن گفتنش با پسر نرم بود!
سیاوش بدو گفت: «اندُه مدار … کز اینسان بود گردش روزگار
سر پر ز شرم و بهایی مراست … اگر بیگناهم رهایی مراست[5]
ور ایدون کز این کار هستم گناه … جهان‌آفرینم ندارد نگاه[6]
بنیروی یزدان نیکی دهش … از این کوه آتش، نیابم تپش»
خروشی برآمد ز دشت و ز شهر … غم آمد جهان را از آن کار، بهر
چو از دشت سودابه‌آوا شنید … برآمد به ایوان و آتش بدید[7]
همی خواست کو را بد آید بروی … همی بود جوشان پراز گفت‌وگوی[8]
جهانی نهاده بکاووس چشم … زبان پر ز دشنام و دل پر ز خشم
سیاوش بر آن کوه آتش بتاخت … نشد تنگدل، جنگ آتش بساخت
ز هرسو زبانه همی برکشید … کسی خود و اسپ سیاوش ندید[9]
یکی دشت با دیدگان پر ز خون … که تا او کی آید ز آتش برون!
چو او را بدیدند برخاست غو … که: «آمد، ز آتش برون، شاه نو!
اگر آب بودی مگرتر شدی … ز تری همه جامه بی‌بر شدی[10]

۱ – هنوز سیاوخش نیامده است، و سخن از لب خندان در رج دویم پسین می‌آید.

۲ – **یک:** تاکنون در شاهنامه «تازی» نیامده است، و همه جای «اسپ تازی»، یا «تازی اسپ» آورده‌اند! **دو:** بنزدیک شاه آمدن. نشان از ایستادن اسپ می‌کند، و چگونه در ایستادن گرد نعلش بماه می‌رسد.

۳ – کافور خشک بر تن خشک نمی‌ماند!

۴ – «بدانگه» نادرست است «چون بنزدِ...». سخن افزاینده چنانِ نشان می‌دهد، که پس‌از آمدن سیاوش به پیش پدر (۸۰۸۵) یکبار دیگر نیز به پیش پدر آمد: «شد پیش کاووس باز».

۵ – لت نخست را هیچ گزارشی نیست!

٦ – «از این کار هستم گناه» نادرست است: «اگر در اینکار گناه دارم» یا «گناهکار هستم».

۷ – نمی‌توان باور داشتن که سودابه از پیش نگران آن کار نبوده‌است.

۸ – با که گفت‌وگوی داشت؟ چون یک تنِ تنها می‌تواند تنها «بگوید» و گفت‌وگوی را دو، یا چند کس می‌باید.

۹ – چه چیز زبانه برمی‌کشید؟: «ز هرسوی آتش زبانه کشید».

۱۰ – سخن سست. افزاینده خواسته است بگوید که اگر بجای آتش، آب می‌بود، جامه او را تر می‌کرد. لت دویم را نیز هیچگونه گزارش نیست.

چنان آمد اسپ و قبای سوار — که گفتی سمن دارد اندر کنار»![1]

*

چو بخشایشِ پاک یزدان بود — دَمِ آتش و آب، یکسان بود

*

چو از کوه آتش، بهامون گذشت — خروشیدن آمد، ز شهر و ز دشت!
سواران لشکر برانگیختند — همه دشت پیشش درم ریختند[2]
یکی شادمانی بُد اندر جهان — میان کهان و میان مهان
همی داد مژده یکی را دگر — که: «بخشود بر بیگنه، دادگر»!
همی کند سودابه از خشم، موی — همی ریخت آب و همی خست روی
چو پیش پدر شد سیاوخش پاک — نه دود و نه‌آتش نه گرد و نه خاک[3]
فرود آمد از اسپ، کاووس شاه — پیاده سپهبَد، پیاده سپاه!
سیاوخش را تنگ دربر گرفت — ز کردارِ بد، پوزش اندر گرفت
سیاوش بپیش جهاندارِ پاک — بیامد بمالید رخ را بخاک[4]
که از تفِ آن کوه‌آتش برست — همه کامهٔ دشمنان گشت پست[5]
بدو گفت شاه: «ای دلیر و جوان — که پاکیزه تخمیّ و روشنروان[6]
چنانی که از مادر پارسا — بزاید، شود بر جهان پادشا»[7]
به ایوان خرامید و بنشست شاد — کلاه کیانی بسر برنهاد
می آورد و رامشگران را بخواند — همه کامها با سیاوش براند[8]
سه روز اندر آن سور می درکشید — نبُد بر درِ گنج، بند و کلید[9]
چهارم بتخت کیی برنشست — یکی گرزهٔ گاوپیکر بدست[10]
برآشفت و سودابه را پیش خواند — گذشته سخن‌ها، بر او بر، براند

---

۱ – گفتی...

۲ – **یک:** «اسپ» کم دارد: سواران لشکر، اسپان را برانگیختند! **دو:** در آن هنگامه، که را پروای آن بوده‌است که از پیش؛ درم با خویش بدشت برده باشد، اکنون بپای سیاوخش ریزد.

۳ – ناگفته پیدا است که دود بهمراه سیاوخش از آتش بیرون نمی آید، و در آن افروزش وتنش چه جای گرد و خاک بود؟

۴ – گویی خداوند را جایی است که می‌باید بنزدش روند!

۵ – **یک:** سخن نادرخور... از تف آتش؟ یا از آتش؟ زیرا که تف آتش، بیرون از آتش نیز هست. **دو:** سیاوخش را چند دشمن نبود، و تنها یک دشمن داشت.

۶ – سخن سست نیست، اما به رج پسین پیوسته است.

۷ – در هنگام پدرسالاری، پادشاهی از پدر بفرزند می‌رسد، نه از مادر.

۸ – **یک:** می را شاه نمی‌آورد که پرستاران می آورند. **دو:** «همه کامها» چه گزارش دارد؟

۹ – **یک:** چون شب و روز «می» می‌پیمودند. نام آن «سور» نمی توانست بودن زیراکه سور، خوراک نیمروز است. **دو:** «می در کشیدن» بجای «می نوشیدن» شیوهٔ گفتار فرهیختگان نیست.

۱۰ – بهنگام جنگ گرز بدست می‌گرفتند نه بر روی تخت.

که: «بی‌شرمی و بد، بسی کرده‌ای   فراوان دل من بیازرده‌ای
یکی بد نمودی بفرجام کار   که بر جان فرزند من زینهار؛
بخوردیّ و در آتش انداختی   برایـن‌گونه بر، جادوی ساختی!
نیاید ترا پوزش اکنون بکار   بپرداز جای و برآرای کار
نشاید که باشی تو اندر زمین   جز آویختن، نیست پاداش این»

*

بدو گفت سوداوه که: «ای شهریار   تو آتش برین تارک من ببار[1]
مرا گر همی سر بباید برید   مکافات این بد که بر من رسید؛
بفرمای و من دل نهادم برین   نبود آتش تیز، با او، بکین
سیاوش سخن راست گوید همی   دل شاه، از غم بشوید همی
همه جادوی زال کرد اندرین   نخواهم که داری، دل از من، بکین»

*

بدو گفت: «نیرنگ داری هنوز؟   نگردد همی پشت شوخیت* کوز!»

*

به ایرانیان گفت شاه جهان   که: «از این بد، که او ساخت اندر نهان؛
چه سازم؟ چه باشد؟ مکافات این»   همه شاه را خواندند آفرین
که: «پاداش او، آنکه بیجان شود   ز بد کردن خویش پیچان شود!»
بدژخیم فرمود که: «این را بکوی   ز دار اندر آویز و، برتاب روی!»
چو سوداوه را روی برکاشتند   شبستان همه بانگ برداشتند
دل شاه کاووس پر درد شد   نهان داشت، رنگ رخش زرد شد[2]
سیاوش چنین گفت با شهریار   که: «دل را بدین کار رنجه مدار
بمن بخش سوداوه را زین گناه   پذیرد مگر پند و، آید براه»
همی گفت با دل که: «بر دست شاه   گرایدونکه سودابه گردد تباه
بفرجام کار، او پشیمان شود   ز من بیند آن غم، چو پیچان شود»
بهانه همی جست زان کار، شاه   بدان تا ببخشد، گذشته گناه
سیاوخش را گفت: «ببخشیدمش   ازانپس که خون ریختن دیدمش»
سیاوش ببوسید تخت پدر   اُزان تخت برخاست و آمد بدر[3]

۱ - نه رج سخنان دوباره که در بُنداری نیز نیامده‌است.
۲ - چگونه درد را در دل نهان داشت که رنگ وی زرد شد؟
۳ - دوبار نام «تخت» بردن، نادرخور است آهنگ لت دویم نیز پریشان است.

* - شوخی: گستاخی

شبستان همه پیش سودابه باز — دویدند و بردند او را نماز

*

بر این گونه بگذشت، یک روزگار — بر او گرم‌تر شد، دل شهریار
چنان شد دلش باز از مهر او — که دیده نه می‌داشت از چهر او [1]
دگر باره با شهریار جهان — همی جادوی ساخت اندر نهان
بدان تا شود با سیاوخش بد — بدانسان که از گوهر او سزد [2]
ز گفتار او شاه شد در گمان — نکرد ایچ، بر کس پدید، از مهان
بجایی که کاری چنین اوفتاد — خرد باید ودانش و دین و داد [3]
چنانچون بود مردم ترسکار — بر آید بکام دل مرد کار [4]
بجامی که زهر آکند روزگار — ازو نوش، خیره، مکن خواستار
تو با آفرینش بسنده نه‌ای — مشو تیز گر پرورنده نه‌ای [5]
چنین است کردار گردان سپهر — نخواهد گشادن همی بر تو چهر [6]
برین داستان زد یکی رهنمون — که: «مهری فزون نیست از مهر خون [7]
چو فرزند شایسته آمد پدید — ز مهر زنان، دل بباید برید»

تاختن افراسیاب
به
ایران

بمهر اندرون بود شاه جهان — که بشنید گفتار کارآگهان

---

۱ – لت دویم سست است. در برخی نمونه‌ها. نبرداشت، از چهر او، آمده‌است که آن نیز نادرست است.

۲ – ازگوهر چه کس؟ این سخن یا به کاووس باز می‌گردد، یا بسیاوخش؛ بازآنکه افزاینده را رای برآن بوده‌است که بگوید گوهر سودابه بد بوده‌است.

۳ – **یک:** کار، افتادنی نیست، که روی دادنی، رخ نمودنی... است. **دو:** خرد و دین و دانش و داد، همواره بایسته است نه تنها در چنین رویداد!

۴ – **یک:** پسوند کار، و گار، از ریشهٔ «کَر» اوستایی، بدنبال ریشهٔ روانِ (مضارع)کنش می‌آید. چون: آموختن، آموز، آموزگار، پرهیختن، پرهیز، پرهیزگار، نه بدنبالِ نام! **دو:** واژهٔ خواستگار نیز که امروز روان است درست نیست زیراکه بدنبال ریشهٔ گذشته کنش خواستن آمده‌است. این واژه، پیشتر خواستار بوده‌است که دگرگون شده! و بر این بنیاد واژهٔ «ترسکار» نادرست است.

۵ – **یک:** این سخن را با گفتار پیشین هیچ پیوند نیست. **دو:** از این سخن، هیچ بر نمی‌آید.

۶ – نخواهد گشادن همی راز خویش... درست می‌نمود. زیراکه اگر «چهر» را که «نژاد» است و پسان بجای رخ و روی کاربرد پذیرفته، اینجا نیز «روی» بدانیم، سپهر گردان رخ خویش را از هیچکس پنهان نکرده است و آنچه که از او دیده می‌شود، روی او است!

۷ – بنداری این دو رج را ندارد.

که افراسیاب آمد و سدهزار — گزیده ز توران، نبردهسوار
سوی شهر ایران نهادهست روی — اُزو گشت کشور پراز گفتوگوی[1]
دل شاه کاووس ازان تنگ شد — که از بزم، رایش سوی جنگ شد!
یکی انجمن کرد از ایرانیان — ز هرکس که بُد نیکخواهِ کیان
بدیشان چنین گفت ک :«افراسیاب — ز باد و ز آتش، ز خاک و ز آب
همانا که ایزد نکردش سرشت — مگر خود، سپهرش دگرگونه کِشت
که چندین بسوگند پیمان کند — زبان را بخوبی گروگان کند
چو گرد آورد مردم کینهجوی — بتابد، ز پیمان و سوگند، روی!
جزاز من نشاید وراکینهخواه — کنم روز روشن بر او بر، سیاه
مگر گم کنم نام او در جهان — اُگرنه چو تیر از کمان، ناگهان؛
سپه سازد و رزم ایران کند — بسی زین بر و بوم ویران کند»

*

بدو گفت موبد: «چه باید سپاه؟ — چو خود رفت باید به آوردگاه!
چرا خواسته داد باید بباد؟ — در گنج چندین چه باید گشاد؟[2]
دو بار این سرِ نامور گاهِ خویش — سپردی ز تیزی ببدخواه خویش[3]
از این پهلوانان یکی برگزین — سزاوار جنگ و سرافراز کین»
چنین داد پاسخ بدیشان که: «من — نبینم کسی را بدین انجمن[4]
که دارد پی و تاب افراسیاب — مرا رفت باید چو کشتی بر آب[5]
شما بازگردید تا من کنون — بپیچم یکی دل بر این رهنمون[6]
سیاوش از آن، دل، پراندیشه کرد — روان را، از اندیشه، چون بیشه کرد
بدل گفت: «من سازم این رزمگاه — بچربی بگویم، بخواهم ز شاه
مگر کهم رهایی دهد دادگر — ز سودابه و گفتوگوی پدر!

۱ - در رج پیشین، همین سخن آمدهبود! «افراسیاب آمد و...»
۲ - پیدا است که اگر پهلوانان نیز بجنگ روند، میباید درگنج راگشادن و خواسته را بباد دادن.
۳ - این گفتار، برگرفته از داستان پرواز کاووس است که گودرز پیر بدو گفت:

بدشمن دهی هر زمان جای خویش — نگویی بکس، بیهده رای خویش

باری گاه = تخت را سر نباشد.
۴ - دو رج: در کشوری که رستم؛ پهلوان آنست و تا آنزمان سه بار شکست بر لشکر افراسیاب آورده است چگونه کاووس را پروای گفتن چنین سخن باشد؟
۵ - کنش «دارد» در لت نخست نابجا است که پی آن را (داشته باشد) که... .
۶ - **یک:** اگر رایزنان شاه (انجمن مهیستان) بازگردند، کاربرد واژهٔ «کنون» ناشایست است، زیراکه وی پسازآن رایزنی میباشد بیندیشد! **دو:** دل را پیچیدن چه میتواند باشد، آنهم «بر این رهنمون»!. **سه:** اگر انجمن مهیستان ایران، رهنمون کاووس نبودهاست، پس چه کس رهنمونِ وی تواند بود. چنین میاندیشم که از این لت، پستتر سخن نبوده باشد که بشاهنامه افزوده باشند! **سه:** در بنداری نیز نیست.

دودیگر کز این کار، نام آورم — چنان لشکری را بدام آورم»
بشد با کمر پیش کاووس شاه — بدو گفت: «من دارم این پایگاه؛
که با شاه توران بجویم نبرد — سر سرکشان اندر آرم بگرد»!

*

چنین بود رای جهان‌آفرین — که او جان سپارد بتوران‌زمین
به رای و، به اندیشهٔ نابکار — کجا بازگردد بد روزگار؟[1]

*

بدین کار، همداستان شد پدر — که بندد بر این کین، سیاوش! کمر
ازو شادمان گشت و بنواختش — بنوّی یکی پایگه ساختش
بدو گفت: «گنجِ گهر پیش تست — تو گویی سپه سربسر خویش تست[2]
ز گفتار و کردار و از آفرین — که خوانند بر تو به ایران‌زمین»[3]
ازانپس گوِ پیلتن را بخواند — فراوان سخنهای نیکو براند
بدو گفت: «هم‌زورِ تو پیل نیست — چو گردِ پیِ رخش تو، نیل نیست
ز گیتی هنرمند و خامش تویی — که پروردگار سیاوش تویی
چو آهن ببندد به کانِ گهر — گشاده شود، چون تو بندی کمر[4]
سیاوش بیامد کمر بر میان — سخن گفت با من چو شیر ژیان
همی خواهد او جنگ افراسیاب — تو با او برو، روی ازو° برمتاب
چو بیدار باشی تو خواب آیدم — چو آرام یابی شتاب آیدم[5]

---

۱ – **یک:** آیا اندیشهٔ سیاوخش نابکار بوده‌است؟ **دو:** در لت دویُم سخن چنانست که کجا؟ بازگردد... بازآنکه در شیوهٔ سخن فردوسی کجا، «که» است و سخن چنین می‌نماید بد روزگار، با اندیشهٔ نابکار، دگرگون می‌شود!!

۲ – **یک:** برای راهیِ شدن بسوی میدان جنگ گنج گهر بایسته نیست که گنج درم و دینار و نیز گنج جنگ‌افزار می‌باید! باری بهنگام جنبش سپاه، خواهیم دیدن که از گنج چه چیزها، همراه سپاه می‌کنند! **دو:** «تو گویی» نشانهٔ گمان و پندار است، در این هیچ گمان نبوده‌است و ایرانیان باستان همه تیره و دوده و نژاد خویش را می‌شناخته‌اند، و همه دور یا نزدیک با یکدگر خویش بوده‌اند؟

۳ – **یک:** اگر «گفتار و آفرین» ایرانیان بر سیاوخش را فرخنده دانیم، «کردارِ» آنان، در این میانه چه بوده باشد؟ **دو:** سخن پایان ندارد... اما افزاینده خواسته است بگوید که چنانکه گنج و گهر پیش تو هست گفتار و کردار و آفرین ایرانیان نیز پیش تست!! **سه:** در بنداری «گنج و گهر» آمده‌است.

۴ – آهن در کانِ آهن بسته می‌شود، نه در کانِ گهر.

○ – لت دویم، را دو پارهٔ (جمله) سخن است؛ ۱: تو با او برو، ۲: (تو) روی از او بر متاب، و این دو پاره را یک پیوند (و) در کار است، و بی هیچ گمان این پیوند می‌بایستی سخن را در لت نخست کوتاه‌تر کند تا بتواند جای آنرا بگیرد و بر این بنیاد بخش نخست چنین می‌شود. تو با او رو (و)... اما در بخش دویم نیز یکبار «او» بکار رفته‌است و بر رویهم در یک لت دو بار «او» را بکار گرفتن سخن را سست می‌کند، پس می‌بایستی بجای «او» در بخش دویم «وی» بکار گیریم، و «وی» را نیز چون کشیده‌تر از «او» است، می‌بایستی «بر» را از آن برداشتن: «روی ازوی متاب» و بر رویهم: «تو با او رو و، روی از وی متاب» و بدینگونه، سخن بآیین می‌شود، زیرا که برتاب و برتافتن؛ تاب آوردن (= تحمل کردن) است و گونهٔ درست این واژهٔ آمیخته در «رخ متاب» آمده‌است که اگر آنرا بگونه «رخ بر متاب» آوریم سخن دیگرگون می‌شود... «تو با او رو و، رُخ از او بر متاب».

۵ – سخن سست و بیمایه است، زیرا که بهنگام شتاب رستم برای نبرد، کاووس و همهٔ ایرانیان را شتاب درمی‌گیرد.

تازش افراسیاب به ایران ۴۵

جهان ایمن از تیر و شمشیر تست   سر ماه با چرخ در زیر تست»[1]
تهمتن بدو گفت: «من؛ بنده‌ام   سخن هرچه گویی نیوشنده‌ام
سیاوش پناه و روان من است   سرِ تاج او آسمان من است
چو بشنید ازاو، آفرین کرد و گفت   که: «با جان پاکت خرد باد جفت!»

آراستن
سیاوخش
سپاه خود را

برآمد خروشیدن نای و کوس   بیامد، سپهبد، سرافراز توس[2]
بدرگاه بر، انجمن شد سپاه   در گنجِ دینار بگشاد شاه
ز شمشیر و گرز و کلاه و کمر   همان خود و درع و سنان و سپر[3]
ز گنجی که بُد جامهٔ نابرید   فرستاد نزد سیاوش کلید[4]
که: «بر جان و برخواسته، کدخدای   تویی، ساز کن تا چه آیدْتْ رای»
گزین کرد از آن نامداران سوار   دلیران جنگی ده و دو هزار
هم از پهلو پارس، کوچ و بلوچ   ز گیلان جنگیْ و دشت سروچ[5]
سپرور پیاده ده و دو هزار   گزین کرد شاه از درِ کارزار[6]
از ایران هرآنکس که گوزاده بود   دلیر و خردمند و آزاده بود[7]
ببالا و سال سیاوش بدند   خردمند و بیدار و خامش بدند[8]
ز گردان جنگیْ و ناماوران   چو بهرام و چون زنگهٔ شاوران[9]
همان پنج موبد ز ایرانیان   برافراختند اختر کاویان[10]
بفرمود تا جمله بیرون شدند   ز پهلو سوی دشت و هامون شدند

---

۱ - سستی سخن آشکارتر از آنست که نیاز بگفتار داشته باشد. مگر ماه سر دارد؟ و چرخ گردون چگونه در زیر کسی جای می‌گیرد؟

۲ - سپهدار توس در جنگ نخستین همراه نبوده‌است.   ۳ - ز = از شمشیر و گرز و... را پیوند می‌باید.

۴ - «ز گنجی»، یا «بگنجی» هردو نادرست است، سخن چنین می‌باید بودن. کلید گنج جامهٔ نابریده (پارچه) را نزد سیاوخش فرستاد.

۵ - **یک:** پَهلَو پارس را بلوچ و کوچ نیست. **دو:** دشت سروچ در پهنهٔ ایران شناخته نمی‌شود.

٦ - همهٔ سپاهیان سپرور بودند و گروهی ویژه بنام سپرور نبوده‌است. باری اگر گروهی پدیدار شود که تنها، سپر داشته باشند، کار آنان «کارزار» نتواند بودن که تنها می‌توانستند به پادرَزم (دفاع) ایستند.

۷ - روشن نیست که همهٔ گو زادگان (واژه‌ایکه دیگر هرگز کاربرد نداشته = بزرگزاده) دلیر و خردمند نیز بوده باشند!...

۸ - و نیز همهٔ آنان دوباره خردمند و بیدار و خامش(؟) باشند!   ۹ - چو... نادرست است.

۱۰ - کار موبدان برافراشتن درفش نبوده‌است و درفش کاویان نیز همواره درفش کاویان بوده‌است نه اختر کاویان.

سر اندر سپهر، اختر کاویان   چو ماه درخشنده اندر میان[1]
ز پهلو برون رفت کاووس شاه   یکی تیز برگشت گرد سپاه[2]
یکی آفرین کرد، پرمایه کی   که: «ای نامداران فرخنده‌پی
مبادا جز از بخت همراهتان   شده تیره، دیدارِ بدخواهتان
بنیک اختر و تندرستی شدن   به پیروزی و شاد، باز آمدن[3]
ازان جایگه کوس بر پیل بست   بگردان بفرمود و خود برنشست[4]
دو دیده پر از آب کاووس شاه   همی بود یک روز با او براه[5]
سرانجام مر یکدگر را کنار   گرفتند، هردو چو ابر بهار؛[6]
ز دیده همی خون فروریختند   بزاری خروشی برانگیختند[7]
گواهی همی داد دل، در شدن   که دیدار ازانپس نخواهد بدن[8]
-چنین است کردار گرداننده دهر   گهی نوش بار آورد گاه زهر-[9]

لشکر کشیدن سیاوخش
بسوی
افراسیاب

سوی گاه، بنهاد کاووس روی   سیاوش ابا لشکر جنگجوی؛[10]
سپه را سوی زاولستان کشید   ابا پیلتن سوی دستان کشید[11]
همی بود یک چند با رود و می   بنزدیک دستان فرخنده‌پی[12]

---

۱ - دوباره گویی دربارهٔ اختر کاویان.   ۲ - برگشتن، بازگشتن است، و گرد سپاه نمی‌توان بازگشتن!

۳ - **یک:** چون از «تندرستی» سخن می‌رود، در لت دویم نیز می‌باید. از «شادی» نام برده شود، نه در «شادی». **دو:** این گفتار بگونهٔ درست در رج پیشین آمده‌بود.

۴ - **یک:** کدام جایگه؟ سپاه از پایتخت می جنبد. **دو:** بگُردان چه فرمود؟ **سه:** مگر پیاده گرد سپاه (برگشته) بود؟ که اکنون برنشست!

۵ - کاووس را که بدخواه سیاوخش است چرا بایستی گریستن؟ **دو:** همی بود در لت دویم نیز نادرخور است: «یک روز با سپاه برفت».

٦ - همان داوری.

۷ - همان گفتار... لت نخست: از دیدگان خون فروریختند و لت دویم نیز خروشی نادرخور است، «خروش».

۸ - این رج از داستان سام بهنگام بدرود زال و رستم برگرفته شده است.   ۹ - و پندگویی‌های همیشگی!!

۱۰ - چگونه کاووس بسوی تخت روی کرد، که خود در پایتخت بود.

۱۱ - سرگشتگی از این بیشتر نمی‌شود که سپاه را که برای رویارویی با افراسیاب می‌بایستی بسوی مرز توران برند، به زابلستان برند!!

۱۲ - و پریشانی اندیشهٔ افزایندگان چندان نیست که بتوان دربارهٔ آن داوری کردن!... چگونه سپاهی را که بسوی دشمن باید رفتن، بمهمانی رود و می کشانند؟

۴۷
نامهٔ سیاوخش به کاووس

گهی با تهمتن بدی می پرست — گهی بازواره گزیدی نشست[1]
گهی شاد بر تخت دستان بدی — گهی در شکار و شبستان بدی[2]
چو یکماه بگذشت لشکر براند — گو پیلتن رفت و دستان بماند[3]
سپاهی برفتند با پهلوان — ز زاول هم از کاول و هندوان[4]
ز هرسو که بد نامور لشکری — بخواند و بیامد بشهرِ هری[5]
از ایشان فراوان پیاده ببرد — بنه زنگهٔ شاوران را سپرد[6]
سوی تالقان آمد و مرورود — سپهرش همی داد گفتی درود
ازانپس بیامد بنزدیک بلخ — نیازرد کس را بگفتار تلخ

*

اُزان روی گرسیوز و بارمان — کشیدند لشکر چو باد دمان[7]
سپهرم بُد و بارمان پیشرو — خبر شد بدیشان ز سالار نو[8]
که: «آمد سپاهیِ و شاهی جوان — از ایران، گوِ پیلتن، پهلوان!»[9]
هیونی بنزدیک افراسیاب — برافکند برسان کشتی بر آب[10]
که: «آمد ز ایران سپاهی گران — سپهبد سیاوخش و با او سران[11]
سپه کش چو رستم، گو پیلتن — بیک دست خنجر بدیگر کفن[12]
تو لشکر بیارای و چندان مپای — که از باد، کشتی بجنبد ز جای»[13]
برانگیخت برسان آتش، هیون — کز این سان سخن راند با رهنمون[14]
سیاووش زین سو به پاسخ نماند — سوی بلخ چون باد لشکر براند[15]
چو تنگ اندر آمد از ایران، سپاه — نشایست کردن بپاسخ نگاه[16]

۱ - **یک:** می پرست کسی است که جامِ می را برای میخواران می‌گرداند، و جام‌ها را پر می‌کند! **دو:** در اندیشه نمی‌گنجد که اگر آنان سیاوخش را مهمان می‌کرده‌اند جدا جدا چنین کار انجام پذیرفته باشد.

۲ - اگر شکار را بپذیریم. سیاوخش را در شبستان زال و رستم چکار بوده‌است؟ در برخی از نمونه‌ها چنین آمده‌است: «گهی در شکار نیستان بدی» که از آن نیزشگفت‌تر می‌نماید! زیرا که در نیستان نخچیر یافت نمی‌شود. در بنداری نیامده است.

۳ -لشکر براند، به تهمتن باز می‌گردد، یا بسیاوخش؟

۴ - چون از زاول و کاول نام می‌رود، می‌باید از هندوستان یاد شود، نه هندوان.

۵ - افزاینده فراموش کرده است که کاووس دوازده هزار سپاهی به سیاوخش داده است.

٦ - «از ایشان» که را خواهد گفتن؟

۷ - «گرسیوز» در این رج به «سپهرم» در رج پسین دگرگون می‌شود.

۸ -سپهرم و بارمان راکنش «بودند» باید.

۹ -رستم،سپه کش بود نه پهلوان سپاه. پیدا است که روانشاد بنداری،سپهکش را از سپهبد باز نمی‌شناخته است.

۱۰ - دنبالهٔ گفتار

۱۱ - همچنین

۱۲ - **یک:** سپه کش را با خنجر و کفن چکار است؟ **دو:** «چو»!

۱۳ -لشکر افراسیاب، پیش‌ازاین آراسته بوده‌است و بایران یورش آورده‌بودند.

۱۴ - کدام رهنمون؟

۱۵ - **یک:** سیاوش از که پاسخ می‌خواسته است؟ بازآنکه گرسیوز چشم بپاسخ افراسیاب داشته است که در سخن آینده می‌آید! **دو:** پیش‌ازاین آمده‌بود که: «ازانپس بیامد بنزدیک بلخ» و این گفتار، دوباره گویی است.

۱٦ - دنبالهٔ سخن.

نگه کرد گرسیوز جنگجوی — جزاز جنگ جستن ندید ایچ روی[1]
چو ز ایران سپاه اندر آمد بتنگ — بدروازهٔ بلخ برساخت جنگ[2]
دو جنگ گران کرده شد در سه روز — بیامد سیاوخشِ لشکرفروز*
پیاده فرستاد بر هر دری — به بلخ اندر آمد گران لشکری[3]
گریزان سپهرم بدان روی آب — بشد با سپه نزد افراسیاب

نامهٔ سیاوخش
به
کاووس

سیاوخش در بلخ شد با سپاه — یکی نامه فرمود، نزدیک شاه؛
نبشتن، بمشک و گلاب و ابیر — چنانچون سزاوار بد بر حریر[4]
نخست، آفرین کرد بر کردگار — کزو گشت پیروز و، به روزگار
خداوند خورشید و گردنده ماه — فرازندهٔ تاج و تخت و کلاه
کسی را که خواهد برآرد بلند — دگر را کند سوگوار و نژند

---

۱ - لت دویم، رج پیشین نشان می‌دهد که می‌باید بجنگ بیاغازد، و این سخن نیز دوباره گویی است.

۲ - جنگ، پیرامون باره درمی‌گیرد نه در دروازه!

* - لت دویم بگونه‌ای چند آمده‌است، از آن میان؛ سیوم روز... چهارم سیاوخش لشکرفروز... این گفتار چندان درست نمی‌نماید. بنداری آورده‌است: «و تناوشواالحرب یومین متوالیین. و لما کان الیوم الثالث اهبّ اله تعالی لسیاوخش ریح الظفر و النصر» = دو روز پشت سر هم زد و خورد و نبرد بود و چون روز سیُوم رسید، خداوند نسیم پیروزی و یاری را بسیاوخش بخشید. پس «دو نبرد در سه روز» نادرست است و بیامد سیاوخش - چهارم سیاوخش، سیوم روز... سیاوخش لشکرفروز... همگان آشفته می‌نمایند. از سویی در نامهٔ سیاوخش بکاووس، این داستان دوباره آمده‌است:

سه روز اندر آن جنگ شد روزگار — چهارم ببخشود پروردگار

و از آنجا که در ترجمهٔ بنداری، این سخن دوباره تکرار نشده‌است: «فدخل سیاوخش الی بلخ و کتب الی ابیه بما قَیَضَ اله له من الفتح، و شرح لهُ فی کتاب جمیع ماجری»: و سیاوخش به بلخ اندر شد و به پدرش آنچه را که خداوند در پیروزی برایش فرستاده بود نوشت، و در نامهٔ خویش همهٔ رویدادها را گشوده آورد. بر این بنیاد رج نامبرده دوباره‌نویسی از روی سخن فردوسی است، و چون هردو رج را با ویرایشی که روی آن می‌شود در کنار هم نهیم چنین بر می‌آید:

دو جنگ گران کرده شد در دو روز — سیوم، شد سیاوخش، گیتی‌فروز!
یا: دو روز اندر آن جنگ، شد روزگار — سیوم روز، بخشود پروردگار!

و پیدا است که گفتار بنداری، ترجمه رج دویم است، و همانا این رج، گفتار فردوسی است.

۳ - سخن چنان است که این لشکر گران، شناسا (معرفه) نیست، بازآنکه درست آن می‌بود که گفته لشکر گرانِ سیاوخش ببلخ اندر شد، سخنی که در آینده می‌آید!

۴ - **یک:** اگر مشک باشد. ابیر در کار نیست، چون هردوان رنگ سیاه دارند. **دو:** گلاب، بوی هریک از آندو را دگرگون میسازد.

چرا، نه بفرمانْش اندر، نه چون　　خرد کرد باید، بدین؛ رهنمون
ازان دادگر، کاو جهان آفرید　　ابا آشکارا، نهان؛ آفرید
بسی آفرین باد بر شهریار　　همه نیکویی باد، فرجام کار
ببلخ آمدم شاد و پیروزبخت　　به فرّ جهاندارِ با تاج و تخت
سه روز اندر آن جنگ، شد روزگار　　چهارم ببخشود پروردگار[1]
سپهرم به تِرمِذ شد و، بارمان　　بکردار ناوک، بجَست از کمان
کنون تا بجیهون سپاه من است　　جهان زیر فرّ کلاه من است[2]
به سُغد است با لشکر، افراسیاب　　سپاه و سپهبد بدان روی آب
گرایدونکه فرمان دهد شهریار　　سپه بگذرانم، کنم کارزار!

*

چو نامه برِ شاه ایران رسید　　سر و تاج و تختش بکیوان رسید
بیزدان پناهید و زو جست بخت　　بدان تا ببار آید آن نو درخت[3]
بشادی یکی نامه پاسخ نوشت　　چو روشن بهاری در اردیبهشت
که: «از آفرینندهٔ هور و ماه　　جهاندار و بخشندهٔ تاج و گاه
ترا جاودان؛ شادمان باد، دل　　ز درد و ز غم گشته آزاد، دل
همیشه به پیروزی و فرّهی　　کلاه بزرگیّ و تاج مهی[4]
سپه بردی و جنگ راخواستی　　که بخت و هنرداری و راستی[5]
همی از لبت شیر بوید هنوز　　که زد بر کمان تو از جنگ توز؟[6]
همیشه هنرمند بادا تنت　　رسیده بکام دل روشنت[7]
ازانپس که پیروز گشتی بجنگ　　بکار اندرون، کرد باید، درنگ
نباید پراکنده کردن سپاه　　بپیمای روز و برآرای گاه

---

۱ - همان رج است که پیش‌ازاین درباره‌اش گفتار آمد.

۲ - **یک:** کلاه را فرّ نباشد. **دو:** اگر باشد جهان زیر کلاه کاووس خواهد بودن نه سیاوخش.

۳ - **یک:** پناه بیزدان را در هنگامهٔ شکست می‌برند، نه پس‌از آگاه شدن از پیروزی! **دو:** آن نو درخت، خود ببار رسیده بود، و آرزوی دوباره در کار نبود.

۴ - **یک:** کلاه بزرگی و تاج مهی، هردو یک چیز است. **دو:** سخن پایان ندارد.

۵ - لت دوئِم سست است. و نیز آنرا با لت نخست پیوندِ درست نیست.

٦ - **یک:** چگونه از لب سیاوخش شیر می‌بوید که اورا سپهسالاری ایران بخشیده‌اند؟ و از هنر و جنگاوری او در رج پیشین یاد می‌شود. **دو:** توز زدن بر کمان چه باشد؟ «توز» نام چوبی سبک است که برگه برگه می‌شود، و با آن نیام کمان یا نیام سپر می‌ساخته‌اند، و توز بر کمان زدن سخن کسی است که توز را نمی‌شناسد!

۷ - **یک:** برای دوئِم بار از تن هنرمند او یاد می‌شود. **دو:** لت دویم این گفتار، پایان ندارد. و پیوند درست نیز با لت نخست دیده نمی‌شود.

که آن ترک بدپیشه و ریمن است / که هم بدنژاد است و هم بد تن است [1]
همان با کلاه است و با دستگاه / همی سر برآرد ز تابنده ماه [2]
مکن هیچ بر جنگ جستن شتاب / بجنگ تو آید، خود افراسیاب
گرایدونکه زین روی جیهون کشد / همی دامن خویش در خون کشد
نهاد از برِ نامه بر، مُهر خویش / همآنگه فرستاده را خواند پیش
بدو داد و فرمود تا گشت، باز / همی تاخت اندر نشیب و فراز

*

فرستاده نزد سیاوش رسید / چو آن نامهٔ شاه ایران بدید
زمین را ببوسید و دل شاد کرد / ز هر غم، دل پاک، آزاد کرد [3]
از آن نامهٔ شاه چون گشت شاد / بخندید و نامه به سر برنهاد [4]
نگه داشت، بیدار؛ فرمان اوی / نپیچید دل را ز پیمان اوی

خواب دیدن
افراسیاب

اُزان روی گرسیوز شیرمرد / بیامد برِ شاه توران چو گرد
بگفت آن سخن‌های ناباک و تلخ / که: «آمد سپهبد سیاوش به بلخ [5]
سپه کش چو رستم، سپه بیکران / بسی نامداران و جنگ‌آوران [6]
ز هر یک ز ما بود پنجاه بیش / سرافراز با گرزهٔ گاومیش [7]
پیاده بکردار آتش بُدند / سپردار با تیر و ترکش بدند [8]
نپرد بکردار ایشان عقاب / یکی را سر اندر نیاید به خواب [9]
سه روز و سه شب بود هم‌زین نشان / غمی شد سر و اسپ گردنکشان [10]

---

۱ – **یک:** چگونه افراسیاب تورانی، پور پشنگ، پور زادشم، پور تور، پور فریدون، بدنژاد نامیده می‌شود؟ **دو:** «بدتن» چگونه باشد؟ تنی چنان زورمند، را چگونه می‌تواند «بد» نامید؟ ۲ – این رج بازگونهٔ گفتار رج پیشین است.
۳ – برای بزرگداشت شاه، نامه را بهنگام رسیدن، پیش‌از خواندن می‌بوسیده‌اند، و بر سر می‌نهاده‌اند. نه آنکه زمین را ببوسند، و پیش‌از خواندن نامه شاد شدن. ۴ – و پس‌از خواندن و دوباره «شاد گشتن»!
۵ – سخن ناباک گفتن را روی نیست، سخن را با بیباکی شاید گفتن.
۶ – با دوازده‌هزار سپاهی، سپاه را بیکران نتوان خواندن! و بسی نامدار نیز همراه سیاوخش نبود، و گفتار را نیز پایان نیست.
۷ – **یک:** دوباره‌گویی سخن ناراست. **دو:** لت دویم پایان ندارد پیوند نیز ندارد.
۸ – «پیادگانشان» و «سپردارانشان» درست است. ۹ – کنش در رج پیشین «گذشته» بود (بُدند) و اینجا زمانِ روان «نپرّد»!
۱۰ – **یک:** هم بکدام نشان؟ **دو:** سرواسپ «غمی» (= غمگین) نمی‌شوند.

خواب دیدن افراسیاب ۵۱

از ایشان کسی را که خواب آمدی — گر از جنگ جستن شتاب آمدی [1]
برفتی و آسوده برخاستی — بنوّی یکی جنگ آراستی» [2]
برآشفت چون آتش افراسیاب — که: «چندین چه گویی ز آرام و خواب؟» [3]
بگرسیوز اندر چنان بنگرید — که گفتی میانش بخواهد برید [4]
یکی بانگ برزد، براندش ز پیش — همی خواست راندن بر او خشم خویش [5]
بفرمود که:«ز نامداران هزار — بخوانید، و از بزم سازید کار
سراسر همه دشت، پرچین نهید — به سُغد اندر، آرایش چین نهید»
بدینسان بشادی گذر کرد روز — چو از چشم شد دور، گیتی‌فروز؛ [6]
بخواب و به آرامش آمد شتاب — بغلتید بر جامه افراسیاب [7]
چو یک پاس بگذشت از تیره شب — چنانچون کسی راز گوید به تب [8]
خروشی برآمد ز افراسیاب — بلرزید بر جای آرام و خواب [9]
پرستندگان تیز برخاستند — خروشیدن و غلغل آراستند [10]
چو آمد بگرسیوز، آن آگهی — که تیره شد آیین تخت مهی [11]
بلرزید و آمد بنزدیک شاه — بدرگاه، بر خاک خفته براه [12]
ببر درگرفتش بپرسید زوی — که: «این داستان با برادر بگوی!» [13]
چنین داد پاسخ که: «پرسش مکن — مگو این زمان ایچ با من سخن [14]
بدان تا خرد بازیابم یکی — ببر گیر و سختم بدار اندکی» [15]
زمانی برآمد، چو آمد بهوش — جهاندار با ناله و با خروش [16]
نهادند شمع و برآمد بتخت — همی بود لرزان بسان درخت [17]

---

۱ - لت دویم: افزاینده خواسته است که بگوید اگر کسی را از جنگ؛ ماندگی (خستگی) پیش می‌آمد... می‌رفت و... .

۲ - آسوده برمی‌خاست... در این میانه از آسودن آن گروه سخنی پیش نمی‌آید.

۳ - آتش، آشفته نمی‌شود. ۴ - پس‌از آشفتن چنان بنگریست؟

۵ - و پس‌از همهٔ داستان، بانگ برو برزد و پس‌از اندیشهٔ نیمه کردن... خشم خویش را بر او راندن؟... این سخن افزوده بجزاز افزودگی، دروغی نیز در بردارد، آنکه گرسیوز با افراسیاب در بزم می، و پسان در خوابگاه نزدیک وی خواهد بودن!

۶ - لت دویم، سست است. ۷ - چون کسی را خواب فرامی‌گیرد به بستر (جامه) می‌رود، و بر جامه نمی‌غلتد.

۸ - افزاینده در این رج، از آواز افراسیاب؛ چون «راز» سخن می‌گوید... ۹ - ...و در این رج با «خروش» یاد می‌کند.

۱۰ - دنبالهٔ گفتار ۱۱ - مگر با یک خروشیدن افراسیاب، آیین تخت مهی و شاهی، تیره می‌شود؟

۱۲ - **یک:** «سردار بزرگی چون گرسیوز از شنیدن آن لرزان نمی‌شود؛ **دو:** افراسیاب در جامهٔ خواب خود خفت، نه روی خاک دروازه!

۱۳ - **یک:** در لت نخست دوبار از افراسیاب نام برده شد: گرفت(ش) و «اوی» و این نادرست است. **دو:** داستان نبود و خواب بود.

۱۴ - سخن کودکانه ۱۵ - **یک:** «یک خرد» بازیافتن نادرست است. **دو:** سخت در آغوش بگیر (تا خرد یابم)، اما اندک!

۱۶ - لت دویُم بی‌پایان است.

۱۷ - **یک:** تا آنزمان همگان در تاریکی بوده‌اند! **دو:** درخت خودبخود؛ لرزان نیست که از آن (بسان درخت) یاد شود، مگرآنکه از باد لرزان شود.

بپرسید گرسیوز نامجوی   که: «بگشای لب زین شگفتی بگوی» [1]
چنین گفت پرمایه افراسیاب   که: «هرگز کسی آن نبیند بخواب؛
چنانچون شب تیره من دیده‌ام   ز پیر و جوان نیز، نشنیده‌ام
بیابان پراز مار دیدم بخواب   جهان پر ز گرد، آسمان پر عقاب
زمین؛ خشک شخّی، که گفتی سپهر   بدو تا جهان بود، ننمود* چهر!
سراپردهٔ من زده بر کران   بگِردش سپاهی ز گنداوران
یکی باد برخاستی پر ز گرد   درفش مرا سر نگونسار کرد
برفتی ز هرسو یکی جوی خون   سراپرده و خیمه گشتی نگون [2]
سپاهی از ایران چو باد دمان   چه نیزه، بدست و، چه تیر و کمان [3]
برِ تخت من تاختندی سوار   همه نیزه‌هاشان سر آورده بار [4]
برانگیختندم ز جای، نشست   مرا تاختندی؛ ز پس؛ بسته دست
نگه کردمی نیک، هرسو؛ بسی   ز پیوسته؛ پیشم نبودی کسی
مرا پیش کاووس بردی دوان   یکی بادسر، نامور پهلوان [5]
یکی تخت بودی چو تابنده ماه   نشسته بر او پورِ کاووس شاه
دو هفته نبودی ورا سال بیش   چو دیدی مرا بسته در پیش خویش، [6]
دمیدی بکردار غرّنده میغ   میانم بدو نیم کردی بتیغ
خروشیدمی من فراوان ز درد   مرا ناله و درد بیدار کرد»

*

بدو گفت گرسیوز: «این خواب شاه   نباشد جزاز کامهٔ نیکخواه
همه کام دل باشد و تاج و تخت   نگون گشته بر بدسگال تو؛ بخت
گزارندهٔ خواب، باید کسی   کزین دانش اندازه دارد بسی
بخوانیم بیداردل موبدان   از اخترشناسان و از بخردان [7]

*

هر آن کس کز این دانش آگاه بود   پراکنده، گر بر در شاه بود، [8]

---

۱ – پیشتر پرسیده بود.   * – نمونه‌ها چنین‌اند، اما پیدا است که «ننموده چهر» درست است.

۲ – **یک:** پیش‌از جنگ، جوی‌های خون چگونه روان می‌شوند؟ **دو:** خیمه همان سراپرده است. **سه:** روشن نیست که سراپرده از آنِ که بوده‌است که سرنگون گشت.   ۳ – سخن بی‌پایان است: سپاهی از ایران... (بیامد).

۴ – **یک:** «تاختندی» برای گروه درست نیست: «تاختند». **دو:** نیزه‌ای که سر، بار آورده باشد بر دیگر کسی کارگر نیست، آنگاه کمانورانِ یاد شده در رج پیشین چه ببار آورده‌بودند؟   ۵ – او را چنانکه در رج پسین آید، بنزد پور کاووس می‌برند، نه خود کاووس.

٦ – شایسته نیست که سیاوخش پهلوان سپاه ایران را چهارده روزه خوانند، اگرچه افزاینده را رای آن بوده‌است که بگوید چهارده ساله و هردو را بهم آمیخته است.   ۷ – لت دویم پایان ندارد.

۸ – دو رج: خوابگزاران همواره نزدیک بدربار می‌زیستند، و نشایستی که خوابگزاری دانشمند دور از دربار (پراکنده در کشور) باشد.

خواب دیدن افراسیاب ۵۳

شدند انجمن بر در شهریار ‌‌ ‌ بدان تا چرا کردشان؟ خواستار
بخواند و سزاوار بنشاند پیش ‌ ‌ سخن راند با هریک از کمّ و بیش [1]
چنین گفت با نامور موبدان ‌ ‌ که: «ای پاکدل نیک‌پی بخردان؛ [2]
گر این خواب و گفتار من در جهان ‌ ‌ ز کس بشنوم آشکار و نهان [3]
یکی را نمانم سر و تن بهم ‌ ‌ اگر زین سخن بر لب آرید، دم» [4]
ببخشیدشان بیکران زرّ و سیم ‌ ‌ بدان تا نباشد کسی زو به بیم [5]
ازانپس بگفت آنچه درخواب دید، ‌ ‌ چو موبد ز شاه آن سخن‌ها شنید؛ [6]
بترسید و از شاه زنهار خواست ‌ ‌ که «این خواب را کی توان گفت راست؟ [7]
مگر شاه با بنده پیمان کند ‌ ‌ زبان را بپاسخ گروگان کند [8]
کز این در، سخن هرچه داریم یاد ‌ ‌ گشاییم بر شاه و یابیم داد» [9]
بزنهار دادن، زبان داد شاه ‌ ‌ کزان بد از ایشان نبیند گناه [10]
زبان‌آوری بود پاکیزه مغز ‌ ‌ کجا برگشادی سخن‌های نغز
چنین گفت ک:«ز خوابِ شاهِ جهان ‌ ‌ به بیداری آمد بتوبر، نهان *
یکی شاهزاده به پیش اندرون ‌ ‌ جهاندیده با وی بسی رهنمون [11]
بر آن طالع او را گُسی کرد شاه ‌ ‌ که این بوم گردد به ما بر تباه [12]
اگر با سیاوش کند شاه، جنگ ‌ ‌ چو دیبا شود، روی گیتی، برنگ
ز ترکان نماند کسی پارسا ‌ ‌ غمی گردد از جنگ او پادشا [13]
اُگر او شود کشته بر دست شاه ‌ ‌ بتوران نماند سرِ تاج و گاه

---

۱ – **یک:** پس‌از آنکه اختر‌ماران بر در شهریار انجمن شدند، آنانرا به پیش خواندن، درست نمی‌نماید. **دو:** سخن گفتن از کم یا بیش، گزارش ندارد. خواب را می‌بایستی چنانکه دیده‌بود به ایشان بازگوید.

۲ – رج پیشین داستان از آن می‌نماید که افراسیاب همه چیز را بدیشان گفته است، و اینجا؛ تازه آغاز می‌شود.

۳ – خواب را در میان بزرگان کشور بازگفته است و اکنون برای پنهان داشتن آن، خوابگزاران را می‌ترساند.

۴ – این نخستین بار است که در جهان چنین گفتار شگفت شنیده می‌شود... «سر را از تنتان می‌برم». «سر بر تنتان نمی‌گذارم».

۵ – **یک:** پیش‌ازگزارش خواب، مزد آنان را داد؟ **دو:** لت دویم سخنان رج‌های پیشین را دروغ می‌نماید.

٦ – **یک:** پیشتر گفته‌بود. **دو:** «موبدان» را بدرگاه خواندند، و اینجا از یک «موبد» سخن می‌رود.

۷ – زنهار خواستن کاریست که دشمن می‌کند، نه دوستداری که بخواهد بشاه، ره نشان دهد!

۸ – زبان را به سوگند و پیمان گروگان می‌کنند؛ نه بپاسخ.

۹ – «داریم یاد» چه باشد، هرآنچه که گزارش خواب است باید گفته شود.

۱۰ – چه بدی از آنان سرزده بود؟

* – این لت در شاهنامه فلورانس بگونهٔ «کنم آشکارا برو بر نهان» آمده‌است. نیز در س، ق ۲، ل ۲، لن ۲: بتوبر نهان؛ ق: در این دم نهان، و: ندارم نهان. ل: به بیدار آمد سپاهی گران. ب: برون آورید آن سخن از نهان. آمده‌است. نگارنده بر آن است که واژهٔ «نهان» که در بیشتر نمونه‌ها آمده‌است، دگرگون شدهٔ واژهٔ «نشان» است و از سخن چنین برمی‌آید: از خوابِ افراسیاب، در بیداری نشان آمد: «به بیداری آمد، بتو بر نشان!»

۱۱ – در خواب افراسیاب، شاهزاده (پیش اندرون) نبود، که بر تخت خویش نشسته بود.

۱۲ – **یک:** این رج را با رج پیشین پیوند درست نیست. **دو:** لت نخست نیز بدآهنگ است «طالع او».

۱۳ – **یک:** تورانیان، ترک نبودند. **دو:** چگونه با جنگ، پارسایی از میان می‌رود؟

سراسر پر آشوب گردد زمین — ز بهر سیاوش بجنگ و بکین
بدان گاه یاد آیدت راستی — که ویران شود کشور از کاستی[1]
جهاندار، گر مرغ گردد، به پر — بر این چرخ گردان نیابد گذر!
بر اینسان گذر کرد خواهد سپهر — گهی پر ز خشم و گهی پر ز مهر»[2]
غمین شد، چو بشنید افراسیاب — نکرد ایچ، بر جنگ جستن شتاب
بگرسیوز آن رازها برگشاد — نهفته سخن‌ها بسی کرد یاد[3]
که: «گر من، بجنگ سیاوش؛ سپاه — نرانم، نیاید کسی کینه‌خواه
نه او کشته آید بجنگ و نه من — برآساید از گفت‌وگوی انجمن[4]
نه کاووس خواهد ز من نیز کین — نه آشوب گیرد سراسر زمین
بجای جهان جُستن و کارزار — مبادم بجز آشتی هیچ کار
فرستم بنزدیک او سیم و زر — همان تاج و تخت و فراوان گهر
مگر کاین بلاها ز من بگذرد — که ترسم روانم فروپژمرد[5]
چو چشم زمانه بدوزم بگنج — سزد گر سپهرَم نخواهد برنج
نخواهم زمانه جز آن کو نوشت — چنان زیست باید که یزدان سرشت»[6]

*

چو بگذشت نیمی ز گردان سپهر — درخشنده خورشید بنمود چهر[7]
بزرگان بدرگاه شاه آمدند — پرستنده و با کلاه آمدند
یکی انجمن ساخت با بخردان — هشیوار و کارآزموده ردان[8]
بدیشان چنین گفت کز روزگار — نبینم همی بهره، جز کارزار
بسا نامدارا که بر دست من — تبه شد بجنگ اندر این انجمن[9]

---

۱ - **یک:** افراسیاب دروغ نگفته‌بود، که راستی بیادش بیاید. **دو:** کشور، را از کاستی، ویرانی پیش نخواهد آمدن، که از جنگ چنان خواهد شدن.

۲ - اینجا سخن از مهر نیست، و از جنگ و ستم و ویرانی سخن می‌رود.

۳ - **یک:** گرسیوز، در آن انجمن نشسته بود، و رازی در میان نبود، و نیز گفتاری نهفته نمانده بود!

۴ - دوبار «نه» در سخن درست است اما چهار بار نمی‌شاید، زیراکه در رج پسین نیز دوبار «نه» آمده‌است، و آن سخن درست می‌نماید، که پس این رجِ افزوده است.

۵ - **یک:** «بلا» درست است، نه بلاها. **دو:** پس‌از آنکه بلا از کسی بگذرد، چرا ترس از آن داشته باشد که؛ روانش فروپژمرد؟

٦ - **یک:** یزدان را خواهد گفتن، اما پیش‌از نام بردن از یزدان، نمی توان از وی با واژهٔ «او» یادکردن (کاو = که او در لت نخست) زیراکه «او» کسی‌پیش‌تر از خود را نشان می‌دهد، نه آنکه؛پس‌تر بنگرد! **دو:** درست‌تر آن می‌بود که آورده شود، یزدان نوشت، و یزدان‌سرشت در اینجا نابجا است!

۷ - **یک:** خوابگزاران را، روز؛ بنزد خود خوانده بود، و این سخن چنین می‌نماید که شب بوده‌است و نیمی از سپهر گردان، برخود چرخید، و روز شد. **دو:** سپهر نمی‌گذرد که می‌چرخد.

۸ - رج پیشین، همین را می‌گوید.

۹ - نامداران این انجمن (توران) بر دست افراسیاب کشته نشدند، تنها یکبار، برادر نیکمرد خویش اغریرث رهنمای راکشته بود.

بسی شارستان گشت بیمارستان — بسی بوستان نیز شد خارستان [1]
بسا باغ کان رزمگاه من است — بهرسو نشان سپاه من است [2]
ز بیدادی شهریار جهان — همه نیکویی‌ها شود در نهان [3]
نزاید بهنگام، در دشت، گور — شود بچهٔ باز را دیده کور [4]
نبرد ز پستان نخچیر شیر — شود آب در چشمهٔ خویش قیر [5]
شود در جهان چشمهٔ آب خشک — نگیرد بنافه درون، بوی، مشک [6]
ز کژّی گریزان شود راستی — پدید آید از هرسویی کاستی [7]
مرا؛ سیر شد دل، ز جنگ و بدی — همی جُست خواهم، رهِ ایزدی
کنون دانش و داد، یاد آوریم — بجای غم و رنج، داد آوریم [8]
برآساید از ما زمانی جهان — نباید که مرگ آید از ناگهان [9]
دو بهر از جهان زیر پای من است — به ایران و توران سرای من است [10]
گرایدونکه باشید همداستان — فرستم برُستم یکی داستان
درِ آشتی با سیاوخش نیز — بکوبم، فرستم بی‌اندازه، چیز»

*

سران؛ یک‌بیک پاسخ آراستند — همه خوبی و راستی خواستند
که: «تو شهریاریّ و، ما چون رهی — بر آن دل نهاده، که فرمان دهی»
همه بازگشتند؛ سر، پر ز داد — کسی را نیامد غم و رنج، یاد
بگرسیوز آنگه؛ چنین گفت شاه — که: «بپسیچ کار و بپیمای راه
بزودی بساز و سخن را مایست — ز لشکر گزین کن سواری دویست [11]
بنزد سیاوخش بر، خواسته — ز هر چیز، گنجی؛ برآراسته
از اسپان تازی بزرّین ستام — ز شمشیر هندی بزرّین نیام [12]
یکی تاج پر گوهر شاهوار — ز گستردنی سد شتروار بار [13]

---

۱ – دنبالهٔ سخن ۲ – رزمگاه من (شد) درست است. ۳ – «بیدادی» نادرست است: «بیداد».
۴ – **یک:** گورِ دشت‌ها را بشاهان کاری نیست. **دو:** تنها بچهٔ باز، کور می‌شود؟ و بدیگر جانداران آسیب نمی‌رسد؟
۵ – **یک:** باز سخن از نخچیر می‌رود، که آنانرا بکار شاه کاری نیست. **دو:** گزافه‌تر از گفتار لتِ دویم، در جهان شنیده نشده است!
٦ – افزاینده، خود به داوری شگفت خویش پی برد، و آب را در چشمه خشک کرد.
۷ – راستی در هر هنگام از کژی گریزان است. ۸ – دوبار از «داد» یاد شده است که نادرست است.
۹ – «از ناگهان» نادرست است «بناگاه» یا «ناگهان». ۱۰ – افراسیاب را در ایران، سرایی نیست؟
۱۱ – **یک:** این سخن بگونهٔ درست در رج پیشین آمده‌است. **دو:** بزودی نیز نادرخور است: «بیدرنگ».
۱۲ – این گفتار را افزایندگان، بارها و بارها آورده‌اند.
۱۳ – **یک:** تاج پرگوهر نشنیده‌ایم. جام پرگوهر؛ شاید! **دو:** تاج را باگستردنی همراه‌کردن درست نیست... افزاینده فراموش کرده است که خود گفته با دویست سوار برو.... پس این سدشتروار گستردنی چه باشد؟

غلام و کنیزک ببر هم دویست بگویش که: با تو مرا جنگ نیست[1]
بپرسش فراوان و، او را بگوی که: ما سوی ایران نکردیم روی
زمین تا لبِ رود جیهون مرا است به سُغدیم و، این پادشاهی جدا است
همان است کز تور و سلم دلیر زبر شد، جهان، آن کجا؛ بود زیر
از ایرج که بر بی‌گنه کشته شد ز مغز بزرگان، خرد گشته شد[2]
ز توران به ایران جدایی نبود* که با کین و جنگ آشنایی نبود
ز یزدان بر آن گونه دارم امید که آورد، روزِ خرام و نوید
برانگیخت از شهر ایران ترا که پُر مهر دید از دلیران ترا
ببخت تو، آرام گیرد جهان شود جنگ و ناخوبی اندر نهان
چو گرسیوز آید بنزدیک تو بیاراید آن رای باریکِ تو
چنانچون بگاه فریدون گُرد که گیتی به بخشش بگُردان سپرد
ببخشیم و، آن رای؛ بازآوریم ز جنگ و ز کین، پای؛ بازآوریم
تو شاهیّ و با شاه ایران بگوی مگر نرم گردد سر جنگجوی[3]
سخن‌ها همی گوی با پیلتن بچربی بسی داستان‌ها بزن[4]
بر این همنشان نزد رستم پیام پرستنده و اسپ و زرّین ستام[5]
بنزدیک او هم چنین خواسته ببر تا شود کار پیراسته[6]
جزاز تخت زرّین که او شاه نیست تن پهلوان از درِ گاه نیست»[7]

---

۱ - **یک:** «غلام» با «کنیزک» همخوان نیست. **دو:** سخن آشتی در رج‌های پسین می‌آید.

۲ - کُشته را با گَشته پساوا نیست.

* - نمونه‌های س، ق ۲، ل ۲ از (ل ۲: ز) ایران و توران جدایی نبود. لی، آ: «ز توران و ایران». هنگامی در سخن می‌آید که یکی از دیگری جدا باشد، چنانکه «ایران، از توران جدا نبود»، «ایران را، از توران جدایی نبود» در اندیشهٔ من سخن فردوسی چنین بوده‌است: «بایران و توران جدایی نبود» که یادکردِ هنگام فریدون است، پیش‌از بخش کردن جهان. و گفتار لت دویُم این سخن را بازمی‌نماید!

۳ - سیاوخش شاهزاده است.

۴ - افراسیاب را «پایگاه» آن نیست که به سیاوخش گوید بچربی با رستم سخن بگوی... وی می‌توانست گرسیوز را گفتن که با رستم بچربی سخن بگوی... که چنین نیست زیراکه افزاینده در رج پسین از رستم یاد می‌کند.

۵ - **یک:** لت نخست، پایان ندارد. **دو:** لت دویم نیز!

٦ - **یک:** «نزد» در رج پیشین و «بنزدیک» در این رج، نادرست است. **دو:** اینجا می‌باید که کار «آراسته» شود، نه پیراسته!

۷ - **یک:** «جزاز» می‌باید که در میانهٔ سخن بیاید. همه چیز اورا بده بجزاز تخت زرین، نه بدانهنگام که سخن بپایان رسید و کار نیز آراسته شده باشد! **دو:** چگونه رستم شاه نیست، شه نیمروز است فرزند زال! و در همین داستان سیاوخش خواهیم دیدن که چون پیران افراسیاب را پند می‌دهد که: بسا تاجداران کز ایرانزمین... به کینهٔ سیاوخش خواهند آمدن! **سه:** چگونه است که تن رستم سزاوار بر تخت نشستن نیست که هرگاه بنزد پادشاه ایران می‌رسد، شاه از گاه برمی‌خیزد و او را در بر می‌گیرد و «بکرسی زر پیکرش» می‌نشاند! **چهار:** در بنداری، دو رج نخستین آمده‌است و سخن پایان نیامده!

رسیدن گرسیوز
بنزد
سیاوخش

بیاورد گرسیوز آن خواسته　　که روی زمین، ز او شد آراسته!
دمان تا لب رود جیهون رسید　　ز گُردان فرستاده‌ای برگزید
بدان، تا رساند بشاه آگهی　　که گرسیوز آمد ابا فرّهی
بکشتی بیکروز، بگذاشت آب　　بیامد سوی بلخ، دل پرشتاب
فرستاده آمد بدرگاه شاه　　بفرمود تا برگشادند راه
سیاوش گو پیلتن را بخواند　　اُز این داستان چندگونه براند[1]
چو گرسیوز آمد به درگاه شاه　　بفرمود تا برگشادند راه[2]
سیاوش ورا دید، بر پای خاست　　بخندید بسیار و پوزش بخواست[3]
ببوسید گرسیوز از دور، خاک　　رخش پر ز شرم و دلش پر ز باک
سیاوخش بنشاندش زیر تخت　　از افراسیابش بپرسید سخت[4]
چو بنشست گرسیوز، از گاه نو　　بدید آن سرِ افسر شاه نو[5]
برستم چنین گفت که: «افراسیاب　　چو از تو خبر یافت اندر شتاب[6]
یکی یادگاری بنزدیک شاه　　فرستاد با من کنون در به راه»
بفرمود تا پرده برداشتند　　بچشم سیاوخش بگذاشتند
ز دروازهٔ شهر تا بارگاه　　درم بود و اسپ و غلام و کلاه[7]

---

۱ - «هنوز که گرسیوز بدرگاهِ سیاوخش نرسیده است، و سیاوخش از داستان آگاه نیست چگونه از آن، داستان بر رستم خواند؟ گفتار لت دویم نیز که چند بار در افزوده‌ها آمده‌است نادرست است زیرا که «چند گونه راندن» را هیچ گزارش نیست.

۲ - دوباره‌گویی رج ۸۴۱۴است.　　　۳ - سیاوخش را چرا پوزش خواستن؟

۴ - **یک:** زیر تخت نشاندن فرستاده‌ای که برادر شاه توران است نادرست است. **دو:** سخت پرسیدن چگونه باشد؟

۵ - **یک:** «زیر تخت» به «از گاهِ نو» دگرگون گردید! **دو:** «برگاه» نه «از گاه».

٦ - دو رج-**یک:** فرستاده که هنوز با سیاوخش سخن آغاز نکرده است، چگونه با رستم سخن می‌گوید؟ **دو:** افزاینده خواسته است بگوید که افراسیاب چون از آمدن تو آگاهی یافت با شتاب، یادگاری بنزد شاه فرستاد! **سه:** کنون در راه؟ در نمونهٔ دیگر کنونی براه! باز هم نادرست است.

۷ - افزاینده فراموش کرده است که در سخنان پیشین یک سد شتر گستردنی و یک تاج (پرگوهر) همراه گرسیوز کرده است! و آنجا نیز فراموش کرده بود که فرمان افراسیاب چنان بود که با دویست سوار بنزد سیاوخش رود!

۵۸ داستان سیاوخش

کس اندازه نشناخت آن را که چند — ز دینار و از تاج و تخت بلند[1]
غلامان همه با کلاه و کمر — پرستنده با یاره و توغ زر[2]
پسند آمدش سخت و بگشاد روی — نگه کرد و بشنید پیغام اوی
تهمتن بدو گفت: «یک هفته شاد — همی باش تا پاسخ آریم یاد
بدین خواهش اندیشه باید بسی — همان نیز پرسیدن از هرکسی»[3]
چو بشنید گرسیوز پیش‌بین — زمین را ببوسید و کرد آفرین[4]
یکی خانه او را بیاراستند — بدیبا و، خوالیگران خواستند[5]

*

نشستند، بیدار؛ هردو بهم — سگالش گرفتند بر بیش و کم
از آن کار شد پیلتن بدگمان — کزان گونه گرسیوز آمد دمان[6]
طلایه ز هرسو برون تاختند — چنانچون ببایست برساختند[7]
سیاوش ز رستم بپرسید و گفت — که: «این راز بیرون کنید از نهفت[8]
که این آشتی جستن از بهر چیست؟ — نگه کن، که ترپاک این زهر چیست؟
ز پیوستهٔ خون بنزدیک اوی — ببین تا کدامند؟ سد نامجوی؛
گروگان فرستد بنزدیک ما — کند روشن این رای تاریک ما!
نباید که از ما غمی شد، ز بیم — همی طبل کوبد بزیرِ گلیم[9]
چو این کرده باشیم، نزدیک شاه — فرستاده باید، یکی نیکخواه
برد زین سخن نزد او آگهی — مگر مغز او گردد از کین تهی»
چنین گفت رستم که: «اینست رای — جز این روی، پیمان، نیاید بجای»

*

بشبگیر، گرسیوز آمد بدر — چنانچون سزد، با کلاه و کمر

---

۱ - در رج پیشین، درم و اسپ و غلام کلاه بود، در این رج به دینار و تاج و تخت بلند دگرگون شد... .

۲ - **یک:** غلام با کمر درست است و با کلاه نی!... و نیز توغ زر پرستندگان. **دو:** «غلامان» با «پرستنده» همخوان نیست: «پرستندگان» باید.

۳ - **یک:** پرسیدن از هرکس (نه هرکسی) شایسته نیست که می‌باید با بزرگان رای زنند و آن نیز در سخن پیشین آمده‌است. **دو:** گوینده را نشاید که از سگالش‌های پسین، با فرستاده سخن گوید.

۴ - گرسیوز، پیش‌بین نبود، و افزاینده برای پساوای «آفرین» این پاژنام را برای وی بساخت.

۵ - خانه را تنها با ابریشم آرایش دادند؟

٦ - **یک:** پیوند میان دولت نیست **دو:**... از آمدن گرسیوز نبایستی بدگمان شدن، که از آشتی خواستن افراسیاب شاید بگمان افتادن!

۷ - سپاه، از پیش نیز بی‌طلایه (پیشاهنگ) نبوده‌است.

۸ - کنش‌ها ناهمخوان‌اند. از رستم (پرسید)، بیرون (کنید)!

۹ - **یک:** «نباید که» نادرست است: «نکند که» «مباداه. **دو:** غمگین شدن نیز نادرخور است: «بترسید». **سه:** اگر ترسیده باشد، نیز بسود ایران است.

آشتی‌خواستن افراسیاب ۵۹

بیامد به پیش سیاوش، زمین   ببوسید و بر شاه کرد آفرین[1]
سیاوش بدو گفت ک:«زکار تو   پر اندیشه بودیم و گفتار تو
کنون رای، یکسر؛ بران شد درست   که از کینه، دل را؛ بخواهیم شست
تو پاسخ فرستی به افراسیاب   که: از کین اگر شد سرت پرشتاب[2]
کسی کو ببیند سرانجام بد   ز کردار بد بازگشتن سزد[3]
دلی کز خرد گردد آراسته   یکی گنج گردد پراز خواسته[4]
اگر زیر نوش اندرون، زهر نیست   دلت را ز رنج و زیان، بهر نیست
چو پیمان همی کرد خواهی، درست   تنی سد، که پیوستهٔ خون تست؛
زگردان، که رستم بداند همی   کجا نامشان بر تو خواند همی؛
برِ من فرستی، برسمِ نوا   که باشد بگفتار تو بر، گوا
اُدیگر از ایرانزمین هرچه هست   که آن شهرها را تو داری بدست
بپردازی و خود بتوران شوی   زمانی ز جنگ و ز کین بغنوی؛
نباشد جزاز راستی در میان   بکینه نبندم کمر بر میان
فرستم یکی نامه نزدیک شاه   مگر بآشتی بازخوانَد سپاه»
برافکند گرسیوز، اندر زمان   فرستاده‌ای، چون هژبر دمان
بدو گفت: «خیره؛ منه سر بخواب   برو تازیان، نزد افراسیاب
بگویش که: «من تیز بشتافتم   کنون هرچه جستی، همه؛ یافتم
گروگان همی خواهد از شهریار   چو خواهی که برگردد از کارزار»
فرستاده آمد بدادش پیام   ز شاه و ز گرسیوز نیکنام[5]
چو گفتِ فرستاده بشنید شاه   ز شاه و ز گرسیوز نیکخواه؛[6]

*

بِدِل گفت: «سد تن ز خویشان من   گرایدونکه کم گردد از انجمن
شکست اندر آید بدین بارگاه   نماند برِ من، کسی نیکخواه
اُگر گویم از من گروگان مجوی   دروغ آیدش سربسر، گفت‌وگوی

---

۱ - در رج پیشین از آمدن گرسیوز سخن رفت، و این دوباره گوییست!

۲ - **یک:** تو پاسخ فرستی درست نیست. و می‌باید چنین باشد که: «تو پاسخ ما را چنین ببر». **دو:** نه (پرشتاب) درست است نه (سیر خواب) از روی شاهنامه فلورانس.

۳ - با بکار بردن «اگر» در رج پیشین، می‌باید سخن پسین پیمان (یا شرط) آن را بگوید نه آنکه پندو اندرز دهد!

۴ - **یک:** دل خردمند را بگنج مانند کردن کار خردمندان نیست. **دو:** در بنداری هم نیامده است.

۵ - **یک:** دوباره‌گویی سخن در رج پسین است. **دو:** در شاهنامه و نوشته‌های دینی ایرانی از «اغریرث» همواره با پاژنام نیکنام، نیکخوی، نیکخواه... یاد شده است و در این رج، افزاینده آنرا از برای پساوای پیام بایسته می‌دیده‌است.

۶ - چنانکه در این رج نیز از برای «شاه»، پساوای نیکخواه در کارش بود!

فرستاد باید، برِ او نوا   اگر بی گروگان ندارد روا»
برانسان که رستم همی نام برد   ز خویشانِ نزدیک سد برشمرد[1]
برِ شاه ایران فرستادشان   بسی خلعت و نیکوی دادشان[2]

*

بفرمود تا کوس با کَرّنای   زدند و فروهشت پرده‌سرای
بخارا و سغد و سمرقند و چاچ   سپیچاب و آن کشور و تخت آچ
تهی کرد و، شد با سپه، سوی کَنگ   بهانه نجست و فریب و درنگ
چو از رفتنش رستم آگاه شد   روانش ز اندیشه کوتاه شد
بنزد سیاوش بیامد چو گرد   شنیده سخن‌ها همه یاد کرد
بدو گفت: «چون کارها گشت راست   فرستاده، گر بازگردد، رواست»
بفرمود تا خلعت آراستند   سلیح و کلاه و کمر خواستند
یکی اسپ تازی بزرّین ستام   یکی تیغ هندی بزرّین نیام[3]
چو گرسیوز آن خلعت شاه دید   تو گفتی مگر بر زمین ماه دید[4]
بشد با زبانی پراز آفرین   تو گفتی مگر برنوردد زمین[5]
سیاوش نشست از برِ تخت آچ   بیاویخته بر سر آچ تاج[6]
همی رای زد با یکی چربگوی   کسی کاو، سخن را دهد رنگ و بوی[7]
ز لشکر همی جُست گُردی سوار   که با او بسازد دمِ شهریار[8]
چنین گفت با او گوِ پیلتن   ک:«ازاین در، که یارد گشادن، سخن؟[9]

---

۱ – **یک:** پیشوند «همی» برای کنش؛ بدانهنگام می‌آید که کنش روایی داشته باشد:

همی‌کِشت و همی‌گفت ای دریغا   که باید کشتن و هشتن در این دشت

و چون رستم، در اردوگاه خود در بلخ، که سد فرسنگ از اردوگاه افراسیاب در سمرقند و سغد دور بوده‌است و خویشان افراسیاب راشمرده بوده‌است، کاربرد پیشوند «همی» نادرست است و درست آن چنین است: «بر آنسان که رستم نامشان را برده بود». **دو:** کاربرد «سد شمرد» بی‌آنکه روشن شود که شمرده شده چیست، نادرست است، سه تن؟ سه کس؟

۲ – **یک:** برِ شاه ایران درست نیست و بسوی شاه ایران درست است. **دو:** و سیاوخش هنوز شاه ایران نبوده‌است. **سه:** نیکوی چه بوده باشد؟ در بنداری این گفتار آمده‌است، اما آنانرا بسوی بلخ روانه می‌کند نه بسوی شاه ایران: «فعد مائة من قرائبه علی الوصف الذی وصف رستم، و نفذ هم الی‌البلخ» پس‌از نزدیکان خود سدکس را بنشانه‌ای که رستم وصف کرده بودبرشمرد و بسوی بلخشان بفرستاد.

۳ – در یوزه‌گری افزاینده! که هرچه را که بایسته بود در رج پیشین برشمرده بودند.

۴ – **یک:** سیاوخش هنوز، شاه نشده است. **دو:** لت دویم را سخن، سست است. **سه:** تو گفتی!   ۵ – تو گفتی...

٦ – **یک:** در اردوگاه تخت آچ نبود. **دو:** سخن پایان ندارد.

۷ – چنین کاری انجام نگرفت. سیاوخش می‌خواست کسی را بنزد کیکاووس بفرستد چرا با کسی که چربگوی باشد، همپرسی کند، باز آنکه چنین کار می‌بایستی با بزرگان سپاه انجام گیرد!

۸ – «بسازد دمِ شهریار»، سخت سست و ناهماهنگ است.

۹ – پیوسته بگفتار پیشین است و سخُن را با پیلتن پساوا نیست. این افزاینده در زمانی می‌زیسته است که واژهٔ سخُن به سخن دگرگون شده بود.

همان است کاووس کز پیش بود　　ز تندی نه کاهد، نه خواهد فزود![۱]
مگر من شوم نزد شاه جهان　　کنم آشکارا بر او بر نهان![۲]
ببرّم زمین گر تو فرمان دهی　　ز رفتن نبینم همی جز بهی»[۳]
سیاوش ز گفتار او شاد شد　　حدیث فرستادگان باد شد[۴]
سپهدار بنشست و رستم بهم　　سخن راند هرگونه از بیش و کم[۵]

نامهٔ سیاوخش
به نزد کاووس
و رفتن رستم

بفرمود تا رفت پیشش؛ دبیر　　نوشتند پس نامه‌ای بر حریر
نخست آفرین خواند بر دادگر　　کزویست نیرو و فرّ و هنر
خداوند هوش و زمان و توان　　خرد پروراند همی باروان[۶]
گذر نیست کس را، ز فرمان اوی　　کسی کاو بگردد ز پیمان اوی؛
ز گیتی نبیند مگر کاستی!　　از او گردد افزونی و راستی*
ازو باد، بر شهریار، آفرین　　جهاندار و، از نامداران گزین
رسیده بهر نیک و بد رای او　　ستون خرد گشته بالای او
رسیدم به بلخ و به خرّم بهار،　　همه شادمان بودم از روزگار
ز من چون خبر یافت افراسیاب　　سیه شد بچشم اندرش آفتاب
بدانست که‌ش کار دشوار گشت　　جهان تیره شد بخت اوخوار گشت[۷]

---

۱ – **یک:** این سخن پیوند گفتار را می‌گسلاند. **دو:** تندی را هر دم فزودن شاید!

۲ – نهانِ سخن در نامه آشکار می‌شود و نیاز بآشکار کردن دوباره ندارد.

۳ – **یک:** در بنداری نیامده است و دوباره‌گویی سخن پیشین است، زیراکه در افزوده‌ها؛ رستم خود بدینکار (داوخواه) شد.

۴ – **دو:** حدیث را در گفتار فردوسی راه نیست، و سخن نیز نابجا است، زیراکه او می‌خواست یک کس را بنزد کاووس فرستد و «باد» شد نیز گفتاری سست است.

۵ – پیشتر با هم نشسته بودند و سخن گفته‌بودند.

٦ – **یک:** هوش ویژهٔ مردمان است و شایسته نیست که خداوند را «هوشیار» بنامیم. **دو:** ایرانیان «زمان» را چنانکه پیشتر نموده شد، «خودآفریده» می‌دانستند. **سه:** توان نیز ویژهٔ مردمان و جانوران است و خداوند برتر از همهٔ اینها است. **چهار:** لت دویم نیز رو در روی اندیشهٔ ایرانی ایستاده‌است زیراکه بر بنیاد گفتار شاهنامه، دانش؛ پرورانندهٔ روان است:

چنان دان هرآنکس که دارد خرد　　بدانش روانرا همی پرورد

* – از کسی که از پیمان خداوند می‌گذرد، افزونی و راستی نیز بر او کمی می‌پذیرد.

۷ – **یک:** بخت خوار شدنی نیست، و چیزیست که از آغاز روشن و پیدا بوده‌است و بزمان خویش روی می‌دهد. **دو:** جهان نیز تیره نشده بود و نشده است!

بیامد برادرْش با خواسته / بسی خوبرویان آراسته[1]
که زنهار خواهد ز شاه جهان / سپارد بدو تاج و تخت مهان[2]
بسنده کند زین جهان، مرز خویش / بداند همی پایهٔ ارز خویش[3]
از ایرانزمین بسپرد تیره خاک / بشوید دل از کینه و جنگ، پاک[4]
ز خویشان فرستاد، سد کس بمن / بدین خواهش آمد، گوِ پیلتن
گر او را ببخشد، ز مهرش؛ سزا است / که بر مهر او، چهر او خود؛ گوا است

*

چو بنوشت نامه، یل جنگجوی / سوی شاه کاووس بنهاد روی
از آن روی، گرسیوز نیکخواه / بیامد برِ شاهِ توران سپاه
همه داستان سیاوش بگفت / که: «او را ز شاهان کسی نیست جفت
ز خوبیِ دیدار و کردار او / ز هوش و دل و شرم و گفتار او
دلیر و سخنگوی و گُرد و سوار / تو گویی خرد دارد اندر کنار»
بخندید، و، با او چنین گفت، شاه / که: «چاره، به از جنگ، ای نیکخواه!
اُ دیگر کزان خوابم آمد نهیب / ز بالا، بدیدم نشان نشیب!
پراز درد، گشتم سوی چاره باز / بدان تا نبینم، نشیب از فراز*
بگنجِ درم چاره آراستم / کنون، شد بران‌سان، که من خواستم»

*

اُز آن ° روی چون رستم پهلوان / بیامد برِ شاه ایران، دمان
به پیش اندر آمد، بکش کرده دست / برآمد سپهبد، ز جای نشست
بپرسید و بگرفتش اندر کنار / ز فرزند و از گردش روزگار
ز گردان و از رزم و کار سپاه / اُزان تا چرا بازگشت او ز راه؟
نخست از سیاوش زبان برگشاد / ستودش فراوان و نامه بداد[5]
چو نامه بر او خواند، فرّخ دبیر / رخِ شهریار جهان شد چو قیر
برستم چنین گفت: «گیرم که اوی / جوان است و، بد؛ نارسیده بروی؛

---

۱ - میان لت دویم با لت نخست پیوند «و» در کار است و نیز خوبرویان از افزوده‌ها است زیرا که افراسیاب گرسیوز را بهمراه دویست سوار و سپاهی بنزد سیاوخش فرستاده بود.

۲ - افراسیاب بهیچ روی تخت و تاج جهان را به کاووس نسپرد، و پیام نیز چنین نبود.

۳ - سخن در لت نخست پیوند بایسته ندارد: «از جهان (به) مرز خویش» یا در مرز خویش بنشیند.

۴ - تیره خاک؟ خاک ایران(!)

* - از افراز تخت شاهی و نیرومندی خود، نشیب روزگار خود را نبینم.

○ - نمونه‌ها چنین آورده‌اند، و پیدا است که چون گرسیوز، از آن روی رفت، رستم را می‌بایستی «از اینروی» رفتن.

۵ - یک: زبان برگشادن: سرزنش کردن است. دو: چون سیاوش را ستود... نامهٔ (او را) باید.

چو تو نیست اندر جهان، سر بسر   بجنگ؛ از تو جویند گردان، هنر
ندیدی؟ بدی‌های افراسیاب!   که گم شد ز ما خورد و آرام و خواب!
مرا رفت بایست، کردم درنگ   مرا بود با او سری پر ز جنگ [1]
نرفتم، که گفتند: «ز ایدر مرو   بمان، تا پسیچد جهاندارِ نو»
چو پادافرهِ ایزدی خواست بود   مکافات بدها بدی خواست بود [2]
شما را بدان مُردری خواسته   بران گونه بر، شد دل آراسته [3]
-کجا بستد از هرکسی بی‌گناه-   بدان تا بپیچیدتان دل ز راه [4]
به سد ترک بیچاره و بدنژاد   که نام پدرشان ندارند یاد [5]
کنون از گروگان کی اندیشد او؟   همان پیش چشمش، همان خاک کو [6]
شما گر خرد را نبستید کار   نه من سیرم از جنگ و از کارزار
بنزد سیاوش فرستم کنون   یکی مرد پردانش و پرفسون [7]
بفرمایمش که: «آتشی کن بلند   به بند گران پای ترکان ببند
برآتش بنه خواسته هرچه هست   نگر تا نیازی به یک چیز دست
پس آن بستگان را سوی من فرست   که من سر بخواهم ز تن‌شان گسست [8]
تو با لشکر خویش، سر پر ز جنگ   برو تا بدرگاه او بیدرنگ [9]
همه دست بگشای تا یکسره   چو گرگ اندر آید به پیش بره [10]
چو تو سازگیری بد آموختن   سپاهت کند غارت و سوختن! [11]
بیاید به جنگ تو افراسیاب   چو گردد براو ناخوش آرام و خواب» [12]

---

۱ - **یک:** کیکاووس درنگ نکرد، که بجنگ نرفت. **دو:** بکار بردن دوباره مرا در لت دویُم درست نیست. از دستنوشته‌های دیگر نیز گونهٔ درست‌تر، بر نمی‌آید.

۲ - **یک:** این گفتار را، هیچ پیوند با گفت‌وگوی رستم و کاووس نیست. **دو:** خواست «بودن» درست است. **سه:** «پادافره» بدی بدی خواهد بودن» و «بدها» درست نیست.

۳ - «بر دل آراسته» یا «شد، دل آراسته» نادرست است.

۴ - **یک:** این سخن بگفتار پیشین پیوند نمی‌خورد! **دو:** لت نخست پایان یافته نیست. و پس‌ازآن می‌باید گفتاری دیگر بیاید، چونان: «که جنگ و خویشکاری خود را فراموش کنید!»

۵ - **یک:** تورانیان ترک نبودند. **دو:** نام پدرشان (را به) یاد ندارند.

۶ - **یک:** بجزاز آنکه پیوندی میان این رج و رج پیشین نیست؛ سستی گفتار در رج پایانی گفت‌وگو ندارد. **دو:** همهٔ این گفتار در در رویهٔ ۱۶۸ از بنداری نیز آمده‌است، اما در آنجا بگونهٔ درست! و وی ترجمه را با خواندن این گفتارها از روی خرد خود بانجام رسانیده است. (بنگرید به رویهٔ ۱۶۸)

۷ - سه رج: در همین گفتارهای افزوده نیز کاووس کسی را بنزد سیاوش نفرستاد. تنها بگفتن بسنده کرد.

۸ - فرمان دربارهٔ فرستادگان سخت‌تر از اینست که گفته شد و فرِست را باگسَست پساوا نیست.

۹ - سیاوخش در لشکرگاه بود نه در دربار و درگاه.

۱۰ - **یک:** اگر افراسیاب گرگ باشد و ایرانیان بره، پس روزگار ایرانیان با چنین کار سیاه می‌شود. در نمونه‌های دیگر آمده‌است: «چو گرگی که آید به پیش بره» «آرند پیش بره» (خالقی مطلق ۲۶۴-۲) هیچیک درست نمی‌نماید. **دو:** این سخن پیوند میان سخن پیشین و گفتار پسین را می‌گسلاند.

۱۱ - فرمانی نه برآیین فرهنگ ایرانی!

۱۲ - **یک:** «چو» در آغاز لت دویم، با «چو» در آغاز رج پیشین همخوان نیست. **دو:** آرام و خواب، ناخوش نمی‌شود، روزگار کسان، ←

تهمتن بدو گفت کـ:«ای شهریار
دلت را بدین کار، غمگین مدار

سخن از من ای شه، تو بشنو، نخست
پسانگه جهان زیر فرمان تست!

تو گفتی که بر جنگ افراسیاب
مران تیز لشکر، بدان روی آب!

بمانید تا او بیاید بجنگ
که او خود شتاب آورَد، بیدرنگ

ببودیم یک چند، در جنگ؛ سست
درِ آشتی، او گشاد از نخست

کسی کآشتی جوید و سور و بزم
نه نیکو بود پیش رفتن برزم

اُ دیگر که پیمان شکستن ز شاه
نباشد پسندیدهٔ نیکخواه

سیاوش چو پیروز بودی بجنگ؛
برفتی بسان دلاور پلنگ؛[1]

چه جُستی؟ جزاز تخت و تاج و نگین
تن‌آسانی و گنجِ ایرانزمین!

همه یافتی، جنگ، خیره مجوی
دل روشننت بآبِ تیره مشوی

گر افراسیاب این سخن‌ها که گفت
به پیمان شکستن، بخواهد نهفت

هم از جنگ جستن نگشتیم سیر
بجای است شمشیر و چنگالِ شیر

ز فرزند پیمان شکستن مخواه
مکن آنچ، نه اندر خورد با کلاه

نهانی چرا گفت؟ باید سخن:
سیاوش ز پیمان نگردد ز بن!

اُز این کار؛ کاندیشه کرده‌ست شاه
برآشوبد این نامور پیشگاه»

چو کاووس بشنید شد پر ز خشم
برآشفت زان کار و بگشاد چشم[2]

برستم چنین گفت شاه جهان
که: «ایدون نماند سخن در نهان؛

که: این، در سرِ او، تو افکنده‌ای
چنین بیخ کین از دلش کنده‌ای

تن‌آسایی خویش جُستی بدین
نه افروزش تاج و تخت و نگین

تو ایدر بمان تا سپهدار توس
ببندد بر این کار، بر پیل، کوس

من اکنون هیونی فرستم به بلخ
یکی نامه‌ای با سخن‌های تلخ[3]

سیاوش اگر سر ز پیمان من
بپیچد، نیاید بفرمان من؛

بتوس سپهبد سپارد سپاه
خود و ویژگان بازگردد ز راه[4]

ببیند ز من، هرچه اندر خورَ است
گر او را چنین داوری در سر است»!

چو بشنید رستم بآواز گفت
که: «گردون سرِ من نیارد نهفت

اگر توس، جنگی‌تر از رستم است
چنان دان، که رستم، ز گیتی کم است»

→ ناخوش می‌شود. ۱ - این رج پیوند میان گفتار در رج‌های پیشین‌وپسین را می‌گسلد.

۲ - **یک:** شد پر ز خشم در لت نخست، و برآشفت در لت دویم یک سخن را می‌گوید. **دو:** بگشاد چشم نیز نارواست زیرا که پیش‌ازآن چشم کاووس بسته نبوده‌است.

۳ - **یک:** میان لت نخست یا لت دویم پیوندی چون (با) نامه‌ای... در کار است. **دو:** این رج پیوند سخن را نیز می‌گسلد.

۴ - **یک:** این رج نیز، پیوند میان رج‌های پیشین‌وپسین را می‌گسلد. **دو:** خود (با) ویژگان(ش) بازگرد(ند).

بگفت این و بیرون شد از پیش اوی پراز خشم و جنگ و پر آژنگ روی

*

هم اندر زمان، توس را خواند شاه بفرمود؛ لشکر کشیدن براه
چو بیرون شد از پیش کاووس توس بفرمود تا لشکر و بوق و کوس [1]
بسازند و آرایش ره کنند اُزان بزمگه راه کوته کنند [2]
هیونی بیاراست کاووس شاه بفرمود تا بازگردد به راه [3]

پاسخ

نامهٔ کاووس
بنزد سیاوخش

نویسندهٔ نامه را پیش خواند به کرسیِ زر پیکرش برنشاند [4]
یکی نامه فرمود پر خشم و جنگ زبان تیز و رخساره چون بادرنگ *
نخست آفرین کرد بر کردگار خداوند آرامش و کارزار
خداوند بهرام و کیوان و ماه خداوند نیک و بد و فرّ و جاه [5]
بفرمان اویست، گردان، سپهر اُز او باز گسترده، هر جای؛ مهر
ترا ای جوان، تندرستیّ و بخت همیشه بماناد، با تاج و تخت
اگر بر دلت رای من تیره گشت ز خواب جوانی سرت خیره گشت [6]
شنیدی که دشمن به ایران چه کرد؟ چو پیروز شد روزگار نبرد!
کنون خیره، آزرمِ دشمن مجوی بر این بارگه بر، مبر آبِ روی
منه در جوانی سر اندر فریب گر از چرخ گردان نخواهی نهیب [7]
که من زان فریبنده گفتارِ اوی بسی بازگشتم ز پیکارِ اوی

---

۱ – سخن هموار است، اما پیوسته به رج پسین است.

۲ – **یک:** ساز لشکر درست است اما بوق و کوس ساختن ندارد. **دو:** از لت دویُم، خواننده بجایی ره نمی‌برند، در نمونه‌های لی و آ (خالقی مطلق ۲–۲۶۶) آمده‌است «از آن بزمگه راه کوته کنند» مگر همه لشکریان در بزمگه بوده‌اند؟ و (آن بزمگه) کدام و کجا بوده‌است؟ **سه:** راه میان پایتخت و بلخ بهیچ روی کوتاه نمی‌شود.

۳ – **یک:** شاه، هیون می‌آراید، یا فرمان بفرستادن هیون می‌دهد؟ **دو:** هیون را بایستی رفتن، یا بازگشتن؟

۴ – کرسی زر ویژهٔ شاهان بوده‌است نه یک نویسندهٔ نامه.

* – با چهرهٔ چون بادرنگ پراز چین و چروک.

۵ – **یک:** در اندیشهٔ ایرانی خداوند سرآغاز نیکی است و بدی از او سرچشمه نمی‌گیرد. **دو:** جاه واژه‌ای نیست که فردوسی بکار گیرد، آنهم در کنار «نیک و بدِ» پیشین که فرّ نیز بدانها (و به بد) وابسته می‌شود.

۶ – دو رج بی‌پیوند.

۷ – سخن با آنکه درست می‌نماید، میان گفتار در رج‌های پسین و پیشین جدایی می‌افکند.

ترا گر فریبد، نباشد شگفت — مرا، از خود اندازه باید گرفت!
نرفت ایچ با من، سخن ز آشتی — ز فرمان من روی برگاشتی
تو با خوبرویان در آمیختی — ببازی و، از جنگ بگریختی!
همان رستم از گنجِ آراسته — نخواهد شدن سیر و از خواسته
از آن مُردری تاج شاهنشهی — ترا شد سر از جنگ جستن تهی[1]
درِ بی‌نیازی، بشمشیر جوی — بکوشش بود؛ شاه را، آبِ روی
چو توس سپهبد رسد پیش تو — بسازد، چو باید، کم و بیش تو
گروگان که‌داری به بند گران — هم اندر زمان بار کن بر خران[2]
پرستار و از خواسته هرچه هست — بزودی مر آن را به درگه فرست[3]
تو شو کین و آویختن را بساز — از این در، سخن‌ها مگردان دراز
چو تو ساز جنگ و شبیخون کنی — ز خاک سیه رود جیهون کنی[4]
سپهبد سر اندر نیارد بخواب — بیاید بجنگ تو افراسیاب[5]
اگر مِهر داری بر آن اهرمن — نخواهی که خوانَدْت پیمان شکن؛
سپه، توسِ رد را ده و، بازگرد — نه‌ای مرد پرخاش و دشت نبرد!

*

نهادند بر نامه بر، مُهرِ شاه — هیون، پر برآورد و ببرید راه
چو نامه بنزد سیاوش رسید — بدانگونه گفتار ناخوب دید؛
فرستاده را خواند و پرسید چُست — اُزو کرد یکسر سُخُن‌ها درست[6]
بگفت آنکه با پیلتن رفته‌بود — ز توس و ز کاووس کاشفته بود[7]
سیاوش چو بشنید گفتار اوی — ز رستم غمین گشت و از کار اوی[8]
ز کار پدر دل پر اندیشه کرد — ز ترکان و ز روزگار نبرد[9]
همی* گفت: «سد مردِ گُرد و سوار — ز خویشان شاهی چنین نامدار

---

۱ - کدام مردری؟ افراسیاب شاهنشاه نبود و شاه توران خوانده می‌شد. و تاجی را که فرستاده بود، بهنگام زندگی خودش بود و «مُردری» درشمار نمی‌آید. ۲ - سخن پایان ندارد.
۳ - **یک:** سخن بی‌پایان است. **دو:** «مر آن را» باگروه پرستاران... همخوان نیست: «مر آنان را».
۴ - فرمان شبیخون در فرهنگ ایران نبوده‌است و در جنگی که هنوز روی ننموده است نمی‌توان پیش‌بینی شبیخون راکردن.
۵ - چون سپهبد در لت نخست افراسیاب باشد، آوردن نام او در پایان سخن درست نیست.
٦ - **یک:** آهنگ سخن پریشان است. **دو:** سخن‌ها درست کردن چه باشد؟ «سخن خواستار شد»
۷ - **یک:** رستم از توس آزرده نشده بود. **دو:** «که» (در کاشفته) به کنندهٔ کار (اگر رستم می‌بود) باز می‌گردد، بازآنکه کنندهٔ کار در این گفتار کاووس است.
۸ - لت دویم را اندکی پیوند درست نیست. «کار اوی» به کاووس باز می‌گردد. باز آنکه نام رستم در میانه می‌آید.
۹ - تورانیان ترک نبوده‌اند، و روزگار نبرد راگزارش نیست. * - «چنین گفت» درست می‌نماید.

پاسخ کاووس به سیاوخش

همه نیکخواه و همه بیگناه   اگرشان فرستم بنزدیک شاه؛
نه پرسد، نه اندیشد از کارشان   همآنگه کند زنده بر دارشان
بنزدیک یزدان چه پوزش برم؟   بد آمد ز کار جهان بر سرم!
ورایدونکه جنگ آورم، بیگناه   چنان خیره، با شاه توران سپاه
جهاندار نپسندد این بد ز من   گشایند بر من، زبان، انجمن
اُگر بازگردم بنزدیک شاه   بتوسِ سپهبد سپارم سپاه
ازو نیز هم بر تنم بد رسد   چپ و راست، بد بینم و، پیش، بد[1]
نیاید ز سوداوه خود جز بدی   ندانم چه خواهد بدن ایزدی!»
دو تن را ز لشکر، ز گنداوران   چو بهرام و چون زنگهٔ شاوران[2]
بران رازشان خواند نزدیک خویش   بپردخت ایوان و بنشاند پیش[3]
که رازش بهم بود با هردو تن   ازانپس که رستم شد از انجمن[4]
بدیشان چنین گفت ک:«از بختِ بد   فراوان همی بر سرم بد رسد[5]
بدان مهربانی، دل شهریار   بسان درختی پراز رنگ و بار[6]
چو سودابه او را فریبنده گشت   تو گفتی که زهر گزاینده گشت[7]
شبستان او گشت زندان من   غمین شد دل و بخت خندان من
چنین رفت بر سر مرا، روزگار   که با مهرِ، او آتش آورد؛ بار
گزیدم بر آن سور، سختی و جنگ   مگر دور مانم ز چنگ نهنگ
ببلخ اندرون بود چندان سپاه   سپهبد چو گرسیوز کینه‌خواه[8]
نشسته به سغد اندرون شهریار   پراز کینه با تیغزن سدهزار[9]
برفتیم برسان بادِ دمان   نجستیم در جنگ ایشان زمان
چو کشور سراسر بپرداختند   گروگان و آن هدیه‌ها ساختند
همه موبدان، این نمودند راه   که ما بازگردیم از رزمگاه
پسندش نیامد* همی کار من   بکوشد برنج و بآزار من
بخیره همی جنگ فرمایدم   بترسم که سوگند بگزایدم

---

۱ - «نیز» و «هم» را با یکدیگر نشاید آوردن.   ۲ - چو بهرام و چون... نادرست است.
۳ - سیاوخش در ایوان نبود و در لشکرگاه بود.   ۴ - «رازش بهم بود» نادرست است: «رازش با آن دوتن بود».
۵ - لت دویم سست است.
۶ - پیش‌از آمادگی نمودن برای نبرد، سیاوخش خود از نامهربانی کاووس در اندیشه بود، و این سخن باژگونهٔ آنست، و رج‌های آینده نیز همین سخن دوباره می‌آید!   ۷ - تو گفتی...
۸ - یک: چندان سپاه... روشن نمی‌نماید. پیش‌از جنگ نیز از بیشماری سپاهیان توران از بلغ سخن نرفته‌بود. دو: چو گرسیوز نیز نادرست است.   ۹ - سیاوخش، افراسیاب را شهریار نمی‌خواند، و شمار نیز نادرست است: «یکسد هزار تیغزن».
* - نمونه‌ها چنین آورده‌اند، اما «نیاید» درست می‌نماید.

ورا، گر ز بهر فزونی‌ست جنگ / چو گنج آمد و کشور، او را بچنگ؛
چه باید؟ همی خیره خون ریختن! / چنین دل بکین اندر آویختن!
همی سر ز یزدان بباید کشید / فراوان نکوهش بباید شنید[1]
دو گیتی همی برد خواهد ز من / بمانم به کام دل اهرمن[2]
نزادی مرا کاشکی مادرم / اُگر زاد مرگ آمدی بر سرم[3]
که چندین بلاها بباید کشید / ز گیتی همی زهر باید چشید[4]
بدین گونه پیمان که من کرده‌ام / به یزدان و سوگندها خورده‌ام[5]
اگر سر بگردانم از راستی / فراز آید از هرسویی کاستی
پراکنده شد در جهان، این سَخُن / که با شاه توران فکندیم بُن
زبان برگشایند هرکس ببد / بهر جای؛ بر من، چنانچون سزد
بکین بازگشتن، بریدن ز دین / کشیدن سر از آسمان و زمین
چنین کی؟ پسندد ز من کردگار! / کجا؟ بر دهد، گردش روزگار!
شوم کشوری جویم اندر جهان / که نامم ز کاووس ماند نهان
رَوِشنِ زمانه بر آنسان بُود / که فرمان دادار گیهان بود
سری کش نباشد ز مغز آگهی / نه از بتّری بازدانند بهی[6]
قباد آمد و رفت و گیتی سپرد / ورا نیز هم رفته باید شمرد[7]
تو ای نامور، زنگهٔ شاوران / بیارای تن را به رنجِ گران
برو تا بدرگاه افراسیاب / درنگی مباش و، منه سر بخواب
گروگان و این خواسته هرچه هست / ز دینار و از تاج و تختِ نشست
سراسر همه، باز بر، پیش اوی / بگویش که ما را چه آمد بروی»!
بفرمود بهرامِ گودرز را / که: «این نامور لشکر و مرز را
سپردم ترا، گنج و پیلان و کوس / بمان، تا بیاید سپهدار توس

۱ – سر از یزدان نمی‌کشند که سر از (فرمان) یزدان می‌کشند!
۲ – دو گیتی را از کسی نمی‌برند، چون (گیتی و مینو) هردو بر جای خود هستند، سراینده خواسته است بگوید دو گیتی را بر من تباه خواهد کردن.
۳ – «اُگر» در اینجا نادرست است، و می‌باید چنین باشد، اکنون که مرا زاده است «کاشکی مرگ بر سرم آید!» «یا مرگ بر سرم می‌آمد».
۴ – سخن سست است.
۵ – **یک:** اگر سوگند بیزدان است که می‌باید چنین باشد چنان سوگندها که بیزدان خورده‌ام، و اگر پیمان با افراسیاب را در پیشگاه یزدان بسته است، سوگندها را برای (پایداری پیمان) می‌باید خورده باشد. **دو:** در بنداری نیز نیست.
٦ – **یک:** سر از مغز آگهی ندارد. که مغز از سر آگهی دارد. **دو:** و نیز سر از بدی و نیکی ناآگاه است و این هم کارِ مغز است.
۷ – **یک:** (قباد آمد و گیتی را سپرد و رفت) و اینجا باژگونه گفته شده است. **دو:** در بنداری نیز نیست.

بدو ده تو این لشکر و خواسته — همه کارها یکسر آراسته[1]
یکایک بر او برشمر هرچه هست — ز گنج و ز تاج و ز تختِ نشست»[2]
چو بهرام بشنید، گفتار اوی — دلش گشت پیچان، بتیمار اوی
ببارید خون زنگهٔ شاوران — بنفرید بر بومِ هاماوران
پراز غم نشستند هردو بهم — روان‌شان ز گفتار او شد دژم
بدو گفت بهرام، که:«این، رای نیست — ترا، بی‌پدر، در جهان، جای نیست
یکی نامه بنویس، نزدیک شاه — دگربار از او، پیلتن را بخواه
اگر جنگ فرمان دهد، جنگ ساز — چه باید؟ کشیدن، سخن را دراز
نوا گر فرستی بنزدیک اوی — بخندد دل و جان تاریک اوی[3]
دلت گر چنین رنجه گشت از نوا — رها کن، نه بر تو، چَک* است و گوا!
بنامه، جزاز جنگ، فرمانْش نیست — نرفته‌است کاری که درمانش نیست
بفرمان کاووس جنگ آوریم — جهان بر بداندیش تنگ آوریم!
بدو بازگفتند که:«این، رای نیست — ترا بی‌پدر در جهان جای نیست[4]
گر آرام گیری، سخن تنگ نیست — ترا، پوزش اندر پدر، ننگ نیست!»

*

نپذرفت زان دو خردمند، پند — دگرگونه بُد راز چرخ بلند

*

چنین داد پاسخ که:«فرمان شاه — برآنم که برتر ز خورشید و ماه
ولیکن بفرمان یزدان، دلیر — نباشد؛ ز خاشاک، تا پیل و شیر
کسی کاو ز فرمان یزدان بتافت — سراسیمه شد خویشتن را نیافت[5]
همی دست یازید باید بخون — بکین دو کشور بُدن رهنمون
اُزان پس که داند؟ کز این کارزار — کرا برکشد، گردش روزگار!
ز بهر نوا هم بیازارد او — سخن‌های دیرینه باز آرد او[6]

---

۱ – یک: این سخن در رج پسین آمده‌است. دو: کاربرد «تو» در اینجا نادرست است. این لشکر و خواسته را باو بده. سه: سخن ناتمام است.

۲ – لت دویم دوباره‌گویی رج پنجم پیشین است.

۳ – سخن درست دربارهٔ نوا در رج پسین آمده‌است.

* – چَک واژه‌ای ایرانی است (= برات، پیمان‌نامه، سند) و در فرهنگهای ایرانی چون البلغة و السامی فی الأسامی، از آن نام برده شده است و در بنگاه‌های بازرگانی کسان بوده‌اند که کارشان «چک‌نویسی» بوده‌است،... چون این دو واژه بتازی گردانده شد، برای چک الصَّک و برای چک‌نویس «الصکاک» گفتند و چون با جنگهای چلیپایی (صلیبی) ره به اروپا گشوده از بنگاه «بانک» و از چَک «چِک» را برآوردند، آنگاه این نام‌ها با گونهٔ اروپایی خود، بر زبان ما روان شد!

۴ – دوباره‌گویی رج هفتم پیشین.

۵ – سخن در لت نخست دوباره‌گویی رج پیشین است، و در لت دویم سست و نادرخور است.

٦ – چون در نامهٔ کاووس سخنی دربارهٔ نوا (= گروگان) نیامده است این سخنان همه افزوده بشمار می‌رود.

همان خشم و پیکار بار آورد   سرشک غم اندر کنار آورد[1]
اگر تیره‌تان شد، دل از کار من   بپیچید سرتان ز گفتار من؛
فرستاده خود باشم و رهنمای   بمانم بر این دشت پرده‌سرای»*

*

سیاوش چو پاسخ چنین داد باز   بپژمرد جانِ دو گردنفراز
ز بیم جداییش گریان شدند   چو بر آتش تیز، بریان شدند
همی دید چشم و دل روزگار   که اندر نهان چیست با شهریار[2]
نخواهد بُدن نیز دیدار او   ازان چشم گریان شد از کار او[3]
چنین گفت زنگه، که: «ما بنده‌ایم   بمهر سپهبد، دل آکنده‌ایم
فدای تو بادا تن و جان ما   چنین باد، تا مرگ، پیمان ما»
چو پاسخ چنین یافت، از نیکخواه   چنین گفت با زنگه، بیدار شاه
که: «رو شاه توران‌سپه را بگوی   که: زین کار، ما را چه آمد بروی!
از این آشتی، جنگ؛ بهرِ من است   همی نوش تو درد و زهر من است
ز پیمان تو سر نگردد تهی   اُگر دور مانم ز تخت مهی[4]
جهاندار یزدان پناه من است   زمین تخت و گردون کلاه من است[5]
اُدیگر که بر خیره، ناکرده کار   نشایست رفتن برِ شهریار[6]
یکی راه بگشای، تا بگذرم   بجایی که کرد ایزد؛ آبشخورم
یکی کشوری جویم اندر جهان   که نامم ز کاووس ماند نهان[7]
ز خوی بد او سخن نشنوم   ز پیکار او یک زمان بغنوم»[8]

---

۱ – دنبالهٔ همان گفتار.

* – پرده‌سرای خود را در این دشت فرو می‌هلم و خود بنام فرستاده بنزد افراسیاب می‌روم.

۲ – **یک**: در رج پیشین، دوکس بودند، و اینجا یک کس شد «دید». **دو**: چشم و دل روزگار را «همی» دیدن، چگونه باشد؟

۳ – افزاینده گفتار رج دویم پیشین را با سخنی سست، دوباره آورده است.

۴ – سر را از پیمان (نمی‌تابند) نه آنکه (تهی نکنند).

۵ – گفتار رستم است که اینجا آمده‌است.

۶ – این سخن را هیچ گزارش نتوان کردن.

۷ – این گفتار پیش‌ازاین گذشت.

۸ – میان این رج با رج پیشین یک پیوند «تا» بایسته است.

رفتن زنگهٔ شاوران
و بردن گروگانان
بنزد افراسیاب

بشد زنگه با نامور سد سوار — گروگان ببرد از درِ شهریار
چو در شهرِ سالار توران رسید — خروش آمد و دیده‌بانش بدید[1]
پذیره شدش نامداری بزرگ — کجا نام او بود جنگی تُوُرگ[2]
چو زنگه بیامد بنزدیک شاه — سپهدار برخاست، از پیشگاه
گرفتش ببر، تنگ و، بنواختش — گرامی برِ خویش، بنشاختش
چو بنشست با شاه، پیغام داد — سراسر سخن‌ها بدو کرد یاد
چو بشنید، پیچان شد افراسیاب — دلش گشت پر درد و سر پر ز تاب
بفرمود تا جایگه ساختند — ورا چون سزا بود بنواختند
چو پیران بیامد، تهی کرد جای — سخن رفت با نامور کدخدای
ز کاووس و از خام گفتار اوی — ز خوی بد و رایِ پیکار اوی
همی گفت و رخساره کرده دژم — ز کار سیاوخش، دل؛ پر ز غم
فرستادن زنگهٔ شاوران — همه یاد کرد از کران تا کران[3]
بپرسید کـ:«این را چه درمان کنیم؟ — اُز این چاره جستن، چه پیمان کنیم؟»

*

بدو گفت پیران که: «ای شهریار — انوشه بَوی تا بود روزگار
تو از ما بِهرکار داناتری — ببایسته‌ها بر، تواناتری
گمان و دل ودانش و رای من — چنین است اندیشه بر جای من[4]
که هرکس که بر نیکوی در جهان — توانا بود آشکار و نهان[5]

---

۱ – «چو» در آغاز این رج، با «چو» در آغاز رج دویم پسین همخوان نیست. و بهمین روی رج پسین نیز که پیوسته بدانست، افزوده در شمار می آید.

۲ – و بر این بنیاد «تُورُگ» نیز از نامهای ساختگی است که بشاهنامه افزوده‌اند و دیگر؛ هیچگاه بدان بر نمی‌خوریم.

۳ – از این روشن‌تر نیست که یک سردار ایرانی همراه با سپاه، و یک‌سد تن گروگان با کاروانِ خواسته، از چشم هیچ کس از تورانیان پنهان نمی‌ماند؛ تا از چشم پیران، سردار بزرگ توران پنهان شود و نیاز بباز گفتن افراسیاب باشد. دیگر آنکه آمدن زنگهٔ شاوران در گفتار افراسیاب باید نخستین سخن بوده باشد، نه گفتار پایانی.

۴ – **یک:** اینچنین گفتار درهم را نمی‌توان از فردوسی دانست که هر چهار واژهٔ بکار برده، کاربردی دیگرگونه دارد. گمان؛ «پندار، و اندیشهٔ نادرست است» از واژهٔ اوستایی «وی مننگه» اوستایی [illegible] =دور از اندیشه! دل را با دانش کار نیست، و رای را می‌شاید که بر دانش، یا گمان، یا دل؛ جداگانه استوار کردن، نه بر هر چیز! **دو:** لت دویم در همهٔ نمونه‌ها درهم ریخته است.

۵ – **یک:** سخن پیوسته به رج پیشین است، پس افزوده است. **دو:** بر نیکی (کردن) توانا باشد نه بر (نیکوی).

از ایــن شــاه زاده نگیرند باز ز گنج و ز رنج آنچه آید فراز[1]
مــن ایدون شنیدم که انـدر جهان کسـی نیسـت مـانند او از مـهان
بــبالا و دیــدار و آهسـتگی بــفرهنگ و رای و، بشـایستگی
هنر بـا خـرد نـیز بـیش از نـژاد ز مـادر چـنو شـاه‌زاده نـزاد[2]
بـدیدن کـنون از شـنیدن بـهست گـرانـمایه و شـاه‌زاد و مـهست[3]
اُگـر خـود جـز ایـنش نـبودی هـنر کـه از خـونِ سـد نـامور، بـا پـدر؛
بـرآشفت و، بگـذاشت تـخت و کـلاه هـمی از تـو جـوید بـدینگونه راه؛
نـه نـیکو نـماید ز راه خـرد کـز ایـن کشـور، آن نـامور بگـذرد
تـرا سـرزنش بـاشد از مـهتران سـر او هـمان از تـو گـردد گـران[4]
اُ دیگـر کـه کـاووس شـد پـیرسر ز تـخت آمـدش روزگـار گـذر[5]
سـیاوش جـوان است و بـا فـرّهی بـدو مـاند آیـین تـخت مـهی
اگـر شـاه بـیند، بـه رای بـلند نـویسد یکـی نـامهٔ پـندمند
چـنانچون نـوازنـد فـرزند را؛ نـوازد جـوان خـردمند را!
یکـی جـای سـازد، بـدین کشـورش بـدارد سـزاوار، انـدر خـورش
بـر آیـین دهـد دخـتری را بـدوی بـدارّدش بـا نـاز و بـا آبِ روی
مگـر کـاو بـماند بـنزدیک شـاه کـند کشـور و بـومت آرامگـاه
اُگـر بـازگردد سـوی شـهریار تـرا بـهتری بـاشد از روزگـار
سـپاسی بُـود نـزد شـاه زمـین بـزرگان گـیتی کـنند آفـرین
بـرآسـاید از کـین، دو کشـور مگـر! گـر آرَدش نـزدیک مـا دادگـر!
ز داد جـهان‌آفرین ایـن سـزاست کـه گـردد زمـانه، بـدین کـار؛ راست!»
چـو سـالار گـفتار پـیران شـنید چـنان هـم هـمه بـودنی‌ها بـدید[6]
پس انـدیشه کـرد انـدران یکـزمان هـمی داشت بـر نـیک و بـر بـد گـمان[7]
چـنین داد پـاسخ، بـه پـیران پـیر کـه: «هست این سخن‌ها هـمه دلپـذیر
ولیکـن شـنیدم یکـی داسـتان کـه بـاشد بـدان، رای؛ هـمداسـتان

۱ – گیریم که گنج، نیکوی باشد، اما رنج را نمی‌توان نیکوی شمردن.

۲ – اگر گوینده را رای برآن باشد که خرد و هنر سیاوخش رابرتر نماید، این دو، با زایش از مادر پدید نمی‌آید، با فرهنگ و آموزش و آزمایش پدیدار می‌گردد.

۳ – **یک:** بدیدن، از شنیدن بهتر است، اما اکنون و... دیروز و فردا ندارد. **دو:** آهنگ سخن در رج دویُم پریشان است و پیوند با لت نخست ندارد. **سه:** در بنداری نیز نیامده است.

۴ – **یک:** «سرِ او همان»... نادرست است.

۵ – دو رج در گفتار پایانی این بخش دوباره می‌آید.

۶ – **یک:** «هم» و «همه» اینچنین کنار یکدیگر، درست نیست. **دو:** بودنیها که برابر با «تقدیر» در زبان تازی است بدان هنگام (دیده) می‌شود که رخ دهد، و از پیش دیده نمی‌شود.

۷ – **یک:** دوباره‌گویی در لت نخست. **دو:** آشفته سرایی در لت دویم.

که چون بچّهٔ شیر نر پروری — چو دندان کند تیز، کیفر بری!
چو بازور و با چنگ برخیزد او — به پروردگار اندر آویزد او»[1]
بدو گفت پیران که: «اندر خورد — یکی شاه گنداوران بنگرد؛*
کسی کز پدر کژّی و خوی بد — نگیرد، ازو بدخویی کی سزد؟
نبینی که کاووس دیرینه گشت — چو دیرینه شد، خود بباید گذشت
سیاوش بگیرد جهانِ فراخ — بسی گنج بی‌رنج و ایوان و کاخ
دو کشور ترا باشد و تاج و تخت — چنین خود که یابد؟ مگر نیکبخت!»
چو بشنید افراسیاب این سخن — یکی رای با دانش افکند بن

نامهٔ افراسیاب
به
سیاوخش

دبیر جهاندیده را پیش خواند — زبان در گشاد و سخن برفشاند
نخستین که بر خامه بنهاد دست — به انبر سر خامه را کرد مست[2]
جهان‌آفرین را ستایش گرفت — بزرگیّ و رایش فزایش گرفت:▣
کجا برترست از مکان و زمان — بدو کی رسد بندگان را گمان؟[3]
خداوند جان است و آنِ خرد — خردمند را دادِ او پرورد[4]
ازو□ باد بر شاهزاده درود — خداوند کوپال و شمشیر و خود

---

۱ – دوباره‌گویی رج پیشین است، با گفتاری سست.

* – سزاوار است (در خور است) که شاه بدین سخن بنگرد!

۲ – **یک:** «افراسیاب» نامه را نمی‌نویسد که دست بخامه برد! **دو:** بر «خامه» (قلم) دست نمی‌نهند، که آنرا بدست می‌گیرند. **سه:** دوباره‌گویی «خامه» در یک سخن! **چهار:** در بنداری نیست.

▣ – این گفتار که با اندکی دگرگونی در همهٔ نمونه‌ها بهمین‌گونه آمده‌است، پیوند درست با سخن پسینِ شاهنامه (رج سیوم پسین) ندارد، و نیز خودِ گفتار نیز آشفته می‌نماید، اما اگر لت دویم جای لت نخست را بگیرد. هم برآیندِ گفتار درست می‌شود، و هم پیوند آن با سخن پسین آشکار می‌شود! افراسیاب:

بزرگی و رایش فزایش گرفت — جهان‌آفرین را ستایش گرفت

۳ – **یک:** «مکان» را در سخن فردوسی جایی نیست. **دو:** برداشتی کودکانه است از گفتار آغازین شاهنامه: «ز نام و نشان و گمان برتر است».

۴ – **یک:** لت نخست نیز برداشت از نخستین گفتار شاهنامه است، اما از خداوند نمی‌توان چنین یاد کردن «آنِ خرد»! از آنجا که همهٔ جهان، از آنِ خداوند است، چگونه می‌توان خداوند را آنِ خرد نامیدن؟ **دو:** پرورش خداوند همگانی و برای همهٔ جهانیان است.

□ – پیوند که این رج را به رج ۸۷۳۸ پیوند می‌دهد «کزو».

خداوند شرم و خداوند باک / ز بیداد و کژّی دل و دست، پاک
شنیدم پیام از کران تا کران / ز بیداردل، زنگهٔ شاوران
غمین شد دلم، زانکه شاه جهان / چنین، تیز شد با تو، اندر نهان
ولیکن بگیتی بجز تاج و تخت / چه جوید؟ خردمندِ بیداربخت!●
ترا این همه، ایدر آراسته‌ست / اگر شهریاریّ و گر خواسته‌ست
همه شهر توران برندت نماز / مرا خود، بمِهر تو، باشد نیاز
تو فرزند باشیّ و من چون پدر / پدر، پیش فرزند، بسته کمر
چنان دان که کاووس بر تو، بمهر / بر آنگونه، یک روز نگشاد چهر
کجا من گشایم در گنج و دست / سپارم بتو تاج و تخت نشست[1]
بدارمت، بی‌رنج، فرزندوار / بگیتی تو مانی ز من یادگار[2]
چو از کشورم بگذری در جهان / نکوهش کنندم کهان و مهان
اُز این روی دشخوار یابی گذر / مگر ایزدی باشد آیین و فر[3]
بدین راه، پیدا نبینی زمین / گذر کرد باید بدریای چین
از این، کرد یزدان، ترا بی‌نیاز / هم ایدر بباش و بخوبی بیاز
سپاه و درِ گنج و شهر؛ آنِ تست / برفتن، بهانه نبایدْت جست
چو رای آیدت آشتی با پدر / سپارم ترا تاج و تخت و کمر
کز ایدر به ایران شوی با سپاه / بدلسوزگی با تو آیم براه
نماند ترا با پدر جنگ، دیر / کهن شد، سرش گردد از جنگ، سیر
گر آتش ببیند پی شست و پنج / رسد آتش از باد پیری به رنج[4]
ترا باشد ایران و گنج و سپاه / ز کشور به کشور رساند کلاه[5]
پذیرفتم از پاک یزدان؛ که من / بکوشم بخوبی، بجان و بتن
نفرمایم و خود نسازم ببد / به اندیشه، دل را نَیازم ببد»

● - مرد بیداربخت، برتر از آرزوی شاه بودن ندارد!

۱ - **یک:** این گفتار پراز گنج و تاج و تخت، پیوند میان رج‌های پیشین‌وپسین را می‌گسلد. **دو:** گفتار افراسیاب در دو رج پیشین، از مهر بود: نه از گنج!

۲ - **یک:** فرزندوار نادرست است. **دو:** سیاوخش را نشاید یادگار افراسیاب خواندن زیرا که او فرزند کاووس است. **سه:** دو بار بکار بردن «تو» (بدارمْت، تو) نادرست است.

۳ - **یک:** از «فرّ ایزدی» توان نام بردن، اما از آیین ایزدی نشانی نداریم. **دو:** فر را با آیین پیوند نیست.

۴ - آتش را هزاران سال زنده نگاه می‌دارند و پیر نمی‌شود، و آن گاه پایِ شست و پنج را چگونه گزارش توان کردن؟ و باد پیری را با شست و پنج چه پیوند؟

۵ - رج دویم ناسزاوار و نادرست است.

نامهٔ سیاوخش
به کاووس
و رفتن بنزد افراسیاب

چو نامه بمُهر اندر آورد شاه ‌‌‌‌‌‌‌‌‌‌ بفرمود تا زنگهٔ نیکخواه
بزودی؛ برفتن ببندد کمر ‌‌‌‌ یکی خلعت آراست با سیم و زر
یکی اسپ بر سر ستام گران ‌‌‌‌ بیامد دمان زنگهٔ شاوران [1]
چو نزدیک تخت سیاوش رسید ‌‌‌‌ بگفت آنچه پرسید و بشنید و دید*
سیاوش بیک روی، زان شاد، شد ‌‌‌‌ بدیگر، پراز درد و فریاد شد
که دشمن همی دوست بایست کرد ‌‌‌‌ از آتش کجا بردمد؟ بادِ سرد!

*

یکی نامه بنوشت نزد پدر ‌‌‌‌ همه یاد کرد آنچه بُد، در بدر
که: «من با جوانی خرد یافتم ‌‌‌‌ به هر نیک و بد، تیز، نشتافتم
از آن زن، یکی مغز شاه جهان، ‌‌‌‌ دل من برافروخت اندر نهان [2]
شبستان تو، دردِ من شد، نخست ‌‌‌‌ بخون دلم، رخ ببایست شست
ببایست بر کوه آتش گذشت ‌‌‌‌ بمن، زار بگریست، آهو؛ بدشت
ازان ننگ و خواری بجنگ آمدم ‌‌‌‌ خرامان بچنگِ نهنگ آمدم
دو کشور بدین آشتی شاد گشت ‌‌‌‌ دل شاه چون تیغ پولاد گشت
نیامد همی هیچ کارش پسند ‌‌‌‌ گشاده همان و، همان بود بند [3]
چو چشمش ز دیدار من گشت سیر ‌‌‌‌ -برِ سیردیده، نباشند دیر-
ز شادی مبادا دل او رها ‌‌‌‌ شدم من ز غم، در دمِ اژدها
ندانم کز این کار، بر من؛ سپهر ‌‌‌‌ چه دارد؟ براز اندر، از کین و مهر!»

*

ازانپس بفرمود بهرام را ‌‌‌‌ که: «اندر جهان تازه کن نام را

---

۱ – **یک:** ستام گران را چه روی باشد؟ ستامِ بزر شایسته است، اما ستام گران تنها برای زیبا ساختن پساوای سخن با نام زنگهٔ شاوران است. **دو:** دو لت بایکدیگر پیوند ندارند.

* – نمونه‌ها ناهمگون‌اند: پرسید و دید و شنید، بشنید و گفت و شنید، پرسید و گفت و شنید. اما زنگهٔ شاوران برای پرسیدن نرفته‌بود، و پیوند «را» در آن بایسته است: «بگفت آنچه را کاو بدید و شنید».

۲ – این سخن بگونهٔ درست، در رجِ پیشین آمده‌است.

۳ – **یک:** سخن در همریخته است... هیچ کارمنش پسند نیامد. **دو:** در لت دویم رو در روی گشاده؛ «بسته» باید نه «بند».

سپردم ترا تاج و پرده‌سرای — همان گنج آکنده و تخت و جای
درفش و سواران و پیلان کوس — چو ایدر بیاید سپهدار توس؛
چنین هم، پذیرفته، او را سپار — تو بیداردل باش و به‌روزگار!»
ز دیده ببارید خوناب زرد — لبِ رادمردان، پراز باد سرد
ز لشکر گزین کرد سیسد سوار — همه گُرد و شایستهٔ کارزار [1]
سد اسپ گزیده بزرّین ستام — پرستار و زرّین کمر سد غلام [2]
بفرمود تا پیش او آورند — سلیح و ستام و کمر بشمرند [3]
درم نیز چندانکه بودش بکار — ز دینار و از گوهر شاهوار [4]
ازانپس گرانمایگان را بخواند — سخن‌های بایسته، چندی براند
چنین گفت کـ:«از نزد افراسیاب — گذشته‌ست پیران، بدین رویِ آب
یکی راز و پیغام دارد بمن — که ایمن بدویست، از آن انجمن [5]
همی سازم اکنون پذیره شدن — شما را هم ایدر بباید بُدن
همه سوی بهرام دارید روی — مپیچید دل را ز گفتار اوی»
همی بوسه دادند گردان زمین — بران خوب سالار باآفرین [6]

*

چو خورشید تابنده بنمود پشت — هوا شد سیاه و، زمین شد درشت
سیاوخش، لشکر بجیهون کشید — از آب دو دیده، رُخش ناپدید
چو آمد به تِرمِذ درون، بام و کوی — بسان بهاران بُد از رنگ و بوی [7]
چنان بُد همه شهرها تا به چاج — تو گفتی اَروسی است با توغ و تاج [8]
بهر منزلی، ساخته خوردنی، — خورش‌های زیبا و گستردنی [9]
چنین تا به قُجغارباشی براند — فرود آمد آنجا و چندی بماند
چو آگاهی آمد پذیره شدند — همه سرکشان با تبیره شدند [10]
ز خویشان گزین کرد پیران، هزار — پذیره شدن را برآراست کار
بیار استه چاربیل سپید — سپه را همی داد یکسر نوید [11]

---

۱ – سیسد سوار درست نمی‌آید، زیراکه بهنگام نبرد افراسیاب با وی از هزار ایرانی، نام برده شده است و پیدا است که از میان سپاه، سیسد تن را «برنگزید» و تیرهٔ سیاوخشیان بهمراه او بتوران‌زمین رفته‌اند.

۲ – «پرستار» و زرین کمر، سد «غلام» نادرست است.

۳ – دنبالهٔ گفتار است.

۴ – سخن این رج پایان ندارد، و بر رویهم سخنان از این چهار رج بی‌پایان است.

۵ – لت دویم پریشان و بی‌گزارش است.

۶ – «همی» نادرست است، و بوسه زدن یکبار روی می‌دهد.

۷ – سخن پایان ندارد.

۸ – شهرها... با «است» لت دویم همخوان نیست، سخن نیز سست می‌نماید.

۹ – خورشهای زیبا، نادرست است.

۱۰ – آگاهی از سیاوخش بتوران رفت، یا رسید، و نه «آمد».

۱۱ – لت دویم را بالت نخست، هیچ پیوند نیست. و «نوید» چنانکه پیشتر گفته شد. آگاهی (دعوت) بمهمانی است و پیران را رایِ مهمانی ←.

رفتن سیاوخش به توران‌زمین ۷۷

یکی برنهاده ز پیروزه تخت   درفشان درفشی بسان درخت[1]
سرش ماه زرّین و بومش بنفش   بزر بافته پرنیانی درفش[2]
ابا تخت زرّین سه پیل دگر   سد از ماهرویان زرّین‌کمر[3]
سپاهی بر آنسان که گفتی سپهر   بیاراست روی زمین را بمهر
سد اسپ گرانمایه با زین زر   بدیبا بیاراسته سر بسر[4]
سیاوخش بشنید کامد سپاه   پذیره شدن را، بیاراست شاه*
درفش سپهدار پیران بدید   خروشیدن پیل و اسپان شنید
بشد تیز و بگرفتش اندر کنار   بپرسیدش از نامور شهریار
بدو گفت کای پهلوان سپاه   چرا رنجه کردی روان را براه؟[5]
همه بر دل، اندیشه این بُد نخست   که بیند دو چشمم ترا تندرست»
ببوسید پیران سر و پای او   همان خوب‌چهرِ دل‌آرای او
همی گفت با کردگار جهان   که: «ای داور آشکار و نهان
مرا گر بخواب، این نمودی، روان   همانا سرِ پیر گشتی جوان»
چنین گفت ک:«ای شهریار جوان   مرا گر بخواب این نمودی روان[6]
ستایش کنم پیش یزدان نخست   چو دیدم ترا روشن و تندرست[7]
ترا چون پدر باشد افراسیاب   همه بنده باشیم، زین روی آب
ز پیوستگان هست بیش‌از هزار   پرستندگانند آبا گوشوار
تو بی کام دل هیچ دم بر مزن   ترا بنده باشد همی مرد و زن[8]
مرا گر پذیری تو با، پیرسر   ز بهر پرستش ببندم کمر»

*

برفتند هردو، بشادی بهم   سخن یاد کردند بر بیش و کم[9]

← دادن به سپاه نبود.

۱ - **یک:** «بر یکی از آنها برنهاده» درست است. **دو:** روشن نیست که تخت نهادند، یا درفش!

۲ - **یک:** بر تورانیان نبود که از برای سیاوخش درفش بسازند. **دو:** در رج پیشین از «درفشان درفش» یاد شده بود و اینجا دوباره از درفش نام می‌رود، که درست نیست.

۳ - **یک:** تخت‌های زرین را برای که بر پیلان بار کرده بودند؟ **دو:** لت دویُم پایان ندارد.

۴ - **یک:** افزاینده را دوباره بیاد افتاد که از اسپ (آنهم با زین زرین) یاد نکرده بود، و اینجا افزود. **دو:** سخن را پایان نیست.

* - «شاه» همان سیاوخش است، که در آغاز سخن از وی نام برده شده‌است، و بکار بردن شاه در پایان دوباره‌گویی و نادرست است. من می‌اندیشم که «راه» درست باشد: «پذیره شدن را بیاراست راه».

۵ - دو رج، میان گفتار جدایی می‌افکند.

۶ - دوباره گویی است.

۷ - پیش یزدان!

۸ - **یک:** «دم» زدنی، و «برآوردنی» است نه «بر زدنی». **دو:** «بنده باشند» درست است، این سخن.

۹ - کدام شادی؟ که سیاوخش را با یاد ایران آه سرد از سینه می‌خیزد!

۷۸ داستان سیاوخش

همه ره ز آوای چنگ و رباب   همی خفته را سر برآمد ز خواب
همی خاکْ مشکین شد از مشک و زر   همی اسپ تازی برآورد پر[1]
سیاوش چو آن دید، آب از دو چشم   ببارید و زاندیشه آمد بخشم
که یاد آمدش بوم زاولستان   بیار استه، تا بکاولستان[2]
همان شهر ایرانْش آمد بیاد   همی برکشید از جگر سرد باد
ز ایران دلش یاد کرد و بسوخت   بکردار آتش رخش برفروخت[3]
ز پیران بپیچید و پوشید روی   سپهبد بدید آن غم و درد اوی
بدانست، کاو را چه آمد بیاد   غمین گشت و دندان بلب برنهاد

*

به قُجغارباشی فرود آمدند   نشستند و یکپاره، دم برزدند
نگه کرد پیران بدیدار او   نشست و بر و یال و گفتار او
بدو در، دو چشمش همی خیره ماند   همی هر زمان نام یزدان بخواند
بدو گفت که:«ای نامور شهریار   ز شاهان گیتی تویی یادگار
سه چیز است بر تو، که اندر جهان   کسی را نباشد ز تخم مهان
یکی آنکه؛ از تخمهٔ کیقباد   همی از تو گیرند گویی نژاد
دودیگر؛ زبانی* بدین راستی   بگفتار نیکو بیاراستی
سدیگر که گویی که از چهر تو   ببارد همی بر زمین، مهر تو»
چنین داد پاسخ؛ سیاوش بدوی   که:«ای پیر پاکیزهٔ راستگوی
خُنیده بگیتی بمهر و وفا   از اهریمنی دور و دور از جفا[4]
گرایدونکه با من تو پیمان کنی   شناسم که پیمان من نشکنی!
گر از بودن، ایدر، مرا نیکویست   بر این کردهٔ خود نباید گریست
اُگر نیست، فرمای تا بگذرم   نمایی رهِ کشوری دیگرم»
بدو گفت پیران که:«مندیش زین   چو اندر گذشتی از ایرانزمین؛
مگردان دل از مهر افراسیاب   مکن هیچ گونه، برفتن شتاب
پراکنده نامش بگیتی بدیست   ولیکن جز اینست، مرد ایزدیست[5]
خرد دارد و هوش و رای بلند   بخیره، نیاید براه گزند

---

۱ - یاوه‌گویی‌های همیشگی که اگر مشک و زر بر خاک ریختند. خاک را «زرین» نیز می‌بایستی شدن.

۲ - سخن از «یاد» در رج پسین می‌آید.   ۳ - دوباره‌گویی رج پیشین است.

* - در همهٔ نمونه‌ها چنین آمده‌است، اما پیدا است که «زبانرا» درُست است: «دودیگر، زبانرا بدین راستی».

۴ - لت دویم سست می‌نماید.

۵ - لت نخست نادرست می‌نماید. «نامش در گیتی «بر بدی» یا «ببدی» پراکنده شده است».

رفتن سیاوخش به توران‌زمین ۷۹

مرا نیز خویشی است با او، بخون — همش پهلوانم، همش رهنمون
همانا بر این بوم و بر، سدهزار — بفرمان من، بیش باشد، سوار
همم بوم و بر هست، هم گوسفند — هم اسپ و سلیح و کمان و کمند
نهفته جز این نیز هستم بسی — مرا بی‌نیازیست از هرکسی
فدای تو بادا همه هرچه هست — گر ایدر کنی تو، بشادی نشست
پذیرفتم از پاک یزدان ترا — به رای و دل هوشمندان ترا
که بر تو نیاید ز بدها گزند — نداند کسی راز چرخ بلند![1]
مگر کز تو آشوب خیزد بشهر — بیامیزی از دور تریاک و زهر»[2]

*

سیاوش بدان گفته‌ها رام گشت — برافروخت، و اندر خورِ جام گشت
بخوردن نشستند یک با دگر — سیاوش پسر گشت و، پیران پدر
برفتند با خنده و شادمان — بره بر، نجستند جایی زمان
چنین تا رسیدند در شهرِ کَنگ — کزان بود خرّم، سرای درنگ
پیاده، بکوی آمد افراسیاب — از ایوان، میان بسته و؛ پرشتاب
سیاوش چو او را پیاده بدید — فرود آمد از اسپ و پیشش دوید
گرفتند مر یک دگر را ببر — بسی بوس دادند، بر چشم و سر
ازانپس چنین گفت افراسیاب — که: «گَردان جهان اندر آمد بخواب[3]
ازین پس نه آشوب خیزد نه جنگ — به آبشخور آیند میش و پلنگ[4]
برآشفت گیتی ز تور دلیر — کنون روی گیتی شد از جنگ سیر[5]
دو کشور سراسر پراز شور بود — جهان را دل از آشتی کور بود[6]

---

۱ - سخن در رج پیشین بپایان رسیده بود.

۲ - **یک:** چگونه می‌شود اندیشیدن که سیاوخش که با مهر و پیمان خود، آشوب میان دو کشور را فرو نشاند، خود در خانهٔ میزبان آشوبگری کند؟ **دو:** از لت دوئم، هیچ بر نمی‌آید. نمونه‌ها «از دود»، «از دور»، «از درد»، «از نوش» و «از جور»(بنگرید به. خالقی مطلق ۲۸۵-۲) که هیچیک راگزارش نیست. **سه:** بنداری در اینجا آورده است: «اِلّا اَن یظهر منک معاداة اوتصدر منک جریمة یتوجه بذلک علیک مجازاة» مگرآنکه دشمنی، از تو آشکار شود، یا گناهی از تو برآید که پادافره ترا برای آن برانگیزاند! این سخن را در آیین و فرهنگ ایرانی بمهمان تازه آمده نمی‌گویند. بنگرید که تورانیان نیز بخشی از مردمان ایرانی بودند که به آسیای میانه کوچیدند و پس‌از پراکنده شدن آنان «هیونان» در آن سرزمین می‌زیستند که آریایی بودند، و ازپس ایشان، هپتالیان، و تا پیش‌از پیدا شدن تیره‌های آمیخته مغول و زردپوست، نام ترک پیدا نشده بود، باری پیران نیز که پسر ویسه بود، ایرانی‌نژاد و دوستدار ایران بود (برای آگاهی بیشتر از این داستان بنگرید به داستان ایران بر بنیاد گفتارهای ایرانی از نگارنده، و مرزهای ایران و توران بر بنیاد شاهنامه فردوسی، حسین شهیدی مازندرانی).

۳ - جهان گردان، باگردش خویش «زندگی» را روایی می‌بخشد، و خوابیدن جهان، مرگ جهانیان است.

۴ - **یک:** «ازاین‌پس» بی‌درنگ پس‌از «از آنپس» رج پیشین. **دو:** از میش و گرگ در داستانهای ایرانی سخن می‌رود، زیراکه شکارِ پلنگ، آهوان دشت‌ها هستند.

۵ - «روی» «سیر» نمی‌شود، و این کارِ دل است!...

۶ - ...چنانکه «دل» «کور» نمی‌شود، و این کار چشم است!

به تو رام گردد زمانه کنون ... برآساید از جنگ و زجوش خون[1]
کنون شهر توران ترا بنده‌اند ... همه دل به مهرِ تو آکنده‌اند[2]
مرا چیز با جان همی پیش تست ... سپهبد به جان و به تن خویش تست»[3]
سیاوش بر او آفرین کرد سخت ... که: «از گوهر تو، مگرداد بخت!
سپاس از خدای جهان‌آفرین ... کزویست آرام و پرخاش و کین»[4]
سپهدار دست سیاوش بدست ... بیامد بتخت مهی برنشست
بروی سیاوش نگه کرد و گفت ... که: «این را بگیتی کسی نیست جفت[5]
نه زین‌گونه مردم بود در جهان ... چنین روی و بالا و فرّ مهان»[6]
ازانپس به پیران چنین گفت، رد ... که: «کاووس: تُند است و اندک خرد
که بشکیبد از روی چونین پسر ... چنین برز و بالا و چندین هنر
مرا دیده، از خوب دیدار اوی ... بمانده‌ست، و دل، خیره از کار اوی *
که فرزند باشد کسی را چنین ... دو دیده بگرداند اندر زمین»[7]
از ایوان‌ها پس یکی برگزید ... همه کاخ زربفت‌ها گسترید●
یکی تخت زرّین نهادند پیش ... همه پایه‌ها چون سر گاومیش[8]
بدیبای چینی بیاراستند ... فراوان پرستندگان خواستند
بفرمود پس، تا رَوَد سوی کاخ ... بباشد بکام و نشیند فراخ
سیاوش چو در پیش ایوان رسید ... سر تاق ایوان بکیوان رسید[9]

---

۱ - «کنون» درست نمی‌نماید، زیراکه «ازاین‌پس» و کشور «آرام» می‌شوند، نه «رام»، آنهم نه «زمانه»!

۲ - «کنون» پس‌از «کنون» رج پیشین. این «بند زمان» را، یکبار می‌باید آوردن.

۳ - **یک:** اگر از سپهبد، پیران را خواهد گفتن، که هنوز با هم خویش نشده‌اند. **دو:** سخن پایان ندارد.

۴ - اندیشهٔ ایرانی، کین و پرخاش را، راه اهریمنی در شمار می‌آورد.

۵ - **یک:** دوباره‌گویی یک سخن، که ازاین‌پس در گفتار با پیران، بگونه‌ای دلپسند می‌آید. **دو:** «این» را برای سیاوخش بکار بردن، زیبا نمی‌نماید.

٦ - «فرّ مهان» واژه‌ای نادرست است!

۷ - میان لت دویم و لت نخست پیوند نیست.

* - دل و دیدهٔ من از چهرهٔ زیبای او، خیره مانده است.

● - این رج را، با رج پیشین پیوند نیست «همه کاخ زربفت‌ها (را) گسترید» سخنِ زیبنده‌ای نیست، اما در بنداری نیز چنین آمده، و گونه‌ای دیگر نیز؛ در دیگر پچین‌ها نیست، و چون در رج دویُمِ آینده چنین آمده‌است «بدیبای چینی بیاراستند پس می‌توان اندیشیدن که گفتار فردوسی، نزدیک بدین سخن بوده‌است.

از ایوان‌ها پس یکی برگزید ... که کاخِ سیاوخشِ رد را سزید!

چون این نیز پیدا است که ایوان شاهی بی‌گستراک نمی‌ماند، تا بدانهنگام که مهمان می‌رسد در آن قالی بگسترانند، دودیگر آنکه «گسترید» به افراسیاب بر می‌گردد. چنانکه خود او در آن ایوان قالی گسترده باشد. بازآنکه اگر چنان هم می‌بود، فرمان بگستردن می‌داد، که این داستان نیز از پایه و بن نادرست است.

۸ - **یک:** تخت میش‌سار در آیین ایرانی شناخته می‌شود امّا به گاومیش‌سار تاکنون بر نخورده‌ایم. **دو:** این سخن میان دو رج پیشین‌وپسین جدایی می‌افکند.

۹ - سخن ناروا... که سر تاق ایوان، بیجان است، و بکیوان نتواند رسیدن، و کاخ بیجان را چه آگاهی از آن‌کس که در آن می‌نشیند!

بیامد بران تخت زر برنشست   هشیوار و جان اندر اندیشه بست[1]
چو خوان سپهبد بیاراستند   کس آمد، سیاوخش را خواستند
ز هرگونه‌ای رفت بر خوان سخُن   همه شادمانی فکندند بُن
چو از خوانِ سالار برخاستند   نشستنگه مَی بیاراستند
برفتند با رود، رامشگران   بباده، نشستند؛ یکسر سران
بدو داد، جان و دل افراسیاب   همی بی‌سیاوش نیامَدْش خواب[2]
بخوردند می، تا جهان تیره شد   سر میگساران ز مَی خیره شد
سیاوش به ایوان خرامید شاد   بمستی، از ایران، نیامدْش یاد
بدان شب هم اندر بفرمود شاه   بدان کس که بودند بر بزمگاه[3]
چنین گفت با شیده افراسیاب   که: «چون سر بر آرد سیاوش ز خواب[4]
تو با پهلوانان و خویشان من   کسی کو بود مهتر انجمن[5]
بشبگیر با هدیه و با غلام   گرانمایه اسپان زرّین ستام[6]
ز لشکر همی هرکسی با نثار   ز دینار و از گوهر شاهوار[7]
از اینگونه پیش سیاوش روید   هشیوار و بیدار و خامش روید»[8]
فراوان سپهبد فرستاد چیز   بدین گونه یک هفته بگذشت نیز[9]

*

شبی با سیاوش چنین گفت شاه   که: «فردا بسازیم هردو پگاه؛
که با گوی و چوگان بمیدان شویم   زمانی بتازیم و خندان شویم

---

۱ - **یک:** سیاوخش پیش‌ازآن نیز هوشیار بود، و بهنگام نشستن چنین نشد. **دو:** جان را در اندیشه بستن، هیچگاه در سخن فارسی پیشینه ندارد.

۲ - افزاینده خواهد گفتن، که افراسیاب را بی دیدن روی سیاوخش، خواب نمی‌آمد، اما هنوز در بزمِ می هستند و هنگام خواب نرسیده است.

۳ - **یک:** «بدان هم شب اندر» درست نیست: «هم بدان شب». **دو:** چون آن کسان بسیار بوده‌اند می‌بایستی «بدان کسان» گفته شود.

۴ - این سخن، فرمان به شیده پسر افراسیاب است و روشن شد که «بدانکس که بودند» شیده بوده‌است!

۵ - گسترهٔ فرمان از آن کسان که در بزمِ می بوده‌اند، بخویشان افراسیاب می‌رسد.

۶ - **یک:** بند زمان، در رج پیشین آمده‌است «که چون سر بر آرد سیاوش ز خواب»، اینجا نادرست است زیراکه می‌شاید که سیاوخش از برای ماندگی راه؛ بشبگیر پیدا نشود! **دو:** سخن نادرست است، (با) اسپان گرانمایهٔ (آراسته) ستام زرین. **سه:** همهٔ چیزها در رج پسین با: «هدیه و نثار» پیش‌بینی می‌شود، که هرکس هرآنچه راکه می‌خواهد، یا می‌تواند پیشکش می‌برد، نه آنکه در سخن افزوده شمرده می‌شود!

۷ - «بدان کس» به «کسی کاو» دگرگون شد، و اینجا به «هرکسی» گردید.

۸ - «از اینگونه» نادرست است. «بدینسان»، «بدینگونه»! اما چرا آنان را می‌بایستی خامُش رفتن؟ زیراکه افزاینده را پساوای سیاووش بایسته می‌شود. وگرنه پیشکشی را با دهل و سرنا و شادی می‌برند!

۹ - **یک:** سپهبد را در این سخن «نیز» می‌باید افزودن: «سپهبد نیز» اما افزاینده، این نیز را بپایان رج برده است. **دو:** بنداری نیز همین را آورده است: «و یحملوا الیه هدایا و تحفاً و نثارات» پیشکش‌ها و تحف و نثار برای او ببرند.

ز هرکس شنیدم که چوگان تو ... نبینند، گُردان، بمیدان تو*
تو فرزند مایئ و زیبای گاه ... تو تاج کیانیٔ و پشت سپاه»[1]
بدو گفت: «شاها انوشه بَوی ... روان را به دیدار توشه بَوی
همی از تو جویند شاهان هنر ... که یابد؟ بهرکار، بر تو گذر!
مرا روز، روشن بدیدار تست ... همی از تو خواهم بد و نیک، جُست»

هنر نمودن
سیاوخش
پیش افراسیاب

بشبگیر، گُردان؛ بمیدان شدند ... گرازان و تازان و خندان شدند
چنین گفت پس، شاه توران، بدوی ... که: «یاران گزینیم، در زخمِ گوی!
تو باشی بدانروی و، زینروی؛ من ... بدو نیمه هم، زین نشان، انجمن»
سیاوش بدو گفت که: «ای شهریار ... کجا؛ باشدم دست و چوگان بکار[○]؛
برابر، نیارم زدن با تو؛ گوی ... بمیدان، هماورد دیگر بجوی
گر استم سزاوار، یارِ توام ... بر این پهن میدان، سوارِ توام»
سپهبد ز گفتار او شاد شد ... سخن گفتن هرکسی، باد شد[2]
«بجان و سرِ شاه کاووس» گفت ... که: «با من تو باشی هماورد و جفت[3]
هنر کن، به پیش سواران، پدید ... بدان تا نگویند کاو بد گزید![4]
کنند آفرین بر تو، مردان من ... شکفته شود، رویِ خندان من»[5]
سیاوش بدو گفت: «فرمان ترا است ... سواران و میدان و چوگان ترا است»[6]
سپهبد گزین کرد کلباد را ... چو گرسیوز و جهن و پولاد را[7]
چو پیران و نستیهن جنگجوی ... چو هومان که بر دارد از آب گوی[8]

---

* - از تیزیِ جنبشِ دست، چوگانت در هوا دیده نمی‌شود.

۱ - این رج میان رج‌های پیشین‌وپسین جدایی می‌افکند.

○ - بدان جای که دست بچوگان می‌برم،... در برابر تو نمی‌توانم گوی زدن.

۲ - سخن چه کس باد شد؟ هنوز کسی دربارهٔ سیاوخش سخنی پیش نکشیده است!

۳ - «هماورد» با «جفت» رودرروی یکدیگرند!

۴ - «گزید» به چه کس بازمیگردد؟

۵ - «روی خندان»، خود «شکفته» است.

۶ - «سواران» را «میدان‌ها» و «چوگان‌ها» باید.

۷ - «چو» در آغاز سخن نادرست است.

۸ - همچنین

هنر نمودن ایرانیان در میدان

بنزد سیاوش فرستاد یار — چو رویین و چون شیدهٔ نامدار[1]
دگر اندریمان سوار دلیر — چو لَخواست مردافکن نرّه شیر[2]
سیاوش چنین گفت کـ:«ای نامجوی — از ایشان که یارد شدن پیش گوی؟[3]
همه یار شاه‌اند و تنها منم — نگهبان چوگان یک تا منم[4]
گرایدونکه فرمان دهد شهریار — بیارم بمیدان، از ایران، سوار
مرا یار باشند در زخم گوی — برانسان که آیین بود، بر دو روی»[5]
سپهبد چو بشنید زو داستان — بدان داستان گشت همداستان[6]
سیاوخش از ایرانیان هفت مرد — گزین کرد شایستهٔ کارکرد
خروش تبیره ز میدان بخاست — همی خاک، با آسمان گشت، راست
از آوای سنج و دم کرّنای — تو گفتی بجنبید میدان ز جای[7]
سیاوش برانگیخت اسپ نبرد — چو گوی اندر آمد به پیشش بگرد[8]
بزد هم چنانچون بمیدان رسید — بر آن سان که از چشم شد ناپدید[9]
بفرمود پس شهریار بلند — که گویی بنزد سیاوش برند[10]
سیاوش بر آن گوی بر، داد بوس — برآمد خروشیدن نای و کوس[11]
سیاوش بر اسپی دگر برنشست — بینداخت آن گوی لختی بدست[12]
ازان پس به چوگان بر او کار کرد — چنان شد که با ماه دیدار کرد[13]
ز چوگان او گوی شد ناپدید — تو گفتی سپهرش همی برکشید[14]
از آن گوی، خندان شد افراسیاب — سر نامداران برآمد ز خواب[15]
به‌آواز گفتند: «هرگز سوار — ندیدیم بر زین، چنین نامدار!»[16]

---

۱ - نیزا!　　۲ - آهنگ سخن در لت دویم بهمریخته است.

۳ - روی سخن سیاوخش با افراسیاب است و افراسیاب «نامجوی» نیست و «نامدار» و «شاه» است.

۴ - «چوگان یکتا» راگزارش نباشد.　　۵ - پیوند بایسته با رج پیشین ندارد.

٦ - سخن را پساوا نباشد و بکار بردن دوبارهٔ داستان سخن راسست می‌کند.　　۷ - تو گفتی...

۸ - **یک:** میدان چوگان بود و میدان نبرد نبود. **دو:** گوی از کجا آمد؟ نخستین گوی را بفرمان افراسیاب نزد سیاوخش می‌برند که در سخن پسین آمده‌است. **سه:** هنوز که بازی آغاز نشده است، از کجا گرد برخاسته است؟ **چهار:** بنداری نیاورده است.

۹ - وابسته به رج پیشین است، و همچنانچون نیز نادرست است، یا چنانچون، یا همچنان.

۱۰ - چون سیاوخش، کنار افراسیاب می‌نشیند، چرا بایستی نزدِ وی گوی بردن؟

۱۱ - نای را ناله است و خروش نیست.

۱۲ - در آغاز بازی چرا بایستی بر اسپی دیگر بر نشستن؟ هر سوار، اسپی ویژهٔ خویش داشت که همواره بر آن بر می‌نشست، و برنشستن بر اسپی ناآشنا درخور پهلوانان نبود.

۱۳ - **یک:** با چوگان گوی را می‌زنند نه آنکه «بچوگان، بر گوی کار کنند»، دیگر آنکه برای گوی، می‌باید که «آن» آورده شود... آن گوی! نه او «او گوی؟». **دو:** دیدار با ماه گزافه است، هنگام چوگان، روز بوده‌است و دیدار با خورشید برازنده‌تر می‌نمود.

۱۴ - **یک:** تو گفتی... **دو:** گوی با ماه دیدار کرده به سپهر رفت!　　۱۵ - از گوی؟ یا از زدن گوی؟

۱٦ - **یک:** سخن از شادمانی افراسیاب بود، و «بآواز گفتند» به که باز می‌گردد؟ **دو:** افراسیاب که نامدارتر از سیاوخش بود، و آیا آنان

←

ز میدان بیک سو نهادند گاه   بیامد نشست از برِ گاه، شاه
سیاوخش بنشست با او بتخت   بدیدار او شادمان بود سخت
بلشکر چنین گفت پس، نامجوی   که: «میدان شما را و چوگان و گوی»
همی ساختند آن دو لشکر نبرد   برآمد همی تا بخورشید گرد[1]
چو توران°، بتندی بیاراستند   همی بردن گوی را خواستند؛
ربودند ایرانیان، گوی، پیش   بماندند توران ز کردار خویش[2]
سیاوش برآشفت ز ایرانیان   سخن گفت بر پهلوانی زبان
که: «میدان بازیست؟ گر کارزار!   بدین گردش و پیچش و کار و بار!
چو میدان سر آید، بتابید روی   بدیشان سپارید، یکبار؛ گوی!»
سواران عنان‌ها کشیدند نرم   نکردند زانپس، یکی اسپ گرم
یکی گوی توران بینداختند   بکردار آتش همی تاختند[3]
سپهبد چو آواز ترکان شنود*   بدانست کان پهلوانی چه بود!
چنین گفت پس شاه توران سپاه   که: «گفته‌ست با من یکی نیکخواه[4]
که: او راز گیتی کسی نیست جفت   بتیر و کمان چون گشاید دو سفت»[5]
سیاوش چو گفتار مهتر شنید   زِ قُربان، کمان کیی بر کشید[6]
سپهبد کمان خواست تا بنگرد   یکی برگراید که فرمان برد[7]
کمان را نگه کرد و خیره بماند   بسی آفرین کیانی بخواند[8]
بگرسیوز تیغ‌زن داد مه   که: «خانه بمال و درآور بزه»[9]

→ افراسیاب را بر زین ندیده‌بودند؟

۱ – نبرد، ساختنی نیست.

○ – «ایران» درست می‌نماید... چون ایرانیان تندی کردند، سیاوخش برآشفت.

۲ – **یک:** لت نخست گزارشی ندارد. «ربودند گوی پیش» چگونه باشد. **دو:** در لت دویم دوباره از توران یاد می‌شود که دوباره‌گویی توران در رج پیشین است.

۳ – این رج، پیوند میان سخن را می‌گسلد.

* – همهٔ نمونه‌ها «آواز ترکان» آورده‌اند... پیش‌ازاین گفتار، همه «توران» می‌بینیم،... این آواز سیاوخش بود که افراسیاب آنرا شنیده بود. نه ترکان، و رج دویم نیز از زبان پهلوی (پهلوانی) سخن میرود؛ و بر این بنیاد گفتار فردوسی چنین می‌نماید:

سپهبد چو آواز از آنسان شنود   بدانست کان پهلوانی چه بود

۴ – نیکخواه، که باشد. این بس است که از کسی شنیده باشد.

۵ – اگر سفت را شانه در شمار آوریم، از هم گشاده نمی‌شوند... نمونه‌ای دیگر: «نیست یار... بتیر و کمان و کمند و شکار» و اگر چنین باشد، چرا سیاوخش تنها بزدن تیر بسنده کرد؟... گفتار دربارهٔ نخچیر و شکار در آینده می‌آید.

٦ – سیاوخش و افراسیاب و بزرگان توران برای چوگان بمیدان رفته‌بودند، و خرد نمی‌پذیرد که در چنان میدان، سیاوخش با خویش جنگ‌افزار برده باشد، تا بتواند، از قَربان (کماندان) «کمان کیی» بیرون کشد!

۷ – **یک:** سخن نادرست می‌نماید و درست چنین است: سپهبد کمان (را) خواست. **دو:** برگراییدن برای کمان نادرست است. برگراییدن، روی را بسویی گرداندن است: «عنان برگرایید» «اسپ را برگرایید» «روی برگرایید». **سه:** از که فرمان بَرَد؟

۸ – «آفرین کیانی» روشن نیست که چگونه آفرین است. افراسیاب از خاندان کیانی نبود.

۹ – لت نخست سست است.

بکوشید تا بر زه آرد کمان — نیامد بر او چیره، شد بدگمان[1]
از او شاه بستد بزانو نشست — بمالید خانهٔ کمان را بدست[2]
بزه کرد و، خندان چنین گفت شاه: — «توان زد از این، تیر، بر چرخ، ماه![3]
مرا نیز گاه جوانی، کمان — چنین بود و، اکنون دگر شد زمان![4]
بتوران و ایران کس این را بچنگ — نیارد گرفتن بهنگام جنگ[5]
بر و یال و کتف سیاوش جز این — نخواهد کمان نیز بر دشت کین»[6]
نشانی نهادند بر اَسپریس — سیاوش نکرد ایچ با کس مکیس[7]
نشست از برِ بادپایی چو دیو — برافشارد ران و برآمد غریو[8]
یکی تیر زد بر میان نشان — نهاده بدو چشم، گردنکشان[9]
خدنگی دگر باره، با چارپر — بچرخ اندرون راند و بگشاد بر[10]
نشانه دوباره بیک تاختن — مغربل بکرد اندر انداختن[11]
عنان را بپیچید بر دست راست — بزد بار دیگر بر آن سو که خواست[12]
کمان را بزه بر، ببازو فکند — بیامد برِ شهریار بلند[13]
فرود آمد و شاه برپای خاست — بر او آفرین ز آفریننده خواست[14]
اُزان جایگه سوی کاخ بلند — برفتند شادان دل و ارجمند[15]

---

۱ - لت دویم را هیچ گزارشی نیست.

۲ - **یک:** شاه توران در میدان، بزانو می‌نشیند؟ **دو:** آهنگِ لت دویم پریشان است.

۳ - افزاینده، خود در رج پسین آورده است که افراسیاب گفت که مرا نیز در هنگام جوانی کمان بود و اکنون که پیر شده‌ام. زمانم دگرگون شده است... و چون چنین است نمی‌تواند، چنان کمان را بزه کند... کمانی را که برادر جوانترش نتوانسته بود بزه کند!

۴ - همان سخن...

۵ - اگر در ایران و توران تنها سیاوخش را توان زدنِ تیر با آن کمان بوده‌است. پس این سخن نادرست است. زیرا که رستم جهان‌پهلوان، هنوز از جهان نگذشته است.

۶ - **یک:** سخن در لت دویم سست است. **دو:** آنجا نیز دشت کین نبوده‌است، و کمان را همواره در دشت کین بکار نمی‌گیرند.

۷ - **یک:** «مکیس» واژه‌ایست تازی: [«مبالغه و دقت در معامله کردن» لغتنامهٔ دهخدا] و در این گفتار بهیچ روی گزارشی ندارد. **دو:** «مکیس» را با «اسپریس» =اسپرِس پساوا نیست.

۸ - **یک:** اسپ سیاوخش، نه تنها چون دیو نبوده‌است، و چون فرشتگان مهربان در شمار آورده شده (بنگرید بداستان گرفتن اسپ سیاوخش بر دست کیخسرو). **دو:** هنوز نشانه را نزده چرا غریو از مردمان برآید؟

۹ - **یک:** روشن نیست که گردنکشان بسیاوخش چشم (دوخته) بودند، یا به نشانه! **دو:** چشم نهادن درست نیست همچون «چشم گماردن»، «چشم دوختن».

۱۰ - خدنگ چارپر، در هوا پرواز نمی‌تواند کرد.

۱۱ - **یک:** از غربال فارسی «مُغَربَل» تازی برآورده‌اند، برابر با «سوراخ سوراخ شده»، و چگونه با یک تیر می‌توان نشانه را سوراخ سوراخ کردن؟ **دو:** اندر انداختن چه باشد؟

۱۲ - کدام سو؟ اگر چنین باشد هرکس در جهان، نشانه‌زن است، زیرا تیر به هر جای که فرود آید می‌گوید بهمین جای (می‌خواستم) زدن!

۱۳ - سخن نادرست نیست اما کمان را در دشت نخچیر می‌توان ببازو فکندن، نه در پیشگاه شاه.

۱۴ - آفرین، «خواستنی» نیست، «خواندنی» است.

۱۵ - نیز...

نشستند و خوانِ می آراستند — کسی کاو سزا بود بنشاستند[1]
میی چند خوردند و گشتند شاد — به نام سیاووش کردند یاد[2]
بخوان بر، یکی خلعت آراست شاه — از اسپ و ستام و ز تخت و کلاه[3]
همان دست زر جامهٔ نابرید — که اندر جهان بیش ازان کس ندید
ز دینار و ز بدره‌های درم — ز یاقوت و پیروزه و بیش و کم
پرستار بسیار و چندی غلام — یکی پر ز یاقوتِ رخشنده جام
بفرمود تا خواسته بشمرند — همه سوی کاخ سیاوش برند
ز هر کهش بتوران‌زمین خویش بود — ورا مهربانی بر او بیش بود[4]
بخویشان چنین گفت ک:«او را همه — شما خیل بباشید هم چون رمه»[5]
بدان شاهزاده چنین گفت شاه — که: «یک روز با من به نخچیرگاه[6]
گرایی؟ که دل شاد و خرم کنیم — روان را به نخچیر بی‌غم کنیم»[7]
بدو گفت: «هرگه که رای آیدت — بران سو که دل رهنمای آیدت»[8]
برفتند روزی به نخچیرگاه — همی رفت با یوز و با باز شاه[9]
سپاهی ز هرگونه با او برفت — از ایران و توران به نخچیر تفت[10]
سیاوش بدشت اندرون گور دید — چو باد از میان سپه بردمید[11]
سبک شد عنان و گران شد رکیب — همی تاخت اندر فراز و نشیب[12]

---

۱ – در زبان فارسی، دیگر، در هیچ سخن بجای بنشاندند، بنشاستند نیامده است! کسی را نیز (را) باید «کسیرا».

۲ – **یک:** (جامی) چند خورده می‌شود، نه (میی) چند. **دو:** در رج پیشین چنین آمده‌است که برفتند شاد... پس شاد شده در این رج دوباره‌گویی است. **سه:** درسنجش با گفتار فردوسی که دربارهٔ می نوشی و برآیند آن می‌فرماید: «بمی جان روشن بیاراستند» این گفتار تا چه پایه پست می‌نماید! **چهار:** سیاوخش در انجمن نشسته است و از او یاد کردن درست نیست! **پنج:** سخن نیز نادرست است. یا «بنام سیاوخش» یا «بشادی سیاوخش».

۳ – بنگرید که بر روی خوانِ خوراک، اسپ و ستام و تخت و کلاه... ز دینار و ز یاقوت و جامهٔ نابرید و پرستار و غلام...، در رج‌های پسین، چگونه آراسته می‌شود؟

۴ – سه بار «او» آوردن در یک گفتار: کَش = که(اش)، ورا = (او)را، و (او) نادرست است.

۵ – دوباره نام از «خویشان» می‌آید.

٦ – (بدان) شاهزاده، نادرست است، زیرا که با برآیند آن می‌توان از «این شاهزاده»، یا چند شاهزاده نام برده. باز آنکه تنها یک شاهزاده از ایران بتوران رفته‌بود.

۷ – شاه توران را برای رفتن به نخچیرگاه پرسش از سیاوخش درست نیست، و بس است که باو آگاهی دهند که فردا به نخچیر می‌رویم.

۸ – لت دویم نادرست است، زیرا که جای نخچیرگاه آشکار و روشن است و (بر) آن سو، آنهم بسویی که راهنمای آن «دل» باشد، نمی‌بایست رفتن!

۹ – **یک:** «همی رفت» در لت دویم با برفتند در لت نخست همخوان نیست. **دو:** باز و یوز را شاه بهمراه نمی‌برد که «بازداران» و «یوزداران» چنین خویشکاری داشتند.

۱۰ – «سپاهی زهرگونه» چه باشد؟ سپاهیان بهمراه آنان رفتند، «تفت» در پایان رج نیز نادرست است زیرا که برای رفتن بشکارگاه تندی و تیزی بایسته نبوده‌است.

۱۱ – اگر گور پدیدار شود، همگان را توان دیدن آن هست.

۱۲ – این رج از جای دیگر شاهنامه برگرفته شده است.

یکی را بشمشیر زد بر دو نیم ‌ ‌ ‌ دو دستش ترازو بد و گور سیم[۱]
بیک جو ز دیگر گران‌تر نبود ‌ ‌ ‌ نظاره شد آن لشکر شاه زود[۲]
بگفتند یکسر همه انجمن ‌ ‌ ‌ که: «اینک! سرافراز و شمشیر زن!»[۳]
به آواز گفتند یک با دگر ‌ ‌ ‌ که: «ما را بد آمد ز ایران به سر[۴]
سر سروران اندر آمد به ننگ ‌ ‌ ‌ سزد گر بسازیم با شاه جنگ»[۵]
سیاوش همیدون به نخچیر گور ‌ ‌ ‌ همی تاخت و افکند در دشت شور[۶]
به غار و به کوه و به هامون بتاخت ‌ ‌ ‌ به شمشیر و تیر و به نیزه بیاخت[۷]
به هر جایگه بر یکی توده کرد ‌ ‌ ‌ سپه را ز نخچیر آسوده کرد[۸]
وزان جایگه سوی ایوان شاه ‌ ‌ ‌ همه شاددل برگرفتند راه[۹]
سپهبد اگر شاد بود، ار دژم ‌ ‌ ‌ بجز با سیاوش نبودی بهم[۱۰]
ز جهن و ز گرسیوز و هر که بود ‌ ‌ ‌ به کس راز نگشاد و شادان نبود[۱۱]
مگر با سیاوش بدی روز و شب ‌ ‌ ‌ از او برگشادی به خنده دو لب[۱۲]
بر این گونه یکسال بگذاشتند ‌ ‌ ‌ غم و شادمانی بهم داشتند[۱۳]

---

۱ - **یک:** یکی را بشمشیر (کرد) بر دو نیم درست است، نه بشمشیر (زو)، زیرا که در زدن... کار بپایان می‌رسد. **دو:** با دو دست شمشیر نمی‌توان زدن. **سه:** گیریم که دو دست او ترازو بود، «گور سیم» را چه گزارش باشد؟

۲ - **یک:** از کجا ترازو آوردند، که دو نیمهٔ آن گور را چنان بسنجند که یک جو، کم و بیش در هیچیک نباشد! گزافه را نیز مرزی باید!... **دو:** لت دویم سست است. **سه:** پیشتر از ایرانیان نیز یاد شده بود، پس آنان نیز چنین زخم شمشیر را دیده‌بودند.

۳ - سخن درست است، اما پیوسته بداستان است.

۴ - **یک:** هنوز که بد نیامده است! و هنگام خوشی است. **دو:** لت دویم، برداشتی از سخن شاهنامه است بهنگام شکست گروی و دمور از سیاوخش: «که ما را از ایران، برآمد بروی».

۵ - جنگ ساختنی نیست.

۶ - «همی تاخت» با «افکند» همخوان نیست.

۷ - تیر را (می‌اندازند)، شمشیر را (می‌زنند)، و نیزه را نیز (می‌زنند) و نمی‌یازند.

۸ - نخچیر کردن، را همه‌کس می‌خواهد و آسودگی در میان نیست.

۹ - سخن درست است، اما پیوسته بداستان است.

۱۰ - (با) سیاوش و (به هم) را نشاید با هم آوردن! «بجز با سیاوش نبود».

۱۱ - **یک:** از «هر که بود» کرا خواهد گفتن پیرامون افراسیاب ده‌ها نامور دیگر بودند که ما همهٔ آنانرا بنام می‌شناسیم، و از همه برتر «پیران»، دستور و سپهدار او است که هیچ کار را بی‌رای او نمی‌کرد! و چرا می‌باید تنها نام این دو کس بیاید؟ **دو:** بکس راز (نمی) گشاد، درست است.

۱۲ - **یک:** چنین کار، شدنی نیست که دو مرد شبها را نیز با یکدیگر بگذرانند. **دو:** و نیز «روز و شب لب بخنده می‌گشود» زیرا که چنین نمی‌شود و در سخن پسین از غم و شادمانی هردو با هم سخن رفته‌است. **سه:** این سخنان در بنداری نیامده‌است.

۱۳ - پادشاه توران را چه غم شایستی بودن؟

گفتار پیران
با
سیاوخش

سیاوش یکی روز و پیران بهم — نشستند و گفتند از بیش و کم
بدو گفت پیران، کز این بوم و بر؛ — چنانی، که باشد کسی؛ برگذر!
بدین مهربانی که بر تست شاه — بنام تو خسپد بآرامگاه؛
چنان دان که خرم بهارش تویی — نگارش تویی غمگسارش تویی [1]
بزرگیّ و فرزند کاووس شاه — سر از بس هنرها رسیده بماه
پدر پیرسر شد، تو برنا دلی — نگر سر ز تاج کیی نگسلی [2]
به ایران و توران تویی شهریار — ز شاهان یکی پر هنر یادگار
بنه دل بر این بوم و جایی بساز — چنانچون بود، در خورِ کام و ناز
نبینمْت پیوستهٔ خون کسی — کجا؛ داردی مهر بر تو بسی [3]
برادر نداری نه خواهر نه زن — چو شاخ گلی، بر کران چمن [4]
یکی زن نگه کن، سزاوار خویش — از ایران مَبَر، درد و تیمار، بیش
پس از مرگ کاووس ایران تراست — همان تاج و تخت دلیران تراست
پس پردهٔ شهریار جهان — سه ماه است با زیور، اندر نهان
اگر ماه را دیده‌بودی سیاه — از ایشان نه برداشتی چشمْ ماه [5]
سه اندر شبستان گرسیوز اند — که از مام و از باب با پروزاند [6]
نبیره‌یْ فریدون و فرزند شاه — که هم جاه دارند و هم تاج و گاه [7]
ولیکن ترا آن سزاوارتر — که از دامن شاه جویی گهر ○

---

۱ – **یک:** «چنان دان» پیوند سخن پیشین نیست. **دو:** نگارِ مردان را «زن» شاید بودن، نه یک مرد دیگر!

۲ – **یک:** «برنا دل» واژه‌ای نادرست است. **دو:** (سر) را از تاج دور کردن و پیچاندن درست است و دل را از چیزی گسلانیدن. **سه:** افزاینده، خود در رج پسین می‌گوید که شهریار ایران و توران تویی [تو (خواهی بود)] و این دو سخن در برابر هم می‌ایستند.

۳ – سخن آشکار است، و پیدا است که سیاوخش را در توران پیوستهٔ خون نبود.

۴ – دنبالهٔ همان گفتار.

۵ – سخن نادرخور ناهماهنگ! گونهٔ دیگر، «ماهشان دیده‌بودی براه»! مگر ماه مردمان را تنها در راه می‌بیند؟

۶ – سه «دختر» بایستی.

۷ – **یک:** «نبیره‌ی» آهنگ سخن را می‌شکند. **دو:** چگونه است که دختران افراسیاب «فرزند شاه» بشمار نمی‌روند، و دختران گرسیوز چنین‌اند؟ **سه:** «جاه» تازی شدهٔ گاه فارسی است که در این لت دوبار آمده‌است «جاه، گاه» و نادرست است. **چهار:** دختران از تاج و گاه بی‌بهره بودند.

○ – اینجا در بیشتر دستنوشته‌ها داستان پیوند سیاوخش با دختر پیران پیش می‌آید که افزوده است، و اینکار بدانروی انجام گرفته که، چون در داستان، کیخسرو، فرود را زنده می‌بینند مادرش جریره، دخت پیران نیز همراه اوست و کیخسرو توس را به نزدیک نشدن به کلات

←

خواستاری پیران فرنگیس را برای سیاوخش ۸۹

پس پردهٔ من چهارند خرد چو باید ترا بنده باید شمرد
از ایشان جریره‌ست مهتر به سال که از خوبرویان ندارد همال
یکی دختری هست آراسته چو ماه درخشنده با خواسته
نخواهد کسی را که آن رای نیست بجز چهر شاهش دل‌آرای نیست
ز خوبان جریره‌ست انباز تو بود روز رخشنده دمساز تو
اگر رای باشد ترا بنده‌ای‌ست به پیش تو اندر پرستنده‌ای‌ست»
سیاوش بدو گفت: «دارم سپاس مرا خود ز فرزند برتر شناس
گر او باشدم نازش جان و تن نخواهم جز او کس از این انجمن
سپاسی نهی زین همی بر سرم که تا زنده‌ام حق آن نسپرم»

← و درگیر نشدن فرود فرمان می‌دهد:

روان سیاوش چو خورشید باد بران گیتیش جای امید باد
پسر بودش از دخت پیران یکی که پیدا نبد از پسدر انسدکی
کنون در کلات است و با مادر است جهاندار و با فر و با لشکر است
نداند از ایران کسی را بنام از آنسو نباید کشیدن لگام

بر این بنیاد، نویسندگان خواسته‌اند که خود، از پیش داستان پیوند سیاوخش با جریره را بشاهنامه بیفزایند اما از روی خرد بایستی سنجیدن، که آیا پیران را شایسته هست؟ که چون دختران افراسیاب و برادر او را بر سیاوخش بر می‌شمرد، می‌افزاید که: «ولیکن ترا آن سزاوارتر /که از دامن شاه جویی گهر» نام دختران خویش را ببرد؟ آن سخن، گفتار پایانی است که ترا می‌باید پیوند با دختر افراسیاب کردن افزون بر این، گفتار پیوند جریره با سیاوخش نیز از دیدگاه «سخن فارسی» و «آیین سرود و چامه» درخورِ شاهنامه نیست... چنانچه:

سیاوش بدو گفت دارم سپاس مرا خود ز فرزند، برتر شناس(!)
چو پیران ز پیش سیاوش برفت بنزدیک گلشهر تازید تفت(؟)
بدو گفت کار جریره بساز به فرّ سیاوخشِ خسرو(؟) بناز(!)
چگونه نباشیم امروز شاد که داماد باشد چو پور قباد(!)
سیاوش چو روی جریره بدید خوش آمدش، خندید و شادی گزید!
همی بود با او شب و روز شاد نیامد ز کاووس و دَستانش یاد!

اما در این میانه، کاری دیگر نیز انجام شده‌است، و آن چنین است که نویسنده‌ای این داستان را بهنگام دیدار نخستین سیاوخش و پیران افزوده‌است و پیوستن سیاوش و جریره را پنهان از پدر و مادر و بگونه‌ای گناه‌آمیز آورده‌است، و چنین می‌نماید که نخست این داستان به شاهنامه‌ها افزوده شده‌است، پسانگاه دیگری که گناهکاری را برای سیاوخش آزاده، بد می‌دانسته، بهتر آن دیده‌است که پیوند او را به پیشنهاد پیران آشکار سازد! اما افزوده پس‌ازاین سخنِ شاهنامه است:

بخوردن نشستند، یک با دگر سیاوش پسر گشت و پیران پدر

اینجا افزوده شده:

بپیوست با او همی دخترش نهانی ز شاه و از آن لشکرش
چو خورشید برزد سر از کوهسار برون آمد از موج دریای قار(؟)
زمین گشت برسان اردیبهشت هوا اندرو سوسن و لاله کشت

ازآنجاکه خالقی مطلق، پیش‌از چاپ این ویرایش پی برده‌بود که این داستان، افزوده بشاهنامه است، بپاس کوشش‌های سال‌های او، افزوده‌ها را بشیوهٔ این دفتر نیاوردم. این افزوده‌ها در ۱۵ نمونهٔ شاهنامه آمده‌است. (خالقی مطلق ۲۹۷ تا ۲۹۶-۲) این داستان بگونه‌ای گسترده در (داستان ایران بر بنیاد گفتارهای ایرانی) گزارش شده‌است. **دو:** هیچ یک از این دو گفتار، در ترجمهٔ بنداری نیامده‌است، و افزایندگان نیز فراموش کرده‌اند که در سخن پیران با افراسیاب، دربارهٔ پذیرفتن سیاوخش چنین آمده‌بود:

بر آیین دهد دختری را بدوی بداردش با ناز و با آب! روی

پس آنگاه پیران ز نزدیک اوی — سوی خانهٔ خویش بنهاد روی
چو پیران ز پیش سیاوش برفت — به نزدیک گلشهر تازید و تفت
بدو گفت: «کار جریره بساز — به فرّ سیاووش خسرو بناز
چگونه نباشیم امروز شاد — که داماد باشد چو پور قباد؟»
بیاورد گلشهر دخترش را — نهاد از برِ تارک افسرش را
به دیبا و دینار و درّ و درم — به بوی و به رنگ و به هر بیش و کم
بیاراست او را چو خرّم بهار — فرستاد در شب برِ شهریار
مر او را بپیوست با شاه نو — نشاند از برِ گاه چون ماه نو
ندانست کس گنج او را شمار — ز یاقوت و ز تاج گوهرنگار
سیاوش چو روی جریره بدید — خوش آمدْش، خندید و شادی گزید
همی بود با او شب و روز شاد — نیامد ز کاووس و دستانْش یاد
برین نیز چندی بگردید چرخ — سیاووش را بد ز نیکی‌ش برخ
ورا هر زمان پیش افراسیاب — فزون‌تر بدی حشمت و جاه و آب

*

یکی روز پیران به بِهٔ روزگار — سیاووش را گفت ک:«ای نامدار[1]
تو دانی که سالارِ تورانسپاه — ز اوج فلک برفرازد کلاه[2]
شب و روز روشنروانش تویی — دل و هوش و توش وتوانش تویی[3]
چو با او تو پیوستهٔ خون شوی — از این پایه هر دم بافزون شوی[4]
بباشد امیدش به تو استوار — که خواهی بُدن پیش او پایدار[5]
اگر چند فرزند من خویش تست — مرا غم ز بهر کم بیش تست[6]
⇐ فرنگیس مهتر ز خوبان اوی — نبینی بگیتی چنان موی و روی
ببالا ز سرو سهی برتر است — ز مشک سیه بر سرش افسر است
هنرها و دانش، از اندازه بیش — خرد را پرستار دارد به پیش
از افراسیاب ار بخواهی رواست — چنو بت به کشمیر و کابل کجاست؟[7]

---

۱ – «به‌به روزگار» نادرست است. ۲ – «از اوج» نادرست است «بر اوج».
۳ – نشایست گفتن که کسی توش و توان دیگرکس است.
۴ – سخن سست نیست، اما پیوسته بگفتار افزوده است. ۵ – امید استوار (شدنی) است نه استوار (بودنی).
٦ – با این داستان، فرزند پیران زن سیاوخش است، نه خویش او!
۷ – **یک:** درست آنست که گفته آید از افراسیاب اگر (اورا) بخواهی. **دو:** در کشمیر و کابل بتکده نبود که فرنگیس را به بت‌های آنجا مانند کنند، بت ویژهٔ هندوستان بوده و هست. **سه:** «کجا است» پایانی نادرخور برای گفتار است، درست آن می‌نمود که گفته شود همانند او در کشمیر و کابل (بُتی نیست)

شود شاه پرمایه پیوند تو — درفشان شود فرّ و اورند تو [1]
چو فرمان دهی، من بگویم بدوی — بجویم بدین، نزد او آب روی» *
سیاوش به پیران نگه کرد و گفت — که: «فرمان یزدان نشاید نهفت
اگر آسمانی چنین است رای — مرا با سپهر روان، نیست پای
اُگر من بایران نخواهم رسید؛ — نخواهم همی روی کاووس دید؛
چو دستان که پروردگار من است — تهمتن که روشن بهار من است [2]
چو بهرام و چون زنگهٔ شاوران — جز این نامداران و گنداوران [3]
چو از روی ایشان بباید برید — به توران همی جای باید گزید [4]
پدر باش و این کدخدایی بساز — مگو این سخن پیش کس، جز براز
اگر بخت باشد مرا نیکخواه — همانا دهد، ره به پیوندِ شاه»
همی گفت و مژگان پراز آب کرد — همی برزد اندر میان بادِ سرد [5]
بدو گفت پیران که: «با روزگار — بسازد؛ خرد یافته مردِ کار ●
نیابی گذر تو ز گردان سپهر — کز اویست آرام و پرخاش و مهر [6]
به ایران اگر دوستان داشتی — بیزدان سپردیّ و، بگذاشتی
نشست و نشانت کنون ایدرست — سر تخت ایران به دست اندرست» [7]
بگفت این و برخاست از پیش او — چو آگاه گشت از کم و بیش او [8]
بشادی بشد تا بدرگاه شاه — فرود آمد و، برگشادند راه
همی بود بر پیش او، یک زمان — بدو گفت سالار نیکی گمان
که: «چندین چه باشی؟ به پیشم بپای! — چه خواهی؟ ز گیتی، چه آیدت؟ رای!
سپاه و در و گنج من پیش تست — مرا سودمندی به کم بیش تست [9]

---

۱ - **یک:** پیوند تو درست نیست، و پیوسته تو درست است. **دو:** فرّ چیزی نیست که درفشان یا پنهان شود. **سه:** اورند: کشورداری نیک است در برابر ساستاری (سیاست) که کشورداری همراه با ستم و بریدن دست و پای و سر مردمان باشد! و سیاوخش هنوز بکشورداری نرسیده است که «اورند» داشته باشد! **چهار:** در بنداری نیز نیست.

* - با این کار (خواستاری از سوی تو) در نزد افراسیاب، برای خود، آبرو بجویم.

۲ - **یک:** «چو» نادرست است. **دو:** دستان پرورندهٔ سیاوخش نبود که رستم بود.

۳ - **یک:** «چو» نادرست است. **دو:** جز این درست نیست: «بجزاز اینان».

۴ - از روی ایشان (بریدن) نادرست است.

۵ - **یک:** گفتن یک سخن، با «همی» همراه نمی‌شود. **دو:** در میان یک سخن باد سرد «همی» نمی‌زنند. **سه:** در سخن پیشین سیاوخش گفته‌بود که اگر بخت من نیکخواه من باشد، چنین پیوند بسته می‌شود، و اینچنین گفتار با اشک و آه همراه نمی‌شود.

● - برابر با شاهنامه امیرکبیر.

۶ - **یک:** گذر از (گردش) گردان سپهر (نشاید کردن). **دو:** در ترجمه بنداری نیامده است.

۷ - لت دویم ناهموار است.

۸ - از کم و بیش او آگاهی داشت. کم و بیش را به مال‌وخواسته پیوند است، نه به اندیشه.

۹ - **یک:** دوباره واژهٔ «من» آمده‌است که نادرست است: سپاه و گنج من پیش تست. **دو:** در نمونهٔ دیگر درِ گنج من پیش تست، این نیز

←

کسی کو به زندان و بند من است | گشادنش درد و گزند من است[1]
ز خشم و ز بند من آزاد گشت | ز بهر تو پیگار او باد گشت[2]
ز بسیار و اندک چه باید؟ بخواه | ز تیغ و ز شهر و ز تخت و کلاه»[3]
خردمند پاسخ چنین داد باز | که: «از تو مبادا جهان، بی‌نیاز
مرا خواسته هست و گنج و سپاه | ببخت تو هم تیغ و هم تاج و گاه
ز بهر سیاوش پیامی دراز | رسانم بگوش سپهبد براز
مرا گفت: با شاه توران بگوی | که من، شاددل گشتم و نامجوی
بپروردیَم چون پدر، در کنار | همه شادی آورد بخت تو بار
کنون همچنین کدخدایی بساز | بنیک و بد از تو نیَم بی‌نیاز[4]
پس پردهٔ تو یکی دختر است | که ایوان و تخت مرا، درخوَر است
فرنگیس خواند همی مادرش | شوم شاد اگر باشم اندرخورش»

*

پر اندیشه شد جان افراسیاب | چنین گفت با دیده کرده پر آب*
که: «من گفته‌ام پیش ازین داستان | نبودی بر آن گفته همداستان[5]
که گفتست؛ با من یکی هوشمند | که جانش خرد بود و رایش بلند[6]
که: «ای دایهٔ بچّهٔ شیر نر | چه رنجی؟ که جان هم نیاری به بر[7]
و دیگر که از پیش گنداوران | زکار ستاره شمر بخردان
شمار ستاره به پیش پدر | همی راندندی همه در به در[8]
کز این دو نژاده یکی شهریار | بیاید بگیرد جهان در کنار

← نادرست است. زیراکه خود گنج بایستی پیش او بوده باشد، نه در بسته.

۱ - اگر کسی از بند آزاد گشته باشد، چگونه می‌توان گفتن «او بزندان و بند من (است)»؟

۲ - لت دویم، پریشان می‌نماید! ۳ - اندک خواستن، همراه با بسیار خواستن نادرست است.

۴ - **یک:** کنون همچنین نادرخور است. **دو:** هنوز نام فرنگیس را نبرده سخن از کدخدایی (دامادی) نشاید. **سه:** نیاز به بدی چگونه باشد.

* - در نمونه‌ها چنین آمده‌است، در دستنوشتهٔ IV شاهنامهٔ مسکو: «با دیدگان پر ز آب» که هردو را سستی همراه است. من سخن را بدینگونه آراستم: «چنین گفت، با دیدهٔ پر ز آب».

۵ - چون در لت نخستین «گفته‌ام» آمده‌است، در لت دویُم نیز می‌باید «نبود(ه‌ای)» بیاید.

٦ - این داستان را یک هوشمند نمی‌زند، که داستان (مثل)ها بر دهان همگان روان است.

۷ - **یک:** داستان (مثل) رو بکسی ندارد و برای همگان گفته شده است، و چنین می‌آغازد؛ اگر بچهٔ شیر را پروری.... **دو:** «بچه» خود، فرزند نرینه است، که از وَنجَنگهٔ [illegible] اوستایی برآمده‌است. پسانگاه وِیچ پهلوی ویچ روسی، وَچِ دامغانی «بَچّه» تاجیکستان، «بیچَ» مشهد، همه جا همان پسر است، که دارندگی تخم را می‌رساند، و تازی آن نیز «بیضه» است که هم‌ریشه با واژه‌های پیشین است. امروز در بخش‌هایی از ایران بچه را بجای کودک می‌گیرند، اما در زمان فردوسی در خراسان، و با زبان فردوسی خود، واژهٔ «بچه» بس بوده‌است برای آنکه نشان دهند آن شیر، یا شیر بچه نر است، و دوباره‌گویی آن روا نبوده‌است. **سه:** «جان بر آوردن» چه باشد؟

۸ - راندندی یک سخن درست است با «ی» پایانی نادرست می‌شود، زیرا که «ی» پایانی برای سه‌اُم کس یگانه (سیوم شخص مفرد) می‌آید.

پیوند سیاوخش با افراسیاب ۹۳

بتوران نماند بر و بوم رُست — کلاه من اندازد از کین نخست[1]
کنون باورم شد که او این بگفت — که گردون گردان چه دارد نهفت[2]
چرا کِشت؟ باید درختی بدست — که بارش بود زهر و، بیخش کبست!
«ز کاووس و از تخم افراسیاب — چو آتش بود تیز، با موجِ آب»
ندانم بتوران گراید بمهر — اُگر سوی ایران کند پاک چهر[○]
چرا؟ بر گمان، زهر باید چشید! — دُمِ مار، خیره، نباید گزید!»

*

بدو گفت پیران که: «ای شهریار — دلت را بدین کار غمگین مدار
کسی کز نژاد سیاوش بُود — خردمند و بیدار و خامش بود!
بگفتِ ستاره شمر مگرو ایچ — خرد گیر و کار سیاوش پسیچ[3]
کز این دو نژاده یکی نامور — برآرد، بخورشید تابنده، سر[4]
بایران و توران بود شهریار — دو کشور برآساید از کارزار
اُگر زین نشان راز دارد سپهر — نیفزایدش هم به اندیشه، مهر
بخواهد بُدن، بیگمان بودنی — نکاهد بپرهیز، افزودنی
نگه کن که این کار فرخ بود — ز بخت آنچه پرسند، پاسخ بود![5]
ز تخم فریدون و از کیقباد — فروزنده‌تر زین نباشد نژاد»
به پیران چنین گفت پس شهریار — که: «رای تو، بر بد؛ نباید بکار
بفرمان و رای تو کردم سَخُن — برو هرچه باید، بخوبی، بکن»
دوتا گشت پیران و بردش نماز — بسی آفرین کرد و برگشت باز
بنزد سیاوش خرامید زود — بر او بر، شمرد؛ آن کجا؛ رفته‌بود
نشستند؛ شادان دل آن شب، بهم — به باده بشستند جان را ز غم

---

۱ – لت دویم سست است.
۲ – **یک:** «او این بگفت» نادرست است، زیراکه «او» درکنش «گفت» نهفته است. **دو:** «او» که بوده‌است؟
○ – چهر خویش – روی خویش را پاک (کاملا) بسوی ایران گرداند.
۳ – «خرد» گرفتنی نیست!
۴ – پیش‌ازاین دربارهٔ فرزند سیاوخش سخن رفت، و دوباره‌گویی است.
۵ – لت دویم راگزارشی نیست.

پیوند کردن سیاوخش
با
افراسیاب

چو خورشید؛ از چرخ گردنده، سر ... برآورد، برسان زرّین سپر
سپهدار پیران میان را ببست ... یکی بارهٔ تیزرو برنشست
بکاخ سیاوخش بنهاد روی ... بسی آفرین خواند بر فرّ اوی
بدو گفت: «امروز برساز کار ... بمهمانی دختر شهریار
چو فرمان دهی من، سزاوار او ... میان را ببندم، بتیمار او»
سیاوخش را دل پر آزرم بود ... ز پیران رخانش پراز شرم بود [1]
بدو گفت: «رو هرچه باید بساز ... تو دانی که از تو، مرا؛ نیست، راز»
چو بشنید پیران، سوی خانه رفت ... دل و جان ببست اندر آن کار، تفت
در خانهٔ جامهٔ نابرید ... بگلشهر بسپرد پیران کلید [2]
کجا بود کدبانوی پهلوان ... ستوده زنی بود روشنروان [3]
بگنج اندرون آنچه بُد نامدار؛ ... گزیده ز زربفت چینی هزار [4]
زبرجد تبق‌ها و پیروزه جام ... پراز نافهٔ مشک و پر اودِ خام [5]
دو افسر پراز گوهر شاهوار ... دو یاره، یکی توغ و دوگوشوار [6]
ز گستردنی‌ها شتروار شست ... ز زربفت پوشیدنی‌ها سه دست [7]
همه پیکرش سرخ کرده بزر ... بر او بافته چندگونه گهر [8]
ز سیمین و زرّین شتربار سی ... تبق‌ها و از جامهٔ پارسی [9]

---

۱ - این سخن بدنبال جشن پیوند سیاوش با جریره آورده‌اند، تا یادآوری کرده باشند! آزرم در زبان فارسی برابر با احترام در زبان تازی است، و دل هیچگاه پرآزرم نمی‌شود، کسیکه (محترم) باشد او را آزرمی یا آزرمگین می‌نامند، آزرمجو یا آزرمخواه، کسی است که با گفتار و کردارش از دیگران (احترام) می‌خواهد. ۲ - سخن بازگونه است «کلید در خانهٔ...».

۳ - **یک:** پیش‌ازاین در افزوده‌ها، با این نام آشنا شده بودیم. **دو:** دوبار «بود» در یک سخن، آنرا نادرست می‌کند.

۴ - **یک:** «نامدار» را برای مردمان بکار میبرند، نه برای خواسته. **دو:** آنچه بُد، با «هزار» همخوان نیست.

۵ - **یک:** چند تبق؟ **دو:** پیروزه جام درست نیست، جام پیروزه نیز نادرست است، زیرا که جام را از فلز می‌سازند نه از پیروزه. **سه:** چند جام پیروزه؟

۶ - **یک:** پیران، کلید در خانهٔ جامه را بگلشهر سپرده بود، و این تبق‌ها و جام‌ها و افسرها، از کجا بدست آمد؟ **دو:** افسر شاهی در گنج سپهدار پیران از کجا آمده‌بود؟

۷ - **یک:** شتروار شست؛ نادرست است. **دو:** در رج سیوم پیشین از هزار زربفت چینی یاد شده بود، و اینجا از سه دست؟!

۸ - پیکر(ش) نادرست است، پیکر(شان).

۹ - **یک:** شتر بار سی نادرست است. **دو:** در آنزمان هنوز تیره‌های پارس و پارت و ماد پدید نیامده بودند، که از جامهٔ پارسی نام برده شود.

پیوند سیاوخش با افراسیاب ۹۵

یکی تخت زرّین و کرسی چهار   سه نالین زرّین، زبرجد نگار[1]
پرستنده سیسد بزرّین کلاه   ز خویشان نزدیک سد نیکخواه[2]
پرستار با جام زرّین دو شست   گرفته از آن جام هریک بدست[3]
همان سد تبق مشک و سد زئفران   سپردند یکسر به فرمانبران[4]
به زرّین عماریّ و دیبا جُلَیْل   برفتند با خواسته خیل خیل
بیاورد بانو ز بهر نثار   ز دینار با خویشتن سی هزار
بنزد فرنگیس بردند چیز   روان‌شان پراز آفرین بود نیز
اُزان روی پیران و افراسیاب   ز بهر سیاوش همه پرشتاب[5]
بیک هفته بر، مرغ و ماهی نخفت   نیامد سر یکتن اندر نهفت[6]
زمین باغ گشت از کران تا کران   ز شادیّ و آوای رامشگران
به پیوستگی بر، گوا ساختند   چو زین عهد و پیمان بپرداختند
پیامی فرستاد پیران چو دود   به گلشهر گفتا: «فرنگیس زود[7]
هم امشب به کاخ سیاوش رود   خردمند و بیدار و خامش رود»[8]
چو بانوی بشنید پیغام اوی   به سوی فرنگیس بنهاد روی[9]
زمین را ببوسید گلشهر و گفت   که: «خورشید را گشت ناهید جفت[10]
هم امشب بباید شدن نزد شاه   بیاراستن گاه او را به ماه[11]
بیامد فرنگیس چون ماه نو   بنزدیک آن تاجور شاه نو
بدین کار بگذشت یک هفته نیز   سپهبد بیاراست بسیار چیز

---

۱ - افزاینده را آگاهی نیست که تخت وکرسی، هردو یکی هستند!

۲ - **یک:** پرستنده دارای کلاه زرین نبوده‌است، وکلاه زرین ویژه پادشاهان بوده. **دو:** پرستنده سیسد، نادرست است. **سه:** مگر در میان خویشان نزدیک پیران بدخواهان نیز بوده‌اند که اینان نیکخواه شمرده می‌شوند؟

۳ - پیوند سخن درست نیست، دوشست پرستار (که هریک) جامی از زر در دست داشتند (یاگرفته‌بودند).

۴ - **یک:** یکسد تبق مشک یا زئفران، گزافه‌ایست که در سخن آمده، اما در جهان روی نمیدهد! **دو:** افزاینده را فراموشی پیش آمده‌است، و در یاد ندارد که پیشتر یکبار دیگر از مشک نام برده بود. **سه:** اگر این «فرمانبران» مشک و زئفران می‌برند، پس ۱۲۰ پرستار و ۳۰۰ پرستنده از چه دسته بوده‌اند؟ آیا آنان «فرمانبر» نبوده‌اند؟ **چهار:** چون درِ گنجِ پیران بگلشهر سپرده شده بود، بجزاز آن خواسته‌ها چیزی ازگنج بیرون نمی‌آید، روشنتر آنکه آن پرستندگان درگنج زندگی نمی‌کرده‌اند.

۵ - سخن بی‌پایان و بدون کنش است.

۶ - **یک:** مرغ و ماهی را چه پیوند بداستان است؟ اگر چنین می‌باید از آهوان و گوسپندان و... نیز یاد شود! **دو:** مگر در دیگر شبها، مردمان سرِ خویش را می‌نهفتند؟

۷ - **یک:** پیام، پیام است و همانند دود نمی‌شود! مگرآنکه برندهٔ پیام مانندهٔ دود برود! **دو:** اگر رفتنِ فرنگیس می‌باید «زود» بوده باشد، «هم امشب» در آن افزوده است، چون از امروز تا امشب زمانی است که نمیتوان آنرا «زود» نامیدن. **سه:** پیران را آن پایگاه نبود، که بفرنگیس فرمان دهد!   ۸ - لت دویم برای همگان یکسان می‌آید، چون پساوای سیاوش را بایستی آراستن.

۹ - پیوسته به گفتار.   ۱۰ - دوباره نام بردنِ «گلشهر» از دیدگاه دستورزبان درست نیست.

۱۱ - در رج پیشین فرنگیس را ناهید (یا خورشید) خواند، و اینجا «ماه» می‌گردد!

از اسپان تازیّ و از گوسفند — همان جوشن و خود و تیغ و کمند[1]
ز دینار و ز بدره‌های درم — ز پوشیدنی‌ها و ز بیش و کم[2]
اُز این مرز تا پیش دریای چین — همی نام بردند شهر و زمین[3]
به فرسنگ سد بود بالای او — نشایست پیمود پهنای او[4]
نوشتند منشور بر پرنیان — همه پادشاهی برسم کیان[5]
به خان سیاوش فرستاد شاه — یکی تخت زرّین و زرّین کلاه[6]
ازان پس بیاراست میدان سور — هرآنکس که رفتی ز نزدیک و دور[7]
می و خوان و خوالیگران یافتی — بخوردیّ و، هرچند بر تافتی[8]
ببردیّ و رفتی سوی خان خویش — بدی شاد یک هفته مهمان خویش[9]
در بسته زندان‌ها، برگشاد — از او شادمان، بخت و، او نیز شاد[10]
بهشتم سیاوش بیامد پگاه — ابا گُردِ پیران، بنزدیک شاه
گرفتند* هردو بر او آفرین — که: «ای مهتر و شهریار زمین
همیشه ترا، جاودان باد، روز — بشادیّ و، بدخواه را پشت، کوز»
اُزان جایگه بازگشتند شاد — بسی از جهاندار کردند یاد

۱ – **یک:** باز، سخن در یوزه‌گران افزاینده درباره خواسته! **دو:** گوسپند را به جوشن و خود و تیغ و کمند، چه پیوند؟ **سه:** مگر در جشن پیوند، آرایش میدان جنگ بایسته بود؟

۲ – **یک:** ز دینار، نه درم... **دو:** کم چه باشد؟ مگر کم را نیز می‌باید یادآور شدن؟

۳ – **یک:** از این مرز، کجا خواهد بودن؟ چنین مرز بزرگ را در کنار گوسفند و کمند... نام بردن، شایسته نیست! **دو:** میان توران تا دریای چین، کشور مکران بوده‌است و مگر پیران می‌توانست آن کشور را نیز بسیاوخش بدهد؟

۴ – **یک:** سنجش گسترهٔ زمین را با «بالا» یادآور نمی‌شوند. **دو:** سد فرسنگ بس نادرست است زیراکه از توران تا دریای چین هزار فرسنگ نیز شابد بودن!

۵ – رسم کیانی نادرست است، و افراسیاب از دودمان کیانی نبود.

۶ – این انبوه اسپ و گوسفند و جنگ‌افزار را چگونه بخانهٔ آروس و داماد توان فرستادن؟

۷ – «میدان سور» نادرست است، زیراکه «سور» در فرهنگ ایرانی، خوراک هنگام روز است.

۸ – مگر «خوان» و «دمی»، گمشده بوده، که آنها را می‌بایستی یافتن؟

۹ – **یک:** ببردی، پیش‌از رفتی نادرست است. **دو:** اگر هم خوان وی را با خویش بخانه می‌بردند «مهمان خویش» در شمار نمی‌آمدند که مهماندار، افراسیاب بوده‌است.

۱۰ – بخت؛ از کسی شادمان نمی‌شود.

* – در همهٔ نمونه‌ها چنین آمده‌است اما پیدا است که سخن درست چنین است: «بخواندند هردو بر او آفرین».

دادن افراسیاب
کشوری را
بسیاوخش

چنین نیز یک سال گردان سپهر — همی گشت بیدار و بر داد و مهر [1]
فرستاده آمد ز نزدیک شاه — بنزد سیاوش یکی نیکخواه
که پرسد همی شاه را، شهریار — همی گوید: «ای مهتر نامدار
بود که‌ت ز من دل بگیرد همی — ازُ این برنشستن گزیرد همی [2]
از ایدر ترا داده‌ام تا بچین — یکی گِرد بر گَرد و بنگر زمین [3]
بشهری که آرام و رای آیدت — همان آرزوها بجای آیدت؛
بشادی بباش و بنیکی بمان — ز خوبی، مپرداز دل، یک زمان»
سیاوش ز گفتار او گشت شاد — بزد نای و کوس و بُنه برنهاد
سلیح و سپاه و نگین و کلاه — ببردند زین‌گونه با او براه [4]
فراوان عماری بیاراستند — پس پرده خوبان بپیراستند [5]
فرنگیس را در عماری نشاند — بُنه برنهاد و سپه را براند [6]
از او بازنگسست، پیرانِ گُرد — عنان با عنان سیاوش سپرد
بشادی برفتند سوی ختن — همه نامداران شدند انجمن
که سالار پیران ز آن شهر بود — که از بد گمانی‌ش بی‌بهر بود [7]
همی بود یک ماه مهمان او — بر آن سر چنین بود پیمان او [8]
ز خوردن نیاسود یک روز شاه — گهی رود و می گاه نخچیرگاه [9]
سرِ ماه برخاست آوای کوس — بران گه که خیزد خروش خروس [10]

---

۱ – سپهرِ روان، همواره بیدار است.

۲ – **یک:** کاربرد «همی» درست نیست: «باشد که دل تو از من بگیرد». **دو:** برنشستن سوار بر اسب شدن است و در کاخ می‌نشینند. **سه:** گزیر داشتن که دلگیری نمی‌آورد. ناگزیر بودن چنین است.

۳ – پیشتر سخن از واگذاری از ایدر تا دریای چین بود.

۴ – بمیدان جنگ نمی‌رفتند که «بدینگونه» روند.

۵ – **یک:** عماری، آراستن نمی‌خواهد. **دو:** اگر پس پرده است، پس عماری چیست؟ زیراکه عماری، خود پرده دارد. **سه:** کدام خوبان، بجزاز فرنگیس؟ **چهار:** پیراستن خوبان درست نیست و آراستن آنان درست است، آنگاه آراستن آنان، درست بهنگام سوار شدن بر عماری؟ **پنج:** در بنداری نیز نیست.

٦ – دیگر بار از «بنه برنهادن» یاد می‌شود.

۷ – **یک:** دوبار «که» را در یک سخن آوردن درست نیست. **دو:** «گمانی» در زبان فارسی نیست. **سه:** «بی‌بهر» چه کسی بوده‌است؟ افزایندهٔ نادان، می‌خواسته است بگوید که اندیشهٔ پیران از بدی بدور بود.

۸ – کدام سر؟

۹ – مگر در شهرهای دیگر، مردمان هیچ گاه از خوردن باز می‌ایستند؟ لت دویم را نیز با لت نخست پیوند نیست.

۱۰ – دو رج – **یک:** اگر پیران از شهر ختن بود، که هم بایستی در همان شهر بوده باشد! پس چگونه است که از ختن بسوی پادشاهی خود در جایی دیگر می‌رود؟

۹۸ داستان سیاوخش

بیامد سوی پادشاهیِ خویش — سپاه ازپس پشت و پیران ز پیش
بدان مرز چون مردم آگه شدند — بزرگان پذیره سوی شه شدند[1]
بشادی دل از جای برخاستند — جهانی بآیین بیاراستند[2]
از آن پادشاهی خروشی بخاست — تو گفتی زمین گشت با چرخ راست[3]
ز بس رامش و نالهٔ کرنای — تو گفتی بجنبد همی دل ز جای[4]
بجایی رسیدند کآباد بود — یکی خوب فرخنده بنیاد بود[5]
بیک روی دریا و یک روی کوه — بر او بر ز نخچیر گشته گروه[6]
درختان بسیار و آب روان — همی شد دل سالخورده، جوان[7]
سیاوش به پیران سخن برگشاد — که: «اینک» بر و بومِ فرّخ نهاد
بسازم من ایدر یکی خوب جای — که باشد بشادی مرا رهنمای[8]
برآرم یکی شارسانِ فراخ — فراوان کنم اندر آن باغ و کاخ
نشستنگهی برفرازم بماه — چنانچون بود درخورِ تاج و گاه»[9]
بدو گفت پیران که: «زین خوب رای — بر آن رو، که اندیشه آرد* بجای
چو فرمان دهد، من برانسان که خواست — برآرم یکی جای تا ماه، راست
نخواهم که باشد مرا بوم و گنج — زمان و زمین، از تو دارم سپنج!
یکی شارستان سازم ایدر فراخ — فراوان بدو اندر ایوان و کاخ»[10]
سیاوش بدو گفت کای بختیار — درخت بزرگی تو آری ببار
مرا گنج و خوبی همه زانِ تست — بهر جای رنج تو بینم نخست
یکی شهر سازم بدین جای من — که خیره بماند دل انجمن»[11]
از آن بوم خرّم چو گشتند باز — سیاوش همی بود با دل براز
از اختر شناسان بپرسید شاه — که: «گر سازم ایدر یکی جایگاه[12]

---

۱ – پس‌از یکماه، مردمان بپذیرهٔ سیاوخش آمدند؟...
۲ – ...و پس‌از رفتن به پذیره، از جای برخاستند!

۳ – از «خروش» زمین بآسمان نمی‌رود... و چنین خروشی ویژهٔ میدان جنگ است، نه شادی که در آن نوای رودها و زنان و دختركان شنیده می‌شود.
۴ – تو گفتی... . دلِ چه کس؟

۵ – **یک:** مگر تاکنون در آبادی (که همراه با نخچیر و خوردن و شادی‌گذشت) نبودند، که اکنون بجایی آباد رسیدند؟ **دو:** لت دویم سخن ناهموار است: «یک ریشهٔ خوب فرخنده بود!؟»
۶ – (از) نخچیر گشته گروه، نادرست است.

۷ – «همی شد» نادرست است.
۸ – سخن درست در رج پسین می‌آید.

۹ – چون در گفتار پیشین سخن از ساختن کاخ رفته‌بود.

* – نمونه‌ها چنین اند اما درست؛ چنین می‌نماید «بر آن رو، که اندیشه، آری بجای».

۱۰ – **یک:** این رج افزوده است. سه باره گویی، باگفتار نادرست. **دو:** کنش «سازم» نادرست است! «بسازم». **سه:** کاربردِ «من» پس‌از سازم درست نیست.
۱۱ – دوباره‌گویی سخن سیاوش است.

۱۲ – سیاوش و پیران سوار بر اسب از آن جای آباد بر می‌گردند و در سخن پسین هم چنین آمده‌است که «عنانِ تکاور همی داشت نرم» پس این اخترشناسان کجا بودند که سیاوخش از آنان بپرسید؟

از او فـرّ و بـختم بسامان بـود؟ — اگـر کـار بـا جـنگ‌سازان بـود؟» [1]
بگـفتند یکسـر بـه شـاه گـزین — کـه: «بس نـیست فـرخـنده بنیاد این» [2]
از اخـترشناسان بـرآورد خشـم — دلش گشت پـر درد و پـر آب چشـم [3]
کـجا گـفته‌بودند بـا او ز پـیش — کـه: «چون بگذرد چرخ بر کار خویش [4]
سرانـجام چـون گـرددت روزگـار — بـه زشـتی شـود بـخت‌آمـوزگار» [5]
عـنان تکـاور هـمی داشت نـرم — هـمی ریـخت از دیـدگان آب گـرم
بـدو گـفت پـیران کـه: «ای شهریار — چه بودت؟ که گشـتی چنین سوگوار!»
چـنین داد پـاسخ کـه: «چـرخ بلند — دلم کـرد پـر درد و جـانم نـژند
کـه هـرچند گـرد آورم خـواسته — هـم از گـنج و هـم کـاخ آراسـته *
بـفرجام یکسـر بـه دشـمن رسـد — بـدی بـد بـود مـرگ بـر تـن رسـد [6]

صفت کنگ دز سیاووش به ترکستان

کـجا آن حکـیمان و دانـندگان؟ — هـمان رنـج بُـرد ار خـوانندگان؟ [7]
کـجا آن سـرِ تـاج شـاهنشهان؟ — کـجا آن دلاور گـرامـی مـهان؟
کـجا آن بـتانی پـراز نـاز و شـرم؟ — سـخن گـفتن خـوب و آوای نـرم؟
کـجا آنکـه بـر کـوه بـودش کـنام — رمـیده ز آرام و ز کـام و نـام؟
چـو گـیتی تـهی مـانَد از راستان — تـو ایـدر بـه بـودن مزن داستان
ز خـاکـیم و بـاید شـدن زیـر خـاک — هـمه جـای تـرس است و تـیمار و بـاک

---

۱ – **یک:** «فرّ» همواره یکسان است، و دگرگونی و سامان نمی‌پذیرد. **دو:** بخت نیز آنست که از آغاز، بخشِ (قسمت) کسی شده باشد و آن نیز سامانی دیگر نمی‌پذیرد. **سه:** سخنِ درهم نادرست.

۲ – **یک:** چون کنش «بگفتند» بیاید، افزودن «یکسر» بکار نمی‌آید. **دو:** سیاوخش «شاه گزین» نبود. شاه گزین کیقباد، زو، کیخسرو بوده‌اند. **سه:** چون سخن از شهری است که هنوز بنیاد نیافته است می‌باید گفتن «بنیاد آن» نه بنیاد این.

۳ – **یک:** خشم (برآوردنی) درست نیست. **دو:** این سخن به اخترشناسان باز می‌گردد. می‌باید چنین گفته شود: خشم او از اخترشناسان برانگیخته شد، یا اخترشناسان خشم او را برانگیختند.

۴ – **یک:** اگر پیش‌ازآن از اخترشناسان پرسیده بود، چرا دوباره از آنان پرسید؟ **دو:** چرخ بر گردش خود می چرخد نه «بر کار خویش».

۵ – **یک:** دوباره‌گویی گردش چرخ و روزگار. **دو:** بخت از پیش «بودنی» (مقدر) است و نمی‌تواند آموزگار کسی گردد، آنهم بزشتی!

* – دنبالهٔ گفتار سیاوخش پس‌از ۵۷ رج آغاز می‌شود.

۶ – «بدی بد بود» سخنی نادرست است.

۷ – گفتاری دراز بنام صفت کنگدژ سیاوخش آمده‌است که بیگمان افزوده است زیرا که پس‌از آن، گفت‌وگوی سیاوخش با پیران در میانهٔ همان راه دنبال می‌شود! از دیدگاه سخن و دستور و اندیشه نیز بر هر رج آن می توان انگشت نهادن که من از آن چشم می‌پوشم، زیرا که رهنمای همانست که سخنِ پسین دنبالهٔ گفتار پیشین سیاوخش است! و ساختنِ سیاوشکرد چنین می‌آید:

بیاراست شهری بسان بهشت — بهامون گل و سنبل و لاله کشت

داستان سیاوخش   ۱۰۰

تو رفتی و گیتی بماند دراز   کسی آشکار نداند ز راز
چو شد سال بر شست و شش چاره‌جوی   ز بیشی و از رنج برتاب روی
تو چنگ فزونی زدی بر جهان   گذشتند بر تو بسی همرهان
چون زان نامداران جهان شد تهی   تو تاج فزونی چرا برنهی
۹۲۱۵ نباشی بدین گفته همداستان   یکی شو بخوان نامهٔ باستان
کز ایشان جهان یکسر آباد بود   بدان گه که اندر جهان داد بود
ز من بشنو از کنگ دز داستان   بدین داستان باش همداستان
که چون کنگ دز در جهان جای نیست   بدان سان زمینی دل‌آرای نیست
که آن را سیاوش برآورده بود   بسی اندرو رنج‌ها برده بود
۹۲۲۰ به یک ماه زان روی دریای چین   که بی‌نام بود آن زمان و زمین
بیابان بباید چو دریا گذشت   ببینی یکی پهن بی‌آب دشت
کزین بگذری بینی آباد شهر   کزان شهرها بر توان داشت بهر
ازان پس یکی کوه بینی بلند   که بالای او برتر از چون و چند
مر این کوه را کنگ دز در میان   بدان کت زدانش نیاید زیان
۹۲۲۵ چو فرسنگ سد کرده بد گرد کوه   ز بالای او چشم گردد ستوه
ز هر سو که پویی بدو راه نیست   همه گرد بر گرد او در یکیست
بدین کوه بینی دو فرسنگ تنگ   از این روی و زان روی دیوار سنگ
بدین چند فرسنگ اگر پنج مرد   بباشد به راه از پی کارکرد
نیابد بر ایشان گذر سد هزار   زره‌دار و برگستوان ور سوار
۹۲۳۰ چو زین بگذری شهر بینی فراخ   همه گلشن و باغ و ایوان و کاخ
همه شهر گرمابه و رود و جوی   به هر برزنی آتش و رنگ و بوی
همه کوه نخجیر و آهو به دشت   چو این شهر بینی نشاید گذشت
تذروان و طاووس و کبگ دری   بیابی چو از کوه‌ها بگذری
نه گرماش گرم و نه سرماش سرد   همه جای شادی و آرام و خورد
۹۲۳۵ نبینی بدان شهر بیمار کس   یکی بوستان بهشت است بس
همه آب‌ها روشن و خوشگوار   همیشه بر و بوم او چون بهار
درازی و پهناش سی بارسی   بود گر بپیمایدش پارسی
یک و نیم فرسنگ بالای کوه   که از رفتنش مرد گردد ستوه
وز آن روی هامونی آید پدید   کزان خوب‌تر جایها کس ندید
۹۲۴۰ همه گلشن و باغ و ایوان بود   که‌ش ایوان‌ها سر به کیوان بود

بشد پور کاووس و آنجای دید　　مر آن را ز ایران همی برگزید
تن خویش را نامبُردار کرد　　فزونی یکی نیز دیوار کرد
ز سنگ و ز گچ بود و چندی رخام　　وزان جوهری کَش ندانیم نام
دو صد رش فزون است بالای او　　همان سیٔ و پنج است پهنای او
که آن را کسی تا نبیند به چشم　　تو گویی ز گوینده گیرند خشم
نیاید بر او منجنیق و نه تیر　　بباید تو را دیدن آن ناگزیر
ز تیغش دو فرسنگ تا بوم خاک　　همه گِرد بر گِردِ خاکش مغاک
نبیند ز بن دیده بر تیغ کوه　　هم از برشدن مرد گردد ستوه
بدان آفرین کان چنان آفرید　　ابا آشکارا نهان آفرید
نه بایست یار و نه آموزگار　　بر او بر همه کاردشوارخوار
جز او را مدان کردگار جهان　　جز او را مخوان آشکار و نهان
به پیغمبرش بر کنیم آفرین　　به یارانش بر هر یکی هم چنین
مرا فرّ نیکی‌دهش یار بود　　خردمندی و بخت بیدار بود
بر این سان یکی شارستان ساختم　　سرش را به پروین برافراختم
کنون ای خردمند بیداردل　　من این کنگ دز را برآرم ز گل
چه بندی دل اندر سرای سپنج؟　　چه یازی به رنج و چه نازی به گنج؟
که از رنج دیگر کسی برخورد　　جهانجوی دشمن چرا پرورد
چو خرّم بود جای آراسته　　پدید آید از هر سوی خواسته
نباشد مرا بودن ایدر بسی　　نشیند بر این جای دیگر کسی
نه من شاد باشم نه فرزند من　　نه پرمایه گردی ز پیوند من
نباشد مرا زندگانی دراز　　ز کاخ و ز ایوان شوم بی‌نیاز
شود تخت من، گاهِ افراسیاب　　کند بی‌گنه، مرگ بر من، شتاب
چنین است رای سپهر بلند　　گهی شاد دارد گهی مستمند»
بدو گفت پیران که: «ای سرفراز　　مکن خیره، اندیشهٔ دل دراز
که افراسیاب از بدی، دست شست　　بشاهی، نگین؛ اندر انگشت تست
مرا نیز تا جان بود در تنم　　بکوشم که پیمان تو نشکنم
نمانم که بادی بتو بگذرد　　اُگر، موی بر تو، هوا، بشمرد»
سیاوش بدو گفت ک:«ای نیکنام　　نبینم جزاز نیکنامیت کام
تو پیمان چنین داری و رای، راست　　ولیکن فلک را جز اینست خواست!

۱۰۲ داستان سیاوخش

همه راز من آشکارا به تُست — که بیداردل بادی و تندرست [1]
من آگاهی از فرّ یزدان دهم — هم از راز چرخ بلند آگهم [2]
بگویم ترا بودنی‌ها درست — ز ایوان و کاخ اندر آیم نخست [3]
بدان تا نگویی چو بینی جهان — که: این بر سیاوش چرا شد نهان؟ [4]
تو ای گرد پیران بسیارهوش — بدین گفته‌ها پهن بگشای گوش [5]
فراوان برین نگذرد روزگار — که بر دست بیداردل شهریار
شوم زار کشته، اَبَر بیگناه — کسی دیگر آراید این تاج و گاه
ز گفتار بدخواه و از بخت بد — چنین بیگنه بر سرم بد رسد [6]
ز کشته شود زندگانی دژم — برآشوبد ایران و توران بهم [7]
پراز رنج گردد سراسر زمین — دو کشور شود پر ز شمشیر کین
بسی سرخ و زرد و سیاه و بنفش — از ایران و توران ببینی درفش [8]
بسی غارت و بردن خواسته — پراگندن گنج آراسته [9]
بسا کشورا، کان، بپای ستور — بکوبند و گردد بجوی آب، شور
از ایران و توران برآید خروش — جهانی ز خون من آید بجوش
جهاندار بر چرخ چونین نوشت — به فرمان او بر دهد هرچه کشت [10]
سپهدار توران ز کردار خویش — پشیمان شود هم ز گفتار خویش
پشیمانی، آنگه، ندارَدْش سود — که برخیزد از بوم آباد، دود
بیا تا بشادی دهیم و خوریم — چو گاه گذشتن بود بگذریم» [11]
چو بشنید پیران و اندیشه کرد — ز گفتار او شد دلش پر ز درد

۱ – **یک:** «آشکارا بتو است، نادرست است، «راز من نزد تو آشکار است». **دو:** «بادی» برای دویم کس نادرست است.

۲ – **یک:** سیاوخش را فر کیانی بوده‌است، نه فر یزدان. **دو:** «هم» در آغاز لت دویُم هنگامی درست است که در لت پیشین نیز «هم» آمده‌بود.

۳ – این بودنی‌ها (تقدیر) که گفته می‌شود از کاخ و ایوان بایستی آغاز گردد؟ در گفتار پسین سخن از کاخ و ایوان نیست.

۴ – شاید که افزاینده می‌خواسته است بگوید که: چون زمان دراز (پس‌از من) بتو رسد، نگویی که چرا سیاوخش این داستان را نمی‌دانست.

۵ – **یک:** این سخن را در میانهٔ گفتار آوردن درست نیست. بهتر آن بود که در آغاز گفتار چنین گفته می‌شد. **دو:** در بنداری نیز نیامده است.

٦ – «چنین» گفتن را، چنان می‌شاید که، همان زمان روی داده باشد. نه آنکه برای رویداد آینده «چنین» گویند.

۷ – **یک:** «ز کشته» بجای «از کشته شدنِ من»! **دو:** بنداری این گفتار را ندارد.

۸ – چون سخن از شمشیر کین رفت که دو کشور را پر می‌کند، سخن از «رنگ درفش‌ها» آوردن بدنبال آن، شایسته نمی‌نماید.

۹ – سخن پایان ندارد.

۱۰ – **یک:** خداوند، بودنی را بر چرخ نمی‌نویسد که بر سرنوشت مردمان می‌نویسد. **دو:** بنداری ندارد.

۱۱ – در میانهٔ چنین گفتار دردانگیز آیا شایسته است که از خوردن نام بمیان آید؟

چنین گفت ک:«از من بد آمد ز بُن ــ گر او راست گوید همی این سَخُن؛
ورا من کشیدم بتورانزمین ــ پراکندم اندر جهان تخم کین
شمردم همه باد، گفتار شاه ــ چنین هم همی گفت با من به گاه»[1]
اُزان پس چنین گفت با دل بمهر ــ که: «از جنبش و راز گردان سپهر
چه داند؟ وی، این راز را، کی گشاد ــ همانا، از ایرانش آمد بیاد!
ز کاووس و از تخت شاهنشهی ــ به یاد آمدش روزگار مهی»[2]
دل خویش زان گفته خرسند کرد ــ نه آهنگِ رایِ خردمند کرد!
همه راه زین‌گونه بُد گفت‌وگوی ــ دل از بودنی‌ها پراز جست‌وجوی
چو از پشت اسپان فرود آمدند ــ ز گفتار، یکپاره‌دم برزدند
یکی خوان زرّین بیاراستند ــ می و رود و رامشگران خواستند
ببودند یک هفته زین‌گونه شاد ــ ز شاهان گیتی گرفتند یاد
بهشتم یکی نامه آمد ز شاه ــ بنزدیک سالارِ تورانسپاه
ک:«از آنجا برو تا بدریای چین ــ ازانپس، گذر کن بمکران زمین
همی رو چنین تا سر مرز هند ــ اُزانجا گذر کن به دریای سند[3]
همه باژ کشور سراسر بخواه ــ بگستر بمرز خزر در، سپاه
برآمد خروش از در پهلوان ــ ز بانگ تبیره زمین شد نوان[4]
ز هر سو سپاه انجمن شد بر اوی ــ یکی لشکری گَشْن پرخاشجوی[5]
به نزد سیاوش بسی خواسته ــ ز دینار و اسپان آراسته
به هنگام پدرود کردن بماند ــ به فرمان برفت و سپه را براند

---

۱ - **یک:** این سخن اگر از شاهنامه می‌بود، می‌بایستی چنین آمده باشد «شمردم همه باد، گفتار او» زیراکه در رج پیشین نیز چنین آمده‌است: «ورا من کشیدم بتورانزمین». **دو:** هم همی ناگفته، نادرست است. **سه:** بکدام گاه؟

۲ - **یک:** سیاوخش از تخت شاهنشهی کاووس جز ستم ندیده‌بود! **دو:** دوباره‌گویی بیاد آمدن. زیراکه در رج پیشین نیز آمده‌است: «همانا از ایرانش آمد بیاد».

۳ - افزایندگان چون نمی‌دانسته‌اند مکران‌زمین کجا است، گمان بکرمان برده‌اند و از رود سند نیز نام برده‌اند، باز آنکه رود سند هیچگاه در دست تورانیان نبوده‌است، و آن شاهراه مرز میان ایران و هندوستان بشمار می‌رفت (و اگر جهانخواهی جهانخواران، آنان را آسوده گذارَد، اکنون نیز مرز فرهنگی ما با هندوستان همان رود است).

۴ - از آوای تبیره (تبل ریز) زمین نوان نمی‌شود! اگر گفته می‌آمد از بانگ کوس، چنین شد بهتر بگفتار می‌برازید.

۵ - پیران برای جنگ نمی‌رفته است که لشکر پرخاشجوی بهمراه خویش ببرد... و سخنان دریوزه گزافهٔ پسین.

ساختن سیاوخش

سیاوشکرد را

هیونی ز نزدیک افراسیاب / چو آتش بیامد بهنگام خواب
یکی نامه سوی سیاوش بمهر / نوشته بکردار گردان سپهر
که تا تو برفتی نیَم شادمان / بی اندیشه و غم نیَم یکزمان
ولیکن من اندر خور رای تو / بتوران بجُستم همی جای تو
گرآنجا که هستی خوش و خرّم است / چنانچون بباید دلت بی‌غم است
بشادی بباش و بنیکی بمان / تو شادان، بداندیش تو باغمان!
بدان پادشاهی همی بازگرد / سر بدسگال اندرآور بگرد [1]
سیاوش سپه برگرفت و برفت / بدانسو که فرمود سالار، تفت [2]
سد اشتر ز گنجِ درم بار کرد / چهل را همه بار دینار کرد [3]
هزار اشتر بُختی سرخ موی / بنه برنهادند با رنگ و بوی [4]
از ایران و توران گزیده سوار / برفتند شمشیرزن ده هزار [5]
به پیش سپاه اندرون خواسته / عماریّ و خوبان آراسته [6]
ز یاقوت و ز گوهر شاهوار / چه از طوق و ز تاج و زگوشوار [7]
چه مشک و چه کافور و اود و ابیر / چه دیبا و چه تختهای حریر [8]
ز مصریّ و چینیّ و ز پارسی / همی رفت با او شتربار سی [9]
چو آمد بر آن شارستان دست آخت / دو فرسنگ بالا و پهناش ساخت [10]

---

۱ - سیاوخش در سیاوشکرد زندگی می‌کند، بکدام پادشاهی خود بازگردد؟

۲ - افزاینده، سیاوخش را از سیاوشکرد بیرون می‌کند، تا «بدانسو» که روشن نیست کدام سرزمین است برود.

۳ - **یک:** افزاینده از بهای یکسد اشتر درم ناآگاه بوده‌است که چنین گزافه می‌گوید! **دو:** «چهل را» بجای چهل (شتر) را. **سه:** چون شمار اشتران گفته آید، کاربرد «همه» نادرست است. **چهار:** نیز افزاینده از بهای چهل شتر دینار ناآگاه بوده‌است. چهل شتر، هر شتر ۳۰۰ کیلو زر، بر رویهم ۱۲۰۰۰ کیلو زر!!؟

۴ - اشتر بختی سرخ موی، ویژهٔ سواری است نه بارbری!

۵ - **یک:** برای ساختن یک شهر چرا بایستی ده هزار سپاهی شمشیرزن بهمراه برده شود؟ و چرا اینجا یاد از کاریگر (معمار) استادکار، درگر، آهنگر، خِشتمال نمی‌شود؟ **دو:** روزیکه سیاوخش کشته می‌شود، هزار سوار ایرانی، در آن میدانِ خون، بهمراه سیاوخش آهنگ بازگشت بایران را داشتند، و همهٔ ایرانیان همراه وی همان هزار سوار بودند، نه بیشتر. پس چگونه در میان آنان سواران تورانی نیز بودند.

۶ - **یک:** خواسته، همواره بدنبال سپاه می‌رود. **دو:** در رج دویم پیشین هزار اشتر، بنه را می‌بردند!

۷ - زراندوزی...

۸ - در ردهٔ دویُم، یاد از رنگ و «بوی» شده بود و اینجا دوباره‌گویی است.

۹ - **یک:** هنوز در جهان مصر و پارس پدیدار نشده بود. **دو:** شترْ بار سی نادرست است.

۱۰ - **یک:** هنوز شارستانی بنیاد نشده است، پس چگونه (بر) آن دست آخت؟ گمان افزاینده چنین بوده‌است که بگوید چون بدانجا رسید، (بساختن) آن شارسان (آغاز کرد). **دو:** بالا؛ بلندای دیوار یا ساختمان است، افزاینده را رای آن بوده‌است که بگوید «درازا و پهنا».

ساختن سیاوخشکرد ۱۰۵

از ایوان و میدان و کاخ بلند   ز پالیز و ز گلشن ارجمند [1]
بیاراست شهری بسان بهشت   بهامون، گل و سنبل و لاله کشت
بر ایوان نگارید چندی نگار   ز شاهان و از بزم و از کارزار
نگار سر و تاج کاووس شاه   نبشتند با یاره و گرز و گاه
برِ تختِ او، رستم پیلتن   همان زال و گودرز و آن انجمن
ز دیگر سو افراسیاب و سپاه   چو پیران و گرسیوز کینه‌خواه
بهر گوشه‌ای گنبدی ساخته   سرش را به ابر اندر افراخته
نشسته سراینده رامشگران   سر اندر ستاره سرایِ سران
سیاوخشکردش نهادند نام   همه شهر زان شارسان شادکام
چو پیران بیامد ز هند و ز چین   سخن رفت، زان شهرِ باآفرین
خنیده بتوران، سیاووش کرد   کز اختر بُنِش کرده شد روز ارد [2]
از ایوان و کاخ و ز پالیز و باغ   ز کوه و در و رود و ز دشت و راغ [3]
شتاب آمدش، تا ببیند؛ که شاه   چه کرد اندر آن نامور جایگاه
هرآنکس که او از درِ کار بود   بدان مرز با او سزاوار بود [4]
هزار از هنرمند گردان گرد   چو هنگامهٔ رفتن آمد ببرد
چو آمد به نزدیک آن جایگاه   سیاوش پذیره شدش با سپاه
چو پیران به نزد سیاوش رسید   پیاده شد از دور کورا بدید [5]
سیاوش فرود آمد از نیل رنگ   مر او را گرفت اندر آغوش، تنگ
بگشتند هردو بدان شارستان   ز هر در زدند از هنر داستان
سراسر همه باغ و میدان و کاخ   همی دید هرسو بنای فراخ [6]
سپهدار پیران ز هرسو براند   بسی آفرین بر سیاوش بخواند [7]

---

۱ -گلشن ارجمند چگونه گلشنی بوده باشد؟

۲ - **یک:** شهری را که تازه بنیاد نهاده‌اند، چگونه در تورانزمین «خنیده» = نیکنام شناخته می‌شد؟ **دو:** در گفتار درست روز بنیاد شهر، را در آغاز می‌آورند، نه در پایان!

۳ -گیریم که ایوان و کاخ و پالیز و باغ را سیاوخش ساخته بود، کوه و در و دشت و رود و باغ که آفریدهٔ خداوند بود.

۴ - دو رج - **یک:** کارِ ساختمان سیاوخشکرد بپایان رسیده و پیران بدیدار آن شهر می‌رود، پس اکنون چه هنگامِ بردن کارگران و دستورزان و هنرمندان است؟ **دو:** در رج دویم: هنگامهٔ رفتن درست نیست و بهنگام رفتن؛ درست است. هنگامه زمانی است که آشوبی پیش می‌آید، یا کشتار و جنگ و تباهی شهری را فرا می‌گیرد. **سه:** «ببرد» درست نیست. (بهمراه خویش) ببرد.

۵ - **یک:** سخن نادرست! پیران (بنزد) سیاوخش رسید، پسان (از دور) پیاده می‌شود. **دو:** «کورا بدید» نادرست است، و «چون او را بدید» درست.

٦ - **یک:** چندباره‌گویی دربارهٔ باغ و میدان و کاخ. **دو:** همی دید نادرست است: «بدید».

۷ - برای دیدار از گوشه و کنار شهر، اسب نمی‌رانند.

۱۰۶ داستان سیاوخش

بدو گفت: «گر فرّ و برز کیان … نبودی‌ت با دانش اندر میان[۱]
کی آغاز کردی بدین گونه جای؟ … کجا آمدی جای، زین سان بپای؟[۲]
بماناد تا رستخیز این نشان … میان دلیران و گردنکشان[۳]
پسر بر پسر همچنین شاد باد … جهاندار و پیروز و فرّخ نژاد»[۴]
چو یک بهره از شهر خرّم بدید … به ایوان و باغ سیاوش رسید
به کاخ فرنگیس بنهاد روی … چنان خرّم و شاد و دیهیم‌جوی[۵]
پذیره شدش دختر شهریار … بپرسید و دینار کردش نثار[۶]
چو بر تخت بنشست و آن جای دید … بران سان بهشتی دل‌آرای دید[۷]
بدان نیز چندی ستایش گرفت … جهان‌آفرین را نیایش گرفت[۸]
ازان پس به خوردن گرفتند کار … می و خوان و خوالیگر و میگسار
ببودند یک هفته با می به دست … گهی خرّم و شاددل، گاه مست
بهشتم رهاورد پیش آورید … همان هدیهٔ شارسان چون سزید[۹]
ز یاقوت و ز گوهر شاهوار … ز دینار و ز تاج گوهرنگار[۱۰]
ز دیبا و اسپان به زین پلنگ … به زرّین ستام و جناغ خدنگ[۱۱]
فرنگیس را افسر و گوشوار … همان یاره و توغ گوهرنگار[۱۲]
بداد و بیامد به سوی ختن … همی رای زد شاد با انجمن

۱ – **یک:** فرّ کیانی را شاید که در ساختن شهر بکار آید، اما بُرز کیانی چیست؟ و اگر بُرز در کار ساختن شهر سودمند باشد هر آینه هرکس بلند بالاتر باشد، بهتر بکار شهرسازی می‌آید! **دو:** میان، میانهٔ پیکر مردمان است، آنچه که امروز کمر می‌نامند، و اینجا بکار نمی‌آید، مگرآنکه گفته می‌شد اگر فر کیانی (همراه) با دانش (تو نمی‌گردید)... .

۲ – **یک:** «کِی» درخورِ این سخن نیست، و می‌باید «چگونه» بکار بردن. **دو:** و نیز چگونه و چسان برجای کجا. **سه:** بپای آمدن ساختمان فرو ریختن آنست! افزاینده خواسته است بگوید: «چگونه بپایان می‌رسید».

۳ – جای دلیران و گردنکشان میدان نبرد است، و اینجا نام بردن از آنان درخور نمی‌نماید.

۴ – **یک:** سراینده این نادرخوری را در ردهٔ پیشین دریافته است، و خواسته است که آنرا بپوشاند، مگرآنکه باز نادرست گفته است: پسر بر پسر (تو) همچنین شاد (باشند). **دو:** آرزوی «باد» در پهلوی [illegible] در فارسی دری «بواد» درخواست از خداوند است برای کاری که خداوند بودن آنرا برآورد، همچون کناد، رواد، شواد... پس این سخن درست نیست که سراینده از خدا خواسته است تا فرزندان سیاوخش «فرخ‌نژاد» بباشند! روی دیگرِ این سخن آنست که سیاوخش فرخ‌نژاد نیست!

۵ – **یک:** دیهیم جوی کسی است که برای گرفتن دیهیم شاهی با شاهی دیگر می‌جنگد، تا دیهیم ویرا بچنگ آورد! و پیران، چنین نبود. **دو:** دیهیم در آنزمان پدیدار نشده بود.

۶ – **یک:** نخست دینار بزیر پای مهمان می‌ریزند، و چون بنزدیک آید از او می‌پرسند! **دو:** سخن باژگونه است.

۷ – آن جای (را) دید.

۸ – **یک:** (زیبایی) آن جایگاه را (نیز) ستود. **دو:** لت دویم از آغاز نامه نوشتن افراسیاب بسیاوخش بدینجا آورده شده است.

۹ – **یک:** «رهاورد، پیش آورید» سخنی زیبا نیست «رهاورد را پیش کشید». **دو:** لت دویُم بدتر از لت نخست.

۱۰ – در رج پیشین سخن از «هدیهٔ سزاوار شارسان» رفت، و یاقوت و گوهر و تاج گوهرنگار در شمار پیشکشی ساختمان نیست.

۱۱ – **یک:** دیبا را به اسب چه پیوند؟ جناغ خدنگ، نادرست‌ترین واژه است، زیرا که خدنگ (راست) دربارهٔ تیر کاربرد دارد، و افزاینده بارها و بارها از جناغ خدنگ یاد کرده‌اند.

۱۲ – بشارسان «هدیه» کرد، و به‌فرنگیس «بداد»؟ (رج پسین)

چو آمد به شادی به ایوان خویش / همان‌گاه شد در شبستان خویش [۱]
به گلشهر گفت: «آنکه خرّم بهشت / ندید و نداند که رضوان چه کشت [۲]
چو خورشید بر گاه فرّخ سروش / نشسته بآیین با فرّ و هوش [۳]
به رامش بپیمای لختی زمین / برو شارستان سیاوش ببین
خداوند آن شهر نیکوترست / تو گویی فروزندهٔ خاورست» [۴]
اُزان جایگه نزد افراسیاب / همی رفت برسان کشتی بر آب
بیامد بگفت آن کجا کرده بود / همان باژ کشور که آورده بود [۵]
بیاورد پیشش همه سر بسر / بدادش ز کشور سراسر خبر [۶]
که: «از داد شه گشت آباد بوم / ز دریای چین تا به دریای روم» [۷]
اُزانجا به کار سیاوش رسید / سراسر همه یاد کرد آنچه دید [۸]
ز کار سیاوش بپرسید شاه / اُزان شهر و آن کشور و جایگاه
بدو گفت پیران که: «خرّم بهشت / کسی کاو ببیند به اردیبهشت
همانا نداند از آن شهر، باز* / نه خورشید از آن مهتر سرفراز
سروش آوریدش همانا خبر / که چونان نگاریدش آن بوم و بر [۹]
یکی شهر دیدم که اندر زمین / نبیند دگر کس بتوران و چین [۱۰]
ز بس باغ و ایوان و آب روان / برآمیخت گفتی خرد با روان
چو کاخ فرنگیس دیدم ز دور / چو گنج گهر بُد بمیدان سور [۱۱]
بدان زیب و آیین که داماد تست / ز خوبی بکامِ دلِ شادِ تست
گله کرد باید ز گیتی یله / ترا چون نباشد ز گیتی گله [۱۲]

---

۱ - در لت پیشین از رفتن بی‌درنگ پیران به (انجمن شهر ختن) سخن می‌رود، و اینجا از رفتن بی‌درنگ بشبستان.

۲ - رضوان چه کِشت؟!

۳ - هیچ روشن نیست که چه‌کس چونان خورشید بر تختِ سروش فرّخ نشسته است! سیاوخش یا فرنگیس؟

۴ - دوباره سیاوخش خورشید می‌شود اما نه بر گاهِ سروش، دوباره‌گویی ناهمانند! که خورشید خاور... خورشید که بزودی بسیاهی شب فرو می‌رود!!

۵ - این دو رج سست سروده شده و گفتار فردوسی نیست.

۶ - «سر بسر» و «سراسر» را در یک رج آوردن سخن را سست می‌کند.

۷ - مرز توران از دریای چین تا دریای روم (دریای سیاه یا مدیترانه) نبوده‌است.

۸ - در گفتار پسین، افراسیاب از کار سیاوخش می‌پرسد، پس، پیران را نمی‌شاید که پیش‌سخنی کرده باشد!

* - نداند: نشناسد. نداند باز: باز نداند: باز نشناسد.

۹ - نگاریدش نادرست است. آنگاه تنها (رسیدن آگاهی) از سروش در ساختن شهر، کارساز نیست، که (یاوری) سروش کار را بسامان می‌رساند.

۱۰ - دوباره نام از «شهر» بردن نادرست است.

۱۱ - سخن میان گفتار در رج‌های پیشین‌وپسین جدایی می‌افکند.

۱۲ - **یک:** سخن درهم آشفتهٔ نادرست! گِله را از گیتی رها کردن چه باشد؟ **دو:** و اگر گله‌ای در میان نیست یاد کردن آنرا چه روی است؟

گر ایدونکه آید ز مینو سروش نباشد بدان فرّ و اورنگ و هوش[1]
اُ دیگر دو کشور ز جنگ و ز جوش برآسود چون مهتر آمد به هوش[2]
بماناد بر ما چنین جاودان دل هوشمندان و رای ردان»[3]
ز گفتار او شاد شد شهریار که شاخ برومندش آمد ببار
بگرسیوز این داستان برگشاد سخن‌های پیران همه کرد یاد
پس آنگه به گرسیوز آهسته گفت نهفته همه برگشاد از نهفت[4]
بدو گفت: «رو، تا سیاوخشکرد ببین تا چه کردست و، گِردش بگرد!
سیاوش بتوران‌زمین دل نهاد؟ از ایران نگیرد دگر هیچ یاد؟
مگر کرد پدرود تخت و کلاه چو گودرز و بهرام و کاووس شاه[5]
بر آن خرمی بر یکی خارستان همی بوم و بر سازد و شارستان[6]
فرنگیس را کاخ‌های بلند برآورد و دارد همی ارجمند[7]
چو بینی به خوبی فراوان بگوی به چشم بزرگی نگه کن بر اوی[8]
چو نخچیر و می باشد و دشت و کوه نشینند پیشت ز ایران گروه[9]
بدان گه که یاد من آید به دست چو خوردی به شادی بباید نشست[10]
یکی هدیه آرای بسیار مر ز دینار و از اسپ و زرّین کمر
همان گوهر و تخت و دیبای چین همان یاره و گرز و تیغ و نگین
ز گستردنی‌ها و از بوی و رنگ ببین تا ز گنجت چه آید بچنگ
فرنگیس را هدیه بر همچنین برو با زبانی پراز آفرین

---

۱ – **یک:** اینجا سیاوخش از سروش نیز برتر باشد! **دو:** «فرّ و هوش» با «اورنگ» همخوان نیست.

۲ – این سخن با داستان پیوند ندارد.

۳ – درست «دل هوشمند»، و «رای رد» است چنانکه دربارهٔ کسی گویند «دل شیر دارد»، نه دل شیران دارد. اما این گفتار را چه پیوند با سیاوخشکرد است؟ و چرا پیران را بایستی آرزو، برای خود و افراسیاب کردن؟

۴ – **یک:** در سخن پیشین چنین آمده‌است که سخنان پیران را بر گرسیوز آشکار کرد، پس چرا می‌باید که آنرا آهسته بگرسیوز گوید. **دو:** و چیزی نهفته در میان نبود که اکنون گشاده گردد!

۵ – سخن پیشین چنین بود که سیاوخش دل بتوران‌زمین بست! پس چگونه است که در این گفتارپرسش پیش می‌آید.

٦ – سخن چنین است که در آن جای خرم، خارستانی (می‌سازد) و بوم و بر (سرزمین می‌سازد!) و این یک گفتار درهم و آشفته است.

۷ – برای فرنگیس یک کاخ ساخته شده بود نه چند کاخ.

۸ – **یک:** «فراوان بگوی» چه باشد؟ کدام سخن را فراوان بگوید؟ **دو:** رج ششم پس‌ازاین، سخن فردوسی چنین می‌آید: «برو با زبانی پراز آفرین» پس این سخن پریشیده از فردوسی نیست و دوباره‌گویی نادرستِ آن گفته است. **سه:** تو بزرگی و با چشم بدو بنگر!؟ اگر سیاوخش بزرگتراست سخن را می‌باید چنین آراستن «ویرا بچشم بزرگی بنگر».

۹ – تنها در دشت و کوه، نه در شهر؟...

۱۰ – **یک:** یادش بدست می‌آید، سخت سست است و سراینده خواسته است بگوید، چون یاد از من می‌شود یا چون بیاد من می‌افتید! **دو:** پس‌از خوردن شاد باشید، و چنین گفتار چنان می‌نماید که پیش و پس‌ازآن شاد نباشید!

اگر آب دارد ترا میزبان　　بران شهر خرم دو هفته بمان»[1]
نگه کرد گرسیوز نامدار　　سواران توران، گزیده هزار
خنیده سپاه اندر آورد گرد　　بشد شادمان تا سیاووش کرد

رفتن گرسیوز
بنزد
سیاوخش

سیاوش چو بشنید، بسپرد راه　　پذیره شدش تازیان، با سپاه
گرفتند مر یکدگر را کنار　　سیاوش بپرسید از شهریار
به ایوان کشیدند زان جایگاه　　سیاوش بیاراست جای سپاه
دگر روز گرسیوز آمد پگاه　　بیاورد خلعت ز نزدیک شاه
سیاوش بدان خلعت شهریار　　نگه کرد و شد، چون گل اندر بهار
همه شهر و برزن یکایک بدوی　　نمود و سوی کاخ بنهاد روی
هم آنگه به نزد سیاوش چو باد　　سواری بیامد ورا مژده داد[2]
که: «از دختر پهلوان، سپاه　　یکی کودک آمد بمانند شاه[3]
ورا نام کردند فرخ فرود　　به تیره شب آمد، چون پیران شنود[4]
بزودی مرا با سواری دگر　　بگفت اینکه: «شو شاه را مژده بر»[5]
همان مادر کودک ارجمند　　جریره سر بانوان بلند[6]
بفرمود یکسر به فرمانبران　　زدن دست آن خرد بر زعفران[7]

---

۱ - «اگر آب دارد ترا» سخنی سخت ناهماهنگ است.　　۲ - پیوسته به رج پسین.

۳ - **یک:** «بمانند» درست نیست و در سخن فردوسی همه‌جا «مانند» آمده‌است.

۴ - **یک:** آیین نامگذاران کودک در ایران باستان (و در خانواده‌های ریشه‌دار کنونی نیز) بر آن بود و هست که نیا (پدربزرگ) کودک نام بر فرزند نهد، و در این داستان افزوده روشن نیست که چه‌کس نام بر کودک نهاده و شب، پیران آنرا شنیده است!؟ **دو:** شیوهٔ گفتار در این رج بس سست می‌نماید.

۵ - **یک:** «بزودی» نادرست است، و بی‌درنگ درست! **دو:** در لت نخستین چنین آمده‌بود که «سواری بیامد» پس چگونه است اینجا آن سوار با «سواری دگر» همراه است؟ از برای آنکه سراینده خواسته است که برای «مژده بر» با واژهٔ «دگر» در لت دویُم، اینجا نیز پساوای سخن بسازد! **سه:** اگر سراینده اندکی از نازکی سخن برخوردار می‌بود، و بجای «بگفت اینکه»، «مرا گفت» می‌نهاد، گفتار در لت دویم آراسته می‌شد.　　٦ - بیگمان مادر جریره، گلشهر را، از وی پایگاهی بلندتر بوده‌است.

۷ - این بسنده می‌نماید که یکی از فرمانبران، دست کودک را بر زئفران زند، نه همگی فرمانبران.

نهادند بر پشت این نامه بر — که: «پیش سیاووش خودکامه بر[1]
بگویش که: هرچند من سالخورد — بُدم، پاکْ یزدان مرا شاد کرد»[2]
سیاوش بدو گفت: «گاه مهی — از این تخمه هرگز مبادا تهی»[3]
فرستاده را داد چندان درم — که آرنده گشت از کشیدن دژم[4]
به کاخ فرنگیس رفتند شاد — بدید آن بزرگیِ فرخ‌نژاد[5]
پرستار چندی بزرّین کلاه — فرنگیس با تاج در پیشگاه[6]
فرود آمد از تخت و کردش نثار — بپرسیدش از شهر و از شهریار[7]
دل و مغز گرسیوز آمد بجوش — دگرگونه‌تر شد بآیین و هوش
بدل گفت: «سالی چنین بگذرد — سیاوخش، کس را بکس نشمرد!
همش پادشاهیست، هم تاج و گاه — همش گنج و هم‌دانش و هم سپاه»[8]
نهانِ دلِ خویش، پیدا نکرد — همی بود پیچان و رخساره زرد
بدو گفت: «برخوردی از رنج خویش — همه ساله شادان زی از گنج خویش»
نهادند در کاخ، زرّین؛ دو تخت — نشستند شادان‌دل و نیکبخت
نوازندهٔ رود با میگسار — بیامد بر تخت گوهرنگار
ز نالیدن چنگ و رود و سرود — بشادی همی داد دل را درود[9]

*

چو خورشید تابنده بگشاد راز — بهر جای بنمود چهر از فراز
سیاوش ز ایوان بمیدان گذشت — ببازی همی گرد میدان بگشت[10]
چو گرسیوز آمد بینداخت گوی — سپهبد پسِ گوی بنهاد روی

---

۱ - **یک:** تاکنون سخنی از نامه در میان نبود و از مژده بردن سخن می‌رفت. **دو:** پاژنام سیاوخش در شاهنامه و نوشته‌های پهلوی همه جا «آزاده» بوده‌است و اینجا وی را «خودکامه» می‌خوانند بیگمان این پاژنام، هم روان ویرا و هم روان آنان را که بدو پاژنام آزاده داده‌اند می‌رنجاند!

۲ - **یک:** نه بر رای یزدان سخن گفته شده است، نه بر روال آنچه که در شاهنامه بدان برخورده‌ایم، زیراکه زن سالخورده فرزنددار نمی‌شود. **دو:** چگونه زن سالخورده‌ای را به سیاوخش جوان داده بوده‌اند.

۳ - از کدام تخمه؟ از تخمهٔ پیران، یا از تخمهٔ سیاوخش؟

۴ - این سخن از داستان منوچهر بدینجا آورده شده است.

۵ - **یک:** سخن بی‌درنگ می‌آید و می‌بایستی چنین گفتن که چون از کار بپرداختند... **دو:** بزرگی فرخ‌نژاد را چگونه می‌توان دیدن؟ اگر بزرگی بکاخ بوده‌است که نژاد فرخ را در میانه چکار؟

۶ - لت دویم بی‌پیوند است.

۷ - دنبالهٔ گفتار

۸ - **یک:** پادشاهی و تاج و گاه داشتن یک سخن است. **دو:** این گفتار پیوند میان رج پیشین‌وپسین را می‌گسلاند.

۹ - **یک:** چنگ را ناله نیست، و نالیدن ویژهٔ نای است. **دو:** دل را، درود می‌داد؟ اگر در لت نخستین «ز» نیامده بود «نالیدن چنگ و...» سخن درست می‌شد. اما اکنون نادرست است. **سه:** این سخن در ترجمهٔ بنداری نیز نیامده‌است.

۱۰ - چهار رج دوباره‌گویی گوی و میدان.

دیدار گرسیوز با سیاوخش ۱۱۱

چنو گوی در زخم چوگان گرفت / هماورد او خاک میدان گرفت[1]
ز چوگان او گوی شد ناپدید / تو گفتی سپهرش همی برکشید
بفرمود تا تخت زرّین نهند / بمیدان و، بُرجاسِ* ژوپین نهند
سواران بمیدان بکردار گرد / به ژوپین گرفتند ننگ و نبرد[2]
دو مهتر نشستند بر تخت زر / بدان تا که را برفروزد هنر
بدو گفت گرسیوز: «ای شهریار / هنرمند و از خسروان یادگار
هنر بر خرد نیز کرده گذر / سزد گر نمایی به توران هنر![3]
بنوکِ سنان و بتیر و کمان / زمین آورد تیرگی یک زمان»[4]
ببر زد سیاوش بدان کار دست / بزین اندر آمد ز تخت نشست
زره را بهم بر، ببستند پنج / که از یک زره تن رسیدی برنج[5]
نهادند بر خدّ آوردگاه / نظاره بر او بر، ز هر سو سپاه[6]
سیاوش یکی نیزهٔ شاهوار / کجا داشتی از پدر یادگار
که در جنگ مازندران داشتی / به نخچیر بر شیر بگذاشتی[7]
به آوردگه رفت نیزه بدست / عنان را بپیچید چون پیل مست[8]
بزد نیزه و برگرفت آن زره / زره را نماند ایچ بند و گره[9]
از آورد نیزه برآورد راست / زره را بینداخت زان سو که خواست[10]
سواران گرسیوز دام‌ساز / برفتند با نیزه‌های دراز[11]
فراوان بگشتند گرد زره / ز میدان نه برشد زره یک گره[12]

---

۱ - **یک:** گوی را «در زخم نمی‌گیرند» که «بدان زخم (ضربه) می‌زنند». **دو:** هماوردی در میان نبود! خاکِ میدان را چرا باید گرفتن؟

* - بُرجاس: نشانه‌گاه. نشانی که در میدان می‌کارند، تا تیراندازان تیر را بدان زنند. اینبار برجاس را برای پرتاب نیزه در میدان کاشته‌اند.

۲ - میدان بازی بود، نه میدان ننگ و نه میدان نبرد.

۳ - **یک:** در رج پیشین از هنر سیاوخش یاد می‌شود. در این رج نیز دوبار سخن از هنر آمده‌است که نادرست است. **دو:** خوارداشتِ روشنِ سیاوخش، زیرا آنکه خردِ وی پست‌تر از هنرش باشد، ستوده نیست.

۴ - سخنِ بیمایه؛ که راه بجایی نمی‌برد! و به رج پسین نیز پیوسته نیست.

۵ - **یک:** چون زره (را) گفته آید، می‌باید که زره شناسا (معرفه) بوده باشد، باز آنکه چنین نیست. **دو:** شیوهٔ شمارش درست نیست: «پنج زره را بهم بستند». **سه:** شیوهٔ شمارش نادرست است. سخن درست آنست که گفته آید که از هر یکی از آن پنج زره، تنِ پوشیده را رنج می‌رسید. آوردگاه، خد ندارد!

٦ - دنباله گفتار.

۷ - **یک:** پیوند میان دو سخن درست نیست. نیزه‌ای (که) از پدر (به) یادگار داشت، (که) «او، آنرا» در جنگ مازندران «بکار می‌گرفت». **دو:** در داستان ما چنین نیامده‌است که کاووس به نخجیر شیر رفته باشد، و گذر نیزه از شیر کاریست نه آسان چونان گذراندن از گراز و کرگدن!

۸ - دوباره سخن از یک نیزهٔ دیگر میرود.

۹ - «آن زره» برای یک زره کاربرد دارد، باز آنکه بر پایهٔ گفتار پیشین پنج زره را بهم پیوسته بودند.

۱۰ - «از آورد» نادرست است، اگر آوردگاه آمده‌بود، میدان جنگ را می‌نمود، بازآنکه آنان در میدان چوگان بوده‌اند نه میدان جنگ!

۱۱ - اندازهٔ نیزه‌ها یکسان بوده‌است و کوتاه و دراز نداشته است.

۱۲ - **یک:** باز از «زره» نام برده می‌شود نه «زره‌ها». **دو:** سخن ناهموار! افزاینده خواسته است بگوید؛ از میدان یک گره از زره‌ها پیدا

←

سیاوش سپر خواست گیلی چهار ... دو چوبین و دو ز آهن آبدار[1]

کمان خواست با تیرهای خدنگ ... شش اندر میان زد سه چوبه بتنگ[2]

یکی در کمان راند و بفشارد ران ... نظاره به گردش سپاهی گران[3]

بر آن چار چوبین و ز آهن سپر ... گذر کرد پیکان آن نامور[4]

بزد هم بر آن گونه ده چوبه تیر ... بر او آفرین کرد بُرنا و پیر[5]

از آن ده یکی ناگذاره نماند ... بر او هرکسی نام یزدان بخواند

بدو گفت گرسیوز «ای شهریار ... به ایران و توران ترا نیست یار[6]

بیا تا من و تو به آوردگاه ... بتازیم هردو به پیش سپاه

بگیریم هردو دوال کمر ... بکردارِ جنگی، دو پرخاشخر

ز ترکان مرا نیست همتا کسی ... چو اسپم نبینی ز اسپان بسی[7]

به میدان کسی نیست همتای تو ... هماورد تو گر به بالای تو

گرایدونکه بردارم از پشت زین ... ترا ناگهان برزنم بر زمین[8]

چنان دان که از تو دلاورترم ... به اسپ و به مردی ز تو برترم[9]

اُگر تو مرا برنهی بر زمین ... نگردم به جایی که جویند کین»[10]

سیاوش بدو گفت که: «این خود مگوی ... که تو مهتری، گُرد و پرخاشجوی

→ نشد! و در اینجا یک نارسایی بود که گفته آمد و یک دروغ که چون سیاوخش زره‌ها را بسویی که خواست افکند، می‌باید که یک بند از آن زره‌ها نیز پیدا نشود؟

۱ - **یک:** سپر گیلی در توران چگونه پیدا می‌شود؟ سیاوخش نیز بهنگام رفتن بتوران همراهان خویش را از قهستان برده بود نه از گیلان. **دو:** اگر سپر گیلی باشد که از گونه‌ای چوب خم شوندهٔ ویژه درهم بافته می‌شود (همانند سبد)، پس چگونه دوتا از آنها آهنین می‌شود؟ **سه:** سپر را هیچگاه از آهن نمی‌ساخته‌اند زیرا که گران (سنگین) بود، و سپر همواره از مفرغ ساخته می‌شد.

۲ - سه چوبه تیر به تنگ چگونه باشد؟ سواران بر زین می‌نشینند و تنگِ اسب همان میان بندی است که زین را بر پشت اسپ استوار نگاه می‌دارد، پس چگونه می‌توان تیر را به تنگ (زدن)؟

۳ - سپاه گران در میدان بازی نبوده‌است که یاران ویژه از دو سوی در آن میدان بودند.

۴ - پیکان را توان گذر از سپر آهنین نیست، بهیچ روی!

۵ - **یک:** پیش‌ازاین از ۹ چوبهٔ تیر (شش اندرمیان و سه به تنگ!) یاد شده بود، پس چگونه ۱۰ چوبه تیر بر سپرها زد؟ **دو:** بر او آفرین کرد(ند) درست است.

٦ - این رج را برای پیوند به ۹۴۳٦ آورده‌اند: بدو گفت گرسیوز ای شهریار... . زیرا که اگر در ایران و توران یار (=همتایی) چون او نبوده‌است پیشنهاد کشتی، از برای چیست؟

۷ - **یک:** تورانیان؛ ترک نبوده‌اند! **دو:** این سخن را چنین می‌توان نوشتن: مانندهٔ اسپ من از میان اسپان، بسیاری نیست. بس (بسیار)، نشانهٔ گروه است و با «ی» یگانه (وحدت) پایان نمی‌یابد، دیگر آنکه اگر در میان اسپان شماری مانند، اسپ او باشد، سرافراختن به اسپی که همتا دارد کار درستی نیست! **سه:** در کشتی کار ناگهانی نمی‌شود، از هردو سو، به میان بند (کمر) یکدیگر زور می‌آورند، تا یکی از آندو بتواند دیگری را از جای برکَنَد.

۸ - دنبالهٔ گفتار.

۹ - دلاورترم به اسپ؟ یا اسپ من دلاورتر است از اسپ تو!

۱۰ - **یک:** چگونه شد که یکی دیگری را بر زمین (می‌زند)، و آن یک این یک را بر زمین (می‌نهد)؟! در همهٔ نمونه‌ها همین گونه آمده‌است، بازآنکه سراینده اینجا نیز می‌توانست بگوید: «برزنی برزمین». **دو:** سخن لت دویُم درهم ریختهٔ و نادرست است!

همان اسپ تو شاه اسپ من است　　کلاه تو آذرگشسپ من است[1]
جزاز خود ز توران یکی برگزین　　که با من بگردد، نه بر راه کین»
بدو گفت گرسیوز: «ای نامجوی　　ز بازی زیانی نیاید بروی»
سیاوش بدو گفت کـ:«این رای نیست　　مرا با نبرد تو، خود؛ پای نیست
نبرد دو تن جنگ و میدان بود　　پراز خشم دل چهره خندان بود[2]
ز گیتی برادر تویی شاه را　　همی زیر نئل آوری ماه را
کنم، هرچه گویی، بفرمان تو　　بدین؛ بشکنم رای و پیمان تو!
ز یاران یکی شیر جنگی بخوان　　برین تیزتگ بارگی برنشان
گرایدونکه رایت نبرد من است　　سرِ سرکشان زیر گرد من است
بخندید گرسیوز نامجوی　　همانا خوش آمَدْش گفتار اوی
بیاران خود گفت کـ:«ای سرکشان　　که خواهد که گردد بگیتی نشان؟
که او با سیاوش نبرد آورد　　سر سرکشان زیر گرد آورد!»
نیوشنده بودند لب با گره　　بپاسخ بیامد گَروی زره
«منم» گفت: «شایستهٔ کارکرد　　اگر نیست او را کسی همنبرد!»
سیاوش ز گفت گروی زره　　بُرو کرد پرچین، رخان پرگره
بدو گفت گرسیوز: «ای شهریار　　ز گردان لشکر ورا نیست یار»*
سیاوش بدو گفت کـ:«ز تو گذشت　　نبرد دلیران مرا خوار گشت
از ایشان دو یل باید آراسته　　بمیدان نبرد مرا خواسته»
یکی نامور بود، نامش دمور　　که همتا نبودش بتوران؛ بزور
بیامد بر آن کار، بسته میان　　به نزد جهانجوی شاه کیان
سیاوش به آورد بنهاد روی　　برفتند با او، دمور و گروی
به بندِ میانِ گروی زره　　فروبرد چنگال و برزد گره
ز زین برگرفتش بمیدان فکند　　نیازش نیامد بگرز و کمند
اُزان پس بپیچید سوی دمور　　گرفت آن بر و گردن او بزور
چنان خوارش از پشت زین برگرفت　　که لشکر بدو ماند، اندر شگفت

۱ - **یک:** تاکنون در میان اسپان، شاه، دیده نشده است! در میان برخی جانورانِ «گروه زی»، یک جانور فرمانده (شاه) دیده شده است، اما در میان اسپان چنین نیست. **دو:** آتشکدهٔ آذرگشسب را کیخسرو فرزند سیاوخش بنیاد کرد، و در آنزمان چنین آتشکده‌ای نبوده‌است تا بتوان «کلاه» را با آن برابر نهادن!

۲ - **یک:** نبرد دو تن (در) میدان بود و واژهٔ جنگ در این گفتار نابجا است. **دو:** دل خشمگین با چهر خندان همراه نیست! از آنسو شاید بودن که دوکس در دل بیکدیگر خشم نداشته باشند اما بهنگام کشتی گرفتن چهره‌شان دژم گردد.

* - گروی، در میان پهلوان لشکر من بی‌همتا است.

چنان پیشِ گرسیوز آورد خوش / که گفتی ندارد کسی زیرِ کَش[1]
فرود آمد از باره بگشاد دست / پراز خنده، بر تخت زرّین نشست
برآشفت گرسیوز از کار اوی / پراز غم شدش دل، پُرآژنگ روی[2]
اُزان تخت زرّین به ایوان شدند / بکردارِ گُردانِ ایران شدند[3]
نشستند یک هفته با نای و رود / می و جام و رامشگران و سرود
بهشتم، برفتن گرفتند ساز / بزرگان و گرسیوز سرفراز
یکی نامه بنوشت نزدیک شاه / پراز لابه و پرسش نیکخواه[4]
ازان پس مر او را بسی هدیه داد / برفتند زان شهر آباد شاد[5]
به رهشان سخن رفت، یک بادگر / از آن پر هنر شاه و آن بوم و بر
چنین گفت گرسیوز کینه‌جوی / که: «ما را از ایران، بد آمد بروی
یکی مرد را شاه از ایران بخواند / که از ننگ، ما را بخوَی در، نشاند○
دو شیر ژیان چون دمور و گروی / که بودند گردان پرخاشجوی؛
چنان زار و بیکار گشتند و خوار / بچنگال ناپاک تن یک سوار!
سرانجام ازین بگذرانند سخُن / نه سر بینم این کارِ شه را نه بن»
چنین تا بدرگاه افراسیاب / نرفت اندر آن جوی، جز؛ تیره آب
چو نزدیک سالار تورانسپاه / رسیدند و هرگونه پرسید شاه
فراوان سخن گفت و نامه بداد / بخواند و بخندید و زو گشت شاد[6]
نگه کرد گرسیوز کینه‌دار / بدان تازه رخسارهٔ شهریار
همی رفت، یک دل پراز کین و درد / بدانگه که خورشید شد لاژورد[7]
همه شب بپیچید تا روز، پاک / چو شب جامهٔ قیرگون کرد چاک
سر مرد کین اندر آمد ز خواب / بیامد بنزدیک افراسیاب

---

۱ – در کشتی، همنبرد را زیر کَش (بغل) نمی‌گیرند.
۲ – برآشفتن گرسیوز در دل بوده‌است و بر رخ نمایان نمی‌شد!
۳ – کردار گردان ایران برای رفتن بایوان چگونه بود، که آنان را می‌بایستی بهمان سان رفتن؟
۴ – **یک:** نامه را بسوی کسی می‌نویسند، نه نزدیک کسی! **دو:** روشن نیست که سیاوخش نامه نوشته باشد. **سه:** لابه در نزد ایرانیان گفتاری ناخوب در شمار بوده‌است، چرا باید در نامهٔ سیاوخش بکار گرفته شود. **چهار:** پرسش نیکخواه چه باشد؟، افزاینده می‌خواسته است بگوید، پرسش از روی نیکخواهی!
۵ – **یک:** بهنگام رفتن هدیه نمی‌دهند. **دو:** در لت نخستین سخن از «او» رفت، و در این لت سخن از «برفتند» که با یکدگر همخوان نیست. ○ – از ننگی که با شکست پهلوانانِ ما، بر ما آورد. خوی (عرق) بر تنمان نشست.
٦ – کنندهٔ کار در لت نخست گرسیوز می‌نماید، و در لت دویُم افراسیاب! و این نادرست است.
۷ – **یک:** گرسیوز بهنگام شادی و پرسش افراسیاب، از درگاه «نمی‌رفت». **دو:** خورشید، لاژورد نمی‌شود که آسمان با رفتن خورشید لاجوردین می‌گردد.

ز بیگانه پردخته کردند جای — نشستند و جُستند هرگونه رای
بدو گفت گرسیوز: «ای شهریار — سیاوش، دگر دارد، آیین و کار
فرستاده آمد ز کاووس شاه — نهانی، بنزدیک او؛ چندگاه
ز روم و ز چین نیزش آمد پیام — همی یادِ کاووس گیرد بجام
بر او انجمن شد فراوان سپاه — بپیچد از او، یک زمان، جان شاه!
اگر تور را دل نگشتی دژم — ز گیتی به ایرج نکردی ستم![1]
دو کشور یکی آتش و دیگر آب — همیشه ز یکدیگر، اندر شتاب؛
تو خواهی، که‌شان، خیره، جفت آوری؟ — همی باد را، در نهفت آوری؟
اگر کردمی بر تو، این بد، نهان — مرا زشت‌نامی بُدی در جهان»
دل شاه زان کار شد دردمند — پراز غم شد از روزگارِ گزند
بدو گفت: «بر من، ترا، مهر خون — بجنبید و شد، مر ترا رهنمون
سه روز اندر این کار رای آوریم — سخن‌های بهتر بجای آوریم
چو این رای گردد، خرد را، درست — بگویم که درمان چه بایذت جست»
چهارم، چو گرسیوز آمد به در — کله بر سر و تنگ بسته کمر
سپهدار توران ورا پیش خواند — ز کار سیاوش فراوان براند
بدو گفت ک:«ای یادگار پشنگ — چه دارم بگیتی، جزاز تو، بچنگ؟
همه رازها بر تو باید گشاد — بژرفی ببین تا چه آیَذت یاد
از آن خواب بد چون دلم شد غمی — بمغز اندر آورد لختی کمی[2]
نبستم بجنگ سیاوش میان — از او نیز، ما را نیامد زیان
چو او تخت پرمایه پدرود کرد — خرد، تار کرد و، مرا پود کرد
ز فرمان من، یک زمان سرنتافت — چو از من، چنان نیکوی‌ها بیافت؛
سپردم بدو کشور و گنج خویش — نکردیم یاد از غم و رنج خویش
بخون نیز پیوستگی ساختم — دل از کین ایران بپرداختم
بپیچید از گنج و فرزند روی — گرامی دو دیده سپردم بدوی[3]
پس از نیکوی‌ها و هرگونه رنج — فدا کردن کشور و تاج و گنج[4]
گرایدونکه من، بدسگالم بدوی — ز گیتی برآید یکی گفت‌وگوی

---

۱ - سخن استوار است اما میان گفتار جدایی می‌افکند.

۲ - **یک**: «غمی» نادرست است. **دو**: اندکی از مغزش کم شد؟ **سه**: سخنی سخت ناسزاوار است!

۳ - سیاوخش از گنج افراسیاب و ازفرنگیس، روی نگردانده است!

۴ - روشن نیست که «رنج» بکه بازمی‌گردد. اگر افراسیاب است که هیچ رنج برای سیاوخش برخویش هموارنکرد، و تنهاگنج و دختر بدو داد.

بدو بر، بهانه ندارم ببد! گر از من بدو اندکی بد رسد؛
زبان برگشایند بر من مهان درفشی شوم در میان جهان
نباشد، پسند جهان‌آفرین نه نیز از بزرگان روی زمین[1]
ز دد، تیز دندان‌تر از شیر، نیست که اندر دلش بیم شمشیر نیست[2]
اگر بچهٔ او شود دردمند کند مرغزاری پناه از گزند
اگر ما بشوریم بر بیگناه! پسندد؟ چنین داور هور و ماه
ندانم جز آن، که‌ش بخوانم به در وز ایدر، فرستمْش؛ نزد پدر
اگر گاه جوید گر انگشتری از این بوم و بر بگسلد داوری»[3]
بدو گفت گرسیوز: «ای شهریار مگیر اینچنین کار پرمایه خوار
از ایدر گر او سوی ایران شود بر و بوم ما پاک ویران شود
هرآنگه که بیگانه شد خویش تو بدانست رازِ کم و بیش تو
چو جویی دگر، زو؛ تو بیگانگی کند رهنمونی به دیوانگی
یکی دشمنی باشد اندوخته نمک را پراکنده بر سوخته[4]
بدین داستان زد یکی رهنمون که: بادی که از خانه آید برون[5]
ندانی تو بستن بر او رهگذار أگر بگذری نگذرد روزگار[6]
سیاوخش داند همه کار تو هم از کار تو هم ز گفتار تو[7]
نبینی تو زو جز همه درد و رنج پراکندن دوده و نام و گنج[8]
ندانی که پروردگار پلنگ نبیند ز پرورده، جز درد و جنگ؟»
چو افراسیاب این سخن بازجُست همه گفتِ گرسیوز آمد درست
پشیمان شد از رای و کردار خویش همی کژّه دانست بازار خویش
چنین داد پاسخ که: «من زین سَخُن نه سر باز بینم پدید و نه بُن
بباشیم تا راز گردان سپهر چگونه گشاید؟ بدین کار، چهر
بِهِر کار بهتر، درنگ، از شتاب بمان تا برآید بلند آفتاب
ببینم که رای جهاندار چیست رخ شمعِ چرخِ روان سوی کیست!
أگر سوی درگاه خوانَمْش باز بجویم سخن، تا چه دارد براز؟

۱ - **یک:** سخن در لت نخست استوار است و بر لت دویم انگشت توان نهادن... «نه پسند بزرگان». **دو:** سخن از بزرگان (مهان) در رج پیشین رفته‌بود. ۲ - دو رج بی‌پیوند. ۳ - گاه و انگشتری از سوی افراسیاب بدو داده شده بود.
۴ - **یک:** آن را که دوست گرفته باشند، «اندوخته» نیست دشمنی (در دل کسی) اندوخته می‌شود. **دو:** نمک بر سوخته، رنج ندارد، بر ریش و پارگی سوز می‌آورد. ۵ - باد یا آب در خانه زندانی نیست، و این سخن را هیچ پایه نباشد.
٦ - نیز این سخن را. ۷ - سخن سست.
۸ - **یک:** پراکندن دوده و گنج روا باشد؛ پراکندن نام چگونه است؟ **دو:** بنداری ندارد.

نگهبان او من بسم بیگمان — همی بنگرم تا چه گردد زمان
چو زو کژّیی آشکارا شود — کز او، دل مرا بی‌مدارا شود؛[1]
از آن پس نکوهش نیاید ز کس — مکافات بد جز بدی نیست، بس»[2]
چنین گفت گرسیوز کینه‌جوی — که: «ای شاه بینادلِ راستگوی
سیاوش بدان آلت و فرّ و برز — بدان ایزدی یال° و آن تیغ و گرز؛
گر آید بدرگاه تو با سپاه — شود بر تو بر، تیره، خورشید و ماه
سیاوش نه آنست که‌ش دید شاه — همی ز آسمان برگذارد کلاه!
فرنگیس را هم ندانی تو باز — تو گویی شده‌ست از جهان بی‌نیاز[3]
سپاهت بدو بازگردد همه — تو باشی شبان، گر نباشد رمه؟
سپاهی که شاهی ببیند چنوی — بدان بخشش و رای و آن ماهروی[4]
تو خوانی که: ایدر مرا بنده باش؟* — دلت را بمهر من آکنده باش؟!
ندیده‌ست کس جفت با پیل، شیر — نه آتش دمان از بر و آب زیر!
اگر بچّهٔ شیرِ ناخورده شیر — بپوشد کسی در میان حریر[5]
به گوهر شود باز چون شد بزرگ — نترسد ز آهنگ پیل سترگ»[6]
دلِ نامدار، اندر آن، بسته شد — غمین گشت و اندیشه پیوسته شد
همی از شتابش به آمد درنگ — که پیروز باشد خداوند سنگ[7]
ستوده نباشد سر بادسار — بدین داستان زد یکی هوشیار[8]
که: گر باد خیره نَجَستی ز جای — بماندی بدو پیشه و پرّ و پای[9]
سبکسار مردم نه والا بود — وگر چه به تن سرو بالا بود[10]

---

۱ – «کژه‌یی» نادرست است. یا «کژی» یا «کار کژ».
۲ – دنبالهٔ گفتار.
○ – «یال» را باید با «فرّ» در لت نخست جابجا کردن.
۳ – کاربرد دوبارهٔ «تو» در یک سخن درست نیست.
۴ – **یک:** اینجا بی‌درنگ، «سپاه» از فرنگیس به سیاوخش روی نمود! **دو:** بخشش و رای همراه با «روی ماه» درست است نه ماهروی.
* – در نمونه‌های گوناگون چنین آمده‌است: تو خوانی که -بخواهی که آید- بخوانیش کایدر (خالقی مطلق ۳۳۱-۲ تو خوانش - نخواهی (مسکو ۱۲۸-۳) و پیشنهاد من آنست که نمونهٔ نخستین را با افزودن «ش» که در نمونه سیوم آمده‌است برگزینیم: «تو خوانیش، کایدر مرا بنده باش!
۵ – **یک:** بچهٔ شیر ناخورده شیر، کودک نوزاد است، و سیاوخش چنان نبود. **دو:** «درحریر پیچیدن» کار را بپایان نمی‌رساند، می‌باید از پرورش آن شیربچه سخن گفتن.
٦ – **یک:** «شد» بزرگ نابکار است و، «شود» درست می‌نماید. **دو:** چه پیوند میان شیر و پیل؟ سراینده را می‌بایستی گفتن که چون آن شیربچه بزرگ شود ترا بزیر می‌آورد!
۷ – سخن سست است، و افزاینده می‌خواسته است بگوید که: درنگ را بر شتاب برگزید!
۸ – دنبالهٔ گفتار
۹ – نابکارتر از این گفتار پیدا نمی‌شود! مگر باد؛ پیشه و پر و پای دارد؟
۱۰ – این همانندی نیز نادرخور است، زیراکه سرو را بپایداری ستوده‌اند، و هیچگاه سبکسارش نخوانده‌اند. آنچه را که نیک نمی‌شناسند، همان سبکساری است.

داستان سیاوخش											۱۱۸

۹۵۸۰ بـرفتند پیچان و لب پر سخن										پراز کین دل از روزگار کهن¹
بر شاه رفتی زمان تا زمان										بداندیش، گرسیوزِ بدنهان
ز هرگونه رنگ اندر آمیختی										دل شاه توران برانگیختی
چنین تا برآمد برین روزگار										پراز درد و کین شد دل شهریار

※

سپهبد چنین دید یک روز رای										که پردخته ماند، ز بیگانه، جای
۹۵۸۵ بگرسیوز این داستان برگشاد										ز کار سیاوش بسی کرد یاد
بدو گفت: «ز ایدر بباید شدن										بـرِ او فراوان نباید بُدن
بپرسیّ و گویی که: «زان جشنگاه*										نخواهی همی کرد! کس را نگاه!
به مهرت همی دل نجنبد؟ ز جای!										یکی با فرنگیس، خیز، ایدر آی
نیاز است ما را بدیدار تو										بدان پرهنر جان بیدار تو
۹۵۹۰ بر این کوهِ ما نیز نخچیر هست										بجام زبرجد، می و شیر هست
گذاریم یک چند و باشیم شاد										چو آیذت از شهر آباد یاد؛
برامش بران و بشادی خرام										می و جام با من چرا شد حرام؟»

رفتن گرسیوز بنزد سیاوخش دیگربار

برآراست، گرسیوزِ دامساز										دلی پر ز کین و سری پر ز راز
چو نزدیک شهر سیاوش رسید										ز لشکر زبان‌آوری برگزید
۹۵۹۵ بدو گفت: «رو، با سیاوش بگوی										که: ای پاکزاده کی نامجوی
بجان و سرِ شاهِ توران‌سپاه										به تخت و سرو تاجِ کاووس شاه
که ازبهرِ من برنخیزی ز گاه										نه پیش من آیی پذیره براه
که تو، زان فزونی، بفرهنگ و بخت										بفّر و نژاد و بتاج و بتخت
که هر باد را، بست باید میان										تهی کردن آن جایگاه کیان!»
۹۶۰۰ فرستاده نزد سیاوش رسید										زمین را ببوسید، کاو را بدید
چو پیغام گرسیوز او را بگفت										سیاوش غمین گشت، اندر نهفت

---
۱ - کجا رفتند؟ افراسیاب در کاخ خود بود. ٭ - جایگاه، بهتر می‌نماید.

پر اندیشه بنشست بیدار، دیر همی گفت: «رازیست این را، بزیر!
ندانم که گرسیوز نیکخواه چه گفته‌ست؟ از من بدان بارگاه!»[1]

*

چو گرسیوز آمد بدرگاهِ اوی پذیره بیامد، از ایوان بکوی
بپرسیدش از راه و از کار شاه ز کارِ سپاه و ز تخت و کلاه
پیام سپهدار توران بداد سیاوش ز پیغام او گشت شاد
چنین داد پاسخ که: «با یاد اوی نگردانم از تیغِ پولاد، روی
من اینک برفتن کمر بسته‌ام عنان با عنان تو پیوسته‌ام
سه روز اندر این گلشن زرنگار° بباشیم شاد از می خوشگوار
که گیتی سپنج است و پر درد و رنج بد آن را که با غم بود در سپنج»[2]

*

چو بشنید گفتِ خردمند شاه بپیچید، گرسیوز کینه‌خواه
بدل گفت: «ارایدونکه با من براه سیاوش بیاید بنزدیک شاه
بدین شیرمردیّ و چندین خرد گمان مرا زیر پی بسپرد
سخن گفتن من شود بی فروغ شود پیش او، چارهٔ من، دروغ
یکی چاره باید کنون ساختن دلش را براهِ بد، انداختن!»
زمانی همی بود و خامش بماند دو چشمش بروی سیاوش بماند
فروریخت از دیدگان آب زرد به آب دو دیده همی چاره کرد
سیاوش ورا دید، پر آب، چهر بسان کسی کو بپیچد ز مهر
بدو گفت نرم: «ای برادر، چه بود؟ غمی هست کان را بشاید شنود؟
گر از شاه توران شده‌ستی دژم بدیده در آوردی از درد نم[3]
من اینک همی با تو آیم براه کنم جنگ با شاه توران سپاه[4]

۱ - افزاینده خواسته است که داستان را پیش‌بینی کند! وگرنه پیام گرسیوز را با گفتار او با افراسیاب پیوندی نیست.

○ - این رج، بگونه‌ای چند، آمده‌است: سه روز اندرین گلشنِ زرنگار - نوبهار - نونهاد = زرنهاد. بباشیم و از باده گیریم کار (سازیم کار) گیریم یاد - گیریم یار - بباشیم شاد - می خوشگوار. بنداری چنین آورده‌است: «ولکن نستریح ثلاثة أیام، فی هذهِ الایوان الذهبی، ثم نعزم» = اما سه روز، در این ایوان زرین بیاساییم و پسان؛ آهنگ راه کنیم! از آنجا که پیدا است که «گلشن» زرنگار نمی‌شود، بر پایهٔ سخن بنداری، سخن بدینگونه آراسته می‌شود: «سه روز اندر ایوانِ زرین نگار».

۲ - سخن بویژه در لتِ دویُم سست و ناهموار است، و در بنداری نیز، چنانکه دیده شد، نیامده است.

۳ - لت دویُم با لت نخست پیوند ندارد: «که» بدیده...

۴ - جنگ با افراسیاب؟ که وی را پناه داده است!، از سوی سیاوخش که در میدان نیز، با سپاه و جنگ‌افزار، جنگ با وی را نپیوست! در ترجمهٔ بنداری چنین آمده‌است «ان یکن قد تغیّر رأی الملك علیك فأخبرني حتی أمضي الی حضرته، و أصلح بینه و بینك و أزیل وحشة»: «اگر پادشاه را رای بر تو دیگر شده است، مرا بگوی تا به پیشگاهش روم و میان تو و او آشتی آورم و ترس را از میان برم».

بدان تا ز بهر چه آزاردت؟ چرا کهتر از خویشتن داردت؟ [1]
اُگر دشمنی آمدستت پدید که تیمار و رنجش بباید کشید
من اینک؛ بهرکار، یار توام چو جنگ آوری، مایه‌دار توام
ورایدونکه نزدیک افراسیاب ترا تیره گشته‌ست بر خیره، آب،
بگفتار مرد دروغ آزمای کسی برتر از تو گرفته‌ست جای،
همه رازِ این کار، با من بگوی که تا باشَمَت زین غمان، چاره‌جوی»
بدو گفت گرسیوز نامدار: «مرا این سخن نیست، با شهریار
نه از دشمنی آمدستم به رنج نه از چاره دورم، بمردیّ و گنج
زگوهر، مرا با دل، اندیشه خاست که یاد آمدم زان سخن‌های راست *
نخستین ز تور اندر آمد بدی که برخاست زو، فرّهٔ ایزدی
شنیدی که با ایرج کم سَخُن به آغازِ کینه، چه افکند؟ بُن
اُزان جایگه تا به افراسیاب شده‌است آتش ایران و توران چو آب
بیک جای هرگز نیامیختند ز پند و خرد هردو بگریختند
سپهدار توران از او بدتر است کنون گاویسه، به چرم اندر است [2]
ندانی تو خوی بدش بیگمان بمان تا بیاید، بدی را، زمان
نخستین ز اغریرث اندازه گیر که بر دست او کشته شد، خیرخیر!
برادر هم از کالبَد هم ز پشت چنان پرخرد بیگنه را بکشت
ازانپس بسی نامور بیگناه شدستند بر دست او بر، تباه
مرا زین سخن ویژه اندوه تست که بیداردل بادی و تندرست
تو تا آمدستی بدین بوم و بر کسی را نیامد، بد از تو، بسر
همه مردمی جستی و راستی جهانی بدانش بیاراستی
کنون خیره اهریمنِ دلگسل ورا از تو کردست آزرده دل
دلی دارد از تو، پراز درد و کین ندانم چه خواهد؟ جهان‌آفرین!
تو دانی که من دوستدار توام بهر نیک و بد، ویژه؛ یار توام
نباید که فردا گمان آوری که من بودم آگاه، زین داوری»
سیاوش بدو گفت: «مندیش زین که یار است، با من، جهان‌آفرین
سپهبد جز این کرد° ما را امید؛ که بر من، شب آرد، بروز سپید

---

۱ - **یک:** این درست است که گرسیوز کهتر از افراسیاب است و پرسش ندارد. **دو:** در رج چهارم پسین بگونهٔ درست آمده‌است.

* - اندیشه‌ام از نژاد و گوهر برانگیخته شد. ۲ - سخن از افراسیاب می‌رود.

° - همهٔ نمونه‌ها چنین آورده‌اند اما، «امید» را «دادن» باید و کردن، نشاید.

گر آزار بودیش در دل ز من / سرم برنیفراختی ز انجمن
ندادی بمن کشور و تاج و گاه / بر و بوم و فرزند و گنج و سپاه
کنون با تو آیم بدرگاه اوی / درخشان کنم، تیره‌گون، ماه اوی

*

هرآنجاکه روشن بود راستی / فروغِ دروغ، آورد کاستی
نمایم دلم را به افراسیاب / درخشان‌تر از، بر سپهر، آفتاب

*

تو دل را، بجز شادمانه مدار / روان را ببد، در گمانه مدار
کسی کاو دم اژدها بسپرد / ز رای جهان‌آفرین نگذرد»
بدو گفت گرسیوز: «ای مهربان / تو او را بدانسان که دیدی، مدان
اُ دیگر بجایی که گردان سپهر / شود تُند و، چین اندر آرد بچهر
خردمند را، کرد باید فسون* / که از چنبر او سر بر آرد برون●
بدین دانش و این دل هوشمند / بدین سرو بالا و، رای بلند
ندانی همی چاره، از مهر، باز!◙ / نباید که بختِ بد آید فراز
همی مر ترا بند و تُنبل فروخت / بچاره، دو چشم خرد را بدوخت■
نخست آنکه داماد کردت؛ بدام / بخیره شدی زان سخن شادکام
دودیگر که‌ت از خویشتن دور کرد / بروی بزرگان یکی سور کرد
بدان، تا تو گستاخ باشی بدوی / فروماندَ اندر جهان، گفت‌وگوی
ترا هم ز اغریرث ارجمند / فزون نیست خویشیّ و پیوند و بند
میانش بخنجر بدو نیم کرد / سپه را بکردار او بیم کرد[1]
نهانش، ببین آشکارا، کنون / چنین دان و، ایمن مشو زو، بخون
مرا هرچه اندر دل اندیشه بود / خرد بود، وز هر دری پیشه بود؛
همان، آزمایش بُد از روزگار / از این کینه‌ور تیزدل شهریار؛
همه پیش تو یک‌بیک راندم / چو خورشید تابنده، برخواندم
به ایران پدر را ببند اختی / بتوران همی شارسان ساختی[2]

* - در نمونه‌ها؛ بچند گونه آمده‌است: خردمند را کرد باید فسون، خردمند دانا نداند فسون /بداند فسون. افسون؛ چاره گری باشد، و من سخن را بدینگونه آراستم: خردمند؛ باید که داند فسون! =خردمند را می‌باید چارهٔ کار را دانستن.

● - خردمند را می‌باید چاره کار را دانستن تا از چنبرهٔ سپهر، سر را بیرون توانستن کشید!

◙ - از مهری که بافراسیاب داری، راه چاره را نمی‌شناسی.

■ - ترا، تِلِسم و بند پیش آورد و چشم خرد ترا با چاره گری کور کرد.

۱ - دوباره گویی سخنان پیشین.

۲ - یکی: پس از آنکه گرسیوز، سخن خویش را بپایان میبرد: «همه پیش تو یک بیک راندم» دنبالهٔ سخن افزوده می‌نماید. اگرچه سخن ←

چنین دل بدادی بگفتار او — بگشتی همی گرد تیمار او[1]
درختی بُد این برنشانده بدست — کجا بار او زهر و بیخش کبست»[2]
همی گفت و مژگان پراز آب کرد — پر افسون دل و، لب پراز باد سرد!
سیاوش نگه کرد خیره؛ بدوی — ز دیده نهاده، برُخ بر، دو جوی!
چو یاد آمدش روزگار گزند؛ — کزو بگسلد مهر، چرخ بلند؛
نماند بر او بر، بسی روزگار — بروز جوانی سرآیَدْش کار
دلش گشت پر درد و رخساره زرد — پراز غم دل و، لب پراز باد سرد؛
بدو گفت: «هرچونکه می‌بنگرم — بپادافرهِ بَد، نه اندرخوَرم
ز گفتار و کردار، بر پیش و پس — ز من، هیچ، ناخوب نشنید کس
چو گستاخ شد دست، با گنج اوی — نپیچم همانا تن از رنج اوی ▣
اگرچه بد آید همی بر سرم — هم از رای و فرمان او نگذرم
بیایم برش هم کنون، بی‌سپاه — ببینم که از چیست آزار شاه»؟
بدو گفت گرسیوز: «ای نامجوی — ترا آمدن پیش او، نیست روی!
به پای، اندر آتش نشاید شدن — نه بر موج دریا بر، ایمن بُدن
همی خیره، بر بَد، شتاب آوری — سرِ بخت خندان بخواب آوری
ترا من همانا بسم پایمرد — بر آتش یکی برزنم آب سرد
یکی پاسخ نامه باید نوشت — پدیدار کردن همه خوب و زشت[3]
زکین گر ببینم سر او تَهی، — درخشان شود روزگار بهی؛
سواری فرستم بنزدیک تو — درفشان کنم رای تاریک تو
امیدستم از کردگار جهان — شناسندهٔ آشکار و نهان
که او بازگردد سوی راستی — شود دور از او کژّی و کاستی
اُگر بینم اندر سرش، هیچ، تاب — هیونی فرستم هم اندر شتاب
تو، زانسان که باید، بزودی بساز — مکن کار، بر خویشتن بر، دراز
برون ران از ایدر بهر کشوری — به هر نامداریّ و هر مهتری[4]
سد و بیست فرسنگ زایدر بچین — همان سیصد و سی به ایرانزمین[5]

← استوار باشد! دو: سیاوخش، پدر را نینداخت، که از پدر گریخت!

۱ - لت دویم راگزارش نیست.

۲ - سخن از شاهنامه برگرفته شده است.

▣ - چون دست من، باگنج او در کارها باز شد، اکنون نیز تن خویش را از رنج او دور نمی‌دارم.

۳ - کدام زشتی را پدیدار بایستی کردن؟

۴ - سخن بیمایه!

۵ - پیش‌ازاین از توران تا بدریای چین سد فرسنگ آمده‌بود، و اکنون به چین که نزدیکتر است سد و بیست فرسنگ شد.

از ایـن سـو هـمه دوستدار تـو اَنـد ‌‌ ‌ پـرستنده و غـمگسار تـو اَنـد[1]
اُزان سـو پـدر آرزومـند تست ‌ ‌ جـهان بـندهٔ خـویش و پیوند تست[2]
بـهر کس یکـی نـامه‌ای کـن دراز ‌ ‌ پـسیچیده بـاش و درنگـی مساز»[3]
سـیاوش بگـفتار او بگـروید ‌ ‌ چـنان جـان بـیدار او، بـغنوید
بدو گـفت: «از آن در، کـه رانی سَخُن ‌ ‌ ز پـیمان و رایت نگـردم ز بُـن
تـو خـواهشگری کـن، مرا زو بخواه ‌ ‌ هـمی راستی جـوی و بـنمای راه»

نامهٔ سیاوخش
به
افراسیاب

دبـیر پـژوهنده را پیش خـوانـد ‌ ‌ سـخن‌های آکـنده را بـرفشاند
نـخست آفـریننده را یـاد کـرد ‌ ‌ ز فـام* خـرد جـانش آزاد کـرد
ازانـپس خـرد را ستایش گـرفت ‌ ‌ اَبَـر شـاه تـوران نـیایش گـرفت
کـه: «ای شاه پیروز و بـهْ روزگـار ‌ ‌ زمـانه مـبادا ز تـو یـادگار
مـرا خـواستی، شـاد گشتم بـدان ‌ ‌ کـه بـادا! نشست تـو بـا مـوبدان
دودیگـر فـرنگیس را خـواستی ‌ ‌ بـمهر و وفـا دل بـیاراستی
فـرنگیس نـالنده بـود ایـن زمـان ‌ ‌ بـلب نـاچران و بـتن نـاچمان
ز نـالندگی چـون سـبک‌تر شـود ‌ ‌ بـفرمان، سـویِ شـاهِ کشور شـود
بـهانه مـرا نـیز آزار اوست ‌ ‌ نـهانم پـراز درد و تـیمار اوست»

*

چـو نـامه بـه مُـهر انـدر آمد بـداد ‌ ‌ بـزودی بـه گـرسیوز بـدنژاد[4]
دلاور سـه اسپِ تکـاور بـخواست ‌ ‌ همی تـاخت یکسر، شب و روز، راست
چـهارم بـیامد بـدرگاه شـاه ‌ ‌ پـراز بَـد، زبـان و، روان پـرگناه
فـراوان بـپرسیدش افـراسیاب ‌ ‌ چـو دیدش پـراز درد و، سر پـرشتاب

---

۱ – چون؟ از آنسو در رج پسین ایران است، «اینسوی» چین خواهد بودن، و چگونه همهٔ چینیان دوستدار سیاوخش بودند، که وی را نمی‌شناختند؟

۲ – لت دویُم ایران را جهان خوانده است، و نادرست است... می‌بایستی گفتن «همه بنده و...».

۳ – **یک:** «نامه دراز کردن» را هیچکس نشنیده است، اگر رای افزاینده آن بوده‌است که بگوید «نامهٔ دراز» که آن نیز نادرست است. نمی‌شایست گفتن نامه‌ای (کن) دراز... که نامه‌ای دراز [نادرست است] (بنویس). **دو:** «درنگی مساز» نیز نادرست است: «درنگ مکن».

۴ – نژاد گرسیوز «بد» نبوده‌است.

* – فام: آوام: وام در زبان پهلوی: «اَپام» .

«چرا؟ با شتاب آمدی» گفت شاه : «چگونه؟ سپَردی، چنین دور راه»
بدو گفت: «چون تیره شد رویِ کار نشاید شمردن ببد، روزگار
سیاوش نکرد ایچ بر کس نگاه پذیره نیامد مرا، خود، براه
سخن نیز نشنید و نامه نخواند مرا پیش تختش بزانو نشاند
ز ایران، بدو، نامه پیوسته شد بما بر، در مِهرِ او، بسته شد
سپاهی ز روم و سپاهی ز چین همی هر زمان برخروشد زمین
تو در کار او گر درنگ آوری مگر باد، زانپس؛ بچنگ آوری!
اُگر دیر گیری تو، جنگ آورد دو کشور بمردی به چنگ آورد [1]
اُگر سوی ایران براند سپاه که یارد شدن پیش او کینه خواه؟ [2]
ترا کردم آگه ز دیدار خویش ازین پس بپیچی ز کردار خویش!»
چو بشنید افراسیاب این سَخُن بر او تازه شد روزگار کَهُن *
بگرسیوز از خشم پاسخ نداد دلش گشت پر زآتش و، سر ز باد
بفرمود تا برکشیدند نای همان سنج و شیپور و هندی درای
بسوی سیاوخش، بنهاد روی ابا نامداران پرخاشجوی

خواب دیدن سیاوخش

بدانگه که گرسیوز پرفریب گران کرد، بر زین، دوال رکیب ●
سیاوش بپرده درآمد بدرد بتن لرز لرزان و، رخساره زرد
فرنگیس گفت: «ای گَوِ شیرچنگ چه بودت که دیگر شدستی برنگ؟»
چنین داد پاسخ که: «ای خوبروی بتوران‌زمین، شد؛ مرا، آبِ روی
بدینسان که گفتار گرسیوز است ز پرگار، بهره مرا، مرکز است» □
فرنگیس بگرفت گیسو بدست گل و ارغوان را بفندق بخَست ○

۱ – دوباره گویی رج درستِ پیشین است.

۲ – **یک:** دوبار «اُگر» در سخن درست نمی‌نماید. **دو:** چرا کسی را یارای روبرو شدن با وی نباشد؟

* – بنداری چنین آورده‌است و تجدّد حقده القدیم، و بر این بنیاد می‌توان بجای روزگار کهن «کینه‌های کهن» بوده باشد.

● – رکاب راگران کردن، اسب را تاختن است زیرا که بهنگام تاخت، سوار را می‌باید بر روی رکاب فشار آورده نیمه ایستاده نیمه نشسته بتازد.

□ – برای کشیدن دایره می‌باید که فشار بر روی سوزن آورند، تا در یکجا بایستد و دستهٔ دیگر پرگار بآسانی پیرامون آن بچرخد، و چون چنین باشد، همهٔ فشار بر جایی فرود می‌آید که کانون و سوزن پرگار است.

○ – با ناخنانِ چون فندق خویش، گونه و لبان چون گل و ارغوان خویش را بخراشید.

خواب دیدن سیاوخش

پراز خون شد آن بُسّدِ مشکبوی   پراز آب، چشم و، پراز گرد، روی
همی اشگ بارید بر کوه سیم   دو لاله ز خوشاب شد بر دو نیم ■
همی کند موی و همی ریخت آب   ز گفتار و کردار افراسیاب
بدو گفت ک :«ای شاهِ گردنفراز   چه سازی کنون؟ زود بگشای راز!
پدر خود دلی دارد از تو بدرد   از ایران نیاری سخن یاد کرد
سوی روم، ره، با درنگ آیدت   نپویی سوی چین، که ننگ آیدت
ز گیتی که راگیری اکنون پناه؟   پناهت خداوند خورشید و ماه!
ستم باد بر جان او؛ ماه و سال   کجا بر تن تو شود بدسگال» [1]
همی گفت: «گرسیوز اکنون ز راه   بیاید همانا ز نزدیک شاه» [2]
چهارم شب اندر، برِ ماهروی   بخواب اندرون بود با رنگ و بوی
بلرزید و از خوابِ نوشین بجَست   خروشی برآورد چون پیل مست
همی داشت، اندر برش، خوبچهر   بدو گفت: «شاها چه بودت؟»، بمهر؛
خروشید و شمعی برافروختند   برش، اود و انبر همی سوختند [3]
بپرسید زو دخت افراسیاب   که «فرزانه شاها چه دیدی به‌خواب؟» [4]
سیاوش بدو گفت ک :«ز خواب من   لبت هیچ مگشای، بر انجمن
چنین دیدم ای سرو سیمین، بخواب   که بودی یکی، بیکران، رودِ آب
یکی کوه‌آتش بدیگر کران   گرفته لب آب نیزه‌وران [5]
ز یک سو شدی‌آتش تیز و گرد   برافروختی از سیاووش کرد [6]
ز یک دست آتش ز یک دست آب   به پیش اندرون * پیل و افراسیاب
چو دیدی مرا، روی کرده دژم؛   دمیدی بر آن‌آتشِ تیز، دم [7]

■ - دو لبِ چون برگِ لاله را، با دندانهای چون مروارید پرخوشاب، پاره کرد.

۱ - سخن فردوسی است در پیشگفتار شاهنامه درباره محمود که بر جانِ امیر منصور، بدسگال شد.

ستم باد بر جان او و ماه و سال   کجا بر تن شاه، شد بدسگال

۲ - **یک:** کنش «همی گفت» نادرست است، زیرا که اگر می‌خواست گفتن، یکبار می‌گفت نه آنکه همواره بگوید. **دو:** گرسیوز تازه از سیاوشکرد بیرون رفته‌است، پس چگونه می‌تواند اکنون بازگردد؟

۳ - **یک:** در سخن پیش‌از خروشیدن سیاوخش سخن رفته‌بود. **دو:** در آن هنگامه چه جای بوی خوش پراکندن است؟ **چهار:** (همی) سوختند نادرست است. **پنج:** در گفتار پسین چنین می‌آید که‌فرنگیس را نمی‌باید با کسی دربارهٔ خواب او سخن گفتن. پس افروختن شمع نیز بر دست پرستندگان درست نمی‌نماید!   ۴ - در گفتار پیشین پرسیده بود که: «شاها چه بودت» و اینجا دوباره‌گویی است.

۵ - **یک:** از آتش در رج پسین، بگونهٔ درست سخن می‌آید. **دو:** گرفته لب آب (را).

۶ - **یک:** شدی چه باشد؟ **دو:** «گَرد» را در میان آتش چه کار؟ **سه:** پیش‌ازاین، آمده‌بود که یک کوه آتش در کران دیگر برافروخته بود و اینجا کوه آتش را «سیاوخش‌کرد» می‌آورد! **چهار:** در بنداری نیست.

* - پیش را اندرون نیست، وگفتار فردوسی چنین می‌نماید: به پیش سپه پیل و افراسیاب.

۷ - **یک:** خرد نمی‌پذیرد که، افراسیاب بتواند بر کوهِ آتش؛ دم زند. در سخن پیشین آمده‌بود که افراسیاب بر آتش می‌دمید. **دو:** در

←

چو گرسیوز آن آتش افروختی — از افروختن مر مرا سوختی»[1]
فرنگیس گفت: «این بجز نیکوی — نباشد، نگر یک زمان، بغنوی
بگرسیوز آید همی بخت شوم — شود کشته بر دست سالار روم»[2]
سیاوش سپه را، سراسر بخواند — بدرگاه ایوان، زمانی بماند
پسیچیده، بنشست خنجر بچنگ — طلایه فرستاد، بر سوی کنگ[3]
دو بهره چو از تیره شب درگذشت — سوار طلایه بیامد ز دشت
که: «افراسیاب و فراوان سپاه — پدید آمد از دور، تازان براه
ز نزدیک گرسیوز آمد نوند — که: بر چارهٔ جان، میان را ببند
نیامد ز گفتار من، هیچ سود — از آتش ندیدم، جزاز تیره دود!
نگر تا چه باید کنون ساختن! — سپه را کجا باید؟ انداختن!
سیاوش ندانست بازار اوی — همی راست آمدْش گفتار اوی
فرنگیس گفت: «ای خردمند شاه — مکن هیچ‌گونه، بما در، نگاه
یکی بارهٔای گام‌زن برنشین — مباش ایچ ایمن، بتورانزمین
ترا زنده خواهم که مانی بجای — سرِ خویش گیر و، کسی را مپای»
سیاوش بدو گفت که: «آن خواب من — بجای آمد و، تیره شد آب من!
مرا زندگانی سرآید همی — غم و درد و اندُه، درآید همی!
چنین است کار سپهر بلند — گهی شاد دارد گهی مستمند[4]
گر ایوان من سر بکیوان کشید — همان زهرِ مرگم بباید چشید!
اگر سال گردد هزار و دویست — بجز خاک تیره مرا جای نیست[5]
ز شب روشنایی نجوید کسی — کجا بهره دارد ز دانش بسی[6]
ترا پنج ماه است ز آبستنی — از این نامور گر بود رستنی[7]
درخت تو گر نر ببار آورد — یکی نامور شهریار آورد؛
سرافراز کیخسروش نام کن — بغم خوردن او، دل، آرام کن
چنین گردد این گنبد تیزرَو — سرای کهن را نخوانند نَو

→ بنداری نیامده است.

۱ – سیاوخش گرسیوز را نیکخواه خویش می‌داند.

۲ – **یک:** درست آن بود که گفته آید: بگرسیوز بخت شوم (بازمی‌گردد). **دو:** چرا سالار روم؟ از برای آنکه پساوای سخن با شوم هماهنگ شود. **سه:** در بنداری نیست.

۳ – پسیچیده را نشاید نشستن.

۴ – از شاهنامه برگرفته شده است.

۵ – **یک:** اگر سالِ (من) باید! **دو:** برای شمار؛ هزار می‌گویند نه هزار و دویست.

٦ – برآمد این سخن آنست که اگر کسان را دانشِ فراوان نباشد، از شب روشنایی می‌جویند!

۷ – **یک:** گفتار درهم و ناتمام است: «پنج ماه از آبستن بودن تو می‌گذرد»! **دو:** لت دویم؛ نادرخورترین سخن! اگر این کودک دیده بجهان گشاید! در بنداری سخن پنج ماهگی فرنگیس آمده‌است و نه دیگر گفتارها «انک حاملة من خمسة أشهر».

خواب دیدن سیاوخش

ازین پس بفرمان افراسیاب	مرا تیره بخت، اندر آید بخواب
ببرّند بر بیگنه بر، سرم	ز خون جگر، برنهند افسرم
نه تابوت یابم نه گور و کفن	نه بر من بگرید کسی ز انجمن
نهالی مرا خاک توران بود	سرای کهن کام شیران بود[1]
بر این گونه خواهد گذشتن سپهر	نخواهد شدن رام، با من، بمهر
ز خورشید تابنده تا تیره خاک	گذر نیست از داد یزدان پاک[2]
بخواری، ترا، روزبانانِ شاه	سر و رخ برهنه، برندت براه[3]
بیاید سپهدار پیران، بدر	بخواهش بخواهد ترا، از پدر
بجان بی‌گنه خواهدت زینهار	به ایوان خویشت برد زار و خوار[4]
اُز ایران بیاید یکی چاره‌گر	به فرمان دادار بسته کمر
از ایدر ترا با پسر در، نهان	سوی رود جیهون برد ناگهان
نشانند، بر تخت شاهی ورا	بفرمان بُود مرغ و ماهی ورا
ز گیتی برآرد سراسر خروش	زمانه ز کیخسرو آید بجوش
ز ایران یکی لشکر آرد بکین	پر آشوب گردد سراسر زمین
پی رخش فرّخ، زمین بسپرد	بتوران، کسی را بکس نشمرد
بکینم، از امروز؛ تا رستخیز	نبینی جزاز گرز و شمشیر تیز[5]
بر این گفته‌ها بر، تو دل سخت کن	تن از ناز و آرام، پردخت کن»
سیاوش چو با جفت، غم‌ها بگفت	خروشان بدو اندر آویخت جفت[6]
رخش پر ز خونِ دل و دیده گشت	سوی آخر تازی اسپان گذشت[7]
بیاورد شبرنگ بهزاد را	که دریافتی روز کین، باد را
خروشان سرش را ببر در گرفت	لگام و فسارش ز سر برگرفت
بگوش اندرش گفت رازی دراز	که: «بیداردل باش و با کس مساز
چو کیخسرو آید بکین خواستن	عنانش، ترا باید آراستن
از آخُر؛ بِبُر دل، بیکبارگی	که او را تو باشی، بکین، بارگی
دگر مرکبان را همه کرد پی	برافروخت برسان آتش ز نی[8]

---

۱ – دو گونه آمده‌است: «سرای کهن، کام شیران بود» و «که گوید که جانم بایران بود» و هردو گونه سست و نادرست است.
۲ – **یک:** لت نخست را با لت دویم پیوند نیست. **دو:** این سخن پیوند رج‌های پیشین‌وپسین را می‌گسلد.
۳ – «ترا» را در لت نخست، در لت دوئم «برند» باید.
۴ – بجان بی‌گنه، نادرست است.
۵ – فرنگیس تا رستاخیز زنده نخواهد بودن، وکنش «نبینی» نادرخور است.
۶ – سخن سست است، دوبار «جفت» آوردن در یک سخن.
۷ – سوی آخر تازی اسبان (گذشت) نادرست است.
۸ – **یک:** فردوسی «مرکب» را بجای اسپ، در سخن نمی‌راند. **دو:** لت دویم؛ نابهنجار و پی کردن اسپان نیز در فرهنگ ایرانی گناه بود.
←

داستان سیاوخش ۱۲۸

۹۸۰۵ ابا° سرکشان سوی ایران کشید　　　رخ از خون دیده شده ناپدید

بهم رسیدن افراسیاب
و
سیاوخش

چو یک نیم‌فرسنگ ببرید راه　　　رسید اندر او*، شاهِ توران‌سپاه
سپه دید، با خود و تیغ و زره　　　سیاوش زده بر زره بر، گره-
بدل گفت: «گرسیوز این راست گفت　　　سخن زین نشان کی بود درنهفت؟»
سیاوش بپرسیدش از بیم جان　　　-مگر گفتِ بدخواه گردد نهان؟-¹
۹۸۱۰ همی بنگرید آن بدین، این بدان　　　که کینه نبُدشان بدل، پیش‌ازآن
ز بیم سیاوش، سواران جنگ　　　گرفتند آرام و هوش و درنگ
چنین گفت زانپس بافراسیاب　　　که: «ای پرهنر؛ شاهِ با جاه و آب
چرا؟ جنگجوی آمدی با سپاه!　　　چرا؟ کشت خواهی مرا بیگناه!
سپاه دو کشور پراز کین کنی　　　زمان و زمین پر ز نفرین کنی!»
۹۸۱۵ چنین گفت گرسیوز کم خرد　　　ک:«زین در، سخن خود، کی؟ اندر خورد!
گر ایدر چنین بیگناه آمدی　　　چرا؟ با زره نزد شاه آمدی!
پذیره شدن زین نشان، راه نیست،　　　سنان و سپر هدیهٔ شاه نیست!»
سیاوش بدانست کان؛ کار اوست　　　برآشفتنِ شه ز بازار اوست
چو گفتار گرسیوز افراسیاب　　　شنید و برآمد بلند آفتاب؛
۹۸۲۰ بلشکر بفرمود ک:«اندر دهید!　　　در این دشت، کشتی بخون برنهید!»
رده برکشیدند، ایرانیان　　　ببستند، خون ریختن را، میان²

← **سه**: اگر همهٔ اسپان را پی کرد یک‌هزار از ایرانیان همراه او پیاده باید بودن!

۰ - در همهٔ نمونه‌ها «خود و سرکشان» آمده‌است. نگارنده این واژه را با نگرش به دیگر جاهای شاهنامه که ابا ویژگان... ابا سرکشان... آمده‌بود بدینگونه آراستم.

* - اندر کسی رسیدن، نادرست است، و همهٔ نمونه‌ها چنین آورده‌اند، و بر این بنیاد سخن درست؛ چنین می‌نماید: «رسیدی بدو...».

۱ - سیاوخش چه می‌دانست که گفتارِ بدخواه در میان است؟

۲ - این بخش از داستان، در همهٔ نمونه‌ها پریشان و ناهماهنگ است، نمونه را، از شاهنامه خالقی مطلق، گواه می‌آورم:

سیاوش چنین گفت ک‌این رای نیست　　　همان جنگ را، مایه و پای نیست
بگوهر، بر آن روز ننگ آوریم　　　که پیش خُسر هدیه جنگ آوریم

←

سیاوخش، از بهر پیمان که بست / سوی تیغ و نیزه نیازید، دست
نه، فرمود کس را ز یاران خویش / که در جنگ بنهد، یکی پای، پیش!
از ایران‌سپه بود، مردی هزار / همه نامدار، ازدرِ کارزار
همه کشته گشتند و برگشت کار / سرآمد بدیشان، بدِ روزگار!
همه با سیاوش گرفتند جنگ / ندیدند جای فسون و درنگ[1]
«کنون خیره» گفتند: «ما را کشند / نباید که تنها به خون درکشند
بمان تا ز ایرانیان دستبرد / ببینند و مشمر چنین کار خرد»
سیاوش چنین گفت:«این رای نیست / همان جنگ را مایه و پای نیست
بگوهر بر آن روز ننگ آوریم / که پیش خُشُر هدیه جنگ آوریم
چه گفت آن خردمند بسیارهوش / که با اختر بد به مردی مکوش
مرا چرخ گردان اگر بیگناه / بدستِ بدان کرد خواهد تباه
بمردی کنون زور و آهنگ نیست / که با کردگار جهان جنگ نیست»
سرآمد بر ایشان بر، آن روزگار / همه کشته گشتند و برگشت کار
ز تیر و ز ژوپین ببُد خسته شاه / نگون اندر آمد ز پشتِ سیاه
همی گشت بر خاک، نیزه بدست / گروی زره دست او را ببست[2]
نهادند بر گردنش پالهنگ / دو دست از پس و پشت، بسته چو سنگ
دوان؛ خون، بر آن چهرهٔ ارغوان / چنان روز نادیده، چشمِ جوان
برفتند سوی سیاوخش کرد / پسِ پشت و پیشش سپه بود و گَرد[3]

←
مرا چرخ گردنده، گر بیگناه / بدستِ بدان کرد خواهد تباه
بمردن مرا زور و آهنگ نیست / که با کردگار جهان، جنگ نیست
رده برکشیدند ایرانیان / ببستند خون ریختن را میان
همه با سیاوش گرفتند جنگ / ندیدند جای فسوس و درنگ
کنون خیره -گفتند- ما را کشند / نباید که بر خاک تن‌ها کشند
بمان تا از ایرانیان دستبرد / ببینند و مشمر چنین کار خرد
چه گفت آن خردمند بسیارهوش / که با اختر بد، بمردی مکوش

شاهنامهٔ قریب بهبودی افزوده است:

سرآمد بر ایشان بر، آن روزگار / همه کشته گشتند و برگشت کار

با چنین گفتار، سیاوخش را که نمادِ آزادگی و افتادگی بود: سرداری خودخواه نشان می‌دهند که تنها دربارهٔ خود داوری می‌کند و بجانِ دیگر ایرانیان نمی‌اندیشد. باز آنکه رج‌های پسین، که از شاهنامه امیربهادری برگرفته شده است، نشان می‌دهد که سیاوخش و دیگر ایرانیان همراهش، همه با هم، به پیمانی که با افراسیاب و توران بسته بودند پایبند بودند، و جنگ نکردند.

روانشان شاد!

۱ - پیشتر، در این باره سخن گفته شد، و بدانروی که افزوده بودن این ۹ رج روشن است، گزارش بر آن نیز بایسته نمی‌نماید.

۲ - **یک:** سیاوخش که از اسپ نگون افتاد، پس چگونه بر خاک (= زمین) راه می‌رفت؟ **دو:** دوباره گویی «دو دست از پسِ پشت بسته چو سنگ».

۳ - این رج برابرِ رج پسین ایستاده‌است.

۱۳۰ داستان سیاوخش

چنین گفت سالار تورانسپاه / که: «اندر کشیدش بیک سو ز راه
کنیدش بخنجر سر از تن جدا / بشخیّ که هرگز نروید گیا
بریزید خونش بر آن گرم خاک / همانید دیر و مدارید باک» [1]
چنین گفت با شاه یکسر سپاه / که: «ز او شهریارا چه دیدی گناه؟
چرا کشت خواهی کسی را که تاج / بگرید بر او زار با تخت آج؟ [2]
سری را کجا تاج باشد کلاه / نشاید بُرید، ای خردمند شاه
بهنگام شادی درختی مکار / که زهر آوَرد بار او، روزگار»
همی بود گرسیوز بدنشان / ز بیهودگی یار مردمکُشان
که خون سیاوش بریزد، بدرد، / کزو داشت، در دل بروزِ نبرد *
ز پیران یکی بود کهتر بسال / برادر بُد او را و فرخ همال [3]
کجا پیلسَم بود نام جوان / یکی پرهنر بود و روشنروان [4]
چنین گفت مر شاه را، پیلسَم / که: «این شاخ را، بار، درد است و غم
ز دانا شنیدم یکی داستان / خرد شد بر آن نیز همداستان
که: آهسته دل، کم؛ پشیمان بود / هم آشفته را، هوش ●، درمان بود
شتاب و بدی کار اهریمن است / پشیمانی جان و رنج تن است
سری را که باشی بدو پادشا / بتیزی، بریدن، نباشد روا
ببندش همی دار، تا روزگار / بر این بر، ترا باشد آموزگار
چو باد خرد، بر دلت، بروزد / ازانپس ورا، سر بریدن سزد
در اینکار، زنهار! تیزی مکن / که تیزی، پشیمانی آرد؛ به بُن
چه بری سری را همی بیگناه / که کاووس و رستم بود کینه‌خواه؟ [5]
پدر شاه و رستمَش پروردگار / بپیچی به فرجام زین روزگار [6]
چو گودرز و گرگین و فرهاد و توس / ببندند بر کوههٔ پیل کوس
دمنده سپهبد گو پیلتن / که خوارست بر چشم او انجمن

---

۱ - **یک:** فرمان افراسیاب بکشتن سیاوخش در روی شخ (سنگ) است که هرگز بر آن گیاه نروید، و این خون را می‌باید بر خاک ریزند.

۲ - این سخن سست نیز در رج پسین بگونهٔ درست آمده‌است.

* - از دردی که در دل خود از روزِ نبرد «گروی» و «دمور» با سیاوخش داشت.

۳ - دو رج **یک:** پیلسم برادر پیران شناخته شده است و نیاز بشناساندن ندارد. **دو:** دوبار در دو رج «یکی» آمده‌است که نادرست است.

۴ - دنبالهٔ همان گفتار.

● - هوش: مرگ، در اوستا اَئوشَ در پهلوی و فارسی هوش (با «او»ی کشیده): آشفته را درمان مرگ است.

۵ - لت دویم را کاستی همراهست. که کاووس و رستم کینه‌خواه اویند.

٦ - **یک:** دوباره نام رستم می‌آید. **دو:** چون‌رستمش آمده‌است. پدر را نیز «پدرش» باید گفتن.

فریبرز کاووس درّنده شیر — که هرگز ندیدش کس از جنگ سیر [1]
بر این کینه بندند یکسر، کمر — در و دشت گردد پراز کینه‌ور؛
نه من پای دارم نه پیوند من — نه گُردی ز گُردان این انجمن
همانا که پیران بیاید پگاه — ازو بشنود داستان، نیز، شاه
مگر خود نیازت نیاید بدین — مگستر یکی -تا جهان است- کین»
بدو گفت گرسیوز: «ای هوشمند — بگفتِ جوانان، هوا را مبند
از ایرانیان دشت پر کرکس است* — گر از کین بترسی، ترا؛ این بس است
همین بد که کردی ترا خود نه بس — که خیره همی بشنوی پند کس؟ [2]
سیاوش چو بخروشد، از روم و چین — پراز گرز و شمشیر بینی زمین!
بریدی دُمِ مار و خَستی سرش — بدیبا بپوشید خواهی؟ برش!
گرایدونکه او را بجان زینهار — دهی، من نباشم برِ شهریار!
به پیغوله‌ای خیزم از بیم جان — مگر خود بزودی سرآید زمان» [3]
برفتند پیچان دمور و گروی — برِ شاهِ توران، پراز رنگ و بوی
که: «چندین ز خون سیاوش مپیچ — که آرام، خوار آید؛ اندر پسیچ○
بگفتار گرسیوز رهنمای — برآرای و بردار دشمن ز جای
زدی دام و دشمن گرفتی بدوی — ز ایران برآید یکی های و هوی [4]
سزا نیست این را گرفتن به دست — دل بدسگالان بباید شکست [5]
سپاهی بدینگونه کردی تباه — نگر تا چگونه بود رای شاه؟ [6]
اگر خود نیازردیت از نخست — بآب، این گنه را توانست شُست [7]
کنون آن به آید که او در جهان — نباشد پدید، آشکار و نهان»
بدیشان چنین پاسخ آورد شاه — کز او من ندیدم، بدیده؛ گناه
ولیکن ز گفتِ ستاره‌شمر — بفرجام، زو، سختی آید بسر
گرایدونکه خونش بریزم بکین — یکی گرد خیزد، از ایرانزمین

---

۱ – پس‌از یاد کردن از رستم جهان‌پهلوان جای برای یاد کردن از فریبرز نمی‌ماند.
* – کرکسان برای پاره کردن و خوردن ایرانیانِ کشته آسمان و دشت را پر کرده‌اند.
۲ – این بد را خود گرسیوز کرده بود، نه افراسیاب و بس بودن در رج پیش آمده‌بود.
۳ – **یک:** خیزم (برخاستن) درست نیست و خَزَم درست می‌نماید که آن نیز، آهنگ سخن را درهم می‌ریزد. **دو:** زمانِ که؟ بایستی گفته آید زمانم بسر آید. ○ – بهنگام پسیچیدن کار، و شتاب ورزیدن، درنگ و آرامش بکار نمی‌آید.
۴ – **یک:** دام را نمی‌زنند، بلکه می‌نهند. **دو:** «بدوی» درست نمی‌نماید و «بدان» درست است که آن نیز آهنگ سخن را می‌شکند!
۵ – «این» چه باشد؟ او را بدست گرفتن نیز نشاید. او را در بند داشتن درست است که در رج ۹۸۵۶ در گفتار پیلسم آمد!
۶ – دوباره گویی گفتار گرسیوز است: «از ایرانیان دشت پر کرکس است».
۷ – **یک:** سخن نادرست است: اگر خود ایشان را نکشته بودی... **دو:** لت دویُم: این گنه را (توانستی) شستن.

رهـا کـردنش بـتّر از کشـتن است   همان کشتنش رنج و درد من است
بتـوران، گـزند مـرا آمـدست   غـم و درد و بـند مـرا آمـدست
خـردمند گـر مـردم بـدگمان   نـدانـد کـسی چـارهٔ آسـمان» [1]

*

[فـرنگیس بشنید و، رخ را بـخَست   مـیان را بـزنّار خـونین بـبست [2]]
[پـیاده بـیامد بـنزدیک شـاه   بـخون رنگ داده دو رخسـارِ مـاه]
بـه پـیش پـدر شد پـراز درد و بـاک   خروشان بسر بر، همی ریخت خاک [3]
بـدو گـفت کـ:«ای پر هنر شهریار!   چـرا کـرد خـواهـی مـرا خـاکسار؟
دلت را چـرا بستی انـدر فـریب؟   هـمی از بـلندی، نـبینی؟ نشـیب!
سـر تـاجداران مَـبُر بـیگناه   کـه نـپسندد ایـن، داور هـور و مـاه
سـیاوش کـه بگـذاشت ایـرانـزمین   هـمی از جـهان بـر تـو کـرد آفرین؛
بـیازرد، از بـهر تـو، شـاه را   چـنان افسـر و تـخت و آن گـاه را!
بـیامد تـرا کـرد، پشت و پـناه   کـنون زو چـه دیدی؟ کـه بردت ز راه!
نـبرد سـر تـاجداران کسـی   کـه بـا تـاج و بـر تـخت مـاند بسی [4]
مکـن بـیگنه بـر تـن مـن ستم   کـه گـیتی سپنج است بـا بـاد و دم [5]
یکـی را بـچاه افکـند بـیگناه   یکـی بـا کـله بـرنشاند بگـاه [6]
سـرانـجام هـردو بـخاک انـدرند   ز اخـتر بـچنگ مـغاک انـدرند [7]
شـنیدی کـه از آفـریدون گـرد   سـتمکاره ضحّاک تـازی چـه بـرد؟ [8]
هـمان از مـنوچهر شـاه بـزرگ   چـه آمـد بسلم و بـتور سترگ [9]
کـنون زنـده بـر گـاه، کـاووس شـاه   چـو دستان و چـون رستم کـینه‌خواه [10]
جـهان از تـهمتن بـلرزد هـمی   کـه تـوران بـه جـنگش نـیرزد هـمی [11]

---

۱ - بدگمان؛ دشمن باشد، و آنرا نمی‌شاید در برابر خردمند آوردن، زیراکه دشمن را نیز شاید خردمند بود!

۲ - از آنجا که «زنار» کمرِ میان‌بند عیسویان بوده‌است، و بدانزمان کیش عیسی در جهان روان نبود. این رج با رج پسین در یک گفتار چنین می‌نماید:

بـیامد فـرنگیس نـزدیک شـاه   بخون، رنگ داده دو رخسار ماه

۳ - در رج پیشین آمده‌بود.   ۴ - سخن بی‌پیوند و دوباره‌گویی.

۵ - در رج ۹۸۹۲ این سخن بگونهٔ درست آمده‌است.

٦ - اگر چنین است که گیتی بر روال کار خویش بر سیاوش ستم کرده است، و کارِ افراسیاب نیز درست است!

۷ - «مغاک» را چنگ نیست.   ۸ - ضحاک از فریدون «چه کشید» نه، «چه برد».

۹ - دنبالهٔ گفتار   ۱۰ - «چو» نادرست است.

۱۱ - **یک:** این سخن پیوند میان رج‌های پیشین‌وپسین را می‌شکند. **دو:** «توران بجنگش نیرزد» سخنی بی‌پایه است، اگر چنین است پس چرا وی را می‌باید که بارها بجنگ تورانیان آید؟ یا آنکه تورانیان با آگاهی از بودن رستم به نبرد با ایرانیان برخیزند!

چو بهرام و چون زنگهٔ شاوران — که نندیشد از گرز گنداوران[1]
همان گیو کز بیم او روز جنگ — همی چرمِ روباه پوشد پلنگ[2]
درختی نشانی همی بر زمین — کجا برگْ؛ خون آورد، بارْ؛ کین
بکین سیاوش سیه پوشد آب — کند زار نفرین بر افراسیاب[3]
ستمکاره‌ای، بر تن خویشتن! — بسی یادت آید ز گفتار من!
نه اندر شکاری، که گور افکنی — اُگر آهوان را بشور افکنی
همی شهریاری ربایی ز گاه — که نفرین کند بر تو تخت و کلاه[4]
مده شهر توران، بخیره؛ بباد — مبادا که پند من آیَدْت یاد»
بگفت این و روی سیاوش بدید — دو رخ را بکند و فغان برکشید
دل شاه توران بر او بر، بسوخت — همی خیره، چشم خرد را، بدوخت
بدو گفت: «برگرد و ایدر مپای — چه دانی کزین بد، مرا چیست؟ رای!»
بکاخ بلندش یکی خانه بود — فرنگیس زان خانه بیگانه بود
مر او را در آن خانه انداختند — در خانه را، بند برساختند

کشته شدن
سیاوخش

نگه کرد گرسیوز اندر گروی — گروی ستمگر بپیچید روی
بیامد، چو پیش سیاوش رسید — جوانمردی و شرم شد ناپدید
بزد چنگ و موی سرش را گرفت — بخواری کشیدش بروی، ای شگفت
بفرمود پس تا سیاووش را — مر آن شاه بی کین و خاموش را[5]
که: «این را به جایی بریدش که کس — نباشد ورا یار و فریادرس[6]

---

۱ - **یک:** «چو» نادرست است. **دو:** کنش برای دو کس نیز بایستی در گروه باشد: «نندیشند».

۲ - **یک:** دنبالهٔ گفتار. **دو:** لت دویم دروغ آشکار!

۳ - **یک:** سیه‌پوشی در سوگ در ایران باستان (و توران باستان) بآیین نبوده‌است. **دو:** اگر هم چنین می‌بود، می‌بایستی گفتن: «بسوگ» سیاوش، نه بکین سیاوخش

۴ - میان لت نخست با لت دویم پیوند درست نیست.

۵ - سیاوخش بی‌کینه بود، اما خاموش نمی‌نمود!

۶ - دو رج **یک:** «که» پیوند در اینجا سخن را دگرگونه می‌سازد. روزبانان را فرمان داد که این را بجایی بر... و در این گفتار گویی فرمان به سیاوخش داده شده است نه به روزبانان! **دو:** رج دویم نادرست ترین گفتار! «کفنش، شکم کرکسان گردد»؛ از آنجا که پیکر او در شکم کرکسان جای می‌گیرد و پوشندهٔ پیکرش همان شکم کرکسان بوده باشد، و این سخن بیجا درست رودرروی آن یک می‌ایستد: تنش کرکسان را بپوشد کفن!

سرش را ببرّید یکسر ز تن — تنش کرگسان را بپوشد کفن
نباید که خون سیاوش زمین — ببوید، بروید گیا روز کین [1]
همی تاختندش پیاده، کشان — چنان روزبانانِ مردم‌کُشان [2]

*

سیاوش بنالید با کردگار — که: «ای برتر از گردش روزگار
یکی شاخ پیدا کن از تخم من — چو خورشید تابنده بر انجمن
که خواهد از این دشمنان، کین من — کند تازه در کشور، آیین من»
همی شد پسِ پشتِ او پیلسم — دو دیده پراز خون و دل پر زغم
سیاوش بدو گفت: «پدرود باش — زمین تار و تو جاودان پود باش!
درودی ز من سوی پیران رسان — بگویش که گیتی دگر شد بسان [3]
به پیران نه زین‌گونه بودم امید — همی پند او باد بُد من چو بید [4]
مرا گفته‌بود او که با سدهزار — زره‌دار و برگستوانور سوار [5]
چو برگرددت روز یار توام — بگاهِ چرا مرغزار توام [6]
کنون پیش گرسیوز اندر دوان — پیاده چنین خوار و تیره‌روان [7]
نبینم همی یار با خود کسی — که بخروشدی زار بر من بسی» [8]
چو از شهر و از لشکر اندر گذشت — کشانش ببردند بر سوی دشت
ز گرسیوز آن خنجر آبگون — گروی زره بستد از بهر خون [9]
بیفکند پیل ژیان را بخاک — نه شرم آمدش زان سپهبد نه باک
یکی تشت بنهاد زیرِ برش — جدا کرد ازان سروِ سیمین، سرش
بجایی که فرموده بُد تشت خون — گروی زره برد و کردش نگون [10]

*

یکی باد با تیره گردی سیاه — برآمد، بپوشید خورشید و ماه
کسی یکدگر را ندیدند روی — گرفتند نفرین همه بر گروی

---

۱ - **یک:** نباید که خون سیاوش (را) زمین. **دو:** ببیند، یا ببوید، یا خون او (بر زمین ریزد) (که از آن) گیاه بروید... . از این که بگذریم، مگر گیاهان در روز جنگ از زمین می‌رویند؟ ۲ - کَشان را با کُشان پساوا نیست.

۳ - **یک:** درودی نادرست است: «درود». **دو:** بسان نادرست است! گیتی بسانی دیگر شد، گیتی بآیینی دیگر شد، نه گیتی دگر شد بسان.

۴ - **یک:** «این گونه امید» نادرست است. مگر کسی را که برای کشتن می‌برند، «امید بکشته شدن» دارد؟ **دو:** پیران بسیاوخش پند نداده بود. باری اگر او پند نیز داده بود، سیاوخش از پند او می‌لرزد یا از ستم افراسیاب؟ ۵ - دنبالهٔ سخن

٦ - مگر سیاوخش در مرغزار چرا می‌کرد که پیران چراگاهِ وی باشد؟ ۷ - دنبالهٔ گفتار

۸ - بسی، واژه‌ای نادرخور است. ۹ - **یک:** کدام خنجر؟ **دو:** لت دویم نیز پریشان است.

۱۰ - **یک:** روشن نیست چه کس فرمان داده بود. **دو:** تشت خون (را) **سه:** خود گروی زره کنندهٔ کار بود، و در اینجا نمی‌باید دوباره از او یاد شود. **چهار:** چون پیشتر از «تشت خون» یاد شده بود، اینجا نمی‌شاید «کردش» بیاید، و همان «کرد» بس است.

*

چو از سروبن، دور گشت آفتاب* … سر شهریار اندر آمد بخواب!
چه خوابی که چندین زمان برگذشت … نجنبید و، بیدار، هرگز نگشت!
چو از شاه شد گاه و میدان تهی … مه خورشید بادا، مه سرو سهی!
چپ و راست هرسو بتابم همی … سر و پای گیتی نیابم همی
یکی بد کند نیک پیش آیدش … جهان بنده و بخت خویش آیدش!
یکی جز بنیکی، جهان نسپرد … همی از نژندی فروپژمرد!
مدار ایچ تیمار با او بهم … به گیتی مکن جان و دل را دژم[1]

*

ز خان سیاوش برآمد خروش … جهانی ز گرسیوز آمد بجوش
ز سر ماهرویان گسسته کمند … خراشیده روی و بمانده نژند[2]
همه بندگان موی کردند باز … فرنگیس، مشکین کمند دراز
بدان تا بگیرند موی سرش … بدرتد بر بر همه چادرش[3]
برید و میان را بگیسو ببست … بفندق، گل و ارغوان را بخست●
به آواز، بر جان افراسیاب … همی کرد نفرین، همی ریخت آب
خروشش بگوش سپهبد رسید … چو آن نالهٔ زار و نفرین شنید؛[4]
بگرسیوز بدنشان شاه گفت … که: «او را برون آورید از نهفت
ز پرده بدرگه بَریدش کشان … برِ روزبانان و مردم‌کشان
زنندش○ همی چوب، تا تخم کین … بریزد بر این بومِ تورانزمین
نخواهم ز بیخ سیاوش درخت … نه شاخ و نه برگ و نه تاج و نه تخت!»
همه نامداران آن انجمن … گرفتند نفرین بر او، تن‌بتن
که از شاه و دستور و از لشکری … بدان‌گونه نشنید کس داوری![5]

---

* - خورشیدِ روی سیاوخش، از بالای چون سرو او جداگردید... شش رج؛ گفتار فردوسی است، در سوگِ سیاوخش.

۱ - **یک:** «با او» سخن را بپایان می‌رساند و افزودن «بهم» بکار نمی‌آید. **دو:** چگونه با چنین سوگ دل و جان دژم نباشد؟

۲ - **یک:** بریدن گیسو در سخن پسین می‌آید. **دو:** گسسته درست نمی‌نماید و گستند، می‌شاید.

۳ - فرنگیس خود، موی از سر خویش بریده بود!   ● - با ناخنش روی چون گل و لبان چون ارغوانش را پاره کرد.

۴ - سپهبد در این رج افراسیاب است، و در رج پیشین از او با نامِ «شاه» یاد می‌شود، و در یک گفتار نام از کسی بردن نادرست است.

○ - همهٔ نمونه‌ها «زنندش» که پیوند با سخن پیشین ندارد که اگر روزبانان بایستی او را بزنند ز پرده بدرگه بریدش دنبالهٔ سخن را (تا) یا (که)» باید تا زنندش درست باشد. و من سخن درست را «زنیدش» می‌دانم.

۵ - اگر شاه ولشکری با «از» همراه می‌شوند، دستور را نیز می‌باید با «از» همراه کردن.

آگاهانیدنِ
پیلسَم
پیران ویسه را

بیامد پراز خون دو رخ، پیلسَم — روان پر ز داغ و رُخان پر ز نم
بنزدیک لهّاک و فرشیدورد — سراسر، سخن‌ها، همه یاد کرد
که: «دوزخ به از بوم افراسیاب — نباید بدین کشور آرام و خواب
بتازیم و نزدیک پیران شویم — بتیمار و دردِ اسیران شویم»
سه اسپ گرانمایه کردند زین — همی برنوشتند° گفتی زمین
به پیران رسیدند هرسه سوار — رخان پر ز خون، همچو ابر بهار
برو بر* شمردند یکسر سخن — که بخت از بدی‌ها، چه افکند بن
یکی زاریی خاست کاندر جهان — نبیند کسی از کهان و مهان[1]
سیاوخش را دست‌بسته، چو سنگ! — فکنده بگردن برش پالهنگ
همی تاخت او را، پیاده؛ گروی — بدشتش کشیدند، پر آب روی[2]
تن پیلوارش بر آن خاک گرم — فکندند و شستند رخ را ز شرم
یکی تشت بنهاد پیشش گروی — بپیچید چون گوسفندانْش، روی
برید آن سر تاجدارش ز تن — فکندش چو سرو سهی بر چمن
همه شهر پر زاری و ناله گشت — بچشم اَندرون، آب چون ژاله گشت
چو پیران بگفتار؛ بنهاد گوش — ز تخت اندر افتاد و زو رفت هوش
همه جامه را، بر برَش کرد چاک — همی کند موی و همی ریخت خاک
بدو پیلسم گفت: «بشتاب زود — که دردی بدین درد خواهد فزود
فرنگیس را نیز خواهند کشت — مکن هیچ گونه، بر این کار، پشت[3]
بدرگاه بردند مویش کشان — برِ روزبانان و مردم‌کشان
جهانی برو کرده دیده پر آب — ز کردار بدگوهر افراسیاب[4]

° – درنوردیدند.

* – بجزاز نمونهٔ س، در همهٔ نمونه‌ها «بر او برشمردند» آمده‌است که «ویرا دشنام دادند» گزارش می‌شود، که لت دویم این گفتار چنین نمی‌نماید! و نیز چون ویرا دشنام دهند، «یکسر سخن» افزوده می‌نماید. و پیدا است که آنان «بر او بر، شمردند».

۱ – **یک:** «خاست» نادرست است و «برخاست» درست. **دو:** این لت در جاهای دیگر شاهنامه آمده‌است. **سه:** این سخن پیوند گفتارهای پیشین‌وپسین را می‌بُرد.

۲ – «همی تاخت» را در لت نخست با «کشیدند» در لت دویم همخوانی نیست.

۳ – **یک:** گفتار دربارهٔ فرنگیس، در رج‌های پسین می‌آید. **دو:** لت دویم سست است، و سخن درست در رج پیشین با واژه «بشتاب» آمده‌است.

۴ – دنبالهٔ سخن «جهانی (بر)فرنگیس دیده پرآب کرده» نادرست است. (برای)فرنگیس... .

رهاندن پیران ویسه، فرنگیس را ۱۳۷

که این سخت کاریست با درد و بیم که اکنون فرنگیس را بر دونیم؛
زنند و شود پادشاهی تباه مر او را نخواند کسی نیز شاه»
از آخُر بیاورد پس پهلوان دو اسپ گزین، آزموده، جوان
خود و گرد رویین و فرشیدورد برآورد زان راه، ناگاه گرد[1]
به دو روز و دو شب، بدرگه رسید درِ نامور، پر جفاپیشه دید
فرنگیس را دید چون بیهشان گرفته ورا، روزبانان کشان
بچنگال هریک، یکی تیغ تیز ز درگاه برخاسته رستخیز
هم آنگاه پیران بیامد چو باد کسی کِش خرد بد دلش گشت شاد[2]
چو چشم گرامی به پیران رسید شد از خون دیده رخش ناپدید[3]
بدو گفت: «با من چه بدساختی چرا خیره بر آتش انداختی؟»[4]
ز اسپ اندر افتاد پیران بخاک همه جامهٔ پهلوی کرده چاک[5]
بفرمود، تا روزبانانِ در زمانی ز فرمان، بتابند سر
بیامد دمان پیش افراسیاب دل از درد خسته، دو دیده پر آب
بدو گفت: «شاها! انوشه بَوی هماره ز تو دور، دست بَدی
چه آمد ز بد، بر تو؟ ای نیکخوی! که آوردت این روزِ بد، آرزوی![6]
چرا؟ بر دلت چیره شد، رایِ دیو! ببرد از رُخت، شرمِ گیهان خدیو!
بکُشتی سیاوخش را بیگناه بخاک اندر انداختی تاج و گاه
به ایران رسد، زین بدی؛ آگهی که شد خشک پاییز سرو سهی[7]
بسا تاجداران ایران‌زمین که با لشکر آیند پر درد و کین
جهان، آرمیده، ز دست بدی شده آشکارا ره ایزدی
فریبنده دیوی ز دوزخ بجَست بیامد دل شاه، از اینسان بخست!
بران اهرمن نیز، نفرین سَزد که پیچید، رایت؛ سوی راهِ بد
پشیمان شوی زین، بروز دراز بپیچی، زمانی، بگُرم و گداز

---

۱ – **یک:** پیران، دو اسب گزیدهٔ جوان برگزید، تا یکتنه بر آنان نشیند و رهنوردی کند، پس چگونه دو پهلوان دیگر با او بودند. در رج پسین نیز دیده می‌شود که بتنهایی بدرگاه می‌رسد! **دو:** (خود و) گرد رویین... نادرست است.

۲ – در رج دویم پیشین، پیران بدرگه رسید، و «بیامد» در این رج نادرست است.

۳ – این روشن است که چشم فرنگیس پیش‌از آمدن پیران نیز خونبار بوده‌است.

۴ – این پرسش نادرست است، درست آن می‌بود که گفته آید، چرا با من بدی کردی؟ این چه بدی بود که بر من روا داشتی؟ این بدی که بر من کردی چه بود؟

۵ – جامهٔ پهلوی، جامهٔ ایرانی است.

۶ – لت دویم نارسا است.

۷ – **یک:** «رود» درست می‌نماید. **دو:** «سخن» یا «داستان» بجای «بدی» درست می‌نماید. گفتار در لت دویُم باژگونه است، و درست آن می‌بود که گفته آید: «سرو سهی، در پاییز خشکً شد»! **سه:** در نمونه‌های دیگر چنین آمده‌است: «بگرید بر این تخت شاهنشهی» چه کسی بر تخت شاهنشهی توران می‌گرید.

ندانم که این گفتن بد ز کیست　　وزین، آفریننده را رای چیست[1]
چو دیوانه از جای برخاستی　　چنین خیره بد را بیاراستی[2]
کنون زو گذشتی به فرزند خویش　　رسیدی به بیچاره پیوند خویش[3]
نجوید همانا فرنگیس بخت　　نه اورنگ شاهی نه تاج و نه تخت[4]
به فرزند با کودکی در نهان　　درفشی مکن خویشتن در جهان[5]
که تازنده‌ای بر تو نفرین بود　　پس از زندگی دوزخ آیین بود[6]
اگر شاه، روشن کند جان من　　فرستد ورا، سوی ایوان من
گرایدونکه اندیشه زان کودک است　　همانا که این درد و رنج اندک است؛
بمان تا جدا گردد از کالبَد　　به پیشِ تو آرم، بدو ساز، بد»
بدو گفت: «زینسان که گفتی، بساز　　مرا کردی از خون او بی‌نیاز»
سپهدارْ پیران، بدان، شاد شد　　از اندیشه و درد، آزاد شد
بیامد بدرگاه و او را ببرد　　بسی نیز بر روزبانان شمرد[7]
بی‌آزار، بردش بسوی ختن　　خروشان همه درگه و انجمن
چو آمد به ایوان، بگلشهر گفت　　که: «این خوبرُخ را بباید نهفت
تو در پیش این نامور زینهار؛　　بباش و بدارش، پرستاروار»[8]
برین نیز بگذشت یک چند روز　　گران شد فرنگیس گیتی‌فروز[9]

---

۱ - **یک:** «گفتنِ بد» رسا نیست، ندانم که با گفتارِ که؟ اینکار بد را کردی؟ **دو:** اگر رای آفریننده در کار باشد، کار افراسیاب را نمی‌توان بد شمردن!

۲ - **یک:** در گفتار پسین، دیده می‌شود که پیران، با فروتنی بی‌اندازه، از افراسیاب می‌خواهد که فرنگیس را بایوان او فرستند و با چنان آزرم و فرودستی نمی‌توان گمان برد که چنین گستاخ سخن گفتن؛ از همان پیران در نزد همان افراسیاب باشد! **دو:** چو دیوانه نیز نادرست است: «چو دیوانگان».

۳ - اگر «رسیدی» پایان سخن بود درست می‌نمود. «کنون زو گذشتی بفرزند خویش رسیدی؟»، باز آنکه رسیدی آغاز نیمهٔ دیگر این رج است: «رسیدی به بیچاره به پیوند خویش»، پس یا گفتار نخست بی‌پایان است، یا گفتار پسین بی‌آغاز و هریک از این دو گونه، گفتار را نادرست می‌سازد.

۴ - **یک:** بخت، همان بخشش ایزدی، یا «قسمت» است، و آنست که از سوی خداوند به همگان بخشیده می‌شود، و بر این بنیاد نمی‌توان گفتن که فرنگیس، بخت نمی‌جوید، زیرا که هر آنچه بر سرش می‌رود همانا بخت او است. **دو:** اورنگ شاهی و تاج و تخت از آن افراسیاب بود، و بهرهٔ فرنگیس نمی‌گردید.

۵ - سخن بی‌پایان است.

٦ - دوزخ «آیین» نمی‌شود که دوزخ بهرهٔ بدکرداران می‌شود!

۷ - «ببُرد» را با «شمَرد» پساوا نیست.

۸ - پرستاروار...

۹ - «یک چند روز» سخنی نادرست است، یا می‌بایستی «یکچند» بیاید، یا «چند روز». زیرا که بهنگامِ آن رویداد فرنگیس را پنج ماهه فرزند بود.

اندر زادنِ

کیخسرو

از مادر

شبی قیرگون، ماه؛ پنهان شده؛ بخواب اندرون مرغ و دام و دده؛
چنان دید سالارْ پیران بخواب که شمعی برافروختی ز آفتاب*
سیاوش برِ شمع، تیغی بدست بآواز گفتی: «نشاید نشست!
از این خواب نوشین، سر آزاد کن ز فرجام گیتی یکی یاد کن
که روزی نوآیین و جشنی نو است شبِ زادن شاه کیخسرو است»
سپهبَد بلرزید در خواب خوَش بجنبید، گلشهرِ خورشیدفش
بدو گفت پیران که: «برخیز و رو خردمند، پیشِ فرنگیس شو
سیاوخش را دیدم اکنون بخواب درخشان‌تر از، بر سپهر آفتاب
که گفتی مرا: چند؟ خسپی مپای بجشنِ جهانجوی کیخسرو آی»
دوان رفت گلشهر، تا پیشِ ماه جداگشته‌بود از برِ ماه، شاه!
بدید و بشادی سبک بازگشت هم آنگاه گیتی پر آواز گشت[1]
بیامد بشادی به پیران بگفت که: «اینک! بآیین، خور و ماه جفت●
یکی اندر آی و شگفتی ببین بزرگیّ و رای جهان‌آفرین
تو گویی نشاید مگر تاج را اُگر جوشن و ترگ و تاراج را!»[2]
سپهبد بیامد برِ شهریار بسی آفرین کرد بر کردگار
بر آن برز و بالا و آن شاخ و یال تو گویی بر او برگذشتست سال[3]
ز بهر سیاوش دو دیده پر آب همی کرد نفرین بر افراسیاب
چنین گفت با نامدار انجمن که: «گر بگسلد زین سخن جان من[4]
نمانم که یازد بدین شاه چنگ مرا گر سپارد به چنگ نهنگ»[5]

* – در همهٔ نمونه‌ها چنین آمده‌است، اما پیدا است که سخن درست چنین بوده‌است: «که شمعی برافروخت از آفتاب»
۱ – **یک:** این سخن در رج پسین بگونه‌ای دیگر آمده‌است. **دو:** اگر گیتی پرآواز می‌شد، افراسیاب نیز آنرا می‌شنید، باز آنکه چنین نیست!

● – خورشیدِ رخِ کیخسرو، با رخِ چون ماهِ فرنگیس همراه شد.

۲ – پیدا است که بر کودک نوزاد، جوشن و ترگ نمی‌برازد، اما برتر از آن تاراج است که ویژهٔ ایرانیان نبوده‌است که همواره از تورانیان بدینگونه سخن رفته‌است!
۳ – **یک:** آفرین «بر» کردگار کرد، یا «بر» آن برز و بالا؟ **دو:** تو گویی... **سه:** این رج پیوند سخن را می‌گسلاند.
۴ – **یک:** سپهبد پیران با گلشهر بود و انجمن نامداران پیرامونش نبودند. **دو:** کدام سخن.
۵ – سخن دو گونه دارد: الف – نمانم که یازد بدین، شاه (افراسیاب) چنگ و در این گونه سخن کمبود دارد. «... بدین کودک». ب – گونهٔ دوئِم نمانم که یازد بدین شاه (کیخسرو)، چنگ. و در اینگونه، چنگ از آن کیست؟

بدانگه که بنمود خورشید تیغ   بخواب اندر آمد سر تیره میغ[1]
چو بیدار شد، پهلوان سپاه   دمان، اندر آمد، بنزدیک شاه
همی بود تا جای پردخت شد   بنزدیکِ آن نامور تخت شد
بدو گفت: «خورشیدفش مهترا!   جهاندار و بیدار و افسونگرا!
به در بر، یکی بنده بفزود؛ دوش   که گویی ورا مایه داده، سروش
نمانَد ز خوبی جزاز تو بکس   تو گویی که بر گاه، شاه است و بس
اگر تور را، روز؛ باز آمدی   بدیدار چهرش نیاز آمدی
فریدونِ گُرد است گویی بجای   بفرّ و بچهر و بدست و به پای
بر ایوان چنو، کس نبیند؛ نگار   بدو تازه شد فرّهٔ شهریار
از اندیشهٔ بد، بپرداز دل   برافروز تاج و، برافراز، دل»

*

چنان کرد روشن، جهان‌آفرین   کزو دور شد خشم و بیداد و کین
روانش شد از کردهٔ خود، بدرد؛   برآورد بر لب یکی باد سرد
پشیمان بشد زان کجا؛ کرده بود   بگفتار بیهوده آزرده بود[2]
بدو گفت: «من زین نو آمد، بسی   سخن‌ها شنیدستم از هرکسی
پر آشوب و جنگ است زو، روزگار   همه یاد دارم ز آموزگار[3]
که از تخمهٔ تور و از کیقباد   یکی شاه، سر برزند، بانژاد
جهان را بمهرِ وی آید نیاز   همه شهر توران برندش نماز
کنون بودنی، هرچه بایست، بود   ندارد غم و رنج و اندیشه سود
مدار، ایدرش، در میان گروه   بنزد شبانان فرستش بکوه
بدان تا نداند که: من خود کی‌ام؟   بدیشان سپرده ز بهر چی‌ام؟[4]
نیاموزد از کس خرد، گر نژاد   ز کار گذشته نیایَدْش یاد
بگفت آنچه یاد آمدش زین سخن   همه نو شمرد این سرای کهن[5]
—چه‌سازی؟ که چاره به دست تو نیست   درازست، در کام و شست تو نیست![6]

---

۱ – تیره میغ، ابر تیره را با سپیده دمیدن همراهیِ بیگمان نیست، شاید بودن که هوا در آنهنگام ابری بوده باشد، یا نباشد!

۲ – سخن در لت نخست و دویُم هردو سست است، و پیوند رج‌های پیشین‌وپسین را می‌گسلد.

۳ – لت دویم را در رج پیشین گفته‌بود. و این گفتار رو در روی سخنان پسین است.

۴ – **یک:** لت نخست کمبود دارد و باید چنین باشد. «بدان تا نداند نژادش ز کیست». **دو:** چون نزد شبانان پرورده شود از کجا داند که بدیشانش سپرده‌اند؟

۵ – **یک:** کدام سخن؟ **دو:** سخن را می‌باید چنین گفتن که روزگار کهن بر وی تازه گشت.

۶ – **یک:** پیوند ندارد. **دو:** چاره دراز است؟ یا سرای کهن؟ در برخی نمونه‌ها، لت دویُم چنین آمده‌است: درازست، ماه اورمزدت یکیست! (بنگرید خالقی مطلق (۳۶۸–۲))، و این سخن، بی‌پایان است و هیچ گزارشی ندارد!

گر ایدونکه بد بینی از روزگار — به نیکی همو باشد آموزگار–[1]
بیامد ز در*، پهلوان، شادمان — بدل بر، همه نیک بودش گمان
جهان‌آفرین را نیایش گرفت — بشاه جهان بر، ستایش گرفت[2]
پُر اندیشه بُد تا بایوان رسید — کزان رنج و مهرش چه آید پدید![3]

سپردن پیران
کیخسرو را
بشبانان

شبانان کوه قلان○ را بخواند — اُزان خُرد، چندی سخن‌ها براند
که: «این را بدارید چون جان پاک — نباید که بیند ورا، باد و خاک
نباید که تنگ آیدش روزگار — اُگر دیده و دل، کند خواستار»
شبان را ببخشید بسیار چیز — یکی دایه با او فرستاد نیز[4]
بدیشان سپرد آن دل و دیده را — جهانجوی گرد پسندیده را[5]

*

برین نیز؛ بگذشت گردان سپهر — بخسرو بر، از مهر، بگشاده چهر
چو شد هفت ساله گوِ سرفراز — هنر با نژادش همی گفت راز
ز چوبی کمان کرد و، از روده، زه — ز هرسو برافکند، زه را گره
ابی پرّ و پیکان یکی تیر کرد — بدشت اندر، آهنگ نخچیر کرد
چو ده ساله گشت گُردی سترگ — بزخم گراز آمد و خرس و گرگ[6]

---

۱ – **یک:** سخن کمبود دارد. بنیکی هماو باشد(ت). **دو:** آموزگار نیز نادرخور است: بنیکی رهنمون تست... بنیکی‌ات راه می‌نماید... .

* – در: درگاه، دربار، خانه است و سخن درست همین است که باید ز در: از دربار بیامد. اگرچه در همهٔ نمونه‌ها «بیامد بدر» آمده‌است. که باز دوباره بدربار رفتن را می‌رساند!

۲ – **یک:** پس‌از بیرون آمدن از پیش شاه، او راستایش گرفت؟ **دو:** افراسیاب، شاه توران بود نه شاه جهان. این پاژنام از زمان فریدون تا هزاره‌های پس‌از او، از آنِ پادشاهان ایران بود.

۳ – **یک:** دنبالهٔ گفتار. **دو:** لت دویم نیز ناهموار است زیرا که بهره مهرش، همان فرزند بود که بدو رسیده بود.

○ – نام این کوهستان بگونه‌های قل، قلا، قلون، قلان آمده‌است و بر ما روشن نیست که کدام کوه است.

۴ – «شبانان» بود، نه «شبان».

۵ – پیدا است که کودک خرد چند روزه نه جهانجوی است، نه گُرد!

۶ – **یک:** سخن گزافه! **دو:** سترگ، لجوج بود و بی‌آزرم و شرم (لغت فرس) **سه:** با تیر بی‌پیکان بزخم گراز رفتن برترین گزافهٔ جهان است زیرا که تا پنجاه سال پیش، گلولهٔ تفنگ‌های سرپُر، تنِ گراز را سوراخ نمی‌کرد، و شکارگران را می‌بایستی، تیر بدهان وی زدن، تا فرو رود!

داستان سیاوخش   ۱۴۲

۱۰۰۸۰	ازان جایگه شد بشیر و پلنگ / همان چوب خمیده بُد ساز جنگ¹
	چنین؛ تا برآمد برین روزگار / نیامد به فرمان آموزگار
	شبان اندر آمد ز کوه و ز دشت / بنالید و نزدیک پیران گذشت
	که: «من زین سرافراز، شیر یله / سوی پهلوان آمدم، با گله
	همی کرد؛ نخچیر آهو، نخست / بر شیر و چنگِ پلنگان نجست
۱۰۰۸۵	کنون نزد او، جنگِ شیرِ دمان / همان است و، نخچیر آهو همان
	نباید که آید بر او بر، گزند / بیاویزدم، پهلوان بلند»
	چو بشنید پیران، بخندید و گفت: / «نماند نژاد و هنر در نهفت»
	نشست از بَرِ بارهٔ دستکش / بیامد بر خسرو شیرفش
	نگه کرد، پیران، بدان فرّ و چهر / بفرمود تا پیش او شد -بمهر-
۱۰۰۹۰	ببر درگرفتش زمانی دراز / همی گفت با داور پاک، راز
	بدو گفت کیخسرو پاکدین: / «بتو باد، رخشنده، توران‌زمین
	ازیرا کسی کت نداند همی / جزاز مهربانت نخواند همی
	شبان‌زاده‌ای را چنین در کنار / بگیری و از کس نیایذت آر!»
	خردمند را دل، بر او بر، بسوخت / بکردار آتش رخش برفروخت
۱۰۰۹۵	بدو گفت ک:«ای یادگار مهان / پسندیده و ناسپرده جهان
	که تاج سر شهریاران توئی / که گوید که پور شبانان توئی²؟
	شبان نیست از گوهر تو کسی / از این، داستان؛ هست با من بسی!»
	ز بهر جوان اسپ و بالای خواست / همان جامهٔ خسروآرای خواست³
	به ایوان خرامید با او بهم / روانش ز بهر سیاوش دژم؛
۱۰۱۰۰	همی پرورانیدش اندر کنار / بدو شادمان، گردش روزگار

*

	برین نیز بگذشت چندی سپهر / بمغز اندرون داشت، با شاه، مهر
	شب تیره هنگام آرام و خواب / کس آمد از نزدیک افراسیاب
	بدان تیرگی پهلوان را بخواند / گذشته سخن‌ها فراوان براند
	ک:«ز اندیشهٔ بد، همه شب؛ دلم / بپیچید و از غم همی بگسلم
۱۰۱۰۵	ازان کودکی کز سیاوش رسید / تو گفتی مرا، روز، شد ناپدید

---
۱ - از کدام جایگه؟... دنبالهٔ همان داوری است.
۲ - یک: این رج میان گفتار، جدایی می‌افکند. دو: «پور شبانان» نادرست است: «پور شبان».
۳ - در نزد شبانان، اسب کجا بود، و جامهٔ خسروآرای نیز!

نبیره‌ی فریدون شبان پروَرَد ز روی خرد، این؛ کی اندر خورد؟
ازو گر نوشته بمن بر، بدیست نشاید گذشتن، که آن ایزدیست
چو کار گذشته نیارد بیاد زیَد شاد و، ما نیز باشیم شاد
اُگر زانک خوی بد آرد پدید بسان پدر، سر بباید برید»*
بدو گفت پیران که: «ای شهریار ترا خود نباید، کس، آموزگار
یکی کودکی خُرد چون بیهشان ز کار گذشته، چه دارد؟ نشان!
تو خود؛ این میندیش و، بد را مکوش چه گفت آن خردمند بسیارهوش؛
که: پروردگار از پدر برتر است اُگر زاده را، مهر با مادر است●
نخستین به پیمان مرا شاد کن ز سوگند شاهان، یکی یاد کن!
فریدون به داد و بتخت و کلاه همی داشتی راستی را نگاه»[1]
ز پیران چو بشنید افراسیاب سرِ مردِ جنگی برآمد ز خواب!
یکی سخت سوگند شاهانه خوَرد بروزِ سپید و شبِ لاژوَرد
بدادار! کاو، این جهان آفرید سپهر و دد و دام و جان آفرید
که: «ناید برین کودک، از من ستم نه هرگز بر او بر، زنم تیز دم»
زمین را ببوسید پیران و گفت که: «ای دادگر شاه بی یار و جفت[2]
بر این بند و سوگند تو ایمنم کنون یافت آرام، جان و تنم»[3]
اُزانجا برِ خسرو آمد دمان برُخ ارغوان و، بدل شادمان
بدو گفت که:«ز دل، خرد؛ دور کن چو رزم آورد، پاسخش؛ سور کن
مرو پیش او جز بدیوانگی مگردان زبان، جز به بیگانگی
مگرد ایچ گونه بگردِ خرد یک امروز، بر تو؛ مگر بگذرد»
بسر برنهادش کلاه کیان ببستش کیانی کمر بر میان[4]
یکی باره‌ای گام‌زن خواست نغز بر او برنشست آن گو پاک مغز
بیامد بدرگاه افراسیاب جهانی، بر او، دیده کرده پرآب
روارو برآمد که: بگشای راه که آمد نوآیین یکی پیشگاه!»
همی رفت پیش اندرون شاهِ گرد سپهدار پیران ورا پیش برد[5]
بیامد بنزدیک افراسیاب نیا را رخ، از شرم او، شد پر آب

* - نمونه‌ها همه چنین آورده‌اند، اما پیدا است که سخن درست چنین است: «بسان پدر، سزش باید برید».
● - پروردگار کیخسرو شبان است و بیش‌از پدر بر او نشان می‌گذارد، یا آنکه مهر او سوی مادر می‌کشد و از پدرش یاد نمی‌آید.
۱ - گفتار نادرست نیست اما میان رج‌های پیشین‌وپسین جدایی می‌افکند. در برخی از نمونه‌ها پس‌از فریدون از «تور» و زادشم نیز یاد می‌شود.
۲ - این رج را ناهماهنگی نیست، اما پیوسته به رج پسین است.
۳ - دنبالهٔ رج پیشین.
۴ - کلاه و کمر کیان، در توران نبود.
۵ - «پیش» را، اندرون نیت، و کیخسرو نیز، هنوز به گُردی (پهلوانی) نرسیده بود.

بر آن خسروی یال و آن چنگ او — بدان شاخ و آن فرّ و اورنگ او[1]
زمانی نگه کرد و نیکو بدید — همی گشت رنگ رخش ناپدید
تن پهلوان گشت لرزان چو بید — ز جان جوان پاک بگسست امید
زمانی چنان بود، بگشاد چهر — زمانه بدلْش اندر آورد، مهر
بپرسید کـ:«ای نورسیده جوان — چه آگاهیستت ز روز و شبان
برِ گوسفندان چه کردی؟ همی! — زمین را چگونه سپَردی؟ همی!»
چنین داد پاسخ که: «نخچیر نیست — مرا خود کمان و زه و تیر نیست»
بپرسید، بازش، ز آموزگار — ز نیک و بد و گردشِ روزگار
بدو گفت: «جایی که باشد پلنگ — بدرّد دلِ مردمِ تیزچنگ»
سدیگر بپرسیدش از مام و باب — ز ایوان و از شهر و از خورد و خواب!
چنین داد پاسخ که: «درّنده شیر — بیارد سگ کارزاری بزیر»
بخندید خسرو ز گفتار اوی — سوی پهلوان سپه کرد، روی
بدو گفت، کـ:«این، دل ندارد بجای — ز سر پرسَمَش، پاسخ آرد ز پای
نیاید همانا، بد و نیک ازوی — نه زینسان بود، مردم کینه‌جوی!
شو، این را بخوبی بمادر سپار — بدست یکی مرد پرهیزگار
گُسی کن به سوی سیاوخش کرد — مگردان بدآموز را هیچ گِرد[2]
ز اسپ و پرستنده و بیش و کم — بده هرچه باید ز گنج درم»[3]
سپهبد بران کرد لختی شتاب — برون بردش از پیش افراسیاب[4]
به ایوان خویش آمد افروخته — خرامان و چشم بدی دوخته[5]
همی گفت کـ:«ای دادگر کردگار! — درختی نو آمد جهان را ببار!»[6]
در گنجهای کهن کرد باز — ز هرگونه‌ای شاه را کرد ساز[7]
ز دینار و دیبا و تیغ و گهر — ز اسپ و سلیح و کلاه و کمر

---

۱ - از یال و چنگ و شاخ و فرّ در می‌گذریم اما کیخسرو بر اورنگ ننشسته بود.

۲ - **یک:** گسی کن برای سه‌کس درست نیست، گسی‌شان کن. **دو:** لت دویم سخن پریشان است.

۳ - **یک:** بیش و کم چه بوده باشد؟ **دو:** چگونه، اسب و پرستنده را، از گنج درم می‌دهند؟

۴ - لختی شتاب نادرست است! لخت را برای چیزی می‌آورند، که بتوان آنرا کشید، دید، سنجید! چونان؛ چو یک لخت کوه، لختی گوشت... و کاربرد آن از برای شتاب درست نیست.

۵ - شتابان در رج پیشین، با خرامان در این رج همخوان نیست.

۶ - درخت کیخسرو هنوز ببار نیامده است. سخن نیز نادرست است: جهان را، درختی نو ببار آمد. و روشن نمی‌نماید که جهان ببار آمده‌است، یا درخت.

۷ - دو رج: درست نمی‌نماید که پیران از برای کسی که افراسیاب ازو در بیم بوده‌است تیغ و جنگ‌افزار فراهم کند!

هم از تخت و از بدره‌های درم … ز گستردنی‌ها و ز بیش و کم[1]
گسی کردشان سوی آن شارسان … کجا گشته بد باز چون خارسان[2]
فرنگیس و کیخسرو آنجا رسید … بسی مردم آمد ز هرسو پدید
به دیده سپَردند یک یک زمین … زبان دد و دام پر آفرین[3]
همی گفت: «هرکس که بودش هنر … سپاس از جهاندار داور دادگر[4]
کزان بیخ برکنده فرخ درخت … از این گونه شاخی برآورد سخت[5]
ز شاه کیان چشم بد دور باد … روان سیاوش پراز نور باد»[6]
همه خاک آن شارسان شاد شد … گیا بر چمن سرو آزاد شد[7]
ز خاکی که خون سیاوش بخورد … به ابر اندر آمد درختی ز گرد[8]
نگاریده بر برگ‌ها چهر اوی … همی بوی مشک آمد از مهر اوی[9]
به دی‌مه بسان بهاران بدی … پرستشگه سوکواران بدی[10]

*

چنین است کردار این گنده پیر … ستاند ز فرزند پستان شیر[11]
چو پیوسته شد مهر دل بر جهان … به خاک اندر آرد سرش ناگهان[12]
تو از وی بجز شادمانی مجوی … به باغ جهان برگ اندُه مبوی[13]
اگر تاج داری و گر دستِ تنگ … نبینی همی روزگار درنگ[14]

---

۱ – باز سخن از بیش و کم می‌رود! و؛ ساز گنج تخت نیز افزوده می‌شود.

۲ – دو رج. **یک:** پیشتر گفته شده بود که بسوی سیاوخشکردشان گسیل کرد. **دو:** در لت دویم سخن سست می‌نماید. **سه:** اگر این لت درست می‌بود، برای پیوند آن با رج پسین «چون در کار بود؛ چون فرنگیس و کیخسرو...».

۳ – **یک:** می‌توان پذیرفتن که با بوسه زمین را سپردند، اما با چشم چگونه شاید؟ **دو:** جانوران را شاید که روان پراز آفرین داشته باشند، اما زبان پر آفرین‌شان نیست.

۴ – افزاینده خواسته است بگوید که «هرکس که خرد داشت»، اما پساوای سخن را می‌بایستی با لت دویُم هماهنگ کردن، پس برجای خرد، هنر نهاد.

۵ – سخن نادرست است: که «از» آن... از «این» افزاینده خواسته است بگوید که از بیخِ آن درختِ بریده «چنین» شاخ برآمد.

٦ – هنوز کیخسرو بشاهی نرسیده است، و هیچکس را نیز گمان بشاه شدن او در آینده نبود!

۷ – «گیا» یا سبزه هیچگاه باندازهٔ سرو آزاد نمی‌شود، و اگر چنین شود آن جایگاه، جنگلی تیره و انبوه می‌گردد که شایستهٔ زندگی نباشد.

۸ – **یک:** خون سیاوش را در تشت ریختند، تا بزمین نریزد. **دو:** سخن پریشیده! «ز گرد» در این لت، بجای «از خاک» آورده شده، و چون چنین باشد در یک گفتار دوبار «ز خاک» آمده و درست نیست.

۹ – **یک:** دروغ گزاف. **دو:** «مهر» را بوی نباشد.

۱۰ – پرستش، پرستاری و نگهبانی است، از واژهٔ «پئیری‌شتَ» [illegible] اوستایی: پیرامون ایستادن! آنگاه در آن باغ بهاران چه کسان پرستندهٔ سوگواران بودند؟

۱۱ – **یک:** زمین در دیدگاه نیاکان، مادرِ سپند و گرامی بود، و پاژنام «گنده» دادن بدان، در اندیشهٔ ایرانی گناه است. **دو:** لت دویم، بس سست است.

۱۲ – سرش ناگهان نادرست است: «سرش را ناگهان»... اما نیز چنین نیز نیست و بساکس که با مهر جهان سال‌ها می‌زیند.

۱۳ – این سخن برابرِ سخن پیشین ایستاده‌است، زیرا که آنجا با مهر جهان، بی‌درنگ بزیر خاک می‌روند، در این گفتار، تا هستی شادمانی بجوی.

۱۴ – چون سخن از دستِ تنگ می‌رود، تاج را نیز چنین می‌باید: اگر تاج بر سر داری.

مرنجان روان کاین سرای تو نیست — بجز تنگ تابوت جای تو نیست [1]
نهادن چه باید؟ به خوردن نشین — بر امید گنج جهان‌آفرین [2]

*

چو آمد به نزدیک سر تیغ شست — مده می که از سال شد مرد مست [3]
به جای عنانم عصاداد سال — پراگنده شد مال و برگشت حال [4]
همان دیده‌بان بر سر کوهسار — نبیند همی لشکر شهریار [5]
کشیدن ز دشمن نداند عنان — مگر پیش مژگانش آید سنان [6]
گراینده تیزپای نوند — همان شست بدخواه کردش به بند [7]
همان گوش از آوای او گشت سیر — همش لحن بلبل هم آوای شیر [8]
چو برداشتم جام پنجاه و هشت — نگیرم بجز یاد تابوت و تشت [9]
دریغ آن گل و مشک و خوشاب سی — همان تیغ برندهٔ پارسی [10]
نگردد همی گرد نسرین تذور — گل نارون خواهد و شاخ سرو [11]
همی خواهم از روشن کردگار — که چندان زمان یابم از روزگار [12]
کز این نامور نامهٔ باستان — بمانم به گیتی یکی داستان

---

۱ - مرنجان روان نادرست است: «مرنجان روان (خود را)» گفتار نیز باژگونه است. روان خویش را مرنجان که در تابوت جای داری!!

۲ - پندِ بیراه دژآگاهانه که فرمان به نشستن و خوردن می‌دهد، نه باندیشیدن و کار و کوشش و آبادانی، و از برآیندِ آن، زیستن و خوردن!

۳ - این سخن را دو نادرستی همراه است. نخست آنکه فردوسی، نزدیک بپایان شاهنامه در رویدادهای هنگام بهرام گور، خویش را شست ساله می‌خواند،... و اگر در این زمان نیز شست ساله بوده‌است چندان سخن و گفتار و داستان راکه نیمی از شاهنامه را در بر می‌گیرد، در یکسال سروده است؟ دودیگر آنکه در همان داستان می‌گوید: چو بگذشت مرد، از برِ سالِ شست /بَرَد سر بکیوان، چو شد نیم مست و این رج باژگونهٔ آن را می‌نماید!

۴ - مردِ آزادهٔ دهقان نژادی چون فردوسی را در شست سالگی دستوار (عصا) بکار نمی‌آمده‌است،... واژهٔ عصا را نیز در گفتار وی کاربرد نبوده‌است، چنانکه در داستان اسفندیار می‌فرماید:

زن و کودک و مردِ با دستوار — ندیدند از تیغ او زینهار

۵ - **یک:** چشم، بر سر کوهسار نیست... که بر سر کوهسار برف سپید شاید گفتن. **دو:** با نام بردن از «لشکر شهریار» چه را خواهد گرفتن؟

٦ - **یک:** برابر دشمن عنان راکشیدن نشاید... اگر گریز را خواهد گفتن، می‌بایستی چنین باشد: «عنان را گرداندن نتواند». **دو:** «مگر» نیز در آغاز لت دویم ناهماهنگ است: «تا آنجا که...».

۷ - **یک:** تیزپای نادرست است «پای‌های تیزرو»، و چون چنین گفته شد، «نوند» دوباره‌گویی است، آنگاه «گرایندهٔ تیزپای» چه بوده باشد؟ **دو:** اگر آنرانیز بپذیریم در لت دویم «کردش بند» نادرست است: «تیز پای نوند (را)...» **سه:** شست بدخواه چگونه باشد؟ بسا مردمان جهان در شست سالگی با آرامش و شادی می‌زیند، بر پای خویش می‌ایستند و می‌روند!

۸ - سخن چنین می‌نماید که گوش از آوای «گرایندهٔ تیزپای نوند» سیر گشت!!

۹ - چون مرد بشست سالگی رسد، نمی‌تواند به پنجاه و هشت سالگی بازگردد!

۱۰ - درباره روی چون گل و دندان چون مروارید می‌توان با دریغ و درد سخن گفتن، اما تیغ برندهٔ زبان پارسی باگذشتِ سال نیروی بیشتر می‌گیرد.

۱۱ - درخت نارَوَن را گل نیست!

۱۲ - روشنِ کردگار آمیزه‌ای نادرست است. دو رج پسین نیز پیوسته بدان است.

که هرکس که اندر سخن داد داد ز من جز به نیکی نگیرند یاد[1]
بدان گیتی‌ام نیز خواهشگر است که با تیغ تیز است و با منبر است[2]
منم بندهٔ اهل بیت نبی ستایندهٔ خاک پای وصی[3]
برین زادم و هم برین بگذرم چنان دان که خاک پی حیدرم[4]
ابا دیگران مر مراکار نیست بدین اندرون هیچ گفتار نیست[5]
به گفتار دهقان کنون بازگرد نگر تا چه گوید سراینده مرد[6]

آگاهی یافتن ایرانیان از کشته شدن سیاوخش

چو* آگاهی آمد بکاووس شاه که: «شد روزگار سیاوش تباه!
بکردار مرغان سرش را ز تن جدا کرد سالار آن انجمن،[7]
ابر بی‌گناهش به خنجر بزار بریدند سر زان تن شاهوار،[8]
بنالد همی بلبل از شاخ سرو چه دراج زیر گلان با تذرو؟[9]
همه شهر توران پراز داغ و درد به بیشه درون برگ گلنار زرد،[10]
گرفتند شیون به هر کوهسار نه فریادرس بود و نه خواستار»[11]
چو این گفته بشنید کاووس شاه سر نامدارش نگون شد ز گاه[12]

---

۱ - **یک:** «داد داد» در لت نخست نادرست است «داد دهد» زیرا که در رج دویم روی سخن بآیندگان است و درگذشتگان را توان آن نیست که «داد دهند». **دو:** کنش در لت نخست نیز با لت دویم همخوان نیست: «داد» یگانه، و «نگیرند» گروه.

۲ - «خواهشگر» نادرست است: «خواهشگر، هست» افزاینده را چنانکه از رج پسین بر می‌آید، رای بر آن بوده‌است که از امام علی یاد کند، اما چندان اندریافت و آگاهیش نبوده‌است که بداند، در جهان مینوی هیچکس را نیاز به تیغ تیز و منبر نیست، و باری شایستهٔ یکی از بندگان خداوند نیست که با تیغ تیز برای افزاینده، از خداوند خواهش کند!

۳ - لت نخست درست است، اما بایستی دانستن که بر همان خاک که حضرت علی گام نهاده بود تا بمهراب رود دمی چند پس‌از ایشان، ابن ملجم نیز بر همان خاک پای نهاد، و شمشیر بر [تارک مبارکش] کوفت!!! پس چگونه می توان ستایندهٔ آن خاک بودن؟...

۴ - سخن درست است اما پیوسته بگفتار است. ۵ - دنبالهٔ همان گفتار

٦ - این بخش در شاهنامهٔ بنداری نیز نیامده است.

* - بجزاز نمونهٔ ق۲ که در آن، این رج با «که» آغاز می‌شود در همهٔ نمونه‌ها، این گفتار با «چو» آغاز شده است. شاهنامه حمداله مستوفی نیز «چو» آورده است، اما در ترجمهٔ بنداری چنین آمده‌است، «ثم انتهی الخبر الی کیکاووس»، و درست همین است که داستان با «پس» آغاز شود. ۷ - **یک:** سر سیاوش را به کردار گوسفند جدا کردند نه مرغان. **دو:** در بنداری نیست.

۸ - **یک:** «بزار» درست نیست؛ بزاری. **دو:** تن سیاوخش شاه «وار» نبود، که خود، شاه بود.

۹ - دراج و تذرو پرندگان آسمان‌اند و زیر شاخهٔ گل نمی‌روند.

۱۰ - برگ گلنار همواره گلناری است و زرد نمی‌شود. سخن نیز پایان نیافته است.

۱۱ - شیون به کوهسارها را ندانم چگونه است؟

۱۲ - **یک:** «سرِ نامدار» نادرست است زیرا که خود «نامدار» بوده‌است، و اگر چنین باشد از دست و پای او نیز می‌بایستی چنین یاد کردن.

←

بـبَر جـامه بـدرید و، رخ را بکـند — بـخاک انـدر آمـد ز تـخت بـلند
بـرفتند بـا مـویه، ایـرانـیان — بـران سـوگ بسـته، بـزاری مـیان؛
هـمه دیـده پـرخـون و رخساره زرد — زبـان از سـیاوش پـراز یـاد کـرد
چـو تـوس و چـو گـودرز و گـیو دلیر — چـو شـاپور و فـرهاد و رهّـام شیر [1]
هـمه جـامه کـرده کـبود و سـیاه — هـمه خـاک بـر سـر بـه جـای کـلاه [2]

رفتن رستم بنزد کیکاووس
و
کشتن سودابه را

پس آگـاهی آمـد سـوی نـیمروز — بـنزدیک سـالار گـیتی‌فروز
کـه: «از شـهر ایـران بـرآمـد خـروش — هـمی خـاک تـیره بـرآمـد بـجوش [3]
پـراکـند کـاووس بـر یـال، خـاک — هـمه جـامهٔ خسـروی کـرد چـاک»
تـهمتن چـو بشـنید زو رفت هـوش — ز زابـل بـزاری بـرآمـد خـروش
بـچنگال، رخسـاره بشـخود؛ زال — هـمی ریـخت خـاک از بـر شـاخ و یـال
چـو یک هـفته بـا سـوگ بـود و دژم — بـهشتم بـرآمـد ز شـیپور، دم
سـپاهی فـراوان بـرِ پـیلتن — ز کشـمیر و کـابل شـدند انـجمن [4]
بـدرگاه کـاووس بـنهاد روی — دو دیـده پـراز آب و دل کـینه‌جوی
چـو نـزدیکی شـهر ایـران رسـید — هـمه جـامه بـرخـویشتن بـردرید [5]
بـدادار دارنـده سـوگند خـورد — کـه: «هـرگز تـنم، بـی‌سلیح نـبرد؛ [6]
نـباشد، نـه رخ را بشـویم ز خـاک — سـزد گـر بـباشم، بـر ایـن سـوگ پـاک
کـله تـرگ و شـمشیر جـام مـن است — بـبازو خـم خـام دام مـن است» [7]

→ **دو:** در بنداری نیز نیست.

۱ – **یک:** «چو» در آغاز سخن نادرست است، زیراکه بس می‌نمود، گفته آید: توس و گودرز... **دو:** از میان بزرگان ایران تنها رهام «شیر» خوانده می‌شود؟

۲ – **یک:** «کرده» نادرست است. و درست؛ «کردند» است! **دو:** در ایران باستان جامهٔ سیاه داشتن گناه و ننگ بود، زیراکه تورانیان سیاه جامه بودند! **سه:** لت دویم سخن بی‌پیوند است؛ همه خاک بر سر (ریختند) بجای کلاه!

۳ – شش رج سخنان سست!

۴ – سپاه رستم، تنها از کشمیر و کابل نبود.

۵ – **یک:** اگر جامه را در سوگ سیاوخش می‌بایستی دریدن، چون آگاهی بدو رسید، می‌درید! نه پس‌از چند ماه راهپیمایی. **دو:** شهر ایران(!) مگر سیستان از ایران نبود؟

۶ – سه رج پیوسته بیکدیگر که پایان ندارد.

۷ – **یک:** شمشیر را بجام، مانند کردن نشاید! **دو:** وام برای چه، مگر برای گذران زندگی چنانکه جام، بایسته است، دام نیز شایسته ←

آگاه شدن ایرانیان از کشته شدن سیاوخش ۱۴۹

چو آمد بنزدیک کاووس کی   سرش بود پر خاک و بر خاک، پی
بدو گفت: «خوی بد، ای شهریار   پراکندی و، تخمت آمد ببار!
ترا مهر سودابه و بدخوی   ز سر برگرفت افسر خسروی[1]
کنون آشکارا، ببینی همی   که بر موج دریا نشینی همی!
از اندیشهٔ خُردِ شاه سترُگ   بیامد بما بر، زیانی بزرگ
کسی کاو بود مهتر انجمن   کفن، بهتر او را، ز فرمان زن![2]
سیاوش به گفتار زن شد بباد   خجسته زنی کو ز مادر نزاد[3]
دریغ آن بر و برز و بالای او   رکیب و خم خسروآرای او[4]
دریغ آن گوِ نامبرده سوار   که چون او نبیند دگر روزگار[5]
دریغ آن بر و بازو و یال اوی   دریغ آن دل و چنگ و کوپال اوی
چو در بزم بودی بهاران بُدی   برزم افسر نامداران بُدی
همه جنگ با چشم گریان کنم   جهان چون دل خویش، بریان کنم»
نگه کرد کاووس بر چهر اوی   بدید اشک خونین و آن مهر اوی
نداد ایچ پاسخ، مر او را، ز شرم   فروریخت از دیدگان آب گرم

*

تهمتن برفت از برِ تخت اوی   سوی خان سودابه بنهاد روی
ز پرده، بگیسوش، بیرون کشید   ز تخت بزرگیش در خون کشید
بخنجر بدو نیم کردش براه   نجنبید بر تخت، کاووس شاه
بیامد بدرگاه با سوگ و درد   پراز خون دل و دیده، رخساره زرد
همه شهر ایران بماتم شدند   پراز درد، نزدیک رستم شدند
چو یک هفته، با سوگ و با آب چشم   بدرگاه بنشست، پر درد و خشم
بهشتم بزد نای رویین و کوس   بیامد بدرگاه گودرز و توس[6]
چو فرهاد و شیدوش و گرگین و گیو   چو بهرام و رهّام و شاپور نیو[7]
فریبرزِ کاووس درّنده شیر   گرازه که بود اژدهای دلیر
فرامرز رستم که بُد پیشرو   نگهبان هر مرز و سالار نو

← است؟ افزاینده دام را برای هماوایی با «جام» آورده است.

۱ - «بدخویی» را با «خسرَوی» پساوا نباشد.

۲ - سخن را کمبود همراهست: او را (پوشیدن) کفن، بهتر (است) از (شنیدن) فرمان زن.

۳ - این سخن در بنداری نیست، پس در نمونه‌های کهنتر نبوده‌است!

۴ - **یک:** گفتار لت نخست بگونهٔ درست، در گفتار پسین آمده‌است. **دو:** «خم خسروآرای» را ندانستم که چیست!

۵ - «نامبرده» نادرخور است، زیراکه شاید که هر چیز را برای کاری «نامبَر» کنند: افزاینده خواسته است بگوید «نامدار».

۶ - گودرز و توس را «بیامدند» باید، نه «بیامد».   ۷ - چو... نادرست است و سه رج پیوسته بدان است.

بگُردان چنین گفت رستم که: «من — بر این کینه، دادم دل و جان و تن
که اندر جهان چون سیاوش سوار — نبندد کمر نیز یک نامدار[1]
چنین کار، یکسر، مدارید خرد — که این کینه را،خوار نتوان شمرد[2]
ز دلها همه ترس بیرون کنید — زمین را ز خون رود جیهون کنید[3]
بیزدان؛ که تا در جهان زنده‌ام — بکین سیاوش، دل؛ آکنده‌ام
بر آن تشت زرّین کجا خون اوی — فروریخت ناکار دیده گروی
بمالید خواهم همی روی و چشم — مگر؛ بر دلم، کم شود درد و خشم
اُگر همچنانم بَرَد بسته چنگ — نهاده بگردن یکی پالهنگ[4]
بخاک افکند خوار، چون گوسفند — دو دستم ببندد بخمّ کمند
اُگر نه من و گرز و شمشیر تیز — برانگیزم اندر جهان رستخیز[5]
نبیند دو چشمم مگر گرد رزم — حرام است بر من می و جام و بزم»[6]
کنارنگ یا پهلوان هر که بود — چو زان گونه آواز رستم شنود[7]
همه برگرفتند با او خروش — تو گفتی که میدان برآمد بجوش[8]
بزد مهره بر پشت پیلان بجام — یلان برکشیدند تیغ از نیام[9]
برآمد خروشیدن گاودُم — دَم نای رویین و رویینه‌خُم
جهان پر شد از کین افراسیاب — بدریا تو گفتی بجوش آمد آب[10]
نبُد جای، پوینده را بر زمین — ز نیزه هوا ماند اندر کمین[11]
ستاره بجنگ اندر آمد نخست — زمین و زمان دست خون را بشست[12]
ببستند گُردان ایران میان — به پیش اندرون اختر کاویان[13]

---

۱ – زمانِ کنش «نبندد» نادرست است. یا «نبسته» از آنجا که سیاوخش در گذشته است، یا «دیگر نخواهد بست» اما این سخن نیز نادرست است زیرا که از سیاوخش پهلوان‌تر در ایران کم نبوده‌اند!

۲ – دوباره گویی در دو، لت

۳ – ز دل‌ها همه، نادرست است! همه دل از ترس...

۴ – **یک:** سخن را باور نمی‌توان کرد. زیرا گروی که از سیاوخش شکست خورده‌بود، می‌توانست دست رستم را ببندد؟ **دو:** «بسته چنگ» نادرست است: «بسته دست».

۵ – این سخن پیشتر آمده‌بود و اینجا دوباره‌گویی شده است.

٦ – نادرست است، زیراکه از ایران تا رسیدن بسپاه توران، گرد رزم برانگیخته نیست.

۷ – لت نخست را، پریشانی همراه است، بجای آن می توانست گفتن که سپاهیان ایران، همه... .

۸ – تو گفتی...

۹ – یلان را نشایستی که از ایران تیغ‌ها را برکشند و همچنین بتوران روند! تیغ را در میان نبرد از نیام بر می‌کشند.

۱۰ – تو گفتی...

۱۱ – لت دویم نادرخور است. گوینده را رای بران بوده‌است که بگوید از بسیاری نیزه‌ها (آسمان) دیده نمی‌شد!

۱۲ – زمین و زمان چگونه دستِ خون را بشستند؟

۱۳ – **یک:** پس‌ازاین رج تازه گُردان ایران میانها را می‌بندند! پس چگونه است که پیش‌از آماده شدن آنان گرد چنان بر هوا افشانده شد که ستاره‌ها بچشم آمدند؟ **دو:** اختر کاویان نادرست است. **سه:** و پیش را نیز «اندرون» نیست.

گزین کرد پس رستم زابلی — ز گردان شمشیرزن کابلی[1]
ز ایران و از بیشهٔ نارون — ده و دو هزار از یلان انجمن[2]

لشکر کشیدن ایرانیان به کین سیاوخش

سپه را فرامرز بُد پیشرو — که فرزند او بود و، سالار نو
همی رفت تا مرز توران رسید — ز دشمن کسی را بره بر، ندید
ورازاد، شاه سپیجاب بود — که با لشکر و گنج و با آب بود
ورازاد بُد نام آن پهلوان — دلیر و سپه‌تاز و روشنروان[3]
سپه بود شمشیرزن سی هزار — همه رزمجوی از درِ کارزار[4]
ورازاد از قلب لشکر برفت — بیامد بنزد فرامرز تفت[5]
بپرسید و گفتش: «چه مردی؟ بگوی — چرا کرده‌ای؟ سوی این مرز روی!
سزد گر بگویی مرا نام خویش — بجویی از این کار فرجام خویش
همانا بفرمان شاه آمدی — گر از پهلوان سپاه آمدی؟[٥]
چه داری ز افراسیاب آگهی؟ — ز اورنگ و از تاج و تخت مهی؟[6]
نباید که بی‌نام، بر دستِ من — روانت برآید ز تاریک تن»
فرامرز گفت: «ای گوِ شوربخت — منم بار آن خسروانی درخت
که از نام او، شیر، پیچان شود — چو خشم آورد پیل بیجان شود
مرا با تو بدگوهرِ دیوزاد — چرا؟ کرد باید، همی نام، یاد!
گو پیلتن با سپاه از پس است — که اندر جهان کینه‌خواه، او؛ بس است
بکین سیاوش، کمر بر میان — ببست و بیامد چو شیر ژیان
برآرد از این مرزِ بی‌ارز دود — هوا گرد او را نیارد پسود»
ورازاد بشنید گفتار اوی — همی خوار دانست پیکار اوی

---

۱ - سخن سست می‌نماید، افزون بر آنکه در رج پیشین از گردان همه جای ایران نام برده شده بود، نه از کابلیان بتنها!

۲ - **یک:** بیشهٔ نارون؛ بخشی از ایران بود. **دو:** لت دویم را پایان نیست. ۳ - دوباره‌گویی.

۴ - روشن نیست که سپاه از آنِ کیست؟ سی هزار سپاه در یک شهرِ خرد گزافه است. ۵ - برفت، بیامد!!

٥ - از سوی افراسیاب آمده‌ای، یا از سوی پیران؟

٦ - سخن از افراسیاب در رج پیشین با نام «شاه» گذشت.

۱۵۲ داستان سیاوخش

بلشکر بفرمود که: «اندر دهید   کمان‌ها سراسر بزه برنهید»[1]
رده برکشید از دو رویه سپاه   بسر برنهادند ز آهن کلاه
ز هرسو برآمد ز گردان خروش   همی کر شد از نالهٔ کوس گوش[2]
چوآواز کوس آمد و کرنای   فرامرز را دل برآمد ز جای[3]
بیک حمله اندر ز گردان هزار   بیفکند و برگشت از کارزار
دگر حمله کردش هزار و دویست   ورازاد را گفت لشکر: «همایست[4]
که امروز پادافره ایزدیست   مکافات بد را ز یزدان بدیست[5]
چنان لشکری گشن و چندین سوار   سراسیمه شد از یکی نامدار»[6]
همی شد فرامرز نیزه بدست   ورازاد را؛ راه، یزدان ببست
فرامرز جنگی چو او را بدید   خروشی چو شیر ژیان برکشید
برانگیخت از جای شبرنگ را   بیفشرد بر نیزه بر، چنگ را[7]
یکی نیزه زد بر میان‌بند اوی   که بگسستت خفتان و پیوندِ اوی
چنان برگرفتش ز زین خدنگ   که گفتی یکی پشه دارد بچنگ[8]
بیفکند بر خاک و آمد فرود   سیاوخش را داد، چندی درود
سر نامور، دور کرد از تنش   بخون در، بیالود پیراهنش
چنین گفت که: «اینت سر کین نخست   پراکنده شد تخم پرخاش و رُست»[9]
همه بوم و برآتش اندر فکند   همی دود برشد به چرخ بلند[10]
یکی نامه بنوشت نزد پدر   ز کارِ ورازادِ پرخاشخر
که: «چون برگشادم درِ کین و جنگ   ورا برگرفتم ز زین خدنگ[11]
بکین سیاوش بریدم سرش   برافروختم آتش از کشورش[12]

---

۱ – پیش‌از رده بستن دو سپاه، چگونه فرمان یورش داده می‌شود.   ۲ – کوس ناله نمی‌کند!

۳ – **یک:** این بار آواز کوس. **دو:** کسیکه دلش از جای کنده می‌شود، چگونه می‌تواند چنانکه در رج پسین می‌آید، یکهزار کس را با یک یورش بر خاک افکند؟   ۴ – **یک:** «کردش» نادرست است. **دو:** لت دویُم نادرست است.

۵ – سخن سست است. امروز (روزِ) پادافره ایزدیست.

۶ – **یک:** سخن سست است. **دو:** کنش «شد» نادرست است: سراسیمه «شدند».

۷ – سخن از نیزه، در رج پسین می‌آید.

۸ – چون نیز بر میان کسی بخورد، چنانکه پیوند (ستون مهره‌ها) او را از هم بگسلاند، او خود بر زمین می‌افتد، و چندان بر زین نمی‌ماند، تا هماورد؛ او را از زین برداورد!

۹ – **یک:** «اینت» نادرست است. **دو:** اگر از «سرِ» کین سخن می‌رود، «نخست» بایسته نمی‌نماید! زیرا که هردو یکیست.

۱۰ – **یک:** همه بوم و بر (را)... **دو:** زمین را نمی‌توان آتش زدن!

۱۱ – **یک:** سخن سست است. **دو:** زین خدنگ نادرست است.

۱۲ – چون در رج سخنِ پیشین از «کارِ ورازاد» یاد کرد. بریدن سر او نیز در همان «کار» گزارش می‌شود و اینجا دوباره گفتن است.

آگاهی یافتن افراسیاب
از
سپاه ایران

اُزان سو، نوندی بیامد ز راه / بنزدیک سالارِ تورانسپاه
که: «آمد بکین، رستم پیلتن / بزرگان ایران شدند انجمن
ورازاد را سر بریدند زار / برانگیخت از مرز توران دمار[1]
سپه را سراسر بهم بر زدند / ببوم و به بر آتش اندر زدند»[2]
چو بشنید افراسیاب این سخن / غمین شد ز کردارهای کهن
ز کشور، سراسر، مهان را بخواند / درم داد و روزی دهان را نشاند
نماند ایچ بر دشت زاسپان یله / بیاورد چوپان بمیدان گله[3]
در گنج کوپال و برگستوان / همان نیزه و خنجر هندوان[4]
همان گنج دینار و درّ و گهر / همان افسر و توغ و زرّین کمر[5]
ز دستور گنجور بستد کلید / همه کاخ و میدان درم گسترید[6]
چو لشکر سراسر شد آراسته / بر ایشان پراگنده شد خواسته[7]
بزد کوس رویین و هندی درای / سواران سوی رزم کردند رای
سپهبد چو از کنگ بیرون کشید / سپه را ز تنگی بهامون کشید
ز گُندآوران شرخه را پیش خواند / ز رستم بسی داستانها براند[8]
بدو گفت: «شمشیرزن سی‌هزار / ببر نامدار از درِ کارزار[9]
نگه‌دار جان از بدِ پور زال / برزمت نباشد جز او کس همال[10]
تو فرزندی و نیکخواهِ منی / ستون سپاهیِ و ماهِ منی[11]

---

۱ – **یک:** دمار را از کسی «بر نمی‌انگیزند» دمار را می‌کِشند. **دو:** در لت نخست کنش گروه است (بریدند)، و در لت دویُم یگانه شد: (برانگیخت). ۲ – زمین (بر) را نمی‌توان آتش زدن!

۳ – می‌بایستی سخن چنین باشد که افراسیاب فرمان داد که همهٔ اسپان را بمیدان آورند.

۴ – **یک:** لت دویم با آغاز «همان» نادرست است. **دو:** از شمشیر و گرز و کمان و کمند یاد نمی‌شود و از خنجر نام برده میشود.

۵ – برای رفتن بمیدان جنگ، درّ و گهر و تاج و توغ نمی‌باید! و سخن از روزی دهان که درم بسپاهیان می‌دهند، پیش‌ازاین آمده‌بود.

٦ – **یک:** این سخن با سخن پیشین پیوند درست ندارد. و می‌باید چنین آمده باشد: از دستور گنجور، کلیدِ درِگنج‌ها را بستد! آنگاه، شاه، کلید درگنج را نمی‌ستاند، که فرمان می‌دهد از گنج آنچه راکه می‌باید برگیرند. **دو:** لت دویم سخن بی‌پیوند است: در همهٔ کاخ چرا؟ درم را پیش‌ازآن میان سپاهیان پخش کرده بودند.

۷ – **یک:** این بخش در ترجمهٔ بنداری نیامده است. **دو:** لت دویم ناکارآمد است، زیراکه «چون لشکر آراسته شد» همین را می‌گوید.

۸ – بسی داستان درست است. ۹ – سی هزار سپاهی، همه (نامدار) نتوانند بود.

۱۰ – **یک:** بدِ پور زال نادرست است: از یورشِ پور زال... **دو:** لت دویم با لت نخست هماهنگ نیست.

۱۱ – «فرزند و نیکخواه و ستون سپاه» را نشاید با «ماه» در کنار آوردن!

چو بیداردل باشی و راهجوی — که یارد نهادن بروی تو روی؟[۱]
کنون پیشرو باش و بیدار باش — سپه را ز دشمن نگهدار باش[۲]
ز پیش پدر سرخه بیرون کشید — درفش و سپه را بهامون کشید[۳]
طلایه چو گَردِ سپه دید، تفت — بپیچید و سوی فرامرز رفت
از ایرانسپه بر شد آوای کوس — ز گَرد سپه، شد هوا، آبنوس
خروش سواران و گرد سپاه — چو شب کرد گیتی، نهان گشت ماه[۴]
درخشیدن تیغ الماس‌گون — سنان‌های آهار داده بخون؛[۵]
تو گفتی که برشد بگیتی بخار — برافروختند آتش کارزار[۶]
ز کشته فکنده بهرسو سران — زمین کوه گشت از کران تا کران
چو سرخه بر آن‌گونه پیکار دید — درفش فرامرز سالار دید
عنان را به بورِ سرافراز داد — به نیزه درآمد، کمان باز داد
فرامرز بگذاشت قلب سپاه — برِ سرخه، با نیزه، شد کینه‌خواه
یکی نیزه زد همچو آذرگشسپ — ز کوهه ببردش سوی یال اسپ[۷]
ز توران بسیاریِ اوی آمدند — پراز جنگ و پرخاشجوی آمدند[۸]
ز یاری مردان و از رزم سخت — فرامرز را نیزه شد لخت لخت[۹]
بدانست سرخه که پایاب اوی — ندارد، غمین گشت و برگاشت روی
پس اندر، فرامرز؛ با تیغ تیز — همی تاخت و انگیخته رستخیز؛[۱۰]
سواران ایران بکردار دیو — دمان از پسش برکشیده غریو[۱۱]
فرامرز چون سرخه را یافت، چنگ — بیازید، زان‌سان که یازد پلنگ
گرفتش میان‌بند و از پشت زین — برآورد و زد ناگهان بر زمین
پیاده به پیش اندر افکند خوار — بلشکرگه آوردش از کارزار
درفش تهمتن هم‌آنگه ز راه — پدید آمد و گردِ پیل و سپاه

۱ – نه چنین است، زیراکه در دشتِ نبرد، همه را، روی، در روی می‌شود.
۲ – نگهداری سپاه را روی نیست، زیراکه بی‌گمان، جنگ روی می‌دهد و در پایان، بر یکی از دو سپاه، شکست می‌آید.
۳ – «بیرون کشید» همان بیرون کشیدن سپاه است، و در لت دویم دوباره آمده‌است.
۴ – در رج پیشین سخن از گرد سپاه رفته‌است. ۵ – **یک:** سخن چند بار آورده، از شاهنامه است. **دو:** سخن پایان ندارد.
٦ – **یک:** تو گفتی... **دو:** پس‌از برشدن بخار، آتش افروختند!
۷ – **یک:** هنوز آتشکدهٔ آذرگشسب در جهان پدیدار نشده بود که چیزی را بدان همانند توانستند کردن. **دو:** چون نیزه را بر میان دشمن زنند... او بسوی دُم اسپ کشیده می‌شود، نه بسوی یال او. ۸ – پراز جنگ، سخن را سست می‌کند.
۹ – نیزهٔ فرامرز یکبار بکار می‌رود، و آن همانست که سرخه را از زمین بلند کرد... پس‌ازآن نیزه را بکنار می‌اندازند و شمشیر یا گرز را می‌گیرند. ۱۰ – فرامرز با نیزه یورش برده بود، و اکنون تیغ در دست دارد!
۱۱ – همهٔ سواران ایرانی، ازپسِ یک کس؟

فرامرز پیش پدر شد چو گرد ‌ به پیروزی از روزگار نبرد
به پیش اندرون سرخه را بسته دست ‌ بکرده ورازاد را یال پست[1]
همه غار و هامون پراز کشته بود ‌ سر دشمن از رزم برگشته بود[2]
سپاه آفرین خواند بر پهلوان ‌ بر آن نامبُردار، پور جوان
تهمتن بر او آفرین خواند نیز ‌ بدرویش بخشید بسیار چیز[3]
یکی داستان زد بر او پیلتن ‌ که: «هرکس که سر برکشد ز انجمن[4]
خرد باید و گوهر نامدار ‌ هنر یار و فرهنگش آموزگار[5]
چو این چار گوهر، بجای آورد ‌ دلاور شود پرّ و پای آورد[6]
از آتش نبینی جز افروختن ‌ جهانی، چو پیش آیدش سوختن[7]
فرامرز نشگفت اگر سرکش است ‌ که پولاد را دل پراز آتش است[8]
چو آورد با سنگ خارا کند ‌ ز دل راز خویش آشکارا کند»[9]
به سُرخه نگه کرد پس، پیلتن ‌ یکی سرو آزاد بُد، در چمن
برش چون برِ شیر و رخ چون بهار ‌ ز مشک سیه کرده بر گل، نگار
بفرمود پس تا برندش بدشت ‌ ابا خنجر و روزبانان و تشت
ببندند دستش به خمّ کمند ‌ بخوابند بر خاک چون گوسفند[10]
بسان سیاوش سرش را ز تن ‌ ببرّند و کرکس بپوشد کفن[11]
چو بشنید توس سپهبد برفت ‌ بخون ریختن روی بنهاد، تفت[12]
بدو سرخه گفت: «ای سرافراز شاه ‌ چه ریزی همی خون من بیگناه!
سیاوش مرا بود همسال و دوست ‌ روانم پراز درد و اندوه اوست
مرا دیده پر آب بُد روز و شب ‌ همیشه بنفرین گشاده دو لب[13]
بران‌کس که آن تشت و خنجر گرفت ‌ بر آن کس که آن شاه را سرگرفت»[14]

---

۱ - **یک:** پیش اندرون نادرست است. **دو:** سخن چنانست که هردو کار را یکی کرده است، باز آنکه ورازاد پیش‌ازاین کشته شده بود.

۲ - کُشته را باگَشته، پساوا نیست. ۳ - در میدان نبرد درویش را از کجا یافتند؟

۴ - این رج هموار می‌نماید، اما وابسته بداستان پسین است.

۵ - **یک:** خرد باید و... نادرست است: «او را خرد باید و...». **دو:** در لت دویم نیز همچنانکه «فرهنگش» آمده‌است، هنر را نیز «ش» باید.

٦ - از چهار چیز نامبرده، خرد و گوهر... گوهر است اما فرهنگ و هنر آموختنی و آزمودنی نیست، و نمی‌توان از آنها با نام «گوهر» یاد کردن! ۷ - این رج را با داستان پیوندی نیست.

۸ - فرامرز نشگفت نادرست است: «شگَفت نیست اگر فرامرز، سرکش است». ۹ - دنبالهٔ گفتار

۱۰ - بخوابند نادرست است: «بخوابانند». ۱۱ - چون کسی بمیرد، نمی‌تواند کفن (از شکم کرکس) پوشیدن.

۱۲ - توس سپهسالار ایران، روزبان و کارگزار نبود که برای سر بریدن روانه‌اش کنند. اما چون روی سخن سرخه بر ستم پادشاه سیستان است و او را «شاه» می‌نامد، افزایندگان اندیشیده‌اند که نام توس را آورند، از آنجا که او فرزند شاه نوذر بوده‌است.

۱۳ - در این رج، روشن نیست که دیدهٔ او (برای که) پراز آب بوده‌است. ۱۴ - «سر گرفتن» بجای سر بریدن آمده‌است.

دل توس بخشایش آورد سخت / بر آن نامبردارِ برگشته بخت[1]
برِ رستم آمد بگفت این سخن / که پور سپهدار افکند بن[2]
چنین گفت رستم که: «گر شهریار / چنان خسته دل شاید و سوگوار*
همیشه دل و جان افراسیاب / پراز درد باد و، دو دیده پر آب»
همان تشت و خنجر زواره ببرد / بدان روزبانان لشکر سپرد[3]
سرش را به خنجر بریدند زار / زمانی خروشید و برگشت کار
بریده سر و تنش بردار کرد / دو پایش ز بر، سر نگونسار کرد[4]
بر آن کشته از کین برافشاند خاک / تنش را به خنجر بکردند چاک[5]
جهانا چه خواهی ز پروردگان؟ / چه پروردگان، داغ دل بردگان![6]

آگاهی یافتن افراسیاب
از
کشته شدن سرخه

چو لشکر بیامد ز دشت نبرد / رخان پر ز خون و روان پر ز درد[7]؛
خبر شد ز لشکر به افراسیاب / که: «بیدارْ بخت، اندر آمد بخواب
همان سرخهٔ نامور کشته شد / چنان دُوْلَتِ تیز برگشته شد[8]
بریده سرش را نگونسار کرد / تنش را به خون غرقه بردار کرد[9]
همه شهر ایران جگر خسته‌اند / به کین سیاوش کمر بسته‌اند[10]
نگون شد سر تاج افراسیاب / همی کند موی و همی ریخت آب[11]
همی گفت: «رادا، سرا، موبدا! / ردا، نامدارا، یلا، بخردا!»[12]

---

۱ – دو رج دنبالهٔ داستان. ۲ – دنبالهٔ داستان.
* – اگر شهریار (کاووس) را شایسته است که (از مرگ فرزند) خسته‌دل و سوگوار باشد، دل و جان افراسیاب نیز (از مرگ فرزند) پراز درد باد. ۳ – سپهدار نیمروز، زواره را پایگاه از آن بلندتر بوده‌است که تشت و خنجر را ببرد و به روزبانان بسپرد!
۴ – چگونه سرش را نگونسار کرد؟ که سر او را بریده بودند!
۵ – کنش در لت نخست یگانه است (افشاند)، و در لت دویم گروه است (کردند).
۶ – **یک:** باز، سرکوفت زدن بجهان، با سخنانِ سست. **دو:** این داستان در شاهنامه بنداری نیز نیست.
۷ – سخن از لشکر در رج پسین می‌آید. ۸ – دُوْلَتِ تیز را هیچ روی نیست!
۹ – چه کس سر بریدهٔ او را نگونسار کرد؟ ۱۰ – این رج با گفتار، پیوند ندارد.
۱۱ – **یک:** تاج را از سر برداشتن شاید، اما خود تاج نگون نمی‌شود. **دو:** سخن سست است؛ آب بر جای اشک!
۱۲ – سرخه موبد نبوده‌است.

آماده شدن افراسیاب برای نبرد ۱۵۷

دریغ ارغوانی رخت همچو ماه!   دریغ آن کیی برز و بالای شاه![1]
خروشان بسر بر، پراکند خاک   همه جامه بر خویشتن کرد چاک
چنین گفت از آنپس رد افراسیاب   که: «ما را برآمد سر از خورد و خواب
همه کینه را، چشم روشن کنید   نهالی* ز خفتان و جوشن کنید»
چو برخاست آوای کوس از درش   بجنبید بر بارگه لشکرش[2]
بزد نای رویین و بربست کوس   همی آسمان بر زمین داد بوس[3]
بگسردنکشان خسرو آواز کرد   که: «ای نامداران روز نبرد[4]
چو برخیزد آوای کوس از دو روی   نجوید زمان مرد پرخاشجوی[5]
همه رزم را دل پراز کین کنید   به ایرانیان پاک نفرین کنید»[6]
خروش آمد و نالهٔ کرّنای   دم نای رویین و هندی درای
زمین آمد از سمّ اسپان بجوش   به ابر اندر آمد ز گردان خروش[7]

*

چو برخاست از دشت، گردِ سپاه   کس آمد برِ رستم از، دیدگاه
که: «آمد سپاهی چو کوه گران   همه رزمجویان و گنداوران»
ز تیغ دلیران هوا شد بنفش   برفتند با کاویانی درفش
برآمد خروش سپاه از دو روی   جهان شد پراز مردم جنگجوی
خور و ماه گفتی برنگ اندرست   ستاره بچنگ نهنگ اندرست[8]
سپهدار ترکان برآراست جنگ   گرفتند کوپال و خنجر به چنگ[9]
بیامد سوی میمنه بارمان   سپاهی ز ترکان دنان و دمان[10]
سوی میسره کهرم تیغ زن   به قلب اندرون شاه با انجمن[11]

---

۱ - **یک:** سخن درهمریخته است، و درست آنست که: دریغ (از آن) رخ ارغوانی چون ماهت! **دو:** تورانیان از نژاد کیی نبودند.

* - نهالی: تشک: بهنگام خواب نیز با جوشن و خفتان باشید.

۲ - از آوای کرّنای، بهنگام، در رج ۱۰۳۸۰ یاد می‌شود.   ۳ - دنبالهٔ گفتار.   ۴ - آواز «کردنی» نیست.

۵ - **یک:** برای نامداران یاد شده در رج پیشین، کنش «نجوید» درست نیست: «نجویید». **دو:** سخن پیوند ندارد.

٦ - **یک:** نفرین کردن کار پیره‌زنان است، و در میدان نبرد، کار از گونه‌ای دیگر است. **دو:** در سخن پیشین آمده‌بود «همه کینه را، چشم روشن کنید» و این دوباره‌گویی است.

۷ - هنوز گرد از سپاه برنیامده است (رج پسین) پس چگونه زمین بجوش آمده‌بود.

۸ - **یک:** گفتی... **دو:** نهنگ را چنگ نیست.

۹ - **یک:** هنوز تورانیان، ترک نبوده‌اند. **دو:** «آراستن سپاه» از پیش است، (چنانکه در سخن پسین می‌آید)، نه «آراستنِ جنگ». **سه:** «کوپال و خنجر» در پایان کار و بهنگام جنگ تن بتن پیش می‌آید، نه از آغاز کار!

۱۰ - **یک:** دوباره سخن از ترکان می‌رود. **دو:** باری آنانکه به بال راست آمده‌اند، چرا سپاه بایستی دم‌زنان و مانده از جنگ بوده باشند؟

۱۱ - **یک:** هنر کهرم، تنها تیغزنی نبوده‌است! و پهلوانان را بایستی از همهٔ هنرهای نبرد، آگاه بودن! **دو:** اگر از «انجمن» تورانیان را خواسته‌اند گفتن، بیشتر آنان در بال‌های راست و چپ بوده‌اند.

*

وز این روی رستم سپه برکشید — هوا شد ز تیغ یلان ناپدید[1]
بیاراست بر میمنه گیو و توس — سواران بیدار با پیل و کوس[2]
چو گودرز گشواد بر میسره — هجیر و گرانمایگان یکسره[3]
به قلب اندرون رستم زابلی — زره‌دار با خنجر کابلی[4]
تو گفتی نه شب بود پیدا نه روز — نهان گشت خورشید گیتی‌فروز[5]
شد از سمّ اسپان زمین سنگ رنگ — ز نیزه هوا همچو پشت پلنگ[6]
تو گفتی هوا کوه آهن شده‌ست — سر کوه پر ترگ و جوشن شده‌ست[7]
به ابر اندر آمد سنان و درفش — درفشیدن تیغ‌های بنفش[8]
بیامد بقلبِ سپه، پیلسَم — دلی پر ز کین، چهره کرده دژم
چنین گفت با شاه تورانسپاه — که: «ای پرهنر سرورِ نیکخواه
گرایدونکه از من نداری دریغ — یکی باره و جوشن و گرز و تیغ
ابا رستم امروز جنگ آورم — همان نام او، زیر ننگ آورم
به پیش تو آرم سر و رخش او — همان گرز و تیغِ جهانبخش او»
از او شاد شد جان افراسیاب — سر نیزه بگذاشت از آفتاب[9]
بدو گفت که :«ای نامبردار شیر — همانا که پیلت نیارد بزیر
اگر پیلتن را بچنگ آوری؛ — زمانه برآساید از داوری؛
به توران چو تو کس نباشد به جاه — به گنج و به تیغ و به تخت و کلاه[10]
بگردان سپهر، اندر آری سرم — سپارم ترا دختر و کشورم

---

۱ - **یک:** سپه‌کشی کاریست که پیش‌از جنگ و بهنگام جنبش سپاه از کشور بسوی کشوری دیگر انجام می‌پذیرد، نه پس‌از آرایش سپاه! **دو:** رستم تنها در یک جنگ سپه‌کشی کرد، و آنهم در جنگ سیاوخش با تورانیان بود. **سه:** رستم جهان‌پهلوان، پهلوان ایران بود و نه سپهکش.

۲ - «بیاراست» برای دو کس «گیو» و «توس» درست نمی‌نماید! (بیاراستند)

۳ - **یک:** «چو» در آغاز سخن درست نیست. **دو:** این گروه «گرانمایه» کیانند؟ و آیا دیگر ایرانیان گرانمایه نبودند؟ و اگر همهٔ گرانمایگان ایران در این بال جای گرفتند،... بال و قلب و دنباله از گرانمایه تهی بود؟

۴ - جنگ‌افزار رستم تنها «خنجر» بوده‌است؟

۵ - «تو گفتی»...

٦ - **یک:** زمین سنگ رنگ(؟!). **دو:** اگر از نیزه هوا نیستان گردد، درست است، و پشت پلنگ را با انبوه نیزه هیچ همانندی نیست، مگرآنکه آنرا به پشت خارپشت همانند کنند!

۷ - **یک:** اگر هوا به پشت پلنگ مانده، شده بود، دیگر چرا به کوه آهن همانند می‌شود؟ **دو:** سر کوه، پر ترگ شاید بودن، اما جوشن در میانهٔ کوه جای می‌گیرد نه بر سر آن!

۸ - **یک:** با آنکه سخن زیبا است، اما پایان ندارد! **دو:** این بخش در شاهنامهٔ بنداری نیامده است.

۹ - شاه را نیزه در دست نبود که از آفتاب بگذراند! نیزهٔ شاه را همواره یکی از پهلوانان در دست می‌گرفت.

۱۰ - **یک:** پیلسم را برادر بزرگتری بنام پیران سپهدار است و چگونه وی از پیران بجاه برتر است؟ **دو:** افزاینده را گمان چنان بوده‌است که بگوید: اگر رستم را بچنگ آوری... تو را در توران بجاه و گنج و تخت و کلاه، از همگان بالاتر می‌کشانم! باز آنکه این گرامیداشت در رج پسین آمده‌است.

از ایران و توران دو بهر آنِ تست   همان گوهر و گنج و شهر آنِ تست»[1]
چو بشنید پیران، غمین گشت سخت   بیامد برِ شاه خورشیدبخت
بدو گفت کـ:«این مرد برنا* و تیز   همی بر تن خویش دارد ستیز
همی در گمان افتد از نام خویش●   نیندیشد از کار و فرجام خویش
کسی سوی دوزخ نپوید به پای   اُگر خیره سوی دم اژدهای[2]
گر او با تهمتن نبرد آورَد؛   سر خویش را زیر گرد آورَد؛
شکسته شود دل، گوان را بجنگ   بود زین سخن نیز بر شاه ننگ
برادر تو دانی که کهتر بود   فزون‌تر بر او مهر مهتر بود»[3]
به پیران چنین گفت پس پیلسم: «کزین، پهلوان، دل ندارد دژم○
که گر من کنم جنگ، جنگی پلنگ   نیارم□ ببخت تو بر شاه ننگ
به پیش تو با نامور چار گرد   چه کردم، تو دیدی ز من دستبرد[4]
همانا کنون زورم افزون‌تر است   شکستن دل من نه اندرخور است[5]
برآید بدست من این کارکرد   به گِردِ درِ اخترِ بَد مَگرد»
چو بشنید زو این سخن شهریار   یکی اسپ شایستهٔ کارزار
بدو داد با تیغ و برگستوان   همان نیزه و درع و خودِ گوان
بیاراست مر جنگ را پیلسم   همی راند چون شیر، با باد و دم
به ایرانیان گفت: «رستم کجاست؟   که گویند: کاو، روز جنگ اژدهاست!
چو بشنید گیو این سخن بردمید   بزد دست و تیغ از میان برکشید

---

۱ - دو بهر، از چند بهر؟ بنداری چنین آورده است «ان فعلت ذلک زوجتک ابنتی، و ملکتک ثلثی ممالک توران» اگر اینرا بجای آوری، دخترم را جفت تو می‌کنم و بر سه‌یک (یک‌سیوم) از کشورهای (سرزمین‌های) توران پادشاهت می‌سازم!

* - پیش‌ازاین واژهٔ «برنا» را شکافته‌ام، اما اینجا پیدا است که برادر بزرگ او، برای فرونشاندنِ وی او را برنا می‌خواند! چنانکه امروز بمردی گویند: ای کودک کم خرد!

● - از این سخن پیران روشن می‌شود که نام پیلسم، پیلسَهم؛ پیل سهمگین، یا دارندهٔ سَهم (ترس آوری) پیل بوده‌است، و چون چنین است، او را گمان بر آن افتاده‌است که بی‌گمان زور و سهم پیلان را دارد!

۲ - **یک:** این رج پیوند سخن پیشین‌وپسین را می‌گسلاند. **دو:** در زبان فارسی هیچگاه اژدها را «اژدهای» نخوانده‌اند.

۳ - **یک:** این روشن است که پیلسم کهتر از پیران بوده! **دو:** افزاینده خواسته است بگوید: تو بهتر دانی که برادر بزرگتر، ببرادر کهتر، مهرِ بیشتر دارد!! اما نتوانسته است که سخن را چنانکه باید بیاراید.

○ - پهلوان توران، پیران از این جنگ من با رستم اندوه بخود راه ندهد!

□ - در همهٔ نمونه‌ها چنین آمده‌است و درست نیست. بی‌گمان سخن فردوسی چنین بوده‌است:

اگر من کنم جنگ - جنگی پلنگ   نیارد- ببخت تو، بر شاه، ننگ

۴ - **یک:** افزاینده بیاد داستان افزودهٔ پیشین افتاده است، که از آن گذشتیم. **دو:** لت دویُم سست است. روان فرزندم که چنین سخن را در یکی از آزمایش‌های روزگار برای من نوشت، شاد باد!

۵ - **یک:** باگذرِ سال زور افزونتر می‌شود، یاکمتر! **دو:** بنداری ندارد.

بدو گفت: «رستم به یک ترک جنگ / نسازد همانا که آیدْش ننگ»[1]
برآویختند آن دو جنگی بهم / دمان گیوِ گودرز، با پیلسم
یکی نیزه زد گیو را کز نهیب / برون آمدش هردو پای از رکیب
فرامرز چون دید، یار آمدش / همان یار جنگی، بکار آمدش
یکی تیغ بر نیزهٔ پیلسم / بزد، نیزه از تیغ او شد قلم[2]
دگر باره زد بر سر ترگ اوی / شکسته شد آن تیغ پرخاشجوی[3]
همی گشت، با آن دو یل، پیلسم / بمیدان بکردار شیر دژم
تهمتن ز قلب سپه بنگرید / دو گرد دلیر و گرانمایه دید
برآویخته با یکی شیرمرد / به ابر اندر آورده از باد، گرد
بدانست رستم که جز پیلسم / ز ترکان ندارد کس آن زور و دم[4]
ز دیگر که از نامور بخردان / ز گفت ستاره شمر موبدان[5]
ز اختر بد و نیک بشنوده بود / جهان را چپ و راست پیموده بود[6]
که: «گر پیلسم از بد روزگار / خرد یابد و پند آموزگار[7]
نبرده چنو در جهان سر بسر / به ایران و توران نبندد کمر[8]
همانا که او را زمان آمدهٔست / که ایدر به جنگم دمان آمدهٔست»[9]
به لشکر بفرمود که: «از جای خویش / نگر، ناورید اندکی پای پیش[10]
شوم بر گرایم تن پیلسم / ببینم که دارد پی و شاخ و دم؟»[11]
یکی نیزهٔ بارکش برگرفت / بیفشارد ران، ترگ بر سر گرفت[12]
گران شد رکیب و سبک شد عنان / بچشم اندر آورد رخشان سنان

---

۱ - **یک:** «بیک» نادرست است و «با یک» می‌شاید. **دو:** نام ترک آمده، و اگر تورانیان را ترک نیز در شمار آوریم پیلسم برادر پیران فرزند ویسه بی‌گمان نژاد ایرانی دارد.

۲ - «قلم» خودِ نیزه را شاید گفتن نه نیمه شدن آنرا، قلم؛ خامه، قلمِ پا... «قلمِ دست» است نه قلمِ بریده شده! کاربرد این واژه برای بریده شدن، نادرست و تازه است.

۳ - **یک:** اگر تیغ بر کلاهخودِ او می خورد و می‌شکست، باور کردنی بود، تیغ بر ترگ نمی‌شکند! **دو:** تیغ پرخاشجوی چگونه تیغی باشد؟ شمشیری که پرخاش می‌جوید؟ اگر از پرخاشجوی فرامرز را خواهد گفتن، می‌بایستی چنین آید: تیغِ آن پرخاشجوی.

۴ - اگر سخن درست می‌بود، می‌بایستی چنین آمده باشد: رستم بدانست که آنکس که چنین زور و دم را دارد بجزاز پیلسم نیست!

۵ - از بخردان نامور... شنیده بود. و «ز گفت» لت دویم نابکار است.

٦ - **یک:** بد و نیک اختر را چه پیوند با شناختن پیلسم؟ **دو:** چپ و راست پیمودن را چه پیوند با این گفتار است؟

۷ - خرد یافتن و (شنیدن) پند آموزگار را می توان (بدِ روزگار) در شمار آوردن؟!

۸ - پس رستم پهلوان خود، کیست و در این میدان از بهرِ چیست؟

۹ - این گفتار، پیوندی با سخن پسین ندارد.

۱۰ - **یک:** چون «بلشکر» می‌گوید، اینجا نیز «بنگرید» می‌باید، نه «نگر». **دو:** ناورید نیز، نادرست است و مَیاورید درست! **سه:** اندکی چرا؟ هیچ، پای پیش میاورید.

۱۱ - **یک:** برگرایم؛ گرایش کنم. را با تنِ پیلسم چه پیوند؟ **دو:** پی و شاخ و دم؟ از دمِ او که در آغاز این سخن یاد شده بود!!

۱۲ - **یک:** نیزهٔ بارکش در جهان پیشینه ندارد. **دو:** ترگ نیز زیر کلاهخود همواره برسر است! و نبایستی آنرا بهنگام یورش بر سر گرفتن!

آماده شدن افراسیاب برای نبرد ۱۶۱

غمی گشت و بر لب برآورد کف / همی تاخت از قلب تا پیش صف[1]
چنین گفت کـ:«ای نامور پیلسم / مراخواستی تا بسوزی به دم؟»[2]
یکی نیزه زد بر کمرگاه اوی / ز زین برگرفتش بکردار گوی
همی تاخت تا قلب تورانسپاه / بینداختش خوار در قلبگاه
چنین گفت: «این را بدیبای زرد / بپوشید کز گرد شد لاژورد»[3]
عنان را بپیچید زان جایگاه / بیامد دمان تا به قلب سپاه[4]
ببارید پیران ز مژگان سرشک / تن پیلسم دور دید از پزشک[5]
دل لشکر و شاهِ تورانسپاه / شکسته شد و تیره شد رزمگاه
خروش آمد از لشکر هردو سوی / بِهودارِ گُردان پرخاشجوی
خروشیدن کوس بر پشت پیل / ز هرسو همی رفت تا چند میل
زمین شد ز نعل ستوران ستوه / همه کوه دریا شد و دشت کوه[6]
ز بس نعره و نالهٔ کرّنای / همی آسمان اندر آمد ز جای[7]
همی سنگ مرجان شد و خاک خون / سراسر سر سروران شد نگون[8]
بکُشتند چندان ز هردو گروه / که شد خاک، دریا و هامون؛ چو کوه
یکی باد برخاست از رزمگاه / هوا را بپوشید گرد سیاه
دو لشکر بهامون همی تاختند / یکی از دگر بازنشناختند[9]
جهان چون شب تیره تاریک شد / تو گفتی بشب، روز نزدیک شد[10]
چنین گفت با لشکر افراسیاب / که: «بیدار بخت، اندر آمد بخواب[11]
اگر سستی آرید یک تن بجنگ / نماند مرا روزگار درنگ[12]

---

۱ - **یک:** پهلوان را در میدان جنگ چه جای غمگین شدن است؟ **دو:** «همی تاخت» درست نیست و «بتاخت» درست است.

۲ - **یک:** پیلسم نگفته‌بود که می‌روم تا رستم را با «دَم» خویش بسوزانم. **دو:** این گفتار در بنداری نیست.

۳ - تن پیلسم، در میانِ گرد نبوده‌است، و اگر هم بوده باشد، گرد؛ تن را لاجوردین نمی‌کند. آنگاه چرا می‌بایستی که تنِ درگذشته را بدیبای زردرنگ بپوشانند؟

۴ - در گفتار پسین چنین آمده‌است که با اینکارِ رستم بر او سپاه بجوش درآمدند و پرخاش از دو سوی آغازگردید! پس چگونه است که در چنان گیرودار، رستم بسوی سپاه ایران باز می‌گردد؟

۵ - سخن سست است، پیلسم کشته شده را چه نیاز به پزشک است.

۶ - کوه چگونه دریا شد؟ درِ کوه شدنِ دشت از تل کشته‌ها سخنی است که پیشتر گذشت.

۷ - دنبالهٔ گفتار

۸ - آیا همهٔ پهلوانان دولشکر کشته شدند؟ (سراسر سرِ سروران)

۹ - دولشکر در دشت آوردگاه می‌جنگیدند و دشت نیز همان هامون است: یکی از دگر را هیچ جای گفتن نیست زیرا که سپاهیان سه کس نبوده‌اند.

۱۰ - توگفتی... بازگونهٔ آن درست می‌نماید که شب نزدیک شد.

۱۱ - سردار سپاه، درسخت‌ترین هنگام جنگ، سپاهیان خود را نمی‌ترساند.

۱۲ - **یک:** «یکتن» باکنش «آرید» همخوان نیست. **دو:** این درست می‌نماید؟ که پادشاه بسپاهیان خویش بگوید؛ من خواهم گریختن!

بر ایشان ز هر سو کمین آورید ... به نیزه خور اندر زمین آورید»[1]
بیامد خود از قلب توران سپاه ... برِ توس شد داغ دل کینه‌خواه[2]
از ایران فراوان سپه را بکشت ... غمی شد دل توس و بنمود پشت[3]
برِ رستم آمد یکی چاره‌جوی ... که: «امروز از این رزم شد رنگ و بوی[4]
همه رزمگه شد چو دریای خون ... درفش سپهدار ایران نگون»[5]
بیامد ز قلب سپه پیلتن ... پس او فرامرز با انجمن[6]
سپردار بسیار در پیش بود ... که دل‌شان ز رستم بداندیش بود[7]
همه خویش و پیوند افراسیاب ... همه سر پراز کین و دل پر شتاب[8]
تهمتن فراوان از ایشان بکشت ... فرامرز و توس اندر آمد به پشت[9]
چو افراسیاب آن درفش بنفش ... نگه کرد بر جایگاه درفش[10]
بدانست کان پیلتن رستم است ... سرافراز و از تخمهٔ نیرم است[11]
برآشفت برسان جنگی پلنگ ... بیفشارد ران پیش او شد به جنگ[12]
چو رستم درفش سیه را بدید ... بکردار شیر ژیان بردمید
به جوش آمد آن نامبردار گرد ... عنان بارهٔ تیزتگ را سپرد[13]
برآویخت با سرکش افراسیاب ... به پیگار خون رفت چون رود آب[14]
یکی نیزه، سالار توران سپاه ... بزد بر برِ رستم کینه‌خواه
سنان اندر آمد به بند کمر ... به ببربیان بر، نبُد کارگر

۱ - **یک:** میدان جنگ جای کمین نیست و یورش و کوششِ آشکار است. **دو:** «اندر» برای جایی بکار می‌رود که چون خانه‌ای میان‌تهی بوده باشد، و برای زمین گسترده کاربرد ندارد.

۲ - از قلب به قلب یورش توان بردن نه چنانکه پیشتر در افزوده‌ها آمده‌بود به بال راست.

۳ - **یک:** سخن سست... فراوان (سپاهی = سوار؛ جنگی) را می‌توان کشتن اما فراوان (سپاه) را نمی‌توان. **دو:** در چنین جای که کسی می‌گریزد، از (ترس) می‌گریزد، یا از (غم)؟

۴ - چگونه است که پهلوان ایران از هنگامهٔ رزم ناآگاه است و یک چاره‌جوی گمنام او را آگاه می‌کند؟

۵ - از گریختن توس در همین افزوده‌ها سخن رفته‌بود، و از سرنگون شدن درفش کاویان آگاه نبودیم.

٦ - باز این کدام انجمن است؟ همهٔ ایرانیان‌اند؟ انجمن مهیستان است؟ که در رزمگاه نیستند.

۷ - **یک:** سپرداران بهنگام روبرو شدن دو سپاه و تیراندازی در یک رده پیش سپاه می‌آیند، نه در جنگ تن بتن در این هنگام سپرِ هرکس، سنگر همان یک کس است. **دو:** سست‌ترین سخن! بداندیش؛ همان دشمن است و دل کسی از کسی (دشمن بودن) را هیچ کودک بکار نمی‌برد!

۸ - پیوندی با گفتار ندارد.

۹ - «اندر آمد» برای یک کس کاربرد دارد نه برای دو کس. و به پشت نمی‌توان (اندر) آمدن.

۱۰ - **یک:** درفش ایران که سرنگون شده بود! **دو:** درفش را بر جایگاه درفش نگه کردن چه گزارش دارد؟

۱۱ - **یک:** دانست که «جایگاه درفش» رستم است؟ سخن نادرخور! **دو:** پس از آنکه دانست که او رستم است، پی به نژاد او برد؟

۱۲ - دنبالهٔ گفتار

۱۳ - چون در رج پیشین نام رستم آمده‌بود، دوباره با «آن» یاد او کردن نادرست است.

۱۴ - **یک:** در این نبرد، بگواهی سخنان آینده یک چکره (= قطره) خون از او و پهلوان نریخته است، پس چگونه در پیکارشان خون همانند جوی آب روان گردید؟ **دو:** این داستان در شاهنامهٔ بنداری نیامده است.

تهمتن بکین اندر آورد روی یکی نیزه زد بر سر اسپ اوی
تکاور ز درد اندر آمد بسر بیفتاد زو، شاه پرخاشخر
همی جُست رستم کمرگاه او که از رزم کوته کند راه او
نگه کرد هومان، بدید از کران بگردن برآورده گرز گران؛
بزد بر سر شانهٔ پیلتن بلشکر خروش آمد از انجمن
ز پس کرد رستم هم‌آنگه نگاه بجَست از کَفَش نامبردار شاه[1]
برآشفت؛ گُردافکنِ تاجبخش بدنبال هومان برانگیخت رخش
بتازید چندیْ و چندی شتافت زمانه بُدش مانده، او را نیافت[2]
سپهدار توران ز چنگش بجَست یکی اسپ آسوده را برنشست
چو از جنگ رستم بپیچید روی؛ گریزان همی رفت، پرخاشجوی!
برآمد ز هرسو دم کرّنای همی آسمان اندر آمد ز جای
به ابر اندر آمد خروش سران گرایدن گرزهای گران
گوان سر بسر نتره برداشتند سنان‌ها به ابر اندر افراشتند[3]
زمین سر بسر کشته و خسته بود اُگر لاله بر زعفران رسته بود[4]
سپردند اسپان همی خون به نئل شده پای پیل از دل کشته لئل[5]
هزیمت گرفتند ترکان چو باد که رستم ز بازو همی داد داد[6]
سه فرسنگ چون اژدهای دمان تهمتن همی شد پس بدگمان[7]
اُزان جایگه پیلتن بازگشت سپه یکسر از جنگ ناساز گشت[8]
ز رستم بپرسید پرمایه توس که: «چون یافت شیر از یکی گور کوس؟»[9]
بدو گفت رستم که: «گرز گران چو یاد آرد از یال جنگاوران
دل سنگ و سندان نماند درست، بر و یال کوبنده باید نخست

---

۱ - این سخن در رج ۱۰۴۸۹ آمده‌است، با گفتار درستِ فردوسی.

۲ - سخن سست با اندیشهٔ ناهماهنگ! در سخن پسین آمده‌است که چون رستم از جنگ روی پیچید، افراسیاب راگریزاندند. پس چگونه شتافت و تاخت؟...

۳ - **یک:** در رج پیشین همگی گرز در دست داشتند، و اکنون سنان برافراشته؟ **دو:** در میانهٔ جنگ میدان، سنان در کار نیست **سه:** در رج پیشین از خروش سران یاد شده بود و «نتره» در اینجا دوباره‌گویی است.

۴ - **یک:** این گفتار پیوند میان ردهٔ پیشین‌وپسین را از هم می‌گسلدند. **دو:** خَسته با رُسته هماوا نیست.

۵ - **یک:** با «نئل اسپان» خون را از زیر «پای» گذراندند؟! (می‌گذراندند = می‌سپردند) باید. **دو:** «اسپان» در لت نخست با «پیل» در لت دویم هماهنگ نیست.   ٦ - **یک:** تورانیان ترک نبوده‌اند. **دو:** لت دویم سست است.

۷ - همی‌شد نادرست است: «برفت».

۸ - **یک:** بازگشتن سپاه در سخنِ پسین خواهد آمدن. **دو:** «ناساز گشت» بهنگام پیروزی، ناسازگارترین سخن است.

۹ - **یک:** چهار رج. گفتار افزوده در سستی و ناهماهنگی نمونه است، و نیاز به کافتن و شکافتن آن نمی‌بینم. **دو:** در بنداری نیز نیامده است.

عـمودی کـه کـوبنده هـومان بـود / تـو آهـن‌مـخوانش کـه مـوم آن بـود»
بـه لشکـرگهِ خـویش گشـتند بـاز / سـپه یکسـر از خـواسـته بـی‌نیاز [1]
هـمه دشت پـر آهـن و سـیم و زر / سـنان و سـتام و کـلاه و کـمر [2]

پادشاهی رستم
در
تورانزمین

چـو خـورشید، بـرزد سـر از کـوهسار / بگسـترد، یـاقوت، بـر جـویبار
تـهمتن هـمه خـواسـته گـرد کـرد / بـبخشید یکسـر بـه مـردان مـرد [3]
خـروش آمـد و نـالهٔ کـرّنای / تـهمتن بـرانگـیخت لشکـر ز جـای
نـهادند سـر، سـوی افـراسـیاب / هـمه، رخ ز کـین سیاوش پـر آب
پس آگـاهی آمـد بـه پـرخـاشجوی / کـه رسـتم بـتوران درآورد روی [4]
بـه پـیران چـنین گـفت کـ«ـ:ایـرانـیان / بـدی را بـبستند یکسـر مـیان [5]
کـنون بـوم و بـر جـمله ویـران شـود / بکـام دلیـران ایـران شـود [6]
کسـی نـزد رسـتم بـرد آگـهی / از ایـن کـودک شـوم بـی‌فرهی [7]
هـم آنگـه بـرندش بـه ایـران سـپاه / یکـی نـاسزا بـرنهندش کـلاه [8]
نـوندی بـرافکـن هـم انـدر زمـان / بـر شـوم پـی‌زادهٔ بـدگمان [9]
کـه بـا مـادر آن هـردو تـن را بـهم / بـیارد نگـوید سـخن بـیش و کـم» [10]
نـوندی بـیامد بـبردندشان / شـدند آن دو بـیچاره چـون بـیهشان [11]
بـه نـزدیک افـراسـیاب آمـدند / پـراز درد و تـیمار و تـاب آمـدند [12]

---

۱ – **یک:** سخن، پایان ندارد. **دو:** نیز در بنداری نیست. ۲ – همچنین

۳ – **یک:** در سخن پیشین آمده‌بود که «سپه یکسر از خواسته بی‌نیاز» و اینجا دوباره‌گویی است. **دو:** «مردان مرد» را در اینجا چه جای است؟ مگر در میدان نبرد مردان نامرد هم بوده‌اند؟ **سه:** این سخن میان رج پیشین و رج پسین جدایی می‌افکند.

۴ – **یک:** یک سردار، بهنگام گریز، پرخاشجوی نمی‌شود. **دو:** پیش‌ازآن چنین آگاهی نداشت؟ آنانکه از پیش رستم گریخته بودند!

۵ – دنبالهٔ گفتار ٦ – لت دویم را با لت نخست پیوند نیست: «جهان بکام دلیران ایران...».

۷ – چون کودک، دور از افراسیاب بوده‌است، می‌باید «آن» بباید نه «این». ۸ – تاج شاهی ایران بر کلاه ناسزا نبوده‌است.

۹ – **یک:** نوند برافکن «بسوی» نه «برِ». **دو:** شوم پی زاده؟ **سه:** «بدگمان» همان دشمن است، و تا آنزمان که از آن کودک دشمنی پیدا نشده بود. ۱۰ – یا «با مادر» یا «هردو» یا «بهم» و این هرسه را با هم آوردن نادرست است.

۱۱ – چون همان نوند یاد شده در رج ۱۰۵۱۴ بنزد ایشان می‌رسد باید «نوند» گفته شود، نه «نوندی».

۱۲ – **یک:** آمدند، یا بردندشان؟ این گفتار در چند نمونه یکسان آمده‌است، و بگونه‌ای دیگر و کوتاه‌تر نیز در چند پچین دیگر (خالقی ←.

چو بشنید کامد، دگر ره، سپاه تهمتن به پیش اندرون *کینه‌خواه؛
بیاورد لشکر، بدریای چین بر او تنگ شد، پهن روی زمین!
تهمتن نشست از برِ تخت اوی بخاک اندر آمد سر بخت اوی
یکی داستانی بگفت از نخست که: «پرمایه آن‌کس که دشمن نجست[1]
چو بدخواه پیش آیدت کشته به گرآواره از پیش برگشته به»[2]
از ایوان همه گنج او بازجست بگفتند با او یکایک درست
غلامان و اسپ و پرستندگان همان مایه‌ور خوبرخ بندگان[3]
در گنج دینار و پرمایه تاج همان گوهر و دیبه و تخت آج[4]
یکایک ز هرسو به چنگ آمدش بسی گوهر از گنج کنگ آمدش[5]
سپه سر بسر، زان، توانگر شدند ابا یاره و تخت و افسر شدند
یکی توس را داد ازان تخت آج همان یاره و توغ و منشورِ چاچ
ورا گفت: «هرکس که تاب آورد اُگر نام افراسیاب آورد؛
همانگه سرش را ز تن دور کن ازو کرکسان را یکی سور کن
کسی کاو خرد جوید و ایمنی نیازد سوی کیش اهریمنی؛
چو فرزند، باید که داری بناز ز رنج ایمن، از خواسته بی‌نیاز
تو درویش را رنج منمای هیچ همی داد و بر داد دادن پسیچ[6]
که گیتی سپنج است و جاوید نیست فری برتر از فرّ جمشید نیست[7]
سپهر بلندش بپای آورید جهان را جز او کدخدای آورید»[8]
یکی تاج پُر گوهر شاهوار دوتا یاره و توغ باگوشوار[9]
سپیجاب دژ را، بگودرز داد بسی پند و منشور و اندرز داد
ستودش فراوان و کرد آفرین که: «چون تو کسی نیست اندر زمین

← مطلق ۲-۴۰۴) (مسکو ۳و۲و۱۹۱). **دو:** در ترجمهٔ بنداری نیز نیامده است.

* - پیش را اندرون نیست، و گفتار فردوسی چنین می‌نماید: «تهمتن به پیش سپه، کینه‌خواه».

۱ - **یک:** داستان، «زدنی» است (ضرب‌المثل) و گفتنی نیست. **دو:** «نخست» را اینجا یاد کردن، چگونه شاید، که در پایان کاراند؟

۲ - چنین گفتار را داستان نمی‌شاید نامیدن، دشمن یا کشته یا گریخته، گونه‌ای ندارد، که داستان بر این دو زنند!

۳ - **یک:** غلامان و پرستندگان را می‌باید با «اسپان» همراه شدن نه با «اسپ». **دو:** پرستندگان و بندگان خوب‌رخ یک گروه‌اند و جدا کردنشان درست نیست.

۴ - درِ گنج...بدستش آمد! و این سخن نادرست است.

۵ - گنج افراسیاب چه در کنگ چه در جای دیگر، دوباره‌گویی نمی‌خواهد! همهٔ این سخنان در همان گفته پیشین گرد می‌آید که: از ایوان همه گنج او باز جست!

۶ - **یک:** رنج «دادنی» است، نه «نمودنی». **دو:** لت دوئم در هردو گونه سست می‌نماید.

۷ - **یک:** چون سپنج است، پس «جاوید نیست» دوباره‌گویی است. **دو:** فر برتر از فرّ جمشید «نبود» نه «نیست».

۸ - بر این گفتار نمی‌توان انگشت نهادن، اما چون پیوسته به گفتهٔ پیشین است پس افزوده است.

۹ - سخن سست و بی‌مایه و بی‌پایان است.

۱۶۶ داستان سیاوخش

بزرگیّ و فرّ و بلندیّ و داد / همان بزم و رزم، از تو داریم یاد
ترا با هنر گوهر است و خرد / روانت همی از تو رامش برد
روا باشد ار پند من بشنوی / که آموزگار بزرگان توی[1]
ز بلغار تا آبِ گلزریُون / ز فرمان تو، کس نیاید برون[2]
فریبرزِ کاووس را تاج زر / فرستاد و دینار و تخت و کمر
بدو گفت: «سالار و مهتر تویی / سیاوخشِ رد را برادر تویی
میان را بکین برادر ببند / ز فتراک مگشای هرگز کمند
بچین و ختن اندر آور سپاه / بهر جای، از دشمنان، کینه‌خواه
میاسای از کین افراسیاب / ز تن دور کن خورد و آرام و خواب»[3]
بماچین و چین آمد این آگهی / که: «بنشست رستم به شاهنشهی»[4]
همه هدیه‌ها ساختند و نثار / ز دینار و از گوهر شاهوار[5]
تهمتن بجان داد زنهارشان / چو دید آن روان‌های بیدارشان[6]
اُزان پس به نخچیر و با یوز و باز / برآمد چنین، روزگاری دراز[7]

*

چنان بُد که روزی زواره برفت / بنخچیر گوران خرامید، تفت[8]
یکی ترک تا باشدش رهنمای / به پیش اندر افکند و آمد به جای[9]
یکی بیشه دید اندر آن پهن دشت / که گفتی بر او بر نشاید گذشت[10]
ز بس بوی و بس رنگ و آب روان / همی نو شد از باد گفتی روان
پس آن ترک خیره زبان برگشاد / به پیش زواره همی کرد یاد[11]
که: «نخچیرگاه سیاوش بُد این / برین بود مهرش به توران‌زمین[12]
بدین جایگه شاد و خرّم بُدی / جز ایدر همه جای با غم بُدی»[13]

---

۱ - **یک:** پند داده نشد! **دو:** آموزگار، بزرگانِ ایران را پند باید دادن؟ **سه:** «بشنَوی» را با «تویی» پساوا نباشد.

۲ - چون فرمان دژ سپیجاب را بگودرز داد، گسترهٔ بلغار (اروپای شرقی امروز) تا آب گلزریون چگونه در مرز سپیجاپ جای می‌گیرد؟

۳ - در سخن پیشین، آمده‌بود.

۴ - **یک:** آگهی رفت، نه آمد. **دو:** شاهنشاه پاژنام شهریار ایران بوده‌است نه شاه توران.

۵ - هدیه ساختنی نیست! آوردنی است.

۶ - لت دویم سست است.

۷ - سخنِ بی‌پایان، وسست‌تر.

۸ - سخنَ درست است، اما پیوسته بداستان پسین است.

۹ - **یک:** یکی ترک را، (را) بایسته است، اگر تورانیان ترک بوده باشند! **دو:** به پیش‌اند، افکنده راکه توان راه رفتن نیست. **سه:** «بجای» چه باشد؟ کجا باشد؟

۱۰ - چگونه بر بیشه‌ایکه چندین بوی و رنگ و آبِ روان (رج پسین) دارد نمی‌توان گذشتن؟

۱۱ - **یک:** چرا خیره؟ اگر «خیره = بیهوده» بوده پس چگونه رهنمایی زواره را می‌کرد؟ **دو:** «همی» درست نیست زیراکه یادکردن یکبار روی می‌دهد، و دنباله ندارد تا «همی» خواهد.

۱۲ - سیاوش پس‌از پناه جستن در توران، مهر به افراسیاب و پیران وفرنگیس بسته بود.

۱۳ - **یک:** سخن درست نیست، زیراکه سیاوخش را جز در چند روز پسین زندگی، همواره، در همه جای توران، شادی همراه بود.

زواره چو بشنید زو این سخن / بر او تازه شد روزگار کهن [۱]

چو گفتار آن ترکش آمد به گوش / ز اسپ اندر افتاد و زو رفت هوش [۲]

یکی باز بودش به چنگ اندرون / رها کرد و مژگان شدش جوی خون [۳]

رسیدند یاران لشکر بدوی / غمی یافتندش پراز آب روی [۴]

گرفتند نفرین بران رهنمای / برزخمش فکندند هریک ز پای [۵]

زواره یکی سخت سوگند خورد / -فروریخت از دیدگان آب زرد- [۶]

که: «زین پس نه نخچیر جویم نه خواب / نه پردازم از کین افراسیاب [۷]

نمانم که رستم برآساید ایچ / همی کینه را کرد باید پسیچ» [۸]

همانگاه نزد تهمتن رسید / خروشید چون روی او را بدید [۹]

بدو گفت ک:«ایدر بکین آمدیم / اُگر لب پراز آفرین آمدیم؟ [۱۰]

چو یزدان نیکی‌دهش زور داد / از اختر ترا گردش هور داد [۱۱]

چرا باید این کشور آباد ماند، / یکی را بر این بوم و بَر شاد ماند؟ [۱۲]

فرامش مکن کین آن شهریار / که چون او نبیند دگر روزگار» [۱۳]

برانگیخت آن پیلتن را ز جای / تهمتن هم آن کرد، کاو دید رای [۱۴]

همان غارت و کشتن اندر گرفت / همه بوم و بر دست بر سر گرفت [۱۵]

ز توران‌زمین تا بسقلاب و روم / نماندند یک مرز آباد و بوم [۱۶]

همی سر بریدند برنا و پیر / زن و کودک خرد کردند اسیر [۱۷]

بر این گونه فرسنگ بیش از هزار / برآمد ز کشور سراسر دمار [۱۸]

هر آن کس که بُد مهتری با گهر / همه پیش رفتند بر خاک سر

---

۱ - پیوستهٔ گفتار

۲ - **یک:** دوباره‌گویی لت نخست از رج پیشین است. **دو:** ترک! **سه:** در لت دویُم رج پیشین داوری دیگرگونه بود!

۳ - **یک:** چون کسی از هوش رود، باز از چنگش می‌گریزد، و خود رها کردن نتواند. **دو:** و چون کسی از هوش رود؛ گریستن نمی‌تواند.

۴ - در شکارگاه؛ یاران لشکر؟ **دو:** پیوند ندارد «غمگینش» یافتند «و»

۵ - بس بود که یکی از یاران او را با زخم (از) پای بیفکند، چون وی دیگر برنمی‌خاست تا دیگری او را بر زمین افکند.

۶ - پیوند لت دویُم یا لت نخست گسسته است.

۷ - **یک:** بر این سخن انگشت نمی‌توان نهاد اما دنباله گفتار افزودهٔ پیش است. **دو:** این رج در شاهنامهٔ بنداری نیامده است.

۸ - دنبالهٔ گفتار

۹ - سخن سست است. (همانگاه) بیدرنگ از بیشهٔ دوری که برای نخچیر رفته‌بود بنزد رستم رسید؟

۱۰ - دنبالهٔ گفتار

۱۱ - چگونه خداوند از اختر گردش خورشید را، آنهم بیک کس می‌دهد؟

۱۲ - آباد (مانَد) نه (مانْد)

۱۳ - کین آن شهریار با همان جنگ کشیده شده بود.

۱۴ - دنبالهٔ گفتار

۱۵ - مگر زمین نیز دست دارد که آنرا بر سر گیرد؟

۱٦ - سقلاب و روم را چه گناه در کشته شدن سیاوخش بود؟ و سقلاب (سیسیل) روم هنوز در جهان پدیدار نشده بود.

۱۷ - **یک:** برنا(یان) و پیر(ان را). **دو:** زن و کودک خرد (را) **سه:** «کردند» با «همی» سر بریدند، همخوان نیست.

۱۸ - **یک:** اگر سراسر کشور است، شمارش فرسنگ آن بایسته نمی‌نماید. **دو:** این رج نیز در شاهنامه بنداری نیامده است.

که: «بیزار گشتیم ز افراسیاب … نخواهیم، دیدار او را، بخواب!
از آن خون که او ریخت، بر بیگناه … کسی را نبود اندر آن، رای و راه
کنون انجمن، گر پراکنده‌ایم … همه پیش تو چاکر و بنده‌ایم
چو چیره شدی بیگنه خون مریز … مکن چنگِ گردونِ گردنده تیز
ندانیم ما، کان ستمگر کجاست! … به ابرست، گر در دمِ اژدهاست»

*

چو بشنید گفتار آن انجمن … بپیچید بینا دلِ پیلتن
سوی مرز قجغارباشی * براند … سرانِ سپه را سراسر بخواند
شدند انجمن پیش او بخردان … بزرگان و کارآزموده ردان
که: «کاووس بی دست و بی پرّ و پای … نشسته‌ست بر تخت بی‌رهنمای
گر افراسیاب از رهی، بیدرنگ … یکی لشکر آرد به ایران به جنگ
بیابد بر آن پیر کاووس دست … شود کام و آرام ما جمله پست
یکایک همه فام کین توختیم … همه بومِ آبادِ او سوختیم
کجا سالیان اندر آمد به شش … که نگذشت بر ما یکی روز خوش [1]
کنون نزد آن پیر خسرو شویم … چو رزم اندر آید همه نو شویم
چو دل برنهی بر سرای کهن … کند ناز و، از تو نوشد سخن [2]»
تهمتن بران گشت همداستان … که فرخنده موبد زد این داستان [3]
چنین گفت خرّم دل رهنمای … که «خوبی گزین زین سپنجی سرای [4]
بنوش و بناز و بپوش و بخور … ترا بهره اینست زین ره گذر [5]
سوی آز منگر که او دشمن است … دلش بردهٔ جان آهرمن است [6]
نگه کن که در خاک جفت تو کیست … براین خواسته چندخواهی گریست؟» [7]

---

* - قجغارباشی، شهر مرزی میان ایران و توران، میان دریای خوارزم و دریاچهٔ ایسی‌کول (بنگرید به، فرهنگ نام‌های شاهنامه - بیژن شهیدی)

۱ - کارشان به نخچیر و شادی گذشته بود.

۲ - **یک**: ناز جهان را تاکنون‌کس ندیده‌است. **دو**: نوشد، بجای نیوشد از ایراکه جای سخن تنگ بوده‌است!!

۳ - **یک**: سخن درهم: (برآن) شد همداستان، که (این داستان) زده شده! آن، یا این؟ **دو**: اگر «داستان زده شد» «چنین گفت» در رج پسین نابکار است.

۴ - اگر «دل» رهنمای پند دارد، آنرا باگوش دل توان شنیدن، نه با «گفتنِ دل».

۵ - تاکنون «بناز» (= ناز کن) در سخن فارسی نیامده است.

۶ - مگر «آز» را دل باشد؟

۷ - پیوند با داستان ندارد.

بازگشتن رستم بایران
و
افراسیاب بتوران

تهمتن چو بشنید شرم آمدش — برفتن یکی رای گرم آمدش
نگه کرد ز اسپان به هرسو گله — که بودند بر دشت توران یله[۱]
غلام و پرستندگان ده هزار — بیاورد شایستهٔ شهریار[۲]
همان نافهٔ مشک و موی سمور — ز درّ سپید و ز کیمال تور[۳]
به رنگ و به بوی و به دیبا و زر — شد آراسته پشت پیلان نر
ز گستردنی‌ها و از بیش و کم — ز پوشیدنی‌ها و گنجِ درم[۴]
ز گنج سلیح و ز تاج و ز تخت — به ایران کشیدند و بربست رخت
ز توران سوی زاولستان کشید — بنزدیک فرخنده دستان کشید
سوی پارس شد توس و گودرز و گیو — سپاهی چنان نامبردار و نیو[۵]
نهادند سرسوی شاه جهان — همه نامداران فرخ مهان[۶]

*

اُزان پس چو بشنید افراسیاب — که بگذشت رستم، بدان روی آب
شد از باختر سوی دریای کنگ — دلی پر ز کینه سری پر ز جنگ
همه بوم، زیر و زبر کرده دید — مهان کشته و کهتران برده دید
نه اسپ و نه گنج و نه تاج و نه تخت — نه شاداب در باغ، برگ درخت
جهانی به آتش برافروخته — همه کاخ‌ها کنده و سوخته
ز دیده ببارید خونابه، شاه — چنین گفت با مهتران سپاه
که: «هرکس که این را فرامُش کند — همی جان بیدار، خامش کند

---

۱ – مگر از اسپ می‌توان نگه کردن! بر اسپ شاید نگریستن!
۲ – **یک:** چون پرستندگان آمده‌است، غلامان بهمراه آن درست است نه غلام. **دو:** هنوز در تورانند چگونه است که آنها را «آورد»؟
۳ – «درّ» یا مروارید رهاورد دریای پارس است برای همهٔ جهان، و توران را چنین گوهر نیست که بتوان آنرا، چون رهاورد، به ایران آوردن.
۴ – **یک:** گستردنیِ نیک فرآورده ایران بوده‌است و تورانیان از آن بی‌بهره بوده‌اند. **دو:** بیش و کم چه باشد؟ **سه:** نیز پوشیدنیِ آنان بکار ایرانیان نمی‌آمد، زیراکه ایرانیان، تورانیان را چرمین کمر می‌نامیدند و پوست پوش! «ز تاج و ز تخت» نادرخور است زیرا که یک تاج و یک تخت بیش نبوده‌است.
۵ – **یک:** توس و گودرز و گیو... سوی پارس «شدند» نه «شد». **دو:** در آن هنگام هنوز پارس و پارت و ماد در ایران پدید نیامده بود. افزاینده خواسته است بگوید که سپاه نامبردار آنان نیز بهمراهشان بود، وگرنه سه‌کس (توس و گیو و گودرز) را سپاه نامیدن نادرخور است.
٦ – همه مِهان فرخ ایران همین سه‌کس بوده‌اند؟

همه یک‌بیک دل پراز کین کنید — سپر بستر و، تیغ بالین کنید
به ایران سپه رزم و کین آوریم — به نیزه خور اندر زمین آوریم[1]
بیک رزم اگر، بادِ ایشان بجَست — نباید چنین کردن اندیشه پست»[2]
برآراست بر هرسویی تاختن — ندید ایچ هنگامِ پرداختن
همی سوخت آباد بوم و درخت — به ایرانیان بر، شد آن کار سخت
ز باران هوا خشک شد هفت سال — دگرگونه شد بخت و برگشت حال[3]
شد از رنج و تنگی جهان پر نیاز — برآمد برین، روزگاری دراز

خواب دیدن گودرز
سروش را

چنان دید، گودرز، یک شب بخواب — که ابری از ایران برآمد پر آب
بر آن ابرِ باران* خجسته سروش — بگودرز گفتی که: «بگشای گوش!
چو خواهی که یابی ز تنگی رها — اُز این نامور ترک نرّ اژدها[4]
بتوران یکی نامداری نَوَست — کجا نام او، شاه کیخسرَوَست
ز پشت سیاوش یکی شهریار — هنرمند و از گوهرِ نامدار
از این تخمه از گوهر کیقباد — ز مادر سوی تور دارد نژاد[5]
چو آید بایران پی فرّخش — ز چرخ آنچه پرسد، دهد پاسخش
میان را ببندد بکین پدر — کند کشور تور، زیر و زبر
بدریای قلزم به جوش آرد آب — نشوید سر از کین افراسیاب[6]
همه ساله در جوشن کین بود — شب و روز در جنگ بر زین بود[7]
ز گردان ایران و گردنکشان — نیابد جزاز گیو، از او، کس؛ نشان
چنین است فرمان گردانسپهر — بدو دارد از داد، گسترده مهر»[8]

---

۱ – **یک:** بسپاه ایران یورش «آوردن» درست است نه رزم آوردن، یا کین آوردن. **دو:** دوباره‌گویی این لت که پیشتر دربارهٔ آن سخن گفته شد.
۲ – «باد از کسی جَستن» سخت نادرخور و نابجا است.
۳ – از (نبودن باران) زمین خشک می‌شود و (از باران) هوا خشک نمی‌شود.
* – اینجا، باران. همان بارنده است.
۴ – افراسیاب ترک نبود.
۵ – «از این تخمه» سخن را روشن نمی‌نماید، چون در رج پیشین «از پشت سیاوخش» شمرده شد. دوباره‌گویی است.
۶ – **یک:** کیخسرو را با دریای «قُلزُم» مدیترانه هیچ کار نبود. **دو:** «دل» را شستن از کین شاید و «سر» را نشاید.
۷ – جوشن کین نادرخور است.
۸ – نشان پیداکردن کیخسرو را با «داد» چه پیوند؟

خواب دیدن گودرز ۱۷۱

*

چو از خواب، گودرز، بیدار شد نیایش کنان پیش دادار شد[1]
بمالید بر خاک ریش سپید ز شاه جهاندار شد پر امید[2]
چو خورشید پیدا شد از پشت راغ برآمد بکردار زرّین جناغ
سپهبد نشست از برِ تخت آج بیاراست ایوان بکرسیِ ساج[3]
پر اندیشه، مر گیو را، پیش خواند اُزان خواب، چندی سخن‌ها براند
بدو گفت: «فرّخ، پی و روزِ تو همان اختر گیتی‌افروز تو
تو تا زادی از مادر بافرین پراز آفرین شد سراسر زمین
بفرمان یزدان، خجسته سروش مرا روی بنمود، در خواب، دوش
نشسته بر ابری پراز باد و نم که شستی جهان را سراسر ز غم[4]
مرا دید و گفت: «این همه غم چراست؟ جهانی پراز کین و، بی‌نم چراست؟
ازیراکه بی فرّ و بُرزست شاه ندارد همی راه شاهان نگاه
چو کیخسرو آید بایرانزمین سوی دشمنان افکَنَد، رنج و کین!
نبیند کس او را ز گُردان نیو مگر نامور، پورِ گودرز، گیو!
چنین کرد بخشش سپهر بلند که از تو گشاید، غم و رنج، بند
همی نام جُستی بهنگام جنگ کنون، نام جاویدت آمد بچنگ!
که تا در جهان مردم است و سَخُن چنین نام هرگز نگردد کَهُن
زمین را، همانا، سپهر بلند بدست تو خواند گشادن ز بند[5]
برنج است گنج و بنام است رنج همانا که نامت به آید ز گنج[6]
اگر جاودانه نمانی بجای همان نام به زین سپنجی‌سرای[7]
جهان را یکی شهریار آوری درخت وفا را ببار آوری»[8]
بدو گفت گیو: «ای پدر بنده‌ام بکوشم به رای تو، تا زنده‌ام
خریدارم این را گر آید بجای بفرخنده نام و بی رهنمای»[9]
به ایوان شد و سازِ رفتن گرفت ز خواب پدر، مانده اندر شگفت
چو خورشید رخشنده آمد پدید زمین شد بسان گل شنبلید

---

۱ - «چو» در آغاز این رج با «چو» در رج دویم پسین ناهمخوان است. و دادار را پیشگاه نیست که برای نیایش او روند!

۲ - ایرانیان روی را بر خاک نمی‌نهادند، و چگونه شاید که کسی ریش خویش را بدست گیرد و بر خاک مالد؟

۳ - تخت آج؛ مگر ایوان، پیش‌ازآن آراسته نبود؟

۴ - ابر را شاید «نم» داشتن، اما نشاید «باد» داشتن.

۵ - دوباره‌گویی گشادن بند رج ۱۰۶۴۷.

۶ - لت نخست ناهموار است «رنج» دوبار در یک سخن آمده‌است.

۷ - پیدا است که هیچکس جاودان نیست، و برجای نمی‌ماند!

۸ - «درخت وفا» نادرخور است.

۹ - **یک:** لت نخست در رج پیشین آمده‌است. **دو:** لت دویُم سست و نادرخور است.

بیامد کمر بسته گیو دلیر / یکی بارکش بادپایی بزیر[1]
بگودرز گفت: «ای جهان پهلوان / دلیر و سرافراز و روشنروان
کمندیّ و اسپی مرا یار بس / نشاید کشیدن، بدان مرز، کس
چو مردم برم، خواستار آیدم / ازانپس، مگر، کارزار آیدم
مرا دشت و کوه است یکچند جای / مگر پیشم آید یکی رهنمای[2]
به پیروز بختِ جهان پهلوان / نیایم جزاز شاد و روشنروان
تو مر بیژن خرد را در کنار / بپرور، نگهدارش از روزگار[3]
ندانم که دیدار باشد جز این / که داند چنین جز جهانآفرین؟[4]
تو پدرود باش و مرا یاد دار / روان را ز درد من آزاد دار
چو شویی ز بهر پرستش* رخان / بمن بر، جهانآفرین را بخوان
مگر باشدم دادگر، رهنمای / بنزدیک آن نامور کدخدای»
بفرمان بیاراست، و آمد برون / پدر دل پراز درد و رخ پر زخون
پدر پیرسر بود و برنا[5] دلیر / دهن جنگ را باز کرده چو شیر[6]
ندانست کو باز بیند پسر[7] / ز رفتن دلش بود زیر و زبر[8]

*

بسا رنجها کز جهان دیده اند[9] / ز بهر بزرگی پسندیده اند[10]
سرانجام بستر جزاز خاک نیست / ازو بهره زهر است و تریاک نیست[11]
چو دانی که ایدر نمانی دراز / به تارک چرا برنهی تاج آز؟[12]

---

۱ - بارکش، استر و خر باشد یا «یابو» است، و هیچیک «بادپای» نیستند. و پهلوان لرستان را شایسته نمی‌نمود بر بارکش برنشستن!

۲ - لت نخست را با لت دویُم پیوند نیست.

۳ - **یک:** نام بیژن یکباره می‌آید، بی آنکه پیش‌ازاین از او سخن بمیان آمده باشد. **دو:** در بنداری نیست.

۴ - **یک:** در رج دویُم پیشین چنین آمده‌بود که نیایم مگر شاد و روشن‌روان، و اینجا سخن دگرگونه است. **دو:** در بنداری نیز نیامده است.

* - در همهٔ نمونه‌ها «پرستش» آمده‌است، اما پیدا است که «نیایش» درست است. در آیین ایران باستان برای خواندن نماز و نیایش «دست و رو» را می‌شسته‌اند، و بهنگام شستن بخشی از اوستا بنام «سروش باژ» خوانده می‌شد، و گیو از پدر می‌خواهد که بدانهنگام یاد وی کند، و از سروش برای پیروزیش یاری بخواهد.

۵ - برنا، کودک خردسال است. در اوستا اَپِرنائیُو: ناپرزمان؛ کودک. پهلوی اپورنای، فارسی؛ برنا... و بدینروی گیو پهلوان را نمی‌توان کودک خواندن.

٦ - **یک:** شیر دهن باز می‌کند، اما پهلوان دهن باز نمی‌کند، که چنگ می‌گشاید! **دو:** این رج و بیست‌وچهار رج پسین در بنداری نیامده است!

۷ - سه باره گویی سخن پیشین

۸ - سخن بیمایه... از رفتن (پسرش)... .

۹ - این سخن با سخن پیشین پیوند ندارد.

۱۰ - افزاینده خواسته است بگوید، بسا (کسان) که از جهان رنج کشیده‌اند (آن رنج‌ها را برای بدست آوردن) بزرگی بر خود هموار کرده‌اند.

11 - دنبالهٔ گفتار.

۱۲ - آز با پاژنام دیوِ آز از دیدگاه فرهنگ ایرانی بد و بدنام است، و آنرا نمی‌توان «تاج» در شمار آوردن.

همان آز را زیر خاک آوری / سرش را سر اندر[۱] مغاک آوری
ترا زین جهان شادمانی بس است / کجا رنج تو بهر دیگر کس است[۲]
تو رنجی و آسان دگر کس خورد[۳] / سوی گور و تابوت تو ننگرد[۴]
بر او نیز شادی سر آید همی / سرش زیر گرد اندر آید همی
ز روز گذر کردن اندیشه کن / پرستیدن دادگر پیشه کن[۵]
بترس از خدا و میازار کس / ره رستگاری همین است و بس[۶]

رفتن گیو به ترکستان به جُستن شاه کیخسرو

کنون، ای خردمند بیدار دل، / مشو در گمان پای درکش ز گل[۷]
ترا کردگار است پروردگار / تویی بنده و کردهٔ کردگار[۸]
چو گردون به اندیشه زیر آوری[۹] / ز هستی مکن پرسش و داوری[۱۰]
نشاید خور و خواب و با آن نشست / که خستو نباشد به یزدان که هست[۱۱]
دلش کور باشد سرش بی خرد / خردمندش از مردمان نشمرد[۱۲]
ز هستی نشان است بر آب و خاک / ز دانش منش را مکن در مغاک[۱۳]
توانا و دانا و دارنده اوست / خرد را و جان را نگارنده اوست
جهان آفرید و مکان[۱۴] و زمان / پی پشهٔ خرد و پیل گران
چو سالار ترکان[۱۵] به دل گفت: «من / به بیشی برآرم سر از انجمن»
چنان شاه زاده‌ی[۱۶] جوان را بکشت / ندانست جز گنج و شمشیر پشت

---

۱ - «سرش را سر اندر» چه باشد؟ سرش را در مغاک آوری! ۲ - دنبالهٔ گفتار. ۳ - دوباره‌گویی

۴ - سخن بی‌پیوند، آنکس که بهرهٔ رنج ترا بآسانی می‌خورد، سوی گور تو نیز نخواهد نگریستن،... از سخن سست که بگذریم داستان چنین نیست و فرزندان که بهرهٔ رنج پدران را می‌خورند، همواره نگران روان درگذشتهٔ خویش نیز هستند. نیز رج پسین پیوسته به این رج افزوده می‌باشد. ۵ - این سخن را با گفتار پیشین پیوند نیست. ٦ - دنبالهٔ گفتار.

۷ - از چه در گمان بودن؟ و این گِل چیست که می‌باید پای از آن درکشیدن؟ ۸ - پیوند ندارد.

۹ - افزاینده خواسته است بگوید که «چون گردون را زیرِ اندیشه آوری».

۱۰ - پرسیدن و داوری کردن دوگونه است هردو را با یک کنش نمی‌توان آوردن.

۱۱ - سست‌ترین سخن! افزاینده خواسته بگوید: با آن‌کس که هستی خداوند را باور ندارد، نباید خوردن، و نشاید خوابیدن!!

۱۲ - پیوند با سخن پیشین ندارد.

۱۳ - داوری نابجا از دانش دل اندر مغاک کردن، سخنی است که تاکنون پیشینه نداشته است.

۱۴ - مکان با جهان یکی است. ۱۵ - افراسیاب و تورانیان ترک نبوده‌اند.

۱٦ - آهنگ سخن برهم خورده است.

هم از پشتِ او روشن کردگار[1] / درختی برآورد یازان[2] به بار
که با او بگفت: «آنکه جز تو کس است / که[3] اندر جهان کردگار او بس است[4]
خداوند خورشید و کیوان و ماه / کزویست پیروزی و دستگاه
جز از رای و فرمان او راه نیست / خور و ماه از این دانش[5] آگاه نیست»

یافتن گیو
کیخسرو را

پسر را بفرمود گودرز پیر / به توران شدن کار را ناگزیر[6]
به فرمان او گیو بسته میان / بیامد بکردار شیر ژیان[7]
همی تاخت تا مرز توران رسید / هر آن کس که در راه تنها بدید
زبان را به ترکی بیاراستی[8] / ز کیخسرو از وی نشان خواستی
چو گفتی: «ندارم ز شاه آگهی» / تنش را ز جان زود کردی[9] تهی
به خمّ کمندش بیاویختی[10] / سبک از برش خاک بربیختی[11]
بدان تا نداند کسی راز او / همان نشنود نام و آواز او
یکی را همی برد با خویشتن / ورا رهنمون بود زان انجمن
همی رفت بیدار[12] با او به راه / بر او راز نگشاد تا چندگاه
بدو گفت روزی که: «اندر جهان / سخن پرسم از تو یکی در نهان[13]
گر ایدونکه یابم ز تو راستی / بشویی به دانش دل از کاستی
ببخشم ترا هرچه خواهی ز من[14] / ندارم دریغ از تو پرمایه تن»

---

۱ - روشنِ کردگار، چه شاید بودن؟ آیا خداوند، روشن است؟
۲ - درخت، یازان نیست، که بالنده بالان است.
۳ - دوبار، پیوندِ «که» در یک سخن درست نیست.
۴ - افراسیاب نگفته‌بود که من در خدایی کردگار جهانم!
۵ - از کدام دانش؟
۶ - سه‌باره‌گویی
۷ - دوباره‌گویی رج سی و هشتم پیشین.
۸ - «می‌آراست» درست است نه «بیاراستی» و تورانیان ترک نبوده‌اند!
۹ - سخن سست، و باز «کرد» درست است نه «کردی».
۱۰ - با یک کمند، چگونه ده‌هاکس را می‌آویخت؟ و اگر تنش را از جای تهی کرده بود، چرا می‌بایستی که او را بخم کمند آویختن؟
۱۱ - **یک:** اگر کشته شده بر دار کشیده شده است خاک بر او ریختن چگونه انجام می‌گرفت؟ **دو:** پسانگاه، مگر گیو با خویشتن «الک» برده بود که خاک بر مردگان بیزد؟ **سه:** بر بیختن نیز نادرست است: «بیختن».
۱۲ - «بیدار» نابجا است، زیراکه در خواب نمی‌توانست راه رفتن.
۱۳ - سخن در نهان پرسیدن، در کار نیست زیراکه وی می‌خواست آشکارا بداند که کیخسرو کجا است.
۱۴ - گیو با خویش چیزی نبرده بود که بکسان بخشد!

رفتن گیو به توران‌زمین به جستن کیخسرو ۱۷۵

چنین داد پاسخ که: «دانش بس است[1] — ولیکن پراکنده با هرکس است[2]
گر ایدونکه پرسیم و هست[3] آگهی — ز پاسخ زبان[4] را نیابی تهی»
بدو گفت: «کیخسرو اکنون کجاست؟ — بباید بمن برگشادنْت راست»
چنین داد پاسخ که: «نشنیده‌ام — چنین نام هرگز نپرسیده‌ام»[5]
چو پاسخ چنین یافت از رهنمون — بزد تیغ و انداختش سرنگون[6]
⇐ بتوران همی راند چون بیهُشان — مگر یابد از شاه، جایی؛ نشان *

*

چنین، تا برآمد برین، هفت سال — میان، سوده●؛ از تیغ و بندِ دوال
خورش گور و پوشش هم از چرم گور — گیا، خوردنِ باره○ و، آب؛ شور
همی گشت گرد بیابان و کوه — برنج و بسختیَ و دور از گروه
چنان بُد که روزی پر اندیشه بود — به پیشش، یکی بارور بیشه بود
بدان مرغزار اندر آمد دژم — جهان خرّم و، مرد را، دل بغم
زمین؛ سبز و، چشمه؛ پراز آب دید — همی جای آرامش و خواب دید[7]
فرود آمد و اسپ را برگذاشت — بخفت و همی بردل اندیشه داشت[8]
همی گفت: «مانا، که دیو پلید؛ — برِ پهلوان بُد، که آن خواب دید!
ز کیخسرو ایدر نبینم نشان — چه دارم همی خویشتن را کِشان؟
کنون، گر؛ برزم‌اند یاران من — ببزم اندرون□ غمگساران من
یکی نامجوی و یکی شادروز — مرا بخت بر گنبد افشاند گُوز■
همی برفشانم بخیره، روان — خمیده‌ست پشتم چو خمّ کمان
هماناکه خسرو ز مادر نزاد — اُگر زاد، دادش زمانه بباد

---

۱ – افزاینده خواسته است بگوید که دانش بیکران است، و آنرا به بسیار و زانپس به «بس» دگرگون کرده است.

۲ – بازخواسته است بگوید همه چیز را همگان دانند!

۳ – «هست» نادرست است و «باشدم» درست.

۴ –گذشته از سستی و پستی سخن، «زبانم» را و نه «زبان».

۵ – اگر نشنیده باشد، آنرا نمی‌شناسد، تا از کسی درباره‌اش پرسیده باشد.

٦ – اینجا نه بدان راه رفت که از کمندش بیاویزد و خاک بر پیکرِ او بیزد!

* – در خراسان، نشان، نشون (= نُشان) خوانده می‌شود.

● – میان تنش از بند دوال ساییده شده‌بود.

○ – خوراک اسپان لَسپَست است که در خراسان شوِش می‌نامند و امروز در زبان فارسی یونجه خوانده می‌شود و اسپ را نمی‌شاید که همواره گیا = سبزهٔ بیابان خورَد. برای اسپان؛ اسپست آمیخته با جو، بایسته است، که اسپ گیو از آن برخوردار نبود.

۷ – دربارهٔ چشمه، پس‌ازاین سخن خواهد رفت.

۸ – **یک:** «برگذاشت» نادرست است و واگذاشت، درست. **دو:** لت دویم؛ سخن بی‌پیوند.

□ – چون در لت نخست «گر» = یا، آمده‌است، سخن چنین می‌نماید. «یا» یاران من در رزم‌اند، که در چنین گفتار برای لت دویم نیز «یا» =گر، بایسته است. در همهٔ نمونه‌ها چنین آمده‌است: و اندیشه من بر آنست که لت دویُم را چنین توان خواندن: ببزم‌اند، گر، غمگساران من.

■ –گُوز: جوز، گردو، گرد و بر گنبد افشاندن، داستانِ کاریست که هیچگاه، بر، نمی‌دهد.

ز جُستن مرا رنج و سختی‌ست بهر — انوشه کسی کاو بمیرد بزهر!»
سرش پر ز غم، گرد آن مرغزار — همی گشت، شه را بجان خواستار [1]
یکی چشمه‌ای دید تابان ز دور — یکی سروبالا، دلارام پور
یکی جام پر می، گرفته بچنگ — بسر بر، زده دسته‌ای بوی و، رنگ
ز بالای او فرّهٔ ایزدی — پدید آمد و رایت بخردی [2]
تو گفتی منوچهر بر تخت آج — نشسته‌ست و بر سر ز پیروزه تاج [3]
همی بوی مهر آمد از روی او — همی زیب تاج آمد از موی او
بدل گفت گیو: «این، بجز شاه نیست! — چنین چهره جز، درخورِ گاه نیست
پیاده بدو تیز بنهاد روی — چو تنگ اندر آمد گوِ شاهجوی؛
گره سست شد بر درِ رنج اوی — پدید آمد آن نامور گنج اوی
چو کیخسرو از چشمه او را بدید — بخندید و شادان دلش بردمید
بدل گفت: «این گُرد، جز گیو نیست — بدین مرز، خود، زین نشان، نیو نیست!
مرا کرد خواهد همی خواستار — بایران برد تا کند شهریار [4]
چو آمد برش گیو، بردش نماز — بدو گفت کـ:«ای نامور سرفراز
برآنم که پور سیاوش تویی — ز تخم کیانیّ و با هُش تویی
چنین داد پاسخ ورا شهریار — که: «تو، گیوگودرزی؟ ای نامدار!»
بدو گفت گیو: «ای سرِ راستان — ز گودرز، با تو، که زد؟ داستان!
ز کشواد و گیوت که داد آگهی؟ — که با خرمی بادی و فرهی!» [5]
بدو گفت کیخسرو: «ای شیرمرد، — مرا مادر، این؛ از پدر، یاد کرد
که: از فرّ یزدان گشادی سخن — بدان گه که اندرزش آمد به بن [6]
همی گفت با نامور مادرم — که: ایدر چه آید ز بد بر سرم [7]
سرانجام کیخسرو آید پدید — بجای آورد بندها را کلید [8]

۱ - **یک:** در رج ۱۰۷۱۹ چنین آمده‌بود که «گیو در آنجا بخفت». **دو:** «با سری پراز غم» درست است، نه «سرش پر ز غم». **سه:** در هردو لت سخن سست است.

۲ - فرّ ایزدی از بالا = اندام کس پدیدار نمی‌شود که نشان فرّ بر رخ نمودار است. **دو:** رایت =درفش بخردی گزارش ندارد! در نمونه‌های دیگر «آیت، آن نیز نادرست است.

۳ - **یک:** تو گفتی... **دو:** چون بالای سروِ جوان را دیده‌بود پس، جوان ایستاده بوده‌است و همانند منوچهر بر تخت تاج نمی‌نمود.

۴ - **یک:** کنش بَرَد در لت دویُم با «همی کرد» در لت نخست هماهنگ نیست.

۵ - از کشواد سخنی نرفته‌بود، و لت دویم نیز اندکی سست می‌نماید.

٦ - **یک:** لت نخست نادرست است، فرّ یزدان با سخن گشادنی نیست. **دو:** چون اندرز (وصیت) او بپایان رسید جای برای گفتاری چنین دراز نمی‌ماند!

۷ - **یک:** «همی گفت» نادرست است: «گفت».

۸ - کیخسرو، «سرانجام» پدید نمی‌آمد که پس‌از گذرِ چهار ماه از آن شب زاده شد.

بدان گه که گردد جهاندار نیو — ز ایران بیاید سرافراز گیو[1]
مر او را سوی تخت ایران برد — بر نامداران و شیران برد[2]
جهان را به مردی بپای آورد — همان کین ما را بجای آورد»[3]
بدو گفت گیو: «ای سر سرکشان — ز فرّ بزرگی چه؟ داری نشان!
نشان سیاوش پدیدار بود — چو بر گلستان نکتهٔ قار بود
تو بگشای و بنمای بازو بمن — نشان تو پیداست بر انجمن»
برهنه تن خویش بنمود شاه — نگه کرد گیو آن نشان سیاه[4]
که میراث بود از گهِ کیقباد — درستی بدان بُد کیان را نژاد[5]
چو گیو آن نشان دید، بردش نماز — همی ریخت آب و همی گفت راز
از ایران بپرسید و از تخت و شاه — ز گودرز و از رستم نیکخواه[6]
بدو گفت گیو: «ای جهاندار کی، — سرافراز و بیدار و فرخنده‌پی،[7]
جهاندارِ دارندهٔ خوب و زشت — مرا گر نمودی سراسر بهشت[8]
همان هفت کشور به شاهنشهی — نهاد بزرگیّ و تاج مهی[9]
نبودی دل من بدین خرّمی — که روی تو دیدم به توران زَمی[10]
که داند به گیتی که من زنده‌ام؟ — به خاکم، اگر بآتش افکنده‌ام؟[11]
سپاس از جهاندار کاین رنج سخت — به شادیّ و خوبی سرآورد، بخت[12]
برفتند زان بیشه هردو براه — بپرسید خسرو ز کاووس شاه
اُزان هفت ساله غم و درد اوی — زگستردن و خواب و از خوَرد اوی

---

۱ – هنوز کیخسرو جهاندار نشده است، و نیو (= پهلوان) نیز نیست.   ۲ – دنبالهٔ سخن

۳ – چه‌کس چنین کارها را بانجام می‌رساند؟ سخن بر گیو، در رج پیشین باز می‌گردد، باز آنکه خواست افزاینده آن بوده‌است که بگوید کیخسرو جهان را... .

۴ – «نگه کرد» در این رج در رج دویم پسین نیز آمده‌است، و چون آن رج افزوده نیست این رج را با آنکه از دیدگاه سخن درست است افزوده باید دانستن.   ۵ – از دیدگاه سخن سست است.

٦ – این پرسش در سخن پسین (رج هفتم پسین) خواهد آمدن، سخن نیز ناهماهنگ است و نیز، پرسنده از رستم و گودرز و شاه می‌پرسد (احوالپرسی میکند) و آیا شایسته است که گیو از خود بگوید؟

۷ – **یک:** کیخسرو کودک هنوز جهاندار نشده است. **دو:** همهٔ این پاژنام‌ها برای هماهنگی با پساوند سخن در لت نخست است.

۸ – **یک:** سخنی که همراه با بند (شرط) می‌آید می‌باید با «اگر» آغاز گردد. اگر جهاندار... **دو:** سراسر بهشت را نمودن چه باشد. «بهشت» بس است!

۹ – **یک:** افزاینده خواسته است بگوید که اگر مرا شاهنشاه هفت کشور می‌کردند! **دو:** نهاد بزرگی، چیزی نیست که بکسی بنمایانند، نهاد، در نهان کسان نهاده شده است!   ۱۰ – خواسته است بگوید «نمی‌شد» یا «نگشتی».

۱۱ – **یک:** پیوند با گفتار پیشین ندارد. **دو:** آهنگ سخن برهم ریخته است.

۱۲ – **یک:** افزاینده خواسته است بگوید که سپاس از خداوند که این رنج سخت (را) بشادی و خوبی (به) سر آورد! پسان، اگر خداوند خواسته است، «بخت» را در اینجا چه جایگاه است؟ **دو:** این شش رج افزوده در شاهنامهٔ بنداری نیامده است.

همی گفت با شاه، گیو آن سخن — که دادار گیتی چه افکند بن [1]
همان خواب گودرز و رنج دراز — خور و پوشش و خورد و آرام و ناز [2]
ز کاووس که‌ش سال بفکند فرّ — ز درد پسر گشت بی‌پای و پر [3]
از ایران پراکنده شد رنگ و بوی — سراسر بویرانی آورد روی [4]
دل خسرو از درد و رنجش بسوخت — بکردار آتش رخش برفروخت [5]
بدو گفت ک:«اکنون ز رنج دراز — ترا بردهد، بخت، آرام و ناز
مرا چون پدر باش و باکس مگوی — ببین تا زمانه چه آرد بروی» [6]
شهنشه نشست از برِ اسپ گیو — پیاده همی رفت بر پیشْ نیو [7]
یکی تیغ هندی گرفته به چنگ — هر آن کس که پیش آمدی، بی‌درنگ [8]
زدی گیو بیداردل گردنش — به زیر گل و خاک کردی تنش [9]
برفتند سوی سیاوخش کرد — دو تن را چو آمد دل و هوش، گِرد [10]
فرنگیس را نیز، کردند، یار — نهانی بران بر، نهادند، کار
که هرسه، براه اندر آرند، روی — نهان از جهاندار پرخاشجوی

گرفتن کیخسرو
شبرنگ بهزاد را

فرنگیس گفت: «ار درنگ آوریم — جهان بر دل خویش تنگ آوریم
ازین، آگهی یابد افراسیاب — نسازد بخورد و نیازد بخواب [11]
بیاید بکردار دیو سپید — دل از جان شیرین شود ناامید [12]

۱ – همی گفت نادرست است! «گفت» بسنده است و لت دویم «دادار گیتی» نادرست است: «دادار».
۲ – در رنج دراز، گیو را، آرام و ناز نبود! ۳ – بسیاریِ سال، فر را از شاه جدا نمی‌کند، که ستم و بدکاری او چنین می‌کند.
۴ – دنبالهٔ گفتار. ۵ – دنباله گفتار.
٦ – **یک:** آیا این درست می‌نماید که با کسی که هفت سال رنج و ستم را بتنهایی بر خود هموار کرده است، بگویند که این راز را باکس در میان منه؟ **دو:** «برویِ» که؟ بروی ما!
۷ – **یک:** بر اسب «برنشستن» = سوار شدن است، نه نشستن. **دو:** «بر پیش» نادرست است و «پیش» تنها بسنده است.
۸ – **یک:** تیغ هندی را از کجا پیدا کرد؟ **دو:** افزاینده خواسته است بگوید؛ آنکس را که در راه می‌دیدند!
۹ – **یک:** «گردنش را زدن» یک زبانزدِ تازه است. **دو:** با کدام بیل و کلنگ؟
۱۰ – **یک:** «دوتن» نادرست است: آندو (را). **دو:** دل و هوش گرد آمدن نیز نادرست است.
۱۱ – **یک:** افزاینده را رای بر این بوده‌است که بگوید (اگر) از این (داستان)... **دو:** نسازد بخورد، نیارد بخورد، نتازد بخورد همه نادرست است: «بخوردن نپردازد». **سه:** و نیز بخواب یازیدن نادرست است. ۱۲ – دل (مارا) از جان شیرین ناامید (می‌کند).

یکی را ز ما زنده اندر جهان
نبیند کسی آشکار و نهان[1]

جهان پر ز بدخواه و پر دشمن است
همه مرزها جای آهرمن است[2]

تو ای بافرین شاه، فرزند من،
نگر تا نیوشی یکی پند من[3]

که گر آگهی یابد آن مرد شوم
برانگیزد آتش ز آباد بوم[4]

یکی مرغزار است از ایدر نه دور
بیکسو ز راه سواران تور

همان جویبار است و آب روان
که از دیدنش تازه گردد روان[5]

تو برگیر زین و لگامِ سیاه
برو سوی آن مرغزاران پگاه

چو خورشید بر تیغ گنبد شود
گهِ خواب و خورد سپهبد شود[6]

گله هرچه هست اندر آن مرغزار
به آبشخور آید سوی جویبار

به بهزاد بنمای زین و لگام
چو او رام گردد، تو بگذار گام

برو نزد او، نیک بنمای چهر
بیارای و بپسای رویش بمهر

سیاوش چو گشت از جهان ناامید
بر او تیره شد رویِ روزِ سپید

چنین گفت، شبرنگ بهزاد را
که: «فرمان مبر زین سپس باد را

همی باش بر کوه و در مرغزار
چو کیخسرو آید ترا خواستار؛

ورا بارگی باش و، گیتی بکوب
ز دشمن زمین را، به نعلت بروب»

نشست از برِ اسپ سالار نیو
پیاده همی رفت بر پیش گیو[7]

بدان تند بالا نهادند روی
چنانچون بود مردمِ چاره‌جوی

فسیله چو آمد بتنگی فراز
بخوردند سیر، آب و، گشتند باز

نگه کرد بهزاد و، کی را بدید
یکی بادِ سرد از جگر برکشید

بدید آن نشست سیاوش، پلنگ
رکیب دراز و جناغ خدنگ[8]

همی داشت در آبخور؛ پای خویش
ازانجا که بُد، دست ننهاد پیش

چو کیخسرو او را بآرام یافت
بپویید و با زین سوی او شتافت

---

۱ - **یک:** زنده (نمی‌گذارد). **دو:** آشکار و نهان چه باشد، مگر مردهٔ پنهانی نیز هست؟

۲ - **یک:** نه چنین است، و چنانکه در داستان گذشته آمده‌است تورانیان همگی دوستدار سیاوخش بوده‌اند. **دو:** لت دویُم سخن گزافه است.

۳ - **یک:** واژه‌سازی نادرست. **دو:** هنوز کیخسرو، شاه نشده است.

۴ - **یک:** دوباره‌گوییِ لت نخست از رج ۱۰۷۸۰. **دو:** از بوم آباد، آتش انگیختن را با کار گیو و کیخسرو چه پیوند؟

۵ - **یک:** «همان جویبار است»، با «آبِ روان» یکی است. **دو:** «آب روان» را با «گردد روان» پساوا نیست.

۶ - افزاینده خواسته است که بگوید هنگام خواب افراسیاب می‌شود. **یک:** افراسیاب در کاخ خود و سدها فرسنگ دورتر از اینان بوده‌است، و نمی‌توانست کیخسرو را دیدن. **دو:** چون «خواب» آید «خوردن» پس‌ازآن نتوان.

۷ - «برنشستن» نه «نشستن».

۸ - زین خدنگ و جناغ خدنگ، نادرست است، و در پیشگفتار سخن بایسته دربارهٔ آن رفته‌است.

بمالید بر چشم او دست و روی … بر و یال[*] بپسود و، بشخود موی
لگامش بدو داد و زین برنهاد … بسی از پدر کرد، با درد، یاد
چو بنشست بر باره بفشارد ران … برآمد ز جای آن هیون گران[1]
بکردار باد هوا بردمید … بپرّید و از گیو شد ناپدید[2]
غمین شد دل گیو و خیره بماند … بدان خیرگی نام یزدان بخواند[3]
همی گفت که: «اهریمن چاره‌جوی … یکی بارگی گشت و بنمود روی[4]
کنون جان خسرو شد و رنج من … همین رنج بُد در جهان گنج من»[5]
چو یک نیمه ببرید زان کوه شاه … گران کرد باز آن لگام سیاه[6]
همی بود تا پیش او رفت گیو … چنین گفت بیداردل شاه نیو[7]
که: «شاید؟ که اندیشهٔ پهلوان! … کنم آشکار بر روشن روان؟»[8]
بدو گفت گیو: «ای شه سرفراز … سزد کاشکارا بود بر تو، راز[9]
تو از ایزدی فرّ و برز کیان … به موی اندر آیی ببینی میان»[10]
بدو گفت: «زین اسپ فرخ نژاد … یکی بر دل اندیشه آمَدْت یاد
چنین بود اندیشهٔ پهلوان … که: «اهریمن آمد برِ این جوان[11]
کنون رفت و رنج مرا باد کرد … دل شاد من سخت ناشاد کرد»[12]
ز اسپ اندر آمد جهاندیده گیو[13] … همی آفرین خواند بر شاه نیو[14]
که: «روز و شبان بر تو فرخنده باد … سر بدسگالان تو کنده باد[15]

---

* – درست «یالَش» است. ۱ – «برنشست» نه «بنشست».
۲ – «بردمید» یا «بپرّید» کدام یک؟ گذشته از آنکه برای پریدن نیز پیشوند «بر» شایسته است: «بر پریدن».
۳ – دنبالهٔ گفتار. ۴ – «همی گفت» نادرست است: «گفت» یا «در دل گفت».
۵ – **یک:** «رنجِ» برده شده، از میان نمی‌رود، و کاریست که در گذشته بانجام رسیده است. **دو:** «همان» نه «همین».
٦ – **یک:** «راه» بریدن را بجای ره نوردیدن یا رهسپردن بکار گرفتن شاید، اما از «کوه بریدن» بجز برداشتن سنگ و خاک چیزی برنمی‌آید! **دو:** عنان سیاه چون با «آن» همراه شده است به خودِ لگام برمی‌گردد، باز آنکه عنانِ «آن اسب سیاه» را خواسته است گفتن!
۷ – «بدو رسید»، نه به پیش او رفت، زیراکه پیش کسی رفتن از روبرو انجام می‌گیرد، بازآنکه گیو پشت سر کیخسرو بوده‌است!
۸ – دنبالهٔ سخن ۹ – دنبالهٔ سخن
۱۰ – **یک:** از فر کیان یاد کردن می‌شاید و از برز کیان سخن گفتن، نمی‌باید زیراکه بسیار کسان به برز و بالا از شاهان برترانند. **دو:** اگر «فر ایزدی» نامیده شد، پس چرا از کیان نام آمد؟ یا فر ایزدی یا فر کیانی. **سه:** لت دویم، دروغ آشکار.
۱۱ – دوباره‌گویی دربارهٔ «اندیشه» از لت دویُم رج پیشین. ۱۲ – دنباله.
۱۳ – «از اسپ اندر آمدن» درست نیست، و «فرود آمدن» درست است.
۱۴ – آفرین خواندن، آرزو کردن نیست چنانکه در این رج آمده‌است. افزایندهٔ این بخش، هرکس که بوده‌است در سنجش سخن و سرایش سرود، دستی برتر داشته است، چنانکه بر برخی از رده‌های این گفتار نمی‌توان انگشت نهادن، که بسرودهٔ فردوسی می‌ماند، اما از آنجا که آن سخنان نیز در میانهٔ همهٔ داستان جای گرفته‌است، پس افزوده است! این سخن در ترجمهٔ بنداری نیز نیامده است!
۱۵ – دنباله گفتار.

که با بُرز و اورندی و رای و فر — ترا داد داور هنر با گهر»[1]
ز بالا به ایوان نهادند روی — پر اندیشه مغز و روان راهجوی[2]
چو نزد فرنگیس رفتند باز — سخن رفت چندی ز راه دراز[3]
بدان تا نهانی بود کارشان — نباشد کس آگه ز بازارشان[4]

*

فرنگیس چون روی بهزاد دید — شد از آب دیده، رُخش ناپدید
دو رخ را به یال و برش برنهاد — ز درد سیاوش بسی کرد یاد
چو آب دو دیده پراکنده کرد — سبک سر سوی گنج آکنده کرد[5]
به ایوان یکی گنج بودش نهان — نبُد زان، کسی آگه، اندر جهان[6]
یکی گنج آگنده دینار بود — زره بود و یاقوت بسیار بود[7]
همان گنج گوپال و برگستوان — همان خنجر و تیغ و گرز گران
در گنج بگشاد پیش پسر — پراز خون رخ، از درد، خسته؛ جگر
چنین گفت با گیو ک:«ای برده رنج — ببین تا ز گوهر چه خواهی ز گنج
ز دینار و از گوهر شاهوار — ز یاقوت و از تاج گوهرنگار»[8]
ببوسید پیشش زمین پهلوان — بدو گفت ک:«ای مهتر بانوان
همه پاسبانیم و گنج آنِ تست — فدی کردن جان و رنج آنِ تست[9]
زمین از تو گردد بهار بهشت — سپهر از تو زاید همی خوب و زشت[10]
جهان پیش فرزند تو بنده باد — سر بدسگالانش افکنده باد»
چو افتاد برخواسته، چشم گیو — گزین کرد، درعِ سیاوخش نیو

---

۱ – **یک:** «اورند» کشورداریِ نیک است، و هنوز کیخسرو بکشور نرسیده است، تا کشور و ارتش آشکار شود. **دو:** اگر هنر نیز از سوی یزدان بدو داده شده باشد، آن نیز بخشی از گهر اوست و هنر نیست... هنر باکوشش و آزمایش بدست می‌آید.

۲ – از کدام بالا؟ **دو:** نه چنین است که روان را بهیچیک از کارهای این کار نیست.

۳ – نخستین بازتاب فرنگیس دیدن شبرنگ بهزاد است (رج دویم پسین) نه گفت‌وگوی.

۴ – «بازار» آشکارا است: از عطار است: «چنان کاندر نهان هستید، در بازار بنمایید.» و بر این بنیاد لت دویم نادرست است از آنجا که بازار، همواره دیده می‌شود و دیگران از آن آگاه می‌شوند.

۵ – سخن سست می‌نماید.

۶ – **یک:** لت دویم را پیوند «که» باید. **دو:** از گنج در گفتار پسین یاد می‌شود.

۷ – در گنج از گوهرها، تنها، یاقوت بود؟

۸ – چون فرنگیس از گیو می‌پرسد که: چه خواهی ز گنج! دیگر برشمردن یکایک آنچه که در گنج هست بایسته نمی‌نماید!

۹ – **یک:** سخنان پسین که از زبان گیو سروده شده است، پاسخ فرنگیس نیست. **دو:** لت دویم را سخن پریشان است و چیزی از آن بر نمی‌آید.

۱۰ – **یک:** اگر بهشت را نیز همچون جهان، بهار در کار باشد، پس می‌باید باور داشتن که زمستان نیز دارد! و چنین بهشت را چه جدایی از زمین است؟ **دو:** «زادن» دربارهٔ سپهر بکار نمی‌رود... بدو نیکی که در جان است، از تست؟! **سه:** دنباله...

زگوهر که پرمایه‌تر یافتند / ببردند، چندانکه برتافتند

همان ترگ و پرمایه برگستوان / سلیحی که بود از درِ پهلوان[1]

سر گنج را شاه کرد استوار / براه بیابان برآراست کار[2]

چو این کرده شد، برنهادند زین / بر آن بادپایان با آفرین

فرنگیس، تَرگی بسر برنهاد / برفتند هرسه بکردار باد

سران سوی ایران نهادند گرم، / نهانی چنان چون بود، نرم نرم[3]

آگاه شدن پیران
از
گریختن کیخسرو و فرنگیس

بشد شهر یکسر پراز گفت‌وگوی / که: «خسرو بایران نهاده‌ست روی!»

نماند این سخن یک زمان در نهفت / کس آمد بنزدیک پیران بگفت

که: «آمد، از ایران سرافراز گیو / بنزدیک بیداردل شاه نیو

سوی شهر ایران نهادند روی / فرنگیس و شاه و گَوِ جنگجوی»

چو بشنید پیران غمین گشت سخت / بلرزید برسان برگ درخت[4]

ز گردان گزین کرد کلباد را / چو[5] نستیهنِ گُرد و پولاد را

بفرمود تا ترک[6] سیسد سوار[7] / برفتند تازان بر آن[8] کارزار

«سر گیو بر نیزه سازید» گفت / «فرنگیس را خاک باید نهفت[9]

ببندید کیخسرو شوم[10] را / بداختر پی او بر و بوم را»[11]

---

۱ – پهلوان، خود؛ زره سیاوخش را برگزید و اگر بدیگر جنگ‌افزار نیاز می‌داشت آنرا نیز برمی‌داشت.

۲ – **یک:** «در» یا سرِ گنج را؟ «می‌بندند» نه آنکه «استوار می‌کنند». **دو:** هنوز بر اسپان زین ننهاده براه بیابان... برآراست کار؟

۳ – **یک:** «سر سوی ایران نهادند» درست است نه «سران». **دو:** اگر «گرم» = تند و تیز رو بسوی ایران رفتند، پس «نرم‌نرم» در میانه چیست؟

۴ – اینجا یک گفتار دراز بشاهنامه افزوده‌اند، تا دلاوری گیو را بیشتر نمایان سازند، که همه را یکجا پانویس داده‌ام.

۵ – «چو» در اینجا کاربرد ندارد! آنکس که گزیده شد نستیهن است نه «چون نستیهن»!

۶ – هنوز تورانیان ترک نبوده‌اند.

۷ – سیسد سوارِ ترک درست است نه ترک سیسد سوار.

۸ – «بران کارزار» ناشایست است و «برای دستگیری آنان» درست می‌نماید.

۹ – آیا پیران می‌تواند بی رای افراسیاب فرمان کُشتن فرنگیس را بدهد؟

۱۰ – آیا این سخنِ همان پیرانی است که چندان تیمار کیخسرو را کشیده بود.

۱۱ – افزاینده را، رای آن بوده‌است که بگوید پای او؛ برای بر و بوم توران شوم است!

۱۸۳ جنبش کیخسرو و گیو بسوی ایران

سپاهی بر این گونه گرد و جوان — برفتند بیدار دو پهلوان[1]
فرنگیس با رنج‌دیده پسر[2] — بخواب اندر آورده بودند سر
ز پیمودن راه و رنج شبان، — جهانجوی[3] را گیو بُد پاسبان
دو تن خفته[4] و گیو با رنج و خشم[5] — به راه سواران نهاده دو چشم
به برگستوان اندرون اسپ گیو — چنانچون بود سازِ مردانِ نیو[6]
زره در بر و بر سرش بود[7] ترگ — دل و جان و تن را نهاده بمرگ
چو از دور گرد سپه را بدید — بزد دست و تیغ از میان برکشید[8]
خروشی برآورد برسان ابر — که تاریک شد مغز و چشم هژبر[9]
میان سواران بیامد چو گرد — ز پرخاش او خاک شد لاژورد[10]
زمانی به خنجر زمانی به گرز[11] — همی ریخت آهن ز بالای برز[12]
ازان[13] زخم گوپالِ گیو دلیر — سران را همی شد[14] سر از جنگ سیر
ازان پس گرفتندش اندر میان — چنان لشکری[15] همچو شیر ژیان
ز نیزه نیستان شد آوردگاه[16] — بپوشید دیدار خورشید و ماه
غمین شد دل شیر[17] در نیستان — ز خون نیستان کرد چون میستان
از ایشان بیفکند بسیار گیو — ستوه آمدند آن[18] سواران ز نیو
به نستیهن گرد، کلباد گفت — که: «این کوه خاراست نه یال و سفت»[19]
همه خسته و بسته[20] گشتند باز — بنزدیک پیران گردنفراز

---

۱ - سه پهلوان، (در رج چهارم پیشین) به دو پهلوان دگرگون شد.
۲ - کیخسرو که رنجی نکشیده بود، و رنج رافرنگیس دیده‌بود. ۳ - گیو، پاسبان هردو بوده‌است نه یکتن!
۴ - چون افزاینده خود، بدین ناراستی پی برده است، خود در این سخن آنان را بدو نفر افزایش داده است.
۵ - برای پاسبانی از دو یار مهربان، خشم چرا؟ ۶ - وابسته به دو گفتار افزودهٔ پس‌وپیش.
۷ - چون «زره در بر» آمده‌است، اینجا نیز می‌باید که «ترگ بر سر» بیاید، نه بر سرش ترگ بود!
۸ - پیوسته بداستان افزوده. ۹ - کدام شیر در آنجا بود که مغز و چشمش از غریو گیو کور شود؟
۱۰ - خاک را چرا می‌باید لاجوردین شدن؟، خاک را می‌شاید بهوا بلند شدن هوا را تیره کردن نه خود را.
۱۱ - چون جنگ تن بتن شود و خنجر در آن بکار آید، جا برای گرز نیست، و همچنین برای خنجر بهنگام کوبیدن گرز.
۱۲ - آهن از بالای کدام بُرز ریخته می‌شد؟ افزاینده خواسته است بگوید که با کوبیدن گرز، کلاهخود تورانیان از سرشان بر زمین می‌ریخت!
۱۳ - «آن زخم» یک زخم (ضربه) را باز می‌گوید که روشن باشد به که کوبیده شده است، نه زخمه‌های پی‌درپی را.
۱۴ - «همی شد» نادرست است بویژه برای سران!
۱۵ - «چنان لشکری» نادرست است: «آن لشکر» درست.
۱۶ - کاربرد نیزه برای آغاز جنگ است نه بهنگام نبرد تن بتن. آنهم با یک نیزهٔ گیو، هوا نیستان نمی‌شود.
۱۷ - در آن هنگامه؛ دل گیو را نشاید غمگین شدن؟ ویرا باید بخشم آمدن!
۱۸ - کاربردِ «آن» برای «سواران» که بستوه آمده(اند) درست نیست.
۱۹ - این سخن فرمان پس راندن سپاه نیست که در رج پسین می‌آید! ۲۰ - چه کس سپاهیان توران را به بند کشید؟

همه غار و هامون پراز کشته[1] بود ز خون خاک چون ارغوان گشته بود[2]
چو نزدیک کیخسرو آمد دلیر پراز خون برو، چنگ برسان شیر
بدو گفت که: «ای شاه، دل شاددار خرد را از اندیشه آزاد دار[3]
یکی لشکر آمد برِ ما بجنگ[4] چو[5] گلباد و نستیهن تیزچنگ[6]
چنان بازگشتند آن کس که زیست[7] که بر یال و برشان بباید گریست
گذشته ز رستم به ایران سوار ندانم که با من کند کارزار»[8]
ازو شاد شد خسرو پاکدین ستودش فراوان و کرد آفرین[9]
بخوردند چیزی کجا یافتند سوی راهِ بیراه بشتافتند[10]

*

چو گردان بنزدیک پیران شدند چنان[11] خسته و زار و گریان[12] شدند
برآشفت پیران به گلباد گفت که: «چونین شگفتی نشاید نهفت»[13]
چه کردید با گیو وخسرو کجاست؟ سخن بر چه سان است؟[14] برگوی راست!»
بدو گفت کلباد که: «ای پهلوان به پیش تو گر برگشایم زبان[15]
که گیو دلاور به ترکان[16] چه کرد دلت سیر گردد ز دشت نبرد
فراوان به لشکر مرا دیده‌ای نبرد مرا هم پسندیده‌ای[17]
همانا که گوپال بیش از هزار گرفتی[18] ز دشت من آن نامدار
سرش ویژه گفتی که سندان شده‌ست بر و ساعدش پیل دندان شده‌ست[19]
من آوردِ رستم بسی دیده‌ام ز جنگاوران نیز بشنیده‌ام[20]

---

۱ - اگر (همه) خسته و بسته بازگشتند، پس چگونه همه غار و هامون پراز کشته بود؟ و آیا پیشتر دربارهٔ «غار» سخن رفته‌بود؟
۲ - گَشته با کُشته هماوا نیست.
۳ - اندیشه، همواره همراه با خرد ستایش می‌شود! افزاینده خواسته است بگوید از سپاه توران میندیش.
۴ - مگر کیخسرو وفرنگیس چشم نداشتند که لشکر و کارزار را ببینند؟
۵ - «چو» برای کلباد و نستیهن کاربردی ناسزاوار است، چنانکه پیشتر گفته شد!
۶ - پیشتر، نام پولاد نیز آمده‌بود، و اینجا یادی از وی نمی‌شود.
۷ - «آن کس» با «بازگشتند» همخوان نیست! می‌بایستی گفته شده: آن کسان که بازگشتند.
۸ - مگر ایرانیان با یکدیگر نبرد می‌کرده‌اند که چنین سخن آید؟
۹ - دنبالهٔ گفتار افزوده.
۱۰ - دنبالهٔ گفتار افزوده.
۱۱ - «چنان» را می‌بایستی پیشتر آوردن: چون ترکان، چنان خسته و زار بنزدیک پیران رسیدند.
۱۲ - آیا شایسته می‌نماید که سواران جنگی همانند کودکان بگریند؟
۱۳ - مگر آنان، از پیران خواسته بودند که رازشان پوشیده بماند؟
۱۴ - گفتار نادرست است و درست چنانست که گفته آید؛ داستان چگونه است؟
۱۵ - دنبالهٔ گفتار افزوده.
۱۶ - ترک!
۱۷ - دنبالهٔ گفتار افزوده.
۱۸ - کوپال را بدست کسی نمی‌دهند که بر سر و شانهٔ هماورد می‌کوبند!
۱۹ - دنبالهٔ گفتار افزوده.
۲۰ - دنبالهٔ گفتار افزوده.

بزخمش ندیدم چنین پایدار[۱] نه در کوشش و پیچش کارزار[۲]
همی هر زمان تیز و جوشان بُدی[۳] بنوّی چو پیلی خروشان بُدی»
برآشفت پیران بدو گفت: «بس! که ننگست ازین، یاد کردن بکس[۴]
نه از یک سوار است چندین سخن تو آهنگِ آورد مردان مکن[۵]
تو رفتیّ و نستیهن نامور[۶] سپاهی بکردار شیران نر
کنون گیو را ساختی پیل مست میان یلان گشت نام تو پست
چو زین یابد افراسیاب آگهی بیندازد آن تاج شاهنشهی
که دو پهلوان دلیر و سوار چنین لشکری از درِ کارزار
ز پیش سواری نمودید پشت[۷] بسی از دلیران ترکان بکشت[۸]
گواژه بسی باشدت بافسوس نه مرد نبردیّ و کوپال و کوس»[۹]

رفتن پیران
در پی
شاه کیخسرو و رزم

سواران گزین کرد پیران، هزار همه جنگجوی و همه نامدار
بدیشان چنین گفت پیران، که: «زود عنان تکاور بباید پسود
شب و روز، رفتن؛ چو شیر ژیان نباید گشادن، بِره بر، میان
که گر گیو و خسرو به ایران شوند زنان اندر ایران چو شیران شوند
نمانَد بدین بوم و بر، خاک و آب اُزین، داغدل گردد افراسیاب»
به گفتار او سر برافراختند شب و روز یکسر همی تاختند

۱ - مگر رستم در جنگ‌ها ناپایدار می‌نمود؟ ۲ - گفتار ناراست!
۳ - افزاینده را شاید گفتن که «هر زمان تیزتر و جوشان‌تر می‌شد!» ۴ - سخن سست است.
۵ - دنبالهٔ گفتار افزوده.
۶ - از پولاد نام برده نمی‌شود، برای دیگربار! مهدی قریب را با این گفتار گمان برآن افتاده است که سخن نخستین را بگونه‌ای بیاراید که «پولاد» پاژنامی برای نستیهن شود: «چو نستیهنِ گردِ پولاد را» (قریب ۴۹۵-۱) و این نیز درست نیست زیرا که اگر چنین نیز می‌بود می‌بایستی از گردِ پولادین یاد شود نه گرد پولاد!. در ترجمهٔ بنداری نیز از «بولاد و کلباذ و نستیهن» یاد شده است.
۷ - پشت کردن، روی برکاشتن، گریختن، از کاربردهای شاهنامه است، نه «ز پیش، پشت نمودن»!
۸ - سخن کمبود دارد، (و آن سوار) بسی از دلیران (توران) (را) بکشت.
۹ - **یک**: مردِ کوس بودن را چه کار به جنگاوری؟ پس اگر چنین باشد دُهُل‌زنان روستاها از همه‌کس بیشتر بجنگ شایسته‌اند! **دو**: در ترجمهٔ بنداری نیز این داستان نیامده‌است مگر چند رجِ پسین آن، که در آنجا تنها این سخن است: «فغضب بیران و صاح علیهم».

نجستند روز و شب آرام و خواب	اُزین، آگهی شد به افراسیاب[1]
چنین تا بیامد یکی ژرف رود	سپه شد پراکنده، بی تار و پود
مَغی ژرف و پهناش کوتاه بود	بدر رفتن گیو بی‌راه بود[2]
نشسته فرنگیس بر پاس گاه	به دیگر کران خفته بد گیو و شاه[3]
فرنگیس زان جایگه بنگرید	درفش سپهدارِ توران بدید
دوان شد برِ گیو و، آگاه کرد	بران خفتگان، خواب کوتاه کرد
بدو گفت ک:«ای مرد با رنج خیز	که آمد ترا روزگار گریز[4]
ترا گر بیابند، بیجان کنند	دل ما ز درد تو پیچان کنند[5]
مرا با پسر دیده گردد پر آب	برد بسته تا پیش افراسیاب[6]
وزان پس ندانم چه آید گزند	نداند کسی راز چرخ بلند»[7]
بدو گفت گیو: «ای مِهِ بانوان	چرا؟ رنجه کردی، بدینسان روان!
تو با شاه برشو ببالای تند	ز پیران و لشکر مشو هیچ کُند[8]
جهاندارِ پیروز، یار من است	سرِ اختر اندر کنار من است»
بدو گفت کیخسرو: «ای رزمساز	کنون بر تو بر، کار من شد دراز
ز دام بلا یافتم من رها	تو چندین مشو در دم اژدها[9]
بهامون مرا رفت باید کنون	فشاندن ز شمشیر، بر شید، خون»
بدو گفت گیو: «ای شهِ سرفراز	جهان را بنام تو آمد نیاز
پدر پهلوان است و من پهلوان	بشاهی نپیچیم جان و روان[10]
برادر مرا هست هفتاد و هشت	جهان شد، چو نام تو اندر گذشت[11]

---

۱ – دوباره‌گویی سخن پیشین است.

۲ – **یک:** مغ، سوراخِ کَنده در زمین یا غار است و آنرا چه پیوند به رود؟ **دو:** «بُن» ریشه است و ریشهٔ آب را نتوان ژرف خواندن. **سه:** برای پهنا «کوتاه» کاربرد ندارد: پهناش کم بود. **چهار:** از لت دویم، در ل، پ، ل ۳، بنش آمده‌است، هیچ بر نمی‌آید!

۳ – گیو و شاه را «خفته بودند» باید، نه خفته بود! این رج در بنداری آمده‌است.

۴ – «مردِ رنجدیده» نه مردِ با رنج. ۵ – «دلِ ما» راکاستی است دل ما (را). ٦ – برند، نه بَرَد.

۷ – **یک:** دنبالهٔ گفتار. **دو:** این چهار رج در شاهنامه بنداری نیامده.

۸ – **یک:** «بالایِ تند»، نیز همانند «تند بالا» که به آغاز داستانِ سیاوش افزوده شده بود، تازگی دارد. **دو:** کُند شدن مردم از دیگری چگونه باشد؟!

۹ – **یک:** کدام رهایی! که هنوز سپاه توران رودرروی آنان ایستاده‌اند. **دو:** «رها یافتم» نادرست است و «رها گردیدم»، یا «رهایی یافتم» درست است. **سه:** در بنداری چنین آمده‌است: «لابدّ أن أرکب معک و تقاتل القوم جمیعاً: «بیگمان مرا می‌بایستی با تو سوار شوم و با هم در برابر آنان بجنگیم!

۱۰ – **یک:** اینجا یک پیوند «نیز» در کار است: من نیز. **دو:** لت دویم را سخن درهم و نادرست است.

۱۱ – **یک:** گودرز را هشتاد پورِ گزین بوده‌است، پس گیو هفتادونه برادر داشته است. **دو:** اگر هشتاد را گونه‌ای از هفتاد در شمار آوریم، پس گیو را شست و نه برادر خواهد بودن، نه هفتاد برادر. **سه:** لت دویم را سخن نادرست است: «اندر گذرد» می‌باید، و داوری نادرست‌تر!

بسی پهلوان است و شاه اندکی — چه باشد چو پیدا نباشد یکی؟[1]
اگر من شوم کشته دیگر بود — سر تاجور باشد افسر بود[2]
اگر تو شوی، دورازایدر*، تباه — نبینم کسی ازدرِ تاج و گاه
شود رنج من، هفت ساله؛ بباد — دگر آنکه، ننگ آورم بر نژاد
تو بالا گزین و سپه را ببین — مرا یار باشد جهان‌آفرین»
بپوشید درع و بیامد چو شیر — همان بارهٔ دستکش را به زیر[3]
از این سوی شه بود، از آن سو سپاه — میانجی شده رود و بربسته راه
چو رعد بهاران بغرّید گیو — ز سالارِ لشکر، همی جست، نیو●
چو بشنید، پیرانش؛ دشنام داد — بدو گفت ک :«ای بدرگ دیوزاد
چو تنها بدین رزمگاه آمدی — دلاور به پیش سپاه آمدی؛
کنون خوردنت نوک ژوپین بود — برت را کفن، چنگ شاهین بود
اگر کوه آهن بود یک سوار — چو مور اندر آید به گردش هزار[4]
بود خیره سر گرچه خُردست مور — نه مورست پوشیده بینم ستور[5]
کنند این زره بر تنش چاک چاک — چو مردار گردد کشندش به خاک[6]
یکی داستان زد هژبر دمان — که: چون بر گوزنی سرآید زمان
زمانه، بر او، دم همی بشمرد — بیاید دمان پیش من بگذرد!
زمان آوریدت کنون پیش من — همان پیش این نامدار انجمن»
بدو گفت گیو: «ای سپهدار شیر — سزد گر به آب اندر آیی دلیر
ببینی کز این پر هنر یک سوار — چه آید ترا بر سر، ای نامدار

---

۱ - **یک:** شاه اندکی چه باشد؟ شاه یکی است. **دو:** یکی که پیدا نباشد کیست، از شاهان اندک، یا از پهلوانان بسیار.

۲ - سخن سست.

* - دورازشما: دور از جناب؛ دور از پیشگاهِ شما (ایدر). در زبان فارسی دری «پَرکَست باد» (= دور باد) می‌آمد که امروز فراموش شده‌است.

۳ - **یک:** شیر را زره پوشیدن در کار نیست. **دو:** لت دویم سخت ناهموار است.

● - هماورد خواست.

۴ - آیا شایسته هست که پهلوان توران خود را و سپاهیانش را در برابر دشمن، چون مور، در شمار آورد؟ و پیران که در گفتهٔ پیشین خویش را هژبر دمان می‌شمارد، و سپاهیان توران را انجمن نامدار می‌خواند! بنداری در ترجمهٔ خود از هزار سوار در برابر او نام می‌برد.

۵ - **یک:** خیره‌سر، چه باشد؟ در این واژهٔ آمیختهٔ خیره‌سر، «خیره» کاربرد پیشین خود را ندارد! خیره در زبان فارسی همان بیهوده و بیکار است: «رفت آنکه رفت و آمد آنک آمد /بود آنکه بود، خیره! چه غم داری». اینجا خیره‌سر برای کسی آمده‌است که سرش خیره شده باشد (باکاربردِ امروزین واژه) کسیکه خویش را نشناسد، کسی که در کار خویش پریشان شده باشد! **دو:** در لت دویم شمار موران هزار بود و اینجا بیکی رسیده است (مورست). گمان ندارم در گفتار کودکان نیز چنین آشفتگی پیدا باشد! افزاینده را گمان بر آن بوده‌است که بگوید، (این هزار سوار را که می‌بینی) مور نیست(اند) و چهارپایان، دشت را (پوشانده) پوشیده‌اند!؟ و چنین پیدا است که این رج را، افزاینده‌ای دیگر بر سخنان افزاینده پیشین افزوده است از آن که در چند پچین، دیده نمی‌شود.

۶ - **یک:** چون در رج پسین «ستور» آمده‌بود. سخن اینرا می‌رساند که: ستوران که دشت را پوشانده‌اند این زره را چاکچاک خواهند کردن، «نه سواران». **دو:** چو مردار گردد، نادرست است: «چون کشته شود».

هزارید و من نامور یک دلیر / سر سرکشان اندر آرم بزیر[1]
چو من گرزهٔ سرگرای آورم / سران را همه زیر پای آورم»[2]
چو بشنید پیران، برآورد خشم / دلش گشت پر خون و پر آب چشم[3]
برانگیخت اسپ و بیفشارد ران / بگردن برآورد گرز گران
چو کشتی ز دشت اندر آمد برود / همی داد نیکی‌دهش را درود!
نکرد ایچ گیو، آزمون را، شتاب / بدان، تا برآمد سپهبد از آب
ز بالا به پستی بپیچید گیو / گریزان همی شد ز سالار نیو
چو از آب و از لشکرش دور کرد / بزین اندر افکند گرز نبرد
گریزان از آن پهلوان بلند / ز فتراک بگشاد، پیچان کمند
هماورد با گیو نزدیک شد / جهان چون شب تیره تاریک شد[4]
بپیچید گیوِ سرافراز، یال / کمند اندر افکند و کردش دوال
سر پهلوان اندر آمد به بند / ز زین برگرفتش بخمّ کمند
پیاده به پیش اندر افکند خوار / ببردش دمان تا لب رودبار[5]
بیفکند بر خاک و دستش ببست / سلیحش بپوشید و خود برنشست[6]
درفشش گرفته بچنگ اندرون / بشد تا لب آب گلزریون[7]
چو ترکان درفش سپهدار خویش / بدیدند رفتند ناچار پیش[8]
خروش آمد و نالهٔ کرنای / دم نای رویین و هندی درای[9]
جهاندیده گیو اندر آمد به آب / چو کشتی که از باد گیرد شتاب[10]
برآورد گرز گران را به کِفت / سپه ماند از کار او در شگفت[11]
سبک شد عنان و گران شد رکیب / سرِ سرکشان خیره گشت از نهیب
به شمشیر و با نیزهٔ سرگرای / همی کشت از ایشان یل رهنمای[12]

---

۱ - در رج پیشین سخن از «تو» بود، و اینجا از «هزار» سخن میرود.
۲ - سران، سروران باشد، «سرهایتان» درست است.
۳ - خشم برآوردن، باگریستن و دلخون شدن همراه نیست.
۴ - **یک:** از تاختن دو اسب، چندان گرد برنمی‌خیزد که جهان را چون شب؛ تاریک کند. **دو:** (به) گیو باید. و (با) گیو نادرخور است.
۵ - **یک:** اندر افکند نادرست است و «اندر افکندش» درست. **دو:** گیو، پهلوان توران را از رود و از سپاهیان توران دور کرده است، و آیا درست می‌نماید که اورا بسوی تورانیان بَرَد؟ **سه:** بار در زبان فارسی، کنارهٔ آب است، و در سه واژهٔ آمیختهٔ جویبار، رودبار دریابار، خود را نشان می‌دهد. پس اگر رودبار، خود، کنارهٔ رود است، لبِ رودبار یک گفتار نادرست و نیز سست است. **چهار:** بنداری نیز ندارد.
٦ - گیو را که زره سیاوخش در بر بود، چرا می‌بایستی جنگ‌افزار (سلیح) پیران را (بپوشد)!!
۷ - آب گلزریون را با آنان سدها فرسنگ راه بود، و اگر همان رود، رود گلزریون بوده‌است چرا تاکنون از آن یاد نشده؟
۸ - تورانیان ترک نبودند. ۹ - دنبالهٔ گفتار ۱۰ - دنبالهٔ گفتار
۱۱ - کِفت بجای کتف! افزاینده که خواسته است با پوشاندن جوشنِ پیران او را چون پیران بنمایاند، باخویش بیندیشید که گیو را بر اسپ پیران بنشاند، تا وی را نشناسند!
۱۲ - **یک:** گیو بهنگام یورش، گرز بر کتف آورده‌بود، پس چگونه اینجا باشمشیر و نیزه کار می‌کند؟ **دو:** نیزه برای کارآیی بایستی بر میان

←

جنبش کیخسرو و گیو بسوی ایران ۱۸۹

از افکنده شد روی هامون چو کوه ‏ ‏ ‏ ز یک تن شدند آن دلیران ستوه[1]
قفای یلان سوی او شد همه ‏ ‏ ‏ چو شیر اندر آمد به پشتِ رمه[2]
چو لشکر هزیمت شد از پیش گیو ‏ ‏ ‏ چنان لشکری گَشن و مردان نیو[3]
چنان خیره، برگشت و بگذشت آب ‏ ‏ ‏ که گفتی ندیده‌ست لشکر بخواب[4]
دمان تا بنزدیک پیران رسید ‏ ‏ ‏ همی خواست از تن سرش را برید
بخاری، پیاده، ببردش کشان ‏ ‏ ‏ دمان و پراز درد چون بیهشان
چنین گفت ک:«این بددل و بیوفا ‏ ‏ ‏ گرفتار شد در دم اژدها[5]
سیاوش بگفتار او سر بداد ‏ ‏ ‏ گر او باد شد این شود نیز باد»[6]
اَبَر شاه، پیران بخواند آفرین ‏ ‏ ‏ خروشان ببوسید روی زمین
چنین گفت ک:«ای شاهِ دانش‌پژوه ‏ ‏ ‏ چو خورشید تابان میان گروه
تو دانسته‌ای درد و تیمار من ‏ ‏ ‏ ز بهر تو، با شاه، پیکار من
سزد گر من از چنگ این اژدها ‏ ‏ ‏ ببخت و بفرّ تو یابم رها»
بکیخسرو اندر، نگه کرد گیو ‏ ‏ ‏ بدان، تا چه فرمان دهد شاهِ نیو
فرنگیس را دید، دیده پر آب ‏ ‏ ‏ زبان پر ز نفرین افراسیاب
بگیو اینچنین گفت ک:«ای سرفراز ‏ ‏ ‏ کشیدی بسی رنجِ راه دراز
چنان دان که این پیرسر پهلوان ‏ ‏ ‏ خردمند و راد است و روشنروان
پس‌از دادگر داورِ رهنمون ‏ ‏ ‏ بدان! کاو رهانید ما را ز خون!
ز بَد، مهرِ او، پردهٔ جان ما است ‏ ‏ ‏ اُزاین کردهٔ خویش زنهار خواست»
بدو گفت گیو: «ای سرِ بانوان ‏ ‏ ‏ انوشه روان باش تا جاودان
یکی سخت سوگند خوردم بماه ‏ ‏ ‏ بتاج و بتختِ سرافراز شاه
که گر دست یابم بر او روز کین ‏ ‏ ‏ کنم ارغوانی ز خونش زمین!»
بدو گفت کیخسرو: «ای شیرفش ‏ ‏ ‏ زبان را ز سوگندِ یزدان مکش
کنون دل بسوگند گستاخ کن ‏ ‏ ‏ بخنجر ورا گوش سوراخ کن
چو از خنجرت خون چکد بر زمین ‏ ‏ ‏ هم از مهر یاد آیدت هم ز کین»

← و کمر گراید، نه به سر! **سه:** کاربرد «همی» درست نیست: بکشت از ایشان... **چهار:** یل رهنمای در جنگ، که را رهنمایی کرده است؟

۱ - اگر همهٔ آن هزار مرد با اسبانشان می‌مردند، باز هامون کوه نمی‌شد، باز آنکه آنان گریخته‌اند (رج پسین).

۲ - «قفا» در سخن فردوسی کاربرد ندارد.

۳ - **یک:** هزیمت گرفتن درست است، نه «هزیمت شد». **دو:** «چنان» کاربرد درست ندارد و شمار لشکریان نیز پیدا است که یکهزار تن بوده‌اند، پس گشن نیز ناکارآمد است.

۴ - در همهٔ نمونه‌ها: «چنان خیره» آمده‌است، و «خیره» را کاربردی درست نیست در نمونه‌های ف، ل، ق بگونهٔ «خیره» نوشته‌اند.

۵ - هیچکس، خویش را «اژدها» نمی‌خواند. ‏ ‏ ‏ ۶ - لت دویم سست است.

بشد گیو و گوشش بخنجر بسفت ... ز سوگند برتر درشتی نگفت[1]
چنین گفت پیران ازانپس بشاه ... «که چون پویم؟ ای شه، پیاده، براه!
بفرمای کاسپم دهد باز، نیز ... چنان دان که بخشیده‌ای جان و چیز»
بدو گفت گیو: «ای دلیر سپاه ... چرا؟ سست گشتی بآوردگاه!
بسوگند یابی مگر، باره؛ باز ... دو دستت ببندم ببندِ دراز
که نگشاید این بندِ من هیچکس! ... گشاینده گلشهر خواهمت و، بس!
کجا مهتر بانوان تو اوست ... اُزویست پیدا ترا مغز و پوست[2]
بدان گشت همداستان پهلوان ... بسوگند بِخْرید اسپ و روان
که: «نگشاید آن بند راکس براه ... ز گلشهر سازد وی آن دستگاه[3]
بدو داد اسپ و دو دستش ببست ... ازانپس بفرمود تا برنشست

آگاه شدن افراسیاب
از
گریختن کیخسرو و گیو و فرنگیس

چو از لشکر آگه شد افراسیاب ... بر او تیره شد تابش آفتاب
بزد کوس و نای و، سپه برنشاند ... از ایوان بکردار آتش براند[4]
دو منزل یکی کرد و آمد دمان ... همی تاخت برسان تیر از کمان[5]
بیاورد لشکر بدان رزمگاه ... که آوردِ کلباد بُد با سپاه[6]
همه مرز لشکر پراکنده دید ... بهر جای بر مردم افکنده دید[7]

---

۱ - بشد گیو وگوشش به خنجر بسفت /ز سوگند برتر درشتی نگفت؛گرفت؛ درستی بجست؛ درستی گرفت؛ درستی نگفت؛ بر تن درستی نهفت؛ نگفت؛ رستی بدو، شاه گفت. (خالقی مطلق (۴۴۱-۲ مسکو ۲۲۲-۳). هیچیک از این سخنان درست نمی‌نماید، و بایسته نیز نمی‌نماید که این کار نیز در گفتار آید.

۲ - **یک:** آیا پیران خود نمی‌داند که زنش کیست؟ **دو:** آیا مغز و پوست از مادر و پدر می‌رسد یا از زن؟

۳ - **یک:** دوباره گویی سخن پیشین. **دو:** لت دویم را سخن سست و نادرخور است.

۴ - از جنبش افراسیاب در گفتارهای پسین یاد می‌شود.

۵ - سخن سست و نادرخور است، و دوباره گویی رج پیشین است.

٦ - **یک:** «بیاورد لشکر» نادرست است. لشکر را بدانسوی کشید... . **دو:** «آورد» درست نیست و آوردگاه درست است. **سه:** آیا کلباد، با سپاه خودش نبرده کرده بود؟ در افزودهٔ پیشین نام سه پهلوان نستیهن، کلباد و پولاد آمده‌بود! تاکنون نام یکی از آنان فراموش می‌شد، و اینجا نام دو تن بفراموشی سپرده شده است.

۷ - لشکریان گریزنده را می‌بایستی گریختن، نه در کنار کشتگان ایستادن.

بپرسید ک: «این پهلوان با سپاه / کی؟ آمد ز ایران بدین رزمگاه[1]
نبرد آگهی کس ز جنگاوران / که بگذشت زین سان سپاهی گران؟[2]
که؟ برد آگهی نزد آن دیوزاد / -که کس را دل و مغز پیران مباد!-[3]
اگر خاک بودیش پروردگار / ندیدی دو چشم من این روزگار»[4]
سپهرم بدو گفت ک: «آسان بُدی / اگر دل ز لشکر هراسان بُدی[5]
یکی گیوِ گودرز بوده‌ست و بس / سوار ایچ با او ندیدند کس[6]
ستوه آمد از جنگ یک تن سپاه / همان رفت گیو و فرنگیس و شاه»[7]
سپهبد چو گفتِ سپهرم شنید / سپاهی ز پیش اندر آمد پدید[8]
سپهدار پیران به پیش اندرون[9] / سر و روی و یالش همه پر ز خون[10]
گمان برد کاو گیو را یافته‌ست / به پیروزی از پیش[11] بشتافته‌ست
چو نزدیک‌تر شد نگه کرد شاه / چنان خسته بُد[12] پهلوان سپاه
ورا دید بر زین ببسته چو سنگ[13] / دو دست ازپس پشت با پالهنگ
بپرسید و زو ماند اندر شگفت / غمین گشت[14] و اندیشه اندر گرفت
بدو گفت پیران که: «شیر ژیان / نه درّنده گرگ و نه[15] ببربیان[16]
نباشد چنان در صف کارزار / کجا گیو تنها بُد، ای شهریار[17]
من آن دیدم از گیو کز پیل و شیر / نبیند[18] جهاندیده مرد دلیر

---

۱ - پادشاه کشور با داشتن مرز دار و دیوان برید، از رهگذران دربارهٔ گیو می‌پرسد!

۲ - **یک**: آگاهی از کار سپاه را جنگاوران نمی‌بردند که این کارِ پیکان و دستگاه برید بوده‌است. **دو**: افزاینده خواسته است بگوید سپاه از رود آموگذشت. ۳ - لت نخست را با لت دویُم پیوند نیست. و پیوند سخنان افزوده نیز از هم گسسته است.

۴ - **یک**: خاک پرورنده نیست. **دو**: چون «دو چشم» می‌آید، «ندیدی» نمی‌شاید، «نمی‌دید». **سه**: در بنداری نیامده است.

۵ - این گفتار، دوباره‌گویی داستان افزوده نبرد کلباد و نستیهن و نیز نبرد پیران با گیو است، تا خواننده را بدرستی آن داستان، بی‌گمان و استوار سازد. ۶ - پیوسته به گفتار.

۷ - و اکنون سنجش گفتار: در همین رج: اگر ایرانیان را شاید که پیش‌از بر تخت نشستن کیخسرو او را شاه بنامند، تورانیان را چنین نمی‌باید.

۸ - چند روز میان سپه‌کشی کلباد و پیران روزگار گذشته بود، پس چگونه می‌شود که بدرازنای یک گفتار سپاهیان پیران فراز رسند!

۹ - سپاه پیران پراکنده‌لشکر شد و همگی گریختند و پیران، ازپس آنان روان شد، نه پیش (اندرون).

۱۰ - با یک سوراخ کوچک در گوش، سر و روی و یال کسی، بویژه سرِ او پراز خون نمی‌شود.

۱۱ - از پیشِ که؟ اگر گیو راگرفته باشند که با خود بهمراه می‌آوردند، و اگر او راکشته باشند که از پیش او نمی‌آیند!

۱۲ - پیران، را خستگی (جراحت) نرسیده بود، و این سخن پایان نیز ندارد.

۱۳ - گیو پیران را بر زین نبسته بود و تنها دست او را بسته بود.

۱۴ - سزاوار یک پادشاه نیرومند چون افراسیاب نیست که از چنین رویداد غمگین شود او را شاید خشمگین شدن!

۱۵ - چون؛ نه گرگ، و نه ببر، می‌آید، پس در لت نخست نیز می‌باید که (نه) شیر، بیاید.

۱۶ - ببربیان نام تن‌پوش رستم در جنگ بوده‌است، و دیگر در جهان هیچ ببر را، ببربیان نخوانده‌اند! ۱۷ - پیوسته به گفتار.

۱۸ - «نبیند» درست نیست، و «ندیده» درست است.

۱۹۲
داستان سیاوخش

بر آن سان کجا بردمد روز جنگ　　ز تفش به دریا بسوزد نهنگ[1]
نخست اندر آمد به گرز گران　　همی کُفت چون پتگ آهنگران[2]
به اسپ و به گرز و به پای و رکیب[3]　　سوار از فراز اندر آمد به شیب
همانا که باران نبارد ز میغ　　فزون زانکه بارید بر سرش تیغ[4]
چو اندر گلستان، به زین برېخفت[5]　　تو گفتی که گشته‌ست با کوه جفت
سرانجام برگشت یکسر سپاه　　بجز من نشد پیش اوکین‌خواه[6]
گریزان ز من تاب داده کمند　　بیفکند و آمد میانم به بند[7]
پراکنده شد دانش و هوش من　　به خاک اندر آمد سر و دوش من[8]
از اسپ اندر آمد دو دستم ببست　　برافکند بر خاک و خود برنشست[9]
زمانی سر و پایم اندر کمند　　به دیگر زمان درد و سوگند و بند[10]
به جان و سر شاه و خورشید و ماه　　به‌دادار خرداد و تخت و کلاه[11]
مرا داد زین‌گونه سوگند سخت　　بخوردم چو دیدم که برگشت بخت[12]
که کس را نگویی که بگشای دست[13]　　چنین رو دمان تا به جای نشست
ندانم چه رازست زیر سپهر[14]　　بخواهد بریدن ز ما پاک مهر»
چو بشنید گفتارش افراسیاب　　به دیده ز خشم اندر آورد آب[15]
یکی بانگ برزد ز پیشش براند　　بپیچید پیران و خامش بماند[16]
ازانپس بمغز اندر، افکند باد　　بدشنام و سوگند لب برگشاد
که: «گر گیو و کیخسرو دیوزاد　　شوند ابر غرّنده گر تیز باد
فرود آورم‌شان ز ابر بلند　　-بزد دست و از گرز بگشاد بند-

---

۱ - پیوسته به گفتار.　　۲ - گیو، گرز بر شانه آورد، اما نکوبید، و پیران را با کمند گرفت.
۳ - این لت در هم‌ریخته و سست و نادرخور است.
۴ - همانا که یک شمشیر هم بر سر گیو (نبارید!) زیراکه گیو بگفتهٔ افزاینده با جامه و درفش پیران بسوی سپاهان او بازگشت و آنانکه گمان برده بودند سردارشان بپیروزی باز می‌آید، او را پذیره شدند، و چون گیو بدانان یورش برد، همه گریختند.
۵ - ناشایسته‌ترین واژه برای میدان جنگ، چگونه می‌شود که یک پهلوان در هنگامهٔ نبرد بر روی زین اسپ بخوابد؟
۶ - دروغ آشکار، زیراکه چون پیران از رودگذشت سپاهیان نگریخته بودند، و دو پهلوان برای نبرد تن بتن بمیدان رفته‌بودند!
۷ - دنبالهٔ گفتار.
۸ - چون سواری را با کمند از اسپ بزیر افکنند، تنها سرودوش وی بر خاک نمی‌افتد. باری اگر سرِ سوار بر زمین خورد گردن و ستون مهره‌اش می‌شکند، و دیگر توان زندگیش نمی‌ماند!
۹ - دوباره گویی همان سخن که بهنگام بستن پیران در رزمگاه گفته آمد.　　۱۰ - سخن از هم گسسته و پریشان است.
۱۱ - دنبالهٔ گفتار.　　۱۲ - دنبالهٔ گفتار.　　۱۳ - سخن سست است.
۱۴ - زیر سپهر بلند راز نیست، اگر رازی باشد در گردش سپهر بلند است.　　۱۵ - دنبالهٔ گفتار افزوده.
۱٦ - دنبالهٔ گفتار.

میان‌شان ببرم به شمشیر تیز | به ماهی دهم تا کند ریز ریز[1]
چو کیخسرو ایران بجوید همی | فرنگیس باری چه پوید همی؟»[2]
خود و سرکشان سوی جیهون کشید | همی دامن از خشم در خون کشید[3]
به هومان بفرمود که: «اندر، شتاب؛ | عنان را مکش تا لبِ رودِ آب
که چون گیو و خسرو ز جیهون گذشت | غم و رنج ما باد گردد به دشت[4]
نشان آمد از گفتهٔ راستان | که دانا بگفت از گهِ باستان[5]
که: از تخمهٔ تور و ز کیقباد | یکی شاه خیزد ز هردو نژاد[6]
که تورانزمین را کند خارستان | نماند بر این بوم و بر شارستان»

گفت‌وگوی گیو
با
باژبان

رسیدند پس گیو و خسرو، بآب | همی بودشان برگذشتن شتاب
گرفتند پیکار با باج‌خواه[7] | که: «کشتی کدام است[8] بر باژگاه؟
نوندی کجا بادبانش نکوست[9] | بخوبی سزاوار کیخسرو[10] اوست»[11]
چنین گفت با گیو پس باژخواه | که: «آب روان را چه چاکر چه شاه[12]
همی گر گذر بایدت ز آب زود | فرستاد باید[13] بکشتی درود»

---

۱ - شاید گفتن که پیکرشان را به (آب می‌افکنم) تا خوراک ماهیان شوند! نه آنکه بماهی بدهند!؟ تا آنانرا نخورد، و ریز ریز کند!؟

۲ - بیجاترین پرسش! که روشن است مادر بهمراه یگانه فرزند خود، از دست پدر می‌گریزد!

۳ - **یک:** خود(ش) با سرکشان سوی جیهون کشید(ند). **دو:** چگونه می‌توان، دامن را از خشم، در خون کشیدن؟

۴ - «گذشتند» می‌باید

۵ - **یک:** راستان گفتند، نه «بگفت». **دو:** «دانا»ی یگانه، با «راستان» همخوان نیست.

٦ - چون از تخمهٔ تور و کیقباد، نام می‌رود، پیدا است که از دو نژاداند این سخن دوباره‌گویی است.

۷ - **یک:** چرا می‌باید پس‌از رسیدن بباژگاه، بیدرنگ با وی پیکار آغازند؟ **دو:** بنداری از پیکار آنان با باژخواه سخن نرانده است.

۸ - این روشن است که کدام کشتی در باژگاه، آمادهٔ رفتن است و دیگر پرسش نمی‌خواهد.

۹ - «نکو باشد» درست است.

۱۰ - با همهٔ پنهان کاریها، آیا درست می‌نماید که در سرِ مرزِ توران و ایران، گیو نامِ کیخسرو را ببرد؟

۱۱ - «او» برای کشتی نادرست است و «آن» درست!

۱۲ - باژخواه از کجا دانست که شاه همراه آن کاروان است!

۱۳ - «باید» درست نیست و «بایذت» درست است که آهنگ سخن را برهم می‌ریزد.

۱۹۴ داستان سیاوخش

بدو گفت گیو: «آنچه خواهی بخواه   گذر ده، که تنگ اندر آمد سپاه»[1]
«نخواهم ز تو باج» گفت: «اندکی[2]   از این چار چیزت بخواهم یکی
زره خواهم از تو، گر اسپ سیاه   پرستار، گر پورِ فرخنده ماه[3]»
بدو گفت گیو: «ای گسسته‌خرد   سخن زان نشان گو، که اندرخورد![4]
به هر باج گر شاه شهری بدی[5]   ترا زین جهان نیز بهری بدی[6]
اگر مادر شاه خواهی همی   بباژ افسر ماه خواهی همی
سدیگر چو[7] شبرنگ بهزاد را   که کوتاه دارد بتگ، باد را[8]
چهارم چو[9] جستی بخیره زره   که آن را ندانی گره تا گره
نگردد چنین آهن[10] از آب تر[11]   نه آتش بر او بر بود کارگر
نه نیزه نه شمشیر هندی نه تیر[12]   چنین باج خواهی بدین آبگیر؟[13]
کنون آب ما را و کشتی ترا   بدین گونه شاهی، درشتی ترا»[14]
بدو گفت گیو: «ار تو کیخسروی   نبینی از این آب جز نیکوی
فریدون که بگذاشت اروندرود   فرستاد تخت مهی را درود!
جهانی شد او را سراسر رهی   که با روشنی بود و با فرّهی
چه اندیشی ار شاه ایران تویی؟   سر نامداران و شیران تویی![15]
چنین آب را کی بود بر تو راه   که با فرّ و برزیّ و زیبای گاه؟[16]
اگر من شوم غرقه گر مادرت   گزندی نباید که گیرد سرت[17]
ز مادر تو بودی مراد جهان   که بی‌کار بُد تخت شاهنشهان[18]
مرا نیز مادر ز بهر تو زاد   از این کار بر دل مکن هیچ یاد[19]

---

۱ – چگونه می‌توان به مرزدار کشور توران در کنار مرز ایران گفتن که ما از بیم سپاه افراسیاب می‌گریزیم و شتاب داریم؟ آیا کارگزاران را در چنین زمان نمی‌باید، که گریزندگان را بگیرند و بزندان برند؟
۲ – اندکی چه باشد؟
۳ – باژبان از کجا دانست که کیخسرو پورِ آن بانوی ماه چهره است؟
۴ – پیوسته بگفتار.
۵ – افزاینده خواسته است بگوید که: اگر (در هر بار، برای گذراندن کاروان) شاهِ شهری «را» «برای» باج «بخواهی»!
٦ – و نیز خواسته است بگوید، اگر چنان می‌بود، تو نیز اکنون پادشاه کشوری بودی!
۷ – «چو» به چه کار آید؟
۸ – افزاینده را گمان برآن بوده‌است که بگوید شبرنگ بهزاد، در تگ و دو، از باد، پیشی می‌گیرد!
۹ – «چو» ناکارآمد است.
۱۰ – آهن است، یا زره؟ زره را از آمیزهٔ آهن و دیگر فلزها می‌ساختند، تا سبکتر باشد.
۱۱ – وگرنه آهن نه تنها آب را می‌پذیرد، که زنگ نیز می‌زند!
۱۲ – بسیارگویی
۱۳ – آبگیر، همان آبدان، یا آبزن است که در زبان ارمنی «آوازان» نامیده می‌شود، و گونهٔ تازی شدهٔ آن «حوض» است، و آنان در کنار آمودریا بوده‌اند، نه آبگیر!
۱۴ – **یک:** نادرخورترین سخنِ درهمریخته که هیچ از آن بر نمی‌آید. **دو:** بنداری، گزیده‌ای از این گفتار را در ترجمهٔ خویش آورده است.
۱۵ – دوباره گویی... «ار تو کیخسرو».
١٦ – افزاینده خواسته است بگوید که چنین آب، ترا در خویش فرو نمی‌برد!
۱۷ – گزند، گرفتنی نیست، که «دیدنی» است.
۱۸ – تخت شاهنشهان، کار و بیکاری ندارد!
۱۹ – دنبالهٔ گفتار.

جنبش کیخسرو و گیو بسوی ایران ۱۹۵

که من بی‌گمانم که افراسیاب — بیاید دمان تا لب رود آب[1]
مرا برکشد زنده بردار خوار — فرنگیس را با تو ای شهریار[2]
به آب افکند ماهیان‌تان خورند — اگر زیر نئل اندرون بسپرند[3]
بدو گفت کیخسرو: «اینست و بس — پناهم بیزدان فریادرس»!
فرود آمد از بارهٔ راه‌جوی — بنالید و بر خاک بنهاد روی[4]
همی گفت: «پشت و پناهم تویی — نمایندهٔ رای و راهم تویی[5]
بآب اندر افکند خسرو، سیاه — چو کشتی همی راند تا باژگاه*
پسِ او فرنگیس و گیو دلیر — برون شد ز جیهون و از آب، چیر[6]
بدان سو گذشتند هرسه درست — جهانجوی خسرو، سر و تن بشست
بدان نیستان در نیایش گرفت — جهان‌آفرین را ستایش گرفت
چو از رود کردند هرسه گذر — نگهبان کشتی[7] شد آسیمه سر
بیاران چنین گفت ک:«اینت[8] شگفت — کزین برتر اندیشه نتوان گرفت
بهاران و جیهون و آب روان[9] — سه جوشن‌ور و اسپ و برگستوان
بدین ژرف دریا چنین بگذرد[10] — خردمندش از مردمان نشمرد»
پشیمان شد از کار و گفتار خویش — تبه دید از آن کار، بازار خویش[11]
بیاراست کشتی به چیزی که داشت — ز باد هوا بادبان برگذاشت[12]
به پوزش برفت ازپسِ شهریار — چو آمد بنزدیکی رودبار[13]
همه هدیه‌ها نزد شاه آورید[14] — کمان و کمند و کلاه آورید[15]
بدو گفت گیو «ای سگ بی‌خرد[16] — تو گفتی که: این آب مردم خورد!»[17]

---

۱ - باز، لبِ رودِ آب بجای رودبار. ۲ - «ای شهریار» در این سخن، یک گفتارِ بیکار است.
۳ - **یک:** افزاینده، خواسته است سخن نادرخور پیشین را «بماهی دهم تا کند ریز ریز» را اندکی بیاراید! **دو:** «زیر»، را «اندرون» نیست!
۴ - رخ بر خاک نهادن! در آیین نیایش ایرانیان نبوده‌است!
۵ - همی گفت نادرخور است: «گفت» یا «چنین گفت» یا «بگفتا». * - باژگاه؛ باجگاهِ اینسوی رود؛ باجگاهِ ایران.
٦ - **یک:** در لت دویم برون «شدند» باید. **دو:** این سخن در گفتار درست فردوسی در رج پسین آمده‌است.
۷ - تاکنون، باژخواه بود و اکنون نگهبان کشتی! ۸ - «اینت» نادرست است.
۹ - آبِ آمو همواره روان است و تنها ویژهٔ بهاران نیست.
۱۰ - **یک:** سخن پیوندِ درست ندارد... (اگر) اینچنین بر دریا بگذرد. **دو:** گذر سه کس را «بگذرند» باید.
۱۱ - بازارِ کشتیبان درگذشته روا بوده‌است و از آنپس نیز روا خواهد بودن! بازار (تباه) نمی‌شود که (بسته) می‌شود!
۱۲ - چگونه بادبانی که از باد هوا نیز بلندتر باشد! ۱۳ - پیوسته به گفتار.
۱۴ - «آورید» نادرست است و «برد» یا «آورد» درست است.
۱۵ - مگر باژبان راکلاه و تاج، یا کمان و کمند بوده‌است که پیشکش شاه کند؟
۱٦ - ایرانیان باستان سگ را بس گرامی می‌داشته‌اند، و نمی‌شایست که اگر کسی را بی‌خرد می‌نامند، به‌سگش همانند سازند!
۱۷ - این آب، مردمان را در خویش فرو می‌برد!

چنین مایه‌ور پر هنر شهریار همی از تو کشتی کند[1] خواستار
ندادی، کنون هدیهٔ تو مباد بود روز کاین روزت آید به یاد»[2]
چنان خوار برگشت زو رودبان[3] که جان را همی گفت: «پدرود مان»
چو آمد به نزدیکی باج‌گاه[4] هم آنگه ز توران بیامد سپاه
چو نزدیک رود آمد افراسیاب ندید ایچ مردم، نه کشتی بر آب*
یکی بانگ زد تند بر باژخواه که: «چون یافت؟ آن دیو، بر آب راه!»
چنین داد پاسخ که: «ای شهریار پدر باژبان بود و من باژدار
نه دیدم، نه هرگز شنیدم، چنین که کردی کسی ز آب جیهون، زمین●
بهاران و این آب با موج تیز چو اندر شوی نیست راه گریز[5]
چنان برگذشتند هر سه سوار هوا داشت‌شان گفتی اندر کنار»
ازانپس بفرمود افراسیاب که: «بشتاب و کشتی برافکن بر آب»
بدو گفت هومان که: «ای شهریار براندیش و آتش مکن در کنار!
تو با این سواران بایران شوی همی در دم و چنگ شیران شوی[6]
چو گودرز و چون رستم پیلتن چو توس و چو گرگین و آن انجمن[7]
هماناکه از گاه سیر آمدی که ایدر بچنگال شیر آمدی
ازاین روی، تا چین‌وماچین تراست خور و ماه و کیوان و پروین تراست
تو توران نگه‌دار و تخت بلند از ایران، کنون؛ نیست بیم گزند»
پراز خون دل، از رود گشتند باز برآمد برین روزگاری دراز

1 – «کند» درست نیست و «کرد» درست است!   ۲ – باژخواه، باژبان و کشتیران شد، و اکنون رودبان گشت.

۳ – پیوسته به گفتار.

۴ – چون از اینروی سخن گفته می‌شود «آمد» درست نمی‌نماید، و می‌بایستی گفته آید چون برگشت یا بازگشت، یا رفت. چون بسوی باژگاه توران در آنسوی رود می‌رود.

* – در همهٔ نمونه‌ها چنین است و پیدا است که بدینگونه درست می‌نماید: نه؛ دید ایچ مردم، نه؛ کشتی بر آب.

● – آنان چنانکه کسی بر زمین می‌گذرد، از آبِ جیهون گذشتند.

۵ – **یک:** گذرگاه آمودریا، در دشت بود و موج تیز نداشت. **دو:** روی به «تو» دارد، (اندر شوی) که پیوندش با لت نخست نیست.

۶ – سخن درست است، اما پیوسته به گفتار پسین است.

۷ – «چو» و «چون» نمی‌باید که همهٔ آنان خودِ آنانند، نه چون آنان!

رسیدن کیخسرو
به
ایرانزمین

چو با گیو، کیخسرو آمد به زَم* — جهان، چند ازو شاد و، چندی دژم
نوندی بهرسو برافکند گیو — یکی نامه از شاه و از گیو نیو[1]
که: «آمد ز توران، جهاندار شاد — سرِ تخمهٔ نامور کیقباد[2]»
فرستاده‌ای بختیار و سوار — خردمند و بینادل و دوستدار[3]
گزین کرد زان نامداران زم — بگفت آنچه بشنید از بیش و کم[4]
بدو گفت: «زایدر برو باصفهان — برِ پیر گودرز کشوادگان[5]
بگویش که: کیخسرو آمد به زَم — که بادی نجست از برِ او دژم»[6]
یکی نامه نزدیک کاووس شاه — فرستاده بگرفت و برداشت راه[7]
هیونان کفک افکن بادپای — بجَستند برسانِ آتش ز جای
فرستادهٔ گیو روشنروان — نخستین بیامد برِ پهلوان
پیامش همه گفت و نامه بداد — جهان‌پهلوان، نامه بر سر نهاد
ز بهر سیاوش، ببارید آب — همی کرد نفرین بر افراسیاب
اُزانجا بشد نزد کاووس کی — ز یال هیونان بپالود خوی[8]
چو آمد به نزدیک کاووس شاه — ز شادی خروش آمد از بارگاه[9]
خبر شد بگیتی که: «فرزند شاه — جهانجوی کیخسرو، آمد ز راه»

* – زم شهری کنار رود جیهون بود، بنگرید به فرهنگ شاهنامه، رویه ۳۷۳، نوشتهٔ بیژن شهیدی.

۱ – **یک:** چرا بهرسو؟ او را می‌بایستی گزارش کار خویش را به گودرز دادن! **دو:** یک نامه از سوی دو کس سزاوار پهلوانان و بزرگان نبوده‌است.

۲ – کیخسرو در نامهٔ خود، خویش را سر تخمهٔ کیقباد می‌خواند؟

۳ – **یک:** فرستادهٔ بختیار را ندانستم چه روی است، زیراکه فرستاده را باید تیز رفتن و نامه را بنیکی رساندن و فرستنده را به بخت او کار نیست. **دو:** مگر فرستاده پیاده هم در دیوان برید آنزمان بوده‌است که از «سوار» یاد شود. **سه:** لت دویم سخنان بیهوده است چون بختیاری آن فرستاده.

۴ – سواران دیوان برید، از بزرگان شهر نبوده‌اند.

۵ – آهنگ سخن درهم‌ریخته است.(باصفهان)

٦ – **یک:** باد را بر روی کسی وزیدن شاید، نه «از برِ» کسی. **دو:** باد «دژم» نیست، یا تند است یا آرام.

۷ – **یک:** چه کس نزد کاووس رفت؟ روشن نیست که فرستاده رفته‌است، یا گودرز که در دو رج پیشین نامش آمده‌است. **دو:** راه برداشتنی نیست «پیمودنی» و «درنوردیدنی» است.

۸ – دوباره‌گویی... آگاهی کاووس در رج پسین می‌آید. اگر نامه را دیوان برید برده است از یال اسپان خوی نمی‌ریزد زیراکه پاسگاه به پاسگاه اسبان تازه‌نفس بکار گرفته می‌شدند.

۹ – «خروش» آمدنی نیست، برخاستنی است.

۱۹۸ داستان سیاوخش

سپهبد فرستاده را پیش خواند ... بران نامهٔ گیو گوهر فشاند
جهانی بشادی بیاراستند ... بهر جای رامشگران خواستند
ازانپس ز کشور مهان جهان ... برفتند یکسر سوی اصفهان [1]
بیاراست گودرز کاخ بلند ... همه دیبه خسروانی فکند
یکی تخت بنهاد پیکر بزر ... بدو اندرون چندگونه گهر
یکی تاج با یاره و گوشوار ... یکی توغ پر گوهر شاهوار
به زرّ و به گوهر بیاراست گاه ... چنانچون بباید سزاوار شاه [2]
سراسر همه شهر آذین ببست ... بیاراست میدان و جای نشست
مهان سرافراز برخاستند ... پذیره شدن را بیاراستند
برفتند هشتاد فرسنگ پیش ... پذیره شدندش به آیین خویش [3]
چو آمد پدیدار با شاه، گیو ... پیاده شدند آن سواران نیو [4]
چو چشم سپهبد برآمد بشاه ... همان گیو را دید با او براه
فروریخت از دیدگان آب زرد ... ز درد سیاوش بسی یاد کرد [5]
ستودش فراوان و کرد آفرین ... چنین گفت کـ:«ای شهریار زمین
ز تو، چشم بدخواه تو، دور باد ... روان سیاوش پراز نور باد [6]
جهاندار یزدان گوای من است ... که دیدار تو، رهنمای من است
سیاوخش را زنده گر دیدمی ... بدین گونه از دل نخندیدمی»
بزرگان ایران همه پیش اوی ... یکایک نهادند، بر خاک؛ روی
اُزان جایگه شاد گشتند باز ... فروزنده شد بخت گردنفراز [7]
ببوسید چشم و سرِ گیو و گفت ... که: «بیرون کشیدی سپهر از نهفت!
گزارندهٔ خواب و جنگی تویی ... گهِ چاره، مرد درنگی؛ تویی»
سوی خانهٔ پهلوان آمدند ... همه شاد و روشنروان آمدند
ببودند یک هفته با می بدست ... بیاراسته بزمگاهِ نشست

---

۱ - **یک:** اگر مهان جهان رفته‌اند، همه رفته‌اند و «یکسره» در کار نیست. **دو:** گودرز کشواد فرمانروای خوروَران، کردستان، لرستان و آذربایجان امروزین بوده و پایتختش نیز در همان مرز بوده‌است نه در سپاهان!

۲ - در سخن پیشین از تخت زرین که بگوهر آراسته شده بود سخن رفت. اکنون دوباره؟

۳ - **یک:** چرا هشتاد فرسنگ؟ در داستانهای پیشین همه جا، از سه روز راه سخن آمده‌است نه هشتاد فرسنگ یا هشت روز راه! **دو:** در سخن پیشین «پذیره شدن را بیاراستند» آمده‌بود. **سه:** مگر آیین ایرانیان گونه گون بوده‌است که بآیین خویش بپذیره رفتند؟

۴ - **یک:** «پدیدار آمد» درست نیست و «پدیدار گردید» درست است. **دو:** پس بزرگان برای پذیرهٔ گیو رفته‌بودند! **سه:** «آن»، در کار نیست و سواران نیو بسنده می‌نمود.

۵ - اشکِ چشم هیچگاه زردرنگ نمی‌شود!

٦ - دو بار بکار بردن «تو» در یک گفتار نادرخور است.

۷ - در گفتار پسین سخن از بوسیدن گیو و رفتن به خانهٔ پهلوان [گودرز] می‌رود، پس هنوز بازنگشته‌اند.

بهشتم سوی شهر کاووس شاه   همه شاددل برگرفتند راه

رسیدن کیخسرو
بنزدیک
تخت کاووس کی

چو کیخسرو آمد برِ شهریار   جهان گشت پر بوی و رنگ و نگار
بآذین، جهانی شد آراسته   در و بام و دیوار، پر خواسته*
نشسته بهر جای رامشگران   گلاب و می و مشک با زعفران[1]
همه یال اسپان پراز مشک و می   درم با شکر ریخته زیر پی[2]
چو کاووس کی روی خسرو بدید   سرشکش ز مژگان برخ بر چکید
فرود آمد از تخت و شد پیش اوی   بمالید، بر چشم او، چشم و روی
جوانِ جهانجوی، بردش نماز   گرازان سوی تخت رفتند باز
فراوان ز ترکان[3] بپرسید شاه   هم از تخت سالارِ تورانسپاه[4]
چنین داد پاسخ که آن کم‌خرد   بَبد روی گیتی همی بسپَرَد[5]
مرا چند بپسود و چندی بگفت[6]   خرد با هنر کردم اندر نهفت
بترسیدم از کار و کردار او   بپیچیدم از رنج و تیمار[7] او
اگر ویژه ابری شود دربّار[8]   کشنده‌ی[9] پدر چون بود دوستدار؟
نخواند مرا موبد از آبِ پاک   که بپرستم[10] او را، پدر زیر خاک[11]

* - این، آیین پذیره تا چهل سال پیش نیز در روستاها و شهرهای ایران روان بود، و مردمان در رهگذار شاه یا سردار پیروز همه ابزارهای زیبا و پارچه‌های رنگارنگ و قالی‌ها را بدیوارها و بام‌ها می‌آویختند... و من خود بچشم خویش دیدم که بر دیوار خانه‌ای یک ساعت بزرگ دیواری را نیز آویخته بودند.

۱ - گلاب و می و مشک و زعفران باکنش «نشسته در رج آمده‌است که درست نیست. بگذریم از آنکه یک چنین آمیزه خمیری بدرنگ می‌شود که بهیچ کار نمی آید.

۲ - **یک:** سخن پیوند ندارد، و چنانچه پیش‌ازاین نیز یاد کرده شد، مشک را چندان بها بوده‌است برای شاهان یک جام به پیشکشی می‌فرستاده‌اند، و چگونه می‌شاید که چنین بوی خوش بهادار را روی یال اسپان می‌ریختند، و چگونه مشک از روی یال اسپ بر زمین نمی‌ریخت؟ **دو:** بنداری ار مشک و زعفران در آیین پذیره نام برده است.

۳ - تورانیان، ترک نبوده‌اند.

۴ - چگونه کاووس از تخت افراسیاب می‌پرسد که او فرزندش را کشته است!

۵ - پیوسته به گفتار افزودهٔ پیشین.

٦ - سخن ناکارآمد... چندپرسش از وی کرده بود نه چندی بگفت.

۷ - رنج و تیمار، رودرروی هم هستند و یکجاگرد نمی‌آیند، از افراسیاب رنج به کیخسرو رسید، اما تیمارداری از وی نکرد.

۸ - آهنگ سخن درهم ریخته است.

۹ - آهنگ سخن درهم ریخته است.

۱۰ - پدربزرگ را می‌پذیرند و دوست می‌دارند، اما بایسته نیست که او را بپرستند.

۱۱ - سخن، پیوند ندارد.

۲۰۰ داستان سیاوخش

کنون[1] گیو چندی به سختی ببود — به توران مرا جُست و رنج آزمود،
اگر نیز رنجی نبودی جزین — که با من بیامد ز توران‌زمین[2]
سرافراز دو پهلوان با سپاه — پس ما بیامد[3] چو آتش به راه
من آن دیدم از گیو کز پیل مست — نبیند به هندوستان بت‌پرست[4]
گمانی نبردم[5] که هرگز نهنگ — ز دریا بر آن سان برآید به جنگ
ازان پس که پیران بیامد چو شیر — میان بسته و بادپایی به زیر[6]
به آب اندر آمد بسان نهنگ — که گفتی زمین را بسوزد به جنگ[7]
بینداخت بر یال او بر کمند — سر پهلوان اندر آمد به بند
به خواهشگری رفتم، ای شهریار،[8] — اُگر نه بکندی[9] سرش را ز بار[10]
بدان کو ز درد پدر خسته بود[11] — ز بد گفتن ما زبان بسته بود[12]
چنین تا لب رود جیهون به جنگ[13] — نیاسود با گرزهٔ گاورنگ
سرانجام بگذاشت جیهون به خشم[14] — به آب و به کشتی نیفکند چشم[15]
کسی را که چون او بود پهلوان — بود جاودان شاد و روشن‌روان،[16]

*

یکی کاخ کشواد بد در صطخر[17] — که آزادگان را بدو بود فخر[18]
⇐ چو از تخت کاووس برخاستند — به ایوانِ نو رفتن آراستند
همی رفت گودرز با شهریار — چو آمد بدان گلشن زرنگار[19]

---

۱ - گیو؛ «اکنون» بسختی «ببود»! گفتار ناشایست! ۲ - سخن بی‌پایان است.

۳ - برای دو پهلوان، کنش «بیامد» نمی‌آید، که بایستی «بیامدند» آید.

۴ - مگر تنها بت‌پرستان هندوستان پیل و زورآوری او را می‌بینند؟

۵ - درست آن بود که چنین آید: «گمان نمی‌بردم» یا «گمان نمی‌کردم».

۶ - از آمدن پیران چنین سخن گفتن درست است؟ که تنها اسب او را در شمار آورند! اگر کار گیو را می‌ستایند، بایستی چنین آید که پیران بهمراه سپاه خود بدنبال ما آمد!

۷ - سخن ناهموار است و چنین می‌باید گفتن: «چنان» بآب اندرون «راند» که گفتی «برآنست که» زمین را بسان نهنگ بسوزاند! اما اگر بدینجا هم برسیم، باز نهنگ زمین را نمی‌سوزاند! ۸ - «ای شهریار» را می‌بایستی در آغاز گفتار آوردن.

۹ - «سر بریدن» را شاید گفتن اما سرکندن در هیچ جا نیامده است. ۱۰ - سر را از «تن» می‌برند، نه از «بار».

۱۱ - روشن نیست تا؛ که را خواهد گفتن. ۱۲ - نیز روشن نیست که این زبان بستگی از کیست؟

۱۳ - جنگ تا (لب) رود جیهون رخ نداد که آنرا لب نیز باشد! پیشتر دربارهٔ بار و رودبار سخن آمده‌است.

۱۴ - چرا بخشم؟ ۱۵ - به کشتی نگاه نکرد، اما چگونه می‌شاید از رود گذشتن و بآب تنگریستن!

۱۶ - پیوسته بگفتار.

۱۷ - روشنتر از این نمی‌شود که چون کیخسرو بپایتخت کاووس رسد، می‌باید در یکی از کاخ‌های او فرود آید نه در کاخ گودرز، و همین سخن در رج پسین می‌آید.

۱۸ - پساوایِ سخن نابجا! که همواره در افزوده‌ها برای پساوی صطخر (و نه استخر) می‌آید.

۱۹ - **یک:** در رج پیشین از برخاستن و رفتن همگان بایوان نو سخن آمد نه تنها گودرز! و در رج پسین نیز همین گفتار آمده‌است. **دو:**
←

انجمن مهیستان ایران و گزیدن کیخسرو بشاهی ۲۰۱

برِ اورنگ زرّینْش بنشاندند — بر او بر، بسی آفرین خواندند
ببستند گردان ایران کمر — بجز توس نوذر، که پیچید سر
که او بود با کوس و زرّینه کفش — هم او داشتی کاویانی درفش[1]
از آن کار، گودرز شد تیز مغز — برِ او پیامی فرستاد نغز

*

پیمبر سرافراز گیو دلیر — که چنگ یلان داشت و بازوی شیر[2]
بدو گفت: «با توس نوذر بگوی — که: هنگام شادی بهانه مجوی![3]
بزرگان و گردانِ ایرانزمین — همه شاه را خواندند آفرین
چرا؟ سرکشی تو، بفرمان دیو! — نبینی همی؟ فرِّ گیهان‌خدیو
اگر سر بپیچی ز فرمان شاه — مرا با تو کین خیزد و رزمگاه
فرستاده، گیو است و پیغام من؛ — بدستوری نامدار انجمن»
ز پیش پدر گیو بنمود پشت — دلش پر ز گفتارهای درشت[4]
بیامد، به توس سپهبد بگفت — که: «این رای را، با تو؛ دیو است، جفت»
چو بشنید، پاسخ چنین داد توس — که: «بر ما نه خوبست کردن فسوس!
بایران پس‌از رستم پیلتن — سرافرازتر کس، منم ز انجمن
نبیرهٔ منوچهر شاه دلیر — که گیتی به تیغ اندر آورد زیر[5]
همان شیر پرخاشجویم به جنگ — بدرّم دل پیل و چنگ پلنگ[6]
همی بی من آیین و رای آورید؟ — جهان را، به نو کدخدای؛ آورید؟
نباشم بدین کار همداستان — ز خسرو مزن پیش من داستان![7]
جهاندار کز تخم افراسیاب — نشانیم، بخت اندر آید بخواب[8]
نخواهیم شاه از نژاد پشنگ — فسیله، نه نیکو بود، با پلنگ
تو این رنج هایی که بردی برست — که خسرو جوان است و گنداورست[9]

→ «بایوان نو رفتند»، نه بگلشن!

۱ – کوس را که همهٔ پهلوانان داشتند، در آغاز نام می‌برند، و درفش کاویان، را در پایان؟

۲ – **یک:** از گیو و پیامبریش در رج پنجم پسین بگونهٔ درست در سخن فردوسی آمده‌است. **دو:** لت دویم ناهماهنگ است.

۳ – دنبالهٔ گفتار افزوده.

۴ – **یک:** دلش را نمی‌بایستی پراز گفتارهای درشت بودن! **دو:** پیام؛ همان بود که در رج‌های پیشین آمد.

۵ – **یک:** آهنگ سخن برهم خورده است. **دو:** «زیر» نادرست است و «بزیر» می‌بایست!

۶ – **یک:** این سخن را با رجِ پیشین پیوند نیست. **دو:** چنگ پلنگ دراندنی نیست.

۷ – مزن داستان را با همداستان پساوا نیست.

۸ – **یک:** سخن درهمریخته است: «جهاندار(ی که) از تخم افراسیاب». **دو:** بخت(مان).

۹ – **یک:** چون «رنج‌ها» آید. «ی» یگانه بر آن شایسته نیست رنج‌ها(یی). **دو:** سخن نابجا. آیا «برست» را برای «برهید» آورده است، یا ←

۲۰۲ داستان سیاوخش

کسی کاو بود شهریار زمین — هنر باید و گوهر و فرّ و دین[1]
فریبرزِ کاووس، فرزند شاه — سزاوارتر کس، بتخت و کلاه
بهرسو، ز دشمن ندارد نژاد — همش فرّ و برزست و هم نام و داد»

*

بیامد بگودرزِ کشواد گفت — که: «فرّ و خرد نیست با توس جفت
دو چشمش، تو گویی، نبیند همی — فریبرز را برگزینند همی»
برآشفت گودرز و گفت: «از مهان — تنِ توس گُم باد؛ اندر جهان!»
نبیره پسر داشت هفتاد و هشت — بزد کوس ز ایوان بمیدان گذشت[2]
سواران جنگی ده ودو هزار — برون رفت، برگستوانور سوار[3]
وز آن رو بیامد سپهدار توس — ببستند بر کوههٔ پیل کوس[4]
ببستند گُردان ایران میان — به پیش سپاه اختر کاویان[5]
چو گودرز را دید و چندان سپاه — کز او تیره شد روی خورشید و ماه[6]
یکی تخت بر کوههٔ زنده پیل — ز پیروزه تابان بکردار نیل[7]
جهانجوی کیخسرو تاجور — نشسته بران تخت و بسته کمر[8]
به گرد اندرش زنده پیلان دویست — تو گفتی به گیتی جز آن جای نیست[9]
همی تافت زان تخت خسرو چو ماه — ز یاقوت رخشنده بر سر کلاه[10]
غمین شد ازان توس و اندیشه کرد — که: «امروز اگر من بسازم نبرد
بسی کشته آید ز هردو سپاه — ز ایران نه برخیزد این کینه گاه[11]
نباشد جزاز کامِ افراسیاب — سرِ بختِ توران برآید ز خواب
بدیشان رسد، تخت شاهنشهی — سرآید بما، روزگار مهی»
خردمند مردیّ و جوینده راه — فرستاد نزدیک کاووس شاه

← برای «برسیوه است» و در هردو گون آنرا با گفتار شاهنامه پیوند نیست. در نمونه‌های دیگر «بدست» و «درست» آمده‌است، که آنها نیز نادرخورند

۱ - (او را) هنر باید و...

۲ - **یک:** این گفتار با رج پیشین پیوند درست ندارد. **دو:** گودرز را هشتاد پسر بود، نه هفتاد و هشت نبیره. **سه:** روشن نیست که پیوند شمار نبیرگان او با «بمیدان رفتن» گودرز چیست؟

۳ - «برون رفتند» می‌باید.

۴ - کوس را پیش‌از بیرون شدن سپاه بر پیل می‌بندند، نه پس‌ازآن.

۵ - **یک:** مگر آنانکه همراه گودرز بوده‌اند، از گردان ایران بشمار نمی‌رفتند؟ **دو:** «اختر کاویان» نادرست است: «درفش کاویان».

۶ - پیوند این لت با رج پیشین روشن نیست.

۷ - دنبالهٔ گفتار افزوده.

۸ - هنوز کیخسرو پادشاه نبوده‌است.

۹ - «پیلان دویست» نادرست است.

۱۰ - دوباره گویی خسرو نمی‌شاید.

۱۱ - **یک:** «بسی» درست نیست و «بسا» درست است. **دو:** «آیند» می‌باید. **سه:** «نه برخیزد» نمی‌باید و «برنمی‌خیزد» می‌شاید. **چهار:** «کینه گاه» درست نمی‌نماید و «کینه» می‌باید.

انجمن مهیستان ایران و گزیدن کیخسرو بشاهی ۲۰۳

که: «از ما یکی گر بر این دشتِ جنگ / نهد بر کمان، چوبِ تیر خدنگ
یکی کینه خیزد که افراسیاب / همه شب همی، آن ببیند بخواب»
چو بشنید کاووس، گفتار راست / فرستاد کس؛ هردوان را بخواست
برِ توس و گودرز کشوادگان / گزیده سرافراز آزادگان [1]
که: «بر درگه آیند، بی‌انجمن / چنانچون بباید، بنزدیک من»
برفتند هردو بنزدیک شاه / سخن برگشادند در پیشگاه
بدو گفت شاه: «ای خردمند پیر / منه زهر برّنده، در جام شیر
بنه تیغ و بگشای زآهن میان / نباید کز این سود، خیزد زیان!»
چنین گفت، توس سپهبد بشاه / که: «گر شاه سیر آمد از تخت و گاه
بفرزند باید که ماند جهان / بزرگیّ و دیهیم و تخت مهان [2]
چو فرزند باشد، نبیره، کلاه؛ / چرا برنهد؟ برنشیند بگاه!»
بدو گفت گودرز ک:«ای کم‌خرد / ترا بخرد، از مردمان نشمرد
بگیتی کسی چون سیاوش نبود / چنو راد و آزاد و خامش نبود
کنون این جهانجوی فرزند اوست / همویست گویی، بچهر و بپوست
گر از تور دارد ز مادر نژاد / هم از تخم شاهی نپیچد، ز داد
بتوران و ایران، چنو نیز، کیست؟ / چنین خام گفتارت، ازبهر چیست؟
دو چشمت نبیند همی؟ چهر او! / چنان برز و بالا و آن مهر او!
بجیهون گذر کرد و کشتی نجست / بفرّ کیانیّ و رای درست
بسان فریدون کز اروندرود / گذشت و بکشتی نیامد فرود
ز مردیّ و، از فرّهٔ ایزدی / از او دور شد چشم و دست بدی
تو نوذرنژادی نه بیگانه‌ای / پدر تُند بود و، تو دیوانه‌ای
سلیح من ار با منستی کنون / بر و یالت آغشته گشتی بخون» [3]
بدو گفت توس: «ای جهاندیده پیر / چه گویی سخنهای نادلپذیر!
اگر تیغ تو هست سندان شکاف / سنانم بدرّد دل کوه قاف [4]
اگر گرز تو هست با سنگ و تاب / خدنگم بدوزد دل آفتاب [5]
اُگر تو ز کشوادداری نژاد / منم توس نوذر مه و شاه‌زاد» [6]

۱ - روشن نیست که لت دویم به توس بازمیگردد، یا به گودرز!؟
۲ - دیهیم در جهان پدیدار نشده بود.
۳ - کنون، در لت نخست، باگشتی در لت دویم همخوان نیست.
۴ - در نزد ایرانیان البرز، کوه‌سرتاسری جهان بوده‌است و کوهی بنام قاف رابرتر از آن نمی‌شناختند.
۵ - **یک:** «سنگ و تاب» چه باشد؟ **دو:** چشم آفتاب را دوختن در اندیشه می‌گنجد، اما دل آفتاب را دوختن در گمان نمی‌آید.
۶ - لت دویم، سخن سست.

بدو گفت گودرز: «چندین مگوی — که چندین نبینم ترا آبِ روی»[1]
بکاووس گفت: «ای جهاندار شاه — تو دل را مگردان ز آیین و راه
دو فرزند پرمایه را، پیش خوان — سزاوار گاه‌اند و هردو جوان
ببین تا ز هردو، سزاوارِ کیست؟ — که با برز و با فرّهٔ ایزدیست
بدو تاج بسپار و دل شاد دار — چو فرزند بینی همی شهریار»
بدو گفت کاووس ک :«این رای نیست — مرا بر دو فرزند بر، دل، یکیست
یکی را چو من کرده باشم گزین — دگر را ز من دل شود پر ز کین[2]
یکی کار سازم که هردو ز من — نگیرند کین، اندر این انجمن
دو فرزند ما راکنون با دو خیل — بباید شدن تا درِ اردبیل
بمرزی که آنجا دژ بهمن است — همه ساله پرخاشِ اهریمن است
به رنج است ز اهریمن، ایزدپرست — نیارد*، بدان مرز، موبد، نشست
از ایشان یکی، کان، بگیرد بتیغ — ندارم از او تخت شاهی دریغ،
چو بشنید گودرز و توس این سخن — که افکند سالار هشیار بُن[3]
برین هردو گشتند همداستان — ندانست ازین به کسی داستان[4]
بر این یک سخن دل بیاراستند — ز پیش جهاندار، برخاستند

---

۱ – **یک:** چون آن سخنان، افزوده باشد، این نیز افزوده است. **دو:** چنین گفتار، از دو سردار بزرگ ایرانی در پیشگاه شاه، نادرخور می‌نماید.

۲ – **یک:** سخن درست نیست، و درست چنین است که: «اگر یکی از آندو را من برگزینم». **دو:** «دل دیگری» نه دل دیگر.

* – یارستن: یارا داشتن، جرأت کردن. گزارش این رویدادِ شگفت را، در داستان ایران دفتر دویم بخوانید.

۳ – چون بشنیدند!

۴ – **یک:** لت دویم سست است: «بهتر» نه «به». **دو:** «همداستان» لت نخست با «کسی داستان»، در لت دویُم هماوا نیست و پساوای سخن پریشان است.

رفتن توس و فریبرز
به
دژ بهمن

چو خورشید برزد سر از برج شیر / سپهر اندر آورد شب را به زیر[1]
فریبرز با توسِ نوذر دمان / به نزدیک شاه آمدند آن زمان[2]
چنین گفت با شاهِ هشیار، توس / که: «من با سپهبد برم پیل و کوس
همان من کشم کاویانی درفش / رخ لعل دشمن کنم چون بنفش[3]
کنون هم چنین من ز درگاه شاه / بنه برنهم برنشانم سپاه[4]
پس اندر فریبرز و کوس و درفش / به پای اندرون کرده زرّینه کفش[5]
چو فرزند را فرّ و برز کیان / بباشد، نبیره نبندد میان»[6]
بدو گفت شاه: «ار تو رانی ز پیش / زمانه نگردد، ز آیین خویش
به رای خداوند خورشید و ماه / توان ساخت، پیروزی و دستگاه
فریبرز را، گر چنین است رای / تو لشکر بیارای و منشین ز پای»
بشد توس با کاویانی درفش / به پای اندرون کرده زرّینه کفش
فریبرزِ کاووس در قلبگاه / به پیش اندرون توس و پیل و سپاه[7]

*

چو نزدیک بهمن دژ، اندر رسید / زمین همچو آتش همی بردمید
بشد توس با لشکری جنگجوی / بتندی سوی دژ نهادند روی
سر بارهٔ دژ بُد اندر هوا / ندیدند جنگ هوا را روا
سنان‌ها ز گرمی همی برفروخت / میانِ زره، مرد جنگی، بسوخت[8]
جهان سر بسر گفتی از آتش است / هوا دام اهریمنِ سرکش است[9]

---

۱ - **یک:** «سر برزدن» درست نمی‌نماید و سر برآوردن درست‌تر است، و اینگونه گفتار، از فردوسی نیست که در جای دیگر می‌فرماید: «چو خورشید زد پنجه بر پشت شیر»! **دو:** سپهر، شب را بزیر نمی‌آورد، و شب از سپهر دور می‌شود.

۲ - **یک:** «آنزمان» دوباره‌گویی زمان است که روز نخستین امردادماه بوده باشد. **دو:** در بنداری نیامده است.

۳ - **یک:** این روشن است که درفش کاویانی تا زمان کیخسرو سپرده به توس بوده‌است، و گفتار نمی‌خواهد، بویژه با آغازگرِ «همان» **دو:** مگر گودرز با توس دشمن بوده‌است؟ **سه:** چون بنفش چگونه است؟

۴ - همچنین نابکار است، زیراکه پیشتر، از رفتنِ خود، سخن گفته‌بود.

۵ - دوباره سخن درفش پیش آید.

۶ - **یک:** برز کیان! **دو:** سخن نادرخور است. و درست آن چنین تواند بودن: نبیره «را نباید» میان «بستن». **سه:** در ترجمهٔ بنداری نیامده است.

۷ - پیش را، اندرون نیست.

۸ - مرد جنگی نادرخور است: «مردان جنگی».

۹ - **یک:** گفتی... **دو:** پیشتر از دمیدن همچون آتشِ زمین سخن رفته‌بود.

سپهبد فریبرز را گفت: «مرد — بچیزی خرامد به دشت نبرد [۱]
به گرز گران و به تیغ و کمند — بکوشد که آرد به چیزی گزند [۲]
به پیرامن دژ یکی راه نیست — ز آتش کسی را دل، ای شاه، نیست [۳]
میان زیر جوشن بسوزد همی — تن بارگی برفروزد همی» [۴]
بگشتند یک هفته گرد اندرش — به دیده؛ ندیدند جایی درش
بنومیدی از جنگ، گشتند باز — نیامد بر، از رنج و راه دراز
چو آگاهی آمد به آزادگان — برِ پیر گودرز کشوادگان
که توس و فریبز گشتند باز — نیارست رفتن برِ دز فراز [۵]

رفتن کیخسرو و گودرز به دژ بهمن

بیاراست پیلان و برخاست غَو — بیامد سپاهِ جهاندارِ نو
یکی تخت زرّین زبرجدنگار — نهاد از برِ پیل و بستند بار [۶]
به گرد اندرش بادرفش بنفش — به پا اندرون کرده زرّینه کفش [۷]
جهانجوی بر تخت زرّین نشست — به سر برش تاجی و گرزی بدست [۸]
دو یاره ز یاقوت و توق بزر — به زر اندرون چند گونه گهر [۹]
همی رفت لشکر گروها گروه — که از سمّ اسپان زمین شد چو کوه [۱۰]
چو نزدیک دز شد همی برنشست — بپوشید درع و میان را ببست [۱۱]

---

۱ – **یک:** سخن نادرست است، و درست چنین می‌باید، «برای بدست آوردن» چیزی بدشت نبرد «می‌رود!». **دو:** «خرامیدن» ویژه گلستان و بوستان است نه دشت نبرد.

۲ – دوباره‌گویی همان سخن.

۳ – **یک:** «راه» پیرامون دژ در کار نیست، و سخن را می‌باید چنین گفته آید، که دژ را «دروازه»، یا «راهِ اندر شدن» پدیدار نیست.

۴ – دنبالهٔ گفتار

۵ – نیارست نادرست است: «نیارستند».

٦ – چه کسی نهاد؟ گودرز، یا کیخسرو.

۷ – **یک:** سخن پریشیده است، درفش گودرز «شیر پیکر» بوده‌است و از درفش بنفش در خوروران (کردستان و آذربایجان) سراغی نداریم. **دو:** پا به‌کفش اندرون می‌رود، نه‌کفش به پا اندرون! زیراکه پا را اندرون نیست.

۸ – تاج در رزم بر سر نمی‌نهند.

۹ – **یک:** آرایش کاخ است نه آرایش سپاه. **دو:** یک‌کس را چگونه دوباره می‌پوشانند؟ **سه:** گهر را در زر می‌آجینند: «گوهر آژده» «زرِ گوهر آزده»، «زر گوهرآجین» نه آنکه گوهر در اندرونِ زر بوده باشد!

۱۰ – سخن بی‌پیوند است. اگر در آغاز «چنان رفت لشکر» آمده‌بود، لت دوئیم کاربردِ درست می‌یافت.

۱۱ – **یک:** «همی» نادرست است. **دو:** مگر پیش‌ازآن بر نشسته (سوار) نبوده و پیاده راه را می‌پیموده است؟ **سه:** زره را پیش‌از سوار شدن می‌بسته‌اند، نه پس‌از سوار شدن.

آزمایش کیخسرو و گودرز ۲۰۷

نویسنده‌ای خواست بر پشت زین	یکی نامه فرمود با آفرین
ز انبر نوشتند بر پهلوی	چنانچون بود نامهٔ خسروی [1]
که این نامه از بندهٔ کردگار	جهانجوی، کیخسرو نامدار
که از بند اهریمن بد بجست	بیزدان زد از هر بدی، پاک، دست [2]
که اوست جاوید برترخدای	خداوند نیکی ده و رهنمای [3]
خداوند بهرام و کیوان و هور	خداوند فرّ و خداوند زور [4]
مراداد اورند و فرّ کیان	تن پیل و چنگال شیر ژیان [5]
جهانی سراسر به شاهی مراست	در گاو تا برج ماهی مراست [6]
گر این دژ، بر و بوم اهریمن است	جهان‌آفرین را؛ بدل، دشمن است؛
بفرّ و بفرمان یزدان پاک	سرش را بگرز، اندر آرم بخاک
اُگر جادوان راست، این دستگاه	مرا خود بجادو نباید سپاه
چو خم، در دوالِ کمند آورم	سرِ جادوان را، ببند آورم
اُگر خود، خجسته سروش ایدرست	بفرمان یزدان، یکی لشکرست*!
همان من نه از دست آهرمنم	که از فرّ و برز است جان و تنم [7]
بفرمان یزدان کنید این تهی	که اینست پیمان شاهنشهی [8]
یکی نیزه بگرفت خسرو بدست	همان نامه را بر سر نیزه بست
بسان درفشی برآورد راست	بگیتی بجز فرّیزدان نخواست [9]
بفرمود تا گیو با نیزه، تفت	بنزدیک آن بَرشده باره رفت

---

۱ - یک نویسنده را خواسته بود و کنش نوشت برای آن می‌باید!

۲ - **یک:** اهریمن، بد و نیک ندارد. اما اگر از اهریمن، افراسیاب را خواهد گفتن، بیگمان وی از «اهریمن» بدتر نمی‌شود! **دو:** بیزدان دست (بردن) درست است نه دست زدن!

۳ - مگر خدای فروتری نیز در میان هست؟

۴ - دنبالهٔ سخن

۵ - **یک:** اورند، شاهی همراه با مردمسالاری است که هنوز کیخسرو بدان پایه نرسیده است. **دو:** «اورنگ» را شاید که خدا بکسی دهد، اما «اورند» از رفتار، کردار و گفتارِ شاه برمی‌آید.

٦ - در سخن فردوسی هیچگاه؛ «درِ گاو» نیامده است. از «برّه تا ماهی» نشان از ۱۲ ماه سال است، و نمی‌توان زمان را از اردیبهشت تا برج ماهی در شمار آوردن، که کمبود دارد. افزاینده را گمان برآن بوده‌است که از گاو و ماهی [که در گمان برخی مردمان جهان زمین بر شاخ گاو و گاو بر پشت ماهی ایستاده‌است] یاد کند، و اینجا نیز یک نادرستی بزرگ رخ می‌نماید، زیرا که پهنهٔ فرمانروایی چنین کس، به زیرِ زمین می‌رود، نه روی زمین!

* - در همهٔ نمونه‌ها «یکی» لشکر است آمده‌است و درست آنست که کیخسرو و خود و سپاه خویش را یزدانی در شمار آورد و بر این بنیاد، «مرا» درست می‌نماید (=اگر تو که در دژ هستی سروش خجسته‌ای، مرا نیز لشکری است که گوش بفرمان یزدان دارد).

۷ - **یک:** «از دست اهریمن» نابجا است. **دو:** «فرّ» را شاید که بر جان فرمان راند، اما بُرز که بالای تن و پیکر است اگر اهریمنی باشد وگر یزدانی همان برز است، و نمی‌توان یزدانی آنرا از اهریمنی‌اش جدا پنداشتن!

۸ - «این تهی» سخنی سست است، و بجای «این دژ را تهی کنید» آمده‌است.

۹ - لت دویم سست و بی‌گزارش است.

بدو گفت که: «این نامهٔ پندمند ببر سوی دیوارِ کوه بلند○
بر آن نامه بر، نام یزدان بخوان بگَردان عنان تیز و، آنجا ممان»
بشد گیو، نیزه گرفته بدست؛ پراز آفرین جان یزدان‌پرست!
چو نیزه بدیوار دز برنهاد بنام جهانجوی خسرونژاد
ز دادار نیکی‌دهش یاد کرد پس آن چرمهٔ تیزرو باد کرد●
شد آن نامهٔ نامور ناپدید خروش آمد و خاک دژ بردمید
همآنگه بفرمان یزدان پاک برآمد بر آن بارهٔ دژ تراک
تو گفتی که رعدست گاهِ بهار خروش آمد از دشت و از کوهسار[1]
جهان گشت چون روی زنگی سیاه چه از بارهٔ دژ، چه گرد سپاه
تو گفتی برآمد یکی تیره ابر هوا شد بکردار کام هژبر[2]
برانگیخت کیخسرو اسپ سیاه چنین گفت با پهلوان سپاه
که: «بر دژ یکی تیرباران کنید هوا را چو ابر بهاران کنید»
برآمد یکی میغ، بارش تگرگ تگرگی که بردارد از ابر مرگ[3]
ز دیوان بسی شد به پیکان هلاک بسی زهره رفته فتاده به خاک[4]
ازانپس یکی روشنی بردمید شد آن تیرگی سر بسر ناپدید
جهان شد بکردار تابنده ماه بنام جهاندار و از فرّ شاه
برآمد یکی بادِ با آفرین هوا گشت خندان و، روی زمین
برفتند دیوان به فرمان شاه درِ دز پدید آمد از جایگاه[5]
به دژ در، شد آن شاه آزادگان ابا پیر گودرز کشوادگان
یکی شهر دید اندر آن دژ، فراخ پراز باغ و میدان و ایوان و کاخ
بدانجای کان روشنی بردمید سر بارهٔ دژ بشد ناپدید؛*
بفرمود خسرو بدان جایگاه یکی گنبدی تا به ابر سیاه
درازا و پهنای آن ده کمند بگرد اندرش تاق‌های بلند
ز بیرون چو نیم از تگِ تازی اسپ○○ برآورد و بنهاد آذرگشسپ

○ - در برخی نمونه‌ها حصن بلند آمده‌است، اما کوه درست است و گزارش آنرا در داستان ایران دفتر دویم می‌خوانید.

● - از گرمای دژ گریخت. ۱ - تو گفتی... ۲ - تو گفتی...

۳ - **یک**: دوباره گویی سخن پیش است: هوا را چو ابر بهاران کنید. **دو**: لت دویم، سخن سستی که ره بجایی نمی‌برد!

۴ - **یک**: تاکنون، هیچ سخن از دیو نرفته‌بود. **دو**: دیوان «شدند» نه «شد». ۵ - دوباره سخن از دیوان می‌رود!

* - روشنی که پس‌ازگرد و خاک پدیدار شده بود، سرتاسری بوده‌است و نه از یکجای. «در آنجا» در این رج با «بدان جایگاه» در رج پسین ناهمخوان است. دریافتن این گفتار، اندکی دشخوار می‌نماید، اما رویدادی درست است که در داستان ایران بر بنیاد گفتارهای ایرانی، گزارش آنرا خواهید دیدن.

○○ - این رج در نمونه‌ها، گونه گون آمده‌است: چو نیمی تک، ز نیم تک، دژ بر تک، چو نیمی یکی، دو تک از تک، دو یک از یک، ز

←

نشستند گرد اندرش موبدان — ستاره‌شناسان و هم بخردان
بدان شارسان کرد چندان درنگ — که آتشکده، گشت، با بوی و رنگ
چو یکسال بگذشت لشکر براند — بنه برنهاد و سپه برنشاند [1]

← بیرونش نیمی یکی، (خالقی مطلق ۲۶۷-۲). از برابر نهادن همهٔ این نمونه‌ها می‌توان چنین برآوردن: «ز بیرونْش دژ، یک تکِ تازی اسپ» (= بیرون آن گنبد دژی «برآورد» (لت دویم) باندازهٔ تکِ اسپ = یک میل ۱۵۰۰ گز) درازای دیوار بیرونی آتشکدهٔ آذرگشسب اکنون نیز نزدیک بهمین اندازه است.

۱ – **یک:** چندان درنگ کرد، زمان بایسته برای بوی و رنگ گرفتن آتشکده است و یکسالِ پسین سخن را دوگانه می‌کند. **دو:** پس‌از لشکر راندن بنه برنمی‌نهند و سپه بر نمی‌نشانند! که پیش‌ازآن، چنین می‌کنند.

پادشاهی کیخسرو

پادشاهی کیخسرو

چو آگاهی آمد به ایران، ز شاه از آن ایزدی فرّ و آن دستگاه[1]
جهانی فرو ماند اندر شگفت که کیخسرو آن فرّ و بالا گرفت[2]
همه مهتران یک بیک با نثار برفتند شادان برِ شهریار
فریبرز پیش آمدش با گروه از ایران، سپاهی بکردار کوه[3]
چو دیدش فرود آمد از تختِ زر ببوسید روی برادر پدر
نشاندش برِ تخت زر شهریار که بود از درِ یاره و گوشوار[4]
همان توس با کاویانی درفش همی رفت با کوس و زرّینه کفش[5]
بیاورد و پیش جهاندار برد زمین را ببوسید و او را سپرد[6]
بدو گفت که: «این کوس و زرّینه کفش بنیک اختر این کاویانی درفش؛[7]
ز لشکر ببین تا سزاوار کیست؟ یکی پهلوان از درِ کار کیست؟»[8]
ز گفتارها پوزش آورد پیش بپیچید زان بیهده رای خویش[9]
جهاندارِ پیروز بنواختش بخندید و بر تخت بنشاختش[10]
بدو گفت که: «این کاویانی درفش همان پهلوانیّ و زرّینه کفش[11]
نبینم سزای کسی در سپاه ترا زیبد این کار و این دستگاه[12]
ترا پوزش اکنون نباید بکار نه بیگانه ای خواستی شهریار»[13]

*

چو پیروز برگشت شیر از نبرد دل و دیدهٔ دشمنان تیره کرد[14]

---

۱ – در رج شانزدهم پسین آگاهی بکاووس می‌رسد. ۲ – «فرّ و بالا» ناهموار است.
۳ – دو رج. «فریبرز پیش آمدش» نشان از پذیرهٔ (استقبال) فریبرز از کیخسرو، در راه است، پس تخت زری در میان نبوده‌است.
۴ – **یک:** باز سخن از شهریاری کیخسرو می‌رود، پیش‌از شهریار شدنِ او. **دو:** لت دویم: این سخن را چه پیوند، با گفتار در لتِ نخست؟ **سه:** بنداری نیاورده است. ۵ – «همان» و «همی» نادرست است... «برفت».
۶ – رج پیشین «با کاویانی درفش»، اینجا «بیاورد» و «برد».
۷ – زرینه کفش و کاویانی درفش را شاید بکیخسرو دادن؛ اما کوس را نشاید، چون همهٔ پهلوانان در سپاه‌خویش «کوس» داشتند.
۸ – این سخن را با رج پیشین پیوند نیست. ۹ – پوزش را نخست می‌خواهند نه پس‌از پایان یافتنِ گفتار.
۱۰ – دنبالهٔ گفتار ۱۱ – پهلوانی را باکفش زرین چه پیوند؟ ۱۲ – دنبالهٔ گفتار ۱۳ – همچنین
۱۴ – مگر کیخسرو را در ایران دشمن نیز بوده‌است.

سوی پهلو پارس بنهاد روی — جوان بود و بیدار دیهیم‌جوی [1]
چو زو آگهی یافت کاووس کی — که آمد ز ره، پورِ فرخنده‌پی
پذیره شدش با رخی ارغوان — ز شادی، دل پیر، گشته جوان
چو از دور خسرو، نیا را بدید — بخندید و شادان دلش بردمید [2]
پیاده شد و برد پیشش نماز — بدیدار او بُد نیا را نیاز [3]
بخندید و او را ببر درگرفت — نیایش سزاوار او برگرفت [4]
اُزانجا سوی کاخ رفتند باز — به تخت جهاندار دیهیم‌ساز [5]
چو کاووس بر تخت زرّین نشست — گرفت آن زمان دست خسرو بدست [6]
بیاورد و بنشاند بر جای خویش — زگنجور، تاج کیان خواست پیش
ببوسید و بنهاد بر سرْش تاج — بکرسی شد از نامور تختِ آج
ز گنجش زبرجد نثار آورید — بسی گوهر شاهوار آورید [7]
بسی آفرین بر سیاوش بخواند — که خسرو، بچهره، جز او را، نماند
ز پهلوْ برفتند آزادگان — سپهبدسران و گرانمایگان [8]
بشاهی بر او آفرین خواندند — بسی زرّ و گوهر برافشاندند
جهان را چنین است ساز و نهاد — -ز یک دست بستد، بدیگر بداد-
به دردیم از این رفتن اندر فریب — زمانی فراز و زمانی نشیب [9]
اگر دل توان داشتن شادمان — بشادی چرا نگذرانی زمان [10]
بخوشی بناز و بخوبی ببخش — مکن روز را بر دل خویش دخش [11]
تراداد و فرزند را هم دهد — درختی که از بیخ تو برجهد [12]

---

۱ - **یک:** «پارسواش» یا «پارسوماش» نخستین، جایگاه کیخسرو، در کنار دریاچه چیچست (اورمیه امروز) بوده‌است، نزدیک بآتشکدهٔ آذرگشسب. **دو:** و دیهیم نیز در آنزمان بآیین نبود.
۲ - پیوسته به رج افزوده پسین.
۳ - لت دویم را با لت نخست هماهنگی نیست.
۴ - **یک:** «بخندید»، دوباره می‌آید. **دو:** نیایش بخداوند میکنند نه به نیا.
۵ - **یک:** کاووس را شاید گفتن که بسوی کاخ «باز رفت»، اما کیخسرو «باز نمی‌رود» که «می‌رود». **دو:** «دیهیم‌بافی» و نه. «دیهیم سازی» کار کسان بوده‌است که دیهیم را می‌بافته‌اند، نه پادشاه!
٦ - پیوسته به گفتار پیشین.
۷ - باز سخن از زبرجد تنها می‌رود.
۸ - **یک:** از کدام پهلو؟ می‌بایستی از همه سوی ایران بروند. **دو:** «سپهبد سر» نادرست است.
۹ - **یک:** «رفتن اندر فریب» را در نیافتم که چه باشد؟ **دو:** این سخن چنین می‌نماید که فراز و نشیب هردو در فریب رفتن است!
۱۰ - اگر کسی شاد باشد، روشن است که زمانش بشادی می‌گذرد!
۱۱ - **یک:** «ناز» کنش نیست که بتوان آنرا همانند برو، بنشین... با «ب پیشوند کنش» آوردن! این سخن همانند آنستکه کسی گوید «یابناز» و خواسته باشد گفتن که «نیازمند شو»! **دو:** دخش، نشان است و این سخن روشن نیست.
۱۲ - **یک:** «تو» که باشد... **دو:** فرزند که را؟ **سه:** افزاینده در گفتار پسین خواسته است نشان دهد که «فرزند تو را»، اما از بیخ درخت کهنسال جوانه، یا شاخه در می‌آید، نه درخت! آنهم کارِ درخت جَستن نیست که درآمدن و رُستن و بالاگرفتن و جز اینها است! و تنها جوانه است که جَست می‌زند.

نبینی که گنجش پراز خواسته‌ست   جهانی بخوبی بیاراسته‌ست[1]
کمی نیست در بخششِ دادگر   فزونی به خوردست، انده مخور

*

به پالیز چون برکشد سرو شاخ   سر شاخ سبزش برآید ز کاخ[2]
ببالای او شاد باشد درخت   چو بیندش بینادل و نیکبخت[3]
سزد گرد گمانی برد بر سه چیز   کزین سه گذشتی چه چیزست نیز[4]
هنر با نژادست و با گوهرست   سه چیزست و هرسه به بند اندرست[5]
هنر کی بود تا نباشد گهر   نژاده بسی دیده‌ای بی‌هنر[6]
گهر آنکه از فرّ یزدان بود   نیازد به بد دست و، بد نشنود[7]
نژاد آنکه باشد ز تخم پدر   سزد کاید از تخم پاکیزه بر[8]
هنر گر بیاموزی از هرکسی   بکوشی و پیچی ز رنجش بسی[9]
ازین هرسه گوهر بود مایه‌دار   که زیبا بود خلعت کردگار[10]
چو هرسه بیابی خرد بایدت   شناسندهٔ نیک و بد بایدت[11]
چو این چار با یک تن آید بهم   برآساید از آز و رنج و ز غم[12]
مگر مرگ کز مرگ خود چاره نیست   وزین بدتر از بخت پتیاره نیست[13]

---

۱ - گنجِ که؟

۲ - **یک:** سرو را، شاخ کشیدن نباشد، سرو، قد می‌کشد. **دو:** در لت نخست سخن از پالیز رفت، و در لت دوئیم، از کاخ یاد می‌شود.

۳ - **یک:** کدام درخت؟ افزاینده هنوز آن شاخ را خواهد گفتن. **دو:** گیریم که سرو را شاخ باشد، اما درخت، بینادل نمی‌شود.

۴ - **یک:** گمانی نادرست است: «گمان»، سرو را گمان و اندیشه نیست. **دو:** لت دوئیم را روی با «تو» شد!

۵ - **یک:** چون گفته آید: هنر، با نژاد و باگوهر است، دو چیز برشمرده شد. نژاد و گوهر، که هردو یکی است! **دو:** چون گفتار دربارهٔ سرو بپایان نرسیده‌است، سرو را نژاد و گوهر؛ پیدا است، و دگرگون نمی‌شود. **سه:** کدام بند را خواهد گفتن؟

٦ - **یک:** افزاینده، خود بدانجا رسید که گزارش رج پیشین آمد! **دو:** روی سخن با «تو» شد.

۷ - **یک:** گوهر... و هر چیز دیگر از «آفرینش یزدان» است، نه از «فرّ یزدان». **دو:** لت دوئیم سخت پریشان و نادرخور است. چه کس ببد؛ دست نیازد؟

۸ - **یک:** روشن‌تر از این نیست، که نژاد ازسوی پدرومادر بفرزند می‌رسد، اما گوینده سخت ناخوش گفته‌است و آن چنین است؛ «نژاد» چیزیست که از تخم پدر باشد!! **دو:** چون چنین است هرکس را توان نژاد(ه) نامیدن چه نیکوان را و چه بدان را.

۹ - **یک:** از هرکس هنر آموختن، شاید که بر راه بد نیز رفتن چنانکه اگر از دژخیمان هنر آموزد دژخیم گردد. **دو:** لت دویم بهمریخته است و گزارش ندارد. افزاینده را رای آن بوده‌است که بگوید: چون در راهِ هنر آموزی بکوشی از رنجی که باکوشش همراه است بر خود بپیچی!!

۱۰ - **یک:** سخن در لت نخست، از دیدگاه دستور زبان نارسا است و می‌باید چنین آید: از (میان) این سه، گوهر مایه‌دار(تر) است. **دو:** لت دوئیم، باژگونه گویی رج ۱۱۳۷۴.

۱۱ - **یک:** در رج ۱۱۳۷۲ چنین آمده‌بود، گذشته از این سه چیز، چیزی نیست، و اینجا از چهارمین چیز، نام برده می‌شود. **دو:** روی سخن از همهٔ مردمان، به «تو» بازگشت.

۱۲ - **یک:** نه «با یک تن» که «در یک تن». **دو:** آن یکتن، در لتِ نخست کرده (مفعول) است، و در لت دویم کننده (فاعل) شد.

۱۳ - **یک:** در رج پیشین سخن از آن بمیان نیامده‌بود که چنان‌کس چارهٔ همه کار و همه چیز را میکند، که اینجا با «مگر» آغاز شود. **دو:**
←

جهانجوی ازین چار بُد بی‌نیاز ‌ ‌ ‌ ‌ همش بخت سازنده بود از فراز [1]
سخن راند گویا بدین داستان ‌ ‌ ‌ ‌ دگر گوید از گفتهٔ باستان [2]
کنون بازگردم به آغاز کار ‌ ‌ ‌ ‌ که چون بود کردار آن شهریار [3]

آمدن زال و رستم بدیدن کیخسرو

⇐ چو تاج بزرگی، بسر برنهاد ‌ ‌ ‌ ‌ از او شاد شد تاج و او نیز شاد
هر آنجا که ویران بد آباد کرد ‌ ‌ ‌ ‌ دل غمگنان اندر آن شاد کرد [4]
از ابر بهاران ببارید نم ‌ ‌ ‌ ‌ ز روی زمین، زنگ؛ بزدود و غم
جهان گشت پر سبزه و رود آب ‌ ‌ ‌ ‌ سر غمگنان اندر آمد بخواب [5]
جهان شد پراز خوبی و ایمنی ‌ ‌ ‌ ‌ ز بد، بسته شد دست اهریمنی
فرستاده آمد، ز هر کشوری ‌ ‌ ‌ ‌ ز هر نامداریّ و هر سروری [6]
پس آگاهی آمد سوی نیمروز ‌ ‌ ‌ ‌ بنزد سپهدارِ گیتی‌فروز [7]
که خسرو ز توران بایران رسید ‌ ‌ ‌ ‌ نشست از بر تخت، کاو را سزید [8]
بیاراست رستم بدیدار شاه ‌ ‌ ‌ ‌ ببیند که تا هست زیبای گاه [9]
ابا زال سام نریمان بهم ‌ ‌ ‌ ‌ بزرگان کابل همه بیش و کم [10]
سپاهی که شد دشت چون آبنوس ‌ ‌ ‌ ‌ بدرّید هر گوش زآوای کوس [11]

← پتیاره در زبان اوستایی پَئیتی‌اَر، «جنبش از روبرو» یا پیش آمدن از روبرو است، و پسان در زبان پهلوی پتیارک گردید که «رو در رو» (مخالف) باشد... و مرگ چنین نیست، و پایان زندگی است.

۱ – **یک:** گفتار شگفت...! جهانجوی (کیخسرو) بدین چهار (چیز) نیاز نداشت. **دو:** در لت دویم با آوردن، «هم» آن چهار چیز را به پنج چیز می‌کشاند.

۲ – **یک:** «گویا» چه کس باشد؟ **دو:** سخن راندن بداستان، درست نیست، یا (سخن راندن) یا (داستان گفتن) **سه:** هنوز هیچ سخن گفته نشده‌است، «دیگر»ش در لت دویم چه باشد؟

۳ – این رج چنین می‌نماید، که افزاینده بخش؛ همهٔ داستان را گفته‌است و اکنون بآغاز کار باز میگردد!

۴ – **یک:** بایسته نیست که در آباد جای، همگان بی‌غم بوده باشند. **دو:** لت نخست از هر آنجا (= همه جا) یاد شد، و اینجا با آوردن «آن» یک جا گردید. ‌ ‌ ۵ – **یک:** سخن، بگونهٔ درست در رج پیشین آمده‌است. **دو:** دوباره از بخواب رفتن (غمگنان) یاد می‌شود!

۶ – هنوز که از بخش بزرگی چون نیمروز، پهلوانان بدیدار شاه نیامده‌اند، چگونه شاید که از هر کشور «فرستاده» بایران آمده باشد؟

۷ – سخن آراسته است اما دنبالهٔ داستان است.

۸ – **یک:** «آگاهی» رج پیشین دربارهٔ بتخت نشستن کیخسرو است، نه رسیدن وی بایران، زیراکه وی پیرامون یکسال پیش بایران رسیده‌بود. **دو:** او شایستهٔ تخت بود، یا تخت سزاوارِ وی؟ ‌ ‌ ۹ – لت نخست، بی‌پیوند است.

۱۰ – بیش‌وکم چگونه باشد؟ اگر بزرگان کابل رفته‌اند، همگان رفته‌اند، نه بیش، و نه کم!

۱۱ – **یک:** برای دیدار شاهِ گزین، کشیدن چنان سپاه بایسته نیست که از گَرد سم اسبانشان (دشت) آبنوس شود. **دو:** از گَرد اسبان، آسمان تیره می‌شود، نه زمین. **سه:** لت دویم سست ترین سخن!

سوی شهر ایران گرفتند راه — زواره فرامرز و پیل و سپاه[1]
به پیش اندرون زال با انجمن — درفش بنفش ازپسِ پیلتن[2]
پس آگاهی آمد برِ شهریار — که آمد ز ره پهلوان سوار[3]
زواره فرامرز و دستان سام — بزرگان که هستند با جاه و نام[4]
دل شاه شد زان سخن شادمان — سراینده را گفت که: «آباد مان[5]
که اویست پروردگار پدر — اُز اویست پیدا، بگیتی هنر»[6]
بفرمود تا گیو و گودرز و توس — برفتند با نای رویین و کوس[7]
تبیره برآمد ز درگاه شاه — همه برنهادند گُردان کلاه
یکی لشکر از جای برخاستند — پذیره شدن را بیاراستند
ز پهلو به پهلو پذیره شدند — همه بادرفش و تبیره شدند[8]
برفتند پیشش به دو روزه راه — چنین پهلوانان و چندین سپاه[9]
درفش تهمتن چو آمد پدید — بخورشید، گَرد سپه بردمید[10]
خروش آمد و نالهٔ بوق و کوس — ز قلب سپه گیو و گودرز و توس[11]
به پیش گو پیلتن راندند — بشادی بر او آفرین خواندند[12]
گرفتند هرسه ورا در کنار — بپرسید شیراوژن از شهریار[13]
ز رستم سوی زالِ سام آمدند — گشاده دل و شادکام آمدند[14]
نهادند سوی فرامرز روی — گرفتند شادی به دیدار اوی[15]
اُزان جایگه سوی شاه آمدند — بدیدار فرخ کلاه آمدند[16]
چو خسرو گو پیلتن را بدید — سرشکش ز مژگان برخ برچکید[17]

---

۱ - شهرِ ایران، همانا کشور ایران است، که نیمروز نیز بخشی از آنست.
۲ - «پیش‌اندرون» نادرست است. درفش رستم بنفش رنگ نبوده‌است... اژدهاپیکر بوده‌است.
۳ - «پهلوان سوار» تنها پاژنام سام نریمان بوده‌است: «سام سوار»
۴ - سخن را در این رج نه با رج پیشین پیوند است و نه خود، پایان؛ دارد.   ۵ - لت دویم سست است.
٦ - «او» کیست؟ رستم است یا زال؟ یا فرامرز؟ چون نام هرسه باهم آمده‌بود پس نمیتوان «او» را بازشناختن.
۷ - گفتار دربارهٔ پذیرهٔ گُردان در رج پسین آمده‌است.
۸ - از یک پهلَوْ (استان) به استان دیگر پذیره نمی‌رفتند، وبرترین بزرگداشت در پذیره و بدرقه (بدرقه واژه‌ایست ایرانی بد = پت = به و رقه = رِیگَه کردی = راه، بر رویهم براه فرستاده) سه روزه راه بود.
۹ - بس زود، سخن نادرست پیشین به دو روز راه دگرگون شد.
۱۰ - میان دو لت، هیچ پیوند نیست! چگونه شاید که پدیدار شدن درفش رستم، گَرد سپه را تا بخورشید رساند؟ گَرد، از جنبش سپاه بر می‌آید نه از درفش.   ۱۱ - لت دویم؛ قلب سپه، در آرایش دو سپاه برای جنگ است نه برای پذیره.
۱۲ - آیین پذیره چنان بود که آنان را می‌بایستی پیاده شدن، و ازپس پیاده شدن آنان زال و رستم نیز پیاده شوند.
۱۳ - چگونه، سوار بر اسب یکدیگر را در آغوش گرفتند؟
۱۴ - پیدا است که رستم و زال در کنار هم ره می‌سپردند.   ۱۵ - و نیز فرامرز   ٦۱ - رفتند درست است.
۱۷ - رستم را می‌بایستی گریستن.

فرود آمد از تخت و کرد آفرین … تهمتن ببوسید روی زمین[1]
بپرستم چنین گفت ک:«ای پهلوان … همیشه بزی شاد و روشن‌روان[2]
بگیتی خردمند و خامش تویی … که پروردگار سیاوش تویی»[3]
سر زال زان پس ببر درگرفت … ز بهر پدر دست بر سر گرفت[4]
گوان را به تخت مهی برنشاند … بر ایشان همی نام یزدان بخواند[5]
نگه کرد رستم سروپای اوی … نشست و سخن گفتن و رای اوی[6]
رُخش گشت پر خون و، دل پر ز درد … ز کار سیاوش بسی یاد کرد[7]
بشاه جهان گفت ک:«ای شهریار … جهان را تویی از پدر یادگار[8]
ندیدم من اندر جهان تاجور … بدین فرّ و مانندگیِ پدر»[9]
اُزان پس چو از تخت برخاستند … نهادند خوان و مَی آراستند[10]
جهاندار تا نیمی از شب نخفت … گذشته سخن‌ها همه بازگفت[11]

گردیدن کیخسرو گُردِ پادشاهی

چو خورشید، شمشیرِ رخشان کشید … شب تیره گشت از جهان ناپدید[12]
تبیره برآمد ز درگاه شاه … بسر برنهادند گُردان کلاه[13]
چو توس و چو گودرز و گیو دلیر … چو گرگین و رهّام و گستهم شیر[14]
گرانمایگان نزد شاه آمدند … بران نامور بارگاه آمدند[15]
بنخچیر شد شهریار جهان … ابا نامور رستم پهلوان[16]

---

۱ – پهلوان را می‌بایستی بر شاه، آفرین خواندن! ۲ – دنباله ۳ – چرا خامش؟
۴ – زال پهلوان سیستان، چندان خُرد نبوده‌است که بتوان سرش را در آغوش گرفتن. ۵ – دنبالهٔ گفتار
٦ – **یک:** نگه کرد رستم (به). **دو:** به رخ و دیده و سر و تاج نگریستن شاید، اما پای را نگریستن، نشاید.
۷ – دنباله ۸ – دنباله
۹ – **یک:** «مانندگی پدر» نادرست است، بویژه که همراه (فرّ) شده‌است. **دو:** فرّ در اندیشهٔ نیاکان دهشی یزدانی بوده‌است، ویژه ایران، و نیز ویژهٔ کیان و هیچ کس را «فرّ» از دیگر کس برتر، یا فروتر نبوده‌است. ۱۰ – می، آراستنی نیست.
۱۱ – **یک:** «جهاندار» یا همهٔ مهمانان؟ **دو:** باز (می) گفت درست است. ۱۲ – لت دویم سست می‌نماید.
۱۳ – **یک:** گردان که از آنان یاد می‌شود، در رج پسین نامبرده می‌شوند. **دو:** با بانگ تبیره، کلاه بر سر نمی‌نهند.
۱۴ – این رج نیز از برای چند «چو» افزوده است. «چو»!
۱۵ – این گرانمایگان کدامند، گرانتر از آنان که در رج پیشین از آنان یاد شد! اگر نامبردگان رج پیشین گرانمایگان ایران نبودند، پس چه کس گرانمایه بود؟
۱٦ – این رج را هیچ پیوند با داستان نیست. هیچیک از نامبردگان همراه نشدند و شاه با رستم به نخچیر رفت!

ز لشکر برفتند آزادگان — چو گیو و چو گودرز کشوادگان [1]
سپاهی که شد تیره خورشید و ماه — همی رفت با یوز و با باز شاه [2]
همه بوم ایران سراسر بگشت — به آباد و ویران همه برگذشت [3]
هر آن بوم‌وبر کان نه آباد بود — تبه بود و ویران ز بیداد بود [4]
درم داد و آباد کردش ز گنج — ز داد و ز بخشش نیامدش رنج [5]
به هر شهر بنشست و بنهاد تخت — چنان چون بود خسرو نیکبخت [6]
همه بدره و جامِ مَی خواستی — به دینار گیتی بیاراستی [7]
اُزانجا سوی شهر دیگر شدی — همی با می و تخت و افسر شدی [8]
همی رفت تا آذرآبادگان — ابا او بزرگان و آزادگان [9]
گهی باده خورد و گهی تاخت اسپ — بیامد سوی خان آذرگشسپ [10]
جهان‌آفرین را ستایش گرفت — به آتشکده در، نیایش گرفت [11]
بیامد خرامان ازان جایگاه — نهادند سر سوی کاووس شاه [12]

پیمان بستن کیخسرو
با کاووس
در جنگ افراسیاب

نشستند هردو بهم شادمان — نبودند جز شادمان یک زمان [13]
چو پر شد سر از جام روشن گلاب — به خواب و به آسایش آمد شتاب [14]

---

۱ – برای سدیگربار؛ نام از آزادگان میرود. دوباره گیو و گودرز آنهم با پیشوند «چو»!
۲ – **یک:** برای نخچیر، سپاهی که گَردِ آن؛ خورشیدوماه را تیره کند، در کار نبود. **دو:** «همی‌رفت» نادرست است. **سه:** شاه با رستم و بزرگان نمی‌رفت و با یوز و باز میرفت؟
۳ – در سخنان افزودهٔ پیشین آمده‌بود که کیخسرو همه جای‌های ویران را آباد کرد.
۴ – کاربرد سه واژهٔ (نه آباد = ناآباد)، (ویران)، (تباه) در یک سخن! ۵ – لت دویم سست است.
٦ – هیچیک از خسروان نیکبخت چنین کار نکرده‌بودند!
۷ – پادشاه دادگر نیکبخت که از مردمان می و زر بخواهد و از هر شهر یک گنج زر برگیرد، چگونه پروای آباد کردن کشور را دارد، و این سخن نه بر روال گفتار پیشین است.
۸ – **یک:** سستی سخن آشکار است. **دو:** چون در رج پیشین سخن از «هر شهر» (= همهٔ شهرها) رفت. این سخن نادرست است.
۹ – (همی‌رفت) نادرست است: «برفت». ۱۰ – در رج ۱۱۴۳۹ سخن از همواره می خوردن رفت، نه گاهگاه.
۱۱ – دنبالهٔ داستان ۱۲ – لت نخست یگانه (بیامد). لت دویُم گروه (نهادند).
۱۳ – دوباره‌گویی شادمان
۱۴ – **یک:** جامِ روشن گلاب چیست؟ در نمونه‌های س ۲ و ل ۲ – بادهٔ چون گلاب آمده‌است، و آن نیز نادرست است. **دو:** سر از جام
←

چو روز درخشان برآورد چاک   بگسترد یاقوت بر تیره خاک[1]
جهاندار بنشست و کاووس کی   دو شاه سرافراز و دو نیک پی ⇐
ابا رستم گُرد و دستان بهم   همی گفت کاووس هر بیش‌وکم[2]
از افراسیاب اندر آمد نخست   دو رخ را، بخونِ دو دیده بشست
بگفت آنکه او با سیاوش چه کرد   از ایران، سراسر، برآورد گرد
بسا پهلوانان که بیجان شدند   زن و کودک خرد، پیچان شدند
بسا شهر بینی از ایران خراب   تبه گشته از رنج افراسیاب[3]
ترا، ایزدی، هرچه بایدْث، هست   ز بالا و از دانش و زور دست
ز فرّ کیانی و نیک اختری   ز شاهان به هرگونه‌ای برتری
کنون از تو سوگند خواهم یکی   نباید که پیچی ز داد اندکی
که پر کین کنی دل از افراسیاب   دمِ آتش، اندر نیاری به آب
ز خویشیّ مادر، بدو نگروی   نپیچی و گفتِ کسی نشنوی
بگنج و فزونی نگیری فریب   همان، گر؛ فراز آیدت، گر؛ نشیب
بتاج و بتخت و نگین و کلاه   بگفتار، با او نگردی ز راه[4]
بگویم که بنیاد سوگند چیست؟   خرد را و جان ترا، بند چیست؟[5]
بگویی؛ بدادار خورشید و ماه   بتیغ و بمهر و بتخت و کلاه[6]
بپیروز نیک اختر ایزدی   که هرگز نپیچی به سوی بدی[7]
میانجی نخواهی جزاز تیغ و گرز   مَنِش؛ بُرز داری، ببالایِ بُرز*

*

چو بشنید ازو شهریار جوان   سوی آتش آورد؛ روی و روان
بدادار دارنده سوگند خوَرد   بروز سپید و شب لاژوَرد
بخورشید و ماه و بتخت و کلاه   بمهر و بتیغ و به دیهیم شاه[8]

→ روشن گلاب پر نمی‌شود، که شکم را شاید با آن پر کردن!

۱ - «چو» در آغاز این رج با «چو» در آغاز رج پیشین همخوان نیست.

۲ - **یک:** «همی‌گفت» نادرست است. **دو:** در رج پیشین از دو شاه یاد شد، نه از سه کس.

۳ - کنش «بینی» در این سخن نابجا است.

۴ - سخن درست با «گنج و فزونی» در رج پیشین آمده‌بود که تاج و تخت و نگین و کلاه را نیز در بر میگیرد.

۵ - **یک:** سوگند را بنیاد نیست. **دو:** بند جان (اگر باشد) با بند خرد یگانه نیست زیرا که بسیار جانداران را در جهان جان هست و خرد نیست.

۶ - نام‌های یاد شده در لت دوئِم را، هیچیک؛ بجان و خرد پیوستگی نیست.

۷ - این سوگند، از برای کین‌کشی از افراسیاب بود، نه برای پیوستن بنیکی! زیرا آنکس که برای «کین» به «نبرد» میرود نمی‌تواند بنیکی گراید، که بهرهٔ کار وی جنگ و خونریزی و بدی است.

* - با بالای بلند، اندیشهٔ بلند همراه کنی.

۸ - **یک:** دوباره همان نام‌ها افزون بر آنها که پیشتر یاد شد! **دو:** دیهیم که در آنزمان نبوده‌است.

پیمان کاووس و کیخسرو ۲۲۱

که: «هرگز نه، پیچم سوی مِهر اوی / نه، بینم، بخواب اندرون چهر اوی
یکی خدّ نوشت بر پهلوی / به مشکِ آب بر دفتر خسروی[1]
گوا بود دستان و رستم برین / بزرگان لشکر همه همچنین[2]
به زنهار بر دست رستم نهاد / چنان خد و سوگند و آن رسم و داد[3]
ازان جایگه خوان و مَی خواستند / دگر گونه مجلس بیاراستند[4]
ببودند یک هفته با رود و مَی / بزرگان به ایوان کاووس کَی[5]
جهاندار، هشتم سر و تن بشست / بیاسود و جای نیایش بجست[6]
به پیش خداوند گردان سپهر / برفت آفرین را بگسترد، مهر[7]
شب تیره تا برکشید آفتاب / خروشان همی بود دیده پر آب[8]
چنین گفت ک:«ای دادگر یک خدای / جهاندار و روزی‌ده و رهنمای[9]
بروز جوانی تو کردی رها / مرا بی‌سپاه از دم اژدها[10]
تو دانی که سالار تورانسپاه / نه پرهیز داند نه ترس از گناه
به ویران و آباد، نفرین اوست / دل بیگناهان پراز کین اوست
به بیداد، خون سیاوَش بریخت / بدین مرز، باران آتش ببیخت
دل شهریاران پراز بیم اوست / بلا بر زمین تخت و دیهیم اوست[11]
به کین پدر بنده را دست گیر / ببخشای، بر جان کاووس پیر
تو دانی که او را بدی گوهرست / همان بد نژادست و افسونگرست»[12]
فراوان بمالید رخ بر زمین / همی خواند بر کردگار آفرین[13]
اُزان جایگه شد سوی تخت، باز / برِ پهلوانان گردنفراز
چنین گفت ک:«ای نامدارانِ من / جهانگیر و خنجرگزاران من

---

۱ - آهنگ سخن پریشان است. ۲ - **یک:** بر «این» نادرست است بر «آن». **دو:** گوا «گشت»، نه گوا «بود».
۳ - اگر بپذیریم که رستم نگهبان آن سوگندنامه بود، رستم و داد را در این میانه چکار است؟
۴ - خوان خوراک با خوان می یکجا نبوده‌است و در پیشگفتار دربارهٔ آن سخن گفته‌ام. ۵ - دنبالهٔ گفتار
٦ - دنبالهٔ گفتار افزوده. ۷ - رفتن نزد خداوند را، کس نتواند.
۸ - اگر بروز هشتم چنین کرده باشد، نیایش وی روز هنگام انجام می‌پذیرد، نه بشب.
۹ - پس‌از یکشب (مهر گستردن!) برای آفرین، در پایان نام خدای را بردن درست نیست. زیرا که از آغاز نام او بر زبان می‌رود.
۱۰ - **یک:** روشن شد که نیایش یزدان گله گزاری است! **دو:** نمونه‌های دیگر لت دویم، بی‌عنا، بی‌سپاس، که هرسه نادرست است =زیرا که در کودکی چنین شده‌بود. **سه:** «از» دم اژدها نادرست است، «در» دم اژدها.
۱۱ - سخن سست که پیوند میان رج‌های پیشین‌وپسین را می‌گسلد.
۱۲ - **یک:** «بدی» در این رج به کاووس پیر باز میگردد! **دو:** افراسیاب بدنژاد نیست و فرزند پشنگ، فرزند زادشَم، فرزند تور، فرزند فریدون است! **سه:** «افسونگر» در زبان فارسی برابر است با «چاره‌گر» و رویداد داستان را، این واژه پاژنام فریدون است، و بارِ «بد» ندارد.
۱۳ - **یک:** کار نیایش بپایان رسیده‌بود؛ با آفرین! و این دوباره‌گوییِ سستِ گفتار است. **دو:** پس در بیت افزودهٔ پیشین از هفت روز یادشده «فراوان» را رخ بر زمین مالیدن، کاربرد ندارد.

بپیمودم این بوم ایران بر اسپ / ازین مرز تا خانِ آذرگشسپ
ندیدم کسی را که دلشاد بود / توانگر بُد، ار بومش آباد بود
همه خستگانند از افراسیاب / همه دل پراز خون و، دیده پر آب
نخستین جگرخستهٔ وی، منم! / که پر درد از اویست جان و تنم
دگر چون نیا شاه آزادمرد / که از دل همی برکشد باد سرد [1]
بایران زن و مرد ازو با خروش / ز بس کشتن و غارت و جنگ و جوش [2]
کنون گر همه، ویژه یار منید / بدل؛ سربسر، دوستدار منید؛
بکین پدر بست خواهم میان / بگَردانم این بد، از ایرانیان *
اگر همگنان رای جنگ آورید / بکوشید و رسم پلنگ آورید [3]
مرا این سخن پیش بیرون شود / ز جنگ یلان کوه هامون شود [4]
هر آن خون که آید به کین ریخته / گنهکار او باشد آویخته [5]
اُگر کشته گردد کسی زین سپاه / بهشت بلندش بود جایگاه
چه؟ گویید و این را چه؟ پاسخ دهید / همه، یکسره رای فرّخ نهید!
بدانید کو شد به بد پیشدست / مکافات بد را نشاید نشست» [6]
بزرگان بپاسخ بیاراستند / به دردِ دل از جای برخاستند
که: «ای نامدارِ جهان، شاد باش! / همیشه ز رنج و غم آزاد باش!
تن و جان ما، سربسر، پیش تست / غم و شادمانی؛ کم و بیش تست
ز مادر همه مرگ را زاده ایم / همه بنده ایم ار چه آزاده ایم» [7]
چو پاسخ چنین یافت از پیلتن / ز توس و ز گودرز و ز انجمن [8]
رخ شاه شد چون گل ارغوان / که دولت جوان بود و خسرو جوان
بدیشان فراوان بکرد آفرین / که آباد بادا، بگُردان، زمین

---

۱ - **یک:** لت نخست را سخن سست است. **دو:** می‌باید که این «باد سرد کشیدن» بافراسیاب بازگردد، باز آنکه در سخن چنین نیست.
۲ - لت یکم را پایان نیست.
* - در همهٔ نمونه‌ها چنین آمده‌است، و پیوندی میان لت نخست با لت دویم دیده نمی‌شود و گفتار درست، چنین می‌نماید: «که گردانم این بد از ایرانیان»
۳ - دوباره گویی رج دویم پیشین.
۴ - **یک:** لت نخست با «پیش» و «بیش» هردوان، بی‌گزارش است. **دو:** لت دویم را نیز پیوند با داستان نیست، کدام کوه هامون می‌شود؟ کوه‌های توران؟!
۵ - این رج و رج پسین برداشتی از گفتار افزودهٔ هنگام جنگ منوچهر است با تور و سلم.
٦ - پس‌ازپرسش از انجمن مهیستان، دوباره دربارهٔ بدی افراسیاب سخن راندن درست نیست.
۷ - لت یکم را با لت دوُیم پیوند نیست.
۸ - سخن از پیلتن و توس و گودرز نرفته‌بود، سخن با نامداران ایران بود.

گفتار؛ اندر نمایشِ لشکر[۱]

بگشت اندرین نیز گَردان سپهر — چو از خوشه خورشید، بنمود چهر[۲]
ز پهلوِ همه موبدان[۳] را بخواند — سخن‌های بایسته چندی براند
دو هفته درِ بار دادن ببست[۴] — بنوی یکی دفتر اندر شکست
بفرمود خسرو به روزی‌دهان — که: «گویند[۵] نام کهان و مهان»
نخستین ز خویشان کاووس کی — سد و ده سپهبد فکندند پی[۶]
سزاوار بنوشت نام گوان — چنانچون بود درخورِ پهلوان[۷]
فریبرز کاووس‌شان پیشرو — کجا بود پیوستهٔ شاهِ نو[۸]
گزین کرد هشتاد تن نوذری[۹] — همه گرزدار و همه لشکری
زرسپِ سپهبد[۱۰] نگهدارشان — که بردی[۱۱] بهرکار تیمارشان
که تاج کیان بود و فرزند توس[۱۲] — خداوند شمشیر و کوپال و کوس
سدیگر چو[۱۳] گودرز کشواد بود — که لشکر به رای وی آباد بود
نبیره پسر هفتاد و هشت[۱۴] — دلیران کوه و سواران دشت
فروزندهٔ تاج و تخت کیان[۱۵] — فرازندهٔ اختر[۱۶] کاویان

---

۱ - از اینجا یک گفتار افزودهٔ بلند در یکسدوسی‌وشش رج آمده‌است، که بس درهم و ناهماهنگ است، و چون همه گفتار باهم آمده‌است یکجا، آنرا بر می‌رسیم:

۲ - برآمدن خورشید از برج خوشه، شهریورماه است، و از آنجا که تورانزمین را سرما بیشتر از ایران بوده و هست، هیچگاه سرداران ایران را پروای لشکرکشی در ماهی که سی روز بپاییز است نبوده‌است، زیرا که در زمستان سرد توران، بدان سرزمین میرسیدند و جان سپردنشان از سپاهِ سرما بود.

۳ - سخن دربارهٔ نمایش لشکر است و سرداران را بایستی خواندن، نه موبدان را!

۴ - در همهٔ نمونه‌ها چنین آمده‌است و روشن نیست که شکستن دفتر را چه روی باشد؟ شاید بودن که افزاینده در آغاز «نوشت» آورده بوده‌است که آن نیز با «بَست» هماوا نیست.

۵ - نام کهان‌ومهان را از دفترها «می‌نویسند»، و نمی«گویند».

۶ - **یک:** سخن یاوه است! **دو:** پی افکندن برای دیوار و کاخ شاید، و برای سپهبدان نشاید! **سه:** در سپاهی که از یک گوشهٔ آن یکسدوده سپهبد بر می‌خیزد چگونه کارها سامان می‌پذیرد؟ **چهار:** یک سپاه را یک سپهبد شایسته است! **پنج:** و مگر این خویشان کاووس، خویش کیخسرو نیز نیستند؟

۷ - این پهلوان، که باشد؟

۸ - پیوسته به گفتار افزوده.

۹ - **یک:** شمار بیش از اندیشه! **دو:** نوذر سالها پیش جان داده‌بود.

۱۰ - از این سخن روشن شد که یک سپهبد بر هشتاد تن فرمان میراند، سخن نادرست!

۱۱ - تیمار داشتن، تیمار خوردن، رواست و تیمار بردن دیده نشده‌است.

۱۲ - نوذر، از کیانیان نبود، و چگونه شاید که فرزند توس، سپهسالار خراسان، تاج شاهان ایران باشد؟

۱۳ - «چو» نادرست است.

۱۴ - همواره از گودرز با هشتاد پور گزین یاد شده‌است و پیدا است که هشتاد پور را بسا، بیش از هفتادوهشت فرزند بوده‌است.

۱۵ - اینان نیز فروزنده تاج وتخت کیان شدند!!

۱۶ - اختر کاویان نادرست است، و این پیدا است که در سخنان پیشین افزوده بشاهنامه ازسوی کیخسرو دوباره بتوس و خراسانیان واگذار شد، پس نشاید که در دست خوروَرانیان بوده‌باشد.

۲۲۴ کیخسرو

چو[1] شست و سه از تخمهٔ گژدهم — بزرگان و سالارشان گستهم
ز خویشان میلاد بد سد سوار — چو[2] گرگین پیروزگر مایه‌دار[3]
ز تخم لواده[4] چو[5] هشتاد و پنج — سواران رزم و نگهبان گنج[6]
کجا بُرته بودی نگهدارشان — به رزم اندرون دست بردارشان[7]
چو[8] سی و سه مهتر ز تخم پشنگ[9] — که رویین بدی شاه‌شان[10] روز جنگ
به گاه نبرد او بُدی پیشِ کوس[11] — نگهبان گُردان و داماد توس[12]
ز خویشان شیروی[13] هفتاد مرد — که بودند گردان روز نبرد
گزین گوان شهره[14] فرهاد بود — گه رزم سندان پولاد بود[15]
ز تخم گرازه سد و پنج[16] گُرد — نگهبان[17] ایشان هم او را سپرد
کنارنگ و از پهلوانان[18] جز این — ردان و بزرگان با آفرین
چنان بد که موبد ندانست مر[19] — ز بس نامداران با برز و فر[20]
نوشتند بر دفتر شهریار — همه نام‌شان تا کی آید به کار[21]
بفرمود کز شهر بیرون شوند — ز پهلو[22] سوی دشت و هامون شوند
سر ماه[23] باید که از کرنای — خروش آید و زخم هندی درای[24]

---

۱ - **یک:** «چو» نادرست است و بزرگان و سالارشان نیز بی‌پیوند است. **دو:** شمار نیز نادرست است: «شست و سه تن».

۲ - «چو» نادرست است.

۳ - مایه‌دار نیز نادرخور است.

۴ - این نام در نمونه‌ها بگونه‌های فراوان آمده‌است: لواده، کوانه، نوابه، نزاره، بوابه، توابه، نوازه، نوانه، نژاده، نواده (بنگرید به. خالقی مطلق ۱۱-۳) آمده‌است که همه نادرست است و چنین کس در ایران شناخته شده نیست. تنها نمونهٔ ق ۲ گرازه آورده‌است که آن نیز درست نمی‌نماید، زیرا که «گرازه» فرزند گیو است و از نژاد گودرز.

۵ - «چو» نادرست است.

٦ - سوارِ رزم را با نگهبانی گنج چه پیوند؟

۷ - دست بردار، راگزارش نیست.

۸ - «چو»!

۹ - تخم پشنگ تورانی است، و افزاینده را در این نام، نگاه به داستان افزودهٔ پشنگ است!

۱۰ - شاه؟ یا فرمانده!

۱۱ - **یک:** این واژه را بدو گونه توان خواندن: «پیشْ کوس» و «پیشِ کوس» گونهٔ دویم که سخت نادرخور است، و گونه نخست برابر است با کسی که در جنگ پیش‌از دیگران کوس (ضربه، زخم) میزند و بدینگونه نیز نادرست است، زیرا که پهلوانان بزرگتر از وی در سپاه ایران فراوان بودند که نخستین زخم را آنان زنند. **دو:** کنش «بُدی» برای سی و سه‌کس نادرخور است.

۱۲ - داماد توس «ریونیز» بود.

۱۳ - شیروی در شاهنامه شناخته شده نیست.

۱۴ - شهره در گفتار فردوسی دیده نشده‌است: «نامبردار».

۱۵ - این رج پیوندی با رج پیشین ندارد.

١٦ - شگفت است از نبیرگان گودرز هفتاد و هشت‌کس نامبَر می‌شود و گرازه راکه خود یکی از نبیرگان گودرز است یکسد و پنج فرزند نامبردار و گرد بوده‌باشد!

۱۷ - «نگهبانی» درست است نه «نگهبان».

۱۸ - چون سخن از «پهلوانان» می‌رود، می‌باید که کنارنگ نیز بگونهٔ «کنارنگان» آید، «از پهلوانان» نیز، نادرست است، و «جز این» نادرست‌تر از آن! با چنین گفتار، شمار سپاهیان ایران ۷۲۴ مرد می‌شود، و آیا می‌باید این شمار را باو رکردن؟!

۱۹ - چگونه شاید که نام و شمار سپاهیان بر افزارمندان و دبیران آمارگر سپاه، روشن نباشد؟

۲۰ - دنبالهٔ گفتار.

۲۱ - پیوسته به گفتار افزوده.

۲۲ - همچنین.

۲۳ - بنگریم که یکماه پس‌از شهریورماه. روز نخست مهرماه، که آغاز سرما است، سپاهیان ایران را بتوران میبرند!

۲۴ - زخم (= ضربه) درای هندی از کرنای برآید؟!

نمایش لشگریان ایران ۲۲۵

همه سر سوی رزم توران نهند — همه شادمانی و سوران[1] نهند
نهادند سر پیش او بر زمین — همه یک به یک خواندن آفرین
که: «ما بندگانیم و شاهی تراست — درِ گاو تا برج ماهی تراست»[2]
فسیله که بودش بجایی یله[3] — به لشکرگه آورد یکسر گله[4]
بفرمود کان کو کمندافکن است — به رزم اندرون گُرد و رویین تن است[5]
به پیش فسیله کمند افکنند[6] — سر بادپایان به بند افکنند
درِ گنج دینار بگشاد و گفت — که: «گنج از بزرگان نشاید نهفت[7]
گهِ بخشش و کینه[8] شهریار — شود گنج دینار بر چشم[9] خوار
بمردان همی گنج و تخت آوریم — بخورشید بار درخت آوریم[10]
چرا برد باید غم روزگار — که گنج از پی مردم آید بکار»[11]
بزرگان ایران از آن انجمن[12] — نشسته[13] به پیشش همه تن به تن
بیاورد سد جامه دیبای روم[14] — همه پیکر از گوهر و زرّ بوم[15]
هم از خزّ و منسوج[16] و هم پرنیان[17] — یکی جام پر گوهر اندر میان
نهادند پیش سرافراز شاه — چنین گفت شاه جهان با سپاه
که: «اینت[18] بهای سر بی‌بها — پلاشان[19] دژخیم نرّ اژدها
کجا پهلوان خواند[20] افراسیاب — به بیداری او شود سیر خواب[21]
سر و تیغ و اسپش بیارد چو گرد[22] — به لشکرگه ما به روز نبرد»

---

۱ - «سور» خوراک نیمروزی را نهادن چه پیوند با جنبش سپاه؟ افزاینده را رای بر آن بوده‌است که بگوید ایرانیان با شادی بسوی توران روند!

۲ - **یک:** هیچگاه برج گاو را درِ گاو نخوانده‌اند. **دو:** اگر از این در گذریم، گزارش سخن چنین است که از آغاز برج گاو (اردیبهشت ماه) تا آغاز برج ماهی (اسفندماه) «از آن تست»، و شاید افزاینده را این گمان بوده‌است که «فرمان تو روان است»، پس اینچنین، در اسفندماه و فروردینماه فرمان وی روان نبوده، (و چنانکه خودِ گفتار ،آشکارا میگوید) از آنِ کیخسرو نبوده‌است!

۳ - افزاینده خواسته است بگوید که همه فسیله‌های اسپان را که در دشت‌ها رها «بودند» و بر این بنیاد «بودش» نادرست است.

۴ - دوباره نام بردن از گله (= فسیله). ۵ - پیوسته به گفتار افزوده.

٦ - در رج پیشین آن که کمندافکن «است» و در این رج «افکنند» نادرخور است.

۷ - گنج ویژهٔ بزرگان است نه همهٔ سپاهیان. ۸ - بخشش را با کینه چه پیوند؟ ۹ - بر چشم چه کس؟

۱۰ - سخن بی‌پیوند. ۱۱ - پیوسته به گفتار افزوده. ۱۲ - از کدام انجمن؟

۱۳ - «بزرگان» را «نشستند» می‌باید، نه «نشسته».

۱۴ - کشور روم هنوز در جهان پدیدار نشده‌است، تا جامهٔ ابریشمین دروغین آن در گنج کیخسرو بوده‌باشد.

۱۵ - **یک:** اگر جامه (= پارچه) دیبا بوده‌است پس چگونه پیکر گوهرین داشت؟ **دو:** و آنگاه بومِ ابریشمین، چگونه زرین شد؟

۱٦ - منسوج را در سخن فردوسی جای نیست. ۱۷ - پرنیان هم گونه‌ای دیبا است و دوباره نام آن آمده‌است.

۱۸ - از «اینت» تنها «این ترا» بر می‌آید، و این لت را بی‌گزارش می‌نماید. ۱۹ - در داستان توران بنام «پلاشان» باز نمی‌خوریم.

۲۰ - **یک:** خواند(ش) درست است نه «خواند». **دو:** پهلوان و سپهدار توران پیران است، نه پلاشان! ۲۱ - سخن سست!

۲۲ - سخن بی‌پیوند است. افزاینده خواسته است بگوید: «این خواسته از آنِ کسی است که سر پلاشان را بهمراه شمشیر و اسپ وی برای من ←

سبک بیژنِ گیو برپای جَست[1] میان کشتن اژدها را[2] ببست
همه جامه برداشت وان جام زر[3] به جام اندرون نیز چندی گهر
بسی آفرین کرد بر شهریار که: «خرّم بَدی[4] تا بود روزگار»
اُزانجا بیامد به جای نشست گرفته چنان جام گوهر به دست[5]
به گنجور فرمود پس شهریار که: «آرد دو سد جامهٔ زرنگار[6]
سد از خزّ و دیبا و سد پرنیان دو گلرخ به زنّار بسته میان[7]
چنین گفت ک:«این هدیه آن را دهم اُزان پس[8] بسی نیز بر سر نهم
که تاج تژاو آورد پیش من اَگر پیش این نامدار انجمن[9]
که[10] افراسیابش به سر برنهاد ورا خوانده بیدار و فرخ نژاد»[11]
همان بیژن گیو برجَست زود[12] کجا بود در جنگ برسان دود[13]
بزد دست و آن هدیه‌ها برگرفت از او ماند آن انجمن در شگفت[14]
بسی آفرین کرد و بنشست شاد که گیتی به کیخسرو آباد باد[15]
بفرمود تا با کمر ده غلام[16] ده اسپ گزیده به زرّین ستام[17]
ز پوشیده رویان[18] ده آراسته بیاورد موبد چنین خواسته[19]
چنین گفت بیدار شاه رمه که: «اسپان و این خوبرویان همه[20]

---

۱ – این گفتار، برگرفته از آغاز داستان بیژن و منیژه است. ← بیاورد!

۲ – نام آن سردار پلاشان بود، و اینجا نیز می‌بایستی پلاشان می‌آمد، زیرا که در رج پیشین، پلاشان به اژدهای نر مانند شده‌بود.

۳ – افزاینده فراموش کرده‌بود که آن جام پراز گوهر بود نه زر! ۴ – بَدی بجای بادی نادرست است.

۵ – سخن سست است، و افزون بر آن؛ جام (که باز پر گوهر شد) دیگر خواسته‌ها را بفراموشی سپرد.

۶ – پیوسته به گفتار افزوده.

۷ – **یک:** بر روی «خز» که پوست جانوری است چگونه، «زر» نگار کردند؟ و نیز بر روی پارچهٔ ابریشمین! **دو:** «جامه» هر چیز بافته شده‌است. اگر پرده باشد جامهٔ آویختنی‌اش خوانند و اگر قالی باشد جامهٔ گستردنی، و اگر بر تنش کنند جامهٔ پوشیدنی است، امروز به بخشی از یک جامه، پارچه (= پاره چه: بخشی، پاره‌ای کوچک از آن)، و بر این بنیاد، بهیچ روی نمیتوان، از پوست خز بنام جامه یاد کردن!

۸ – ازپسِ چه؟

۹ – سخنِ بیجا! زیرا که چون تاج یاد شده را پیش کیخسرو آورند به پیش آن انجمن نامدار نیز آورده‌اند، و آنان از یکدیگر جدا نیستند!

۱۰ – «که» در آغاز این رج با «که» در آغاز رج پیشین همخوان نیست.

۱۱ – بیدار و فرخ‌نژاد را؛ تنها از برای هماوایی با «نهاد» لتِ یکم آورده‌اند، وگرنه نژاد هرکس از پیش پیدا است، و بهنگام تاجگذاری پدیدار نمی‌شود، بیداری نیز چنین است. ۱۲ – باز، برگرفتن از داستان بیژن و منیژه!

۱۳ – سخن نابجا. زیرا که دود را چون از آتش بلند شود پروای جنبش و آهنگ خیزش نیست؛ مگرآنکه بادش بجنباند!

۱۴ – دنبالهٔ گفتار افزوده. ۱۵ – دنبالهٔ گفتار افزوده. ۱۶ – دنباله گفتار.

۱۷ – ستام زرین ویژهٔ شاهان بوده‌است.

۱۸ – «پوشیده رویان» زنان و دختران شاهان بوده‌اند، و پرستنده‌ای که در انجمن مردان به‌پرستش (خدمتگزاری) می‌رفت، پوشیده‌روی نبود. ۱۹ – پسر و دختر و اسپ را نشاید «خواسته» نامیدن! ۲۰ – دنبالهٔ گفتار افزوده.

کسی را که چون سر بپیچد تژاو[۱] — سزد گر ندارد دل شیر گاو؟[۲]
پرستنده‌ای دارد او روز جنگ[۳] — کز آواز او رام گردد پلنگ
به رخ چون بهار و، به بالا چو سرو — میانش چو غرو و، به رفتن تذرو[۴]
یکی ماهروی است نام[۵] اسپنوی — سمن پیکر و دلبر و مشکبوی[۶]
نباید زدن چون بیابدش تیغ[۷] — که از تیغ باشد چنان رخ دریغ[۸]
به خمّ کمند[۹] ار گرفته کمر[۱۰] — بدان سان بیارد مر او را به بر»[۱۱]
بزد دست بیژن بدان هم به بر — بیامد برِ شاه پیروزگر[۱۲]
به شاه جهان بر ستایش گرفت — جهان‌آفرین را نیایش گرفت[۱۳]
بدو شاد شد شهریار بزرگ — چنین گفت ک:«ای نامدار سترگ[۱۴]
چو تو پهلوان یار دشمن مباد — درخشنده جان تو بی‌تن[۱۵] مباد»
جهاندار زان پس به گنجور گفت — که «دَه جام زرّین بسیار از نهفت[۱۶]
شمامه[۱۷] نهاده دران جام[۱۸] زر — دَه از نقرهٔ خام[۱۹] باشش گهر[۲۰]

---

۱ - افزاینده را؛ رای بر آن بوده‌است که بگوید، چون تژاو شکست خورد...

۲ - لت دویم سخت پریشان و ناهماهنگ است، گونه‌های دیگر آن در نمونه‌ها «تاو» بجای گاو،سرشیر تاو، که هیچیک راگزارش نتوان کردن.

۳ - پرستنده‌ای چنان زیبا و شایسته که در رج‌های پسین یکایک خوبیهاش شمرده می‌شود، ویژهٔ «روز جنگ» نشاید بودن!

۴ - این رج از گفتارهای شاهنامه برگرفته شده‌است.

۵ - «نام اسپنوی» نادرست است: «بنامِ اسپنوی».

۶ - افزاینده را بایسته شد که از برای پساوای «اسپنوی» چنین واژه‌ها را در پایان سخن بیاورد.

۷ - سخن درهم... «ش» در پایان «بیابدش»، نابجای است، و می‌بایستی بهمراه «نباید» آورده شود نبایدش زدن... تیغ نیز کمبود دارد: «بتیغ» یا «با تیغ».

۸ - این سخن نیز بهمریخته است: «که تیغ (بر)» بجای «که (از) تیغ».

۹ - افزایندهٔ گمان‌باف، نمیدانسته است که اگر کسی را با خمّ کمند بگیرند، و از اسپ بر زمین خورد، استخوانهایش می‌شکند، و بیم مرگ او نیز در میان است!

۱۰ - افزاینده خواسته بگوید ار = یا کمرش را بگیرند... کمر در زبان امروزی بجای «میان» بکار میرود، که نادرست است. افزاینده را رای آن بوده‌است که بگوید میانش را بگیرند!

۱۱ - چه‌کس را پروای شنیدن چنین سخن یاوه هست که افزایندگان بی‌خرد، بشاهنامهٔ ایران افزوده‌اند؟ چگونه شاید دختری را از توران تا پایتخت کیخسرو در آذربایجان بزیر کَش گرفته بیاورند؟ نمونه‌های دیگر: بدانسان بیاید که آید ببر، برآنسان بتازد که آرد، برآنسانش آرد که دارد ببر، بیاید برآنسان، برآنسان که دیدم، و چنانکه دیده می‌شود همهٔ پچین‌برداران که از روی سخن افزایندهٔ نخستین نوشته‌اند، همین را دریافته‌اند که ویرا از توران تا آذربایجان می‌باید در برگرفته بیاورند!!!...

۱۲ - پیوسته به گفتار افزوده.

۱۳ - نیایش یزدان پس‌از ستایش شاه درست نمی‌نماید.

۱۴ - سترگ؛ لجوج باشد و بی‌آزرم و شرم! (لغت فرس؛ اسدی توسی) و نشاید که آنرا برای پهلوانی ایرانی بکار بردن!

۱۵ - سخن باژگونه است: «تنِ تو بیجان مباد» نه «جان تو بی‌تن»!

۱۶ - پیوسته با گفتار.

۱۷ - شمامه بجای «بوی خوب» در گفتار فردوسی راه ندارد.

۱۸ - آن جام(ها) درست است.

۱۹ - **یک:** سخن نادرست است «دَه جام نقره» می‌باید. نقره واژه‌ایست ایرانی که در زبان سغدی بگونهٔ «نکریت» آمده‌است، اما فردوسی همواره در چنین جایها، «سیمین» را بکارگرفته‌است. برابرِ تازی این واژه «فضة» است. **دو:** ناآگاهی دیگر افزاینده آنست که گمان دارد از نقرهٔ خام که گرانبهاترین گونهٔ آنست می‌توان جام ساختن! سیم خام، سیمی است که بگونهٔ آزاد در میان خاک پیدا می‌شود، و بجزاز سیمی

←

پر از مشک جامی ز یاقوت زرد[21]   ز پیروزه[22] دیگر یکی[23] لاژورد
عقیق و زمرّد بر او ریخته[24]   به مشک و گلاب اندر آمیخته[25]
پرستنده‌ای با کمر ده غلام[26]   ده اسپ گرانمایه زرّین ستام»
چنین گفت ک:«این هدیه آن را که تاو   بود در تنش روز جنگ تژاو[27]
سرش را بدین بارگاه آورد   به پیش دلاور سپاه آورد»[28]
به بر زد بدین[29] گیو گودرز دست   میان رزم آن پهلوان را ببست[30]
گرانمایه خوبان و آن خواسته   ببردند پیش وی آراسته[31]
همی خواند بر شهریار آفرین[32]   که: «بی تو مبادا کلاه و نگین»
اُزانپس به گنجور فرمود شاه   که: «ده جام زرّین بنه[33] پیش گاه
بر او[34] ریز دینار و مشک و گهر   یکی افسری خسروی با کمر»[35]
چنین گفت ک:«این هدیه آن را که رنج   ندارد دریغ از پی نام و گنج[36]
از ایدر شود تا درِ[37] کاسه‌رود   دهد بر روان سیاوش درود[38]

← است که همراه با سنگ کان است، و پس‌از گداختن از سنگ جدا می‌شود؛ سیم خام در تکه‌های خرد، پراکنده است و اندازهٔ آن چندان نیست که بتوان با آن «جام» برآوردن!

۲۰ - شش گوهر را چگونه میان ده جام بخش کرده‌بودند؟ و اگر هریک از جام‌ها راشش گهر بود، می‌بایستی روشن گفتن، که «با هریک از جام‌ها» یا «بر هریک از جام‌ها» شش گوهر آژده بودند.

۲۱ - جام را نمیتوان از یاقوت ساختن!

۲۲ - و نیز از پیروزه و لاجورد.

۲۳ - یکی لاجورد، سخن را در هم میریزد، زیرا که برای پیروزه نیز می‌بایستی یکی بیاید: «یکی پیروز» و «یکی لاجورد...».

۲۴ - پیشتر؛ پراز مشگ بود، پس چگونه جام پراز گوهرهای دیگر شد؟

۲۵ - افزاینده فراموش کرده‌بود که از مشک؛ در رج پیشین نام برده‌است، و اکنون بنگرید که در جامی، زمرد و عقیق ریخته باشند و با مشگ و گلاب بیامیزند، گلاب رنگِ سیاهِ مشگ رامیگیرد و جام را سیاهرنگ میکند، این چه گمان پریشان است!

۲۶ - افزاینده از یک گونه شمارش در زبان فارسی که با «ی» یگانه همراه میشود آگاهی داشته است، چونان مردی دویست اسپی چند... اما نتوانسته است که آنرا نیک بکار گیرد. «پرستنده‌ای با کمر» را یک میانبند (کمر) است و شمارش را بهم میریزد، و اینجا چون لت بپایان نرسیده غلام را نیز بدان می‌افزاید، که سخن را ناهموار می‌کند.

۲۷ - پیوسته به گفتار.

۲۸ - پیوسته به گفتار.

۲۹ - بدین، یا بدان، یا بر آن «کار» می‌باید: «بدانکار».

۳۰ - گیو در پایتخت کیخسرو (آذربایجان) چگونه پیش‌از جنبش سپاه ایران، و رسیدن به تژاو، میان خویش را می‌بندد؟ میان را پیش‌از آغاز نبرد؛ می‌بندند!

۳۱ - پیوسته به گفتار افزوده.

۳۲ - روشن نیست که چه‌کس بر شاه آفرین خواند... «همی خواند» نیز نادرست است: «بخواند».

۳۳ - «بنه» بتنهایی نارسا است: «بنه در پیشگاه».

۳۴ - «بر او» نیز نادرست است: «بر آنها».

۳۵ - **یک:** چون افسر «خسروی» باشد، کمر را نیز می‌باید نمودن که چگونه بوده‌است. **دو:** و افسر خسروی ویژهٔ شاه بوده‌است نه پهلوانان.

۳۶ - «از پی نام» بسنده می‌نماید، زیرا که گنج همانست که پیش کیخسرو نهاده‌اند.

۳۷ - کاس‌رود یا کاسه‌رود «در» ندارد. در نمونه س ۲ «سوی» آمده‌است که آن را نیز کمبود همراه است: «(به) سوی» می‌باید!

۳۸ - سیاوخش را در کاسه‌رود نکشتند که در سیاوخشکرد، فرسنگها دورتر از کنگدژ افراسیاب کشته شد. اگر خواننده گوید که؛ انگشت بر این سخن نمی‌توان نهادن، زیرا که در هر گاه چنین درود را، شاید گفتن. اگر چنین است پس در کارهای پیشین نیز می‌بایستی چنین می‌آمد... اما اینجا، تنها برای هماوایی با «رود» چنین آمده‌است.

۲۲۹ نمایش لشگریان ایران

ز هـیزم یکـی کـوه بـیند بـلند[۱] فـزون است بـالای او ده کـمند[۲]
چـنان خـواست[۳] کـان ره کسی نسپرد[۴] از ایـران بتـوران کسـی نگـذرد[۵]
دلیـری از ایـران بـباید شـدن هـمه کـاسه‌رودآتش انـدر زدن[۶]
بـدان تـا گـر آنـجا بـود رزمگـاه[۷] پسِ هـیزم انـدر نـماند سـپاه»[۸]
هـمان گـیو گفت: «ایـن شکـار مـن است بـرافـروختن کـوه[۹] کـار مـن است
اگـر لشکـر آیـد نـترسم ز رزم[۱۰] بـه رزم انـدرون کـرگس آرم بـه بـزم
ره لشکـر از بـرف[۱۱] آسـان کـنم دل تـرک[۱۲] را زان هـراسـان کـنم»
هـمه خـواسـته گـیو راداد شـاه بـدو گـفت ک: «ای نـامدار سپاه[۱۳]
ابـی تـیغ تـو تـاج روشـن مـباد[۱۴] چـنین بـاد و بـی‌بت بـرهمن مـباد»[۱۵]
بـفرمود سـد دیـبه رنگ‌رنگ[۱۶] کـه[۱۷] گـنجور پیش آورد بـی‌درنگ
هـم از گـنج سـد دانه خوشاب جست[۱۸] کـه آب فسـرده‌ست گـفتی درست[۱۹]
ز پـرده پـرستار[۲۰] پـنج آوریـد[۲۱] سـر جـعد[۲۲] ز افسـر شـده نـاپدید[۲۳]

---

۱ – این لت را بالت پیشین؛ پیوند نیست و «که» بایسته می‌نماید.

۲ – اگر دست کم هر کمند را بیست گز درازا باشد، بر این بنیاد بلندای آن کوه دویست گز می‌شود... افزاینده هیچگاه هیزم بر روی هم انبار نکرده‌است تا بداند بیش از دسترس یک مرد (یا زن) نمی‌توان هیزم را بر روی هم نهادن!... گیریم که دو یا سه گز؛ افزون از بلندای مرد، هیزم بر روی آن توده پرتاب کنند، تازه بلندای آن به پنج گز میرسد، نه ده کمند!

۳ – چه کس؟

۴ – آن راه «را»... کدام راه را؟ راه کاسه رود را؟

۵ – مگر راه ایران بتوران از همان یکجا است؟ اگر چنین نیز بوده‌باشد، تاکنون هیچگاه نام این راه در شاهنامه نیامده است، و همواره گذر از رود جیهون بوده‌است.

۶ – سخنران ناتوان نتوانسته است بگوید که آن هیزم را آتش زند، مگر «رود» را میتوان آتش زدن؟

۷ – آن جای چه‌برتری داشته است که جای رزم بوده باشد؟ اگر کاسه‌رود راکشف رود بدانیم در اندرون مرز ایران بوده‌است!!

۸ – سستی اندیشهٔ کودکانهٔ افزاینده را از آنجا میتوان سنجیدن که برای جلوگیری از اندر آمدن سپاه دشمن، می‌توان کنده (خندق) کندن، می‌توان دیوار کشیدن، میتوان آب انداختن بگذرگاه. اما هیزم نمی‌توان نهادن، و چنین کار کودکانه را نیز، از پیش نمی‌باید کردن، زیرا که هرگاه که سپاه بدانجا رسد، میتوان چند روز پیش‌از گذر، آن تودهٔ هیزم را آتش زدن... اگر نتوان از دو سوی تودهٔ هیزم گذر کردن!!

۹ – سخن سست: برافروختنِ «آن» کوهِ «هیزم» کار منست.

۱۰ – اگر لشکر توران از آنسوی بیاید، یک کودک نیز، از اینسوی تواند کوه را آتش زدن.

۱۱ – سخن از آتش بود و برف از کجا بارید؟... بهنگام زمستان که توان لشکر کشیدن نیست!

۱۲ – ترک!

۱۳ – پیوسته به گفتار افزوده.

۱۴ – بازگونهٔ این سخن را پهلوانان برای شاه میگفتند، نه آنکه شاه بر پهلوانان بخواند! با چنین داوری، تاجِ شاه ایران تنها وابسته بتیغ آن پهلوان است، و دیگر پهلوانان را در فروزشِ آن کار؛ نیست.

۱۵ – این لت بدشنام بیشتر مانده است تا به دنبالهٔ گفتار!

۱٦ – یکسد چه؟ یکسد دست؟ یکسد پاره؟ تاقه؟

۱۷ – «که» نابجا آمده‌است.

۱۸ – چون گویندهٔ سخن کیخسرو است، «جست» به وی باز میگردد، اگر گنجور چنین میکرد، می‌بایستی «جوید» آورده شود و گنجور و مروارید را نمی‌جوید، زیرا که میداند مروارید در کجای گنج است!

۱۹ – آبِ فسرده همان یخ باشد. و یخ چون آب بیرنگ است، و آنرا؛ با مروارید که سپیدرنگ نمیتوان همسان دانستن!

۲۰ – آن پرستاران دیگر را از کجا آورده‌بودند که اینان را از پرده آوردن باید!

چنین گفت که: «این هدیه آن را سزاست — که بر جان پاکش خرد پادشاست[۲۴]
دلیر است[۲۵] و بینادل و چرب گوی — نبرتابد از شیر در جنگ روی
پیامی برد نزد افراسیاب — ز بیمش نیارد به دیده در آب[۲۶]
ز گفتار او پاسخ آرد به من — که دانید ازین نامدار انجمن»
بیازید گرگین میلاد دست — بدان راه رفتن میان را ببست[۲۷]
پرستار[۲۸] و آن جامهٔ[۲۹] زرنگار — بیاورد با گوهر شاهوار
ابر شهریار آفرین کرد[۳۰] و گفت — که: «با جان خسرو خرد باد جفت!»
چو روی زمین گشت چون پر زاغ — ز افرازِ کوه، اندر آمد چراغ[۳۱]
سپهد بیامد به ایوان خویش — برفتند گُردان سوی خان خویش[۳۲]
می آورد و رامشگران را بخواند — همه شب همی زرّ و گوهر فشاند[۳۳]
چو از روز شد کوه چون سندروس — به ابر اندر آمد خروش خروس[۳۴]
تهمتن بیامد به درگاه شاه — ز ترکان[۳۵] سخن رفت و ز تاج و گاه
زواره فرامرز با او بهم[۳۶] — همی رفت هرگونه از بیش وکم[۳۷]
چنین گفت رستم به شاه زمین — که: «ای نامبردار با آفرین[۳۸]
به زاولستان در، یکی شهر بود — کزان بوم و بر تور را بهر بود[۳۹]
منوچهر کرد آن ز ترکان[۴۰] تهی — یکی خوب جای است[۴۱] با فرهی

---

۲۱ – سخن به کیخسرو باز میگردد، «کیخسرو آوردشان»، پرستار پنج نیز شمارش نادرست است. ۲۲ – جعد(شان) باید.
۲۳ – پرستار را؛ افسر نشاید و نباید! ۲۴ – پیوسته. ۲۵ – کنش «است» نادرخور است: «دلیر باشد و...».
۲۶ – **یک:** فرستاده را دلیری و جنگاوری نشاید، و زبان‌آوری باید! **دو:** فرستادگان را از میان دبیران برمیگزیدند، نه آنکه در انجمن، کسی بر دیگران پیشی گیرد و آمادگی نماید! ۲۷ – دست یاختن، جزاز براه رفتن است، و هنوز نرفته، میان بستن نباید!
۲۸ – پرستار(ان) باید.
۲۹ – جامه(ها)... این بار جامه‌ها از دیبای رنگارنگ بودند، اما افزاینده آنرا فراموش کرده زرنگار را نیز بدان می‌افزاید.
۳۰ – پس‌از «آوردن؟» بر شهریار آفرین کرد؟ ۳۱ – پیوسته بگفتار افزوده.
۳۲ – پیوسته بگفتار افزوده.
۳۳ – سخن آشکار است که خسرو بسوی ایوان خود رفت و پهلوانان نیز بسوی خانهٔ خود رفتند، پس گوهرهای نامبرده شده را بر روی چه کس افشاند؟ ۳۴ – پیوسته بگفتار. ۳۵ – ترک!
۳۶ – **یک:** پس‌از سخن گفتن دربارهٔ تورانیان و تاج‌وتختِ «افراسیاب، یا کیخسرو؟» آنگاه شایسته نمی‌نماید که گفته شود که فرامرز و زواره نیز با او رفتند! **دو:** وگرنه با بودن گودرز و توس، سپهسالاران خوروَران و خراسان، درست نیست که زواره و فرامرز با رستم بدرگاه شاه روند. ۳۷ – «کم» پساواساز!، وگرنه سخن از «کم» گفتن نابجا است. ۳۸ – پیوسته بگفتار.
۳۹ – هیچ چنین نیست! مرز توران و ایران پدیدار است، میانجی رود جیهون باستانی که بیابان را از ایران جدا می‌کرد... دریاچهٔ خوارزم، از دهانهٔ سیردریا، بسوی پَرسخان، و قُجغارباشی، و از قُجغارباشی، تا دریاچهٔ ایسی‌کول، و از بالای رود زرگل (گلزریون) تا دشتهای میانین نزدیک سیبری (بنگرید به مرزهای ایران و توران، بیژن شهیدی) هیچگاه تورانیان در میستان بهر نداشته‌اند.
۴۰ – **یک:** «آن» کمبود دارد: «آن را» **دو:** ترک! ۴۱ – اگر شعر «بود» اینجا نیز می‌باید گفته شود «بود»، و «است» نابجای است.

چو کاووس شد بی دل و پیرسر   بیفتاد ازو نام شاهیّ و فر[۱]
همی باژ و ساوش بتوران برند[۲]   سوی شاه ایران همی ننگرند
فراوان بدان مرز پیل است و گنج   تن بیگناهان از ایشان به رنج[۳]
زبس کشتن و غارت و تاختن   سر از باژ ترکان[۴] برافراختن[۵]
کنون شهریاری به ایران تراست   تن پیل و چنگال شیران تراست[۶]
یکی لشکری باید اکنون[۷] بزرگ   فرستاد با پهلوانی سترگ[۸]
اگر باژ نزدیک شاه آورند   اُگر سر بدین بارگاه آورند[۹]
چو آن مرز یکسر به دست آوریم   بتورانزمین بر شکست آوریم»[۱۰]
برُستم چنین پاسخ آورد شاه   که: «جاوید بادی که اینست راه[۱۱]
ببین تا سپه چند باید بکار   تو بگزین ازین لشکر نامدار[۱۲]
زمینی که پیوستهٔ مرز تست   بهای زمین درخور ارز تست[۱۳]
فرامرز را دِه سپاهی گران   چنان چون بباید ز جنگ آوران[۱۴]
گشاده شود کار بر دست اوی   به کام نهنگان رسد شست اوی»[۱۵]
رخ پهلوان گشت ازان آبدار[۱۶]   بسی آفرین خواند بر شهریار
بفرمود خسرو به سالار بار   که خوان از خورشگر کندخواستار[۱۷]
مَی آورد[۱۸] و رامشگران رابخواند   زآواز بلبل همی خیره ماند[۱۹]
سران با فرامرز[۲۰] و با پیلتن   همی باده خوردند بر یاسمن[۲۱]

---

۱ - پیوسته بگفتار.

۲ - آیا این سخن در خِردِ خواننده میگنجد؟ که با بودن رستم، از زابلستان، باژ و ساو یک شهر را بتوران برند!

۳ - سخن از بردن باژ آن شهر بتوران بود، نه از ستمی که تورانیان بر مردم آن شهر میکردند.

۴ - ترک!

۵ - اگر مردمان آن‌شهر، سر از باژ دادن بتوران «بر می‌افراختند =سرپیچی میکردند» غارت و کشتن و سوختنِ آنان به چه‌کس می‌رسید؟

۶ - دنبالهٔ گفتار.

۷ - این «اکنون» با «کنون» رج پیشین همخوان نیست.

۸ - **یک:** سترگ لجوج بود و بی‌آزرم و شرم! **دو:** با بودن رستم، کدام پهلوان را، بزرگ توان نامیدن؟

۹ - چگونه توان اندیشیدن که مردمان آن شهر سرهای خویش را بدست گرفته ببارگاه کیخسرو آورند؟

۱۰ - پیوسته بگفتار افزوده.

۱۱ - پیوسته بگفتار افزوده.

۱۲ - پیوسته بگفتار افزوده.

۱۳ - پیوسته بگفتار افزوده.

۱۴ - پیوسته بگفتار افزوده.

۱۵ - پیوسته بگفتار افزوده.

۱۶ - رخ، چگونه آبدار می‌شود، مگرآنکه کس بگرید، اشگ بر گونه‌اش روان میگردد، و آیا شایسته است که جهان‌پهلوان بگرید؟

۱۷ - سالار بار را باخورشگر کار نیست، و او بکار دیدار بزرگان با شاه می‌پردازد. خورشگر، خود از شاه فرمان میگیرد.

۱۸ - ایرانیان بهنگام خوراک، مَی نمی‌نوشیده‌اند (سخن در پیشگفتار آمده‌است).

۱۹ - رامشگران سرود برکشیده بودند، یا بلبل؟ چه‌کس خیره‌اند؟ بلبل، یا رامشگر، یا شاه؟

۲۰ - باز نام فرامرز با سران ایران همراه شد!

۲۱ - سخن نادرخور... آنجاکه یاسمن باشد، دیگر اسپرغمها (گل‌ها) نیز هستند، اما فراموش نکنیم که اکنون آغاز مهرماه است و یاسمن در کار نیست (بنگرید به رج آغاز نمایش لشکر).

غریونده نای و خروشنده چنگ   به دست اندرون دستهٔ بوی و رنگ[۱]
همه تازه‌روی و همه شاددل   ز درد و غمان گشته آزاددل[۲]
ز هرگونه گفتارها راندند[۳]   سخن‌های شاهان بسی خواندند
که: «هرکس که در شاهی او[۴] داد داد   شود در دو گیتی ز کردار شاد
همان شاه بیدادگر در جهان   نکوهیده باشد به نزد مهان[۵]
به گیتی بماند ازو نام بد   همان پیش یزدان سرانجام بد[۶]
کسی را که پیشه بجز داد نیست   چنو در دو گیتی دگر شاد نیست»[۷]
چو خورشید تابان برآمد ز کوه   سراینده آمد ز گفتن ستوه[۸]

گذشتن سپاهیان ایران
بر
کیخسرو

⇐ تبیره برآمد ز درگاه شاه   رده برکشیدند بر بارگاه
ببستند بر پیل، رویینه‌خُم   برآمد خروشیدن گاودم
نهادند بر کوههٔ پیل تخت   ببار آمد آن، خسروانی درخت
بیامد نشست از بَرِ پیل، شاه   نهاده بسر بر، ز آهن، کلاه
یکی توغ بر گوهر شاهوار   فروهشته از تاج باگوشوار[۹]
بزد مهره بر کوههٔ ژنده‌پیل   زمین شد بکردار دریای نیل[۱۰]

۱ – دستهٔ بوی شاید! دستهٔ رنگ چیست؟ اگر دسته‌های اسپرغم (گل) است که در مهرماه از آن نشان نیست. در گفتار فردوسی همواره، «بوی و رنگ» برای آرایش دختران بکار رفته‌است.

۲ – پیش‌از روشن شدن برآیندِ جنگ، دل را از درد و غم (نه غمان) نشاید آزاد کردن، آنهم نبردی که بجزاز درد و غم برای ایرانیان نداشت.

۳ – در میان غریو و خروش نای و چنگ جای گفتار نیست.

۴ – «او» در میان سخن نابجا است.

۵ – رویداد جهان را شاهان بیدادگر، در کنار خویش، مهانِ بیدادگر را بر می‌کشند، تا بیاری آنان بر مردمان ستم کنند، و اینچنین مهان (که در دستگاه شاهی، پایگاه دارند) همه در بیداد، با وی انبازند... . هر آینه «کهان» از اورند شاه برخوردار گردند، داد بر کشور فرمان میرانَد.

۶ – پیوسته بگفتار.

۷ – نادرخورترین سخن!

۸ – **یک:** سرایندهٔ افزاینده، خود؛ از رنجی که در این گفتارِ بلندِ یاوه برده‌است، با بکار بردن واژهٔ «ستوه» یاد میکند! **دو:** آمد ستوه نادرست است: «بستوه آمد».

۹ – چون کیخسرو کلاه آهنین (= خود) بر سر نهاده بود، چگونه از تاج او توغ و گوشوار فروهشته بودند؟ توغ بر روی گردن و سینه بسته می‌شود و از تاج آویخته نمی‌شود.

۱۰ – شاه مهره بر کوههٔ ژنده‌پیل نمی‌زند، رویینه‌خم در رج چهارم پیشین آمده‌است و نیز بنگرید به یادداشت ۹ همین رویه.

ز تیغ و ز گرز و ز کوس و ز گرد — سیه شد زمین آسمان لاژورد [1]
تو گفتی به دام اندرست آفتاب — اگر گشت خمّ سپهر اندر آب [2]
همی چشم روشن عنان را ندید — سپهر و ستاره سنان را ندید [3]
ز دریای ساکن چو برخاست موج — سپاه اندر آمد همی فوج فوج [4]
سراپرده بردند ز ایوان بدشت — سپهر از خروشیدن آسیمه گشت [5]
همی زد میان سپه، پیل، گام — ابا زنگ زرّین و زرّین ستام [6]
یکی مهره در جام بر دست شاه — به کیوان رسیده خروش سپاه [7]
چو بر پشت پیل آن شه نامور — زدی مهره بر جام و بستی کمر [8]
نبودی به هر پادشاهی روا — نشستن مگر بر در پادشا [9]
ازان نامور خسرو سرکشان — چنین بود در پادشاهی نشان [10]
همی بود بر پیل در پهندشت — بدان، تا سپه، پیش او برگذشت [11]
نخستین، فریبرز بُد پیشرو — که بگذشت پیشِ جهاندارِ نو
ابا گرز و با تاج و زرّینه کفش — پس پشت، خورشیدپیکر، درفش [12]
یکی باره‌ای برنشسته سمند — به فتراک بر، حلقه کرده کمند
همی رفت با باد و با برز و فرّ — سپاهش همه غرقه در سیم و زر [13]
بر او آفرین کرد شاه جهان — که: «بیشی؛ ترا باد و، فرّ مهان!

---

۱ – تیغ و گرز را با کوس و گَرد همانندی نیست. ۲ – تو گفتی... ۳ – «نمی‌دید» درست است.

۴ – کدام دریای ساکن؟ افزایندگان را گمان بر آن بوده‌است که بگوید سپاه ایران چون ایستاده بود بدریای آرام مانده بود، و چون سپاهیان، براه افتادند، جنبش آنان همچون خیزاب می‌نمود! اما در لت دویُم، هریک از آن خیزاب‌ها را به سپاه (ایران) مانده کرده‌است.

۵ – چون کیخسرو بر پیل نشسته‌بود، سراپرده‌اش بایسته نبود.

٦ – این سخن بازگونهٔ گفتار درست در رج دویم پیشین است که سپاهیان از پیش کیخسرو گذشتند، نه او از برابر سپاهیان.

۷ – «مهره» در جام بود، یا در دست کیخسرو؟ افزاینده را آگاهی از شیوهٔ جنبش سپاهیان نبوده‌است که بداند: با «روی» یا هر فلز دیگر خمره مانند یا جام مانندی بزرگ می‌ساختند، و یک‌کس نوازنده آن بود چنانکه چوبدستی کوچکی باندازهٔ دو بدست (وجب) در دست داشت، که بر سرِ آن زهی آنهم باندازه یک بدست یا بیشتر بسته بودند، که بر سرِ آنِ زه؛ مهره‌ای آهنین یا رویین بسته شده‌بود. چون نوازنده: چوب را بلند میکرد و بر جام، یا خمّ رویین می‌زد از آن بانگی پر نشید (طنین) برمیخاست که تا دور دست میرفت... کاربردِ آن زه، برآوردن بانگ پرنشید بود، زیرا که اگر زخم (ضربه) را با میله‌ای رویین یا چوبین بر جام یا خُم میکوبیدند، نیروی دستِ کوبنده، آنرا بر پشت جام یا خم نگاه میداشت و نشید بر نمی‌آورد، اما چون مهره بر زه بسته شده باشد، چون بجامش فرو کوبند، بازتاب کوبه؛ خود مهره را از جام یا خم پرت می‌کند، و چون چنین می‌شد، نشیدی بلند بهمراه بانگ از آن برمیخاست. شما خود می‌توانید با یک جام برنجین چنین آزمایش را بکنید، یکبار با چوبی که بدان می‌کوبید، و یکبار، با یک مهره‌ای که بسویش پرتاب میکنید... اینچنین مهره در دست شاه نبود.

۸ – **یک:** دنبالهٔ همین گفتار است. **دو:** کمر را بر روی پیل نمی‌بستند!

۹ – **یک:** چون «نبودی» آمد، بدنبال آن می‌باید «بهیچ» بیاید، نه هر...: «روا نبودی، بهیچ پادشاه را». **دو:** افزاینده چندان پریشان است که فراموشش شده‌است. اکنون در میدان جنگ‌اند، نه در بارگاه که از نشستن بر در (= دربار کاخ) سخن میراند.

۱۰ – دنبالهٔ سخن. ۱۱ – دوباره‌گویی «بیامد نشست از بر پیل شاه».

۱۲ – **یک:** زرینه کفش ویژهٔ نگهبان درفش کاویان بوده‌است. **دو:** بهنگام رفتن بدشت نبرد، تاج بر سر نمی‌نهاده‌اند.

۱۳ – **یک:** رفتن با باد؛ چگونه شاید؟ **دو:** سپاهِ غرقه در آهن، ستوده است، نه در سیم و زر.

۲۳۴ کیخسرو

بهرکار بختِ تو، پیروز باد … به باز آمدن باش، پیروز و شاد»[*]
پَسِ شاه●، گودرز کشواد بود … که با جوشن و گرز پولاد بود
درفش ازپسِ پشتِ او شیر بود … که جنگش[1] به گرز و به شمشیر بود
به چپ بر همی رفت رهّام نیو … سوی راستش چون سرافراز گیو[2]
پس پشت، شیدوش یل بادرفش … زمین گشته از شیر پیکر، بنفش[3]
هزار ازپس پشت آن سرفراز … عناندار با نیزه‌های دراز[4]
یکی گرگ پیکر درفشِ سیاه … پسِ پشتِ گیو اندرون، با سپاه[5]
درفش جهانجوی رهّام، ببر، … سر نیزه بفراخته تا به ابر[6]
پس بیژن اندر درفشی دگر … پرستارفش بر سرش تاج زر[7]
نبیره پسر داشت هفتاد و هشت … از ایشان نبد جای بر پهندشت[8]
پسِ هریک اندر دگرگون درفش … جهان گشته بد سرخ و زرد و بنفش[9]
تو گفتی که گیتی همه زیر اوست … سر سروران زیر شمشیر اوست[10]
چو آمد بنزدیکی تخت شاه … بسی آفرین خواند بر تاج و گاه[11]
بگودرز بر، شاه کرد آفرین … چه بر گیو و بر لشکرش همچنین
پسِ پشتِ گودرز گستهم بود … که فرزند بیدار گژدهم بود[12]
یکی نیزه بودی به چنگش به جنگ … کمان یار او بود و تیر خدنگ[13]
ز بازوش پیکان به زندان بُدی … همی در دل سنگ و سندان بُدی[14]
ابا لشکری گشن و آراسته … پراز گرز و شمشیر و پر خواسته[15]
یکی ماه‌پیکر درفش از برش … به ابر اندر آورده تابان سرش[16]

---

* – در نمونه‌های دیگر: همه روزگارِ تو، نوروز باد. ● –فریبرز را گوید.

۱ – در همهٔ نمونه‌ها چنین آمده‌است، و «بچنگش» درست می‌نماید، در چنگ شیر، گرز و شمشیر بود. اماکنش «بود» در این رج باکنش بود در رج پیشین همخوان نیست. ۲ – «چون» گیو نادرست است.

۳ – دوباره نام درفش بمیان می‌آید و چرا می‌باید که از درفش شیر یا ببر، زمین بنفش رنگ شود؟

۴ – شیدوش فرزند گودرز بود، در افزوده‌های پیشین سواران پس پشتِ او هفتادوهشت کس در شمار آمدا و هزار سوار افزوده است، و نیز پیدا است که هرکس که سوار بر اسب باشد «عناندار» است و گفتن نمی‌باید.

۵ – «پشت» گیو «اندرون» نادرست است. از گیو در رج ۱۱۶۶۸ پیشین یاد شد، و ازدرفشش اینجا یاد می‌شود!

۶ – دنبالهٔ گفتار ۷ – سرداران را برای رفتن بمیدان جنگ جامهٔ پرستاران و کلاه زرین، ننگ در شمار است.

۸ – از هفتادوهشت کس، پهندشت را تنگی پیش نمی‌آید. ۹ – دنباله ۱۰ – تو گفتی!

۱۱ – شاه بر پیل نشسته‌بود نه بر تخت، و شاه بر سرداران آفرین می‌خواند. ۱۲ – گستهم، برادر توس، پسر نوذر بود.

۱۳ – آنکس را که نیزه بچنگ باشد، توان گرفتن کمان نیست.

۱۴ – لت نخست سخن بی‌گزارش. لت دویم پریشان‌تر از نخستین. ۱۵ – لشکر پر خواسته چگونه لشکری باشد؟

۱٦ – همه جا، درفش پشت سپهبد بود، و اینجا از برِ او.

همی خواند بر شهریار آفرین　　ازو شاد شد شاه ایرانزمین[۱]
پس گستهم اشکش تیزکوش　　که بازور و دل بود و، با مغز و هوش[۲]
یکی گرزدار از نژاد همای　　به راهی که جستیش بودی بپای[۳]
سپاهش ز گُردان کوچ و بلوچ　　سگالیده جنگ و برآورده خوچ[۴]
که کس؛ در جهان، پشت ایشان ندید　　برهنه یک انگشت ایشان ندید[۵]
درفشی برآورده پیکر پلنگ　　همی از درفشش ببارید جنگ[۶]
بسی آفرین کرد بر شهریار　　بدان شادمان گردش روزگار[۷]
نگه کرد کیخسرو از پشت پیل　　بدید آن سپه را رده بر دو میل[۸]
پسند آمدش سخت و کرد آفرین　　بدان بخت بیدار و فرخ نگین[۹]
ازان پس در آمد سپاهی گران　　همه نامداران جوشنوران[۱۰]
سپاهی کز ایشان جهاندار شاه　　همی بود شادان دل و نیکخواه[۱۱]
گزیده پس اندرش، فرهاد بود　　کزو لشکر خسرو آباد بود[۱۲]
سپه را بکردار پروردگار　　به هر جای بودی، بهرکار، یار[۱۳]
یکی پیکر آهو درفش از برش　　بدان سایهٔ آهو اندر سرش[۱۴]
سپاهش همه تیغ هندی به دست　　زره سغدی و زینِ ترکی نشست[۱۵]
چو دید آن نشست و سر گاه نو　　بسی آفرین خواند بر شاه نو[۱۶]
گرازه سرِ تخمهٔ گیوگان　　همی رفت پرخاشجوی و ژکان[۱۷]
درفشی پسِ پشت، پیکر گراز　　سپاهی کمند افکن و رزمساز؛[۱۸]
سواران جنگی و مردان دشت　　بسی آفرین کرد و اندر گذشت[۱۹]

---

۱ – **یک:** «همی خواند» نادرست چون اگر ازسوی سرداران آفرین بر شاه خوانده شود (یکبار) خوانده می‌شود. **دو:** نادرستی این رج، از رج پسین پیدا است که چنین از او یاد می‌شود، مگر دیگران را مغزوهوش نبود که تنهااشکش را باشد، و نیز زورودل!

۲ – پیوسته بگفتار.　　۳ – در آنزمان هنوز «همای» در جهان پدیدار نشده‌بود.

۴ – سگالیدهٔ جنگ درست است، نه سگالیده.

۵ – **یک:** ندید(ه بود) درست است. **دو:** در جنگ بیگمان انگشتان را می‌بایستی برهنه و آزاد داشتن، تا جنگ‌افزار را با آن بتوان بکار گرفتن.　　۶ – از درفش، چگونه جنگ می‌بارد؟　　۷ – دنبالهٔ گفتار

۸ – سپاهِ روان را نمیتوان رده بستن!　　۹ – کیخسرو به بخت بیدار و نگین فرخ خویش آفرین می‌خواند؟

۱۰ – **یک:** «سپاهی» در این رج با «سپاهی» در رج پسین همخوانی ندارد. **دو:** (از) ایشان نیکخواه بود، نادرست است.

۱۱ – پیوسته بگفتار.　　۱۲ – سپاهبدان همه جا پیشرواند، نه در پس سپاه.

۱۳ – **یک:** سخن سست! از آنجا که هیچکس همانند پروردگار نیست. **دو:** دو بار «هر» در یک سخن بکار نمی‌رود.

۱۴ – **یک:** دوباره درفش (از برِ) فرهاد نشان داده می‌شود! **دو:** سر فرهاد در سایهٔ درفش بود، یا در سایهٔ آهو؟

۱۵ – **یک:** دربارهٔ سپاه پیش‌ازاین سخن آمد. **دو:** زین ترکی!　　۱٦ – دنبالهٔ گفتار.

۱۷ – گرازه را می‌بایستی با گودرز همراه بودن نه بتنهایی، آنهم ژکان (غُرولند زنان و دشنام بر لب).　　۱۸ – دنباله

۱۹ – مردان دشت چگونه مردان باشند؟

ازان شادمان شد که بودش پسند / به زین اندرون حلقه‌های کمند[1]
دمان از پسش زنگهٔ شاوران / بشد با دلیران و گنداوران
درفشی پسِ پشت، پیکرهمای / سپاهی چو کوه رونده ز جای
هر آن کس که از شهر بغداد بود / که با نیزه و تیغ پولاد بود[2]
همه برگذشتند زیر همای / سپهبد همی داشت بر پیل، جای[3]
بسی زنگه بر شاه کرد آفرین / بران برز و بالا و تیغ و نگین
ز پشتِ سپهبد، فرامرز بود / که با فرّ و با برز و با ارز بود
ابا کوس و پیل و سپاهی گران / همه رزمجویان گنداوران[4]
ز کشمیر و از کابل و نیمروز / همه سرفرازان گیتی‌فروز[5]
درفشی چو آنِ دلاور پدر / که کس را ز رستم نبودی گذر[6]
سرش هفت همچون سر اژدها / تو گفتی ز بند آمده‌ستی رها[7]
بیامد بسان درختی ببار / یکی آفرین خواند بر شهریار
دل شاه گشت از فرامرز شاد / همی[8] کرد با او بسی پند[9] یاد[10]
بدو گفت: «پروردهٔ پیلتن[11] / سرافراز باشد بهر انجمن
تو فرزند بیداردل رستمی[12] / ز دستان سامیّ و از نیرمی
کنون مرز هندوستان مر تراست[13] / ز قنوج تا مرز توران تراست
هرآنکس که با تو نجویند جنگ[14] / بر ایشان مکن کار، تاریک و تنگ[15]
بهر جایگه یار درویش باش / همه، راد با مردم خویش باش[16]
ببین نیک تادوستدار تو کیست / خردمند و اندهگسار[17] تو کیست

---

۱ - **یک:** شادمانی کیخسرو در رج ۱۱۶۹۴ آمده‌بود. **دو:** شادمانی او از حلقه‌های کمند روا نیست. ۲ - پیوسته به رج پسین.
۳ - پیشتر از درفش همای یاد شده بود. ۴ - رزمجویان را «گندآور» باید.
۵ - رزمجویان به سرفرازان گشتند! ۶ - سخن راگزارش نیست.
۷ - چه بود که «سرش هفت بود»؟ ۸ - «همی‌کرد» نادرست است و «بکرد» درست.
۹ - از همینجا می‌باید سنجیدن که سواران در دشت میگذرند، و شاه بر پشت پیل نشسته‌است، و در چنان هیاهو و جنبش چه جای برای پند دادن است؟ اما بناچار؛ گفتار را دنبال میگیرم! ۱۰ - یک گفتار دراز افزوده:
۱۱ - فرامرز، پرورده پیلتن نبود که فرزند وی بود! سیاوخش را توان پروردهٔ رستم نام نهادن.
۱۲ - افزاینده بهمان سخن بازگشت، و سخنی را که چون خورشید آشکار است چرا می‌باید گفتن؟ سیستان، از آن فرامرز نیست؟ در گفتار پیشین سپاهیان فرامرز از کابل و کشمیر و نیمروز در شمار آمدند پس چگونه شاید که در سخن رج پسین فراموش کردن؟ سیستان و نیمروز بخش نیمروزین (: جنوبی) ایران بوده‌است، و هیچ همسایگی با توران نداشته‌است. ۱۳ - دنباله.
۱۴ - **یک:** این سخن را پیشگفتاری در کار است، و آن؛ چنانکه گویند اکنون که بجنگ میروی... هرآنکس... **دو:** کنش نجویند برای هرآنکس نادرخور است: «نجوید». ۱۵ - کار دشوار می‌شود و تاریک و تنگ نمیشود!
۱۶ - یار درویش بودن را رویی نیست مگرآنکه با آنان نیز «راد» (= بخشنده) باشد، و نه تنها رادی ویژهٔ خویشان گردد.
۱۷ - دوستدار و اندُهگسار را نشاید که خردمند نیز باشد! و شاید که باشد.

به بخشش بیارای و فردا مگوی — که کژّی[1] پشیمانی آرد به روی
ترا دادم این پادشاهی، بدار[2] — به هر جای خیره مکن کارزار
مشو در جوانی خریدار گنج — به بی‌رنج کس هیچ منمای رنج[3]
مجو ایمنی در سرای فسوس[4] — که گه سندروس است و گاه آبنوس[5]
ز تو نام باید که ماند بلند — نگر دل نداری به گیتی نژند[6]
مرا و ترا روز هم بگذرد — دَمت چرخ گردان همی بشمرد[7]
دلت شاد باید[8] تن و جان درست[9] — سدیگر ببین تا چه بایدت جست[10]
جهان‌آفرین از تو خشنود باد — دل بدسگالت پراز دود باد»[11]
چو بشنید پند جهاندار نو — پیاده شد از بارهٔ تیزرو[12]
زمین را ببوسید و بردش نماز — بتابید سر سوی راه دراز[13]
بسی آفرین خواند بر شاه نو[14] — که: «هر دم فزون باش چون ماه نو»
تهمتن دو فرسنگ با او برفت[15] — همی مغزش از رفتن او بتفت[16]
بیاموختش بزم و رزم و خرد[17] — همی خواست کز روز رامش برد[18]
پراز درد ازان جایگه بازگشت[19] — به سوی سراپرده آمد ز دشت[20]
سپهبد فرود آمد از پیل مست[21] — یکی بارهٔ تیزتگ برنشست
گرازان بیامد به پرده‌سرای[22] — سری[23] پر ز باد و، دلی پر ز رای[24]

---

۱ - در اندیشهٔ فردا بودن «کژّی» نتواند بودن! ۲ - سخن سست. ۳ - پیوسته بگفتار.

۴ - ایرانیان باستان اینچنین؛ با خوارداشت دربارهٔ جهان داوری نمیکردند. که آنرا سرای ریشخند (افسوس) بنامند.

۵ - هردو تیره رنگ‌اند. ۶ - گاه باید که با نام بلند، دل نژند نیز داشتن.

۷ - «دَم» چرخ گردان رانمی‌شمرد که روزگار گذرنده دم (=نفس) ما رامی‌شمرد:

سرانجام هر زنده مردن بود — خود این زندگی دم شمردن بود

۸ - چگونه شاید که در هنگامهٔ جنگ، همواره؛ دل شاد داشتن؟ ۹ - جان درست چگونه باشد؟

۱۰ - از سیوم چیز، نام برده نمی‌شود، و سخن چنین می‌نماید که چون دلِ شاد و تن و جانِ درست داشتی، هر چیز دیگر راکه خواهی بجوی و بدست آورا... که این سخن سست است و چندی نادرست. ۱۱ - پیوسته بگفتار. ۱۲ - پیوسته بگفتار.

۱۳ - پیوسته بگفتار. ۱۴ -ازپسِ آنکه، سر بسوی راه دراز بتابید، آفرین خواندن چگونه باشد؟

۱۵ - تهمتن جهان‌پهلوان، اگر بدرقه میرفت، می‌بایستی بدرقهٔ سپاه ایران رود، نه بدنبال فرزندِ خویش!

۱۶ -کسی راکه در چندان هنگامه نبرد، روزگار گذرانده است، شایسته نیست از رفتن فرزندش دل بدرد داشتن!

۱۷ - زمانِ کنش درست نیست آموخته بودش.

۱۸ - رزم را از برای همین می‌آموزند، تا بهنگام جنگ با دشمن؛ کارای باشند نه آنکه رامش برند!

۱۹ - چند بار سخن از درد؟

۲۰ - افزاینده فراموش کرده‌است که خود پیشتر گفته‌بود، سراپرده را (در) دشت بر پا می‌کردند.

۲۱ -کس را یارای سوار شدن بر پیل مست نیست، افزاینده تا آنجا ناآگاه از کار سپاه است که «شتر مست» رانیز ندیده‌است که چگونه یک دستش را می‌بندند، تا توان تکاپویش نباشد! پیل مست چنانکه امروز دیده می‌شود به «خودرو» یورش می‌برد! و توان و پروای ایستادنش نیست، تا همهٔ سپاهیان ایران از پیش او بگذرند! ۲۲ - آیا نمی‌شد که با همان پیل تا پرده‌سرای رود؟

۲۳ - سخن کمبود دارد «با» سری پراز باد. ۲۴ - «رای» از آنِ «سر» است نه از آنِ دل!

چـو رسـتم بـیامد بـیاورد مـی[1] — بـه جـام بـزرگ انـدر افـکند پـی[2]
هـمی گـفت: «شـادی تـرا مـایه بس — بـه فـردا نگـوید خـردمند کس[3]
کـجا سـلم و تـور و فـریدون کـجاست[4] — هـمه نـاپدیدند بـا خـاک راست
بـپوییم و رنـجیم[5] و گـنج آکـنیم — بـه دل بـر هـمی آرزو بشکـنیم[6]
سـرانـجام زو بـهره خـاک است و بس — رهـایی نـیابد ازو[7] هـیچ کس
شب تـیره سـازیم بـا جـام مـی[8] — چـو روشـن شـود بشمرد روز پـی؛[9]
بگـوییم تـا بـرکشد نـای تـوس[10] — تـبیره بـرآرنـد بـا بـوق و کـوس[11]
بـبینیم تـا دست گـردان سـپهر — بـدین جـنگ سـوی کـه یـازد بـه مـهر[12]
بکـوشیم و زکـوشش مـا چـه سـود[13] — کـز آغـاز بـود آنـچه بـایست بـود»

---

۱ - پادشاه، خود؛ می را نمی‌آورد. ۲ - سخن نابجا. ۳ - سخن پریشیده.
۴ - دوبار «کجا» در یک گفتار؟ ۵ - از «رنج» نمیتوان کنش پدید آوردن... رنج برم، رنج بریم و...
۶ - چون گنج آکنده باشد، آنکه برای آکندنِ آن رنج برده‌است. بآرزو رسیده است. دیگر آنکه آرزو شکستنی نیست.
۷ - نیز. ۸ -پیش‌تر از آوردن می سخن رفته‌بود.
۹ - روز چگونه پی می‌شمرد؟ مگرآنکه روزها را مردمان می‌شمردند.
۱۰ - اگر توس سپهسالار ایران است که می‌بایستی پیش سپاه، بسوی رزم رفته‌باشد.
۱۱ - تبیره و بوق و کوس را چگونه برآرند؟... (بانگ تبیره) شاید بر آوردن! ۱۲ - پیوسته بگفتار.
۱۳ - این داوری، درست؛ باژگونهٔ سخن در رج پیشین است.

گفتار اندر رزم فرودِ سیاوخشان[۱]

جهانجوی چون شد سرافراز و گُرد / سپه را به دشمن نشاید سپُرد[۲]
سرشکی اندر آید به مژگان ز رشک / سرشکی که درمان نداند پزشک[۳]
کسی کز نژاد بزرگان بود / به بیشی بماند سترگ آن بود[۴]
چو بی کام دل بنده باید بُدن / به کام کسی داستان‌ها زدن[۵]
سپهبد چو خواند ورادوستدار / نباشد خرد با دلش سازگار[۶]
گرش آرزو بازدارد سپهر / همان آفرینش نخواند به مهر[۷]
وُرا هیچ خوبی نماند بِدل / شود آرزوهای او دلگسل[۸]
اُدیگر کَه‌ش ازبُن نباشد خرد / خردمندش از مردمان نشمرد[۹]
چو این داستان سربسر بشنوی / ببینی سرِ مایهٔ بدخوی[۱۰]

*

چو خورشید بنمود بالای خویش / نشست از برِ تندبالای خویش[۱۱]

---

۱ – چنین نامگذاری بر این بخش نیز از افزوده‌های افزایندگان است، بدو روی: نخست آنکه در بخش پیشین آرایش سپاه ایران نموده شد. آغاز از فریبرز (= باشندگان کوهستان البرز). پس‌ازآن گودرز (= باشندگان خورروران، آذربایجان، کردستان، لرستان امروزین). آنگاه زنگهٔ شاوران (= خوزستان امروز) پسان فرامرز (= کابل و کشمیر و نیمروز)، پس‌ازآن توس نوذر سپهسالار ایران می‌رود... نیک بنگریم سپاهیان گرداگرد ایران از البرز، خورروران، خوزستان، کابل و سیستان و کشمیر و خراسان نموده می‌شوند و از توس، پس‌از همهٔ نامها در آینده یاد می‌شود. دودیگر آنکه سپاهیان ایران برای نبرد با توران و افراسیاب میروند، و از پیش آگاهی ندارند که جنگی با فرود، در پیش دارند!

۲ – **یک:** تا کسی گُرد و سرافراز نگردد، نمیتواند دم از جهانجویی بزند. **دو:** از این روشنتر چیست؟ که هر کودک میداند که نباید به بازیچه خویش را بدشمن سپارد!

۳ – رَشگ، را با پزِشگ پساوا نیست.

۴ – **یک:** رویداد جهان را بیشتر بزرگان بیشی جوی‌اند، اما «به بیشی ماندن» گزارشی ندارد. **دو:** «آن» بود نادرست است و تنها برای پساوایی آمده‌است.

۵ – **یک:** اگر از بنده بودن بندگی خداوند را خواهد گفتن، که آنکس که خویش را بندهٔ خدا میداند کامش دُر همان است و بیکام دل نیست. **دو:** لت دویم را هیچ گزارش نیست.

٦ – **یک:** کدام سپهبد؟ جهانجوی نام برده شده در رج ۱۱۷۴۷، بیگمان خود سپهبد است! **دو:** تنها سپهبد بی‌خرد کسیرا دوستدار می‌خواند که خرد با جانش (نه بادلش) سازگار نباشد.

۷ – **یک:** سخن درهمریخته است، اگر سپهر، او را از آرزو(یش) باز دارد. **دو:** سپهر، بر کسی آفرین نمی‌خواند.

۸ – **یک:** «خوبی به دل ماندن» چه گزارش دارد؟ **دو:** آرزو دلگسل نمی‌شود، که دل را می‌توان از آرزو گسلاندن!

۹ – چه کس، را ازبن خرد نباشد؟

۱۰ – بشنَوی با بدخویی پساوا ندارد.

۱۱ – **یک:** خورشید را «بالا» نباشد که آنرا بنماید، خورشید را «رخ» است. **دو:** «بنمود» را با «تند» پساوا نیست. **سه:** خورشید چون برآید در آسمان است، و در تندبالا نیست!

۲۴۰ کیخسرو

بزیر اندر آورد برج بره — جهان چون میِ زرد شد یکسره[1]
تبیره برآمد ز درگاهِ توس — همان نالهٔ بوق و آوای کوس[2]
ز کشور برآمد سراسر خروش — زمین پُر خروش و هوا پر ز جوش[3]
ازآواز اسپان و گرد سپاه — بشد قیرگون روی خورشید و ماه[4]
ز چاک سلیح و زآوای پیل — تو گفتی بیاکند گیتی به نیل[5]
هوا سرخ و زرد و کبود و بنفش — ز تابیدنِ پرنیانی درفش[6]
به گِردش سواران گودرزیان — میان اندرون، اخترِ کاویان[7]
سپهدار با افسر و گرز و نای — بیامد ز بالای پرده‌سرای[8]
بشد توس با کاویانی درفش — به پای اندرون کرده زرّینه‌کفش
یکی پیل پیکر درفش از برش — به ابر آورده تابان سرش[9]
بزرگان که با تاج و افسر بُدند — جهانجوی و از تخمِ نوذر بُدند[10]
برفتند یکسر چو کوهی سیاه — گرازان و تازان بنزدیک شاه[11]
بفرمود تا نامدارانِ گُرد — ز لشکر سپهبد سوی شاه برد[12]
چو لشکر همه نزد شاه آمدند — دمان بادرفش و کلاه آمدند[13]
بدیشان چنین گفت، بیدار شاه — که «توسِ سپهبد به پیش سپاه[14]
بپای است، با اختر کاویان — بفرمان او بست باید میان»[15]
بدو داد مُهری به پیش سپاه — که «سالار اوی‌ست و جوینده راه[16]

---

۱ - **یک:** افزاینده فراموش کرد که سپاهیان را در برج ترازو (مهرماه) بسوی توران گسیل کرده‌بود. **دو:** جهان، زرد نمی‌شود، که زمین رنگ زر می‌گیرد و نیمی از جهان که آسمان است آبی می‌نماید.

۲ - تبیره برنمی‌آید، که آوای تبیره بر می‌آید، و نیز کوس را آوا نباشد که از زخم کوس یا بانگ کوس یاد میکنند.

۳ - از کشور، پیش‌ازاین خروش برآمده‌بود.

۴ - **یک:** از آواز اسپان روی خورشید و ماه قیرگون نمی‌شود. **دو:** افزاینده سخن سخت نادرخور گفته‌است وی میتوانست گفتن که از گرد اسپان و جوش سپاه، ابری برآمد که آسمان را تیره کرد، زیراکه از سخن وی چنین برمی‌آید که آسمان روشن بود، و تنها روی خورشید و ماه قیرگون گشت!

۵ - چاک چنگ‌افزار و آوای پیل را چگونه توان آن هست که جهان را نیگلون سازد؟

٦ - هم اکنون گفته‌بود که جهان نیلرنگ می‌نمود!

۷ - **یک:** به گِردِ چه؟ **دو:** سخن باژگونه شده‌است، نخست می‌بایستی از درفش کاویان (نه اختر کاویان) نام برده شود تا بتوان گفتن به گرد(ش). **سه:** در دویم رج پسین از درفش کاویان یاد می‌شود.

۸ - **یک:** سپهدار با نای نمی‌آید و نای را نای نوازان دارند. **دو:** نهادن افسر بر سر در روز جنگ بآیین نیست. **سه:** چگونه از بالای پرده‌سرای توان آمدن؟

۹ - **یک:** درفش کاویان یادرفش پیل پیکر؟ **دو:** در لت نخست «ش» در بَرَش، بتوس باز می‌گردد، و در لت دویم «ش» در سرش بدرفش پیل پیکر، و گفتار نادرست است.

۱۰ - از نوذر کسی برجای نماند.

۱۱ - دنبالهٔ گفتار.

۱۲ - نامداران گرد «را» می‌باید.

۱۳ - در رج پیشین از نامداران سخن رفت و اکنون از همهٔ لشکر! و همگان با درفش و کلاه نشان داده می‌شوند!

۱۴ - دنباله گفتار

۱۵ - اختر کاویان نادرست است.

۱٦ - دوباره گویی رج پیشین.

بفرمان او بود باید همه … کجا بندها زو گشاید همه»[۱]
بدو گفت: «مگذر ز پیمانِ من … نگه‌دار آیین و فرمان من
نیازرد باید کسی را براه … چنین است آیینِ تخت و کلاه
کشاورز، گر مردمِ پیشه‌ور … کسی کاو، برزمت نبندد کمر
نباید که بر وَی وَزَد بادِ سرد … مکوش ایچ، جز با کسی همنبرد
نباید نمودن به بیرنج، رنج … که برکس نماند سرای سپنج
گذر زی کلات ایچگونه مکن … کزان ره روَی خام گردد سَخُن[۲]
روانِ سیاوش چو خورشید باد … بدان گیتیش جای امّید باد؛[۳]
پسر هستش از دُخت پیران یکی … که پیدا نبود از پدر اندکی[۴]
برادر بمن نیز مانده‌بود … جوان بود و همسال و فرخنده بود[۵]
کنون در کلات است و با مادر است … جهانجوی و با فرّ و با لشکر است[۶]
نداند کسی را از ایران بنام! … ازان سو نباید کشیدن لگام[۷]
سپه دارد و نامدارانِ جنگ … یکی کوه با راه‌دشخوار و تنگ[۸]
همو مرد جنگ است و گرد و سوار … به گوهر بزرگ و بتن نامدار[۹]
به راه بیابان بباید شدن … نه نیکو بود راه شیران زدن»[۱۰]
چنین گفت پس توس با شهریار … که: «از رای تو نگذرد روزگار
براهی روم؛ کم* تو فرمان دهی … نیاید ز فرمانِ تو، جز بهی»!

*

سپهبد بشد تیز و برگشت شاه … سوی کاخ با رستم و با سپاه[۱۱]
یکی مجلس آراست با پیلتن … زَد و موبد و خسرو رایزن[۱۲]

---

۱ - سخن سست
۲ - **یک:** گفتاری دربارهٔ کلات در رج آینده خواهد آمدن. **دو:** لت دویم پریشان است. کدام سخن خام می‌شود؟
۳ - لت نخست درست نمی‌نماید، زیراکه هیچ فرزند، پدر خویش را بنام نمی‌خواند. و سخن در لت دویم نیز نادرست است زیراکه اگر برای روان سیاوخش «امید» آرزو شود، چنین می‌نماید که او چنین نیست، و ما امیدواریم که چنین بوده‌باشد!
۴ - زمان کنش در لت نخست درست نیست: «پسری داشت»، و در لت دویم باژگونه شد «پیدا نبود» که این نیز نادرست است، چون می‌باید گفتن «که پیدا نیست» زیراکه فرود اکنون زنده است و نگذشته است.
۵ - مانده‌بود نیز نادرست است: «مانده‌است». ٦ - کسیکه در یک روستا زندگی میکند، جهانجوی نتواند بودن.
۷ - دنبالهٔ گفتار.
۸ - **یک:** در درّه کوچکی، چون کلات، نمی‌شود از نامداران جنگ یاد کردن! **دو:** لت دویم را پیوند با لت نخست نیست.
۹ - **یک:** لت دویم این گفتار راکنش می‌باید، بگوهر بزرگ است. **دو:** چه نامداری است که سپاهیان ایران او را نمی‌شناسند.
۱۰ - لت دویم سست است، راه زدن = راهزنی، دزدیست! * - که‌ام؛ که مرا.
۱۱ - افزاینده فراموش کرده‌بود که نخست نامداران را، پسان، لشکریان را به، پیشگاه شاه فراخوانده بود و اینجا تنها توس برجایست!
۱۲ - خسروِ رایزن که بوده‌است؟

فراوان سخن گفت ز افراسیاب / ز رنج تن خویش و ز دردِ باب[1]
از آزردنِ مادر پارسا / که: «با ما چه کرد آن بدِ پر جفا[2]
مرا زی شبانان بی‌مایه داد / ز من کس ندانست نام و نژاد[3]
فرستادم این بار توس و سپاه / ازین پس من و تو گذاریم راه[4]
جهان بر بداندیش تنگ آوریم / سرِ دشمنان زیر سنگ آوریم»[5]
ورا پیلتن گفت که: «این غم مدار / به کام تو گردد همه روزگار»[6]
اُزانسو که بُد توس و دیگر سپاه / همیرفت تا پیشش آمد دو راه[7]

*

از آن روی، منزل به منزل سپاه / همی رفت و پیش اندر آمد دو راه[8]
ز یک سو بیابانِ بی آب و نم / کلات از دگر سو، و، راهِ جَرَم
بماندند بر جای، پیلان کوس / بدان تا بیاید سپهدار توس[9]
کدامین پسند آیدش زین دو راه / به فرمان رَوَد گر به رای سپاه[10]
چو آمد بر سرکشان، توس؛ نرم / سخن گفت از آن راهِ بی آب و گرم؛
بگودرز گفت: «این بیابان خشک / اگر گَرد، اَنبرَ دهد، باد، مشک[11]
چو رانیم روزی بسختی فراز / بآب و بآسایش آید نیاز!
همان به که سوی کلات جَرَم / برانیم و، بر دل نرانیم غم!
چپ و راست آباد و آب روان / بیابان چه کوبیم و، رنجِ روان؟
مرا بود روزی بدین ره گذر / چو گژدهم پیش سپه راهبر[12]
ندیدیم از این راه رنجی دراز / مگر بود لختی نشیب و فراز»[13]

---

۱ - **یک:** سخن سست می‌نماید. **دو:** در شاهنامه «باب» همواره بجای پدربزرگ می‌آید، نه پدر.

۲ - لت دویم این گفتار سست را با لت نخست پیوند نیست.

۳ - **یک:** چرا شبانانِ بیمایه؟ مایهٔ کار آنان گوسفند بود که داشتند. **دو:** لت دویم پریشان است. چه‌کس نام و نژاد من (را) نمیدانست؟

۴ - کیخسرو با ردان و موبدان و رستم انجمن کرده‌بود، و در این سخن تنها با رستم است.

۵ - دنبالهٔ گفتار

۶ - سخن کمبود دارد که «از» این غم مدار، آنگاه از چه رو غم بایستی داشتن؟ از فرستادن توس و سپاهیان ایران؟ اگر چنین است، افزاینده از پیش آگاهی از شکست سپاه ایران را میدهد!

۷ - توس و سپاه را پیش(شان) می‌باید نه پیشش.

۸ - گونه‌ای دیگر از همان سخن است که افزایندهٔ دیگر، آورده‌است.

۹ - پیلان «در گروه» و کوس «یگانه» همخوان نیستند.

۱۰ - **یک:** این رج را یک پیوند «که» یا «تا» با رج پیشین بایسته است. **دو:** لت دویم نیز بی‌گزارش است، زیرا که «سرانِ» سپاه از خود، رایی نداده‌بودند.

۱۱ - **یک:** میان رج نخست با رج دویم پیوند نیست. **دو:** در رج پیشین سخن از سرکشان رفته‌بود و اینجا تنها گودرز شنوندهٔ گفتار توس میشود.

۱۲ - **یک:** باز افزاینده نمیداند که درازیِ راه بیابان یا راه کلات چند است؟ **دو:** «چو» نادرست است.

۱۳ - دنبالهٔ گفتار.

بدو گفت گودرز: «پر مایه شاه　　ترا پیشرو کرد پیشِ سپاه[1]
بر آن ره که گفت او، سپه را بران　　نباید که آید کسی را زیان
نباید که گردد دل آزرده شاه　　بد آید ز آزارِ او بر سپاه»
بدو گفت توس: «ای گو نامدار　　از این گونه اندیشهٔ دل مدار[2]
کزین، شاه را دل نگردد دژم　　سزد گر نداری روان جفتِ غم
همان به که لشکر بدین سو بریم　　بیابان و فرسنگ‌ها نشمریم»[3]
بدین گفته گشتند همداستان　　برین بر، نزد نیز کس، داستان
براندند از آن راه پیلانِ کوس　　به فرمان و رای سپهدار توس[4]

*

پس آگاهی آمد بنزد فرود　　که شد روی خورشیدِ تابان، کبود
ز نَعلِ ستوران و از پای پیل　　جهان شد بکردار دریای نیل[5]
چو بشنید ناکار دیده جوان　　دلش گشت پر درد و تیره روان
بفرمود تا هرچه بودش گله　　هیونان و از گوسفندان یله[6]
فسیله به بند اندر آرند نیز　　نماند ایچ بر کوه و بر دشت چیز[7]
همه سوی کوه سپدکوه برد　　به بند اندرون سوی انبوه برد[8]
جریره زنی بود مام فرود　　ز بهر سیاوش دلش پر ز دود[9]
برِ مادر آمد فرود جوان　　بدو گفت ک:«ای مام روشنروان
از ایران سپاه آمد و پیل و کوس　　به پیش سپه در، سرافراز توس!
چه گویی؟ چه باید؟ کنون ساختن!　　نباید، که آرد یکی تاختن!»
جریره بدو گفت ک:«ای رزمساز　　بدین روز هرگز مبادت نیاز
به ایران برادرت شاه نَو است　　جهاندار و بیدار کیخسرو است[10]
ترا نیک داند بنام و گهر　　ز همخون و ز مهرهٔ یک پدر[11]

---

۱ – سه رج چندان سست نیست، اما پیوستهٔ داستان است، و همرای بودن گودرز نیز، در رج ششم پسین نمایان می‌شود.

۲ – لت دویم نادرست است. «اندیشه» با «سر» است نه با دل.　　۳ – «همان به» در رج نهم پیشین گذشت.

۴ – به همرایی همهٔ بزرگان، در رج پیشین.

۵ – پای پیل چگونه جهان را بسان دریای نیل میکند؟ در لت دویُم، کنش نادرست است. دلش پر درد گشت و روانش تیره، نه تیره‌روان.

٦ – چون نام «گله» می‌آید، نام بردن از هیونان و گوسفندان درست نمی‌نماید.

۷ – چون از هیونان نام برده شد، فسیله دوباره‌گویی است. **دو:** چیز، چه باشد؟

۸ – **یک:** خود، در کلات است، چرا می‌بایستی گله و فسیله را بجایی دیگر برند؟ **دو:** لت دویم سخت نادرخور. **سه:** کنشِ «بُرد» به چه کس بازمیگردد؟ «بردند» درست است.　　۹ – داستان جریره، افزوده بشاهنامه است.

۱۰ – آیا فرود نام برادرش را نمیدانسته‌است که جریره را باید بدو گفتن؟

۱۱ – **یک:** سخن پیشین اینجا آشکار میشود. **دو:** سخن بی‌بنیان! **سه:** در نمونه‌های دیگر نیز چیزی بر نمی‌آید: ز همخون و از مهره و، و

←

برادرتْ اگر کینه جوید همی! ... روان سیاوش بشوید؛ همی![1]
گر او کینه جوید همی از نیا ... ترا کینه زیباتر و کیمیا[2]
برت را به خفتان رومی بپوش ... بر و دل پراز جوش و سر پر خروش[3]
به پیش سپاهِ برادر برو ... تو کین خواهِ نو باش و او شاهِ نو[4]
که زیبد کز این غم بنالد پلنگ ... ز دریا خروشان برآید نهنگ[5]
اُگر مرغ با ماهیان اندر آب ... بخوانند نفرین بر افراسیاب[6]
که اندر جهان چون سیاوش سوار ... نبندد کمر نیز یک نامدار[7]
به گُردیّ و مردیّ و جنگ و نژاد ... به اورنگ و فرهنگ و سنگ و به داد[8]
بدو داد پیران مرا از نخست ... اُگرنه ز ترکان همی زن نجست[9]
نژاد تو از مادر و از پدر ... همه تاجدار و همه نامور[10]
تو پور چنان نامورْ مهتری ... ز تخم کیانیّ و کی منظری[11]
کمر بست باید بکینِ پدر ... بجا آوریدن نژاد و گهر»[12]
چنین گفت زانپس بمادر، فرود ... که:«ز ایران، سخن؛ با که باید سرود؟[13]
که باید؟ که باشد مرا، پایمرد؛ ... ازان سرفرازانِ روز نبرد![14]
کز ایشان ندانم کسی را بنام[15] ... نیامد بَرِ من درود و پیام»
بدو گفت: «ز ایدر برو باتَخوار ... مدار این سخُن، بر دلِ خویش، خوار![16]

← هم مهرهٔ یکدگر، یک چهرهٔ یک پدر ز هم پشت و...!

۱ - لت دویم نادرخور. روانِ پاک سیاوخش را شست‌وشو نمی‌باید! روان هرکس را شستن نمی‌شاید! ۲ - لت دویم آشفته.

۳ - روم در آنزمان پدیدار نشده‌بود.

۴ - سخن در لت دویم ناهماهنگ است، و چنین می‌نماید که همچنانکه جریره به پسر فرمان میدهد که «کین خواه نو» باشد، فرمان بکیخسرو میدهد که «شاه نو» باشد. ۵ - سخن دروغ ۶ - دنبالهٔ همان گفتار

۷ - پس سیاوخش از نریمان و سام و زال و رستم برتر و بنیروتر بوده‌است!

۸ - همهٔ این گفتارها در پهلوانان دیگر نیز بوده‌است، و آنچه راکه افزاینده در سیاوخش ندیده‌است، آنستکه در وی، پاکی و راستی و پیمانداری، برتر می‌نموده است. ۹ - فرنگیس ترک نبوده‌است، و نامش ایرانیست و نیاکانش همه آریایی بوده‌اند.

۱۰ - دنباله گفتار، که چندان پیوند نیز با داستان ندارد.

۱۱ - **یک**: نیز... **دو**: کی منظر در گفتار فردوسی نمیگنجد.

۱۲ - این رج بگفتار پیوند ندارد، پیشتر در رج ۱۱۸۳۴ آمده‌بود.

۱۳ - سخن نادرست است، زیراکه فرود، خود بمادر از آمدن سپاه ایران بسپهسالاری توس آگهی داده‌است، پس سخن با توس سرودن سزا است، نه باکس دیگر.

۱۴ - سخن از پایمردی در میان نیست. مگر سپاه ایران برای جنگ با فرود آمده‌بود؟ که یکی از آنان پایمرد وی گردد!

۱۵ - نام توس را می‌داند، وبس می‌نماید!

۱۶ - با چنین گفتار، جریره نیز پایان غم‌انگیز داستان را از پیش می‌نمایاند، زیراکه با چنین سخن سخن میگوید که کاری دشخوار پیش آمده‌است!

کز ایران که و مه[1] شناسد همه / بگوید نشانِ شبان و رمه
ز بهرام و از زنگهٔ شاوران / نشان جو، ز گردان و جنگاوران[2]
همیشه سر و نام تو زنده باد / روان سیاوش فروزنده باد؛[3]
از این[4] هردو، هرگز نگشتی جدا / کنارنگ بودند و او پادشا
نشان خواه از این دو گوِ سرفراز / کز ایشان مرا و ترا نیست راز[5]
سران را و گردنکشان را بخوان / می و خلعت‌آرای و بالا و خوان[6]
ز گیتی برادر ترا گنج بس / ممان کین و آیین به بیگانه کس[7]
سپه را تو باش این زمان پیشرو / تو کین‌خواهِ نو باش و او شاهِ نو[8]
ترا بیش باید به کین ساختن / کمر بر میان بستن و تاختن!»[9]
بدو گفت: «رای تو ای شیرزن / درفشان کند دوده و انجمن»[10]

*

چو برخاست آوای کوس از جَرَم / جهان کرد چون آبنوس از مَیَم[11]
یکی دیده‌بان آمد از دیده گاه / سخن گفت با او، از ایرانسپاه؛[12]
که: «دشت و در و کوه پر لشکر است / تو؛ خورشید، گویی به بند اندر است[13]
ز دربندِ دژ تا بیابانِ جنگ / سپاه است و پیلان و مردانِ جنگ»[14]
فرود از درِ دژ، فروهشت بند / نگه کرد لشکر ز کوه بلند[15]
اُزان تا بیامد درِ دز ببست / یکی بارهٔ تیزرو برنشست[16]
⇐ **برفتند پویان تخوار و فرود / جوان را، سرِ بخت، برگشته بود**
از افراز، چون کژّه گردد سپهر / نه تندی بکار آید ازبُن، نه مهر

---

۱ - **یک:** که و مه را «را» می‌باید: «که و مه را شناسد». **دو:** مهان را شاید شناختن و کهان راکس نتواند شناخت.
۲ - از گردان و جنگاوران نمی‌تواند که نشان بهرام و زنگه را بجوید، که‌پرسش او از تخوار خواهد بودن.
۳ - «سر» چگونه زنده ماند؟ ۴ - چنین نیست و سیاوخش پادشاه نبود، او نیز کنارنگ بخشی از خراسان بود.
۵ - «این» برای آن پهلوانان که دو گوسرفراز بودند، کاربرد درست ندارد.
٦ - این گفتار اگرچه از دیدگاه سخن نادرست نیست اما با گفتار رج ۱۱۸۳۵ همخوان نیست که بدو گفت، برو به پیش سپاه، و کینهٔ پدر را بخواه. ۷ - کین را شاید که به بیگانگان وانهند، اما آیین را نمیتوان از هیچکس بازداشتن.
۸ - دگرگونه گفتاری از رج ۱۱۸۳۵.
۹ - اگر «بیش» باشد، با «کین ساختن» هماهنگی ندارد، و اگر «پیش» باشد که چنین نیست و کیخسرو پیشتر از او آغاز کرده‌است.
۱۰ - سخن گزافه است، زیرا که هیچکس از جریره «شیر خویی» ندیده‌بود. ۱۱ - لت دویُم نادرخور است.
۱۲ - پیشتر آگاهی بفرود رسیده‌بود. ۱۳ - دنبالهٔ گفتار.
۱۴ - بیابان جنگ کجا باشد؟ هنوز سپاهیان ایران بمیدان جنگ نرسیده‌اند. دربندِ دژ نیز در میان دره است و سپاهیان هنوز بدانجای نرسیده‌اند.
۱۵ - **یک:** لت نخست بی‌گزارش است. **دو:** برای دیدن لشکر ایران برفراز کوه رفته‌بودند، و از میان دروازه، دیدار نداشتند.
١٦ - این رج از رج پیشین بی‌بنیادتر است.

گزیدند تیغِ یکی بُرز کوه / که دیدار بُد یکسر، ایران گروه
جوان باتخوار سراینده[1] گفت / که: «هرچه[2]ت بپرسم نباید نهفت[3]
کنارنگ و از هر که[4] دارد درفش / خداوند کوپال[5] و زرّینه کفش
چو بینی[6] به من نام ایشان بگوی / کسی را که دانی از ایشان به روی»[7]
سواران رسیدند نزدیک کوه / سپاه اندر آمد گروهاگروه[8]
سپردار با نیزه‌ور سی‌هزار / همه رزمجوی از درِ کارزار[9]
سوار و پیاده به زرّین کمر[10] / همه تیغ‌دار و همه نیزه‌ور[11]
ز بس ترگ زرّین[12] و زرّین درفش[13] / ز گوپال زرّین[14] و زرّینه کفش[15]
تو گفتی[16] بکان اندرون، زر نماند / برآمد یکی ابر و گوهر فشاند
ز بانگ تبیره میان دو کوه / دل کرگس اندر هوا شد ستوه[17]
چنین گفت که: «اکنون درفش مهان / بگو[18] و مدار ایچ گونه نهان»
چنین گفت[19] که: «ان پیل پیکر درفش / سواران و آن تیغ‌های بنفش[20]
که را باشد اندر میان سپاه / چنین آلت ساز و این دستگاه؟»[21]
چو بشنید گفتار او راتخوار / چنین داد پاسخ که: «ای شهریار[22]
پسِ پشت، توسِ سپهبد بود[23] / که در کینه، پرخاش او بد[24] بود
درفشی پسِ پشت او دیگر است / چو خورشید تابان به دوپیکر است[25]

---

۱ – تخوار، سراینده نبود و یکی از پهلوانان بود. ۲ – هرچت (هرچه تو) نادرست است: «هرچه از تو پرسم».

۳ – از اینجا در ۳۵ رج گفتاری دراز را افزوده‌اند، که خود؛ برداشتی آشکار است از پرسیدن سهراب نشان پهلوانان ایران را از هجیر، بشیوه‌ای سست و نادرخور.

۴ – افزاینده «از» یاد شده در «هرچه (از) تو پرسم» را اینجا آورده‌است که نادرخور است.

۵ – کوپال و خَشت سبکترین جنگ‌افزار، در شمار بوده‌اند که نام بردن ندارند.

۶ – پیشتر، ازپرسش فرود یاد شده‌بود، و اینجا از دیدن تخوار.

۷ – سراینده خواسته است بگوید، آنانرا که بدیدار و چهره می‌شناسی! ۸ – دنبالهٔ گفتار. ۹ – دنبالهٔ گفتار.

۱۰ – بجزاز شاهان و پهلوانان بزرگ آرایش زر درکمر نداشته‌اند و نمیشود که سی‌هزار زرین‌کمر پیشرو سپاه بوده‌باشند.

۱۱ – اگر تیغ را بکار گیرند، دست؛ برای گرفتن نیزه ندارند، و اگر نیزه در دست گیرند، تیغ را نمیتوانند بکار بردن.

۱۲ – ترگ زرین را هیچ ایستایی در برابر گرز نیست!

۱۳ – در گفتارهای افزودهٔ پیشین، کدامیک از درفش‌های زرین بود که اکنون سخن؛ از آن میرود؟

۱۴ – **یک**: کوپال را تنها با سفال می‌ساختند... **دو**: زرپرستی و دریوزه گری افزایندگان را پایان نمی‌بینم!

۱۵ – زرینه‌کفش؛ پاژنام توس و نگهداران درفش کاویان بوده‌است. ۱۶ – توگفتی...! ۱۷ – دنبالهٔ گفتار افزوده.

۱۸ – «درفش مهان را بگو» چه گزارش دارد؟ ۱۹ – دوبار چنین گفت، ازسوی فرود، نادرست است.

۲۰ – سخن از درفش‌ها بود، و اکنون از درفش پیل پیکر نام می‌رود، و تیغ‌های بنفش را با سواران، چه پیوند با آن؟ مگر سواران که بسوی میدان جنگ میروند، با شمشیرِ آخته می‌گذرند، که رنگ بنفش آنها دیده شود؟

۲۱ – سخن بی‌پیوند، برای پیوند دادن رج پیشین به رج پسین. ۲۲ – دنبالهٔ گفتار.

۲۳ – درفش کاویان پشت سر توس بود. و اینجا سخن باژگونه می‌شود. ۲۴ – سخن سست! ۲۵ – دنبالهٔ گفتار افزوده.

برادر پدر تست[1] با فرّ و کام | سپهبد فریبرز کاووس، نام[2]
پسش ماه‌پیکر درفشی بزرگ | دلیران بسیار و گُردی سترگ[3]
ورا نام گستهم گژدهم[4] خوان | که لرزان بود پیل ازو استخوان[5]
پسش گرگ‌پیکر درفشی دراز[6] | به گِردش بسی مردم رزمساز
به زیر اندرش زنگهٔ شاوران[7] | دلیران و گردانِ گنداوران[8]
درفشی پرستارپیکر[9] چو ماه | تنش لئل[10]، جعد[11] از حریر سیاه[12]
ورا بیژنِ گیو راند همی[13] | که خون بآسمان برفشاند همی
درفشی کجا پیکرش هست ببر | همی بشکند زو میانِ هژبر[14]
ورا گُرد شیدوش دارد بپای[15] | چو[16] کوهی همی اندر آید ز جای
درفش گرازه‌ست پیکرگراز | سپاهی[17] کمند افکن و رزمساز
درفشی کجا پیکرش گاومیش[18] | سپاه ازپس و نیزه‌داران ز پیش
چنان دان که آن شهره فرهاد راست | که گویی مگر با سپهر است راست[19]
درفشی کجا پیکرش دیزه گرگ[20] | نشان سپهدار گیو سترگ[21]
درفشی کجا شیرپیکر به زر | که گودرز کشواد دارد به سر[22]
درفشی پلنگ است پیکرگراز[23] | پس ریونیز است با کام و ناز[24]

---

۱ - سخن سست ۲ - واژهٔ «نام» پس از نام «فریبرزِ کاووس» نادرست است.
۳ - سترگ؛ لجوج بود و بی آزرم و شرم؛ لغت فرس. ۴ - گستهم، فرزند نوذر بود.
۵ - سخن درهمریخته: «از او استخوان» چه باشد؟ که استخوان پیل از او لرزان بود.
۶ - در میانِ چندان درفش، این یک درفش را که نگارهٔ کَرگ = کرگدن بود، چرا می‌باید دراز بودن؟... در سرزمین‌های ایرانی کرگدن دیده نمی‌شد، تا در درفش‌ها با نگارهٔ آن پدید آید.
۷ - افزایندهٔ دروغ‌پرداز، فراموش کرده‌بود که درفش زنگهٔ شاوران با نگارهٔ «همای» بود (رج ۱۱۷۰۵).
۸ - سخن بی‌پیوند: «زیرِ درفش، زنگهٔ شاوران؛ دلیران و گندآوران؟!
۹ - اگر درفش به پیکر پرستار بود، چگونه چون ماه می‌نمود؟
۱۰ - تنِ درفش چه باشد، که آنرا از لئل ساخته باشند؟
۱۱ - **یک**: تنِ لئل را جعد، چگونه باشد؟ **دو**: «حریر» را در گفتار فردوسی پایگاه نیست!
۱۲ - پسانگاه؛ رنگ سیاه، که همواره در آیین و فرهنگ ایران، نادرخور و ناسزاوار در شمار بوده‌است.
۱۳ - درفش را نمی‌رانند، که می‌برند یا بر دوش میکشند.
۱۴ - نگارهٔ ببر بر روی درفش را چگونه توانِ شکستن میانِ شیر باشد؟
۱۵ - درفش را بر پای داشتن، ویژهٔ میدان است، نه راه! ۱۶ - درفش چون کوهی از جای «اندر» نمی‌آید.
۱۷ - این رده نیز به درفش، گرازه بازمیگردد.
۱۸ - افزاینده را فراموشی پیش آمد، و بیاد ندارد که پیشتر گفته‌بود که درفش فرهاد آهوپیکر است! ۱۹ - پیوسته بگفتار.
۲۰ - دیزه، چنبرهٔ غربال باشد، اما دیزه گرگ را ندانستم که چیست؟!
۲۱ - سترگ لجوج باشد و بی‌آزرم و شرم (لغت فرس). ۲۲ - سخن سست.
۲۳ - بسخن دیوانگان مانده است. پلنگی که پیکر گراز داشته باشد. ۲۴ - مگر میدان جنگ جای کام و ناز(!) است؟

درفشی کجا آهوش پیکر است ٭ که نستوه گودرز[1] با لشکر است
درفشی کجا غرم دارد نشان ٭ ز بهرامِ گودرز کشوادگان[2]
همه شیرمردند گرد و سوار ٭ یکایک بگویم درازست کار»[3]
چو یک یک بگفت از نشان گوان ٭ به پیش فرود آن شه خسروان[4]
مهان و کهان را همه بنگرید ٭ ز شادی رخش همچو گل بشکفید[5]

*

چو ایرانیان از برِ کوهسار ٭ بدیدند جای فرود و تخوار
برآشفت ازیشان، سپهدارْ توس ٭ فروداشت بر جای، پیلانِ کوس
چنین گفت که: «ز لشکر نامدار ٭ سواری بباید کنون، هوشیار
که جوشان، شود زین میان گروه ٭ برد اسپ تا بر سرِ تیغ کوه
ببیند که آن دو دلاور کی‌اند؟ ٭ بر آن کوهسر بر، ز بهر چی‌اند؟
گر ایدون‌که از لشکر ما یکیست ٭ زند بر سرش تازیانه دویست[6]
اُگر ترک باشند و پرخاشجوی ٭ ببندد کشانش بیارد به روی[7]
اُگر کشته آید سپارد بخاک ٭ سزد گر ندارد ازان بیم و باک[8]
ار ایدون که باشد ز کارآگهان ٭ که بشمرد خواهد سپه را نهان[9]
هم آنجا به دو نیم باید زدن ٭ فروهشتن از کوه و بازآمدن»[10]
بسالار، بهرامِ گودرز گفت ٭ که: «این کار، بر من، نشاید نهفت[11]
روم هرچه گفتی بجای آورم ٭ سرِ کوه یکسر بپای آورم»[12]
بزد اسپ و راند از میان گروه ٭ پر اندیشه بنهاد سر، سوی کوه[13]
چنین گفت پس نامور باتخوار ٭ که: «این کیست؟ کامد[14] چنین خوارخوار
همانا نیندیشد از ما همی! ٭ بتندی برآید ببالا همی!»[15]

---

۱ - نستوهِ گودرز نیز اینجا پدیدار شد، با درفش فرهاد. ۲ - سخن پایان نیافت!
۳ - سخن نادرست. ۴ - فرود را شاهِ خسروان نامیدن نادرست است، که او، خود؛ شاه نیز نیست! ۵ - دنبالهٔ داستان.
۶ - **یک**: دو کس بوده‌اند، نه یکی. **دو**: گزافه را نیز مرز و اندازه می‌باید! «ابوشَحْمَه» یکی از فرزندان «عمر» را که در مصر بود، مَی نوشیده بود بفرمان عمر یکسد زخم تازیانه بر تن زدند، و بمرد، چگونه شاید که کسی را دویست تازیانه بر سر بزنند؟ **سه**: شمارشِ «تازیانه دویست»، نیز نادرست است! ۷ - آنزمان؛ ترک در توران نبود چه رسد بمرز ایران!
۸ - دنبالهٔ گفتار. ۹ - نهان نبودند و آشکارا بر کوه ایستاده بودند.
۱۰ - یک کس را چگونه توان آن باشد که دو کس را بنیمه زند؟ ۱۱ - پیوسته بگفتار.
۱۲ - فرمان چنان بود که در رج هفتم پیشین آمد، ببیند که آنان چرا بر کوهسر ایستاده‌اند؟ نه آنکه کوهسر را زیر پای آورَد!
۱۳ - چرا پر اندیشه؟ برای یک پرسش ساده اندیشه در کار نیست!
۱۴ - «کامد» نادرست است: «کاید» زیرا که هنوز بآنان نرسیده است.
۱۵ - افزاینده را، رای برآنست که از آغاز، زمینهٔ پرخاش و نبرد را بگستراند!

یکی بارهٔ‌ای برنشسته سمند | به فتراک بر بسته‌دارد کمند»[1]
چنین گفت پس رایزن با فرود | که: «این را بتندی نشاید سرود[2]
به نام و نشانش ندانم همی | ز گودرزیانش گمانم همی[3]
چو خسرو ز توران به ایران رسید | یکی مغفر شاه شد ناپدید[4]
گمانی همی آن برم بر سرش | زره تا میان خسروانی برش[5]
ز گودرزدارد همانا نژاد | یکی، لب بپرسش بباید گشاد»[6]
چو بهرام برشد ببالای تیغ | بغرّید برسان غرنده میغ[7]
«چه مردی؟» بدو گفت: «بر کوهسار | نبینی همی؟ لشکر بیشمار![8]
همی نشنوی؟ بانگ وآواز کوس[9] | نترسی؟ ز سالار بیدار، توس!»
فرودش[10] چنین پاسخ آورد باز | که: «تندی ندیدی تو، تندی مساز[11]
سخن نرم گو، ای جهاندیده مرد | میارای لب را، بگفتار سرد[12]
نه تو شیر جنگی و ما گور دشت | بر اینگونه بر ما نشاید گذشت[13]
فزونی نداری تو چیزی ز من | بگردیّ و مردیّ و نیروی تن[14]
سر و دست و پای و دل و مغز و هوش | زبان سراینده و چشم و گوش[15]
نگه کن به من تا مرا نیز هست | اگر هست بیهوده منمای دست[16]
سخن پرسمت گر تو پاسخ دهی | شوم شاد اگر رای فرّخ نهی»[17]

---

۱ – سخن بی‌پیوندِ نابجا. ۲ – «نشاید سرود» نادرخور است.
۳ – اگر نشان آن سوار را نمیداند، چگونه از گودرزیانش خواند؟
۴ – هنگامیکه کیخسرو بایران آمد، تخوار همراه وی نبود، که از گم شدن کلاهخود او آگاهی داشته باشد...
۵ – **یک:** ...و آنرا بر سر بهرام بشناسد! **دو:** چگونه خودی که از خسرو گم شده‌بود، بر سر یکی از سواران ایرانست و خسرو و دیگران نمیدانند! **سه:** زره «تامیان» بکار نبرد نمی‌آید، زیرا که بایستی تا نزدیک زانوان باشد!
٦ – دوباره سخن از گودرزیان میرود. ۷ – بهرام زیردستِ آنان بود، و آنان بر «بالای تیغ» بودند.
۸ – دنبالهٔ سخن.
۹ – **یک:** کوس را بانگ هست و آواز نیست. **دو:** توس، خود، فرمان بایستادن پیلانِ کوس داده‌بود، و بدانهنگام بانگ کوس نیز بلند نبود.
۱۰ – «فرودش» نادرست است: «فرود»... و اگر «ش» بایسته باشد می‌باید به «پاسخ» بپیوندد: «فرود پاسخش را چنین داد».
۱۱ – سخن نادرخور می‌نماید. ۱۲ – دنباله.
۱۳ – «شیرِ جنگ» نادرست است. و هر آینه آنرا «شیر جنگی» دانیم می‌بایستی سخن بدینگونه آراسته گردد «نه تو شیر جنگی‌ای».
۱۴ – از راهِ دور «گُردی و نیروی تن» سنجیده نمی‌شود. ۱۵ – سخن کودکانه!
١٦ – **یک:** دنبالهٔ آن... **دو:** افزاینده چندان از فرهنگ ایرانی بدور بوده‌است که نمیدانسته است، دست نمودن؛ دستوری خواستن برای سخن گفتن است! گفتار رستم است باسفندیار:

بمان، تا بگویم هر آنرا که هست | یکی گر دروغ است، بنمای دست

۱۷ – گفتار نادرست است: «اگر سخنی را که از تو می‌پرسم، پاسخ دهی».

بدو گفت بهرام: «برگوی هین / تو بر آسمانیّ و من بر زمین»[1]
فرود آن زمان گفت: «سالار کیست؟ / بزرم اندرون، نامبردار کیست؟»[2]
بدو گفت بهرام: «سالار، توس / که با اخترِ کاویان است و کوس[3]
ز گردان چو گودرز و چون گُردِ گیو / چو گرگین و شیدوش و رهام نیو[4]
چو گستهم و چون زنگهٔ شاوران / گرازه سرِ مرزِ گنداوران»[5]
بدو گفت کـ:«ز چه ز بهرام نام / نبردیّ و بگذاشتی کار خام؟[6]
ز گودرزیان ما بدوییم شاد / مرا زو نکردی بلب هیچ یاد»[7]
بدو گفت بهرام کـ:«ای شیرمرد / چنین؛ یادِ بهرام با تو که کرد؟»[8]
چنین داد پاسخ مر او را فرود / که: «این داستانم ز مادر شنود[9]
مرا گفت: چون پیشت آید سپاه / پذیره شو و نامِ بهرام خواه[10]
دگر نامداری ز گنداوران / کجا نام او زنگهٔ شاوران[11]
همانند و همشیرگانِ پدر / سزد گر بر ایشان بجویی گذر»[12]
بدو گفت بهرام کـ:«ای نیکبخت! / تویی بارِ آن خسروانی درخت؟
فرودی تو؟ ای شهریار جوان / که جاوید بادی بروشنروان»![13]
بدو گفت کـ:«آری فرودم درست / از آن سروِ افکنده، شاخی برُست»[14]
بدو گفت بهرام: «بنمای تن / برهنه نشانِ سیاوش بمن»[15]
به بهرام بنمود بازو فرود / ز انبر بگُل بر، یکی خال بود[16]
که زان گونه پیکر به پرگار چین / نداند نگارید کس بر زمین[17]

---

۱ – **یک:** (بر) گفتن نادرست است. **دو:** «هین» در گفتار فردوسی جایی ندارد. **سه:** میان لت دویم پیوندِ «که» بایسته است: «که تو بر...».
۲ – **یک:** در گفتار پیشین، از سالار توس یاد شد، وپرسش دوباره نابجا است. **دو:** همین پرسش در رج دهم پیشین نیز آمده‌است.
۳ – اختر کاویان نادرست است. ۴ – «چو» نادرست است. ۵ – نیز...
٦ – «خام» گذاشتنی نیست و کردنی است. ۷ – به لب، یاد کردن نادرست است: «بگفتار یاد کردن».
۸ – دنبالهٔ داستان؛ چنین نیز نابجا است: «بهرام را از کجا می‌شناسی».
۹ – لت دویم ناهموار «این داستانم» نادرست است. «کهم این داستان» درست‌تر است، اگرچه دنبالهٔ گفتار را با آن پیوند درست نیست: «که مرا این داستان، از مادر یاد است». ۱۰ – «نام بهرام خواه» نادرست است: «بهرام را بجوی» یا «نام بهرام را بگوی».
۱۱ – لت دویم پایان ندارد: «است».
۱۲ – **یک:** از سرداران ایران که در مردی و گردی با سیاوخش یارِ نبرد بوده‌اند، نمیتوان با پاژنام «همشیرهٔ» پدر یاد کردن! **دو:** همانندی آنان با سیاوخش نیز نادرست است. ۱۳ – دوباره پرسیدن را جای نیست. در رج پیشین همین پرسش آمده‌بود!
۱۴ – داوری نادرست است، زیرا که اگر فرود، شاخه‌ای از آن درخت بوده‌باشد، کیخسرو نیز چنین است، و نمیتوان گفتن «شاخی» (= یک شاخه) برُست.
۱۵ – نشان سیاوخش بر بازو بود (چنانکه در رج پسین نیز آمده‌است) پس چرا ویرا می‌باید تن برهنهٔ خویش را ببهرام نمودن؟
۱٦ – خال سیاوخش را فردوسی در گفتار درست چنین یاد کرده‌است: «چو بر پرنیان، نقطهٔ قار بود» اینجا بجای پرنیان، گُل سرخرنگ آمده‌است و پیدا است که بازو سرخرنگ نیست.
۱۷ – خال را پیکر نیست، و یک نکتهٔ سیاه است و خال سیاه را با پرگار نمیتوان کشیدن، و خاستگاه پرگار نیز ایران بوده‌است نه چین!

بدانست کاو از نژاد قباد ز تخم سیاووش دارد نژاد[1]
بر او آفرین کرد و بردش نماز ببالای برآمد، بتندی، فراز[2]
فرود آمد از اسپ شاه جوان نشست از برِ سنگ، روشنروان[3]
ببهرام گفت: «ای سرافراز مرد جهاندار و بیدار شیرِ نبرد[4]
دو چشم من ار زنده دیدی پدر همانا نگشتی ازین شادتر[5]
که دیدم ترا شاد و روشنروان هنرمند و بینادل و پهلوان[6]
بدان آمدستم بدین تیغِ کوه که از نامدارانِ ایران گروه[7]
بپرسم ز گردان، که سالار کیست؟ برزم اندرون نامبردار کیست؟[8]
یکی سور سازم چنانچون توان ببینم بشادی رخِ پهلوان[9]
ز اسپ و ز شمشیر و گرز و کمر ببخشم ز هر چیز بسیار مر[10]
ازان پس گرایم به پیش سپاه بتوران شوم داغ دل کینه‌خواه[11]
سزاوار این جستنِ کین منم بجنگ آتش تیزِ برزین منم[12]
سزد گر بگویی تو با پهلوان که آید بر این کوه، روشنروان[13]
بباشیم یک هفته ایدر، بهم سگالیم هرگونه از بیش وکم[14]
بهشتم چو برخیزد آوای کوس بزین اندر آید سپهدارِ توس؛[15]
میان را ببندم بکینِ پدر یکی رزم سازم بدردِ جگر[16]
که با شیر جنگ آشنایی دهد ز بَر پرِ کرگس گوایی دهد،[17]
که اندر جهان کینه را زین نشان نبندد میان کس ز گردنکشان»[18]

---

۱ – سخن پایان ندارد: از نژاد قباد «است». ۲ – دنبالهٔ گفتار
۳ – گفتار پیشین چنان بود که فرود و تخوار، پیاده بر سر کوه جای گزیدند، و سوار بر اسب نبودند، که اکنون پیاده شوند.
۴ – بهرام، جهاندار نبود. در شاهنامهٔ س ۲، جهانگیر آمده‌است، و جهانگیر نیز نبود. ۵ – دروغ آشکارا!
۶ – دنبالهٔ دروغ. ۷ – کسیکه بر فراز تیغ کوه میرود نمیتواند از نامدارانِ لشکر روان پرسش کند!
۸ – چندباره گویی. ۹ – فرود در گفتار پسین آمادگی یکهفته میزبانی را می‌نماید، نه یک سور در یک روز.
۱۰ – «از» اسپ و «از» شمشیر و «از» هر چیز نادرست است.
۱۱ – آمادگی رزم در رج ۱۱۹۶۶ نیز خواهد آمدن. ۱۲ – پیوند با رج پیشین ندارد: «زیرا که سزاوارِ...».
۱۳ – فراخواندن بفراز کوه درست نیست، او را می‌بایستی بمهمانی به دژ فراخوانند، که دژ در میان دره بود نه بر افراز کوه.
۱۴ – بباشیم بهم نادرست است: (با) هم باشیم.
۱۵ – برای سوار شدن، همواره «برنشستن» می‌آید، نه بزین اندر (= اندرون) آمدن!
۱۶ – میدان رزم، بس دور از کلات است.
۱۷ – **یک:** سخن نادرست... جنگی کنم که «آن جنگ» با شیرِ جنگ آشنایی دهد!؟ **دو:** لت دویم نیز بی‌پیوند و نادرست است (زبر = بالا، پر کرکس گواهی دهد)؟ سرداران گاه در نبرد می‌گویند که کرکسان را یکی سور کرد... و این سخن بدانروی است که چون سپاهیان کشته شوند، کرکسان برای خوردن لاشهٔ آنان فراز می‌آیند... اما پر کرکس چگونه گواه تواند بودن، افزاینده میداند.
۱۸ – «که» در آغاز این رج با «که» در آغاز رج پیشین، همخوان نیست.

بدو گفت بهرام ک:«ای شهریار   جوان و هنرمند و گُرد و سوار[1]
بگویم من این هرچه گفتی به توس   به‌خواهش دهم نیز بر دست بوس[2]
ولیکن سپهبد خردمند نیست   سر و مغز او ازدرِ پند نیست[3]
هنر دارد و خواسته، هم نژاد   نیارد همی بر دل از شاه یاد[4]
بشورید با توس، گودرز و شاه   ز بهر فریبرز و تخت و کلاه[5]
همی گوید از تخمهٔ نوذَرم   جهان را بشاهی، خود اندر خورَم[6]
سزد گر بپیچد ز گفتار من   گراید بتندی ز کردار من[7]
جز از من هرانکس که آید برت   نباید که بیند سرِ مغفرت[8]
که خودکامه مردی‌ست بی تاروپود   کسی دیگر آید نیارد درود[9]
اُدیگر که با مادلش نیست راست   که شاهی همی با فریبرز خواست[10]
مرا گفت: بنگر که بر کوه کیست؟   چو رفتی مپرسش که از بهر چیست![11]
به گرز و به خنجر سخن گوی بس   چرا باشد این روز بر کوه کس![12]
بمژده، من آیم، چو او گشت رام   ترا پیش لشکر برم شادکام[13]
اُگر جز ز من دیگر آید کسی   نباید ترا بودن ایدر بسی[14]
نیاید برِ تو بجز یک سوار   چنین است آیین این نامدار[15]
چو آید، ببین تا چه آیدت رای   درِ دز ببند و مپرداز جای»[16]
یکی گرزِ پیروزه دسته به زر   فرود آن زمان برکشید از کمر[17]

---

۱ - فرود، شهریار نیست. و هنرمندی و گردی و سواریِ آنکس را که بر روی سنگی نشسته‌است نمی‌توان سنجیدن.

۲ - **یک:** بگویم من «این» نادرست است. **دو:** لت دویُم نیز نادرست است، زیرا که درسرتاسر شاهنامه چنین داستان نیامده است که ایرانیان بر دست کسی بوس زنند.

۳ - این گوینده همانست که به فرود گفته‌بود «نترسی ز سالارِ بیدار توس» چگونه در یک سخن؛ سالار بیدار، بی‌خرد، خوانده می‌شود! باری خواهش برای میزبانی از او، «پند» نیست که بپذیرد یا نپذیرد.

۴ - لت دویم دروغ است، زیرا که او بفرمان شاه، آهنگ این جنگ درازآهنگ راکرده‌است.

۵ - «بشورید» نادرست است. گودرز و شاه بر توس شوریده(ند)، که این نیز نادرست است زیرا که توس برای گزینش شاه بر گودرز شوریده بود.

٦ - توس هیچگاه چنین داستان پیش نکشیده بود.

۷ - دنبالهٔ گفتار

۸ - **یک:** این رج را با رج پیشین پیوند نیست. **دو:** آید بسویت درست است. **سه:** سرِ کلاهخود را دیدن، از دور نیز روا باشد... .

۹ - این دشنام‌ها را بتوس میدهد، اما در گفتار بکسی بازمیگردد که پس‌از بهرام بسوی فرود خواهد آمدن!

۱۰ - دوباره‌گویی رج ۱۱۹۷۳ است.

۱۱ - دنبالهٔ گفتار

۱۲ - توس را چنین فرمان بر زبان نرفت مگرآنکه افزاینده، خود نیز چنین نگفته‌بود، و از تازیانه یاد کرده‌بود.

۱۳ - «او گشت»، نادرست است: «او گردد».

۱۴ - دنبالهٔ گفتار

۱۵ - سخن ناهموار!

۱٦ - پس فرمان جنگ فرود با ایرانیان را بهرام داده‌است، نه توس!

۱۷ - **یک:** گرز پیروزه در جنگ چنان نابکار است که شمشیر چوبین! افزایندگان را از گفتار کژه شرم نبوده‌است. **دو:** دستهٔ گرز نیز همواره چوبین بوده‌است، و دستهٔ زرین را در زخم‌ها ایستایی نیست و کج می‌شود.

بدو داد و گفت «این ز من یادگار   همی دار تا خود کی آید بکار[1]
چو توس سپهبد پذیرد خرام   بباشیم روشندل و شادکام[2]
چو این هدیه‌ها باشد و اسپ و زین   به زر افسر و خسروانی نگین»[3]
چو بهرام برگشت با توس گفت   که: «با جان پاکت خرد باد جفت[4]
بدان! کان، فرود است، فرزند شاه؛   سیاوش، که شد کشته بر بیگناه![5]
نمود آن نشانی که اندر نژاد   ز کاووس دارند و از کیقباد[6]
ترا شاه کیخسرو اندرز کرد   که گِرد فرود سیاوش مگرد»[7]
چنین داد پاسخ ستمکاره توس   که: «من دارم! این لشکر و بوق و کوس[8]
ترا گفتم اورا بنزد من آر   سخن هیچگونه مکن خواستار[9]
گر او شهریارست پس من کی‌ام؟   بر این کوه گوید ز بهر چی‌ام[10]
یکی ترک‌زاده چو زاغ سیاه   بر این گونه بگرفت راه سپاه[11]
نبینم ز خودکامه گودرزیان؛   مگر آنکه، دارد سپه را زیان[12]
بترسیدی از بی هنر یک سوار؟   نه شیر ژیان بود بر کوهسار![13]

---

۱ – چنین گفتار، آمادگی برای رزم تن‌بتن را می‌رساند، یا آنچه که اروپاییان «دوئل»اش می‌خوانند. گفتار از نبرد بهرام چوبین با مقاتوره:

مقاتوره بشنید گفتارِ اوی   سرش گشت پر کین ز آزار اوی
بخشم و بتندی بیازید چنگ   ز ترکش برآورد، تیری خدنگ
ببهرام گفت: این نشان منست   برزم اندرون ترجمان منست
چو فردا بیایی بدین بارگاه   همی دار پیکان ما را نگاه
چو بشنید بهرام، شد تیزچنگ   یکی تیز پولاد پیکان، خدنگ
بدو داد و گفتا که این یادگار   بدار و ببین، تا کی آید بکار

۲ – خرام: فراخواندن بمهمانی، نیست، و نوید فراخواندن است و ازپسِ آنکه نوید پذیرفته شود، بهنگام مهمانی کسیرا بسوی مهمان می‌فرستند، تا بهمراه وی بمهمانی آید، و گفتار در این رج درست نیست.

۳ – سخن بی‌پیوند... افزاینده خواسته است بگوید، اگر توس، خرام مرا پذیرد، چنین هدیه‌ها بدو خواهم دادن اما وی را چندان آگاهی نبوده‌است که دریابد فرود -که شاه نیست- چگونه مُهر شاهی و افسر خسروی به توس میدهد!

۴ – سخن آراسته است، و از گفتار فردوسی گرفته شده‌است، اما پیوسته بگفتار افزوده است.

۵ – بهرام را نشاید که آگاهی از کشته شدن سیاوخش بیگناه بتوس دادن، زیرا که همگان آن داستان را میدانند، و سپاه ایران نیز برای همان کین بتوران میرود!

٦ – دنبالهٔ سخن نادرست نشانی که با پرگار چین نیز همانند آن نتوان کشیدن!!

۷ – این رج را بِرَج پیشین پیوند نیست.

۸ – اگر سپهسالار بگوید که من فرمانروا بر لشکرم، ستمکاره‌اش نباید نامیدن!

۹ – توس چنین نگفته‌بود، و از سخن توس چنین یاد شده‌بود:

ببیند که آن دو دلاور، کی‌اند   بر آن کوهسر بر، ز بهر چی‌اند؟

۱۰ – توس شهریار نیست، که فرود نیز شهریار نبود. پیوند میان لت نخست با لت دویم نیز پنهان است.

۱۱ – **یک:** ترک‌زاده؟ چگونه می‌توان اندیشیدن توس سپاهبد که برای خونخواهی سیاوخش میرود، فرزند وی را ترک‌زاده بخواند؟ **دو:** آنان بر ستیغ کوه بوده‌اند، و راه سپاه را نگرفته‌بودند.

۱۲ – خرد نمی‌پسندد که توس، یکچهارم سپاه خویش را با یک سخن از خود برنجاند... توس همان پهلوانست که جنگخواهی گودرز را بر سرگزینش کیخسرو بپادشاهی، بآشتی گرداند!

۱۳ – یک سوار نبود، و دو پیاده بودند!

سپه دید و برگشت سوی فریب   بخیره سپردی فراز و نشیب؟»[1]
هم آن جایگه گفت با سرکشان   که: «ای نامداران گردنکشان![2]
یکی نامور خواهم و نامجوی   کز ایدر نهد سوی آن ترک روی[3]
سرش را ببرّد بخنجر ز تن   به پیش من آرند بر انجمن»[4]
میان را ببست اندران ریونیز   همی زان نبردش سرآمد قفیز[5]
بدو گفت بهرام ک:«ای پهلوان   مکن هیچ بر خیره، تیره، روان[6]
بترس از خداوند خورشید و ماه   دلت را بشرم آور از روی شاه[7]
که پیوند اویست و همزاد اوی   سواریست نام‌آور و جنگجوی![8]
که گر یک سوار از میان سپاه   شود نزد آن پرهنر پور شاه[9]
ز چنگش رهایی نیابد بجان   غم آری همی بر دل شادمان»[10]
سپهبد شد آشفته از گفتِ اوی   نبُد پند بهرام یل، جفت اوی[11]
بفرمود تا نامبردار چند   بتازند نزدیک کوه بلند[12]
ز گردان فراوان برون تاختند   نبرد ورا گردن افراختند[13]
بدیشان چنین گفت بهرام گرد   که: «این کار یکسر مدارید خرد[14]
بدان کوه‌سر خویشِ کیخسرو است   که یک موی او به ز سد پهلو است[15]
هر آن کس که روی سیاوش بدید   نیارد ز دیدار او آرمید»[16]
چو بهرام داد از فرود این نشان   ز ره بازگشتند گردنکشان[17]

---

۱ - روی سخن از تو (=بهرام)؛ به او (= فرود) می‌گردد!

۲ - «در زمان گفت» یا «بیدرنگ گفت» نه «همانجایگه گفت».   ۳ - ترک!

۴ - کنش «ببرّد» در لت نخست با «آرند» در لت دویم هماهنگ نیست.

۵ - لت دویم «سر آمد» نادرست است زیرا که هنوز سر نیامده است: «سر آمده‌بود».

۶ - «هیچ بر خیره» نادرست است: بر خیره.

۷ - **یک:** فرمانِ آوردن فرود بنزد توس ترس از خداوند ندارد. **دو:** «شرم» آوردنی نیست، کردنی است.

۸ - **یک:** پیوند شاه هست، اما همزاد وی نیست! **دو:** به جنگجویی فرود چگونه پی برده بود؟

۹ - سخن پیوسته بِرَج پسین.

۱۰ - لت نخست، نادرست: «زچنگش رهایی نیابد» سخنی پایان یافته است، و «بجان» افزوده بگفتار است. باری اگر سخن از مردن و جان دادن باشد، چنین گفتار می‌باید: جان «را در» جنگ وی، خواهد «دادن».

۱۱ - کسی با پند «جفت» نمی‌شنود، که «پند کسان را نمی‌شنود».

۱۲ - **یک:** نامبردار چند نادرست است: «چند نامبردار». **دو:** نه «نزدیک کوه بلند» که می‌بایستشان از کوه ببالا رفتن!

۱۳ - دنباله سخن   ۱۴ - بهرام را، رو در روی سپاهسالار؛ توانِ راندنِ چنین سخن هست؟

۱۵ - لت دویم سخت ناهماهنگ است.   ۱۶ - کنش «بدید» نادرست است: «دیده‌است».

۱۷ - «این» نشان نادرست است: «نشان دار».

رزم فرود با ریونیز و کشته شدن ریونیز

بیامد دگر باره؛ داماد توس — همی کرد گردون براو بر، فسوس [۱]
ز راه جَرَم بر سپد کوه شد — دلش پر جفا بود نستوه شد [۲]
چو از تیغ بالا، فرودش بدید — ز قربان کمان کیی برکشید [۳]
چنین گفت با رزم‌دیده‌تخوار — که: «توس آن سخن‌ها گرفته‌ست‌خوار [۴]
که آمد سواری و بهرام نیست — مرا دل درشت است و پدرام نیست [۵]
ببین تا مگر یادت آید که کیست؟ — سراپای در آهن از بهر چیست؟» [۶]
چنین داد پاسخ مر او را تخوار — که: «این ریونیز است گُرد و سوار [۷]
فریبنده و ریمن و چاپلوس — دلیر و جوان است و داماد توس» [۸]
چنین گفت با مردِ بینا، فرود — که: «هنگام جنگ، این نباید شنود [۹]
بتیر، اسپ! بیجان کنم؟ گر سوار؟ — چه گویی؟ تو ای کاردیده‌تخوار!» [۱۰]
بدو گفت: «بر مرد، بگشای بر — مگر توس را زاو بسوزد جگر! [۱۱]
بداند که تو دل بیاراستی — که با او همی آشتی خواستی [۱۲]
چنین با تو برخیره جنگ آورد — همی بر برادرت ننگ آورد» [۱۳]
چو از دور نزدیک شد ریونیز — بزه برکشید آن خمانیده شیز [۱۴]

---

۱ - **یک:** بیامد، نادرست است: «برفت». **دو:** در لت دویم کنندهٔ کار (فاعل) گردون شد!

۲ - **یک:** از جَرَم گذشته‌بودند و بپای کوه کلات رسیده‌بودند. **دو:** دل پر جفا، نستوه می‌شود؟

۳ - «تیغ بالا» نادرست است: «تیغ کوه».

۴ - فرود را از کجا روشن شد که توس سخنان وی را خوار گرفته‌است؟

۵ - لت دویم «دل» را نه درشت شدن شاید، و نه پدرام بودن؟

٦ - **یک:** «بیاد آمدن» را روی نیست. «ببین تا وی را می‌شناسی» «او را بجای می‌آوری»... **دو:** اگر سپاهیان جوشن آهنین نداشته‌باشند شگفت‌است!

۷ - دنبالهٔ گفتار.

۸ - افزاینده از روی واژهٔ «رَیب» تازی؛ که در فارسی «ریب» خوانده می‌شود نام گرامی «ریونیز» را گزارش کرده‌است. ریونیز؛ دگرگون شده رَئِوَنتَ اوستایی است که در پهلوی «رائِوْمند» و در فارسی «رِیوند» گردید، برابر بافروغمند، درخشان! و اکنون می‌بایستی اندیشیدن که خودفروختگان دستگاه غزنوی چگونه شاهنامهٔ ما را ببازی گرفته‌اند! گزارش ریونیز را، در «داستان ایران بر بنیاد گفتارهای ایرانی» بخوانید، زیرا که ریونیز در اینجا کشته نشد، و در نبرد با تورانیان کشته خواهدشد (روانش شاد باد)، در داستان آینده نیز؛ گفتار بیژن دربارهٔ کین زراسپ است، و از ریونیز یاد نمی‌شود، و نیز در پایان داستان توس نیز داستان از درد فرود و پسر توس میگوید نه از ریونیز:

رُخِ توس شد پر ز خون جگر — ز درد فرود و ز بهر پسر

۹ - **یک:** «مرد بینا» یا «مرد دانا» هردو نادرست است، تخوار، رهنمای وی بود. **دو:** تخوار آنچه را که پرسیده‌بود پاسخ داد، پس چرا نمی‌باید «این»(!) را شنودن؟

۱۰ - لت دویم نادرست است، زیرا که اگر تخوار کاردیده = کارزار دیده بوده‌است، فرود وی را از پیش می‌شناسد و این سخن؛ دوباره‌گویی است.

۱۱ - دنبالهٔ گفتار...

۱۲ - «که» در لت نخست، با «که» در لت دویم همخوان نیست.

۱۳ - این رج را با رج پیشین پیوند نیست.

۱۴ - با چوب شیز نمیتوان کمان ساختن، که آن، خم نمی‌شود!

ز بالا خدنگی بزد بر سرش　　که بر دوخت با ترگ رومی برش[1]
بیفتاد و برگشت از و اسپ، تیز　　بخاک اندر آمد سرِ ریونیز![2]
به بالا چو توس از مَیَم بنگرید　　شد آن کوه بر چشم او ناپدید[3]
چنین داستان زد یکی پر خرد　　که: «از خوی بد کوه کیفر برد»[4]

رزم فرود
با
زَرَسپ

⟸ چنین گفت پس پهلوان، با زرسپ　　که: «بفروز دل را چو آذرگشسپ
سلیح سواران جنگی بپوش　　بجان و تن خویشتن دار گوش[5]
تو خواهی مگر کین آن نامدار　　اُگرنه نبینم کسی خواستار»[6]
زرسپ آمد و ترگ، بر سر نهاد　　دلی پر ز کین و، لبی پر ز باد[7]
خروشان باسپ اندر آورد پای　　بکردار آتش درآمد ز جای
چنین گفت شیر ژیان، باتخوار　　که: «آمد دگرگون، یکی خواستار[8]
ببین تا شناسی که این مرد کیست!　　یکی شهریار است، اگر لشکریست؟»[9]
چنین گفت با شاه، جنگی تخوار　　که: «آمد گهِ گردش روزگار
که این پور توس است، نامش زرسپ　　که از پیل جنگی نگردانَد اسپ
که جفت است با خواهرِ ریونیز　　بکین آمده‌ست این جهانجوی نیز[10]
چو بیند بر و بازو و مغفرت　　خدنگی بباید گشاد از برت
بدان؛ تا بخاک اندر آید سرش　　نگون اندر آید ز باره برش
بداند سپهدار دیوانه، توس　　که ایدر نبودیم ما، بر فسوس!»

۱ - **یک:** اگر تیر بر سرش خورد، چگونه برِ او را با ترگ بدوخت؟! افزاینده چندان‌سست‌اندیش و پریشان بوده‌است که به تنِ خویش نیز ننگریسته‌است، که چگونه شاید چنین شدن! **دو:** در آنزمان هنوز روم در جهان پدیدار نشده‌بود، که ترگِ رومی بر سر پهلوان ایرانی باشد.
۲ - **یک:** دوبار از افتادن وی یاد شده‌است.　　۳ - سپاهیان ایران در دامنهٔ کوه بودند، نه در مَیَم!
۴ - داستان بی‌پیوند!　　۵ - **یک:** سلیح (= جنگ‌افزار) پوشیدنی نیست! **دو:** سستی لت دویم آشکار است.
٦ - اگر توس فرمان میداد، دیگران نیز کینخواهِ او می‌شدند، چنانکه در آینده شد!
۷ - **یک:** زرسپ از کجا آمد؟... **دو:** سوار جنگ را همواره ترگ بر سر است.
۸ - این رج برگرفته از رج دویُم پس‌ازاین است.　　۹ - دنبالهٔ گفتار.
۱۰ - **یک:** چون پور توس باشد پیداست که خواهرش جفت ریونیز بوده‌است، نه او جفتِ خواهر ریونیز! **دو:** «ریونیز» را با «جوی نیز» پساوا نیست!

فرود دلاور برانگیخت اسپ / یکی تیر زد بر میان زرسپ
که با کوههٔ زین تنش را بدوخت / روانش ز پیکان او برفروخت
بیفتاد و برگشت زو، بادپای / همی شد دمان و دنان، باز جای!

رزم فرود
با
توس

خروشی برآمد، از ایرانسپاه / ز سر برگرفتند گُردان کلاه
دل توس پر خون و دیده پر آب / بپوشید جوشن هم اندر شتاب
ز گردان جنگی بنالید سخت / بلرزید برسانِ برگ درخت[1]
نشست از برِ زین چو کوهی بزرگ / -که بنهند بر پشتِ پیلی سترگ[2]
عنان را بپیچید سوی فرود / دلش پر ز کین و سرش پر ز دود
تخوار سراینده گفت آنزمان: / که: «آمد برِ کوه،کوهی دمان
سپهداز توس است، کآمد بجنگ / نتابی تو، با کاردیده نهنگ
برو تا درِ دژ ببندیم سخت / ببینیم تا چیست فرجام بخت؟
چو فرزند و داماد او را برزم / تبه کردی، اکنون، میندیش بزم»[3]
فرود جوان تیز شد با تخوار / که: «چون رزم پیش آید و کارزار؛
چه توس و چه شیر و چه پیل ژیان / چه جنگی نهنگ و چه ببربیان[4]
بجنگ اندرون، مرد را دل دهند / نه بر آتش تیز بر، گِل نهند»
چنین گفت با شاهزاده، تخوار / که: «شاهان، سخن را ندارند خوار
تو هم یک سواری اگر ز آهنی / همی کوه خارا ز بُن برکنی؟
از ایرانیان نامور سی‌هزار / برزم تو آیند بر کوهسار
نه دژ مانَد ایدر، نه سنگ و نه خاک / سراسر ز جا اندر آرند پاک!»[5]

---

۱ - دلسوزگی توس از مرگ زرسپ، در رج پیشین آمد.
۲ - کسی توس را بر روی اسپ ننهاده‌بود که خود بر اسب می‌نشست.
۳ - در رزم کشته نشده‌بودند و آنانرا نیز اندیشهٔ بزم نبود، که اگر بود زرسپ را نمی‌کشتند!
۴ - **یک:** این رج پیوند رج‌های پیشین‌وپسین را میگسلد. **دو:** ببربیان چه باشد؟
۵ - چگونه سنگ و خاک برجای نماند؟

اُگر توس را زین گزندی رسد   بخسرو ز دردش نـژندی رسد[1]
بـه کـین پـدرت انـدر آیـد شکست   شکستی کـه هـرگز نشایدش بست[2]
بگَـردان عـنان و مـینداز تـیر   بـدژ شـو، مـبر رنـج، بـر خـیرخیر»!

*

سخن هرچه ازپیش بایست گفت؛   نگفت و همی داشت انـدر نـهفت
ز بـی‌مایه دسـتورِ نـاکـاردان   ورا جـنگ، سـود آمـد و، جـان، زیـان

*

فـرود جـوان رادز آبـاد بـود   بِـدز در پـرستنده هـفتاد بـود[3]
هـمه مـاهرویان بـباره بُـدند   ز دیـبای چـینی نـظاره بُـدند*
ازان بـازگشتن فـرود جـوان   از ایشـان هـمی بـود تـیره روان
چـنین گـفت بـا شـاهزاده، تـخوار   که: «گر جُست خواهی همی، کـارزار؛
نگـر، نـامور تـوس را نشکـنی   تـرا، آن بـه آیـد، کـه اسپ افکـنی
اُدیگـر کـه بـاشد کـه او را زمـان   نـباید بـیک چـوبه تـیر از کـمان[4]
چـو آمـد سـپهبد بـر ایـن تـیغ کـوه   بـباید کـنون لشکـرش هـمگروه
تـرا نـیست در جـنگ پـایاب اوی   نـدیدی بُـروهای پُـر تاب اوی،[5]
فـرود از تـخوار ایـن سـخن‌ها شـنید   کـمان را بـزه کـرد و انـدر کشید[6]
خـدنگی بـر اسـپ سـپهبد بـزد   چـنان کـز کـمان سـواران سـزد
نگـون شـد سـر بـارگی، جـان بـداد○   دل تـوس پـر کـین و، سـر پـر ز بـاد؛
بـلشکرگه آمـد، بگـردن سـپر   پـیاده، پـراز گـرد و، آسـیمه سـر
[کـواژه هـمی زد پسِ او فـرود   کـه: «ایـن نـامور پـهلوان را چـه بـود؟]
[کـه ایـدون ستوه آمـد از یـک سوار   چگـونه؟ چـمد در صـفِ کـارزار!»●]

---

۱ - **یک:** «گزند» رسد درست است نه «گزندی». **دو:** لت دویم نیز سست می‌نماید.

۲ - افزاینده شکست در جنگ را با شکستن چوب و استخوان و کوزه همتراز آورده‌است.

۳ - «پرستنده هفتاد» نادرست است.

* - این گفتار به یازده گونه آمده‌است (بنگرید به خالقی مطلق ۴۶-۳) که این‌گونه را من آراستم: از پشت پردهٔ دیبای چین به میدان می‌نگریستند!

۴ - پس‌از فرمان بافکندن اسپ، این سخن جای ندارد.

۵ - **یک:** «ندیدی» نادرست است: «نمی‌بینی». **دو:** مگر پهلوانی و زورآوری بتاب ابروانست؟

۶ - «این سخنها» یا «آن سخنها» گفتاری سست است.

○ - به دو گونه «سرِ بارگی» و «سرِ تازی» آمده‌است و چنین می‌نماید که درست، اینچنین بوده‌باشد: نگون شد سرِ باره و جان بداد.

● - این دو رج، بهم پیوسته است، اما پیوند آن پیدا نیست. رج دویُم در نمونه‌ها چنین آمده‌است. شاهنامه ل ۲ بجای «که» در رج پسین، «گر» آورده‌است، و در اندیشهٔ من چنین می‌نماید که سخن فردوسی چنین بوده‌است:

کـواژه هـمی زد پسِ او فـرود   کـه ایـن پـهلوانِ نـبرد آزمـود؛
گرایدون ستوه آمد از یک سوار   چگـونه چـمد در صف کـارزار

پرستندگان خنده برداشتند　　همی نعره از ابر بگذاشتند
که: «پیش جوانی یکی مرد پیر　　از افراز، غلتان شد از بیم تیر»
سپهبد فرود آمد از کوهسر　　برفتند گردان، باندوه در؛
که: اکنون تو° بازآمدی تندرست　　به آب مژه رخ نبایست شست
بپیچید زان کار، پرمایه گیو　　که آمد پیاده، سپهدار نیو[1]
چنین گفت که: «این را خود اندازه نیست　　رخ نامداران بدین تازه نیست[2]
اگر شهریارست با گوشوار　　چه گیرد چنین لشکر گشن خوار؟[3]
نباید که باشیم همداستان　　به هر گونه‌ای کاو زند داستان![4]
اگر توس یک بار، تیزی نمود؛　　زمانه پر آزار گشت از فرود![5]
همه جان فدای سیاوش کنیم　　نباید که این بد فرامش کنیم[6]
زرسپ گرانمایه زو شد بباد　　سواری سرافراز نوذرنژاد[7]
بخون است غرقه تن ریونیز　　ازین بیش خواری چه بینیم نیز؟[8]
گر او پور جمّ است و مغز قباد　　به نادانی این جنگ را، در گشاد»[9]

رزم فرود با گیو

همی گفت و جوشن همی بست گرم　　همی بر تنش بر، بدرّید چرم[10]
نشست از برِ اژدهای دژم　　خرامان بیامد براه جَرَم[11]
فرود سیاوش چو او را بدید　　یکی باد سرد از جگر برکشید[12]
همی گفت که: «این لشکر رزمساز　　ندانند راهِ نشیب از فراز[13]

○ - این واژه نیز در همه نمونه‌ها چنین آمده‌است، اما پیدا است که درست چنین است: که اکنونکه باز آمدی... .
۱ - چون در لت نخست «زان کار» آمده‌است، در لت دویُم سخن از پیاده بودن دوباره گویی است.
۲ - لت دویم، بیهوده گویی است.　　۳ - **یک:** چه کس شهریار است؟ **دو:** فرود شهریار نبود.
۴ - فرود، داستان نزده بود، تیر افکنده‌بود.　　۵ - دوبار تیزی نموده بود.
۶ - **یک:** جان فدای سیاوخش نمیتوانستند کردن زیرا که سیاوخش را سالها پیش، جان، از تن برفته‌بود. **دو:** لت دویم را با لت نخست پیوند نیست.　　۷ - لت دویم، دوباره گویی است.　　۸ - «ریونیز» را با «بیتیم نیز» پساوا نباشد.
۹ - مغز قباد چه باشد؟
۱۰ - همی‌گفت و همی‌بست رج نخست با همی (بدرّید) لت دویم همخوان نیست.
۱۱ - چون کسی بر اسبی همچون اژدهای دژم برنشیند، خرامان نمی‌رود!!　　۱۲ - چرا باد سرد کشیدن؟
۱۳ - «همی‌گفت» نادرست است: «گفت» بسنده می‌نماید.

همه یک ز دیگر دلاورترند	چو خورشید تابان بدو پیکرند [1]
ولیکن خرد نیست با پهلوان	سرِ بیخرد، چون تن بی‌روان [2]
نباشند پیروز ترسم به کین	مگر خسرو آید به توران‌زمین [3]
به کین پدر جمله پشت آوریم	مگر دشمنان را به مشت آوریم [4]
بگو کاین سوار سرافراز کیست؟	که بر دست و تیغش بباید گریست» [5]
نگه کرد ز افرازِ بالا، تخوار	به بی‌دانشی بر چمن رُست خار [6]
بدو گفت: «این اژدهای دژم	که مرغ از هوا اندر آرد بدم؛ [7]
دو دست نیای تو پیران ببست	دو لشکر، ز توران، بهم برشکست [8]
بسی بی پدر کرد فرزند خرد	بسی کوه و رود و بیابان سپرد [9]
پدر نیز ازو شد بسی بی پسر	به پی بسپرد گردن شیر نر [10]
به ایران برادرْت را او کشید	بجیحون گذر کرد و کشتی ندید [11]
ورا گیو خوانند، پیل است و بس	که در رزم دریای نیل است و بس [12]
چو بر زه به شست اندر آری گره	خدنگت نیابد گذر بر زره [13]
سلیح سیاوخش پوشد بجنگ	نترسد ز پیکانِ تیرِ خدنگ [14]
بکش غرق و پیکان سوی اسب ران	مگر خسته گردد هیون گران [15]
پیاده شود، بازگردد مگر	کشان چون سپهبد، بگردن سپر!» [16]
کمان را بزه کرد جنگی فرود	پس آن قبضهٔ چرخ بر کف پسود [17]
بزد تیر بر سینهٔ اسپِ گیو	فرود آمد از باره، برگشت نیو [18]

۱ – **یک:** اگر «همه» آید، «یک ز دیگر» نشاید. **دو:** از آنکس که اینان را بتیر می‌زند، ستایش ایشان، دور از خرد می‌نماید.

۲ – **یک:** آمدن یک سوار بسوی فرود چگونه بی‌خردی پهلوان را نشان می‌دهد؟ **دو:** لت دویم راکنش «است» در پایان بایسته می‌نماید.

۳ – **یک:** به کین نادرست است بجنگِ «توران» یا «کشیدن» کین. **دو:** لت دویم را با لت نخست پیوند نیست.

۴ – **یک:** جمله پشت آوردن درست نیست. همگان پشت به پشت دهیم... شاهنامه فلورانس «پشت پشت» آورده‌است که آن نیز نادرست است. **دو:** یک کشور را می‌توان «گشودن» «گرفتن» یا «شکست دادن» اما نمیتوان بمشتش آوردن!

۵ – بر دست کسی شاید گریستن، اما بر تیغ او نباید گریستن، زیرا که بسا تیغا که از پهلوانان کشته شده برجای مانده و هنوز کاربرد دارد.

٦ – **یک:** «از افرازِ بالا» نادرست است. **دو:** لت دویم پیوند ندارد.

۷ – سخن وابسته به رج پسین.

۸ – یادآوری داستان افزوده نبرد گیو با سپاه کلباد و.... .

۹ – **یک:** لت دویم را با لت نخست پیوند نیست. **دو:** خُرد را با سپَرد هماوا نیست.

۱۰ – دنبالهٔ گفتار.

۱۱ – **یک:** «بِبُرد» بجای «کشید». **دو:** کشتی نخواستن، پیش‌ازاین از هنر کیخسرو در شمار می‌آمد.

۱۲ – دریای نیل نبرد ندارد، و در دشتِ هموار میرود و بس آرام است.

۱۳ – در تیر انداختن «گره» در کار نیست!

۱۴ – پیکانِ تیرِ خدنگ نادرست است: «از تیر و شمشیر نمی‌ترسد».

۱۵ – لت نخست بی‌گزارش است، غرق را کشیدن چه باشد؟

۱٦ – «مگر» در لت نخست این رج، با «مگر» در لت دویم رج پیشین همخوان نیست.

۱۷ – **یک:** کمان از آغاز بزه بود. **دو:** لت دویم بی‌گزارش است.

۱۸ – لت دویم نادرست است، زیرا که اگر تیر بر سینهٔ اسب خورَد، درمی‌غلتد، و سوار را زمان نمی‌ماند که از اسپ فرود آید.

رزم فرود ۲۶۱

ز بامِ سپد کوه، خنده؛ بخاست   همی مغز گیو از کواژه بکاست[1]
برفتند گردان همه پیش گیو   که: «یزدان سپاس ای سپهدار نیو[2]
که اسپ است خسته، تو خسته نه‌ای   توان شد دگربار، بسته نه‌ای!»[3]
بر گیو شد بیژنِ شیرمرد   فراوان سخن‌ها بگفت از نبرد[4]
که: «ای بابِ شیراوژن تیزچنگ   کجا پیل با تو نرفتی بجنگ[5]
چرا دید پشت ترا یک سوار؟   که دست تو بودی، بهر کارزار![6]
ز ترکی چنین اسپ خسته به دست   برفتی سراسیمه برسان مست!»[7]
بدو گفت: «چون خسته شد بارگی   بدو دادمی سر، بیکبارگی؟»[8]
همی گفت گفتارهای درشت   چو بیژن چنان دید بنمود پشت[9]
برآشفت گیو از گشادِ برش   یکی تازیانه بزد بر سرش[10]
بدو گفت: «نشنیدی از رهنمای   که با رزمت اندیشه باید بجای؟[11]
نه تو مغز داری نه رای و خرد   چنین گفت راکس به کیفر برد؟»[12]
دل بیژن آمد ز تندی به درد   بدادار دارنده سوگند خورد
که: «زین را نگردانم از پشتِ اسپ   مگر کشته آیم بکین زرسپ!
اُزانجا بیامد دلی[13] پر ز غم   سری پر ز کینه، برِ گستهم[14]
ک:«ز اسپانِ تو باره‌ای دستکش؛   کجا برخرامد[15] به افراز، خوش
بده تا بپوشم سلیح نبرد[16]   یکی تا پدید آید از مرد، مرد
یکی ترک[17] رفته‌ست بر تیغ کوه   بدین سان نظاره بر او بر گروه»
چنین داد پاسخ که «این نیست روی   اَبَر خیره گِردِ بلاها[18] مپوی!

---

۱ – **یک:** «همی بکاست» در لت دویم نادرست است: «بکاست». **دو:** مغز راکاهش نیست، که آشفتگی و پریشانی و تیزی است.
۲ – میان لت نخست و لت دویم پیوند نیست رفتند و «گفتند» که.   ۳ – لت دویم بی‌گزارش است.
۴ – آهنگ رفتن بیژن در آینده است.   ۵ – «باب» پدربزرگ است نه پدر!
٦ – **یک:** یک سوار نبود و دو سوار بودند. **دو:** لت دویم بی‌گزارش.
۷ – **یک:** فرود ترک نبود... دریغا که اگر افزایندگان را اندک خرد همراه می‌بود برادر کیخسرو را ترک نمی‌خواندند. **دو:** «اسپ خسته بدست» چه باشد؟ **سه:** پس‌از مردن اسپ؛ گیو بیامد، و نرفت.
۸ – سرِ خویش را یکبارگی به چه داد؟ به اسب داد، که اسب مرده بود!!   ۹ – آیین پدر و فرزندی در ایران باستان چنین نبود.
۱۰ – **یک:** «از گشادِ بر» چه باشد؟ **دو:** پدر پهلوان در نزد دیگر پهلوانان ایران، تازیانه بر سر پسر پهلوان خویش می‌زند؟
۱۱ – اگر اندیشه باید (بجای) باشد چرا گیو نیز یکتنه براهی رفت که زرسپ و توس نیز رفته‌بودند؟
۱۲ – از دشنام‌های لت نخستین که بگذریم لت دویم راگزارش نیست، و سخن درست شاهنامه در رج پسین نشان میدهد که آمادگی نمودن بیژن از برای کین زرسپ است، نه شکست پدر!
۱۳ – «با» دلی درست است. و نیز «با» سری در لت دویُم.
۱۴ – یک گفتار دراز افزوده که یکجا، آنرا بر می‌رسیم:
۱۵ – «بر» خرامیدن نادرست است: «خرامیدن». اسپ نیز نمی‌خرامد که می‌تازد.
١٦ – جنگ‌افزار، پوشیدنی نیست.   ۱۷ – ترک!   ۱۸ – بلا(ها) نادرست است: «بلا».

زرسپ سپهدار و، هم ریونیز[1] سپهبد که گیتی ندارد بچیز![2]
پدرْت آنکه پیل ژیان بشکرد[3] بگردنده گردون همی ننگرد[4]
ازو بازگشتند دل پر ز درد کس، آورد، با کوه خارا نکرد!
مگر پرّ کرکس بود رهنمای[5] اگرنه بر آن دز، که پوید[6] بپای؟
بدو گفت بیژن که: «مشکن دلم[7] کنون یال و بازو ز هم بگسلم
یکی سخت سوگند خوردم بماه[8] بدادار کیهان و دیهیم[9] شاه
کز این ترک[10] من برنگردانم اسپ زمانم سرآید مگر چون زرسپ»
بدو گفت گستهم که: «این راه نیست خرد خود از این تیزی آگاه نیست[11]
جهان پر فراز و نشیب است و دشت گر ایدون‌که زینجا بباید گذشت[12]
مرا بارگی این که جوشن کشد[13] دو ماندەست، اگر زین یکی را کُشد[14]
نیابم یکی نیز همتای او به رنگ[15] و تگ و زور و بالای او»
بدو گفت بیژن «به کین زرسپ پیاده بپویم نخواهم خود اسپ»
چنین داد پاسخ بدو گستهم که: «مویی نخواهم ز ریشِ[16] تو کم!
مرا گر بود بارگی ده هزار همه موی پر[17] گوهر شاهوار
ندارم بدین[18] از تو آن[19] را دریغ نه گنج و نه جان و نه اسپ و نه تیغ[20]
برو یک‌بیک بارگی‌ها ببین کدامت به آید[21]، یکی برگزین

۱ – داستان ریونیز افزوده بود.
۲ – جهان را «بچیز» نداشتن در گفتار فارسی پیشینه ندارد: «برای جهان (ارزش) ندانستن...».
۳ – پیل ژیان «را» می‌خواهد. ۴ – این سخن را چه گزارش باشد؟
۵ – پرّ کرکس، رهنمای کس نمی‌شود. افزاینده خواسته‌است بگوید که با پر کرکس بدان کوه توان برشدن.
۶ – پوییدن در کار نیست، «رفتن» شاید! ۷ – سردار ایرانی میدان جنگ دیده را، دل چون دل دخترکان نیست که بشکند.
۸ – بیژن پیش‌ازاین سوگند «بدادار دارنده» خورده‌بود. ۹ – در آنزمان «دیهیم» در ایران روایی نداشته‌است.
۱۰ – ترک!
۱۱ – سخن سست بی‌گزارش! افزاینده خواسته‌است بگوید که خرد، چنین تیزی را نمی‌پذیرد. یا چنین کار، با خرد همراه نیست.
۱۲ – دنبالهٔ گفتار. ۱۳ – سخن بی‌گزارش. اسب را برای سواری می‌خواهند، سواری که بر تن، جَوشن نیز دارد.
۱۴ – **یک:** در لت نخست «این» به یک اسپ بازمیگردد! **دو:** «دو مانده‌ست» نادرست است: «مرا دو (اسب) مانده‌است». **سه:** «این» در زین یکی، نیز نادرخور است: «اگر از آندو یکی کشته شود».
۱۵ – زور و بالا و تگ را شاید گفتن اما دلبستگی به رنگ اسپ برای یک پهلوان شایسته نیست.
۱۶ – موی از «سر» کم شدن درست است نه از «ریش»، اما چون «سر» آهنگ سخن را پریشان می‌سازد، افزاینده ریش را بجای آن نهاده است. ۱۷ – مگر بر موی اسپان، گوهر شاهوار می‌بسته‌اند؟
۱۸ – «ندارم بدین» را، «کار» افزون باید.
۱۹ – در رج پیشین از «ده هزار اسپ» نام برده شد، و اینجا به (آن) = یک اسپ بازمیگردد.
۲۰ – بیژن بجزاز اسپ چیزی از او نخواسته بود که تیغ و گنج و «جان» نیز بدان افزوده شود!پرسش بزرگ آنستکه آیا بیژن پهلوان ایرانی سردار و مرزبان بیژن‌کرد (= بجنورد امروزین)، خود اسب نداشت که می‌باید از گستهم درخواست اسب کند؟!
۲۱ – آن «را» که نیکو «تر می‌یابی» برگزین، هریک را که نیکو «تر» می‌بینی برگزین.

بفرمای تا زین بر آن که‌ت هواست[1] — بسازند[2]، اگر کشته آید، رواست»
یکی رخش بودش بکردار گرگ[3] — کشیده زهار و بلند[4] و سترگ
ز بهر جهانجوی مرد جوان — بر او برفکندند برگستوان[5]
دل گیو شد زان سخن پر ز دود — چو اندیشه کرد از گشادِ[6] فرود
فرستاد و مر گستهم را بخواند — بسی داستان‌های نیکو براند[7]
فرستاد درع سیاوش برش[8] — همان خسروانی یکی مغفرش
بیاورد گستهم درع نبرد — بپوشید بیژن بکردار گرد
بسوی سپدکوه[9] بنهاد روی — چنانچون بود مردم جنگجوی![10]

رزم فرود با بیژن

چنین گفت شاه‌جوان باتخوار — که: «آمد بنوی[11] یکی نامدار
نگه کن ببین[12] تا ورا نام چیست — بدین مرد جنگی که خواهد گریست؟»
بخسرو، تخوار سراینده گفت — که: «این را، از ایران کسی نیست جفت[13]
که[14] فرزند گیوست، مردی دلیر — بهرَ رزم پیروز باشد، چو شیر[15]
ندارد جز او گیو فرزند[16] نیز — گرامی‌تر استش ز گنج و ز چیز[17]
تو اکنون سوی بارگی دار دست[18] — دل شاه ایران نشاید شکست[19]

---

۱ – دوباره‌گویی لت پیشین است.
۲ – زین را نمی‌سازند، که بر پشت اسب می‌نهند.
۳ – اسب را به پیل و شیر و هیون مانند می‌کنند، و هیچگاه اسبِ بلند به گرگِ کوتاه مانند نشده‌است.
۴ – افزاینده کوتاهی گرگ را دوباره به بلند برگردانده‌است.
۵ – پس گزینش بیژن در کار نبود.
۶ – گشادِ فرود، بی‌گزارش است: «گشادِ بر».
۷ – چون گیو را از نیروی تیراندازی فرود، اندیشه خاسته است. چرا با بیژن سخن نمی‌گوید و بر گستهم داستان میراند؟
۸ – زره را «بَرَش» فرستادن نادرست است: زره را «بنزدش» فرستادن.
۹ – تاکنون از کوه کلات با نام سپدکوه یاد نشده بود.
۱۰ – «مانند» مردم جنگجوی برفت، یا جنگجوی برفت؟
۱۱ – «یک نامدار دیگر آمد» درست است.
۱۲ – نگه کن و ببین، هردو را با هم را بکار نشاید گرفتن.
۱۳ – **یک:** خسرو نام کیخسرو است نه نام فرود! **دو:** بیژن جوان را در نخستین جنگ خویش چگونه برتر از همه پهلوانان ایران توان نامیدن!
۱۴ – «که» در آغاز این لت با «که» در آغاز لت پیشین، همخوان نیست.
۱۵ – این نخستین رزم بیژن است و هنوز نشان نداده‌است که در «هر رزم» پیروز است.
۱۶ – پس «گرازه سرِ تخمهٔ گیوکان» که باشد؟ اگر گیو را همین یک فرزند است!
۱۷ – اگر مرد را چند فرزند نیز باشد، هریک از آنان در چشم وی گرامی‌تر از گنج و چیزاند.
۱۸ – دست داشتن در زبان فارسی برابر است با «رها کرن»؛ از سعدی است:
چون پیر شدی ز کودکی دست بدار — بازی و ظرافت بجوانان بسپار
۱۹ – مگر دل شاه ایران در مرگ دیگر پهلوانان نشکسته‌بود؟

اُ دیگر که دارد همی آن زره / کجا گیو زد بر میان بر گره[1]
بر[2] او تیر و ژوپین نیابد گذار / بزد گر پیاده کند کارزار[3]
تو با او بسنده نباشی بجنگ / نگه کن که الماس دارد بچنگ»[4]
بزد تیر بر اسپِ بیژن، فرود / تو گفتی[5] به اسپ اندرون جان نبود
بیفتاد و بیژن جدا گشت از اوی[6] / سوی تیغ، با تیغ بنهاد روی
یکی نعره زد کـ:«ای سوار دلیر / بمان تا ببینی کنون رزم شیر
ندانی که بی اسپ مردان جنگ / بیایند با تیغ هندی به چنگ[7]
ببینی مرا، گر بمانی بجای / به پیکار ازانپس، نیایدت رای»[8]
چو بیژن همی[9] برنگشت از فرود / فرود اندر آن کار[10] تندی نمود
یکی تیر دیگر بینداخت شیر[11] / سپر بر سر آورد مرد دلیر
سپر بردرید[12] و زره را نیافت[13] / ازو، روی، بیژن به پستی نتافت![14]
ازان تند بالا چو بر سرکشید / بزد دست و تیغ از میان برکشید[15]
فرود گرانمایه زو[16] بازگشت / همه بارهٔ دژ پرآواز گشت
دوان بیژن آمد پسِ پشت اوی / یکی تیغ بُد تیز در مشت اوی[17]
به برگستوان[18] برزد و کرد چاک / گرانمایه اسپ اندر آمد بخاک
به دربندِ حصن[19] اندر آمد فرود / دلیران، درِ دژ ببستند زود

---

۱ - برتری این زره بدانست که زره سیاوخش است نه بدانکه گیو آنرا، گره! زده‌بود.

۲ - پیوند «که» در آغاز این سخن بایسته است. ۳ - لت دویم را با گفتار لت نخست هیچ پیوند نیست.

۴ - تیغ یا نیزهٔ الماس رنگ بیژن نیز همانند ابروهای پرتاب توس است. زیرا که آنرا یک کودک نیز می‌تواند در دست گیرد بی‌آنکه توان جنگیدنش باشد. ۵ - تو گفتی!

٦ - پس‌از آنکه اسب بی‌جان «بود»، سخن از افتادنش سست می‌نماید، زیرا که پس‌از افتادن چنین شاید گفتن.

۷ - «با» تیغ «به» چنگ، نادرست است، یکی از آن دو را می‌بایستی گفتن.

۸ - سخن چنین می‌نماید که بیژن بفرود میگوید که بر دست من کشته خواهی شد، و اگر چنین است «رای» برای مردِ کشته درست نمی‌نماید، فردوسی در دیگر داستان‌ها چنین گفته‌است «که دیگر بجنگت نیاید نیاز».

۹ - «همی» برنگشت، نادرست است. ۱۰ - اندر «آن» کار نادرست است: «در کارزار».

۱۱ - «تیر» به شیر بازمی‌گردد، یا به «فرود»؟

۱۲ - افزاینده هیچگاه سپری در دست نگرفته‌است که بداند با تیر پاره نمی‌شود، سپر را با گرز توان کوفتن!

۱۳ - زره در کجای سپر بود که «تیر» آنرا نیافت؟ سخن از این سست‌تر نیست!

۱۴ - «به پستی» در این گفتار به پستی روان بیژن بازمیگردد! نه به پایین کوه.

۱۵ - در رج‌های پنجم و هفتم پیشین تیغ، در دست بیژن بوده‌است، و کشیدن آن در این هنگام نادرست است.

۱٦ - «از او» باز نگشت که «از میدان» بازگشت. ۱۷ - برای چهارم بار تیغ در مشت بیژن نمایانده می‌شود.

۱۸ - افزاینده را آگاهی از هنگامهٔ نبرد نبوده‌است، که در چنین رویداد، که بیژن پیاده بدنبال اسپ فرود می‌دود، هر آینه تیغ را به ساق پای اسب زنند، کارسازتر می‌آید تا آنکه بر برگستوان فرود آورند، که پاره نیز نشود! گو اینکه اکنون چنان کرد تا اسپ را بخاک اندازد! اما اسپ در چنین رویداد بخاک نمی‌افتد، زیرا که پارگیِ سرین او را نمی‌کشد!

۱۹ - **یک:** چنین می‌نماید که از آن «تیغ» کوه که برای دیدار سپاه ایران برگزیده بودند، تا دروازهٔ دژ، چند گز بیشتر راه نبوده‌است که

←

ز باره فراوان ببارید سنگ   بدانست، کان[1] نیست جای درنگ
خروشید بیژن[2] که «ای نامدار   ز مردی پیاده، دلیر و سوار
چنین بازگشتی و شرمت نبود؟   دریغ آن دل و، نامِ جنگی فرود»[3]
بیامد بر توس زان رزمگاه   چنین گفت کـ:«ای پهلوان سپاه[4]
سزد گر برزم چنین یک دلیر   شود نامبردار یک دشت شیر[5]
اگر کوه خاراز پیکان او   شود آب و دریا بود کان او[6]
سپهبد نباید که دارد شگفت   ازین برتر اندازه نتوان گرفت»[7]
سپهبد به دارنده سوگند خورد   کـ:«ز این دژ بر آرم بخورشید گرد!
تن ترکِ[8] بدخواه بی‌جان کنم   ز خونش دل سنگ[9] مرجان کنم»

اندر خواب دیدن جریره مادرِ فرود

چو خورشید تابنده شد ناپدید   شب تیره بر چرخ لشکر کشید
دلیرانِ دژدار، مردی هزار   ز سوی کلات اندر آمد سوار[10]
در دژ ببستند ازان روی، تنگ   خروش جرس خاست، و آوای زنگ[11]
جریره بپای گرامی بخفت   شب تیره با درد و غم بود جفت[12]
بخواب؛ آتشی دید کز دژ بلند   برافروختی پیش آن ارجمند[13]
سراسر سپدکوه بفروختی   پرستنده و دژ همی سوختی[14]
دلش گشت پر درد و بیدار گشت   روانش پراز درد و تیمار گشت[15]
بباره برآمد جهان بنگرید   همه کوه، پر جوشن و نیزه دید[16]

← مردی پیاده، بدنبال اسپی گریزان، با هم بدانجا رسیده‌اند! **دو:** شگفت‌تر آنکه افزاینده می‌توانست «دژ» فارسی را بجای حصنِ تازی بکار گیرد که آهنگ سخن را نیز پریشان نمی‌کرد.   ۱ – «آن» با «جای» نادرست است، بدانست که «هنگام» درنگ نیست.

۲ – اگر هنگام درنگ نبود، ایستادن و گفتار را چه جای بود، یکی از آن انبوه سنگ را نمی‌توانستند بر روی بیژن بکوبند؟

۳ – فرود را هنوز جنگ پیش نیامده‌بود که «نام» داشته‌باشد.   ۴ – دنبالهٔ گفتار.

۵ – اگر کودکی نیز با تیروکمان برافراز تخته سنگ بود، سواران را می‌غلتاند، و آنکس را که پس‌از روبرو شدن با نخستین هماورد پیاده، سواره از وی گریخته بود، چه جای ستودن باشد؟   ٦ – سخن سست و بی‌پیوند.

۷ – «از این برتر» به چه کس بازمی‌گردد؟ به فرود؟، که گریخته بود.   ۸ – ترک!

۹ – «دل» سنگ را، مرجان نشاید کردن که «روی» سنگ را سرخ توان نمودن.

۱۰ – **یک:** «دژ» دژِ کلات است، پس چگونه از سوی کلات هزار مرد بسوی کلات آمدند. **دو:** «هزار سوار» را «آمدند» باید.

۱۱ – زنگ و جرس هر دو یکی است.   ۱۲ – وابسته بگفتار.   ۱۳ – وابسته برج پسین که افزوده است.

۱۴ – **یک:** سپد کوه نادرست است. **دو:** بفروختی نیز... «برافروختی» چنانکه در رج پیشین آمده‌است.

۱۵ – در هردو لت «پر درد» و «پراز درد» نادرست است.   ۱٦ – پنج رج زیبا، اما پیوسته بداستان.

رُخش گشت پر خون و دل پر ز دود — بیامد ببالین فرخ فرود
بدو گفت: «بیدار گَرد ای پسر — که ما را بد آمد، از اختر، بسر
سراسر، همه کوه پر دشمن است — درِ دژ پراز نیزه و جوشن است»
بمادر چنین گفت جنگی فرود — که: «از غم چه داری؟ دلت پر ز دود!
مرا گر زمانه شده‌ست اسپری — زمانه ز بخشش فزون نسپری[1]
بروز جوانی، پدر کشته شد — مرا روز، چون روزِ او، گشته شد[2]
بدست گروی آمد او را زمان — سوی جان من بیژن آمد دمان[3]
بکوشم، نمیرم، مگر غُرم‌وار — نخواهم از ایرانیان زینهار»[4]

رزم فرود با ایرانیان
و
کشته شدن فرود

سپه را همه ترگ و جوشن بداد — یکی ترگ رومی به سر برنهاد[5]
میان را به خفتان رومی ببست — بیامد کمانی کیانی بدست[6]
چو خورشید تابنده بنمود چهر — خرامان، برآمد، بخَمِ سپهر
ز هرسو برآمد خروش سران — گرایدن گرزهای گران
غَوِ کوس با نالهٔ کرّنای — دمِ نایِ سرغین و هندی درای
برون آمد از بارهٔ دز فرود — دلیران ترکان هر آن کس که بود[7]
ز گَرد سواران و از گرز و تیر — سر کوه شد همچو دریای قیر
نبُد هیچ، هامون و، جای نبرد — همی کوه و سنگ،اسپ را خیره کرد
ازاین‌گونه تا گشت خورشید راست — سپاه فرود دلاور بکاست
فراز و نشیبش همه کشته شد — سر بخت مردجوان گشته شد[8]
بدو خیره ماندند ایرانیان — که چون او ندیدند شیر ژیان[9]

---

۱ - **یک:** «اسپری» نادرست است. **دو:** «اِسپری» با «نَسپری» پساوا ندارد.
۲ - «کُشته» با «گَشته» هماوا نیست.
۳ - هنوز که پیدا نیست که فرود بر دست که کشته خواهد شد!
۴ - غُرم‌وار!
۵ - ترگ رومی!
۶ - خفتان رومی! در برابر کمان کیانی.
۷ - **یک:** ترک! **دو:** لت دویم را پیوند درست نیست.
۸ - **یک:** کُشته را با گشته پساوا نیست. **دو:** سخن درست نیز در رج پیشین آمده‌بود که سپاه فرود بکاست!
۹ - «چون او ندیدند»، نادرست است: «چون او ندیده‌بودند!»

ز ترکان نماند ایچ با او سوار　ندید ایچ تنها رخ کارزار[1]
عنان را بپیچید و تنها برفت　ز بالا سوی دژ خرامید، تفت
چو رهّام و بیژن کمین ساختند　فراز و نشیبش همی تاختند[2]
چو بیژن پدید آمد اندر نشیب　سبک شد عنان و گران شد رکیب[3]
فرود جوان ترگِ بیژن بدید　بزد دست و تیغ از میان برکشید
چو رهّام گُرد اندر آمد به پشت　خروشان یکی تیغ هندی بمشت
بزد بر سر کتف مرد دلیر　فرود آمد از دوش، دستش بزیر
چو از وی جدا گشت بازوی و دوش　همی تاخت اسپ و همی زد خروش
بنزدیک دژ بیژن اندر رسید　بزخمی پی بارهٔ او برید[4]
پیاده خود و چند زان چاکران　تبه گشته از جنگ گنداوران[5]
بِدژ در شد و، در ببستند زود　شد آن نامور، شیرِ جنگی، فرود!
بشد با پرستندگان، مادرش　گرفتند پوشیدگان در برش
بزاری فکندند بر تختِ آج　نبُد شاه را نوز هنگام تاج[6]
همه غالیه موی و مشکین کمند　پرستنده و مادر ازبن بکند[7]
همی کند جان آن گرامی فرود　همه تخت مویه، همه حصن دود[8]
چنین گفت چون لب ز هم برگرفت　که: «این مویه کردن نباشد شگفت
کنون اندر آیند ایرانیان　بتاراج دژ، پاک بسته میان
پرستندگان را اسیران کنند　دژ و باره و کوه ویران کنند
دل هر که بر من بسوزد همی　ز جانم رُخش برفروزد همی؛
همه پاک بر باره باید شدن　تن خویش را بر زمین بر، زدن
کجا بهر بیژن نماند یکی　نمانم من ایدر مگر اندکی[9]

---

۱ – **یک:** ترکان! **دو:** در رج سیوم پیش‌ازاین از کاستن سپاه یاد شده نه از کشته شدن همهٔ آنان! **سه:** افزاینده، «کارزار را روی ندید» را «ندید رخ کارزار» آورده‌است!!

۲ – اگر «کمین» ساختند، چگونه فرازونشیب او می‌تاختند؟

۳ – **یک:** تازه بیژن پدیدار می‌شود. **دو:** لت دویم برگرفته از سخن فردوسی است، اما نه در کوهِ تنگ که جا برای تاختن اسپ ندارد.

۴ – باژگونهٔ رج چهارم پیشین است، اینجا که بیژن نیز سوار است، می‌تواند شمشیر را بر تن فرود کوبد، و نمی‌تواند و نمی‌باید که از اسپ پیاده شود، تا زخم بر «پی» اسپ فرود زند!

۵ – **یک:** «خود و چاکران» نادرست است. **دو:** اگر همه تبه شده بودند، چگونه بسوی دروازهٔ دژ می‌گریزند؟

٦ – **یک:** تخت آج، تختِ نشیمن شاهان است نه تختخواب! **دو:** افزاینده خود نمی‌داند که چه خواهد گفتن.

۷ – مادر و پرستند«گان» موی را «بکند» نادرست است، و چگونه در آن هنگامه کارد آوردند تا موی را ازبن برکنند؟

۸ – **یک:** تخت چگونه مویه «می‌کرد»؟ **دو:** و هنوز که آتش به دژ در نیفکنده بودند!

۹ – «مگر اندکی» نادرست است: «مگر اندک زمان».

که گیرندهٔ پاکْ جانِ من اوست   بروزِ جوانی، زمانِ من اوست»[1]
بگفت این و رخسارگان کرد* زرد   برآمد روانش، بتیمار و درد
ببازیگری مانَد، این چرخِ مست   که بازی برآرد به هفتاد دست[2]
زمانی بخنجر زمانی بتیغ   زمانی بباد و زمانی بمیغ[3]
زمانی بدست یکی ناسزا   زمانی خود از درد و سختی رها[4]
زمانی دهد تخت و گنج و کلاه   زمانی غم و رنج وخواری و چاه[5]
همی خورد باید کسی را که هست   منم تنگدل تا شدم تنگدست[6]
اگر خود نزادی خردمند مرد   ندیدی ز گیتی چنین گرم و سرد[7]
بباید به کوری و ناکام زیست   بر این زندگانی بباید گریست[8]
سرانجام خاک است بالین او   دریغ آن دل و رای و آیین او[9]
پرستندگان بر سر دژ شدند   همه، خویش را، بر زمین بر زدند
جریره، یکی آتشی برفروخت   همه گنجها رابآتش بسوخت[10]
یکی تیغ بگرفت زان پس بدست   درِ خانهٔ تازی‌اسپان ببست[11]
شکم‌شان بدرّید و ببرید پَی   همی ریخت از دیده خوناب و خوَی[12]
بیامد ببالین فرخ فرود   یکی دشنه با او، چو آبِ کبود[13]
دو رخ را بروی پسر برنهاد   شکم بردرید، از برش؛ جان بداد[14]

*

۱ – فرود، از رهام زخم دیده‌است پس چگونه کشندهٔ او بیژن است؟ افزایندگان را پروای نگرش درست، بداستان؛ نیز نبوده‌است.

* – «رخساره‌اش گشت زرد» درست‌تر می‌نماید. پیشنهاد علیرضا حیدری.

۲ – **یک:** ایرانیان چرخ راستایش میکرده‌اند. **دو:** اگر شمار بیشمار (عدد کثرت) باشد، آنرا «هزار» می‌آورند، و اگر هفتاد گویند نادرست است زیرا که هفتاد و یک و شست و نه نیز نمی‌باید بودن!

۳ – **یک:** دولت را با هم پیوند نیست. **دو:** چرخ را با خنجر و تیغ کار نیست.

۴ – **یک:** «بازی» که در سخن پیشین آمده‌بود، اینجا بدست یکی ناسزا آمده‌است و درست نیست. **دو:** لت دویم را هیچ گزارشی نیست.

۵ – دنبالهٔ سخن

٦ – **یک:** لت نخست چنین گزارش می‌شود. «کسی» را که هست، «می‌باید خوردن»؟! **دو:** لت دویم از دریوزه‌گران افزاینده است، وگرنه چگونه می‌شاید از فردوسی بهنگام یادکرد چنان نبرد و دردِ جانکاه، بیادِ تنگدستی خود افتد!

۷ – خردمندان «گرم و سرد» دیدن را از بهی میدانند، و مرد سرافراز جهاندیده را سرد و گرم چشیده می‌خوانند.

۸ – سخن پریشان!   ۹ – بالین همگان را خاک باید. نه تنها «او» را.   ۱۰ – «یکی آتشی» نادرست است.

۱۱ – وابسته به رج پسین.

۱۲ – این سخن افزوده از گفتار افزودهٔ پیشین دربارهٔ اسبان سیاوخش است، و نادرست است، زیرا که پی کردن اسب، برای بیکار کردن وی، بس است و شکم دریدن آنان زشت‌ترین کار است، و افزاینده را هیچگاه در میدان رخ ننموده‌است که گروهی اسب را که خشمگین می‌شوند ببیند، تا دریابد، که یک زن تنها را، در آخور اسبان، توان چنین کار نیست!

۱۳ – «دشنه با او» نادرست است.

۱۴ – یک سوی رخ را می‌توان بر یکسوی رخ دیگری نهادن و دو رخ را نشاید چنین کردن.

رزم فرود

درِ دژ بکندند ایرانیان — به غارت ببستند یکسر میان[۱]
چو بهرام نزدیکِ آن باره شد — از اندوه یکسر دلش پاره شد[۲]
به ایرانیان گفت که: «این از پدر — بسی خوارتر مُرد و هم زارتر[۳]
کشندهی سیاووش چاکر نبود — ببالینش بر کشته مادر نبود[۴]
همه دژ، سراسر برافروخته — همه خان و مان کنده و سوخته»[۵]
بایرانیان[۶] گفت که: «ز کردگار — بترسید و، از گردش روزگار[۷]
بد، بس درازست چنگِ سپهر — به بیدادگر بر، نگردد بمهر[۸]
ز کیخسرو اکنون ندارید شرم؟ — که چندان سخن گفت با توس، نرم[۹]
بکین سیاوش فرستادتان — بسی پند و اندرزها دادتان[۱۰]
ز خون برادر چو آگه شود — همه شرم و آزرم کوته شود[۱۱]
ز رهّام و از بیژن تیز مغز — نیاید بگیتی یکی کارِ نغز»[۱۲]
هم آنگه بیامد سپهدار توس — براه کلات اندر آورد کوس[۱۳]
چو گودرز و چون گیو و گنداوران — ز گردان ایران سپاه گران[۱۴]
سپهبد بسوی سپدکوه شد — اُز آنجا بنزدیک انبوه شد[۱۵]
چو آمد ببالین آن کشته زار — بران تخت، با مادر افکنده‌خوار[۱۶]
بیک دست بهرام پر آب چشم — نشسته ببالین او پر ز خشم[۱۷]
بدست دگر زنگهٔ شاوران — بر او انجمن گشته گنداوران[۱۸]

---

۱ - **یک:** گنج سوزان و پری‌رویان از باره فرو افتاده راکجا جای «غارت» می‌ماند؟ **دو:** کنشی نه بر آیین فرهنگ ایرانی.
۲ - یکسر دلش پاره شد، سخنی نادرست است.
۳ - دروغ آشکار، زیراکه فرود در جنگ نیمه‌جان شد، و بر فراز تخت خود، در کنار مادر و پرستندگان جان بداد، و سیاوخش خون‌چکان را پالهنگ برگردن انداخته از اینسوی بدانسویش کشاندند، و همچون گوسفندی سرش را با کارد، از پیکر جداکردند!
۴ - افزاینده را از زنجیره خاندان‌ها و دودمان‌های ایرانی آگاهی نبوده‌است زیراکه کشندهٔ فرود، «رهام» گودرزان، یکی از سپاهبدان ایران، و فرزند سپهسالار بزرگ ایران گودرز کشواد، پورِ کارنِ کاوه بوده‌است، و در دودمان آنان هیچ «چاکَر» دیده نمی‌شود... وشگفت‌تر آنکه این سخن از زبان بهرام گودرزان، برادر رهام شنیده شود!
۵ - این رج را با رج پیشین پیوند درست نیست.
۶ - ایرانیان را با رج پیشین پیوندِ درست نیست.
۷ - چرا ایرانیان را می‌بایستی از کردگار ترسیدن.
۸ - ایرانیان سپهر را می‌ستودند و نشایستی در اندیشه آرند که دست «چنگ» سپهر به بد دراز است.
۹ - یادکرد از سخنان افزودهٔ پیشین.
۱۰ - «پند» با «اندرزها» همخوان نیست.
۱۱ - «از خون» آگه شدن درست نیست: «از مرگ برادر».
۱۲ - از آن دو پهلوان، بساکارهای نغز که پدیدار شد!
۱۳ - پیشتر در راه کلات بودند، و آوردن کوس، کار سپهسالار نیست.
۱۴ - **یک:** «چو» نادرست است. **دو:** اگر «گردان» ایران‌اند، چگونه از آنان سپاهی گران، توان آوردن؟
۱۵ - در رج پیشین چنین آمده‌بود که «توس بیامد» و اکنون هنوزش می‌باید رفتن!
۱۶ - «زار» در این گفتار بتوس بازمیگردد، باز آنکه لت دویم بفرود می‌پیوندد.
۱۷ - دنبالهٔ گفتار.
۱۸ - کدام گندآوران؟ افزاینده که گندآوران را بهمراه توس ببالین فرود آورده‌بود.

۲۷۰ کیخسرو

گوی چون درختی بران تخت آج   بدیدار ماه و ببالای ساج[1]
سیاوخش بُد خفته بر تختِ زر   ابا جوشن و تیغ و گرز و کمر[2]
بر او زار بگریست گودرز و گیو   بزرگان چو گرگین و بهرامِ نیو[3]
⇐ رخ توس، شد؛ پر ز خون جگر   ز درد فرود و ز بهرِ پسر
که تندی پشیمانی آردت بار   تو در بوستان تخم تندی مکار[4]
چنین گفت گودرز با توس و گیو   همان نامداران و گردان نیو[5]
که: «تیزی نه کار سپهبد بود   سپهبد که تیزی کند، بد بود[6]
جوانی برایسنان ز تخمِ کیان   بدین فرّ و این برز و یال و میان[7]
بدادی به تیزیّ و تندی بباد   زرسپ آن سپهدار نوذر نژاد[8]
ز تیزی گرفتار شد ریونیز   نبود از بدِ بخت ما مانده چیز[9]
هنر بی‌خرد در دل مردِ تند   چو تیغی که گردد ز زنگار کُند»[10]
چو چندین بگفتند آب از دو چشم   ببارید و آمد ز تندی بخشم[11]
چنین پاسخ آورد ک:«ز بخت بد   بسی رنج و سختی به مردم رسد»[12]
بفرمود تا دخمه‌ای شاهوار   بکردند بر تیغ آن کوهسار[13]
نهادند زیر اندرش تخت زر   بدیبای زربفت و زرّین کمر[14]
تن شاهوارش بیاراستند   گل و مشک و کافور و مَی خواستند[15]
سرش را به کافور کردند خشک   رخش را به عطر و گلاب و به مشک[16]
نهادند بر تخت و گشتند باز   شد آن شیردل شاه گردنفراز[17]
زرسپ سرافراز با ریونیز   نهادند در پهلوی شاه نیز[18]

---

۱ – باز از تختخواب با نام تخت آج یاد می‌شود.   ۲ – و نیز تخت زر!

۳ – **یک:** گودرز و گیو، می‌باید با «گریستند» همراه باشند نه باگریست. **دو:** «چو»...

۴ – **یک:** این گفتار را با رج پیشین هیچ پیوند نیست... **دو:** «تو» در لت دویم نیز ناهماهنگ است.

۵ – اگر در لت نخست نام توس و گیو می‌آید، در لت دویم نیز می‌باید نام دیگران را شمردن.

٦ – لت دویم سست می‌نماید.   ۷ – دنبالهٔ گفتار

۸ – چه کس «بداد»؟ اگر توس چنین کرده است، چرا بدیگران نیز گفته می‌شود؟

۹ – **یک:** ریونیز در این جنگ، چنانکه دیدیم انباز نبود، و ازاین‌پس در تورانزمین کشته می‌شود. **دو:** و وی بر بنیاد سخن افزایندگان، کشته شد، نه «گرفتار». **سه:** لت دویم سخت ناهموار و بی‌گزارش است.

۱۰ – داوری باژگونه است که چنین مرد را تیغ خشم تیز است و خونریز، نه زنگارخورده و کُند!

۱۱ – «بگفتند» با «ببارید» همخوان نیست.   ۱۲ – لت دویم پاسخ نیست!

۱۳ – دخمه را بر تیغ کوه نمی‌توانستند ساختن!   ۱۴ – کمر زرین در لتِ دویم به «تخت زر» بازمیگردد که درست نیست.

۱۵ – دنبالهٔ گفتار.   ١٦ – رخ با «عطر» که همان گلاب است خشک نمی‌شود که خیس می‌گردد.

۱۷ – آن شیردل روز مرگ (شده بود) نه بدانهنگام که در دخمه‌اش می‌نهادند.

۱۸ – **یک:** زرسپ و ریونیز در آن جنگ کشته نشده‌بودند. **دو:** «شاه نیز» را با «ریونیز» پساوا نیست.

رزم بیژن و پلاشان ۲۷۱

سپهبد بباران ریش کافورگون … ببارید از دیدگان جوی خون[1]

*

چنین است هرچند مانیم دیر … نه پیل سرافراز ماند نه شیر[2]
دل سنگ و سندان بترسد ز مرگ … رهایی نیابد ازو بار و برگ[3]

*

سه روزش درنگ آمد اندر جَرَم … چهارم برآمد ز شیپور دم[4]
⇐ سپه برگرفت و بزد نای و کوس … زمین کوه تا کوه گشت آبنوس

رزم بیژن با پلاشان

هر آن کس که دیدی ز تورانسپاه … بکشتی تنش را فکندی براه[5]
همه مرزها کرد بی تاروپود … همی رفت پیروز، تا کاسه رود[6]
بدان مرز لشکر فرود آورید … زمین گشت زان خیمه‌ها ناپدید[7]
خبر شد بتوران، کز ایران، سپاه … سوی کاس‌رود اندر آمد براه[8]
ز ترکان[9] بیامد دلیری جوان … پلاشان بیداردل پهلوان
بیامد[10] که لشکر همی بنگرد … درفش سران را همی بشمرد[11]
به لشکرگه اندر یکی کوه بود[12] … بلند و بیکسو ز انبوه بود[13]
نشسته[14] بر او گیو بیژن بهم … همی رفت هرگونه از بیش و کم
درفش پلاشان ز توران سپاه … به دیدار ایشان برآمد ز راه

---

۱ - پیش‌ازاین از رخ توس که پر ز خون جگر شده‌بود سخن رفت.
۲ - لت دویم را با لت نخست پیوند نیست.
۳ - سنگ و سندان را «دل» نیست....
۴ - آوای نای (شیپور) در رج پسین می‌آید.
۵ - سپاه ایران هنوز در مرز ایران راه می‌پیماید، و سپاهیان توران نیز یکان‌یکان به پیشواز توس نمی‌روند که کشته شوند.
۶ - باژگونهٔ فرمان کیخسرو است که گفت:

کشاورز یا مردم پیشه‌ور … کسی کاو برزمت نبندد کمر
نباید که آزار بیند براه … چنین است آیین تخت و کلاه

۷ - **یک:** آورید... **دو:** خیمه! **سه:** از اینجا یک گفتار دراز پیرو داستان افزوده بیژن با پلاشان آمده‌است:
۸ - آگاهی در رج چهل‌وهشتم پس‌ازاین بافراسیاب می‌رسد.
۹ - ترک!
۱۰ - «بیامد» در این رج با «بیامد» در رج پیشین همخوان نیست.
۱۱ - درفش سران را «دیدن» باید، نه شمردن!
۱۲ - چگونه در میانهٔ لشکرگاه یک کوه، شاید بودن؟
۱۳ - چون افزاینده، خود؛ دریافت که سخن نادرخور گفته‌است، در این لت، کوه را بکناری کشید.
۱۴ - برای دو کس، «نشستند» می‌باید!

چو از دور گیو دلیرش[1] بدید — بزد دست و تیغ از میان برکشید[2]
چنین گفت ک:«آمد پلاشان شیر[3] — یکی نامداری سواری دلیر[4]
شوم گر سرش را ببرم ز تن — گرش بسته آرم بدین انجمن»[5]
بدو گفت بیژن که: «گر شهریار — مرا داد خلعت بدین کارزار[6]
بفرمان مرا بست باید کمر — برزم[7] پلاشان پرخاشخر»
به بیژن چنین گفت گیو دلیر — که: «مشتاب در جنگ این نرّه شیر[8]
نباید[9] که با او نتابی بجنگ — کنی روز بر من درین جنگ تنگ
پلاشان چو شیر است در مرغزار — جزاز مرد جنگی نجوید شکار»[10]
بدو گفت بیژن: «مرا زین سخن — به پیش جهاندار ننگی[11] مکن
سلیح سیاوش مرا ده بجنگ[12] — پس آنگه نگه کن شکار پلنگ»
بدو داد گیو دلیر آن زره — همی[13] بست بیژن زره را گره
یکی بارهٔ تیزرو برنشست — به هامون خرامید[14] نیزه به دست
پلاشان یکی آهو افکنده بود[15] — کبابش برآتش پراکنده بود[16]
همی خورد[17] و اسپش چران و چمان — پلاشان نشسته ببازو کمان[18]
چو اسپش ز دور اسپ بیژن بدید — خروشی برآورد و اندر دمید
پلاشان بدانست[19] کامد سوار — بیامد[20] پسیچیدهٔ کارزار

---

۱ - سخن ناهموار است، چو از دورش گیو بدید بدرستی نزدیکتر است.

۲ - از راهِ دور، کشیدن شمشیر را هیچ سود نیست، که زیانِ در دست گرفتنِ آن نیز هست زیراکه با آن دست، دیگر کار نمی‌توان کردن.

۳ - از راه دور، چگونه «پلاشان» را شناخت؟ کسی که هرگز ویرا ندیده‌بود!

۴ - سه بار بکار بردنِ «ی» یگانه دربارهٔ یک‌کس درست نیست.

۵ - کدام انجمن؟ آنجاکه بگفتهٔ افزاینده تنها گیو و بیژن نشسته‌بودند!

۶ - پیوسته به داستان افزوده.

۷ - «به» در برزم، در این رج با «به» در بدین کارزار در رج پیشین همخوان نیست.

۸ - پیوسته به داستان افزوده.

۹ - «نباید» نادرست است. «مبادا» و در هیچیک از نمونه‌ها چنین نیامده است.

۱۰ - پیوسته به داستان افزوده.

۱۱ - ننگی نادرست است، «ننگین».

۱۲ - «بجنگ» را در این سخن جای نیست.

۱۳ - همی‌بست نادرست است: «بست».

۱۴ - بر بارهٔ تیزرو، نمی‌توان خرامیدن!

۱۵ - پلاشان آمده‌بود که درفش سران را «بشمرد» و گیو و بیژن نیز او راکه راه می‌پیمود دیده‌بودند، پس چگونه و چرا در نزدیکی سپاه دشمن آهو افکنده‌بود؟

۱۶ - آهو راکباب کردن درست است، نه آنکه گوشت را پس‌از «کباب کردن» بر آتش پراکندن!

۱۷ - اگر کباب را بر آتش پراکنده بود، نمی‌توانست در همان زمانش «همی خوردن»!

۱۸ - او که کباب پراکنده را «همی خورد»، چگونه بر بازو، کمان داشت؟ افزاینده را رای بر آن بوده‌است که چنین بنمایاند که پلاشان ازبرایِ آمادگی نبرد در هنگام خوردن نیز کمان را بر زمین ننهاده‌بود... اما ناآگاه، ویرا به گرد آوردن هیمه، وبآتش برافروختن با فروزینه (سنگ آتش‌زنه) و پوست بدرکردن آهو... می‌گمارد، که هریک از چنین کارها. سدها برابر برگرفتنِ کمان از زمین، زمان می‌برد!

۱۹ - پلاشان «بدید» نه بدانست!

۲۰ - «بیامد» نادرست است، چون وی از راه دور «آمده‌بود. درست آنست که گفته شود آمادهٔ کارزار شد.

رزم بیژن و پلاشان ۲۷۳

یکی بانگ برزد به بیژن بلند — «منم» گفت: «شیر اوژن و دیوبند[1]
بگو آشکارا که نام تو چیست[2] — که اختر همی بر تو خواهد گریست»
دلاور بدو گفت: «من بیژنم[3] — به رزم اندرون پیل رویین‌تنم
نیا شیر جنگی پدر گیو گُرد[4] — هم اکنون ببینی ز من دستبرد
به روز بلا در دم کارزار[5] — تو بر کوه چون گرگ مردارخوار[6]
همی دود و خاکستر و خون خوری[7] — گه آمد که لشکر بهامون بری»[8]
پلاشان به پاسخ نکرد ایچ یاد — برانگیخت آن[9] پیل‌تن را چو باد
سواران[10] به نیزه برآویختند — یکی گَرد تیره برانگیختند
سنان‌های نیزه بهم برشکست[11] — یلان سوی شمشیر بردند دست
بزخم اندرون تیغ[12] شد لخت‌لخت — ببودند لرزان چو شاخ درخت[13]
بآب اندرون غرقه شد بارگی[14] — سران‌شان[15] غمی[16] گشت یکبارگی[17]
عمود[18] گران برکشیدند باز[19] — دو شیر سرافراز و دو رزمساز

---

۱ - بانگ بر کسی زدن، جزاز نام خویشتن را گفتن است.

۲ - پلاشان که نام خویش را نمی‌گوید، چگونه، از هماورد می‌خواهد که «آشکارا» نام خویش را بگوید؟

۳ - و چگونه بیژن، در برابر وی، نام خویش را می‌گوید؟

۴ - چون بیژن از پدرش با نام خود «گیو» یاد میکند، اینکه از نیایش نه با نام یاد کند، درست نمی‌نماید.

۵ - روشن نیست که همواره «کارزار» با «بلا» همراه باشد، زیرا که در هر جنگ، یکسو پیروز می‌شود، و آنروز، «روز بلایش» نخواهد بودن.

۶ - **یک:** سخن سخت سست است، اگر چنین باشد. پیدا است که پلاشان بر بیژن پیروز می‌شود، و تنِ کُشتهٔ ویرا همچون گرگ مردارخوار، می‌خورد!!؟ افزاینده را این آگاهی نبوده‌است که هیچیک از درندگان، مردار نمی‌خورند، و تنها «کفتار» است که مردار می‌خورد! نمونه‌های ل ۲ و س ۲، چنین آورده‌اند: «ترا پیشهٔ گرگ مردارخوار» که آن نیز نادرست‌تر است. **دو:** گیو و بیژن در کوه بودند و پلاشان در دشت می‌تاخت.

۷ - «گرگ مردارخوار» را چه به «خاکستر و دود خوردن»؟!

۸ - گرچه سخن لت نخست را هیچ پیوند نبود، در این لت، گفتار بی‌پیوندتر می‌شود. که اگر پلاشان تنها آمده‌بود، بالشکرش چکار؟

۹ - «آن» بدانهنگام کاربردِ درست دارد که پیشتر دربارهٔ چگونگی و پیکر و نیروی اسبش سخن رفته‌باشد، که چنین نبود!

۱۰ - «سواران» نبودند... که دو تن، و در سخن می‌بایستی که از همان «دو سوار» یاد شود.

۱۱ - آنچه در زدن نیزه می‌شکند، «سنان» نیست که دستهٔ نیزه، یا «نی» یا «چوب» می‌شکند.

۱۲ - تیغ(ها) درست است.

۱۳ - **یک:** این گفتار، زیبندهٔ دو پهلوان نیست. **دو:** کنش «ببودند» با «شد» در لت نخستین هماهنگ نیست: تیغ‌ها لخت‌لخت شد و پهلوانان چون شاخ درخت، لرزان «شدند» یا «گشتند».

۱۴ - دو اسب در میدان بود نه یک اسب!

۱۵ - اگر «سران‌شان» به اسبان بازگردد. درست نیست زیرا که در لت نخست از یک «بارگی» سخن رفته‌بود، و اگر بمردان بازگردانیم، درست نمی‌نماید که سخن، آنرا به اسبان بازمیگرداند.

۱۶ - سر غمی! = غمین نمی‌شود، که «غم» از آنِ دل است.

۱۷ - در نبردی با چنان‌کشش و کوشش و زمان، چرا یکباره؟ «یکبارگی» نیز نادرست است.

۱۸ - عمود بجای گرز در سخن فردوسی نمی‌آید.

۱۹ - پیش‌تر، از نبرد باگرز سخن نرفته‌بود که اکنون «دوباره» (= باز) بوده باشد.

چنین تا برآورد بیژن خروش / عمود گران برنهاده به دوش[1]
بزد بر میانِ[2] پلاشانِ گُرد / همه مهرهٔ پشت[3] بشکست[4] خرد
ز بالای[5] اسپ اندر آمد تنش / نگون شد بر[6] و مغفر و جوشنش
فرود آمد از باره بیژن چو گَرد / سر مرد جنگی ز تن دور کرد[7]
سلیح و سر و اسپ آن نامجوی / بیاورد و سوی پدر کرد روی
دل گیو بُد زان سخن[8] پر ز درد / که چون گردد آن[9] باد روز نبرد
خروشان و جوشان بدان دیده گاه / که تا گرد بیژن کی آید ز راه[10]
همی آمد[11] از راه پور جوان / سر و جوشن[12] و اسپ آن پهلوان
بیاورد و بنهاد پیش پدر / بدو گفت[13]: «پیروز باش ای پسر!»[14]
برفتند با شادمانی ز جای / نهادند سر سوی پرده‌سرای
بیاورد[15] پیش سپهبد سرش / همان اسپ با جوشن و مغفرش
چنان شاد شد زان سخن پهلوان / که گفتی برافشاند خواهد روان[16]
بدو گفت ک:«ای پور پشتِ سپاه / سر نامداران و دیهیم شاه[17]
همیشه بزی شاد و برترمنش / ز تو دور بادا بدِ بدکنش»[18]

---

۱ – گرز را؛ چون بخواهند بر سرِ هماورد کوبیدن، بر دوش نمی‌نهند که ببالا می‌برند.

۲ – گرز را بر سر و شانه و گردن هماورد می‌کوبند، نه بر میانِ وی!

۳ – پشتِ چه کس؟ اینجا می‌بایستی «پشتش»، یا «پشت او را» می‌آوردند.

۴ – همه مهره بشکست، نادرست است: همهٔ مهره‌های...

۵ – «بالا» در زبان فارسی همان «باره» و اسب است، و بالای اسب سخنی نادرخور است و تازه است، افزاینده را رای بر آن بوده‌است که بگوید از افرازِ اسب، از پشت اسب...

٦ – «بر» همان «تن» است که در لت نخست آمده‌بود، و دوباره‌گویی سخن را سست می‌سازد.

۷ – ایرانیان دست زدن بمرده را روا نمی‌داشتند، در آینده نیز در نبرده یازده رخ به چنین داستان بر می‌خوریم که آن نیز افزوده است.

۸ – «آن سخن» نادرست است: «از آن نبرد». ۹ – «آن باد روز نبرد» نادرست است: «باد آن نبرد».

۱۰ – در گفتار پیشین چنین آمده‌بود که گیو و بیژن آمدن پلاشان را می‌دیدند، و جنگ نیز در همان دشت روی داده‌بود، و اینچنین، گیو از همه رویدادهای نبرد آگاه بود، و ناآگاهی او در این رج با گفتار پیشین هماهنگ نیست.

۱۱ – «همی آمد» نادرست است: «چون آمد».

۱۲ – **یک:** در گفتار پیشین از «جنگ‌افزار» پلاشان سخن رفته‌بود، و اینجا از «جوشن» وی! **دو:** ایرانیان زره مرده را از تنش بیرون نمی‌کشیدند!

۱۳ – بدو گفت؛ بدنبال گفتار لت پیشین است، و به بیژن بازمی‌گردد! مگرآنکه گفته می‌شد «چون» بیژن چنان کرد... گیو بدو گفت!

۱۴ – پس‌از پیروز شدن پیروز «باش» گفتن، نادرست است.

۱۵ – در رج پیشین؛ کنش «برفتند» آمده‌است و در این رج «بیاورد»... که ناهماهنگ است.

۱٦ – این رج از داستان سخن گفتن رستم با زال پیش‌ازگزینش رخش بدینجا آورده شده‌است.

۱۷ – گزافهٔ نادرست، سر نامداران ایران، کیخسرو است نه بیژن تازه کار... دیهیم نیز هنوز در ایران روایی نیافته‌بود.

۱۸ – **یک:** برای ایرانیان که خود را لیرمنش (= فروتن) می‌نامیدند؛ بر منشی ننگ بشمار می‌رفت! **دو:** «مَنش» را با «کُنش» پساوا نیست.

پایان داستان افزوده.

رزم بیژن و پلاشان

اُزانپس خبر شد بافراسیاب / که شد مرز توران چو دریای آب
سوی کاس‌رود اندر آمد سپاه / زمین شد ز کین سیاوش سیاه
سپهبد بپیرانِ سالار گفت / که: «خسرو سخن برگشاد از نهفت[1]
مگر کاین سخن را پذیره شویم[2] / همه بادرفش و تبیره شویم[3]
اُگر نه ز ایران بیاید سپاه[4] / نه[5] خورشید بینیم روشن نه ماه
برو لشکر آور ز هرسو فراز / سخن‌ها نباید که گردد دراز»[6]
وزین رو برآمد یکی تند باد / که کس را ز ایران نبُد رزم یاد[7]
یکی ابر تند[8] اندر آمد چو گرد[9] / ز سرما همی لب به دندان فسرد[10]
سراپرده و خیمه‌ها[11] گشت یخ[12] / کشید[13] از برِ کوه بر برف نخ[14]
به یک هفته کس روی هامون ندید / همه کشور از برف شد ناپدید[15]
خور و خواب و آرامگه[16] تنگ شد / تو گفتی[17] که روی زمین سنگ شد
کسی را نبد یاد روز نبرد / همی اسپ جنگی بکشت و بخورد[18]
تبه شد بسی مردم و چارپای / یکی را نبُد چنگ و بازو بجای[19]
به هشتم برآمد بلند آفتاب / جهان شد سراسر چو دریای آب[20]
سپهبد سپه را همی[21] گِرد کرد / سخن رفت[22] چندی ز روز نبرد
که: «ایدر سپه شد ز تنگی[23] تباه / سزد گر برانیم ازین رزمگاه

---

۱ - باز یک داستان افزوده که در آغاز آن برداشتی از یک رزم دیگر ایرانیان با تورانیان و برآمدن سرما، شده‌است: «برگشاد از نهفت» سخنی نادرست است: «راز پنهان را آشکارا کرد» دیگر آنکه جنبش در گفتهٔ افراسیاب از سپاه ایران بسوی توران «سخن» نیست.

۲ - سخن را پذیره نمی‌شوند که پاسخ میدهند.

۳ - برای پادرزم درفش و تبیره کاربرد ندارد که مردان نبرد و جنگ‌افزار بایسته است.

۴ - از ایران سپاه آمده‌است.

۵ - این لت بالت نخست، پیوند ندارد.

۶ - گرد کردن لشکر را با «سخن» پیوندی نیست.

۷ - هنوز رزم آغاز نشده‌است که ایرانیان آنرا فراموش کنند.

۸ - «ابرِ تند» چه بوده باشد.

۹ - ابر را به گَرد همانند کردن درست نمی‌نماید.

۱۰ - فسَردن، یخ زدن باشد، و گوینده را رای بر آن بوده‌است تا بگوید، لب، بدندان چسبید!

۱۱ - **یک**: سراپرده یگانه است و خیمه‌ها؛ گروه، و هردو نیز یکی است. **دو**: «خیمه» را در گفتار فردوسی جای نیست.

۱۲ - این پیدا است که هرچه در جهان یخ بزند، پارچه را یخ زدن در کار نیست!

۱۳ - کننده (فاعل) سراپرده است، و چگونه نخ می‌کشد؟

۱۴ - نخ کشیدن؛ رده بستن و «صف کشیدن» باشد، و اینجا کاربرد ندارد.

۱۵ - پیوسته بگفتار.

۱۶ - «خوردن» را شاید تنگ شدن. اما خواب و آرامگاه را نشاید. آرامگاه همان سراپرده‌ها بود که پیش‌از برف بود، و خواب نیز تنگ نمی‌شود.

۱۷ - تو گفتی...

۱۸ - چه‌کس اسپ جنگی را بکشت؟ اگر سخن درست می‌بود کنش نیز بدینگونه درست می‌نمود: اسپان را «می» کشتند و «می»خوردند.

۱۹ - چارپای را «چنگ و بازو» نیست.

۲۰ - با یک روز برآمدن آفتاب یخ و برف هفت روزه؛ آب نمی‌شود.

۲۱ - «همی» نادرست است، و گرد کرد بسنده می‌نماید.

۲۲ - گفتارهای پسین نشان میدهد که سپهبد سخن «گفته» است، نه سخن میان ایشان «رفت»، و بس بود که افزاینده بجای سخن رفت، «سخن گفت» می‌آورد، اما در همهٔ نمونه‌ها چنین آمده‌است.

۲۳ - از تنگی؟ یا از سرما؟

مبادا برین بوم و برها[1] درود ‌ ‌ ‌ کلات و سپدکوه گر[2] کاس‌رود»[3]
ز گردان سرافراز بهرام گفت ‌ ‌ ‌ که: «این از سپهبد نشاید نهفت[4]
تو ما را به گفتار خامش کنی ‌ ‌ ‌ همی رزم پور سیاوش کنی[5]
مکن کژ اَبَر خیره بر کار راست[6] ‌ ‌ ‌ به یک[7] جان نگه کن که چندین بکاست[8]
هنوز از بدی تا چه آیدت پیش[9] ‌ ‌ ‌ به چرم اندرست این زمان گاومیش»
سپهبد چنین گفت که: «آذرگشسپ ‌ ‌ ‌ نبُد ناموَرتر ز جنگی زرسپ[10]
به لشکر نگه کن که چون ریونیز[11] ‌ ‌ ‌ که بینی به مردیّ و دیدار نیز[12]
مرا جام ازو پر می و شیر بود ‌ ‌ ‌ جوان را ز بالا سخن تیر بود[13]
کنون از گذشته نیاریم یاد ‌ ‌ ‌ به بیداد شد کشته او گر به داد؛[14]
چو خلعت ستد گیو و بیژن[15] ز شاه ‌ ‌ ‌ که آن کوه هیزم بسوزد[16] به راه
کنون است هنگام آن سوختن ‌ ‌ ‌ به آتش سپهری[17] برافروختن
گشاده شود راه لشکر مگر ‌ ‌ ‌ بباشد سپه را بر او[18] بر گذر»
بدو گفت گیو: «این سخن رنج نیست[19] ‌ ‌ ‌ اگر هست هم رنج بی‌گنج نیست»[20]
غمی[21] گشت بیژن بدین داستان[22] ‌ ‌ ‌ «نباشم بدین» گفت: «همداستان[23]
مرا با جوانی نباید نشست ‌ ‌ ‌ به پیری کمر بر میان تو بست[24]

---

۱ - «بوم» یگانه است، و «بر»ها گروه! ‌ ‌ ۲ - اگر بدان بوم«ها» نفرین می‌فرستد، «گر» بجای «یا» کاربرد درست ندارد.

۳ - کاس‌رود (=کشف رود؟) بوم و بر نیست. ‌ ‌ ۴ - پیوسته به گفتار پسین.

۵ - رزم فرود را که پیش‌ازآن رخ داده‌بود نمیتوان، باکنشِ روانِ «کنی» همراه کردن رزم پور سیاوش «کردی».

٦ - سخن ناهموار است: «کارِ راست را، بر خیره کژ مکن». ‌ ‌ ۷ - باز چنین می‌نماید: از برای یکتن، نه بیک جان!

۸ - چندین چه بکاست؟ چندین مرد؟ چندین جان؟... چندین نیز برای آنانکه پیش‌ازاین کشته شده‌اند کاربردِ درست ندارد، و «چندان» درست است.

۹ - **یک:** سخن ناهموار است: «بنگر تا ازاین‌پس نیز چه بد پیش تو می‌آید!» **دو:** داستان ایرانی از «گاو پیشه بچرم اندر» یاد میکند نه از گاومیش! اما افزاینده را پساوا اینچنین در کار بوده‌است.

۱۰ - آتشکدهٔ آذرگشسب را نمیتوان برای یک پهلوان سنجیدن! ‌ ‌ ۱۱ - دیدیم که ریونیز کشته نشده بود.

۱۲ - **یک:** آیا براستی در سپاه ایران گودرز سالار و گیو و دیگر پهلوانان از ریونیز پست‌تر بوده‌اند؟ **دو:** «دار نیز» را با «ریونیز» پساوا نباشد. ‌ ‌ ۱۳ - سخنِ نادرخورِ ناهماهنگ. ‌ ‌ ۱۴ - پیوسته بگفتار.

۱۵ - گیو و بیژن «ستدند» درست است نه ستد. افزاینده فراموش کرده است که گیو را بدان کار نامزد کرده‌بود نه گیو و بیژن را.

١٦ - باز، کنش بسوزد درست نیست و برای دوکس «بسوزند» در کار است.

۱۷ - سپهر یکی است و نمیتوان از «سپهری» دیگر یاد بردن.

۱۸ - «بر او» نادرست است: «راه‌لشکر گشاده شود» بس می‌نماید. ‌ ‌ ۱۹ - چنین کار «رنج ندارد» نه این سخن!

۲۰ - افزاینده گنج را پیش‌ازاین به گیو رسانده‌بود. ‌ ‌ ۲۱ - غمی نادرست است: «غمین» یا «غمگین».

۲۲ - بدین داستان نادرست است: «از آن داستان».

۲۳ - ازپسِ آنکه در انجمن شاه همه همرای بودند که چنین کار را گیو بانجام رساند، اکنون جای آن نیست که بیژن بگوید همداستان نیستم! ‌ ‌ ۲۴ - سخن ناهموار است: «که تو در هنگام پیری، کمر بدین کار بر میان بندی.

به رنج و به سختی بپروردی‌ام / به گفتار هرگز نیازردی‌ام[1]
مرا برد باید بدین کار دست / نشاید تو با رنج و من با نشست»[2]
بدو گفت گیو: «آنکه من ساختم[3] / بدین کار گردن برافراختم
کنون ای پسر گاه آرایش است / نه هنگام پیریّ و بخشایش است[4]
ازین رفتن من مدار ایچ غم / که من کوه خارا بسوزم به دم»
به سختی گذشت از در[5] کاس‌رود / جهان را همه رنج بر آب بود[6]
چو آمد بران[7] کوه هیزم فراز / ندانست بالا و پهناش باز[8]
ز پیکان تیز آتشی برفروخت[9] / به کوه اندر افکند و هیزم بسوخت
ز آتش سه هفته گذرشان نبود / ز تفتْ زبانه ز باد و ز دود[10]
چهارم سپه بر گذشتن[11] گرفت / همان آب و آتش نشستن گرفت[12]
سپهبد چو لشکر بر او گرد شد[13] / ز آتش[14] به راه گروگرد شد
سپاه اندر آمد چنانچون سزد[15] / همه کوه و هامون سراپرده زد[16]
چنانچون ببایست برساختند[17] / ز هرسو طلایه برون تاختند
گروگرد بودی نشستِ تژاو / سواری که بودیش با شیر تاو[18]
فسیله بدان جایگه داشتی / چنان کوه تا کوه بگذاشتی[19]
خبر شد که آمد[20] ز ایران سپاه / گله برد باید به یکسو ز راه
فرستاد گردی هم اندر شتاب / به نزدیک چوپان افراسیاب[21]
کبوده[22] بُدش نام و شایسته بود / به شایستگی نیز بایسته بود[23]

---

۱ – افزایندگان بارها و بارها سخنان تند میان گیو و بیژن آورده‌اند. ۲ – افزاینده آن گفتار ناهماهنگ را اندکی آراست!
۳ – من ساختم در این سخن نادرست است.
۴ – سخن بی‌بنیاد و پریشان... **یک:** زیرا که اگر گیو پیر بوده باشد، نمی‌توان گفتن که «هنگام پیری نیست». **دو:** گاه آرایش چیست؟ **سه:** بخشایش چه باشد؟ ۵ – رودخانه را «در» نیست. ۶ – سخن نادرخور
۷ – سخن چنین می‌نماید که گیو «برفراز» تودهٔ هیزم رفته‌است، و این نادرست است، زیرا که خود از آتش آن خواهد سوختن.
۸ – پیشتر از بالای هیزم بیش از یکسد کمند! نام برده شده بود و از پهنای آن یاد نشده بود. ۹ – دنبالهٔ سخن.
۱۰ – لت دویم را با لت نخست، پیوند درست نیست! ۱۱ – «برگذشتن» نادرست است: «گذشتن».
۱۲ – گیریم که آتش «فرونشست»، آبِ رود چگونه فرو می‌نشیند؟
۱۳ – **یک:** سپاه، پیش‌از آن گرد آمده‌بود. **دو:** سخن نیز نادرست است: «چون سپاه بر سپهبد گرد شد».
۱۴ – سخن نادرست است: «پس‌از گذشتن از آتش». آنگاه آتشی را که خاموش شده بود نمیتوان «آتش» خواندن.
۱۵ – «چون سزید» درست است. ۱۶ – «ده زده» را با «سزده» پساوا نیست.
۱۷ – بر ساختن سپاه، پیش‌از جنبش آن، در ایران انجام گرفته‌بود، نه در اینجا! ۱۸ – دنبالهٔ گفتار.
۱۹ – لت دویم را با لت نخست پیوند نیست!
۲۰ – پس‌از زدن سراپرده‌ها و برون کردن پیش آهنگ (طلایه) تازه به تژاو خبر می‌رسد که از ایران، سپاه آمد؟
۲۱ – پیوسته به گفتار افزوده. ۲۲ – این رج با رج پیشین پیوند ندارد. ۲۳ – سخن نادرخور.

بدو گفت[1]: «چون تیره گردد سپهر — تو ز ایدر برو هیچ منمای چهر[2]
نگه کن که چندست ز ایران سپاه[3] — ز گردان که دارددرفش و کلاه
کز ایدر بر ایشان شبیخون کنیم — همه کوه، در جنگ، هامون کنیم»[4]
کبوده بیامد[5] چو گرد سیاه — شب تیره نزدیک ایران سپاه
طلایه شب تیره بهرام بود[6] — کمندش[7] سر پیل رادام بود[8]
برآورد اسپ کبوده خروش — ز لشکر برافراخت بهرام گوش[9]
کمان را به زه کرد و بفشارد ران — درآمد ز جای آن هیون گران[10]
یکی تیر بگشاد[11] و نگشاد لب — کبوده نبود ایچ پیدا از شب
بزد بر کمربند چوپان شاه[12] — همی گشت[13] رنگ کبوده سیاه[14]
ز اسپ اندر افتاد و زنهار خواست — بدو گفت بهرام: «برگوی راست[15]
که ایدر فرستندهٔ تو[16] که بود — که راخواستی زین بزرگان پسود؟»[17]
به بهرام گفت: «ار دهی زینهار — بگویم ترا هرچه پرسی ز کار[18]
تژاو است شاها فرستنده‌ام[19] — به نزدیک او من پرستنده‌ام[20]
مکش مر مرا تا نمایمت راه — به جایی که او دارد آرامگاه»[21]
بدو گفت بهرام: «با من تژاو — چو با شیر درّنده پیکار گاو»[22]
سرش را به خنجر ببرّید پست[23] — به فتراک زین کیانی ببست[24]

---

۱ – خود؛ بدو نگفت... زیرا که کسی را نزد او فرستاده‌بود. افزاینده را می‌بایستی گفتن: «که گوید که».
۲ – چون آسمان تیره گردد چهر او؛ خودبخود دیده نمی‌شود، و «چهر ننمودن» نمی‌باید.
۳ – چوپان می‌باید، فسیلهٔ اسبان رابگریزاند، یا بدیدن سپاه ایران برود؟ در دستگاه تژاو دیگر کسی نبود که برای دیده‌بانی بفرستندش؟
۴ – پیوسته به گفتار افزوده. ۵ – کبوده «برفت»، یا «بیامد»؟
۶ – «طلایه» یک کس نمیتواند بودن! ۷ – پیوند «که» می‌باید.
۸ – سر پیل در کمند نمی‌افتد از آنجا که پیل راگردن نباشد! ۹ – پیوسته به گفتار افزوده.
۱۰ – پیوسته به گفتار افزوده. ۱۱ – «تیر» گشودنی نیست.
۱۲ – **یک:** اگر کبوده، در تاریکی از شب پیدا نبود، چگونه بهرام، تیر بر کمربند(!) کبوده زد؟ **دو:** کمربند در زبان فارسی، کمربسته و پرستنده غلام است، و آن ابزار را نام «کمر» است یا «میان‌بند». ۱۳ – «همی گشت» نادرست است: «گشت».
۱۴ – در تاریکی شب چگونه رنگ سیاه رخ کبوده دیده شد؟ ۱۵ – پیوسته به گفتار افزوده.
۱۶ – سخن نادرست، از آنجا که کننده (فاعل) گفتار فرستنده است می‌باید نخست نام او بیاید (یا که =کی) «کی ترا باینجا (ایدر) فرستاد».
۱۷ – پسودن دست مالیدن است، و او نمی‌خواست کسی را بپساوَد. ۱۸ – پیوسته به گفتار افزوده.
۱۹ – هنوز بهرام زینهار نداده‌است، چرا می‌باید راز تژاو را آشکار کند؟
۲۰ – وی چوپان افراسیاب خوانده شده بود، و اکنون خود را پرستندهٔ تژاو می‌خواند.
۲۱ – پیدا است که آرامگاه تژاو در کاخ شهر گروگرد است.
۲۲ – سخن پریشان است، افزاینده را رای بر آن بوده‌است که بگوید: تژاو در برابر من چون گاو است در برابر شیر!
۲۳ – سری را که بفتراک می‌بندند «پست» نمی‌رود.
۲۴ – بهرام از دودهٔ کیان نبود که زین اسبش زین کیانی بوده باشد.

به لشکرگه آورد و بفکند خوار — نه نام‌آوری بد نه گردی سوار[1]

چو خورشید برزد[2] ز گردون درفش — دم شب شد از خنجر او بنفش[3]

غمی[4] شد دل مرد پرخاشجوی[5] — بدانست کو را بد آمد به روی[6]

برآمد خروش خروس و چکاو[7] — کبوده نیامد به نزد تژاو[8]

سپاهی که بودند با او بخواند — ازان جایگه تیز لشکر براند[9]

تژاو سپهبد بشد[10] با سپاه — به ایران خروش آمد از دیده‌گاه

که آمد سپاهی ز ترکان[11] به جنگ — سپهبد نهنگی درفشی بچنگ[12]

ز گردنکشان پیش او رفت گیو — تنی[13] چند با او ز گردان نیو

برآشفت[14] و نامش بپرسید زوی — چنین گفت ک: «ای مرد پرخاشجوی

بدین مایه مردم به جنگ آمدی — ز هامون[15] به کام نهنگ آمدی»

چنین داد پاسخ تژاو دلیر — که من زور دل[16] دارم و چنگ شیر

نژادم به گوهر[17] از ایران بُده‌ست[18] — ز گُردان و ز پشت شیران بُده‌ست

کنون مرزبانم بدین تخت و گاه[19] — نگین بزرگان[20] و داماد شاه»

بدو گفت گیو: «این که گفتی مگوی[21] — که تیره شود زین سخن آبروی

از ایران به توران که دارد نشست — مگر خوردنش خون بود گر کبست[22]

اگر مرزبانیّ و داماد شاه — چرا بیش‌تر زین نداری سپاه[23]

بدین مایه لشکر تو تندی مجوی[24] — بتندی به پیش دلیران مپوی

---

۱ – افزاینده فراموش کرده‌بود که وی را شایسته‌وبایسته خوانده‌بود.

۲ – خورشید «از» گردون درفش نمی‌زند که از پشت کوه؛ درفش «به» گردون برمی‌آورد.

۳ – چون خورشید درفش برآوَرَد، جهان روشن می‌شود، نه بنفش.

۴ – غمی نادرست است.

۵ – روشن نیست که این مرد پرخاشجوی کیست!

۶ – باز روشن نیست که «او» در این لت که باشد؟

۷ – خروش خروس و چکاو پیش‌از بر آمدن خورشید برمی‌آید. برای خروش خروس: شنیدم که روزی «سحرگاه»، توس / بدانگه که خیزد خروش خروس. برای خروش چکاو: چو خورشید زد پنجه بر پشت گاو / بهامون برآمد خروش چکاو. در این سخن، پیوند چکاو با برآمدن خورشید نیست که با خورشید در برج گاو (اردیبهشت ماه) است که چکاوکان کوچنده در آسمان ایران دیده می‌شوند. و بر این بنیاد پس‌از برآمدن خورشید از خروش خروس یاد نشاید کردن!

۸ – پس‌از «بدانست» در رج پیشین... کبوده نیامد!

۹ – تژاو در شهر خود گروگرد بود و سپاه ایران بسوی آن آمده‌بود، و او را نمی‌بایست لشکر بسوی سپاه ایران راندن.

۱۰ – دوباره‌گویی.

۱۱ – ترک!

۱۲ – سپهبد؛ خود درفش را بچنگ نمی‌گیرد که درفش را پسِ پشت او می‌برند.

۱۳ – «با» تنی چند درست است.

۱۴ – درپرسش چرا بایستی برآشفتن؟

۱۵ – ازشهر گروگرد آمده‌بود نه از هامون.

۱٦ – زور ویژه بازو است، نه دل!

۱۷ – نژاد و گوهر هردو یکی است.

۱۸ – بوده‌است نادرست است: «هست».

۱۹ – تخت‌وگاه نادرست است: «کنون مرزبان این شهرم».

۲۰ – نگین بزرگان آمیزه‌ای نادرخور است.

۲۱ – چون سخن گفته شد؛ مگوی نادرخور است، مگرآنکه گویند، این را که گفتی «دگر باره مگوی».

۲۲ – لت دویم را با لت نخست پیوند نیست.

۲۳ – سخن نادرست است، شاید گفتن که چرا سپاهت اندک است!...

۲۴ – تندی مجوی نادرست است: «تندی مکن».

که این پر هنر نامدار دلیر   سر مرزبان اندر آرد به زیر[1]

گر ایدونکه فرمان کنی با سپاه   به ایران خرامی به نزدیک شاه[2]

کنون پیش توس سپهبد شوی   بگویی[3] و گفتار او بشنوی

ستانمت زو خلعت و خواسته   پرستنده و اسپ آراسته»[4]

تژاو فریبنده[5] گفت: «ای دلیر   درفش مراکس نیارد به زیر

مرا ایدر اکنون[6] نگین است و گاه   پرستنده و گنج و تاج و سپاه

همان مرز و شاهی چو افراسیاب[7]   کس این راز ایران نبیند به خواب

پرستار[8] و ز مادیانان گله[9]   به دشت گروگرد[10] کرده یله

تو این اندکی لشکر[11] من مبین   مرا جوی با گرز بر پشت زین

من امروز با این سپاه[12] آن کنم   کزین آمدن‌تان پشیمان کنم»

چنین گفت بیژن به فرخ پدر   که «ای نامور گرد پرخاشخر[13]

سرافراز و بیداردل پهلوان   به پیری[14] نه آنی که بودی جوان

ترا با تژاو این همه پند چیست   به ترکی[15] چنین مهر و پیوند چیست

همی گرز و خنجر بباید کشید   دل و مغز ایشان[16] بباید درید»

برانگیخت اسپ[17] و برآمد خروش   نهادند کوپال و خنجر به دوش[18]

یکی تیره گرد از میان بردمید   بدان سان که خورشید شد ناپدید[19]

---

۱ - «این پر هنر» که باشد؟ ۲ - این رج پیوند با رج پسین ندارد. ۳ - چه گوید؟

۴ - پیوسته به گفتار.

۵ - در کارِ وی فریب نبود که با سپاه خویش بجنگ سپاه ایران آمده‌است، و سخنان پسین او نیز دروغ نیست.

٦ - «اکنون» سخن را نارسا می‌کند، چرا که شاید اندیشیدن که دیروز یا فردا، چنین نبوده‌است.

۷ - افراسیاب، هم به «شاه» بازمیگردد، هم به «مرز» که نادرست است.

۸ - پیشتر نام از پرستنده برده شد و دوباره گویی است.

۹ - **یک:** گروه اسپان را در زبان فارسی «فسیله» می‌نامند. **دو:** در فسیله اسپان نرماده با هم‌اند و مادیان را جدا نمی‌کنند.

۱۰ - «گرد» در آغاز «کرت» پسوند جایگاه است برابر با کرده و ساخته... این نام گروگرد ساختگی نام بروجرد است، زیرا که در آغاز «ویرکرت» بوده‌است و پسان دگرگون شده‌است = ویروکرد = ویروگرد = بروجرد. در دیگر نامها نیز این دگرگونی رخ میدهد، و بر این بنیاد دشت را نمی‌توان ساخته = گِرد خواندن! بس می‌نمود که گوینده بگوید، در این دشت یله کرده‌ام، اما آیا پرستاران را نیز چون اسپان یله کرده است؟ ۱۱ - اندکی لشکر نادرست است: «لشکر اندک».

۱۲ - می‌بایستی گفتن با سپاه ایران، یا با سپاه شما! زیرا که «این» سپاه، به سپاه خودش نیز بازمیگردد. ۱۳ - پیوسته بگفتار.

۱۴ - بار دیگر از پیری گیو سخن میرود، باز آنکه ازاین‌پس بارها و بارها گیو را در هنگامهٔ جنگ‌ها بر دشمنان پیروز می‌بینیم.

۱۵ - ترک؟ ١٦ - «ایشان» به ترکی = یک ترک بازمیگردد و درست نیست.

۱۷ - روشن نیست که چه کس اسپ را برانگیخته است، گیو، یا بیژن که گویندهٔ سخنان بود.

۱۸ - **یک:** نبرد میان دو تن با کوپال یا خنجر آغاز نمی‌شود کهٔ با نیزه آغاز میگردد. **دو:** کوپال را برای زدن بدشمن در مُشت، بدوش میگیرند، اما خنجر را چنین نمی‌توانند کرد چون کاربردِ خنجر از همه سو است.

۱۹ - در نبرد میان دولشکر، خورشید ناپدید می‌شود، نه در جنگ میان دوکس.

جهان گشت چون ابر بهمن سیاه ستاره ندیدند روشن نه ماه[1]
به قلب سپاه[2] اندرون گیو گرد همی از جهان روشنایی ببرد[3]
به پیش اندرون بیژن تیزچنگ همی بزمگاه آمدش جای جنگ[4]
وزان سوی با تاج بر سر تژاو که بودیش با شیر درّنده[5] تاو
یلانش همه[6] نیک مردان شیر که هرگز نشدشان[7] دل از رزم سیر
بسی[8] برنیامد برین روزگار که آن ترک[9] سیر آمد از کارزار
سه بهره[10] ز توران سپه کشته شد سر بخت آن ترک[11] برگشته شد
همی شد[12] گریزان تژاو دلیر[13] پسش بیژن گیو برسان شیر
خروشان و جوشان و نیزه به دست تو گفتی[14] که غرّنده شیریست مست
یکی نیزه زد بر میان تژاو نماند آن زمان با تژاو ایچ تاو[15]
گراینده بد بند رومی زره[16] بپیچید و بگشاد بندِ گره
بیفکند نیزه[17] بیازید چنگ چو بر کوه بر غرم تازد پلنگ
بدان سان[18] که شاهین رباید چکاو ربود آن گرانمایه تاج تژاو
که افراسیابش به سر برنهاد[19] نبودی جدا زو به خورد و به داد[20]
چنین تا درِ دز همی تاخت اسپ پس اندرْش بیژن چو آذرگشسپ[21]
چو نزدیکی دز رسید[22]، اسپنوی بیامد خروشان پراز آب روی

۱ – دوباره از تیرگی هوای دشتِ نبرد سخن میرود، اما در روز بدنبال دیدار ماهوستاره است!!
۲ – جنگ میان دو تن بجنگ دولشکر گردانده شد.
۳ – برای سیوم بار از هوای تیره، روشنایی میرود!!
۴ – جای جنگ نادرست است: «میدان جنگ».
۵ – **یک**: با تاج بر سر نادرست است: «تاج بر سر»... اما در جنگ تاج بر سر نمی‌نهند! **دو**: لت دویم با لت نخست پیوند درست ندارد.
٦ – و نیز این رج را با رج پیشین پیوند نیست.
۷ – نشد نادرست است، نمی‌شد، یا نبود!
۸ – باز پیوندِ گسسته میان این رج و گفتار پیشین.
۹ – ترک!
۱۰ – سه بهره، از چند بهره؟
۱۱ – ترک!
۱۲ – «همی» شد نادرست است: «شد».
۱۳ – آیا شایسته است، کسیرا که می‌گریزد، دلیر خواندن؟
۱۴ – تو گفتی!
۱۵ – چگونه برای کسیکه نبرد را با بیژن دنبال میکند، «هیچ تاو» نمانده باشد؟
۱٦ – آنزمان «روم» در گسترهٔ جهان پدیدار نشده بود.
۱۷ – گفتار این رج دنبالهٔ گفتار رج پیشین است پس چنین می‌نماید که تژاو نیزه را می‌افکند، اما دنبالهٔ گفتار به بیژن می‌پیوندد و درست نیست.
۱۸ – «بدانسان» در این رج با «چو» در رج پیشین دوباره‌گویی است.
۱۹ – «برنهاد» نادرست است: «برنهاده بود».
۲۰ – این لت در نمونه‌های گوناگون، گونه‌گون است: ل ۲ و س ۲ جزاز وی بخواب و بیاد ق، ل، س، م: بخورد و بداد، فلورانس: بخواب «بیاد» که هیچیک از آنها درست نمی‌نماید.
۲۱ – دنبالهٔ گفتار.
۲۲ – **یک**: در رج پیشین چنین آمد که تا «درِ دژ» رسید، و این رج سخن را دگرگون میکند. «نزدیک دژ». **دو**: سخنان پسین نشان از آن دارد که تژاو بسوی توران میگریزد، پس چرا می‌باید بسوی دژ تازد و از آنجا، ره بسوی توران گیرد؟

که: «از کین چنین پشت برگاشتی — بدین دز مراخوار بگذاشتی[1]
سزد گر ز پس برنشانی مرا — بدین ره[2] به دشمن نمانی مرا»
تژاو سرافراز[3] را دل بسوخت — بکردار آتش رخش برفروخت
فراز اسپنوی و تژاو از نشیب[4] — بدو داد در تاختن یک رکیب[5]
پس اندر نشاندش[6] چو ماه دمان — برآمد ز جا باره زیرش دنان[7]
همی تاخت چون گرد با اسپنوی — سوی راه توران نهادند روی[8]
زمانی دوید اسپ جنگی تژاو — نماند ایچ با اسپ و با مرد تاو[9]
تژاو آن زمان با پرستنده گفت — که: «دشوار کارآمد ای خوب جفت[10]
فروماند این اسپ جنگی ز کار — ز پس بدسگال آمد و پیش غار[11]
اگر دور از ایدر به بیژن رسم[12] — به کام بداندیش دشمن رسم
ترا نیست دشمن به یکبارگی[13] — بمان[14] تا برانم من این بارگی»
فرود آمد از اسپ او اسپنوی — ز گلبرگ روی و پراز مشک موی[15]
پس پشت خویش اندرش جای کرد[16] — سوی لشکر پهلوان رای کرد
به شادی بیامد به درگاه توس[17] — ز درگاه برخاست آوای کوس

---

۱ – گفتار پریشان است، که اگر تژاو بدروازهٔ دژ رسیده باشد، نمی‌خواهد وی را تنها گذاشتن.

۲ – کنار دروازهٔ دژ، به «راه» دگرگون شد! ۳ – تژاو گریزنده را که تاج او را نیز از سرش می‌ربایند، نشاید سرافراز خواندن!

۴ – **یک:** آنانکه در کنار دروازه بودند، و فراز و فرودی در کار نبود!... افزاینده خواسته‌است که سوار شدن بر تَرکِ اسپ را برای اسپنوی آسانتر سازد، پس فراز و فرود را پیش کشید. **دو:** چون سخن از فرازونشیب می‌رود، برای هردو «از» بایسته است و افزاینده تنها برای نشیب «از» بکار برده است.

۵ – افزاینده روشن نکرده است که چه‌کس به چه‌کس رکاب داده‌است، چگونه در کنار دروازه اسب، تازان می‌شود!

٦ – روشن می‌نماید که افزاینده هیچگاه سواری نکرده است، و نمیداند که بهنگام تاخت و گریز دختری را توان بر اسب نشستن نیست، آنهم بر ترکِ اسپ، که گشادگی ران و اندازهٔ پای یک دختر چنان نیست که یک پای بر رکاب نهد، و پای دیگر از پشت سوار و پشت زین وی بگذراند و بر ترک اسب نشیند! چنین کار را امروز می‌توان در سیرک‌ها دیدن، نه از دختری که رخش بگلبرگ می‌ماند.

۷ – افزاینده فراموش کرده‌بود که بیژن ازپس تژاو چنان بدو نزدیک شده‌است که تاجش را از سرش می‌رباید، و اینکار نتواند شدن، مگرآنکه یک سوار، در کنار سوار دیگر اسپ تازد، و در چنین هنگامه چگونه می‌توان اندیشید که یک سوار، دختری را نیز پسِ پشتِ خویش برنشانَد؟ ۸ – دنبالهٔ سخن.

۹ – با اسپ تاو نماند درست است زیرا که دو سوار را بر پشت خویش دارد. با مرد چرا تاو نماند؟

۱۰ – اسپنوی پرستندهٔ تژاو بود و برای پساوای سخن جفتِ وی گردید!

۱۱ – راهِ توران، که بتوران میرسد، چگونه در پیش، غار دارد؟ ۱۲ – بیژن بدو رسد؟ یا او به بیژن رسد؟

۱۳ – ترا دشمن نیست و «یکبارگی» در این گفتار درست نمی‌نماید.

۱۴ – بمان در گفتار فارسی بجای «بگذار» کاربرد دارد. و افزاینده آنرا بجای «فرود آی» یا «پیاده شو» آورده‌است!

۱۵ – دنبالهٔ گفتار.

۱٦ – **یک:** روشن نیست که چه کسی اسپنوی را بر ترک خویش سوار کرد. **دو:** جای «کرد» نادرست است و جای «داد» درست!

۱۷ – توس در «درگاه» خویش نبود که در پهنهٔ نبرد، در «پرده‌سرای» جای داشت.

که بیداردل شیر جنگی سوار[۱] دمان با شکار آمد از مرغزار
سپهدار و گردان پرخاشجوی به ویرانی دز[۲] نهادند روی
ازان پس برفتند سوی گله[۳] که بودند بر دشت ترکان[۴] یله
گرفتند هریک کمندی به چنگ چنانچون بود ساز مردان جنگ[۵]
به خمّ اندر آمد سر بارگی[۶] بیاراست لشکر به یکبارگی[۷]
نشستند بر جایگاه تژاو[۸] سواران ایران پراز خشم و تاو[۹]

*

تژاو غمی با دو دیده پر آب بیامد به نزدیک افراسیاب[۱۰]
چنین گفت ک:«امد سپهدار توس ابا لشکری گشن و پیلان کوس[۱۱]
پلاشان و آن نامداران مرد[۱۲] به خاک اندر آمد سرانشان ز گرد[۱۳]
همه مرز و بوم آتش اندر زدند[۱۴] فسیله سراسر به هم بر زدند»[۱۵]
چو بشنید افراسیاب این سخن غمی گشت و بر چاره افکند بن[۱۶]
به پیران ویسه چنین گفت شاه[۱۷] که: «گفتم[۱۸] بیاور ز هرسو سپاه
درنگ آمدت رای[۱۹] از کاهلی ز پیری گران گشته[۲۰] و بد دلی[۲۱]
نه دز ماند اکنون نه اسپ و نه مرد نشستن نشاید بدین مرز کرد[۲۲]
بسی خویش و پیوند ما برده گشت بسی مرد نیک اختر آزرده گشت[۲۳]

---

۱ – آرایش سخن چنین است که «کوس» می‌گوید که بیژن با شکار بازگشته است.

۲ – **یک:** ویرانی دژ درست نیست: «بویران کردن دژ». **دو:** ایرانیان شهرهای در جنگ گشوده را ویران نمی‌کردند. **سه:** پذیرفتنی نیست که سپهسالار ایران خود بدست خویش، از دیوار دژ سنگ و چوب برکَنَد!

۳ – باز، سپهدار را بسوی گله رفتن نشاید...

۴ – **یک:** ترکان! **دو:** پیشتر سخن از آن رفته‌بود که گله را پنهان کنند.

۵ – گرفتن اسب، از دشت، بجنگ نمی‌ماند!

٦ – تنها یک اسب؟

۷ – لشکر از پیش آراستهٔ ایران، با یکی از اسپان تژاو آراسته شد؟

۸ – **یک:** پیشتر سخن افزاینده چنان بود که دژ تژاو را ویران کرده‌بودند، پس اکنون چگونه در جایگاه وی می‌نشینند؟ **دو:** همهٔ ایرانیان در جایگاه تژاو نشستند، یا توس سپهبد؟

۹ – پیروزی با شادمانی همراه است نه با خشم، نه با تاو!

۱۰ – دنبالهٔ گفتار.

۱۱ – دنبالهٔ گفتار.

۱۲ – کدام نامداران مرد را گوید؟

۱۳ – «ز گرد» نادرست است سرشان «به» خاک آمده‌بود.

۱۴ – **یک:** پیشتر از آتش زدن ایرانیان سخن نرفته‌بود که از «ویرانی» دژ داستان آمد. **دو:** «دژ» را شاید آتش زدن، اما «مرز و بوم» را نشاید!

۱۵ – فسیله را به بند کشیدند، یا بر هم زدند؟ و اینکار پس‌ازگریز تژاو، روی داد و وی را از آن آگاهی نبود.

۱٦ – «بر» چاره «بن» افکندن، نادرست است: «در اندیشهٔ چاره افتاد» یا «چاره‌ای اندیشید» یا «چاره‌ای بُن افکند».

۱۷ – دوبار نام افراسیاب و شاه را در یک گفتار آوردن درست نیست.

۱۸ – کِی گفته‌بود؟

۱۹ – «رای» درنگ نمی‌پذیرد: «از کاهلی درنگ کردی».

۲۰ – چگونه پیران از پیری گران گشته بود که از آنپس بارها و سالها در میدان‌های نبرد با پهلوانان ایران می‌جنگید؟

۲۱ – «بددلی» چرا؟

۲۲ – گیریم که سپاهیان ایران دژ گروگرد را ویران کرده‌اند و اسپان آنرا گرفته و مردان آنرا کشته باشند، چرا در همهٔ کشور توران نمی‌توان نشستن؟ آنهم در نبردی که بیدرنگ، تورانیان پیروز می‌شوند!

۲۳ – دنبالهٔ گفتار.

کنون نیست امروز روز درنگ — جهان گشت بر مرد بیدار[1] تنگ»
⇐ سپهدار پیران، هم اندر شتاب — برون آمد از پیشِ افراسیاب
ز هر مرز، مردان جنگی بخواند — سلیح و درم داد و لشکر براند[2]
چو آمد ز پهلو برون پهلوان — همی نامزد کرد جای گوان[3]
سوی میمنه بارمان و تژاو — سواران که دارند با شیر تاو[4]
چو نستیهن گرد بر میسره — کجا شیر بودی به چنگش بره[5]
جهان پر شد از نالهٔ کرّنای — ز غرّیدن کوس و هندی درای
هوا سربسر سرخ و زرد و بنفش — ز بس نیزه وگونه‌گونه درفش
سپاهی ز جنگ‌آوران سدهزار — نهاده همه سر سوی کارزار
ز دریا بدریا نبود ایچ راه — ز اسپ و ز پیل و هیون و سپاه
همی رفت لشکر گروهاگروه — نبُد دشت پیدا، نه دریا نه کوه
بفرمود پیران که: «بیره روید — از ایدر سوی راهِ کوته روید
نباید که یابند، خود، آگهی — ازین نامداران با فرّهی
مگر ناگهان بر سر آن گروه — فرود آرم؛ این گَشْن لشکر، چو کوه»
برون کرد کارآگهان ناگهان — همی جُست، بیدار، کار جهان[6]
بتندی به راه اندر آورد روی — بسوی گروگرد، شهر گروی[7]
میان سرخس است و باوَرد و توس — ز باورد برخاست آوای کوس[8]
بپیوست گفتار کارآگهان — به پیران بگفتند، یک‌یک، نهان
که: «ایشان همه مَی گسارند و، مست — شب و روز با جام پر مَی بدست
سواری طلایه ندارد براه — نه اندیشهٔ رزم توران‌سپاه»[9]
چو بشنید پیران یلان را بخواند — ز لشکر فراوان سخن‌ها براند

---

۱ - مگر تنها تورانیان مردان «بیدار» اند؟ (پایان داستان افزوده)

۲ - مردان جنگی را، «راه» باید، و هنوز سپاه توران براه نیفتاده است.

۳ - همی نامزد کرد نادرست است: نامزد کرد.

۴ - **یک:** دو پهلوان را در بال سپاه سرداری نمی‌دهند. **دو:** «دارند» نادرست است: «داشتند».

۵ - چو در آغاز سخن نادرخور است، و «نستیهن» بسنده است.

٦ - **یک:** از کارآگهان در گفتار آینده یاد می‌شود. **دو:** ناگهان بیرون کردن نیز نادرخور است.

۷ - **یک:** فرمان چنان بود که بر بیراهه روند، نه براه! **دو:** اگر آنجا شهر گروی بود، چرا تژاو مرزبانش بود؟ در نمونه‌های دیگر «شد جنگجوی» آمده‌است.

۸ - **یک:** افزاینده جایگاه «گروگردِ» پنداری را میان توس و ابیورد و سرخس آورده‌است، جاییکه همواره در مرز ایران بوده‌است و اکنون نیز در میان مرزِ کوچک شده هست، باز آنکه بهنگام داستانسرایی درباره جنگ با تژاو آنرا از خاک توران و پشت آن تودهٔ هیزمِ پنداری شمرده بود. **دو:** چرا آوای کوس از گروگرد برنخیزد، که جای سپاه است، و از باورد برخیزد؟

۹ - **یک:** طلایه ندارد نادرست است: «طلایه ندارند». **دو:** پیوندی درست میان لت دویم با لت نخست نیست.

شکست ایرانیان ۲۸۵

که: «در رزم، ما را چنین دستگاه — نبودست هرگز؛ بر ایرانسپاه»!

*

گزین کرد زان لشکر نامدار — سواران شمشیرزن، سی‌هزار
برفتند نیمی گذشته ز شب — نه بانگ تبیره نه بوق و جلب[1]
چو پیران سالار، لشکر براند — میان یلان هفت‌فرسنگ ماند[2]
نخستین رسیدند پیش گله — کجا بود بر دشت توران یله[3]
گرفتند بسیار و کشتند نیز — نبود از بدِ بخت مانیده چیز[4]
گله‌دار و چوپان بسی کشته شد — سرِ بخت ایرانیان گشته شد[5]
اُزان جایگه سوی ایران سپاه — برفتند برسان گردِ سیاه
همه مست بودند ایرانیان — گروهی نشسته، گشاده میان
به خیمه درون گیو بیدار بود — سپهدار گودرز هشیار بود[6]
خروش آمد از بانگِ زخمِ تبر — سراسیمه شد گیوِ پرخاشخر
ستاده اَبَر پیش پرده‌سرای — یکی اسپ برگستوانور بپای[7]
برآشفت با خویشتن چون پلنگ — ز شافیدن پای، آمدش ننگ[8]
بیامد به اسپ اندر آورد پای — بکردار باد اندر آمد ز جای
به پرده‌سرای سپهبد رسید — ز گرد و ز شب، آسمان تیره دید
بدو گفت: «برخیز! کامد سپاه — بخواب اندرند این دلیرانِ شاه!
اُزان جایگه رفت نزد پدر — بچنگ اندرون گرزهٔ گاوسر
همی گشت بر گردِ لشکر چو دود — برانگیخت آن را که هشیار بود

---

۱ - اگر «نیمی از شب گذشته برفتند» هفت فرسنگ راه را، (رج پسین)، روز، به سپاه ایران می‌رسند، باز آنکه در رج ۱۲۵۲۲، ایرانیان مست و گروهی نشسته‌بودند، و چنین کار در آغاز شب روی میدهد!

۲ - **یک:** پیران لشکر را پیش‌ازاین رانده‌بود. **دو:** میان لت دویم و لت نخست پیوند درست نیست.

۳ - **یک:** نخستین نادرست است: «نخست». **دو:** نیمه شب گله (فسیله) در دشت یله نمی‌ماند که همه را به آخور می‌برند. **سه:** پیشتر این دشت را میان سرخس و باورد و توس گفته‌بود، و اکنون از آنِ توران می‌شود.

۴ - **یک:** سپاهی که پیروز می‌شود، چرا می‌باید فسیله را که فردا بکار می‌رود، بکشند؟ و برای خویش نگاه ندارند؟ **دو:** اگر برخی را گرفتند، پس چرا در لت دویم آمده‌است که چیزی نماند؟ **سه:** گفتارِ لت دویم بی‌پیوند و ناهموار است. افزاینده خواسته‌است بگوید. از بختِ بدِ ایرانیان چیزی در آنجا نماند! **چهار:** «مانیده» نیز نادرست است «مانده» «بجا مانده».

۵ - **یک:** از کشته شدن چوپانان سرِ بخت ایرانیان بر نمی‌گردد! **دو:** سخن را پساوای درست نیست.

٦ - **یک:** خیمه در سخن فردوسی جایی ندارد. **دو:** در گفتار پیشین چنین آمده‌بود که ایرانیان همه مست بودند، و اینجا دو تن از پهلوانان بزرگ را بیدار می‌نماید!

۷ - در رج پیشین کننده (فاعل) گیو است و در این رج بیدرنگ کنش به اسپ می‌پیوندد، که درست نیست.

۸ - در این رج نیز کنش، از اسپ به گیو بازمیگردد، واگر این دو رج افزوده را از میان برداریم رج‌های پیشین‌وپسین بیکدیگر می‌پیوندد و، کنش در هردوان به گیو بازمیگردد.

یکی جنگ با بیژن افکند پی — که این دشت رزم است گر باغ می [1]
اُزان پس بیامد سوی کارزار — بره بر، شتابید چندی سوار [2]
بدان اندکی برکشیدند نخ — سپاهی ز ترکان چو مور و ملخ [3]
یکی بانگ برخاست از رزمگاه — سپاه اندر آمد بگردِ سپاه [4]
سراسیمه شد خفته از دار و گیر — برآمد یکی ابر بارانش تیر [5]
بزیرِ سرِ مست، بالین نرم — ز بر، گرز و کوپال و شمشیرِ گرم

*

سپیده چو برزد سر از برج شیر* — بلشکر نگه کرد گیوِ دلیر
همه دشت از ایرانیان کشته دید — سر بختِ بیدار، برگشته دید [6]
دریده، درفش و، نگونسار، کوس — رخ زندگان، تیره چون آبنوس!
سپهبد نگه کرد و گُردان ندید — ز لشکر دلیران و مردان ندید [7]
همه رزمگه سربسر کشته بود — زمین سربسر چون گِل آغشته بود [8]
پسر بی پدر شد پدر بی پسر — همه لشکر گشن زیر و زبر [9]
به بیچارگی روی برکاشتند — سراپرده و خیمه بگذاشتند [10]
نه کوس و نه لشکر نه بار و بنه — همه میسره خسته و میمنه [11]
ازین‌گونه، لشکر سوی کاس‌رود — برفتند بی مایه و تار و پود
چنین آمد این گنبد تیزگرد — گهی شادمانی دهد گاه درد [12]
سواران توران پسِ پشتِ توس — دلان پر ز کین و سران پرفسوس [13]

---

۱ - در لت دویم؛ پرسش است، و در لت نخست؛ پرخاش و جنگ... و باغ می را نیز گزارش نیست.

۲ - **یک:** کدام کارزار؟ که همه خفته بودند! **دو:** پس‌از آنکه گیو سوی کارزار آمد چند سوار شتابید؟ سخنِ درست بایستی با «شتافتند» همراه باشد.

۳ - «بدان اندکی» نادرست است: «آن سپاهِ اندک» نیمه شب میان چادرها چه جای نخ کشیدن (صف بستن) است؟

۴ - یک بانگ؟... همهٔ دشت پراز بانگ بود!

۵ - **یک:** خفته نادرست است: «خفتگان» سراسیمه شد(ند). **دو:** در شبیخون تیراندازی نمی‌شود، چنانکه در رج پسین از کوپال و گرز و شمشیر سخن میرود!

* - امردادماه.

٦ - گَشته را با کشته پساوا نیست.

۷ - گردان ندید نادرست است: گردان «را» ندید، نیز دلیران و مردان «را».

۸ - **یک:** همه رزمگه نادرست است، زیرا که آنجا رزمگه نبود و لشکرگاه پرده‌سرای ایرانیان بود. **دو:** همه، کشته نشده بودند زیرا که در آینده گفته آید که دو سیوم ایرانیان کشته شدند. **سه:** چون گِل آغشته نادرست است: «زمین سربسر آغشته بخون بود».

۹ - پسر بی‌پدر شد نادرست است: پسر«ان» بی‌پدر شد«ند».

۱۰ - سراپرده و خیمه با هم کاربرد ندارند.

۱۱ - در رج پنجم پیشین. **یک:** از کوس نگونسار و درفش دریده سخن رفت. **دو:** لت نخست را «کنش» همراه نیست. **سه:** در پرده‌سرای بال راست و چپ نیست. **چهار:** افزاینده در رج افزوده پیشین همه را کشته بود، و اینجا همه را خسته (مجروح) نشان می‌دهد!

۱۲ - «گنبد تیز گرد» را، «آمدن» در کار نیست.

۱۳ - **یک:** «دلان» نادرست است، «سران» نیز بجای سرداران کاربرد دارد، نه سرها! **دو:** سواران پیروزِ کشته نداده را، چرا دل پراز کین باشد؟

همی گرز بارید گویی ز ابر | پس پشت بر جوشن و خود و گبر[1]
نبُد کس به رزم اندرون پایدار | همه، کوه، کردند، گُردان حصار
فرومانده اسپان و مردان جنگ | یکی را نبد هوش و توش و درنگ
سپاهی ازین‌گونه گشتند باز | شده مانده از رزم و راه دراز[2]
ز هامون سپهبد چو بر کوه شد | ز پیکار ترکان بی‌اندوه شد[3]
فراوان کم‌آمد ز ایرانیان | برآمد خروشی به درد از میان[4]
همه خسته و بسته بد هر که زیست | شد آن کشته بر خسته باید گریست[5]
نه تاج و نه تخت و نه پرده‌سرای | نه اسپ و نه مردان جنگی بپای[6]
نه آباد بوم و نه مردان کار | نه آن خستگان را کسی خواستار[7]
پدر بر پسر چند گریان شده | اُزان خستگان چند بریان شده[8]
چنین است رسم جهان جهان | که کردار خویش از تو دارد نهان[9]
همی با تو در پرده بازی کند | ز بیرون ترا بی‌نیازی کند[10]
ز باد آمدی رفت خواهی به گرد | چه دانی که با تو چه خواهند کرد[11]
به بند درازیم و در چنگ آز | ندانیم باز آشکارا ز راز[12]
دو بهره ز ایرانیان کشته بود | دگر، خسته، از رزم برگشته بود[13]
سپهبد ز پیکار دیوانه گشت | دلش؛ با خرد، همچو بیگانه گشت

---

۱ - **یک:** روشن نیست که گرزی که از ابر می‌بارید، بر سر کدامیک از دو سپاه می‌خورد! **دو:** لت دویم پیوند درست ندارد.

۲ - پیشتر، از گریختن سپاه ایران بسوی کاس رود سخن رفته‌بود.

۳ - **یک:** نیز در رج دویم پیشین از پناه‌گرفتن ایرانیان در کوه سخن رفت. **دو:** ترکان! **سه:** از پیکار تورانیان بِرَست، نه بی‌اندوه شد، زیرا که اگر اندوهی در شکست می‌توان بسنجید، از اندوه آنان در آنزمان بیشتر در شمار نمی‌آید.

۴ - «فراوان کم» نادرست است.

۵ - **یک:** خسته (مجروح) را شاید پذیرفتن، اما هیچیک از آنان بسته نبود. **دو:** لت دویم را با لت نخست پیوند نیست. **سه:** «باید گریست» زمانِ روان (حال) را نشان می‌دهد، باز آنکه این داستان درگذشته روی نموده‌بود.

٦ - **یک:** کنش «بپای» تنها برای اسپ و مرد کاربرد دارد نه برای دیگر نام‌ها. **دو:** همهٔ نامبردگان یگانه (مفرد)اند بجز «مردان» که با یکدیگر همخوان نیستند.

۷ - **یک:** آباد بوم (= سرزمین ایران) بر جای خود است. **دو:** از «مردان» دوباره یاد می‌شود. **سه:** خستگان را خواستار نمی‌باید، که پزشک و پرستار می‌شاید.

۸ - پدر بر پسر نادرست است پدران بر پسران، نیز لت دویم.

۹ - «رسم» تازی بجای «راه» فارسی در سخن فردوسی! و جهانِ جهان (= جهنده) گزارش تازه از نام جهان است، فرهنگ ایران جهان (= گیهان) را دارای جان یگانه و در برگیرنده همهٔ باشندگان آن در شمار می‌آورد، نه جهنده!

۱۰ - تنها با «تو»؟ یا با همگان؟ لت دویم؛ بدینگونه در شاهنامهٔ مسکو؛ سخن نادرخور بی‌پیوند! در شاهنامهٔ فلورانس ز پرّی و از بی‌نیاز می‌کند. ل ز بیرون ترا... ق ز تندی دز... لن، ق ۲، لی، آ، ب ز تیزی و از... لن ۲ وز آنپس ترا... همهٔ نمونه‌ها بی‌پیوند، و ناسزاوار اند.

۱۱ - **یک:** باز، روی سخن به «تو» است نه بهمگان. **دو:** چه کسان «خواهند کرد»؟ سخن از جهان بود و می‌بایستی کنش یگانه بیاید: «چه خواهد کرد».

۱۲ - **یک:** سخن از «تو» به «ما» برگشت. **دو:** «آشکارا» را همگان می‌بینند و می‌دانند.

۱۳ - پساوای سخن نادرست است «کُشته» با «گَشته».

به لشکرگه اندر، می و خوان و بزم
سپاه آرزو کرد، بر جای رزم[1]

جهاندیده گودرز، با پیرسر
نه پور و نبیره نه بوم و نه بر[2]

نه آن خستگان را خورش، نه پزشک
همه‌جای غم بود و خونین سرشک

جهاندیدگان پیش اوی آمدند
شکسته دل و راهجوی آمدند

یکی دیده‌بان بر سر کوه کرد
کجا، دیده را، سوی انبوه کرد

طلایه فرستاد بر هرسویی
مگر یابد آن درد را دارویی

یکی نامداری از ایرانیان
بفرمود تا تنگ بندد میان

دهد شاه را آگهی زین سَخُن
که سالار لشکر، چه افکند بن!

چه روز بد آمد به ایرانیان
سران راز بخشش سرآمد زیان[3]

*

رونده، برِ شاه؛ برد آگهی
که تیره شد آن روزگار بهی

چو شاه دلیر، آن سخن‌ها شنید*
بجوشید و از غم دلش بردمید

ز کار برادر پراز درد بود
بران درد بر، درد لشکر فزود[4]

زبان کرد گویا، بنفرینِ توس
شب تیره تا گاهِ بانگ خروس

نامهٔ کیخسرو
به
فریبرز کاووس

دبیر خردمند را پیش خواند
دل آکنده بودش ز غم، برفشاند

یکی نامه بنوشت پر آب چشم
ز بهر برادر پراز درد و خشم![5]

بسوی فریبرز کاووس شاه!
یکی سوی پرمایگان سپاه[6]

1 – این گفتار بدین زمان، که ایرانیان بکوه گریخته‌اند پیوند ندارد، و نیز میان رج‌های پیشین‌وپسین که دربارهٔ بزرگان لشکر با توس و گودرز است، جدایی می‌افکند.

۲ – سخن را پایان نیست، و اگر گیو و بیژن زنده مانده‌اند، پس پور و نبیرهٔ او برجای استند.

۳ – یک: «چه افکند بن» در رج پیشین گویای همهٔ داستان است. دو: لت دویم نیز نادرخور است.

* – این گفتار را اندکی لغزش است، اما در همهٔ نمونه‌ها چنین است، مگر نمونهٔ ل که بجای آن، این آورده‌است! بگمان من این واژه؛ شاهِ دلیران است زیراکه در اوستا نیز یکی از پاژنام‌های شاهان، «فرادَتْ ویرَ» [illegible] بوده‌است که «افزایندهٔ یلان» بوده باشد!

۴ – سخن سستی ندارد، اما پیوسته بداستان برادری فرود با کیخسرو است.
۵ – نامه، پراز آب چشم نمی‌شود.

٦ – نامه تنها برای فریبرز نوشته.

گزیدن کیخسرو، فریبرز را به سپهسالاری ۲۸۹

سر نامه بود از نخست آفرین		چنانچون بود رسم آیین و دین:[۱]
«بنامِ خداوند خورشید و ماه		کجا داد بر نیکویی دستگاه
جهان و مکان و زمان آفرید		پی مور و پیل گران آفرید[۲]
ازویست پیروزی و زو شکیب		بنیک و ببد، زو رسد کام و زیب
خرد داد و جان و تن زورمند		بزرگیّ و دیهیم و تخت بلند[۳]
رهایی نیابد سر از بند اوی		یکی را همه فرّ و اورند اوی[۴]
یکی را دگر شوربختی دهد		نیاز و غم و درد و سختی دهد[۵]
ز رخشنده خورشید تا تیره‌خاک		همه داد بینم ز یزدان پاک
بشد توس با کاویانی درفش		ز لشکر چهل مرد زرّینه کفش![۶]
بتوران فرستادمش با سپاه		برادر شد از کین، نخستین تباه[۷]
به ایران چنو هیچ مهتر مباد		اُزین‌گونه سالار لشکر مباد[۸]
دریغا برادر فرود جوان		سر نامداران و پشتِ گوان[۹]
ز کین پدر زار و گریان بُدم		بران درد یکچند بریان بُدم[۱۰]
کنون بر برادر بباید گریست		ندانم مرا دشمن و دوست کیست[۱۱]
«مرو»، گفتم او را: «براه جَرَم		مزن بر کلات و سپدکوه دم[۱۲]
بدان ره فرود است و با لشکرست		یکی کی‌نژاد است و گندآور است[۱۳]
نداند که این لشکر ازبُن کی‌اند		از ایران سپاه‌اند گر خود چی‌اند[۱۴]
ازان کوه جنگ آورد بیگمان		فراوان سران را سر آرد زمان!»[۱۵]

---

۱ - **یک:** «سر نامه» و «از نخست» هردو یکی است و دوباره گویی است. **دو:** «بوَد» درلت دویُم در زمان روان (حال) است و آن داستان درگذشته روی نموده‌بود.

۲ - **یک:** «جهان» و «مکان» هردو یکی است. **دو:** در اندیشهٔ ایرانی زمان؛ خود آفریده است، و در نمازهای ایرانی زَرْوان (زمانه بیکرانه) چنین ستایش می‌شود: زَرَوانَهِه اَکِرَنَهِه یَزَمَئیدِ؛ زروان بیکران را می‌ستاییم، زَرَوانهه دَرِغو خْوَذاتَهِه یَزَمَئیدِ؛ زروانِ دیر (دراز) خود داده (خود آفریده) را می‌ستاییم.

۳ - آنزمان هنوز دیهیم پدیدار نشده بود.

۴ - **یک:** در اندیشهٔ ایرانی، سر در بندِ خداوند نبوده‌است. **دو:** لت دویم را پیوند درست نیست. **سه:** در نمونه‌های گوناگون آمده، اما همه بی‌پیونداند. افزاینده این لت را بالت نخستین از رج پسین پیوند داده‌است، بدینگونه خواسته‌است بگوید که یکی، از وی، فرّ و اورندی یابد، و دیگری شوربختی! و چنانکه دیده می‌شود، بازکنش و پیوند بایسته در این لت نیست.

۵ - باز نموده شد.

۶ - لت دویُم پیوند درست ندارد.

۷ - توس در رج پیشین کننده (فاعل) بود، و در این رج کیخسرو کننده می‌نماید.

۸ - مهتر، پادشاه کشور است.

۹ - فرود؛ سرِ نامداران نبود، پشت گوان نیز نبود که با آنان نبرد پیوست.

۱۰ - **یک:** از «کین» پدر، گریان شدن نادرست است. از «درد» پدر گریان می‌توان بودن. **دو:** س و ق: ز کار پدر... و بر همهٔ کارهای سیاوخش نمیتوان گریستن.

۱۱ - گفتار لت دویم نادرست است زیرا که اگر دشمن وی افراسیاب و گرسیوز و دمور و گروی باشند، دشمنان آنان دوست وی در شمار می‌آورند.

۱۲ - نادرستی سخن بهنگام خود آشکار گردید.

۱۳ - اگر فرود از دیدگاه کیخسرو شناخته شده بود، یادآوری آنکه وی کی‌نژاد است، دوباره گویی است.

۱۴ - سخن سست.

۱۵ - چرا می‌باید برادر کیخسرو با سپاه کیخسرو «بیگمان!» جنگ آورد؟

دریغ آنچنان گُرد خسرونژاد — که توس فرومایه دادش بباد[1]
اگر پیش ازین او سپهبد بُده است — ز کاووس شاه، اخترِ بَد بُده است[2]
برزم اندرون نیز خواب آیدش — چو بی می نشیند شتاب آیدش[3]
هنرها همه هست نزدیک اوی — مبادا چنان جان تاریک اوی[4]
چو این نامه خوانی، هم اندر شتاب — ز دل دور کن خورد و آرام و خواب
سبک، توس را بازگردان بجای — ز فرمان مگرد و، مزن هیچ رای!
سپهدار و سالارِ زرّینه کفش — تو می‌باش با کاویانی درفش
سرافراز گودرز ازان انجمن — به‌هرکار باشد ترا رایزن
مکن هیچ، در جنگ جستن شتاب — ز مَی دور باش و مپیمای خواب
به تندی مجو ایچ رزم از نخست — همی باش تا خسته گردد درست[5]
ترا پیشرو گیو باشد بجنگ — که با فرّ و بُرزست و زورِ پلنگ
فراز آور از هرسویی ساز رزم — مبادا که آید ترا رای بزم»[6]
نهادند، بر نامه بر، مُهر شاه — فرستاده را گفت: «برکش براه
ز رفتن شب و روز میاسای هیچ — به هر منزلی اسپ دیگر بسیچ
بیامد فرستاده هم زین نشان — بنزدیک آن نامور سرکشان
به نزد فریبرز شد نامه‌دار — بدو داد پس نامهٔ شهریار[7]
فریبرز توس و یلان را بخواند — ز کار گذشته فراوان براند[8]
همان نامور گیو و گودرز را — سواران و گردان آن مرز را[9]
چو برخواند آن نامهٔ شهریار — جهان را درختی نو آمد ببار
بزرگان و شیران ایرانزمین — همه شاه را خواندند آفرین
بیاورد توس آن گرامی درفش — اباکوس و پیلان و زرّینه کفش

---

۱ - **یک:** همگان دانند که توس فرزند نوذر و نوهٔ منوچهر شاه است، پس چگونه فرومایه‌اش توان خواندن؟ **دو:** باز پیدا است که فرود بر دست رهّام گودرزان تباه شد نه توس. ۲ - لت دویم پیوند درست ندارد.

۳ - لت نخست نادرست است، زیرا که توس در بسا جنگها سپهسالار بوده‌است و پیروز نیز بوده‌است.

۴ - لت نخستین با لت دویم، روبروی هم می‌ایستند! این چند رج همواره از توس یاد شده‌است، و اگر گفتار فردوسی می‌بود در رج (؟؟شماره رج؟؟) نام بردن از «توس» درست نمی‌نمود و می‌بایستی بجای نام از «او» یاد شود، و چون آن رج بیگمان از فردوسی است اگر انگشت نیز بر این چند رج نمیتوانستیم نهادن، بدینروی که یاد شد، افزوده است.

۵ - دوباره‌گویی سخن پیشین لت دویم را پیوند درست نیست، چه‌کس خسته گردد؟؟ خسته در زبان فارسی برای برابر «مجروح» در زبان تازی است و کاربرد آن بجای «مانده»، تازه است.

۶ - **یک:** در کشور توران چگونه برای ایرانیان ساز رزم توان فراز آوردن؟ **دو:** لت دویم دوباره‌گویی لت دویم از رج سیوم پیشین است.

۷ - «نامه‌دار» نادرست است، و نام از «فرستاده» در رج پیشین آمده‌بود.

۸ - از کارگذشته، در آن چند گاه، سخن رفته‌بود، و فریبرز می‌بایستی بفرمان کیخسرو توس را بایران فرستد، و سرداران سپاه را بپذیرد.

۹ - سخن پایان ندارد! کدام مرز را؟ آنان هنوز در خاک توران‌اند!

گزیدن کیخسرو، فریبرز را به سپهسالاری ۲۹۱

بنزد فریبرز بردند و[○] گفت / که: «آمد سزا را، سزاوار، جفت
همه ساله بخت تو پیروز باد / همه روزگار تو نوروز باد»
برفت و ببرد آنکه بُد نوذری / سواران جنگ‌آور و لشکری[1]
بنزدیک شاه آمد از دشت جنگ / بره بر، نکرد ایچ گونه درنگ
زمین را ببوسید در پیش شاه / نکرد ایچ خسرو بدو در نگاه
بدشنام بگشاد لب شهریار / بران[▣] انجمن توس را کرد خوار
ازانپس بدو گفت ک:«ای بدنشان / که گُم باد نامت ز گردنکشان
نترسی همی از جهاندار پاک / ز گُردان نیامد ترا شرم و باک
بگفتم مرو سوی راه جَرم / برفتی و دادی مرا دل بغم[2]
نخستین بکین من آراستی / نژاد سیاوخش را کاستی؟[3]
برادر سرافراز جنگی فرود / کجا هم چنو در زمانه نبود[4]
بکشتی کسی را که در کارزار / چو تو لشکری خواستی روز کار[5]
وزان پس که رفتی بدان رزمگاه / نبودت بجز رامش و بزم، گاه[6]
ترا جایگه نیست در شارستان / بزیبد ترا بند و بیمارستان[□]
ترا پیش آزادگان کار نیست / کجا مر ترا رای هشیار نیست[7]
سزاوارِ مسماری و بند و غُل / نه اندر خور تاج و دیهیم و مل[8]
نژاد منوچهر و ریش سپید / ترا داد بر زندگانی امید
اُگرنه بفرمودمی تا سرت / بداندیش کردی جدا از برت!
برو! جاودان، خانه زندان تست / همان گوهرِ بد، نگهبان تست»![9]
ز پیشش براند و بفرمود بند / به بند از دلش بیخ شادی بکند[10]

○ – «بنزد فریبرز و پس توس گفت» درست‌تر می‌نماید.

۱ – لت نخست سست است و لت دویم بی‌پیوند.

▣ – س، ل ۲، س ۲: «در آن» دیگر نمونه‌ها «بر آن» اما چنین درست می‌نماید که: «بَرِ انجمن، توس را کرد خوار» بَرِ انجمن: میان انجمن.

۲ – **یک:** نادرستی کلات و جرم را پیش‌ازاین بر رسیدیم. **دو:** در لت دویم دل به غم «دادن» نادرست است.

۳ – سخن نادرست نیست اما پیوسته بداستان است.

۴ – سخن پیوند درست با رج پیشین ندارد.

۵ – **یک:** اگر چنین بود، چرا کشته شد؟ **دو:** فرود بر دست توس کشته نشد.

۶ – بدان رزمگاه نادرست است: «به رزم توران».

□ – بیمارستان: دیوانه‌خانه، جایگاه نگهداری بیماران روانی در بیرون از شهر بوده‌است، که بند و زنجیر بر آنان می‌نهادند.

۷ – «رای» هشیار نادرست است: «رای خوب»، یا «رای بد».

۸ – دیهیم!

۹ – گوهر و نژاد توس به فریدون می‌رسید.

۱۰ – در رج پیشین چنین آمد که توس در خانهٔ خویش نشیند، و در این رج از «بند» یاد می‌شود.

نشستن فریبرز کاووس
بجای توسِ نوذران

فریبرز بنهاد بر سر کلاه — که هم پهلوان بود و هم پور شاه
ازان‌پس بفرمود رهّام را — که پیدا کند؛ با گهر، نام را○
بدو گفت: «رو پیش پیران خرام — ز من نزد آن پهلوان بر پیام
بگویش که: «کردار گردان سپهر — همیشه چنین بود؛ پر درد و مهر
یکی را برآرد بچرخ بلند — یکی را کند زار و خوار و نژند
کسی کاو بلا جست، گُرد، آن بود — شبیخون، نه کردار مردان بود![1]
شبیخون نسازند گنداوران؛ — کسی کاو گراید به گرز گران!
تو گر با درنگی، درنگ آوریم — گرت رای جنگ است جنگ آوریم»
ز پیش فریبرز، رهّامِ گُرد — برون رفت و پیغام و نامه□ ببرد
بیامد، طلایه، بدیدش به راه — بپرسیدش از نام و از جایگاه
بدو گفت: «رهّام جنگی منم — هنرمند و بیدار و سنگی منم
پیام فریبرز کاووس شاه — به پیران رسانم بدین رزمگاه»
ز پیش طلایه سواری چو گَرد — بیامد سخن‌ها همه یاد کرد
که رهّام گودرز، زان رزمگاه — بیامد سوی پهلوان سپاه
بفرمود تا پیش اوی آورند — گشاده‌دل و تازه‌روی آورند[2]
سراینده رهّام شد پیش اوی — بترس! از نهانِ بداندیش اوی[3]
چو پیران ورا دید، بنواختش — بپرسید و بر تخت بنشاختش
برآورد رهّام، راز از نهفت — پیام فریبرز با او بگفت
چنین گفت پیران، برهّام گُرد — که: «این جنگ را خُرد نتوان شمرد
شما را، بُد، این پیشدستی بجنگ! — ندیدیم با توس، رای و درنگ
بمرز اندر آمد چو گرگ سترگ — همی کشت بی‌باک خرد و بزرگ[4]

○ – با چنان گوهر و نژاد که او را است، نام خویش را در میان یلان بلند کند.

۱ – لت نخست را سخن ناهموار است، و لت دویم بگونهٔ درست در رج پسین آمده‌است.

□ – «**پیغام وی را**» درست می‌نماید.

۲ – **یک**: پیش «اوی» آورند، نادرست است. **دو**: چگونه، یکیِ از پهلوانان سپاهِ‌شکست خوردهٔ ایران گشاده دل و تازه‌روی باشد؟

۳ – اگر تازه‌روی و گشاده دل بود، چرا با ترس پیش وی رود؟

۴ – همی‌کشت نادرست است: «کشت»، در کنارِ «آمد» لت نخست.

چه مایه بکشت و چه مایه ببرد — بد و نیک این مرز یکسان شمرد[۱]
مکافات این بد کنون یافتند — اگر چند با کینه بشتافتند[۲]
کنون گر تویی پهلوان سپاه — چنانچون ترا باید، از من بخواه!
گرایدونکه یکماه خواهی درنگ! — ز لشکر نیاید، سواری بجنگ!
اُگر جنگ جویی منم جنگخواه — بیارای و برکش صف رزمگاه[۳]
چو یک مه بدین آرزو بشمرید — که از مرز تورانزمین بگذرید[۴]
برانید لشکر سوی مرز خویش — بدانید، یکسر، همه ارزِ خویش

*

اُگر خود هم اکنون درآیی بجنگ — مخواهید زین پس زمان و درنگ»[۵]
یکی خلعت آراست رهّام را — چنانچون بود درخور نام را[۶]
بنزد فریبرز، رهّام گُرد — بیاورد نامه چنانچون ببرد[۷]
فریبرز چون یافت روز درنگ — به هرسو بیازید چون شیر چنگ[۸]
سر بدره‌ها را گشادن گرفت — نهاده همه رایِ دادن گرفت[۹]
کشیدند و لشکر بیاراستند — ز هر چیز لختی بپیراستند[۱۰]
چو آمد سر ماه و هنگام جنگ — ز پیمان بگشتند و از نام و ننگ
خروشی برآمد ز هردو سپاه — برفتند یکسر سوی رزمگاه
ز بس نالهٔ بوق و هندی‌درای — همی آسمان اندر آمد ز جای
هم از یال اسپان و دست و عنان — ز کوپال و تیغ و کمان و سنان[۱۱]
تو گفتی جهان دام نرّ اژدهاست — اُگر آسمان با زمین گشت راست[۱۲]
نبُد پشه را روزگار گذر — ز بس گرز و تیغ و سنان و سپر[۱۳]

---

۱ - کجا بردند؟ آنانکه در مرز توران همه چیز را از دست دادند!
۲ - **یک:** «اگر چند» نادرست است: «چون» با کینه شتافتند مکافات «بدی» خویش را یافتند. **دو:** «کنون» نیز نادرست است زیرا که چندی پیش چنین کار روی نموده‌بود. **سه:** از رفتن فرستاده نزد کیخسرو، و رسیدن نامه کیخسرو به توس زمانی دراز می‌گذرد.
۳ - **یک:** صف رزمگاه را بر نمی‌کشند و سپاه را بر می‌کشند. **دو:** این رج در نمونه‌های دیگر، گوناگون است، هیچیک ره بجایی نمی‌برد (خالقی مطلق، ۸۲-۳).
۴ - سخن بس سست است.
۵ - دوباره‌گویی رج ۱۲۶۶۵ است.
۶ - «درخورِ نام را» نادرست است: «چنانچون درخورِ پایگاه یا نامِ رهام بود».
۷ - پیران پیام داد، نه نامه.
۸ - فریبرز را در کشور توران، توانِ آن نبود که به هرسوی چنگ دراز کند.
۹ - سپاه ایران «بُنه» را از دست داده‌بود، و بدرهٔ نهاده در دست نداشت.
۱۰ - **یک:** «کشیدند» در آغاز سخن درست نیست! **دو:** لت دویم، چه را خواهد گفتن؟
۱۱ - در رج پیشین از نالهٔ بوق و بانگ درای آسمان را از جای جنبش آمده‌بود، و افزاینده یال اسب و دست و لگام و کوپال و تیغ و کمان و سنان را نیز بدان افزود، باز آنکه از هیچیک از ابزارهای یاد شده، بانگی بر نمی‌خیزد.
۱۲ - **یک:** تو گفتی... **دو:** لت دویم شاید بودن که افزاینده می‌خواسته‌است بگوید اما گرد و غوغا از زمین بآسمان می‌رود!
۱۳ - «روزگارِ» گذر، درست نیست: «توانِ گذر».

۲۹۴ کیخسرو

سوی میمنه گیو گودرز بود	رد و موبد و مهتر مرز بود [1]
سوی میسره اشکش تیز چنگ	که دریای خون راند هنگام جنگ [2]
یلان با فریبرز کاووس شاه	درفش ازپس پشت در قلبگاه [3]
فریبرز با لشکر خویش گفت	که: «ما را هنرها شد اندر نهفت [4]
یک امروز چون شیر جنگ آوریم	جهان بر بداندیش تنگ آوریم [5]
کزین ننگ تا جاودان بر سپاه	بخندد همی گرز و رومی کلاه» [6]
یکی تیرباران بکردند سخت	چو باد خزانی که ریزد درخت [7]
تو گفتی هوا پر-کرگس شده‌ست	زمین از پی پیل پامس شده‌ست [8]
نبُد بر هوا، مرغ را جایگاه	ز تیر و ز گرز و ز گرد سپاه
درفشیدن تیغ الماس‌گون	بکردار آتش به گَرد اندرون
تو گفتی زمین روی زنگی شده‌ست	ستاره دل پیل جنگی شده‌ست [9]
ز بس نیزه و گرز و شمشیر تیز	برآمد همی از جهان رستخیز [10]
ز قلب سپه گیو شد پیش صف	خروشان و بر لب برآورده کف [11]
ابا نامداران گودرزیان	کزیشان بدی راهِ سود و زیان [12]
بتیغ و بنیزه برآویختند	همی ز آهن، آتش فرو ریختند [13]
چو شد رزم گودرز و پیران درشت	چو نهسد تن از تخم پیران بکشت [14]
چو دیدند لهاک و فرشیدورد	کزان لشکر گشن برخاست گرد [15]
یکی حمله بردند بر سوی گیو	بدان گرزداران و شیران نیو [16]

---

۱ - **یک:** میمنه را در گفتار فردوسی راه نیست. **دو:** گیو پهلوان لرستان بود، و موبد مرز نبود.

۲ - دریای خون «راند» درست نیست: «دریای خون میراند».

۳ - **یک:** مگر گیو واشکش از یلان ایران نبودند؟ **دو:** درفش ازپس پشتِ چه کس؟ پشت یلان؟ یا پشت فریبرز؟ روشن نیست.

۴ - سخن نادرست نیست، اما پیوسته بداستان است.

۵ - گفتار از داستانی دیگر از شاهنامه است که بدینجا کشیده شده‌است.

۶ - **یک:** گرز و کلاه را توانِ خنده نیست. **دو:** روم هنوز در گسترهٔ جهان پدیدار نشده بود.

۷ - باد خزان «برگِ» درخت را فرو میریزد، نه آنکه درخت را ریزد.

۸ - **یک:** تو گفتی! **دو:** «پامَس» یک آمیزهٔ درست است (= بزرگ‌پا) اگرچه در هیچ گفتار فارسی دیگر نیامده است، اما، «زمین از پیِ پیل بزرگ‌پای شده»، چه را خواهد گفتن؟

۹ - **یک:** تو گفتی... **دو:** زمین ازگرد سیاه نمی‌شود که آسمان سیاه می‌شود، اما ستاره چگونه «دلِ پیل» می‌گردد؟

۱۰ - همی در لت دویم نادرست است، و «برآمد» بسنده می‌نماید.

۱۱ - گیو در قلب سپه نبود که افزاینده وی را در بالِ راست گذاشته بود.

۱۲ - **یک:** «راهِ» سودوزیان چگونه باشد؟ **دو:** چگونه از یک گروه در یک نبرد هم سود بر می‌آید، و هم زیان؟

۱۳ - چون هنگام نبرد تن بتن «برآویختند» فرارسد، نیزه را کاربرد نیست.

۱۴ - **یک:** پیشتر از رزم گودرز و پیران سخن نرفته‌بود! **دو:** «چو نُهسد» نادرست است.

۱۵ - از آغاز... گرد ازلشکر برخاسته‌بود.

۱۶ - سخن نادرست است: بر گیو «و» گرزداران...

ببارید تیر از کمان سران بران نامداران و جوشنوران[1]
چنان شد که کس روی کشور ندید ز بس کشتگان شد زمین ناپدید[2]
یکی پشت بر دیگری برنگاشت نه بگذاشت آن جایگه را که داشت[3]
چنین گفت هومان، بفرشیدورد که: «با قلبگه جُست باید نبرد
فریبرز باید کزان قلبگاه گریزان برانَد ز پشت سپاه[○]
پس آسان بود جنگ با میمنه بجنگ آید آن رزمگاه و بنه»![4]
برفتند پس، تا بقلب سپاه بجنگ فریبرز کاووس شاه
ز هومان؛ گریزان بشد پهلوان شکست اندر آمد برزمِ گوان
بدادند گردنکشان جای خویش نبودند گستاخ با رای خویش[5]
یکایک بدشمن سپردند جای ز گردان ایران نبُد کس بپای[6]
بماندند بر جای کوس و درفش ز پیکارشان دیده‌ها شد بنفش[7]
دلیران بدشمن نمودند پشت ازان کارزار، اندُه آمد بمشت
نگون گشته کوس و درفش و سنان نبودند ایچ پیدا، رَکیب از عنان
چو دشمن ز هرسو بانبوه شد فریبرز بر دامن کوه شد
برفتند ز ایرانیان هر که زیست بران زندگانی بباید گریست![8]
همی بود بر جای گودرز و گیو ز لشکر بسی نامبردار نیو[9]
چو گودرز کشواد، بر قلبگاه؛ درفش فریبرز کاووس شاه؛
ندید و یلان سپه را ندید بکردار آتش دلش بردمید
عنان کرد پیچان، براه گریز برآمد ز گودرزیان رستخیز
بدو گفت گیو: «ای سپهدار پیر بسی دیده‌ای گرز و کوپال و تیر
اگر تو ز پیران بخواهی گریخت بباید بسر بر، مرا خاک بیخت*

۱ – **یک:** از کمان سران: «لهّاک و فرشیدورد» دو تیر بیشتر نمی‌گذرد... **دو:** باران تیر در آغاز نبرد بر دست کمانداران پیاده میریزد!
۲ – زبس «کشتگان» نادرست است: «زبس کشته» یا «از کشتگان». ۳ – لت دویم سست است.
○ – در همهٔ نمونه‌ها گریزان بیاید...» آمده‌است مگر در ق: پیوند، و در ل ۲ «برانَد» که همین درست است.
۴ – **یک:** «بُنه» را پشت سپاه بار میگردند، نه در بال راست! **دو:** باری اگر بُنه بجنگ آید، رزمگاه، چگونه بدست می‌آید؟
۵ – گستاخ «با رای خویش» چگونه تواند بودن؟ ٦ – در رج پیشین از «دادنِ جای» یاد شده بود، و این رج دوباره‌گویی است.
۷ – **یک:** سپاهی که میگریزد، چگونه از پیکارش دیده‌ها بنفش می‌شود. **دو:** دیده چگونه و کجا، بنفش شده‌است، که اینجا بارِ دیگر آن بوده باشد؟
۸ – **یک:** «برفتند» با «زیست» همخوان نیست. **دو:** هرکس که «زیست» نادرست است: «هرکس که زنده ماند». **سه:** بباید گریست در لت دویم نیز پیوند با زمانِ روان (حال) دارد، باز آنکه آن نبرد درگذشته روی نموده‌بود!
۹ – کنش یگانهٔ «بود» برای دو کس و سپس برای «بسی کس» درست نیست.
* – در بیشتر نمونه‌ها «خاک ریخت» آمده‌است مگر در س، س ۲، لن، ق ۲، ل، ب، پ، که بیخت آمده! استاد خالقی مطلق پس‌از بیخت، نشانهٔ پرسش(؟) نهاده‌است بازآنکه همین بیخت درست است، زیراکه خاک ریخت با گریخت، پساوا ندارد.

نمانَد کسی زنده اندر جهان   دلیران و کارآزموده مهان[1]
ز مردن مرا و ترا چاره نیست   درنگی‌تر از مرگ پتیاره نیست[2]
چو پیش آمد این روزگار درشت   ترا روی بینند، بهتر که پشت!
نپیچیم، زین جایگه، سر ز جنگ   نیاریم بر تخمِ کشواد، ننگ!
ز دانا تو نشنیدی آن داستان   که برگوید از گفتهٔ باستان[3]
که گر دو برادر نهد پشت پشت   تن کوه را سنگ مانَد به مشت[4]
تو باشی و هفتاد جنگی پسر   ز دوده، بسی نیز، شیرانِ نر
بخنجر دل دشمنان بشکنیم   اُگر کوه باشد زبن برکنیم»
چو گودرز بشنید گفتار گیو   بدید آن سرِ ترگِ گُردانِ نیو
پشیمان شد از دانش و رای خویش   بیفشارد بر جایگه پای خویش
گرازه برون آمد و گستهم   ابا برته و زنگهٔ یل بهم
بخوردند، سوگندهای گران   که پیمان شکستن نبود اندرآن
کزین رزمگه برنتابیم روی   گر از گرز؛ خون اندر آید بجوی!

*

اُزان جایگه ران بیفشاردند   برزم اندرون گرز بگزاردند[5]
ز هرسو سپه بیکران کشته شد   زمانه همی بر بدی گشته شد[6]
به بیژن چنین گفت گودرز پیر   که «از ایدر برو زود برسان تیر[7]
بسوی فریبرز و برکش عنان   به پیش من آر اختر کاویان[8]
مگر خود فریبرز با آن درفش   بیاید کند روی دشمن بنفش»[9]
چو بشنید بیژن، برانگیخت اسپ   بیامد بکردار آذرگشسپ[10]

---

۱ - با رج پیشین پیوند ندارد.

۲ - لت دویم را هیچ گزارشی نیست پتیاره (=مخالف، مخالف آیین) چگونه درنگی می‌شود، مرگ پتیاره نمی‌شود!

۳ - تو نشنیدی نادرست است: «نشنیده‌ای؟»

۴ - دو برادر «نهند» درست است. لت دویم بی‌گزارش و نادرست است، که اگر «سنگ» بر کوه بماند، همهٔ کوه، مانده‌است و چیزی از آن کم نشده‌است. دو رج را نیز پیوند درست نیست.

۵ - از آنجایگه، نادرست است: ران فشردن برای برانگیختن اسب است، باز آنکه در لت دویم سخنی از تاختن نیست که سخن از کوبیدن گرز می‌رود.

۶ - **یک:** چون از هرسو (=کران) سخن می‌رود، «بیکران» درست نیست. **دو:** لت دویم راگزارش نیست.

۷ - سخن نادرست نیست اما پیوسته بداستان است.

۸ - **یک:** «اختر» کاویان نادرست است. **دو:** مگر میدان جنگ میدان بازیست که یکی از سواران بتواند، درفش کاویانی را که پادشاه از توس گرفته بفریبرز سپرده است بگیرد و بسویی دیگر برد؟

۹ - اگر فریبرز بازگردد، پس بیژن را چرا می‌باید «درفش را گرفتن»؟

۱۰ - سخن درست است و از داستانهای دیگر شاهنامه برگرفته شده، اما پیوسته بداستان است.

گزیدن کیخسرو، فریبرز را به سپهسالاری ۲۹۷

بنزد فریبرز و با او بگفت   که: «ایدر چه داری؟ سپه در نهفت![1]
عنان را چو گُردان یکی برگرای   برین کوه‌سر بر، فزون زین، مپای![2]
اگر تو نیابی مرا دِه درفش   سواران و این تیغ‌های بنفش»[3]
یکی بانگ برزد به بیژن که: «رو   که در کار تندیّ و در جنگ، نو![4]
مرا شاه داد این درفش و سپاه   همین پهلوانیّ و تخت و کلاه[5]
درفش ازدر بیژن گیو نیست   نه اندر جهان سربسر نیو نیست»[6]
یکی تیغ بگرفت بیژن بنفش   بزد ناگهان بر میان درفش[7]
به دو نیمه کرد اختر کاویان   یکی نیمه برداشت گُرد از میان[8]
بیامد که آرد بنزد سپاه   چو ترکان بدیدند اختر به راه[9]
یکی شیردل لشکری جنگجوی   همه سوی بیژن نهادند روی[10]
کشیدند کوپال و تیغ بنفش   به پیکار آن کاویانی درفش[11]
چنین گفت هومان که: «آن اخترست   که نیروی ایران بدو اندرست[12]
درفش بنفش ار به چنگ آوریم   جهان جمله بر شاه تنگ آوریم»[13]
کمان را بزه کرد بیژن چو گرد   برِشان یکی تیرباران بکرد[14]
سپه را بتیر از برش دور کرد   همی گرگ درّنده را سور کرد[15]
بگفتند با گیو و با گستهم   سواران که بودند با او بهم[16]
که‌مان رفت باید به توران‌سپاه   ربودن ازیشان همی تاج و گاه[17]

---

۱ - فریبرز گریخته بود، نه آنکه سپه را در «نهفت» کرده باشد.

۲ - **یک:** پیشتر در این باره سخن نیامده‌است. **دو:** آیین گفتار ایرانی نیست که پهلوانزاده‌ای جوان با برادر پدرِ شاه ایران چنین سخن گوید که «مانند پهلوانان» لگام را برگرای.

۳ - **یک:** سخن سست و بی‌بنیاد، که درفشدار ایران در آنزمان فریبرز بوده‌است. **دو:** لت دویم را با لت نخست پیوند سست است! «سواران و این شمشیرها را» بمن ده.

۴ - پیوسته بداستان.

۵ - افزاینده بشتاب افتاده است، زیرا که تخت و کلاه از سوی کیخسرو به وی داده نشده بود.

٦ - لت دویم راگزارش نیست.

۷ - **یک:** بیژن تیغ خویش را تواند کشیدن، نه «یکی» تیغ بنفش را، اما افزاینده را نیاز به واژهٔ بنفش برای پساوای درفش بوده‌است. **دو:** شمشیر بیژن، چگونه به درفش برافراشتهٔ بلند رسید؟

۸ - اختر کاویان نادرست است.

۹ - **یک:** ترکان! **دو:** اختر!

۱۰ - دوبار «ی» یگانه در یک سخن نادرست است یک «ی» شیردل، لشکر«ی».

۱۱ - پیکار با درفش؟

۱۲ - اختر!

۱۳ - این بیت از داستان نبرد هفت پهلوان برگرفته شده‌است: گر این هفت یل را بچنگ آوریم جهان، پیش کاووس تنگ آوریم.

۱۴ - بیژن که نیمی از درفش را در یک دست دارد، چگونه تواند که کمان برکشد و با دو دست بر آنان باران تیر ببارد؟

۱۵ - **یک:** لت نخست سست و در لت دویم «همی» نادرست است. **دو:** و گرگ نیز مردارخوار نیست، مردارخوران، کفتار و، کرکس و کلاغ‌اند.

۱٦ - پیوسته به رج پسین.

۱۷ - لت دویم «همی» نادرست است. در میدان جنگ تاج و تخت با خویش نمی‌آوردند که از ایشان بربایند.

ز گُردان ایران دلاور سران   برفتند بسیار نیزه‌وران[1]
بکشتند زیشان فراوان سوار   بیامد ز ره بیژن نامدار[2]
سپاه اندر آمد به گِردِ درفش   هوا شد ز گرد سواران بنفش[3]

*

دگرباره از جای برخاستند   بدان دشت رزمی نو آراستند
به پیش سپه کشته شد ریونیز   که کاووس را بُد چو جان عزیز
یکی تاجور شاه کهتر پسر   نیاز فریبرز و جان پدر[4]
سرِ تاج او اندر آمد بخاک   بسی نامور جامه کردند چاک
ازان پس خروشی برآورد گیو   که: «ای نامداران و گردان نیو[5]
چنویی نبود اندرین رزمگاه   جوان و سرافراز و فرزند شاه[6]
نبیره‌ی جهاندار کاووس پیر   سه تن کشته شد زار بر خیره خیر[7]
فرود سیاوخش و چون ریونیز   به گیتی فزون زین شگفتی چه چیز[8]
اگر تاج آن نارسیده جوان   به دشمن رسد شرم دارد روان[9]
اگر من بجنبم ازین رزمگاه   شکست اندر آید به ایران سپاه[10]
نباید که آن افسر شهریار   به ترکان رسد در صف کارزار[11]
فزاید برین ننگ‌ها ننگ نیز   ازین افسر و کشتن ریونیز»[12]
چنان بُد که بشنید آواز گیو   سپهبد سرافراز پیران نیو[13]
برآمد بنوّی یکی کارزار   ز لشکر بران افسر نامدار[14]
فراوان ز هر سو، سپه کشته شد   سرِ بخت گردنکشان گشته شد[15]
برآویخت چون شیر بهرام گرد   بنیزه، بریشان یکی حمله برد

---

۱ – دلاور سران برفتند، یا نیزه‌وران؟   ۲ – لت دویم را با لت نخست پیوند نیست.
۳ – چون بگرد درفش گِرد آیند، گَرد می‌خوابد، و نه چنانست که گرد برخیزد.
۴ – سخن سست و بی‌گزارش است.   ۵ – سخن درست است، و از داستانی دیگر از شاهنامه برگرفته شده‌است.
٦ – اندر رزمگاه؟ یا در ایرانسپاه؟   ۷ – لت دویم با لت نخست پیوند ندارد.
۸ – **یک:** سخن سست است. **دو:** و پایان نیز ندارد. **سه:** «چون ریونیز» را نیز گزارش نیست.
۹ – جوان نارسیده نیست. برای کودکان خردسال کودک نارسیده بکار میبرند. در برخی نمونه‌ها نورسیده آمده‌است، که آن نیز نادرست است. جوان نورسیده، جوانِ پانزده شانزده ساله است، نه کسَی چون پادشاهِ ریوند (بنگرید بداستان ایران بر بنیاد گفتارهای ایرانی بخش ریونیز).   ۱۰ – نیاز به جنبش گیو نبود، زیرا که تاج ریونیز در نزدیکی ایشان بزمین افتاده‌بود.
۱۱ – ترکان!   ۱۲ – «ننگ نیز» را با «ریونیز» پساوای درست نیست.
۱۳ – افزاینده، میدان نبرد را میدان بازی کودکان در شمار آورده‌است!! که پیران از میانهٔ سپاه خویش آواز گیو را در میانه سپاه ایران می‌شنود!   ۱۴ – بر آن افسر نادرست است: «برای آن افسر».
۱۵ – **یک:** نمیشود که سرِ بختِ گردنکشان، از هردو سوی برگردد... زیرا که اگر بر یکسوی شکست آید سوی دیگر را بخت و شادی پیش می‌آید. **دو:** «گَشته» را نیز با «کُشته» پساوا نیست.

داستان تازانهٔ بهرام ۲۹۹

بنوک سِنان، تاج را برگرفت　　دو لشکر بدو مانده اندر شگفت
همی بود زان گونه تا تیره گشت　　همی دیده از تیرگی خیره گشت[۱]
چنین هر زمانی برآشوفتند　　همی بر سر یکدگر کوفتند[۲]
ز گودرزیان هفت تن زنده بود　　بران رزمگه دیگر افکنده بود[۳]
هم از تخمهٔ گیو چون بیست‌وپنج　　که بودند زیبای دیهیم و گنج[۴]
هم از تخم کاووس هفتاد مرد　　سواران و شیران روز نبرد[۵]
جز از ریونیز آن سر تاجدار　　سزد گر نیاید کسی در شمار[۶]
چو سیسد تن از تخم افراسیاب　　کجا بختشان اندر آمد بخواب[۷]
ز خویشان پیران چو نهسد سوار　　کم آمد برین روز در کارزار[۸]
همان دست پیران بد و روی اوی　　ازان اختر گیتی افروز اوی[۹]
نبُد روزِ پیکار ایرانیان　　ازان جنگ جستن، سرآمد زیان
از آوردگه روی برکاشتند　　همه خستگان خوار بگذاشتند[۱۰]
بدان‌گه کجا بخت برگشته بود　　دمان بارهٔ گستهم کشته بود[۱۱]
پیاده همی رفت نیزه به دست　　ابا جوشن و خود برسان مست
چو بیژن به گستهم نزدیک شد　　شب آمد همی روز تاریک شد[۱۲]
بدو گفت: «هین برنشین از پسم　　گرامی‌تر از تو نباشد کسم»[۱۳]
نشستند هردو بران بارگی　　چو خورشید شد تیره یکبارگی[۱۴]
همه سوی آن دامن کوهسار　　گریزان برفتند، برگشته کار

---

۱ - **یک:** سخنِ افزاینده چنین می‌نماید که بهرام با تاج ریونیز بر سرِ نیزه همچنان ایستاده بود تا «آسمان» تیره شد و اینچنین نشاید. **دو:** «همی» نادرست است.　۲ - اگر دیده‌ها بیکار شد، چگونه دو سپاه زمان تا زمان آشوفتند، و بر سر یکدیگر «همی» کوفتند؟

۳ - **یک:** زنده بود نادرست است: «زنده ماندند». **دو:** «دیگر افکنده «بود» نیز نادرست است: «دیگران، افکندمبودند».

۴ - **یک:** گیو، خود، از گودرزیان بود. **دو:** «چون بیست و پنج» نادرست است. **سه:** فرزندان پهلوانان، پهلوان می‌شدند، نه دیهیم‌دار... که آنزمان دیهیم نیز پدیدار نشده بود.　۵ - سخن را پایان نیست.　۶ - سخن بی‌گزارش است.

۷ - «چو» سیسد، نادرست است و پایان نیز ندارد.

۸ - **یک:** «چو» نهسد، نیز. **دو:** «بر این روز»، نادرست است. **سه:** در نمونه‌های دیگر درین و در آن و ازین... همه نادرست‌اند.

۹ - سست‌ترین سخن. برای پیران تنها دست و روی او برجای مانده بود؟ پس آن پهلوانان از نژاد پیران که در جنگهای آینده نبرد می‌آزمایند، که بودند؟ اگر چنین است، چرا در رج پسین، پیروزی پیران نمودار می‌شود؟ **دو:** لتِ دویم نیز بی‌گزارش است.

۱۰ - در لت دویم خستگان را «را» می‌باید.

۱۱ - **یک:** کَشته با کُشته پساوا ندارد. **دو:** کشته بود نادرست است: «کشته شد» یا «کشته شده بود».

۱۲ - افزاینده بسی پیش‌ازاین، هوا را تیره کرده‌بود!

۱۳ - این گفتار کودکانه درخور شاهنامه نیست، زیرا که شاید بودن که ده‌ها و سدهاکس که اسپ خویش را از دست داده‌بودند بر ترکِ اسپ یاران خویش سوار شوند، نه ازپس آنان!

۱۴ - سدیگر بار از تیره (= تاریک) و تاریکی سخن میرود، و خورشید یکباره(گی) تیره نمی‌شود، که نرم‌نرم به پشت کوهساران می‌نشیند پاسی پس‌از فرونشستن آن هوا هنوز روشن است.

سواران توران همه شاد دل　　ز رنج و ز غم گشته آزاد دل
بلشکرگه خویش بازآمدند　　گرازنده و بزمساز آمدند
ز گُردان ایران برآمد خروش　　همی کر شد از نالهٔ کوس گوش [1]

*

دوان رفت بهرام، پیش پدر　　که: «ای پهلوان یلان سربسر
بدانگه که آن تاج برداشتم　　بنیزه، بابر اندر افراشتم
یکی تازیانه ز من گم شده‌ست　　سپهدارْ پیران چو گیرد بدست○؛
ببهرام بر، چند باشد فسوس　　جهان پیش چشمم شود آبنوس
نبشته بران چرم نام من است　　سپهدار پیران بگیرد به دست [2]
شوم تیز و تازانه بازآورم　　اگر چند، رنجِ دراز آورم
مرا این بد از اختر آید همی　　که نامم بخاک اندر آید همی، [3]
بدو گفت گودرز پیر: «ای پسر　　همی بخت خویش اندر آری بسر!
ز بهر یکی چوبِ بسته دوال　　شوی در دمِ اخترِ شوم فال»
چنین گفت بهرامِ جنگی که: «من　　نی‌ام بهتر از دوده و انجمن
بجایی توان مُرد، کاید زمان　　بکژّی چرا برد باید گمان»
بدو گفت گیو: «ای برادر مشو　　فراوان مرا تازیانست نو
یکی شوشهٔ زر بسیم اندرست　　دو شیبش ز خوشاب و از گوهرست [4]
فرنگیس چون گنج بگشاد سر　　مراداد چندان سلیح و کمر [5]
من آن درج و تازانه برداشتم　　بتوران دگر خوار بگذاشتم [6]
یکی نیز بخشید کاووس شاه　　ز زرّ و ز گوهر چو تابنده ماه [7]

---

۱ - **یک:** خروش از شکست و شکسته شدن ایرانیان شاید، اما نواختن کوس در چنان هنگامه نشاید. **دو:** کوس را غرش است و ناله نیست.

○ - در همهٔ نمونه‌ها، این داستان در دو رج آمده‌است: الف) چو گیرند بیمایه ترکان[؟] بدست، ب) سپهدار پیران بگیرد بدست. سخن نخستین نادرست است برای واژهٔ «ترکان» که هنوز در آنزمان تورانیان ترک نبوده‌اند. سخن دویُم نیز از دیدگاه دستورزبان فارسی یک پیوند «چو» کم دارد: «چو» سپهدار پیران، آنرا بدست گیرد! و از برآیند این هردو گفتار، سخن درست چنین می‌نماید که من آراستم: «چو گیرد سپهدار پیران؛ بدست!»

۲ - لت دویم پیوند ندارد و سخن درست را در رج دویم پیشین آراستم.

۳ - اگر بر پایهٔ گفتهٔ افزودهٔ «نوشته بر آن چرم، نام منست»، نام بهرام با چرم بر زمین خورد، کنش «آید» درست نمی‌نماید: «آمد».

۴ - **یک:** چنین چیز را تازیانه نمی‌توان نامیدن که اگر شوشه زر در سیم بافته شد، با یک زخم «ضرب» از هم می‌گسلد، تازیانه را یا از چرم می‌سازند، یا از زه، **دو:** واژهٔ شیب در زبان پهلوی خود، برابر تازیانه است، و «دو شیبش» گزارش ندارد.

۵ - دروغ آشکار است که گیو بهنگام دیدن گنج سیاوخش، تنها به زرهِ او بسنده کرد!

٦ - واژهٔ توران نیز در اینجا کاربرد ندارد، زیرا که اگر سخن درست می‌بود چنین می‌بود چون فرنگیس، در توران... . دُرج نیز دیگر است و تازیانه، دیگر! و در گفتار پیشین از دُرج؛ چنتوک (= صندوق) کوچکِ جایِ گوهر، نام برده نشده بود.

۷ - **یک:** تازانه‌ای را که با زر و گوهر ساخته باشند، بکار نبرد نمی‌آید! **دو:** «دگر پنج...» چه؟ پنج خنجر؟ پنج دُرج؟ یا پنج تازیانه؟ **سه:**
←

دگر پنج دارم همه زرنگار / بر او بافته گوهرِ شاهوار
ترا بخشم این هفت، ز ایدر مرو / یکی جنگ خیره میارای نو»[1]
چنین گفت با گیو؛ بهرامِ گرد / که: «این ننگ را خرد نتوان شمرد
شما را ز رنگ و نگارست گفت / مرا، آنکه شد نام، با ننگ، جفت
گرایدونکه تازانه بازآورم / اُگر، سر ز کوشش بگاز آورم»

*

بر او، رای یزدان دگرگونه بود / همان گردش بخت، وارونه بود
هر آنگه که بخت اندر آید بخواب / ترا گفتِ دانا نباید صواب[2]
بزد اسپ و آمد بدان رزمگاه / درخشان شده روی گیتی ز ماه
همی زار بگریست بر کشتگان / بران داغ دل بخت برگشتگان[3]
تن ریونیز اندرآن خون و خاک / شده غرق و خفتان بر او چاکچاک[4]
براو زار بگریست بهرام شیر / همی گفت زار: «ای سوار دلیر[5]
چه تو کشته اکنون، چه یک مشت خاک / بزرگان به ایوان، تو اندر مغاک»[6]
بران کشتگان بر، یکایک بگشت / که بودند افکنده بر پهندشت[7]
ازان نامداران یکی خسته بود / به شمشیر ازیشان، بجان، رسته بود[8]
چو او باز دانست، بهرام را / بنالید و پرسید ازو نام را[9]
بدو گفت ک: «ای شیر، من زنده ام / برِ کشتگان خوار افکنده ام[10]
سه روزست تا نان و آب آرزوست / مرا بر یکی جامه، خواب آرزوست[11]

← واژهٔ «او» برای پنج چیز کاربرد ندارد: «آنها». **چهار:** گوهر را نمی‌بافند، که در زر، یا سیم می‌آژنند (کار میگذارند).

۱ – باز؛ «این هفت» چیست؟

۲ – «تو» دربارهٔ کسِ ویژه = «بهرام» کاربرد ندارد. **دو:** صواب را راه در گفتار فردوسی نیست.

۳ – کسیکه کشته شده باشد، «داغدل» نیست، که آنانکه بازمانده‌اند، از مرگ درگذشتگان داغدل می‌شوند.

۴ – **یک:** اندر «آن»، نادرست است: «در خاک و خون»! **دو:** تن خونین، بخاک می‌افتد، اما در آن غرقه نمی‌شود. **سه:** غرق بجای غرقه!

۵ – «بگریست» در لت نخست، با «همی گفت» در لت دویم هماهنگی ندارد.

۶ – **یک:** «چه تو کشته» نادرست است. **دو:** بزرگان همراه ریونیز نیز گریخته در لشکرگاه بودند، نه در ایوان!

۷ – کدام کشتگان؟ برکشتگان (گشتن در دشت آوردگاه بوده‌است) نادرست است!

۸ – **یک:** کسیکه در میدان جنگ بر زمین افتاده، و در همین گفتار افزوده نیز نامش نمی‌آید، چگونه‌اش «نامدار» توان نامیدن! «بشمشیر» جانش رسته بود، سخنی نادرست است، زیرا که باشمشیر جان گرفته می‌شود نه آنکه رستار شود.

۹ – **یک:** «همی» باز دانست، نادرست است: «بازدانست» در نمونه س ۲، «چو او» آمده‌است که پیوند درست با رج پیشین ندارد: «که باز دانست». **دو:** چون بهرام را بازدانست (بازشناخت) دیگر چه نیاز بپرسیدن نام او داشت؟ **سه:** «نام را» نیز نادرست است: «نام او را».

۱۰ – **یک:** «کای شیر» سخنی سست است، و چون نام بهرام را بازدانست می‌بایستی که ویرا با نام فراخوانَد. **دو:** افکنده‌ام درست نمی‌نماید: «افتاده‌ام».

۱۱ – **یک:** در یک روز نبرد، چگونه سه روز، آب و نان آرزو می‌شود؟ **دو:** آب و نان نادرست است: «آب و نانم».

۳۰۲ کیخسرو

بشد، تیز؛ بهرام تا پیش اوی ‌ ‌ ‌ بدل مهربان و بتن خویش اوی [1]
بر او گشت گریان و رخ را بخست ‌ ‌ ‌ همه کُرته [2] بدرید و او را ببست
بدو گفت: «مندیش، کز خستگی است ‌ ‌ ‌ تبه بودنِ این، ز نابستگی است [3]
چو بستم کنون سوی لشکر شوی ‌ ‌ ‌ اُزین خستگی زود بهتر شوی [4]
یکی تازیانه بدین رزمگاه ‌ ‌ ‌ ز من گم شده‌ست از پیِ تاجِ شاه [5]
چو آن بازیابم بیایم برت ‌ ‌ ‌ رسانم بزودی سوی لشکرت» [6]
اُزانجا سوی قلبِ لشکر شتافت ‌ ‌ ‌ همی جست تا تازیانه بیافت [7]
میان تل کشتگان اندرون ‌ ‌ ‌ برآمیخته خاک بسیار و خون [8]
فرود آمد از باره و برگرفت ‌ ‌ ‌ اُزانجا خروشیدن اندر گرفت [9]
خروش و دمِ مادیان یافت اسپ ‌ ‌ ‌ بجوشید برسانِ آذرگشسپ [10]
سوی مادیان روی بنهاد تفت ‌ ‌ ‌ غمی گشت بهرام و ازپس برفت [11]
همی شد دمان تا رسید اندر اوی ‌ ‌ ‌ ز ترگ و ز خفتان پراز آب، روی [12]
چو بگرفت هم در زمان برنشست ‌ ‌ ‌ یکی تیغ هندی گرفته بدست [13]
چو بفشارد ران هیچ نگذارد پی ‌ ‌ ‌ سوار و تن باره پر خاک و خوی [14]

---

۱ – سخن نادرست نیست، اما پیوسته بداستان است.

۲ – **یک:** کُرته: کُرتَک پهلوی، همانست که در زبان اروپاییان به «کت» برگردانده شد، اما امروز در تاجیکستان پیراهن راکرته می‌خوانند. **دو:** گریستن و رخ را خستن کار زنان و دختران است، نه پهلوانی که بارها در میدان جنگ انبوه کشتگان و خستگان را دیده‌است.

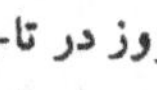

۳ – **یک:** چه چیز از خستگی است؟ **دو:** تبه بودنِ «این» به چه چیز بازمیگردد؟

۴ – بهرام در گفتار پسین بدو میگوید که بازمیگردم و ترا بزودی بلشکر میرسانم، و این گفتار، در برابر آن می‌ایستد، بیگمان نیز کسی را که سه روز از خستگی افتاده‌باشد، توان آن نیست که بسوی لشکر ایران برود!

۵ – شاه، کیخسرو بوده‌است، نه ریونیز. ۶ – «چو آن بازیابم» نادرست است: چون آن «را» بازیابم.

۷ – **یک:** بهنگام روز، و در هنگامهٔ نبرد آنجا میان (قلب) لشکر بوده‌است، اما اکنون که کشتگان در آنجا بر زمین ریخته‌است، نمیتوان (قلبِ لشکرش خواندن! **دو:** «همی» جست نادرست است: «جُست تا».

۸ – **یک:** پس‌از یافتن تازیانه، این سخن نادرخور است، شاید بودن که چنین گویند: میان تل کشتگان. و خاک و خون، تازیانه را یافت. **دو:** «میان اندرون» نادرست است. **سه:** لت دویم پیوند با لت نخست ندارد. **چهار:** «خون بسیار» گفتن درست‌تر می‌نماید تا «خاک بسیار» چون پیدا است که خاک در دشت هست، و نمیتوان، خاکِ بسیار برای جایی در گمان آوردن مگرآنکه کارگران، خاک را با بیل کنده و انبوه کرده باشند، و در میدان جنگ چنین نمی‌شود.

۹ – **یک:** با اسب میان کشتگان نمی‌توان ره پیمودن! **دو:** لت دویم سخت ناهموار و نادرست است، در شاهنامه فلورانس «وزیشان خروشیدن اندر گرفت» که باز نادرست است. زیرا که سخن بتازیانه بازمیگردد، نه به کشتگان!

۱۰ – خروش و دَمِ مادیان، «یافتنی» نیست. خروش «شنیدنی» است.

۱۱ – **یک:** در همهٔ نمونه‌ها «غمی»، و غمی درست نیست. **دو:** ازپسِ چه رفت؟

۱۲ – **یک:** همی‌شد (= رفت) درست نیست: «برفت». **دو:** «اندر اوی» نادرست است: «باو».

۱۳ – چو بگرفت نادرست است: «چو بگرفتش».

۱۴ – **یک:** روشن نیست که کننده (فاعل) کیست، افزاینده چنین خواسته‌است گفتن، چون ران بر اسپ بیفشارد، (اسپ، گام برنداشت). **دو:** لت دویم را با داستان، و لت نخست پیوند نیست، که اگر تن سوار و باره پر خاک و خوَی بوده، از آغاز بوده‌است، و بگام برداشتن یا برنداشتن اسپ پیوندی ندارد.

چنان تنگدل شد به یکبارگی / که شمشیر زد بر پی بارگی [1]
اُزان جایگه تا بدین رزمگاه / پیاده بپیمود چون باد راه [2]
سراسر همه دشت پر کشته دید / زمین چون گُلِ ارغوان گشته دید [3]
همی گفت که: «اکنون چه سازیم روی / برین دشت بی‌بارگی راه جوی» [4]
ازو سرکشان آگهی یافتند / سواری سد، از قلب بشتافتند
که او را بگیرند ازان رزمگاه / برندش برِ پهلوان سپاه
کمان را بزه کرد بهرام شیر / ببارید تیر از کمانِ دلیر
چو تیری یکی در کمان راندی / به پیرامنش کس کجا ماندی [5]
ازیشان فراوان بخست و بکشت / پیاده نپیچید و ننمود پشت
سواران همه بازگشتند از اوی / بنزدیک پیران نهادند روی
چو لشکر ز بهرام شد ناپدید / ز هر سو بسی تیر گرد آورید [6]
چو لشکر بیامد برِ پهلوان / بگفتند با او سراسر گوان [7]
فراوان سخن رفت زان رزمساز / ز پیکار او، آشکارا و راز [8]
بگفتند که: «آنک هژبرِ دلیر / پیاده! نگردد خود از جنگ سیر»
بپرسید پیران که: «این مرد کیست؟ / از آن نامداران ورا نام چیست؟»
یکی گفت: «بهرام شیراوژن است / که لشکر سراسر بدو روشن است»
به رویین چنین گفت پیران، که: «خیز / که بهرام را نیست راهِ گریز
مگر زنده او را بچنگ آوری / دو لشکر برآساید از داوری
ز گردان کسی را که باید ببر / کجا نامدارست و پرخاشخر» [9]
چو بشنید رویین، بیامد دمان / نبودش بس، اندیشهٔ بدگمان*

---

۱ - **یک:** بیکبارگی نادرست است: «یکباره». **دو:** کسیکه سوار بر اسب است نمیتواند شمشیر بر «پیِ» اسب بزند. زیرا که «پی» اسپ اندکی بالاتر از سم پاهای اسپ و پشت پای است.

۲ - تا بدین رزمگاه نادرست است شاهنامه قاهره بدان رزمگاه، باز نادرست است: «رزمگاه»، و وی در میان رزمگاه بود، و در نیایش برفتن یا آمدن به رزمگاه نبود.

۳ - دوباره‌گویی گفتار پیشین است، و کُشته را با گَشته پساوا نیست.

۴ - **یک:** چه سازیم «روی» نادرست است: چه سازم؟ **دو:** افزاینده پیشتر گفته‌بود که راه را چون باد، بپیمود و اکنون چه جای پرسش است؟

۵ - سستی این سخن چندانست که نیاز به گفت‌وگو ندارد.

۶ - شد ناپدید نادرست است: چون لشکر از بهرام گریخت. **دو:** لت دویم سست است: «تیر فراوان از رزمگاه فراهم آورد».

۷ - چون لشکر گریخته بود (ناپدید شد) و بهرام، بر جای بود، کنش «آمد» برِ پهلوان نادرست است: «رفت».

۸ - **یک:** در رج پیشین نیز سخن گفتن با پهلوان یاد شده بود، و اینجا دوباره‌گویی است. **دو:** «آشکارا و راز» چگونه باشد؟

۹ - «گردان» (گروه) با «کسی» یگانه همخوان نیست: «از گردان هرآنکس...».

* - در همهٔ نمونه‌ها: «اندیشهٔ بدگمان» آمده‌است که نادرست می‌نماید زیرا که «بدگمان» همان دشمن است. شاید که چنین بوده باشد. نبودش بس اندیشهٔ بد، بدان: اندیشهٔ بد، بدان کار نداشت.

بر تیر بنشست بهرام شیر ‌ ‌ ‌ نهاده سپر بر سر و چرخ زیر[1]
یکی تیرباران به رویین بکرد ‌ ‌ ‌ که شد ماه تابنده چون لاژورد[2]
چو رویین پیران ز تیرش بخست ‌ ‌ ‌ یلان را همه کند شد پای و دست[3]
به مُستی بر پهلوان آمدند ‌ ‌ ‌ پراز درد و تیره‌روان آمدند[4]
که هرگز چنین؛ یک پیاده، بجنگ ‌ ‌ ‌ ز دریا ندیدیم جنگی نهنگ[5]
چو بشنید پیران غمی گشت سخت ‌ ‌ ‌ بلرزید برسان برگ درخت[6]
نشست از بر بارهٔ تندتاز ‌ ‌ ‌ همی رفت با او بسی رزمساز[7]
بیامد بدو گفت ک:«ای نامدار ‌ ‌ ‌ پیاده چرا؟ ساختی کارزار
نه تو با سیاوش بتوران بُدی ‌ ‌ ‌ همانا به پرخاش و سوران بُدی[8]
مرا با تو نان و نمک خوردن است ‌ ‌ ‌ نشستن همان، مهر پروردن است[9]
نباید که با این نژاد و گهر ‌ ‌ ‌ بدین شیرمردیّ و چندین هنر
ز بالا بخاک اندر آید سرت ‌ ‌ ‌ بسوزد دل مهربان مادرت
بیا تا بسازیم سوگند و بند ‌ ‌ ‌ براهی که آید دلت را پسند[10]
ازانپس یکی با تو خویشی کنیم ‌ ‌ ‌ چو خویشی بود، رای بیشی کنیم[11]
پیاده تو با لشکر نامدار ‌ ‌ ‌ نتابی، مخور بر تنت زینهار!»
بدو گفت بهرام ک:«ای پهلوان ‌ ‌ ‌ خردمند و بینا و روشنروان
سه روز است تا، ناچریده لبان ‌ ‌ ‌ همی رزم جوییم، بروز و شبان[12]
مرا؛ آرزو از تو، یکبارگی است* ‌ ‌ ‌ اگرنه مرا کار، یکبارگی است»

---

۱ - **یک:** «برِ تیر» نادرست است: «نزدیک تیرها». **دو:** سپر را بر سر «نمی‌نهند» که بر سر میگیرند! اگر از «چرخ» کمان را خواهد گفتن، کمان را بدست میگیرند، نه آنکه زیر خود بنهند.

۲ - ماه تابنده، هیچگاه، چون لاجورد نمی‌شود. هوا را شاید گفتن لاجوردین شد، و ماه را نشاید، باز آنکه چون شب بوده‌است هوا خود لاجوردین می‌نماید، با آنکه ماهِ پُر برفراز آسمان باشد.

۳ - در آن تیرباران بهیچیک از یاران رویین تیر نخورد و تنها بر تنِ رویین نشست؟

۴ - لت دویم از داستان دیگر از شاهنامه است، و اینجا کاربرد ندارد، زیرا که سپاه پر درد و تیره روان نمیتواند بودن!

۵ - پیوندی میان لت نخست و لت دویم نیست.

٦ - **یک:** «غمی» نادرست است. **دو:** لت دویم از داستانی دیگر برگرفته شده‌است.

۷ - **یک:** «همی» رفت، نادرست است: «برفت». **دو:** بکارگرفتن «رفت» یگانه با بسی رزمساز، همخوان و ناساز است.

۸ - لت نخست؛ سخن نابجا، و لت دویُم سخن نادرخور.

۹ - پیش‌ازاین، کجا، پیران و بهرام با هم نشسته‌بودند؟ نان و نمک خوردن نادرست است: «مرا با تو مهرِ نان و نمک است» لت دویم نیز بی‌پیوند می‌نماید.

۱۰ - سوگند و بند، ساختنی نیست، لت دویم نیز بی‌پیوند است.

۱۱ - در میدان جنگ، خویشی؟؟ لت دویم نیز بی‌گزارش است.

۱۲ - **یک:** «سه روز» در لت نخست با «روز و شبان» در لت دویم هماهنگی ندارد. **دو:** نبرد بیش از یکروز نبود.

* - در همهٔ نمونه‌ها چنین است، و ازآنجاکه «یکبارگی» در لت دویم درست نمی‌نماید، «یک باره» (= یک اسپ) درست‌تر می‌آید، و اگر چنین باشد، لت دویم نیز درست‌تر می‌نماید که: «اگر نه مرا کار، یکباره است»... و پس‌از سه روز گرسنگی و تشنگی «خواهم مردن!»

داستان تازانهٔ بهرام ۳۰۵

بدو گفت پیران● که: «ای نامجوی / ندانی که این رای را نیست روی
ترا این به آید که گفتم سَخُن / دلیری و، بر خیره، تندی مکن
ببین تا سواران آن انجمن / نهند این چنین ننگ بر خویشتن[1]
که چندین تن از تخمهٔ مهتران / ز دیهیم‌دارانِ گندآوران[2]
ز پیکان تو کشته و خسته شد / بدان رزم تا کارمان گشته شد[3]
که جویی گذر سوی ایران کنون / مگر آنکه خوشد ورا مغز و خون[4]
اگر نیستی رنج افراسیاب / که گردد سرش زین سخن پرشتاب[5]
ترا بارگی دادمی ای جوان / بدان تات بردی برِ پهلوان»[6]
بگفت این و برگشت و شد باز جای / دلش پر ز کین و سرش پر ز رای[7]
برفت او و آمد ز لشکر تژاو / سواری که بودیش با شیر تاو
ز پیران○ بپرسید و پیران بگفت▣ / که: «بهرام را از یلان نیست جفت
بمِهرش بدادم بسی پند خوب / نمودم بدو راه و پیوند خوب
سخن را نبُد بر دلش هیچ راه / همی راه جوید بایران سپاه»
به پیران▣ چنین گفت جنگی تژاو / که: «با مهر، جان ترا نیست تاو
شوم! گر پیاده بچنگ آرمش / سر■؛ اندر زمان، زیر سنگ آرمش»
بیامد شتابان بدان رزمگاه / کجا بود، بهرام یل، بی سپاه
چو بهرام را دید نیزه بدست / یکی برخروشید چون پیل مست
بدو گفت: «ازین لشکر نامدار / پیاده یکی مرد در کارزار؛
به ایران گرازید خواهی همی؟ / سرت برفرازید خواهی همی[8]

● – پیدا است که «رویین» درست است.

۱ – «آن انجمن» نادرست است: لشکر ایران، ایرانسپاه، سپاه ایران...

۲ – «دیهیم» در جهان پدید نیامده‌بود.

۳ – **یک:** «شد» نادرست است: «شدند». **دو:** لت دویم بی‌پیوند است. **سه:** شاهنامه مسکو نیز پیوند نشان نمی‌دهد: «چنین رزم، ناگاه پیوسته شد».

۴ – **یک:** این رج نیز پیوند درست با رج پیشین ندارد. **دو:** لت دویم آن نیز با لت نخست پیوستگی نشان نمیدهد.

۵ – سخن نادرست: «اگر ترس از افراسیاب نبودی» لت دویم پیوند درست ندارد: «که اگر آگاه گردد...».

۶ – سخن نادرست نیست اما پیوسته بداستان است.

۷ – لت دویم با گفتارهای پیشین هماهنگ نیست، زیرا که در آن سخنان، به بهرام مهر نشان میداد، نه کین!

○ – در همه نمونه‌ها «پیران» آمده‌است، اما درست چنین می‌نماید که «ز رویین بپرسید...».

▣ – باز در همه نمونه‌ها چنین آمده‌است مگر در ق: «وی را بگفت» بر این بنیاد سخن درست را چنین آراستم: «ز رویین بپرسید و وی را بگفت».   ▣ – باز همچنین.

■ – در همه نمونه‌ها «سر» آمده‌است مگر ق: «هم...» اما درست چنین می‌نماید که «گر»=یا، بوده باشد. گر (یا) بچنگش می آورم، گر «یا» یا زیرسنگش می‌برم.

۸ – **یک:** گرازید خواهی و برفرازید خواهی نادرست است. **دو:** این رج پیوند میان دو رج پیشین‌وپسین را می‌گسلد.

سران را سپردی سر، ایدر بمان	گه آمد که بر تو، سرآید زمان»
۱۲۹۰۰ پسانگه بفرمود کاندر نهید	بتیر و بگرز و بژوپین دهید!
بر او انجمن شد یکی لشکری	هرانکس که بود از دلیران سری ۱
کمان را بزه کرد بهرام گرد	بتیر از هوا روشنایی ببرد ۲
چو تیر اسپری شد سوی نیزه گشت	چو دریای خون شد همه کوه و دشت ۳
چو نیزه قلم شد بگرز و بتیغ	همی خون چکانید بر تیره میغ ۴
۱۲۹۰۵ چو رزمش برین گونه پیوسته شد	به تیرش دلاور بسی خسته شد ۵
چو بهرام یل گشت بی توش و تاو	پسِ پشت او اندر آمد تژاو
یکی تیغ زد بر سر کتف اوی	که شیر اندرآمد ز بالا بروی!
جدا شد ز تن، دستِ خنجرگزار	فروماند از رزم و برگشت کار
تژاو ستمکاره را دل بسوخت!	بکردار آتش رخش برفروخت
۱۲۹۱۰ بپیچید ازو روی، پر درد و شرم	بجوش آمدش در جگر خون گرم

رفتن گیو و بیژن
از پسِ
بهرام

چو خورشید تابنده بنمود پشت	دلِ گیو گشت از برادر درشت
به بیژن چنین گفت ک: «ای رهنمای	برادر نیامد همی، باز جای!
ببایـد شـدن تـا ورا کار چیست	نبایـد که، بر رفته، باید گریست»!
دلیران برفتند هردو چو گَرد	بدان جای پرخاش و دشتِ نبرد
۱۲۹۱۵ بدیدار بهرامشان بُد نیاز	همی خسته و کشته جُستند باز ۶
همه دشت پر خسته و کشته بود	جهانی، بخون اندر، آغشته بود

---

۱ - یک: پیدا است که تنها؛ همراهان تژاو با وی جنگیدند، و «یکی لشکری» نادرست است. دو: لت دویم سست است و نیز نادرخور زیرا که تژاو بسرپرستی یک گروه از سپاهیان برزم بهرام رفته‌است، نه یک گروه از «سرانِ دلیران»!

۲ - خود شب بود، و هوا روشن نبود، تا بهرام روشنایی را از آن ببرد!

۳ - تیر اسپری شد، نادرست است: «چون تیرهایش بپایان رسید»، لت دویم نیز گزافه‌ای بس نادرخور است که یک کس با یک نیزه یا شمشیر نمیتواند کوه و دشت را از خون، دریا کند!

۴ - یک: چو نیزه قلم شد، نادرست است: چون نیزه‌اش بشمشیر «نیمه» شد. دو: لت دویم همی نادرست است. سه: تاکنون آسمان مهتابی بود، و اینجا ابر تیره آنرا گرفت!   ۵ - سخن در لت دویم درهم است: «بسا دلاوران که بتیر او خسته شدند.

۶ - یک: سخن از «نیاز» در اینجا نمی‌شاید گفتن، که پیش از آمدن نیاز پیش می‌آید. دو: «همی جستند» نادرست است: «بجستند».

دلیران چو بهرام را یافتند   پراز آب رخ، هردو بشتافتند
بخاک و بخون اندر، افکنده خوار   فتاده ازو دست و، برگشته کار
همی ریخت آب از برِ چهر اوی   پراز خون دو تن دیده از مهر اوی [1]
چو بازآمدش هوش، بگشاد چشم   تنش پر ز خون بود و دل پر ز خشم
چنین گفت با گیو ک:«ای نامجوی   مرا، چون بپوشی بتابوت روی؛
تو کین برادر بخواه از، تژاو   ندارد مگر گاو، با شیر، تاو*
مرا دید پیران ویسه نخست   که با من بُدش روزگاری نشست [2]
همه نامداران و گردان چین   نجستند با من به آغاز کین [3]
تن من تژاو جفاپیشه خست   نکرد ایچ یاد از نژاد و نشست» [4]
چو بهرام گرد این سخن یاد کرد   ببارید گیو از مژه آب زرد [5]
بدادار دارنده سوگند خورد   به روز سپید و شب لاژورد [6]
که جز ترگ رومی نبیند سرم   مگر کین بهرام بازآورم [7]
پراز درد و پر کین بزین برنشست   یکی تیغ هندی گرفته به دست [8]
بدانگه که شد روی گیتی سیاه   تژاو از طلایه بیامد براه [9]
چو از دور، گیوِ دلیرش بدید   عنان را بپیچید و دَم درکشید
چو دانست کز لشکر اندرگذشت   ز گردان و گردنکشان دور گشت [10]
سوی او بیفکند پیچان کمند   میان تژاو اندر آمد ببند
به ران اندر آورد و برگشت زود   پس آسانَش از پشت زین در ربود●
بخاک اندر افکند، خوار و نژند!   فرود آمد و، دست، کردش ببند

---

۱ – **یک:** لت دویم را با لت نخست پیوند نیست. **دو:** آن دو تن چرا تنشان پراز خون باشد؟

* – در میان جانوران تنها گاو است که شایدش بر شیر پیروز شدن. اما اینجا بهرام، گیو را بشیری همانند می‌کند که بر گاو پیروز خواهد بودن.

۲ – هیچگاه بهرام، با پیران ویسه ننشسته‌بود، مگر در سخنِ افزودهٔ پیشین!

۳ – بزرگان توران بودند، نه گردان چین.

۴ – مگر در میدان جنگ، نمی‌باید دشمن را خستن، یا کشتن؟ و مگر نژادگان در نبرد نمی‌میرند؟

۵ – پیشتر بر رُخشان آب فرو ریخته‌بود.

٦ – سخن فردوسی است از داستان دیگر!

۷ – هنوز روم در جهان پدیدار نشده‌بود.

۸ – **یک:** دوبار واژهٔ «پر» را در یک سخن بکار بردن درست نیست: «پر درد و کین» شاهنامه فلورانس: «پراز درد، بر زینِ کین برنشست» که آن نیز درست نمی‌نماید. **دو:** ترگ رومی و تیغ هندی!

۹ – پیشتر نیز شب بود و مهتاب شب، نه شب سیاه.

۱۰ – اندرگذشتن درست نیست.

● – کمنداندازان، پس‌از انداختن کمند، چون سرِ، نخجیر، یا سر دشمن در چنبرهٔ کمند می‌افتد، آن بخش از کمند را که در دست دارند، به قبهٔ زین، یا ران خویش می پیچند، و نخچیر، باکمترین جنبش، کمند را بر گردنِ خویش سخت‌تر می‌کند، و چون آمادگی این کشش سخت را ندارد، بر زمین می‌افتد!

نشست از برِ اسپ و او را کشان / پس اندر همی برد چون بیهشان[1]
چنین گفت با او به‌خواهش تژاو / که: «با من نماند ای دلیر ایچ تاو[2]
چه کردم کزین بی‌شمار انجمن! / شب تیره دوزخ نمودی بمن»[3]
بزد بر سرش تازیانه دویست / بدو گفت که: «این جای گفتار نیست[4]
ندانی همی ای بد شوربخت / که در باغ کین تازه کِشتی درخت[5]
که بالاش با چرخ همبر بود / تنش خون خورد بار او سر بود[6]
شکار تو بهرام باید به جنگ؟ / ببینی کنون زخم کار نهنگ»[7]
چنین گفت با گیوِ جنگی تژاو / که: «تو چون عقابی و من چون چکاو[8]
ز بهرام، بر بد نبردم گمان / نه او را بدست من آمد زمان[9]
که من چون رسیدم سواران چین / ورا کشته بودند بر دشت کین»[10]
بران بد که بهرام بی‌جان شده‌ست / ز دردش دل گیو پیچان شده‌ست[11]
کشانش بیاورد گیو دلیر / به پیش جگرخسته بهرام شیر
بدو گفت که: «اینک سر بیوفا / مکافات سازم جفا را جفا[12]
سپاس از جهان‌آفرین کردگار / که چندان زمان دیدم از روزگار[13]
که پیشت روان بداندیش تو / بپردازم اکنون ز تن، پیش تو»[14]
همی کرد خواهش بریشان تژاو / همی خواست از کشتن خویش تاو[15]

---

۱ - **یک:** کنش «کشان» در گفتار فردوسی در گفتار آینده آمده‌است. **دو:** همی‌برد نادرست است: «برد». **سه:** بیهشان به گیو باز میگردد، یا به تژاو؟

۲ - گفتاری که در لت دویم می‌آید، «خواهش» نیست.

۳ - لت دویم سست است و شب نیز مهتاب بوده‌است.

۴ - **یک:** کننده (فاعل) پیدا نیست، و می‌بایستی نام گیو در آغاز بیاید. **دو:** تازیانه دویست نادرست است. دویست تازیانه. **سه:** افزاینده نمی‌داند که دویست تازیانه بر تن، کسیرا زنده نمی‌ماند، تا چه رسد به دویست تازیانه بر سر!

۵ - «تازه کِشتی درخت» درست نیست: «درختی تازه کشتی».

۶ - **یک:** اگر در رج پیشین «درختی» آمده‌بود بدین رج پیوند می‌خورد و اکنون پیوند در میان نیست درخت کشتی که(؟) **دو:** لت دویم نیز سست و نادرخور است، تن درخت خون نمی‌خورد، که ریشهٔ آن خون می‌خورد! اگر بجای تنش، «بُنش» می‌آمد سزاوارتر می‌نمود، اما در همهٔ نمونه‌ها چنین آمده‌است «زخمِ کار» (ضربی تاق ایوان) است، و افزاینده آنرا شنیده بوده‌است، اما نمیدانسته‌است که کاربرد آن در کدام سخن است!

۷ - **یک:** این پرسش نابجا است، زیرا که بهرام، شکارِ وی گردید! **دو:** این لت نیز بی‌گزارش است! زخمِ کارِ نهنگ چگونه باشد؟

۸ - پهلوانی که در دشت نبرد هزاران کشته دیده، و خود نیز دشمنان فراوان کشته در این هنگام خویش را چون پرستویی ناتوان در چنگال شاهین بشمار نمی‌آوَرَد، زیراکه یلان باستانی خود را همواره آمادهٔ مرگ می‌داشتند. این سخن برداشتی از رج پسین است.

۹ - «ز بهرام» نادرست است: «بر بهرام».

۱۰ - از سواران چین در آن نبرد کسی نبود.

۱۱ - **یک:** «بر آن بد» نادرست: «از این رویدادِ بد». **دو:** تژاو از سوی گیو سخن میگوید؟

۱۲ - **یک:** لت نخست بی‌پایان و پیوند است: سرِ بیوفا «را». **دو:** دشمنی که دشمن را بکشد بیوفایی نکرده‌است.

۱۳ - سخن درست است اما پیوسته بداستان است.

۱۴ - دوبار «پیش» در یک گفتار، ناهموار می‌نماید.

۱۵ - **یک:** بر ایشان، و بدیشان هردو نادرست است. **دو:** تاو خواستن نیز درست نمی‌نماید.

همی گفت: «ارایدونکه این کار بود / سر من به خنجر بریدن چه سود[1]
یکی بنده باشم روان ترا / پرستش کنم گوربان ترا»[2]
چنین گفت با گیو بهرام شیر / که: «ای نامور نامدار دلیر[3]
گر ایدونکه از وی به من بد رسید / همان درد مرگش نباید چشید[4]
سر پرگناهش روان داد من / بمان تا کند در جهان یاد من»[5]
برادر چو بهرام را خسته دید / تژاو جفاپیشه را بسته دید[6]
خروشید و بگرفت ریش تژاو / بریدش سر از تن، بسان چکاو
دل گیو زان پس بریشان بسوخت / روانش ز غم آتشی برفروخت[7]
خروشی برآورد کاندر جهان / که دید این شگفت آشکار و نهان[8]
که گر من کشم ور کشی پیش من / برادر بود گر کسی خویش من[9]
بگفت این و بهرام یل جان بداد / جهان را چنین است ساز و نهاد[10]

*

عنان بزرگی، هر آن کاو؛ بجُست / نخستش بباید، بخون، دست شست
که یا خود کُشد، یا کُشندش بدرد! / خجسته کسی کاو بزرگی نکرد!
خروشان بر اسپ تژاوش ببست / به بیژن سپرد آنگهی برنشست[11]
بیاوردش از جایگاه تژاو / به نزدیک ایران دلش پر ز تاو[12]
چو شد دور زان جایگاه نبرد / بکردار ایوان یکی دخمه کرد[13]
بیاگند مغزش به مشک و ابیر / تنش را بپوشید چینی حریر
بر آیین شاهانش بر تخت آج / بخوابید و آویخت بر سرش تاج
سر دخمه کردند سرخ و کبود / تو گفتی که بهرام هرگز نبود

۱ – تژاو از کجا میداند که سرش با خنجر بریده می‌شود؟

۲ – روی سخن تژاو با «ایشان» بود، و اکنون به «تو» بازگشت.

۳ – نامور و نامدار را باهم آوردن درست نیست.

۴ – درد کشیدنی است، نه چشیدنی. شاهنامهٔ فلورانس «روز مرگش» که آن نیز نادرست است.

۵ – سر پرگناه نمی‌شود، تن پرگناه است.

۶ – **یک:** گیو بهرام را پیش‌ازآن نیز خسته دیده‌بود. **دو:** تژاو را بسته «ندید» که خود او را بسته‌بود.

۷ – دل گیو بر بهرام سوختن، درست می‌نماید، اما بر تژاو که خود، وی را کشته‌است نادرست است.

۸ – **یک:** لت نخست را با لت دویم پیوند درست نیست. **دو:** «آشکار و نهان» چه باشد؟

۹ – سخن سست بی‌بنیاد.

۱۰ – سخن نادرست نیست اما پیوسته بداستانست.

۱۱ – **یک:** با دو رج پیشین داستان پایان یافت و اکنون دوباره سخن دربارهٔ بهرام می‌رود. **دو:** چه‌کس را بر اسب تژاو بست؟ بهرام را یا تژاو را؟ **سه:** آنگهی نادرست است. **چهار:** برنشست را به بیژن سپرد، چه باشد؟ **پنج:** تژاو که خود، اسب خویش را پی کرده‌بود!

۱۲ – آنجا، جایگاه تژاو نبود و دشت نبرد بود.

۱۳ – پنج رج داستان دخمه ساختن و مومیایی کردن تژاو در یک شب که فردای آنروز ایرانسپاه از سپاه توران میگریزد با خرد هماهنگ نیست.

شد آن لشکر نامور سوگوار ‌‌‌‌ ز بهرام و ز گردش روزگار

گریختن ایرانسپاه
از
پیران ویسه

چو برزد سر از کوه، تابنده شید ‌‌‌‌ برآمد سرِ تاجِ روزِ سپید
سپاه پراکنده گرد آمدند ‌‌‌‌ همی هرکسی داستان‌ها زدند
که: «چندین ز ایرانسپه کشته شد ‌‌‌‌ سرِ بختِ سالار، برگشته شد[1]
چنین چیره شد دست ترکان به جنگ ‌‌‌‌ سپه را کنون نیست جای درنگ[2]
برِ شاه باید شدن بیگمان ‌‌‌‌ ببینیم تا بر چه؟ گردد زمان!
اگر شاه را دل پراز جنگ نیست ‌‌‌‌ مرا و ترا جای آهنگ نیست[3]
پسر بی‌پدر شد پدر بی‌پسر ‌‌‌‌ بشد کشته و زنده خسته جگر[4]
اگر جنگ فرمان دهد شهریار ‌‌‌‌ بسازد یکی لشکر نامدار
بیاییم، دل‌ها پراز کین و جنگ؛ ‌‌‌‌ کنیم این جهان بر بداندیش تنگ»
برین رای، زان مرز، گشتند باز ‌‌‌‌ همه دل پراز خون و جان پر گداز
برادر ز خون برادر بدرد! ‌‌‌‌ زبان‌شان ز خویشان، پراز یاد کرد[5]
برفتند یکسر سوی کاس‌رود ‌‌‌‌ روان‌شان از آن کشتگان پر درود[6]
طلایه بیامد به پیش سپاه ‌‌‌‌ کسی را ندید اندران جایگاه[7]
به پیران فرستاد زود آگهی ‌‌‌‌ کز ایرانیان گشت گیتی تهی[8]
چو بشنید پیران هم اندر زمان ‌‌‌‌ به هرسو فرستاد کارآگهان[9]
چو برگشتن مهتران شد درست ‌‌‌‌ سپهبد روان را از انده بشست[10]

---

۱ – «گَشته» را با «کُشته» پساوا نیست. ۲ – ترکان!

۳ – **یک:** نه چنان بود، و کیخسرو تا پایان زندگی خویش پروای جنگ داشت... **دو:** جنگ نیست نادرست است: «جنگ نباشد»: «جای آهنگ نیست» درست نمی‌نماید: «مرا و ترا نیز آهنگ جنگیدن نمی‌ماند».

۴ – همهٔ پسران بی‌پدر، و همهٔ پدران بی‌پسر نمی‌شوند: «بسا پسر که بی‌پدر شد...». ۵ – همچنین...

۶ – «از» کشته نادرست است: «بر». و همهٔ نمونه‌های چنین است.

۷ – **یک:** طلایهٔ کدام سپاه؟ **دو:** چگونه پیش سپاه ایران آمدند، که آن سپاه خود گریخته‌بود!

۸ – فرستاد«ند» درست است. ۹ – سخن پیوسته بداستان

۱۰ – برگشتن مهتران «ایران» درست شد، نادرست است. زیرا که شب پیش چنین شده‌بود و تنها مهتران نرفته‌بودند که همهٔ سپاهیان ایران گریخته‌بودند. افزاینده خواسته‌است بگوید. چون آگاهی پیش‌آهنگان سپاه درست درآمد... .

شکست ایرانیان ۳۱۱

بیامد بشبگیر خود با سپاه — همی گشت بر گرد آن رزمگاه[1]
همه کوه و هم دشت و هامون و راغ — سراپرده و خیمه بد همچو باغ[2]
بلشکر ببخشید و خود برگرفت — ز کار جهان مانده اندر شگفت[3]
که روزی فرازست و روزی نشیب — گهی شاد دارد گهی با نهیب[4]
همان به که با جام مانیم روز — همی بگذرانیم روزی بروز[5]
بدان آگهی نزد افراسیاب — هیونی برافکند هنگام خواب[6]
سپهبد بدان آگهی شاد شد — ز تیمار و دردش دل آزاد شد[7]
همه لشکرش گشته روشنروان — ببستند آذین ره پهلوان[8]
همه جامهٔ زینت آویختند — درم بر سر او همی ریختند[9]
چو آمد به نزدیکی شهر شاه — سپهبد پذیره شدش با سپاه[10]
بر او آفرین کرد بسیار و گفت — که: «از پهلوانان ترا نیست جفت»[11]
دو هفته از ایوان افراسیاب — همی برشد آواز چنگ و رباب
سیوم هفته پیران چنان کرد رای — که با شادمانی شود باز جای[12]
یکی خلعت آراست افراسیاب — که گر برشماری بگیرد شتاب[13]
ز دینار و ز گوهر شاهوار — ز زرّین کمرهای گوهرنگار[14]
از اسپان تازی به زرّین ستام — ز شمشیر هندی به زرّین نیام[15]
یکی تخت پرمایه از آج و ساج — ز پیروزه مهد و ز بیجاده تاج[16]

---

۱ - خود با سپاه، نادرست است: «بیامد» یا «با سپاه بیامد».

۲ - **یک:** «همه» و «هم» را بایکدیگر آوردن درست نیست. **دو:** سراپرده و خیمه را باهم آوردن نادرست است. **سه:** جاییکه سراپرده و «خیمه» برپا می‌باشد، به «باغ» نمی‌ماند! شاهنامه فلورانس: همه کوه و در، دشت و هامون و غار /سراپرده و خیمه بد بیشمار: که در آن نیز «در» = خانه است و اندر لشکرگاه، خانه نیست.

۳ - بلشکر چه را بخشید؟ بلشکر درست نیست: «بلشکر(یان)».

۴ - دنبالهٔ سخن

۵ - این سخن را پیران گفته‌است، یا افزاینده؟ با جام مانیم روز، چه باشد؟ شاهنامه فلورانس با خام (= جام) با بیم سوز! س: که یا بیم با سور و جنگ؟ ق: که جای بنوشیم روز. ق ۲، و: که با جام گیتی‌فروز. لی، آ: که با جام باشیم و رود. ل ۳: که ما جام مانیم و سوز (خالقی مطلق ۱۰۱-۳): هیچیک راگزارش درست نیست!

٦ - چرا بهنگام خواب؟... گاهگاه در شاهنامه؛ از این هنگام یاد شده‌است، و آن دربارهٔ آگاهی رساندن از رویدادی بوده‌است که در همان هنگام خواب، رخ نموده‌است، و این داستان در روز روی نموده‌است.

۷ - از تیمار، شاید نام بردن، زیرا که از اندوه نبرد با ایرانیان برَست، اما از «درد» نمیتوان یاد کردن.

۸ - افزاینده نمیدانسته‌است که روشنروان؛ برابر با مردم زنده است، و آنانکه گریختند نیز زنده‌بودند.

۹ - افزاینده آذین فارسی رج پیشین را به زینت تازی آنهم تنها دربارهٔ جامه، برگردانده‌است.

۱۰ - بنزدیکی نادرست است: «نزدیک».

۱۱ - دنبالهٔ داستان

۱۲ - از داستانهای رستم گرفته شده‌است.

۱۳ - چه کس برشمارد؟ تو؟

۱۴ - دینار، وگوهر یگانه، با «کمرها» همخوان نیست.

۱۵ - دنباله

۱٦ - **یک:** تخت آج و ساج را در نیافتم که چگونه باید باشد! **دو:** مهد را برای زنان می‌ساختند. **سه:** تاج از بیجاده درست کردن نمی‌توان،

←

پرستار چینی و رومی غلام پراز مشک و انبر دو پیروزه جام[۱]
به نزدیک پیران فرستاد چیز ازانپس بسی پندها داد نیز[۲]
که: «با موبدان باش و بیدارباش سپه را ز دشمن نگهدار باش[۳]
نگه کن خردمند کارآگهان بهر جای بفرست، گردِ جهان[۴]
که کیخسرو امروز باخواسته‌ست به داد و دهش گیتی آراسته‌ست[۵]
نژاد و بزرگی و تخت و کلاه چو شد گِرد ازین بیش چیزی مخواه[۶]
ز برگشتن دشمن ایمن مشو زمان تا زمان آگهی خواه نو[۷]
به جایی که رستم بود پهلوان تو ایمن بخسپی بپیچد روان[۸]
پذیرفت پیران همه پند اوی که سالار او بود و پیوند اوی[۹]
سپهدار پیران و آن انجمن نهادند سر سوی راه ختن[۱۰]
به پای آمد این داستان فرود کنون رزم کاموس باید سرود[۱۱]

← که شاید که بر روی تاج؛ بیجاده آژدن.

۱ – **یک:** هنوز روم در جهان پدیدار نشده‌بود. **دو:** جام را نیز از پیروزه نمی‌توان ساختن.

۲ – «چیز» افزون بر آنچه که یاد کرده شد، چه تواند بودن؟

۳ – همواره با موبدان بودن، سپهبد را از کار سپاه برکنار میکند.

۴ – پیوند درست ندارد: «بنگر (که) خردمند کارآگهان...».

۵ – گِردِ جهان را به کیخسرو چه پیوند؟

۶ – نژاد و بزرگی و تخت و کلاه برای کیخسرو گرد آمده‌است، و پیران بیش‌ازآن چیزی نخواهد؟

۷ – دنبالهٔ گفتار

۸ – لت دویم را پیوندِ درست نیست!

۹ – دنبالهٔ گفتار

۱۰ – همهٔ سپاهیان توران همچون پیران از شهر ختن نبودند، که به ختن بروند.

۱۱ – این داستان به «سر» رسید، نه به «پای»! «پایان» را نیز شایستی آوردن، که چنین نیامده‌است.

داستان کاموس کُشانی

به نام خداوند خورشید و ماه … که دل را به نامش خرد داد راه [1]
خداوند هستیّ و هم راستی … نخواهد ز تو کژّی و کاستی [2]
خداوند بهرام و کیوان و شید … ازویم نوید و بدویم امید [3]
ستودن مر او را ندانم همی … از اندیشه جان برفشانم همی [4]
ازو گشت پیدا مکان و زمان … پی مور بر هستی او نشان [5]
ز گردنده خورشید تا تیره خاک … دگر باد و آتش همان آب پاک [6]
به هستی یزدان گوایی دهند … روان ترا آشنایی دهند [7]
ز هرچ آفریده‌ست او بی‌نیاز … تو در پادشاهیش گردنفراز [8]
ز دستور و گنجور و از تاج و تخت … ز کمّیّ و بیشی و از ناز و بخت [9]
خود او بی‌نیازست و ما بنده‌ایم … به فرمان و رایش سر افکنده‌ایم [10]
شب و روز و گردان سپهر آفرید … خور و خواب و تندیّ و مهر آفرید [11]
جز او را مدان کردگار بلند … کزو شادمانیّ و زو مستمند [12]

---

۱ – در لت دویم؛ خرد، دل را چگونه بنام خداوند راه داد؟ جایگاه خرد، مغز است نه دل! شاید گفتن که: خرد؛ راهنمای مردم شد تا خداوند را بشناسند. نه آنکه دل «بنامش» ره بَرَد.

۲ – **یک:** «تو» که باشد؟ **دو:** در اندیشهٔ ایرانی «خداوند آفرینندهٔ سرتاسر پیدایش نیک است» که با دادِ اشا «راستی و سزاواری» همراه است: «اهورائی مزدائی ویسپا وُهو چنهمی»، و بر این بنیاد نمی‌توان هستی را از راستی جدا دانستن!

۳ – در رج پیشین سخن از «تو» رفت، و اینجا از «من»!   ۴ – همچنین...

۵ – پیشتر در این باره سخن رفت که در اندیشهٔ ایرانی زمان؛ خود آفریده است: زروان بیکرانه را می‌ستاییم، زروان دیر (دور) خودآفریده را می‌ستاییم، و بر این بنیاد زمان، خود پدیدار شده‌است، و خداوند آنرا پدید نیاورده‌است.

٦ – باد و آتش و آب «پاک!» نیز در میان خورشید و خاک هستند، و دوباره نام بردن از آنها دوباره‌گویی است. شاهنامه فلورانس «سرِ گوهران آتش و آب پاک» آورده است که آن نیز نادرست است که زیرا که نخست: از خاک نام نبرده‌است! دودیگر: آب و باد و خاک و آتش چهارگوهر هستند، زیرا که اینها خود از توانایی (انرژی) جهان پدیدار شدند. بنگرید به آغاز شاهنامه نمونه‌های فراوان از این گفتار آمده‌است (خالقی مطلق ۵ ۰ ۱–۳) که بر همه، همین انگشت را توان نهادن.

۷ – دنبالهٔ همان گفتار است. این بار، از «من» به «تو» گرایید.

۸ – **یک:** لت دویم سخت بی‌پیوند است. شاهنامه فلورانس: «ناز و گراز» دیگر نمونه‌ها ناز و گداز، یار و گداز، ق ۲ همی ره نیابی تو ایدر متاز. همه نادرستند. **دو:** لت نخست نیز در شاهنامه فلورانس: «سوی آفرینندهٔ بی‌نیاز» که پیوند با لت دویُم ندارد.

۹ – کمّی چه باشد که خداوند از آن بی‌نیاز است؟ و «ناز» چگونه است؟   ۱۰ – دوباره از بی‌نیازی خداوند یاد می‌شود.

۱۱ – خداوند خوردن را نیافرید، که زندگان برای زنده ماندن بخوردن نیاز دارند.   ۱۲ – کردگار «بلند»؟

۳۱۴ کیخسرو

شگفتی به گیتی ز رستم بس است … کزو داستان بر دل هرکس است [1]
سرمایهٔ مردی و جنگ از اوست … خردمندی و دانش و سنگ از اوست [2]
به خشکی چو پیل و به دریا نهنگ … خردمند و بینادل و مرد سنگ [3]
کنون رزم کاموس پیش آوریم … ز دفتر به گفتار خویش آوریم [4]

آغاز داستان

چو لشکر بیامد به راه جَرَم … کلات از بر و زیر، آبِ مَیَم [5]
همی یاد کردند رزم فرود … پشیمانی و درد و تیمار بود [6]
همه دل پراز درد، از بیم شاه … دو دیده پراز خون و تن پرگناه [7]
⇐ چنان، شرمگِن، نزد شاه آمدند … جگرخسته و پر گناه آمدند
برادرش را کشته بر بیگناه … بدشمن سپرده نگین و کلاه [8]
همه یکسره دست کرده بکش … برفتند پیشش پرستارفش [9]
بدیشان نگه کرد خسرو بخشم … دلش پر ز درد و، پراز خون؛ دو چشم
بیزدان چنین گفت ک:«ای دادگر … تو دادی مرا هوش و رای و هنر [10]
همی شرم دارم من از تو کنون … تو آگه‌تری بی‌شک از چند و چون [11]
اُگرنه بفرمودمی تا هزار … زدندی به میدان پیکار دار [12]
تن توس رادار بودی نشست … هر آن کس که با او میان را ببست [13]
ز کین پدر بودم اندر خروش … دلی داشتم پر غم و درد و جوش [14]

---

۱ – چگونه از ستایش پروردگار، برستم می‌پردازد؟

۲ – پیش‌از رستم از پهلوانان؛ زال و سام و نریمان بوده‌اند، و از مردان نیز فریدون و جمشید و تهمورث بوده‌اند، و رستم را نشاید سرمایهٔ مردی و خردمندی و دانش، بشمار آوردن.

۳ – چون در خشکی «چو» پیل است، در دریا نیز باید «چو» نهنگ باشد.

۴ – دنبالهٔ گفتار

۵ – نادرستی این نامها پیشتر شکافته شد.

٦ – لت دویم پیوند درست، با لت نخست ندارد.

۷ – **یک:** دل، پراز «بیم» می‌شود، و پراز «درد» نه. **دو:** «تن» نیز پرگناه نمی‌شود و گناه به روان باز میگردد.

۸ – **یک:** چرا «بر بیگناه»؟ آغاز گنهکاری از وی بود. **دو:** نگین ویژه پادشاهان بود و در دست آنان نبود تابدشمنش سپارند.

۹ – برفتند، باکنش آمدند، در رج ۱۳۰۳۵ آمده‌بود.

۱۰ – دنبالهٔ گفتار

۱۱ – همین گفتار «تو آگه‌تری بی‌شک»شک در آگاهی خداوند است. شاهنامهٔ فلورانس: بر چه و چند و چون؛ باز آگه«تری» گفتار را ویران می‌کند زیرا که «تر» در آگاهتر آگاهی خداوند را با مردمان می‌سنجد.

۱۲ – «میدان پیکار» هزار فرسنگ دور از کاخ کیخسرو در خاک توران بوده‌است.

۱۳ – **یک:** «تن» روی دار نمی‌نشیند، که «از» دار «آویزان» میشود. **دو:** دو پیوند «و» در لت دویم فرو افتاده‌است.

۱۴ – از «کین»، کس خروش بر نمی‌دارد، که از «درد» چنین می‌شود.

کنون کینه نو شد ز کین فرود / سرِ توسِ نوذر بباید درود [1]
بگفتم که سوی کلات و جَرَم / مرو گر فشانند بر سر درم [2]
کزان ره فرودست و با مادر است / سپهبد نژادست و گندآور است [3]
دمان توسِ نامردِ ناهوشیار / چرا برد لشکر بسوی حصار [4]
کنون لاجرم کردگار سپهر / ز توس و ز لشکر ببرّید مهر [5]
بد آمد به گودرزیان بر ز توس / که نفرین بر او باد و بر پیل کوس [6]
همی خلعت و پندهادادمش / به جنگ برادر فرستادمش [7]
جهانگیر چون توس نوذر مباد / چنو پهلوان پیش لشکر مباد [8]
دریغ آن فرود سیاوش دریغ / که بازور و دل بود و باگرز و تیغ [9]
بسان پدر کشته شد بیگناه / بدست سپهدار من با سپاه [10]
به گیتی نباشد کم از توس کس / که او از در بند و چاه است و بس [11]
نه در سرش مغز و نه در تنش رگ / چه توس فرومایه پیشم چه سگ [12]
ز خون برادر به کین پدر / همی گشت پیچان و خسته جگر [13]

*

⇐ سپه را همه خوار کرد و براند / ز مژگان همی خون بزُخ برفشاند
درِ بار دادن بر ایشان ببست / روانش ز مرگ برادر بخست
بزرگان ایران بماتم شدند / پراز غم بدرگاه رستم شدند

---

۱ - **یک:** کینه نو شد ز کین، یا بکین نادرست است: «کینه‌ای نو پدیدار شد». **دو:** تن توس نشسته بر روی دار، یا سر توس بریده! کدام درست است، باز آنکه کیخسرو فرمان داده‌بود که توس در خانهٔ خویش زندانی شود.

۲ - **یک:** باز سخن از جَرَم. **دو:** «بر سر» درست نیست: «بر سرت».

۳ - لت دویم، پیوند با لت نخست ندارد.

۴ - توس، لشکر بسوی دژ نکشید که کارهای فرود، سپاه ایران را بدژ کشاند.

۵ - بریدن مهر، «اکنون» رخ نداده‌است که چند ماه پیش بهنگام شکست ایرانیان از تورانیان روی نموده‌بود، و «لاجرم» را نیز در گفتار فردوسی راه نیست.

٦ - براستی، چرا نفرین بر پیل و کوس؟ از برای آنکه افزاینده را «پیل و کوس» برای پساوای سخن بایسته بوده‌است!

۷ - بهنگام جنبش سپاه، خلعتی بتوس داده نشده‌بود، و نیز پند چنان بود که سپاه ایران در راه توران به بیرنج (کشاورز و پیشه‌ور) رنج نرساند.

۸ - توس نوذر جهانگیر نبود و سپهسالار ایران بود.

۹ - همهٔ سپاهیان «باگرز و تیغ» بودند، و چنین چیز «دریغ» ندارد.

۱۰ - افزاینده، همواره گناه فرود را زیر پلاس پنهان می‌کند. باز آنکه آغازِ گناه از فرود بود.

۱۱ - **یک:** «کم از توس» نادرست است «کمتر از توس». **دو:** پادافره توس پیش‌ازاین روشن شده‌بود و در آن از بند و چاه سخن نرفته‌بود! افزایندهٔ ناهوشیار با آنکه از زندانی شدن توس در خانه خویش آگاه بوده‌است، یکبار ویرا بر سر دار می‌نشاند، یکبار سر وی را شایستهٔ درویدن میخواند، و اکنون او را سزاوار بند و چاه میداند!

۱۲ - **یک:** در میان پهلوانان ایران هیچیک باندازهٔ توس، به منوچهر و فریدون نزدیک نبود، پس چگونه می‌توان وی را فرومایه خواندن. **دو:** ایرانیان باستان «سگ» راگرامی میداشتند. و با دشنام از وی یاد نمی‌کردند.

۱۳ - «همی‌گشت» در لت دویم نادرست است، زیرا که پیچیدن نیز همان گشتن است: «بر خویشتن می‌پیچید».

بپوزش که: «این بودنی کار بود … که را بود؟ آهنگِ رزم فرود!
بدانگه، کجا، کشته شد پورِ توس … سرِ سرکشان خیره گشت از فسوس
همان نیز داماد او ریونیز … نبود از بدِ بخت مانیده چیز [1]
که دانست نام و نژاد فرود! … کجا، شاه را، دل بخواهد شخود! [2]
تو خواهشگری کن که برناست شاه … مگر سر بپیچد ز کین سپاه [3]
نه فرزندِ کاووسِ کی، ریونیز … بجنگ اندرون کشته شد، زار، نیز؟ [4]
که کهتر پسر بود و پرخاشجوی … دریغ آنچنان خسرو ماهروی [5]
چنین است انجام و فرجام جنگ … یکی تاج یابد یکی گور تنگ» [6]

*

چو شد روی گیتی ز خورشید زرد … بخم اندر آمد شبِ لاژورد
تهمتن بیامد بنزدیکِ شاه … برآمد خروش از درِ بارگاه
چنین گفت مر شاه را، پیلتن … که: «بادا سرت برتر از انجمن
بخواهشگری آمدم نزد شاه … همان از پی توس و بهرِ سپاه
چنان دان که کس بی‌بهانه نمرد … ازین در سخن‌ها بباید شمرد [7]
اُدیگر کزان بدگمان بُد سپاه … که فرخ برادر نبد نزد شاه [8]
همان توس تند است و هشیار نیست … اُدیگر که جان پسر خوار نیست [9]
چو در پیش او کشته شد ریونیز … زرسپ آن جوانِ سرافراز نیز! [10]
اگر برفروزد، نباشد شگفت … از او، شاه را کین نباید گرفت» [11]
بدو گفت خسرو که: «ای پهلوان … دلم پر ز تیمار شد زان جوان

---

۱ – **یک:** روشن شد که ریونیز در جنگ با فرود، کشته نشد، **دو:** لت دویُم را هیچ گزارش نیست، «مانیده چیز» نیز آمیزه‌ای ناسزاوار است.

۲ – لت دویم ناهماهنگ است: «که شاه را از مرگ او دل خواهد خستن!

۳ – برنا؛ کودکانِ پنج تا ده ساله را خوانند.

۴ – دوباره نام ریونیز می‌آید، و پساوای درست ندارد.

۵ – پسرِ کهترِ چه کس بود؟

٦ – انجام و فرجام هر و یکی است.

۷ – چون سخن درباره توس و سپاه است، پس گفتار دربارهٔ مرگ، شایسته نمی‌نماید. **دو:** لت دویم نیز اندکی سست است. **سه:** شاهنامه فلورانس، دلت مهتر از غم بباید سترد. ستَرد با مُرد، پساوا ندارد.

۸ – بدگمان واژه‌ای تازه است. گُمان فارسی و گومان پهلوی از ریشه؛ وی‌مَنَنگَهْ اوستایی [illegible] = دور از اندیشهٔ درست است و بهمین روی است که در واژهٔ آمیختهٔ بیگمانم = شک ندارم، گمان برابر با شک تازی می‌آید، واژهٔ درست ویژه سخن فردوسی چنین می‌باید بودن: اندر گمان بود نمونه از گفتار فردوسی: میاسای از آموختن یکزمان /ز دانش میفکن دل اندر گمان.

۹ – این، همان توس است؟ که سپهسالار ایران بود، و در داستان آینده، رستم دربارهٔ وی میگوید:

پیاده مرا زان فرستاد توس … که تا اسپ بستانم از اشکبوس

چگونه شاید که رستم که برای خواهشگری دربارهٔ توس نزد کیخسرو رفته‌است، آتش خشم را تندتر کند و او را تند و ناهوشیار خوانَد؟

۱۰ – **یک:** پساوا ندارد. **دو:** چند رج پس‌تر «۱۳۰۸۴» در گفتار درست فردوسی تنها نام فرود و زرسپ می‌آید.

۱۱ – چون کار درگذشته رخ نموده‌است «برفروزد» نادرست است: «چون برافروخت»، یا «برافروخت».

کنون پند تو داروی جان بُود   اُگرچه دل از درد، پیچان بُود»

*

بپوزش بیامد سپهدار توس   به پیش سپهبد زمین داد بوس
بسی* آفرین کرد بر شهریار   که: «انوشه بزی تا بُود روزگار
زمین بندهٔ تاج و تخت تو باد   فلک مایهٔ فرّ و بخت تو باد
منم دل پراز غم ز کردار خویش   جگرخسته از درد و تیمار خویش
همان نیز جانم پراز شرمِ شاه   زبان پر ز پوزش، روان پر گناه
ز پاکیزه جان فرود و زرسپ   همی برفروزم چو آذرگشسپ
اُگر من گنهکارم از انجمن   همی پیچم از کردهٔ خویشتن
بویژه ز بهرام و از ریونیز   همی جان خویشم نیاید به چیز[1]
اُگر شاه خشنود گردد ز من   اُزین نامور، بیگناه انجمن
شَوَم، کینِ این ننگ بازآورم   سرِ پست را، بر فراز آورم!
همه رنج لشکر بتن برنهم   اگر جان ستانم، اگر جان دهم[2]
ازین پس به تخت و کله ننگرم   جزاز ترگ رومی نبیند سرم»[3]
ز گفتار او شاد شد شهریار   دلش تازه شد چون گل اندر بهار

*

چو تاجِ خورِ روشن آمد پدید   سپیده ز خَمّ کمان بردمید
سپهبد بیامد بنزدیک شاه   ابا او، بزرگان ایرانسپاه
بدیشان چنین گفت شاه جهان   که: «هرگز پیِ کین نماند نهان
ز تور و ز سلم اندر آمد سخن   ازان کین پیشین و رزم کهن[4]
چنین ننگ بر شاه ایران نبود   زمین پر ز خون دلیران نبود
هم آن کوه، از خونِ ایرانیان   بزنار خونین ببسته میان![5]
همان مرغ و ماهی بریشان بزار   بگرید بدریا و بر کوهسار[6]
از ایران●، همه دشتِ تورانیان   سر و دست و پای است و پشت و میان

---

*- در همهٔ نمونه‌ها «همی» آمده‌است.

۱ - **یک:** بهرام خود به رای خویش کشته شد. **دو:** افزاینده چون در سخن درست فردوسی تنها نام فرود و زرسب را دیده‌است، اینجا میخواهد که از ریونیز نیز یاد کند، پس بهرام را نیز می‌افزاید، با سخنان بی‌پیوند ناهموار در لت دویُم.

۲ - پیدا است که یکتن را توان آن نیست که رنج یک‌لشکر را بر خویش هموار کند.

۳ - روم هنوز در جهان پدیدار نشده‌بود.

۴ - «اندر آمد سخن» نادرست است: «سخن آغاز می‌شود».

۵ - سخن در لت دویُم بی‌پایان است.

۶ - مرغ‌وماهی «بگرید» نادرست است: «بگریند».

● - ایران با پسوندِ جمع آن، ایر+ان؛ ایرانیان.

۳۱۸ کیخسرو

شما را همه شادمانی‌ست؟ رای! بکینه نجنبد همی؟ دل ز جای»!
دلیران همه دست کرده بکش به پیش جهاندار خورشیدفش؛
همه همگنان خاک دادند بوس چو رهّام و گرگین چو گودرز و توس[1]
چو خرّاد با زنگهٔ شاوران دگر بیژن و گیوِ گنداوران[2]
که: «ای شاه نیک‌اخترِ شیردل ببرده ز شیران، بشمشیر، دل
همه یک بیک پیش تو بنده‌ایم ز تشویر خسرو سرافکنده‌ایم[3]
اگر جنگ فرمان دهد شهریار همه سر فشانیم در کارزار»
سپهدار، پس، گیو را پیش خواند بتخت گرانمایگان برنشاند
فراوانش بستود و بنواختش بسی خلعت و نیکوی ساختش[4]
بدو گفت که: «اندر جهان رنج من تو بردی و بی بهری از گنج من!
نباید که بی رای تو، پیل و کوس سوی جنگ رانَد، سپهدار توس
به تندی مکن سهمگین، کار خُرد که روشن روان باد بهرام گرد[5]
ز گفتار بد گوی و از نام و ننگ جهان کرد بر خویشتن تار و تنگ»[6]
درم داد و روزیِ دِهان را بخواند بسی با سپهبد، سخن‌ها؛ براند
همان رای زد با تهمتن بران چنین تا رخ روز شد در نهان[7]
چو خورشید برزد سنان از نشیب شتاب آمد از رفتن با نهیب[8]
سپهبد بیامد به نزدیک شاه ابا گیو گودرز و چندی سپاه[9]
از اختر یکی روز فرخ بجُست که بیرون شدن را کی آید درست!
همی بود با کوس و پیلان به دشت بدان، تا سپهبد، بر او برگذشت[10]

---

۱ – **یک:** «همه همگنان» نادرست است: «همگی» یا «همگان». **دو:** لت دویُم سخن با «چو» همراه است و نادرست است.

۲ – **یک:** چو... **دو:** گیوِ گندآوران را، گزارش نیست.

۳ – باری از تشویر وی بیمناک توان بودن، و سر افکنده بودن درست نیست.

۴ – لت دویم را پیوند درست نیست، «نیکوی ساختن» چه باشد؟ نیکویی درباره کسی «کردنی» است یا «بجای آوردن» است نه «ساختنی».

۵ – **یک:** شاهنامه مسکو: لت دویم را با لت نخست پیوندِ درست نیست. **دو:** باز افزاینده نمیدانسته‌است که «روشنروان» برابر با «زنده» است، و «روانشاد» را برای درگذشتگان می‌آورند. **سه:** شاهنامه فلورانس ندیدی مگر سهمگین کار کرد / که روشنروان، راد، بهرامِ مرد «که» پیوند در آغاز لت دویم، ناکارآمد است: «مگر ندیدی بهرام کار سهمگین کرد» سخن نادرخور و ناآراسته‌است.

٦ – در کار بهرام «گفتارِ بدگوی» در کار نبود، خود، نام خویش را بلند میخواست، و خویشتن را بدام مرگ افکند!

۷ – **یک:** «همان» در آغاز سخن نادرخور است. **دو:** رای زدن «بر» آن نادرست است رای زد «اندر» آن. **سه:** لت دویم سست می‌نماید.

۸ – سخن نادرخور است. این گفتارِ همان سراینده است که پیشتر چگونگی برآمدن سپیده‌دم را بدان زیبایی سروده بود؟

۹ – تنها «گیو» را با «چندی» با خود برد؟ آیا شایسته نمی‌نمود که بجای چندی سپاه چندی از پهلوانان را با خویش بَرَد؟

۱۰ – برگذشت در پایان سخن، با «بدان بود» در آغاز لت همخوان نیست: «برگذرد».

یکی لشکری همچو کوه سیاه گذشتند بر پیش بیدار شاه[1]
پس لشکر اندر سپهدار توس بیامد بر شه زمین داد بوس[2]
بر او آفرین کرد و برشد خروش جهان آمد از بانگ اسپان به جوش[3]
یکی ابر بست از بر گرد سم بر آمد خروشیدن گاودم[4]
ز بس جوشن و کاویانی درفش شده روی گیتی سراسر بنفش[5]
تو خورشید گفتی به آب اندر است سپهر و ستاره به خواب اندر است[6]
نهاد از برِ پیل، پیروزه مهد همی رفت زین‌گونه تا رود شهد[7]

*

هیونی بکردار باد دمان بشد نزد پیران هم اندر زمان
که: «من جنگ را، گردن افراخته؛ سوی رود شهد آمدم ساخته»
چو بشنید پیران غمی گشت سخت فرو بست بر پیل ناکام رخت[8]
برون رفت با نامداران خویش گزیده دلاور سواران خویش[9]
که ایران سپه را ببیند که چیست سرافراز چندست و با توس کیست[10]
رده برکشیدند زانسوی رود فرستاد نزد سپهبد درود[11]
اُزین روی، لشکر بیاورد توس درفش همایون و پیلان کوس[12]
سپهدار پیران یکی چربگوی ز ترکان فرستاد نزدیک اوی*
بگفت آنکه: «من با فرنگیس و شاه چه کردم؟ ز خوبی بهر جایگاه!

۱ – بلندای سپاه هیچگاه باندازه کوه، آنهم برنگ سیاه نمیشود، زیرا که زره سپاهیان در برابر خورشید برق میزند و سپیدرنگ می‌نماید.
۲ – زمین «را» بوسید... ۳ – پس‌از گذشتن سپاهیان، خروش از که برخاست.
۴ – **یک:** آن ابر که برخاسته بود همان گرد بوده‌است، نه از برِ آن! **دو:** پس‌از رفتن سپاهیان، چه کس (خروش) از گاودم برآورد؟ افزاینده فراموش کرده‌است که همواره از (نالهٔ) گاودم سخن رفته‌است نه از خروش آن.
۵ – **یک:** هیچیک از این نمایش‌ها پس‌از رفتن سپاه، روی نمیدهد. **دو:** «ز بس» در آغاز لت نخست هم به جوشن، و هم بکاویانی درفش باز میگردد، باز آنکه درفش کاویان، یکی بوده‌است نه بسیار. **سه:** «شده» در آغاز لت دویم نادرخور است: «شد» **چهار:** افزاینده فراموش کرده‌بود که در آغاز سخن سپاه را همانند کوهی سیاه نشان داده‌بود!
٦ – **یک:** پیشتر از ابر و گرد سخن رفته‌بود، و اکنون خورشید را بدرون آب می‌برند! **دو:** تو گفتی.
۷ – چه کس مهد بر پیل نهاد؟... مگر نه آنستکه پیش‌از جنبش سپاه، می‌باید همهٔ کارها انجام پذیرفته باشد؟
۸ – **یک:** همهٔ نمونه‌ها «غمی» و نادرست است. **دو:** بر پشت پیل «فرو» نمی‌بندند، که «فراز» می‌بندند. **سه:** «رخت» بجای «کوس»!
۹ – **یک:** گزیده دلاور «دوگون = صفت» پیش‌از نام درست نمی‌نماید سواران گزیدهٔ دلاور. **دو:** برای رفتن بسوی میدان جنگ تنها سواران گزیده و دلاور را نمی‌برند. که همهٔ سپاهیان باهم بیرون می‌روند.
۱۰ – **یک:** «چیست» برای سپاه، کنشی نادرخور است: «چگونه است». **دو:** پیران خود با دلاوران گزیده برای دیدن سپاه ایران رفت؟ یا کارآگهان را باید چنین کردن؟
۱۱ – دو جنگجو برای یکدیگر درود نمی‌فرستند، و روشن نمی‌نماید که سپهبد نامبرده کدام سپهبد است!
۱۲ – درفش ایران، کاویان بود، نه درفش همای.
* – در همهٔ نمونه‌ها «ز ترکان فرستاد...» آمده، و درست چنین می‌نماید: «زلشکر فرستاد، نزدیک اوی».

ز درد سیاوش خروشان بُدم / چو بر آتش تیز جوشان بدم
کنون بارِ تریاک، زهر آمده‌ست / مرا زان، همه، رنج؛ بهر آمده‌ست»
دل توس غمگین شد از کار اوی / بپیچید زان خوب گفتار اوی
چنین داد پاسخ که: «از مهر تو / فراوان نشان است بر چهر تو
سر آزاد کن، دور شو از میان / ببند این درِ بیم و راهِ زیان
برِ شاه ایران شوی بی سپاه / مکافات یابی بنیکی ز شاه○
بایران ترا پهلوانی دهد / همان افسر خسروانی دهد؛
چو یاد آیدش خوب کردار تو / دلش رنجه گردد ز تیمار تو»
چنین گفت گودرز و گیو و سران / بزرگان تیمارکش مهتران[1]
سراینده پاسخ آمد چو باد / بنزدیک پیران ویسه‌نژاد
بگفت آنچه بشنید با پهلوان / ز توس و ز گودرز روشنروان
چنین داد پاسخ که: «من روز و شب / بیاد سپهبد گشایم دو لب●
شوم هرچه هستند پیوند من / خردمند کو بشنود پند من[2]
به ایران گذارم بر و بوم و بر(!)□ / سرِ نامور بهتر از تاجِ زر»

*

اُزین گفته‌ها بود مغزش تهی / همی جُست، نو روزگار بهی[3]

*

هیونی برافکند هنگام خواب / فرستاد نزدیک افراسیاب[4]
که: «ز ایران، سپاه آمد و پیل و کوس / همان گیو و گودرز و رهّام و توس[5]
فراوان فریبش فرستاده‌ام / ز هرگونه‌ای بندها داده‌ام[6]
سپاهی ز جنگاوران برگزین / که از زین ربایند گردان بکین![7]

○ – در این رج پیوند «که» میان رج نخست با رج دویم دیده نمی‌شود، و در همهٔ نمونه‌ها چنین آمده‌است که بی‌پیوند است و درست نمی‌نماید. بر این بنیاد اگر «که» پیوند را که بی‌هیچ گمان بایسته‌است، در آغاز لت دویُم بیفزاییم، واژهٔ «مکافات» به «پاداش» دگرگون می‌شود: «که پاداش یابی بنیکی، ز شاه».

۱ – چنین «گفت» با گیو و گودرز و سران همخوان نیست: «چنین گفتند».

● – سپهبدِ ایران: کیخسرو.

۲ – «هرچه هستند»؛ «بشنود» همخوان نیست: «بشنوند»، و خردمند نیز نادرخور است: «خردمندان که «پند مرا بشنوند».

□ – در همهٔ نمونه‌ها چنین آمده‌است، اما پیدا است که نادرست می‌نماید، و بر و بوم را نمی‌توان از جایی برداشتن و بکشوری دیگر بردن! بر این بنیاد سخن درست چنین است: «بتوران گذارم، بر و بوم و رخت» که در لت دویم نیز تاج زر به «تاج‌وتخت» می‌گردد!

۳ – **یک:** از «گفته» مغز تهی نمی‌شود: از «اندیشه» چنین می‌شود. **دو:** «نوروزگار بهی» نیز نادرست است.

۴ – باز بهنگام خواب!

۵ – «همان» در آغاز لت دویم ناهمخوان است، زیرا که گوردز و توس و رهام و گیو را در برابر پیل و کوس آورده‌اند.

٦ – «فریب» فرستادنی نیست که «دادنی» است. **دو:** «بند» نادرست است شاهنامه فلورانس «پند» که آن نیز نادرست است، زیرا که توس بپیران پند داده‌بود.

۷ – کار سپاهیان ربودن گردان از پشت زین نیست که بکار بردن همه گونه جنگ‌افزار است.

مگر بومشان از بنه برکنیم بتخت و بگنج آتش اندر زنیم[1]
اُگرنه ز کین سیاوش، سپاه نیاساید از جنگ هرگز، نه شاه»[2]
چو بشنید افراسیاب این سخن سران را بخواند از همه انجمن[3]
یکی لشکری ساخت افراسیاب که تاریک شد چشمهٔ آفتاب[4]
دهم روز لشکر به پیران رسید سپاهی کزو شد زمین ناپدید[5]
چو لشکر بیاسود روزی بداد سپه برگرفت و بنه برنهاد[6]
ز پیمان بگردید، و ز یاد و عهد بیامد دمان تا لب رود شهد[7]
طلایه بیامد بنزدیک توس که: «بربند بر کوههٔ پیل، کوس!
که پیران نداند سخن جز فریب؛ چو داند که -تنگ اندر آمد نشیب-»
درفش جفاپیشه* آمد پدید سپه بر لب رود، صف برکشید!

*

بیاراست لشکر، سپهدار توس بهامون کشیدند پیلان و کوس
دو رویه سپاه اندر آمد چو کوه سواران ترکان و ایران گروه[8]
چنان شد ز گرد سپاه آفتاب که آتش برآمد ز دریای آب[9]
درخشیدن تیغ و ژوپین و خشت تو گفتی شب اندر هوا لاله کشت[10]
ز بس ترگ زرّین و زرّین سپر ز جوش سواران زرّین‌کمر[11]
برآمد یکی ابر چون آبنوس همی بوسه داد از برِ سندروس[12]
سر سروران زیر گرز گران چو سندان شد و پتک آهنگران[13]
ز خون، رود گفتی میستان شده‌ست ز نیزه هوا چون نیستان شده‌ست[14]

---

۱ - **یک:** بوم (= زمین) را از بنه (= ریشه) نمی‌توان برکندن. **دو:** به تخت و گنجِ چه کس؟

۲ - سخن ناهموار است: «نه سپاه آساید، نه شاه».

۳ - گفتار را پساوا نیست، و سخُن را به سخَن برگردانیدن کاری تازه است.

۴ - لت دویم رسا نیست: «که از گردِ آن» تاریک شد آفتاب را تاریک کرده‌بود، اکنون زمین را ناپدید کرد!

۵ - سپاه بزرگ در زمان ده روز از پایتخت توران به کنار رود شهد نمی‌رسد! سپاهی که چشمهٔ آفتاب را تاریک کرده‌بود، اکنون زمین را ناپدید کرد!

۶ - روزی سپاهیان را پیش‌از جنبش از پایتخت میدادند، تا آنان بتوانند روزی را بخانوادهٔ خود داده، بجنگ با دشمن روند.

۷ - پیمان‌وعهد هردو یکی است، و «یاد» را با آنها پیوندی نیست. * - سپاه افراسیاب. ۸ - ترکان!

۹ - میان گفتار لتِ نخست، با آنچه که در لت دویُم آمده‌است، هیچ پیوند نیست.

۱۰ - نیز پیوندی میان این دو لت نیست. خَشت را نیز با کِشت پساوا نیست.

۱۱ - سپر زرین و ترگ زرین را تاب زخم (ضربهٔ) گرز نیست، و بهیچ کار نمی‌آید.

۱۲ - **یک:** پیشتر درباره ابر سخن رفته‌بود. **دو:** «همی‌داد» نادرست است: «که داد». **سه:** لت دویم را هیچ گزارش نیست. ابر چگونه از بالای سندروس بوسه می‌زند؟

۱۳ - گفتار اندکی سست است و پیوسته بداستان، اما هنوز نبرد آغاز نشده‌است.

۱۴ - **یک:** «میستان» با پسوند ستان (= جایگاه) به رودِ روان نمیتوان گفتن، مگرآنکه گفته آید، دشت آوردگاه از خون میستان شد. **دو:**
←

بسی سر گرفتار دام کمند بسی خوار گشته تن ارجمند[1]
کفن جوشن و بستر از خون و خاک تن نازدیده به شمشیر چاک[2]
زمین ارغوان و زمان سندروس سپهر و ستاره پر آوای کوس[3]
اگر تاج جوید جهانجوی مرد اگر خاک گردد به روز نبرد[4]
به ناکام میرفت باید ز دهر چه زو بهره تریاک یابی چه زهر[5]
ندانم سرانجام و فرجام چیست بر این رفتن اکنون بباید گریست[6]

*

یکی نامداری بُد ارژنگ نام به ابر اندر آورده از جنگ نام[7]
بر انگیخت، از دشتِ آورد گرد از ایرانیان جست جنگ و نبرد[8]
چو از دور توس سپهبد بدید بغرّید و تیغ از میان برکشید[9]
به پور زره گفت: «نام تو چیست ز مردان جنگی ترا یار کیست؟»[10]
بدو گفت: «ارژنگ جنگی منم سرافراز و شیر درنگی منم[11]
کنون خاک را از تو رخشان کنم به آوردگه بر سر افشان کنم»[12]
چو گفتار پور زره شد به بن سپهدار ایران شنید این سخن[13]
به پاسخ ندید ایچ رای درنگ همان آبداری که بودش به چنگ[14]
بزد بر سر ترگ آن نامدار تو گفتی تنش سر نیاورد بار[15]
برآمد ز ایران سپه بوق و کوس که: پیروز بادا سرافراز توس![16]

← گفتی... **سه:** در رج چهارم پیشین تیغ و ژوپین و خشت در دست سپاهیان بود. در رج سیُوم پسین سپر زرین، در رج دویم گرز بدست آنان داده شد، و در این رج نیزه! باز آنکه نیزه، نه پس‌از تیراندازی پیادگان کاربرد دارد، نه در هنگامهٔ نبرد تن بتن.

۱ - و اینجا کمند بدست آنان داده شد، و کمند برای راه دور بکار میرود.

۲ - لت دویم چگونه تن سپاهیان جنگاور را که از آغاز کودکی برای روز نبرد آزمایش می‌بینند، «نازدیده» توان خواندن؟

۳ - «زمان» چگونه «رنگ» می‌پذیرد؟

۴ - **یک:** هر زنده، پس‌از مرگ خاک می‌شود، نه تنها آنانکه در روز نبرد کشته شوند. **دو:** سخن سست می‌نماید.

۵ - پهنهٔ نبرد به گفتار دگرگون شد. و روی سخن نیز به «تو» برگشت!

۶ - و پسان؛ بگفتار دربارهٔ خود... و مرگ چنان نزدیک بگوینده است که می‌باید خود، بر رفتن خویش بگرید.

۷ - این پهلوان که در این رج نامش بابر رسیده‌است، چرا در میانهٔ پهلوانان توران تاکنون نامی از او نبود؟

۸ - نبرد خواستن پهلوانان، پیش‌از جنگ دولشکر انجام می‌پذیرد، نه در میانهٔ جنگ، که همه، بهم ریخته‌اند!

۹ - توس سپهبد «او را» بدید.

۱۰ - چگونه است که توس میداند که آن پهلوان «پور زره» است، اما نام او را نمیداند؟

۱۱ - شیر درنگی، در جنگ بکار نمی‌آید، شیر را می‌باید در نبرد، پرخاشگر بودن.

۱۲ - اگر توس بردست وی کشته شود، خاک رخشان نمی‌شود، که تیره می‌شود.

۱۳ - **یک:** گفتار «شد به بن» نادرست است گفتار «بپایان رسید». **دو:** پس‌از پایان گفتار، توس سخن را می‌شنود؟

۱۴ - گفتار لت دویم بی‌پایه‌ترین سخن است که بجای نام بردن از شمشیر، همان آبداری که بودش بچنگ گفته شود.

۱۵ - تو گفتی... ۱۶ - *این رج از داستانهای شاهنامه بدینجا آورده شده‌است.*

آغاز نبرد ۳۲۳

غمی گشت پیران ز توران سپاه / ز ترکان تهی ماند آوردگاه[1]
⇐ دلیران توران و گنداوران / کشیدند شمشیر و گرز گران
که یکسر بکوشیم و جنگ آوریم / جهان بر دل توس تنگ آوریم
چنین گفت هومان که: «امروز جنگ / نسازیم و دل را نداریم تنگ
گرایدونکه زیشان یکی نامور / ز لشکر برآرد به پیکار، سر؛
پذیره فرستیم گُردی، دمان / ببینیم تا بر که گردد زمان
اُز ایشان به تندی نجویید جنگ / بباید یک امروز کردن درنگ[2]
بدانگه که لشکر بجنبد ز جای؛ / تبیره برآید ز پرده سرای؛
همه یکسره گرزها برکشیم / یکی از لب رود برتر کشیم[3]
به انبوه رزمی بسازیم سخت / اگر یار باشد جهاندار و بخت»

نبرد توس، با هومان ویسه

به اسب عقاب اندر آورد پای / برانگیخت آن بارگی را ز جای[4]
تو گفتی یکی بارهٔ آهن است / اُگر کوه البرز در جوشن است[5]
به پیش سپاه اندر آمد بجنگ / یکی خَشتِ رخشان گرفته بچنگ[6]
بجنبید توس سپهبد ز جای / جهان پر شد از نالهٔ کرنای[7]
بهومان چنین گفت ک:«ای شوربخت! / ز پالیزِ کین کی، برآمد درخت[8]
نمودم به ارژنگ یک دستبرد / کنون پای‌دار ای سرافراز گرد[9]
تو اکنون همانا به کین آمدی / که با خشت بر پشت زین آمدی[10]

---

۱ – **یک:** «غمی» نادرست است، و در همهٔ نمونه‌ها نیز چنین آمده‌است. **دو:** در چنین جای. سردار سپاه، بر می‌افروزد، نه آنکه غمگین شود! **سه:** ترکان! **چهار:** شاهنامه فلورانس «گردان» آورده است. اما چگونه با کشته شدن یک پهلوان، همهٔ پهلوانان نابود می‌شوند؟

۲ – همین سخن در گفتار پیشین بگونهٔ درست آمده‌بود.　　۳ – لت دویُم را هیچ گزارش نیست.

۴ – **یک:** اسپ عقاب تاکنون در شاهنامه دیده نشده‌است. **دو:** «آن بارگی» نیز نادرست و دوباره‌گویی است. **سه:** اگر بر «اسپ» پای «اندر آورد؟» «آن بارگی» افزوده‌است: «و او را برانگیخت».

۵ – تو گفتی... چه‌کس بارهٔ آهن و کوه البرز در جوشن است؛ هومان؟ یا بارگی؟

٦ – سخن زیبا است اما دنبالهٔ گفتار است.　　۷ – همچنین...

۸ – **یک:** لت دویم را گزارشی نیست. **دو:** شاهنامه مسکو «ز پالیز کین، کی به آید درخت» آن نیز نادرست است. ل: «کین بر نیامد» همچنین... فلورانس: چنین گفت مَزدیسهٔ شوربخت / ز پالیز کین، کی برآید درخت.

۹ – داستان ارژنگ افزوده‌است.

۱۰ – **یک:** «تو اکنون همانا» نارسا است. **دو:** «بکین» نیامده‌بود، «بجنگ» آمده‌بود.

به جان و سر شاه ایرانسپاه / که بی جوشن و گرز و رومی کلاه[1]
به جنگ تو آیم بسان پلنگ / که از کوه یازد به نخچیر چنگ[2]
ببینی تو پیکار مردان مرد / چو آورد گیرم بدشت نبرد»[3]
چنین پساسخ آورد هومان بدوی / که: «بیشی نه خوب است، بیشی مجوی[4]
گر ایدونکه بیچاره‌ای را زمان / به دست تو آمد مشو در گمان[5]
به جنگ من ارژنگ روز نبرد / کجا داشتی خویشتن را به مرد[6]
دلیران لشکر ندارند شرم / نجوشد یکی را به رگ خون گرم[7]
که پیکار ایشان سپهبد کند / به رزم اندرون دست‌شان بد کند[8]
کجا بیژن و گیو آزادگان / جهانگیر گودرز کشوادگان[9]
تو گر پهلوانی ز قلب سپاه / چرا آمده‌ستی بدین رزمگاه؟[10]
خردمند بیگانه خواند ترا / هشیوار دیوانه خواند ترا[11]
تو شو اختر کاویانی بدار / سپهبد نباید سوی کارزار![12]
نگه کن که خلعت که راداد شاه / ز گردان که جوید نگین و کلاه[13]
بفرمای تا جنگ شیر آورند / زبردست را دست زیر آورند[14]
اگر تو شوی کشته بر دست من / بد آید بدان نامدار انجمن[15]
سپاه تو بی‌یار و بیجان شوند! / اگر زنده مانند پیچان شوند![16]
اُدیگر که گر بشنوی گفتِ راست / روان و دلم بر زبانم گواست[17]

۱ – **یک:** روم!... **دو:** بامدادان لشکریان همگی زره بر تن کرده آماده می‌شدند، و در میدان نبرد کسی نمیتواند زره را از تن برگیرد. **سه:** در داستان افزوده این نبرد سخن از گرز نیز می‌رود.... .
۲ – «پلنگ» نادرست است: بسان «پلنگی که».
۳ – «آورد گیرم» نادرست است.
۴ – «پاسخ آوردن» نادرست است.
۵ – سخن درست است، اما دنبالهٔ گفتار است.
٦ – ارژنگ ساختگی را که از تورانسپاه بود چرا با هومان بجنگد؟
۷ – دلیران کدام لشکر؟
۸ – **یک:** لت دویم نادرست است. شاهنامه فلورانس «که پیکارگرشان، سپهبد شده‌است / برزم اندرون دستشان بد شده‌ست» که در آن نیز لت دویم بی‌گزارش است، «بد شدن دست» چگونه باشد؟
۹ – **یک:** «آزاده» پاژنام همهٔ ایرانیان بوده‌است نه تنها گیو! **دو:** گودرز پیر، از توس نیز پیرتر بود، و شایسته نمی‌نمود که بجنگ تن بتن آید.
۱۰ – دوباره گویی رج دویم پیشین.
۱۱ – **یک:** چرا خردمند، خویش خود را بیگانه بخواند؟ **دو:** اگر رفتنِ توس به نبرد هومان بد بوده‌است. همانا این بد را افزاینده بشاهنامه افزوده‌است!
۱۲ – اختر کاویانی نادرست است.
۱۳ – **یک:** آن «خلعت»ها نیز افزودهٔ افزاینده بود، باز آنکه آنانکه خلعت گرفتند، هریک خویشکاری ویژه داشتند، و توس سپهسالار ایران است و می‌بایدش جنگیدن! **دو:** گردان نگین پادشاهی نمی‌جویند.
۱۴ – سخن سست است! چگونه هومان، خود آرزو میکند که بر دست یکی از پهلوانان ایران بزیر کشیده شود.
۱۵ – لت دویم نادرخور است.
١٦ – با کشته شدن یک پهلوان سپاهیان پیچان نمی‌شوند.
۱۷ – اگر گفت (= گفتار) راست باشد سوگند نمی‌خواهد.

که پر درد باشند مردان مرد — که پیش من آیند روز نبرد[1]
پس از رستم زال سام سوار — ندیدم چو تو نیز یک نامدار[2]
پدر بر پدر نامبردار و شاه — چو تو جنگ، جویی چه باید سپاه؟[3]
تو شو تا ز لشکر یکی نامجوی — بیاید، بروی اندر آریم روی»[4]
بدو گفت توس: «ای سرافراز مرد — سپهبد منم هم سوار نبرد[5]
تو هم نامداری ز تورانسپاه — چرا رای کردی بآوردگاه[6]
دلت گر پذیرد یکی پندِ من — بجویی بدین کار، پیوندِ من[7]
تو با نامور پهلوان سپاه — خرامان بیایی بنزدیک شاه[8]
کزین کینه تا زنده ماند یکی — نیاسود خواهد سپاه اندکی[9]
تو با خویش و پیوند و چندین سوار — همه پهلوان و همه نامدار[10]
بخیره مده خویشتن را بباد — مبادا که پند من آیدت یاد![11]
سزاوار کشتن هرانکس که هست — بمان تا بیازند بر کینه دست[12]
کزین کینه مرد گنهکار هیچ — رهایی نیابد خرد را مپیچ[13]
مرا شاه ایران چنین داد پند — که پیران نباید که یابد گزند[14]
که او ویژه پروردگار من است — جهاندیده و دوستدار من است[15]
به بیداد، بر خیره، با او مکوش — نگه کن که دارد به پند تو گوش»[16]
چنین گفت هومان: «به بیداد و داد — چو فرمان دهد شاهِ فرخ‌نژاد[17]
بپیران رفت باید ببیچارگی — سپردن بدو دل بیکبارگی[18]
همان رزم پیران نه بر آرزوست — که او راد و آزاده و نیکخوست»[19]

---

۱ - مردان نادرست است: «آنانکه» یا «آن مردان که». ۲ - اگر چنین است، چرا می‌باید او را خوار داشتن؟
۳ - سه‌باره‌گویی! ۴ - همچنین. ۵ - «هم» را دوبار باید هم سپهبدم، هم سوار.
٦ - لت نخست بی‌پایان است: نامداری از تورانسپاه «هستی».
۷ - دو سردار جنگندهٔ دشمن را چرا پیوند یکدیگر جستن؟
۸ - فراخوانی پیران به ایران سه بار؛ یکبار از سوی رستم، و یکبار از سوی گودرز و در این جنگ از سوی توس بوده‌است، و این سخن برداشتی از آنست.
۹ - سخن بس سست است، افزاینده را برای آن بوده‌است که بگوید که «در» این کینه تا «بدانهنگام» که «یکتن» زنده بماند، «دو» سپاه را آسودگی نخواهد بودن! ۱۰ - چندین سوار چه باشد؟
۱۱ - **یک:** پیوند درست میان این رج و رج پیشین نیست. **دو:** لت دویم از داستان پند دادن زال کاووس را در نبرد مازندران برداشته شده‌است. ۱۲ - «آنکس که هست» با «بیازند» همخوان نیست.
۱۳ - دوباره از «بیازند» به «رهایی نیابد» بازگشت. ۱۴ - شاه پند نمیدهد، فرمان میدهد.
۱۵ - دنبالهٔ گفتار. ۱٦ - در لت دوئم، چگونه توس می‌تواند پیران را وادارد که به پند وی گوش فرادهد؟
۱۷ - «شاهِ فرخ» به «بیداد» فرمان نمی‌دهد. ۱۸ - «به بیچارگی» نادرست است: «بناچار».
۱۹ - «همان» در آغاز سخن نادرست است.

بدین گفت‌وگوی اندرون بود توس / که شد گیو را روی چون سندروس [1]
ز لشکر بیامد بکردار باد / چنین گفت کـ:«ای توس فرخ‌نژاد [2]
فریبنده هومان میان دو صف / بیامد دمان، بر لب آورده کف [3]
کنون با تو چندین چه گوید براز؟ / میان دو صف گفت‌وگوی دراز! [4]
سخن جز بشمشیر با او مگوی! / مجوی از درِ آشتی هیچ روی!» [5]
چو بشنید هومان برآشفت سخت / چنین گفت با گیو بیدار بخت [6]
که: «ای گمشده بختِ آزادگان / که کم باد گودرز کشوادگان! [7]
فراوان مرا دیده‌ای روز جنگ / بآوردگه، تیغ هندی بچنگ [8]
کس از تخم کشواد جنگی نماند / که منشورِ تیغِ مرا برنخواند [9]
ترا بخت، چون روی اهریمن است / بخان تو تا جاودان شیون است [10]
اگر من شوم کشته بر دست توس / نه برخیزد آیین کوپال و کوس [11]
بجای‌ست پیران و افراسیاب / بخواهد شدن خون من رود آب [12]
نه گیتی شود پاک ویران ز من / سخن راند باید، بدین انجمن! [13]
اگر توس گردد به دستم تباه / یکی ره نیابند ز ایران سپاه [14]
تو اکنون بمرگِ برادر، گری / چه با توسِ نوذر کنی داوری؟» [15]
بدو گفت توس: «این چه آشفتن است؟ / بدین دشت، پیکارِتو با من است! [16]
بیا تا بگردیم و کین آوریم / بجنگ ابروان پر ز چین آوریم» [17]

---

۱ – **یک:** گفت‌وگوی میان توس و هومان بود نه «توس» بتنهایی، **دو:** دیگر در هیچ نمونهٔ سخن فارسی به‌گفت اندرون «یا» «به گوی اندرون» و «به گفت‌وگوی اندرون» دیده نشده‌است: «بدین گفت‌وگوی بود».

۲ – دنبالهٔ گفتار

۳ – دنبالهٔ گفتار.

۴ – «گوید گفت‌وگوی» نادرست است.

۵ – «از در» برابر است با «سزاوار»، «درخور»، در گفتار شاید گفتن که «آشتی را هیچ روی نیست» اما نمیتوان گفتن «از در = سزاوار آشتی هیچ روی مجوی».

۶ – دنبالهٔ داستان.

۷ – **یک:** «بخت گمشدهٔ آزادگان» را هیچ گزارش نیست. **دو:** پیوند «که» در آغاز لت نخست با «که» آغازین لت دویُم همخوان نیست.

۸ – **یک:** فراوان برای شمارش کاربرد دارد، چونان میوهٔ فراوان،... برای چنین کار «بسیار» می‌باید گفتن. **دو:** شاهنامهٔ فلورانس: به لاوَن مرا دیده‌ای روز جنگ. «لاون و پَشَن» که از آن نام هست و نشان نیست!

۹ – پس همین گیو که با او سخن میگوید اگر از نژاد کشواد نیست از تخمهٔ کیست؟

۱۰ – افزاینده می توانست گفتن چون روی اهریمن باد... شیون باد... و اکنون که هنوز چنین شیون پیش نیامده‌است، نمیتوان «است» را بکار گرفتن.

۱۱ – آیین «گرفتنِ» «کوپال» و «نواختن» کوس (= از میان) بر نمی‌خیزد.

۱۲ – پیران و افراسیاب «بر» جای«اند» شگفت اینست که افزاینده می توانست گفتن «بجایند» اما چون روان خوانندگان را از دیدگاهِ وی ارزشی نبوده، نادرست را برگزیده‌است.

۱۳ – لت نخست گزارشی ندارد، و لت دویم را با لت نخست پیوند نیست.

۱۴ – لت دویم با لت نخست پیوند ندارد.

۱۵ – **یک:** «اکنون» در این سخن نادرخور است، زیرا که در گذشته چنین روی نموده‌بود. **دو:** راستی را، چگونه هومان پروای داوری کردن میان توس و گیو را دارد؟

۱۶ – دنبالهٔ داستان

۱۷ – کین آوردن نادرست است: «جنگ آوردن» لت دویم نیز نادرست است: «با ابروان پرچین جنگ آوریم».

بدو گفت هومان که «داد است مرگ   سری زیر تاج و سری زیر ترگ[1]
اگر مرگ باشد مرا بیگمان   به آوردگه بر که آید زمان[2]
به دست سواری که دارد هنر   سپهبدسر و گرد و پرخاشخر»[3]
گرفتند هردو عمود گران   همی حمله بردآن بر این، این بر آن[4]
زمین گشت گردان و شد روز تار   یکی ابر بست از برِ کارزار[5]
تو گفتی شب آمد بریشان بروز   نهان گشت خورشید گیتی‌فروز[6]
ازان چاکچاک عمود گران   سران‌شان چو سندان آهنگران[7]
به ابر اندرون بانگ پولاد خاست   به دریای شهد اندرون باد خاست[8]
خم آورد رویین عمود گران   شد آهن بکردار چاچی کمان[9]
تو گفتی که سنگ است سر زیر ترگ   سیه شد ز زخم یلان روی مرگ![10]
گرفتند شمشیر هندی بچنگ   فروریخت آتش ز پولاد و سنگ[11]
ز نیروی گردنکشان تیغ تیز   خم آورد و در زخم شد ریز ریز[12]
همه کام پر خاک و پر خاک سر   گرفتند هردو دوال کمر[13]
ز نیروی گُردان، گِران شد رکیب   یکی را نیامد سر اندر نشیب[14]
کمربند بگسست و هومان بجست   یکی اسپ آسوده را برنشست[15]
سپهبد سوی ترکش آورد چنگ   کمان را بزه کرد و تیر خدنگ[16]

---

۱ - پیوند میان دو لت، استوار نیست.   ۲ - هیچگاه یک پهلوان پیش‌از جنگ، خویش را نمی‌کُشد.

۳ - آنهم باستایش هماوردِ دشمن!

۴ - **یک:** «عمود» بجای گرز، در گفتار فردوسی جای ندارد. **دو:** «همی» نیز اینجا کاربرد ندارد. بیکدیگر حمله بردند.

۵ - با نبرد دوکس، روز تاریک نمی‌شود و ابر بر فراز میدان جنگ «نمی‌بندد».   ۶ - تو گفتی...

۷ - پیوند میان دو لت استوار نیست، از چاکچاک گرز«ها»ی گران «که بر» سر«های» چون سندانشان... پایان نیز ندارد.

۸ - چگونه خرد می‌پذیرد که باور کنیم از کوفتن گرز، باد بر روی دریا = رود بر می‌خیزد؟

۹ - دستهٔ گرز را برای آنکه سبکتر باشد، از چوب می‌گرفتند، چنانکه دسته چکش و پتک گران نیز چوبین است، و دستهٔ چوبین را شاید شکستن، و نشاید خم آوردن! افزاینده، یکبار دسته گرز را رویین می‌خواند، و دیگر بار آهنین.

۱۰ - **یک:** تو گفتی... **دو:** پس‌از خم شدن(؟) دستهٔ گرزها، از زخم گرزها سخن نشاید گفتن. **سه:** لت دویم راگزارش نیست. در برخی نمونه‌ها «روز مرگ» که چنین نیز نبوده‌است و توس و هومان هیچیک را در آن روز، مرگ نرسید.

۱۱ - شمشیر بشمشیر و یا سپر بر می‌خورد، نه بسنگ!

۱۲ - خم آوردن شمشیر نیز درست نمی‌نماید، زیراکه شمشیر را لبه به لبه می‌کوبند، و شاید که شمشیر بشکند، اما خم بر نمی‌دارد، که خود، پولاد، خم بردار نیست و شکننده است.   ۱۳ - «پر خاک» را یکبار شاید آوردن.   ۱۴ - دنبالهٔ گفتار

۱۵ - **یک:** سخن را آرایش درست نیست کمربندِ «هومان» بگسست و «او» بجست. **دو:** مگر میدان جنگ آخورگاه اسبان است؟ که او بیدرنگ در برابر هماوردِ نیم‌پیروز یک اسب آسوده بجنگ آوَرَد، و بر آن بر نشیند!

۱۶ - **یک:** پس‌از چنگ بردن به ترکش (تیردان) نمیتوان کمان را بزه کردن! **دو:** تیروکمان، جنگ‌افزار پیادگان بود، پیش‌از رسیدن دو سپاه‌بیکدیگر. **سه:** باری اگر کسی با کمان بمیدان می‌رفت، پیشتر آنرا بزه میکرد، که هر زمان آماده باشد. **چهار:** برای بزه کردن کمان، می‌باید پیاده بودن و زانو بر زمین زدن، و بر پشت اسب چنین کار، انجام‌پذیر نبود. **پنج:** سخن پایان ندارد، و به رج پسین پیوسته‌است.

بران نامور تیرباران گرفت چپ‌وراست جنگ سواران گرفت[1]

ز پولاد پیکان و پرّ عقاب سپر کرد بر پیش روی آفتاب[2]

جهان چون ز شب رفته دو پاس گشت همه روی کشور پر الماس گشت[3]

ز تیر خدنگ اسپ هومان بخست تن بارگی گشت با خاک پست[4]

سپر بر سر آورد و ننمود روی نگه‌داشت هومان سر از تیر اوی[5]

چو او را پیاده بدان رزمگاه بدیدند گفتند توران سپاه[6]

که: «پردخت ماند کنون جای اوی ببردند پرمایه بالای اوی»[7]

چو هومان بران زین توزی نشست یکی تیغ بگرفت هندی به دست[8]

که آید دگر باره بر جنگ توس شد از شب جهان تیره چون آبنوس[9]

همه نامداران پرخاشجوی یکایک بدودر نهادند روی[10]

که شد روز تاریک و بیگاه گشت ز جنگِ یلان دست کوتاه گشت[11]

بپیچید هومان جنگی عنان سپهبد بدو راست کرده سنان[12]

بنزدیک پیران شد از رزمگاه خروشی برآمد ز تورانسپاه[13]

---

۱ – **یک:** اما چون در آن رج از «تیر خدنگ» یاد شده‌است، در این رج «تیر» کاربرد ندارد. **دو:** لت دویم بی‌گزارش است.

۲ – آفتاب، از چه چیز سپر بر روی خود پوشید؟ اگر از تیراندازی، توس است، که از آن گرد بر نمی‌خیزد، تا روی خورشید را بپوشاند! اگر از تیرهای آندو پهلوان است که با دو تیر در هر بار تیراندازی، رخ آفتاب پوشیده نمیشود.

۳ – **یک:** آرایش لت نخست درست نیست: «جهان تاریک شد، چونان شبی که از آن دو پاس گذشته باشد». **دو:** «جهان»، به «کشور» دگرگون شد. **سه:** از چه چیز، کشور = جهان پراز الماس گردید؟ اگر رای افزاینده آن بوده‌است، که از «گرد برخاسته از تیراندازی»، یا «انبوه تیرها که آن دو تن بسوی هم می‌افکنند» هوا تیره شد، پس در هوای تیره ستارگان دیده نمی‌شوند که کشور الماس باران شود، و اگر الماس، پیکان تیرها باشد، چگونه است که یکبار با سپرِ تیرها خورشید پوشیده می‌شود و یکبار با درخشش پیکان‌ها جهان پراز الماس می‌گردد؟ هیچ گزارش دیگر نیز نمیتوان بر این گفتار نهادن. ۴ – سخن درست است اما پیوسته بداستان است.

۵ – **یک:** چون سپر را «بر» فرازِ سرگیرند، روی دیده می‌شود!! **دو:** سر «را» از تیر چه‌کس نگهداشت؟ کننده به رج پیشین باز میگردد، که همانا «اسپ هومان» بوده باشد! ۶ – چون جهان چون شب تاریک شده‌بود، تورانیان از کجا ویرا دیدند؟

۷ – افزاینده فراموش کرده‌است که اسپی که پهلوانان بر آن بر می‌نشینند و به نبرد می‌روند، بهترین و نیرومندترین اسپ است و اسپ ویژهٔ پهلوان است، پس اگر اسپ تازه «اسپِ پرمایهٔ هومان» بوده‌است، پیدا است که هومان در آغاز نبرد، بر اسپی نه درخورِ وی سوار بوده‌است، و پهلوانان را چنین کار نشاید!

۸ – **یک:** «آن» در لت نخست، به لت پیشین بر میگردد، که آنجا «اسپ» بود، و اینجا «زین»! **دو:** باز میدان نبرد را با دشت و چراگاه اسبان یکسان دانسته‌است. مگر پهلوانی که سوار بر اسپ است، پهلوان دیگر را که بر زمین خورده‌است، زمان میدهد، تا دم بر آورد؟ چه‌رسد بدانکه چندکس برای او اسپ بیاورند، و وی بر آن نشیند! **سه:** «هندی» در لت دویم به تیغ باز نمیگردد، که بهومان باز میگردد: «هندی، تیغ بدست گرفت» = هومان.

۹ – افزاینده‌ای دیگر این رج را بر سخن افزایندهٔ پیشین افزوده‌است که «بر» جنگ در آن نادرست است. و وی دیگربار، شب را چون آبنوس پیش می‌آوَرَد. ۱۰ – گویا نامداران در انجمن نشسته‌بوده‌اند که روی بدو میکنند.

۱۱ – **یک:** سدیگر بار، روز تاریک می‌شود. **دو:** در لت دویم سخن واژگونه است: «دست یلان، از جنگ کوتاه گشت».

۱۲ – سپهبد «توس» که در این رویداد، بآسانی می‌توانست هماوَرد را ازمیان بردارد، تنها بدین بس کرده‌بود که سنانش را بسوی او بگیرد!

۱۳ – **یک:** گفتار به توس باز میگردد که سنان بهومان راست کرده‌بود، نه بهومان! **دو:** خروش سپاهیان بهنگام پیروزی پهلوانشان برمیخیزد نه بهنگام گریزِ وی.

:«ز تو خشم گردنکشان دور باد — درین جنگ فرجام ما سور باد[1]
که چون بود رزم تو ای نامجوی؟ — چو با توس، روی اندر آمد بروی![2]
همه پاک ما دل پراز خون بدیم — جز ایزد نداند که ما چون بدیم»[3]
بلشکر چنین گفت هومان شیر — که: «ای رزم دیده سران دلیر[4]
چو روشن شود تیره شب، روزِ ما است — که این، اخترِ گیتی‌افروز ما است![5]
شما را همه شادکامی بود — مرا خوبی و نیکنامی بود»[6]
ز لشکر همی برخروشید توس — شب تیره تا گاه بانگ خروس[7]
همی گفت: «هومان چه مرد من است — که پیل ژیان همنبرد من است»[8]
چو چرخ بلند از شَبَه تاج کرد — شمامه پراکند بر لاژورد*
طلایه ز هر سو برون تاختند — به هر پرده‌ای پاسبان ساختند●
چو برزد سر از برج خرچنگ، شید○ — جهان گشت چون روی رومی سپید؛
تبیره برآمد ز هردو سرای■ — جهان شد پراز نالهٔ کرّنای
هوا تیره گشت از فروغ درفش — تبرخون و شبگون و زرد و بنفش[9]
کشیده همه تیغ و گرز و سنان — همه جنگ را گرد کرده عنان[10]
تو گفتی سپهر و زمان و زمین — بپوشد همی چادر آهنین[11]
به پرده درون شد، خورِ تابناک — ز جوش سواران و از گرد و خاک
ز هرّای اسپان و آوای کوس — همی آسمان بر زمین داد بوس
سپهدار هومان، دمان پیش صف — یکی خَشتِ رخشان گرفته بکف[12]
همی گفت: «چون من برآیم بجوش — برانگیزم اسپ و برآرم خروش؛[13]

---

۱ – چگونه در رزمی که پهلوان تورانی شکست خورده و از دشمن گریخته‌است، بجای شادمانی از تندرستی او، مژدهٔ پیروزی داده می‌شود، آنهم همهٔ سپاهیان باهم و با یک آوا!

۲ – برای میدان رزمی که همگان آنرا می‌دیدند، و بدان آمد و شد می‌کردند پرسش بکار نمی‌آید.

۳ – سخن پریشان است، در لت نخست: «دل همهٔ ما پراز خون بود» لت دویم، چون همه باهم دلخون بودند، پس همه نیز از درد یکدیگر آگاه بودند و نمیتوان گفتن که جز ایزد نداند... ۴ – گفتار پیشین از همهٔ سپاهیان بود، و پاسخ هومان به سران سپاه!

۵ – **یک:** «روز ما است» نادرست است: «فردا پیروزی از آن ما است». **دو:** لت دویم گزارش ندارد، چه چیز اختر گیتی‌افروز ما است؟ اگر «فردا» است که نمیتوان با «این» از آن یاد کردن! ۶ – سخن درست است اما پیوسته بگفتار.

۷ – چه‌کس باور میکند که سپهسالار ایران در «شب تیره تاگاه بانگ خروس (= از شام تا بام) خروش بردارد؟» باری خروش وی چگونه از سپاه ایران بسپاه توران که چند فرسنگ از هم بدور بودند میرسید؟ ۸ – دنبالهٔ گفتار.

* – چون آسمان تاجی سیاهرنگ بر سر نهاد و گرد سپید ستارگان را بر پهنهٔ لاجوردین خود پاشید! تازه شب شد، پس آن سخنان پیش‌از آمدن شب دربارهٔ شب گفته شده‌بود. ● – برای هر پرده‌سرای. ○ – تیرماه.

■ – در همهٔ نمونه‌ها چنین آمده‌است، اما «پرده‌سرا» درست می‌نماید، زیراکه در میدانِ جنگ «سرای» نیست: «تبیره برآمد ز پرده‌سرای».

۹ – هوا را چگونه تیرگی از فروغ پدید می‌آید؟

۱۰ – این هرسه را باهم نمی‌توان برکشیدن.

۱۱ – **یک:** تو گفتی... **دو:** بپوشد نادرست است: «بپوشید».

۱۲ – این رج دوباره می‌آید.

۱۳ – همی‌گفت نادرست است، «گفت»، یا «بگفت» یا «چنین گفت».

شما یک بیک تیغها برکشید		سپرهای چینی بسر درکشید[1]
مبینید جز یالِ اسپ و عنان		نشاید کمان و نباید سنان[2]
عنان پاک بر یال اسپان نهید		بدان سان که آید خورید و دهید»[3]
بپیران چنین گفت ک:«ای پهلوان		تو بگشای بند از سلیح گوان[4]
ابا گنج دینار جُفتی مکن		ز بهر سلیح ایچ زُفتی مکن[5]
که امروز گردیم پیروزگر		بیابد دل از اختر نیک بر»[6]
اُزین روی، لشکر، سپهدار توس		بیاراست برسان چشم خروس[7]
بر او بر، یلان آفرین خواندند		ورا پهلوان زمین خواندند[8]
که پیروزگر بود روز نبرد		ز هومان ویسه برآورد گرد[9]
سپهبد بگودرز کشواد گفت		که:«این راز برکس نباید نهفت[10]
اگر لشکر ما پذیره شوند		سوارانِ بدخواه چیره شوند[11]
همه دست یکسر بیزدان زنیم		منی از تن خویشتن بفکنیم[12]
مگر دست گیرد جهاندار ما		اُگرنه، بد است اخترِ کار ما[13]

---

۱ – پیشتر تیغ‌ها را برکشیده‌بودند!

۲ – **یک:** در داستانهای پیشین آورده‌ام که یال اسب و سنان را دیدن، که با خم شدن بر روی گردن اسب همراه است، ویژهٔ یورش با نیزه است، و افزاینده این کار را برای شمشیر کشیدن آورده‌است که درست نیست، برای جنگ باشمشیر می‌بایستی بر روی زمین استوار نشستن. **دو:** افزاینده چون بویژه در لت دویم آورده‌است که کمان و سنان بکار نبرید، و چون اینجا «سنان» آمد، پس «سنان» پیشین را به «عنان» گردانده‌است تا پساوا درست باشد. اگرچه سخن و کار، نادرست می‌شود! خوابیدن روی گردن اسپ و از میان یال و دو گوش او نوک نیزه «سنان» را نگریستن و بسوی هماورد تاختن این ویژگی را دارد که هماورد نیز که با نیزه پیش می‌آید نتواند، نیزه را بجایی از تنِ جنگنده بزند، و نوک نیزه به کلاهخود وی خورده، آسیبی بدو نمی‌رساند اینکار چند بار انجام میگیرد، تا یکی از دو هماورد آسیب بیند، یا کشته شود.

۳ – **یک:** لت نخست درست نیست. می‌باید گفتن عنان را رها کنید. **دو:** لت دویم نخست از نیزه خوردن سپاهیان خویش سخن میگوید!!

۴ – **یک:** سخن چنین می‌نماید که پیران می‌بایستی بند زره سپاهیان را بگشاید و آنان را آزاد کند!... اما افزاینده را رای بر آن بوده‌است که بگوید. بند (قفل) از گنج جنگ‌افزار (زرّادخانه) بگشاید. تا چنانکه در رج پسین می‌آید. سپاهیان بی جنگ‌افزار نباشند! **دو:** سپهسالار، پیران، برادر بزرگتر هومان است، و بر هومان نیست که بفرمانده خویش فرمان دهد. **سه:** سپاهیان پیش‌از جنبش از پایتخت جنگ‌افزار را از گنج پادشاه می‌ستانند. **چهار:** آیا این درست است که فرمانده، به سپاهیان جنگ‌افزار نداده باشد، و درست روز نبرد، پس‌از آنکه هردو سپاه آماده می‌شوند، جنگ‌افزار بآنان دهند؟ کودک دیوانه با شاهنامهٔ ما چنین نمی‌کند، که افزایندگانِ مزدور کرده‌اند!

۵ – پساوای جُفت را «زُفت» آورده‌اند، باز آنکه این واژهٔ «زَفت» است برابر با سِفت، پرملات و کم‌آب، که دربارهٔ مردمان دست‌ودل بسته کاربرد دارد.		٦ – دنبالهٔ سخن.		۷ –لشکر «را» می‌باید.

۸ – پهلوان زمین «رستم» است، نه توس.

۹ – **یک:** سخن درهم‌ریخته است: «از آنجا» که «او» در روز نبرد پیروز بود. **دو:** از کسی گرد برآوردن، نشان از کشتن او میدهد که از خاکش گرد برخیزد، و هومان کشته نشده‌بود.		۱۰ – سخن از «راز» در میان نیست، و چگونگی نبرد است و آشکار است.

۱۱ – دنبالهٔ همان سخن.

۱۲ – **یک:** دست بیزدان (زدن) نادرست است. **دو:** منی با «تن» پیوند ندارد، که از روان برمیخیزد.

۱۳ – **یک:** کسیکه روز پیشین «با پیروزی از میدان بازگشته‌است نمی‌باید چنین ناامید باشد. **دو:** «اخترکار» نادرست است.، اختر ما نیز «بد» نمی‌شود، که گردش اختر دگرگون می‌شود.

کنون نامداران زرّینه کفش / بباشید با کاویانی درفش[1]
ازین کوهپایه مجنبید هیچ / نه روزِ نبردست و گاه پسیچ[2]
همانا که از ما به هریک دویست / فزون است بدخواه، اگر بیش نیست»[3]
بدو گفت گودرز: «اگر کردگار / بگردانْد از ما بدِ روزگار[4]
به بیشیّ و کمیّ نباشد سخن / دل و مغز ایرانیان بد مکن[5]
اُگر بد بود بخشش آسمان / بپرهیز و بیشی نگردد زمان[6]
تو لشکر بیارای و از بودنی / روان را مکن هیچ بشخودنی»[7]
بیاراست لشکر سپهدار توس / به مردان جنگی و پیلان و کوس[8]
پیاده سوی کوه شد با بنه / سپهدار گودرز بر میمنه[9]
رده برکشیده همه یکسره / چو رهّام گودرز بر میسره[10]
ز نالیدن کوس با کرّنای / همی آسمان اندر آمد ز جای[11]
دل چرخ گردان همی چاک شد / همه کام خورشید پر خاک شد[12]
چنان شد که کس روی هامون ندید / ز بس گرد کز رزمگه بردمید[13]
ببارید الماس از تیره میغ / همی‌آتش افروخت از گرز و تیغ[14]
سنان‌های رخشان و تیغِ سران / درفش از بر و زیر گرز گران[15]
هواگفتی از گرز و از آهن است / زمین یکسر از نعل در جوشن است[16]
چو دریای خون شد همه دشت و راغ / جهان، چون شب و تیغ‌ها چون چراغ[17]
ز بس نالهٔ کوس با کرّنای / همی کس ندانست سر را ز پای[18]

---

۱ – روی سخن با گودرز بود و چرخید.

۲ – **یک:** از «این کوهپایه» زمانی سخن میرود که پیش‌ازآن گفته شده باشد که سواران ایران کنار کوه ایستاده‌بودند. باز آنکه در آغاز، آنان دو سوی رود رده کشیده‌بودند. **دو:** همینکه سپاهیان با جنگ‌افزار به رده ایستاده‌بودند، خود پسیچیده‌بوده‌اند.

۳ – پیشتر از سی‌هزار لشکریان توران یاد شده‌بود!

۴ – دنبالهٔ داستان

۵ – «مغز» را «بد کردن» در هیچ گفتار فارسی دیده نشده‌است.

٦ – نگردد زمان نادرست است: «کار، دگرگون می‌شود».

۷ – «روان مکن بشخودنی» درست نیست. «روان را رنجه مکن» زیراکه آن چیز که شخوده می‌شود تن است، نه روان.

۸ – **یک:** سپهدار توس، چند بار لشکر را می‌آراید؟ پیشتر اینکار را کرده‌بود...

۹ – پیادگان همواره پیش سپاه می‌ایستادند، و بُنه را پشت سپاه بار می‌کردند.

۱۰ – **یک:** رده برکشیده نادرست است. **دو:** شاهنامه فلورانس «برکشیدند» که آهنگ سخن را برهم میریزد. **سه:** چو، در آغاز سخن.

۱۱ – کوس را، ناله نیست.

۱۲ – **یک:** همی چاک شد نادرست است. **دو:** تاکنون کسی را پروای آن نبوده‌است که از «کامِ» خورشید یاد کند.

۱۳ – بنگرید که هنوز رزم آغاز نشده‌است.

۱۴ – همچنین...

۱۵ – لت نخست را با لت دویُم پیوند نیست. **دو:** گرز را زیر نمی‌نهند.

۱٦ – **یک:** گفتی. **دو:** گرز از زیر ببالا رفت.

۱۷ – دنبالهٔ گفتار

۱۸ – **یک:** کوس را «ناله» نیست. **دو:** برای سیُوم بار از بانگ کوس و کرّنای سخن می‌رود.

سپهبد بگودرز گفت آن زمان — که: «تاریک شد گردش آسمان[1]
مرا گفته بود این، ستاره‌شناس — که امروز تا شب گذشته سه پاس[2]
ز شمشیر گردان چو ابر سیاه — همی خون فشاند بآوردگاه[3]
سرانجام ترسم که پیروزگر — نباشد مگر دشمن کینه‌ور»[4]
چو شیدوش و رهّام و گستهم و گیو؛ — زره‌دار خرّاد برزین نیو؛[5]
ز صف در میان سپاه آمدند — جگر خسته و کینه‌خواه آمدند؛[6]
به ابر اندر آمد زهر سو غریو — بسان شب تار و انبوه دیو[7]
اُزان روی هومان بکردار کوه — بیاورد لشکر همه همگروه[8]
اُزان پس گزیدند مردان مرد — که بر دشت سازند جای نبرد[9]
گرازه سر گیوگان با تهل — دو گرد گرانمایهٔ شیردل[10]
چو رهّام گودرز و فرشیدورد — چو شیدوش و لهّاک شد همنبرد[11]
ابا بیژن گیو کلباد را — که بر هم زدی آتش و باد را[12]
ابا شیطرخ نامور گیو را — دو گرد گرانمایهٔ نیو را[13]
چو گودرز و پیران و هومان و توس — نبُد هیچ پیدا درنگ و فسوس[14]
چنین گفت هومان که: «امروز کار — نباید که چون دی بود کارزار[15]
همه جان شیرین به کف برنهید — چو من برخروشم دمید و دهید[16]
تهی کرد باید از ایشان زمین — نباید که آیند زین پس بکین!»[17]
به پیش اندر آمد سپهدار توس — پیاده بیاورد و پیلان و کوس[18]

---

۱ - **یک:** سپهبد در قلبگاه چگونه با گودرز که در بال راست بود سخن گفت؟ **دو:** «آنزمان» چه زمان است؟ **سه:** آسمان را شاید تاریک شدن اما گردش آسمان را نشاید.

۲ - **یک:** «این» در لت نخست کاربرد ندارد. **دو:** تا سه پاس از شب گذشته کسی را یارا و توان جنگیدن نیست!

۳ - از شمشیر... خون فشاند، چه کس خون فشاند؟ اگر شمشیر است که «از» در کار ندارد.

۴ - دنبالهٔ گفتار

۵ - وابسته به رج پسین.

٦ - صف، خود در میان سپاه است.

۷ - پیشتر آسمان تاریک بود... «غریو» را نمیتوان با «شب تار و انبوه دیو» همانند کردن.

۸ -لشکر همگروه را به «دریا» همانند کردن، میتوان و به «کوه» نمیتوان.

۹ - در میان همهمهٔ جنگ، هماورد خواستن نشاید. هماورد را پیش‌از آغاز جنگ برمیگزیدند، و باری برای چنین کار، لشکر همگروه، نمی‌جنبید، که همان چند پهلوان از میان لشکر ببیرون می‌تاختند!

۱۰ - «تهل» نامی است که هیچگاه با آن آشنایی نداریم، در اوستا و متون پهلوی نیز نیست، از دیدگاه زبانشناسی نیز شکافته نمی‌شود.

۱۱ - چو؛ واژهٔ همانندی در آغاز سخن نمی‌آید.

۱۲ - با بیژن، «کلباد» بس است و «را» نمی‌باید.

۱۳ - همچنین.

۱۴ - چو...

۱۵ - «کار» در لت نخست با «نباید که چون دی بود» پایان می‌یابد، و کارزار، افزوده‌است.

۱٦ - چون هومان خود نیز هماورد دارد، کنش «برنهید» نادرست است: «برنهیم».

۱۷ - دنبالهٔ گفتار

۱۸ -اگر پیمان برای نبرد پهلوانان دوبدو گذاشتند، چه جای آوردن پیاده و پیلان و کوس است؟

شکست ایرانیان ۳۳۳

صفی برکشیدند پیش سوار   سپردار و ژوپین‌ور و نیزه‌دار[1]
«منجنیذ» گفت: «ایچ از جای خویش   سپر با سنان اندر آرید پیش[2]
ببینیم تا این نبرده‌سران   چگونه گزارند گرز گران»[3]

*

ز ترکان یکی بود بازور نام   به‌افسون به‌هرجای گسترده کام[4]
بیاموخته کژّی و جادوی   بدانسته چینیّ و هم پهلوی[5]

*

[هوا تیره‌گون بود، از تیرماه*   همی گشت بر کوه، ابر سیاه]
[یکی برف و سرما و باد دمان   بریشان ببارید، هم درزمان○]
چو بازور بر کوه شد، در زمان   برآمد یکی برف و باد دمان[6]
همه دست آن نیزه‌داران، ز کار   فرو ماند از برف، در کارزار
ازان رستخیز و دمِ زمهریر   خروش یلان بود و باران تیر[7]
بفرمود پیران که: «یکسر سپاه   یکی حمله سازید زین رزمگاه»[8]

---

۱ – **یک:** در میانهٔ آن غریووغوغا و روزِ چون شب تار و درخشش سنان‌ها... رده کشیدن نیز جای شگفتی دارد. **دو:** با «برکشیدند» سپردار(ان) و نیزه‌دار(ان) بایسته‌است.   ۲ – دنبالهٔ گفتار   ۳ – نبرد تنها با گرز انجام نمی‌گیرد!

۴ – **یک:** تورانیان ترک نبودند. **دو:** بازور نامیست بس تازه، که با نام‌های کهن ایران و توران همخوانی ندارد.

۵ – **یک:** کژّی و جادوی با دانستن زبان‌های چینی و پهلوی پیوند ندارد، از آنجا که هرکس که چینی و پهلوی میداند، جادوگر نیست. **دو:** «بدانسته» نادرست است: «میدانست».

* – در تیشتریشت، نبردِ تیشتر و «اَپَ‌نوش» (دیو خشکی) در تیرماه. آمده‌است و بر این بنیاد همواره در ماهِ تیر یک ابروباران دیده می‌شود، که بیگمان در توران با سرما و برف همراه شده‌است. آغاز این جنگ نیز با تابیدن خورشید از برج خرچنگ (تیرماه) آمده‌است، و پیدا است که ایرانیان، از آنجا که در سرزمین گرمتر می‌زیستند، در برابر سرمایی که تورانیان را تابِ آن بود، تاب نیاوردند... افزایندگان در این سخن فردوسی دست برده «تیرماه» را به «تیره ماه» گردانده‌اند که در تاجیکستان و تبرستان... پاییز است.

○ – از برابر نهادنِ همهٔ گونه‌های سخن در «ل، س، لن، ق، ل ۲، س ۲، ف» (بنگرید به خالقی مطلق ۲۱۷-۳) سخن را بدینگونه آراستم. داستان افزودهٔ «بازور» که در همهٔ نمونه‌ها «ترک» نامیده شده، چنین است:

ز ترکان یکی بود بازور نام   به افسون به هر جای گسترده کام
بیاموخته کژّی و جادوی   بدانسته چینیّ و هم پهلوی
چنین گفت پیران به افسون پژوه   کز ایدر برو تا سرِ تیغ کوه
یکی برف و سرما و باد دمان   بریشان بیاور هم اندرزمان
هوا تیره‌گون بود از تیره ماه   همی‌گشت بر کوه، ابر سیاه
چو بازور بر کوه شد، در زمان   برآمد یکی برف و باد دمان
همه دست آن نیزه‌داران زکار   فروماند از برف در کارزار

۶ – سخن از برف و بادِ دمان در رج پیشین بگونهٔ درست آمده‌بود.

۷ – **یک:** کدام رستخیز؟ سپاهیانِ به‌رده ایستاده، خروش و رستخیز ندارند. **دو:** «از» رستخیز «خروش بود» نادرست است.

۸ – «زین رزمگاه» نادرست است. افزایندگان فراموش کرده‌بودند که خود چند پهلوان ایرانی و تورانی را نامزد جنگ تن بتن کرده‌بودند و اینجا از «حملهٔ همهٔ سپاه» یاد می‌شود.

چو بر نیزه بر، دست‌هاشان فسرد   نیارست بنمود کس، دستبرد[1]
اُزانپس برآورد هومان غریو   یکی حمله آورد برسان دیو[2]
بکشتند چندان، از ایرانسپاه   که دریای خون گشت، آوردگاه
درودشت گشته پراز برف و خون   سواران ایران فتاده نگون[3]
ز کشته نبُد جای رفتن بجنگ   ز برف و ز افکنده، شد، جای، تنگ[4]
سیه گشت در دشت شمشیر و دست   به روی اندر افتاده برسان مست[5]
نبُد جای گردش دران رزمگاه   شده دست لشکر ز سرما تباه[6]
سپهدار و گردنکشان آن زمان   گرفتند زاری سوی آسمان
که: «ای برتر از دانش و هوش و رای   نه در جای و بر جای و برتر ز جای
همه بندهٔ پرگناه توایم   به بیچارگی دادخواه توایم[7]
ز افسون و از جادوی برتری   جهاندار و بر داوران داوری[8]
تو باشی به‌بیچارگی دستگیر   توانا تر از آتش و زمهریر[9]
ازین برف و سرما تو فریادرس   نداریم فریادرس، جز تو، کس
بیامد یکی مرد دانش پژوه   به رهّام بنمود آن تیغ کوه[10]
کجا جایِ بازور نستوه بود   به افسون و تُنبل بران کوه بود[11]
بجنبید رهّام زان رزمگاه   برون تاخت اسپ از میان سپاه[12]

---

۱ – **یک:** «نیارست بنمود» نادرست است: «نیارد نمودن». **دو:** «دستبُرد» را «فسَرد» پساوا نیست.

۲ – «اُزانپس» نادرست است. «چون پیران چنین فرمان داد، هومان غریو...».

۳ – «گشته» نادرست است: «گشت»، نیز «فتاده» در لت دویُم.

۴ – **یک:** اگر «جایِ رفتن بجنگ» نبود، پس چگونه تورانیان ایرانیان راکشتند؟ **دو:** در لت دویم «افکنده» همان «کشته» در لت نخست است که دوباره آمده‌است. **سه:** در لت نخست «جای نبود» و در لت دویم «جای تنگ» شد.

۵ – **یک:** دست را شاید از سرما «سیاه» شدن اما شمشیر را نشاید. **دو:** چه‌کس بروی «اندر» افتاده؟

٦ – **یک:** پیشتر جا نبود، پسان «جای، تنگ» شد، و اکنون «جای گردش» نیست. **دو:** پیشتر دست ایرانیان از سرما سیاه شده‌بود، و اکنون «تباه» گردید.

۷ – **یک:** ایرانیان باستان، خویش را «آفریدهٔ» خداوند می‌دانستند نه «بنده». **دو:** «دادخواه توایم» نادرست است: «از تو داد می‌خواهیم».

۸ – **یک:** افزاینده «افسون» را با کاربرد امروزی آن که نیرنگ بوده باشد، همراه جادوگری آورده‌است، باز آنکه در زبان شاهنامه افسون با کاربردِ پیشین، برابر با «چاره» بوده‌است و «فریدون افسون‌گر» فریدون چاره‌گر بوده‌است. **دو:** «جهاندار» نادرست است: «جهانداری».

۹ – **یک:** «به بیچارگی» نادرست است: «بیچارگان را». **دو:** از خداوند در لت دویم بنیکی یاد نشده‌است که او را سوزاننده‌تر از آتش و سرمای سخت خوانده‌اند!

۱۰ – در میانهٔ لشکر و داروگیر جنگ «مرد دانش‌پژوه» از کجا پیدا شد؟

۱۱ – **یک:** بازور، «نستوه» نبود، و در گفتارِ افزودهٔ پیشین، از وی بنام «افسونگر» یاد شده‌بود. **دو:** گفتار نیز ناتمام مانده‌است، زیراکه آن دانش‌پژوه را می‌بایستی گفتن که برف و سرما از جادوی آن مرد است که بر تیغِ کوه ایستاده‌است. **سه:** چگونه در میانهٔ ریزش برف، می‌توان از دشت، تیغ کوه را دیدن؟

۱۲ – «زان رزمگاه» نادرست است: «از رزمگاه».

زره دامنش را بزد بر کمر　　پیاده برآمد بران کوه‌سر[1]
چو جادو بدیدش بیامد به‌جنگ　　عمودی ز پولاد چینی به‌چنگ[2]
چو رهّام نزدیک جادو رسید　　سبک تیغ تیز از میان برکشید[3]
بیفکند دستش به شمشیر تیز　　یکی باد برخاست چون رستخیز[4]
ز روی هوا ابر تیره ببرد　　فرود آمد از کوه رهّام گرد[5]
یکی دست بازور جادو به دست　　به هامون شد و بارگی برنشست[6]
هوا گشت زانسان که ازپیش بود　　فروزنده خورشید و گردون کبود[7]
پدر را بگفت آنکه جادو چه کرد　　چه آورد بر ما بروز نبرد[8]
بدیدند ازانپس دلیرانِ شاه　　چو دریای خون گشته آوردگاه[9]
همه دشت کشته ز ایرانیان　　تن بی‌سران و سر بی‌تنان[10]
چنین گفت گودرز، آنگه بتوس　　که: «نه پیل باید، نه آوای کوس
همه یکسره تیغ‌ها برکشیم　　برآریم جوش، ار کُشند، ار کُشیم![11]
همانا که ما را سرآمد زمان　　نه روز نبردست و تیروکمان»[12]
بدوگفت‌توس: «ای جهاندیده مرد　　هوا گشت پاک و، بشد، بادِ سرد*
چرا سر همی داد باید بباد؟　　چو فریادرس فرّه و زور داد[13]
مکن پیشدستی تو در جنگِ ما　　کنند این دلیران، خود، آهنگ ما

---

۱ – دنبالهٔ گفتار.

۲ – **یک:** بجنگ چه‌کس آمد؟ **دو:** عمود را در گفتار فردوسی جای نیست. **سه:** هیچکس تاکنون از پولاد چینی نام نبرده‌است که خاستگاه پولاد ایران بوده و هست!

۳ – دنبالهٔ گفتار.

۴ – **یک:** رستخیز؛ رستاخیز برای مردمان است نه برای باد! ریشهٔ این واژه در اوستا (؟اوستا؟) «ایریستَ» (= درگذشته) است که در زبان پهلوی بگونه ریست درآمد، پسان؛ با پسوند اَخِیز «(؟؟پهلوی» خوانده شد که برخاستن درگذشتگان را می‌نماید، که هیچ همانندی با باد و توفان ندارد. **دو:** چگونه جادوگری که بهر جای کام گسترده‌است، با گرزی در دست بر فراز کوه باکسیکه از پایین‌تر از او است، شکست می‌خورد؟ چنین کار، تنها در جهان پندار روی میدهد.

۵ – رهام؛ کننده (فاعل) است و در آغاز نام او آمده‌بود، و در پایان نیاز بآوردن نام وی نیست.

٦ – **یک:** «یکی دست» نادرست است: «دستِ بازور». **دو:** بارگی برنشست نادرست است: «بر بارگی برنشست».

۷ – افزاینده، فراموش کرده‌است که از پیش هوا تیره‌گون بود از تیرماه همی‌گشت بر کوه، ابر سیاه، و هوا را کبود (= سبز) و خورشید را فروزنده کرد!

۸ – از آنپس که سخن دربارهٔ هوا و خورشید رفت، اینجا می‌باید از کننده (= فاعل) نام برده شود: «رهام با پدر بگفت».

۹ – پیشتر خون و برف بود، و اکنون دریای خون گشت!

۱۰ – تن «بی‌سران» نادرست است و «سرِ بی‌تنان» نیز!

۱۱ – کَشیم را باکُشیم پساوا نیست.

۱۲ – چگونه است که زمان ایرانیان «به» سر رسیده باشد، و نباید تیروکمان بکار گیرند، اما می‌باید که همه یکسره جوش برآورند؟

* – بادِ سرد، از میان رفت.

۱۳ – و چگونه فریادرس «فرّه و زور» داده‌است، که ایرانیان را شکست برآمده‌است؟

به پیش زمانه● پذیره مشو — بنزدیک بدخواه، خیره○، مشو
تو در قلب با کاویانی درفش — همی دار، در جنگ تیغ بنفش[1]
سوی میمنه گیو و بیژن بهم — نگهبانش بر میسره گستهم[2]
چو رهّام و شیدوش بر پیش صف — گرازه به کین بر لب آورده کف[3]
شوم برکشم گرز کین از میان — کنم تن فدی پیش ایرانیان[4]
ازین رزمگه برنگردانم اسپ — مگر خاک جایم بود چون زرسپ[5]
اگر من شوم کشته زین رزمگاه — تو برکش سوی شاه ایران، سپاه[6]
مرا مرگ نامی‌تر از سرزنش — به هر جای پیغارهٔ بدکنش[7]
چنین است گیتی پرآزار و درد — ازو تا توان گرد بیشی مگرد[8]
فزونیش یک روز بگزایدت — به بودن زمانی نیفزایدت[9]
دگر باره برشد دم کرّنای — خروشیدن زنگ و هندی درای[10]
ز بانگ سواران پرخاشخر — درخشیدن تیغ و زخم تبر[11]
ز پیکان و از گرز و ژوپین و تیر — زمین شد بکردار دریای قیر
همه دشت بی‌تن، سر و یال بود — همه گوش پر زخم کوپال بود[12]
چو شد رزم ترکان برین گونه سخت — ندیدند ایرانیان روی بخت[13]
همی تیره شد روی اختر درشت — دلیران به دشمن نمودند پشت[14]
چو توس و چو گودرز و گیو دلیر — چو شیدوش و بیژن چو رهّام شیر[15]
همه برنهادند جان را بکف — همی رزم جستند بر پیش صف[16]

● - اَجَل. ○ - بیهوده.

۱ - **یک:** تیغ بنفش را «همی‌دار» نادرست است، زیرا که سپاهیان همگی تیغ داشته‌اند. **دو:** افزاینده فراموش کرده‌بود که پیش‌ازاین، سپهدار گودرز را در بال راست جای داده‌بود نه در میانهٔ سپاه! **سه:** و نیز بال چپ را در رج پس‌ازآن به رهام سپرده‌بود!

۲ - «نگهبانش بر میسره» نادرست است.

۳ - **یک:** چو در آغاز سخن نادرست است. **دو:** مگر می‌شود که پیش‌از نبرد پیش‌بینی کردن که گرازه بر لب کف آورد؟!

۴ - **یک:** توس، خود میگوید که نمی‌باید در جنگ، به پذیرهٔ «استقبال» تورانیان رفت، پس چگونه است که خود می‌افزاید که «گرز کین را بر می‌کشم...». **دو:** «گرز کین» چه باشد؟

۵ - لت دویم پریشان است: «مگرآنکه چون زرسب در خاک جای گیرم».

۶ - «زین رزمگاه» نادرست است: «در این رزمگاه».

۷ - **یک:** «نامی‌تر» نادرست است: «مرا مرگ بهتر است».. **دو:** چرا پیغارهٔ «بدکنش»؟ نیک‌اندیشان نیز شاید در شکست پیغاره زنند!

۸ - **یک:** لت نخست پایان ندارد. **دو:** «تا توان» نادرست است، چون روی بگودرز دارد، شایستی گفتن: «تا توانی» همهٔ این جنگجوییها، از سوی کسی می‌نماید که پیشتر بگودرز پیشنهاد جنگ داده‌بود، گفته بود «مکن پیشدستی تو در جنگ ما» و در آینده خواهد گفت: «یکی جای آرام باید گزید»!! چگونه در کارِ افزاینده داوری توان کردن؟

۹ - لت دویم پریشان است.

۱۰ - دنبالهٔ گفتار

۱۱ - چگونه از بانگ سواران و از درخشیدن تیغ و پیکان و تیر، زمین بکردار دریای قیر می‌شود؟

۱۲ - این سخن از داستان گشتاسب، برگرفته شده‌است.

۱۳ - **یک:** ترک! **دو:** بر چه گونه؟

۱۴ - لت نخست پریشان است. روی اختر تیره شد یا درشت؟

۱۵ - «چو» نادرست است.

۱۶ - اگر پیش‌ازاین؛ دلیران بدشمن پشت نموده‌بودند، پس اینان، در شمار دلیران نبودند؟

هر آن کس که با توس در جنگ بود — همه نامدار و کنارنگ بود[1]
به پیش اندرون خون همی ریختند — یلان ازپس پشت بگریختند[2]
یکی موبدی توس یل را بخواند — «پس پشت تو» گفت: «جنگی نماند[3]
نباید کت اندر میان آورند — به جان سپهبد زیان آورند»[4]
به گیو دلیر آن زمان توس گفت — که: «با مغز لشکر خود نیست جفت[5]
که ما را بدین گونه بگذاشتند — چنین روی از جنگ برکاشتند[6]
برو بازگردان سپه را ز راه — ز پیغارهٔ دشمن و شرم شاه»[7]
بشد گیو و لشکر همه بازگشت — پر از کشته دیدند هامون و دشت[8]
سپهبد چنین گفت با مهتران — که: «اینست پیکار جنگ‌آوران[9]
کنون چون رخ روز شد تیره گون — همه روی کشور چو دریای خون[10]
یکی جای آرام باید گزید — اگر تیره‌شب، خود؛ توان آرمید!
مگر کشته یابد بجای مغاک — یکی بستر از ریگ و، چادر ز خاک»[11]

*

همه بازگشتند یکسر ز جنگ — ز خویشان روان خسته و، سر، ز ننگ
سر از کوه بر زد همان گاه، ماه — چو بر تخت پیروزه، پیروزشاه
سپهدار پیران، سپه را بخواند — همی گفت*: زیشان فراوان نماند
بدانگه که دریای یاقوت زرد — زند موج بر کشورِ لاژورد
کسی را که زنده‌است بیجان کنیم — بریشان، دل شاه؛ پیچان کنیم!
برفتند با شادمانی ز جای — نشستند بر پیش پرده‌سرای[12]

---

۱ – **یک:** کنش «بود» نادرست است «بودند». **دو:** کنارنگ، پاژنام استاندار، استانهای کناری کشور بود، و آنانکه با توس، «کنارنگ خراسان» می‌جنگیدند، همه خراسانی بوده‌اند، و کنارنگ نبوده‌اند.

۲ – افزاینده، دوباره یلان را از پشت، بگریز داد!

۳ – در هنگامهٔ جنگ، موبد چه میکرد؟ و از کجا آمد؟

۴ – کت (= که‌ات = که تو را)، در لت نخست با سپهبد در لت دوئم همخوان نیست.

۵ – چگونه توس سپاهبد در میانهٔ سپاه، توانست با گیو که در بال راست بوده‌است سخن بگوید؟

۶ – دنبالهٔ گفتار

۷ – **یک:** گوییا لشکریان گریزنده همچون کودکان بآرامی می‌روند که کسی بتواند، با اسب بتازد، و از روبروی آنان بدرآید، و آنانرا که در همهمه هیاهوی ترس و گریز، می‌تازند، با یک سخن بازگرداند! **دو:** باز؛ پیغارهٔ دشمن!

۸ – چنین شد و همهٔ گریزندگان بازگشتند!! **دو:** بازگشت درست نیست: «بازگشتند».

۹ – اگر گفتار توس پرسش باشد، می‌باید چنین می‌آمد: «پیکار جنگاوران چنین است؟» و اگر پرسش نیست، کارِ گریزندگان را ستایش کرده‌است، شاهنامه فلورانس: «که اینت نبردی و جنگی‌سران» نادرست‌تر است، نمونه‌های دیگر نیز چنین‌اند. (خالقی مطلق ۱۳۱-۳)

۱۰ – **یک:** رخ روز تیره «گون» نادرست است: «چون رخ روز تیره گشت»، شب می‌شود و نام روز بر جای نمی‌ماند. **دو:** لت دویم پایان ندارد.

۱۱ – «کشته» نادرست است «کشتگان» و چگونه کشتگان خود مغاک می‌یابند؟ تا کسی آنانرا از زمین گرد نیاوَرَد و در مغاک نکند!

* – «چنین گفت» درست می‌نماید! در همهٔ نمونه‌ها «همی‌گفت» آمده‌است.

۱۲ – «از جای» رفتند نادرست است: «از میدان جنگ برفتند».

۳۳۸ کیخسرو

همه شب ز آوای چنگ و رباب   سپه را نیامد بران دشت، خواب
اُزین روی، لشکر همه مستمند   پدر بر پسر سوگوار و نژند
همه دشت پر کشته و خسته بود   بخون بزرگان زمین شسته بود[1]
چپ‌وراست آوردگه دست‌وپای   نهادن ندانست کس پا ز جای[2]
همه شب همی خسته بردا شتند   چو بیگانه بُدخوار بگذاشتند[3]
برِ خسته آتش همی سوختند   گسسته ببستند و بردوختند[4]
فراوان ز گودرزیان خسته بود   بسی کشته بود و بسی بسته بود[5]
چو بشنید گودرز برزد خروش   زمین آمد از نالهٔ او به جوش[6]
همه مهتران جامه کردند چاک   بسربر، پراکند؛ گودرز، خاک
همی گفت ک:«اندر جهان، کس، که‌دید؟   به پیران‌سر، این بد، که بر من رسید
چرا بایدم زنده؟ با پیرسر؛   بخاک اندرافکنده، چندین پسر!
ازان روزگاران کجا زاده‌ام   ز خفتان میان هیچ نگشاده‌ام[7]
بفرجام چندین پسر ز انجمن   ببینم چنین کشته در پیش من[8]
جدا گشته از من چو بهرام پور   چنان نامور شیر خودکام پور»[9]
ز گودرز چون آگهی شد به توس   مژه کرد پر خون و رخ سندروس
خروشی برآورد آن‌گه بزار   فراوان ببارید خون در کنار[10]
همی گفت: «اگر نوذرِ پاک تن   نکِشتی بُن و بیخ من در چمن
نبودی مرا رنج و تیمار و درد   غم کشته و گُرمِ دشت نبرد
که تا من کمر بر میان بسته‌ام   به دل خسته‌ام، گر بجان رسته‌ام
هم‌اکنون تن کشتگان را بخاک   بپوشید جایی که باشد مَغاک

۱ – چهارم بار است که سخن از دشت پرکشته‌وخسته می‌رود! و خَسته را با شُسته پساوا نیست.

۲ – **یک:** در لت نخست، آهنگ گفتار درست نیست. **دو:** در لت دویم، سخن ناهموار و بی‌گزارش است.

۳ – **یک:** چه کسان، «خستگان» را بر(می)داشتند؟ ایرانیان که از میدان بازگشته‌بودند، تورانیان نیز که کشته‌وخسته نداشتند. **دو:** «بیگانه بُد» نادرست است: «تن بیگانگان را».

۴ – «همی» در لت نخست با «ببستند» و «دوختند» در لت دویُم همخوان نیست.

۵ – **یک:** لت دویم را گزارش نیست. **دو:** از نمونه‌های دیگر نیز سخن درست بر نمی‌آید ل ۲: رسته: لی: و نیز بس بسته؛ ل ۳، آ و نیز نابسته. در میدان جنگ، چه کس آنانرا بسته‌بود؟ نیز «بسته‌بودند».

۶ – در لت نخست گودرز خروش برمی‌آورد، و در لت دویُم «ناله»! در نمونه‌های دیگر نیز سخنِ درست دیده نمی‌شود. مسکو: زمین آمد از بانگ اسبان بجوش! فلورانس: بانگ ایشان، آ: بانگ و غلغل.

۷ – **یک:** «از آن روزگاران» نادرست است، از زمانیکه زاده شده‌ام. **دو:** لت دویم، نادرست‌تر است زیرا که کودک تا بهنگام جوانی خفتان نمی‌پوشد!

۸ – «چندین پسر ز انجمن» نادرست است: «چندین پسرِ من». پیش من نیز درست نیست: «پیش خود».

۹ – بهرام در این نبرد کشته نشده‌بود.

۱۰ – کاربرد «آن‌گه» نادرست است، زیرا که در رج پیشین، زمانِ آن روشن شده‌است «چون آگهی به توس رسید» و در آنجانیز کار توس گریستن و رنگ رُخش برگشتن بود نه خروش برآوردن!

سرانِ بریده سوی تن برید   بُنه سوی کوه هماون برید
برانیم لشکر همه همگروه   سراپرده و خیمه بر سوی کوه[1]
هیونی فرستیم نزدیک شاه   دلش برفروزد فرستد سپاه[2]
بدین من سواری فرستاده‌ام   ورا پیش ازین آگهی داده‌ام[3]
مگر رستم زال را با سپاه   سوی ما فرستد بدین رزمگاه[4]
اُگرنه ز ما نامداری دلیر   نماند به آوردگه بر چو شیر»[5]
سپه برنشاند و بنه برنهاد   اُزان کشتگان کرد بسیار یاد[6]

پناه گرفتن ایرانیان
در
کوه هماون

ازین سان همی رفت روز و شبان   پراز غم دل و ناچریده لبان[7]
همه دیده پر خون و، دل پر ز داغ   ز رنج روان گشته چون پرّ زاغ[8]
چو نزدیک کوه هماون رسید   بر آن دامنِ کوه لشکر کشید
چنین گفت توس سپهبد به گیو   که: «ای پرخرد نامبردار نیو[9]
سه روزست تا زین نشان تاختی   بخواب و به خوردن نپرداختی[10]
بیا و بیاسا و چیزی بخورَ   به آرامش و جامه بنمای سر[11]
که من بیگمانم که پیران بجنگ   پسِ ما بیاید کنون بیدرنگ[12]

---

۱ – «خیمه» را در گفتار فردوسی جای نیست آنهم در کنار سراپردهٔ فارسی.   ۲ – میان لت نخست با لت دویُم پیوند نیست.
۳ – اگر پیش‌ازاین سواری فرستاده‌است، دوباره چرا؟
۴ – پیوند میان این رج با رج پیشین استوار نیست: «مگرآنکه».
۵ – سخن ناهموار! نامدار دلیر مانند شیر نمی‌ماند... و همانند پلنگ‌وببر می‌ماند!!
۶ – **یک:** دربارهٔ بنه پیشتر سخن رفت: «بنه سوی کوه...». **دو:** در لت دویم «کرد» نادرست است: «میکرد».
۷ – **یک:** کوه هماون نزدیک به سپاه رزمگاه بوده‌است، و نیاز به چند روز و شب راهپیمایی نداشته‌است، چنانکه ازاین‌پس در رفتن پیران بدنبال سپاه ایران خواهیم دیدن! **دو:** اگر بُنه با خویش داشته‌اند، چرا ناچریده لبان؟
۸ – کجای آنان چون پرّ زاغ رنگ گرفته‌بود؟ افزاینده را می‌بایستی گفتن دیده پر خون و دل پراز داغ و «رخ» چون پرّ زاغ!
۹ – سخن نادرست نیست اما بگفتار پسین پیوسته‌است.
۱۰ – میان رزمگاه تا کوه هماون چنانکه گفته شد، سه روزه راه نبوده‌است.
۱۱ – **یک:** چون گیو در کنار توس است «بیا» چرا می‌باید گفتن؟ **دو:** لت دویم بی‌گزارش است: چون سر بر جامهٔ «خواب» نهند، به آرامش سر بنه نادرست است از میان پهلوانان و سپاهیان ایران، تنها گیو است که نیاز بخورد و خواب و آرامش دارد؟
۱۲ – «کنون» بیدرنگ نادرست است، همان «بیدرنگ» سخن را بسنده است.

کسی را که آسوده‌تر، زین گروه — به بیژن بمان و تو برشو بکوه»[1]
همه خستگان را سوی کُه کشید — ز آسودگان لشکری برگزید[2]
چنین گفت ک:«ین کوهسر، جای ماست — بباید کنون خویشتن کرد، راست»
طلایه ز کوه اندر آمد بدشت — بدان تا بریشان نشاید گذشت[3]
خروش نگهبان و آوای زنگ — توگفتی به‌جوش آمد از کوه سنگ[4]
هم آنگه برآمد ز چرخ آفتاب — جهان گشت برسان دریای آب[5]
ز درگاه پیران برآمد خروش — چنان شد که برخیزد از خاک جوش[6]
بهومان چنین گفت ک:«اکنون بجنگ — نباید همانا فراوان درنگ[7]
سواران دشمن همه کشته‌اند — اُگر خسته از جنگ برگشته‌اند»[8]
بزد کوس و از دشت برخاست غَو — همی رفت پیشِ سپه، پیشرو[9]
رسیدند گُردان بدان رزمگاه — همه رزمگه خیمه بد بی‌سپاه[10]

*

بشد نزد پیران یکی مژده‌خواه — که کس نیست ایدر، از ایرانسپاه
ز لشکر بشادی برآمد خروش — بفرمان پیران نهادند گوش
سپهبد چنین گفت با بخردان — که:«ای نامور پرهنر موبدان
چه؟ سازیم و این را چه؟ دانید رای — که اکنون، ز دشمن، تهی ماند؛ جای!»
سواران لشکر ز پیر و جوان — همه تیز گشتند با پهلوان[11]
که: «لشکر گریزان شد از پیش ما — شکست آمد اندر بداندیش ما[12]

۱ – **یک:** «کسی» نادرست است: «آنانکه». **دو:** «آسوده‌تر» نادرست است: «آسوده‌تراند». افزاینده بدین زودی فراموش کرد که گیو را بخواب و خورد و آرامش فراخوانده‌بود.

۲ – **یک:** روشن نیست که چه‌کس خستگان را سوی کوه کشید. **دو:** «آسودگان» در لشکر شکست‌خوردهٔ گریخته کیانند؟ مگر می‌شود که در چنان لشکر، کسی آسوده باشد؟

۳ – لت دویم بی‌پیوند است.

۴ – **یک:** «خروش نگهبان و...» نادرست است: «از خروش نگهبان و...» **دو:** از یک لشکر شکست‌خورده و گریخته چنین کار، بدور است.

۵ – «همانگه» چنین می‌نماید که از آغاز شب که خروش نگهبانان و آوای زنگ برآمد، بیدرنگ آفتاب نیز برآمد!

٦ – سخن؛ دوباره آمد، در نزد ایرانیان سنگ بجوش آمد، و در نزد تورانیان خاک!

۷ – سخن نادرست نیست اما پیوسته بگفتار پسین است.

۸ – چگونه می‌شود که ایرانیان در کوه هماون پناه گرفته باشند، و همه‌شان کشته شده باشند؟ کُشته را نیز باگَشته پساوا نیست.

۹ – **یک:** چه‌کس کوس «را» بزد؟ **دو:** «پیشرو» چه‌کس بود؟

۱۰ – «بدان» رزمگاه نادرست است، زیرا که آن رزمگاه ایرانیان و تورانیان هردو بود.

۱۱ – سخت‌ترین داوری نابخردانهٔ افزایندگان، که **یک:** پیران از بخردان پرسش کرد، و «سواران لشکر همه» را چه جای پاسخ دادن به سپهدار باشد؟ **دو:** گیریم که پیران از همگان پرسیده‌بود، پاسخِ تیز را چه جایگاه باشد! پرسش خردمندانه را پاسخ خردمندانه باید!

۱۲ – «لشکر» نادرست است: «لشکر دشمن».

یکی رزمگاه است پرخون و خاک   ازیشان نه هنگام بیم است و باک[1]
بباید پی دشمن اندرگرفت   زمولش سزد گر بمانی شگفت[2]
گریزان؛ ز باد اندر آید بآب   به آید ز مولیدن، ایدر، شتاب»[3]
چنین گفت پیران که «هنگام جنگ   شود سست پای شتاب از درنگ[4]
سپاهی بکردار دریای آب   شده‌ست انجمن پیش افراسیاب[5]
بمانیم تا آن سپاه گران   بیایند گردان و جنگ‌آوران[6]
ازانپس بایران نمانیم کس   چنین است رای خردمند و بس»[7]
بدو گفت هومان که: «ای پهلوان   مرنجان بدین کار، چندین، روان
سپاهی بدان زور و آن جوش و دم   شده روی دریا ازیشان دژم؛[8]
کنون خیمه و گاه و پرده‌سرای   همه مانده بر جای و رفته ز جای[9]
چنان دان که رفتن ز بیچارگی‌ست   نمودن به ما پشت یکبارگی‌ست[10]
نمانیم، تا نزد خسرو شوند   بدرگاه او لشکری نو شوند
ز زاولستان رستم آید بجنگ   زیانی بود سهمگن زین درنگ![11]
کنون ساختن باید و تاختن   فسون‌ها و نیرنگ‌ها ساختن[12]
چو گودرز را با سپهدار توس   درفش همایون و پیلان و کوس[13]
همه بی‌گمانی به چنگ آوریم   بد آید چو ایدر درنگ آوریم»[14]
چنین داد پاسخ بدو پهلوان   که: «بیداردل باش و روشنروان

---

۱ - **یک:** رزمگاه پر خون را شاید پیش کشیدن، امامگر رزمگاه بی‌خاک می‌شود، که پر خاکِ آن را در پاسخ گویند؟ **دو:** مگر درپرسش پیران، بیم و باک بود؟

۲ - لت دویم بی‌گزارش است: «ازمولش (= درنگ) بهره نمی‌بری».

۳ - سخن ناهموار بی‌گزارش.

۴ - لت دویم بی‌گزارش: «پای شتاب از درنگ سست می‌شود» را هیچ گزارش نیست.

۵ - افزاینده پرخاش و تیزی سپاهیان را با چنین سخن پیران، درخور و سزاوار می‌نماید... سپاه ایران گریخته‌است، و پیران از کجا میداند که سپاهی چون دریای آب، نزد افراسیاب گرد آمده‌است.

۶ - سپاه‌گران بیاید؟ یاگردان و جنگاوران؟ اگر سپاه باشد،کنش «بیاید» درست می‌نماید اما اگر «گردان و جنگاوران» بیایند،کنش را نیز «بیایند» خواهد نه «بیاید».

۷ - **یک:** اینان با «سپاه‌شکست خوردهٔ ایران» روبرویند، نه با «ایران»که در آن‌کس را زنده نگذارند. **دو:** اگر رای خردمند همین است و بس، چرا از بخردان و موبدان دراین‌باره پرسیده‌بود؟

۸ - سخن نادرست نیست، اما پیوسته به رج پسین است.

۹ - خیمه را در گفتار فردوسی جای نیست. لت دویم نیز پریشان است. و رفته ز جای به خیمه و خرگاه نیز باز میگردد.

۱۰ - لت دویم بی‌گزارش است.

۱۱ - سخن را در آغاز پیوند «اگر» باید.

۱۲ - دوبار «ساختن» در یک گفتار!

۱۳ - **یک:** درفش ایران «همای» نبود. **دو:** در سپاه ایران تنها یک کوس نبوده‌است.

۱۴ - **یک:** «بی‌گمانی» نادرست است: «همه را بیگمان». **دو:** بد آید، نادرست است.

چنان کن که نیک‌اختر و رای تست / که چرخ فلک زیرِ بالای تست*
پس لشکر اندر گرفتند راه / سپهدار پیران و تورانسپاه[1]
به لهّاک فرمود ک:«اکنون مه ایست / بگردان عنان باسواری دویست»[2]
بدو گفت: «مگشای بند از میان / ببین تا کجای اند ایرانیان»
همی رفت لهّاک برسان باد / ز خواب و ز خوردن نکرد ایچ یاد[3]
چو نیمی ز تیره شب اندر گذشت / طلایه بدیدش بتاریک دشت[4]
خروش آمد از کوه و آوای زنگ / ندید ایچ لهّاک جای درنگ[5]
بنزدیک پیران بیامد ز راه / بدو آگهی داد ز ایران سپاه[6]
که ایشان بکوه هماون درند / همه بسته بر پیش، راهِ گزند[7]
بهومان بفرمود پیران که: «زود / عنان و رکیب بباید پسود[8]
ببر چند باید ز لشکر سوار / ز گردان گردنکش نامدار[9]
که ایرانیان بادرفش و سپاه / گرفتند کوه هماون پناه[10]
ازین رزم رنج آید اکنون بروی / خرد تیزکن چارهٔ کار جوی[11]
گر آن مرده‌ری کاویانی درفش / بیاری، شود روی ایشان بنفش[12]
اگر دست یابی، بشمشیر تیز / درفش و همه نیزه کن ریز ریز[13]
من اینک پس اندر چو باد دمان / بیایم نسازم درنگ و زمان»[14]

* – چرخ گردان، زیرِ اسپ تو جای دارد.   ۱ – پس کدام لشکر؟

۲ – لت دویم «بگردان عنان» نادرست است زیرا که با گرداندن عنان، سوار از راه باز میگردد، باز آنکه در رج پسین ۱۳۵۰۵ فرمان وی چنان است که بدنبال ایرانیان رود تا ببیند که آنان کجا ایستاده‌اند!

۳ – **یک:** راه میان تورانیان و لشکریان ایران «در کوه هماون» چندان نبوده‌است که از آب و خوراک یاد نکنند! **دو:** سواران ایران که پس‌ازشکست، شبانه کوه هماون را پناهگاه گرفتند، راهی دراز نپیموده‌بودند.

۴ – «بدیدش» نادرست است، از آنجا که آنان دویست سوار بوده‌اند: «بدیدندشان».

۵ – پیش‌آهنگان سپاه «طلایه» بر کوه نبوده‌اند، که سپاهیان بکوه پناه گرفته‌بودند.

٦ – راهِ رفتن چندان دراز بود، و راه بازگشت چندین کوتاه!

۷ – «همه بسته بر پیش» نادرست است: «راهِ بر شدن بکوه را بسته‌اند».

۸ – آنان، سواره بسوی کوه هماون میرفته‌اند، پس «عنان‌ورکیب» را می‌پسودند، و دیگر باره فرمان به پسودن آن نمی‌باید دادن.

۹ – **یک:** ببر چند باید، نادرست است. **دو:** سواران سپاهی، همه گُردانِ‌گردنکش «نامدار» نمیتوانستند بود.

۱۰ – دنبالهٔ سخن.

۱۱ – **یک:** «اکنون»، در همان نیمه شبان رنج بِروی نمی‌آید. **دو:** برویِ چه کدام سپاه؟ **سه:** چرا سپاه پیروز که بدنبال دشمن شکسته و گریخته می‌رود، رنج بیند؟   ۱۲ – «بیاری» نادرست است: «بچنگ آری».

۱۳ – **یک:** در رج پیشین از آوردن درفش سخن رفت، و در این رج از پاره کردن آن! **دو:** «همه نیزه» نادرست است. «نیزهٔ آنرا»... **سه:** باری از ریز ریز کردن یک نیزه چه سود بتورانیان میرسید؟

۱۴ – **یک:** اگر پیران چون بادِ دمان میرود، پس با هومان همراه است. **دو:** درنگ ساختنی نیست، کردنی است. **سه:** «زمان ساختن» چگونه باشد؟

پناه گرفتن ایرانیان درکوه هماون ۳۴۳

گزین کرد هومان؛ ز لشکر، سوار سپردار و شمشیرزن سی هزار*

*

چو خورشید تابنده بنمود تاج بگسترد کافور، بر تختِ آج
پدید آمد از دور، گَرد سپاه غَوِ دیده‌بان آمد از دیده گاه
که آمد ز ترکان سپاهی پدید به ابر سیه گردشان برکشید[1]
چو بشنید، جوشن بپوشید؛ توس برآمد دم بوق و آوای کوس
سواران ایران همه همگروه رده برکشیدند بر پیش کوه
چو هومان بدید آن سپاه گران گرایدن گرز و تیغ و سنان[2]
چنین گفت هومان به گودرز و توس که: «از ایران برفتید با پیل و کوس[3]
سوی شهر توران بکین آختن بدان زور، لشکر برون تاختن[4]
کنون برگزیدی چو نخچیر، کوه؟ شده‌ستی ز گردان توران ستوه؟[5]
نیایدت زین کار خود شرم و ننگ؟ خور و خواب و آرام بر کوه و سنگ؟[6]
چو فردا برآید ز کوه آفتاب کنم زین حصار تو دریای آب![7]
بدانی که این چاره، بیچارگیست برین کوه خارا بباید گریست»[8]
هیونی به پیران فرستاد زود که: «اندیشهٔ ما دگرگونه بود
دگرگونه بود آنچه انداختیم بریشان همی تاختن ساختیم[9]
همه کوه یکسر سپاه است و کوس درفش ازپسِ پشتِ گودرز و توس
چنان کن که چون بردمد؛ چاکِ روز پدید آید از چرخ، گیتی‌فروز،
تو ایدر بَوی، ساخته، با سپاه شده روی هامون ز لشکر سیاه
فرستاده نزدیک پیران رسید بجوشید؛ چون گفتِ هومان شنید
بیامد شب تیره هنگام خواب همی راند لشکر بکردار آب

---

* – «سه هزار» درست‌تر می‌نماید.

۱ – **یک:** ترکان! **دو:** گردشان نادرست است: «سپاهی» پدید آمد که گردِ «آن» به ابر رسید!

۲ – سپاه ایستاده تیغ و گرز را بر نمی‌گراید!

۳ – **یک:** نام هومان در رج پیشین آمده‌بود، و دوباره گفتن درست نیست. **دو:** افزاینده میدان جنگ را میدان بازی کودکان در شمار آورده‌است که در آن، همهٔ کودکان سخن یکدیگر را می‌شنوند! اینجا سپاه ایران بر فراز کوه است و سپاه توران در پهنهٔ دشت، و چگونه میتوان سنجیدن، که هومان سخنی را بتوس و گودرز بگوید، و آنان، آن سخن را بشنوند؟

۴ – لت دویم راگزارشی نیست.

۵ – سخن با دو کس بود، و اکنون با یک کس «برگزیدی».

٦ – دنبالهٔ گفتار.

۷ – ایرانیان در «حصار» پناه نگرفته‌بودند که بر کوه بودند.

۸ – **یک:** پیوند میان این رج با رج پیشین فرو افتاده‌است: «تا آنکه» بدانی... **دو:** بر کوه خارا بایستی گریستن، یا بر سپاه ایران؟

۹ – **یک:** دوباره‌گویی «دگرگونه» شایستهٔ گفتار فردوسی نیست. **دو:** انداختن فارسی، [illegible] (هنداختن پهلوی: طرح کردن) است. و این گفتار نادرست نیز هست زیرا که آنچه راکه انداخته‌بود آن بود که بدنبال سپاه ایران بردند، و چنان هم شد!

*

چو خورشید از آن چادرِ نیلگون   همی، شب بدرّید و آمد برون[1]
سپهبد بکوه هماون رسید   ز گرد سپه کوه شد ناپدید[2]
بهومان چنین گفت که: «از رزمگاه   مجنب و مجنبان از ایدر سپاه
شوم تا سپهدار ایرانیان   چه دارد بپا اختر کاویان؟[3]
بکوه هماون که دادش نوید   بدین بودن اکنون چه دارد امید؟»[4]
بیامد بنزدیک ایرانسپاه   سری پر ز کینه دلی پر گناه[5]
خروشید که: «ای نامبردار توس   خداوند پیلان و کوپال و کوس[6]
کنون ماهیان اندر آمد به پنج   که تا تو همی رزم جویی برنج[7]
ز گودرزیان آن کجا مهترند   بدان رزمگه بر، همه بی‌سرند[8]
تو چون غُرم رفته‌ستی اندر کمر؟   پراز داوری دل، پراز کینه سر؟[9]
گریزان و لشکر، پس اندر، دمان   بدام اندر آیی همی، بیگمان»![10]
چنین داد پاسخ سرافراز توس   که: «من بر دروغ تو دارم فسوس[11]
پی کین تو افکندی اندر جهان   ز بهر سیاوش میان مهان[12]
برین گونه تا چند گویی دروغ   دروغت بر ما نگیرد فروغ[13]
علف تنگ بود اندرآن رزمگاه   ازان، بر هماون کشیدم سپاه[14]

---

۱ – نمونه‌ها «غمی شد بدرید»؛ «همی شب بدرید» هردو گونه نادرست است چون اگر دریدن در کار باشد. آن چادر قیرگون دریده می‌شود.

۲ – دوباره نام سپهبد آوردن نادرست است زیرا که دو رج پیش کنندهٔ کار بوده‌است، و اینجا دوباره‌گویی است.

۳ – **یک:** «شوم تا» بی‌پایان است: «شوم تا ببینم». **دو:** اختر کاویان نادرست است «درفش کاویان».

۴ – سخن نادرست نیست، اما دنبالهٔ رج پیشین است.

۵ – **یک:** لت دویُم را پیوند درست نیست: «با سری پراز کینه». **دو:** چرا دلی پرگناه؟

۶ – **یک:** دوباره خروشیدن و سخن گفتن از میان دشت و گفت‌وگو با توس در میان کوه! **دو:** پیلان «گروه» با کوپال و کوس یگانه همخوانی ندارد.

۷ – **یک:** «ماهیان» نادرست است. **دو:** نبرد در تیرماه آغاز شده‌بود و سرمای تیرگانی توران سپاهیان ایران را به پناه‌گرفتن در کوه هماون واداشت، پس چگونه پنج ماه است که رزم می‌جویند؟

۸ – **یک:** «آن کجا» نادرست است: «آنانکه» یا «آنان، کجا». **دو:** مهتر گودرزیان، گودرز سپهسالار است و پس‌از وی گیو! پس چگونه مهتران گودرزیان در رزمگاه بی‌سر شده‌اند؟

۹ – **یک:** «رفتستی» نادرست است: «گریختستی». **دو:** «اندر کمر» نیز نادرست است: «بر روی کمر» (= تخته سنگ کوهستان). **سه:** سر پر کینه نمی‌شود، کینه از آنِ دل است.

۱۰ – **یک:** اگر در رج پیشین بجای رفتستی گریزان می‌آمد، اینجا دوباره‌گویی در کار نبود. **دو:** میان لت نخست و لت دویم پیوند درست دیده نمی‌شود.

۱۱ – پیران دروغ نمی‌گوید، سپاه ایزان کوه و سنگ را پناه‌گرفته‌است.

۱۲ – بیچاره پیران که دوستدارِ سیاوخش بود، کجا بنیاد کین را افکند؟

۱۳ – دوباره سخن از دروغ می‌آید؟

۱۴ – اگر پَتیخْوَی (= خوراک ستوران) در آن رزمگاه کم بود، می‌توانستند از پیرامون بیاورند، وگریز در کار نمی‌بود!

کنون آگهی، شد، بشاه جهان   بیاید زمان تا زمان، ناگهان[۱]
بزرگان لشکر شدند انجمن   چو دستان و چون رستم پیلتن[۲]
چو جنبیدن شاه کردم درست   نمانم بتوران بر و بوم و رُست[۳]
کنون کامدی، کار مردان ببین!   نه گاه فریب است و روز کمین»[۴]
چو بشنید پیران، ز هر سو سپاه   فرستاد و بگرفت بر کوه، راه[۵]
به هر سو ز توران بیامد گروه   سپاه انجمن کرد بر گرد کوه[۶]
بر ایشان چو راه علف تنگ شد   سپهبد سوی چارهٔ جنگ شد[۷]
چنین گفت هومان به پیرانِ گُرد   که: «ما را پی کوه باید سپرد[۸]
یکی جنگ سازیم کایرانیان   نبندند ازین پس بکینه میان»
بدو گفت پیران که: «بر ماست، باد*   نکردەست با باد، کس، رزم، یاد
ز جنگ پیاده بپیچید سر   شود تیره دیدار پرخاشخر[۹]
چو راه علف تنگ شد بر سپاه   کسی کوه خارا ندارد نگاه
همه لشکر آید بزنهار ما   ازین● پس نجویند پیکار ما
بریشان کنون جای بخشایش است   نه هنگام پیکار و آرایش است»

تاختن ایرانیان بر تورانیان

رسید این سگالش به گودرز و توس   سر سرکشان خیره گشت از فسوس[۱۰]

۱ – «زمان تا زمان»، «ناگهان» نیست! ۲ – **یک:** «شدند انجمن» نادرست است: «شده‌اند». **دو:** چو... نادرست است.

۳ – **یک:** در رج پیشین سخن از جنبش رستم و زال است، و اینجا از جنبیدن شاه سخن میگوید. **دو:** زال سالها است که پهلوانی را برستم سپرده‌است، و خود بجنگ نمی‌رود.

۴ – «آمدی» نادرست است: «آمده‌ای». **دو:** سپاه گریخته در کوه چگونه کمین را بد می‌شمارد؟

۵ – سپاه توران پیشتر، پیرامون کوه راگرفته‌بودند.

٦ – رج دوباره‌گویی رج پیشین است با سخنان سست.

۷ – بر تورانیان راه علف تنگ نمی‌شد، زیرا که در پَروَست (= محاصره) نبودند! **دو:** رج پسین هومان پیشنهاد جنگ می‌کند و پیران نمی‌پذیرد، و اینجا پیران را آمادهٔ نبرد می‌آورد! ۸ – سپَرد را باگُرد پساوا نیست.

* – چون باد در روز نبرد از روبروی لشکری بوزد، شکست بر آن می‌آید.

۹ – **یک:** از این سخن چیزی بر نمی‌آید. **دو:** شاهنامه فلورانس نیز آورده‌است: «بدست پیاده بپیچند سر» که آن نیز بی‌گزارش است.

● – نمونه‌ها چنین آورده‌اند اما سخن درست «ازانپس» است.

۱۰ – **یک:** لت نخست را با لت دویم همخوانی نیست! **دو:** در لت نخست سگالش به دوکس (گودرز و توس) میرسد، و در لت دویم از یک کس که، یاد شده‌است. **سه:** سر از ریشخند خیره نمی‌شود (افسوس: ریشخند، استهزاء).

چنین گفت با توس، گودرزِ پیر که: «ما را کنون، جنگ، شد ناگزیر[1]
سه روز ار بود، خوردنی بیش نیست ز یکسو گشاده رهی، پیش نیست[2]
نه خورد و نه چیز و نه بار و بنه چنین چند باشد سپه گرسنه[3]
کنون چون شود روی خورشید زرد پدید آید آن چادر لاژورد[4]
بباید گزیدن سواران مرد ز بالا شدن سوی دشت نبرد[5]
بسان شبیخون یکی رزم سخت بسازیم، تا چون بود؟ یار، بخت[6]
اگر یک بیک تن بکشتن دهیم اُگر تاج گردنکشان برنهیم[7]
چنین است فرجام آوردگاه یکی خاک یابد یک تاج و گاه»[8]
ز گودرز بشنید توس این سخن سرش گشت پر دردِ کینِ کهن[9]
ز یکسوی، لشکر به بیژن سپرد دگر سو بشیدوش و خراد گرد[10]
درفش خجسته بگستهم داد بسی پند و اندرزها کرد یاد[11]
خود و گیو و گودرز و چندی سران نهادند بر یال گرز گران[12]
به سوی سپهدار پیران شدند چو آتش بقلب سپه برزدند[13]
چو دریای خون شد همه رزمگاه خروشی برآمد بلند از سپاه[14]
درفش سپهبد بدو نیم شد دل رزمجویان پراز بیم شد[15]
چو بشنید هومان خروش سپاه نشست از برِ تازی اسپی سیاه[16]

---

۱ – تورانیان جنگ نمی‌کنند، چرا ایرانیان از جنگ، ناگزیر باشند؟

۲ – لت نخست گویا نیست، اگر «ما را» بنه (= خوردنی) «بوده باشد». خوراک بیش از سه روز «مان» نیست. اما چرا «اگر» در میان آید؟ زیرا که بُنه را اندازه، روشن است، و همان بُنه است که در گفتار پیشین بفرمان توس بکوه هماون برده شد، و نیز همان بنه است که چند ماه، سپاهیان ایران را بکار آمد، تا رستم و فریبرز بدانان رسند!

۳ – **یک:** لت نخست را پایان نیست. **دو:** «چیز» چه باشد؟ **سه:** چگونه لشکر را «بار» نباشد؟ **چهار:** اگر تا سه روز خوراک دارند، پس اکنون نمی‌توان گفتن «چنین چند باشد سپه گرسنه». سخن دوباره، اما سست‌تر! **پنج:** هنوز که سپاه گرسنه نشده‌است که گفته آید «چنین» گرسنه.

۴ – روی خورشید همواره زرد است، اما اگر فرو نشستن آفتاب را گوید بندِ «کنون» شایسته نیست.

۵ – **یک:** مگر سواران بجزاز مرد نیز در میان ایرانیان بود؟ **دو:** «بالا» همواره در گفتار فردوسی بجای «باره» و «اسپ» می‌آید، نه افراز کوه!

٦ – **یک:** شبیخون، شبیخون است، و نمی‌توان گفتن «بسانِ» شبیخون! **دو:** در اندیشهٔ ایرانیان شبیخون کردن گناهی بزرگ بوده‌است، و هیچگاه در جنگ‌ها چنین نکردند.

۷ – **یک:** چون در لت نخست از «یک بیک» یا همهٔ سپاهیان ایران سخن رفته‌است، در لت دویم نیز می‌باید همهٔ آنان «تاج گردنکشان» را بر سر نهند، و چنین نمی‌شود. **دو:** تاج گردنکشان. تاج چه کس، یا کسان است؟

۸ – دنبالهٔ گفتار

۹ – چنین سخن کین کهن را زنده نمی‌کند، که آنان خود، با همان کین «که کیخسرو بدان پیمان بسته‌بود» بتوران رفته‌بودند.

۱۰ – **یک:** ز یکسوی نادرست است: «یک سوی لشکر را». **دو:** یک بال سپاه را نمیتوان بدو فرمانده سپردن!

۱۱ – «پند» یگانه با «اندرزها» همخوان نیست.

۱۲ – خود و گیو نادرست است، خود «با» گیو.

۱۳ – **یک:** در شب تیره چگونه جایگاه پیران را دانسته‌بودند، که بسوی او روند؟ **دو:** در لشکرگاه فرماندهان بر افراز تپه، یا کوهی می‌نشستند، «و اینجا می‌خوابیدند» نه در قلب سپاه.

۱۴ – دنبالهٔ گفتار

۱۵ – دنبالهٔ گفتار

١٦ – رنگ سیاهِ اسپ در نیمه شب چه جای گفتن دارد، مگر از راه یافتن پساوا!

پناه گرفتن ایرانیان در کوه هماون ۳۴۷

بیامد ز لشکر بسی کشته دید بسی بیهش، از رزم برگشته دید[1]
فرو ریخت از دیده خون بر برش یکی بانگ زد تند بر لشکرش[2]
چنین گفت ک:«ایدر طلایه نبود؟ شما را ز کین، ایچ مایه نبود؟[3]
بهریک ازیشان ز ما سیسد است به آوردگه خواب و خفتن، بد است[4]
بجوشید و کوپال‌ها برکشید سپرهای چینی بسر درکشید[5]
ز هرسو بریشان بگیرید راه کنون کز بره برکشد تیغ، ماه[6]
رهایی نباید که یابند هیچ بدینسان چه باید درنگ و پسیچ؟»[7]
برآمد خروشیدن کرنای به هرسو برفتند گُردان ز جای[8]
گرفتندشان یکسر اندرمیان سواران ایران چو شیر ژیان[9]
چنان آتش افروخت از ترگ و تیغ که گفتی همی گرز بارد ز میغ[10]
شب تار و شمشیر و گرد سپاه ستاره نه پیدا، نه تابنده ماه[11]
ز جوشن تو گفتی به بار اندرند ز تاری به دریای قار اندرند[12]

---

۱ - **یک:** مگر هومان درلشکر نبود که بیامد؟ **دو:** مگر مردم بیهوش را توانِ رفتن... «و برگشتن از سپاه» هست؟

۲ - این نیز نشان از جهانِ کوچک افزایندگان سخن میگوید که سپهداری در میدان رزم از دیدگان خون بریزد و بگرید!

۳ - پیشتر از طلایهٔ هردو سپاه سخن رفته‌بود، اما افزاینده آنرا فراموش کرده‌بود! باری اگر پیش‌آهنگان (طلایه) با خروش سپاهیان را بیدار می‌کردند، چند پهلوان ایران نمی‌توانستند یکراست بسوی قلب سپاه توران بروند، تا آنجا که درفش پیران را بر دو نیم کنند!

۴ - **یک:** چنین شمار دروغ، اینجا افزوده می‌شود، وگرنه در گفتارهای پیشین چنین سنجش بمیان نیامده‌بود. **دو:** خواب و خفتن هردو یکی است. **سه:** اگر در لشکرگاه بشب نبایستی خوابیدن، پس کجا می‌باید خفت؟ **چهار:** شاهنامه فلورانس «جای رفتن» ق، اکنون، ل ۲، س ۲: غافل، ق ۲، ل ۲، آ: «خواب و خوردن»... که همگی نادرست است.

۵ - در چنان هنگامه کوپال را کاربرد نیست و می‌باید دست بشمشیر بردن، نویسندهٔ شاهنامه ق ۲ این نکته را دریافته است، و سخن را چنین برگردانده‌است، همه تیغ پولاد را برکشید، که آن نیز نادرست است زیرا که می‌بایستی گفتن: «همه تیغ‌های پولاد را برکشید».

۶ - **یک:** افزاینده دیگربار، از نام «ماه» برای ساختن پساوای «راه» بهره برده‌است، و از برای آنکه روشن شود که گفتارِ وی، تا چه اندازه نادرست است، می‌باید اندکی به دانش اخترماری نگریستن. برآمدن خورشید از برجِ بره (حمل) در ماه فروردین روی میدهد، و برآمدن برج بره همراه با آغاز شب، همراه با ماه‌مهر است، و چون نیمه شب ماه بدر آید، می‌باید که ۴۵ روز نیز بر آن افزودن که برابر با نیمهٔ آبانماه باشد، که در آن زمانِ سرد، پرداختن به جنگ درست نمی‌نماید، زیرا چنانکه پیشتر برخوریم، سپاه ایران در آغاز تیرماه بسوی میدان نبرد رفته‌است، و در میانهٔ تیرماه با برف و سرمای تیرماهی توران روبرو شده‌است، و زمان پناه بردن بکوه هماون، بیش از آغاز امردادماه نمی‌شود، پس چگونه «امردادماه»، برج بره، همراه با ماه برمی‌آید؟ **دو:** پس‌ازاین گفتار در زمینهٔ دانش اخترماری یک نادرستی دیگر آن را نیز می‌باید نمودن! ماه، هیچگاه تیغ بر نمی‌آورد که تیغ برکشیدن، یا برآوردن ویژه خورشید است که پیش‌از برآمدن آن پرتوهای بلند خورشید همچون تیغ‌های بلند از پشت کوهسار برمی‌آید، و فروغ ماه را آن نیرو نیست که بتواند تیغ برآوَرَد. **سه:** ماهی که نیمه شب بدرآید، ماه شب بیست و یکم است و روشنی آن نیز نیمی از روشنایی ماهِ پر است.

۷ - درنگ و پسیچ دو کاری رو در روی هم‌اند و باهم یکباره رخ نمی‌دهند.

۸ - گردان نمی‌توانند در میدان جنگ به هرسوی بروند، و بایستی با پیکار همگروه بیکسوی پیشروی کنند.

۹ - چگونه چند پهلوان ایرانی را توان آن هست که همهٔ لشکر هومان را که شمارشان سی هزار مرد بود در میان گیرند؟

۱۰ - افزاینده فراموش کرده‌بود که از زبان هومان فرمان داده شد. «کوپال» بکار گیرید نه تیغ!

۱۱ - سخن پایان ندارد.

۱۲ - **یک:** تو گفتی! **دو:** چه کسان ببار اندراند؟

بلشکر چنین گفت هومان که: «بس! ازین مهتران مفکنید ایچ کس [1]
همه پیش من دستگیر آورید نباید که خسته بتیر آورید» [2]
چنین گفت لشکر ببانگ بلند که: «اکنون به بیچارگی دست‌بند [3]
دهید ار به گرز و به ژوپین دهید سران را ز خون تاج بر سر نهید» [4]
چنین گفت با گیو و رهّام، توس که «شد جان ما بیگمان برفسوس [5]
مگر کردگار سپهر بلند رهاند تن و جان ما زین گزند [6]
اگر نه بچنگ عقاب اندریم اُگر زیر دریای آب اندریم» [7]
یکی حمله بردند هرسه بهم چو برخیزد از جای شیر دژم [8]
ندیدندکس یال اسپ و عنان ز تنگی بچشم اندر آمد سنان [9]
چنین گفت هومان به‌آواز تیز که: «نه جای جنگ است و راه گریز [10]
برانگیخت از جای‌تان بختِ بد که تا بر تن بدکنش بد رسد» [11]
سه جنگ‌آور و خوارمایه سپاه بماندند، در پیش آن رزمگاه [12]
فراوان ز رستم گرفتند یاد کجاداد در جنگ هر جای داد [13]
ز شیدوش و ز بیژن و گستهم بسی یاد کردند بر بیش و کم [14]
که: «باری کسی را ز ایران سپاه بدی یاد ما اندرین رزمگاه؟ [15]

---

۱ - **یک:** تاکنون ایرانیان تورانیان را در میان گرفته، مانند شیر ژیان شمشیر می‌زدند، پس چه شد که هومان فرمان‌شمشیربس می‌دهد؟ **دو:** در میانهٔ تاریکی هومان از کجا دانست که یورش آورندگان، مهتران سپاه ایرانند؟

۲ - **یک:** همه «را» درست است. **دو:** سخن در آغاز از کوپال بود، پسان از شمشیر، و اینک از تیر!... اما افزاینده نمی‌داند که در گیر و دارِ جنگِ تن بتن، جایی برای تیراندازی نیست!

۳ - لت نخست نادرست است. لشکر(یان) چنین گفتند.

۴ - **یک:** اگر «از» (= به) بیچارگی دست «را» به بند دهند، چه جای گرز و ژوپین است. **دو:** شاهنامه فلورانس: «دهیم». و چون دهیم برابر با زنیم می‌آید «اگر» در میانه سخن راسست می‌کند: «دهیم یا دهیم» (ار =اگر = یا) در لت دوئم روی سخن باکیست؟ **سه:** اگر ایرانیان‌اند که می‌باید دست به بند دهند، چگونه می‌توانند، تاج خونین بر سرها (=سران) بگذارند؟

۵ - پیوسته به سخن پسین.

٦ - در رج پیشین از «جان» یاد شد، و در این رج از «تن» با... «ما را رهاند» بس می‌نماید.

۷ - **یک:** «اگر» برای هردو لت بسنده است، و چون. **دو:** «اگر» می‌آید سخن را سست میکند.

۸ - **یک:** «هرسه بهم» نادرست است زیرا که نشان میدهد، هرسه بسوی یکدیگر یورش بردند: «با هم». **دو:** «چو» نادرست است: «چنانکه».

۹ - **یک:** ندیدندکس نادرست است: «هیچکس نمی‌دید». **دو:** شبیخون سواره نیست زیرا که هر زمان شاید که اسب با برخورد به کشته‌ها بر زمین بغلتد و شکست؛ بهمراه آورد. **سه:** در نبرد تن بتن نیزه راکاربرد نیست... اما اگر چنین نیز بوده باشد، چگونه سرِ نیزه‌ای که دو یا سه گز درازا دارد، و بُنش در دست سوار است، بچشم او میرسد؟

۱۰ - لت دویم را یک «نه» کم است: «نه جای جنگ است و «نه» جای گریز».

۱۱ - دنبالهٔ گفتار.

۱۲ - تاکنون به «قلب» سپاه زده‌بودند، و اکنون چنین می‌نماید که روبروی تورانیان‌اند!

۱۳ - **یک:** سخن چنین می‌نماید که در آن هنگامهٔ سخت سه پهلوان، روی بیکدیگر کرده و زمانی دراز، از رستم یاد کرده‌اند... و چنین نمی‌شود. **دو:** لت دویم نیز سست است: دادِ مردی دادن، دادِ پهلوانی دادن... شاید و نه داد دادن.

۱۴ - در این رج نیز چنین...

۱۵ - **یک:** اگر «کسی» (= یک کس) را گویند، چرا از سه کس یاد کرده‌اند؟ **دو:** سخن ناهموار است اگر ایرانیان بیاد اینان افتند، آن

←

نه ایدر به پیکار و جنگ آمدیم که خیره به کام نهنگ آمدیم [1]

دریغ آن در و گاه شاه جهان که گیرند بی ما کنون ناگهان [2]

تهمتن به زاولستان است و زال شود کار ایران کنون تال و مال» [3]

همی آمد آوای کوپال و کوس بلشکر همی دیر شد گیو و توس [4]

چنین گفت شیدوش و گستهم شیر که: «شد کار پیگار سالار، دیر» [5]

به بیژن گرازه همی گفت باز که: «شد کار سالار لشکر دراز» [6]

هوا قیرگون و زمین آبنوس همی آمد از دشت آوای توس [7]

برفتند گردان بر آوای اوی زخون بود بر دشت، هر جای، جوی [8]

ز گردان نیو و ز نیروی جنگ؟ تو گفتی برآمد ز دریا نهنگ [9]

بدانست هومان که آمد سوار همه گرزور بود و شمشیردار [10]

چو دانست کامد ورا یار، توس همی برخروشید برسان کوس [11]

سبک شد عنان و گران شد رکیب بلندی که دانست باز از نشیب! [12]

یکی رزم کردند، تا چاک روز! چو پیدا شد از چرخ گیتی‌فروز؛ [13]

سپه بازگشتند یکسر ز جنگ کشیدند لشکر سوی کوهِ تنگ [14]

← یادآوری در لشکرگاه ایران روی میدهد، نه «در این رزمگاه»!

۱ – این رج را با رج پیشین، پیوند نیست.

۲ – در (یا کاخ) شاه جهان را ناگهان در همان دم چه کسان میگیرند؟ افزاینده خواسته‌است که بگوید ما در اینجا کشته می‌شویم، و ایرانیان بی‌ما بدرگاه شاه جهان میروند، و «کنون، ناگهان» سخت نادرست است.

۳ – **یک:** کار ایران «کنون» (= همان دم که آنان نزدیک بشکست‌اند) پریشان نمی‌شود، که اگر تورانیان پس‌از کشتن اینان بایران روند و ایرانیان را شکست دهند «آنگاه» کار ایران پریشان می‌شود. **دو:** خانه، یا هر جایگاه دیگر را شاید «تار و مار» شدن، اما «کار» تار و مار نمی‌شود.

۴ – **یک:** افزاینده را رای بر آن بوده‌است که بگوید؛ از آنسوی در سپاه ایران آوای کوپال و کوس شنیده شد، اما نتوانسته‌است پیوند درست بسخن بدهد. **دو:** گیو و توس را «شد» نمی‌باید: «شدند». **سه:** دیگر بار بر بنیاد نیازِ آهنگ سخن نام گودرز فرو افتاده‌است.

۵ – شیدوش «گستهم را «گفت» نمی‌شاید: «گفتند».

٦ – **یک:** «همی» گفت نادرست است: «گفت» یا «چنین گفت». **دو:** افزاینده را فراموش آمد که بهنگام رفتنِ گیو و گودرز و توس به شبیخون، شیدوش در یک بال سپاه بود، و نمیتوانست با گستهم که در میانهٔ سپاه نگهبان درفش بود سخن بگوید.

۷ – چگونه شاید که آوای توس در میان همهمهٔ سپاه، از دشت بکوه رسد؟ در شاهنامه‌های ل، ق، س ۲، لن، لی، ب بجای توس، کوس آمده‌است، که آن نیز سخنی از شکست ایران نمی‌گوید.

۸ – و در این رج نیز نشان از همین آمده‌است که آوای توس بوده‌است که اینان را بسوی وی رهنمون شده‌است.

۹ – **یک:** جنگ را «نیرو» نیست. **دو:** تو گفتی.

۱۰ – در شاهنامه فلورانس بجای این رج چنین آمده‌است: «ز گردان نبد نیزه‌ور، یک سوار /همه گرزور بود و شمشیردار» که در آن نیز، کنش «بود» نادرست است، و «بودند» می‌باید.

۱۱ – «همی» بر خروشید نادرست است.

۱۲ – **یک:** می‌باید توس بلندی را از نشیب نداند (= باز نشناسد) نه «که». **دو:** پیشتر گفتم که در شبیخون اسب نمی‌باید، و سواری نمی‌شاید.

۱۳ – چاک روز، همان پدیدار شدن خورشید است، و «چو» در آغاز لت دویم پیوندی است نادرخور.

۱۴ – **یک:** بازگشتند نادرست است: «بازگشت». **دو:** کوه تنگ چگونه کوهی باشد؟

به گردان چنین گفت سالار توس | که: «از گردش هور تا زخم کوس [1]
سواری چنین کز شما دیده‌ام | ز گنداوران هیچ نشنیده‌ام [2]
یکی نامه باید که زی شه کنیم | ز کارش همه جمله آگه کنیم [3]
چو نامه به نزدیک خسرو رسد | به دلش اندرون آتشی نو رسد [4]
به یاری بیاید گو پیلتن | ز شیران یکی نامدار انجمن [5]
به پیروزی از رزم گردیم باز | به دیدار کیخسرو آید نیاز [6]
سخن هرچه رفت آشکار و نهان | بگوییم به پیروز شاه جهان [7]
به خوبیّ و خشنودی شهریار | بیابیم یکسر، بر از شهریار [8]
چنانچون که گفتند برساختند | نوندی به نزدیک شه تاختند [9]
دو لشکر ز کینه فرود آمدند | ز پیکار یک‌پاره، دم برزدند [10]
طلایه برون آمد از هردو روی | بدشت، از دلیران پرخاشجوی [11]
چو هومان رسید اندران رزمگاه | ز کشته ندید ایچ بر دشت راه [12]
به‌پیران چنین گفت ک:«امروز گَرد | نه بر آرزو گشت، گاهِ نبرد [13]
چو آسوده گردند گردان ما | ستوده سواران و مردان ما [14]
یکی رزم سازم که خورشید و ماه | نبینند هرگز، چنان رزمگاه» [15]

---

۱ – از گردش خورشید، تا زخم کوس را هیچ گزارش نیست. ۲ – «سواری» یا «نبرد»؟

۳ – لت دویم «او را» از کارِ جنگ آگاه کنیم، نه «از کارش». ۴ – آتشی نو «رسد» نادرست است: «افتد».

۵ – لت دویُم را با لت نخست پیوند نیست: «همراه با انجمنی از شیران نامدار».

۶ – لت دویم با لت نخست پیوند درست ندارد. بدیدار کیخسرو هر زمان نیاز بوده‌است. نه تنها بهنگام بازگشت که چنان نیاز «پدید آید».

۷ – سخن نهان چه باشد؟ سخن نادرست است: «داستان جنگ» را چنانکه روی داد «باز» گویم.

۸ – **یک:** سخن ناهموار است: «چون شهریار از ما خشنود گردد از وی بر می‌یابیم» «افزایندگان سخن از پیروزی میگویند، باز آنکه در گفتار آینده آگاهی از شکست آنان می‌رسد! ۹ – نامه نوشتن را «برساختن» نتوان گفتن.

۱۰ – اکنون که روز شده‌است در اندیشهٔ برگماردن پیش‌آهنگ (طلایه) افتادند؟

۱۱ – طلایه از پیش، برون آمده‌بوده‌اند. ۱۲ – افزاینده فراموش کرده‌است که هومان در همان رزمگاه بود.

۱۳ – بادِ دشتِ نبرد، بر آرزوی ما نوزید! «امروز» نه؛ «دیشب». ۱۴ – گُردان را با مَردان، پساوا نیست.

۱۵ – «نبینند» نادرست است: «ندیده باشند».

آگاهی یافتن کیخسرو
از
کار سپاه

ازانپس چو آمد بخسرو خبر — که: «پیران شد، از رزم پیروزگر
سپهبد بکوه هماون کشید — ز لشکر بسی گُرد شد ناپدید؛
قدرِ کاخ گودرز کشوادگان — تهی شد ز گردان و آزادگان؛[1]
ستاره بریشان بنالد همی — به بالینشان خون بپالد همی؛
ازیشان جهان پر ز خاک است و خون — بلند اخترِ توس گشته نگون»[2]
بفرمود تا رستم پیلتن — خرامد بدرگاه، با انجمن*
برفتند ز ایران همه بخردان — جهاندیده و نامور موبدان
سر نامداران سخن برگشاد — ز پیکار لشکر بسی کرد یاد
برُستم چنین گفت ک:«ای سرفراز — بترسم که این دولت دیریاز
همی برگراید بسوی نشیب — دلم شد ز کردار او○ پرنهیب
تویی پرورانندهٔ تاج و تخت — فروغ از تو گیرد جهاندار و بخت●
دل چرخ در نوک شمشیر تست — سپهر و زمان و زمین زیر تست[3]
تو کندی دل و مغز دیو سپید[4] — زمانه بمهر تو دارد امید
زمین، گَردِ رخش ترا یاور است — زمان، بر تو؛ چون مهربان مادر است
ز تیغ تو خورشید بریان شود — ز گرز تو ناهید گریان شود
ز نیروی پیکان کلک تو شیر — به روز بلا گردد از جنگ سیر[5]

---

۱ - این سه رج پیوند میان رج گفتار پیشین‌وپسین را می‌گسلند. **یک:** گودرز در میدان جنگ است، نه در کاخِ خود که گردان و آزادگان در آن گرد آیند (یا نیایند) شاید گفتن که در دودمان گودرز بسا پهلوان آزاده کشته‌شد، اما تهی گشتن که همگان راکشته در شمار می آوَرَد، نتوان گفت... **دو:** ستاره را چگونه توان خون پالودن از بالین «یا سنگ و خاک رزمگاه» آنان است. **سه:** نمونه‌های دیگر، فلورانس: بپالیز گلبن بنالد، گلبن را توان نالیدن نیست. بایستی پیوند میان مرگ ایشان و نالیدن گلبن باشد. **چهار:** «ننالد» نمونه‌های دیگر نیز درست نیست.

۲ - «خاک» از خودِ جهان است نه از ایشان! * - انجمن مهیستان ایران.

○ - «**کردارها**» درست‌تر می‌نماید. ● - شاه، از تو بخت و فروغ می‌گیرد.

۳ - **یک:** لت نخست گزافه. **دو:** لت دویم زمین را شاید که در زیر رستم باشد، با گزافهٔ بلند، سپهر را نیز توان در زیر رستم خواندن، اما زمان را چگونه توان زیر رستم نشاندن؟ افزایندهٔ کم خرد، سخن زیبای فردوسی را در رج ۱۳۶۵۴ چگونه برمیگرداند و با زشتی همراه میکند!!

۴ - دل دیو سپید را کنده‌بود، اما مغز وی را نکنده‌بود.

۵ - پیکان کلک! روز بلا؟

تو تا برنهادی بمردی کلاه — نکرد ایچ دشمن بایران نگاه
کنون گیو و گودرز و توس و سران — فراوان ازین مرز، گنداوران؛
همه دل پراز خون و، دیده پر آب — گریزان ز گُردانِ افراسیاب!
فراوان ز گودرزیان کشته مرد — شده خاک، بستر بدشتِ نبرد[1]
هر آن کس کزیشان بجان رسته‌اند — بکوه هماون همه خسته‌اند[2]
همه سرنهاده سوی آسمان — سوی کردگار زمین و زمان[3]
که ایدر بیاید گو پیلتن — بنیروی یزدان و فرمان من[4]
شب تیره کاین نامه برخواندم — بسی از جگر خون برافشاندم[5]
نگفتم سه روز این سخن را بکس — مگر پیشِ دادارِ فریادرس[6]
کنون، کار، ز اندازه اندر گذشت — دلم زین سخن پر ز اندوه گشت[7]
امید سپاه و سپهبد بتست — که روشنروان بادی و تندرست!
سرت سبز باد و دلت شادمان — تنِ زال دور از بدِ بدگمان[8]
ز من هرچه باید فزونی بخواه — ز اسپ و سلیح و ز گنج و سپاه[9]
برو بادلی شاد و رایی درست — نشاید گرفت این چنین کار سست»
به پاسخ چنین گفت رستم بشاه — که: «بی‌تو مبادا نگین و کلاه
که با فرّ و برزیّ و با رای و داد — ندارد چو تو شاه، گردون، بیاد
شنیده‌ست خسرو، که: تا کیقباد — کلاه بزرگی بسر برنهاد؛
بایران، بکین، من کمر بسته‌ام — بآرام، یک روز، ننشسته‌ام
بیابان و تاریکی و دیو و شیر — چه جادو چه از اژدهای دلیر[10]
همان رزم توران و مازندران — شب تیره و گرزهای گران[11]

۱ - **یک:** کشته‌مرد نادرست است مرد کشته شده‌اند. **دو:** خاک بستر نیز نادرست است بستر ایشان خاک است.

۲ - همه خسته (مجروح) نیستند.

۳ - **یک:** به سوی آسمان نهاده نادرست است: «سر بسوی آسمان بلند کرده‌اند». **دو:** «کردگار زمان» نادرست است، و پیشتر دراین‌باره سخن گفته‌ام.

۴ - اگر نیروی یزدان است، فرمان کیخسرو در کار نیست.

۵ - **یک:** چرا شب تیره؟ مگر نامه بهنگام شب بدو رسیده‌بود؟ **دو:** نامه را دبیران بر شاه می‌خواندند، و «نامه را» درست است و در سخن فردوسی ۱۳۶۴۰ آگاهی بخسرو رسید، نه نامه!

۶ - **یک:** نه چنین است و خسرو پس‌از آگاهی بیدرنگ انجمن مهیستان و رستم را ببارگاه فراخواند. **دو:** سه روز دیرکرد در کار لشکر چه اندازه زیان می‌آورد؟

۷ - «کنون» در این رج با «کنون گیو و...» در رج ۱۳۶۵۷ همخوان نیست.

۸ - آرزوی تندرستی و شادمانی برای رستم در رج پیشین بگونهٔ درست آمده‌است.

۹ - **یک:** فزونی نادرست است. **دو:** این پیدا است که چون سرداری بجنگ میرود اسپ و جنگ‌افزار و گنج می‌خواهد! **سه:** با سخنِ روشن‌روان بادی و تندرست» گفتار کیخسرو بپایان رسیده‌بود، و این رج و رج پسین افزوده‌است.

۱۰ - گفتار پایان ندارد «از اژدها» نادرست است.

۱۱ - لت نخست را با لت دویم پیوند نیست.

فرستادن کیخسرو رستم را بیاری ایرانیان ۳۵۳

همـــم از تشـــنگی هـــم ز راه دراز / گـــزیدن در رنـــج بـــر جـــای نـــاز[1]
چـنین درد و سـختی بسـی دیـده‌ام / کـــه روزی ز شــادی نــپرسیده‌ام[2]
تـــو شـــاه نـوآیینی و مـــن رهـــی / مـیان بسته‌ام، چـون تـو فـرمان دهـی
شـوم بـا سـپاهی کـمر بـر مـیان / بگـــردانـــم ایـــن بـد ز ایـــرانـیان
ازان کشـــتگان، شـــاه؛ بـی‌درد بـاد / رخ بـــدسگالان او زرد بـــاد!
ز گـــودرزیان خـــود جگـــرخسته‌ام / کـــمر بـــر مـــیان سـوک را بسته‌ام»[3]
چـــو بشـــنید کـــیخسرو آواز اوی / بـــرخ بـــرنهاد، از دو دیـــده، دو جـوی[4]
بـــدو گـــفت: «بـــی‌تو نـــخواهـم زمـان / نـــه اورنگ و تـــاج و نـــه گرز و کمان
فـــلک، زیـــرِ خـــمِ کـــمندِ تـــو بـــاد / ســـر تـــاجداران، بـــبند تـــو بـــاد»
ز دیـــنـــارِ گـــنج و ز تـــاج و گـــهر / کـــلاه و کـــمان و کـــمند و کـــمر[5]
بـــیاورد گـــنجور خســـرو کـــلید / ســـر بـــدره‌های درم بـــردرید
هـــمه؛ شـــاه ایـــران بـــه رســتم سپرد / چـــنین گـــفت کـــه:«ای نـامبردار و گـــرد
جـــهان گـــنج و، گـــنجور شمشیر تست / ســـرِ ســـرورانِ جـــهان زیـــر تست[6]
تـــو بـــا گـــرزداران زاولـــستان / دلیـــران و شـــیران کـــاولستان
هـــمی رو بکـــردار بـــادِ دمـــان / مـــجوی و مـــفرمای جســتن زمـــان*
ز گـــردان شـــمشیرزن سـی‌هزار / ز لشکـــر گـــزین از درِ کـــارزار
فـــریبرز کـــاووس را دِه ســـپاه / کـــه او پـــیشرو بـاشد وکـــینه‌خواه
تـــهمتن زمـــین را بـــبوسید و گـــفت / که: «با من عـنان و رکـیب است جـفت
ســـران را ســـر انـــدر شـتاب آورم / مـــباداکـــه آرام و خـــواب آورم»

*

ســـپه را درم دادن آغـاز کـرد / بـــدشت آمـــد و رزم را ســاز کـرد
فـــریبرز را گـــفت: «بـــرکش؛ پگـــاه / ســـپاه انـــدرآور بـــه پـــیشِ سـپاه
نـــباید کـــه روز و شـــبان° بـــغنوی / مگـــر نـــزدِ تـــوسِ ســپهبد شـــوی
بگـــویش کـــه در جـــنگ تـــندی مکـن / فـــریب و زمـــان جـــوی و کـــندی مکـن[7]

---

۱ - **یک:** باز پیوند درست میان لت نخست و لت دویم نیست. **دو:** در رنج نیز نادرست است: «رنج» را بر جای نازگزیدن.
۲ - از شادی نمیپرسند!
۳ - پیشتر گفته شد که میان بسته‌ام.
۴ - جوی؛ «برنهادنی» نیست. روان کردنی است.
۵ - دوباره سخن دربارهٔ گنج و گهر...
۶ - از سرِ تاجداران، پیش‌ازاین یاد شد.
* - نه خود درنگ کن، نه به سپاه خود درنگ کردن فرمای.
° - اندیشه چنین می‌نماید:

«نباید بروز و بشب بغنوی»

۷ - تندی و کندی در برابر هم ایستاده‌اند! چگونه شاید که کسی تندی نکند، کندی نیز نکند.

من اینک بکردارِ بادِ دمان — بیایم نجویم بره بر، زمان
چو گرگین میلاد کارآزمای — سپه را زند بر بد و نیک رای»[1]
چو خورشید تابنده بنمود چهر — بسان بتی بادلی پر ز مهر[2]
برآمد خروشیدن کرّنای — تهمتن، درآورد؛ لشکر ز جای
پر اندیشه جانِ جهاندار شاه — دو فرسنگ با او بیامد براه
دو منزل همی کرد رستم یکی — نیاسود روز و شبان اندکی[3]

اندر خواب دیدن توس نوذر
سیاوخش را

شبی داغ دل، پر ز تیمار، توس — بخواب اندر آمد گهِ زخمِ کوس●
چنان دید روشن روانش بخواب — که رخشنده شمعی برآمد ز آب
برِ شمعِ رخشان یکی تختِ آج — سیاوش بر آن تخت با فرّ و تاج
لبان پر ز خنده، زبان چربگوی — سوی توس کردی چو خورشید، روی؛
که ایرانیان را هم ایدر بدار — که پیروز باشی تو در کارزار
ز گودرزیان هیچ غمگین مشو — که ایدر یکی گلستان است نو
به زیر گل اندر همی می خوریم — چه دانیم، کین باده تا کی خوریم؟[4]
ز خواب اندر آمد شده شاددل — ز درد و غمان، گشته آزاددل
بگودرز گفت: «ای جهان‌پهلوان! — یکی خواب دیدم به روشنروان!
نگه کن! که رستم چو باد دمان — بیاید بیاری، زمان تا زمان»
بفرمود تا بردمیدند نای — بجنبید بر کوه، لشکر؛ ز جای
ببستند گردان ایران میان — برافراختند اختر کاویان[5]
بیاورد زانروی، پیران؛ سپاه — شد از گَرد، خورشیدِ تابان سیاه
ازآواز گردان و باران تیر — همی چشم خورشید شد خیره خیر[6]

---

۱ – سخن پایان ندارد.　　۲ – خورشید، و بت را «دل پر ز مهر» نیست.
۳ – چون دو منزل را یکی کنند، در منزل دویُم می‌آسایند، و نمیتوان به یک سپاه «اندکی» آسایش ندادن.
● – سپیده‌دمان، آنگاه که کوسِ گاهِ سپیده‌دم [اوشَهین‌گاه] را می‌زنند.
۴ – لت دویم ناهماهنگ است. اگر روان سیاوخش میگوید، «چه دانیم» نادرست است زیرا که روان آگاه است و میداند.
۵ – «اختر» کاویان نادرست است.
۶ – در رج پسین چنین آمده‌است که هیچیک از گردان جنگجوی نشد، پس چگونه اینجا از باران تیر سخن می‌رود؟

دو لشکر بروی اندر آورده، روی — زگردان نشد هیچکس جنگجوی
چنین گفت هومان به پیران که: «جنگ؛ — همی جست باید! چه؟ جویی درنگ
نه لشکر بدشتِ شکار اندرند — که اسپان ما زیر بار اندرند»
بدو گفت پیران که: «تیزی مکن — نه روزِ شتاب است و گاه سَخُن
سه تن دوش باخوارمایه سپاه — برفتند بیگاه زین رزمگاه[1]
چو شیران ناهار و ما چون رمه — که از کوهسار اندر آید دمه[2]
همه دشت پر جوی خون یافتیم — سر نامداران نگون یافتیم[3]
یکی کوه دارند خارا و خشگ — همی خار بویند برجای مُشک[4]
بمان، تا بران سنگ، پیچان شوند — چو بیچاره گردند بیجان شوند[5]
گشاده نباید که دارید راه — دو رویه پس و پیش این رزمگاه[6]
چو بیرنج، دشمن بچنگ آیدت — بجایی کجا، خود درنگ آیدت؛[7]
چرا؟ جست باید همی کارزار — طلایه برین دشت بس سدسوار[8]
بباشیم تا دشمن از آب و نان — شود تنگ و زنهار خواهد بجان!
مگر خاک گر سنگ خارا خورند — چو روزی سر آید خورند و مُرند»
سوی پرده رفتند زان رزمگاه — طلایه بیامد بهپیشِ سپاه
گشادند گُردان، سراسر؛ کمر — بخوان و بخوردن، نهادند سر
بلشکرگه آمد سپهدارِ توس — پرازخون دل و، روی چون سندروس[9]
به گودرز گفت: «این سخن تیره گشت — سر و مغز ایرانیان خیره گشت[10]
همه گرد بر گرد ما لشکرست — خورِ بارگی خار، گر خاورست[11]

---

۱ - برفتند؟ یا آمدند؟ از این رزمگاه؟ یا از آن سپاه!

۲ - چگونه رمهای بودند که هومان در آن پیروز بودهاست؟

۳ - هیچیک از نامداران توران سرنگون نشدند.

۴ - **یک:** کوه ندارند، که بکوه پناه بردهاند. **دو:** دیگر سپاهها نیز در میدان جنگ مُشک نمیبویند.

۵ - **یک:** این رج که اندکی سست نیز هست، در برابر رج چهارم پسین ایستادهاست، اینجا از مردن ایرانیان سخن میگوید، و آنجا از زنهار خواستن آنان. **دو:** شاهنامه فلورانس در لت نخست بریان، و در لت دویُم گریان آوردهاست که آن نیز سست می‌نماید.

۶ - **یک:** اگر پیرامون سپاه ایران را گوید که میبایستی پیرامون کوه هماون را بگیرند نه «این» رزمگاه را. **دو:** دو رویه همواره بجای دو سپاه دشمن کاربرد دارد نه دو سوی رزمگاه.

۷ - **یک:** بچنگ آیدت نادرست است بچنگمان آید. **دو:** لت دویم نیز پیوند درست ندارد. **سه:** شاهنامه فلورانس: بروزی کجا... نمونهها گوناگوناند، و هیچیک را پیوند استوار نیست. (بنگرید به. خالقی مطلق ۱۵۰-۳).

۸ - سخن نادرست نمی‌نماید، اما پیوسته به رج پیشین است.

۹ - توس در میانهٔ لشکر بود، و بجایی دیگر نرفتهبود که اکنون بلشکر آید. و چگونه رویِ کسیکه چنان خواب را دیدهاست چون سندروس می‌نماید؟

۱۰ - سخن تیره گشت، یا خیره گشت هردو گونه نادرست است.

۱۱ - لت دویم بیگزارش است، نمونههای دیگر نیز همه همچنین (بنگرید به خالقی مطلق ۱۵۰-۳).

سپه را خورش بر فراوان نماند ‌ ‌ جزاز گرز و شمشیر درمان نماند [۱]
بشبگیر شمشیرها برکشیم ‌ ‌ همه دامن کوه، لشکر کشیم [۲]
اگر اختر نیک یاری دهد ‌ ‌ بریشان مرا کامکاری دهد! [۳]
ور ایدون کجا، داور آسمان ‌ ‌ بشمشیر بر ما سرآرد زمان، [۴]
ز بخش جهان‌آفرین بیش و کم ‌ ‌ نباشد، مپیمای بر خیره دم [۵]
مرا مرگ خوش‌تر بنام بلند ‌ ‌ ازین زیستن با هراس و گزند» [۶]
برین برنهادند یکسر سخن ‌ ‌ که سالارِ نیک اختر افکند بن! [۷]

فرستادن افراسیاب
خاقان چین و کاموس را
بیاری توران*

چو خورشید برزد ز خرچنگ چنگ ‌ ‌ بدرّید پیراهن مشک رنگ [۸]
به پیران فرستاده آمد، ز شاه ‌ ‌ که: «آمد ز هر جای، بی‌مَر سپاه
سپاهی که دریای چین را ز گَرد ‌ ‌ کند چون بیابان، به روزِ نبرد
نخستین سپهدار، خاقان چین؛ ‌ ‌ که تختش همی برنتابد زمین
تنش زور دارد چو سد نرّه شیر ‌ ‌ سر زنده پیل اندر آرد به زیر [۹]
یکی مهتر از ماورالنهر بر ‌ ‌ که بگذارد از چرخ گردنده سر [۱۰]
به بالا چو سرو و به دیدار ماه ‌ ‌ جهانگیر و نازان بدو تاج و گاه [۱۱]

---

۱ – «بر فراوان» نادرست است. فلورانس «بس فراوان» که آن نیز درست نیست.

۲ – **یک:** لت دویم بی‌پیوند است. **یک:** همه لشکر «را» به دامنهٔ کوه بریم. **دو:** لشکر کشیدن جزاز یورش بردن است.

۳ – کامکاری نادرخور است: «پیروزی دهد». ۴ – در میدان نبرد همگان باشمشیر نمی‌میرند، که هرکس بگونه‌ای می‌میرد.

۵ – بیهوده؛ دم (نفس) برمیاور؛ بیهوده سخن مگوی. توس روی بگودرز دارد و گودرز تاکنون سخنی نگفته‌است. که بدو بگویند بر خیره دم مپیمای! ٦ – سخن درست است اما پیوسته بداستان است.

۷ – این رج از داستان لشکر آراستن کیخسرو در برابر افراسیاب برگرفته شده‌است. *- تورانیان.

۸ – آغاز جنبش سپاهیان در برج خرچنگ (تیرماه) بود، و اینک پس‌از یکماه جنگ وگریز... دوباره به آغاز تیرماه بازگردانده شد.

۹ – لت نخست بی‌پیوند است: «تنش (باندازهٔ) سد نرّه شیر زور دارد».

۱۰ – **یک:** ماورالنهر نادرست است، یا «ورارود»، یا «ماوراءالنهر». **دو:** پسوند «بر» نیز، برای جایگاه نادرست است.

۱۱ – **یک:** در رج پیشین سرش از چرخ گردنده می‌گذشت، و اینجا با «بالای سرو» از وی یاد می‌شود. **دو:** بالای سرو و دیدار «رخ» ماه همواره برای دختران و زنان می‌آید نه برای یک سپهدار جنگاور:

بر اینسان زنی داشت پر مایه شاه ‌ ‌ بسبالای سرو و بدیدار ماه

دربارهٔ مادر نوشزاد، زن انوشیروان

آمدن خاقان چین و کاموس بیاری تورانیان ۳۵۷

سر سرفرازان و کاموس نام   برآرد ز گودرز و از توس، کام [1]
ز مرز سپیجاب تا دشت روم   سپاهی که بردارد آباد بوم [*]
فرستادم اینک سوی کارزار   برآرند از توس و خسرو دمار [2]
چو بشنید پیران، به تورانسپاه   چنین گفت که:«ای سرفرازان شاه
بدین مژدهٔ شاه، پیر و جوان   همه شاد باشید و روشنروان
بباید کنون دل ز تیمار، شست   بایران نمانم بر و بوم و رُست [3]
سر از رزم و از رنج و کین خواستن   برآسود و از لشکر آراستن
بایران و توران و بر خشک و آب   نبینند جز، کامِ افراسیاب»
ز لشکر برِ پهلوان، پیشرو؛   بمژده بیامد همی نو بنو
بگفتند که:«ای نامور پهلوان   همیشه بزی شاد و روشنروان
بدیدار شاهان [●] دلت شاد باد   روانت از اندیشه آزاد باد
ز کشمیر تا برتر از رود شهد   درفش و سپاه است و پیلان و مهد [4]
نخست اندر آیم ز خاقان چین   که تاجش سپهرست و تختش زمین [5]
چو منشور جنگی که با تیغ اوی   به خاک اندر آید سر جنگجوی [6]
کشانی چو کاموس شمشیرزن   که چشمش ندیده‌ست هرگز شکن [7]
همه کارهای شگرف آورد   چو خشم آورد باد و برف آورد [8]
چو خشنود باشد بهار آردت   گل و سنبل جویبار آردت [9]
ز سقلاب چون کندر شیرمرد   چو پیروز کانی سپهر نبرد [10]
چو سگسار غرچه چو شنگل ز هند   هوا پردرفش و زمین پرپرند [11]

---

۱ – کار برآوردنی نیست «گرفتنی» است.   * – سپاهی که آباد بوم (ایران) را، ازمیان بردارد.
۲ – در رج پیش‌از توس و گودرز نام برده شد، اینجا از توس و خسرو... خسرو در میدان نبرد نیست که از وی دمار برآرند!
۳ – این سخن میان رج‌های پیشین‌وپسین جدایی می‌افکند.
● – شاهان و فرمانروایان که بیاری سپاه پیران می‌آیند.
۴ – کشمیر پایین‌تر از میدان نبرد بوده‌است و سپاهیانِ بیاری آمده از سوی چین و دشت‌های بالای دریای خوارزم می‌آمدند.
۵ – **یک:** از خاقان چین «اندر آمدن» را چه روی باشد؟ افزاینده خواسته‌است بگوید که از خاقان چین سخن را می‌آغازم. اما پیران نیز همچون دیگر سپاهیان هنوز وی را ندیده‌است که دربارهٔ او سخن گوید. **دو:** هیچگاه یک سردار را نمی‌شاید که شاه کشوری دیگر را از شاه کشور خویش (افراسیاب) برتر شمار.
٦ – **یک:** سخن با چو آغاز میگردد. **دو:** با تیغ هرکس سر جنگجویان بخاک افکنده می‌شود!
۷ – افزاینده یکبار دیگر نیز از کاموس یاد کرده‌بود، و این سخن دوباره‌گویی است.
۸ – **یک:** کار، آوردنی نیست، «کردنی» است. **دو:** پس وی نیز همچون بازورِ دروغین، جادوگر است!
۹ – گزافهٔ دروغ. گیریم که گل‌وسنبل را از جایی دیگر توان آوردن، اما جویبار را چگونه توان آوردن؟
۱۰ – **یک:** ازسُقلاب در اروپای تازه و پس‌از اسلام نام برده شده‌است، و در آنزمان هنوز یونان در گسترهٔ گیتی پدید نیامده‌بود که سقلاب، پدیدار شده‌باشد. **دو:** «چون کندر» نادرست است.
۱۱ – **یک:** چو سگسار، چو شنگل هردو نادرست است. **دو:** لت دویُم را با لت نخست پیوند نیست.

چغانی چو فرتوس لشکرفروز / گهار گهانی گو گُردسوز[1]
شمیران شگنی و گردوی وهر / پراکنده بر نیزه و تیغ زهر[2]
تو اکنون سرافراز و رامش پذیر / کزین مژده برنا شود مرد پیر[3]
ز لشکر تویی پهلو و پیشرو / همیشه بزی شاد و فرمانت نو»[4]
دل و جان پیران پراز خنده گشت / تو گفتی مگر مرده بُد زنده گشت[5]
بهومان چنین گفت پیران که: «من / پذیره شوم پیشِ آن انجمن
که ایشان ز راه دراز آمدند / پر اندیشه و رزمساز آمدند
ازین آمدن بی‌نیازند سخت / خداوند تاج‌اند و زیبای تخت[6]
ندارند سر کم ز افراسیاب / که با تخت و گنج‌اند و با جاه و آب[7]
شوم تا ببینم که چند و چی‌اند / سپهبد کدام‌اند و گردان کی‌اند[8]
کنم آفرین پیش خاقان چین / اُگر پیش تختش ببوسم زمین[9]
ببینم سرافراز کاموس را / برابر کنم شنگل و توس را[10]
چو باز آیم ایدر ببندم میان / برآرم دم و دود ز ایرانیان[11]
اگر خود ندارند پایاب جنگ / بریشان کنم روز تاریک و تنگ[12]
هر آن کس که هستند زیشان سران / کنم پای و گردن به بند گران[13]
فرستم به نزدیک افراسیاب / نه آرام جویم بدین بر نه خواب[14]

۱ - چو فرتوس نادرست است.

۲ - **یک:** شمیران نام جایگاه است با پسوند «ران» همچون تهران، شمیران، آران... و نام کس نیست. **دو:** کدامیک از آن دو، بر نیزه و شمشیر خویش زهر پراکنده بودند؟ زهر را بر نیزه و شمشیر نمی‌پراکنند که آندو را بزهر (آب میدهند).

۳ - **یک:** مرد پیر را شاید جوان شدن اما نشاید برنا (کودک ۵ تا ۱۰ ساله) شدن. **دو:** «تو» در این رج که را خواهد گفتن. اگر «تو» پیران است که پیران، خود گویندهٔ این سخنان بود.

۴ - **یک:** «ز لشکر» نادرست است: «بر این لشکریان». **دو:** «فرمان نو» راگزارش نباشد.

۵ - «لب» و «رخ» پراز خنده می‌شود نه جان و دل!

۶ - **یک:** هرکس را که بجنگی میرود نیازی هست. و بی‌نیازی، بی‌نیازی است و سخت و سست ندارد! **دو:** لت دویم را با لت نخست پیوند نیست.

۷ - **یک:** «سر کم داشتن» نادرست است: «سر، فروتر داشتن». **دو:** دوباره از تخت و گنج آنان نام می‌برد.

۸ - **یک:** «چند» را شاید دانستن. اما «چی» را چگونه شاید دیدن؟ **دو:** سپهبد کدام‌اند نادرست است: «سپهبد کدام است»، یا سپهبدان کدامان‌اند؟ **سه:** گردان را نیز «کیانند» می‌باید.

۹ - «آفرین پیشِ خاقان» نادرست است: «آفرین بر خاقان» اگر = و یا، نادرست است، و سخن چنین می‌نماید که (یا) آفرین بر خاقان می‌خوانم، (یا) زمین را پیش تختش می‌بوسم، که هردو یکی است و «یا» در آغاز لت دویم نادرخور است.

۱۰ - چگونه در میان راه شنگل را در برابر توس می‌گذارد؟

۱۱ - **یک:** «دود» از سپاه ایران یا از «کشور ایران» توان برآوردن، نه از ایرانیان. **دو:** دم ایرانیان بخودی خود از سینه برمی‌آید و در بندِ آن نیست که دیگر کس آنرا برآورد؟ اگر رای افزاینده آن بوده‌است که ایرانیان را بیجان کند: آنگاه آنان دم فرو می‌بندند،...: «دم بر ایرانیان فرو بندم».

۱۲ - اگر ایرانیان را پایاب (= تاب) جنگ نباشد روزشان خودبخود تاریک خواهد شدن، اما تنگ نخواهد شدن!

۱۳ - پیشتر آنانرا کشته میخواست و اینک از بندوزندان نام میبرد!

۱۴ - «فرستم» نادرست است: «فرستمشان».

ز لشکر هر آن کس که آید به دست — سران‌شان ببرّم به شمشیر پست[۱]
بسوزم دهم خاک ایشان به باد — نگیریم زان بوم و بر نیز یاد[۲]
سه بهره ازان پس برانم سپاه — کنم روز بر شاه ایران، سیاه[۳]
یکی بهره زیشان فرستم به بلخ — به ایرانیان برکنم روز تلخ[۴]
دگر بهره بر سوی کاولستان — به کابل کشم خاک زاولستان[۵]
سیُوم بهره بر سوی ایران برم — ز ترکان بزرگان و شیران برم[۶]
زن و کودک خرد و پیر و جوان — نمانم که باشد تنی با روان[۷]
بر و بوم ایران نمانم بجای — که مه دست بادا ازیشان مه پای[۸]
کنون تا کنم کارها را پسیچ — شما جنگ ایشان مجویید هیچ»[۹]
بگفت این و دل پر ز کینه برفت — همی پوست بر تنش گفتی بکفت[۱۰]
بلشکر چنین گفت هومان گُرد — که: «دل را ز کینه نباید سترد[۱۱]
دو روز این یکی رنج بر تن نهید — دو دیده به کوه هماون نهید[۱۲]
نباید که ایشان شبی بیدرنگ — گریزان برانند ازین جای تنگ[۱۳]
کنون کوه و رود و در و دشت و راه — جهانی شود پر درفش سپاه»[۱۴]

---

۱ – کسی درلشکر «بدست» نمی‌آید در رج پیشین آنرا نزد افراسیاب خواست فرستادن، و در این رج از کشتن آنان یاد میکند.

۲ – **یک:** «بسوزم» نیز نادرست است: «بسوزانمشان». **دو:** نه چنین است، که تورانیان همواره خواهان بوم و برِ ایران بوده‌اند.

۳ – سه بهره از چند بهره؟ ۴ – تنها بلخیان ایرانی بوده‌اند؟

۵ – **یک:** بر سوی نادرست است: «بسویِ». **دو:** لت دویم ناهموار است. آیا آنان پیش‌از رسیدن بکابل خاکِ زابل را برداشته بکابل می‌رفتند؟ پس اگر چنین است کابلستان در لت نخست نادرست است.

٦ – پس با این رج روشن شد، که ایران جایی جزاز بلخ و کابلستان و زابلستان است!، و این سه بخش، از سرزمین ایران نیستند.

۷ – **یک:** سخن پیوند ندارد. **دو:** چنین کار نیز درخور سپهدار پیران که مهر ایران را در دل داشت نبوده‌است.

۸ – **یک:** بوم ایران را نمیتوان از جای برکندن! **دو:** لت دویُم نیز سخت سست است.

۹ – **یک:** بندِ «کنون» وابسته بهمان زمان است، نه بزمانی که پیران میرود و باز میگردد. **دو:** کارها را پسیچ کردن نادرست است، خود میباید برای انجام کارها بپسیچد!

۱۰ – **یک:** «دل پر ز کینه» نادرست: «با دل (یا دلی پر ز کینه)». **دو:** پس‌از پیروزی گذشته که با چنگ و می و رباب برای تورانیان همراه بود، و با آگاهی‌های تازه از یاوران بیشمار، چرا می‌بایستی پوست بر تن پیران کفیده (پاره) شود؟

۱۱ – **یک:** دل را ز کینه ستردن نادرست است: «کینه از دل ستردن». **دو:** واژه در زبان فارسی سِتَردَن است و ستَرد باگُرد پساوا ندارد.

۱۲ – **یک:** نگریستن بکوه، چه رنجی در پی دارد؟ **دو:** این یکی رنج نیز نادرست است. چشم نهادن نیز نادرخور است. چشم بکوه هماون بدوزید.

۱۳ – در سخن پیشین می‌گوید که روزها بکوه بنگرید و در این گفتار ازگریز در شب سخن میرود.

۱۴ – **یک:** «کنون» نادرست است، زیرا که چند روز دیگر یاوران فراوان ازراه میرسند. **دو:** «در» برابر با «خانه» است و تورانیان بدانهنگام در خانه نبوده‌اند.

۳۶۰ کیخسرو

آمدن خاقان چین به هماون

چـو پیران بـه نـزدیکِ لشکر رسید ... در و دشت پـر از سـمّ اسپان بدید [1]
جـهان پـر سـراپـرده و خیمه بـود ... زده سـرخ و زرد و بـنفش و کـبود [2]
ز دیـبای چـینیّ و از پـرنیان ... درفشـی ز هـر گـونه انـدر میان [3]
فـروماند و زان کـارش آمـد شگـفت ... بسـی بـا دل انـدیشه انـدر گـرفت [4]
کـه تـا ایـن بـهشت است یـا رزمگـاه ... سپهر بـرین است گـر تـاج و گـاه [5]
بـیامد بـنزدیک خـاقان چـین ... پـیاده، بـبوسید روی زمـین
چـو خـاقان بـدیدش بـه بـر درگـرفت ... بـماند از بـر و یـال پیران شگـفت [6]
⇐ بـپرسید* بسـیار و بـنواخـتش ... بـرِ خـویش، نـزدیک، بـنشاختش
بـدو گـفت «بـخ بـخ کـه بـا پـهلوان ... نشسـتم چـنین شـاد وروشـنروان» [7]
بـپرسید° زان پس کـه:«ز ایـرانسپاه ... کـه دارد؟ نگـین و درفش و کـلاه!
کـدام است جـنگی و گـردان کـیَند؟ ... نشسـته بـر آن کـوهسر، بـر، چـیَند؟ [8]
چـنین داد پـاسخ بـدو پـهلوان ... کـه: «بـیداردل بـاش و روشـنروان
درود جـهان‌آفرین بـر تـو بـاد ... کـه کـردی بـه پـرسش، دل بـنده شـاد
بـبخت تـو شـادانـم و تـندرست ... روانـم هـمی خـاک پـای تـو جست
از ایـرانـیان، پس، بـپرسید شـاه ... نـه گـنج و سپاه است و نـه تـاج و گـاه

۱ – باز سخن از «در» می‌رود.

۲ – **یک:** سراپرده، همان خیمه است. **دو:** در لت دویم پر سُمّ نیز نادرست است چون پیران از روبروی آن سپاهیان پدیدار شود، درفش و پیل و اسپ می‌بیند، نه سمّ اسپان را! افزایندهٔ بیهوده گوی پیران را از پشت سر سپاهیان بسوی آنان فرستاده‌است که پیش‌از رسیدن بآنان جای پای اسپان آنانرا می‌بیند! چنین می‌نماید که سپاهیان در راه بوده‌اند، و اینجا بیدرنگ از سراپرده یاد میشود که چنین می‌نماید. سپاهیانِ یاور، در دشتی نشسته‌اند.

۳ – **یک:** دیبا و پرنیان هردو یکی است. **دو:** ز هر گونه درست است. **سه:** شاهنامه فلورانس درفشی ز هر پرده‌ای (چادری) نادرست است. **چهار:** شاهنامه قاهره درفشی بهر پرده‌ای. درست است، اما نادرستی در لت نخست است.

۴ – **یک:** زان «کار» نادرست است: «از آن لشکرگاه». **دو:** با دل اندیشه گرفتن نادرست است: «در دل اندیشه کرد».

۵ – «تا» در لت نخست کاربرد ندارد. «که خود این بهشتست یا رزمگاه؟» **دو:** آنجا لشکرگاه بود، و رزمگاه نبود.

۶ – «ببر در گرفت» نادرست است: «او را ببر در گرفت».

* – این «پرسیدن» پرسیدن روزگار پیران و سپاهیان (احوالپرسی) است، و بپرسید رج دویم پسین، پرسش است.

۷ – **یک:** نشستم (و نشینم در شاهنامه‌های دیگر) نادرست است: «نشسته‌ام». **دو:** بنداری نیاورده‌است.

○ – و این «پرسیدن» پرسش است دربارهٔ سپاه ایران.

۸ – **یک:** هنوز خاقان کوه را ندیده نمیتواند، «آن» کوهسر بگوید. **دو:** ایرانیان بر کوهسر (= چکاد = قلهٔ کوه) ننشسته بودند که در دامنه‌های کوه بودند. **سه:** نیز در بنداری نیامده‌است.

بی‌اندازه پیکار، جُستند و جنگ ندارند، در چنگ، جز، خاره سنگ!
چو بیکام و بی‌نام و بی‌تن شدند گریزان بکوهِ هماون شدند![1]
سپهدار توس است مردی دلیر بهامون نترسد ز پیکار شیر
بزرگان چو گودرز کشوادگان چو گیو و چو رهّام از آزادگان
ببخت سرافراز خاقان چین سپهبد نبیند سپه را جزین»
بدو گفت خاقان که: «نزدیک من بباش و بیارا، یکی انجمن[2]
یک امروز با کام دل می خوریم غم روز ناآمده نشمریم»[3]
بیاراست خیمه چو باغ بهار بهشت است گفتی به رنگ و نگار[4]

*

چو بر گنبد چرخ رفت آفتاب دل توس و گودرز شد پرشتاب[5]
که امروز ترکان چراخامش اند به رای بداند ار ز می بیهش اند[6]
اگر مستمندند گر شادمان شدم در گمان از بدِ بدگمان[7]
اگرشان به پیگار یار آمده‌ست چنان دان که بد روزگار آمده‌ست[8]
تو ایرانیان را همه کشته گیر اُگر زنده از رزم برگشته گیر[9]
مگر رستم آید بدین رزمگاه اُگر نه بد آید به ما زین سپاه[10]
ستودان نیابیم یک تن نه گور بکوبندمان سر به نعل ستور[11]
بدو گفت گیو: «ای سپهدار شاه چه بودت که اندیشه کردی تباه[12]
از اندیشهٔ ما سخن دیگرست ترا کردگار جهان یاورست[13]
بسی تخم نیکی پراکنده‌ایم جهان‌آفرین را پرستنده‌ایم[14]

---

۱ – هنوز ایرانیان «بی‌تن» نشده‌اند.

۲ – پیران بتنهایی بدیدار خاقان رفته‌بود و نمیتوانست انجمنی از بزرگان توران در نزد وی بیاراید.

۳ – خاقان و پیران با اندیشهٔ شکست دادن ایرانیان انجمن شده‌بودند، و برای فردا «شادی» می‌شمردند، نه غم!

۴ – خیمه را در سخن فردوسی جای نیست.

۵ – آفتاب، در روزها همواره بر گنبد چرخ است و چنین سخن، زمان را روشن نمی‌نماید! گفتار فردوسی در گفتار آینده آمده‌است: چو خورشید تابان، ز گنبد بگشت.

٦ – ترکان!

۷ – **یک**: چرا مستمند؟ سپاه پیروز شادمان است. **دو**: گویندگان توس و گودرز بودند، وکنش «شدم» برای آنان نادرست است.

۸ – اگر برای تورانیان یار آمده باشد، آنان از افراز کوه می‌بینند، اما خاقان و دیگر یاوران هنوز بدور از لشکرگاه‌اند.

۹ – لت دویم ناهماهنگ است، زیرا که هرکس که از رزم برگردد، زنده است! افزاینده خواسته‌است بگوید که زندگان از میدان رزم میگریزند!

۱۰ – این رج را با رج پیشین پیوندِ درست نیست: «با چنین رویداد... مگر».

۱۱ – دو رج پیش برخی را کشته و برخی را زنده پیش‌بینی کرد، و اینجا همه را کشته در شمار می‌آورد.

۱۲ – روی سخن با گودرز بود، و اینجا گیو پاسخ میدهد.

۱۳ – لت نخست بی‌پیوند است.

۱۴ – بسا یزدانپرستان جهان که بر دست پیروان اهریمن شکست خورده‌اند، و چنین سخن درست نمی‌نماید. این ۱۲ رج نیز در بنداری نیست.

اُدیگر به بخت جهاندار شاه — خداوند شمشیر و تخت و کلاه[1]
ندارد جهان‌آفرین دست باز — که آید به بدخواه ما را نیاز[2]
چو رستم بیاید بدین رزمگاه — بدی‌ها سر آید همه بر سپاه[3]
نباشد ز یزدان کسی ناامید — اُگر شب شود روی روز سپید[4]
به یک روز کز ما نجستند جنگ — مکن دل ز اندیشه بر خیره تنگ[5]
نبستند بر ما درِ آسمان — مشو بد گمان، از بدِ بدگمان[6]
اگر بخشش کردگار بلند — چنانست کاید به ما بر گزند[7]
به پرهیز و اندیشهٔ نابکار — نبرگردد از ما بدِ روزگار[8]
یکی کنده سازیم پیش سپاه — چنان چون بود رسم و آیین و راه[9]
همه جنگ را تیغ‌ها برکشیم — دو روز دگر ار کشند ار کشیم[10]
ببینیم تا چیست آغازشان — برهنه شود بی‌گمان رازشان[11]
از ایران بیاید همی آگهی — درفشان شود شاخ سرو سهی»[12]

*

سپهدار گودرز بر تیغ کوه — برآمد، برفت از میان گروه[13]
چو خورشید تابان ز گنبد بگشت — ز بالا همی سوی خاور* گذشت
بزاری خروش آمد از دیدگاه — که شد کارِ گُردانِ ایران، تباه!
سوی باختر• گشت گیتی ز گَرد — سراسر، بسانِ شبِ لاژورد
شد از خاک، خورشید تابان، بنفش — ز بس پیل و بر پشت پیلان درفش
غوِ دیده بشنید گودرز و گفت — که: «جز خاک تیره نداریم جفت»

---

۱ – **یک:** این رج با رج پسین همراه است و پیوندشان استوار نیست (به بختِ شاه، خداوند، دست باز ندارد) را چه گزارش است؟ **دو:** نیاز «آمدنی» نیست، داشتنی است. **سه:** میان نیاز و شکست چه پیوند است؟ از آنجا که از باژگونهٔ گفتار چنین برمی‌آید که چون به بدخواه دشمن نیاز داشته باشند از آنان شکست خورده‌اند!

۲ – دنباله.

۳ – سخن سست است.

۴ – «نباشد» نادرست است: «نباید بودن از یزدان ناامید» «نباید از یزدان ناامید شدن».

۵ – جنگ جُستن، جنگاوری است جنگ را از کسی (= سپاه ایران = ما) نمی‌جویند! از دیگر سو، چرا از (نجستنِ) جنگ از سوی تورانیان، می‌باید که دل ایرانیان تنگ شود؟

٦ – «نبستند» نادرست است: «نبسته‌اند».

۷ – این سخن در برابر همهٔ آن سخنان امیدبخش ایستاده‌است.

۸ – دنبالهٔ گفتار.

۹ – **یک:** چون بر افراز کوه جای دارند، نیاز به کنده (= خندق) ندارند، زیرا که آنکس را که برافراز کوه ایستاده‌است، توانِ آن هست که با غلتاندن یک سنگ چند کس را نابود کند! **دو:** «رسم» در «آیینِ» سخن فردوسی، نمی‌گنجد!

۱۰ – سخن راگزارش نیست. در شاهنامه فلورانس «به سه روز دیگر» آن نیز نادرست است نمونه‌های دیگر همچنین بنگرید به (خالقی مطلق ۱۵۷–۳).

۱۱ – «چیست آغازشان؟» را ندانستم که چیست؟

۱۲ – سخن سست، و پساواپردازی نادرست که روشن نمی‌کند. سرو سهی چیست که شاخ آن تابناک و درخشان می‌شود!

۱۳ – «برآمد، برفت» نادرست است.

* – خاور؛ خورورān، مغرب.

• – باختر، اپاختر پهلوی، اپاخِذْرِ اوستایی، شمال.

نا‌امید شدن ایرانیان ۳۶۳

رُخش گشت، ز اندوه، برسان قیر　　چنان شد، کجا خسته گردد، بتیر
چنین گفت که: «ز اخترِ روزگار　　مرا بهره کین آمد و کارزار
ز گیتی مرا شوربختی است بهر　　پراکنده بر جای تریاک، زهر
نبیره پسر داشتم لشکری　　شده نامبردار هر کشوری[1]
بکین سیاوش همه کشته شد　　ز من بخت بیدار برگشته شد[2]
ازین زندگانی شدم نا‌امید　　سیه شد مرا بخت و، روزِ سپید
نزادی مرا کاشکی مادرم　　نگشتی سپهر بلند از برم»
چنین گفت با دیده‌بان پهلوان　　که: «ای مرد بینا و روشنروان[3]
نگه کن بتوران و ایرانسپاه　　که آرام دارند از آوردگاه[4]
درفش سپهدار ایران کجاست　　نگه کن چپ لشکر و دست راست»[5]
بدو دیده‌بان گفت که: «از هردو روی　　نبینم همی جنبش و گفت‌وگوی»[6]
ازان کار شد پهلوان پر ز درد　　فروریخت از دیدگان آب زرد[7]
بنالید و گفت: «اسپ را زین کنید　　ازین پس مرا خشت بالین کنید[8]
شوم پر کنم چشم و آغوش را　　بگیرم ببر گیو و شیدوش را[9]
همان بیژن گیو و رهّام را　　سواران جنگی و خودکام را[10]
به پدرود کردن رخ هرکسی　　ببوسم ببارم ز مژگان بسی»[11]
نهادند زین بر سمند چمان　　خروش آمد از دیده هم در زمان[12]
که: «ای پهلوان جهان شادباش　　ز تیمار و درد و غم آزاد باش[13]
که از راه ایران یکی تیره گرد　　پدید آمد و روز شد لاژورد[14]

---

۱ – شده نامبردار هر کشوری نادرست است: «که نامبردار بودند» یا «در مرز ایران نامبردار بودند».
۲ – همه کشته «شد» نادرست است: کشته «شدند».
۳ – **یک:** گودرز غو (=غریو و بانگ) دیده‌بان را از دور شنیده‌بود، و اکنون گویی که در کنار او است. **دو:** در بنداری نیست.
۴ – **یک:** «توران و ایرانسپاه» نادرست است: «به سپاه توران و سپاه ایران» یا «به سپاهیان ایران و توران». **دو:** «آرام (از) آوردگاه داشتن» نادرست است. **سه:** در بنداری نیست.
۵ – **یک:** درفش سپهدار ایران را جای روشن است و پرسش نمیخواهد. **دو:** چپ لشکر و «دست» راست نادرست است. **سه:** در بنداری نیامده‌است.
٦ – **یک:** چنین بی‌جنبش ازپیش بوده‌است و پرسش نمی‌خواهد. **دو:** در بنداری نیامده‌است.
۷ – چرا یکی از پهلوانان سپاه شکست خورده از آرامش سپاه، پر ز درد شود؟ **دو:** اشگریزی پهلوانان در میدان درست نمی‌نماید.
۸ – **یک:** پس‌از گریستن «بنالید»؟ **دو:** ازاین‌پس، زمانی دراز را می‌گوید، پس‌ازاین هرگاه که آهنگ رفتن دارم... اما اگر رای افزاینده آنست که گودرز مرگ خویش را پیش‌بینی می‌کند، می‌بایستی گفتن بزودی خواهم مردن، و سرم را بر بالین خشت می‌نهند.
۹ – **یک:** چشم را پر کردن هیچگاه در سخن فارسی نیامده‌است. **دو:** در بنداری نیامده نیز ۱۸ رج پسین در بنداری نیامده‌است.
۱۰ – روشن نیست که چرا فرزندان خویش را «خودکام» می‌خواند، مگرآنکه پساوایی از برای رهام، بایسته می‌نماید.
۱۱ – **یک:** هرکسی نادرست است «هرکس را»(درست‌تر، همه را) **دو:** از مژگان «چه» بارد؟
۱۲ – دنبالهٔ داستان
۱۳ – همچنین
۱۴ – نیز...

فراوان درفش از میان سپاه — برآمد بکردار تابنده ماه[1]
به پیش اندرون گرگ‌پیکر یکی — یکی ماه‌پیکر ز دور اندکی[2]
درفشی دگر، اژدها، پیکرش! — پدید آمد و شیر زرّین سرش»[3]
بدو گفت گودرز: «انوشه بَوی — ز دیدار تو دور چشم بدی[4]
چو گفتارهای تو آید بجای — بدینسان که گفتی بپاکیزه رای[5]
ببخشمت چندان گرانمایه چیز — کزان پس نیازت نیاید بنیز[6]
اُزان پس چو روزی به ایران شویم — به نزدیک شاه دلیران شویم[7]
ترا پیش تختش برم ناگهان — سرت برفرازم به جاه از مهان[8]
ز بهر من اکنون از این جایگاه — برو سوی سالار و ایرانسپاه[9]
همه هرچه دیدی بدیشان بگوی — سبک‌باش و از هرکسی پاره جوی»[10]
بدو دیده‌بان گفت ک: «از دیده گاه — نشاید شدن پیش ایرانسپاه[11]
چو بینم که روی زمین تار گشت — برین دیده گه، دیده بیکار گشت[12]
بکردار سیمرغ ازین دیده گاه — برم آگهی سوی ایرانسپاه»[13]
چنین گفت با دیده‌بان پهلوان — که: «بیداردل باش وروشنروان![14]
دگرباره بنگر ز کوه بلند — که ایشان بنزدیک ما کی رسند»[15]
چنین داد پاسخ که: «فردا پگاه — بکوه هماون رسد آن سپاه[16]
چنان شاد شد زان سخن پهلوان — که بیجان شده، باز یابد روان![17]

---

۱ – «برآمد» در لت دویُم نادرست است: «فراوان درفش در سپاه دیده می‌شود».

۲ – **یک:** درفش گرگ‌پیکر ازآنِ گیو است که هم‌اکنون در سپاه ایران است! **دو:** «ز دور اندکی» نادرست است.

۳ – **یک:** درفش اژدها ازآنِ رستم است که پس‌از فریبرز خواهد آمدن! **دو:** گزافهٔ سخت! که از چندان راهِ دور کپه (= قُبّة) درفش دیده نمی‌شود.

۴ – «شه بوی» را، با «چشمِ بدی» پساوا نیست. ۵ – دنباله سخن. ٦ – بنیز نادرست است.

۷ – «چو روزی» نادرست است: «روزی که بایران».

۸ – مگر کار پادشاهی را بازیچه پنداشته‌اند، که یک دیده‌بان را که خویشکاریش را انجام داده، سر، از بزرگان ایران بالاترش برند؟

۹ – «ز بهرِ من» نادرست است. پهلوان را می‌باید بدو فرمان دادن!

۱۰ – **یک:** دیده‌بانان می‌دیدند، و با بانگ به همکاران خویش می‌گفتند... هریک پس‌از دیگری، تا آگاهی را به سپهسالار رسانند، (دراین‌باره پیشتر، سخن آمده‌است) فرمان اینکه دیده‌بان خود برود، و زمانی دراز بر سرِ رفتن گذارد نادرست است. **دو:** از همگان «پول خواستنِ» دیده‌بان درست نیست. و این گفتار از آن برداشته شده‌است، که آنجا بزرگان ایران، خود مژدگانی بدو «داده» بودند.

۱۱ – سخنی را که گودرز می‌باید بدیده‌بان گوید: دیده‌بان بوی میگوید، که در آن هنگامهٔ جنگ دیده‌بان را، خویشکاری، دیده‌بانی است، نه رفتن و پاره ستدن! ۱۲ – دنبالهٔ گفتار ۱۳ – آگهی را دیده‌بان بسوی سپاه نمی‌برد.

۱۴ – افزایندهٔ فراموشکار که چنین می‌گوید، خود بیاد ندارد که هم‌اکنون گودرز بدو گفته‌بود بسوی سپاه ایران رو!

۱۵ – دنبالهٔ گفتار.

۱٦ – سپاهی که کپهٔ درفش آنان نیز دیده می‌شود برای رسیدن، نیاز بچنین زمان دراز ندارد، و اگر بچنین زمان نیازد، باری کپهٔ درفش آنان دیده نمی‌شود.

۱۷ – دنبالهٔ گفتار. اگر سپاهیان ایران همگی دل بمرگ نهاده‌بودند، که در گفتار پسین خواهد آمدن! چگونه چنین شادی در میان آنان

←

⟸ اُزان روی هومان بکردار گَرد　　همی راند لشکر بدشت نبرد
سواری بمژده بیامد ز پیش　　بگفت آن کجا رفته بُد کمّ‌وبیش
چو بشنید هومان بخندید و گفت　　که: «شد بیگمان؛ بخت بیدار، جفت»
خروشی بشادی، ز تورانسپاه　　به ابر اندر آمد ازان رزمگاه

*

بزرگان ایران پراز داغ و درد　　رخان زرد و لب‌ها شده لاژورد
باندرز* کردن همه همگروه　　پراکنده گشتند بر گرد کوه
بهر جای کرده یکی انجمن　　همی مویه کردند بر خویشتن
که: «زار این دلیران خسرونژاد　　کزیشان بایران نگیرند یاد
کفن‌ها کنون کام شیران بود　　زمین پر ز خون دلیران بود»[1]
سپهدار با بیژن گیو گفت　　که: «برخیز و بگشای راز از نهفت[2]
برو تا سرِ تیغِ کوه بلند　　ببین تا کی‌اند و چه و چون و چند[3]
همی بر کدامین ره آید سپاه　　که دارد سراپرده و تخت و گاه»[4]
بشد بیژن گیو تا تیغ کوه　　برآمد بی‌انبوه، دور از گروه
ازان کوهسر کرد هرسو نگاه؛　　درفش سواران و پیل و سپاه!
بیامد بسوی سپهبد دوان　　دل از غم؛ پراز درد و، خسته روان
بدو گفت: «چندان سپاه است و پیل　　که روی زمین گشت برسان نیل
درفش و سنان را خود اندازه نیست　　خور از گرد بر آسمان تازه نیست[5]
اگر بشمری نیست انداز و مر　　همی از تبیره شود گوش کر»[6]
سپهبد چو بشنید گفتار اوی　　دلش گشت پر درد و پر آب، روی[7]
سران سپه را همه گرد کرد　　بسی گُرم و تیمارِ لشکر بخوَرد
چنین گفت ک:«ز گردش روزگار　　نبینم همی جز غم کارزار

⟵ پدید می‌آید؟ و چرا از آگاهی یافتن از رسیدن نیروهای ایرانی می‌باید پراز داغ‌ودرد (سخن پسین) بوده‌باشند، و از یاد نکردن ایرانیان از سپاه، بر خویش مویه کنند؟

* - اندرز: وصیت.

۱ - «شیر» پادشاه درّندگان را به جانور یا انسان مرده، کار نباشد.

۲ - هنوز ایرانیان آگاهی از رسیدن خاقان و کاموس و دیگر یاوران توران را ندارند که بخواهند، رازشان را آشکار بینند.

۳ - ...«چه» در لت دویم نادرخور است... زیرا «چه‌اند» نادرست است «که» نیز چنین است، چون از راه دور نمی‌توان دریافتن که یاوران چه کسان‌اند «چند» نیز... زیرا که از راه دور نمی‌توان آنانرا شمردن!

۴ - **یک:** «بر کدامین» نادرست: «از کدام ره». **دو:** مگر در تخت و گاه و سراپردهٔ سپاهیان رهنورد، دیده می‌شود؟ **سه:** در بنداری نیامده‌است.

۵ - **یک:** درفش و سنان را نادرست است: «درفش و سنان (آنان) را». **دو:** لت دویم سست است.

۶ - **یک:** دوباره‌گویی در لت نخست. **دو:** بانگ تبیرهٔ آنان از راه دور شنیده نمی‌شود، و «انداز» نیز نادرست است.

۷ - هشت رج به شبیخون می‌پیوندد و شبیخون در فرهنگ ایران نبود. و در شاهنامه بنداری نیز نیامده‌است.

بسی گشته‌ام بر فراز و نشیب   بـرویم نیامد ازینسان نهیب!
کنون چارهٔ کار، ایدر، یکی‌ست   اگرچه سلیح و سپاه اندکی‌ست
بسازیم و امشب شبیخون کنیم   زمین را ازیشان چو جیهون کنیم
اگر کشته آییم در کارزار   نکوهش نیاییم از شهریار
نگویند بی‌نام گُردی بمُرد   مگر، زیر خاکم نباید سپرد[1]
بدین، رام گشتند یکسر سپاه   هر آن‌کس که بود اندرآن رزمگاه

آگاه شدن توس
از
آمدن سپاه ایران

چو شد روی گیتی چو دریای قیر   نه ناهید پیدا نه بهرام و تیر
بیامد دمان دیده‌بان پیش توس   دوان و، شده رویْ چون سندروس
چنین گفت کـ :«ای پهلوان سپاه   از ایران، سپاه آمد؛ از نزد شاه»!
سپهبد بخندید با مهتران   کـه: «ای نامداران و گنداوران
چو یار آمد،اکنون، نسازیم جنگ   گهی با شتابیم و گه با درنگ
بنیروی یزدان، گوِ پیلتن   بیاری بیاید بدین انجمن»
ازان، دیده‌بان گشت روشنروان   همه پاره* دادند پیر و جوان
طلایه فرستاد بر دشت جنگ   خروش آمد از کوه وآوای زنگ[2]

رفتن خاقان چین
بدیدن
لشکر ایران

چو خورشید، بر چرخ؛ لشکر کشید   شبِ تار شد، از جهان ناپدید

---

۱ - سخن از همگان است، نه از یک‌کس!

* - پاره: پول، پول مژدگانی، در زبان پهلوی پازَک و این واژه هنوز در زبان کردی روان است.

۲ - چندبار طلایه فرستادن؟

آگاه شدن ایرانیان از آمدن سپاه ۳۶۷

یکی انجمن کرد خاقان چین / بدیبا بیاراست روی زمین
به پیران چنین گفت که:«امروز جنگ / نسازیم و، روزی بباید درنگ
یکی با سرافراز گردنکشان / خُنیده سوارانِ دشمن‌کشان [1]
ببینیم کایرانیان بر چی اند؟ / بدین رزمگاه اندرون تا، کی اند»؟ [2]
چنین گفت پیران که: «خاقان چین / خردمند شاهی است با آفرین
بران رانَد امروز کاو را هواست / که او بر سپه، سربسر پادشاست»
اُزان پس بر آمد ز پرده‌سرای / خروشیدن کوس با کرّنای [3]
سنان‌های رخشان و جوشان سپاه / شده روی کشور ز لشکر سیاه [4]
ز پیلان نهادند بر پنج، زین / بیاراست دیگر به دیبای چین [5]
زبرجد نشانده به زین اندرون / ز دیبای زربفت پیروزه‌گون [6]
به زرّین رکیب و جناغ پلنگ / به زرّین و سیمین جرس‌ها و زنگ [7]
از افسر سر پیلبان پرنگار / همه پاک با توق و باگوشوار [8]
هوا شد ز بس پرنیانی درفش / چو بازار چین سرخ و زرد و بنفش [9]
سپاهی برفت اندران دشت رزم / کزیشان همی آرزو خاست بزم [10]
زمین شد بکردار چشم خروس / ز بس رنگ و آرایش پیل و کوس [11]
برفتند شاهان لشکر ز جای / هوا پر شد از نالهٔ کرّنای
چو از دور، توسِ سپهبد بدید / سپاه آنچه بودش، رده برکشید *
ببستند گردان ایران میان / بیاورد گیو اختر کاویان [12]
از آوردگه تا سر تیغ کوه / سپه بود از ایران، گروها گروه
چو کاموس و منشور و خاقان چین / چو بیورد و چون شنگل بافرین [13]

---

۱ - لت دویم نادرخور است.

۲ - تا کیند؟ نادرست است سخن درست چنان بود که «تا» پس‌از کنش ببینیم آید: «ببینیم تا...».

۳ - «از پرده‌سرای» نادرست است: «از دهلیز پرده‌سرای».

۴ - میان لت نخست و لت دوئِم پیوندِ درست نیست. زیرا که از سنان‌های رخشان، روی کشور سیاه نمی‌شود.

۵ - **یک:** شیوهٔ شمارش نادرست است: «بر پنج پیل، زین برنهادند». **دو:** دیگر، در لت دویم چه بوده‌باشد؟

٦ - **یک:** زبرجد را بر تاج می‌نشانند، نه بر زین که در زیرِ سوار ناپدید می‌شود. **دو:** چگونه دیبای زربفتی است که بجای زرد بودن، آبی رنگ است؟

۷ - **یک:** روپوش پیل را رکاب نیست! **دو:** بزودی دیبای زردرنگ، آبیرنگ به جناغ(؟) پلنگ دگرگون شد! **سه:** «جرس(ها) و زنگ» نادرست است که جرس خود، زنگ است.

۸ - **یک:** پیلبان نادرست است: «پیلبانان». **دو:** افسر ویژه شاه است نه پیلبان.

۹ - دنبالهٔ گفتار

۱۰ - هنوز بدشت رزم نرسیده‌اند.

۱۱ - سپاهِ رده بسته را بچشم خروس همانند می‌کنند، نه «پنج پیل!» و سپاهِ روان را.

* - همهٔ سپاهیانِ خود را به رده (بصف) کشید.

۱۲ - اختر کاویان نادرست است. و میان بستن پیش‌از رده کشیدن انجام میگیرد!

۱۳ - چند چو در یک رج، ناهموار می‌نماید.

نظاره بکوه هماون شدند — نه بر آرزو پیش دشمن شدند [1]
چو از دور خاقان چین بنگرید — خروش سواران ایران شنید
پسند آمدش گفت کـ:«اینت● سپاه — سواران رزم آور و کینه‌خواه
سپهدار پیران دگرگونه گفت: — «هنرهای مردان نشاید نهفت
سپهدار، کاو، چاه پوشد، به خار! — بر او اسپ تازد، بروز شکار؛
ازان به که بر خیره، روزِ نبرد — هنرهای دشمن کند زیرِ گرد
ندیدم سواران و گردنکشان — بگُردیّ و مردانگی زین نشان» [2]
به پیران چنین گفت خاقان چین — که: «اکنون چه سازیم بر دشت کین؟»
ورا گفت پیران کـ:«ز اندک سپاه — نگیرند یاد، اندرین رزمگاه*
کشیدی چنین رنج و راه دراز — سپَردیّ و دیدی نشیب و فراز
بمان تا سه روز اندرین رزمگاه — بباشیم و، آسوده گردد سپاه
سپه را کنم زان‌سپس بر دو نیم — سرآمد کنون روزگاران بیم
بتازند شبگیر تا نیمروز — نَبَرده سواران گیتی‌فروز
به ژوپین و خنجر به تیر و کمان — همی رزم جویند با بدگمان [3]
دگر نیمهٔ روز، دیگر گروه — بکوشند تا شب بر آید ز کوه
شب تیره آسودگان را بجنگ — برم تا بریشان شود کار، تنگ
نمانم که آرام گیرند هیچ — سواران من با سپاه و بسیچ» [4]
بدو گفت کاموس کـ:«این رای نیست — بدین مولش اندر مرا جای نیست [5]
بدین‌مایه مردم، بدینگونه جنگ! — چرا بایدت جُست چندین درنگ؟ [6]
بسازیم و یکباره جنگ آوریم — بریشان در و کوه، تنگ آوریم [7]

۱ - **یک:** خود شاه بخواست خود رفته‌بودند، و «نه بر آرزو» نادرست است. **دو:** در بنداری نیست.

● - در همهٔ نمونه‌ها اینت و کاینت آمده‌است؛ برابر با «این تُرا»!، که نادرست است، اینک و کاینک درست می‌نماید که نشان دادنِ به چیزی نزدیک است، که گونهٔ دیگر آن «آنک» است که نشان دادنِ چیزی از دور باشد!

۲ - **یک:** ندیدم نادرست است: «ندیده‌ام». **دو:** سواران و گردنکشان نیز نادرست است. سوارانِ گردنکش. **سه:** از راه دور چگونه گردی و مردانگی آنانرا دریافت؟

* - از سپاهِ اندکِ ایران؛ نباید یاد کردن!

۳ - سخن درهم است، و پیوند میان رج‌های پیشین‌وپسین را نیز می‌گسلد.

۴ - سخن چنان می‌نماید که پیران، سواران خویش را آرامش نمی‌دهد، باز آنکه نه چنین است، و ایرانیان را نباید آرامش دادن.

۵ - سخن میان خاقان چین و پیران بود، و کاموس در میانه نبود... از سویی اگر کاموس نیز در انجمن می‌بود، شیوهٔ اندر شدن بگفتار چنین نبوده‌است... افزاینده را می‌بایستی گفتن، کاموس گفت که اگر خاقان فرمان دهد، رای خویش را بگوییم...

٦ - هنوز جنگی روی نداده‌است که از چگونگی آن یاد شود.

۷ - **یک:** این یورش یکباره نه بر روال کاری بود که کاموس در جنگ آینده برگزید، وی نخست؛ اشکبوس را بمیدان فرستاد، و پس خود یکتنه بجنگ رفت. **دو:** «در» خانه است، و ایرانیان را در آن کوه، خانه نبود که آنرا سنگ آورند.

به ایران گذاریم ز ایدر سپاه — نه، مانیم● تخت و نه تاج و نه شاه
بر و بومشان پاک ویران کنیم — نه جنگ یلان جنگ شیران کنیم [۱]
زن و کودک خرد و پیر و جوان — نه شاه و کنارنگ و نه پهلوان [۲]
به ایران نمانم بر و بوم و جای — نه کاخ و نه ایوان و نه چارپای [۳]
به بد روز چندین چه باید گذاشت — غم و درد و تیمار بیهوده داشت [۴]
یک امشب گشاده مدارید راه — که ایشان برانند ازین رزمگاه [۵]
چو باد سپیده‌دمان بردمد — سپه جمله باید که اندر چمد [۶]
تلی کشته بینی به بالای کوه — تو فردا ز گردان ایران، گروه [۷]
بدان سان که ایرانیان سربسر — نبینند ازاین‌پس مگر مویه‌گر» [۸]
بدو گفت خاقان: «جزین، رای نیست — بگیتی چو تو لشکرآرای نیست»
همه نامداران بدین، همسخن، — که کاموس شیراوژن افکند بن [۹]
برفتند و از جای برخاستند — همه شب همی لشکر آراستند [۱۰]

رسیدن فریبرز کاووس
به
کوه هماون

چو خورشید، بر گنبد لاژورد — سراپرده‌ای زد ز دیبای زرد
خروشی بلند آمد از دیده‌گاه — بگودرز، کـ:«ای پهلوان سپاه
سپاه آمد و راه نزدیک شد — زگَرد سپه روز تاریک شد»
بجنبید گودرز، از جای خویش — بیاورد پوینده‌بالای خویش ○

● - دنبالهٔ گفتار. در همهٔ نمونه‌ها «نمانیم» آمده‌است که هماهنگ با «نه» تاج و «نه» شاه نیست، و بر این بنیاد سخن را چنین آراستم.
۱ - پیوند میان لت نخست با لت دویُم سست است.
۲ - **یک:** «کودک» پیدا است که خُرد است. **دو:** میان این دو لت نیز پیوند درست نیست.
۳ - روشن است که بر و بوم و جای را نمی‌توان از بُن کندن و بجایی دیگر بردن.
۴ - «بد روز» نادرست است زیرا که پیران پیشنهاد سه روز رامش را داده‌بود. ۵ - دنبالهٔ گفتار.
۶ - اندر چمیدن نادرست است، و چمیدن، برای سپاه، نادرست‌تر.
۷ - از سپاهیان، تلی کشته شدن شاید، اما از گردان باندازهٔ یک تل کشته نمی‌شوند.
۸ - نبینند نادرست است: «نباشند». ۹ - سخن را پیوند درست نیست.
۱۰ - نخست می‌بایستی از جای برخیزند، پسان «برفتند». ○- اسپِ پویندهٔ خویش را.

۳۷۰ کیخسرو

سوی گَرد تاریک بنهاد روی / همی‌شد* خلیده‌دل و راه‌جوی
بیامد چو نزدیک ایشان رسید / درفش فریبرز کاووس دید
که او بُد از ایرانیان پیشرو / پسندیده و خویشِ سالار نو [1]
پیاده شد از اسپ، گودرز پیر / همان لشکرافروز دانش‌پذیر●
گرفتند مر یکدگر را کنار / ببارید، گودرز، خون بر کنار
فریبرز گفت: «ای سپهدار پیر / همیشه بجنگ اندری ناگزیر
ز کین سیاوش تو داری زیان / دریغ آن سواران گودرزیان
ازیشان ترا مزد بسیار باد / سر بخت دشمن نگونسار باد
سپاس از خداوند خورشید و ماه / که دیدم ترا زنده بر جایگاه»
ازیشان ببارید گودرز خون / که بودند کشته به خاک اندرون [2]
بدو گفت: «بنگر که از بختِ بد / همی بر سرم هر زمان بد رسد
درین جنگ پور و نبیره نماند / سپاه و درفش و تبیره نماند
فرامش شدم▣ کار آن کارزار / کنون است رزم و، کنون است کار!
سپاه است چندان برین دشت و راغ / که روی زمین گشت□ چون پرّ زاغ
همه لشکر توس با آن سپاه / چو ابری سیاه است بر چرخ و ماه [3]
ز چین و ز سقلاب و از هند و روم / ز ویرانِ گیتی و آباد بوم [4]
همانا نمانده است یک جانور / مگر، بسته بر جنگِ ما بر، کمر! [5]
کنون تا نگویی که رستم کجاست / ز غم‌ها نگردد مرا، پشت؛ راست!»
فریبرز گفت: «ازپس من، ز جای / بیامد○، نبودش جزاز رزم، رای
شب تیره را تا سپیده‌دمان / بیاید بره بر، نجوید زمان [6]
کنون من کجا گیرم آرامگاه / کجا رانم این خوارمایه سپاه» [7]
بدو گفت گودرز: «رستم چه؟ گفت / که گفتار او را نشاید نهفت»!
فریبرز گفت: «ای جهاندیده مرد / تهمتن نفرمود ما را نبرد!
بباشید، گفت، اندرآن رزمگاه / نباید شدن پیش روی سپاه [8]

---

* – می‌رفت.
۱ – لت دویُم اندکی سست است و این رج میان رج‌های پیشین‌وپسین جدایی می‌افکند.
● – فریبرز نیز پیاده شد.
۲ – سخن سست است و میان رج‌های پیشین‌وپسین نیز جدایی می‌افکند.
▣ – فراموشم شد.
□ – همهٔ نمونه‌ها چنین است اما پیدا است که «گشته» درست است.
۳ – **یک:** لشکر توس نیست، لشکر ایران است. **دو:** لت دویم نیز سخت سست می‌نماید.
۴ – دوباره از سقلاب و روم نام برده می‌شود که هنوز در پهنهٔ جهان پیدا نشده‌بودند.
۵ – سخن دروغ! که جانوران بجنگ نمی‌آیند.
○ – در همهٔ نمونه‌ها چنین آمده‌است. اما چنین می‌نماید که «بیاید» درست است.
۶ – شب تیره را درست نیست: «در شب تیره» اما دوری راه از سیستان تا توران چندان نیست که با یک شب رهنوردی، بتوران رسند.
۷ – این گفتار میان لت‌های پیشین‌وپسین جدایی می‌افکند.
۸ – این سخن بگونه‌ای بهتر در رج پسین می‌آید.

بباید بدان رزمگاه آرمید یکی، تا درفش من آید پدید»
برفت او و گودرز با او برفت به راه هماون خرامید تفت[1]

رای زدن پیران
با
خاقان چین

چو لشکر پدید آمد از دیده‌گاه بشد دیده‌بان پیش تورانسپاه
که:«زایران یکی لشکر آمد بدشت ازان روی، سوی هماون گذشت
سپهبد بشد پیش خاقان چین که: «آمد سپاهی از ایرانزمین
ندانیم چند است و سالار کیست؟ چه سازیم و درمان این کار چیست؟»
بدو گفت کاموس رزم‌آزمای: «بجایی که مهتر تو باشی، بپای؛
بزرگان درگاه افراسیاب سپاهی بکردار دریای آب[2]
تو باری، چه کردی بدین پنج ماه؟ برین دشت با خوارمایه سپاه[3]
کنون چون زمین سربسر لشکر است چو خاقان و منشور گندآور است؛[4]
بمان تا هنرها پدید آوریم تو؛ در بستی و، ما؛ کلید آوریم
گر از کاول و زاول و مای و هند شود روی گیتی چو رومی پرند[5]
همانا بتنها تن من نی‌اند نگویی که ایرانیان خود کی‌اند[6]
تو ترسانی از رستم نامدار نخستین از او من برآرم دمار![7]
گرش یکزمان اندر آرم به دام نمانم که ماند به گیتی‌ش نام[8]
تو از لشکر سیستان خسته‌ای دل خویش در جنگشان بسته‌ای[9]

---

۱ – دوبار «برفت» در یک سخن نادرست است. ۲ – این سخن پایان ندارد، و پیوند میان رج‌های پیشین‌وپسین را می‌گسلد.

۳ – **یک:** پنج ماه زمان نبوده‌است. **دو:** بُرد با سپاه توران پیروز بوده‌است و پرسش همراه با ریشخند درست نیست.

۴ – **یک:** «زمین سر بسر لشکر است» درست نیست، «روی زمین» درست‌تر می‌نماید، اما درست‌تر از آن نیز می‌توان گفتن که «درسرتاسر دشت لشکریان ما...». **دو:** چو خاقان نادرست است. در شاهنامه فلورانس و دیگر شاهنامه‌های در دست خالقی مطلق «منشور و چون سر است» که آن نیز نادرست است، زیرا که در هردو نمونه کنش یگانه «است» برای گروه آمده‌است.

۵ – هِند را با پَرَند پساوا نیست.

٦ – **یک:** لت نخست بی‌پیوند و بی‌گزارش است. **دو:** لت دویم نیز با لت نخست پیوند ندارد.

۷ – سخن درست است، اما پیوسته بداستان است، پیران نیز در گفتار خویش سخنی از رستم بمیان نیاورده‌بود.

۸ – **یک:** لت دوئم ناهموار است. **دو:** شاید که رستم کشته شود، اما نشاید که نامش در جهان نماند!

۹ – «خسته» از ریشهٔ «خستن» مجروح و ریشناک است، و در این رج خسته برابر با «مانده» آمده‌است که کاربردی تازه است و درست ←

یکی بار دست من اندر نبرد / نگه کن که برخیزد از دشت گرد[1]
بدانی که اندر جهان مرد کیست / دلیران کدام‌اند و پیکار چیست»[2]
بدو گفت پیران که: «انوشه بَدی / همیشه ز تور دور دست بدی»[3]
به پیران چنین گفت خاقان چین / که*: «کاموس را راه دادی بکین!
بکردار، پیش آوَرَد هرچه گفت / که با کوه، یار است و با پیل، جفت
از ایرانیان نیست چندین سخن / دل جنگجویان چنین بد مکن[4]
به ایران[5] نمانیم یک سرفراز / برآریم گرد از نشیب‌وفراز[6]
هران کس که هستند با جاه و آب / فرستیم نزدیک افراسیاب[7]
همه پای کرده به بند گران / اُزیشان فکنده فراوان سران[8]
به ایران نمانیم● برگ درخت / نه گاه و نه شاه و نه تاج و نه تخت»
بخندید پیران و کرد آفرین / بران نامداران و خاقان چین
بلشکرگه آمد، شده شادمان / برفتند گُردان هم اندر زمان[9]
چو هومان و لهّاک و فرشیدورد / بزرگان و شیران روز نبرد[10]
بگفتند که: «امد ز ایران سپاه / یکی پیشرو با درفشی سیاه[11]
ز کارآگهان نامداری دمان / برفت و بیامد هم اندر زمان[12]
فریبرز کاووس گفتند هست / سپاهی سرافراز و خسروپرست[13]

← نیست.

۱ – سخن پریشان و ناهموار است، پیوند درست میان لت نخست با لت دویم نیست: «مرا ببین که... از دشت نبرد گرد برمی‌خیزانم (می‌افشانم).

۲ – **یک:** این رج را با رج پیشین پیوندِ درست نیست. **دو:** اگر کاموس پهلوان‌تر از رستم است پس همانا «دلیر» تنها او است، و بکار بردن «دلیران» نابجا است. ۳ – «شه بَدی» را با «دستِ بدی» پساوا نیست.

* – در همهٔ نمونه‌ها «که» آمده‌است، اما «چو» درست می‌نماید: «چو کاموس را...».

۴ – **یک:** لت نخست نادرست است: «دربارهٔ ایرانیان...» یا «از ایرانیان چندین سخن (مگوی)». **دو:** پیران در گفتار گذشته با ترس یا برای ترساندن سخنی نگفته‌بود، و تنها آگاهی رسیدن سپاه تازه را بیاری ایرانیان بخاقان چین داده‌بود!

۵ – همهٔ نمونه‌ها چنین آورده‌اند، نمانیم یک سرفراز نادرست است و هیچ سرفراز باید.

٦ – سخن این رج در برابر رج پسین ایستاده‌است اگر یک سرفراز برجای نگذارند، چگونه نزد افراسیابشان می‌فرستند؟

۷ – هرآنکس که «هستند» نادرست است: «هرآنکس که هست».

۸ – سران = سروران، در این گفتار نادرست است از ایشانِ سرهای بسیار می‌افکنیم.

● – همهٔ نمونه‌ها چنین آورده‌اند، و در برابر «نه» گاه و... در لت نخست بایستی «نه» مانیم بوده‌باشد:
«نه»، مانیم برگ درخت، «نه» مانیم گاه و شاه...

۹ – مگر پیران، کجا بود که به لشکرگه آمد؟ ۱۰ – **یک:** چو لهاک نادرست است. **دو:** در بنداری نیست.

۱۱ – **یک:** ایرانیان رنگ سیاه را نه در جامه و نه هیچ جای دیگر بکار نمی‌گرفتند، و از همه برتر در درفش! **دو:** در بنداری نیست.

۱۲ – **یک:** «اندر زمان» برابر واژهٔ «بیدرنگ» است و کارآگاه نمیتواند از سپاه توران بیرون رود و از پشت سپاه ایران برود، و آگاهی از سپاه تازه آمده بیاورد، و چنین کار نیاز بزمانی دراز دارد. **دو:** پیشتر، دیده‌بانان سپاه توران، آگاهی از آمدن یار برای ایرانیان داده‌بودند! **سه:** این ۱٦ رج در ترجمهٔ بنداری نیامده‌است! ۱۳ – اگر یک کارآگاه رفته باشد، کنش «گفتند» در این رج نادرست است.

چـو رسـتم نـباشد ازو بـاک نـیست — دَمِ او بـر ایـن زهـر، تـریاک نـیست[1]
ابـــا آنک کــاموس روز نـبرد — هـمی پـیلتن را نـدارد بـه مـرد[2]
مـباداکـه او آیـد ایـدر بـه جـنگ — اُگـر چـند کـاموس گـردد نـهنگ[3]
نـه رسـتم نـه از سیستان لشکـرست — فـریبرز را خـاک و خـون ایـدرست»[4]
چـنین گـفت پـیران کـه: «از تـخت و گـاه — شـدم سـیر و بـیزارم از هـور و مـاه[5]
کـه چـون مـن شـنیدم کـز ایـران، سپاه — خـرامـید و آمـد بـدین رزمگـاه[6]
بشـد جـان و مـغز سـرم پـر ز درد — بـرآمـد یکـی از دلم بـاد سـرد»[7]
بـدو گـفت کـلباد ک :«یـن درد چیست — چـرا بـاید از تـوس و رسـتم گـریست؟!»[8]
ز بس گـرز و شـمشیر و پـیل و سـپاه — مـیان انـدرون بـاد را نـیست راه[9]
چـه ایـرانـیان پـیشِ مـادر، چـه خـاک — ز کـیخسرو و تـوس و رسـتم چـه بـاک»[10]
پـراکـنده گشـتند زان جـایگاه — سـوی خـیمهٔ خـویش کـردند راه[11]
ازانـپس چـو آگـاهی آمـد بتـوس — کـه شـد روی کشـور پـر آوای کـوس[12]
از ایــران بـیامد گـوِ پـیلتن — فـریبرزِ کـاووس و آن انـجمن[13]
بـفرمود تـا بـرکشیدند کـوس — ز گـردِ سـپه کـوه گشت آبـنوس[14]
ز کـوه هـماون بـرآمـد خـروش — زمـین آمـد از بـانگ اسپان بـجوش[15]
سـپهبد بـریشان زبـان بـرگشاد — ز مـازندران کـرد بسـیار یـاد[16]
کـه بـا دیـو در جـنگ رسـتم چـه کـرد — بـریشان چـه آورد روز نـبرد[17]

---

۱ – هیچ پزشک، تاکنون با «دَم»، مارگزیده، یا زهر خورده را درمان نکرده‌است.

۲ – پیوند «با آنکه» در این رج درست نیست... «از آنجاکه کاموس». ۳ – سخن سست، و بی‌پیوند!

۴ – «نه رستم» را پیوند درست نیست «نه رستم آمده‌است و نه از لشکریان سیستان» لت دویم نیز سست است،...: «خون فریبرز در این خاک بر زمین میریزد».

۵ – پیران در گفتار پیشین خندیده‌بود، و اکنون چرا می‌باید از تخت و گاه و خورشید و ماه بیزاری نشان دهد؟

۶ – سپاه، با خرامش بمیدان نبرد نمی‌آید!

۷ – **یک:** جان پر ز درد نمی‌شود. و همواره از سر درد یا شده‌است، نه از مغزِ سر. **دو:** بادسرد، آه‌کشیدن است و پی در پی است، نه یک باد! که اگر یک باد باشد، بادِ گلو است نه باد از دل! ۸ – پیران از توس و رستم نگریسته‌بود!

۹ – افزاینده روشن نکرده‌است که چندین گرز و پیل و سپاه از توران است یا از ایران!

۱۰ – سخن سست است و کیخسرو نیز بمیدان جنگ نیامده‌است.

۱۱ – لت دویم سست است، «کردند راه» نادرست است، خیمه را نیز در سخن فردوسی راه نیست.

۱۲ – آنان در کوه هماون بودند نه در کشور! ۱۳ – هنوز رستم نیامده‌است.

۱۴ – **یک:** کوس برکشیدنی نیست. نای را شاید گفتن، از آنجاکه آوای آن کشیده می‌شود و کوس، کوفتنی است. **دو:** گرد سپه، بهنگام جنبش سپاه برمی‌خیزد نه با بانگ کوس، در یک سپاهِ ایستاده!

۱۵ – **یک:** خروش از مردان شاید برآمدن، اما از اسپان ایستاده بانگ بر نمی‌آید. **دو:** این ۱۶ رج در بنداری نیامده‌است.

۱۶ – **یک:** زبان برگشادن، دشنام دادن است، و چرا توس را می‌باید؛ بایرانیان دشنام دادن. **دو:** لت دویم با لت نخست پیوند ندارد.

۱۷ – «دیو» در لت نخست یگانه است، و در لت دویم «ایشان» = «دیوان» در گروه...

سپاه آفرین خواند بر پهلوان   که: «بیداردل باش و روشن‌روان![1]
بدین مژده گر دیده خواهی رواست   که این مژده آرایش جان ماست[2]
کنون چون تهمتن بیاید بجنگ   ندارند پا این سپه با نهنگ[3]
یکایک بران گونه رزمی کنیم   که این ننگ از ایرانیان بفکنیم[4]
درفش سرافراز خاقان و تاج   سپرهای زرّین و آن تخت آج[5]
همان افسر پیلبانان به زر   سنان‌های زرّین و زرّین کمر[6]
همان زنگ زرّین و زرّین جرس   که اندر جهان آن ندیده‌ست کس[7]
همان چتر کز دمّ طاووس نر   بر او بافته‌ستند چندان گهر[8]
جزین نیز چندی به چنگ آوریم   چو جان را بکوشیم و جنگ آوریم»[9]
بلشکر چنین گفت بیدار توس   که: «هم با هراسیم و هم با فسوس[10]
همه دامن کوه پر لشکرست   سرِ نامداران به بند اندرست[11]
چو رستم بیاید نکوهش کند   مگر کین سخن را پژوهش کند[12]
که چون مرغ پیچیده بودم به دام   همه کار ناکام و پیکار خام[13]
سپهبد همان بود و لشکر همان   کسی را ندیدم ز گردان دمان[14]
یکی حمله آریم چون شیر نر   شوند از بن کُه مگر زاستر»[15]

---

۱ - **یک:** توس چه کرده‌بود، که سپاه را بر او شایستی، آفرین خواندن! **دو:** لت دویم نیز با لت نخست پیوند درست ندارد.

۲ - هنوز مژدهٔ آمدن رستم نیامده‌است.   ۳ - سخن سست کنش «پا ندارند» را بجای «پایدار نیستند» آورده‌اند.

۴ - «ننگ» افکندنی نیست «پاک کردنی» و «زدودنی» است.

۵ - **یک:** تاج چه‌کس؟ اگر تاج خاقان است که می‌بایستی گفتن «درفش و تاج خاقان». **دو:** پیشتر در گزارش سخنان افزوده، گفتم که سپر زرین را در جنگ؛ کاربرد نیست، زیرا که در برابر زخم و شمشیر پایدار نیست.

۶ - پیلبانان را افسر بر سر نبوده‌است، چه رسد بدانجا که افسرشان نیز زرین بوده‌باشد. سنان و کمر زرین نیز ناپایدار است.

۷ - **یک:** زنگ و جرس، هردو یکی است. **دو:** اگر کسی آنرا در جهان ندیده‌است، اینان از کجا آنرا می‌شناسند؟ افزاینده را رای بر آن بوده‌است که بگوید «که (همانند) آنراکس ندیده‌است».

۸ - **یک:** چتر را «را» می‌باید. «همان چتر را که...». **دو:** هیچکس تاکنون پر تاووس را دُم نخوانده است. **سه:** و هیچکس را نیز توان آن نیست که بر پر تاووس گوهر ببافد!

۹ - سخن سست. و در لت دویم اندیشه نیز سست می‌شود. اگر برای جان بکوشیم اینها را بجنگ می‌آوریم، و روشن نیست کوشش برای جان است یا برای خواسته!

۱۰ - گفتار توس را گزارش نیست. افسوس در زبان فارسی برابر با ریشخند است و هراس و ریشخند چگونه باهم گرد می‌آیند؟

۱۱ - سر هیچیک از نامداران ایران به بند نبوده، و هیچگاه سر به بند نمی‌آید. که دست و پای و گردن را توان به بند کشیدن!

۱۲ - رستم پس‌از پژوهش، چه چیز را نکوهش کند؟ سر نامداران را، که در بند نیست!

۱۳ - **یک:** مرغ بدام نمی‌پیچد؛ که دام بر مرغ می‌پیچد. **دو:** لت دویم نیز پیوند ندارد.

۱۴ - **یک:** سست‌تر از این سخن دیده نشده‌است! افزاینده را رای بر آن بوده‌است که بگوید: اگر رستم بیاید و ما بنیرو شویم، و بر سپاه توران شکست آوریم، باز سپهبد منم، و سپاه ایران نیز همین است، چرا کسی از گردان ایران آمادهٔ جنگ نیست! **دو:** نیز این هشت رج در بنداری نیامده‌است.

۱۵ - **یک:** «حمله آریم» با «شیر نر» همخوان نیست: «چون شیران نر». **دو:** تاکنون از کوهپایه و دامنهٔ کوه سخن شنیده‌ایم، و از «بُن کوه»

←

سپه گفت ک:«ین برتری خود مجوی	سخن زین نشان هیچ گونه مگوی [1]
کزین کوه کس پیش‌تر نگذرد	مگر رستم این رزمگاه بنگرد [2]
بباشیم بر پیش یزدان بپای	که اویست بر نیکوی رهنمای [3]
به فرمان دارندهٔ هور و ماه	تهمتن بیاید بدین رزمگاه [4]
چه داری دژم اختر خویش را	درم بخش و دینار درویش را» [5]
به شادی ز گردان ایران گروه	خروشی برآمد ز بالای کوه [6]

*

چو خورشید زد پنجه بر پشت گاو	ز هامون برآمد خروش چکاو [7]
ز درگاه کاموس برخاست غَو	که او بود اسپ افکن و پیشرو [8]
سپاه انجمن کرد و جوشن بداد	دلش پر ز رزم و سرش پر ز باد [9]
زره بود در زیر پیراهنش	کله ترگ بود و قباجوشنش [10]
به ایران خروش آمد از دیده گاه	کزین روی تنگ اندر آمد سپاه [11]
سپهبد سواری چو یک لخت کوه	زمین گشته از نعل اسپش ستوه [12]

← هیچکس یاد نکرده‌است. ایرانیان باستان چند هزار سال پیش‌از اروپاییان دریافته‌بودند که کوهها در زمین ریشه دادند، و برای آگاهی بیشتر در این زمینه، خواننده را بخواندن نامهٔ گرامی «جستاری در پیشینهٔ دانش کیهان و زمین در ایرانویج» نوشتهٔ استاد مانوئل بربریان (مانوگ مانوگیان) نشر بلخ وابسته به بنیاد نیشابور، ۱۳۷٦ رهنمون می‌شوم.

۱ - **یک:** سپه گفت نادرست است: «سپاهیان گفتند». **دو:** «زین نشان» در لت دویم، بسنده است: «سخن زین نشان مگوی».

۲ - اگر چنین است، چرا در پیشنهاد توس برای شبیخون همه همرای بودند؟ ۳ - بر پیش نادرست است: «پیش».

۴ - رستم بفرمان کیخسرو آمادهٔ رزم شد! بس می‌نمود که افزاینده بگوید: «بیاری دارندهٔ هور و ماه».

۵ - **یک:** اختر، دُژم و خشمگین نمی‌شود. **دو:** در لشکرگاه درویش پیدا نمی‌شد.

٦ - سخن بی‌پایان، و نادرخور است، که پس‌از یک گفت‌وگوی، گردان ایران خروش شادی برآورند!

۷ - **یک:** سخن زیبا است، اما زمان را چند ماه به پس کشانده‌است، زیرا که اگر زمان در روزهای پایانی تیرماه بوده‌باشد، افزاینده آنرا به اردیبهشت بازگرداند! **دو:** گفتاری با ۴۵ رج افزوده می‌نماید که در بنداری نیز نیامده است.

۸ - لت دویم پیوند درست با لت نخست ندارد.

۹ - جوشن، و دیگر جنگ‌افزار را پیش‌از جنبش سپاه بسپاهیان می‌دهند، و لت دویم را نیز پایان نیست.

۱۰ - سخن نادرخور... که زره و جوشن هردو یکی است. افزاینده خواسته‌است بگوید که کاموس از بسیاری زورآوری و پهلوانی بجای جوشن، قبا در بر کرد، باز آنکه فراموش کرده‌است که در لت نخست زره را بزیر پیراهن او برده است، و از آنجا که افزاینده؛ یک نویسندهٔ جهان‌نادیده بوده‌است نمی‌دانسته‌است که زره را از آنجا که آزار بتن میرساند، زیر پیراهن نمی‌توان پوشیدن!

۱۱ - خروش در گفتار پسین بر خواهد خاستن! و نیز وی فراموش کرده‌است که پیش‌ازاین، یکبار دیگر، از خروش دیده‌بانان یاد کرده‌بود. شاهنامهٔ فلورانس دو رج دیگر افزوده بر افزوده‌های شاهنامهٔ مسکو دارد:

درفش سپهبد گو پیلتن	پدید آمد اندر سر انجمن
اُزانرویِ گیتی ز تورانسپاه	هوا گشت برسان ابر سیاه

با این دو رج، رج پسین، گزارش می‌شود، که تورانیان سپهبد آن سپاه را که در رج پسین می‌آید نمی‌شناخته‌اند. این دگرگونی‌ها از سوی یک افزایندهٔ دیگر پدیدار شده‌است، تا نارسایی گفتار افزاینده پیشین را اندکی بپوشاند.

۱۲ - میان لت نخست با لت دویم پیوند درست نیست...: «که زمین...».

یکی گرز همچون سر گاومیش ... سپاه ازپس و نیزه‌دارانش پیش[1]
همی جوشد آن گرز زان یال و کفت ... سزد گر بمانی ازو در شگفت[2]
اُزین روی ایران سپهدار توس ... به ابر اندر آورد آوای کوس[3]
خروشیدن دیده‌بان پهلوان ... چو بشنید شد شاد وروشنروان[4]
ز نزدیک گودرز گشواد تفت ... سواری بنزد فریبرز رفت[5]
که: «توران سپه سوی جنگ آمدند ... رده برکشیدند و تنگ آمدند[6]
تو آن کن که از گوهر تو سزاست ... که تو مهتری و پدر پادشاست[7]
که گرد تهمتن برآمد ز راه ... هم اکنون بیاید بدین رزمگاه»[8]
فریبرز با لشکر گرد نیو ... بیامد بپیوست با توس و گیو[9]
برِ کوه لشکر بیاراستند ... درفش خجسته بپیراستند[10]
چو با میسره راست شد میمنه ... همان ساقه و قلب و جای بنه[11]
برآمد خروشیدن کرنای ... سپه چون سپهر اندر آمد ز جای[12]
چو کاموس تنگ اندر آمد بجنگ ... به هامون زمانی نبودش درنگ[13]
سپه را بکردار دریای آب ... که از کوه سیل اندر آید شتاب[14]
بیاورد و پیش هماون رسید ... هوا نیلگون شد زمین ناپدید[15]

۱ – گرز ایرانیان، و نیز تورانیان که از نژاد فریدون بودند گاوسر بود، و هیچگاه سر گاومیش نبوده‌است.

۲ – **یک:** یال و شانه را جوشان توان گفتن. اما گرز را نتوان. **دو:** در لت دویم روی سخن با کیست؟

۳ – این رویِ ایران نادرست است: «از سوی سپاه ایران».

۴ – **یک:** پیش‌از خروشیدن دیده‌بان، فرمان بکوفتن کوس می‌دهد؟ و شاد می‌شود؟ **دو:** این سدیگر بار است که از دیده‌بان خروش برمی‌آورند.

۵ – اگر سگالشی دربارهٔ جنگ پیش آید، این توس است که می‌باید بنزد فریبرز پیام بفرستد، نه گودرز.

٦ – تورانیان، خود سه روز آرامش را پذیرفته‌بودند.

۷ – **یک:** لت دویم پیوند درست ندارد: «پدر(ت) پادشاه است». **دو:** فریبرز خود پیام رستم را به سپاهبدان ایران رسانده‌بود که «ما را نفرمود، جنگ» پس چگونه است که گودرز فریبرز را برای سپاهیان نیامدهٔ توران، بجنگ برمی‌انگیزد؟

۸ – **یک:** تهمتن یک تنه نیامده‌بود که گردِ «اسپش» از راه برخیزد! چون یک سپاه از جای بجنبد، گرد؛ از دشت بلند می‌شود. **دو:** اگر از راه دور گردِ تهمتن(؟) دیده شده‌باشد، زمانی دراز می‌خواهد که به سپاهیان ایران بپیوندد و بکار گرفتن «هم اکنون» نابجا است.

۹ – فریبرز نیز با سپاهیان خود پیشتر بلشکرگاه آمده‌بود و بتوس و گودرز پیوسته‌بود.

۱۰ – **یک:** برتری سپاه ایران آن بود که برفراز کوه بودند، و اینکه خود، به کنارِ کوه آیند، درست نمی‌نماید، آهنگ سخن نیز چنانست که نمیتوان آنرا «بَرْ کوه» خواندن که «برِ کوه» است. **دو:** پیراستن درفش گزارشی ندارد. زیرا که ایرانیان هیچگاه درفش را خاک آلوده نمی‌کردند، که اکنون آنرا از خاک، یا هر چیز دیگر بپیرایند.

۱۱ – میسره و میمنه را در گفتار فردوسی جای نیست. اگر نیز آنرا بپذیریم بال راست با بال چپ روبرو می‌شود. اما ساقه و بنه، پشت سپاه‌اند، و روبرو باهم نمی‌شوند، «جای بنه» نیز نادرست است: «بُنه».

۱۲ – دنبالهٔ داستان افزوده. گفتار، برگرفته از چند داستان دیگر شاهنامه.

۱۳ – تنگ اندر آمدن، یا به تنگ یکدیگر رسیدن. بکنار هم رسیدن است، و اینجا کاموس را بتنهایی در میدان نشان میدهند.

۱۴ – لت دویم بی‌پیوند است: «بسان خیزابی (سیلی) که از کوه «به» شتاب «روان شود»!!

۱۵ – دنبالهٔ گفتار

چو نزدیک شد سر سوی کوه کرد   پر از خنده رخ سوی انبوه کرد[1]
که: «این لشکری گشن و گنداورست   نه پیران و هومان و آن لشکرست[2]
که دارید ز ایرانیان جنگجوی   که با من به روی اندر آرند روی[3]
ببینید بالا و برز مرا   بر و بازو و تیغ و گرز مرا»[4]
چو بشنید گیو این سخن بردمید   برآشفت و تیغ از میان برکشید[5]
چو نزدیک‌تر شد بکاموس، گفت   که: «این را مگر زنده‌پیل است جفت»[6]
کمان برکشید و بزه برنهاد   ز دادار نیکی‌دهش کرد یاد[7]
به کاموس بر تیر باران گرفت   کمان را چو ابر بهاران گرفت[8]
چو کاموس دست و گشادش بدید   به زیر سپر کرد سر ناپدید[9]
به نیزه درآمد بکردار گرگ   چو شیری برافرازِ پیلی سترگ[10]
چو آمد به نزدیک بدخواه اوی   یکی نیزه زد بر کمرگاه اوی[11]
چو شد گیو جنبان به زین اندرون   ازو دور شد نیزهٔ آبگون[12]
سبک تیغ را برکشید از نیام   خروشید و جوشید و برگفت نام[13]
به پیش سوار اندر آمد دژم   بزد تیغ و شد نیزهٔ او قلم[14]
ز قلب سپه توس چون بنگرید   نگه کرد و جنگ دلیران بدید[15]
بدانست کو مردِ کاموس نیست   چنو نیزه‌ور نیز جز توس نیست[16]
خروشان بیامد ز قلب سپاه   به یاری برِ گیو شد کینه‌خواه[17]

---

۱ – شش رج پیش‌ازاین، افزاینده؛ سپاه ایران را از کوه فرود آورده‌بود!

۲ – **یک:** «این لشکر» کدام لشکر است؟ اگر لشکر کاموس است که می‌باید گفتن «لشکر من». **دو:** پیران و هومان را با لشکر برابر نهادن نادرست است.   ۳ – دنباله گفتار.   ۴ – خودنمایی دخترانه!

۵ – تیغ را ازمیان خویش برنمی‌کشند، و از نیام برمی‌آهنجند: (برآهیخت) و در جنگ تن بتن، نخست کار با نیزه آغاز می‌شود.

٦ – لت نخست نادرست است، «بخود گفت» یا «با خویش گفت».

۷ – **یک:** تیغ به کمان گردید! **دو:** کمان را ازپیش بزه برمی‌نهند، نه هنگام رودررویی با هماورد.

۸ – دنبالهٔ گفتار، برگرفته از چند داستان شاهنامه.   ۹ – دست و گشادش نادرست است: «دست، و گشادِ برش».

۱۰ – گرگ؟ یا شیر؟ یا پیل؟ کدامیک بنیزه در آمد، نادرست است: «نیزه بر دست گرفت» یا «با نیزه یورش برد»... شاهنامهٔ فلورانس گرگ در لت نخستین را به کرگ (= کرگدن) گردانده و لت دویُم را چنین آورده‌است: زمین پر ز گرد و هوا پر ز مَرگ که ناگفته پیدا است که نادرست است. شاهنامه قاهره: «زمین لاجورد» ق ۲ زمین پر ز مرد و هوا پر ز گرد... همه نادرستند.

۱۱ – «بدخواهْ، اوی» را نیز با «کمرگاهِ روی» پساوا نیست.   ۱۲ – روشن نیست که چرا نیزه از او دور شد!

۱۳ – **یک:** اگر نام را می‌بایستی گفتن، در آغاز نبرد چنین بایستی کردن، نه آنکه چون نیزهٔ او بیکار شد، و دست بتیغ برد... **دو:** افزاینده فراموش کرده‌است که گیو از آغاز با تیغِ کشیده، یورش آورده‌بود.

۱۴ – سخن چنین می‌نماید که کاموس، از آغاز بیکار بوده و تنها نیزه‌ای در دست داشته‌است که هنوز نیز آنرا در دست دارد!

۱۵ – «بنگرید» و «بدید» هردو یکی است، دوبار بکار بردن آن نشاید.   ۱٦ – توس، خود، خویشتن را «توس» نمی‌خواند.

۱۷ – سخن بگونه‌ایست که نشان میدهد، توس کینه‌خواه بجنگِ گیو رفته‌است.

عنان را بپیچید کاموس تنگ — میان دو گرد اندر آمد به جنگ [1]
ز تگ اسپ توس دلاور بماند — سپهبد بر او نام یزدان بخواند [2]
به نیزه پیاده به آوردگاه — همی گشت با او به پیش سپاه [3]
دو گرد گرانمایه و یک سوار — کشانی نشد سیر زان کارزار [4]
برین گونه تا تیره شد جای هور — همی بود بر دشت هرگونه شور [5]
چو شد دشت بر گونهٔ آبنوس — پراکنده گشتند کاموس و توس [6]
سوی خیمه رفتند هردو گروه — یکی سوی دشت و دگر سوی کوه [7]

رسیدن رستم
نزدیک ایرانیان

⟸ چو گردون تهی شد ز خورشید و ماه — طلایه برون شد ز هردو سپاه
از آن دیده‌گه، دیده*، بگشاد لب — که؛ «گردی برآمد، بتاریک شب»●
پراز گفت‌وگوی است هامون و راغ — میان یلان نیز چندی چراغ [8]
هماناکه آمد گو پیلتن — دمان و ز زابل یکی انجمن»
چو بشنید گودرز کشواد، تفت — شب تیره از کوه خارا برفت
پدید آمد آن اژدهافش درفش — شب تیره گون کرد گیتی بنفش [9]

---

۱ - **یک:** لگام را پیچاندن، نشانهٔ گریز است، و افزاینده کاموس رانگریزانده‌است. **دو:** لگام را «تنگ» پیچاندن سخت نادرست است.

۲ - **یک:** چگونه میتوان پذیرفتن که اسپ سپهسالار ایران در آغاز کار از رفتن فرو بماند. **دو:** نام یزدان را بر کسی (یا اسپی) می‌خوانند، که نیک و نیکرفتار و زیبا و کارآمد بوده‌باشد، نه بر اسپی که در آغاز کار از دویدن فرومانده‌است!

۳ - درلت دویم با چه کسی؟ از گفتار چنین برمی‌آید که با اسپ می‌گردید، باز آنکه افزاینده کاموس را خواهد گفتن!

۴ - **یک:** دو گردِ گرانمایه «و» یک سوار، نارسا است. دو گرد گرانمایه «در برابر» یک سوار. **دو:** لت دویم را با لت نخست پیوندِ درست نیست.

۵ - **یک:** تیره شد جایِ هور چه باشد؟ شاهنامه س: آورده‌است روی هور، و هردو نادرست است، زیراکه روی هور تیره نمی‌شود، جای هور نیز همچنین: «خورشید در پشت کوه پنهان شد» «شام در رسید» «هوا تیره گشت» «روی هوا تیره شد»... **دو:** لت دویم نیز سست و بی‌گزارش است، هر گونه شور نیز نادرست است.

٦ - نامی از گیو نمی‌آید!

۷ - هردو گروه نادرست است زیراکه از یکسو دو تن بوده‌اند، و از یکسو یک تن، و یاد کردن از یکتن یا دو تن با «گروه» نادرست است.

* - دیده: دیده‌بان.

● - نمونه‌ها چنین آورده‌اند: که شد دشت پر خاک و تاریک شب، و پیدا است که سخن بی‌پیوند است: تنها شاهنامهٔ امیرکبیر چنان آورده‌است که گذشت.

۸ - **یک:** دیده‌بان دیدهٔ تیز دارد، نه گوشی چنان تیز، که از راه دور گفت‌وگوی سپاهیان ایران را بشنود! **دو:** لت دویم با لت نخست پیوند ندارد.

۹ - **یک:** درفش، پیش سپاهیان برده می‌شود، و نخست آنرا می‌توان دیدن، نه «پس‌از دیدن سپاهیان». **دو:** شب، گیتی را بنفش کرد، یا

←

رسیدن رستم به ایرانسپاه ۳۷۹

*

چو گودرز روی تهمتن بدید   شد از آب دیده رخش ناپدید
پیاده شد از اسپ و، رستم همان   پیاده بیامد چو باد دمان[1]
گرفتند مر یکدگر را کنار   ز هردو برآمد خروشی بزار
ازان نامداران گودرزیان   که از کینه جستن سرآمد زیان[2]
بدو گفت گودرز ک:«ای پهلوان!   هشیوار و جنگیّ و روشنروان!
همی تاج و گاه از تو گیرد فروغ   سخن هرچه گویی نباشد دروغ
تو ایرانیان را ز مام و پدر   بهی، هم؛ ز گنج و ز تخت و کمر
چنانیم بی تو؛ که ماهی بخاک!   بننگ اندرون سر، تن اندر هلاک
چو دیدم کنون خوب چهرِ ترا   همین پرسشِ گرم و مهرِ ترا
مرا سوگ آن ارجمندان نماند   ببخت تو، جز روی خندان نماند»
بدو گفت رستم که: «دل؛ شاد دار   ز غمهای گیتی، سر؛ آزاد دار
که گیتی سراسر فریب است و بند   گهی سودمندیّ و گاهی گزند[3]
یکی را به بستر یکی را به جنگ   یکی را به نام و یکی را به ننگ[4]
همی رفت باید کزین چاره نیست   مرا بترّ از مرگ پتیاره نیست[5]
روان تو از درد، بیدرد باد   همه رفتن ما به، آورد باد»
ازانپس چو آگاه شد توس و گیو   ز ایران نبرده سواران نیو[6]
که رستم به کوه هماون رسید   مر او را جهاندیده گودرز دید[7]
برفتند چون باد، لشکر ز جای   خروش آمد و نالهٔ کرنای[8]
چو آمد درفش تهمتن پدید   شب تیره رستم بلشکر رسید[9]
سپاه و سپهبد پیاده شدند   میان بسته و دلگشاده شدند[10]
خروشی برآمد ز لشکر بدرد   ازان کشتگان زیر خاک نبرد[11]

→ درفش؟ سخن روشن نیست.
۱ - «همان» در لت نخست نابجا است لت دویم نیز پیوند درست ندارد.
۲ - در لت دویم سرآمد نادرست است: «سرآمدشان».
۳ - **یک:** ایرانیان باستان گیتی را «استوار و پاک» می‌خواندند، نه فریبکار. **دو:** در بنداری نیامده‌است.
۴ - **یک:** لت دویُم در برابر لت نخستین ایستاده‌است. **دو:** نیز در بنداری نیامده‌است.
۵ - **یک:** برای پهلوانان مرگ در جنگ شایسته‌تر است. و در گفتار درست شاهنامه، در رج پسین چنین آمده‌است: بادا (خدا کند) که مرگ ما پهلوانان در میدان جنگ روی دهد، نه در بستر = مرگ ما پهلوانان در میدان جنگ بهتر است. **دو:** نیز در بنداری نیامده‌است.
٦ - آگاه شد نادرست است: «آگاه شدند».
۷ - دنبالهٔ گفتار
۸ - **یک:** «برفتند» برای «لشکر» درست نیست لشکر برفت. **دو:** لشکریان را چرا می‌بایستی رفتن و لشکرگاه را تهی ساختن؟
۹ - لت دویم را با لت نخست پیوند نیست.
۱۰ - مگر در نیمه شب سپاهیان ایران، سوار بر اسب بودند که پیاده شوند؟
۱۱ - **یک:** لت دویم بی‌پیوند است. **دو:** در رج پیشین از شادی سپاهیان سخن رفته‌بود، و بیدرنگ از دردمندی ایشان سخن میرود.

۳۸۰ کیخسرو

دل رستم از درد ایشان بخست — بکینه بنوّی میان را ببست[1]
بنالید ازانپس به درد سپاه — چو آگه شد از کار آوردگاه[2]
بسی پندها داد و گفت: «ای سران — به پیش آمد امروز رزمی گران[3]
چنین است آغاز و فرجام جنگ — یکی تاج یابد یکی گور تنگ»[4]
سراپرده زد گُردِ گیتی‌فروز — پسِ پشتِ او لشکر نیمروز
به کوه اندرون خیمه‌ها ساختند — درفش سپهبد برافراختند[5]
نشست از برِ تخت بر، پیلتن — بزرگان لشکر شدند انجمن
ز یک دست بنشست گودرز و گیو — بدست دگر توس و گردان نیو[6]
فروزان یکی شمع بنهاد پیش — سخن رفت هرگونه بر کمّ و بیش[7]
ز کار بزرگان و جنگِ سپاه — ز رخشنده خورشید و گردنده ماه
فراوان، ازان لشکر بیشمار — بگفتند با مهتر نامدار
ز کاموس و شنگل ز خاقان چین — ز منشور جنگیّ و مردان کین[8]
ز کاموس خود جای گفتار نیست — که ما را بدو راه دیدار نیست[9]
درختی‌ست بارش همه گرز و تیغ — نترسد اگر سنگ بارد ز میغ[10]
ز پیلان جنگی ندارد گریز — سرش پر ز کین است و دل پر ستیز[11]
ازین کوه تا پیش دریای شهد — درفش و سپاه است و پیلان و مهد[12]
اگر ○ سوی ما پهلوان سپاه — نکردی گذر، کار گشتی تباه
سپاس از خداوند پیروزگر — که او آوَرَد رنج و سختی بسر
تن ما بتو زنده شد بیگمان — نبُد هیچکس را امیدِ زمان»[13]
ازان کشتگان یکزمان پهلوان — همی بود گریان و تیره‌روان[14]

---

۱ – میان را بهنگام رفتن بجنگ می‌بندند، نه بهنگام شب! ۲ – و پس‌از میان بستن، نالیدن؟
۳ – **یک:** بسی پند(ها) نادرست: «بسی پند». **دو:** امروز نادرست است، زیرا که هنوز شب است.
۴ – این رج را با رج پیشین، پیوند نیست.
۵ – **یک:** خیمه در گفتار فردوسی جای ندارد. **دو:** خیمه را پیش‌از جنگ می‌سازند، نه در لشکرگاه!
٦ – **یک:** ز یک دست، نادرست است: «بر یک دست». **دو:** برای گودرز و گیو، «بنشست» کاربرد ندارد: «بنشستند».
۷ – سخن سست!
۸ – چون «فراوان بگفتند» در رج پیشین آمد، سخن بپایان میرسد. از کاموس و خاقان و دیگران گفته و دوباره‌گویی نابجا است.
۹ – **یک:** دنبالهٔ گفتار... **دو:** لت دویم، بی‌گزارش است.
۱۰ – **یک:** درختی است نادرست است: «بسان درختی است». **دو:** این سه رج پیوسته در بنداری نیامده‌است.
۱۱ – ندارد گریز نادرست است: «نمی‌گریزد». ۱۲ – سپاه توران را در دشت‌های ایران جای داده‌اند.
○ – سخن را برای پیوند به رج ۱۴۱۵٦ «که» باید: «که گر...».
۱۳ – **یک:** تن آنان نمرده‌بود که زنده شود. **دو:** شایستی گفتن که با آمدن تو، تن ما، زنده خواهد ماندن. یا امید زنده ماندن داریم.
۱۴ – **یک:** دوباره گریستن پهلوان؛ **دو:** گریان شدن شاید، اما تیره روان شدن نشاید!

ازانپس چنین گفت ک:«ز چرخ ماه — برو تا سرِ تیره خاک سیاه[1]
نبینی مگر گُرم و تیمار و رنج — برین است رسم سرای سپنج[2]
گزافه‌ست کردار گردان سپهر — گهی زهر و جنگ است و گه نوش و مهر[3]
اگر کشته گر مرده، هم بگذریم — سزد گر بچون و چرا ننگریم[4]
چنان رفت باید که آید زمان — مشو تیز با گردش آسمان[5]
جهاندار پیروزگر یار باد — سر بخت دشمن نگونسار باد
ازین پس همه کینه بازاوریم — جهانرا بایران نیاز آوریم»[6]
بزرگان همه خواندند آفرین — که: «بی‌تو مبادا زمان و زمین[7]
همیشه بزی نامبردار و شاد — درِ شاهِ پیروز، بی‌تو مباد»

لشکر آراستن تورانیان
و
ایرانیان

چو از کوه بفروخت گیتی‌فروز — دو زلف شبِ تیره بگرفت روز
ازان چادرِ قیر بیرون کشید — بدندان لب ماه، در خون کشید*
تبیره برآمد ز هردو سرای — برفتند گُردان لشکر ز جای
سپهدارِ هومان به پیش سپاه — بیامد، همی کرد هرسو نگاه
که ایرانیان را که یسار آمده‌ست؟ — که خرگاه و خیمه بکار آمده‌ست[8]
ز پیروزه دیبا، سراپرده دید — فراوان بگِرد اندرش پرده دید[9]

---

۱ - **یک:** لت دویم سخت نادرخور است. **دو:** چرخ ماه نیز چرخ بلند نیست که آنرا در شمار آورند؛ «از چرخ خورشید»، «از چرخ گردون»، «از سپهر بلند»...

۲ - **یک:** تنها گُرم و رنج نیست که شادی نیز بهمراه دارد. **دو:** «رسم» در آیین سخن فردوسی نیست.

۳ - این رج در برابر رج پیشین می‌ایستد.

۴ - دنبالهٔ سخن.

۵ - **یک:** روی سخن به «تو» بازگشت. **دو:** «مشو» نیز نادرست است: «نباید شدن». **سه:** این هفت رج افزوده در بنداری نیست.

۶ - **یک:** و نیز این سخن در برابر رج پیشین ایستاده‌است. **دو:** در بنداری نیست.

۷ - **یک:** لت دویُم بی‌پیوند است. **دو:** در بنداری نیست.

* - سپیده دمِ روز بیست‌وهشتم ماه است که در آن، همزمان با بر آمدن خورشید، کمان باریکِ ماه نیز که فردوسی آنرا به لب ماه همانند کرده‌است در میان روشنی سرخرنگِ خورشید فرو می‌رود و دو شب دیده نمی‌شود.

۸ - خیمه را در سخن فردوسی، جای نیست. سخن از یار آمدن برای ایرانیان در گفتار هومان با پیران می‌آید.

۹ - پیروزه، یا دیبا؟ یا دیبای پیروزه رنگ؟ این سخن بگونهٔ درست در رج هشتم پسین خواهد آمدن.

درفش و سنان سپهبد به پیش — همان گردش اختر بد به پیش [1]
سراپرده‌ای دید دیگر سیاه — درفشی درفشان بکردار ماه [2]
فریبرز کاووس با پیل و کوس — فراوان زده خیمه نزدیک توس [3]
بیامد پراز غم، به پیران بگفت — که: «شد روز، با رنجِ بسیار جفت
از ایران فراوان سپاه آمده‌است — بیاری بدین رزمگاه آمده‌است [4]
کز ایران ده ودار و بانگ و خروش — فراوان ز هر شب فزون بود دوش [5]
به تنها برفتم ز خیمه پگاه — بلشکر بهر جای کردم نگاه [6]
ز دیبا یکی سبز پرده‌سرای — یکی اژدهافش درفشی بپای
سپاهی بگرد اندرش زابلی — سپردار و با خنجر کابلی [7]
گمانم که رستم ز نزدیک شاه — بیاری بیامد بدین رزمگاه!»
بدو گفت پیران که: «بَد روزگار! — اگر رستم آید بدین کارزار
نه کاموس ماند نه خاقان چین — نه شنگل نه گردان تورانزمین» [8]
همانگه ز لشکرگه اندر کشید — بیامد سپه را همه بنگرید
اُزانجا، دمان، سوی کاموس شد — بنزدیک منشور و فرتوس شد
که: «شبگیر، ز ایدر برفتم؛ پگاه — بگشتم همه گِردِ ایرانسپاه
بیاری فراوان سپاه آمده‌است — بسی کینه‌ور، رزمخواه آمده‌است
گمانم که آن رستم پیلتن — که گفتم کجا پیش این انجمن [9]
برفت از درِ شاه ایران سپاه — بیاری بیامد بدین رزمگاه!» [10]
بدو گفت کاموس که: «ای پرخرد — دلت یکسر اندیشهٔ بد برد
چنان دان که کیخسرو آمد بجنگ — مکن خیره، دل را؛ بدین کار، تنگ
ز رستم چه رانی تو چندین سخن — ز زاولستان یاد هرگز مکن [11]
درفش مرا گر ببیند بجنگ — بدریای چین، برخروشد، نهنگ
برو لشکر آرای و برکش سپاه — درفش اندرآور بآوردگاه!

۱ - لت دویم را هیچ گزارش نیست... گردش اخترِ بد، چگونه پیش پرده‌سرای دیده می‌شود؟
۲ - ایرانیان، رنگ سیاه بکار نمی‌بردند. ۳ - **یک:** از کجا دانست که فریبرز کاووس است؟ **دو:** خیمه!
۴ - سخن، از رج ۱۴۱۹۶ برگرفته شده است. ۵ - فراوان و فزون را با یکدیگر نشاید آوردن.
۶ - پیشتر گفته آمد که هومان به پیش سپاه آمد، نه آنکه تنها آمده باشد.
۷ - گیریم که زابلیان را بشناخت! چگونه خنجر کابلی آنانرا از دور دید؟
۸ - این رج را با رج پیشین پیوند نیست، زیرا که رج پیشین سخن را بپایان رسانده‌بود.
۹ - «که» در لت دویم با «کجا» هردو یکی است و هردو را باهم نمیتوان آوردن. ۱۰ - برفت؟... یا بیامد؟
۱۱ - «رانی تو» نادرست است زیرا که چون گفته شود «رانی» روشن است که «تو» را نیز بهمراه دارد.

آرایش نبرد ۳۸۳

چو من با سپاه اندرآیم بجنگ / نباید که باشد شما را درنگ[1]
ببینی تو پیکار مردان کنون / شده دشت یکسر چو دریای خون»[2]
دل پهلوان زان سخن شاد گشت / از اندیشهٔ رستم آزادگشت
سپه را همه ترگ و جوشن بداد / همی کرد گفتار کاموس یاد[3]
اُزان جایگه پیش خاقان چین / بیامد ببوسید روی زمین
بدو گفت: «شاها انوشه بَوی / روان را بدیدار توشه بَوی
بریدی یکی راه دشوار و دور / خریدی چنین رنج ما را بسور
بدینسان بآزرم افراسیاب / گذشتی بکشتی ز دریای آب
سپاه از تو دارد همی پشت، راست / چنان کن که از گوهر تو سزاست
بیارای پیلان به زنگ و درای / جهان پر کن از نالهٔ کرنای[4]
من امروز جنگ آورم با سپاه / تو با پیل و با کوس در قلبگاه[5]
نگهدار، پشتِ سپاهِ مرا / بابر اندر آور کلاه مرا[6]
چنین گفت کاموس جنگی بمن / که: «تو پیشرو باش زین انجمن[7]
بسی سخت سوگندهای دراز / بخورد و برآهیخت گرز از فراز[8]
که امروز من جز بدین گرز جنگ / نسازم و گر بارد از ابر سنگ»[9]
چو بشنید خاقان بزد کرنای / تو گفتی که کوه اندر آمد ز جای[10]
ز بانگ تبیره زمین و سپهر / بپوشید جنگ و بیفکند مهر[11]
بفرمود تا مهد بر پشتِ پیل / ببستند و شد روی گیتی چو نیل
بیامد گرازان بقلب سپاه / شد از گرد، خورشیدِ تابان، سیاه
خروشیدن زنگ و هندی درای / همی دل برآورد گفتی ز جای[12]
ز بس تخت پیروزه بر پشت پیل / درفشان بکردار دریای نیل؛[13]
بچشم اندرون روشنایی نماند / همی باروان آشنایی نماند[14]
پراز گرد شد چشم و کامِ سپهر / تو گفتی به قیر اندر اندود چهر[15]

---

۱ – نه چنین است، زیرا که کاموس، خود بتنهایی بمیدان جنگ میرود.
۲ – هنوز «نشده».
۳ – ترگ و جوشن را پیش‌از جنبش سپاه، بسپاهیان میدهند.
۴ – «زنگ و درای» آرایش پیل نیست.
۵ – پیران را در آن روز، جنگ نبود.
٦ – چگونه «قلب»، پشت سپاه را نگهدار می‌شود؟ که پشت سپاه، در پسِ قلبگاه است.
۷ – کاموس چنین نگفته‌بود.
۸ – یا سخت، یا دراز... سوگند(ها) نیز نادرست است: «سوگند».
۹ – کاموس باگرز، جنگ نکرد.
۱۰ – گفتی...
11 – زمین را توانِ پوشیدنِ جنگ(؟) نیست.
۱۲ – گفتی...
۱۳ – یک تخت بیشتر بر پشت پیل نمی‌نهادند، آن نیز ویژه پادشاه «اکنون خاقان» بود.
۱۴ – اگر تخت‌ها، درفشان بودند، چرا بچشم اندرون روشنایی نمانَد؟ لت دویم سخت سست است.
۱۵ – تو گفتی...

چو خاقان بیامد بقلب سپاه   بچرخ اندرون ماه گم کرد راه[1]
ز کاموس چون کوه شد میمنه   کشیدند بر سوی هامون بنه[2]
سوی میسره نیز پیران برفت   برادرش هومان و کلباد، تفت[3]
چو رستم بدید آنکه خاقان چه کرد   بیاراست در قلب جای نبرد[4]
چنین گفت رستم که: «گردان سپهر   ببینیم، تا بر که؟ گردد بمهر!
چگونه بُود بخشش آسمان   که را، زین بزرگان سرآید زمان؟[5]
درنگی نبودم به راه اندکی   دو منزل همی کرد رخشم یکی[6]
کنون سمّ این بارگی کوفته‌ست   ز راه دراز، اندر آشوفته‌ست[7]
نیارم بر او کرد نیرو بسی   شدن، جنگ‌جویان، به پیش کسی[8]
یک امروز در جنگ یاری کنید   برین دشمنان کامکاری کنید
که گردان سپهر جهان یار ماست   مه و مهر گردون نگهدار ماست»[9]
بفرمود تا توس بربست کوس   بیاراست لشکر چو چشم خروس[10]
سپهبد بزد نای و رویینه‌خم   خروش آمد و نالهٔ گاودم[11]
بیاراست گودرز بر میمنه   فرستاد بر کوهِ خارا بنه[12]
فریبرز کاووس بر میسره   جهان چون نیستان شده یکسره[13]
به قلب اندرون توس نوذر بپای   زمین شد پراز نالهٔ کرنای[14]
جهان شد به گَرد اندرون ناپدید   کسی از یلان خویشتن را ندید[15]

---

۱ – یکبار گفته شد که خاقان بیامد گرازان بقلب سپاه و این رج دوباره‌گویی است.

۲ – **یک:** میمنه در سخن فردوسی نیست... **دو:** جای بنه همواره در پشت سپاه است... **سه:** بُنه را با میمَنه پساوا نیست.

۳ – **یک:** میسره نیز... **دو:** لت دویم پیوند درست با لت نخست ندارد. **سه:** برادرش نادرست است: «برادرانش».

۴ – سخن از رستم، در رج پسین می‌آید.   ۵– دوباره‌گویی رج پیشین است.

٦ – **یک:** اندکی، نادرست است: «در ره درنگ نکردم». **دو:** رخش دو منزل (شاهنامه فلورانس سه منزل!) را یکی نمی‌کند، که سوار، چنین می‌کند.

۷ – **یک:** «این بارگی» نادرست است: «سم رخش» نیز درست نمی‌نماید، زیرا که در رج پیشین نام از رخش برده شد، و اینجا می‌بایستی از رخش با «او» یاد شود! **دو:** «اندر آشوفته» نیز آمیزه‌ای نادرست است: «آسیب‌دیده».

۸ – سخن سست می‌نماید. «نیرو کردن» نادرست است: «نیارم بر او فشار آوردن» «نیارم ویرا راندن» «نیارم بر او سوار شدن».

۹ – لت نخست سست است.

۱۰ – **یک:** رستم بتوس فرمان نمی‌دهد که توس خود سپهسالار است. **دو:** پیدا است که دو لشکر رودرروی هردو باهم بآرایش سپاه می‌پردازند، نه آنکه سپاه توران ازهمه‌سو آراسته باشد، و ایرانیان پسان، در اندیشهٔ آرایش سپاه افتند.   ۱۱ – دنباله گفتار.

۱۲ – **یک:** میمنه. **دو:** باز، سخن را پساوا نیست.

۱۳ – میسره! جهان از چه چیز چون نیستان «شده»! افراینده را می‌بایستی گفتن میسرهٔ سپاه ایران از نیزه‌های دراز چونان نیستان «می‌نمود».

۱۴ – پیشتر از نالهٔ کرنای سخن آمده‌بود.

۱۵ – **یک:** چگونه شاید که کسی خویش را در بیشترین گَرد نیز نبیند؟ **دو:** در سپاه آرام پیش‌از جنگ چگونه پراز گَرد می‌شود؟

بشد پیلتن تا سرِ تیغ کوه … بسدید ارِ خاقان و توران گروه[1]

سپه دید چندانکه دریای روم … ازیشان نمودی چو یک مهره موم[2]

کشانی و شکنی و سقلاب و هند … چغانیّ و چینیّ و هریّ و سند[3]

جهانی شده سرخ و زرد و سیاه … دگرگونه جوشن، دگرگون کلاه[4]

زبانی دگرگون به هر گوشه‌ای … درفش نوآیین و نو توشه‌ای[5]

ز پیلان و آرایش و تخت آج … همان یاره و افسر و توغ و تاج[6]

جهان بود یکسر چو باغ بهشت … بدیدار ایشان شده خوب، زشت[7]

بران کوه‌سر ماند رستم شگفت … به برگشتن اندیشه اندر گرفت[8]

که تا چون نماید به ما چرخ مهر؟ … چه بازی کند پیرگشته سپهر؟[9]

فرود آمد از کوه و دل بد نکرد … گذر بر سپاه و سپهبد نکرد[10]

همی گفت: «تا من کمر بسته‌ام … به یک جای یک سال ننشسته‌ام[11]

فراوان سپه دیده‌ام پیش ازین … ندانم که لشکر بود بیش ازین»[12]

بفرمود تا برکشیدند کوس … بجنگ اندر آمد سپهدارِ توس[13]

ازان کوه‌سر سوی هامون کشید … همی نیزه از کینه در خون کشید[14]

بیک نیمه از روز لشکر گذشت … کشیدند صف بر دو فرسنگ دشت[15]

ز گرد سپه روشنایی نماند … ز خورشید شب را جدایی نماند[16]

---

۱ – جهان‌پهلوان را در میدانی که دو سپاه در آن آمادهٔ نبرداند، نشاید رفتن بر سر کوه!، و وی را شاید که در میدان با ایرانیان سخن گفت.

۲ – در فرهنگ ایران دریای بزرگ؛ همانا دریای چین بوده‌است که بارها نیز در شاهنامه از آن یاد شده‌است. در اوستا وُئوروکَش (= بسیار مرز) در پهلوی فراخْوَکرت (= فراخکرد) و بزبان امروز؛ اقیانوس آرام، و در آنهنگام هنوز روم در جهان پدیدار نشده‌بود که دریایی بنام آن خوانده شود!

۳ – چون پنج گروه از آنان کشانی و شکنی و چینی... می‌خواند، سقلاب و هند و سند نادرست است.

۴ – جهانی نادرست است: «جهان».

۵ – **یک:** چگونه رستم از افراز کوه گفتار آنان را شنید و زبانشان را دگرگون دریافت؟ **دو:** درفش نوآیین، شاید اما؛ توشهٔ نو نادرست است.

٦ – پیوسته بسخن

۷ – **یک:** اگر خوب، زشت می‌نمود، چگونه جهان چون بهشت شده‌بود. **دو:** افزایندهٔ سست سخن خواسته‌است بگوید، در برابر چندان زیبایی، خوب‌های جهان زشت می‌نمود... که باز نادرست است، زیرا که در آنجا همان چیزها دیده می‌شد نه خوب‌های دیگر جهان. **سه:** خوب را روبروی زشت نمیتوان آوردن! خوب در برابر بد، و زشت رودرروی زیبا می‌آید.

۸ – ماند شگفت نادرست است: «شگفت‌زده شد». اندیشه نیز «اندر گرفتنی» نیست: «آهنگ بازگشتن کرد».

۹ – این سخن پیوندی با رج پیشین که بازگشتن از کوه باشد، ندارد.

۱۰ – **یک:** دل بد کردن نادرست است. **دو:** او که بمیان سپاه بازگشت چگونه گذر بر سپاه و سپهبد نکرد!

۱۱ – همی گفت نادرست است: «بدل گفت».

۱۲ – ندانم نادرست است: «سپاهی بدین بزرگی ندیده‌ام».

۱۳ – پیش‌ازاین چنین شده‌بود.

۱۴ – **یک:** سخن دوباره. **دو:** هنوز نبرد آغاز نشده چگونه نیزه‌اش را در خون کشید؟

۱۵ – سپاهیان پیش‌ازآن آماده بوده‌اند و پس‌از فرود آمدن رستم چنین نشد.

۱٦ – **یک:** پیشتر از تیرگی هوا سخن رفته‌بود. **دو:** لت دویم سست و بی‌گزارش است.

ز تیر و ز پیکان هوا تیره گشت ... همی آفتاب اندران خیره گشت [1]
خروش سواران و اسپان ز دشت ... ز بهرام و کیوان همی برگذشت [2]
ز جوش سواران و زخم تبر ... همی سنگ خارا برآورد پر [3]
همه تیغ و ساعد ز خون بود لَنل ... خروشان دل خاک در زیر نَئل [4]
دل مردِ بددل گریزان ز تن ... دلیران ز خفتان بریده کفن [5]
برفتند ازان جای شیران نر ... عقاب دلاور برآورد پر [6]
نماند ایچ با روی خورشید رنگ ... بجوش آمده خاک بر کوه سنگ [7]
به لشکر چنین گفت کاموس گُرد ... که: «گر آسمان را ببایدسپرد [8]
همه تیغ و گرز و کمند آورید ... به ایرانیان تنگ و بند آورید [9]
جهانجوی را دل به جنگ اندرست ... اُگرنه سرش زیر سنگ اندرست» [10]

رزم رستم
با
اشکبوس

دلیری که بُد نام او اشکبوس ... همی* برخروشید برسان کوس
بیامد که جوید از ایران نبرد ... سر همنبرد اندر آرد بگرد
بشد تیز رهّام با خود و گبر ... همی گَرد رزم اندر آمد به ابر [11]
برون تاخت رهّام، با اشکبوس ... برآمد ز هردو سپه بوق و کوس
بران نامور تیرباران گرفت ... کمانش کمین سواران گرفت
جهانجوی در زیر پولاد بود ... به خفتانش بر، تیر، چون باد بود!
نبُد کارگر تیر بر گبر اوی ... ازان تیزتر شد دل جنگجوی [12]

---

۱ - هنوز جنگ آغاز نشده‌است. ۲ - دنبالهٔ سخن. ۳ - هنوز نبرد آغاز نشده‌است.
۴ - همچنین ۵ - نیز ٦ - همچنان
۷ - «نماند»، در لت نخست با «آمده» در لت دویم هماهنگ نیست. و این سدیگر بار است که از تیرگی هوا سخن میرود.
۸ - «گُرد» را با «سپَرد» پساوا نیست. ۹ - تنها با کمند می‌توان ایرانیان را در بند و تنگ آوردن، نه با تیغ و گرز!
۱۰ - لشکریان جنگاورند، نه «جهانجوی» که جهانجوی، سرداران و پادشاهانند.
* - در همهٔ نمونه‌ها چنین آمده‌است، اما پیدا است که سخن فردوسی چنین بوده‌است: یکی بر خروشید... نَئره‌ای بزد و بمیدان آمد، زیراکه اگر «همی» را برگزینیم، پیوند لت دویم با لت نخست ازمیان میرود، و سخن را می‌بایستی بدینگونه سرودن: «دلیری که نامش اشکبوس بود (و) برسان کوس برمی‌خروشید...». ۱۱ - این سخن بگونهٔ درست در رج پسین می‌آید.
۱۲ - سخن دوباره

رزم رستم و اشکبوس ۳۸۷

بگرز گران دست برد اشکبوس / زمین آهنین شد، سپهر آبنوس!
برآهیخت رهّام گرزِ گران / غمی شد ز پیگار دست سران[1]
چو رهّام گشت از کشانی ستوه؛ / بپیچید ازو روی و، شد سویِ کوه؛
ز قلب سپاه اندر آشفت توس / بزد اسپ، کاید برِ اشکبوس
تهمتن برآشفت و با توس گفت / که: «رهّام را جام باده است؟ جفت!
به مَی در، همی تیغ بازی کند؟ / میان یلان سرفرازی کند؟
چرا شد کنون روی چون سندروس / سواری بود کمتر از اشکبوس[2]
تو قلب سپه را بآیین بدار / من اکنون پیاده کنم کارزار!»
کمانِ بزه را به بازو فکند / به بند کمر بر، بزد تیرِ چند
خروشید ک:«ای مرد رزم‌آزمای / هماوردت آمد مشو بازْ جای»
کشانی بخندید و خیره بماند / عنان را گران کرد و او را بخواند[3]
بدو گفت خندان که: «نام تو چیست / تنِ بی‌سرت را، که خواهد گریست؟»
تهمتن چنین داد پاسخ که: «نام / چه پرسی؟ کزین پس، نبینی تو کام!
مرا مامِ من، نام؛ مرگِ تو کرد / زمانه، مرا پتکِ ترگِ تو کرد»
کشانی بدو گفت: «بی‌بارگی / بکشتن دهی تن بیکبارگی!»
تهمتن چنین داد پاسخ بدوی / که: «ای بیهده مردِ پرخاشجوی!
پیاده ندیدی؟ که جنگ آورد! / سر سرکشان زیر سنگ آورد!
به شهر تو شیر و نهنگ و پلنگ / سوار اندر آیند؟ با کس، بجنگ!
هم اکنون ترا ای نبرده سوار / پیاده بیاموزمت کارزار[4]
پیاده مرا، زان فرستاد توس / که تا اسپ بستانم از اشکبوس!
کشانی پیاده شود همچو من / ز دو روی، خندان شوند، انجمن!
پیاده به از چون تو پانصد سوار / بدین روز و این گردش کارزار»[5]
کشانی بدو گفت: «با تو سلیح / نبینم همی، جز فسوس و مزیح»
بدو گفت رستم که: «تیر و کمان / ببینی هم اکنون، کت آرد زمان!»

---

۱ – **یک:** غمی نادرست است، زیرا که دست غمگین نمی‌شود. **دو:** اگر دست سران، یا هردو پهلوان از کار افتاد، چرا رهام را می‌بایستی گریختن؟ ۲ – **یک:** روی نادرست است: «روی او». **دو:** لت دویم بی‌پیوند است.

۳ – سخن از خندیدن و سخن گفتن اشکبوس در رج پسین می‌آید.

۴ – «ترا» در لت نخست با «بیاموزمت» در لت دویم ناهماهنگ است.

۵ – شیوهٔ شمارش درست نیست...: «یک پیاده، به از پانصد سوار چون تو». شاهنامهٔ فلورانس:

پیاده به از چون تو باشد سوار / بدین دست و این زور و این کارزار

این گفتار نیز ناهماهنگ است: «پیاده از سواری چون بهتر است» لت دویم نیز در همهٔ نمونه‌ها نادرخور است زیرا که آن همان دست بود که باگرز، یکی از پهلوانان ایران را ستوه کرد، و همان زور بود، «این کارزار» نیز درست نیست.

چو نازش بـاسپ گرانمایه دید — کمان را بزه کرد و اندر کشید[۱]
یکی تیر زد بر برِ اسپ اوی — که اسپ اندر آمد ز بالا بروی
بخندید رستم به آواز گفت — که: «بنشین به پیشِ گرانمایه جفت
سزد گر بداری سرش در کنار — زمانی برآسایی از کارزار»
کمان را بزه کرد زود اشکبوس — تنی لرز لرزان و رخ سندروس[۲]
برُستم بر، آنگه بـبارید تیر — تهمتن بدو گفت: «بر خیره خیر»[۳]
همی رنجه داری تنِ خویش را — دو بازوی و جان بد اندیش را[۴]
تهمتن به بند کمر برد چنگ — گزین کرد یک چوبه تیر خدنگ[۵]
یکی تیر الماسِ پیکان چو آب — نهاده بر او چار پرّ عقاب[۶]
کمان را بمالید رستم به چنگ — به شست اندر آورد تیر خدنگ
ستون کرد، چپ را و خم کرد، راست — خروش از خَمِ چرخِ چاچی بخاست*
چو سوفارش آمد بپهنای گوش — ز چرم گوزنان برآمد خروش[۷]
چو پیکان ببوسید، انگشت اوی — گذر کرد، از مهرهٔ پشت اوی
بزد بر بر و سینهٔ اشکبوس — سپهر آن زمان دست او داد بوس[۸]
قضا گفت گیر و قدر گفت ده — فلک گفت احسنت و مه گفت زه[۹]
کشانی هم اندر زمان جان بداد — چنان شد که گفتی ز مادر نزاد[۱۰]
نظاره بریشان دو رویه سپاه — که دارند پیگارِ گردان نگاه[۱۱]
نگه کرد کاموس و خاقان چین — بران برز بالا و آن زور و کین[۱۲]

۱ – **یک:** نازش نادرست است: «نازشش». **دو:** پیشتر، در سخن درست فردوسی آمده‌بود که «کمانِ بزه را ببازو فکند» کمان را در میدان نبرد بزه نمی‌کنند که پیشتر چنین کار را می‌کنند! **سه:** اندر (= اندرون) کشیدن نادرخور است.

۲ – **یک:** باز برای اشکبوس نیز چنین نادرستی پیش می‌آید. **دو:** لت دویم را با لت نخستین پیوند نیست، و پایان نیز ندارد.

۳ – آنگه نادرست می‌نماید، و وابسته برج افزودهٔ پسین است.

۴ – چون تن رنجه شود، بازو نیز رنجه است، اما جان را با این دو هماهنگی نیست و جان را نیز نشاید «بداندیش» نامیدن!

۵- سخن از تیر خدنگ در رج دویم پسین می‌آید.

٦ – یک تیر در رج پیشین چوبین بود، نه الماسین! شاید افزاینده را رای بر آن بوده‌است، که از پیکان آن تیر سخن بگوید، اما آن نیز اگر «چون» الماس بوده‌است «چون» آب نمی‌توانست بوده‌باشد! و تیر را برای شکافتن هوا، و تیز رفتن دو پر شایسته‌است و چهار پر، آنرا از جهش و تیزی می‌اندازد. دربرخی نمونه‌ها: «خدنگی بر آورد پیکان چون آب» که آن نیز دوباره‌گویی است زیراکه در رج پیش‌از «گزیدن تیر» سخن رفته‌بود.   * – کمان چاچی، ازکشش رستم خروش برآورد.

۷ – **یک:** کنش «آمد» برای سوفار نادرخور است: «رسید». **دو:** پیشتر، از «چرم گوزن» یاد شده بود، و پیدا است که زه را از چرم یک گوزن شاید تابیدن.

۸ – در رج پیشین، تیر از مهرهٔ پشت اشکبوس بگذشت، و افزاینده تازه آنرا بر «بر» و «سینه» او می‌زند، که کاربرد هردو واژه باهم نیز درست نیست، چونکه «بر» همان «سینه» است.   ۹ – قدر و احسنت را در سخن فردوسی راه نیست.

۱۰ – گفتی!   ۱۱ – نظاره و نگاه هردو از یک خانواده‌اند، و باهم کاربرد ندارد.

۱۲ – نگه کرد نادرست است: «نگه کردند» و نگه و نگاه و نظاره باهم در گفتار فردوسی نمی‌آیند.

چو برگشت رستم، هم اندر زمان سواری فرستاد خاقان؛ دمان
کزان نامور تیر بیرون کشید همه تیر تا پَرْش در خون کشید
میان سپه تیر بگذاشتند مر آنرا همه نیزه پنداشتند
چو خاقان بدان پرّ و پیکانِ تیر نگه کرد، برنادلش گشت پیر[۱]
بپیران چنین گفت کـ:«این مرد کیست؟ ز گُردان ایران ورا نام چیست؟
تو گفتی که لختی فرومایه‌اند! ز گردنکشان کمترین پایه‌اند!
کنون نیزه، با تیر ایشان یکی‌است دلِ شیر در جنگشان[○] اندکی‌است
همی خوار کردی سراسر سَخُن جزآن بُد که گفتی، ز سر تا به بُن»
بدو گفت پیران کـ:«ز ایران سپاه ندانم کسی را، بدین پایگاه
کجا تیر او بگذرد بر درخت ندانم چه‌دارد به دل شوربخت[۲]
ز ایرانیان گیو و توس اند، مرد که با فرّ و برزند روز نبرد![۳]
برادرم هومان بسی پیش توس جهان کرد بر گونهٔ آبنوس[۴]
به ایران ندانم که این مرد کیست! بدین لشکر او را هماورد کیست؟[۵]
شوم، باز پرسم، ز پرده‌سرای بیارند ناچار، نامش بجای»

پرسیدن پیران
از
آمدن رستم

بیامد پُر اندیشه و روی زرد بپرسید ازان نامدارانِ مرد[۶]
به پیران چنین گفت هومان گرد که: «دشمن ندارد خردمند خرد[۷]
بزرگان ایران گشاده دلند[۸] تو گویی که آهن ز هم بگسلند![۹]
کنون تا بیامد ز ایران سپاه همی برخروشند زان رزمگاه»[۱۰]

---

۱ - برنا، کودک پنج ساله تا ده ساله است نه مردی چون خاقان چین.

○ - «چنگشان» درست می‌نماید، در برخی نمونه‌ها دل کوه آمده‌است که آن نیز درست نمی‌نماید.

۲ - **یک:** تیر از درخت نگذشته بود، از پیکر یک مرد گذشته بود. **دو:** بخت، دل ندارد که شور باشد، یا نباشد.

۳ - بیژن و دیگر پهلوانان ایران، مرد نیستند!

۴ - لت دویم از داستان‌های افزودهٔ پیشین سخن میگوید.

۵ - دنبالهٔ سخن

۶ - هنوز پیران برای پژوهش نرفته‌است و در گفتار پسین کاموس با وی سخن میگوید.

۷ - دنبالهٔ گفتار.

۸ - بزرگان و سپاهیان ایران شادمان (گشاده‌دل) بچشم می‌آیند.

۹ - **یک:** سپاه را گشاده‌دل توان دیدن، اما بزرگان سپاه از راه دور، دیده نمی‌شوند. **دو:** «دِلَند» را با «بگسَلَند» پساوا نیست.

۱۰ - کنون تا بیامد، نادرست است: «از آنهنگام که سپاه از ایران آمده‌است...».

بدو گفت پیران که: «هرچند یار — بیاید بر توس، از ایران سوار [1]
چو رستم نباشد مرا باک نیست — ز گرگین و بیژن دلم چاک نیست [2]
سپه را دو رزم گران است پیش — بجویند هرکس بدین، نام خویش» [3]
اُزان جایگه نزدِ کاموس رفت — بنزدیک منشور و فرتوس رفت [4]
چنین گفت ک:«امروز رزمی بزرگ — برفت و پدید آمد از میش، گرگ [5]
ببینید تا چارهٔ کار چیست — برین خستگی‌ها تن آزار چیست» [6]
چنین گفت کاموس ک:«امروز جنگ — چنان بُد که نام اندر آمد بننگ
برزم اندرون کشته شد اشکبوس — اُز او شادمان شد دل گیو و توس [7]
دلم زان پیاده بدو نیم شد — کزو لشکر ما پراز بیم شد
ببالای او بر زمین مرد نیست — بدین لشکر او را هماورد نیست [8]
کمانش تو دیدی و تیر ایدرست — بنیرو ز پیل ژیان برترست [9]
همانا که آن سگزی جنگجوی — که چندین همی برشمردی ازوی ○
پیاده بدین رزمگاه آمده‌است — بیاریّ ایران سپاه آمده‌است!»
بدو گفت پیران که: «او دیگر است — سواری سرافراز و گندآور است»
بترسید پس مرد بیداردل — کجا بسته بود اندر آن کار دل [10]
ز پیران بپرسید ک:«ان شیرمرد؛ — چگونه؟ خرامد بدشت نبرد!
ز بازو و بُرزش چه؟ داری نشان — چه؟ گوید بآورد با سرکشان
چگونه‌ست؟ مردیّ و دیدار اوی — چگونه؟ شوم من به پیکار اوی
گرایدونکه اویست کامد ز راه — مرا رفت باید بآوردگاه»
بدو گفت پیران که: «این خود مباد — که او آید ایدر، کند رزم یاد
یکی مرد بینی چو سرو سهی — بدیدار با زیب و با فرّهی
بسا رزمگاها که افراسیاب — ازو گشت پیچان و دیده پر آب
یکی رزمساز است، خسروپرست — نخست او بَرَد سوی شمشیر دست
بکین سیاوش کند کارزار — کجا او بپروردش اندر کنار

---

۱ – سخن را «اگر» باید. ۲ – گرگین و بیژن در میانهٔ سپاه بوده‌اند. سخن سست.
۳ – هیچگاه در آغاز کار، روشن نیست که چند رزم بهم خواهد پیوستن!
۴ – اگر پس‌از دیدن کاموس بنزد منشور و فرتوس رفته‌است، پس چگونه کاموس در رج سیوم پسین با وی سخن میگوید؟
۵ – بر سردار سپاهی که سپاهیان خویش را چون میش در برابر گرگ بیند، بایستی گریستن.
٦ – لت دویم سست می‌نماید، در شاهنامه‌های گوناگون نمونه‌ای چند بگونه‌های دیگر آمده‌است که همه نادرست‌اند (بنگرید به خالقی مطلق ۱۸٦–۳). ۷ – پیدا است که اشکبوس کشته شده‌است، سخن دوباره است.
۸ – پیش‌ازاین و ازاین‌پس نیز بارها کاموس خود را برتر از رستم می‌شمارد. ۹ – کمانش را همگان دیده‌اند نه پیران.
○ – رج ۱۴۱۹۱. ۱۰ – باز سخن از ترس کاموس میرود و در آینده چنین نمی‌نماید.

پژوهیدن پیران دربارهٔ رستم ۳۹۱

ز گُردان کنند آزمایش بسی سلیح ورا برنتابد کسی[1]
نه برگیرد از جای، گرزش، نهنگ اگر بفکند بر زمین روزِ جنگ[2]
زهی بر کمانش بر، از چرمِ شیر یکی تیر و پیکان او ده ستیر[3]
به رزم اندر آید بپوشد زره یکی جوشن از بر ببندد گره[4]
یکی جامه دارد ز چرم پلنگ بپوشد زبَر، اندر آید بجنگ
همی نام ببربیان خواندش ز خفتان و جوشن فزون داندش
نه سوزد در آتش، نه از آب تر شود، چون بپوشد؛ برآیدْش پر
یکی رخش دارد بزیر اندرون که گویی روان شد کُهِ بیستون[5]
همی آتش افروزد از خاک و سنگ نیارامد از بانگ هنگام جنگ
ابا این شگفتی بروز نبرد سزد گر نداری تو او را بمرد!»
چو بشنید کاموس بسیارهوش به پیران سپرد آن زمان چشم و گوش[6]
همانا خوش آمدش گفتار اوی برافروخت زان کار بازار اوی[7]
به پیران چنین گفت ک:«ای پهلوان تو بیداردل باش و روشنروان[8]
ببین تا چه خواهی ز سوگند سخت که خوردند شاهان بیداربخت؛[9]
خورم من فزون زان، کنون پیش تو که روشن شود زان دل و کیش تو[10]
که زین رانبردارم از پشتِ بور بنیروی یزدانِ کیوان و هور[11]
مگر بخت و رای تو روشن کنم بریشان جهان چشم سوزن کنم»[12]
بسی آفرین خواند پیران بر اوی که: «ای شاه بینادل و راستگوی[13]

---

۱ - کنند نادرست است: «کرده‌اند».

۲ - سخن دوباره... نهنگ را بگرز چکار است؟ و چگونه تواند گرز از زمین برداشتن؟ اگر شیر و پیل را گفتندی بهتر می‌نمود، اما افزاینده را برای پساوا نیاز به نهنگ بود.

۳ - **یک:** در جنگ با اشکبوس از چرم گوزن سخن رفت و افزاینده برای بزرگداشت بیشتر رستم آنرا به چرم شیر می‌گرداند! **دو:** پیکان ده سیری (= ۷۵۰ گرم) در هوا پرش ندارد. گزافه را نیز مرزی باید!

۴ - برای هرکس که برزم آید زره پوشیدن بایسته‌است!

۵ - **یک:** زیر را (اندرون) نیست. **دو:** «روان شد» نیز نادرخور است: روانست.

۶ - چو بشنید، کار شنیدن را بپایان می‌برد، و دیگر جای آن نیست که «چشم» و گوش بسخن وی بسپرد!

۷ - دنباله سخن   ۸ - نیز

۹ - سخن پریشان است. اگر سخن از شاهان میرود، می‌بایستی از «سوگندها» یاد شود، و نیز کنش «خورده‌اند» بایسته می‌نماید.

۱۰ - **یک:** زان نادرست است: «زانها». **دو:** روشن شدن‌کیش را گزارش نیست.

۱۱ - **یک:** برنداشتن زین کاری سخت نیست، و شاید که کسی نبرد نکند اما اسبش همواره در زیر زین بوده‌باشد. **دو:** کیوان و هور را برابر نهادن کاری درست نیست. کیوان را در برابر بهرام و تیر توان نهادن، نه در برابر با خورشید!

۱۲ - بخت بخششی (قسمتی) است که ازپیش، نهاده شده‌است، و آنرا نمیتوان روشن و تیره کردن. رای نیز آهنگ (= اراده) برای انجام کاریست و آن نیز روشن و تیره نمی‌شود.   ۱۳ - دنباله سخن

بدین شاخ و این یال و بازوی و کفت — هنرمند باشی ندارم شگفت[1]
بکام تو گردد همه کار ما — نمانده‌است بسیار، پیکار ما»
اُزان جایگه گِرد لشکر بگشت — به هر خیمه و پرده‌ای برگذشت[2]
بگفت این سخن پیش خاقان چین — همی گفت با هرکسی همچنین[3]

*

ز خورشید چون شد جهان لعل فام — شب تیره بر چرخ بگذاشت گام؛
دلیران لشکر شدند انجمن — که بودند دانا و شمشیرزن[4]
به خرگاه خاقان چین آمدند — همه دل پراز رزم و کین آمدند[5]
چو کاموس اسپ‌افگن شیرمرد — چو منشور و فرتوس مرد نبرد[6]
شمیران شگنی و شنگل ز هند — ز سقلاب چون کندر و شاه سند[7]
همی رای زد رزم را هرکسی — از ایران سخن گفت هرکس بسی[8]
ازانپس بران رای‌شان شد درست — که یکسر بخون دست بایست شست[9]
برفتند هرکس بآرام خویش — بخفتند در خیمه با کام خویش[10]
چو باریک و خمیده شد پشت ماه — ز تاریک زلف شبان سیاه[11]
بنزدیک خورشید چون شد درست — برآمد پراز آب رخ را بشست[12]
سپاه دو کشور برآمد بجوش — بچرخ بلند اندر آمد خروش
چنین گفت خاقان که:«امروز جنگ — نباید که چون دی، بود با درنگ
گمان برد باید که پیران نبود! — نه بی او نشاید نبرد آزمود؟![13]
همه همگنان رزمساز آمدیم — بسیاری ز راه دراز آمدیم[14]

---

۱ – میان دو لت پیوندِ شایسته نیست، لت دویم نیز نادرخور است، هنرمند جنگاور است و کاموس ازپیش جنگاوری خویش را نموده‌است و اکنون نمی‌توان آنرا در بند شاخ و یال او دانستن. ۲ – خیمه و پرده یکی است.

۳ – همی گفت نادرست است: «گفت». اما سخنی را که با خاقان می‌توان در میان نهادن، با هرکس نشاید گفتن.

۴ – پیوند درست میان لت نخست و لت دویم نیست: «دلیران دانا و شمشیرزن انجمن کردند». ۵ – دنبالهٔ سخن.

٦ – چو، نادرست است.

۷ – **یک:** اگر شمیران «شگنی» باشد، شنگل را نیز «هندی» باید خواندن. **دو:** در لت دویم «چون» نادرست است.

۸ – **یک:** هرکسی نادرست است: «همگان رای زدند». **دو:** لت دویم سست است.

۹ – فردا، در جنگ نه چنین روی نمود، و تنها یک سوار کاموس بآوردگاه رفت!

۱۰ – **یک:** خیمه را در سخن فردوسی راه نیست. **دو:** هرکس با کام خویش خفت، چنین می‌نماید که همگان در مشکوی خویش با همسران خویش خفتند!

۱۱ – **یک:** ماه هر چند که باریکتر می‌شود بپایان نزدیکتر می‌شود، و در شب بیست‌وهشتم باریکترین است که در سپیده‌دم دیده می‌شود، و نه در شب. **دو:** ماه در آنشب از شب سیاه خمیده شد، یا از شبان سیاه؟

۱۲ – افزاینده را هیچگاه پروای نگریستن بچرخ گردان و روش و جنبش ماه و خورشید و ستارگان نبوده‌است. و سخنِ بی‌بنیاد می‌گوید، چون ماه بخورشید نزدیک می‌شود، دیده نمی‌شود، و با کدام آب، روی خویش را می‌شوید؟

۱۳ – پیران نبود، نادرست است: «پیران نیست». ۱۴ – همه همگنان نادرست است.

گر امروز چون دی درنگ آوریم	همه نام را زیر ننگ آوریم[1]
دودیگر که فردا از افراسیاب	سپاس اندر آرام جوییم و خواب[2]
یکی رزم باید همه همگروه	شدن پیش لشکر بکردار کوه[3]
ز ده کشور ایدر، سرافراز هست	به خواب و بخوردن نباید نشست»
بزرگان ز هر جای برخاستند	به خاقان چین پاسخ آراستند
که: «بر لشکر امروز، فرمان تراست!	همه کشور چین و توران تراست
یک امروز بنگر بدین رزمگاه	که شمشیر بارد ز ابر سیاه!»

کشته شدن اَلوای زابُلی
بر دست
کاموس

اُزین روی رستم با ایرانیان	چنین گفت ک:«اکنون سرآمد زیان
اگر کشته شد زین سپاه اندکی	نشد بیش‌وکم از دو سیسد یکی[4]
چنین یکسره دل مدارید تنگ	نخواهم تنِ زنده بی‌نام و ننگ[5]
همه لشکر ترک از اشکبوس	برفتند رخساره چون سندروس[6]
کنون یکسره دل پراز کین کنید	بُرو*های جنگی پراز چین کنید
که من رخش را بستم امروز، نئل	بخون کرد خواهم سرِ تیغ، لئل
بسازید، کامروز، روزی نو است	زمین، سربسر؛ گنجِ کیخسرو است
میان را ببندید کز کارزار	همه تاج یابید باگوشوار»[7]
بزرگان بر او خواندند آفرین	که: «از تو فروزد کلاه و نگین»

---

۱ – دیروز نیز درنگ نیاورده‌بودند، و آغاز نبرد با سپاه توران بود.

۲ – سپاس افراسیاب از آنان آرام و خواب خواهد بودن؟

۳ – رزم همگروه پیش نیامد که کاموس بتنهایی از سپاهیان ایران هماورد خواست.

۴ – **یک:** از دو سیسد؛ یکی، شماریست که در اندیشهٔ‌کس نمی‌آید (بنگرید به یک در ششسد!) **دو:** کشته شد نادرست است: «اگر کشته شده‌است».

۵ – **یک:** ایرانیان با آمدن فریبرز و رستم شادمان بودند، دلتنگ نبودند! **دو:** «نام» و «ننگ» رودرروی هم می‌ایستند، و باهم گِرد نمی‌آیند!

٦ – **یک:** تورانیان ترک نبودند. **دو:** در سپاه توران، بسیار کسان دیگر نیز بودند که ترک نبودند.

* – بُرو: ابرو.

۷ – **یک:** پیوند میان لت نخست و لت دویم نیست. **دو:** هیچیک از سپاهیان پس‌از پیروزی، تاج و گوشوار نمی‌یابند.

بپوشید رستم سلیح نبرد … به آوردگه رفت با دار و برد[1]
زره زیر بُد جوشن اندر میان … ازان پس بپوشید ببربیان[2]
گرانمایه مغفر به سر برنهاد … همی کرد بدخواهش از مرگ یاد[3]
به نیروی یزدان میان را ببست … نشست از برِ رخش، چون پیل مست
ز بالای او آسمان خیره گشت … زمین از پی رخش او تیره گشت[4]

*

برآمد ز هردو سپه بوق و کوس … زمین؛ آهنین شد، سپهر؛ آبنوس
جهان لرز لرزان شد و دشت و کوه … زمین شد ز نعل ستوران ستوه[5]
اُزین روی کاموس بر میمنه … پس پشت او زنده‌پیل و بنه[6]
اَبَر میسره لشکرآرای هند … زره‌دار و در چنگ، هندی پرند[7]
به قلب اندرون جای خاقان چین … شده آسمان تار و جنبان زمین[8]
اُزین رو فریبرز بر میسره … چو خورشید، تابان، ز برج بره[9]
سوی میمنه پور کشواد بود … که کتفش همه زیر پولاد بود[10]
به قلب اندرون توس نوذر بپای … به پیش سپه کوس با کرنای[11]
همی دود آتش برآمد ز آب … نبیند چنین رزم جنگی به خواب[12]
برآمد ز هر سویِ لشکر خروش … همی پیل را زان، بدرّید گوش[13]
نخستین که آمد میان دو صف … ز خون جگر بر لب آورده کف؛
سپهبد، سرافراز، کاموس بود … که با لشکر و پیل و با کوس بود
همی برخروشید چون پیل مست … یکی گرزهٔ گاوپیکر بدست

---

۱ – دار و بَرد؛ نادرست: «داروگیر».

۲ – در سخنان پیران آمده‌بود که رستم را پلنگینه‌ایست که ببربیانش خوانند، و آنرا از زره برتر می‌داند، و اینجا رستم را از کاموس (در افزوده‌های پیشین) ترسوتر می‌نماید که زره و جوشن(؟) می‌پوشد، و بجای پیراهن نیز ببربیان در روی می‌پوشد؟!

۳ – سخن سست‌تر از این نمیشود که بهنگام بر سر نهادن خود، دشمن (که دو فرسنگ از وی دور است) از مرگ یاد کند! از مرگِ که؟ مرگِ خودش؟ یا مرگ رستم؟

۴ – گزافهٔ سخت!

۵ – از جهان در رج پیشین با نام «سپهر» یاد شده‌است، و از زمین نیز چنین است.

٦ – **یک:** چون از هردو سپه بوق‌وکوس بر آمد، نشاید گفتن اُ زین روی... **دو:** میمنه! **سه:** باز بُنه که با میمنه پساوا ندارد. **چهار:** بنه را همواره پشت ساقهٔ سپاه نگاه می‌داشتند.

۷ – **یک:** میسره! **دو:** هِند را با پَرَند، پساوا نیست. **سه:** بهنگام رده بستن، تیغ «پرند هندی(؟)» را بدست نمی‌گرفتند، و سپاهیان را تنها شمشیر در کار نبود که دیگر جنگ‌افزارها را چون نیزه و تیر و گرز و... بایسته بود.

۸ – آسمان از ایستادن خاقان تار شده‌بود؟ از جنبان بودن زمین پیشتر، با لرز لرزان شدن دشت و کوه، یاد شده‌بود.

۹ – اُ زین رو نیز درست نیست.

۱۰ – **یک:** باز میمنه. **دو:** تنها شانهٔ پهلوان زره پولادین داشت؟

۱۱ – دنبالهٔ گفتار

۱۲ – **یک:** در میان رزمگاه آب نبود که از آن دودِ آتش برآید. **دو:** زمان کنش دگرگون شد.

۱۳ – پیشتر گفته شد که از دو سوی آوای بوق‌وکوس برآمد.

که: «آن جنگجوی پیاده کجاست؟ ... که از نامداران همی رزم خواست
کنون گر بیاید به آوردگاه ... تهی ماند از تیر او جایگاه»[1]
ورا دیده بودند گردان نیو ... چو توس سرافراز و رهّام و گیو[2]
کسی را نیامد همی رزم، رای ... ز گُردان ایران تهی ماند جای[3]
که با او کسی را نبُد تاو جنگ ... دلیران چو آهو و او چون پلنگ[4]

*

یکی زابلی بود، الوای نام ... سپهدار و گردنکش و تیزگام
کجا؛ نیزهٔ رستم، او داشتی ... پسِ پشتِ او هیچ نگذاشتی
بسی رنج برده بکار عنان ... بیاموخته گرز و تیر و سنان[5]
به رنج و بسختی جگر سوخته! ... ز رستم هنرها بیاموخته!
بدو گفت رستم که: «بیدار باش! ... به آوردِ این ترک هشیار باش[6]
مشو غرق ز آب هنرهای خویش ... نگه‌دار بر جایگه پای خویش[7]
چو قطره برِ ژرف دریا بری ... به دیوانگی ماند این داوری»[8]
شد الوای* آهنگ کاموس کرد ... که جوید به آورد با او نبرد
نهادند آوردگاهی بزرگ ... کشانی بیامد بکردار گرگ
بزد نیزه و برگرفتش ز زین ... بینداخت آسان بروی زمین
عنان را گران کرد و او را به نئل ... همی کوفت تا خاک، ازو گشت لئل

نبرد رستم
با
کاموس کشانی

تهمتن، ز الوای شد دردمند ... ز فتراک، بگشاد پیچان کمند

---

۱ - لت دویم بی‌گزارش است.
۲ - **یک:** چو توس... نادرست است. **دو:** ورا دیده‌بودند، داستان از نبرد افزودهٔ پیشین گیو و توس با کاموس می‌گوید.
۳ - دنبالهٔ گفتار ۴ - لت دویم پیوند درست، با خود، و با لت نخست ندارد.
۵ - گرز و تیر را نمی‌آموزند، تیراندازی و سنانداری... را می‌آموزند. این سخن دوباره‌گویی رج پیشین است.
٦ - تورانیان، ترک نبودند، بویژه کاموس که از کوشانیان بود و ایرانی بود و با گرزِ «گاو پیکر» که گرز پهلوانان ایران بود، و همه آنرا از فریدون بیادگار داشتند، بمیدان آمده‌بود. ۷ - لت نخست بی‌پیوند و سست است.
۸ - **یک:** اگر چنین است، و الوای در برابر کاموس، چکره (قطره)ای بیش نیست، چرا رستم با نبرد وی همداستان بود؟ **دو:** لت دویم از شاهنامه است: چو درویش نادان کند مهتری / بدیوانگی ماند این داوری. * - می‌باید چنین بوده‌باشد: «شد الوای و».

چو آهنگ جنگ سران داشتی — کمندیّ و گرزی گران داشتی [1]
بیامد بغرّید چون پیل مست — کمندی ببازو و گرزی بدست
بدو گفت کاموس: «چندین مَدَم — بنیروی این رشتهٔ* شست خم!»
چنین پاسخ آورد رستم، که: «شیر — چو نخچیر بیند، بغرّد دلیر
نخستین بدین کین، تو بستی کمر — از ایران بکُشتی یکی نامور
کنون رشته خوانی؟ کمند مرا! — ببینی همی تنگ بندِ مرا!○
زمانه ترا، ای کشانی، براند — چو ایدر بُدت خاک جایت نماند» [2]
برانگیخت کاموس اسپ نبرد — هماورد را دید بادار و بُرد [3]
بینداخت تیغ پرند آورش — همی خواست از تن بریدن سرش [4]
سر تیغ بر گردن رخش خورد — ببرّید برگستوانِ نبرد! [5]
تن رخش را زان نیامد گزند — گوِ پیلتن حلقه کرد آن کمند [6]
بینداخت، و افکندش اندر میان — برانگیخت از جای، پیلِ ژیان●
بزین اندر آورد و کردش دوال — عقابی شده رخش با پرّ و بال [7]
سوار از دلیری بیفشارد ران — گران شد رکیب و سبک شد عنان [8]
همی خواست کان خمّ خام کمند — بنیرو ز هم بگسلاند ز بند [9]

---

۱ – **یک:** پیدا است که کمندوگرز داشت اما شمشیروخنجر و دیگر جنگ‌افزارها را نیز بهمراه داشت... مگرآنکه در یک نبرد ویژه چون نبرد پیشین با اشکبوس، تنها از تیروکمان بهره برد! **دو:** دوباره‌گوییِ سخن درست فردوسی است در رج پسین.

* – کمند را با «زهِ» تابداده می‌سازند! کشانی اینجا کمندِ رستم را بریشخند گرفته آنرا رشته = ریسمان می‌نامند.

○ – سخن درست چنین می‌نماید: همی رشته خوانی... ببینی کنون... .

۲ – «جایت نماند» نادرست است: «جایی دیگر برای تو نماند».

۳ – **یک:** «اسب نبرد» هیچگاه، دیگر در شاهنامه کاربرد نداشته‌است. پیدا است که اسپان سواران، «اسپان جنگی»اند. **دو:** دار و بُرد با نَبرد پساوا ندارد.

۴ – **یک:** شمشیر را نمی‌اندازند، که می‌زنند! **دو:** لت دویم، پیوند درست با لت نخست ندارد. **سه:** سرِ چه‌کس را؟

۵ – **یک:** باز؛ برگستوان «نبرد»؟ پیدا است که برگستوان ویژهٔ نبرد است!

٦ – **یک:** چگونه شمشیری که برگستوان را بر روی گردن اسب می‌بُرد، و باسب آسیب نمی‌رساند! چنین کار روی نمی‌دهد، زیرا که هر اندازه از برگستوان که بریده شود، بهمان اندازه گردن اسپ را نیز می‌برد! **دو:** «آن کمند» درست نیست: «کمند».

● – رخش را.

۷ – **یک:** کمند را به کپهٔ زین می‌افکنند، تا جانور، یا سواری که به بند آمده‌است، باکوچکترین جنبش بر زمین غلتد، اما دیده نشده‌است که دوال را به زین اندر آورند. **دو:** کنش در لت دویم دیگر شد و نادرست است. **سه:** در گفتار درست فردوسی در رج پیشین چنین آمد که برانگیخت از جای، پیل ژیان (= رخش را) و اینجا دوباره‌گویی است. **چهار:** رخش را نشاید چون شاهین بپرواز درآمدن، آنهم با رویش پروبال!

۸ – **یک:** بزرگترین ناآگاهی افزاینده از رویدادهای میدان جنگ!! چگونه شاید پذیرفتن که کاموس، پهلوان کوشانی نداند که در بند کمند، نمی‌باید اسپ را تاختن! چون تاختن همان است و بر زمین غلتیدن همان! افزاینده رکاب کاموس راگران و لگام اسبش را سبک می‌کند، تا بتازد!! **دو:** لت دویم از دیگر جایهای شاهنامه برگرفته شده‌است.

۹ – لت دویم نادرست است: آن کمند را «از» هم بگسلاند «از» بند، چه گزارش دارد؟

نبرد کاموس کُشانی ۳۹۷

شد از هوش کاموس و نگسست خام / گو پیلتن رخش را کرد رام[1]
عنان را بپیچید و، او را ز زین / نگون اندر آورد و، زد بر زمین!
بیامد، ببستش بخمّ کمند / بدوگفت که:«اکنون شدی بیگزند!
ز تو تُنبَل و جادوی دور گشت / روانت بر دیو، مزدور گشت
سرآمد بتو بر همه روزِ کین / نبینی زمین کُشانی و چین[2]
گمان تو آن بُد که هنگام جنگ / کسی چون تو نگرفت خنجر به چنگ[3]
مبادا که کین آورد سرفراز / که بس زود بیند نشیب و فراز»[4]
دو دست ازپس پشت، بستش چو سنگ / بخمّ کمند اندر آورد چنگ[5]
بیامد خرامان بایران سپاه / بزیر کش اندر، تن کینه‌خواه[6]
بگُردان چنین گفت که:«ین رزمجوی / ز بس زور و کین، اندر آمد بروی
چنین است رسم سرای فریب / گهی در فراز و گهی در نشیب[7]
به ایران همی شد که ویران کند / کنام پلنگان و شیران کند
به زاولستان و به کاولستان / نه ایوان بوَد نیز و نه گلستان[8]
نیندازد از دست کوپال را / مگر کم کند رستم زال را
کفن شد کنون مغفر و جوشنش / ز خاک افسر وگور، پیراهنش
شما را بکشتن چگونه است رای / که شد کار کاموس جنگی به پای»[9]
بیفکند بر خاک، پیشِ سران / ز لشکر برفتند گنداوران[10]
تنش را به شمشیر کردند چاک / به خون غرقه شد؛ زیر او، سنگ و خاک
بمردی نباید شد اندر گمان / که بر تو درازست دست زمان[11]

---

۱ - لت دویم، در گفتار درست فردوسی در رج پسین می‌آید.

۲ - **یک:** در لت دویم «دیگر» بایسته است: «دیگر زمین کوشان را نبینی». **دو:** کُشانی، چینی نبوده‌است!

۳ - جنگ را تنها با خنجر نمی‌کنند!

۴ - همهٔ آن سرفرازان با کین بمیدان نبرد می‌رفتند.

۵ - چون تن او را بخم کمند بسته بود، پس دستش را نیز بتن بسته‌بود، و این دوباره کاریست!

٦ - از میدان جنگ، پیاده پهلوانی را نیز زیر کش (زیر بغل) گرفتن و بلشکرگاه رفتن، چه روی دارد؟ پیدا است که رستم سوار بر رخش، کشانیِ به بند کشیده را با خود بلشکرگاه می‌کشاند!

۷ - **یک:** ایرانیان گیتی را سرای فریب نمی‌دانستند. **دو:** این رج گفتار رج‌های پیشین‌وپسین را از هم می‌گسلد.

۸ - **یک:** سخن نادرست است و زمان کنش دیگرگون شد. **دو:** این رج نیز رج‌های پیشین‌وپسین را بی‌پیوند می‌کند. **سه:** کنش «بوَد» نیز در آن نادرخور است: «مانَد».

۹ - «کارِ» کاموس «بپایان رسید» نه به پای شد (= رفت)!

۱۰ - دو رج: کاری زشت که درخور گندآوران نیست تا کشته‌ای را چاک‌چاک کنند.

۱۱ - روی سخن به «تو» برگشت!

داستان خاقان چین

ازانپس خبر شد بخاقان چین — که شد کشته کاموس، بردشت کین [1]
کشانی و شگنی و گردان بلخ — ز کاموس‌شان تیره شد روز و تلخ [2]
همه یک بدیگر نهادند روی — که: «این پرهنر مرد پرخاشجوی [3]
چه مردست و این مرد را نام چیست — هماورد او در جهان مرد کیست؟» [4]
چنین گفت هومان به پیران شیر — که: «امروز شد جانم از رزم سیر [5]
دلیران ما چون فرازند چنگ؟ — که شد کشته کاموسِ جنگی به جنگ [6]
به گیتی چنو نامداری نبود — اُز او پیلتن‌تر سواری نبود [7]
چو کاموس گو را بخمّ کمند — به آوردگه بر، توان کرد بند [8]
سزد گر سرِ پیل را روز کین — بگیرد برآرد زند بر زمین» [9]
سپه؛ سربسر، پیش خاقان شدند — ز کاموس، پر درد و گریان شدند
که: «آغاز و فرجام این رزمگاه — شنیدی و دیدی بنزد سپاه
کنون چارهٔ کار ما، بازجوی — به تنها تن خویش و، کس را مگوی
بلشکر نگه کن ز کار آگهان — کسی کاو سخن بازجوید نهان [10]
ببیند که این شیردل مرد کیست — اُزین لشکر او را هماورد کیست [11]
ازان پس همه تن به کشتن دهیم — به آوردگه بر سر و تن نهیم» [12]
به پیران چنین گفت، خاقان چین — که: «خود، درد ازین است و تیمار از این

---

۱ - خاقان در میانهٔ سپاه، خود کشته شدن کاموس را دیده‌بود و بایسته نمی‌نمود که بدو آگاهی رسانند!
۲ - روزگارشان از کاموس تلخ شد، یا از کشته شدن کاموس؟
۳ - چون «همه» باشند، انجمن می‌کنند، نه آنکه یک بدیگر روی کنند!
۴ - **یک:** دوبار نام «مرد» در یک گفتار درست نیست. **دو:** نیز در لت دویم «مرد»!
۵ - تاکنون از پیران با نام خردمند، دستور، سپهسالار... یاد شده‌است و با نام پیران شیر هیچگاه.
۶ - مگر در جنگ، دلیران، چنگ‌ها را بر می‌افرازند؟
۷ - پیلتن‌تر نادرست است زیراکه پیلتن بتنهایی نشانه از پهلوانی و بالای بلند و اندام ستبر و سنگین، همچون اندام پیل است، نه «پیلتن‌تر».
۸ - دنبالهٔ داستان ۹ - سر پیل را نمی‌توان گرفتن، چون گردن ندارد.
۱۰ - چون گفتند که خود چاره ما را بازجوی، دیگر نمی‌باید، راه بنمایندش!
۱۱ - **یک:** لت نخست دنباله سخن. **دو:** و لت دویم نادرست است، زیراکه درلشکر آنان کاموس از همه نیرومندتر بود و کشته شد!
۱۲ - لت دویم سست است.

که تا کیست؟ زان لشکر پر گزند — کجا پیل گیرد بخمّ کمند!
ابا آنکه از مرگ خود چاره نیست — ره‌خواهش و پرسش و پاره نیست[1]
ز مادر همه مرگ را زاده‌ایم — به ناکام گردن بدو داده‌ایم[2]
کس از گردش آسمان نگذرد — اگر بر زمین پیل را بشکرد[3]
شما دل مدارید ازو مستمند — کجا کشته شد زیر خمّ کمند[4]
مر آنرا، که کاموس ازو شد هلاک — به بند کمند اندر آرم بخاک[5]
همه شهر ایران کنم رودِ آب — بکام دل خسرو افراسیاب»[6]
ز لشکر بسی نامور گِرد کرد — ز خنجرگزاران و مردان مرد[7]
چنین گفت کـ:«ین مرد جنگی به تیر — سوار کمندافگن و گُردگیر[8]
نگه کرد باید که جایش کجاست — به گِرد چپ لشکر و دست راست[9]
هم از شهر پرسد هم از نام او — ازان پس بسازیم فرجام او»[10]

رزم چنگش با رستم

سواری سرافراز و خسروپرست — بیامد، ببر زد، بدان کار، دست[11]
که چنگش بُدش نام و جوینده بود — دلیر و به‌هرکار پوینده بود[12]
بخاقان چنین گفت کـ:«ای سرفراز — جهان را بمهر تو بادا نیاز[13]
گر او شیر جنگی‌ست بی‌جان کنم — بدانگه که سر سوی میدان کنم[14]
به تنها تن خویش جنگ آورم — همه نام او زیر ننگ آورم[15]

۱ - این رج در نمونه‌ها بگونه‌های بسیار آمده‌است که همه نادرست می‌نماید (بنگرید به خالقی مطلق ۱۹۶-۳ و مسکو).
۲ - چون هنوز نمرده‌اند، پس هنوز گردن بمرگ نداده‌اند. ۳ - میان دو لت پیوند درست نیست.
۴ - دل «مستمند» نمی‌شود، دل بر او «می‌سوزد».
۵ - خاقان پیشتر گفته‌بود که درد و تیمار از آن پهلوان است، و اینجا می‌خواهد او را ببند گیرد؟
٦ - و ایران را رود آب کند؟ ۷ - لت دویم سست است.
۸ - برای پیدا کردن جای رستم می‌باید از کارآگهان یاری گرفتن نه از خنجرگزاران!
۹ - لت دویم سخت ناهماهنگ و نادرخور است.
۱۰ - روی سخن «بسی نامور» (= گروه) به «او» برگشت: «پرسد»!
۱۱ - پاژنام خاقان «خسرو» نبوده‌است که پرستندگان وی خسروپرست بوده باشند.
۱۲ - «جوینده بود» را هیچ روی نیست، هرکس جوینده تواند بود چنانکه پوینده در لت دویم.
۱۳ - لت دویم از شاهنامه برگرفته شده‌است. ۱۴ - بیجان کنم نادرست است: «بی‌جانش کنم».
۱۵ - **یک:** پیدا است که آنکس که بجنگ تن بتن میرود چنین میکند. **دو:** لت دویم از شاهنامه برگرفته شده‌است.

ازو کین کاموس جویم نخست   پس از مرگ، نامش بیارم درست»[1]
بر او آفرین کرد خاقان چین   به پیشش ببوسید چنگش زمین[2]
بدو گفت:«ار این کینه بازآوری   سوی من سرِ بی‌نیاز آوری![3]
ببخشمت چندان گهرها ز گنج   کزان پس نباید کشیدنت رنج»[4]
ازان دشت، چنگش برانگیخت اسپ   همی رفت برسان آذرگشسپ[5]
چو نزدیک ایرانیان شد بجنگ   ز ترکش برآورد تیری خدنگ[6]
چنین گفت ک:«این جایِ جنگ من است   سرِ نامداران بچنگ من است[7]
کجا رفت آن مردِ کاموس گیر   که گاهی کمند افکند، گاه تیر[8]
کنون گر بیاید بآوردگاه   نمانم که ماند به نزد سپاه»[9]
بجنبید با گرز، رستم ز جای   همانگه برخش اندر آورد پای[10]
«منم!» گفت: «شیراوژن گُردگیر   که گاهی کمند افکنم گاه تیر[11]
هم اکنون ترا همچو کاموسِ گرد   به دیده همی خاک باید سپرد»[12]
بدو گفت چنگش که: «نام تو چیست؟   نژادت کدام است و کام تو چیست؟[13]
بدان، تا بدانم که روز نبرد   که را ریختم خون؟ چو برخاست گرد»![14]
بدو گفت رستم که: «ای شوربخت   که هرگز مبادا گُلِ آن درخت؛[15]
کجا، چون تو در باغ، بار آورد   چنین میوه، اندر شمار آورد![16]
سرِ نیزه و نامِ من، مرگ تست   سرت را بباید ز تن، دست شست»[17]
بیامد همان‌گاه چنگش چو باد   دو زاغ کمان را بزه برنهاد[18]

---

۱ – «نام» آوردنی نیست.   ۲ – لت دویُم را با لت نخست پیوند نیست.   ۳ – دنبالهٔ گفتار.

۴ – چندان گهر (ها) نادرست است: «چندان گهر».

۵ – «از آن دشت» نادرست است زیرا که همه در یک دشت بوده‌اند: «اسپ را برانگیخت».

٦ – «شد بجنگ» نادرست: «چو نزدیک ایرانیان شد، یا رسید...»

۷ – **یک:** سخن سست، آنجا جای جنگ وی، با یک پهلوان دیگر است. **دو:** «سر نامداران بچنگ من» نادرست است، چون چنین نیست می‌بایستی گفتن که نامداران شکار من‌اند، پهلوانان بر دست من کشته خواهند شد، سر پهلوانان را از تن می‌برم...

۸ – آن مرد بجایی نرفته‌است و درلشکر خویش ایستاده‌است! می‌بایستی گفتن که آن مرد کاموس گیر را بنبرد می‌خوانم...

۹ – لت دویم سست است، شاهنامه فلورانس: تهی ماند از تیر او جایگاه که آن نیز نادرست است.

۱۰ – لت دویم نادرست است زیرا که سواران در میدان جنگ بر اسب سوارند، گفتار بگونه‌ایست که رستم نشسته بود، و چون این سخن را شنید، جنبید و برخاست و بر اسب سوار شد.   ۱۱ – دوباره گویی سخن چنگش است.

۱۲ – «ترا» در لت نخست با گفتار لت دویم همخوانی ندارد، زیرا که چنگش در لت دویم کننده (فاعل) است.

۱۳ – «کام تو چیست را» آوردن، هیچ روی نیست. زیرا که پیدا است، کام پهلوانان در میدان نبرد، پیروزی بر دشمن است.

۱۴ – دنبالهٔ سخن.   ۱۵ – دنبالهٔ گفتار

١٦ – لت دویم پیوند درست ندارد. «چنین کس را» «چو توکس را»... «چون تو میوه را».

۱۷ – لت دویم نادرست است، از آنجا که مرد میتواند از جان و زندگی دست شوید، اما سر نمیتواند!

۱۸ – **یک:** بیامد نادرست است، زیرا که پیشتر بمیدان آمده‌بود. **دو:** همواره یک زاغ کمان در زه هست و پیش‌از جنگ یا نخجیر، زه را

←

۴۰۲ کی‌خسرو

کمان جفاپیشه چون ابر بود　　هماورد با جوشن و گبر بود[1]
سپر بر سر آورد رستم چو دید　　که تیرش زره را بخواهد درید[2]
بدو گفت: «باش ای سوار دلیر　　که اکنون سرت گردد از رزم سیر»[3]
نگه کرد چنگش بدان پیلتن　　ببالای سرو سهی بر چمن[4]
بُد آن اسپ در زیر یک لخت کوه　　نیامد همی از کشیدن ستوه[5]
بدل گفت چنگش که اکنون گریز　　به از با تن خویش کردن ستیز[6]
برانگیخت آن بارگی را ز جای　　سوی لشکر خویشتن کرد رای[7]
بکردار آتش دلاور سوار　　برانگیخت رخش ازپس نامدار[8]
همان گاه رستم رسید اندر اوی　　همه‌دشت ازیشان پراز گفت‌وگوی[9]
دُمِ اسپِ ناباک چنگش، گرفت　　دو لشکر بدو مانده اندر شگفت![10]
زمانی همی داشت تا شد غمین　　ز بالا بزد اسبرا بر زمین[11]
بیفتاد زو ترگ و زنهار خواست　　تهمتن ورا کرد با خاک راست[12]
همانگاه کردش سر از تن جدا　　همه کام و اندیشه شد بی‌نوا[13]
همه نامداران ایرانزمین　　گرفتند بر پهلوان آفرین[14]

→ بروی زاغ دیگر می‌کشند. **سه:** میدان جنگ، جای کمان را بزه کردن نیست!

۱ – **یک:** کمان را نشاید «چون ابر» بودن. تیر، را در تیر باران به باران و تگرگ مانند میکنند. **دو:** چرا جفاپیشه؟ او نیز پهلوانی بود که چون همهٔ پهلوانان از کشورش برای جنگ آمده‌بود. **سه:** «هماورد» را «او» باید: «هماوردِ او»

۲ – تیر زره را نمی‌درد، که چون بر دست‌وپای و رخ فرود آید می‌درد.　　۳ – این سخن پیش‌ازاین آمده‌بود.

۴ – **یک:** لت دویم را با لت نخست پیوند درست نیست. **دو:** و «بالای سرو» به خود چنگش باز میگردد! ببالای سرو «می‌مانست».

۵ – کدام اسپ؟ لت دویم، زورآوری رخش را نشان میدهد، نه از آن رستم را!

٦ – پس‌از یک زخم تیر، یا گرز شاید گریختن، اما درست نیست و نشاید که پهلوانی بمیدان نبرد رود، و پیش‌از جنگ گریز را بر ستیز برگزینند!　　۷ – آن بارگی نادرست است، اسب را، اسب خویش را، بارگی را...

۸ – دلاور سوار، به رج پیشین باز میگردد، باز آنکه افزاینده رستم را خواهد گفتن، و در رج پسین از رخش نام می‌برد.

۹ – «همانگاه» نادرست است، زیرا که زمانی هر چند کوتاه، برای رسیدن رستم بدو بایسته است. «اندر او» نیز نادرست است: «بدو رسید».

۱۰ – **یک:** چگونه ناباک (= بی‌باک و ترس) بود که پیش‌از جنگ گریخته بود؟ **دو:** نمونه‌های ل ۳، آ، ب، ناپاک آورده‌اند که آن نیز درست نمی‌نماید، چنانکه پاژنام جفاپیشه نیز دربارهٔ او نادرست بود.

۱۱ – **یک:** چه‌کس غمین شد؟ مرد، یا اسب؟ مگر اسب نیز غمگین می‌شود؟ **دو:** «بالا» (= باره، اسب) است، و نمیتوان از اسب، اسب را بر زمین زدن!

۱۲ – **یک:** ترگ را با بند زنجیر می‌بندند، و چنان نیست که خود بر زمین افتد. **دو:** در فرهنگ ایران نبوده‌است که زنهارخواه را بکشند!! بنگرید به «حقوق جهان در ایران باستان» از نگارنده.

۱۳ – **یک:** چون او را با خاک برابر (= له) کرده بود، چه جای بریدن سر او است؟ **دو:** کننده (فاعل) رستم است و لت دویم نیز بدو باز میگردد! و چنین نیست. **سه:** «کام و اندیشه(اش)» نیز نادرست است، زیرا که نه کام و نه اندیشه را بینوایی نیست.

۱۴ – «آفرین» گرفتنی نیست، خواندنیست.

همی بود رستم میان دو صف — گرفته یکی خَشت رخشان به کف[1]
ازان روی خاقان غمی گشت سخت — برآشفت با گردش چرخ و بخت[2]

فرستادن خاقان
هومان را
نزد رستم

⇐ بهومان چنین گفت، خاقان چین — که: «تنگ است بر ما، زمان و زمین
مگر نام این نامور پهلوان — شوی، بازجویی بروشنروان!
بدو گفت هومان که: «سندان نیام — به رزم اندرون پیل‌دندان نی‌ام[3]
به گیتی چو کاموس جنگی نبود — چنو رزم‌خواه و درنگی نبود[4]
به خمّ کمندش گرفت این سوار — تو این گُرد راخوارمایه مدار[5]
شوم تا چه خواهد جهان‌آفرین — که پیروز گردد بدین دشت کین»[6]
به خیمه درآمد بکردار باد — یکی ترگ دیگر به سر برنهاد[7]
درفشی دگر جست و اسپی دگر — دگرگونه جوشن دگرگون سپر[8]

*

بیامد، چو نزدیک رستم رسید — همی بود تا یال و شاخش بدید
برستم چنین گفت که:«ای نامدار — کمندافکن و گُرد و جنگی سوار
بیزدان؛ که بیزارم از تاج و گاه — اگر چون تو دیدم یکی رزمخواه؛
ز تو بگذرد زین سپاه بزرگ — نبینم همی نامداری سترگ[9]
دلیری، که چندین بجوید نبرد — برآرد همی از دل شیر، گرد!

---

۱ – **یک:** همی بود نادرست است: ایستاد، درنگ کرد... **دو:** افزاینده فراموش کرده‌است که رستم را با یک «گرز» بمیدان آورده‌بود، و اکنون «خَشت» بدست او می‌دهد.
۲ – چرخ راگردش هست، اما «بخت» (=قسمت) راگردش و دگرگونی نیست. غمی نیز نادرست است: غمگین.
۳ – سخن سست. ۴ – کاموس رزمخواهِ بیدرنگ بود!
۵ – **یک:** دوبار؛ «این» را در یک گفتار نشاید آوردن. **دو:** میان دولشکر دو فرسنگ راه بود و «آن» می‌بایست آوردن.
۶ – لت دویم را با لت نخست پیوند نیست. ۷ – خیمه را در سخن فردوسی جای نیست.
۸ – **یک:** پهلوان که بدیدار پهلوانی در سپاه دشمن می‌رود، خود؛ درفش در دست نمیگیرد. **دو:** این جامه گرداندن از برای چیست، مگر رستم سپر و جوشن هومان را می‌شناخته است؟
۹ – سترگ لجوج و بی‌آزرم و شرم است و نمیتوان کسی را بدین نام خواندن مگر از برای خوارداشتِ وی.

ز شهر و نژاد و ز آرام خویش   سخن‌گوی و از تخمه و نام خویش [1]
جز از تو کسی را ز ایران سپاه   ندیدم که دارد دل رزمگاه [2]
مرا مهربانی‌ست بر مرد جنگ   بویژه که دارد نهاد پلنگ [3]
کنون گر بگویی مرا نامِ خویش   بر و بوم و پیوند و آرامِ خویش
سپاسی برین کار، بر من نهی   کز اندیشه، گردد دل من؛ تهی»
تهمتن چو بشنید، گفتار اوی   بدو گفت ک:«ای مردِ پیکارجوی
چه مردی تو و جای و نام تو چیست؟   اُزین پرسش خام، کام تو چیست؟
چرا؟ تو نگویی مرا، نام خویش!   بَر و کشور و بوم و آرام خویش
چرا آمده‌ستی بنزدیک من؟   به نرمی و چربی و چندین سخن [4]
اگر آشتی جست خواهی همی   بکوشی که این کینه، کاهی همی!
نگه کن که خون سیاوش که؟ ریخت   چنین، آتش کین بما بر، که؟ بیخت
همان خون پرمایه گودرزیان   که بفزود چندین زیان بر زیان [5]
بزرگان کجا با سیاوش بُدند   نجستند پیکار و خامش بُدند
گنهکارِ خونِ سرِ بی‌گناه   نگر! تا که؟ یابی ز تورانسپاه!
ز مردان و اسپان آراسته   کز ایران بیاورد با خواسته [6]
چو یکسر سوی ما، فرستید باز   من از جنگ توران، شوم بی‌نیاز
ازانپس همه نیکخواه منید   سراسر بر آیین و راه منید [7]
نیازم بکین و نجویم نبرد   نیارم سر سرکشان زیر گرد [8]
اُزان پس بگویم به کیخسرو این   بشوییم دل و مغزش از درد و کین [9]
بتو برشمارم کنون نامشان   که مه نام‌شان باد و مه کامشان! [10]
سرِ کین ز گرسیوز آمد نخست   که دردِ دل و، رنجِ ایران بجست

---

۱ - **یک:** «نژاد» را میان شهر و آرام آوردن درست نمی‌نماید. **دو:** نژاد و تخمه هردو یکی است و بکار بردن هردوان، درست نیست. **سه:** این سخن بگونهٔ درست در گفتار فردوسی در رج سیوم پسین آمده‌است.

۲ - سخن سست است، و اگر دلِ (آمدن) برزمگاهشان نبود، چرا بتوران آمدند؟

۳ - «بویژه که» نادرست است: «بویژه (بر کسی) که».

۴ - سخُن را با مَن پساوا نیست.

۵ - این رج میان گفتار رستم دربارهٔ سیاوخش جدایی می‌افکند.

۶ - دلِ من بیش‌از همه از دریوزگی و گدایی افزایندگان بدرد می‌آید، که میان سخن رستم دربارهٔ سیاوخش باز از اسپان آراسته و خواسته یاد می‌کنند! یکهزار مرد ایرانی بهنگام خشم گرفتن افراسیاب بر سیاوش یکایک از اسپ فرو افتاده مردند، دیگر کدام مرد را سیاوخش بهمراه اسپ با خود بتوران برده‌بود؟

۷ - چگونه تورانیان نیکخواه رستم خواهند شدن؟

۸ - سخن را کمبود همراه است: «اگر چنین کنید با شما نبرد نمی‌کنم».

۹ - «این» ناکارآمد است.

۱۰ - سخن اندکی سست است.

آمدن هومان بنزد رستم ۴۰۵

کسی را که دانی تو از تخمِ تور
که بر خیره این آب کردند شور[1]

گروی زره و آنکه از وی بزاد
نژادی که هرگز مباد آن نژاد![2]

ستم بر سیاوش ازیشان رسید
گروی آمد این بند بد را کلید[3]

کسی کاو دل و مغز افراسیاب
تبه کرد و خون راند برسان آب

اُدیگر کسی را کز ایرانیان
نبد کین و بست اندرین کین میان[4]

بزرگان که از تخمهٔ ویسه‌اند
دورویند و با هرکسی پیسه‌اند[5]

چو هومان و لهّاک و فرشیدورد
چو کلباد و نستیهن آن شوخ مرد[6]

اگر این که گفتم، بجای آورید
سر کینه جستن بپای آورید

ببندم در کینه بر کشورت
بجوشن نپوشید باید، برت[7]

اُگر جز بدینگونه گویی سَخُن
کنم تازه پیکار و کینِ کَهُن

که خوکردهٔ جنگ توران منم
یکی نامداری از ایران منم

بسی سر جدا کرده دارم ز تن
که جز کام شیران نبودش کفن[8]

مرا آزمودی بدین رزمگاه
همین است رسم و همین است راه[9]

ازین‌گونه هرگز نگفتم سخن
بجز کین نجستم ز سر تا به بن[10]

کنون هرچه گفتم ترا گوش دار
سخن‌های خوب اندر آغوش دار»[11]

چو بشنید هومان بترسید سخت
بلرزید برسانِ برگ درخت[12]

چو زانگونه گفتار رستم شنید
همه کینه از دودهٔ خویش دید![13]

چنین پاسخ آورد هومان بدوی
که: «ای شیردل مرد پرخاشجوی

بدین زور و این بُرز و بالای تو
سرِ تخت ایران سَزَد جای تو[14]

نباشی جزاز پهلوانی بزرگ
اُگر نامداری ز ایران سترگ[15]

---

۱ - **یک:** چون رستم خود گنهکاران را می‌شمرد، سر رشته را رها کردن بدست هومان درست نمی‌آید. **دو:** برای «کسی»، «کردند» نادرست است.

۲ - **یک:** فرزندان گروی را چه گناه؟ **دو:** فرزند از مادر می‌زاید نه از پدر!

۳ - دنبالهٔ گفتار... این سه رج میان رج‌های پیشین‌وپسین جدایی می‌افکند. «سر کین ز گرسیوز آمد» بنگرید به «کسی کاو دل و مغز افراسیاب».

۴ - «کسی» در این رج...

۵ - ...با «بزرگان» در این رج همخوان نیست.

٦ - چو... نادرست است.

۷ - **یک:** توران کشور هومان نبود، وکشور افراسیاب بود. **دو:** در جنگ، تنها یک کس جوشن نمی‌پوشد!

۸ - «بسی سر» با «نبودش» همخوان نیست.

۹ - هومان در نبرد، رستم را نیازموده بود.

۱۰ - **یک:** همین است رسم و راه... سخن را بپایان میرساند و جای گفتارِ دیگر نمی‌ماند. **دو:** مگر این سخنان چه بود که هرگز مانند آنرا نگفته‌بود. این، سخن همواره ایرانیان و رستم بوده‌است.

۱۱ - سخن را در آغوش داشتن سخت نابجا است.

۱۲ - گفتار درست پیران در پاسخ رستم که در رج پسین و گفتار آینده می‌آید، نشان از ترس‌ولرز در خود ندارد.

۱۳ - رستم را با دودهٔ هومان کینه‌ای نبود و در سخنان آینده و دیدار پیران و رستم، مهرِ وی بپیران و دودمان ویسه آشکار میشود.

۱۴ - در این رج وی را پادشاه می‌نامد...

۱۵ - و در این رج پهلوان بزرگ سترگ در زبان فارسی لجوج و بی‌آزرم و شرم است و هومان را پروای آن نیست که رستم را سترگ

←

بپرسیدی از گوهر و نام من   بدل دیگر آمد ترا کام من [1]
مرا کوه گوش است نام، ای دلیر   پدر بوسپاس است مردی چو شیر [2]
من از وَهر، با این سپاه آمدم   بیاری بدین رزمگاه آمدم [3]
ازان بازجویم همی نام تو   که پیدا کنم در جهان کامِ تو [4]
کنون گر بگویی مرا نام خویش   شوم شاددل سوی آرامِ خویش [5]
همه هرچه گفتی بدین رزمگاه   یکایک بگویم به پیش سپاه
همان پیش منشور و خاقان چین   بزرگان و گردان توران‌زمین»
بدو گفت رستم که: «نامم مجوی   ز من هرچه دیدی بدیشان بگوی
ز پیران مرا دل بسوزد همی   ز مهرش روان برفروزد همی
ز خون سیاوش جگرخسته، اوست   ز توران، یکی مردِ آهسته اوست
سوی من فرستش هم‌اکنون دمان   ببینیم تا بر چه گردد زمان»
بدو گفت هومان که: «ای سرفراز!   بدیدار پیرانت آمد نیاز!*
چه دانی تو پیران و کلباد را   گروی زره را و پولاد را؟» [6]
بدو گفت: «چندین چه پیچی؟ سَخُن!   سرِ آب را، سویِ بالا مکن!
نبینی؟ که پیکار چندین سپاه   بدویست و، زو آمد این رزمگاه!»

رای زدن پیران
با
هومان و خاقان

بشد تیز هومان هم اندر زمان   شده، گونه از روی● و، آمد دمان
به پیران چنین گفت که: «ای نیکبخت   بد افتاد، ما را ازین کار، سخت!
که این شیردل، رستم زاولیست   برین لشکر اکنون بباید گریست!

→ بخواند.   ۱ – بدل، کام آمدن، چگونه باشد؟

۲ – **یک:** ریشخند از این برتر نمیشود که کسی نام خویش را «کوه گوش» بگوید. **دو:** و نام تازی برای پدر خود در توران‌زمین بیاورد!

۳ – **یک:** «وهر» نیز کشوریست که هرگز جایش در زمین پیدا نشده‌است. **دو:** مگر در سپاه پیران پهلوانی دیگر نبود، که کسی را از وهر، برای پیامبری فرستند.   ۴ – کسی با دانستن نام دیگری نمی‌تواند کام ویرا «پیدا» کند.

۵ – مگر در میدان جنگ می‌توان جای آرام داشتن؟

* – نمونه‌ها چنین آورده‌اند، اما با نگرش به پاسخ رستم در رج پسین سخن درست چنین می‌نماید: «بدیدار پیران، چه داری نیاز؟»

۶ – سخن سست.   ● – رنگ از رویش رفته.

دیدار پیران و رستم ۴۰۷

که هرگز نتابند با او به جنگ	به خشکی پلنگ و به دریا نهنگ[1]
سخن گفت و بشنید پاسخ بسی	همی یاد کرد از بدِ هر کسی[2]
نخست ای برادر مرا نام برد	ز کین سیاوش بسی برشمرد[3]
ز کار گذشته بسی کرد یاد	ز پیران و گردان ویسه‌نژاد
ز بهرام و از تخم گودرزیان	ز هر کس که آمد بریشان زیان[4]
بجز بر تو، بر کس ندیدمْش مِهر	فراوان سخن گفت و نگشاد چهر
ازین لشکر اکنون ترا خواسته‌ست	ندانم، که بر دل؛ چه آراسته‌ست
برو تا ببینیش نیزه بدست	تو گویی که بر کوه دارد نشست[5]
ابا جوشن و ترگ و ببربیان	به زیر اندرون زنده‌پیلی ژیان[6]
ببینی که من زین نجستم دروغ	همی گیرد آتش ز تیغش فروغ[7]
ترا تا نبیند، نجنبد ز جای	ز بهر تو مانده‌است زانسان بپای»
چو بینیش با او سخن نرم گوی	برهنه مکن تیغ و منمای روی»[8]
بدو گفت پیران که: «ای رزمساز	بترسم که روزِ بد آید فراز
گرایدونکه این تیغزن رستم است	بدین دشت، ما را؛ گهِ ماتم است
بر آتش بسوزد بر و بوم ما	ندانم چه کرد اختر شوم ما»[9]
بشد پیش خاقان پراز آبْ چشم	جگرخسته و دل پراز درد و خشم
بدو گفت ک:«ای شاه، تیزی مکن!	که اکنون دگرگونه گشت این سخن
چو کاموس گو را سرآمد زمان	همانگاه بُرد این، دلِ من، گمان؛
که این بارهٔ آهنین رستم است	که خام* کمندش، خم اندر خم است
گر افراسیاب آید اکنون چو آب	نبینند جز سهم او را به خواب[10]
ازو دیو، سیر آید اندر نبرد	چه یک مرد با او چه یک دشت مرد
به زاولستان چند پرمایه بود	سیاووش را آن زمان دایه بود[11]

---

۱ – سخن سست و پیوسته به رج پسین.
۲ – بسیارپرسش‌وپاسخ، روی نداده‌بود.
۳ – **یک:** نام‌ها در افزوده‌ها بود. **دو:** برشمردن، دشنام دادن است، و رستم کسی را دشنام نداده‌بود.
۴ – تخم گودرزیان نادرست است: «تخمه گودرزیان».
۵ – در این رج، رخش را به «کوه» مانند کرده‌است...
٦ – و در این رج به «ژنده پیل ژیان»!
۷ – **یک:** مگر پیران وی را دروغزن خوانده‌بود؟ **دو:** لت دویم گزافهٔ سخت.
۸ – هومان را چه پایگاه فرمان دادن به برادر بزرگتر و سپهسالار توران است؟
۹ – **یک:** لت نخست نادرست است، گویا که تورانزمین همچون یک مرغ است که بر آتش کبابش کنند. **دو:** لت دویم نیز سست است.
* – خام: چرم.
۱۰ – سخن سخت سست... ترس او را بخواب دیدن چگونه باشد؟
۱۱ – **یک:** چند پر مایه بود نادرست است. **دو:** کدام زمان؟ می‌بایستی گفتن که در زمان کودکی سیاوخش، و خاقان چنین از کجا میداند که سیاوخش کیست؟

پـدروار بـا درد جـنگ آورد ... جـهان بـر جـهاندار تـنگ آورد[1]
شوم، بـنگرم تـا چـه خـواهـد هـمی ... کـه از غـم روانـم بکـاهد هـمی»
بـدو گـفت خـاقان: «بـرو پـیش اوی ... چـنانچون بـباید، سـخن نـرم‌گوی
اگـر آشـتی خـواهـد و دسـتگاه ... چـه؟ بـاید بـرین دشت، رنـجِ سپاه
بـسی هـدیه بـپذیر و پس بـازگرد ... سـزد گـر نـجوییم چـندین نـبرد[2]
اُگـر زیـر چـرم پـلنگ انـدرست ... هـمانا کـه رایش بـجنگ انـدرست؛
هـمه یکسـره، تـیز چـنگ آوریـم ... بـر او، دشتِ پـیکار، تـنگ آوریـم
هـمه پشت را سـوی یـزدان کـنیم ... بـه نـیروی او رزم شـیران کـنیم[3]
هـم او را تـن از آهـن و روی نـیست ... جزاز خون و از گوشت و از موی نـیست[4]
نـه انـدر هـوا بـاشد او را نـبرد ... دلت را چـه سـوزی بـتیمار و درد؟[5]
چـنان دان کـه گـر سـنگ و آهن خورد ... هـمان تـیر و ژوپـین بـر او بگـذرد[6]
بـه هـر مـرد ازیشـان ز مـا سیسد است ... دریـن رزمگـه غـم کشیدن بـد است[7]
هـم ایـن زابـلی، نـامبردار مـرد ... ز پـیلی فـزون نـیست گـاه نـبرد
یکـی پـیلبازی نـمایم بـدوی ... کـزان پس نـیارد سوی جنگ، روی»
بـرون رفت پـیران پـراز درد و بـیم ... دل از کـار رستم، شـده بـر دو نـیم*
بـیامد بـنزدیک ایـرانسـپاه ... خـروشید کـ :«ای مـهتر رزمـخواه
شـنیدم کـزین لشکـر بـیشمار ... ز تـوران مـرا کـرده‌ای خـواسـتار
خـرامـیدم از پـیش آن انـجمن ... بدین انجمن تا چـه؟ خواهـی ز مـن»
بدو گفت رستم کـه: «نـام تـو چیست؟ ... بـدین آمـدن رای‌وکـام تـو چـیست؟»
چـنین داد پـاسخ کـه: «پـیران مـنم ... سـپهدار ایـن شـیرگیران مـنم
ز هـومان ویسـه مـرا خـواسـتی ... بـخوبی زبـان را بـیاراسـتی
دلم تـیز شـد تـا تـو از مـهتران ... کـدامـی؟ ز گـردان و جـنگ‌آوران»
بـدو گـفت: «مـن! رسـتم زاولی! ... زره‌دار بـا خـنجر کـاولی»
چـو بشـنید پـیران از آن سـرفراز؛ ... فـرود آمـد از اسب و بـردش نـماز

---

۱ – پیوسته به رج پیشین.

۲ – هدیه را نبایستی پیران بپذیرد، که می‌بایستی بدهد! افزاینده را رای آن بوده‌است که بگوید هر چند که مال‌وخواسته می‌خواهد بدو می‌دهیم.

۳ – پشت را سوی یزدان کردن، نادرست است. روی بیزدان میکنند، یا پشتیبانی از یزدان می‌خواهند.

۴ – لت دویم نادرخور است.

۵ – اگر نبرد رستم اندر هوا باشد، به آنان ستم نمی‌رساند.

۶ – سخن سستِ باژگونه، که آنجا خود از روی آهن نبود، و اینجا سنگ و آهن خوراک او است.

۷ – پیش‌از آمدن سپاهیان ایران نیز، این شمارِ سیسد به یک بر خامهٔ افزاینده رفت، و هنوز، شمار همانست که بود!

* – برابر با شاهنامه امیرکبیر! دیگر نمونه‌ها «به دو نیم» آورده‌اند، که سخن را بدآهنگ میکند.

بدو گفت رستم که: «ای پهلوان / درودت ز خورشید روشنروان *
هم از خسروِ نامدار جهان / سرافراز شاه و پناهِ مهان [1]
هم از مادرش دخت افراسیاب / که مهر تو بیند همیشه بخواب [2]
چنین داد پاسخ که: «ای پیلتن / درودت ز یزدان و از انجمن
ز نیکی‌دهش آفرین بر تو باد / فلک را گذر بر نگین تو باد [3]
ز یزدان سپاس و بدویم پناه / که دیدم ترا زنده بر جایگاه [4]
زواره فرامرز و زال سوار / که او ماند، از خسروان یادگار [5]
درستند و شادان دل و سرفراز؟ / کزیشان مبادا جهان بی‌نیاز [6]
بگویم ترا گر نداری گران / گله کردنِ کهتر از مهتران
بکِشتم درختی بباغ اندرون / که برگش کبست آمد و، بار، خون
ز دیده همی آب دادم به رنج / بدو بُد مرا زندگانی و گنج
مرا زو، همه، رنج بهر آمده‌است / همه بار تریاک، زهر آمده‌است!
سیاوش مرا چون پدر داشتی / به پیش بدی‌ها سپر داشتی
بسا رنج و سختی و دردا که من / کشیدم ازان شاه و زان انجمن [7]
گواه من اندر جهان ایزد است / گوا خواستن، دادگر را، بد است؛
که اکنون برآمد بسی روزگار / شنیدم بسی پند آموزگار [8]
که شیون نبرخاست از خان من / همی آتش افروزد از جان من
همی خون ببارم بجای سرشک / همیشه گرفتارم اندر پزشک
ازین کار، بهرِ من، آمد گزند / نه بر آرزو گشت چرخ بلند
ز تیره شب و دیده‌ام نیست شرم / که چندین بپالوده‌ام خون گرم ○

---

* – نشانهٔ کیش مهری ایرانیان و تورانیان است.

۱ – نامدار جهان، سرافراز شاه، پناه مهان نشان میدهند که سخن افزوده است، وگرنه از او با نام شاهنشاه ایران یاد می‌شد.

۲ – مهر در خواب «دیدنی» نیست با مهر تو بخواب میرود، مهر ترا دارد، مهر ترا از یاد نبرده‌است...

۳ – **یک:** دوباره‌گویی یزدان، با پاژنام «نیکی دهش» لت دویم نیز نادرخور است. **دو:** نگین شاهان که مُهرِ آنان بود فرمانها را بمردمان کشور میرساند، و اگر سخن افزاینده اندکی بسوی درستی گفتار گرایش داشت می‌بایستی گفتن که جهان «زیر» نگین تو باد، اما چنین آرزو نیز درست نمی‌نمود، زیرا که چون جهان زیر نگین و فرمان رستم رود، می‌بایستی کیخسرو، پادشاه نباشد.

۴ – **یک:** لت دویم ناسزاوار است، چرا که هیچکس در جهان، بدیگری چنین نمی‌گوید! شاید گفتن که تندرست می‌بینمت، اما نشاید گفتن که زنده می‌بینمت. **دو:** جایگاه را در این سخن چه گزارش باشد؟ اگر آن زمین است که در توران، رستم بر آن ایستاده‌است، که آن «جایگاه» رستم نیست! و اگر جایگاه رستم سیستان است که پیران او را در سیستان ندیده‌است.

۵ – از «سام» همواره با پاژنام سوار یاد شده‌است نه از «زال».

٦ – دنبالهٔ سخن است.

۷ – دردا، و در برخی نمونه‌ها، رنجا، رنج و دردا و سختی... همگون نیستند! اگر «دردا» آمد، می‌بایستی رنجا، سختا... نیز همراه آن بوده باشد.

۸ – که اکنون... بسی روزگار، نادرست است: «بسی روزگار گذشته است و اکنون».

○ – در فرهنگ ایرانی گریستن و شیون و مویه، گناه شمرده می‌شد! این لت نیز در نمونه‌ها گونه‌گون است، و «بپالوده‌ام» درست‌تر

←

ز کار سیاوش چو آگه شدم ... ز نیک و ز بد، دست‌کوته، شدم
میان دو کشور، دو شاه بلند ... چنین خوارم و زار و، دل مستمند
فرنگیس را من خریدم بجان ... پدر، بر سر آورده بودش زمان
بخانه نهانش همی داشتم ... بر او، پشت، هرگز نبرگاشتم
بپاداش، جان خواهد؟ از من همی! ... سر بدگمان خواهد از من همی*
پراز دردم ای پهلوان، از دو روی ... ز دو انجمن، سر؛ پراز گفت‌وگوی
نه راه گریز است از افراسیاب ... نه جای دگر دارم آرام و خواب
همم گنج و بوم است و هم چارپای ... نبینم همی رویِ رفتن ز جای
پسر هست و پوشیده‌رویان بسی ... چنین خسته و بستهٔ هرکسی[1]
اگر جنگ فرماید افراسیاب ... نماند که چشم اندر آرم بخواب!
بناکام لشکر بباید کشید ... نشاید ز فرمان او آرمید
بمن بر،کنون جای بخشایش است ... نه هنگام تیزی و آرایش است○
اگر نیستی بر دلم درد و غم ... ازین تخمه جز کشتن پیلسم[2]
جز او نیز چندی دلیر و جوان ... که در جنگ سیر آمدند از روان[3]
اُزانپس مرا بیم جان است نیز ... سخن چند گویم ز فرزند و چیز[4]
به پیروزگر بر□، که ای پهلوان ... تو از من نباشی خلیده روان
به روشنروان سیاوش، که مرگ ... مراخوش‌تراز جوشن و تیغ و ترگ
ور ایدونکه جَنگی بود همگروه! ... تلی کشته بینی ببالای کوه[5]
کشانی و سقلاب و شکنی و هند ... ازین مرز تا پیش دریای سند[6]
ز خون سیاوش همه بیگناه ... سپاهی کشیده بدین رزمگاه[7]
ترا آشتی بهتر آید که جنگ ... نباید گرفتن، چنین کار؛ تنگ
نگر تا چه؟ بینی تو داناتری! ... برزم و بمردی توواناتری»

*

→ می‌نماید.

* – همه نمونه‌ها چنین آورده‌اند، و پیدا است که فرنگیس چنین نخواسته‌است که رستم چنین گفته‌است و بر این بنیاد «جان خواهی از من»، و در لت دویم «بدگمان خواهی» درست می‌نماید.

۱ – پیران یک پسر ندارد، و «پسر» یگانه با «پوشیده رویان» گروه همخوان نیست. چرا پوشیده‌رویان پیران خسته (مجروح) و بستهٔ دیگران باشند؟

○ – آرایش میدان جنگ را گوید.

۲ – **یک:** اگر نیستی نادرست است: «اگر نبودی». **دو:** «جز کشتن» نیز بپیران باز میگردد: «بجز کشته شدن پیلسم».

۳ – آنان از روان سیر «نشدند» که کشته شدند.

۴ – سخن با گفتار پیشین‌وپسین پیوند ندارد.

□ – سوگند به خداوند پیروزگر.

۵ – این سخن، دنبالهٔ درستِ گفتار پیران نیست.

٦ – «کشانی و شکنی» با «سقلاب و هند»، همخوان نیست: «سقلابی و هندی».

۷ – سخن بی‌پایان است.

سگالش تورانیان ۴۱۱

ز پیران چو بشنید رستم سخن — نه بر آرزو پاسخ افکند بن
بدو گفت: «تا من بدین رزمگاه — کمر بسته‌ام با دلیران شاه
ندیدستم از تو بجز راستی — ز توران همه راستی خواستی
پلنگ این شناسد که پیکار و جنگ — نه خوب است و داند همی کوه و سنگ[1]
چو کین سر شهریاران بود — سر و کار با تیر باران بود[2]
کنون آشتی را، دو راه ایدرست — نگر تا شما را، چه اندر خورَست
یکی آنکه هرکس که از خون شاه — بگسترد بر خیره، این رزمگاه
ببندی فرستی برِ شهریار — سزد گر نفرماید این کارزار
گنهکار خون سر بی‌گناه — سزد گر نباشد بدین رزمگاه[3]
دیگر که با من ببندی کمر — بیایی برِ شاه پیروزگر
ز چیزی که ایدر، بمانی همی* — مر آنرا گرانمایه دانی همی؛
بجای یکی، ده بیابی ز شاه — مکن یادِ بنگاهِ تورانسپاه»
بدل گفت پیران که: «ژرف است کار! — ز توران شدن، پیشِ آن شهریار
دگر چون گنهکار جوید همی؛ — دل از بیگناهان بشوید همی،
بزرگان و خویشان افراسیاب — که با گنج و تخت‌اند و با جاه و آب
ازین در، کجا گفت یارم●، سَخُن؟ — نه سر باشد این آرزو را نه بُن
چو هومان و کلباد و فرشیدورد؛ — کجا هست گودرز زیشان به درد؛[4]
همه زین شمارند، این روی نیست — مَر این آب را، در جهان، جوی نیست[5]
مرا چارهٔ خویش باید گرفت — رهِ جَست را پیش باید گرفت،[6]
بدو گفت پیران که: «ای پهلوان — همیشه جوان باش و روشنروان
شوم باز گویم بگردان همین — بمنشور و شنگل بخاقان چین[7]
هیونی فرستم بافراسیاب — بگویم، سرش را برآرم ز خواب»

*

وزانجا بیامد بکردار باد — کسی را که بودند ویسه‌نژاد[8]

---

۱ - **یک:** دانستن را بجای شناختن توان بکار گرفتن، اما شناختن را بجای دانستن نتوان. **دو:** «شناسه» نادرست است. «داند»، اما پلنگ را برای گذران زندگی چاره‌ای جز جنگ نیست. **سه:** کوه و سنگ را دانایی نیست.

۲ - سخن بی‌گزارش است.

۳ - دوباره‌گویی رج پیشین است، با آرایشی سست!

* - خواسته و دارایی را که اینجا فرو میگذاری... .

● - یارستن: جرأت کردن.

۴ - رستم از درد و سوگ گودرز، سخن بمیان نیاورده‌بود.

۵ - این روی نیست نادرست است: «این (را)» روی نیست.

٦ - **یک:** چاره «گرفتنی» نیست «کردنی» است. **دو:** رهِ جَست نادرست است: «ره جَستن».

۷ - «همین» نادرست است: «این سخن را» اما خواستِ رستم را منشور و شنگل و خاقان نمی‌توانند برآوردن که افراسیاب را چنین باید کردن.

۸ - «کسی» را «بوده» باید.

یکی انجمن کرد و بگشاد راز ... چنین گفت کـ :«آمد نشیب، از فراز
بدانید! کاین شیردل، رستم است ... جهانگیر و از تخمهٔ نیرم است
بزرگان و شیران زاولستان ... همه نامداران کاولستان[1]
چو او کینه‌ور باشد و رهنمای ... سواران گیتی ندارند پای
چو گودرز کشواد و چون گیو و توس ... بناکام رزمی بود با فسوس[2]
ز توران گنهکار جوید همی ... دل از بیگناهان بشوید همی
که دانید؟ کایدر گنهکار نیست! ... دل شاه ازو، پر ز تیمار نیست[3]
نگه کن که این بوم ویران شود ... بکام دلیران ایران شود[4]
نه پیر و جوان ماند ایدر نه شاه ... نه گنج و سپاه و نه تخت و کلاه[5]
همی گفتم این شومِ بیداد را* ... که: «چندین مَدَم آتش و باد را●!
که روزی شوی ناگهان سوخته ... خرد سوخته چشم دل دوخته»[6]
نبُرد آن جفاپیشه، فرمان من ... نه فرمان این نامدار انجمن
بکَند آن گرانمایگان را ز جای ... نزد با دلیر و خردمند رای
ببینی که نه شاه ماند نه تاج ... نه پیلان جنگی نه این تخت آج[7]
بدین، شاددل شاه ایران بود ... غم و درد بهر دلیران بود[8]
دریغ این دلیران و چندین سپاه ... که با فرّ و برزند و با تاج و گاه
بتاراج بینی همه زین سپس ... نبرگردد از رزمگه، شاد، کس
بکوبند ما را به نعل ستور ... شود، آبِ این بختِ بیدار، شور
ز هومان دل من بسوزد همی ... ز رویین روان برفروزد همی[9]
دل رستم آکنده از کین اوست ... بُروهاش یکسر پراز چین اوست[10]
پراز غم شوم پیش خاقان چنین ... بگویم که ما را چه آمد ز کین»[11]
بیامد بنزدیک خاقان، چو گَرد ... پراز خون، دل و، لب پراز باد سرد

---

۱ – سخن پایان ندارد. ۲ – چو... نادرست است.
۳ – چنین نیست و پیران و پیلسم و هومان و بسیار کسان را در کشته شدن سیاوخش گناه نبوده‌است.
۴ – روی سخن به انجمن بود، و به یکتن بازگشت: «نگه کنی».
۵ – نه چنین است و رستم گنهکاران را خواسته بود، نه همهٔ مَردمان توران را. * – افراسیاب را گوید.
● – باد، بر آتش مَدَم، و آتش را افروخته‌تر مکن! ٦ – لت دویم را پیوندِ درست نیست.
۷ – دوباره گویی رج پنجم پیشین. ۸ – مگر ایرانیان دلیر نبوده‌اند؟
۹ – **یک:** رستم در گفتار درست شاهنامه از هومان و رویین نام نبرده‌بود. **دو:** دل سوختن و روان بر افروختن دو کار است رودرروی هم.
۱۰ – **یک:** «او» در این رج که را خواهد گفتن؟ هومان را یا رویین را؟ **دو:** دل، از کسی نمی‌سوزد، بر کسی می‌سوزد!
۱۱ – «پراز غم بروم»، ناساز است، پیدا است که پیران غمگین بوده‌است. در رج پسین این سخن بگونهٔ درست می‌آید.

سراپردهٔ او پراز ناله دید ... ز خون کِشته بر زنفران لاله دید[۱]
ز خویشان کاموس چندی سپاه ... بنزدیک خاقان شده دادخواه[۲]
هم از دودهٔ چنگش و اشکبوس ... خروشیدنی بود برسان کوس[۳]
همی از پی دوده هرکس به درد ... ببارید بر زعفران آبِ زرد[۴]
که ما سیستان را پُر آتش کنیم ... بریشان شب‌وروز ناخوش کنیم![۵]
سرِ رستمِ زاولی را به دار ... برآریم بر سوگ آن نامدار[۶]
چو بشنید پیران دلش خیره گشت ... ازآواز ایشان رخش تیره گشت[۷]
بدل گفت کای زار و بیچارگان ... پراز درد و تیمارِ غمخوارگان[۸]
بدان سوگواران چُنین گفت باز ... که: «این رزمِ کوتاهِ ما شد دراز[○]
ز دریا؛ نهنگی به جنگ آمده‌ست ... که جوشَنْش، چرم پلنگ آمده‌ست!
ازین نامداران هر کشوری ... ز هرسو که بُد نامور مهتری[۹]
بیاورد و این رنجها شد به باد ... کجا خیزد از کار بیداد داد[۱۰]
سرِ شاهِ کشور چُنین گشته شد ... سیاوَخش بر دست او کُشته شد[۱۱]
به فرمان گرسیوز کم‌خرد ... سر اژدها را کسی بسپرد؟[۱۲]
سیاوش جهاندار و پرمایه بود ... ورا رستم زاولی دایه بود[۱۳]

---

۱ - ناله را نمیتوان دیدن!

۲ - «چندی سپاه» نادرست است: «خویشان کاموس». «چند تن از سپاهیان». «چند تن از خویشان کاموس».

۳ - خروش مردمان، ببانگ کوس نمی‌ماند.

۴ - **یک:** کنش «ببارید» همخوان نیست: «می‌بارید». **دو:** رخِ از درد زرد شده، برنگ زنفران سرخرنگ نیست، و اشگ چشم را نیز بخوناب همانند توان کردن، نه به آب زرد. شاهنامه مسکو «بر ارغوان آب زرد» آورده‌است، و پیدا است روی دردمندان برنگ ارغوان نتواند بودن.

۵ - **یک:** بر ایشان (= بر آنان) نادرخور است: «بر سیستانیان». **دو:** شب‌وروز نیز نادرست است: «روزگار آنان را».

٦ - **یک:** سر را بدار «بر نمی‌آورند» که «بر می‌کشند». **دو:** سخن از چنگش و اشکبوس بود و «آن نامدار» برای دوکس نادرست است.

۷ - **یک:** دل چگونه خیره تواند شد؟ **دو:** «بشنید» در رج نخست همان «شنیدن آواز ایشان» در لت دویم است و سخن دوباره آمده‌است.

۸ - این همان دل بود که خیره شدبود، و اکنون برای آنان داوری میکند! با واژه‌هایی که هماهنگ نیستند.

○ - در همهٔ نمونه‌های در دست، این رج با رج پسین، پس‌وپیش شده‌است که آنرا آراستم.

۹ - **یک:** «این» با «نامداران» همخوان نیست. نمونه س بجای آن «سپهبد سرافراز» آورده‌است که آن نیز با «هر کشوری» همخوان نیست. **دو:** هر کشوری نیز نادرست است: «هر کشور».

۱۰ - **یک:** وابسته بِرَج پیشین است. **دو:** و لت دویم را نیز پیوند با لت نخست نیست.

۱۱ - **یک:** داستان سیاوخش را بخاقان و شنگل و دیگران پیوند نیست. **دو:** «چنین» نیز نادرست است، زیرا که برای گذشته می‌باید «چنان» آید.

۱۲ - **یک:** سخنِ سست چنان می‌نماید که در همان روز چنان کار انجام می‌شود: «بسپَرَد». **دو:** افراسیاب سر اژدها را بزیر پای نگرفته‌بود که سیاوخش و ایرانیان همراه او را کشته بود، و اگر خواست افزاینده از «اژدها» رستم بوده‌است، وی پس‌از کشته شدن سیاوخش بکین خواهی آمده‌است و سرش را (ل ۳: دم) بزیر پای نسپرده بودند.

۱۳ - سیاوخش جهاندار نبوده‌است وکنشِ «بود» درلت دویم چنان می‌نماید که در همان هنگام جهانداری وی رستم دایهٔ او بوده‌است.

کنون هر گه او جنگ و کین آورد / همی آسمان بر زمین آورد[1]
نه چنگ پلنگ و نه خرتوم پیل / نه کوه بلند و نه دریای نیل،[2]
بسنده‌ست با او به آوردگاه / چو آورد گیرد به پیش سپاه[3]
یکی رخش دارد به زیر اندرون / که کَشتی نخواهد به دریای خون[4]
کنون روز خیره نباید شمرد / چو دیدید ازو، هرکسی دستبرد[5]
یکی آتش آمد ز چرخ کبود / دل ما شد از درد او پر ز دود[6]
کنون سربسر تیزهُش بخردان / بخوانید با موبدان و ردان[7]
ببینید تا چارهٔ کار چیست؟ / برین رزمگه مردِ پیکار کیست؟
همه رای باید که گردد درست / از آغاز کینه نبایست جُست[8]
مگر زین بلا سوی کشور شویم / اگر چند با بختِ لاغر شویم،[9]

*

ز پیران غمی گشت خاقان چین / بسی یاد کرد از جهان‌آفرین[10]
بدو گفت: «ما را کنون چیست؟ روی / چو آمد سپاهی چُنین جنگجوی»!
چنین گفت شَنگُل که: «ای سرفراز / چه؟ باید کشیدن سخن‌ها دراز
به یاریّ افراسیاب آمدیم / ز دشت و ز دریای آب آمدیم
بسی پاره و هَدیه‌ها یافتیم / ز هر کِشوری تیز بشتافتیم[11]
به یک مرد سَگزی که آمد بجنگ / چرا؟ شد چنین، بر شما؛ کار، تنگ!
برفتیم چون شیرِ جنگی دمان / به ره بر، نجستیم جایی زمان
ز یک مرد ننگست گفتن سَخُن / دگرگونه‌تر باید افکند بُن
چنان دان که او ژنده‌پیل است مست / به آوردگه شیر گیرد به دست،

---

۱ – «او» در این رج به سیاوخش باز میگردد، سخن نیز سست می‌نماید.

۲ – چون در لت دویم از کوه و دریا یاد می‌شود در لت نخست نیز می‌بایستی از پلنگ و پیل؛ نام برده شود نه از چنگ و خرتوم آندو!

۳ – **یک:** این رج پیوسته برج پیشین است و باژگونه است، زیرا که در سخن درست می‌بایستی چنین گفتن، پلنگ و پیل و کوه و دریا در آوردگاه با او بسنده «نیستند». **دو:** لت دویم نیز دوباره‌گویی سست است.

۴ – **یک:** زیر اندرون نادرست است. **دو:** لت دویم بی‌پیوند و بی‌گزارش است... افزاینده توانستی گفتن که «چونان کشتی بر دریای خون میگذردا»

۵ – شمَرد را با دستبُرد پساوا نیست.

٦ – پیوند بایسته ندارد. چنین می‌بایستی گفتن: «با آمدن رستم، آتشی از چرخ کبود بر سر ما ریخت...».

۷ – سخن را «را» بایسته است: موبدان و بخردان و ردان «را» «فرا خوانید».

۸ – «همه» در این رج ناکارآمد است «رای درست».

۹ – سخن نیز سست است: «مگر از این رویداد برهیم».

۱۰ – خاقان چین را می‌بایستی از آمدن رستم غمگین شدن، نه از پیران! غمی نیز نادرست است: «غمین» یا «غمگین» اما در همهٔ نمونه‌ها غمی آمده‌است.

۱۱ – افزاینده همواره در اندیشهٔ «پاره» است اما پارهٔ یگانه را با «هدیه‌ها» همخوانی نیست، و به جنگندگان، پس‌از پیروزی و بدست آوردن خواسته و مال دشمن بهره می‌رسد، نه پیش‌ازآن.

اگر گُرد کاموس را زو زمان   بیامد، نباید شدن بدگُمان[1]
چو پیران ز رستم بترسد همی   کسی چونک از ما بپرسد همی(؟)[2]
ز گُردان کسی دارد او را به کس   کنون دست یازم به فریادرس(؟)
نه پیل اندرون گشته با شیر جفت   هنر نیست چندانک پیران بگفت[3]
برین رای‌ها کرد باید درست   نباید دل از کین و آورد شست[4]
سپیده‌دمان گرزها برکشیم   اُ زین دشت یکسر سر اندر کشیم
هوا را چو ابر بهاران کنیم   بریشان یکی تیرباران کنیم[5]
ز گرد سواران و زخم تبر   نباید که داند کس از پای سر[6]
شما یکسره چشم بر من نهید   چو بخروشم، اندر دمید و دهید[7]
همانا ز جنگاوران سدهزار   فزونست، از ما؛ دلیر و سوار
ز یک تن چنین زار و پیچان شدیم!   همه پاک، ناکشته، بی‌جان شدیم!
چو من پیش سَگزی شوم همنبرد   شما بآسمان اندر آرید گرد
نباید که یابند یک تن رها   که بددل گه جنگ نارد بها»[8]

*

چو بشنید لشکر ز شَنگُل سخن   جوان شد دلِ مردِ گشته کهن!
بدو گفت پیران، که:«انوشه بوی   روان را به دیدار توشه بوی»
همه نامداران و خاقان چین   گرفتند* بر شاه هند آفرین
چو پیران بیامد به پرده‌سرای   برفتند پرمایه ترکان ز جای[9]
چو هومان و نستیهن و بارمان   که گه تیره بودند و گه شادمان[10]
بپرسید هومان ز پیران سخن   که گفتارتان بر چه آمد به بن؟[11]
همی آشتی را کند پایگاه؟   اُگر جنگ جوید سپاه از سپاه؟[12]

---

۱ - زمان آمد نادرست است: «زمان بسر رسید».

۲ - سخن بی‌پیوند، خالقی مطلق نیز، برابر این رج و نیز رج پسین نشانهٔ پرسش (؟) نهاده‌است، در شاهنامه مسکو این دو رج نیست.

۳ - **یک:** «پیل اندرون» را هیچ گزارش نیست. **دو:** لت دویم: با چه‌کس هنر نیست.

۴ - «رای» برابر است با آهنگ (=تصمیم، اراده) و همواره یگانه است و «رای‌ها» نادرست است.

۵ - در رج پیشین سخن ازگرز رفت، و بیدرنگ از تیرباران سخن میرود!...   ۶ - و در این رج از تبر...

۷ - این سخن در رج سیوم پس‌ازاین بگونه درست می‌آید.

۸ - **یک:** یک تن را «یابد» می‌باید. **دو:** بددل در لت دویم بسپاهیان ایران در لت نخست باز میگردد. باز آنکه افزاینده را رای بر آن بوده‌است، که «سپاهیان ما نباید بددل باشند».

* - آفرین «گرفتنی» نیست، و پیدا است که گفتار فردوسی «بخواندند» بوده‌است.

۹ - **یک:** پیران هنوز در پرده‌سرای خاقان است، و پس‌ازاین روشن می‌شود! **دو:** آنان هیچیک ترک نبوده‌اند.

۱۰ - **یک:** «چو»... **دو:** تیرگی رو در روی روشنایی می‌آید نه رویاروی شادمان.

۱۱ - لت دویم سست است: «گفتار چگونه بپایان رسید».   ۱۲ - «آشتی» خواستنی است نه «پایگاه کردنی»!

به هومان بگفت آنک شَنگُل چه گفت — سپه گشت با او به گفتار جفت[1]
غمی گشت هومان، به گفتار سخت — برآشفت با شنگل شوربخت[2]
به پیران چنین گفت کز آسمان — گذر نیست، تا بر چه گردد زمان[3]
بیامد به ره پیش گلباد گفت — که شنگل مگر با خرد نیست جفت[4]
گر آن رستم‌ست او که من دیده‌ام — ز گردنکشان نیز بشنیده‌ام،[5]
نه شنگل بماند برین دشت کین — نه کندر نه منشور و خاقان چین[6]
نه این زنده‌پیلان آراسته — نه این تخت و این تاج و این خواسته[7]
نباید شدن یک زمان زین میان — نگه کرد باید به سود و زیان[8]
ببینی کزین لشکر بی‌کران — جهانگیر و با گرزهای گران،
دو بهره بود زیر خاک اندرون — کفن جوشن و ترگ شسته به خون[9]
بدو گفت گلباد کای پاک‌تن — چنین تا توان فال بد را مزن[10]
تن خویش یکباره ننگی مکن — مگر کز گمان دیگر آید سخن[11]
ز ناآمده کار دل را به غم — سزد گر نداری، نباشی دژم[12]

سخن گفتن رستم
با
لشکر خویش

اُزین روی رستم یلان را بخواند — سخن‌های بایسته چندی براند
چو توس و چو گودرز ورهّام و گیو — فریبرز و گستهم و خرّاد نیو[13]
چو گرگین کارآزموده سوار — چو بیژن فروزندهٔ کارزار[14]

---

۱ - آنک شنگل چه گفت نادرست است: «آنچ شنگل بگفت».
۲ - **یک**: غمی نادرست است، و همه جا چنین آمده‌است. **دو**: «بگفتار سخت برآشفت» نیز نادرست است.
۳ - این سخن که از سوی هومان افزوده شده‌است، نه داستان از برآشفتن می‌گوید و نه نشان از گفتار سخت دارد.
۴ - پیران بپرده‌سرای آمده‌است، و در میان راه با هومان سخن نگفته است.
۵ - «آن رستم است او» نادرست است، و هومان خود پس‌از دیدار با رستم بپیران گفته‌بود که این شیردل رستم زابلی است... پس چگونه اکنون با اگر سخن تواند گفتن؟ ۶ - دنبالهٔ داستان
۷ - سپاه پیروز ژنده‌پیلان دشمن را میستاند نه آنکه آنها را از میان بردارد!
۸ - در این دو رج افزاینده میگوید که در میدان جنگ بمانیم... ۹ - و در این رج دو بهره را بزیر خاک می‌فرستد.
۱۰ - دنباله سخن. ۱۱ - تن ننگی نیز سخنی نادرست است: «خویش را ننگین مکن». ۱۲ - دنبالهٔ گفتار.
۱۳ - چو... نادرست است. ۱۴ - همچنین

انجمن بزرگان سپاه ۴۱۷

تهمتن چنین گفت با بخردان | هشیوار و بیداردل موبدان [1]
:«کسی را که یزدان کند نیکبخت | سزاوار باشد ورا تاج و تخت [2]
جهانگیر و پیروز باشد بجنگ | نباید که بیند ز خود زورِ چنگ [3]
ز یزدان بود زور ما خود که‌ایم | بدین تیره‌خاک اندرون بر چه‌ایم [4]
بباید کشیدن گمان از بدی | ره ایزدی باید و بخردی [5]
که گیتی نماند همی بر کسی | نباید بدو شاد بودن بسی [6]
هنر مردمی باشد و راستی | ز کژّی بود کمّی و کاستی
چو پیران بیامد برِ من دمان | سخن گفت با دردِ دل یکزمان؛
که از نیکوی با سیاوش چه کرد! | چه آمد به رویش ز تیمار و درد؛
فرنگیس و کیخسرو از اژدها | به گفتار و کردار او شد رها [7]
ابا آنکه اندر دلم شد درست | که پیران بکین کشته آید نخست
برادرش و فرزند در پیش اوی | بسی با گهر نامور خویش اوی [8]
اَبَر دست کیخسرو افراسیاب | شود کشته این دیده‌ام من به‌خواب [9]
گنهکار یک تن نماند بجای | مگر کشته افکنده در زیر پای [10]
ولیکن نخواهم که بر دستِ من | شود کشته این پیر، در انجمن
که او را بجز راستی پیشه نیست | ز بد، بر دلش هیچ اندیشه نیست
گرایدونکه باز آرد این را که گفت | گناه گذشته بباید نهفت
گنهکار با خواسته هرچه بود | سپارد بما، کین نباید فزود [11]
ازانپس مرا جای پیکار نیست | به از راستی در جهان کار نیست
ور این نامداران ابا تخت و پیل | سپاهی بدین سان چو دریای نیل [12]
فرستند نزدیک ما تاج و تخت | نباشد همه، بهر یک نیکبخت [13]

---

۱ - **یک:** نام رستم در رج چهارم پیشین آمده‌است، و دوباره گفتن شایسته نیست. **دو:** گفتار رستم در همان سخن، روی به «یلان» دارد، نه با موبدان!
۲ - نیکبختی همواره، همراه با تاج‌وتخت نیست، بسا مردمان نیکبخت که در روستا می‌زیند!
۳ - پیوند میان لت دویم با لت نخست درست نیست. افزاینده خواسته‌است بگوید که آنکس که در جنگ پیروز می‌شود نبایستی پیروزی را از هنر و جنگاوری خویش پندارد!
۴ - چون افزاینده دریافته‌است که در رج پیشین گویا نیست، خواسته‌است که با این سخن سست، آنرا درست کند!
۵ - گمان «کشیدنی» نیست، «کردنی» است.
٦ - «همی» نادرست است و گیتی بر هیچکس نمی‌ماند.
۷ - پس‌از تیمار و دردی که سخن از آن میرود، دوباره بازگشتن بداستان فرنگیس و کیخسرو درست نمی‌نماید.
۸ - برادرش را «فرزند(ش)» می‌باید.
۹ - دنبالهٔ سخن.
۱۰ - افزاینده پایان آنرا که «شود کشته» باشد همراه با کشته شدن افراسیاب آورده‌است، لت دویم نیز درهمریخته است: «من اینرا بخواب دیده‌ام».
۱۱ - **یک:** گنهکار نادرست است: گنهکاران. **دو:** باز سخن از «خواسته» می‌رود.
۱۲ - این نامداران را؟ یا همهٔ سپاهیان را بفرستند؟
۱۳ - لت دویم را پیوند و گزارش نیست.

نداریم گیتی به کشتن نگاه / که نیکی‌دهش را جز این است راه[1]
جهان پر زگنج است و پرتاج و گنج / از ایشان نباشیم زین پس به رنج»[2]
چو بشنید گودرز، بر پای خاست / بدو گفت ک:«ای مهتر راد و راست
ستون سپاهیّ و زیبای گاه / فروزان بتو، شاه و تخت و کلاه!
سرِ مایهٔ تست روشن خرد / روانت همی از خرد بر خورد
ز جنگ، آشتی، بیگمان بهترست / نگه کن که گاوت به چرم اندرست[3]
بگویم یکی پیش تو داستان / کنون بشنو از گفتهٔ باستان[4]
که از راستی جان بدگوهران / گریزد چو گردون ز بار گران[5]
گر ایدونکه بیچاره پیمان کند / بکوشد که آن راستی بشکند[6]
چو کژ آفریدش جهان‌آفرین / تو مشنو سخن زو و کژّی مبین[7]
نخستین که مارزمگه ساختیم / سخن رفت و زین کار، پرداختیم
ز پیران فرستاده آمد برین / که: «بیزارم از دشت و از رنج و کین
که من دیده دارم همیشه پر آب / ز گفتار و کردار افراسیاب
میان بسته‌ام بندگی، شاه را / نخواهم بر و بوم و خرگاه را»
بسی پند و اندرز بشنید و گفت / کزین پس نباشد مرا جنگ جفت[8]
شوم، گفت، بپسیچم این کار تفت / بخویشان بگویم که مارا چه رفت!
مرا تخت و گنج است و هم چارپای / بدیشان نمایم سزاوار جای
چو گفت این، بگفتیم کاری رواست / بتوران ترا تخت و گنج و نواست
یکی گوشه‌ای گیر تا نزد شاه / ز تو آشکارا نگردد گناه

*

بگفتیم و، پیران، برین بازگشت / شب تیره، با دیو انباز گشت

---

۱ – سخن لت نخست درهمریخته و سست است.

۲ – لت نخست، سخت بی‌پیوند و بی‌گزارش است و لت دویم را با لت نخست پیوند نیست.

۳ – اگر جهان پراز تاج وگنج است چرا پیشتر تخت و تاج و خواسته از آنان می‌خواستند؟

۴ – داستانی که در اینجا یاد می‌شود؛...

۵ – پایه و مایه ندارد و گزارشی نیز بر آن نمیتوان نهادن.

٦ – **یک:** سخن درست نیست و بسا بیچارگان که بر سرِ پیمان خویش هستند! بیچاره نیز نادرست است: «بیچاره‌ای». **دو:** «آن راستی»، یا «پیمانش (را)».

۷ – **یک:** پیوند با رج پیشین ندارد... چون چنین‌کس را جهان‌آفرین کژ آفریده‌است. **دو:** آفرینش یزدان کژه نیست و همه درست است و ایرانیان باستان باور داشتند که: «اهورائی مزدائی ویسپا وهو چینَهمی» اهورامزدا برگزینندهٔ (آفریننده) سرتاسر نیکی‌ها است: (سروش‌واژ). **سه:** کژی مبین، شکنندهٔ سخنان پیشین است!

۸ – سخنانی که در پنج رج پسین آمده‌است، درهم و پریشان است و ره بجایی نمی‌برد و چنین سخنان نیز میان پیران و گودرز نرفته‌بود.

هیونی فرستاد نزدیک شاه* | که لشکر برآرای، کامد سپاه
تو گفتی که با او نرفت این سخن | نه سر بود ازان کار پیدا، نه بن
کنون با تو ای پهلوان سپاه | یکی دیگر افکند، بازی، به راه!
جزاز رنگ و چاره نداند همی | زدانش سخن برفشاند همی[1]
کنون از کمند تو ترسیده شد | روا بد که ترسیده از دیده شد[2]
همه پشت ایشان به کاموس بود | سپهبد چو سگسار وفرتوس بود[3]
سرِ بختِ کاموس برگشته دید | بخمّ کمند اندرش، کشته دید[4]
درِ آشتی کوبد اکنون همی | نیارد نشستن به هامون همی[5]
چو داند که تنگ اندر آمد نشیب | بکار آوَرَد بند و رنگ و فریب
گنهکار با گنج و باخواسته | که گفته‌ست پیش آرم آراسته[6]
ببینی! که چون بردمد زخمِ کوس | بجنگ اندر آید سپهدار توس؛
سپهدارْ پیران بُود پیشرو | که جنگ آوَرَد هر زمان نو بنو
دروغ است یکسر همه گفتِ اوی | نشاید جزاز اهرمن جفتِ اوی!
اگر بشنوی سر بسر پند من | نگه کن ببهرام، فرزند من[7]
سپه را بدان چاره اندر نواخت | ز گودرزیان گورستانی بساخت[8]
که تازنده‌ام خون سرشگ من است | یکی تیغ هندی پزشگ من است»[9]
چو بشنید رستم، بگودرز گفت | که: «گفتار تو با خرد باد جفت
چنین است پیران و، این، راز نیست | که آن پیر، با ما هماواز نیست
ولیکن من از خوب کردار اوی | نجویم همی کین و پیکار اوی
نگه کن که با شاه ایران چه کرد؟ | زکار سیاوش چه تیمار خوَرد؟
گر از گفتهٔ خویش بازآید اوی | بنزدیک ما رزمساز آید اوی
به فتراک بر، بسته دارم کمند | کجا ژنده‌پیل اندر آرد ببند!
ز نیکو گمان اندر آیم نخست | نباید مگر جنگ و پیکار جست
چنو بازگردد ز گفتار خویش | ببیند ز ما درد و تیمار خویش»[10]

---

* - افراسیاب.　۱ - لت دویم بی‌گزارش است.　۲ - باز لت دویم بی‌گزارش است.

۳ - «چو» در لت دویم نادرست است، و نیز نامی از سپاهبدی سگسار و فرتوس در میان نبوده‌است.

۴ - گَشته را باکُشته پساوا نیست.　۵ - لت دویم راگزارش نیست.

٦ - پیران چنین نگفت و گفت که بروم و این سخنان را با سپاه در میان نهم.

۷ - بهرام درگذشته است و نمیتوان به وی نگریستن، مگرآنکه گفته آید بکار بهرام، فرزند من بنگر، که آن نیز درست نیست زیرا که بهرام خود بمیدان مرگ پای نهاده‌بود.　۸ - نوازش سپاه در کار نبود!

۹ - لت دویم سست می‌نماید، زیراکه نبرد، تنها باشمشیر نبوده‌است.

۱۰ - در سه رج پیش، این گفته بگونه درست آمده‌بود.

بر او آفرین کرد گودرز و توس / که «خورشید بر تو ندارد فسوس [1]
به نزدیک تو بند و رنگ و دروغ / سخن‌های پیران نگیرد فروغ [2]
مباد این جهان بی سرِ تاج شاه / تو باید همیشه ورا پیش‌گاه» [3]
چنین گفت رستم که: «شب تیره گشت / ز گفتارها مغزها خیره گشت [4]
بباشیم و تا نیم شب می خوریم / دگر نیمه تیمار لشکر بریم [5]
ببینیم؛ تا کردگار جهان / بدین آشکارا، چه؟ دارد نهان»
به ایرانیان گفت ک:«امشب به می / یکی اختری افکنم، نیک؛ پی
که فردا من این گرزِ سام سوار / بگردن برآرم کنم کارزار؛
از ایدر بران سان شوم سوی جنگ / بدان گه کجا پای دارد نهنگ [6]
سراپرده و افسر و گنج و تاج / همان ژنده‌پیلان و هم تخت آج [7]
بیارم سپارم به ایرانیان / چو من تاختن را ببندم میان» [8]
برآمد خروشی ز جای نشست / ازان نامداران خسروپرست [9]
سوی خیمهٔ خویش رفتند باز / به‌خواب و به‌آسایش آمد نیاز [10]

لشکر آراستن ایرانیان و تورانیان

چو خورشید بنمود رخشان کلاه / چو سیمین سپر دید رخسار ماه
بترسید ماه از پی گفت‌وگوی / به خمّ اندر آمد، بپوشید روی *
تبیره برآمد ز درگاه توس / ز گَرد سپه، شد زمین آبنوس [11]

۱ - توس و گودرز را آفرین «کردند» شاید. ۲ - دنبالهٔ سخن. ۳ - لت دویم سست است.
۴ - گفتار سست این رج. ۵ - و نیز این رج در رج دویم پسین بگونهٔ درست آمده‌است.
۶ - سخن نادرست و بی‌پیوند.
۷ - **یک:** سراپردهٔ چه‌کس را؟ و نیز گنج و تاج که را؟ **دو:** افسر و تاج هردو یکی است.
۸ - با تاختن نمیتوان چنین کارها را کرد، با پیروزی در جنگ شاید کردن. ۹ - خروشی نادرست است: «خروش».
۱۰ - **یک:** «خیمه» نابجا است. **دو:** پس داستان می خوردن چه شد؟
* - بامداد پانزدهم ماه است، زیراکه شب چهاردهم «پُر ماه» بهنگام فرو رفتن خورشید، روبروی وی دیده می‌شود، و چون خورشید آنسوی زمین را در گردون بپیماید و بخوراسان رسد، ماه نیز اینسوی گردون را پیموده و بخووران می‌رسد، و خورشید، با تاج خویش بر می‌آید و ماه را رودرروی خویش می‌بیند و چون اندکی در آسمان بلند شود، ماه بپشت کوهها فرو میرد.
۱۱ - توس را در میدان نبرد، «درگاه» نبود: «پرده‌سرای».

زمین نیلگون شد هوا پر ز گرد / بپوشید رستم سلیح نبرد[1]
سوی میمنه پورِ کشواد بود / که با جوشن و گرزِ پولاد بود[2]
فریبرز بر میسره جای جُست / دل نامداران ز کینه بشست[3]
بقلب اندرون، توسِ نوذر بپای / نماند آن زمان بر زمین نیز جای[4]
تهمتن بیامد به پیش سپاه / که دارد یلان را ز دشمن نگاه
اُزان روی، خاقان بقلب اندرون / ز پیلان، زمین چون کُهِ بیستون[5]
اَبَر میمنه کندرِ شیرگیر / سواری دلاور، بشمشیر و تیر[6]
سوی میسره جنگدیده گهار / زمین خفته در زیر نعل سوار[7]
همی گشت پیران به پیش سپاه / بیامد بر شنگلِ رزمخواه
بدو گفت ک:«ای نامبردارِ هند / ز توران بفرمان ترا، تا به سند
مرا گفته بودی که فردا پگاه / ز هرسو بجنگ اندر آرم سپاه
اُزان پس، ز رستم؛ بجویم نبرد / سرش را ز ابر اندر آرم بگرد»
بدو گفت شنگل: «من از گفتِ خویش / نگردم! نبینی ز من کمّوبیش!
هم اکنون شوم پیش آن گُردگیر / تنش را کنم پاره پاره بتیر![8]
از او کین کاموس جویم بجنگ / به ایرانیان بر، کنم کار تنگ»
هم آنگه سپه را به سه بهر کرد / بزد کوس و از دشت برخاست گرد[9]
برفتند یک بهره با زنده‌پیل / سپه بود صف برکشیده دو میل[10]
سر پیلبان پر ز رنگ و نگار / همه پاک با افسر و گوشوار[11]
بیاراسته گردن از توق زر / میان‌بند کرده به زرّین کمر[12]
فروهشته از پیل دیبای چین / نهاده بر او تخت و مهدی زرین[13]

---

۱ - پیش‌از نبرد، چگونه زمین نیلگون(؟) شد، و گَرد هوا راگرفت.
۲ - میمنه را در سخن فردوسی جای نیست.
۳ - نیز میسره را.
۴ - لت دویم سست است، و «آن زمان» راگزارشی نیست.
۵ - **یک:** میان لت نخست و لت دویم پیوند نیست. **دو:** لت دویم راکنش «گشته‌بود» «شده‌بود»... در کار است.
۶ - دلاوری بشمشیر و تیر نیست، زیرا که انبارداران را نیز بسیار شمشیر و تیر هست.
۷ - **یک:** نام گهار نیز از نامهای ساختگی است. **دو:** زمینِ خفته زیر پای اسپان بیدار می‌شود و نمی‌خوابد.
۸ - تن با تیر، سوراخ سوراخ می‌شود، نه پاره پاره! نویسندهٔ نمونهٔ س و نیز شاهنامه فلورانس این را دریافته و لت دویم را با واژهٔ نادرست فارسی تازی شدهٔ «مغربل» «تنش راکنم من مغربل بتیر» آورده‌است.
۹ - سه بهری که افزایندگان از آن نام میبرند، از پیش بوده‌است «هند» «چین» «توران و دیگران».
۱۰ - «رفتند»؟ یا «صف برکشیدند»؟
۱۱ - سر پیلبان نادرست است: «پیلبانان».
۱۲ - نیز توغ و کمر زین... آراستن گردن (از) نادرست است.
۱۳ - **یک:** پیل هندی و دیبای چینی؟ چگونه دیبا را فرو هشته (فرو نهاده) بودند؟ افزایندگان را بس می‌نمود که در همین آهنگ سخن بگوید بگسترده بر پیل!... اما اندیشهٔ آنان چنان آشفته است که چنین می‌گویند! **دو:** «زرین» پایان لت دویم آهنگ سخن را پریشان میکند و ←

برآمد دم نالهٔ کرنای برفتند پیلان جنگی ز جای[1]
بیامد سوی میسره سی هزار سواران گردنکش و نیزه‌دار[2]
سوی میمنه سی هزار دگر کمان برگرفتند و چینی سپر[3]
به قلب اندرون پیل و خاقان چین همی برنوشتند روی زمین[4]
جهان سربسر آهنین گشته بود به هر جایگه بر تلی کشته بود[5]
ز بس نالهٔ نای و بانگ درای زمین و زمان اندر آمد ز جای[6]
ز جوش سواران و از دار و گیر هوا دام کرگس بُد از پرّ تیر[7]
کسی را نماند اندر آن دشت هوش ز بانگ تبیره شده کرّ گوش[8]
همی گشت شنگل میان دو صف یکی تیغ هندی گرفته بکف[9]
یکی چتر هندی بسر بر بپای بسی مردم از دنبر و مرغ و مای[10]
پس پشت و دست چپ و دست راست به جنگ اندر آورده زان سو که خواست[11]
چو پیران چنان دید دل شاد کرد ز رزم تهمتن، دل؛ آزاد کرد
بهومان چنین گفت ک:«امروز، کار بکام دل ما کند، روزگار
بدین ساز و چندین سوار دلیر سرافراز هریک بکردار شیر[12]
تو امروز پیش صف اندر مپای یک امروز و فردا مکن رزم، رای[13]
پس پشت خاقان چینی بایست که داند ترا باسواری دویست؟[14]
که گر زابلی، بادرفش سیاه[15]؛ ببیند ترا، کار گردد تباه

← بهمین روی برخی نویسندگان آنرا دیگرگون کرده‌اند: فلورانس: برلین؛ ل، س، ل ۲: مَهدی زرین س ۲ مَهدی بزین پ، ب: بهری بزین. و: شاه زمین؛ ق: همین برنوشتند روی زمین، که همه نادرست است. و از همه‌شگفت‌تر نمونه واتیکان است که چنین می‌شود: فرو هشته از پیل، شاهِ زمین!؟ **سه:** پیل نادرست است! «پیلان».

۱ – «دم نالهٔ کرّنای» نادرست است: «نالهٔ کرّنای».

۲ – **یک:** بیامد، نادرست است: «بیامدند». **دو:** میسره از سخن فردوسی نیست.

۳ – **یک:** نیز میمنه. **دو:** سپاهیان هندی و سپر چینی؟

۴ – **یک:** سخن سخت سست است پیل را با خاقان چین برابر نهادن، و اگر سپاهیان بال راست همه با پیل بوده‌اند شگفت نیست که خاقان را نیز پیل بوده باشد. **دو:** هنوز سپاه جنبش نکرده‌است، چگونه روی زمین را برنوشتند (= نوردیدند)؟

۵ – نیز هنوز نبرد آغاز نشده، چگونه هر جای تلی از کشته بود؟

٦ – از نالهٔ کرّنای پیش‌ازاین سخن رفته‌بود.

۷ – کننده (فاعل) پیدا نیست. «جوش سواران»، «یا پرّ تیر»؟

۸ – **یک:** سخن یاوه، که اگر هوش برکس نمانده بود چگونه میجنگیدند؟ **دو:** لت دویم را، آهنگ، درهم است.

۹ – پس‌از تل‌های کشته و تیرباران، شنگل میان دو سپاه پیدا شد که میگردد!

۱۰ – **یک:** شنگل را در میدان نبرد چه جای چتر بر سر گرفتن (نه بپای) است. **دو:** چتری که بپای شد در یکجا استوار است، و نشاید که با سرداری که میان دو سپاه گردش میکند، همراه بوده باشد. **سه:** لت دویم را با لت نخست پیوند نیست.

۱۱ – سخن ناهنجار!

۱۲ – **یک:** چندین سوار دلیر، درخور سپاهی نیست که یکصدهزار جنگجو دارد. **دو:** نخست از سپاهیان می‌بایستی نام بردن، پسان از سازِ جنگ آنان. **سه:** لت دویم را نیز پیوند در سخن نیست.

۱۳ – در لت نخست از امروز یاد می‌شود، و در لت دویم امروز و فردا...

۱۴ – لت دویم بی‌گزارش است.

۱۵ – درفش سیاه؛ که از آنِ تورانیان بوده‌است.

آرایش نبرد ۴۲۳

ببینیم تا چون بود کار ما   چه بازی کند بخت بیدار ما»[1]

*

اُزان جایگه شد بدان انجمن   بجایی که بُد سایهٔ* پیلتن
فرود آمد و آفرین خواند چند   که: «زور از تو گیرد سپهر بلند
مبادا که روز تو گیرد نشیب   مبادا که آید برویت نهیب!
دل شاه ایران بتو شاد باد   همه کار تو، سربسر داد باد
برفتم ز نزد تو ای پهلوان   پیامت بدادم به پیر و جوان
بگفتم هنرهای تو هرچه بود   به گیتی ترا خود که یارد ستود؟[2]
هم از آشتی راندم هم ز جنگ   سخن گفتم از هر دری بیدرنگ»[3]
بفرجام گفتند که: «این چون؟ کنیم   که از رایِ او کینه بیرون کنیم
توان داد، گنج و زر و خواسته   ز ما هرچه او خواهد، آراسته
نشاید گنهکار دادن بدوی   براندیش و این کار را بازجوی!
گنهکار جز خویش افراسیاب   که دانی؟ سخن را مزن در شتاب!
ز ما هرکه خواهد، همه مهترند   بزرگند و با تخت و با افسرند
سپاهی بیامد بدین سان ز چین   ز سقلاب و ختلان و تورانزمین[4]
کجا آشتی خواهد؟ افراسیاب   که چندین سپاه آمد از خشک و آب!
بپاسخ نکوهش بسی یافتم   بدینسان سوی پهلوان تافتم
وزیشان سپاهی چو دریای آب   گرفتند بر جنگ جستن شتاب[5]
نبرد تو خواهد همی شاه هند   به تیر و کمان و به هندی پرند[6]
مرا این درست است کز پیلتن   به فرجام گریان شوند انجمن»[7]
چو بشنید رستم برآشفت سخت   به پیران چنین گفت که: «ای شوربخت!
تو با این چنین بند و چندین فریب   کجا پای داری بروز نهیب؟
مرا از دروغ تو شاه جهان   بسی یاد کرد آشکار و نهان[8]
اُزان پس کجا، پیر گودرز گفت   همه بند و نیرنگت اندر نهفت

---

۱ - پنج رج پیشتر روزگار بکام آنان بود، و اینجاپرسش پیش آید و روشن نیست که روزگار بکام کدام گروه می‌چرخد.

* - سایه‌بان.   ۲ - گفتن با ستودن در لت دویم همخوان نیست.

۳ - اگر از هردو سخن رانده‌است، پس پیام را آشفته کرده‌است، بیدرنگ در لت دویم نیز برای پساوای سخن آمده‌است، وگرنه در بردن پیام و گزاردن آن؛ درنگ بایسته‌است.   ۴ - همین سخن در رج پسین بگونهٔ درست آمده‌است.

۵ - از ایشان نادرست است: «همهٔ آنان».   ۶ - پساوا در سخن نیست.

۷ - سخن را از گفتار فردوسی برگرفته‌است که: «ابا آنکه اندر دلم شد درست».

۸ - کیخسرو هیچگاه چنین نگفته‌بود.

بدیدم کنون دانش و رای تو دروغ است یکسر، سراپای تو
بغلتی همی خیره در خون خویش بَدست این و زین بتر آیدْتْ پیش
چنین زندگانی ندارد بها که باشد سر اندر دم اژدها*
مگر گفتم آن خاک بیداد و شوم گذاری بیایی به آباد بوم
ببینی مگر شاه با داد و مهر جوان و نوازنده و خوبچهر
بدارد ترا، چون پدر، بیگمان برآرد سرت، برتر از آسمان!
ترا! پوششِ خوک و چرمِ پلنگ همی خوش‌تر آید ز دیبا و رنگ!
ندارد کسی با تو این داوری؛ ز تخم پراکنده، خود برخوری!»

*

بدو گفت پیران که: «ای نیکبخت برومند و شاداب و زیبا درخت
سخن‌ها، که داند جزاز تو، چنین که از مهتران بر تو باد آفرین!
مرا جان و دل زیر فرمان تست همیشه روانم گروگان تست
یک امشب زنم رای با خویشتن بگویم سخن نیز با انجمن»
اُزانجا بیامد بقلب سپاه زبان پر دروغ و روان کینه‌خواه [1]
چو برگشت پیران، ز هردو گروه زمین شد بکردار جوشنده کوه!
چنین گفت رستم به ایرانیان که: «من، جنگ را بسته دارم میان
شما یک بیک سر پراز کین کنید بُروهای جنگی پراز چین کنید
که امروز رزمی بزرگ است پیش پدید آید اندازهٔ گرگ و میش
مرا گفته‌بود آن ستاره‌شناس ازین روز بودم دل اندر هراس [2]
که رزمی بود در میان دو کوه جهانی شوند اندر آن همگروه [3]
شوند انجمن کاردیده مهان بدان جنگ بی‌مرد گردد جهان [4]
پی کین نهان گردد از روی بوم شود گرز پولاد برسان موم [5]
هرآنکس که آید برِ ما به جنگ شما دل مدارید از آن کار تنگ [6]
دو دستش ببندم به خمّ کمند اگر یار باشد سپهر بلند

* - اژدهای فرمانروایی افراسیاب.
۱ - «بیامد» این رج با برگشت رج پسین همخوان نیست.
۲ - «آن ستاره‌شناس» که بوده‌است؟
۳ - همهٔ رزم‌های باستانی میان دو کوه برگزار می‌شد، زیراکه هریک از دو سپاه را بایسته بود که، پشت بکوهی داشته باشد!
۴ - جهان بی‌مرد گردد! دروغی آشکار است، اگر چنین باشد، مردان ایرانی نیز همگان می‌میرند!
۵ - اگر پیِ کین (جنگ) نهان گردد. پس پولاد چگونه «موم» می‌شود؟
۶ - این رج و رج پسین پیوسته بدان، به ریشخند می‌ماند که در هنگامهٔ جنگی آنچنانکه در رج‌های پیشین گفته شد، پهلوان ایران چگونه زمان یابد که دست یکایک دشمنان را بندد؟

شما سربسر یک بیک همگروه / مباشید از آن نامداران ستوه[۱]

مرا گر برزم اندر آید زمان / نمیرم ببزم اندرون، بیگمان[۲]

همی نام باید که ماند دراز / نمانی، همی کار چندین مساز[۳]

دل اندر سرای سپنجی مبند / که پر خون شوی چو ببایدت کند[۴]

اگر یار باشد روان با خرد / به نیک و به بد روز را بشمرد[۵]

خداوند تاج و خداوند گنج / نبندد دل اندر سرای سپنج»[۶]

چنین داد پاسخ برستم سپاه / که: «فرمان تو، برتر از چرخ ماه

چنان رزم سازیم با تیغ تیز / که ماند ز ما نام، تا رستخیز»

ز دو رویه تنگ اندر آمد سپاه / یکی ابر گفتی برآمد سیاه[۷]

که باران او بود شمشیر و تیر / جهان شد بکردار دریای قیر[۸]

ز پیکان پولاد و پرّ عقاب / سیه گشت رخشان رخ آفتاب[۹]

سنان‌های نیزه، بگرد اندرون / ستاره بیالود گفتی بخون[۱۰]

چرنگیدن گرزهٔ گاوچهر / تو گفتی همی سنگ بارد سپهر[۱۱]

به‌خون و به‌مغز اندرون خاروخاک / شده غرق وبرگستوان چاکچاک[۱۲]

همه دشت یکسر پراز جوی خون / به هر جای چندی فکنده نگون[۱۳]

چو پیلان فکنده بهم میل میل / به‌رخ چون زریر و به لب همچو نیل[۱۴]

چنین گفت گودرز با پیرسر / که: «تا من ببستم به مردی کمر[۱۵]

ندیدم که رزمی بود زین نشان / نه هرگز شنیدم ز گردنکشان[۱۶]

که از کشته گیتی برین سان بود / یکی خوار و دیگر تن‌آسان بود»[۱۷]

---

۱ – سر بسر، و یک بیک، با همگروه همخوان نیست.

۲ – سخن برگرفته از شاهنامه است:

کرا، گر برزم، اندر آید زمان / نمیرد ببزم اندرون بیگمان!

۳ – لت دویم بی‌پیوند است.

۴ – باز لت دویم بی‌پیوند است و روی سخن به «تو» بازگشت!

۵ – سخن بی‌پیوند است و گزارشی ندارد.

۶ – نه چنین است که خداوندان تاج و گنج بیشتر بدنیا دل می‌بندند.

۷ – پیش‌از آمدن شنگل بجنگ تن بتن دو سپاه بهم نزدیک نمی‌شوند.

۸ – دنبالهٔ سخن.

۹ – از پر عقاب شاید سیاه گشتن آفتاب، اما از درخشش پیکان‌ها چنین نمی‌شود. و این رج بارها در افزوده‌ها آمده‌است.

۱۰ – باز نیزه بآسمان نمی‌رود، که تیر بآسمان میرود.

11 – هندیان و چینیان را گرزهٔ گاوچهر نبوده‌است.

۱۲ – مغز را با برگستوان همراه و برابر نهادن کاری کودکانه است.

۱۳ – «چندی» نادرست.

۱۴ – این رج راگزارش نیست.

۱۵ – هنوز، رزم آغاز نشده‌است.

۱٦ – دنبالهٔ سخن.

۱۷ – **یک:** هردو سپاه بسختی اندر بودند، و هیچیک از آن دو تن‌آسان نبود. **دو:** خوار نیز «آسان» است، و افزاینده همین نکتهٔ کوچک را نیز نمی‌دانسته‌است.

رزم رستم با شنگل

بغرّید شنگل به پیش سپاه — «منم» گفت: «گُرداوژنِ رزمخواه[1]
بگویید کان مرد سگزی کجاست — یکی کردخواهم، بر او نیزه راست»![2]
چو آواز شنگل برستم رسید — ز لشکر نگه کرد و او را بدید[3]
بدو گفت: «هان آمدم رزمخواه — نگر تا نگیری به لشکر پناه»[4]
چنین گفت رستم که: «از کردگار — نجستم جزین آرزوی آشکار[5]
که بیگانه‌ای زان بزرگ انجمن — دلیری کند رزم جوید ز من[6]
نه سقلاب مانم ازیشان نه هند — نه شمشیر هندی نه چینی پرند[7]
پی و بیخ ایشان نمانم بجای — نمانم به ترکان سر و دست و پای»[8]
برِ شنگل آمد بآواز گفت — که: «ای بدنژادِ فرومایه جفت[9]
مرا نام، رستم کند زال زر! — تو سگزی چراخوانی؟ ای بدگهر![10]
نگه کن که سگزی کنون مرگ تست — کفن بیگمان جوشن و ترگ تست»[11]
همی گشت با او به آوردگاه — میان دو صف برکشیده سپاه[12]
یکی نیزه زد بر گرفتش ز زین — نگونسار کرد و بزد بر زمین[13]
بر او بر گذر کرد و او را نخَست — بشمشیر برد آنزمان شیر، دست[14]

---

۱ - سخن نادرست نیست، اما داستان نادرست است که هیچگاه پادشاهان، خود، بتنِ خویش رزم نمی‌خواسته‌اند، و اینکار را پهلوانان بر دوش میگرفتند! گفتار پیشین آنان نیز چنین بود «ز هرسو بجنگ اندر آرم سپاه» و نیز از تیرباران سخن رفت که نشانهٔ جنبش سپاه است.

۲ - **یک:** رزمخواه از لشکریان دشمن نمی‌پرسد که پهلوان آنان کجا است؟ وی را می‌بایستی گفتن که برزمِ پهلوان (سگزی) شما آمده‌ام. **دو:** پیوند لت دویُم نیز با لت نخست گسسته است، (که می)خواهم «او را بنیزه بیازمایم».

۳ - بیگمان چون پهلوانی از سپاه دشمن بمیدان آید، نخست؛ دیده می‌شود، پسان آوازش بگوش میرسد!

۴ - سخن سست است.

۵ - دوباره سخن رستم با «چنین گفت» می‌آید، و درست نیست، و می‌بایستی که بدنبال همان سخن پیشین می‌آمد.

٦ - دنبالهٔ سخن.

۷ - اگر انبازی سقلابیان درست می‌بود، سخن درست چنین می‌شد: نه از لشکریان سقلاب کسی را برجای مانم نه از لشکریان هند.

۸ - تورانیان ترک نبوده‌اند، و سخن در لت دویم بس زننده و نادرخور است.

۹ - **یک:** گفتن با آواز همراه است، و بکار بردنِ آن نادرست است، مگر بی‌آواز نیز می‌توان سخن گفتن؟ **دو:** فرومایه جفت نیز نادرست است. با فرومایگی توان جفت بودن، و جفت فرومایه همسر آنکس است، و دشنام به همسر وی میرسد، نه بخودِ او.

۱۰ - **یک:** نام «کردنی» نیست، «نهادنی»، و «خواندنی» است. **دو:** زمان کنش نیز نادرست است: «کرده‌است» بنگرید به: «نهاده است». **سه:** بدگهر در این رج و بدنژاد در رج پیشین هردو یکی است.

۱۱ - **یک:** سگزی، مرگ او نمی‌تواند بودن که کشندهٔ او، تواند بود. **دو:** جوشن را شاید کفن نامیدن، اما تَرگ را نشاید!

۱۲ - همی گشت در این رج با «زد» در رج پسین ناهمخوان است.

۱۳ - یکی نیزه نادرست است: «نیزه». چون رستم را چند نیزه نبوده‌است و هر سوار، یک نیزه داشته‌است.

۱۴ - افزایندگان را گمان بر آن است که با کودکان سخن میگویند!! چون، نیزهٔ رستم بمیان کسی خورَد و او را از زین برگیرد. آنگاه او را

←

برفتند زان روی گنداوران　　بزهر آب داده، پرندآوران[1]
چو شنگل گریزان شد از پیلتن　　پراکنده گشتند زان انجمن[2]
دو بهره ازیشان به شمشیر کشت　　دلیران توران نمودند پشت[3]
بجان شنگل از دست رستم بجَست　　زره بود و جوشن تنش را نخَست[4]
چنین گفت شنگل که: «این مرد نیست　　کس او را بگیتی هماورد نیست[5]
یکی ژندهپیل است بر پشتِ کوه　　مگر رزم سازند یکسر گروه[6]
بتنها کسی رزم با اژدها　　نجوید، چو جوید، نیابد رها»![7]
بدو گفت خاقان «ترا بامداد　　دگر بود رای و دگر بود یاد»![8]
سپه را بفرمود تا همگروه　　برانند یکسر بکردار کوه[9]
سرافراز را در میان آورند　　تنومند را جان زیان آورند[10]
به شمشیر برد آن زمان شیر دست　　چپ لشکر چینیان برشکست[11]
هر آنگه که خنجر براند اختی　　همه ره تنِ بیسر انداختی[12]
نه با جنگ او کوه را پای بود　　نه با خشم او پیل را جای بود[13]
بدانسان گرفتند گرد اندرش　　که خورشید تاریک شد از برش[14]

→ نگونسار کند، و با سر بر زمین کوبد، مرگش همان است و کوبیدن همان... و پس‌ازآن خستن (ریش کردن) نمی‌خواهد، که او یکباره مرده‌است!

۱ - **یک:** از کدام روی؟ **دو:** پیوند لت دویم با لت نخست سست است: گندآوران «که»شمشیر را بزهر آب «داده بودند».

۲ - **یک:** شنگل مرده، گریزان گشت!! گیریم که شنگل نمرده بود، رستم سوار، چرا شنگل پیادهٔ رزمخواه را نکشت؟ و او توانست از تگِ رخش نیز تیزتر بدود و خویش را برهاند! **دو:** در رج پیشین گندآوران با شمشیر زهر آبداده بسوی رستم رفتند، و بیدرنگ در این رج پراکنده شدند!!

۳ - **یک:** چگونه از سپاه پراکنده، دو بهره را کشت؟ **دو:** دو بهره از چند بهره؟ **سه:** آنان که پیشتر پراکنده شده‌بودند، پس پشت نمودن آنان، دوباره‌گویی است.

۴ - چنین پیدا است که افزاینده خود از زنده ماندن شنگل شگفت زده است که دوباره از آن یاد میکند، اما یادکردِ او نادرست است! چه چیز تنش را نخَست؟ نیزه؟ یاشمشیری که بیدرنگ رستم بدست گرفت؟

۵ - شنگل به چه‌کس گفت؟

٦ - لت دویم را با لت نخست هماهنگی و پیوند نیست.

۷ - لت دویم ناهماهنگ است. از که، رها(یی) نمی‌یابد؟

۸ - شنگل در زمان گریز چنین سخن را گفته‌بود، و خاقان در میانهٔ سپاه آنرا از کجا شنید؟ افزاینده فراموش کرده بود که شنگل را بنزد خاقان بیاورد و این گفت‌وگوی را میان آنان روان کند!

۹ - دنبالهٔ گفتار

۱۰ - همچنین

۱۱ - **یک:** افزاینده فراموش کرد که پس‌از فرو افکندن شنگل، رستم بشمشیر دست برده‌بود! **دو:** شاهنامهٔ س، بجای این لت چنین آورده‌است: «یکی حمله آورد، چون شیر مست» که در آن، روشن نیست، چه‌کس، یورش آورد؟

۱۲ - **یک:** خنجر «برانداختنی» نیست، «زدنی» است. **دو:** در میدان جنگ «راه» نیست که سرها را در آن اندازند! و با یک خنجر یک سر بریده می‌شود، آنهم با درنگ و زمانی بیشتر از بریده شدن سر با شمشیر.

۱۳ - در این رج، دو نگاره از نبرد رستم آمده‌است، که اگر از گزافهٔ سخت آن بگذریم، می‌باید همواره رستم را چنین انگاریم، به یک نبرد، ویژه نمی‌شود.

۱۴ - خورشید، «از برِ رستم» تاریک شد، یا خورشید در آسمان تاریک گردید؟

چنان نیزه و خنجر و گرز و تیر — که شد ساخته بر یل شیرگیر[1]
گمان برد کاندر نیستان شده‌ست — ز خون روی کشور میستان شده‌ست[2]
به یک زخم ده نیزه کردی قلم — خروشان و جوشان و دشمن دژم[3]
دلیران ایران پس پشت اوی — به کینه دل آکنده و جنگجوی[4]
ز بس نیزه و گرز و گوپال و تیغ — تو گفتی همی ژاله بارد ز میغ[5]
ز کشته همه دشت آوردگاه — تن و پشت و سر بود و ترگ و کلاه[6]
ز چینی و شگنیّ و از هندوی — ز سقلاب و هریّ و از پهلوی؛[7]
سپه بود چون خاک در پای کوه — ز یک مرد سگزی شده همگروه[8]
که با او به جنگ اندرون پای نیست — چنو در جهان لشکرآرای نیست[9]
کسی کو کند زین سخن داستان — نباشد خردمند همداستان[10]
که پرخاشگر نامور سدهزار — بسنده نبودند با یک سوار[11]
ازین کین بد آمد به افراسیاب — ز رستم کجا یابد آرام و خواب[12]
چنین گفت رستم به ایرانیان — که: «زین جنگ دشمن کند جان زیان[13]
هم‌اکنون ز پیلان و از خواسته — همان تخت و آن تاج آراسته[14]
ستانم ز چینی به ایران دهم — بدان شادمان روز فرخ نهم[15]

---

۱ – **یک:** خنجر و گرز و تیر را در بازار آهنگران «می‌سازند» نه در میدان جنگ. **دو:** افزاینده را رای بر آن بوده‌است که بگوید (چندان) خنجر و گرز و تیر بسوی رستم بارید... اما وی نمیدانسته‌است که در جنگ تن بتن، تیر، بکار نمی‌آید، چون گرز را بکار گیرند، گاهِ زدن خنجر نیز نیست!

۲ – **یک:** در نیستان «گرز» نمی‌روید. **دو:** روی کدام کشور؟

۳ – نیزه در آغاز نبرد بکار گرفته می‌شود نه در هنگامهٔ تن بتن.

۴ – افزاینده رستم را بتنهایی بمیدان آورده‌بود و ایرانیان پشت سرِ وی نبودند!

۵ – **یک:** باز نیزه و کوپال و تیغ و گرز، با هم بکار گرفته شد. **دو:** تو گفتی...

٦ – تن را از سر جدا کردن شاید، اما پشت را از تن جدا کردن نشاید. بیشتر شاهنامه‌ها تن و دست آورده‌اند، که آن نیز درست نیست، زیرا که از «کشته» تن و دست و سر بر زمین نمیریزد.

۷ – **یک:** سقلاب با هندی و چینی... همخوان نیست: «سقلابی». **دو:** ایرانیان را هیچگاه «پهلوی» نخوانده‌اند، که زبان آنان «پهلوی» بوده و هست.

۸ – **یک:** افزاینده فراموش کرده‌است که ایرانیان را بیاری رستم آورده‌بود و اکنون تنها از رستم یاد میکند. **دو:** افزاینده آورده‌بود که رستم بشنگل میگوید مرا سگزی مخوان، و خود؛ ویرا سگزی میخواند! **سه:** پس اگر یک مرد سگزی در میدان بوده‌است، آن پهلویان (= ایرانیان) نیز بر دست وی کشته شده‌بوده‌اند!

۹ – این رج بداستان پیوسته نیست.

۱۰ – داستان «کردنی» نیست، «زدنی» و «خواندنی» و «گفتنی» است. این سخن نادرست است: «آن رویداد» «آن جنگ» و اگر خرامند با آن همداستان نیست، چرا آن را باز میگوید؟

۱۱ – همهٔ سپاهیان «نامور» نتواستند بودن.

۱۲ – **یک:** داستان بسویی دیگر میرود! چه‌کس این سخنان را گفت؟ **دو:** لت دویم را نیز پیوند درست نیست.

۱۳ – «جان زیان» را که برگرفته از داستان فرود است:

«ز بیمایه دستورِ ناکاردان — ورا جنگ، سود آمد و، جان؛ زیان»!

۱۴ – (از) پیلان...» را

۱۵ – ستانم، درست نیست. چون آنها را سپاهیان بر می‌گیرند نه رستم.

نباشد جز ایرانیان شاد کس … پی رخش و ایزد مرا یار بس[1]
یکی را ز شگنان و سقلاب و چین … نمانم که پی برنهد بر زمین[2]
که امروز پیروزی روز ماست … بلند آسمان لشکرافروز ماست[3]
گر ایدونکه نیرو دهد دادگر … پدید آورد رخش رخشان هنر[4]
برین دشت من گورستانی کنم … برومند را شارستانی کنم[5]
یکی از شما سوی لشکر شوید … بکوشید و با باد همبر شوید[6]
بگویید: «چون من بجنبم ز جای … شما برفرازید سنج و درای[7]
زمین را سراسر کنید آبنوس … به گرد سواران و آوای کوس[8]
بکوبید کوپال و گرز گران … چو پولاد را پتک آهنگران[9]
از انبوه ایشان مدارید باک … ز دریا به ابر اندر آرید خاک[10]
همه دیده بر مغفر من نهید … چو من بر خروشم دمید و دهید[11]
بدرّید صف‌های سقلاب و چین … نباید که بیند هوا را زمین»[12]
اُزان جایگه رفت چون پیلِ مست … یکی گرزهٔ گاوپیکر بدست[13]
خروشان سوی میمنه راه جُست … ز لشکر سوی کندر آمد نخست[14]
همه میمنه پاک بر هم درید … بسی ترگ و سر بُد که تن را ندید[15]

---

۱ - لت دویم را با لت نخست پیوند نیست.
۲ - سپاهیان هند و وهر؛ و گهان! و دیگر کشورهای نام برده شده، از یادِ افزاینده رفتند.
۳ - امروز پیروزیِ «روز» درست نیست.
۴ - **یک:** «خداوند» و «رخش» را همسان خواندن، درست نیست. **دو:** در رج پیشین روز پیروزی خوانده شده‌بود و «اگر» آوردن در سخن نادرست است. ۵ - **یک:** پیشتر، این گورستان درست شده‌بود! **دو:** لت دویم پریشان و بی‌پیوند است.
٦ - سخن درست است اما پیوسته بداستان است. اما رستم بتنهایی چنین میکرد ناگاه همراهانی پیدا کرد که یکی از آنان باید بلشکرگاه رود.
۷ - **یک:** مگر جنبش چگونه بوده‌است که، تاکنون یکسدهزار مرد را کشته و خسته است! **دو:** سنج و درای برافراختنی نیست.
۸ - با آوای کوس، زمین را «آبنوس» نتوان کردن! و کوس را بانگ هست و آوا نیست.
۹ - سخن بی‌پیوند است چنانکه آهنگران پولاد «را» می‌کوبند، شما گوپال و گرز (بر دشمنان) کوبید.
۱۰ - از دریا، ابر خاک‌آلود، بر نمی‌خیزد.
۱۱ - **یک:** دیده بر مغفر (نهادن) چگونه باشد؟ **دو:** لت دویم را در گفتار افزودهٔ شنگل نیز آورده‌بودند.
۱۲ - هنوز رستم نخروشیده است؟ ۱۳ - دنبالهٔ سخن. ۱۴ - «میمنه» را در گفتار فردوسی جای نیست.
۱۵ - لت دویم ناهموارترین سخن: «سر، تن را ندید» چه باشد؟ اگر افزاینده چنین می‌گفت که بسی سر از تن جدا شد، درست گفته‌بود اما آن سرها پیشتر پیوسته بتن بودند و (تن را دیده‌بودند!)

۴۳۰ کی‌خسرو

نبرد رستم با ساوه شاه و گهارِ گهانی و کشته شدن هردو بر دست رستم

یکی خویشِ کاموس بُد، ساوه نام / سرافراز و هر جای گسترده کام[1]
بیامد به پیش تهمتن بجنگ / یکی تیغ هندی گرفته بچنگ[2]
بگردید دست چپ و سوی راست / ز رستم همی کین کاموس خواست[3]
برستم چنین گفت ک:«ای ژنده‌پیل / ببینی، کنون، موج دریای نیل[4]
بخواهم کنون کین کاموس خوار / اگر باشدم زین سپس کارزار»[5]
چو گفتار ساوه برستم رسید / بزد دست و گرز گران برکشید[6]
بزد بر سرش گرز را پیلتن / که جانش برون شد به زاری ز تن[7]
برآورد و زد بر سرِ مغفرش / ندیده‌ست گویی تنش را سرش[8]
بیفکند و رخش از برِ او براند / ز ساوه بگیتی نشانی نماند[9]
درفشِ کُشانی نگونسار کرد / اُز او جان لشکر، پر آزار کرد[10]
نبد نیز کس پیش او پایدار / همه خاکِ مغزِ سر آورد بار؟![11]
پس از میمنه شد سوی میسره / غمی گشت لشکر همه یکسره[12]
گهارگهانی بدان جایگاه / گوی شیرفش بادرفش سیاه[13]
برآشفت چون ترگِ رستم بدید / خروشی چو شیر ژیان برکشید[14]
بدو گفت: «من کینِ توران و چین / ز سگزی بخواهم برین دشت کین»[15]
برانگیخت اسپ از میان سپاه / بیامد برِ پیلتن، کینه‌خواه[16]
ز نزدیک چون ترگ رستم بدید / یکی باد سرد از جگر برکشید[17]

---

۱ - کام سرداری چون ساوه که خویش کاموس بوده‌است، به همه جای گسترده نتوانستی شدن.
۲ - در این رج پیش تهمتن می‌آید...
۳ - **یک:** و در این رج دست چپ و سوی راست می‌گردد! **دو:** در لت دویم «همی» ناکارآمد است.   ۴ - دنبالهٔ گفتار.
۵ - این سخن با سخن پیشین ناهمخوان است، کسیکه جنبش خویش را به آبخیزهای دریای نیل همانند می‌کند، بیدرنگ؛ خویش را کشته در جنگ می‌پندارد، که «اگر» برای دنبالهٔ زندگی خویش آوَرَد؟   ٦ - گفتار بکسی نمی‌رسد، که بگوش میرسد.
۷ - این سخن دوباره‌گویی رج پسین است.   ۸ - دوباره از دیدار سر و تن سخن میرود!   ۹ - چه چیز را بیفکند؟
۱۰ - پهلوان درفش را با خویش بآوردگاه نمی‌برد.
۱۱ - **یک:** کسی بهمراه ساوه شاه بمیدان نیامده بود. **دو:** خاک کننده (فاعل) نیست.
۱۲ - **یک:** میمنه و میسره. **دو:** غمی نادرست است، شاید گفتن که سپاهیان ترسیدند نه غمی (= غمگین) شدند.
۱۳ - **یک:** کشوری با نام «گهان» نبوده‌است. **دو:** آنجا که میدان نبرد ساوه با رستم بود، کسی دیگر نبود «بدان جایگاه».
۱۴ - اگر در آن جایگاه بوده‌است، پیشتر، ترگ رستم را دیده بوده‌است.
۱۵ - اگر روی سخن او «بدو گفت» باشد، پس با رستم سخن میگوید، و نمیتوان در لت دویم، او را «سگزی» نامد. مگرآنکه گفته آید «از تو سگزی».   ١٦ - اگر در آن جایگاه بوده‌است، چرا اسپ را از میان سپاه برانگیخت؟
۱۷ - ترگ رستم را پیشتر دیده‌بود.

به دل گفت: «پیکار با ژنده‌پیل   چو غوته‌ست خوردن، به دریای نیل[1]
گریزی بهنگام با سر بجای   به از رزم جستن به‌نام و به‌رای»[2]
گریزان بیامد سوی قلبگاه   بر او بر نظاره ز هرسو سپاه[3]
درفش تهمتن میان گروه   بسان درخت از بر تیغ کوه[4]
همی تاخت رستم پس او چو گرد   زمین لعل گشت و هوا لاژورد[5]
گهارگهانی بترسید سخت   کز او بود برگشتن تاج و تخت[6]
برآورد یک بانگ برسان کوس   که بشنیدآواز گودرز و توس[7]
همی خواست تا کارزاری کند   ندانست کین بار زاری کند[8]
چه‌نیکو بود هرکه خودراشناخت   چرا باز دشمن ببایدش تاخت[9]
پس او گرفته گو پیلتن   که هان چارهٔ گور کن گر کفن[10]
یکی نیزه زد بر کمربند اوی   بدرّید خفتان و پیوند اوی[11]
بینداختش همچو برگ از درخت   که بر شاخ او، بروَزَد بادِ سخت[12]
نگونسار کرد آن درفش کبود   تو گفتی گهارگهانی نبود[13]
بدیدند گردان که رستم چه کرد   چپ و راست برخاست گرد نبرد[14]
درفش همایون ببردند و کوس   بیامد سرافراز گودرز و توس[15]
خروشی برآمد ز ایران سپاه   چو پیروز شد گرد لشکرپناه[16]
بفرمود رستم که: «ز ایران سوار   برِ من فرستید، سد نامدار[17]
هم‌اکنون من آن‌پیل و آن تخت آج   همان یاره و سنج و آن توغ و تاج[18]

---

۱ - دنبالهٔ گفتار. ۲ - سخن سست است. ۳ - دنبالهٔ سخن.

۴ - **یک:** تهمتن در میان گروه نبود و در میدان بود. **دو:** گفتار لت دویُم پایان ندارد.

۵ - **یک:** در این رج رستم از میان گروه بمیدان آورده شد! **دو:** «همی» در لت نخست با «گشت» در لت دویُم همخوان نیست.

٦ - لت دویُم را هیچ گزارش نیست. ۷ - گوردز و توس را بشنید«ند» باید.

۸ - سخن سست است، و زار در لت دویم به رستم باز میگردد نه به گهار.

۹ - این پند از سوی چه‌کس است؟ لت دویم نیز بی‌گزارش است.

۱۰ - **یک:** پسِ کسی را نمی‌گیرند که بدنبال وی می‌تازند. **دو:** گور و کفن هردو با هم است و گر (= یا) در کار نیست.

۱۱ - بدرید در لت دویم پیوند ندارد: «که بدرید» یا «که درّید».

۱۲ - «درخت» با پیوند «که» در لت دویم همراهی ندارد. «درختی که».

۱۳ - **یک:** کدام درفش؟ می‌بایستی نام برده شود. درفش گهارگهانی. **دو:** چون «آن درفش کبود» گفته شود، چنین پیدا است که خواننده از پیش میدانسته است که درفش گهار کبودرنگ بوده‌است، باز آنکه چنین نیست.

۱۴ - لت دویُم (از) چپ و راست.

۱۵ - **یک:** درفش ایران «همای» نبوده‌است که درفش کاویان بوده‌است. **دو:** «بیامد» با گودرز و توس همخوان نیست: «بیامدند».

١٦ - **یک:** خروشی نادرست است: «خروش». **دو:** لت دویم و نخست نیز پس و پیش آمده‌است. **سه:** شاهنامه فلورانس: خروش آمد از بوق ایرانسپاه. از بوق خروش بر نمی‌خیزد.

۱۷ - در این لت دیگربار، رستم تنها شد!

۱۸ - دنبالهٔ سخن.

۴۳۲ کی‌خسرو

ستانم ز چین و به ایران دهم — به پیروز شاه دلیران دهم»[1]
از ایران بیامد همی سدسوار — زره‌دار با گرزهٔ گاوسار[2]
چنین گفت رستم به ایرانیان — که: «یکسر ببندید، کین را؛ میان[3]
بجان و سرِ شاه و، خورشید و ماه — بخاک سیاوش به ایرانسپاه[4]
بیزدانِ دادارِ جان‌آفرین — که پیروزی آورد بر دشت کین[5]
که گر نامداری، از ایرانزمین — هزیمت پذیرد ز سالار چین[6]
نبیند مگر دار، یا بند و چاه — بسر بر، نهاده ز کاغذ، کلاه»[7]
بدانست لشکر که او شیرخوست — به چنگش سرین گوزن آرزوست[8]
همه سوی خاقان نهادند روی — به نیزه شده هر یکی جنگ‌جوی[9]
تهمتن به پیش اندرون حمله برد — عنان را برخش تکاور سپرد[10]
همی خون چکانید بر چرخ ماه — ستاره نظاره بر آن رزمگاه[11]
⟸ ز بس گَرد، کز رزمگه بردمید — چنان شد که کس روی هامون ندید
ز بانگ سواران و زخم سنان — نبود ایچ پیدا رکیب از عنان
هوا گشت چون روی زنگی سیاه — ز کشته ندیدند بر دشت راه
همه مرز تن بود و خفتان و خود — تنان را همی داد سرها درود[12]
ز گرد سوار ابر بر باد شد — زمین پر ز آواز پولاد شد[13]
بسی نامدار از پی نام و ننگ — بدادند بر خیره سرها به جنگ[14]
برآورد رستم برآنسان خروش — که گفتی برآمد زمانه بجوش[15]
چنین گفت ک: «ان پیل و آن تختِ آج — همان یاره و افسر و توغ و تاج[16]

---

۱ – از چین نمیتوان ستدن که از سپاه چین، یا از کشور چین یا از خاقان چین، و نیز نمیتوان به «ایران» دادن.

۲ – «همی» سخن را نادرست می‌کند: «بیامد». ۳ – پیدا است که آنانکه به جنگ آمده‌بودند، همگی میان را به کین بسته‌بودند.

۴ – همهٔ نمونه‌ها «خاک سیاوش» آورده‌اند، و پیدا است که ایران درگذشتگان را در دخمهٔ سنگین می‌نهادند، و سیاوخش بیگناه که خود دخمه نیز نداشت! ۵ – سوگند بدادار پس‌از سوگند به شاه و سپاه ایران، درست نمی‌نماید. ۶ – دنبالهٔ سخن.

۷ – **یک:** بدانزمان هنوز کاغذ در جهان پدیدار نشده بود. **دو:** کسیرا که بر دار می‌کشند، یا در چاه بزندان می‌افکنند، کلاه کاغذین بچه کار آید؟

۸ – **یک:** لشکر نادرست است: «لشکریان». باز آنکه لشکریان ایران همگی با رستم نبوده‌اند، و همان سد سوار را می‌باید یاد کردن. **دو:** ایرانیان تازه دانستند که رستم خوی شیر دارد؟ ۹ – «شده هر یکی» در لت دویم نادرست است.

۱۰ – **یک:** پیش اندرون نادرست است. **دو:** لت دویم برگرفته از شاهنامه است.

۱۱ – اگر چون بر چرخ ماه چکانید پس ماه دیده نمی‌شود، و در چنین هنگام ستاره نیز دیده نمی‌شود، تا نگرندهٔ آن رزمگاه بوده باشد.

۱۲ – لت دویم سخت ناسزاوار است! «درود» در زبان پهلوی «دروت» در زبان اوستایی «...» تندرستی است، و چگونه شاید که سر بریده تن را درود دهد؟

۱۳ – **یک:** دربارهٔ گرد پیش‌ازاین سخن آمده‌بود. **دو:** «ابر بر باد شد» راگزارش چیست؟

۱۴ – «نامدار» با «بدادند» ناهمخوان است. ۱۵ – یکبار خروش برآورد، یا در همهٔ زمان یورش می‌خروشید؟

۱۶ – **یک:** این سخن را یکبار دیگر گفته‌بود. **دو:** افسر و تاج یکی است.

سپرهای چینیّ و پرده‌سرای / همان افسر و آلت و چارپای[1]
به ایران سزاوار کیخسروست / که او در جهان شهریار نوست[2]
که چون او به گیتی سرافراز شاه / نبود و ندیده‌ست خورشید و ماه[3]
شما را چه کارست با تاج زر / بدین زور و این کوشش و این هنر[4]
همه دستها سوی بند آورید / میان را بخمّ کمند آورید[5]
شما را ز من زندگانی بس است / که تاج و نگین بهر دیگرکس است[6]
فرستم به نزدیک شاه زمین / چه منشور و شنگل چه خاقان چین[7]
اگرنه من این خاک آوردگاه / به نیل ستوران برآرم به ماه»[8]
بدشنام بگشاد خاقان زبان / بدو گفت ک:«ای بدتنِ بدروان[9]
مه ایران، مه آن شاه و آن انجمن / همی زینهاریت! باید چو من؟[10]
تو سگزی که از هرکسی بتّری / همی شاه چین بایدت لشکری»[11]
یکی تیرباران بکردند سخت / چو باد خزان برجهد بر درخت[12]
هوا را بپوشید پرّ عقاب / نبیند چنان رزم جنگی بخواب[13]
چو گودرز باران الماس دید / ز تیمار رستم دلش بردمید[14]
برهّام گفت: «ای درنگی، مایست! / برو با کمانور سواری دویست[15]
کمانهای چاچی و تیر خدنگ / نگه‌دار پشت تهمتن به جنگ»[16]
به گیو آن زمان گفت: «برکش سپاه / برین دشت زین بیش دشمن مخواه[17]

---

۱ – از «افسر» در رج پیشین یاد شده‌بود. ۲ – دنبالهٔ سخن

۳ – ایرانیان هیچگاه جمشید و فریدون و دیگر شاهان بزرگ را فراموش نکرده بودند.

۴ – دو رج پیش‌از پیل و تخت و باره و افسر و تاج! سپر و پرده‌سرای... نام برده شده‌بود، و اینجا تنها از تاج زر(ین) نام می‌برد. در شاهنامهٔ فلورانس از تاج و فرّ نام برده شده‌است که آن نیز نادرست است، زیرا که «فرّ» را از کسی نمیتوان گرفتن.

۵ – سخن نادرخور، که هیچکس، خود، دست را بسوی بند، و میان را بخمّ کمند نمی‌آورد.

۶ – لت نخست پریشان! افزاینده خواسته‌است بگوید که «من» زندگانی شما را بپایان می‌برم، و اگر چنین است چرا در رج پیشین از بند کردن آنان سخن رفته‌بود؟ بازگونهٔ آنرا نیز می‌توان اندیشیدن. تاج و نگین را از شما میگیرم و بکیخسرو میدهم، و شما را زنده می‌گذارم! که این نیز با سخنان پیشین هماهنگ نیست. ۷ – باز در این رج، از منشور و شنگل و خاقانِ (زنده) یاد میکند.

۸ – پیش‌ازآن، خاک را بماه رسانده‌بود!

۹ – افزاینده را گمان بر آن است که میدان جنگ چون میدان کودکان است که آوای رستم بخاقان چین میرسد، و وی نیز بدان پاسخ میدهد. ۱۰ – رستم سخن از زینهار و زینهاری نگفته‌بود، سخن وی از بند و زندان بود.

۱۱ – در این رج زینهاری، به سپاهی (=لشکری) برگشت.

۱۲ – یک: «باد» بر نمی‌جهد، می‌وزد! دو: تیرباران، همانند باد خزان بود؟ یا برگریزان درخت؟

۱۳ – زمان، در لت دویم، زمانِ روان (زمان حال) می‌شود. ۱۴ – دنبالهٔ سخن

۱۵ – رهام، درنگی نبوده‌است. ۱۶ – لت نخست را پیوند «با» باید: «کمان چاچی».

۱۷ – لت دویم بی‌گزارش است.

۴۳۴ کی خسرو

نه هنگام آرام و آسایش است … نه نیز از در رای و آرایش است[1]
برو با دلیران سوی دست راست … نگه کن که پیران و هومان کجاست[2]
تهمتن نگر پیش خاقان چین … همی آسمان برزند بر زمین»[3]
برآشفت رهّام همچون پلنگ … بیامد به پشت تهمتن بجنگ[4]
چنین گفت رستم به رهّام شیر … که «ترسم که رخشم شد از کار سیر[5]
چو او سست گردد پیاده شوم … به خون و خوی آهار داده شوم[6]
یکی لشکرست این چو مور و ملخ … تو با پیل و با پیلبانان مچخ[7]
همه پاک در پیش خسرو بریم … ز شُگنان و چین هدیهٔ نو بریم»[8]
ازآن جایگه برخروشید و گفت … که: «با روم و چین اهرمن باد جفت[9]
ایا گم شده بخت بیچارگان … همه زار و با دردِ غمخوارگان[10]
شما را ز رستم نبود آگهی … مگر مغزتان از خرد شد تهی[11]
کجا اژدها را ندارد به مرد … همی پیل جوید به روز نبرد[12]
شما را سر از رزم من سیر نیست … مرا هدیه جز گرز و شمشیر نیست»[13]
ز فتراک بگشاد پیچان کمند … خم خام در کوههٔ زین فکند[14]
برانگیخت رخش و برآمد خروش … همی اژدها را بدرّید گوش[15]
به هرسو که خام اندر انداختی … زمین از دلیران بپرداختی[16]
هر آنگه که او مهتری را ز زین … ربودی به خمّ کمند از کمین[17]

---

۱ – **یک:** مگر آنان در میدان جنگ آسایش داشتند؟ **دو:** لت دویم راگزارش نیست، شاهنامه فلورانس: آرامش، لندن: بخشایش، لندن ۲: آسایش، هَمگی نادرست است.
۲ – پیران و هومان را «کجایند» بایسته است.
۳ – «که» آسمان «را» زند.
۴ – برآشفتن نادرخور است.
۵ – رخشم «شد» نادرست است: «رخشم (شود)».
٦ – **یک:** سخن بیجا! که پیدا است که هر سوار در چنان هنگام از اسپ، پیاده می‌شود. **دو:** لت دویم، ازشکست رستم سخن می‌گوید. باز آنکه تاکنون وی پیروز بوده‌است.
۷ – رهام چه زمان با پیل و پیلبانان چخیده بود (سخن گفته‌بود).
۸ – **یک:** این رج با رج پیشین پیوند درست ندارد. **دو:** پیشتر از بسا کشورها نام برده شده‌بود، و اینجا تنها از شُگنان و چین یاد می‌شود.
۹ – **یک:** از کدام جایگاه؟ **دو:** اگر سخن با «باد» (= خدا خواهد که بشود) همراه است، پس پیشتر با روم و چین اهرمن یار نبوده‌است، و اگر چنین است چرا می‌باید آرزو کردن که با آن کشورها اهریمن جفت شود؟ **سه:** روم هنوز در گسترهٔ جهان پدیدار نشده‌بود.
۱۰ – در رج پیشین روی سخن رستم با رهام بود، و اکنون با چینیان!
۱۱ – آنان آگهی داشتند زیرا که خود با پیران سخن گفته‌بود.
۱۲ – **یک:** مگر اژدها «مرد» است؟ **دو:** پیل که نیرومندتر از اژدها نیست. **سه:** گفتار این رج نشان میدهد که دو لت رج پیشین جابجا شده‌اند. «مگر خرد را فراموش کردید» که رستم...
۱۳ – سخن برگشت، و در این رج چینیان پورشگر خوانده می‌شوند.
۱۴ – در هنگامهٔ جنگ تن بتن، کمند کاربرد ندارد.
۱۵ – رخش را پیش‌ازآن برانگیخته بود، و خروش را نیز پیش‌ازآن برکشیده‌بود.
١٦ – **یک:** خام انداختن نادرست است. **دو:** در نبرد تن بتن کمند بکار نمی‌آید.
۱۷ – **یک:** همچنین... **دو:** از کمین چه بوده باشد؟ او که آشکارا بجنگ رفته‌بود.

بدین رزمگه بر سرافراز توس / به ابر اندرافراختی بوق و کوس[1]
ببستی از ایران کسی دست اوی / ز هامون نهادی سوی کوه روی[2]
نگه کرد خاقان ازان پشت پیل / زمین دید برسان دریای نیل
یکی پیل بر پشت کوه بلند / ورا نام بُد رستم دیوبند[3]
همی کرگس آورد ز ابر سیاه / نظاره بران اختر و چرخ ماه[4]
یکی نامداری ز لشکر بجُست / که گفتار ایران بداند درست
بدو گفت: «رو پیش آن شیرمرد / بگویش که تندی مکن در نبرد
چغانی و شگنی و چینی و وهر / کزین کینه هرگز ندارند بهر[5]
یکی شاه ختلان یکی شاه چین / ز بیگانه مردم ترا نیست کین[6]
یکی شهریارست افراسیاب / که آتش همی بد شناسد ز آب[7]
جهانی بدین گونه کرد انجمن / بدآورد ازین رزم بر خویشتن[8]
کسی نیست بی‌آز و بی‌نام و ننگ / همان آشتی بهتر آید ز جنگ»
فرستاده آمد برِ پیلتن / زبان پر ز گفتار و دل پرشکن
بدو گفت ک:«ای مهتر رزمجوی / چو رزمت سرآمد، کنون بزم جوی
نداری همانا ز خاقان چین / ز کار گذشته، به دل، هیچ کین!
چو او بازگردد تو زاو بازگرد / که اکنون سپه را سرآمد نبرد
چو کاموس بر دست تو کشته شد / سر رزمجویان همه گشته شد»[9]
چنین داد پاسخ که:«پیلان و تاج / بنزدیک من باید و تخت آج
بتاراج ایران نهاده‌ست روی / چه باید؟ کنون، لابه و گفت‌وگوی!
چو داند که لشکر به جنگ آمده‌ست / شتاب سپاه از درنگ آمده‌ست»[10]
فرستاده گفت: «ای خداوندِ رخش! / بدشت آهوی ناگرفته مبخش!»[11]

---

۱ - بدین رزمگه نادرست است، افزاینده خواسته‌است بگوید که بفرمان توس «در لشکرگاه ایران»... ۲ - سخن سست.
۳ - لت دویم نادرخور است، زیرا که از پیش آگاهی بخاقان رسیده‌بود که او رستم است.
۴ - **یک:** کرکس مردارخوار، پس‌از جنگ، بمیدان نبرد می‌آید، تا مردار خورَد، نه بهنگام جنگ! **دو:** چرخ ماه همراه با اختر نادرست است. اختر بتنهایی نیز درست نمی‌نماید: «اختران». ۵ - «وهر» در برابر چغانی و چینی... نادرست است.
٦ - تنها از دو شاه نام می‌رود و پیش‌ازاین شمار شاهان بیش‌ازاین می‌نمود. ۷ - لت دوئِم نادرخور است.
۸ - دنبالهٔ گفتار. ۹ - کُشته را باگَشته پساوا نیست. ۱۰ - لت دویم نادرخور است.
۱۱ - **یک:** این گفتار، چندان بر زبان ایرانیان رفته‌است که بگونهٔ داستان درآمده‌است، اما سخن از فردوسی نیست، زیرا که؛ **دو:** فرستاده‌ای که پیام از سوی خاقان برای رستم می‌برد، پایگاه آنرا ندارد که پاسخ تند بدو دهد. او می‌تواند پاسخ را شنیده، بخاقان برساند! **سه:** گفتار از دیدگاه زبان فارسی نیز نادرست می‌نماید، از آنجاکه رستم چیزی را بکسی نبخشیده است، دودیگر آنکه آهو (= خاقان چین) خود آشتی خواسته و نخستین پی آمد آشتی خواهی در جنگ، بخشیدن مال‌وخواسته است.

که داند؟ که خود چون بود روزگار! — که؟ پیروز برگردد از کارزار»[1]
چو بشنید رستم بر انگیخت رخش — «منم» گفت «شیراوژن تاج‌بخش[2]
تنی زورمند و به بازو کمند — چه روز فریب است و هنگام بند[3]
چه خاقان چینی کمند مرا — چه شیر ژیان دست‌بند مرا»[4]
بینداخت آن تابداده کمند — سران سواران همی کرد بند[5]
چو آمد بنزدیک پیل سپید — ببُد[6] شاه چین از روان ناامید
چو از دست رستم رها شد کمند — سر شاه چین اندر آمد ببند[7]
ز پیل اندر آورد و زد بر زمین! — ببستند بازوی خاقان چین[8]
پیاده همی راند تا رود شهد — نه پیل و نه تاج و نه تخت و نه مهد[9]
چنین است رسم سرای فریب — گهی بر فراز و گهی بر نشیب[10]
چنین بود تا بود گردان سپهر — گهی جنگ و زهرست و گه نوش و مهر[11]
ازانپس بگرز گران دست برد — بزرگش همان و همان بود خرد[12]
چنان شد در و دشت آوردگاه — که شد تنگ بر مور و بر پشه، راه[13]
ز بس کشته و خسته شد جوی خون — یکی بی سر ودیگری سرنگون[14]
چنان بخت تابنده، تاریک شد! — همانا بشب روز نزدیک شد[15]
برآمد یکی ابر و بادی سیاه — بشد روشنایی ز خورشید و ماه[16]

---

۱ – خاقان شکست خویش را از پیش دیده‌بود، که از در آشتی آمد.
۲ – چون در لت نخست نام «رستم» آمد، در لت دویم شیر اوژن تاجبخش دوباره‌گویی است.
۳ – **یک:** لت نخست بی‌گزارش است. **دو:** لت دویم نیز پیوند درست با لت نخست ندارد. **سه:** خاقان نیز فریب و بند بکار نبرده‌است، آشتی خواسته‌است!
۴ – سخنان کودکانه.
۵ – «بینداخت» با «همی‌کرد» همخوان نیست. و با هر بار کمند افکندن یک‌کس به بند می‌افتد.
٦ – در همهٔ نمونه‌ها «شد آن» آمده‌است، و بکارگرفتن «آن» در گفتار درست نیست زیرا چنین می‌نماید که «این شاه» نیز در برابر آن می‌ایستد! تنها در شاهنامه قاهره ببُد (= بشد) آمده‌است.
۷ – رها شدن کمند از دست، چنان است که کمند از دست بیفتد! سخن درست «کمند را افکندن» است، نه رها شدن.
۸ – چون کمند پیلتن بر گردن خاقان افتد، از نیروی او خاقان خفه می‌شود، و چون با زور بازوی رستم خاقان از پشت پیل بر زمین کوفته شود، رگ و جان و پیوند او از هم می‌گسلد، و جایی برای بستن دست او نمی‌ماند.
۹ – هنوز سپاه بر جای است، چگونه خاقان را پیاده «(همی) راند»؟
۱۰ – این سخن چند بار در افزوده‌ها آمده‌است، و ایرانیان جهان را گرامی می‌داشتند و آنرا، «سرای فریب» نمی‌خواندند.
۱۱ – پیوند لت دویم با لت نخست استوار نیست.
۱۲ – پس‌ازگرفتن خاقان، که سپاهیان او نیز راه‌گریز راگرفتند، چه جای کوبیدن گرز بود!
۱۳ – «در» خانه است، و در آنجا خانه‌ای نبود.
۱۴ – **یک:** شد جوی خون بی‌پیوند است: جوی خون روان شد. **دو:** لت دویم را با لت نخست پیوند نیست و سخن نیز بی‌پایان است.
۱۵ – بخت (= قسمت) یکی است و تاریک و روشن نمی‌شود. افزاینده خواسته‌است بگوید که چنان کامرانی و شادمانی... خاقان بپایان رسید.
١٦ – «ابر» را با میدان جنگ پیوند نیست. و هرگاه شاید که هوا ابرآلود شود.

پیروزی ایرانیان

⇐ سر از پای، دشمن ندانست باز — بیابان گرفتند و راه دراز
نگه کرد پیران بدان کارزار — چنان، تیز؛ برگشتنِ روزگار
نه منشور و فرتوس و خاقان چین — نه آن نامداران و مردان کین[1]
درفش بزرگان نگونسار دید — بخاک اندرون، خستگان، خوار دید[2]
به نستیهن گُرد و کلباد گفت — که «شمشیر و نیزه بباید نهفت»[3]
نگونسار کرد، آن درفش سیاه — برفتند پویان، به بیراه و راه
همه میمنه گیو تاراج کرد — در و دشت چون پرده‌راج کرد[4]
بجست از چپ لشکر و دست راست — بدان تا بداند که پیران کجاست[5]
چو اورا ندیدند گشتند باز — دلیران سوی رستم سرفراز[6]
تبه گشت اسپان جنگی ز کار — همه رنجه و خستهٔ کارزار[7]
برفتند با کامِ دل، سوی کوه — تهمتن به پیش اندرون با گروه[8]
همه ترگ وجوشن بخون وبه‌خاک — شده غرق و، برگستوان چاکچاک[9]
تن از جنگ خسته دل از رزم شاد — جهان را چنین است ساز و نهاد[10]
پراز خون بر و تیغ و پای و رکیب — ز کشته نه پیدا فراز از نشیب[11]
چنین تا به شستن نپرداختند — یک از دیگری بازنشناختند[12]
سر و تن بشستند و دل شسته بود — که دشمن به بند گران بسته بود[13]
چنین گفت رستم به ایرانیان — که: «اکنون بباید گشادن میان
به پیش جهاندار پیروزگر — نه کوپال باید نه بند کمر[14]
همه سر بخاک سیه برنهید — کزین پس همه تاج بر سر نهید[15]

---

۱ - این رج برج پیشین پیوسته نیست. ۲ - همهٔ این سخنان در «برگشتن روزگار» گفته شد.

۳ - این سخنان را به هومان شایستی گفتن، و نهان کردن همهٔ جنگ‌افزارها را بایستی فرمان دادن. نه تنها جنگ‌افزار نستیهن و کلباد را.

۴ - سپاهیانِ گریخته میمنه ندارند... اگر پرده‌سرای را بتاراج داد، پرده‌سرای در بال راست سپاه نبوده‌است، که در لشکرگاه بوده!

۵ - از چپ و دست راست نادرست است. ۶ - دنبالهٔ گفتار.

۷ - «اسپان» را «تباه گشتند» باید، و «اسپ» از گردش، (تباه) نمی‌شود. ۸ - و بیدرنگ در این رج از کام دل یاد می‌شود.

۹ - نمی‌شود که «همه» برگستوان‌ها چاکچاک شده باشند.

۱۰ - «خسته» با کاربرد تازه‌اش (= مانده) در این رج آمده‌است. باز آنکه در زمان فردوسی، خسته برابر با ریشگین (= مجروح) بکار میرفته‌است. ۱۱ - دوباره از ابزار و اندام خونین یاد می‌شود.

۱۲ - **یک:** دروغ بزرگ با سخنی سست «بشستن پرداختن» نادرست است. **دو:** لت دویم نیز نادرست می‌نماید: «یکدیگر را».

۱۳ - بَسته را با شُسته، پساوا نباشد.

۱۴ - **یک:** «بندِ کمر» نادرست است که «کمر» خود، میان‌بند است و بندی است که بر میان بسته می‌شود. **دو:** برای نماز و ستایش بند (= کُشتی) بر میان داشتن، بایسته بود.

۱۵ - **یک:** نماز ایرانیان رو بسوی فروغ و روشنایی داشت، و سر بخاک نمی‌نهادند. **دو:** تاج، ویژهٔ شاهان بود نه «همه».

کزین نامداران کسی نیست کم / که اکنون شده‌ستی دل ما دژم»[1]
چنین گفت رستم بگودرز و گیو / بدان نامداران و گردان نیو[2]
:«چو آگاهی آمد به شاه جهان / به من بازگفت این سخن در نهان[3]
که: توس سپهبد به کوه آمده‌است / ز پیران و هومان ستوه آمده‌است[4]
از ایران برفتیم با رای و هوش / برآمد ز پیگار مغزم بجوش[5]
ز بهرام گودرز و ز ریونیز / دلم تیز برگشت برسان شیز[6]
از ایران همی تاختم تیزچنگ / زمانی به جایی نکردم درنگ[7]
چو چشمم برآمد به خاقان چین / بران نامداران و مردان کین[8]
بویژه به کاموس و آن فر و برز / بران یال و آن شاخ و آن دست و گرز[9]
که بودند هریک چو کوهی بلند / به زیر اندرون ژنده پیلی نژند[10]
به دل گفتم: آمد زمانم به سر! / که تا من ببستم به مردی کمر[11]
ازین بیش مردان و زین بیش ساز / ندیدم به جایی به سال دراز[12]
رسیدم به دیوان مازندران / شب تیره و گرزهای گران[13]
ز مردی نه پیچد هرگز دلم / نه گفتم که از آرزو بگسلم[14]
جز آن دم که دیدم ز کاموس جنگ / دلم گشت یکباره زین کینه تنگ[15]
کنون گر همه پیش یزدان پاک / بغلتیم با درد یک یک به خاک[16]
⇐ **غم و کامِ دل بی‌گمان بگذرد / زمانه دم ما همی بشمرد**
همان به که ما جام می بشکریم / بدین چرخ نامهربان ننگریم[17]

---

۱ – «شدستی» در لت دویم نادرخور است، که اکنون دل ما، «از کشته شدنِ وی» دژم «باشد».

۲ – پیشتر نیز سخنان رستم بود، و دگرباره «چنین گفت رستم» کاربرد ندارد.

۳ – این سخنان را بهنگام دیدار نخستین رستم با سران، توان گفتن، نه اکنون پس‌از چند روز جنگ و کارزار.

۴ – «بکوه آمده‌است» نادرست است. «در کوه پناه گرفته‌است».

۵ – **یک:** رای و هوش همواره با مردم هوشمند همراه است، و نمی‌توان آنرا دوباره همراه کردن. **دو:** لت دویم را با لت نخست پیوند نیست.

۶ – لت دویم را هیچ گزارش نباشد.

۷ – دنبالهٔ گفتار

۸ – چشم، بر نمی‌آید. چشم برکس می‌افتد.

۹ – کاموس را پیش‌از خاقان چین دیده‌بود نه پس‌از وی.

۱۰ – **یک:** لت پیشین کنش یگانه (مفرد) برای یک کس آمده‌است، و اینجا «بودند» بکار گرفته شده‌است که درست نیست. **دو:** نژند، بیچاره و درمانده و ناکارآمد است، و اسپ نژند بکار کارزار نمی‌آید.

۱۱ – **یک:** این گفتار در برابر همهٔ گفتارهای پیشین رستم ایستاده‌است، رستم همواره با نیرو و امید سخن گفته‌بود. **دو:** پیوند «که» در آغاز لت دویم ناهموار است: «زیرا که»، «از آنجا که» «چونکه»...

۱۲ – **یک:** بجایی، نادرست است: «بیکجا». **دو:** سال دراز نیز نادرست است: «در زمان درازِ زندگیم».

۱۳ – رستم در مازندران به «گرزهای گران» نرسیده‌بود.

۱۴ – لت دویم ناهموار است.

۱۵ – **یک:** پیوند «جز» در آغاز این رج ناهمخوان است. **دو:** لت دویم نیز با لت نخست پیوند درست ندارد.

۱۶ – این رج را با رج‌های پیشین‌وپسین پیوند نیست.

۱۷ – جام می را می‌نوشند، ونمی‌شکرند (= پاره پاره و شکسته نمی‌کنند).

سپاس از جهاندار پیروزگر / کزویست مردی و بخت و هنر
کنون می گساریم تا نیم شب / بیاد بزرگان گشاییم لب
سزد گر دل اندر سرای سپنج / نداریم چندین بدرد و برنج»
بزرگان بر او خواندند آفرین / که «بی‌تو مبادا کلاه و نگین
کسی را که چون پیلتن کهتر است / ز گردون گردان سرش برتر است[۱]
پسندیده باد این نژاد و گهر / هم آن بوم، کاو چون تو آرد به بر[۲]
تو دانی که با ما چه کردی ز مهر / که از جان تو شاد بادا سپهر![۳]
همه مرده بودیم و برگشته روز / بتو زنده گشتیم و گیتی‌فروز»[۴]
بفرمود تا پیل با تخت آج / بیارند با توغ زرّین و تاج[۵]
می خسروانی بیاورد و جام / نخستین ز شاه جهان برد نام
بزد کرنای از برِ ژنده‌پیل / همی رفت آوازشان بر دو میل
چو خرّم شد از می جهان‌پهلوان / برفتند شادان و روشنروان[۶]
چو پیراهن شب بدرّید ماه / نهاد از برِ چرخِ پیروزه، گاه[۷]
طلایه پراکند بر گردِ دشت / چو رنگ درنگی شب اندر گذشت[۸]
پدید آمد آن خنجر تابناک / بکردار یاقوت شد، تیره خاک[۹]
تبیره برآمد ز پرده سرای / برفتند گردان لشکر ز جای[۱۰]
چنین گفت رستم بگردنکشان / که: «جایی نیامد ز پیران نشان[۱۱]
بباید شدن سوی آن رزمگاه! / بهرسو فرستاد باید سپاه»[۱۲]
شد از پیش او بیژن شیرمرد / بجایی کجا بود دشت نبرد[۱۳]
جهان دید پر کشته و خواسته / بهرسو یکی گنج آراسته![۱۴]

---

۱ – پس‌از آفرین به رستم، آفرین به کیخسرو، که آن نیز با آفرین رستم همراه بود!

۲ – **یک**: این آرزو ناشایست است زیرا که نژاد و گهر رستم پسندیده بوده‌است، و نمی‌شاید که چنین بخواهند. **دو**: آرد، در لت دویم نادرست است: «آورده‌است».

۳ – «تو دانی که» نادرست است: «خود بهتر دانی».

۴ – همهٔ آنان که با رستم سخن میگویند زنده بودند!

۵ – یک رج در میان سخن از پیل و جام می می‌رود و درست نمی‌نماید که در هنگام رامش از پیل و توغ زرّین یاد شود.

۶ – تنها جهان‌پهلوان خرم شد؟ یا همگان خرم شدند؟

۷ – دنبالهٔ سخن.

۸ – **یک**: پیش‌آهنگان را پیش‌از آمدن شب بپاس میداشتند. **دو**: رنگ درنگی چگونه رنگی است؟

۹ – بیدرنگ از بامداد یاد می‌شود، و اگر چنین است چرا از شامگاه سخن رفت؟

۱۰ – دنبالهٔ گفتار.

۱۱ – پیران همراه با سپاه توران گریخته بودند، و داستان‌گریز آنان چنین آمده‌بود:
نگه کرد پیران بدان کارزار / چنان؛ تیز بر گشتنِ روزگار
نگونسار کرد آن درفش سیاه / برفتند، پویان به بیراه و راه

۱۲ – دنبالهٔ همان گفتار است.

۱۳ – لت دویم نادرست است، و بس می‌نمود که بگویند «بدشت نبرد رفت».

۱۴ – «خواسته» در لشکرگاه بود، و «کشته» در میدان نبرد که ازیکدیگر دو فرسنگ بدور بودند.

پراکنده کشور پراز خسته دید … به خاک اندر افکنده نابسته دید[1]
ندیدند زنده کسی را بجای … زمین بود و خرگاه و پرده‌سرای[2]
به نزدیک رستم رسید آگهی … که: «شد روی کشور ز ترکان تهی»[3]
ز ناباکی و خواب ایرانیان … برآشفت رستم چو شیر ژیان[4]
زبان را به دشنام بگشاد و گفت … که: «کس را خرد نیست با مغز جفت[5]
بدین گونه دشمن میان دو کوه … سپه چون گریزد ز ما همگروه[6]
طلایه نگفتم که بیرون کنید … درو راغ چون دشت و هامون کنید؟[7]
شما سر به آسایش و خوابگاه … سپردید و دشمن بپیچید راه[8]
تن‌آسان غم و رنج بار آورد … چو رنج آوری گنج بار آورد[9]
چو گویی که روزی تن‌آسان شوند … ز تیمار ایران هراسان شوند[10]
ازین پس تو پیران و کلباد را … چو هومان و رویین و پولاد را[11]
نگه کن بدین دشت با لشکری … تو در کشوری رستم از کشوری[12]
اگر تاو دارید جنگ آورید … مرا زین سپس کی به چنگ آورید[13]
که پیروز برگشتم از کارزار … تبه شد نکو گشته فرجام کار»[14]
برآشفت با توس و شد چون پلنگ … که: «این جای خواب است گر دشت جنگ[15]
طلایه نگه کن که از خیل کیست … سر آهنگ آن دوده را نام چیست[16]
چو مرد طلایه بیابی به چوب … هم اندر زمان دست و پایش بکوب[17]

---

۱ – در رج پیشین از «جهان» یاد شد، و اینجا از «کشور» که نادرست است، و همان «جهان» برای هردو رج بسنده می‌نمود.

۲ – در لت پیشین از «خستگانِ» بسیار یاد شده‌بود، و در اینجا هیچکس را زنده نمی‌بینند!

۳ – تورانیان ترک نبوده‌اند.

۴ – ناباک نادرست است: «بیباک» و بیباکی را با خواب هیچ پیوند نیست زیرا که بیباکان نیز می‌خوابند، چنانکه «باکداران»!

۵ – «کس» در لت دویم چه کس است؟ همهٔ مردمانِ جهان؟ یا همهٔ ایرانیان؟ آیا شایسته هست که رستم همهٔ ایرانیان را بی‌خرد شمارد؟

۶ – دشمنان از سوی خود گریخته بودند، و رستم نیز بهنگام گریز، آنانرا دیده‌بود!

۷ – **یک:** در (= خانه) و راغ (= کوه) را چگونه توان با نگهبانان بسان دشت و هامون «کردن»! **دو:** در افزوده‌ها، رستم؛ خود پیش‌آهنگان سپاه را پراکنده بود.

۸ – دنبالهٔ گفتار.

۹ – روی سخن به «شما» بود، و در لت دویم به «تو» بازگشت.

۱۰ – این رج را هیچ گزارشی نیست.

۱۱ – «تو» در این رج کیست؟ چو در آغاز لت دویم نیز نادرست است.

۱۲ – **یک:** «نگه کن» نادرست است: «اگر ازاین‌پس پیران و کلباد را همراه بالشکر دیدید». **دو:** «در کشور» با «از کشور» همخوان نیست. در شاهنامه فلورانس آمده‌است: تو در لشکر و رستم از کشوری که آن نیز نادرست است.

۱۳ – لت دویم در رج پیشین سخن با «تو» بود، و در این رج با «شما»! سخن نیز سست است.

۱۴ – این دو لت را بهم پیوند نیست و گفتار نیز سست است.

۱۵ – **یک:** پیشتر برآشفته بود که آن سخنان را بنامش افزودند! **دو:** در افزوده‌ها پهلوانان بفرمان رستم می نوشیده بودند!

۱۶ – دنبالهٔ گفتار

۱۷ – مرد طلایه نادرست است، توس سپهسالار را شایسته نیست که چوب بر دست‌وپای کسی زند، و پیش‌آهنگان یک‌کس نبوده‌اند که از

←

ازو چیز بستان و پایش ببند   نگه کن یکی پشت پیلی بلند[1]
بدین سان فرستش به نزدیک شاه   مگر پخته گردد بدان بارگاه[2]
ز یاقوت و ز گوهر و تخت آج   ز دینار و زِ افسر و گنج و تاج[3]
نگر تا که دارد ز ایران سپاه   همه یکسره خواسته پیش خواه[4]
ازین هدیهٔ شاه باید نخست   پس آنگه مرا و ترا بهر جست»[5]
بدان دشت بسیار شاهان بدند   همه نامداران گیهان بدند[6]
ز چین و ز سقلاب و از هند و وَهر   همه گنجدارانِ گیرنده شهر[7]
سپهبد بیامد همه گرد کرد   برفتند گردان بدشت نبرد[8]
کمرهای زرّین و بیجاده تاج   ز دیبای رومی و ز تخت آج[9]
ز تیر و کمان و ز برگستوان   ز گوپال و ز خنجر هندوان[10]
یکی کوه شد در میان دو کوه   نظاره شده گردش اندر، گروه[11]
کمانکش سواری گشاده بری   به تن زورمندیّ و گنداوری[12]
خدنگی بینداختی چار پر   ازین سو بدان سو نکردی گذر[13]
چو رستم نگه کرد خیره بماند   جهان‌آفرین را فراوان بخواند[14]
چنین گفت که: «این روز ناپایدار   گهی بزم سازد، گهی کارزار![15]
همی گردد این خواسته زان بدین   بنفرین بود گه، گهی بآفرین[16]
زمانه نماند بآرامِ خویش   چنین است تا بود آیین و کیش[17]
یکی، گنج ازین سان همی پرورد   یکی دیگر آید کزو برخورد[18]
بران بود کاموس و خاقان چین   که آتش برآرند، از ایرانزمین[19]

← آنان با «مرد طلایه» یاد شود.

۱ – **یک:** پای شکسته را، خود؛ نشاید بستن؟ چیز بستان چه باشد؟ مگر سردار یک سپاه، از سپاهیان خویش چیز می‌ستاند؟ **دو:** لت دویم نیز سخت نادرخور است زیراکه پیش‌آهنگان (طلایگان) یک سپاه را نمیتوان بر پشت پیل نهادن.

۲ – پخته شدن چگونه باشد؟ اگر زدن و آزار است که دست‌وپایشان راشکستند، و بیش‌ازآن نمی‌شود.

۳ – **یک:** این سخن نشان می‌دهد که ایرانیان بی‌فرمان رستم، بلشکرگاه دشمن رفته و خواسته را برای خود برگرفته‌اند! **دو:** مگر کسی را توان آن هست که تخت آج خاقان را بتنهایی برگیرد و پنهان سازد؟

۴ – دنبالهٔ گفتار.

۵ – «از این» نادرست است: «از خواسته و مالی که بدست می‌آید».

٦ – دنبالهٔ داستان.

۷ – دنبالهٔ گفتار

۸ – «همه» در این رج به شاهانِ دو رج پیشین باز میگردد نه بمال‌وخواسته!

۹ – **یک:** تاج را از بیجاده نمی‌توان ساختن. **دو:** روم نیز هنوز در جهان پدیدار نشده‌بود.

۱۰ – دنبالهٔ گفتار.

۱۱ – نظاره شده نادرست است: «ایرانیان بدان می‌نگریستند».

۱۲ – دنبالهٔ گفتار.

۱۳ – خدنگی که چهار پر بر آن بسته شده باشد. در هوا به پیش نمی‌رود! بازگردید به داستانِ رستم و اشکبوس.

۱۴ – جهان‌آفرین را برای آفرینش او می‌خوانند، نه بر مال‌وخواسته‌ایکه از دشمن بدست آمده باشد.

۱۵ – دنبالهٔ سخن.

١٦ – سخنِ لت دویم به «خواسته» باز میگردد، و چگونه، چیزی، را می‌توان نفرین یا آفرین خواندن، و چگونه چیزی که بنفرین است گاهی با آفرین می‌شود؟

۱۷ – گشت زمانه را با آیین و کیش، هیچ پیوند نیست.

۱۸ – گنج «پروراندنی» نیست «گرد کردنی» است.

۱۹ – بر آن «بودند» باید.

ابا ژنده‌پیلان و این خواسته … بدین لشکر و گنج آراسته [1]
بگنج و به انبوه بودند شاد … زمانی ز یزدان نکردند یاد [2]
که چرخِ سپهر و زمان آفرید … بسی آشکار و نهان آفرید [3]
ز یزدان شناس و به یزدان سپاس … بدو بگرود مرد نیکی‌شناس [4]
کزو بودمان زور و فرّ و هنر … ازو دردمندیّ و هم زو گهر [5]
سپه بود و هم گنج آباد بود … سگالش همه کار بیداد بود [6]
کنون از بزرگان هر کشوری … گزیده ز هر کشوری مهتری [7]
بدین ژنده‌پیلان فرستم بشاه … همان تخت زرّین و زرّین کلاه [8]
همان خواسته بر هیونان مست … فرستم سزاوار، چیزی که هست [9]
وز ایدر شوم تازنان چون پلنگ … درنگی نه والا بود مرد سنگ [10]
کسی کو گنهکار و خونی بود … به کشور بمانی زبونی بود [11]
زمین را به خنجر بشویم ز کین … بدان را نمانم همی بر زمین» [12]
بدو گفت گودرز که:«ای نیکرای … تو تا جای باشد، بمانی بجای [13]
به کام دل و شاد بادیّ و راد … بدین رزم دادی چو بایست داد» [14]
تهمتن فرستاده‌ای را بجُست … که با شاه گستاخ باشد درست [15]
فریبرز کاووس را برگزید … که با شاه نزدیکی او را سزید [16]
چنین گفت که:«ای نیک‌پی نامدار … هم از تخم شاهیّ و هم شهریار [17]
هنرمند و بادانش و بانژاد … تو شادان و کاووس شاه از تو شاد [18]
یکی رنج برگیر و ز ایدر برو … ببر نامهٔ من بر شاه نو [19]

---

۱ – با «خواسته» چگونه آتش از ایرانزمین برآورده می‌شود؟ ۲ – انبوهِ چه؟
۳ – «زمان» در فرهنگ ایران، خود داده (= خود پدید آمده) خواند، می‌شد.
۴ – **یک:** چه چیز را از یزدان می‌باید شناختن؟ **دو:** لت دویم را نیز پیوند درست با لت نخست نیست.
۵ – **یک:** زور و فر و هنر، «بود»؟ یا «هست»؟ **دو:** دردمندی را نیز باگهر (= نژاد) همخوانی نیست.
۶ – سخن با داستان پیوند ندارد.
۷ – اگر در لت دویم از هر کشور یک مهتر را بر می‌گزینند، با بزرگانِ آن کشور در لت نخست همخوانی ندارد. فرستادن بستگان دوازده رج پس‌ازاین می‌آید. ۸ – تنها تخت و تاج زرین رامی‌فرستد، یا بگفتهٔ پیشین از همهٔ خواسته برای کیخسرو می‌فرستد؟
۹ – افزاینده بیاد خواسته می‌افتد، اما «همان خواسته» نادرست است. ۱۰ – مردِ سنگ، را باید درنگ داشتن!
۱۱ – سخن درهم. ۱۲ – زمین را چگونه می‌توان با خنجر شستن؟ ۱۳ – جای باشد، نادرست است: «تا جهان باشد».
۱۴ – لت دویم را پیوند درست نیست.
۱۵ – **یک:** تا کسی براه نیفتد، از وی بنام فرستاده نمیتوان یاد کُردن. **دو:** هیچکس را با شاه، یارای گستاخی نبوده‌است.
۱۶ – نزدیک او راسزید، نادرست است «با شاه، نزدیک بود». ۱۷ – گفتار سست.
۱۸ – هنگام کیخسرو است. ۱۹ – رنج برگرفتنی نیست: «بردنیست» یا «کشیدنیست».

ابا خویشتن بستگان را ببر	هیونان و این خواسته سربسر[1]
همان افسر و یاره و گرز و تاج	همان زنده پیلان و هم تخت آج»[2]
فریبرز گفت: «ای هژبر ژیان!	منم! راه را، تنگ بسته میان»[3]

نامهٔ رستم زال بکیخسرو

دبیر جهاندیده را پیش خواند	سخن هرچه بایست با او براند[4]
بفرمود تا نامهٔ خسروی	ز انبر نوشتند بر پهلوی[5]
سرِ نامه کرد آفرین خدای	کجا هست و باشد همیشه بجای[6]
بر آرندهٔ ماه و کیوان و هور	نگارندهٔ فرّ و دیهیم و زور[7]
سپهر و زمان و زمین آنِ او است	روان و خرد زیر فرمان او است[8]
اُزو آفرین باد بر شهریار	زمانه مبادا از او یادگار[9]
رسیدم بفرمان، میان دو کوه	سپاه دو کشور شده همگروه[10]
همانا که شمشیرزن سدهزار	ز دشمن فزون بود در کارزار[11]
کشانی و شگنی و چینی و هند	سپاهی ز چین تا به دریای سند[12]
ز کشمیر تا دامن رود شهد	سراپرده و پیل دیدیم و مهد[13]
نترسیدم از دولت شهریار	کزین رزمگاه اندر آید نهار[14]
چهل روز بر هم همی جنگ بود	تو گفتی بریشان جهان تنگ بود[15]

---

۱ – دنبالهٔ سخن. ۲ – چون از «سر بسر خواسته» یاد می‌شود، افسر و یاره و... را نیز در برمیگیرد.

۳ – سخن بسیار زیبا است و از شاهنامه برگرفته شده‌است، اما پیوسته بداستان است.

۴ – گفتار از شاهنامه برگرفته شده‌است.

۵ – سخن درهم است، شاهنامهٔ فلورانس چنین آورده‌است: بفرمانْش بر، نامهٔ خسروان / ز انبر نوشتند بر پرنیان، که آن نیز روشن نمی‌نماید. اگر نامهٔ خسروان، همان پرنیان است، دوباره‌گویی است، و اگر چیزی دیگر است، درهم و آشفته است.

٦ – خداوند را جای نیست.

۷ – دیهیم، در آنزمان پدیدار نشده‌بود، و نگارندهٔ دیهیم نیز خداوند نبود و دیهیم‌بافان آنرا نگار می‌بخشیدند.

۸ – بسا مردمان ستمگر و پیرو دروغ، که روان و خودشان زیر فرمان خداوند نیست.

۹ – سخن زیبا است و برگرفته از شاهنامه است. ۱۰ – باز سخن از رسیدن میان دو کوه می‌رود.

۱۱ – افزاینده خواسته‌است از یکسدهزار سوار دشمن یاد کند، اما شیوهٔ گفتار چنانست که به سپاهیان ایران باز میگردد: «یکسد هزار سوار شمشیرزن، از دشمن بیشتر بود».

۱۲ – در این رج دامنهٔ سپاه دشمن از چین تا دریای سند آمده‌است که همان هندوستان است، باز آنکه جنگ در هندوستان روی ننموده بود. ۱۳ – و در این رج جایی دیگر از خراسان نموده می‌شود.

۱۴ – از دولت شهریار نترسیدم نادرست است: «بدولت شهریار».

۱۵ – «بر هم» در لت نخست، سخن را نادرست میکند.

همه شهریاران کشور بدند   نه بر باد و با بخت لاغر بدند[1]
میان دو کوه از بر راغ و دشت   ز خون و ز کشته نشاید گذشت[2]
همانا که فرسنگ باشد چهل   بر آکنده از خون زمین بود گِل[3]
سرانجام ازین دولت دیرباز   سخن گویم این نامه گردد دراز[4]
همه شهریاران که دارند بند   ز پیلان گرفتم بخمّ کمند[5]
سوی گنگ دارم کنون رای و روی   مگر پیش گرز من آید، گَروی
زبان‌ها پراز آفرین تو باد   خَمِ چرخ گردان نگینِ تو باد[6]
چو نامه بمُهر اندر آمد بداد   به مهتر فریبرز خسرونژاد[7]
ابا شاه و پیل و هیونی هزار   ازان رزمگه برنهادند بار[8]
فریبرز کاووس شادان برفت   بنزدیک خسرو پسیچید، تفت
همی رفت با او گو پیلتن   بزرگان و گردان آن انجمن[9]
به پدرود کردن گرفتش کنار   ببارید آب از غم شهریار[10]
اُزان جایگه سوی لشکر کشید   چو جعد دو زلف شب آمد پدید[11]
نشستند با رامش و رود و می   یکی دست رود و دگر دست نی[12]
برفتند هرکس به آرام خویش   گرفته به بر هرکسی کام خویش[13]
چو خورشید با رنگ دیبای زرد   ستم کرد بر دودهٔ لاژورد[14]
همانگه ز دهلیز پرده‌سرای   برآمد خروشیدن کرنای[15]
تهمتن میان تاختن را ببست   بران بارهٔ تیزتگ برنشست[16]

---

۱ – لت دویم سخت بی‌بنیاد است.

۲ – **یک:** «میان دو کوه» پیشتر گفته آمد. **دو:** «راغ» خود، کوه است و چگونه آنرا با دشت همراه می‌آورند؟

۳ – «باشد» در لت نخست، با «بود» در لت دویم همخوان نیست.

۴ – سخن بی‌گزارش است، دولت دیرباز، آرزو برای کیخسرو تواند بودن نه گزارش دشت نبرد. سخن را نیز پیوندِ درست نیست و «اگر» باید.

۵ – رستم تنها خاقان چین را، باکمند گرفت، که، با نام «شاه»، از وی یاد کرد.

٦ – سخن زیبا است و از شاهنامه برگرفته شده‌است.

۷ – باز از نژاد فریبرز یاد می‌شود.

۸ – دنبالهٔ گفتار.

۹ – «همی» نادرست است، زیرا که از رفتن رستم بهمراه فریبرز سخن میگوید.

۱۰ – اشکک باریدن از پهلوانی چون رستم بدور است.

۱۱ – پیوسته به گفتار.

۱۲ – و پس‌از اشگباری بیدرنگ با رامش و رود و مَی نشینند!

۱۳ – کسی کام خویش را در برنمی‌تواند گرفتن! افزاینده را رای آن بوده‌است که بگوید هرکس دلبر خویش را دربرگرفته‌بود، اما میدان جنگ جای دلبرکان نیست.

۱۴ – **یک:** «رنگ» در لت نخست، نابجا است: «با دیبای زرد». **دو:** دودهٔ لاجورد نیز نادرست است زیرا شب را نژاد و دوده و تبار نیست. **سه:** برآمدن خورشید را ستم خواندن، از فرهنگ ایرانیان بدور بوده‌است.

۱۵ – «همانگه» نیز نادرخور است: «چون خورشید برآمد، از دهلیز پرده‌سرای».

۱٦ – «آن» در لت دویُم نادرخور است، زیرا که بارهٔ رستم را «نام» بود.

۴۴۵
پیروزی ایرانیان

بفرمود تا توشه برداشتند همی راه شخوار بگذاشتند[1]
بیابان گرفتند و راه دراز بیامد دمان، لشکر رزمساز[2]
چنین گفت با توس و گودرز و گیو که: «ای نامداران و گردان نیو[3]
گر این بار چنگ اندرآرم به جنگ بداندیشگان را شود کار تنگ[4]
که دانست کین چاره‌گر مرد سند سپاه آرد از چین و سقلاب و هند[5]
من او را چنان مست و بیهش کنم تنش خاک گور سیاوش کنم[6]
که از هند و سقلاب و توران و چین نخوانند ازین پس بر او آفرین»[7]
بزد کوس و از دشت برخاست گرد هوا پر ز گرد و زمین پر ز مرد[8]
ازان نامداران پرخاشجوی به ابر اندر آمد یکی گفت‌وگوی[9]
دو منزل برفتند زان جایگاه که از کشته بُد روی گیتی سیاه[10]
یکی بیشه دیدند و آمد فرود سیه شد ز لشکر همه دشت و رود[11]
همی بود با رامش و می به دست یکی شاد و خرم یکی خفته مست[12]
فرستاده آمد ز هر کشوری ز هر نامداریّ و هر مهتری[13]
بسی هدیه و ساز و چندی نثار ببردند نزدیک آن نامدار[14]
چو بگذشت ازین داستان روز چند ز گردش بیاسود چرخ بلند[15]
کس آمد بر شاه ایرانسپاه که: «آمد فریبرز کاووس شاه»[16]
پذیره شدش شاه گنداوران ابا بوق و کوس و سپاهی گران[17]
فریبرز نزدیک خسرو رسید زمین را ببوسید کاو را بدید[18]
نگه کرد خسرو بدان بستگان هیونان و پیلان و آن خستگان[19]

---

۱ - **یک:** فراهم آوردن توشه چند روز پیش‌از جنبش سپاه آغاز می‌شود، نه پس‌از برنشستن رستم بر رخش. **دو:** همی در لت دویم نادرخور است.
۲ - بیامد، یا برفت؟ ۳ - چه‌کس، با توس و گودرز و گیو، «گفت»؟
۴ - مگر پیشتر، و در همهٔ جنگ‌های رستم چنین نبود؟ ۵ - «مردِ سند» که باشد؟ سخن را ببازی گرفته‌اند!
٦ - در لت دویم پیوندِ «که» بایسته است. ۷ - «از هند و...» نادرست است: «در هند و...».
۸ - پیشتر از دهلیز پرده‌سرای کرنای نواخته شده‌بود.
۹ - گفت‌وگوی به «ابر (اندر)» نمی(آید) اما گرد را شاید «بر» ابر «رفتن»!
۱۰ - از کشته روی گیتی سیاه نمی‌شود خونین می‌شود، و مگر تورانیان در راهِ گریز، یکدیگر را می‌کشته‌اند؟!
۱۱ - در لت دویم دشت و کوه شاید گفتن، نه دشت و رود.
۱۲ - سخن آشفته است، کنش «بودند» می‌باید. «رامش» را نیز با «شادی» همراه توان کردن نه با «با می بدست».
۱۳ - دنبالهٔ گفتار ۱۴ - «بسی» را با «چندی» نمیتوان همراه کردن.
۱۵ - روز چند، نادرست است: «چند روز». و چرخ بلند را از گردش هیچگاه آسایش نیست.
١٦ - از توران، تا پایتخت کیخسرو در آذربایجان، کنار دریاچهٔ چیچست (اورمیه امروز) را نمیتوان بچند روز رفتن!
۱۷ - دنبالهٔ داستان
۱۸ - چون «نزدیک خسرو رسید» بیگمان پیشتر، او را دیده‌بود... آیین چنان بود که چون از دور پادشاه را ببینند، یا کاخ و درفش را ببینند، پیاده شوند... ۱۹ - خستگان (مجروحان) را تا از توران بآذربایجان برند بهبودی یابند.

عـنان را بـپیچید و آمـد بـراه ز سـر بـرگرفت آن کـیانی کـلاه[1]
فـرود آمـد و پـیش یـزدان بـخاک بـغلتید و گـفت: «ای جـهاندار پـاک[2]
سـتمگاره‌ای کـرد بـر مـن سـتم مـرا بـی‌پدر کـرد و دل پـر ز غـم[3]
تـو از درد و سـختی رهـانیدی‌ام هـمی تـاج را پـرورانـیدی‌ام[4]
زمـین و زمـان پـیش مـن بـنده شـد جـهانی ز گـنج مـن آکـنده شـد[5]
سـپاس از تـو دارم نـه از انـجمن! یـکی جـان رسـتم تـو مـستان ز مـن»[6]
بـزد اسپ و زان جـایگه بـازگشت بـران پـیل و آن بستگان بـرگذشت[7]
بسـی آفـرین کـرد بـر پـهلوان کـه او بـاد شـادان وروشـنروان[8]
بـه ایـوان شـد و نـامه پـاسخ نـوشت بـباغ بـزرگی درخـتی بکشت[9]
نـخست آفـرین کـرد بـر کـردگار کـزو دیـد، نـیک و بـدِ روزگـار[10]
خـداونـد نـاهید و گـردان‌سپهر کـزویست پـرخـاش و آرام و مـهر[11]
سـپهری بـرین گـونه بـر پـای کـرد شب و روز را گـیتی‌آرای کـرد[12]
یـکی را چـنین تـیره‌بخت آفـرید یـکی را سـزاوار تـخت آفـرید[13]
غـم و شـادمانی ز یـزدان شـناس کـزویست هـرگونه بـر مـا سپاس[14]
رسـید آنـچه دادی، بـدین بـارگاه اسـیران و پـیلان و تـخت و کـلاه[15]
هـیونان بسـیار و افـکـندنی ز پـوشیدنی هـم ز گسـتردنی[16]
هـمه آلت نـاز و سـور است و بـزم بـه پیش تو زین‌سان که آیـد بـه رزم[17]
مگـر آن کسـی کـه‌ش سـرآیـد بـه پیش بـدین گـونه سـیر آیـد از جان خویش[18]
وزان رنـج بـردن ز تـوران سـپاه شب و روز بـودن بـه آوردگـاه[19]
ز کـارت خـبر بُـد مـرا روز و شب گشـاده نکـردم بـه بـیگانه لب[20]

۱ - **یک:** مگر کیخسرو در راه بپذیرهٔ فریبرز نرفته‌بود؟ **دو:** «آن» کلاه کیانی نادرست است: «کلاه کیانی».
۲ - پیش یزدان کسی نمی‌غلتد. ۳ - دنبالهٔ گفتار
۴ - رهانیدی‌ام نادرست است: «مرا: من (را)» رهاندی نیز، پرورانیدی‌ام! ۵ - لت دویم گزافه است.
۶ - اگر سپاس از انجمن (سپاه ایران) ندارد، چرا جان رستم را می‌خواهد؟
۷ - «پیلان» باید که در رج هفتم پیشین نیز از آن یاد شده‌بود.
۸ - این آفرین را در همان زمان که جانِ رستم را از خدا خواسته‌اند، می‌بایستی کردن!
۹ - «یک درخت» در باغ کاشتن، هنر نیست، و سخن نیز نادرخور است.
۱۰ - دنبالهٔ گفتار. ایرانیان باستان «بد» را از خداوند نمی‌دانستند... ۱۱ - نیز پرخاش را!
۱۲ - از سپهر در رج پیشین یاد شده‌بود. ۱۳ - «چنین» یا چنان، نادرخور است.
۱۴ - سخن دربارهٔ خداوند بود، و به خواننده برگشت. ۱۵ - «دادی» نادرست است: «فرستادی».
۱۶ - هیونان را نیز همچون پیلان و ایران، «بسیار» نمی‌باید. ۱۷ - «آلت ناز» چه بوده باشد؟
۱۸ - سر به پیش آمدن نیز نادرخور است: «مگرآنکه از جان یا از سر خویش «به سیری» آید.
۱۹ - پیوند نادرست است: از رنجی که بردی... ۲۰ - بیگانه در ایوان کیخسرو چه میکرد؟

شب و روز بر پیش یزدان پاک   نَوان بودم و دل شده چاکچاک[۱]
کسی را که رستم بود پهلوان   سزد گر بماند همیشه جوان[۲]
پرستنده چون تو ندارد سپهر   ز تو بخت هرگز مبراد مهر[۳]
نویسنده پردخته شد ز آفرین   نهاد از بر نامه خسرو نگین[۴]
بفرمود تا خلعت آراستند   ستام و کمرها بپیراستند[۵]
سد از جعدمویان زرّین‌کمر   سد اسپ گرانمایه با زین زر[۶]
سد استر همه بار دیبای چین   سد اشتر ز افکندنی هم چنین[۷]
ز یاقوت رخشان دو انگشتری   ز خوشاب و درّ افسری برسری[۸]
ز پوشیدن شاه دستی به زر   همان یاره و توغ و زرین‌کمر[۹]
سران را همه هدیه‌ها ساختند   یکی گنج زینسان بپرداختند[۱۰]
فریبرز را، تاج و گرز و درفش   یکی تخت زرین و زرّینه کفش[۱۱]
فرستاد و فرمودتا بازگشت   از ایران بسوی سپهبد گذشت[۱۲]
چنین گفت ک:«ز جنگ افراسیاب   نه آرام باید نه خورد و نه خواب[۱۳]
مگر کان سر شهریار گزند   به خمّ کمند تو آید به بند»[۱۴]
فریبرز برگشت زان بارگاه   بکامِ دلِ شاهِ ایرانسپاه[۱۵]

---

۱ – دل «شده» نادرست است: افزاینده از سرِسَرسَری و بی‌پروایی سخن میگفته است، وگرنه این لت را چنین می‌توانست سرودن: «نوان بودم و دل ز غم چاکچاک».   ۲ – دنبالهٔ گفتار   ۳ –گزافه بزرگ   ۴ – دنبالهٔ سخن.

۵ – **یک:** ستام، باکمر(ها) همخوان نیست. **دو:** مگر ستام‌ها وکمرها چرکین بوده‌اند که آنها را بپیرایند؟ اینجا روشن میشود که افزاینده «پیراستن» را نمی‌دانسته است.

۶ –کمر زرین ویژهٔ پادشاهان بوده‌است، و اسپ بکار رستم نمی‌آمد، زیرا که بجزاز رخش، اسپی دیگر نمیتوانست پیکر او را کشیدن.

۷ – **یک:** رستم خود دیبای چین(!) برای کیخسرو فرستاده بود. **دو:** ایران خاستگاه جامهٔ گستردنی (قالی) بوده‌است. آنگاه یکسد بار شتر قالی چینی(!) از ایران باردوگاه رستم می‌فرستند؟   ۸ – چرا دو انگشتری؟ لت دویم بی‌پیوند و بی‌گزارش است.

۹ –پوشش شاهانه را «پوشیدن شاه» خواندن نادرست است.   ۱۰ –سران را «نیز» می‌باید.

۱۱ – درفش چگونه بخششی باشد، زیرا که هریک از سرداران ایران درفشی ویژهٔ خویش داشتند... و زرینه‌کفش نیز تنها توس بود که درفش کاویان را نگهبان بود.

۱۲ – فرمود تا بازگشت نادرست است: «فرمود تا بازگردد» و «بسوی سپهبد رود» سپهبد نیز پاژنام توس بود، و رستم را همگان، جهان‌پهلوان می‌خواندند.   ۱۳ – از جنگ نادرست است: «در جنگ».

۱۴ – «شهریار گزند» نادرست است «آن سر» نیز نادرخور است: «مگر سرِ آن شهریار (پر) گزند».

۱۵ – زان بارگاه نیز نادرست است: «از بارگاه».

آگاهی یافتن افراسیاب
از
کار لشکر

⇐ پس آگاهی آمد به افراسیاب — که: «آتش برآمد ز دریای آب
ز کاموس و منشور و خاقان چین — شکستی نو آمد بتورانزمین
از ایران یکی لشکر آمد بجنگ — که شد چرخ گردنده را، راه، تنگ
چهل روز یکسان همی جنگ بود — شب و روز گیتی به یک رنگ بود[1]
ز گَرد سواران نبود آفتاب — چو بیدار بخت اندر آمد بخواب؛
سرانجام زان لشکر بیشمار — سواری نماند ازدرِ کارزار
بزرگان و آن نامور مهتران — ببستند یکسر به بند گران[2]
بخواری فکندند بر پشت پیل — سپه بود گرد آمده بر دو میل[3]
ز کشته چنان بد که در رزمگاه — کسی را نبُد جای رفتن به راه[4]
اُزان روی، پیران براه ختن — بشد با یکی نامدار انجمن
کشانی و شگنی و هری نماند — که منشور شمشیر رستم نخواند[5]
گر آیند زی ما برزم آن گروه — شود کوه، هامون و هامون چو کوه»[6]
چو افراسیاب این سخن‌ها شنود — دلش گشت پر درد و سر پر ز دود

رای زدن افراسیاب با بزرگان توران
در
کارِ جنگ

همه موبدان و ردان را بخواند — ز کار گذشته فراوان براند
ک:«ز ایران یکی لشکری جنگجوی — بدان نامداران*، نهاده‌است روی

۱ - همه روز، جنگ «یکسان» نبود.
۲ - پایانِ لت نخست را «را» باید.
۳ - ببستند، یا فکندند؟
۴ - جایِ رفتن نادرست است، «راه برای رفتن».
۵ - پنج رج پیش آمده‌بود که: «سواری نماند».
۶ -کسیکه آگاهی می‌برد، نمیتواند بگوید «زی ما».
* - خاقان و منشور و کاموس.

آگاه شدن افراسیاب از شکست تورانیان ۴۴۹

شکسته شده‌است آن سپاه گران / چنان ساز و آن لشکر بیکران
ز اندهِ کاموس و خاقان چین / ببستند گفتی مرا بر زمین [1]
سپاهی چنان کشته و خسته شد / دو بهره ز گردنکشان بسته شد [2]
به ایران کشیدند بر پشت پیل / زمین پر ز خون بود تا چند میل [3]
چه؟ سازیم و این را چه؟ درمان کنیم / نشاید که این، بر دل آسان کنیم!
گر ایدونکه رستم بود پیشرو / نماند برین بوم و بر خار و خَو [4]
که من دستبرد ورا دیده‌ام / ز کار آگهان نیز بشنیده‌ام [5]
که او با بزرگان ایرانزمین / چه کرده‌ست از نیکوی روز کین [6]
چه کرده‌ست با شاه مازندران / ز گرزش چه آمد بران مهتران» [7]
همه یکسر از جای برخاستند / گرانمایگان پاسخ آراستند
که: «گر نامداران سقلاب و چین / به ایران همی رزم جستند و کین [8]
نه از لشکر ما کسی کم شده‌ست / نه این کشور از خون دمادم شده‌ست [9]
ز رستم چرا؟ بیم داری همی / چنین، کام دشمن؛ چه؟ خاری همی
ز مادر همه مرگ را زاده‌ایم / میان تا ببستیم نگشاده‌ایم
اگر خاک ما را به پی بسپَرند / ازین کردهٔ خویش کیفر برند [10]
به کین گر ببندیم زین پس میان / نماند کسی زنده ز ایرانیان» [11]
ز پُر مایگان شاه پاسخ شنید / ز لشکر زبان‌آوری برگزید [12]
دلیران و گردنکشان را بخواند / ز خواب و ز آرام و خوردن بماند [13]
درِ گنج بگشاد و دینار داد / روان را بخونِ دل آهار داد [14]
چنان شد ز گردان جنگی زمین / که گفتی سپهر اندر آمد بکین! [15]

---

۱ – لت دویم کنش درست ندارد: «ببسته‌اند»، «گوییا مرا بر زمین بسته‌اند».
۲ – اگر سپاهی نماند، «دو بهره از آنان» نابجا است. دوبهر از چند بهره گردنکشان را، بسته را نیز (شدند) می‌باید.
۳ – **یک:** پیوند درست ندارد. «آنان را بایران...». **دو:** کنش «بود» نیز در لت دویم نابجا است: چنین کنش را کسی می‌تواند گفتن که خود، بدنبال آن کاروان رفته باشد!
۴ – **یک:** پس‌ازپرسش «چه باید کرد» سخن از رستم راندن درست نمی‌نماید. **دو:** اگر کسی خار و خَو (= سبزهٔ هرز) را برکَنَد، و بر زمین نگذارد، کاری نیک کرده‌است زیرا با «وجینِ» او، جا برای سبزه و گل می‌ماند!
۵ – لت دویم سست است، بس است که خود، دستبرد رستم را دیده باشد.
٦ – نیکویی کردن با ایرانیان چه پیوند با توران و دستبرد رستم در جنگ دارد؟
۷ – پیوند «نیز» می‌باید.
۸ – آنان «در» ایران رزم نجستند، «با» ایرانیان نبرد کردند.
۹ – از خون «دمادم» نمی‌شود «لبالب» شاید گفتن!
۱۰ – از «خاک را به پی سپَردن» رنجی نمی‌خیزد... «اگر بجنگ آیند».
۱۱ – «ببندیم» را در لت دویم «نمانیم» باید.
۱۲ – **یک:** برای گرد کردن لشکریان یک پیام بسنده نیست. **دو:** زبان‌آوران را برای فرستادن بدربار شاهان دیگر می‌گزیدند نه «لشکری» را.
۱۳ – همان دلیران بودند که آمادگی رزم از خویش نشان دادند.
۱۴ – روان را نمی‌توان آهار دادن!
۱۵ – «زمین» چنان شد، و «سپهر» بکین آمد؟

چو این بند بد را سرآمد پدید — فریبرز نزدیک رستم رسید[1]
به دل شاد با خلعت شهریار — بدو اندرون تاج گوهرنگار[2]
ازان شادمان شد گو پیلتن — بزرگان لشکر شدند انجمن[3]
گرفتند بر پهلوان آفرین — که: «آباد بادا به رستم زمین[4]
بدو جان شاه جهان شاد باد — بر و بوم ایرانش آباد باد[5]
همه مر ترا چاکر و بنده‌ایم — به فرمان و رایت سرافکنده‌ایم»[6]
اُزان جایگه شاد لشکر براند — بیامد به سغد و دو هفته بماند[7]
به نخچیر گور و به می دست برد — ازین‌گونه یک‌چند خورد و شمرد[8]
اُزان جایگه لشکر اندر کشید — به یک منزلی بر، یکی شهر دید[9]
کجا نام آن شهر بیداد بود — دژی بود و ز مردم آباد بود[10]
همه خوردنی‌شان ز مردم بُدی — پریچهره‌ای هر زمان گم بُدی[11]
به خوان چنان شهریار پلید — نبودی جزاز کودک نارسید[12]
پرستندگانی که نیکو بُدی — به دیدار و بالا بی‌آهو بُدی[13]
ازان ساختندی به خوان برخورش — بدین گونه بُد شاه راپرورش[14]
تهمتن بفرمود تا سه هزار — زره‌دار و برگستوان‌ور سوار[15]
بدان دژ فرستاد با گستهم — دو گرد خردمند با او بهم[16]
مهِ شهر را نام کافور بود — که او را بدان شهر، منشور بود[17]
کمندافکن و زورمندان بُدند — به رزم اندرون پیل دندان بُدند[18]
چه گستهم گیتی بران گونه دید — جهان در کف دیو وارونه دید[19]

---

۱ – **یک:** سرآمد پدید نادرست است: «بسر رسید». **دو:** میان سگالش تورانیان، و رسیدن فریبرز چه پیوند است؟
۲ – در میانِ خلعت «جامه» تاج را نمی‌نهند! ۳ – سر کدام بندِ بد پدیدار شد؟
۴ – آفرین «گرفتنی» نیست، «خواندنی» است. ۵ – ایرانش نادرست است: «ایران».
٦ – همگان چاکر کیخسرو بوده‌اند، خودِ رستم نیز.
۷ – **یک:** سخن بزرگان بود، بفرمانِ رستم دگرگون گشت. **دو:** اگر از میدان جنگ بسوی توران رفتند، تا به سُغد (سرزمین سمرقند و بخارا) رسیدند، پس دشت نبرد، در توران نبوده، و در ایران بوده‌است، و ایرانیان خود، بتوران نرفته بوده‌اند!
۸ – **یک:** خورد و شمرد، نادرست است. «می» را شاید «خوردن» و نشاید «شمردن». شمردن از آن زمان است: «زمانه، دمِ ما همی بشمرد»... «خود این زندگی دم شمردن بود». **دو:** شمَرد را با بُرد، پساوا نیست. ۹ – دنبالهٔ گفتار
۱۰ – دروغ بزرگ بیشرمانه که ما را در سغد هیچگاه شهریَ بنام بیداد نبوده‌است.
۱۱ – **یک:** که مردم خوار نیز بوده باشند! **دو:** سخن از پریچهرگان است که می‌دزدیدندشان...
۱۲ – و در این رج کودک نارسیده، خوراک شهریار می‌شد. ۱۳ – پرستندگان را نیکو «بودند» باید.
۱۴ – دوباره از کودک نارسیده به پرستندگان بلند بالا برگشتند. ۱۵ – «بفرمود» در این رج...
۱٦ – با «فرستاد» در این رج همخوان نیست و نیز مگر آن زره‌داران برگستوان‌ور، گُرد نبوده‌اند که «دو گرد» با او فرستاد؟ «بهم» نیز نادرست است. ۱۷ – دنبالهٔ گفتار ۱۸ – چه کس کمندافکن بود؟ کافور؟ پس زورمند(ان) نادرست است.
۱۹ – **یک:** گیتی را چه جای نام بردن؟: «آن شهر را». **دو:** جهان در کف نادرست است: «در دست». **سه:** «دیو واژونه» را پاژنام «اکوان»
←

انجمن مهیستان توران ۴۵۱

بفرمود تا تیرباران کنند ... بریشان کمین سواران کنند[1]
چنین گفت کافور با سرکشان ... که: «سندان نگیرد ز پیکان نشان[2]
همه تیغ و گرز و کمند آورید ... سر سرکشان را به بند آورید»[3]
زمانی بران سان برآویختند ... که آتش ز دریا برانگیختند[4]
فراوان ز ایرانیان کشته شد ... به سر بر سپهر بلا گشته شد[5]
به بیژن چنین گفت گستهم زود ... که: «لختی عنانت بباید پسود[6]
به رستم بگویی که چندین مایست ... بجنبان عنان با سواری دویست»[7]
بشد بیژن گیو برسان باد ... سخن بر تهمتن همه کرد یاد[8]
گران کرد رستم زمانی رکیب ... ندانست لشکر فراز از نشیب[9]
بدانسان بیامد بدان رزمگاه ... که باد اندر آید ز کوه سیاه[10]
فراوان ز ایرانیان کشته دید ... بسی سرکش از جنگ برگشته دید[11]
به کافور گفت: «ای سگ بدگهر ... کنون رزم و رنج تو آمد به سر»[12]
یکی حمله آورد کافور سخت ... بران بارور خسروانی درخت[13]
بینداخت تیغی بکردار تیر ... که آید مگر بر یل شیرگیر[14]
به پیش اندر آورد رستم سپر ... فروماند کافور پرخاشخر[15]
کمندی بینداخت بر سوی توس ... بسی کرد رستم بر او بر فسوس[16]
عمودی بزد بر سرش پور زال ... که برهم شکستش سر و ترگ و یال[17]
چنین تا در دز یکی حمله برد ... بزرگان نبودند پیدا از خرد[18]
در دژ ببستند و ز باره تیز ... برآمد خروشیدن رستخیز[19]

← بوده‌است. و آن پادشاه، مردم بود، نه دیو. ۱ – لت دویم نادرست است و «کمین سواران» را هیچ گزارش نیست.

۲ – دنبالهٔ گفتار ۳ – «آورید» نادرست است: «بکار گیرید»: دو کمند، بهنگام گرز و تیغ کاربرد ندارد.

۴ – که آتش نادرست است: «که گویی آتش». ۵ – کُشته را باگَشته، پساوا نیست.

٦ – «زود» نیز نادرست است: «چون چنان شد، گستهم به بیژن گفت».

۷ – اگر رستم از جای می‌جنبد، خود می‌داند که تنها بیاید، یا با چند سوار بیاید، گستهم را جای آن نبود که برستم فرمان دهد.

۸ – در میان شب جنگ برای فرستادن پیام، بس می‌نمود که سواری ساده برود، نه سرداری چون بیژن که هر دم بکارِ رزم یاری میرساند.

۹ – «زمانی» رکیب نادرست است، رستم رکیب راگران کرد (= و از جای جنبید) لت دویم را با لت نخست پیوند درست نیست.

۱۰ – مگر جنبش باد به کوه سپید، یا سیاه وابسته است؟

۱۱ – اگر از ایرانیان، کسانی برگشته بودند، رستم آنانرا در راه می‌دید، نه در رزمگاه (رج پیشین).

۱۲ – **یک**: ایرانیان باستان سگ راگرامی میداشته‌اند، و نام او را برای دشنام نمی‌بردند. **دو**: چگونه آواز رستم «در دشت» بکافور «در دژ» رسید.

۱۳ – رستم درخت بارور خسروانی نبود و پهلوانزاده و پهلوان بود.

۱۴ – کافور در دژ بود، و بدشت آمد! ۱۵ – دنباله.

۱٦ – چون در دست کافور «تیغ» بود و جهان‌پهلوان نیز رودررو ایستاده‌بود، چگونه کمند از فتراک گشود و بسوی توس افکند؟

۱۷ – «عمود» بجای گرز، در گفتار فردوسی نمی‌گنجد. ۱۸ – بزرگان را خرد(ان) باید، یا «بزرگ و خرد».

۱۹ – در این رج از خروش رستخیز یاد می‌شود.

بگفتند کـ:«ای مرد بازور و هوش / برین گونه با ما به کینه مکوش[1]
پدر نام تو چون بزادی چه کرد / کمند افگنی گر سپهر نبرد[2]
دریغ است رنج اندرین شارستان / که داننده خواند ورا کارستان[3]
چو تور فریدون ز ایران براند / ز هر گونه دانندگان را بخواند[4]
یکی باره افکند زین‌گونه پی / زسنگ و ز خشت و ز چوب و ز نی[5]
برآورد ازین سان به افسون و رنج / بپالود رنج و تهی کرد گنج[6]
بسی رنج بردند مردان مرد / کزین بارهٔ دز برآرند گرد[7]
نبد کس بدین شارستان پادشا / بدین رنج بردن نیارد بها[8]
سلیح است و ایدر بسی خوردنی / به زیر اندرون راه آوردنی[9]
اگر سالیان رنج و رزم آوری / نباشد به دستت جزاز داوری[10]
نیاید برین باره بر منجنیق / از افسون سلم و دم جاثلیق»[11]
چو بشنید رستم پر اندیشه شد / دلش از غم و درد چون بیشه شد[12]
یکی رزم بود آن نه بر آرزوی / سپاه اندر آورد بر چار سوی[13]
به یک روی گودرز و یک روی توس / پس پشت او پیل با بوق و کوس[14]
به یک روی بر لشکر زاولی / زره‌دار با خنجر کاولی[15]
چو آن دید رستم کمان برگرفت / همه دز بدو ماند اندر شگفت[16]
هر آن کس که از باره سر برزدی / زمانه سرش را بهم در زدی[17]

---

۱ – و در این رج از خواهش کردن آنان!
۲ – در میانه آشوب و جنگ چگونه همهٔ مردمان باهم، از رستم نامش را می‌پرسند؟
۳ – پیشتر نام آن بیداد بود، و اکنون به کارستان برگشت!
۴ – دنبالهٔ سخن.
۵ – باره‌ای را که با چوب و خشت و نی بسازند، در جنگ استوار نمی‌ماند!
٦ – رنج «پالودنی» نیست «بردنی» و «کشیدنی» است.
۷ – بسی رنج «بردند» نادرست است، «بسیار رنج‌ها برده‌اند».
۸ – نبد پادشا نادرست است: «کس بر این دژ دست نیافت».
۹ – **یک:** بسی خوردنی را «بسا» جنگ‌افزار، می‌باید. **دو:** زیر، اندرون نمی‌شود: «زیر دژ».
۱۰ – «داوری در دست» چگونه باشد.
۱۱ – **یک:** منجنیق بر باره بر نمی‌آید، باره را می‌کوید. **دو:** هنوز کیش عیسی پدیدار نشده‌بود که جاثلیق (= کاتولیک) پدیدار شده باشد.
۱۲ – دل چون بیشه نمی‌شود.
۱۳ – دنباله گفتار
۱۴ – چگونه است که پیل تنها پشت توس باشد؟ مگر گودرز نمی‌توانست بیاری پیلان بجنگد؟
۱۵ – **یک:** همواره خنجر کاولی برای پس‌آوای با زاولی می‌آید، و در نبرد پریوار (= محاصره) دژ، خنجر بکار نمی‌آید. **دو:** پیشتر سخن از آن رفت که رستم سپاه را بچهار سوی دژ گستردند، و اینجا از سه سوی بیشتر یاد نمی‌شود.
۱٦ – «چو دیده» نابجا است زیرا که خود چنان کرده‌بود، نه دیگری، که رستم آنرا ببیند!
۱۷ – **یک:** از باره سر بر زدن نادرست است، «از باره سر بیرون کشیدن». **دو:** اگر رستم با تیر، آن سرکشندگان را می‌زد. زمانه چگونه سرش را «بهم» میزد؟ سرش را بهم زدن چه گزارش دارد؟ شاهنامهٔ فلورانس: «زمانه سرش را همی سرزدی» باز بی‌گزارش است.

ابا مغز پیکان همی راز گفت　　به بدسازگاری همی گشت جفت[1]
بُن باره زان پس به کندن گرفت　　ز دیوار مردم فکندن گرفت[2]
ستون‌ها نهادند زیر اندرش　　بیالود نفت سیاه از برش[3]
چو نیمی ز دیوار دژ کنده شد　　به چوب اندر آتش پراگنده شد[4]
فرود آمد آن بارهٔ تور کرد　　ز هرسو سپاه اندر آمد به گرد[5]
بفرمود رستم که جنگ آورید　　کمان‌ها و تیر خدنگ آورید[6]
گوان از پی گنج و فرزند خویش　　همان از پی بوم و پیوند خویش[7]
همه سر بدادند یکسر به باد　　گرامی‌تر آن کاو ز مادر نزاد[8]
دلیران پیاده شدند آن زمان　　سپرهای چینی و تیر و کمان[9]
برفتند با نیزه‌داران بهم　　به پیش اندرون بیژن و گستهم[10]
دم آتش تیز و باران تیر　　هزیمت بود زان سپس ناگزیر[11]
چو از بارهٔ دز به بیرون شدند　　گریزان و گریان به هامون شدند[12]
در دز ببست آن زمان جنگجوی　　به تاراج و کشتن نهادند روی[13]
چه مایه بکشتند و چندی اسیر　　ببردند زان شهر برنا و پیر[14]
بسی سیم و زرّ و گرانمایه چیز　　ستور و غلام و پرستار نیز[15]
تهمتن بیامد سر و تن بشست　　به پیش جهانداور آمد نخست[16]
ز پیروز گشتن نیایش گرفت　　جهان‌آفرین را ستایش گرفت[17]
به پیروزی اندر نیایش کنید　　جهان‌آفرین را ستایش کنید»[18]
بزرگان به پیش جهان‌آفرین　　نیایش گرفتند سر بر زمین[19]

---

۱ - سخن را هیچ گزارش نیست.
۲ - **یک:** سخن نادرست است: «بفرمود تا بنِ باره را بکنند!» اما چنین کار با سنگ اندازانی که افراز باره می‌جنگند کاری آسان نیست.
دو: رج دویُم نیز سست است، چگونه از پایین دیوار، مردان را می‌افکند؟
۳ - سخن نابجا نفت را از برش بیالود نادرست است، افزاینده خواسته‌است بگوید که ستونها را با نفت سیاه بیالودند، و بزیر بارهٔ دژ نهادند!
۴ - سخن پس‌وپیش است، و در همهٔ نمونه‌ها چنین است.
۵ - تور کَرد را با گِرد پساوا نباشد.
٦ - «کمان‌ها» را تیر(ها) باید.
۷ - این رج برداشتی از گفتار تورانیان است در رج ۱۵۵۴۵ آمده است.
۸ - لت دویم را با لت نخست پیوند نیست.
۹ - همچنین...
۱۰ - پیش (اندرون) نادرست است.
۱۱ - پس‌از فروریختن بارهٔ دژ و کشته شدن دژنشینان دیگر از دم آتش و تیرباران چرا سخن رود؟
۱۲ - پیشتر گفته شد که همه دژنشینان سر را بباد دادند، و اینجا از بارهٔ دژ به بیرونشان می‌آورند!
۱۳ - چون «بارهٔ تور کرد» فرو ریخت دروازهٔ آنرا بستن چه روی دارد؟ و اگر مردمان دژگریزان و گریان بهامون رفتند، اینان که را کشتند؟
۱۴ - چه مایه و چندی همخوان نیستند.
۱۵ - سخن بی‌پایان
۱٦ - در اندیشهٔ ایرانی خداوند را جایگاه ویژه نبود.
۱۷ - سخن در لت نخست پریشان است: برای پیروزی در جنگ خداوند را نیایش کرد.
۱۸ - در رج پیشین از نیایش سخن رفته‌بود.
۱۹ - نیایش ایرانیان روی بفروغ داشت نه با سر بر زمین.

چو از پاک یزدان بپرداختند / بران نامدار آفرین ساختند[1]
که: «هرکس که چون تو نباشد به جنگ / نشستن به آیدش ننگ[2]
تن پیل داریّ و چنگال شیر / زمانی نباشی ز پیگار سیر»[3]
تهمتن چنین گفت که: «این زور و فر / یکی خلعتی باشد از دادگر[4]
شما سربسر بهره دارید زین / نه جای گله‌ست از جهان‌آفرین»[5]
بفرمود تا گیو با ده هزار / سپردار و برگستوان‌ور سوار[6]
شود تازنان تا به مرز ختن / نماند که ترکان شوند انجمن[7]
چو بنمود شب جعدِ زلفِ سیاه / از اندیشه خمیّده شد پشت ماه[8]
بشد گیو با آن سواران جنگ / سه روز اندر آن تاختن شد درنگ[9]
بدانگه که خورشید بنمود تاج / برآمد نشست از بر تخت آج[10]
ز توران بیامد سرافراز گیو / گرفته بسی نامداران نیو[11]
بسی خوبچهره بتان تراز / گرانمایه اسپان و هرگونه ساز[12]
فرستاد یک نسیمه نزدیک شاه / ببخشید دیگر همه بر سپاه[13]
اُزان پس چو گودرز و چون توس و گیو / چو گستهم و شیدوش و فرهاد نیو[14]
ابا بیژن گیو برخاستند / یکی آفرین نو آراستند[15]
چنین گفت گودرز که: «ای سرفراز / جهان را به مهر تو آمد نیاز[16]
نشاید که بسی‌آفرین تو لب / گشاییم زین پس به روز و به شب[17]
کسی کو بپیمود روی زمین / جهان دید و آرام و پرخاش و کین[18]
به یک جای زین بیش لشکر ندید / نه از موبد سالخورده شنید[19]
ز شاهان و پیلان و ز تخت آج / ز مردان و اسپان و زِ گنج و تاج[20]
ستاره بدان دشت نظّاره بود / که این لشکر از جنگ بیچاره بود[21]

---

۱ - آفرین «ساختنی» نیست خواندنی است. ۲ - پس آنان این سخن را بخود گفته‌اند، چون مانندهٔ رستم نبودند!
۳ - دنباله ۴ - زور و فرّ خلعت نیست، دهش خداوندی است.
۵ - مگر آنان از خداوند گله کرده‌بودند. ۶ - دنبالهٔ گفتار. ۷ - مردمان ختن ترک نبوده‌اند.
۸ - ماه خمیده شده ماه بیست‌وهشتم است، و همراه با شب نمی‌آید، که نزدیک بامداد دیده می‌شود.
۹ - تاختن، درنگ نیست، شتاب است. ۱۰ - از آغاز شب تا بامداد سه روز تاخته بود؟!!
۱۱ - پس آن نامداران را نام چه بود؟ ۱۲ - گیو به ختن رفته‌بود نه به تراز.
۱۳ - با سخن پیشین پیوند ندارد. «از آنان نیمه را فرستاد...»، «ببخشید دیگر» نیز نادرست است: «دیگران را».
۱۴ - چو... نادرست است. ۱۵ - همهٔ پهلوانان بزرگ ایران یکسو، و بیژن تازه خیز یکسو؟
۱۶ - سخن برگرفته از گفتار فردوسی است.
۱۷ - چنین کار، نشدنی است. شب در بستر و روز در هنگام کار، چگونه می‌توانستند لب را باآفرین رستم بگشایند؟
۱۸ - دنبالهٔ گفتار. ۱۹ - چنین نیست ولشکر پیشین چین و کشانی...، بسا بیشتر از لشکریان این دژ بوده‌اند.
۲۰ - دنبالهٔ گفتار. ۲۱ - لت دویم را با پیوند که، پیوند به لت نخست پدیدار نیست.

بگشتیم گرد دز ایدر بسی   ندیدیم جز کنده درمان کسی [1]
که جوشان بدیم از دم اژدها   کمان تو آورد ما را رها [2]
تویی پشت ایران و تاج سران   سرافراز و ما پیش تو کهتران [3]
مکافات این کار یزدان کند   که چهر تو همواره خندان کند [4]
به پاداش تو نیست‌مان دسترس   زبان‌ها پراز آفرین است و بس [5]
بزرگیت هر روز بافزون‌ترست   هنرمند رخش تو سد لشکرست» [6]
تهمتن بریشان گرفت آفرین   که: «آباد بادا به گردان زمین [7]
مرا پشت از آزادگان است راست   دل روشنم بر زبانم گواست» [8]
ازانپس چنین گفت ک: «ایدر سه روز   بباشیم شادان و گیتی‌فروز [9]
چهارم سوی جنگ افراسیاب   برانیم و آتش برآریم ز آب» [10]
همه نامداران به گفتار اوی   به بزم و به خوردن نهادند روی [11]

*

پس آگاهی آمد به افراسیاب   که: «بوم و بر از دشمنان شد خراب [12]
دلش زان سخن پر ز تیمار شد   همه پرنیان بر تنش خار شد» [13]
به دل گفت: «پیکارِ او، کار کیست؟   سپاه است بسیار و، سالار کیست؟ [14]
گر آنست رستم که من دیده‌ام   بسی از نبردش بپیچیده‌ام» [15]
بپیچید و زان پس به آواز گفت   که «با او که داریم در جنگ جفت؟ [16]
یکی کودکی بود برسان نی   که من لشکر آورده‌بودم به ری [17]
بیامد تن من ز زین برگرفت   فروماند زان لشکر اندر شگفت» [18]
چنین گفت لشکر به افراسیاب   که: «چندین سر از جنگ رستم متاب [19]

---

۱ - **یک:** دوباره از دشت جنگ به دژ بازگشت! **دو:** لت دویم بی‌پیوند و بی‌گزارش است. شاهنامه فلورانس «جز کنده» که آن نیز نادرست است.
۲ - **یک:** کدام اژدها؟ **دو:** رها «آوردنی» نیست «کردنی» و «شدنی» است.
۳ - سرافراز در جای خویش نیست: «تو سرافرازی و پشت ایران و تاج سرانی...».
۴ - پیوسته برج پسین.
۵ - زبان‌ها نادرست است: «زبانِ ما».
٦ - با فزون‌تر است نادرست است: «افزون‌تر باد» لت دویم ناسزاوار است.
۷ - آفرین، گرفتنی نیست خواندنی است.
۸ - گفتار زیبا است اما پیوسته بداستان است.
۹ - دنباله.
۱۰ - دنباله.
۱۱ - دنباله.
۱۲ - هنوز سپاهیان ایران در شغداند، چگونه بوم و بر توران ویران (خراب) شد؟
۱۳ - سخن زیبا است اما دنبالهٔ داستان است.
۱۴ - پیدا است که سالار، افراسیاب است.
۱۵ - رستم همانست و «اگر» در کار نیست. این سخن چنین می‌نماید که افراسیاب که چند بار با رستم روبرو شده‌است هیچگاه گمان نکرده‌است که هماوردش رستم است!
١٦ - به آواز گفت نادرست است: «گفت».
۱۷ - **یک:** سخن پس‌وپیش و آشفته است: بدانگاه که من لشکر به ری «برده» بودم. **دو:** چگونه کودکی برسانِ نی بود که...
۱۸ - افراسیاب را از اسپ برگرفت و ببالای سر برد!
۱۹ - افراسیاب با خویش سخن میگفت و لشکریان کجا بودند که با وی سخن گویند؟ لشکر گفت نیز نادرست است: «لشکریان گفتند».

تو آنی که از خاک آوردگاه — همی جوش خون اندر آری به ماه[1]
سلیح است بسیار و مردان جنگ — دل از کار رستم چه داری به تنگ[2]
ز جنگ سواری تو غمگین مشو — نگه کن بدین نامداران نو[3]
چنان دان که او یکسر از آهن است — اگرچه دلیرست هم یک تن است[4]
سخن‌های کوتاه زو شد دراز — تو با لشکری چارهٔ او بساز[5]
سرش را ز زین اندرآور به خاک — ازان پس خود از شاه ایران چه باک[6]
نه کیخسرو آباد ماند نه تخت — نه ایران، نه بوم و نه شاخِ درخت[7]
⇐ نگه کن بدین لشکر نامدار — جوانانِ شایستهٔ کارزار
ز بهر بر و بوم و پیوند خویش — زن و کودک خرد و فرزند خویش
همه سربسر تن به کشتن دهیم — ازان به که کشور بدشمن دهیم»!
چو بشنید افراسیاب این سَخُن — فراموش کرد آن نبرد کَهُن
بفرمود تا لشکر آراستند — بکین نو، از جای برخاستند[8]
ز بوم نیاکان و از شهر خویش — یکی تازه اندیشه بنهاد پیش[9]
چنین داد پاسخ که: «من سازِ جنگ — به پیش آورم چون شود کار، تنگ
نمانم که کیخسرو، از تخت خویش — شود شاد و، پدرام؛ از بخت خویش
سرِ زاولی را بروز نبرد — بچنگِ دراز، اندر آرم بگرد»

*

بر او سرکشان آفرین خواندند — سرافراز را سوی کین خواندند
که: «جاوید و شادان و پیروز باش — بکامِ دلت گیتی افروز باش»[10]
سپهبد بسی جنگ‌ها دیده بود — ز هرکار بهری پسندیده بود[11]
یکی شیردل بود فرغار نام — قفس دیده و جسته چندی ز دام[12]
ز بیگانگان جای پردخته کرد — به فرغار گفت: «ای گرانمایه مرد[13]

---

۱ – «اندر» آری بماه، نادرست است «بر آوری».
۲ – **یک:** سلیح است نادرست است: «ما را جنگ‌افزار بسیار است». **دو:** به تنگ نادرست است: «تنگ».
۳ – لت نخستین نادرست است. «سواری» نیز نادرخور است، باز آنکه رستم شناسا (معرفه) است و آنان را می‌بایستی گفتن: «از جنگ آن سوار»...
۴ – «یکسر» نادرست است: «سراپای». یکتن نیز نیست زیرا که همراه سپاه ایران می‌آید.
۵ – سخن دربارهٔ رستم دراز بود، و بالشکر می‌توان سخن را کوتاه کردن‌الشکری نیز نادرست است: «سپاه خود»: «لشکریان».
٦ – «سر» هیچگاه روی زین نیست!!!
۷ – «آبادی کیخسرو» را چه گزارش باشد؟
۸ – دو رج پس‌ازاین از ساز جنگ سخن میرود.
۹ – اندیشه را پیش «می‌کشند» پیش «نمی‌نهند».
۱۰ – سخن سرکشان در رج پیشین پایان یافته‌بود. و در این رج، دوباره سخن میگویند.
۱۱ – لت دویم بی‌گزارش است.
۱۲ – پیوسته برج پسین.
۱۳ – مگر یاران افراسیاب همه با او بیگانه بودند؟

انجمن مهیستان توران ۴۵۷

هم اکنون برو سوی ایرانسپاه … نگه کن بدان رستم‌رزمخواه[1]
سواران نگه کن که چنداَند و چون … که دارد؟ برین بوم و بر رهنمون![2]
اُزان نامداران پرخاشجوی … ببینی که چنداَند و بر چند روی[3]
ز گردان پهلومنش چند مرد … که آورد سازند روز نبرد،[4]
چو فرغار برگشت و آمد براه … به کارآگهی شد بایران سپاه؛[5]
غمی شد دل مرد پرخاشجوی … به بیگانگان ایچ ننمود روی[6]
فرستاد و فرزند را پیش خواند … بسی راز بایسته با او براند[7]
به شیده چنین گفت ک:«ای پرخرد … سپاه تو تیمار تو کی خورد[8]
چنین دان که آن لشکر بیشمار … که آمد بدین مرز چندین هزار[9]
سپهدارشان رستم شیردل … که از خاک سازد به شمشیر گِل[10]
گو پیلتن رستم زابلی‌ست … ببین تا مر او را هماورد کیست[11]
چو کاموس و منشور و خاقان چین … گهار و چو کرکوی با آفرین[12]
دگر کندر و شنگل آن شاه هند … سپاهی ز کشمیر تا پیش سند[13]
به نیروی این رستم شیرگیر … بکشتند و بردند چندی اسیر[14]
چهل روز با لشکر آویز بود … گهی رزم و گه بزم و پرهیز بود[15]
سرانجام رستم به خمّ کمند … ز پیل اندر آورد و بنهاد بند[16]
سواران و گردان هر کشوری … ز هرسو که بود از بزرگان سری[17]

---

۱ – «بدان رستم»، نادرست است: «برستم». ۲ – با نگریستن نمیتوان رهنمون آنانرا شناختن.
۳ – لت دویم پریشیده است، از «چند» در رج پیشین سخن رفت، و «بر چند روی» راگزارش نیست.
۴ – «پهلومنش» نادرست است. ۵ – از کجا برگشت؟ سخن را بسنجید: برگشت، آمد، شد (= رفت).
٦ – **یک:** غمی نادرست است: «غمین» و در همه نمونه‌ها چنین است. **دو:** مرد برای پرخاش نرفته‌بود، و برای آگاه شدن رفته‌بود.
۷ – **یک:** فرستاد به فرغار بازمیگردد. باز آنکه از گفتار پیدا است که افراسیاب، فرزند خود را پیش خوانده است. **دو:** «راز» را «نمی‌رانند» که «می‌گشایند»، یا «میگویند»، یا «در میان می‌نهند».
۸ – **یک:** نام شیده می‌بایستی در آغاز بیاید: «فرستاد و شیده، فرزند خویش را پیش خواند. **دو:** آن سپاهیان که آمادگی برای مردان در راه زن و فرزند و کشور خود نموده بودند، چرا تیمار آنان را نمی‌خورند؟
۹ – **یک:** «چنین دان» نادرست است: «چنان دان» و در همهٔ نمونه‌ها چنین است. **دو:** چگونه «بیشمار» را با «چندین هزار» یکجا توان آوردن؟ ۱۰ – **یک:** لت دویم بی‌باپان است: رستم شیردل «است». **دو:** لت دویم سست می‌نماید.
۱۱ – در رج پیشین نام رستم آمده‌بود، و اینجا دوباره‌گویی است. ۱۲ – چو نادرست است.
۱۳ – **یک:** شنگل «آن» شاه هند نادرست است: «شنگل شاه هند». **دو:** در لت دویم یاد از سپاه می‌شود، باز آنکه نام از شاهان می‌رفت. **سه:** کشمیر تا رود سند، در مرز ایران باستان بوده‌است.
۱۴ – سخن از رستم بود، و اکنون از سپاهیان ایران یاد می‌شود، که آنان با نیروی رستم چنان پهلوانان را بکشتند و دردمند کردند!
۱۵ – لت نخست نادرست است. ۱٦ – چه‌کس را از پیل فروکشید (اندر آورد!) و بند برنهاد؟
۱۷ – هر کشوری نادرست است وکنش «بود» برای سواران و گردان نادرخور است.

بدین کشور آمد کنون زین نشان ‏ ‏ ‏ همان تاجداران گردنکشان[1]
من ایدر نمانم بسی گنج و تخت ‏ ‏ ‏ که گردان شده‌ست اندرین کار بخت[2]
کنون هرچه گنج است و تاج و کمر ‏ ‏ ‏ همان توق زرّین و زرّین سپر[3]
فرستم همه سوی الماس رود ‏ ‏ ‏ نه هنگام جام است و بزم و سرود[4]
هراسانم از رستم تیزچنگ ‏ ‏ ‏ تن‌آسان که باشد به کام نهنگ[5]
به مردم نماند به روز نبرد ‏ ‏ ‏ نه پیچد ز بیم و نه نالد ز درد[6]
ز نیزه نترسد نه از تیغ تیز ‏ ‏ ‏ برآرد ز دشمن همی رستخیز[7]
تو گفتی که از روی و ز آهن است ‏ ‏ ‏ نه مردم نژادست کاهریمن است[8]
سلیح است چندان بر او روز کین ‏ ‏ ‏ که سیر آید از بار پشت زمین[9]
زره‌دارد و جوشن و خود و گبر ‏ ‏ ‏ بسغرد بکردار غرنده ابر[10]
نه برتابد آهنگ او ژنده‌پیل ‏ ‏ ‏ نه کشتی سلیحش بدریای نیل[11]
یکی کوه زیرش بکردار باد ‏ ‏ ‏ تو گویی که از باد دارد نژاد[12]
تگ آهوان دارد و هول شیر ‏ ‏ ‏ به ناورد با شیر گردد دلیر[13]
مرا با دلاور بسی بود جنگ ‏ ‏ ‏ یکی جوشن استش ز چرم پلنگ[14]
سلیحم نیامد بر او کارگر ‏ ‏ ‏ بسی آزمودم به گرز و تبر[15]
کنون آزمون را یکی کارزار ‏ ‏ ‏ بسازیم تا چون بود روزگار[16]
گر ایدونکه یزدان بود یارمند ‏ ‏ ‏ بگردد ببایست چرخ بلند[17]
نه آن شهر ماند نه آن شهریار ‏ ‏ ‏ سرآید مگر بر من این کارزار[18]

---

۱ – سواران رج پیشین را در این رج «آمدند» باید.

۲ – تخت، یکی است، آنهم ویژهٔ پادشاه، و نمیتوان از بسی تخت یاد کردن. ۳ – دوباره از تاج‌ها یاد می‌شود که نادرست است.

۴ – الماس رود در توران پیدا نشد! ۵ – در لت نخست افراسیاب خود سخنگو است، و در لت دویم، کس دیگر.

٦ – این رج را با سخن پیشین پیوند نیست. ۷ – ترس در این رج با بیم در رج پیشین یکی است.

۸ – روی و آهن باهم نمیشود: «گویی که وی را از روی یا آهن (بسرشته‌اند)».

۹ – **یک:** نه چنین است، و رستم جنگ‌افزار فراوان با خود نداشت. **دو:** در لت دویم بار «او» یا سنگینی «او».

۱۰ – دوباره‌گویی دربارهٔ جنگ‌افزار.

۱۱ – **یک:** آهنگ (=قصد و اراده کاری کردن) را چگونه ژنده‌پیل بر نمی‌تابد؟ **دو:** کشتی بسنده می‌نمود در هر دریا نه بویژه دریای نیل.

۱۲ – **یک:** لت نخست کنش ندارد. **دو:** در لت دویم نیز از «باد» دوباره یاد شده‌است.

۱۳ – **یک:** تگ شیر از تگ آهو تیزتر است، و با همان تگ، از دور دست بآهوان میرسد. **دو:** «ناورد» واژه‌ای نادرست است که یکبار دیگر نیز در افزوده‌های داستان رستم و سهراب آمده‌است. این واژه در اوستا «پَرِث» [illegible] و با پیشوند «نی» «نی پَرِت» [illegible] خوانده می‌شود که در پهلوی بگونهٔ نی پَرت و در فارسی نبرد درآمد، و بجزاز این دو افزوده، در هیچ سخن فارسی «ناوَرد» دیده نشده است. ۱۴ – با دلاور نادرست است: «با آن دلاور».

۱۵ – ما بیاد نداریم که افراسیاب با گرز و تبر بر پیکر رستم کوبیده باشد!! ۱٦ – کارزار، ساختنی نیست، کردنی است.

۱۷ – دنبالهٔ سخن.

۱۸ – کدام شهر و شهریار. شاهنامه فلورانس: نه ایران بود (نیز) و نه شهریار. اندکی بسامان‌تر است، اما می‌باید که «شهر» پس‌از «شهریار»

←

و گر دست رستم بود روز جنگ　　نسازم من ایدر فراوان درنگ[۱]
شوم تا بدان روی دریای چین　　بدو مانم این مرز توران‌زمین»[۲]
⟸ بدو شیده گفت: «ای خردمند شاه　　انوشه بَوی تا بود تاج و گاه
ترا فرّ و برزست و مردانگی　　نژاد و دل و بخت و فرزانگی
نباید ترا پند آموزگار!　　نگه کن بدین گردش روزگار؛
چو پیران و هومان و فرشیدورد　　چو کلباد و نستیهن شیرمرد[۳]
شکسته سلیح و گسسته دلند　　ز بیم و ز غم هر زمان بگسلند[۴]
تو بر بادِ این جنگ، کشتی مران*　　چو دانی که آمد سپاهی گران؛
ز شاهان گیتی گزیده تویی　　جهاندیده و کاردیده تویی[۵]
به جان و سر شاه توران سپاه　　به خورشید و ماه و به تخت و کلاه[۶]
که از کار کاموس و خاقان چین　　دلم گشت پر خون و سر پر ز کین»[۷]

*

شب تیره بگشاد چشم دژم　　ز غم پشت ماه اندر آمد به خم[۸]
جهان گشت برسان مشک سیاه　　چو فرغار برگشت ز ایران سپاه[۹]
بیامد به نزدیک افراسیاب　　شب تیره هنگام آرام و خواب[۱۰]
چنین گفت ک: «از بارگاه بلند　　برفتم سوی رستم دیوبند[۱۱]
سراپرده‌ای سبز دیدم بزرگ　　سپاهی بکردار درنده گرگ[۱۲]
یکی بارهٔ اژدهافش بپای　　نه آرام دارد تو گفتی نه جای[۱۳]
فروهشته بر کوههٔ زین لگام　　به فتراک بر حلقهٔ خمّ خام[۱۴]
به خیمه درون زنده‌پیلی ژیان　　میان تنگ بسته به ببربیان[۱۵]
یکی بور ابرش به پیشش بپای　　تو گفتی همی اندر آید ز جای[۱۶]

→ بوده باشد.　　۱ – سخن پریشان.　　۲ – نه «آنروی دریای چین»: دریای چین.

۳ – **یک**: کلباد و نستیهن نامهای ساختگی افزایندگان‌اند. **دو**: کلباد در جنگ پیشین دیده نشد. **سه**: در افزوده‌ها نستیهن در نبرد با بیژن کشته شد.　　۴ – از چه بگسلند؟　　* – شیده در انجمن مهیستان با نبرد همرای نیست!

۵ – جهاندیده و کاردیده هردو یکی است.　　۶ – دنبالهٔ سخن.　　۷ – سخن را پایان نیست.

۸ – چون ماه، بخم آید، بهنگام بامداد، دیده می‌شود، نه همراه با شام.　　۹ – دنبالهٔ سخن.

۱۰ – دوباره از شب نام برده می‌شود.　　۱۱ – بسوی رستم نرفته‌بود، بسوی سپاه ایران گسیل شده‌بود.

۱۲ – در یک سراپرده، یک سپاه را نمیتوان جای دادن.

۱۳ – **یک**: کنش «دارد» در لت دویم درست نیست: «داشت». **دو**: این رج نیز برداشتی از داستان رستم و سهراب است.

۱۴ – **یک**: لگامِ اسبِ ایستاده را بر کوههٔ زین «فرو» نمی‌هلند زیرا که می‌بایستی در آنهنگام، در آخور، بخوردن بپردازد. پس لگام (دهنه) نیز بر دهان ندارد! **دو**: سوار، بهنگام سواری لگام را به پشت کوههٔ زین رها می‌کند، تا دستهایش برای نبرد آزاد باشد.

۱۵ – «ببربیان» میان‌بند رستم نبود که پوشش جنگ رستم بشمار میرفت. و بهنگام آسایش ببر و میان را نمی‌پوشند و نمی‌بندند.

۱۶ – دوباره سخن از رخش میرود.

سپهدار چون توس و گودرز و گیو   فریبرز و شیدوش و گرگین نیو [1]
طلایه گرازه‌ست با گستهم   که با بیژن گیو باشد بهم» [2]
غمی شد ز گفتار فرغار شاه   کس آمد بر پهلوان سپاه [3]
بیامد سپهدار پیران چو گرد   بزرگان و مردان روز نبرد [4]
بدو گفت پیران که: «ما را ز جنگ   چه چاره‌ست و، از جستن نام‌وننگ» *
چو پاسخ چنین یافت افراسیاب   گرفت اندران کینه جستن شتاب
به پیران بفرمود تا با سپاه   بیاید بر رستم کینه‌خواه [5]
ز پیش سپهبد به بیرون کشید   همی رزم را سوی هامون کشید [6]
خروش آمد از دشت و آوای کوس   جهان شد ز گَرد سپاه آبنوس [7]
سپه بود چندان که گفتی جهان   همی گردد از گَرد اسپان نهان [8]
تبیره زنان نتره برداشتند   همی پیل بر پیل بگذاشتند [9]
از ایوان بدشت آمد افراسیاب   همی کرد بر جنگ جستن شتاب [10]

نامه افراسیاب
به
پولادوند

دبیرِ جهاندیده را خواند و گفت   که: «راز بزرگان بباید نهفت
یکی نامه نزدیک پولادوند   بیارای و از راز بگشای بند
بگویش که ما را چه آمد بسر   ازین نامور گُردِ پرخاشخر!
اگر یارمندست چرخ بلند   بیاید بدین مرز، پولادوند [11]

---

۱ – **یک:** سپهدار نادرست است: «سپهداران». **دو:** چون نادرست است.
۲ – **یک:** فرماندهٔ پیشاهنگان سپاه، می‌باید یک پهلوان بوده باشد. **دو:** در تاریکی شب چگونه آنانرا شناخت؟
۳ – **یک:** «غمی» نادرست است، و در همهٔ نمونه‌ها چنین آمده‌است. **دو:** کس فرستاد درست است.
۴ – لت دویم را با لت نخست پیوند درست نیست.
* – پیران در انجمن، پاسخ شیده را چنین می‌دهد!
۵ – بیاید، نادرست است: «برود».
٦ – بیرون کشیدن را برای سپاه بکار بردن شاید، اما برای یک کس نشاید.
۷ – بنگرید که این داستان شباهنگام روی داده‌است و جهان را از گَرد سپاه «آبنوس» شمردن درست نیست. چه از دیدِ آنکه در شب نمیتوان چندان سپاه گِرد کردن، چه از دیدِ رنگِ سیاه شب.
۸ – نیز همانند رج پیشین.
۹ – تبیره‌زنان را کار، تبیره زدن است نه بانگ و غریو برآوردن.
۱۰ – **یک:** «همی» در لت دویم نابجا است. **دو:** آمادگی نبرد پس‌از آمدن پولادوند خواهد بود، نه در آن شب.
۱۱ – کنش «است» نابجا است: «اگر یارمند باشد».

بسی لشکر از مرز سقلاب و چین — نگونسار و حیران شدند اندرین[1]
سپاه است برسان کوه روان — سپهدارشان رستم پهلوان[2]
سپه کش چو رستم سپهدار توس — به ابر اندر آورده آوای کوس[3]
چو رستم به دست تو گردد تباه — نیابد سپهر، اندرین مرز راه
همه مرز را، رنج زویست و بس — تو باش اندرین کار فریادرس
گر او را به دست تو آید زمان — شود رام روی زمین بی‌گمان[4]
من از پادشاهیِ آباد خویش — نه برگیرم از رنج یک نیمه بیش[5]
دگر نیمه دیهیم و گنج آنِ تست — که امروز پیگار و رنج آنِ تست[6]»

*

نهادند بر نامه بر، مهر شاه — چو برزد سر از برج خرچنگ ماه[7]
کمر بست شیده ز پیش پدر — فرستاده او بود و تیمار بر
بکردار آتش، ز بیم گزند — بیامد بنزدیک پولادوند
بر او آفرین کرد و نامه بداد — همه کار رستم بر او کرد یاد
که: «رستم بیامد از ایران بجنگ — ابا او سپاهی بسان پلنگ[8]
به بند اندر آورد کاموس را — چو خاقان و منشور و فرتوس را[9]
اسیران بسیار و پیلان رمه — فرستاد یکسر به ایران همه[10]»
کنارنگ، جنگ‌آوران را بخواند* — ز هر گونه‌ای داستان‌ها براند
بدیشان بگفت آنچه در نامه بود — جهانگیر برنا و خودکامه بود[11]
بفرمود تا کوس بیرون برند — سراپردهٔ او بهامون برند
سپاه انجمن شد بکردار دیو — برآمد ز گردان لشکر غریو[12]

---

۱ – **یک:** «حیران» در گفتار فردوسی نیست. **دو:** «اندرین» نادرست است. ۲ – این رج پیوند درست با سخن پیشین ندارد.

۳ – در رج پیشین، رستم سپهدار بود، و اینجا «سپه کش» خوانده می‌شد! سپه کشی خود، کاری بس بزرگ است که کار جابجایی سپاه و فراهم کردن خوراک مرد و اسپ و پزشک و آهنگر و تیرساز و... را انجام میدهد، و رستم، تنها یکبار، درلشکرکشی سیاوخش کارِ سپه کشی را پذیرفت! ۴ – دو رج پیش، این سخن بگونهٔ درست آمده‌است.

۵ – سخن نادرست است افزاینده خواسته‌است بگوید اگر رستم راشکست دهی نیمی از توران از آنِ من.

۶ – **یک:** نیمهٔ دیگرش از آن تو خواهد بودن! **دو:** دیهیم در آنزمان پدیدار نشده‌بود.

۷ – فرستاده، شبانه براه نمی‌افتد، بویژه آنکه فرزند شاه باشد! ۸ – دنبالهٔ سخن. ۹ – چو، نادرست است.

۱۰ – سخن ناهموار است.

* – در همهٔ نمونه‌ها آمده‌است: «کنارنگ و جنگاوران را بخواند»، و این روشن است که تنها شاه می‌تواند کنارنگان (استانداران) را بدرگاه بخواند، نه آنکه یک کنارنگ، کنارنگِ دیگر را فرخواند! در این سخن کنارنگ (پولادوند) جنگاوران خویش را فرا می‌خواند.

۱۱ – **یک:** «برنا» کودکان پنج تا ده ساله راگویند. **دو:** اگر خودکامه بود، چرا نامه را بر ایشان بخواند، و داستان را با ایشان در میان نهاد؟

۱۲ – سپاه را «دیوان» می‌باید، چون یک لشکر، همانند یک دیو نمی‌شود.

درفش ازپس و پیش پولادوند … سپردار با ترکش و با کمند[۱]
فرود آمد از کوه و بگذاشت آب … بیامد بنزدیک افراسیاب
پذیره شدندش یکایک سپاه … تبیره برآمد ز درگاه شاه
ببر درگرفتش جهاندیده مرد … ز کار گذشته بسی یاد کرد
بگفت آنکه تیمار ترکان ز کیست … سرانجام درمان این کار چیست[۲]
خرامان به ایوان خسرو شدند … به رای و به اندیشهٔ نو شدند[۳]
سخن راند هرگونه افراسیاب … ز کار درنگ و ز بهر شتاب
ز خون سیاوش که بر دست اوی … چه آمد ز پرخاش و ز گفت‌وگوی[۴]
ز خاقان و منشور و کاموسِ گُرد … گذشته سخن‌ها همه برشمرد[۵]
بگفت آنکه: «رنجِ من از یک تن است … که او را پلنگینه پیراهن است
نیامد سلیحم بدو کارگر … بران ببر و آن خود و چینی‌سپر[۶]
بیابان سپَردی و راه دراز … کنون چارهٔ کار او را بساز»

*

پر اندیشه شد جان پولادوند … که: «آن بند را، چون؟ شود کاربند»!
چنین داد پاسخ به افراسیاب … که: «در جنگ چندین نباید شتاب
گر آنست رستم که مازندران … تبه کرد و بستَد به گرز گران
بدرّید پهلوی دیو سپید … جگرگاه کولاد غندی و بید
مرا نیست پایاب، با جنگ اوی … نیارم به بد کردن آهنگ اوی
تن و جان من پیش رای تو باد … همیشه خرد رهنمای تو باد[۷]
من او را یکی چاره سازم! بجنگ … بگردش بگردم بسان پلنگ
تو لشکر برآغال* بر لشکرش … به انبوه، تا خیره گردد سرش
مگر چاره سازم وگر نی به دست … بر و یال او را نشاید شکست»[۸]
ازو شاد شد جان افراسیاب … می روشن آورد و چنگ و رباب[۹]

---

۱ – لت دویم را پیوند درست با لت نخست نیست. سپردار را، ترکش (= تیردان) و کمند بکار نمی‌آید.

۲ – تورانیان ترک نبوده‌اند.

۳ – **یک:** افراسیاب در کاخ بود. **دو:** خرامان نیز روش و رفتار دخترکان دلربا است نه سرداران! **سه:** افراسیاب خسرو نبود.

۴ – **یک:** لت نخست، پایان ندارد...: «ریخت». **دو:** لت دویم نیز پیوند درست ندارد.

۵ – برشمردن، بد گفتن و دشنام دادن است، نه گزارش داستان.

۶ – نیامد نادرست است: «کارگر نشد»، و رستم سپر چینی نداشت.

۷ – **یک:** تن و جان را پیش «رای» نمی‌توان دانستن «فدای تو باد». **دو:** این رج میان رج‌های پیشین‌وپسین جدایی می‌افکند.

* – برآغالیدن، جانوری یا کسی -یالشکری- را بسوی کسی به یورش و شورش برانگیختن.

۸ – از چاره گری در دو رج پیش یاد شده‌بود. ۹ – آرایهٔ داستان.

بدانگه که شد مست پولادوند   چنین گفت با او ببانگ بلند[1]
که: «من بر فریدون و ضحاک و جم   خور و خواب و آرام کردم دژم[2]
برهمن بترسد ز آواز من   اُزین لشکر گردن افراز من[3]
من این زابلی را به شمشیر تیز   بر آوردگه بر، کنم ریز ریز»[4]

رزم رستم زال
با
پولادوند

چو بنمود خورشید تابان درفش   معصفر شد آن پرنیانی بنفش[5]
تبیره برآمد ز درگاه شاه   بابر اندر آمد خروش سپاه
به پیش سپه بود پولادوند   بتن زورمند و ببازو کمند[6]
چو صف برکشیدند هردو سپاه   هوا شد بنفش و زمین شد سیاه[7]
تهمتن بپوشید ببربیان   نشست از برِ ژنده‌پیل ژیان[8]
برآشفت و بر میمنه حمله برد   ز ترکان بیفکند بسیار گرد[9]
ازان پس غمین گشت پولادوند   ز فتراک بگشاد پیچان کمند[10]
برآویخت با توس چون پیل مست   کمندی ببازوی و گرزی بدست[11]
کمربند بگرفت و او را ز زین   برآورد و آسان بزد بر زمین[12]

---

۱ – دنبالهٔ سخن.

۲ – **یک:** شاهنامه بیاد ندارد که چنین کس بر فریدون و اژیدهاک و جمشید پیروز شده باشد. **دو:** مردم دژم می‌شود، و خور و خواب؛ دژم شدنی نیست.

۳ – برهمن گوشه‌نشین را با میدان جنگ و آواز پولادوند چکار؟

۴ – «بر آوردگه بر» نادرست است: «در آوردگه».

۵ – مُعَصفر (= زرد رنگ) را در سخن فردوسی راه نیست.

۶ – کمند را پیش‌از جنگ ببازو نمی‌افکندند، که بفتراک می‌بندند.

۷ – چون سپاهیان رده بندند، پیش‌از جنگ گردوخاک بر هوا نمی‌خیزد!

۸ – پس‌از رده کشیدن؟ ...سپاهیان از بامداد زره و خود... را می‌پوشند.

۹ – **یک:** میمنه را در سخن فردوسی جای نیست. **دو:** تورانیان ترک نبوده‌اند.

۱۰ – **یک:** سردار سپاه را شاید خشمگین شدن، و نشاید غمگین شدن. **دو:** افزاینده فراموش کرده‌بود که در پنج رج پیش، کمند را در بازوی فولادوند نشان داده‌بود.

۱۱ – باز کمند، ببازوی فولادوند رفت! افزاینده این اندازه از جنگ آگاهی نداشته‌است که: چون پهلوانی با پهلوان دیگر «برآویزد» نمیتواند، کمند ببازو داشته باشد، زیرا که آن خود یکدست جنگاور را می‌گیرد، و جنگ را بر وی دشخوار می‌سازد!

۱۲ – چگونه پولادوند که در یک دست گرز داشت، و بر دیگری کمند افکنده بود، کمرِ (نه کمربند) توس را گرفت؟

به پیکار او گیو چون بنگرید / سر توس نوذر نگونسار دید[1]
برانگیخت از جای شبدیز را / تن و جان بیاراست آویز را[2]
برآویخت با دیو چون شیر نر / زره‌دار با گرزهٔ گاوسر[3]
کمندی بینداخت پولادوند / سر گیو گُرد اندر آمد به بند[4]
نگه کرد رهّام و بیژن ز راه / بدان زور و بالا و آن دستگاه[5]
برفتند تا دست پولادوند / ببندند هردو به خمّ کمند[6]
بزد دست پولاد بسیار هوش / برانگیخت اسپ و برآمد خروش[7]
دو مرد از دلیران پرمایه را / سرافراز و گرد و گرانمایه را[8]
بخاک اندر افکند و بسپرد خوار / نظاره بران دشت چندان سوار[9]
بیامد بر اختر کاویان / بخنجر بدو نیم کردش میان[10]
خروشی برآمد ز ایران سپاه / نماند ایچ گُرد اندر آوردگاه[11]
فریبرز و گودرز و گردنکشان / گرفتند زان دیو جنگی نشان[12]
بگفتند با رستم کینه‌خواه / که «پولادوند اندرین رزمگاه[13]
به زین بر یکی نامدار نماند / ز گردان لشکر سواری نماند؛[14]
که نفکند بر خاک پولادوند / به گرز و به خنجر به تیر و کمند[15]
همه رزمگه سر به سر ماتم است / بدین کار فریادرس رستم است»[16]

---

۱ – دنبالهٔ گفتار. ۲ – تن، از پیش، آراستهٔ نبرد بوده‌است. اما جان را چگونه آراستن شاید؟

۳ – چون دوکس با یکدیگر بر آویزند!... ۴ – یکی از آنان نمیتواند، کمند افکنَد، زیرا که کمند انداختن راه دور، میخواهد!

۵ – **یک:** رهام و بیژن را نگه «کردند» باید. **دو:** دستگاه یک پهلوان در میدان جنگ دیده نمی‌شود.

٦ – سخن افزاینده چنانست که گوییا پولادوند، در میدان ایستاده، و دست به بندِ آنان میدهد!

۷ – **یک:** سخن از هوش پهلوان راندن نادرست است، که از نیروی وی، میتوان یاد کردن! **دو:** افزاینده، سرِ کمندی را که توس در آن گرفتار است، در دست پولادوند دارد، پس چگونه وی میتواند که دست بر دست زند؟ ۸ – دنبالهٔ سخن.

۹ – **یک:** آن دو پهلوان اگر بر زمین افکنده شده باشند، و پولادوند آنانرا، از زیر سم اسپ خویش گذرانده باشد، می‌باید که مرده باشند، باز آنکه در داستانهای پسین شاهنامه آنانرا زنده می‌بینیم! **دو:** لت دویم را پایان نیست.

۱۰ – **یک:** اختر کاویان نادرست است: «درفش کاویان» آیا هیچکس از نگهبانانِ درفش پیرامون آن نبودند که وی با چنین آسانی آنرا بر دو نیم کرد؟ آنهم با خنجر، و نه باشمشیر!

۱۱ – پیدا نیست که خروش از برای نیمه شدن درفش کاویان است، یا از برای آن سه سوار پیشتر بر زمین افکنده بودند!

۱۲ – اگر، نشان از آن پهلوان گرفته باشند...

۱۳ – می‌بایستی که در این رج آنرا باز گویند، اما از سخن پیدا است که آنان را از پیش، نشانِ پولادوند روشن بود، و رستم نیز از آن آگاه بوده‌است.

۱۴ – اگر (همهٔ نامداران ایران) از زین فروافکنده شده‌بودند، فریبرز و گودرز و دیگر گردنکشان، نامدار نبودند؟

۱۵ – افزاینده، پیش‌ازاین کمندی و گرزی بدست پولادوند داده‌بود، نه خنجر، نه تیر!

۱٦ – در رزمگه چهارکس بوده‌اند که بر زمین افکنده بود، و نمیتوانستند سوگِ (ماتم) خویش را داشته باشند، از سویی، افزاینده هنوز آنانرا نکشته است که سوگ (ماتم) پیش آید.

نبرد رستم وفولادوند ۴۶۵

ازان پس خروشیدن ناله خاست ز قلب و چپ لشکر و دست راست [1]
چو کم شد ز گودرز هردو پسر بنالید با داور دادگر [2]
که چندین نبیره پسر داشتم همی سر ز خورشید بگذاشتم [3]
به رزم اندرون پیش من کشته شد چنین اختر و روز من گشته شد [4]
جوانان و من زنده با پیرسر مرا شرم باد از کلاه و کمر [5]
کمر برگشاد و کله برگرفت خروشیدن و ناله اندر گرفت [6]
چو بشنید رستم دژم گشت سخت بلرزید برسان برگ درخت [7]
⇐ بیامد* بنزدیک پولادوند ورا دید برسان کوهی بلند
سپه را همه بیش‌تر خسته دید وزان روی پرخاش پیوسته دید [8]
به دل گفت کین روز ما تیره گشت سر نامداران ما خیره گشت [9]
همانا که برگشت پرگار ما غنوده شد آن بخت بیدار ما [10]
بیفشارد ران رخش را تیز کرد برآشفت و آهنگ آویز کرد [11]
بدو گفت که:«ای دیو ناسازگار ببینی کنون گردش روزگار» [12]
چو آواز رستم به گردان رسید تهمتن یلان را پیاده بدید [13]
دژم گشته زو چنان گرد دلیر چو گوران و دشمن بکردار شیر [14]
چنین گفت با کردگار جهان که «ای برتر از آشکار و نهان [15]
مرا چشم اگر تیره گشتی به جنگ به استی ز دیدار این روز تنگ [16]

---

۱ - **یک:** از ناله، خروش بر نمی‌خیزد! **دو:** لت دویم پریشان است.
۲ - دروغ آشکار، که پسران گودرز در داستانهای آینده زنده‌اند.
۳ - دنبالهٔ سخن.
۴ - **یک:** کشته شد(ند) باید. **دو:** گَشته را با کُشته پساوا نیست.
۵ - «جوانان» را در این رج، هیچ پیوند با نبیرگان دو رج پیشین نیست.
٦ - در میدان جنگ کسی کلاه بر سر نمی‌نهد که همگان با «خود» بمیدان می‌روند.
۷ - **یک:** آیا میتوان گمان بردن که جهان‌پهلوان را در جنگ لرزشی چون برگ درخت روی دهد؟ **دو:** پنج رج پس‌ازاین از برآشفتن رستم یاد می‌شود.
* - رستم «بیامد».
۸ - **یک:** «همه» و «بیشتر» باهم کاربرد ندارد. یا همه، یا بیشتر. **دو:** سه گُرد از سپاهیان ایران کشته، یا خسته شده‌بودند. **سه:** اگر از سوی سپاه توران، پرخاش، پیوسته بود، از اینسوی نیز می‌بایستی جنگ، پیوسته باشد. از یکروی نمیتوان جنگ کردن، مگرآنکه سپاهیانِ سوی دیگر، گریزنده باشند، و چنین نیز نبود.
۹ - این روز ما نادرست است: «روز ما»
۱۰ - دنبالهٔ سخن.
۱۱ - پس‌از جنبش و تاختن اسپ، برآشفتن درست نمی‌نماید. مرد را بایستی نخست برآشفتن، پسانگاه جنبش و تاختن.
۱۲ - دنبالهٔ سخن.
۱۳ - **یک:** آواز بپولادوند رسید؟ یا بگُردان؟ **دو:** پیشتر آن گردان بزیر پی اسپ پولادوند سپَرده شده‌بودند. و اکنون زنده شدند! **سه:** پولادوند از کار آنان پرداخته و رو بسوی درفش کاویان کرده‌بود، و اکنون در میدان روبروی آن چهار پهلوان می‌جنگد!!
۱۴ - دنبالهٔ سخن.
۱۵ - دنبالهٔ سخن.
۱٦ - **یک:** به استی نادرست است «بهتر بود»، یا «بهتر بودی». **دو:** روز تنگ نیز نادرست است.

کزین سان برآمد ز ایران غریو ز پیران و هومان و ز نره دیو[1]
پیاده شده گیو و رهّام و توس چو بیژن که بر شیر کردی فسوس[2]
تبه گشته اسپ بزرگان به تیر بدین سان برآویخته خیره خیر[3]
بدو گفت پولادوند: «ای دلیر جهاندیده و نامبردار و شیر
که بگریزد از پیش تو، ژنده‌پیل ببینی کنون موج دریای نیل[4]
نگه کن کنون آتش جنگ من کمند و دل و زور و آهنگ من
کزین پس نیابی ز شاهت نشان نه از نامداران و گردنکشان
نبینی زمین زین سپس جز بخواب سپارم سپاهت به افراسیاب»[5]
چنین گفت رستم به پولادوند که «تا چند ازین بیم و تهدید و بند؟[6]
ز جنگ‌آوران نیز، گویا مباد چو باشد دهد بی‌گمان سر به باد»[7]
چو بشنید پولادوند این سخن به یاد آمدش گفته‌های کهن[8]
که هر کاو به بیداد جوید نبرد جگرخسته باز آید و روی زرد[9]
گر از دشمنت بد رسد گر ز دوست بد و نیک را، داد دادن نکوست[10]
همان رستم است این که مازندران شبِ تیره بستَد بگرزِ گران[11]
بدو گفت کـ :«ای مرد رزم‌آزمای چه باشیم؟ بر خیره*، چندین بپای!»
بگشتند و از دشت برخاست گرد دو پیل ژیان و دو شیر نبرد![12]
برانگیخت آن باره پولادوند بینداخت پس تاب‌داده کمند[13]
بدزدید یال آن نبرده‌سوار چو زین گونه پیوسته شد کارزار؛[14]
بزد تیغ و بند کمندش برید بجای آمد آن بندِ بد را کلید[15]

---

۱ – پیران و هومان در نبرد آن روز، نبودند.

۲ – **یک:** دوباره گویی، پیشتر از پیاده بودن آنان سخن رفته‌بود. **دو:** پیاده شده نادرست است، یا «پیاده» یا «پیاده شده‌بودند»، **سه:** چو، در آغاز لت دویم نادرخور است.

۳ – **یک:** در سخنان پیشین از تیری که بر اسپ آنان خورَد، یاد نشده‌بود. **دو:** لت دویم بی‌پیوند.

۴ – لت نخست را پیوند درست نیست! زیرا که پیوند «که» در آغاز آن پیوستگی میان لت دویم رج پیشین را با آن، از میان برمی‌دارد.

۵ – اگر رستم کشته می‌شود، و دیگر شاه خویش را نمی‌بیند، چگونه خواب زمین را خواهد دیدن؟

٦ – **یک:** پولادوند، یکبار سخن گفته است، و «تا چند» در لت دویم نادرخور است. **دو:** پولادوند، رستم را به بند نکشیده بود. **سه:** تهدید در سخن فردوسی روان نمی‌شود.

۷ – سخن نادرست است.

۸ – دنبالهٔ گفتار.

۹ – پولادوند به بیداد نبرد نمی‌کرد، که در برابر نبرد ایرانیان در توران، ایستاده بود و کارش رزم نبود و پادرزم (= دفاع) بود.

۱۰ – روی سخن بکس دیگر برگشت.

۱۱ – این داستان را، چه پیوند با سخن رج پیشین؟

* – برخیره: بیهوده.

۱۲ – در این رج بگشتند...

۱۳ – **یک:** و در این رج تازه، پولادوند اسب را بر می‌انگیزد. **دو:** «آن» باره نیز نادرست است.

۱۴ – **یک:** «آن» در این رج کدامان است پولادوند، یا رستم؟ **دو:** هنوز که از شمشیر و گرز ایشان سخن نرفته‌است، تا یکی از آنان یال خویش را بدزدد!

۱۵ – **یک:** هنوز روشن نیست که تیغ را چه‌کس زده‌است! **دو:** لت دوئم را گزارشی نیست!

بپیچید زان پس سوی دست راست	بدانست کان روز روز بلاست[1]
عمودی بزد بر سرش پیلتن	که بشنیدآواز آن انجمن[2]
چنان تیره شد چشم پولادوند	که دستش عنان را نبُد کاربند[3]
تهمتن بران بُد که مغز سرش	ببیند پراز رنگ تیره برش[4]
چو پولادوند از برِ زین بماند	تهمتن جهان‌آفرین را بخواند[5]
که «ای برتر از گردش روزگار	جهاندار و بینا و پروردگار[6]
گر این گردش جنگ من داد نیست	روانم بدان گیتی آباد نیست؛[7]
روا دارم ار دست پولادوند	روان مرا برگشاید ز بند[8]
ور افراسیاب است بیدادگر	تو مستان ز من دست و زور و هنر[9]
که گر من شوم کشته بر دست اوی	به ایران نماند یکی جنگجوی[10]
نه مرد کشاورز و نه پیشه‌ور	نه خاک و نه کشور نه بوم و نه بر»[11]
به کُشتی گرفتن نهادند روی	دو گُردِ سرافراز و دو جنگجوی
به پیمان که از هردو رویِ سپاه	بیاری نیاید کسی کینه‌خواه
میان سپه نیم فرسنگ بود	ستاره نظاره بران جنگ بود[12]
چو پولادوند و تهمتن بهم	برآویختند آن دو شیر دژم[13]
همی دست سودند یک با دگر	گرفته دو جنگی دوال کمر[14]
چو شیده بر و یال رستم بدید	یکی باد سرد از جگر برکشید
پدر را چنین گفت ک:«این زورمند	که خوانی ورا رستم دیوبند
بدین برز بالا و این دستبرد	بخاک اندر آرد سر دیوِ گُرد*
نبینی ز گُردانِ ما جز گریز	مکن خیره، با چرخ گردان ستیز»
چنین گفت با شیده افراسیاب	که «شد مغز من زین سخن پرشتاب

۱ -کسیکه با تیغ بندِ کمند هماورد را می‌بُرد، چرا می‌بایستی با خویش بیندیشد که آن روز، روز بلا است!

۲ - **یک:** عمود را در سخن فردوسی جای نیست. **دو:** بشنیده نیز نادرست است: «بشنیدند». ۳ - دنبالهٔ گفتار.

۴ - **یک:** سخن سخت نادرست است. **دو:** شاهنامهٔ فلورانس این لت را چنین آورده‌است: بدو گوش بجهد، شود بربرش! که آن نیز سخت سست است. ۵ - دنبالهٔ گفتار. ٦ - نیز...

۷ -گردش جنگ نمی‌تواند بر داد باشد، یا نباشد. جُستن جنگ را شاید بیداد بودن.

۸ - سخن اندکی سست است. ۹ - افراسیاب کجا؟ و پولادوند کجا؟

۱۰ - پیوند «که» در آغاز این رج نادرست است: «زیرا که».

۱۱ - خاک و بوم در لت دویم، یکی است، و هردو نیز از کشوراند و همواره نیز برجای می‌ماند.

۱۲ - **یک:** پیشتر میان «دو» سپاه دو میل بود. **دو:** ستاره در روز؟ ۱۳ - «آن دو» در لت دویم نادرست است.

۱۴ - یا دست می‌سودند، یا دوال کمر راگرفته «بودند» و در کشتی‌های باستان، چنانکه هنوز در خراسان روا است، دوال کمر (= کشتی؛ بندکمر) رامیگرفتند. * - در «داستان ایران بر بنیاد گفتارهای ایرانی» روشن خواهم کرد که چرا پولادوند، دیو خوانده می‌شود!

۴۶۸ کیخسرو

بـرو تـا بـبینی کـه پـولادِ گـرد ... بکشـتی هـمی چـون کـند؟ دستبرد»
چـنین گـفت شـیده کـه: «پـیمان شـاه ... نـه ایـن بـود بـا او بـه پـیش سـپاه[1]
چـو پـیمان‌شکن بـاشی و تـیره‌مغز ... نـبـاید ز دست تـو پـیکار نـغز[2]
تـو ایـن آب روشـن مگـردان سـیاه ... کـه عـیب آورد بـر تـو بـر، عیب‌خواه»[3]
بـدشنام بگـشاد خسـرو زبـان ... بـرآشـفت و شـد بـا پسر بـدگمان[4]
بـدو گـفت[○]: «اگـر دیـو پـولادوند ... ازیـن مـردِ بـدخواه یـابد گـزند
نـمانَد بـدین رزمگـه زنـده کس ... تـرا از هـنرها زبـان است و بس»
عـنان بـرگرایـید و آمـد چـو شیر ... بآوردگـاهِ دو مـردِ دلیـر

*

نگـه کـرد پیکار دو پیل مست ... درآورده بـر یکـدگر، هـردو دست
بـپولاد گـفت: «ای سـرافـراز شـیر ... بکُشـتی گـر آری مـر او را بـزیر
بـخنجر جگـرگاه او را بکـاف ... هـنر بـاید از کـار کـردن، نـه لاف»

*

نگـه کـرد گیـو انـدر افـراسیاب ... بـدان خـیره گـفتار و چـندان شتاب
چـو بشکست پیمان هـمی[●] بدگمان ... بـرانگـیخت اسپ و بـرآمـد دمـان
برستم چنین گـفت کـه: «ای جنگجوی ... چـه؟ فـرمان دهـی! کـهتران را بگـوی!
نگـه کـن بکـردار افـراسـیاب ... چـو جـای بـلا دیـد و جـای شـتاب؛
بـیامد هـمی تـا دل افـروزدش ... بکُشـتی درون، خـنجر آمـوزدش»
بـدو گـفت رستم کـه: «جـنگی مـنم! ... بکُشـتی گـرفتن درنگـی مـنم!
شـما را چـرا بـیم آیـد هـمی؟ ... چـرا دل بـه دو نـیم آیـد هـمی؟[5]
اگـر نـیست‌تان جـنگ رازور و دست ... دل مـن بـخیره نـباید شکست[6]
گـرایـدونکه ایـن جـادوی بـی‌خرد ... ز پـیمان یـزدان هـمی بگـذرد
شما را ز پیمان شکستن چه بـاک؟ ... چـو آویخت بـر تـارک خـویش خـاک!

---

۱ - افراسیاب برای کشتی با رستم پیمان نبسته‌بود، که رستم و پولادوند چنین کرده‌بودند.

۲ - **یک:** پیکار را با مغز تیر و پیمان‌شکنی پیوند نیست. بسا پیمان شکنان و تیره مغزان جهان که در نبردها پیروز بوده‌اند. **دو:** و شیده را هیچگاه توان آن نیست که با پدری چون افراسیاب چنین سخن گوید، و او را تیره مغز خواند!

۳ - کدام آبِ روشن؟ شیده که از آهنگ و برز و بالای رستم ترسیده بود، و پیش‌بینی گریز می‌کرد!

۴ - سخنانی که در چند رج پسین می‌آید، دشنام نیست و گفتار است، و بس دور می‌نماید که پدری؛ به پسرِ خویش بدگمان (دشمن) شود!

○ - افراسیاب به شیده گفت.

● - خالقی مطلق: همی. س و س ۲ آن. ق: همان. خالقی مطلق (۲۷۷-۳) اما چنین پیداست که سخن را بایستی چنین آراستن: «چو بشکست، پیمانِ خود، بدگمان» (بدگمان=دشمن).

۵ - دل به دو نیم «نمی‌آید»، «می‌شود».

٦ - گیو، آگاهی برستم داده‌است، و دل او را نشکسته است.

من اکنون سر دیو پولادوند بخاک اندر آرم ز چرخ بلند»
ازان پس بیازید چون شیر چنگ گرفت آن بر و یال جنگی نهنگ
بگردن برآورد و زد بر زمین! همی خواند بر کردگار آفرین
خروشی برآمد از ایرانسپاه تبیره‌زنان برگرفتند راه
بابر اندر آمد دم کرنای خروشیدن نای و سنج و درای [1]
که: «پولادوند است بی‌جان شده بران خاک چون مار پیچان شده!» [2]
گمان برد رستم که پولادوند ندارد بتن در، درست، ایچ بند! [3]
برخش دلیر اندر آورد پای بماند آن تن اژدها را بجای [4]
چو پیش صف آمد یل شیرگیر نگه کرد پولاد، برسان تیر [5]
گریزان بشد پیش افراسیاب دلش پر ز خون و رخش پر ز آب [6]
بخفت از بر خاک تیره دراز زمانی بشد هوش زان رزمساز [7]
تهمتن چو پولاد را، زنده دید همه دشت، لشکر پراکنده دید [8]
دلش تنگ برگشت و لشکر براند جهاندیده گودرز را پیش خواند [9]
بفرمود تا تیرباران کنند هوا را چو ابر بهاران کنند [10]
ز یک دست بیژن ز یک دست گیو جهانجوی رهام و گرگین نیو [11]
تو گفتی که آتش برافروختند جهان را به خنجر همی سوختند [12]
بلشکر چنین گفت پولادوند که «بی‌تخت و بی‌گنج و نام بلند، [13]
چرا سر همی داد باید بباد؟ چرا کرد باید همی رزم، یاد»! [14]
سپه را به پیش اندر افکند و رفت ز رستم همی بندجانش بکفت [15]
چنین گفت پیران بافراسیاب که: «شد روی گیتی چو دریای آب

۱ – سنج و درای را خروش نیست. ۲ – اگر بیجان شده باشد، چگونه بر خاک چون مار می‌پیچد؟

۳ – دنبالهٔ گفتار. ۴ – پولادوند، دیو خوانده می‌شد، نه اژدها.

۵ – **یک:** چون دو پهلوان با یکدیگر جنگیدند یا جنگ بانبوه روی میدهد، یا سپاهیانِ یکسوی میگریزند، و رستم را نمی‌باید که به پیش «صف» آید. **دو:** رستم نگه کرد، یا پولادوند؟ روشن نیست.

۶ – آری اگر افزاینده رستم را بسوی سپاه ایران روان کند پولادوند زنده شده نیز میتواند بسوی افراسیاب بگریزد.

۷ – «تیره دراز» نادرست است: «زمانی دراز». پولادوند که جان و نیرو داشت که برخیزد و بگریزد چرا زمانی دراز بر روی خاک خفت؟

۸ – لت دویم پریشان است: «لشکر را در دشت پراکنده دید».

۹ – **یک:** دل تنگ بر نمی‌گردد تنگ می‌شود. **دو:** روشن نیست که لشکر را بکدام سوی رانده است. **سه:** در این رج گودرز را پیش خواند... ۱۰ – و در این رج فرمان بلشکریان داده شده‌است.

۱۱ – جای رهام و گرگین پیدا نیست... در این رج بیگمان فرمان رستم برای تیرباران، روان است.

۱۲ – و در این رج پهلوانان با خنجر(؟) جهان را می‌سوزند!!

۱۳ – افراسیاب پیمان بسته بود که نیمی از توران را بوی بخشد! ۱۴ – دنبالهٔ همان سخن.

۱۵ – بندِ تن شاید کافتن (شکافتن) و بند جان را نشاید!

نگفتم که با رستم شوم‌دست / نشاید در این کشور ایمن نشست[1]
ز خون جوانی که بُد زان گزیر / بخستی دل ما به پیکان تیر[2]
چه باشی؟ که با تو کس اندر نماند / بشد دیو پولاد و لشکر براند[3]
همانا ز ایرانیان سد هزار / فزون است برگستوانور سوار[4]
به پیش اندرون رستم شیرگیر / زمین پر ز خون و هوا پر ز تیر[5]
ز دریا و دشت و ز هامون و کوه / سپاه اندر آمد همه همگروه
چو مردم نماند، آزمودیم دیو / چنین جنگ و پیکار و چندین غریو
سپه را چنین صف کشیده بمان / تو با ویژگان سوی دریا بران»
سپهبد چنان کرد کاو راه دید / همی دست ازان رزم کوتاه دید[6]
درفشش بماندند و او خود برفت / سوی چین و ماچین شتابید، تفت
سپاه اندر آمد به پیش سپاه / زمین گشت برسان ابر سیاه
تهمتن بآواز گفت آن زمان / که: «نیزه مدارید و تیر و کمان
بکوشید و شمشیر و گرز آورید / هنرها ز بالای برز آورید[7]
پلنگ، آن زمان، پیچد از کین خویش / که نخچیر، بیند به بالین خویش»*
سپه سربسر نیزه برداشتند / همه نیزه بر کوه بگذاشتند[8]
چنان شد در و دشت آوردگاه / که از کشته جایی ندیدند راه[9]
برفتند یک بهره زنهارخواه / گریزان برفتند بهری براه[10]
شد از بی‌شبانی رمه تال و مال / همه دشت تن بود بی‌دست و یال[11]
چنین گفت رستم که «کشتن بس است / که زهرِ زمان بهرِ دیگر کس است[12]
زمانی همی بار، زهر آورد / زمانی ز تریاک بهر آورد[13]
همه جامهٔ رزم بیرون کنید / همه خوبکاری بافزون کنید

---

۱ – دست هیچگاه شوم خوانده نشده‌است. ۲ – از خون، دلِ ما خسته شد، به پیکان تیرا... روشن نیست که کننده کدامست؟
۳ – سخن درست در رج پنجم پس‌ازاین می‌آید. ۴ – بیشتر سپاه ایران چندین نبود!
۵ – **یک:** پیش «اندرون» نادرست است: «پیش»، «پیش ایشان». **دو:** لت دویم پایان ندارد.
۶ – «راه دیدن» درست نیست: «ره نمودن».
۷ – **یک:** با نیزه و تیر و کمان نیز هنر از بالای برز(؟) (شانه و بازو) توان پدید آوردن! **دو:** این سخن درست در برابر رج‌های پیشین‌وپسین می‌ایستد!
* – پلنگ بجانورِ زیردستِ خویش یورش نمی‌برد.
۸ – **یک:** و نیز این رج، از آنجا افزاینده ندانسته است که روش و منش پلنگ چگونه است! **دو:** نیزه را چرا از کوه گذراندن باید؟
۹ – دنبالهٔ همان ناآگاهی فرهنگی
۱۰ – چون فرمان رستم نجنگیدن است، چرا بهری گریزان روند، و بهری زنهار خواهند؟
۱۱ – «تن» بی‌پای و سر نیز شاید بودن. ولی بی‌یال (شانه) نتواند بود. ۱۲ – لت دویم راگزارش نیست.
۱۳ – «زهرِ زمان» گاهگاه بار زهر می‌آورد؟... و آیا می‌توان گمان بردن که زهر (نه زهر زمان) تریاک بوده باشد؟

آگاه شدن ایرانیان ۴۷۱

چه بندی دل اندر سپنجی‌سرای که دانا ندانَد سرش را ز پای[1]
زمانی چو اهریمن آید به جنگ زمانی اروسی پراز بوی و رنگ[2]
بی‌آزاری و جام می برگزین که گویند؟ که نفرین به از آفرین![3]
بخور آنچه‌داری و انده مخور که گیتی سپنج است و ما بر گذر[4]
میازار کس را ز بهر درم مکن تا توانی به‌کس بر ستم»[5]
بجُست اندران دشت چیزی که بود ز زرّین و ز گوهر ناپسود[6]
سراسر فرستاد نزدیک شاه غلامان و اسپان و تیغ و کلاه[7]
ازان بهرهٔ خویشتن برگرفت همه افسرو مشک و انبر گرفت[8]
ببخشید دیگر همه بر سپاه ز چیزی که بود اندران رزمگاه[9]
نشان خواست از شاه تورانسپاه ز هرسو بجستند بی‌راه و راه[10]
نشانی نیامد ز افراسیاب نه بر کوه و دریا، نه بر خشک و آب[11]
شتر یافت چندان و چندان گله که از بارگی شد سپه بی‌گله[12]
ز توران، سپه برنهادند رخت سلیح گرانمایه و تاج و تخت[13]
خروش آمد و نالهٔ گاودم جرس برکشیدند و رویینه‌خم[14]
سوی شهر ایران نهادند روی سپاهی برانگونه با رنگ و بوی
چو آگاهی آمد ز رستم بشاه خروش آمد از شهر و از بارگاه
از ایران تبیره برآمد به ابر که آمد خداوندِ کوپال و ببر
یکی شادمانی بد اندر جهان خنیده میان کهان و مهان[15]
دل شاه شد چون بهشت برین همی خواند بر کردگار آفرین
بفرمود تا پیل بردند پیش بجنبید کیخسرو از جای خویش
جهانی به آیین شد آراسته* می و رود و رامشگر و خواسته

---

۱ – روی سخن با گروه (سپاهیان) بود، و به تو (خواننده) برگردید.
۲ – ایرانیان جهان و سرای سپنج راگرامی میداشتند واهریمنش نمی‌پنداشتند. ۳ – لت دویم را با لت نخست، پیوند نیست.
۴ – هنوز، روی سخن با «تو» است. ۵ – همچنین... در این رج آزارِ کسان را «از برای درم» فرمان نمی‌دهد.
۶ – **یک**: و در این رج بدنبال زر وگوهر می‌گردد؟! **دو**: گوهر ناپسود نیز گوهری است که هنوز تراش نخورده است، و بکار نمی‌آید.
۷ – در این رج همه را (سراسر) برای شاه می‌فرستد... ۸ – و در این رج بهرهٔ خویش را بر می‌گیرد.
۹ – ببخشید (دیگر) نیز نادرست است.
۱۰ – **یک**: نشان (خواستنی) نیست «جُستنی» است، و در همهٔ نمونه‌ها چنین آمده‌است. **دو**: ز هرسو نیز نادرست است: «هرسوی (را)».
۱۱ – کوه و دریا، همان خشک و آب است.
۱۲ – **یک**: مگر سپاهیان ایران بی‌اسپ بجنگ رفته‌بودند؟ که بدانروی گِله‌مند باشند! **دو**: گَلّه را با گِله پساوا نیست.
۱۳ – سپه برنهادند نادرست است.
۱۴ – جرس (= زنگ) و نیز خم رویین «برکشیدنی» نیستند، «نواختنی و زدنی»اند.
۱۵ – «خُنیده» نیکنام است. و نیکنام میان کهان و مهان نادرست است. * – در راهِ رستم، آذین بستند.

۴۷۲ کیخسرو

تبیره برآمد ز هر جای و نای چو شاه جهان اندر آمد ز جای[1]
همه روی پیل از کران تا کران پراز مشک بود و می و زعفران[2]
ز افسر سر پیلبان پرنگار ز گوش اندر آویخته گوشوار[3]
بسی زعفران و درم بیختند زبر مشک و انبر همی بیختند[4]
همه شهر آوای رامشگران نشسته ز هر سو کران تا کران[5]
تهمتن چو تاجِ سرافراز دید جهانی سراسر پرآواز دید
فرود آمد و برد پیشش نماز بپرسید خسرو، ز راه دراز
گرفتش به آغوش در، شاه، تنگ چنین تا برآمد زمانی درنگ
همی آفرین خواند شاه جهان بران نامور موبد و پهلوان[6]
بفرمود تا پیلتن برنشست گرفته همه راه دستش بدست
همی گفت: «چندین چرا ماندی؟ که بر ما همی آتش افشاندی!»[7]
چو توس و فریبرز و گودرز و گیو چو رهّام و گرگین و گردان نیو[8]
ز ره سوی ایوان شاه آمدند بدان نامور بارگاه آمدند[9]
نشست از بر تختِ زر شهریار بنزدیک او رستم نامدار[10]
فریبرز و گودرز و رهّام و گیو نشستند با نامداران نیو[11]
سخن گفت کیخسرو از رزمگاه ازان رنج و پیکار توران‌سپاه[12]
بدو گفت گودرز ک:«ای شهریار سخن‌ها دراز است زین کارزار[13]
می و جام و آرام باید نخست پس‌آنگاه ازین کار، پرسی درست»[14]
نهادند خوان و بخندید شاه که: «ناهار بودی همانا براه»[15]

---

۱ – **یک:** از تبیره، پیش‌ازاین سخن رفته‌بود. **دو:** از جای «اندر» آمدن درست نیست: «بیرون شدن».

۲ – مشک و می و زعفران را بهم نمی‌آمیختند، و جای آن نیز پشت پیلان نبود.

۳ – افسر، ویژه پادشاهان بود، اندر آویخته نیز نادرست است، «آویخته»، «فروآویخته».

۴ – **یک:** درم را چگونه توان بیختن؟ **دو:** شاهنامه فلورانس: «ریختند» و زعفران را بر زمین ریختن هیچ سود ندارد، زیراکه رنگ و بوی خوش آن با پختن برمی‌آید.

۵ – سخن پایان ندارد.

۶ – رستم «موبد» نبوده‌است.

۷ – **یک:** همی گفت نادرست است: «پرسید». **دو:** لت دویم نیز نادرخور است، زیرا که رستم برای رهایی ایرانیان رفته‌بود، و آتش نیفشانده‌بود.

۸ – «چو» در آغاز لت دویم، نادرخور است.

۹ – دنبالهٔ سخن.

۱۰ – لت دویم را پیوند درست با لت نخست نیست و پایان نیز ندارد.

۱۱ – از این پهلوانان در سه رج پیش یاد شده‌بود.

۱۲ – سخن گفت نادرست است: «بپرسید».

۱۳ – **یک:** پرسش را رستم می‌بایستی پاسخ دهد. **دو:** زین کارزار نادرست است: «زان کارزار».

۱۴ – آیا این درست می‌نماید که مهمان از میزبان می و جام بخواهد؟

۱۵ – میان خواهش گودرز و آوردن خوان، زمان باید، اما دیده می‌شود که «بخندید شاه»، و سخن بیمایهٔ لت دویم، همزمان با نهادن خوان است.

بخوان بر می آورد و رامشگران — به پرسش گرفت از کران تا کران[1]
ز افراسیاب و ز پولادوند — ز کشتیّ و از تابداده کمند[2]
بدو گفت گودرز ک:«ای شهریار — ز مادر نزاید چو رستم سوار[3]
اگر دیو پیش آید، ار اژدها — ز چنگ درازش نیابد رها[4]
هزار آفرین باد شهریار — بویژه بر این شیردل نامدار»[5]
بگفت آنچه کرد او به پولادوند — ز کشتی و نیرنگ و از رنگ و بند[6]
ز افکندن دیو و از کشتنش — همان جنگ و پیکار و کین جستنش[7]
چو افتاد بر خاک زو رفت هوش — برآمد ز گردان دیوان خروش[8]
چو آمد به هوش آن سرافراز دیو — برآمد بناگاه زو یک غریو[9]
همانگه درآمد به اسپ و برفت — همی بند جانش ز رستم بکفت[10]
چنان شاد شد زان سخن تاجور — که گفتی ز ایوان برآورد سر[11]
چنین داد پاسخ که «ای پهلوان — تویی پیر و بیدار و روشنروان[12]
کسی کهش خرد باشد آموزگار — نگهداردش گردش روزگار[13]
ازین پهلوان چشم بد دور باد — همه زندگانیش در سور باد»[14]
همی بود یک هفته با می به دست — از او شادمان، تاج و تخت و نشست
سخن‌های رستم به نای و به رود — بگفتند بر پهلوانی سرود
تهمتن به یک ماه نزدیک شاه — همی بود با جام در پیشگاه[15]
ازانپس چنین گفت با شهریار — که «ای پرهنر نامور تاجدار[16]
جهاندار بادانش و نیکخوست — ولیکن مرا چهرِ زال آرزوست»[17]

---

۱ – می را در آیین ایران، پس‌از خوردن خوراک می‌آورده‌اند: «چونان خورده شد جام می خواستند / بمی جان خرم بیاراستند».

۲ – باز، در آیین ایرانیان، بهنگام خوراک سخن گفته نمی‌شد. ۳ – همچنین.

۴ – آیا رستم دشمنان را با چنگ می‌گرفت؟ یا باگرز و شمشیر و جنگ‌افزار می‌کشت؟

۵ – **یک:** سخن از رستم است، و جای آفرین بر شهریار ندارد. **دو:** لت دویم نیز نادرخور و سست است.

۶ – «نیرنگ» در زبان فارسی، آیین و روش بکار بردن افزارهای ویژه در خواندن اوستا بوده‌است، و آنرا نمیتوان همراه رنگ و بند آوردن. ۷ – افزاینده که خود پولادوند را رهایی بخشیده بود اینجا از کشتن وی یاد میکند!

۸ – **یک:** و بیدرنگ او را زنده میسازد! **دو:** تنها پولادوند «دیو» خوانده می‌شد، و «گردان دیوان» سخنی نادرست است. (در داستان ایران بر بنیاد گفتارهای ایرانی خواهم گشودن که چرا پولادوند را پاژنامِ دیو بود)

۹ – غریو را بهنگام زمین خوردن می‌کشند، یا بهنگام بازآمدنِ هوش؟

۱۰ – **یک:** «درآمد به» اسب نادرست است، «بر» اسب «برنشست». **دو:** دیگربار از «بند جان» یاد می‌شود.

۱۱ – کیخسرو از گریختن پولادوند شاد شد؟ ۱۲ – دنباله سخن. ۱۳ – گفتار با رج‌های پیشین‌وپسین پیوند ندارد.

۱۴ – اگر پهلوان یک کشور همواره در سور باشد، چه‌کس از کشور نگاهبانی می‌کند؟

۱۵ – درست دو رج پیش‌از یک هفته می‌نوشی سخن رفته‌بود. در شاهنامه فلورانس «یک هفته» آمده‌است، و اگر چنین باشد، سخنی دوباره است و بایسته نمی‌نماید. ۱۶ – دنباله سخن.

۱۷ – **یک:** جهاندار آغاز سخن درست نمی‌نماید زیراکه در رج پیشین نام شاه را آورده‌بود. **دو:** از جهان‌پهلوان بدور است که همچون

←

در گنج بگشاد شاه جهان ز پرمایه چیزی که بودش نهان[1]
ز یاقوت و از تاج و انگشتری ز دینار و ز جامهٔ شُشتری[2]
پرستار با افسر و گوشوار همان جعدمویان سیمین‌عذار[3]
تبق‌های زرّین پراز مشک و اود دو نالین زرّین و زرّین عمود[4]
بر او بافته گوهر شاهوار چنان چون بود در خور شهریار[5]
بنزد تهمتن فرستاد شاه دو منزل همی رفت با او براه[6]
چو خسرو غمین شد ز راه دراز فرود آمد و برد رستم نماز[7]
ورا کرد پدرود و ز ایران برفت سوی زاولستان خرامید، تفت[8]
سراسر جهان گشت بر شاه راست همی گشت گیتی بر آن سان که خواست[9]
سر آوردم این رزم کاموس نیز درازست و کم نیست زو یک پشیز[10]
گر از داستان یک سخن کم بدی روان مرا جای ماتم بدی[11]
دلم شادمان شد ز پولادوند که بفزود بر بند پولاد بند[12]

→ کودکان برای دیدار پدر دلتنگی کند!

۱ - پرمایه چیز(ی) نادرست است: «چیزهای پرمایه».

۲ - از جامه ششتری در نوشته‌های کهن یاد نشده‌است، و این پیدا است که تا یک سده پیش کارگاه‌های جامه‌بافی فراوان در شوشتر بوده‌است. پرند شوشتر معروف است.

۳ - پرستار، با جعدمویان همخوانی ندارد.

۴ - **یک:** مشک و اود را در تبق نمی‌ریزند که در حُقّه‌های دربسته نگهداری میکنند:

مردم همه دانند که در نامهٔ سعدی مشکی است که در تبلهٔ عطار نباشد

دو: عمود را در سخن فردوسی جای نیست. **سه:** گرز زرین بکار نمی‌آید. گرز را باید آهنین بودن!

۵ - بر گرز، گوهر بافتن؟ شاید خواننده‌ای بگوید که بر کفش‌های زرینِ ناکارآمد، گوهربافته بودند، اما این رج پس‌از «عمود» می‌آید، و کاربرد «او» نیز به دو نالین باز نمی‌گردد.

٦ - همی‌رفت نادرست است: «برفت».

۷ - **یک:** از راه دراز غمین نمی‌شوند که «مانده» (= خستهٔ امروز) می‌شوند. **دو:** خسرو فرود آمد، و رستم نماز برد؟

۸ - مگر سیستان در مرز ایران نبود؟

۹ - این را پس‌از پدرود رستم نمی‌باید آوردن، که جای آن پس‌از پیروزی رستم و آمدن بدرگاه کیخسرو است.

۱۰ - پشیز، سکّه‌ای کوچک باشد، و نمیتوان آنرا بجای سخن آوردن.

۱۱ - نه چنین است و افزایندگان سخنانِ درشتِ بدآهنگ را بداستان افزوده‌اند.

۱۲ - چگونه فردوسی از پولادوند شادمان می‌شود؟ لت دویم نادرخور است.

داستان اکوان دیو

تو بر کردگار روان و خرد — ستایش گزین تا چه اندر خورد[1]
ببین ای خردمند روشن‌روان — که چون باید، او را ستودن توان؟[2]
همه دانش ما به بیچارگی‌ست — به بیچارگان بر، بباید گریست![3]
تو خستو شو آن‌را که هست و یکی‌ست — روان و خرد را جزین راه نیست[4]
ایا فلسفه‌دان بسیارگوی — نپویم براهی که گویی بپوی[5]
ترا هرچه بر چشمِ سر بگذرد — نگنجد همی در دلت با خرد[6]
سخن هرچه بایستِ توحید نیست — به ناگفتن و گفتن، ایزد یکی‌ست[7]
تو گر سخته‌ای شو سخن سخته گوی — نیاید به بن هرگز این گفت‌وگوی[8]
به یک دم زدن رستی از جان و تن — همی بس بزرگ آیدت خویشتن؟[9]
همی بگذرد بر تو ایام تو — سرای جز این باشد آرام تو[10]
نخست از جهان‌آفرین یاد کن — پرستش برین یاد بنیاد کن[11]
کزویست گردون گردان بپای — هم اویست بر نیک و بد رهنمای[12]
جهان پرشگفت است چون بنگری — ندارد کسی آلت داوری[13]
که جانت شگفت است و تن هم شگفت — نخست از خود اندازه باید گرفت[14]
اُدیگر که بر سرتْ، گردان سپهر — همی نو نمایدت هر روز، چهر[15]
نباشی بدین گفته همداستان — که دهقان همی گوید از باستان[16]
خردمند کین داستان بشنود — بدانش گراید، بدین نگرود
ولیکن چو معنیش یاد آوری — شود رام و کوته کند داوری

*

۱ - **یک:** خداوند، در فرهنگ ایران «خداوند جان و خرد» است نه روان و خرد. **دو:** ستایش «گزیدنی» نیست «کردنی» است. **سه:** «تو» در این رج کیست؟ ۲ - این رج برابر رج پیشین ایستاده‌است.

۳ - دانش را شاید کم بودن، اما به بیچارگی نیست. آنچه را که با بیچارگی توان آوردن، توان و نیرو... است. **دو:** سخن از «تو» به «ما» برگشت. ۴ - و باز، به «تو» گردید... ۵ - و از تو و ما و تو، رو بفلسفه‌دان چرخاند.

٦ - نه چنین است که هرچه را که با چشم توان دیدن، با خرد نیز توان سنجیدن.

۷ - لت نخست راگزارش ندارد. نمونه‌های دیگر نیز همه چنین‌اند. (بنگرید به. خالقی مطلق ۲۸۸-۳)

۸ - رویداد را، سخنِ سخته بپایان می‌رسد، و سخن ناسخته را پایان نیست. ۹ - این رج با سخنان پیشین پیوند ندارد.

۱۰ - ایام، بر سخن فردوسی نمی‌گذرد. ۱۱ - آغاز این گفتار با نام خداوند بود و این دوباره‌گویی است.

۱۲ - در اندیشهٔ ایرانی، خداوند رهنمای به بدی نیست! ۱۳ - داوری را «آلت» نمی‌باید!

۱۴ - سخن از جهان، به «تو» گردید. ۱۵ - بر سر(ت) در لت نخست، با نماید(ت) در لت دویُم، همخوان نیست.

١٦ - سخن درست در رج پسین آمده‌است.

تو بشنو ز گفتار دهقان پیر — گر ایدونکه باشد سخن دلپذیر [1]
سخنگوی دهقان چنین کرد یاد — که یک روز، کیخسرو از بامداد
بیاراست گلشن بسان بهار — بزرگان نشستند با شهریار
چو گودرز و چون رستم و گستهم — چو برزین گرشاسپ از تخم جم [2]
چو گیو و چو رهّام کارآزمای — چو گرگین و خرّاد فرخنده رای [3]
چو از روز، یک ساعت اندر گذشت — بیامد بدرگاه، چوپان ز دشت
که: «گوری پدید آمد اندر گله — چو شیری که از بند گردد یله *
همان رنگ خورشید دارد درست — سپهرش به زر آب گویی بشست [4]
یکی برکشیده خد از یال اوی — ز مشک سیه تا به دنبال اوی
سمندی بزرگ است گویی بجای — بگردی سرون و بدست و پای [5]
یکی نرّه شیرست گویی دُژم — همی بگسلد یال اسپان ز هم»
بدانست خسرو، که آن نیست گور! — که برنگذرد گور، ز اسپی، بزور!
برستم چنین گفت که:«این رنج نیز — به پیکار، بر خویشتن، سنج، نیز
برو، خویشتن را؛ نگه‌دار ازوی — مگر باشد اهریمنِ کینه‌جوی»
چنین گفت رستم که: «با بخت تو — نترسد پرستندهٔ تخت تو
نه دیو و نه شیر و نه نرّ اژدها — ز شمشیر تیزم نیابد رها»! [6]

جُستنِ رستم اکوان دیو را

برون شد بنخچیر، چون نرّه شیر — کمندی بدست اژدهایی بزیر؛
بدشتی کجا داشت چوپان گله — اُزان سو گذر داشت، گورِ یله؛
سه روزش همی جست در مرغزار — همی‌کرد بر گرد اسپان شکار
چهارم بدیدش گرازان بدشت — چو باد شَمالی ● بر او برگذشت

1 - از دهقان در رج پسین یاد شده‌است. 2 - چو نادرست است. 3 - همچنین.
* - یله: رها. 4 - لت دویم سست است.
5 - لت دویم بدآهنگ است، نمونه‌های دیگر نیز همچنین (بنگرید به خالقی مطلق ۲۹۰-۳).
6 - «نه»ها در لت نخست، با «نیابد» در لت دویُم همخوان نیستند. نه، نه، نه...: «نیابد رها».
● - شَمال: در زبان فارسی برابر با نسیم عربی است! این واژه در خراسان بزرگ (خراسان، افغانستان و تاجیکستان) هنوز روا است،
←

درخشنده زرّین یکی باره بود ... بچرم اندرون زشت پتیاره بود [1]
برانگیخت رخش دلاور ز جای ... چو تنگ اندر آمد، دگر شد به رای
چنین گفت کـ :«ین را نباید فکند ... بباید° گرفتن بخمّ کمند
نشایدش کردن بخنجر تباه ... بدین سانْش زنده برم نزد شاه»
بینداخت رستم کیانی کمند ... همی‌خواست کآرد سرش را ببند
چو گور دلاور کمندش بدید ... شد از چشم او در زمان ناپدید
بدانست رستم که آن نیست گور ... ابا او کنون چاره باید، نه زور
جز اکوان دیو این نشاید بُدن ... ببایستش از باد تیغی زدن [2]
بشمشیر باید کنون چاره کرد ... دوانیدن خون بران چرم زرد [3]
ز دانا شنیدم که این جای اوست ... که گفتند بستاند از گور پوست [4]
همانگه پدید آمد از دشت باز ... سپهبد برانگیخت آن تندتاز [5]
کمان را بزه کرد و از یال اسپ ... بینداخت تیری چو آذرگشسپ [6]
چو او، آن کمانِ کیی درکشید ... دگر باره شد گور ازو ناپدید [7]
همی تاخت اسپ اندر آن پهن‌دشت ... چو سه روز و سه شب بر او برگذشت [8]
بآبش گرفت آرزو هم بنان ... سر از خواب، بر کوههٔ زین، زنان [9]
چو بگرفتش از آب روشن شتاب ... به پیش آمدش چشمه‌ای چون گلاب [10]
فرود آمد و رخش را آب داد ... هم از ماندگی چشم راخواب داد [11]
کمندش ببازوی و ببربیان ... بپوشیده و تنگ بسته میان [12]
ز زین کیانیش بگشاد تنگ ... به بالین نهاد آن جناغ خدنگ [13]
چراگاه رخش آمد و جای خواب ... نمدزین برافکند بر پیش آب
بدان جایگه خفت و خوابش ربود ... که از رنج و از تاختن، مانده بود

← خالقی مطلق در برابر آن نشانهٔ(؟) نهاده است، اما بنداری در گفتار خویش آنرا ترجمه کرده است: «فلما رأى رستم عبر علیه مازا فی سرعة الریح»: و چون در نگریست رستم، بتندیِ بادی بر او گذشت.

۱ - هنوز از درون آن گور، کسی آگاهی نداشته است.

○ - همهٔ نمونه‌ها «بباید» آورده‌اند، اما دوبار «بباید» در یک سخن، آنرا سست میگرداند، و پیدا است که در لت دویم «که باید» بوده‌است.

۲ - **یک:** جای «این» نادرست است «این، جز اکوان دیو نشاید بودن». **دو:** از باد تیغ زدن چگونه باشد؟

۳ - تیغ در رج پیشین باشمشیر در این رج یکیست.

۴ - سخن درهم، بویژه در لت دویُم.

۵ - بارهٔ رستم «رخش» بود، و بکار گرفتن «آن تندتاز» نادرخور است.

۶ - **یک:** در نخچیرگاه، کمان را پیشتر بزه می‌کنند. **دو:** تیر را از یال اسب نمی‌زنند.

۷ - «آن» در لت نخست، نادرست است. نمونه‌های دیگر نیز چنین‌اند (بنگرید به. خالقی مطلق ۲۹۱-۳).

۸ - بهیچ روی نمیتوان اسپ را سه روز و شب تازاندن!

۹ - و پس‌از سه روز تشنه وگرسنه شدن!

۱۰ - از آب شتاب گرفتن نشاید.

۱۱ - «خواب» به چشم نشاید دادن!

۱۲ - دنباله گفتار.

۱۳ - **یک:** زین کیانی تاکنون شنیده نشده‌است. **دو:** دربارهٔ خدنگ پیش‌ازاین سخن گفته‌ام که برای زین کاربرد ندارد.

انداختن اکوان دیو
رستم را
بدریا

چو اکوانش از دور، خفته بدید … یکی باد شد، تا برِ او رسید
زمین؛ گِرد ببرید و برداشتش … ز هامون بگردون برافراشتش
غمی شد تهمتن چو بیدار شد … سر پرخرد پر ز پیکار شد[1]
چو رستم بجنبید بر خویشتن … بدو گفت اکوان که: «ای پیلتن
یکی آرزو کن که تا از هوا … کجات آید افکندن اکنون، هوا[2]
سوی آبت اندازم، ار سویِ کوه … کجا، خواهی افتاد دور از گروه»!
چو رستم بگفتار او بنگرید … تن اندر کفِ دیوِ واژونه دید؛
چنین گفت با خویشتن پیلتن … که بُد نامبردار هر انجمن[3]
گر اندازدم -گفت- بر کوهسار! … تن و استخوانم نیاید بکار[4]
بدریا به آید که اندازدَم … کفن سینهٔ ماهیان سازدَم[5]
چنین داد پاسخ که: «دانای چین … یکی داستانی زده‌است اندرین
که: «در آب، هر کاو برآیدْش هوش … روانش، بمینو؛ نبیند سروش
بزاری هم ایدر بمانَد بجای … خرامش نیابد بدیگر سرای
بکوهم بینداز تا ببر و شیر … ببینند چنگال مرد دلیر»

*

ز رستم چو بشنید اکوان دیو … برآورد، بر سوی دریا؛ غریو
«بجایی بخواهم فکندنْتْ» گفت … «که اندر دو گیتی بمانی نهفت»!
بدریای ژرف اندر انداختش … کفن، سینهٔ ماهیان ساختش!
همان کز هوا سوی دریا رسید … سبک تیغ تیز از میان برکشید[6]

---

۱ - **یک:** «غمی» نادرست است. **دو:** سر، پراز پیکار نمی‌شود.
۲ - سخن را پساوا نباشد، نمونه‌های دیگر نیز نادرست می‌نماید «از هوا» و «نون هوا». این پرسش بگونهٔ درست در رج پسین می‌آید.
۳ - **یک:** پیلتن در این رج با رستم در رج پیشین همخوان نیست. **دو:** لت دویم نیز سخت سست می‌نماید.
۴ - نیز گفت در این رج با گفت در رج پیشین.
۵ - چنین نیست و رستم می‌خواست که با افتادن بدریا، خویش را رهایی بخشد. نه آنکه خوراک ماهیان شود. این رج را از رج هفتم پس‌از این گرفته‌اند.
٦ - در دریاشمشیر را بیرون کشیدن. برای چه؟

نهنگان که کردند آهنگ اوی / ببودند سرگشته از چنگ اوی[1]
بدست چپ و پای کرد آشناه / به دیگر ز دشمن همی جست راه[2]
به کارش نیامد زمانی درنگ / چنین باشد آن کاو بود مرد جنگ[3]
اگر ماندی کس به مردی بپای / پی او زمانه نبردی ز جای[4]
ولیکن چنین است گردنده دهر / گهی نوش یابند ازو گاه زهر[5]

*

ز دریا، بمردی، بیک سو کشید / برآمد بهامون و خشکی بدید
ستایش گرفت آفریننده را / رهاننده از بد تن بنده را[6]
برآسود و بگشاد بند از میان / برِ چشمه بنهاد ببربیان
کمند و سلیحش چو بفکند نم / زره را بپوشید، شیر دژم
بدان چشمه آمد، کجا خفته بود / بدان دیو بدگوهر آشفته بود[7]
نبُد رخش، رخشان در آن مرغزار / جهانجوی شد تند با روزگار[8]
برآشفت و برداشت زین و لگام / بشد بر پی رخش تا گاهِ شام[9]
پیاده همی رفت جویان شکار / به پیش اندر آمد یکی مرغزار
همه بیشه و آب‌های روان / بهر جای درّاج و قمری نوان[10]
گله‌دار اسپان افراسیاب / به بیشه درون، سرنهاده به خواب[11]
دمان رخش بر مادیانان چو دیو / میان گله برکشیده غریو
چو رستم بدیدش کیانی کمند / بیفکند و سرش اندر آمد ببند[12]
بمالیدش از گرد و زین برنهاد / ز یزدان نیکی‌دهش کرد یاد
لگامش بسر برزد و برنشست / بران تیز شمشیر، بنهاد دست[13]
گله هر کجا دید یکسر براند / به شمشیر بر نام یزدان بخواند[14]
گله‌دار چون بانگ اسپان شنید / سراسیمه از خواب سر برکشید[15]

---

۱ – رج پیش‌از شمشیر سخن رفت، و در این رج از چنگ.
۲ – **یک:** «کرد» نادرست است: «میکرد». «آشناه نیز نادرست است: «شنا». **دو:** دشمن کیست؟ و از دشمن راه جستن چگونه باشد؟
۳ – به کار درنگ، آمدنی نیست: «در کار درنگ نکرد». ۴ – این رج را با رج پیشین پیوند نیست.
۵ – و نیز این رج را با رج پیشین. ۶ – لت دویم سست است.
۷ – لت دویم، بی‌گزارش است. ۸ – دنبالهٔ سخن. ۹ – این سخن، برابر رج پسین ایستاده‌است.
۱۰ – **یک:** مرغزاری که همه بیشه باشد، مرغزار نیست و بیشه است. **دو:** لت نخست را پایان نیست. **سه:** درّاج و قمری «نوان» نیستند آواز خوان‌اند. ۱۱ – رستم به فسیله‌های اسپ ایران رفته‌بود، و گله‌دار اسپان افراسیاب در آنجا چه میکرد؟
۱۲ – **یک:** کیانی کمند. **دو:** گرفتن رخش مهربان و دست‌آموز رستم را نیاز به کمند نیست.
۱۳ – هنوز دشمن (اکوان) پدیدار نشده، چرا دست بشمشیر بَرَد؟ باز آنکه در آینده وی را با گرز می‌کوبد.
۱۴ – دنبالهٔ داستان دروغ گله‌های افراسیاب. ۱۵ – از خواب سر بر نمی‌کشند، بیدار می‌شوند.

سواران که بودند با او، بخواند   بر اسپ سرافرازشان، برنشاند[1]
گرفتند هرکس کمند و کمان   بدان تا که باشد؟ چنین بدگمان[2]
که یارد بدین مرغزار آمدن   بنزدیک چندین سوار آمدن[3]
پس اندر سواران برفتند گرم   که بر پشت رستم بدرند چرم[4]
چو رستم شتابندگان را بدید   سبک تیغ تیز از میان برکشید[5]
بغرّید چون شیر و برگفت نام   که «من! رستمم پورِ دستانِ سام»![6]
بشمشیر ازیشان دو بهره بکشت   چو چوپان چنان دید بنمود پشت![7]
چو باد از شگفتی هم اندر شتاب   به دیدار اسپ آمد افراسیاب[8]
به جایی که هر سال چوپان گله   بران دشت و آن آب کردی یله[9]
چو نزدیک آن مرغزاران رسید   ز اسپان و چوپان نشانی ندید[10]
یکایک خروشیدن آمد ز دشت   همه اسپ یک بر دگر برگذشت[11]
ز خاک پی رخش بر سرکشان   پدید آمد از دور پیدا نشان[12]
چو چوپان برِ شاه توران رسید   بدو بازگفت آن شگفتی که دید[13]
که تنها گله برد رستم ز دشت   ز ما کشت بسیار و اندر گذشت[14]
ز ترکان برآمد یکی گفت‌وگوی   که: تنها به جنگ آمد این کینه‌جوی[15]
بباید کشیدن یکایک سلیح   که این کار بر ما گذشت از مزیح[16]
چنین زار گشتیم و خواز و زبون   که یک تن سوی ما گراید به خون[17]
همی بگذرانند به یک تن گله   نشاید چنین کار کردن یله.[18]
سپهدار با چار پیل و سپاه   پس رستم اندر گرفتند راه[19]

---

۱ - اسپ سرافراز؟   ۲ - چنین بدگمان (= چنین دشمن) نادرخور است: «دشمن کیست».
۳ - «که» در آغاز این رج با «که» در رج پیشین همخوان نیست.
۴ - **یک:** پس «اندر» نادرست است. پس او برفتند. **دو:** لت دویم نیز نادرست است: «که پوست رستم را از پشت بدرند».
۵ - دنبالهٔ داستان.   ۶ - رستم در هیچیک از نبردها نام خویش را نگفته است از آنجا که بدین استوار بود که کشته نخواهد شد.
۷ - دو بهره از چند بهره؟ چوپان لت دویُم نیز نادرست است «چوپانان، پشت نمودند».
۸ - **یک:** «اندر» شتاب نادرست است: «با شتاب». **دو:** اسپ نادرست است: «اسپان» یا «فسیلهٔ اسپان». **سه:** افزاینده فراموش کرده است که آنجا فسیله‌گاه اسپان ایران بوده است نه توران!
۹ - در رج پیشین از «جای» یاد شده بود... چون وی بدیدار اسپان آمده‌بود پیدا است که جای آنانرا میدانسته است.
۱۰ - از چوپان نشان ندید، اسپان که در چراگاه خویش بودند!   ۱۱ - لت دویم نادرست است.
۱۲ - **یک:** آنان که بدنبال رخش بودند، از «سرکشان» نبودند که چوپان بودند. **دو:** پدید و پیدا یکی است.
۱۳ - دنبالهٔ سخن.   ۱۴ - پیش‌تر از بردنِ اسپان بر دست رستم سخن نیامده بود.
۱۵ - تورانیان ترک نبوده‌اند.
۱۶ - **یک:** چوپان به افراسیاب فرمان میدهد؟ **دو:** کشیدن جنگ‌افزار... دنبالهٔ فرمان.
۱۷ - زاری جزاز خواری و زبونی است. **دو:** رستم برای کشتن آنان نیامده بود.
۱۸ - بیک تن، نادرست است: «تنها» یا «بتنها» که نرم نرم در زبان فارسی «بتنهایی» خوانده شد.   ۱۹ - دنبالهٔ سخن.

چو گشتند نزدیک، رستم کمان / ز بازو برون کرد و آمد دمان[1]
بریشان بیارید چون ژاله میغ / چه تیر از کمان و چه پولاد تیغ[2]
چو افکنده شد شست مرد دلیر / به گرز اندر آمد ز شمشیر شیر[3]
ازیشان چهل مرد دیگر بکشت / غمی شد سپهدار و بنمود پشت[4]
ازو بستد آن چار پیل سپید / شدند آن سپاه از جهان ناامید[5]
پس پشت‌شان رستم گرزدار / دو فرسنگ برسان ابر بهار[6]
همی گرز بارید همچون تگرگ / همی چاکچاک آمد از خود و ترگ[7]

کشته شدن اکوان دیو
بر دست
رستم

چو برگشت برداشت پیل و رمه / بنه هرچه آمد به چنگش همه[8]
بیامد گرازان بدان چشمه باز / دلش جنگ‌جویان به چنگ دراز[9]
دگر باره اکوان بدو بازخَورد ⟸ / «نگشتی؟» بدو گفت: «سیر از نبرد!»
برَستی ز دریا و چنگ نهنگ / بدشت آمدی باز پیچان بجنگ!
تهمتن چو بشنید گفتار دیو / برآورد چون شیر جنگی غریو
ز فتراک بگشاد پیچان کمند / بیفکند و آمد میانش ببند
بپیچید بر زین و گرز گران / برآهیخت چون پتکِ آهنگران
بزد بر سر دیو چون پیل مست / سر و مغز و یال ورا کرد پست
فرود آمد آن آبگون خنجرش / برآهخت و ببرید جنگی سرش[10]

---

۱ - کمان را از بازو بیرون نمی‌آورند! کمانِ بزه را بر شانه می‌افکنند.

۲ - لت دویم نادرست است چه از دیدگاه زبان، چه از دیدگاه کنش، زیرا آنکس که چون ژاله تیر می‌بارد، نمیتواند، تیغ نیز بکشد.

۳ - دنبالهٔ گفتار. ۴ - افزاینده، شست و چهل را در شمار آورده است که یکسد تن را کشته باشد!

۵ - اگر پیل‌ها را از او (= افراسیاب) بگرفت وی پیاده می‌شود، وکشتنش آسان می‌نماید، پس چرا چنین نشد؟ **دو:** آن چهار پیل نیز نادرست است: «چهار پیل».

٦ - **یک:** «او» به «آنان» بازگشت. **دو:** سوار بر رخش چرا دو فرسنگ بدنبال پیادگان برود؟ آنهم برسان ابر بهار!

۷ - لت دویم نادرست است: آوای چاکچاک از گرز رستم که بر خود و ترگ آنان میخورد بر می‌آمد، نه از خود و ترگ!

۸ - در لت دویم: هرچه و همه ناهمخوان‌اند. ۹ - سخن ناهموار است. دل جنگجوی چگونه با چنگ دراز چنگ می‌جوید؟

۱۰ - **یک:** خنجر را نخست بر می‌آهنجند (آهخت) پس؛ فرود می‌آورند! **دو:** «سر» جنگی نیست.

همی خواند بر کردگار آفرین — کزو دید پیروزی روزِ کین[1]

*

تو مر دیو را مردم بد شناس — کسی ک:«او ندارد زیزدان سپاس[2]

هرآن کاو گذشت از رهِ مردمی — تو دیوش شمر مشمر از آدمی[3]

خرد گر بدین گفته‌ها نگرود — مگر نیک معنیش می‌نشنود[4]

گُو آن پهلوانی بود زورمند — به بازو ستبر و به بالا بلند[5]

گوان خوان و اکوان دیوش مخوان — اَبَر پهلوانی بگردان زبان[6]

چه گویی تو ای خواجهٔ سالخورد — چشیده ز گیتی بسی گرم و سرد[7]

که داند که چندین نشیب و فراز — به پیش آرد این روزگار دراز[8]

تگ روزگار از درازی که هست — همی بگذراند سخن‌ها ز دست[9]

که داند کزین گنبد تیزگرد — در او سور چند است و چندی نبرد[10]

*

چو ببرید رستم سر دیو پست — بران بارهٔ پیل‌پیکر نشست[11]

به پیش اندر آورد یکسر گله — بنه هرچه کردند ترکان یله[12]

همی رفت با پیل و با خواسته — وز او شد جهان یکسر آراسته[13]

ز ره چون بشاه آمد این آگهی — که برگشت رستم بدان فرّهی

از ایدر میان را بدان کرد بند — کجا، گور گیرد بخمّ کمند[14]

کنون دیو و پیل آمده‌ستش به چنگ — به خشکی پلنگ و به دریا نهنگ[15]

نیابد گذر شیر بر تیغ اوی — همان دیو هم مردم کینه‌جوی[16]

---

۱ – آن، روز کین نبود، زیرا که رستم برای گرفتن یا کشتن یک گور رفته‌بود نه بجنگ با دشمن.

۲ – «سپاس» داشتنی نیست گزاردنی است، و در زبان پهلوی با هَنگارتن = بجای آوردن نیز می‌آمده‌است: «سپاس هنگارت»، و فارسی شدهٔ آن انگاردن است که هنوز نیز در زبان فارسی بجای آوردن بویژه در نماز کاربرد دارد.

۳ – روی سخن به «تو» بازگشت. در نمونه‌های دیگر «ز دیوان شمر» که آن نیز نادرست است: «ز دیوانش شمر».

۴ – دوباره‌گویی سخن پیشین است «خردمند کاین داستان بشنود...».

۵ – «آن» پس‌از «گو» نادرست است.

۶ – اکوان در زبان پهلوی «اَکومَن» (= اندیشهٔ بد) خوانده می‌شد. واک «م» به «و» دگرگون می‌شود و بویژه در زبان کردی این دگرگونی بیش از همهٔ زبانها است چنانکه هَوال = همال، هَو = هم، هاوین = هامین (= تابستان)... و بر این بنیاد «م» در بخش «من» نام اکومن، به اکوَن و اکوان برگشت، و این واژه؛ گونه تازهٔ آنست نه گونهٔ کهن که افزاینده خواننده را بدان رهنمون می‌شود.

۷ – این خواجهٔ سالخورد کیست؟ و چون سخن با «تو» (= خواننده) همراه شده‌است، پس خواننده پانزده ساله نیز سالخورد می‌شود.

۸ – پیوند با رج پیشین ندارد.

۹ – تگ روزگار، گام روزگار است و گام دراز نیست که روزگار خود دراز است.

۱۰ – این رج را پیوند با داستان نیست.

۱۱ – پیش‌تر، از بریدن سر اکوان سخن رفته‌بود.

۱۲ – **یک:** گله را به پیش اندر نمی‌آورند: «به پیش افکند». **دو:** تورانیان ترک نبودند و لت دویم را نیز پیوندِ «و» می‌باید.

۱۳ – جهان، با دادِ پادشاهان آراسته می‌شود، نه با رفتن گله و پیل...

۱۴ – میان را بند نمی‌کنند، «می‌بندند».

۱۵ – لت دویم ناراست است زیرا که نهنگ و پلنگ بچنگ نیاورده است.

۱۶ – تیغ او بر شیر گذر می‌یابد، نه شیر بر تیغِ او!

پیروزی رستم بر اکوان دیو ۴۸۳

پذیره شدن را بیاراست شاه بسر برنهادند، گردان کلاه
درفش شهنشاه با کرّنای ببردند با ژنده‌پیل و درای
چو رستم درفش جهاندار شاه نگه کرد، کآمد پذیره براه؛
فرود آمد و خاک را داد بوس خروش سپاه آمد و بوق و کوس
سر سرکشان رستم تاجبخش بفرمود تا برنشیند برخش*
اُزانجا به ایوان شاه آمدند گشاده‌دل و نیکخواه آمدند
به ایرانیان بر گله بخش کرد نشستِ تن خویشتن رخش کرد[1]
فرستاد پیلان برِ پیل شاه که بر شیر پیلان بگیرند راه[2]
به یک هفته ایوان بیاراستند می و رود و رامشگران خواستند[3]
به می رستم آن داستان برگشاد وز اکوان همی کرد بر شاه یاد[4]
که: «گوری ندیدم به خوبی چنوی بدان سرفرازی و آن رنگ و بوی[5]
چو خنجر بدرّید بر تنش پوست بر او بر نبخشود دشمن نه دوست[6]
سرش چون سر پیل و مویش دراز دهن پر ز دندان‌های گراز[7]
دو چشمش کبود و لبانش سیاه تنش را نشایست کردن نگاه[8]
بدان زور و آن تن نباشد هیون همه دشت ازو شد چو دریای خون[9]
سرش کردم از تن به خنجر جدا! چو باران ازو خون شد اندر هوا!»[10]
از او ماند کیخسرو اندر شگفت چو بنهاد جام آفرین برگرفت[11]
بران کاو چنان پهلوان آفرید کسی این شگفتی بگیتی ندید[12]
که مردم بود خود بکردار اوی به مردیّ و بالا و دیدار اوی[13]

* - اسپ و پاژنام (عنوان) تازه خواستن برای سرداران! اینجا از سوی کیخسرو پاژنام (عنوان) تازهٔ رستم: سرِ سرکشان آمده‌است، اما چون هیچ اسپ را توانِ کشیدن پیکر رستم نبوده‌است، فرمان چنین است که وی بر همان رخش برنشیند.

۱ - بیگمان اگر داستان راست می‌بود، گله را می‌بایستی بچوپانان شاه سپارد، تا آنان بفرمان کیخسرو میان مردمان پخش کنند! و «نشستِ تنِ» راگزارش نیست!

۲ - **یک:** بیاد آوریم که رستم بایوان شاه رسیده است، و میان ایوان جای پخش کردن گله و پیل نیست. **دو:** پیل شاه نیز نادرست: «پیلان شاه».

۳ - ایوان شاه همواره آراسته است.

۴ - **یک:** لت نخست بی‌پیوند. **دو:** در لت دویم «همی» ناهمخوان است.

۵ - رنگ و سرفرازی شاید، اما مگر گور را بوی نیز هست؟

۶ - **یک:** سخن ناراست که رستم با گرز بر سرش کوفت و تنش را ندرید! **دو:** لت دویم سخن سست کودکانه مگر دوست و دشمن گور آنجا بودند؟

۷ - این گفتار، راست، رو در روی آنچه که از زیبایی‌های گور رفته‌بود، ایستاده‌است.

۸ - دنبالهٔ گفتار.

۹ - نیز...

۱۰ - چند بار؟ لت دویم کودکانه است.

۱۱ - پیش‌تر از بلند کردن جام سخن نرفته‌بود که اکنون از نهادن آن یاد شود!

۱۲ - پیوند درست میان لت نخست با لت دویم نیست.

۱۳ - دنبالهٔ گفتار.

همی گفت «اگر کردگار سپهر　ندادی مرا بهره از داد و مهر[1]
نبودی به گیتی چنین کهترم　که هزمان بدو دیو و پیل اشکرم»[2]
دو هفته بدان‌گونه بودند شاد　ز اکوان و از رزم، کردند یاد[3]
سدیگر تهمتن چنین کرد رای　که پیروز و شادان شود باز جای[4]
«مرا بویهٔ زال سام است» گفت　: «چنین آرزو را نشاید نهفت[5]
شوم زود و آیم به درگاه باز　بباید همی کینه را کرد ساز[6]
که کین سیاوش به پیل و گله　نشاید چنین خوار کردن یله»[7]
در گنج بگشاد شاه جهان　گرانمایه چیزی که بودش نهان[8]
بیاورد ده جام گوهر ز گنج　به زر بافته جامهٔ شاه پنج
غلامان رومی به زرّین کمر　پرستندگان نیز با توق زر
ز گستردنی‌ها و زِ تخت آج　ز دیبا و دینار و پیروزه تاج
به نزدیک رستم فرستاد شاه　که «این هدیه با خویشتن بر به راه
یک امروز با ما بباید بُدن　اُزان پس ترا رای رفتن زدن»[9]
ببود و بپیمود چندی نبید　به شبگیر جز رای رفتن ندید[10]
دو فرسنگ با او بشد شهریار　به پدرود کردن گرفتش کنار[11]
چو با راه رستم هماواز گشت　سپهدار ایران ازو بازگشت[12]
جهان پاک پر مهر او گشت راست　همی داشت گیتی بران‌سان که خواست[13]
برین گونه گردد همی چرخ پیر　گهی چون کمان است و گاهی چو تیر[14]
چو این داستان سربسر بشنوی　از اکوان سوی کین بیژن شوی[15]

---

۱ – نیز پیوند این رج با گفتار پیشین سست است.

۲ – «ندادی» نادرست است: «نمی‌داد» «چنین کهترم» نادرست است «چنین کهتر مرا»، «مرا چنین کهتر» لت دویم سخت سست است: هزمان بجای هر زمان نادرست، و تنها در افزوده‌ها چنین آمده‌است. و نیز اشکرم نادرست است: بشکرم و سخن به کیخسرو باز میگردد، باز آنکه رستم چنین است.

۳ – **یک:** «کردند» در لت دویم نادرست است: «میکردند». **دو:** افزاینده فراموش کرده است که پیشتر از یکهفته «می و رود و رامشگران» یاد کرده بود.

۴ – سدیگر نادرست است «هفتهٔ سدیگر».

۵ – باز رستم را همانند کودکان دلتنگ دیدار پدر می‌نمایند!

۶ – لت دویم را با لت نخست پیوند درست نیست.

۷ – دنبالهٔ گفتار.

۸ – تا پنج رج، سخن از درم و دینار و اسپ و پرستنده... می‌رود، که بارها؛ سستی و نادرستی آنرا باز نمودم.

۹ – پیشکش‌ها را دادند و شاه گفت که اینها را با خود براه بر، پس‌ازآن به بودن (ماندن) فرمان می‌دهد.

۱۰ – سخن سست.

۱۱ – گرفتش کنار نادرست است «گرفتش در کنار».

۱۲ – کسی با راه «هماواز» نمی‌شود.

۱۳ – خواست در پایان سخن ناهمخوان است: «می‌خواست».

۱۴ – دنبالهٔ سخن.

۱۵ – پس‌از شنیدن (= خواندن) بشنوی نادرست است: «شنیدی».

داستان بیژن و منیژه

شبی، چون شبه؛ روی شسته بقیر نه بهرام پیدا، نه کیوان نه تیر
دگرگونه آرایشی کرد ماه بسیچ گذر کرد بر پیشگاه[1]
شبِ تیره اندر سرای درنگ میان کرده باریک و دل کرده تنگ[2]
ز تاجش، سه بهره شده لاژورد سپرده هوا را بزنگار گرد[3]
سپاهِ شب تیره بر دشت و راغ یکی فرش گسترده چون پرّ زاغ
نمودم ز هرسو بچشم اهرمن چو مار سیه باز کرده دهن
چو پولاد زنگارخورده سپهر تو گفتی بقیر اندر اندود چهر[4]
هرآنگه که بر زد یکی بادِ سرد چو زنگی برانگیخت، ز انگِشت، گرد
چنان گشت باغ و لب جویبار کجا، موج خیزد ز دریای قار
فرومانده گردونِ گردان بجای شده سست، خورشید را دست و پای
سپهر اندر آن چادر قیرگون تو گفتی شدستی بخواب اندرون[5]
جهان را دل از خویشتن پر هراس جرس برکشیده نگهبان پاس[6]
نه آوای مرغ و، نه هرّای دد زمانه، زبان بسته از نیک و بد
نبُد هیچ پیدا، نشیب از فراز دلم تنگ شد زان درنگِ دراز
بدان تنگی اندر، بجَستم ز جای یکی مهربان بودم، اندر سرای
خروشیدم و خواستم زو چراغ بیامد بتِ مهربان سوی باغ
مرا گفت: «شمعت چه باید؟ همی! شب تیره، خوابت نیاید؟ همی!»
بدو گفتم: «ای بُت نیَم مردِ خواب یکی شمع پیش آر، چون آفتاب
بنه پیشم و بزم را ساز کن بچنگ آر چنگ و، مَی آغاز کن»
بیاورد شمع و بیامد بباغ برافروخت رخشنده شمع و چراغ

---

۱ - اگر شب چنان تاریک و قیر اندوده است که ستارگان در آن دیده نمی‌شوند، پس ماه را نیز بایستی که دیده نشود.
۲ - همچنین... ۳ - ماه را تاج نیست و سه بهره از چند بهره؟ هوا؛ زنگارین بود، یا ماه؟...
۴ - سپهر «بقیر اندر» اندوده نمی‌شود، زیرا که اندودن چیزی را روی چیزی کشیدن است، نه در میان آن فرو بردن گفتار درست در رج نخستِ داستان آمده‌است. ۵ - **یک:** از قیر و سپهر، پیشتر یاد شده‌است. **دو:** تو گفتی...
۶ - چگونه دل جهان از خویشتن هراسناک می‌شود؟ در رج پسین از خاموشی جهان سخن میرود، و در این رج از آوای زنگ پاسپانان!

مَـی آورد و نـار و تـرنج و بـهی　　زدوده* یکـی جـام شـاهنشهی
مـرا گـفت: «بـرخـیز و دل شـاد دار　　روان را ز درد و غـم آزاد دار
نگـر تـا کـه دل را نـداری تـباه　　ز انـدیشه و دادِ فـریادخواه[1]
جـهان چـون گـذاری همی بگـذرد　　خـردمند مـردم چـرا غـم خـورد»[2]
گـهی مـی گسـارید و گه چنگ ساخت　　تـو گـفتی کـه هـاروت نیرنگ ساخت[3]
دلم بـر هـمه کـام پـیروز کـرد　　شب تـیره‌ام، چـون دمِ روز کـرد[4]
بـدان سـروبن گـفتم «ای مـاهروی　　یکـی داسـتان امشبم بـازگوی[5]
کـه دل گـیرد از مـهر او فـرّ و مـهر　　بـدو انـدرون خـیره مـاند سـپهر»[6]
مـرا مـهربان یـار بشنو چـه گـفت　　ازان پس کـه بـا جـام گشتیم جـفت[7]
«بـپیمای مـی، تـا یکـی داسـتان　　بـرت خـوانـم از دفتر بـاستان
پـراز چـاره و مـهر و نـیرنگ و جـنگ　　هـمان ازدرِ مـردِ فـرهنگ و سـنگ»
ز نـیک و بـد چـرخ نـاسازگار　　کـه آرد بـمردم ز هـرگونه کـار[8]
نگـر تـا نـداری دل خـویش تـنگ　　بـتابی ازو چـند جـویی درنگ[9]
نـدانـد کسـی راه و سـامان اوی　　نـه پـیدا بـود درد و درمـان اوی»[10]
پس‌آنگـه بگـفت «ار ز مـن بشنوی!　　بـه شـعر آری؟ از دفـتر پـهلوی!»[11]
بگـفتم: «بـیار ای بتِ خـوبچهر　　بـخوان داسـتان و بـیفزای مـهر!
درآرم بشـعر و پـذیرم سـپاس　　ایـا مـهربان یـارِ نـیکی شناس»[12]

---

* – آوندهای فلزین را باگرد آجر، یا خاکستر چندان می‌سایید‌ند، تا همهٔ لکه‌های آن زدوده شود و بدرخشد.

۱ – **یک:** در رج پیشین رهایی از درد و غم را خواسته بود. **دو:** رج دویم را گزارش نیست.

۲ – جهان نادرست است: «جهان را».

۳ – **یک:** ساختنِ چنگ کوک کردنِ» آن است نه نواختن آن

به بربت چو بایست، بر ساخت رود　　بـرآورد مـازندرانـی سـرود

دو: تو گفتی... **سه:** هاروت و ماروت را در گفتار فردوسی جای نیست.

۴ – **یک:** اگر چنین بوده‌است چرا در رجِ چهارمِ پس‌ازاین، تازه از پیمایش می سخن میگوید؟ **دو:** شبِ تیره‌ام (را).

۵ – این سخن را خود در رج یاد شده بفردوسی میگوید.

٦ – داستان را مهر نباشد، و دل را توان گرفتنِ «فرّ» نیست، باری اگر سپهر از رویدادهای یک داستان خیره (بیهوده) می‌ماند، زمان‌کنش در لت دویم نابجا است: «خیره مانده است» زیرا که بسا پیش‌ازآن شب، داستان رخ نموده است.

۷ – **یک:** روی سخن به «تو» بازگردید. **دو:** هنوز با جام جفت نشده‌اند.　　۸ – لت دویم ناهموار است.

۹ – لت دویم ناهموار و بی‌گزارش است.　　۱۰ – نه چنین است و درد او پیدا است، و درمان نیز پیش آید.

۱۱ – «مرا گفت» پیش‌ازاین آمده‌بود، و اینجا دوباره‌گویی است.

۱۲ – ای (= ایا) در رج پیشین آمده‌بود، و «ایا» در لت دویم با آن.

آغاز داستان

چو کیخسرو آمد بکین خواستن جهان، سازِ نو خواست؛ آراستن؛
ز توران‌زمین گم شد آن تخت و گاه برآمد بخورشید بر، تاجِ شاه
بپیوست، با شاه ایران، سپهر بر آزادگان بر، بگسترد مهر
زمانه چنان شد که بود از نخست به آب وفا روی خسرو بشست[1]
به جویی که یک روز بگذشت آب نسازد خردمند ازو جای خواب[2]
چو بهری ز گیتی بر او گشت راست که کین سیاوش همی بازخواست[3]
به بگماز بنشست یک روز شاد بگُردان گردنکش آواز داد*
بدیبا بیاراسته گاه شاه نهاده بسر بر کیانی کلاه[4]
به رامش نشسته بزرگان بهم فریبرز کاووس با گستهم[5]
چو گودرز کشواد و فرهاد و گیو چو گرگین میلاد و شاپور نیو[6]
شه نوذران توس لشکرشکن چو رهّام و چون بیژن رزم‌زن[7]
همه بادهٔ خسروانی بدست همه پهلوانان خسروپرست[8]
می اندر قدح چون عقیق یمن به پیش اندرون لاله و نسترن[9]
پریچهرگان پیش خسرو بپای سرزلفشان، بر سمن مُشکسای●
همه بزمگه، بوی و رنگ و نگار کمر بسته در پیش، سالارِ بار
ز پرده درآمد یکی پرده‌دار بنزدیک سالار شد هوشیار
که: «بر در، بپای‌اند، اَرمانیان سرِ مرزِ توران و ایرانیان
همی راه جویند نزدیک شاه ز راه دراز آمده دادخواه!»
چو سالار هشیار بشنید، رفت بنزدیک خسرو خرامید، تفت
بگفت آنچه بشنید و، فرمان گزید به‌پیش، اندر آوردشان چون سزید
به کش کرده دست و، زمین را بروی ستَردند، زاری‌کنان پیش اوی
که: «ای شاه پیروز، جاوید زی که خود جاودان، زندگی را سَزی

---

۱ – لت دویم، ناهموار است. ۲ – سخن سخت درست است، اما پیوسته بداستان نیست.

۳ – یک: پیشتر گفته شد که سپهر با شاه ایران بپیوست، و اینجا دوباره از بهری از گیتی سخن میرود. دو: لت دویم را با لت نخست پیوندِ درست نیست. * – گُردان را به بگماز، انجمن شادی و می نوشی فراخواند.

۴ – پیوند میان دو لت نیست. «بیاراسته» با «نهاده» همخوان نیست. زیرا که کننده (= فاعل) بیاراسته کسان دیگرند، و بر سر نهندهٔ تاج کیخسرو است. ۵ – بزرگان «بهم» نشسته نادرست است: «با هم» «با یکدگر».

۶ – «چو» در آغاز سخن نادرست است. ۷ – نیز ۸ – «همه» در هردو لت همخوان نیست.

۹ – پیش «اندرون» نادرست است. ● – سرِ زلف سیاهشان، بر روی پیکر سپید آنان می‌لغزید (مُشک می‌سایید).

ز شهری بداد آمدستیم دور　　کش ایران، ازین سوی و زان سوی، تور
کجا؛ خانِ اَرمانْش خوانند نام　　وز ارمانیان نزد خسرو پیام؛
که: «انوشه زی ای شاه تا جاودان　　بهر کشوی دسترس بر بدان[1]
به هر هفت کشور تویی شهریار　　ز هر بد تو باشی بهر شهر، یار
سرِ مرزِ توران، درِ شهر ما است　　از ایشان بما بر، چه مایه بلا است
سوی شهر ایران یکی بیشه بود　　که ما را ازان بیشه، اندیشه بود
چه مایه بدان اندرون کشتزار　　درختِ برآور، همیشه ببار
چراگاه ما بود و بنیاد ما　　ایا شاه ایران بده داد ما؛[2]
گراز آمد اکنون فزون از شمار　　گرفت آن همه بیشه و مرغزار
بدندان چو پیلان، بتن همچو کوه　　اُز ایشان شده شهرِ اَرمان ستوه
همان چارپای و همان کشتمند　　از ایشان بما بر، چه مایه گزند[3]
درختان که کِشتن نداریم یاد　　بدندان، بدو نیم، کردند شاد![4]
نپاید بدندانشان سنگِ سخت　　مگرمان بیکباره برگشت بخت»

*

چو بشنید گفتارِ فریادخواه　　بدرد دل اندر، بپیچید شاه
بر ایشان ببخشود خسرو؛ بدرد　　بگُردانِ گردنکش آواز کرد
که زین نامداران و گُردان من　　که جوید؟ همی نام، در انجمن
شود سوی آن بیشهٔ خوک خوَرد　　بنام بزرگ و بننگ و نبرد
ببرّد سرِ آن گرازان، بتیغ　　ندارم ازو گنج گوهر، دریغ»
یکی خوان زرّین بفرمود شاه　　که بنهاد گنجور در پیشگاه[5]
ز هرگونه گوهر بر آن ریختند　　همه یک بدیگر برآمیختند[6]
ده اسب گرانمایه زرّین لگام　　نهاده بر او داغ کاووس نام[7]
بدیبای رومی بیاراستند　　بسی ز انجمن نامور خواستند[8]
چنین گفت پس شهریار زمین　　که «ای نامداران با آفرین[9]

---

۱ – سه رج پیش‌از «جاوید زی» سخن رفته‌بود. لت دویم را پایان نیست.
۲ – **یک:** بیشه، «بنیاد» نمی‌شود. و نیز چراگاه نیست.
۳ –گزند، به کشتمند و چارپای باز می‌گردد، و چنین می‌نماید که از آنان بمردمان گزند می‌رسد!
۴ – **یک:** درختان را، «را» می‌باید. کشتن نیز نارسا است کشتنشان را. **دو:** گراز را شاید که درخت را برکندن، اما نشاید آنرا بدو نیمه کردن.
۵ – وابسته به رج پسین.
٦ –گوهرها را نشاید و نتوان بایکدیگر آمیختن.
۷ – **یک:** ده اسب زرین لگام را نمیتوان به انجمن بزم آوردن! **دو:** «داغ کاووس» بس است و «نام» نمی‌باید. **سه:** اسپ را بیست تا سی سال زمان است و از زمان کاووس تا بدین زمان نشاید که اسپی زنده مانده باشد.
۸ – **یک:** روم هنوز پدیدار نشده بود. اسبان را چگونه بدیبای رومی آراستند؟ **دو:** نامور بسیار نخواستند که روی سخن کیخسرو با پهلوانان همان انجمن بود.
۹ – کیخسرو، پیشتر سخن گفته بود.

آمادگی نمودن بیژن برای یاری ۴۸۹

که خرّد بآزرم من رنجِ خویش		اُزانپس کند گنج من گنج خویش؟»[1]
کس از انجمن هیچ پاسخ نداد		مگر بیژنِ گیوِ فرّخ نژاد
نهاد از میان گوان پیش، پای		اَبَر شاه، کرد آفرینِ خدای
که: «جاوید بادیّ و پیروز و شاد		سرت سبز باد و دلت پر ز داد
گرفته بدست اندرون جام می		شب و روز بر یاد کاووس کی[2]
که خرم بوا میهن و مان تو		بگیتی پراکنده فرمان تو[3]
من آیم بفرمان، بدین کار؛ پیش		ز بهرِ تو دارم، تن و جان خویش
چو بیژن چنین گفت گیو از کران		نگه کرد و آن کارش آمد گران[4]
نخست آفرین کرد مر شاه را		به بیژن نمود آنگهی راه را[5]
به فرزند گفت: «این جوانی چراست؟		به نیروی خویش این گمانی چراست؟[6]
جوان گرچه دانا بود باگهر		ابی آزمایش نگیرد هنر[7]
بد و نیک هرگونه باید کشید		ز هر تلخ و شوری بباید چشید[8]
براهی که هرگز نرفتی مپوی		برِ شاه، خیره، مبر آبروی[9]
به تنها که یارد چنین کار کرد؟		نباید که گردی بدین، روی زرد[10]
یکی بیشه پر خوک گردنفراز		تو گویی سران‌شان ببرم به گاز[11]
تو یاوه سخن چندگویی همی		گل زهر خیره چه بویی همی»[12]
ز گفتِ پدر پس برآشفت سخت		جوانمرد و هشیار و پیروزبخت[13]
چنین گفت ک:«ای شاه پیروزگر		تو بر من به سستی گمانی مبر[14]
تو این گفته‌ها از من اندر پذیر		جوانم ولیکن به اندیشه پیر[15]
سر خوک را بگسلانم ز تن		منم بیژن گیو لشکرشکن»

---

۱ – **یک:** خرّد بدآهنگ است. **دو:** کیخسرو پیشتر گفته بود که گنج و گوهر را دریغ ندارم.
۲ – همواره با یاد کاووس می نمی‌نوشیدند، و در آیین می نوشی ایرانیان با هر جام نام کسی برده می‌شد.
۳ – «بوا» نیز نادرست است: «بواد».
۴ – گیو سپهسالار لرستان، درکران انجمن نبود که بر دست راست شاه پس‌از گودرز جای داشت.
۵ – «آنگهی» نادرست است.
٦ – **یک:** چگونه راه را نمود، و پس‌ازآن سخن گفتن را آغاز کرد؟ **دو:** «گمانی» نادرست است.
۷ – این رج بهم ریختهٔ گفتار بزرگمهر است: جوانان دانندهٔ باگهر /نگیرند بی‌آزمایش، هنر.
۸ – بد و نیک کشیدنی نیست، دیدنی است.
۹ – **یک:** «نرفتی» نادرست است: «نرفته‌ای». **دو:** چون می‌باید هرگونه بدی نیز آزمودن، پس براه‌های تازه که پیش‌ازاین از آنها نگذشته بودند می‌بایستی گذشتن!
۱۰ – دنبالهٔ گفتار.
۱۱ – **یک:** خوک راگردن نیست!! **دو:** سخنی از «گاز» پیش نیامده بود.
۱۲ – گلی بنام «گلِ زهر» در جهان نیست.
۱۳ – **یک:** پس برآشفت نادرست است. **دو:** جایِ کننده (= فاعل) یا بیژن در سخن پیدا نیست.
۱۴ – «گمانی» نادرست است.
۱۵ – «تو» در این رج با «تو» در رج پیشین همخوان نیست.

چو بیژن چنین گفت شد شاه شاد ‏ بر او آفرین کرد و فرمانش داد[1]
بدو گفت خسرو که: «ای پر هنر ‏ همیشه به پیش بدی‌ها؛ سپر
کسی را کجا، چون تو کهتر بود ‏ ز دشمن بترسد، سبکسر بود»
بگرگین میلاد گفت آنگهی ‏ که «بیژن به ارمان نداند رهی[2]
تو با او برو با ستور و نَوَند ‏ همش راهبر باش و هم یارمند»[3]

رفتن بیژن
به جنگ
گرازان

از آن‌پس بسیچید بیژن به راه ‏ کمر بست و بنهاد بر سر کلاه[4]
بیاورد گرگین میلاد را ‏ هماواز ره را و فریاد* را
برفت از درِ شاه، با یوز و باز ‏ بنخچیر کردن براه دراز
همی رفت چون پیل کفک افکنان ‏ سر گور و آهو ز تن برکنان[5]
ز چنگال یوزان همه دشت غرم ‏ دریده بر و دل پراز داغ و گُرم[6]
همه گردن گور زخم کمند ‏ چه بیژن چه تهمورس دیوبند[7]
تذروان بچنگال باز اندرون ‏ چکان از هوا بر سمن برگ خون[8]
برینسان همی، راه بگذاشتند ‏ همه دشت را، باغ پنداشتند
چو بیژن به بیشه، در افکند چشم ‏ بجوشید خونش بتن بر، ز خشم
گرازان گرازان نه آگاه ازین ‏ که بیژن نهاده‌ست بر بور زین[9]

---

۱ – سخن در رج پسین آمده‌است.

۲ – **یک:** آنگهی نادرست است. **دو:** «نداند رهی» نادرست است: «راه ارمان را نداند».

۳ – **یک:** «ستور» و «نوند» هردو یکی است. **دو:** «یارمند» نادرست است: «یار».

۴ – برای رفتن بجنگ گراز، کلاه بر سر نمی‌نهند. * – فریاد: یاری، کمک.

۵ – **یک:** پیل و رفتار خویش کفک نمی‌افکند! اسپ است که کفک‌افکن است. **دو:** لت دویم سبک است.

٦ – **یک:** یوز با چنگال خویش شکار را پاره نمی‌کند که با دندانهای خویش چنین میکند! **دو:** غُرم راگَرم و اندوه نیست.

۷ – **یک:** سخن سست است و از کمند افکندن، گردن گور ریش نمی‌شود که گردنش به بند می‌افتد. **دو:** زخم در زبان پهلوی و نیز فارسی دری برابر ضربهٔ تازی است، و کاربرد آن برای ریش (= جراحت) تازه است.

۸ – **یک:** «تذروان» را «بازان» باید. **دو:** یاسمن را در باغها میکارند و آبیاری میکنند، و در بیابانها نمی‌روید، آنهم چندان، که هر جا از چنگال‌بازان، خون تذروان بچکد، بر روی برگ نمی‌ریزد!!

۹ – **یک:** «نه آگاه» نادرست است: «آگاه نبودند. **دو:** گراز، نام بیژن و نشان وی را نمیداند. **سه:** اسپ بیژن شبرنگ بوده‌است، نه بور.

بگرگین میلاد گفت: «اندر آی / اُگرنه ز یکسو، نگهدار جای؛
برو تا به نزدیک آن آبگیر / چو من با گراز اندر آیم به تیر[1]
بدانگه که از بیشه خیزد خروش / تو بردار گرز و بجای آر هوش»
به بیژن چنین گفت گرگینِ گو / که «پیمان نه این بود با شاه نو[2]
تو برداشتی گوهر و سیم و زر / تو بستی مر این رزمگه را کمر»[3]
چو بیژن شنید این سخن خیره شد / همه چشمش از روی او تیره شد[4]
به بیشه درآمد بکردار شیر / کمان را بزه کرد مردِ دلیر
چو ابر بهاران بغرّید سخت / فروریخت پیکان چو برگ از درخت
برفت ازپس خوک چون پیل مست / یکی خنجر آبدیده بدست[5]
همه جنگ را پیش او تاختند / زمین را بدندان برانداختند[6]
ز دندان همی آتش افروختند / تو گفتی که گیتی همی سوختند[7]
چو سوهان پولاد بر سنگ سخت / همی سود دندان او بر درخت[8]
بر انگیختند آتش کارزار / برآمد یکی دود زان مرغزار[9]
گرازی بیامد چو آهرمنا / زره را بدرّید بر بیژنا[10]
بزد خنجری بر میان بیژنش / بدو نیمه شد پیل‌پیکر تنش[11]
چو روبه شدند آن ددان دلیر / تن از تیر، پر خون، دل از جنگ سیر
سران‌شان بخنجر ببرّید پست / بفتراک شبرنگ سرکش ببست
که دندانشان نزد شاه آوَرَد / سرِ بی‌تنان‌شان براه آوَرَد*

---

۱ - **یک:** «آن» آبگیر نادرست است، زیراکه نه گرگین و نه ما در داستان، پیشتر، آن آبگیر را ندیده و نشناخته‌ایم. **دو:** اندر آیم بتیر نیز نادرست است. ۲ - کیخسرو، در آنزمان؛ «شاهِ نو» نبوده‌است. ۳ - وابسته به رج‌های پیشین‌وپسین.

۴ - تیره شدن چشم، «کوری» است.

۵ - **یک:** بیژن بجنگ گرازان رفته‌بود نه خوک! **دو:** لت دویم را در آغاز «با» بایسته است. **سه:** در رج پیشین کمان در دست بیژن بود، و اینجا خنجر بدست وی داده شد. ٦ - زمین را «به» دندان «برانداختند» نادرست است: «برکندند».

۷ - **یک:** تو گفتی... **دو:** دندان چون بزمین خورد، آتش افروخته نمی‌شود، که از آن مرغزار بسوزد!

۸ - در رج پیشین «گرازان» آمده‌بود، و اینجا «او» و خرد نمی‌پذیرد که از سوی بیژن بروی گرازان تیراندازی شود و آنان با درخت بجنگند! ۹ - دوباره از دود سخن میرود. ۱۰ - «آ» در پایان هردو لت نادرست است.

۱۱ - **یک:** میان‌بیژنش نادرست است: «میانش بیژن». **دو:** افزاینده چون کار با خنجر را نمیدانسته است پیکر ستبر گراز را با یک زخمِ آن بر دو نیم کرد، باز آنکه خنجر را توان دریدن است نه بدو نیمه کردن جانوری چون گراز که با شمشیر تیز بر دو نیمه‌اش نتوان کردن.

* - در نمونه‌ها بدو گونه آمده‌است: سرِ بی‌تنانشان براه آوَرَد، تن بی‌سرانشان براه آوَرَد! در این هردو گونه نادرست می‌نماید، زیراکه «بی‌تن» در نمونهٔ یکم، و «بی‌سر» در نمونه دویُم گون (صفت) است، و در زبان فارسی «صفت» بایستی یگانه (مفرد) باشد چون: مردانِ شیردل. دختران خوبروی... بیگمان این لت چنین بوده‌است «ابی تن سرانشان براه آورد» که در این‌گونه ابی‌تن یا بی‌تن، صفت است و یگانه است و هنوز نیز در روستاهای ایران بآیین است که چون گرگی را می‌کشند، سرِ آنرا به روستاها می‌برند، و «کله گرگی» می‌ستانند و با سرِ گراز نیز چنین میکنند!

بگردان ایران نماید هنر　ز پیلان جنگی جدا کرده سر [1]
به گردون برافکند هریک چو کوه　که شد گاومیش از کشیدن ستوه [2]
بداندیش گرگین شوریده بخت　چو از بیشه؛ بیژن درآمد، برفت [*]
همه بیشه آمد بچشمش کبود　بر او آفرین کرد و شادی نمود
به دلْش اندر آمد ازان کار درد　ز بدنامی خویش ترسید، مرد
دلش را بپیچید اهریمنا　بدانداختن کرد با بیژنا [3]
سگالش چنین بُد نوشته جزین　نکرد ایچ یاد از جهان‌آفرین [4]
کسی کاو به ره بر کند ژرف چاه　سزد گر نهد در بن چاه گاه [5]
ز بهر فزونیّ و از بهر نام　براه جوان بر، بگسترد دام [6]
نگر تا چه بد ساخت آن بی‌وفا　مر اورا چه پیش آورید از جفا [7]
بدو آن زمان مهربانی نمود　بخوبی مر او را فراوان ستود [8]
چو از جنگ و کشتن بپرداختند　نشستنگه رود و می ساختند [9]
نبُد بیژن آگه ز کردار اوی　همی راست پنداشت گفتار اوی [10]
چو خوردند زان سرخ می اندکی　بگرگین نگه کرد بیژن یکی [11]
بدو گفت: «چون دیدی این جنگ من　بدینگونه با خوک آهنگ من!» [12]
چنین داد پاسخ که «ای شیرخوی　بگیتی ندیدم چو تو جنگجوی [13]
بایران و توران ترا یار نیست　چنین کار پیش تودشوار نیست» [14]
دل بیژن از گفتِ او شاد شد　بسان یکی سرو آزاد شد [15]
به بیژن چنین گفت پس؛ پهلوان　که: «ای نامور گردِ روشنروان

---

۱ - **یک:** هنر را بشاه نمودن در رج پیشین آمده‌است. **دو:** گراز بودن آنها بسنده می‌نماید و بایسته نیست آنها را پیلان جنگی نامیدن.

۲ - **یک:** اگر سرها را براه آوردن بایسته بود، بایسته نمی‌نمود که تن کوه پیکر آنان را نیز با خود بهمراه آوردن! **دو:** اگر هریک از گرازها را بر گردونه‌ای افکند، پس می‌باید از «گاومیشان» یاد شود نه گاو میش.

* - این رج در نمونه‌ها گوناگون آمده‌است. بجای شوریده، «بیهوده» بجای بخت، «دهش» «کش» «رفت» بجای ز یکسوی، «بیکسو به»؛ «بیک روی». بجای در آید برفت: بهش، چو تفت، بر افکند سخت آمده‌است، و بر همهٔ آنها می توان انگشت نهادن. تنها شاهنامهٔ قاهره «چو از بیشه بیژن در آمد برفت» و پیدا است که سخن درست چنین است.

۳ - **یک:** سخن از «دل» در رج پیشین آمده‌بود. **دو:** «آ» در پایان لت‌ها نادرست است.

۴ - سگالشی در میان نبود.

۵ - لت دویم نادرست است، در داستانهای ایرانی چنین آمده‌است که کسیکه برای دیگران چاه کند، خود در چاه می‌افتد.

۶ - سخن از دام نیست، سخن از رهنمود بد است.　۷ - بد «ساختنی» نیست کردنی است.

۸ - «آنزمان» نادرخور است.　۹ - جنگ با بیژن بتنهایی کرده بود، و «بپرداخت» بسنده می‌نماید.

۱۰ - هنوز که گرگین سخنی نگفته است!　۱۱ - از کدام می؟

۱۲ - «این جنگ من» نادرست است: «جنگ مرا» بدینگونه نیز آهنگ سخن می شکند.

۱۳ - ندیدم نادرست است: «ندیده‌ام».　۱۴ - «یار» نادرخور است: «هماورد».

۱۵ - «دل» را نشاید همچون «سرو آزاد» شدن!

رفتن بیژن به بزمگاه منیژه

برآمد ترا اینچنین، کار چند *** به نیروی یزدان و بخت بلند[1]
کنون گفتنی‌ها بگویم ترا *** که من چندگه بوده‌ام ایدرا[2]
چه با رستم و گیو و با گژدهم *** چه با توس نوذر چه با گستهم[3]
چه مایه هنرها بر این پهن دشت *** که کردیم و گردون بران برگذشت[4]
کجا نام ما، زان برآمد بلند *** بنزدیک خسرو شدیم ارجمند[5]
یکی جشنگاه است، از ایدر نه دور *** به دو روزه راه، اندر آید بتور
یکی دشت بینی همه سبز و زرد *** کز او شاد گردد دل زادمرد[6]
همه بیشه و باغ و آب روان *** یکی جایگه ازدرِ پهلوان
زمین پرنیان و هوا مشکبوی *** گلاب است گویی مگر آبِ جوی
ز انبرش خاک و ز یاقوت سنگ *** هوا مشکبوی و زمین رنگ رنگ[7]
خم آورده از بار، شاخِ سمن *** صنم گشته پالیز و گلبن شمن[8]
خرامان بگرد گل اندر، تذرو *** خروشیدن بلبل از شاخ سرو
ازین پس کنون تا نه بس روزگار *** شود چون بهشت آنچنان مرغزار[9]
پریچهره بینی همه دشت و کوه *** ز هرسو نشسته بشادی گروه
منیژه، کجا؛ دخت افراسیاب *** درفشان کند باغ، چون آفتاب
همه دُختِ تورانِ* پوشیده‌روی *** همه سروبالا همه مشکموی
همه رخ پراز گل همه چشم خواب *** همه لب پراز می به بوی گلاب[10]
اگر ما بنزدیک آن جشنگاه *** شویم و بتازیم یک روزه راه؛[11]
بگیریم از ایشان پریچهره چند؛ *** بنزدیک خسرو شویم ارجمند»[12]
چو بشنید گفتار گرگین، جوان! *** بجوشیدش آن، گوهرِ پهلوان
گهی نام جُست اندران گاه کام *** جوان بُد، جوانوار برداشت گام[13]

---

۱ - **یک:** کار چند نادرست است. **دو:** «نیروی یزدان» نیز نابجا است: «بخواست یزدان و بنیروی تو».

۲ - ایدرا نادرست است: «ایدر». ۳ - دنبالهٔ سخن. ۴ - «هنر» کردنی نیست «نمودنی» است.

۵ - دنبالهٔ گفتار.

۶ - **یک:** «یکی» در آغاز این رج با «یکی» در آغاز رج پیشین ناهمخوان است. **دو:** زردی دشت، درخورِ ستایش نیست.

۷ - **یک:** لت نخست گزافه است. **دو:** در لت دویم، دوباره سخن از مشکبویی هوای آن جشنگاه رفته‌است.

۸ - صنم و شمن، هردو یکی است، و در فرهنگ ایرانی نیز نامی از آنها نیست.

۹ - **یک:** بر بنیاد گفته‌های پیشین آنجا بهشت نیست و نیازی نیست که در آینده بهشت گردد. **دو:** آنچنان مرغزار نیز نادرست است.

*- توران: تورانیان (تور + ان در گروه).

۱۰ - **یک:** رخ پراز گل، را چشم (پراز) خواب می‌باید. **دو:** می با بوی گلاب نمی‌شود. سخن را نیز پایان نیست.

۱۱ - **یک:** بنزدیک نادرست است: «بسوی». **دو:** شویم و تازیم هردو یکی است.

۱۲ - پریچهره چند نادرست است: «چند پریچهره». ۱۳ - هنوز که براه نرفته‌اند، تا گاه کام جوید، گاه نام!

برفتند هردو به راه دراز / یکی آز پیشه، دگر؛ کینه‌ساز *
میان دو بیشه به یک روزه راه / فرود آمد آن گرد لشکرپناه [۱]
بدان مرغزاران ارمان دو روز / همی شاد بودند با باز و یوز [۲]
چو دانست گرگین که آمد اروس / همه دشت ازو شد چو چشم خروس [۳]
به بیژن پس آن داستان برگشاد / اُزان جشن و رامش بسی کرد یاد [۴]
به گرگین چنین گفت پس بیژنا / که «من پیش‌تر سازم این رفتنا [۵]
شوم بزمگه را ببینم ز دور / که ترکان همی چون بسیچند سور [۶]
اُزان جایگه پس بتابم عنان / به گردن برآرم زدوده سنان [۷]
زنیم آنگهی رای هشیارتر / شود دل ز دیدار بیدارتر» [۸]
به گنجور گفت: «آن کلاه بزر / که در بزمگه برنهادم به سر [۹]
که روشن شدی زو همه بزمگاه / بیاور که ما را کنون است گاه [۱۰]
همان توغ کیخسرو و گوشوار / همان یارهٔ گیو گوهرنگار» [۱۱]
بپوشید رخشنده رومی قبای / ز تاج اندر آویخت پرّ همای [۱۲]
نهادند بر پشت شبرنگ زین / کمر خواست با پهلوانی نگین [۱۳]

*

بیامد؛ چو نزدیک آن بیشه شد / دل کامجویش پر اندیشه شد
بزیر یکی سروبن؛ شد، بلند / که تا، ز آفتابش نباشد گزند
بنزدیک آن خیمهٔ خوبچهر / بیامد بدلْش اندر افروخت مهر [۱۴]
همه دشت ز آوای رود و سرود / روان را همی داد گفتی درود!
منیژه چو از خیمه کردش نگاه / بدید آن سهی قد لشکرپناه [۱۵]

---

* – از پنج دیو، ناسازگازِ «آز، نیاز، رشگ، کین، خشم» دو دیوِ کین و آز بهمراه آنان بود، و اینچنین؛ آن کار را فرجام نیک نمی‌توانست بودن.

۱ – **یک:** پیشتر سخن از یک جشنگاه بود، نه دو بیشه. **دو:** فرود آمد نیز نادرست است: «آمدند». «آن گُرد» نیز نادرست است زیرا که دو کس بودند. ۲ – آنان از ارمان بسوی جشنگاه رفته‌بودند، و یاد کردن از ارمان نادرست است.

۳ – در داستان سخن از اَروس در میان نبود. «اَروس» را نیز با «خُروس» پساوا نیست.

۴ – پیشتر دربارهٔ منیژه و دختران، یاد کرده بود. ۵ – بیژنا و رفتنا نادرست است.

٦ – تورانیان ترک نبوده‌اند. ۷ – سنانِ زدوده بر گردن آوردن، آنهم در بازگشت، چه روی دارد؟

۸ – آنگهی نادرست است، پس‌از بازگشتن، دیدار؟ ۹ – برنهادم نادرست است: «بر می‌نهم».

۱۰ – **یک:** «که» در آغاز این رج، با «که» در آغاز لت دویُم رج پیشین همخوان نیست. **دو:** شدی نیز نادرست است: «می‌شود».

۱۱ – اگر توغ از آن کیخسرو است، نزد بیژن چه میکند؟ ۱۲ – هنوز روم در جهان پدیدار نشده بود.

۱۳ – کمر را نیز همان هنگام کلاه و باره و گوشوار گرفتن، می‌بایستی خواستن.

۱۴ – **یک:** خیمه را راه در گفتار فردوسی نیست. **دو:** بیامد در آغاز رج دویم پیش‌ازاین آمده‌بود.

۱۵ – **یک:** باز سخن از خیمه میرود. **دو:** لشکرپناه چه باشد؟

برخسارگان چون سهیل یمن — بنفشه گرفته دو برگ سمن [1]
کلاه تهم پهلوان بر سرش — درفشان ز دیبای رومی برش [2]
به پرده درون، دخت پوشیده‌روی؛ — بجوشید مهرش، دگر شد بخوی
فرستاد مر دایه را چون نوند — که: «رو، زیر آن شاخ سرو بلند
نگه کن که آن ماه‌دیدار کیست — سیاوش مگر زنده شد؟ گر پریست؟
بپرسش که چون آمدی ایدرا — نیایی بدین بزمگاه اندرا [3]
پری‌زاده‌ای گر سیاوخشیا — که دل‌ها به مهرت همی بخشیا [4]
وگر خاست اندر جهان رستخیز — که بفروختی آتش مهر تیز [5]
که من سالیان اندرین مرغزار — همی جشن سازم بهر نوبهار [6]
بدین بزمگه بر، ندیدیم کس — ترا دیدم ای سرو، آزاد و بس» [7]
چو دایه بر بیژن آمد فراز — بر او آفرین کرد و بردش نماز
پیام منیژه به بیژن بگفت — دو رخسار بیژن چو گل برشکفت
چنین گفت، خودکامه بیژن، بدوی — که: «من، ای فرستادهٔ خوبروی؛
سیاوش نی‌ام نز پری‌زادگان — از ایرانم از شهرِ آزادگان
منم بیژنِ گیو، از ایران بجنگ؛ — بزخم گراز آمدم بیدرنگ
سران‌شان بریدم فکندم براه — که دندان‌هاشان برم نزد شاه
چو زین جشنگاه آگهی یافتم — سوی گیو گودرز نشتافتم [8]
بدین جشنگاه آمده‌ستم فراز — بپیموده بسیار راه دراز
مگر چهرهٔ دخت افراسیاب — نماید مرا بخت فرّخ بخواب
همی بینم این دشت آراسته — چو بت‌خانهٔ چین پراز خواسته [9]
اگر نیک رایی کنی، تاج زر — ترا بخشم و گوشوار و کمر؛ [10]

۱ – **یک:** سهیل یمن نام ستارهٔ سَدویس است. که پس‌از اسلام بر زبانها روان شد، و در نیمروزان ایران دیده می‌شود، در شهری چون تبریز هجده روز از سال دیده می‌شود. و در تورانزمین بیگمان نه دیده می‌شود، و نه می‌شناختندش. **دو:** لت دویم نیز سست است.

۲ – **یک:** تهم پهلوان نادرست است. **دو:** روم؟...

۳ – **یک:** ایدرا و اندرا نادرست‌اند. **دو:** با هم پساوا نیز ندارند.

۴ – **یک:** «آ» در پایان هردو لت نادرست است. **دو:** لت دویم نیز سست و بی‌گزارش است. در شاهنامه مسکو چنین آمده‌است: سیاووشیا... که دل‌ها بمهرت همی جوشیا!!؟ این گفتار، بازگویی رج دویم پیشین است.

۵ – مگر با رستاخیز آتش مهر(؟) تیز می‌شود؟

۶ – جشن، ساختنی نیست، برپا کردنی است.

۷ – در لت نخست «ندیدیم» با «دیدم» در لت دویم همخوان نیست.

۸ – مگر منیژه پدر آن جوان ناشناس را می‌شناخت؟ که از وی نام برده شده‌است!

۹ – پیوند درست با رج پیشین ندارد، و گفتار نیز در لت دویم رج پیشین بپایان میرسد.

۱۰ – در نمونه‌ها از بخشیدن گوشوار و کمر و جامهٔ خسرو به دایه سخن رفته‌است. که هیچیک برازندهٔ یک زن نیست.

مرا سوی آن خوبچهره بری؟ دلش با دل من بمهر آوری؟»
چو بیژن چنین گفت، شد دایه باز بگوش منیژه سرایید راز
که «رویش چنین است و بالا چنین چنین آفریدش جهان‌آفرین»[1]
چو بشنید از دایه او این سخن بفرمود رفتن سوی سروبن[2]
فرستاد پاسخ، هم اندر زمان که: «ت آمد بدست، آنچه بردی گمان
گر آیی خرامان بنزدیک من بیفروزی این جان تاریک من!»

*

نماند آنزمان، جایگاه سخُن خرامید، زان سایهٔ سروبُن
سوی خیمهٔ دخت آزاده خوی پیاده همی گام زد بآرزوی[3]
به پرده درآمد چو سرو بلند میانش بزرّین کمر کرده بند[4]
منیژه بیامد گرفتش ببر گشاد از میانش کیانی کمر[5]
بپرسیدش از راه و رنج دراز که: «با تو که آمد؟ بجنگ گراز!
چرا؟ این چنین روی و بالا و برز برنجانی ای خوبچهره، بگرز
تو با این چنین روی و برز کیان چرا از کمر رنجه‌داری میان»[6]
بشستند پایش به مُشک و گلاب گرفتند زان‌پس بخوردن شتاب
نهادند خوان و خورش گونه گون همی ساختند از گمانی فزون[7]
نشستنگه رود و مَی ساختند ز بیگانه، پرده بپرداختند
پرستندگان ایستاده بپای ابا بربت و چنگِ رامش سرای[8]
بدیبا، زمین کرده تاووس رنگ ز دینار، دیبا چو پشت پلنگ[9]
چه از مشک و انبر چه یاقوت و زر سراپرده آراسته سربسر[10]
می سالخورده، بجام بلور برآورد، با بیژن گیو، شور
سه روز و سه شب شادمانه بهم؛ گرفته بر او خواب و مستی ستم؛
چو هنگام رفتن فراز آمدش بدیدار بیژن نیاز آمدش
بفرمود تا داروی هوش‌بَر پرستنده آمیخت، با نوش، بر

۱ - رویش را منیژه از پیش دیده‌بود. ۲ - این رج را با رج پسین همخوان نیست.
۳ - **یک:** «خیمه» نادرست است. **دو:** «همی» در لت دویم ناهمخوان است. بجای گام زدن نیز «رفتن» می‌باید، که در رج پیشین با «خرامیدن» آمد. ۴ - لت دویم نادرست است: «میان بسته باکمر زرین». ۵ - کمر کیانی!
۶ - دوباره‌گویی رج پیشین است.
۷ - گمانی نادرست است... پس‌از نهادن خورش‌ها، آنها را، ساختند؟ «همی» نیز در این لت نادرست است.
۸ - **یک:** رامشگران، نشسته اود می‌نوازند. **دو:** «رامش‌سرای» آمده‌است که همه نادرست است.
۹ - دیبا را بر زمین نشاید گستردن، و ریختن دینار بر روی گستراک هیچگاه بآیین نبوده‌است.
۱۰ - نیز مشک و انبر برای آرایش بکار نمی‌رفته است.

آگاه شدن افراسیاب از کار بیژن و منیژه ۴۹۷

بدادند مر بیژن گیو را — مر آن نیکدل نامور نیو را
منیژه چو بیژن دژم روی ماند — پرستندگان را بر خویش خواند[1]
عماری* بپیچید و رفتن براه! — مر آن خفته را، اندر آن خوابگاه؛
ز یکسو نشستنگه کام را — دگر ساخته جای آرام را[2]
بگسترد کافور بر جای خواب — همی ریخت بر چوب صندل گلاب[3]
چو آمد به نزدیک شهر اندرا — بپوشید بر خفته بر چادرا[4]
نهفته، بکاخ اندر آمد بشب○ — به بیگانگان هیچ نگشاد لب
چو بیدار شد بیژن و هوش یافت — نگار سمنبر در آغوش یافت
به ایوان افراسیاب اندرا — ابا ماهرخ سر به بالین برا[5]
بپیچید بر خویشتن بیژنا — به یزدان بنالید ز آهرمنا[6]
چنین گفت ک:«ای کردگار جهان — رهایی نخواهد بُدن ز ایدرا[7]
ز گرگین تو خواهی مگر کین من — بر او بشنوی درد و نفرین من[8]
که او بُد مرا بر بدی رهنمون — همی خواند بر من فراوان فسون»[9]
منیژه بدو گفت: «دل شاد دار — همه کار نابوده را باد دار[10]
به مردان ز هرگونه کار آیدا — گهی بزم و گه کارزار آیدا»[11]
ز هر خرگهی گلرخی خواستند — بدیبای رومی بیاراستند[12]
پریچهرگان□ رود برداشتند — بشادی همه روز بگذاشتند

---

۱ – دژم روی ماند، نادرست است: «بیهوش گشت». * – «کجاوه» را نیز می‌توان بجای آن پیش نهادن.

۲ – سخن سست است، افزاینده خواسته است بگوید که بیکسوی کجاوه منیژه نشسته بود، و در دیگر سوی بیژن، اما چگونه می‌توانست که از بیژن بیهوش، کام برگیرد؟

۳ – **یک:** اگر خفته‌ای را بر روی کافور بخوابانند، چنانست که بر روی سنگ و ریگ خوابانده‌اند. **دو:** برای بهره‌گیری از بوی خوش چَندل (= صندل) می‌باید آنرا سوزاندن، نه بر روی گلاب ریختن.

۴ – اندرا و چادرا، نادرست است، «نهفته» در رج پسین آمده‌است.

○ – نمونه‌ها چنین‌اند، اما این رج را با رج پیشین شاهنامه [مر آن خفته را، اندران خوابگاه] پیوند باید، و سخن چنین باید: «نهفته؛ بکاخ اندرآورد، شب».

۵ – اندرا و برا نادرست است، سخن نیز سست است، در رج پیشین بدرستی آمد که نگار سنبر در آغوش یافت.

۶ – بیژنا و آهرمنا، نادرست نیست. ۷ – ایدرا نادرست است و روشن نیست که چه‌کس را رهایی نیست!

۸ – لت دویم پریشان است، و گناه گرگین در آن کار، باندازهٔ گناه بیژن بود، که او کینه داشت، و این را آز فراگرفته‌بود و نفرین را شاید شنیدن، اما درد را نشاید!

۹ – **یک:** گفتار شاهنامه، هردو را گناهکار شمرد. «یکی آز پیشه، یکی کینه‌سازه» و تنها گرگین را گناه نبوده‌است. **دو:** فسون و افسون چاره‌گری است، و افزاینده، آنرا با کاربرد تازه‌اش آورده است.

۱۰ – منیژه از بیژن چیزی نشنیده بود (...«بپیچید بر خویشتن») که پاسخ دهد. ۱۱ – کار «آمدنی» نیست «کردنی» است.

۱۲ – **یک:** آنان در کاخ هستند و خرگاه در دشت است. **دو:** روم هنوز پدیدار نشده بود. **سه:** گلرخان را بدیبا آراستند یا خرگاه را؟

□ – در بنداری بجای پریچهرگان، نوازندگان آمده‌است.

*

چو بگذشت یکروزگار، اینچنین — پس آگاهی آمد بدربان؛ ازین
نهفته همه کارشان باز جست — بژرفی نگه کرد کار؛ از نخست
کسی کز گزافه سخن راندا — درخت بلا را بجنباندا[1]
نگه کرد کاو کیست و شهرش کجاست — بدین آمدن سوی توران چراست[2]
بدانست و ترسان شد از جان خویش — شتابید نزدیک درمان خویش
جز آگاه کردن، ندید ایچ رای — دوان ازپسِ پرده برداشت پای؛

آگاه شدن افراسیاب
از کار
منیژه و بیژن

بیامد برِ شاهِ توران بگفت — که: «دُختت، از ایران گزیده‌است جفت!»
جهانجوی کرد از جهاندار یاد — تو گفتی که بید است هنگام باد؛[3]
به دست از مژه خون مژگان برُفت — برآشفت و این داستان بازگفت:[4]
که رااز‌پس پرده دختر بود — اگر تاج دارد بداختر بود[5]
که را دختر آید به جای پسر — به از گور داماد ناید بدر[6]
ز کار منیژه دلش خیره ماند — قراخان سالار را پیش خواند[7]
بدو گفت «ازین کار ناپاک زن — هشیوار با من یکی رای زن»[8]
قراخان چنین داد پاسخ بشاه — که «در کار هشیارتر کن نگاه[9]
اگر هست خود جای گفتار نیست — ولیکن شنیدن چو دیدار نیست[10]

۱ – راندا و بجنباندا! و روشن نیست که این سخن را، روی بکیست.

۲ – **یک:** آهنگ لت نخست درست نیست. **دو:** دربان را چگونه از شهر بیژن آگاهی میرسد؟

۳ – تو گفتی...

۴ – **یک:** نشاید که پهلوان خشمگین، بیدرنگ خون از مژگان بریزد. **دو:** آشفتن پیش‌ازگریستن شاید، نه پس‌ازآن!

۵ – پیوند لت دویم با لت نخست درست نیست... «اگر تاجدار را نیز ازپس پرده دختر باشد...».

٦ – **یک:** «که راه در این رج با که را در رج پیشین همخوان نیست. **دو:** لت دویم نیز بی‌گزارش است.

۷ – **یک:** پیدا است که سخنان پیشین نیز دربارهٔ «کار منیژه» رفته‌است، و این سخن درست نیست. **دو:** تورانیان در آنزمان نژاد ایرانی داشته‌اند، و ایرانیان نام «قراخان» بر فرزندان بر خود نمی‌نهند. **سه:** اینکار بر دست گرسیوز انجام شد، نه قراخان.

۸ – **یک:** این کار ناپاک زن نادرست است: «کارِ این زنِ ناپاک». **دو:** نمیتوان اندیشیدن که پدری که از بدکاری دخترش با مردی از کشور دشمن آگاه شود، بخواهد با کسی رای زند!

۹ – نگاه کردن، «هشیارتر» نمی‌شود، «تیزتر»، یا «بهتر» می‌شود.

۱۰ – لت نخست چیزی را نمیرساند.

بگرسیوز اندر، یکی بنگرید ... ک:«ز ایران چه دیدیم و خواهیم دید!
زمانه چرا بندد این بندِ بد ... غمِ شهر ایران و فرزندِ من![1]
برو با سوارانِ هشیارسر ... نگه‌دار؛ مر کاخ را، بام و در
نگر تا که بینی؟ بکاخ اندرون! ... ببند و بیاور کشانش؛ برون!»
چو گرسیوز آمد بنزدیک در ... از ایوان خروش آمد و نوش و خوَر[2]
غریویدن چنگ و بانگ رباب ... برآمد ز ایوان افراسیاب[3]
سواران در و بام آن کاخِ شاه ... گرفتند و هرسو ببستند راه
چو گرسیوز آن کاخ دربسته دید ... می و غلغل نوش پیوسته دید[4]
سواران گرفتند گرد اندرش ... چو سالار شد سوی بسته درش[5]
بزد گرز و برکند بندش ز جای ... بجَست از میانِ در اندر سرای[6]
بیامد بنزدیک آن خانه زود ... کجا اندر آن، مرد بیگانه بود
ز در، چون به بیژن برافکند چشم ... بجوشید خونش بتن بر، ز خشم
در آن خانه سیصد پرستنده بود ... همه با رباب و نبید و سرود[7]
بپیچید بر خویشتن بیژنا: ... کجا، رزم سازد برهنه تنا[8]
نه شبرنگ با من نه رهوار بور ... همانا که برگشتم امروز هور[9]
ز گیتی نبینم همی یار کس ... بجز ایزدم نیست فریادرس[10]
کجا گیو و گودرز کشوادگان ... که سر داد باید همی رایگان»[11]
همیشه بیک ساق موزه درون ... یکی خنجری داشتی آبگون
بزد دست و خنجر کشید از نیام ... درِ خانه بگرفت و بر گفت نام:
که: «من بیژنم، پور کشوادگان ... سرِ پهلوانان و آزادگان*
ندرّد کسی پوست بر من، مگر ... همی سیری آید تنش را؛ ز سر

۱ – اگر سخن را درست دانیم، کنش آن نادرست است: «زمانه چرا بست...»
۲ – از ایوان «خروش» شاید آمدن، و «نوش و خور» نشاید.
۳ – **یک:** خروش در این رج به غریو برگشت... و هردو نادرست است: «نالهٔ چنگ و رباب». **دو:** آنجا ایوان منیژه بود نه ایوان افراسیاب. **سه:** کنش آن نیز نادرست است: «بر آمده‌بود...».
۴ – کاخ برای گرسیوز «دربسته» نبود از آنجا که دربان، آنان را، بآمدن بکاخ ره نموده بود! و سواران گرسیوز در و بام را گرفته‌بودند.
۵ – **یک:** دوباره گویی دو رج پیش است. **دو:** باز سخن از درِ بسته می‌رود.
٦ – اگر گرسیوز بند (= قفل) دروازه را از جای کند، چرا از میانِ بدرون جهید؟ از دروازهٔ باز بدرون میرفت... اما شکستن بندِ در نیز نادرست است، زیراکه دربان بفرمان گرسیوز بود.
۷ – همه رامشگر، پس کارهای آنان راکدام پرستنده انجام می‌داد؟
۸ – بیژنا و برهنه تنا! سخن نیز سست و ناهماهنگ است.
۹ – **یک:** یک پهلوان، یک اسپ ویژه دارد، نه دو اسب. **دو:** لت دویم نیز ناهمگن است. خورشید از کسی بر نمی‌گردد، که چرخ چنین میکند.
۱۰ – از «ایزد» نمیتوان چنین یاد کردن، مگرآنکه بگویند: «خدایا تنها (تو) فریادرس من استی».
۱۱ – لت دویم را با لت نخست پیوند نیست.
* – گودرز کشواد، سر پهلوانان و آزادگان ایران.

اگر خیزد اندر جهان رستخیز نبیند کسی پشتم اندر گریز
تو دانی نیاکان و شاه مرا میان یلان پایگاه مرا[1]
اُگر جنگ سازید، مر جنگ را همیشه بشویم بخون، چنگ را
ز تورانیان من بدین خنجرا ببرم فراوان سران را سرا[2]
گرم نزد سالار توران بری بخوبی بر او داستان آوری[3]
تو خواهشگری کن مرا زو بخون سزد گر بنیکی بُوی رهنمون»[4]
نکرد ایچ گرسیوز آهنگ اوی چو دید آنچنان تیزی و چنگ اوی
بدانست کاو راست گوید همی بخون ریختن دست شوید همی
[وفا کرد با او بسوگندها بخوبی بدادش بسی پندها[5]]
[به پیمان، جدا کرد زو خنجرا به چربی کشیدش به بند اندرا]
[بیاورد بسته بکردار یوز چه سود از هنرها چو برگشت روز!]
[چنین است کردار این گوژپشت چو نرمی پسودی بیابی درشت]
[چو آورد نزدیک شاه اندرش گوی دست‌بسته برهنه سرش]
بر او آفرین خواند کـ:«ای شهریار گر از من کنی راستی خواستار؛
بگویم ترا سر بسر داستان چو گردی بگفتار؛ همداستان؛[6]
نه من بآرزو، جُستم این پیشگاه نبود اندرین کار، کس را گناه
از ایران بجنگ گراز آمدم بدین بوم توران فراز آمدم
ز بهر یکی باز گم بوده را برانداختم مهربان دوده را[7]
بزیر یکی سرو رفتم بخواب که تا سایه دارد مرا ز آفتاب
پری‌ای بیامد بگسترد پر مرا اندر آورد خفته ببر
از اسپم جدا کرد و شد تا براه که آمد همی لشکر و دخت شاه[8]
سواران پراکنده بر گِردِ دشت چه مایه عماری بمن برگذشت[9]

---

۱ – **یک:** چرا نیاکان؟ پدر و نیای او هنوز زنده‌اند، **دو:** شاه ایران را همه می‌شناسند، و نیاز بگفتن ندارد. **سه:** بیژن در میان پهلوانان ایران جوان است و هنوز بپایگاه بلند نرسیده است. ۲ – خنجرا و سرا.

۳ – **یک:** بیدرنگ پس‌ازآن رجزخوانی‌ها چنین سخن درست نمی‌نماید. **دو:** داستان نیز آوردنی نیست. «زدنی» و «گفتنی» است.

۴ – «تو» در آغاز این رج ناهمخوان است.

۵ – سخن درست، از میانهٔ همهٔ این سخنان بر می‌آید، اینچنین:

بپیمان، جداکرد از او خنجرش بیاورد، نزدیکِ شاه اندرش؛

٦ – «چو» در آغاز لت دویم با «گر» در آغاز لت دویم رج پیشین همخوان نیست.

۷ – دوده را بر نینداخته بود: «از دوده جدا شده بود». ۸ – خود خوابیده بود، و از اسپ جدا بود.

۹ – سخن پریشان است.

بیژن در دربار افراسیاب ۵۰۱

یکی چتر هندی برآمد ز دور   ز هرسو گرفته سواران تور[1]
یکی کرده از اود مهدی میان   کشیده بر او چادر پرنیان[2]
بدو اندرون خفته بت پیکری   نهاده ببالین برش افسری[3]
پری یک بیک ز اهرمن کرد یاد   میان سواران درآمد چو باد[4]
مرا ناگهان در عماری نشاند   بران خوبچهره فسونی بخواند[5]
که تا اندر ایوان رسیدم، ز خواب   نجنبیدم و چشمِ کرده پر آب[6]
گناهی مرا اندرین بوده نیست   منیژه بدین کار آلوده نیست[7]
پری بیگمان بخت برگشته بود   که بر من همی جادوی آزمود»[8]
چنین داد پاسخ، پس، افراسیاب   که: «بخت بدت، کرد؛ بر تو شتاب
تو آنی کز ایران به تیغ و کمند   همی رزم جستی بنام بلند
کنون چون زنان پیش من بسته دست   همی خواب گویی بکردار مست؟
بکار دروغ آزمودن همی!   بخواهی؟ سر، از من ربودن، همی!»
بدو گفت بیژن که: «ای شهریار   سخن بشنو از من، یکی هوش‌دار!
گرازان بدندان و شیران بچنگ   توانند کردن بهر جای، جنگ
یلان هم بشمشیر و تیر و کمان   توانند کوشید با بدگمان
یکی دست بسته برهنه تنا   یکی را ز پولاد پیراهنا[9]
چگونه چخد شیر بی‌چنگ تیز   اگر چند باشد دلش پرستیز[10]
اگر شاه خواهد که بیند ز من   دلیری نمودن بدین انجمن
یکی اسپ فرمای و گرزی گران   ز توران گزین کن، هزار از سران
بآوردگه بر، یکی زان هزار   اگر زنده مانم، بمَردم مدار»
[از بیژن چو این گفته بشنید، چشم   بر او، برفکند و برآورد خشم°]

---

۱ – **یک:** سواران توران با چتر هندی؟ **دو:** «ز هرسو گرفته» سخنی روشن نیست: «سواران توران آن چتر از هرسو گرفته‌بودند».

۲ – **یک:** مهد، در میان چتر؟ **دو:** سخن نیز ناهموار است: «در میانِ آن، مهدی ساخته از اود...».

۳ – ببالین (بالش) سر می‌نهند، نه افسر!

۴ – **یک:** پری خفته چگونه از اهرمن یاد کرد، آنهم یک بیک!! **دو:** سواران پیرامون آن مهد «و آن پری» راگرفته‌بودند، چگونه دوباره او بمیان آنان آمد؟

۵ – کدام خوبچهره؟

٦ – **یک:** سخن در این رج چنین نشان میدهد که «آن خوبچهره» خود بیژن است که در خواب بوده‌است! **دو:** کسیکه در خواب است چگونه چشمانش پر آب می‌شود؟

۷ – اندرین بوده نادرست است: «اندرین کار».

۸ – پری که چون مردمان بخت ندارد تا برگشته باشد.

۹ – تنا، پیراهنا...

۱۰ – چخیدن سخن گفتن است: از ناصر خسرو است: خدایا راست گویم فتنه از تُست /ولی از ترس نتوانم چخیدن. نمونه‌های دیگر دَرَد، کَنَد آورده‌اند که آن نیز نادرست است.

○ – به بیژن نگریست، یا به گرسیوز؟ در اندیشهٔ من این دو رج نیز در آغاز یک رج بوده‌است اینچنین:

ز بیژن چو این گفته بشنید، چشم   بگرسیوز افکند و آورد خشم؛

[بگرسیوز اندر یکی بنگرید / که: «ز ایران چه دیدیم و، خواهیم دید!]
نبینی که این بدکنش ریمنا / فزونی سگالد همی بر منا[1]
بسنده نبودش؟ همین بد که کرد! / کنون رزم جوید، بننگ و نبرد!
ببر همچنین، بند، بر دست و پای؛ / هم اندر زمان، ز او؛ بپرداز جای[2]
بفرمای داری زدن پیشِ در / که باشد ز هرسو بر او رهگذر
نگونبخت را زنده بر دار کن / اُز او نیز با من مگردان سخن
بدان، تا؛ از ایرانیان زین سپس / نیارد بتوران، نگه کرد، کس»

*

کشیدندش از پیشِ افراسیاب / دل از درد خسته دو دیده پر آب
چو آمد بدر، بیژنِ خسته‌دل / ز خون مژه پای مانده بگل
همی گفت: «اگر بر سرم کردگار / نوشته‌ست مردن، ببد روزگار
ز دار و ز کشتن نترسم همی / ز گُردان ایران بتفسم همی
که نامرد خوانَد مرا دشمنم / بناخَسته، بر دار، کرده تنم*
به پیشِ نیاکان برترمنش / پس‌از مرگ بر من بود سرزنش
روانم بماند هم ایدر بجای / ز شرم پدر، چون شود؟ باز جای!
دریغا که شادان شود دشمنم / چو بینند بر دار، روشن تنم[3]
دریغا ز شاه و ز مردان نیو / دریغا که دورم ز دیدار گیو[4]
ایا باد بگذر، بایران زمین / پیامی ز من بر، بشاهِ گزین[5]
بگویش که بیژن به سختی دَر است / چو آهو که در چنگ شیر نر است.[6]
ببخشود یزدان جوانیش را / بهم برشکست آن گمانیش را[7]

*

کَننده همی کند جای درخت / پدید آمد از دور، پیران، ز بخت
چو پیران ویسه بدانجا رسید / همه راه، ترک کمربسته دید[8]
یکی دار بر پای کرده بلند / کمندی بر او بسته چون پای‌بند[9]

---

۱ – ریمنا و منا... پساوا نیز ندارند.
۲ – پس‌از کشتن او، دار زدن در رج پسین درست نمی‌نماید! بارِی زمانِ کندنِ زمین برای دار است که پیران را بیاری بیژن میرساند!
* – تن مرا که در جنگ خسته (مجروح) نشده‌است، (همچون گناهکاران) بر دار کشند. ۳ – سخن ناهموار است.
۴ – «مردان نیو» دیگر در هیچ جای شاهنامه نیامده است. از دور نیز می‌توان دیدن، و سخن چنین می‌بایستی بود: دریغا که دور از پدر هستم. ۵ – باد پیام نتواند بردن.
۶ – بیژن که خود پهلوان است، خویش را آهو و دشمن را شیر نر نمی‌خواند.
۷ – گمانیش نادرست است، و برتر از آن برشکستنِ آن. ۸ – تورانیان، ترک نبوده‌اند.
۹ – هنوز جای دار را می‌کنند، چگونه دار برپای کرده بودند؟ و کمندِ بر آن بسته، نه برای گردن، که برای پای بیژن بوده باشد.

زنهارخواهی پیران از افراسیاب برای بیژن

به تورانیان گفت کـ:«ین دار چیست ... درِ شـاه را، ازدرِ دار، کـیست؟»
بدو گفت گرسیوز: «این بیژن است ... از ایران، کجا، شاه را؛ دشمن است»
بزد اسپ و آمد بر بیژنا ... جگرخسته دیدش برهنه تنا[1]
دو دست ازپسِ پشت بسته چو سنگ ... دهن خشک و رفته ز رخساره رنگ[2]
بپرسید و گفتش که: «چون آمدی؟ ... از ایران همانا، بخون آمدی؟»
همه داستان بیژن او را بگفت ... چنانچون رسیدش، ز بدخواه جفت!
ببخشود پیران ویسه بر اوی ... ز مژگان سرشگش فرو شُد بروی
بفرمود تا یک زمانش بدار ... نکردند و گفتا: هم ایدر بدار[3]
بدان، تا ببینم یکی روی شاه ... نمایم بدو اختر نیک راه[4]
بکاخ اندر آمد پرستارفش ... بر شاه، با دستِ کرده به کش
بیامد دمان تا بنزدیک تخت ... بر افراسیاب آفرین خواند؛ سخت
همی بود در پیشِ تختش بپای ... چو دستور پاکیزه و نیکرای
سپهبد بدانست کز آرزوی ... بپای است،پیران آزاده خوی
بپرسید و گفتش: «چه خواهی بگوی ... ترا بیشتر نزد من آبروی
اگر زرّخواهی و گر گوهرا ... وگر پادشاهیِ هر کشورا[5]
ندارم دریغ از تو من گنج خویش! ... چرا برگزینی همی رنج خویش؟»
چو بشنید پیران خسروپرست ... زمین را ببوسید و بر پای جست
که: «جاوید، بادا ترا؛ تخت، جای ... نیابد جزاز تخت تو، بخت، جای
ز شاهان گیتی ستایش تراست ... ز خورشید تابان، نیایش تراست
مرا هرچه باید ببخت تو هست ... ز مردان و از گنج و نیروی دست
مرا این نیاز از پیِ خویش نیست ... کس از کهتران تو درویش نیست
بداند شهنشاه برترمنش ... ستوده بهرکار، بی سرزنش
که من شاه راپیش ازین چندبار ... همی دادمی پند بر چند کار[6]
بفرمان من هیچ نامد فراز ... بدان داشتم دست، از کار، باز[7]

۱ – بیژنا – تنا. ۲ – سخن را پیوند درست نیست.
۳ – هنوز دار برپای نشده. **دو:** در لت دویم نیز «گفتا» با بفرمود لت نخست همخوان نیست.
۴ – «اختر نیک راه» نادرست است.
۵ – **یک:** «زرّ» نادرست است. **دو:** گوهرا، و کشورا نیز. **سه:** هر کشورا از آن نادرست‌تر. **چهار:** سخن درست، در رج پسین می‌آید.
٦ – «همی دادمی» نادرست است: «بدادم».
۷ – **یک:** وزیر را پایگاه فرمان دادن بشاه نیست. **دو:** پیران دست از کار باز نداشته بود، و هنوز وزیر افراسیاب بود.

۵۰۴ کیخسرو

مکش گفتمت پور کاووس را / که دشمن کنی رستم و توس را[1]
کز ایران به پیلان بکوبندمان / ز هم بگسلانند پیوندمان[2]
سیاوش که بود از نژاد کیان / ز بهر تو بسته کمر بر میان[3]
بکشتی بخیره، سیاووش را / بزهر اندر آمیختی نوش را
بدیدی بدی‌ها ایرانیان / که کردند با شهر تورانیان
ز توران دو بهره بپای ستور / سپَردند و شد بخت را، آب، شور[4]
هنوز آن سرِ تیغ دستان سام / همانا نسوده است اندر نیام[5]
که رستم همی سرفشاند بدوی / به خورشید بر، خون چکاند بدوی[6]
بر آرام بر، کینه جویی همی! / گل زهر، خیره، ببویی همی![7]
اگر خون بیژن بریزی برین / ز توران برآید همان گرد کین
خردمند شاهیْ و ما کهترا / تو چشم خرد باز کن بنگرا[8]
نگه کن ازان کین که گستردیا / ابا شاه ایران چه بر خوردیا[9]
هم آن را همی خواستار آوری / درخت بلا را به بار آوری[10]
چو کینه؛ دو گردد، نداریم پای / ایا پهلوان جهان کدخدای!
به از تو نداند کسی گیو را / نهنگ بلا رستم نیو را[11]
چو گودرز کشواد پولاد چنگ / که آید ز بهره نبیره به جنگ»[12]
چو بر زد بران آتش تیز، آب / چنین داد پاسخ، پس افراسیاب
که: «بیژن ندانی؟ که با من چه کرد! / بایران و توران شدم روی زرد!
نبینی؟ کزین بدهنر دخترم! / چه رسوایی آمد به پیرانسرم!
همه نامِ پوشیده‌رویان من / ز پرده، بگسترد؛ بر انجمن
کزین ننگ تا جاودان بر سرم / بخندد همی کشور و لشکرم
چو او یابد از من، رهایی بجان / گشایند؛ بر من، ز هرسو زبان
برسوایی اندر، بمانم بدرد / بپالایم از دیدگان آب زرد»

*

۱ - «که» در «کز» در آغاز این رج با «که» در آغاز لت دویم در رج پیشین همخوان نیست.
۲ - دنباله گفتار.
۳ - دوباره نام سیاوش آوردن در پایان سخن، درست نیست.
۴ - **یک:** دو بهره از چند بهره؟ **دو:** بخت را «آب» نیست که شور و شیرین شود.
۵ - «هنوز» با «همانا» در لت دویم همخوان نیست.
۶ - **یک:** بدوی و «ازوی» در دیگر نمونه‌ها نادرست است: «با آن» یا «بدان». **دو:** خون از بالا بزیر چکانده می‌شود، نه از زیر ببالا. چنان کار «افشاندن» خوانده می‌شود.
۷ - دنبالهٔ گفتار.
۸ - کهترا بنگرا!
۹ - گستردیا، خوردیا!
۱۰ - خواستار آوردنی نیست «شدنی» یا «بودنی» است.
۱۱ - دو لت را با هم پیوند «و» یا «با» باید.
۱۲ - چو در آغاز سخن نادرست است.

افکند بیژن به چاه زندان ۵۰۵

دگـر آفـرین، کـرد پـیران بـدوی — کـه: «ای شاه نـیک اختر راستگوی
چـنین است چـون، شاه گوید هـمی — جـزاز نـیکنامی نـجوید هـمی
ولیکـن بـدین رای هشیار مـن — یکـی بـنگرد ژرف، سالار مـن
بـبندد مـر او را بـه بـند گـران — کـجا؛ دار و کشـتن گـزیند بـران!
هـر آن کـو بـزندان تـو بـسته مـاند — ز دیـوان‌هـا نـام او کس نـخوانـد[1]
ازو پـند گـیرند ایـرانـیان — نـبندند ازیـن‌پس، بـدی را مـیان»
چـنان کـرد سـالار، کـاو راه دیـد — دلش بـا زبـان، شـاه، یکـتاه دیـد[2]

*

ز دسـتور پـاکـیزهٔ راهـبر — درفشـان شـود؛ شـاه را، گـاه و فـر

*

بگـرسیوز آنگـه بـفرمود شـاه — کـه: «بـند گران ساز و تـاریک چـاه
دو دسـتش بـزنجیر و گـردن بـه غـل — یکـی بـند رومـی بکـردار پـل[3]
بـپیوند مسـمارهای گـران — ز سـر تـا بـپایش بـبند انـدران
از آنـپس نگـون انـدر افکـن بـچاه — کـه بـی بـهره گـردد ز خـورشید و مـاه[4]
بـبر پـیل و آن سـنگ اکـوان دیـو — کـه از ژرف دریـای کـیهان خـدیو[5]
فکـنده‌ست در بـیشهٔ چـین سـتان — بـیاور ز بـیژن بـدان کـین سـتان[6]
بـه پـیلان گـردون کش آن سنگ را — کـه پـوشد سـر چـاه ارژنگ را
بـیاور سـر چـاه او را بـپوش — بـدان؛ تـا بـزاری، بـرآیدْش هـوش
اُز آنـجا، بـایوانِ آن بـد هـنر — مـنیژه، کـزو نـنگ دارد، گـهر
بـرو بـا سـواران و تـاراج کـن — نگـونبخت را بـی سـر و تـاج کـن*
بگـو: «ای بـنفرینِ شـوریده بـخت — کـه بـر تـو نـزیبد هـمی تـاج و تـخت
بـننگ از کـیان پست کـردی سـرم — بـخاک انـدر انـداخـتی افسـرم»

---

۱ - بسته مانْدْ نادرست است. بسته مانَد درست‌تر می‌نماید، اما مگر افراسیاب را خود، از این، آگاهی نیست؟
۲ - **یک:** راه دید نادرست است: «راه نمود». **دو:** یکتاه نیز درست نمی‌نماید: «یگانه».
۳ - **یک:** دوباره‌گویی است. **دو:** آنزمان هنوز «روم» در جهان پدید نیامده بود.
۴ - اگر او را نگونسار بچاه اندازند می‌میرد، باز آنکه از سر تا بپای او را با میخ‌های گردن بستن، نشان از آن دارد که بیژن را بچاه فرو فرستادند، و نیفکندند. ۵ - اینجا از سنگ اکوان دیو یاد می‌شود و دو رج پس‌تر، از سنگ چاه ارژنگ!
٦ - چگونه با سنگ، از بیژن کین توان ستدن؟
* - در بیشتر نمونه‌ها چنین آمده‌است، بازآنکه روشن است که منیژه کشته نمی‌شود. دنبالهٔ فرمان افراسیاب نیز بی خانمان کردن منیژه است نه کشتن او! قریب: بی‌سرِ تاج... نادرست است زیراکه تاج تنها سر ندارد که کلاه نیز با آن همراه است. ق: سرش را ابی تاج کن. ل ۲ را سرش بی. با نگریستن به همهٔ نمونه‌ها پیدا است که سخن فردوسی چنین بوده‌است:
«نگونبخت را، سر، ابی تاج کن!»

برهنه کشانش ببر تا بچاه — که در چاه بین! آنکه دیدی به گاه!
بهارش تویی غمگسارش تو باش — در این تنگ زندان زوارش● تو باش!»
خرامید گرسیوز از پیش اوی — بکردند کام بداندیش اوی[1]
کشان، بیژن گیو؛ از پیش دار — ببردند بسته، بدان چاهسار
ز سر تا بپایش به آهن ببست — بر و بازوی و گردن و پای و دست[2]
به پولاد با پتک آهنگران — فروبرده مسمارهای گران[3]
نگونش بچاه اندر انداختند — سر چاه را بند برساختند[4]
اُز آنجا به ایوان آن دخترش — بیاورد گرسیوز آن لشکرش[5]
همه گنج و گوهر به تاراج داد — ازین بدره بستد بدان تاج داد[6]
منیژه برهنه به یک چادرا — برهنه دو پای و گشاده سرا[7]
کشیدش دوان تا بدان چاهسار — دو دیده پراز خون و رخ جویبار[8]
بدو گفت «اینک ترا خان و مان — زواری برین بسته تا جاودان»[9]

*

غریوان همی گشت بر گرد دشت — چو یک روز و یک شب بر او برگذشت[10]
خروشان بیامد بنزدیک چاه — یکی دست را اندرو کرد راه[11]
چو از کوه، خورشید؛ سر برزدی — منیژه، ز هر در؛ همی نان چَدی
همی گرد کردی بروز دراز — بسوراخ چاه آوریدی فراز
ببیژن سپردی و بگریستی — بدان شوربختی همی زیستی

● - زوار: پرستار.

۱ - **یک:** خرامیدن کار پهلوانان نیست. **دو:** لت دویم پریشان است.

۲ - «ببست» در این رج، با «ببردند بسته» در رج پیشین همخوان نیست.

۳ - اگر مسمارهای گران را به بر و بازو و گردن... او فرو برند که می‌میرد! مسمار (=میخ) را بر زمین می‌کوفتند، و زنجیر را که با چنبره‌ای بالای میخ پیوسته بود بر گردن و دست و پای وی می‌بستند.

۴ - باز سخن از نگون انداختن یاد می‌شود، باز آنکه در سه رج پیش‌تر سخن درست چنین آمده‌بود: «ببردند بسته، بدان چاهسار».

۵ - **یک:** «آن دخترش» نادرست است زیرا که منیژه دختر گرسیوز نبود. **دو:** آن لشکرش نیز سست است.

٦ - **یک:** گنج و گوهر (او را) درست است. **دو:** لت دویم نیز پریشان است. بچه کسان تاج داد؟

۷ - **یک:** اگر منیژه را یک چادر بود، چگونه سرش گشاده می‌نمود؟ **دو:** «برهنه» در یک رج ناهمخوان است: «سر و پای برهنه».

۸ - این رج را پیوندِ درست با رج پیشین نیست. منیژه «را» کشید، و نه کشید«ش».

۹ - زوار، پرستار است، خان و مان با زواری همخوان نیست.

۱۰ - چون سخن در رج پیشین، گفتار گرسیوز بود، در آغاز این رج «منیژه» باید.

۱۱ - گرسیوز او را پیش چاه برده بود، چگونه شد که پس‌از یکشبانه روز بنزدیک چاه آمد؟

بازگشتن گرگین بایران
و
دروغ گفتن در کار بیژن

چو یک هفته گرگین به ره بر، بپای همی بود و بیژن نیامد بجای
ز هرسوش پویان، بجُستن گرفت رخان را بخوناب، شستن گرفت
پشیمانی آمدْش، از کار خویش که چون؟ بد سگالید، بر یار خویش!
بشد تازیان تا بدان جشنگاه کجا بیژن گیو گم کرد راه [1]
همه بیشه برگشت و کس را ندید نه نیز اندرو بانگ مرغان شنید [2]
همی گشت بر گرد آن مرغزار همی یار کرد، اندرو، خواستار
یکایک ز دور اسپ بیژن بدید که آمد در آن مرغزاران پدید
گسسته لگام و نگون کرده زین فرومانده بر جای، اندوهگین
بدانست کاو را تباه است کار بایران نیاید بدین روزگار
اگر؛ دار دارد، اُگر؛ چاه و بند از افراسیاب آمده‌ستش گزند
کمند اندر افکند و برکاشت روی ز کرده پشیمان و، دل؛ جفت‌جوی
ازان مرغزار اسپ بیژن براند بخیمه درآورد و روزی بماند [3]
پسآنگه سوی شهر ایران شتافت شب و روز، آرام و خوردن نیافت

*

چو آگاهی آمد ز گرگین به شاه که بیژن نبودست با او؛ به راه
بگفت این سخن گیو را، شهریار بدان، تا ز گرگین کند خواستار
پس آگاهی آمد همانگه بگیو ز گم بودنِ رزمزن پور نیو [4]
ز خانه بیامد دمان تا بکوی دل از درد خسته، پراز آب روی [5]
همی گفت: «بیژن نیامد همی! به ارمان ندانم چه پاید همی؟» [6]

---

۱ – بیژن راه را گم نکرده بود.
۲ – «برگشت» نادرست است: «راگشت» و همهٔ نمونه‌ها چنین است. سخن درست در رج پسین آمده‌است.
۳ – **یک**: براند، نادرست است «بیاورد». **دو**: اسب را نمیتوان بمیان چادر بردن!
۴ – شهریار با گیو سخن گفت، آگاهی پس‌ازآن چگونه باشد؟
۵ – گرگین در راه بود و دیوان برید آگاهی وی را بشاه داده بود، نه در کوی.
۶ – چه پاید نادرست است «چرا می‌پاید».

۵۰۸ کیخسرو

بفرمود تا بورِ کشواد را / کجا داشتی روز فریاد را[1]
بر او برنهادند زین خدنگ / گرفته بدل گیو کین پلنگ[2]
همانگه بدو اندرآورد پای / بکردار باد اندر آمد ز جای[3]
پذیره شدش تا کند خواستار / که بیژن کجا ماند؟ و چون بود؟ کار!
بدل گفت: گرگین بدو ناگهان / همانا بدی ساخت اندر نهان![4]
شوم گر ببینمش بی‌بیژنم / همانگه سرش را ز تن برکنم[5]
بیامد چو گرگین مراو را بدید / پیاده شد و پیشش اندر دوید
همی گشت غلتان به خاک اندرا / شخوده رخان و برهنه سرا[6]
بپرسید و گفت: «ای گزینِ سپاه / سپهدارِ سالار و خورشیدِ گاه
پذیره بدین راه چون آمدی؟ / که با دیدگان پر ز خون آمدی!
مرا جان شیرین نباید همی / کنون؛ خوارتر، گر برآید همی
چو چشمم بروی تو آید، ز شرم / بپالایم از دیدگان آب گرم
کنون هیچ مندیش کاو را بجان / نیامد گزند و بگویم نشان»[7]
چو اسپ پسر دید گرگین به دست / پراز خاک آسیمه بر سان مست،[8]
چو گفتار گرگینش آمد بگوش / ز اسپ اندر افتاد و زو رفت هوش[9]
بخاک اندرون شد سرش ناپدید / همه جامهٔ پهلوی بردرید[10]
همی کند موی از سر و ریش پاک / خروشان بسر بر همی ریخت خاک[11]
همی گفت ک:«ای کردگار سپهر / تو گستردی اندر دلم هوش و مهر[12]
گر از من جدا ماند فرزند من / روادارم ار بگسلد بند من[13]

---

۱ - کشواد پدربزرگ گیو بوده‌است، و اسپ وی یکصد سال نمی‌زید و نمی‌ماند. اسپ را ۲۰ تا ۳۰ زمان باشد.

۲ - **یک:** زین خدنگ نادرست است زیرا که خدنگ «راست» باشد! چگونگیِ تیر. **دو:** لت دویم نیز ناهموار است.

۳ - کننده، در لت نخست گیو است و در لت دویم اسپ!

۴ - «ساخت» نادرست است: «کرد» آنهم درست نیست: «کرده است».

۵ - کیخسرو بدو گفته بود که گیو بی‌بیژن می‌آید، و این گفتار نابجا است.

۶ - اندرا، سرا!

۷ - نیامد، نادرست است: «نیامده است».

۸ - سخن پریشان است چون گرگین «را» دید «که لگام» اسپ پسرش «را» بدست «دارد»، و آیا از خان ارمان تا آذربایجان اسپ بیژن را همچنان خاک آلوده آورده‌بود؟

۹ - «چو» در آغاز این رج با «چو» در آغاز رج پیشین ناهمخوان است.

۱۰ - **یک:** اگر کسی چنان از اسپ فروافتد که سرش از خاک ناپدید گردد، بیگمان می‌میرد! **دو:** جامهٔ پهلوی نادرست است، و آن زبان پهلوی است که درست است. **سه:** جامه «را بر خویشتن» بردرید، می‌باید.

۱۱ - چون کسی پاک، (بتمامی) موی سر و ریش خویش را بر کند، «همی» برای کنش او نمی‌باید.

۱۲ - **یک:** «همی» نیز در اینجا نابجا است. **دو:** لت دویُم نیز «گستردی» نادرست است: «پدید آوردی» یا «آفریدی». **سه:** هوش را به دل پیوند نیست و جایگاهش «سر» است.

۱۳ - **یک:** «اگر» در کار نیست، پیدا است که فرزندش از وی جدا مانده است. **دو:** بند در لت دویم نیز نادرست است: «بند از بند من».

بازگشتن گرگین به ایران ۵۰۹

روانم بدان جای نیکان بری   ز درد دل من تو آگه‌تری[1]
مرا خود ز گیتی هم او بود و بس   چه انده‌گسار و چه فریادرس[2]
کنون بخت بد کردش از من جدا   بماندم چنین در جهان مبتلا»[3]
ز گرگین، پس‌آنگه سخن؛ بازجست   که: «چون بود؟ خود، روزگار، از نخست!
زمانه، بجایش کسی برگزید؟   اگر خود ز چشم تو شد ناپدید؟[4]
ز بدها چه آمد مر اورا بگوی؟   چه افکند بند سپهرش به روی؛[5]
چه دیو آمدش پیش، در کارزار؟   که او را تبه کرد و برگشت کار؟
تو این مُرده‌ری اسپ چون یافتی؟   ز بیژن کجا؟ روی برتافتی!»
بدو گفت گرگین که: «باز آر هوش   سخن بشنو و پهن بگشای گوش
که این کار چون بود وکردار چون   بدان بیشه با خوک پیکار چون[6]
بدان پهلوانا و آگاه باش   همیشه فروزندهٔ گاه باش[7]
برفتیم از ایدر بجنگ گراز   رسیدیم نزدیک ارمان فراز
یکی بیشه دیدیم، کرده چو دست   درختان بریده، چراگاه؛ پست
همه جای، گشته کُنام گراز   همه شهر ارمان از آن، در گداز
چو ما جنگ را نیزه بفراشتیم   به بیشه درون بانگ برداشتیم؛[8]
گراز اندر آمد بکردار کوه   نه یک‌یک، بهر جای گشته گروه[9]
بکردیم جنگی بکردار شیر   بشد روز و نامد دل از جنگ سیر[10]
چو پیلان بهم برفکندیم‌شان   بمسمار، دندان؛ بکندیم‌شان
اُزانجا بایران نهادیم روی   همه راه، شادان و نخچیرجوی
برآمد یکی گور، زان مرغزار   کزان خوب‌تر، کس، نبیند نگار
بکردار گلگونِ گودرز موی   چو خِنگِ شباهنگِ فرهاد روی[11]

---

۱ - این رج را با رج پیشین پیوند استوار نیست.

۲ - پیوند لت دویم با لت نخست «چو» نیست: «مرا فریادرس و اندهگسار، او بود».

۳ - «مبتلا» سخن را بپایان نمی‌رساند. «مبتلای درد»، «مبتلای غم».

۴ - لت نخست نادرست است، زیرا که هرکس، خود است و زمانه،کس را بجای کسی بر نمی‌گزیند.

۵ - **یک**: «بدها» نادرست است: «بدی». **دو**: لت دویم راگزارش نیست.

۶ - «کار» و «کردار» هردو یکی است. لت دویم را پایان نیست.

۷ - دوباره گویی دو رج پیش است. لت دویم نیز پیوند با لت نخست ندارد، مگر از برای فراهم کردن پساوا!

۸ - گراز را با تیر می‌زنند، نه با نیزه!   ۹ - «گراز اندر آمد» نادرست است: «گرازان آمدند».

۱۰ - **یک**: «سیری» آمدنی نیست گشتنی است، شدنی است. **دو**: دلِ چه کس؟

۱۱ - روی آن گور را، در این رج، به خِنگِ فرهاد مانند می‌کند. و خِنگ یک گونه از اسپ است، که نمیتوان آنرا «شباهنگ» خواندن. شباهنگ نیز نام ستاره‌ای در آسمان است که در نیمهٔ شب، از گنبد آسمان روی بفرود می‌آورد.

چـو سـیمش دو پـا و چـو پـولاد سُم چـو شبرنگ بـیژن سـر و گـوش و دم[1]
بگـردن چـو شـیر و بـرفتن چـو بـاد تـو گـفتی کـه از رخش دارد نـژاد[2]
بـرِ بـیژن آمـد چـو پـیلی نـژند بـر او انـدر افکـند، بـیژن؛ کـمند
فکـندن هـمان بـود و رفتن هـمان دوان گـور و، بـیژن، پس انـدر، دمـان
ز تـازیدن گـور و گـرد سـوار بـرآمـد یکـی دود زان مـرغزار[3]
بکـردار دریـا زمـین بـردمید کـمندافکـن و گـور شـد نـاپدید[4]
پـی انـدر گـرفتم، هـمه دشت و کـوه چـو از تـاختن شـد سـمندم سـتوه
ز بـیژن نـدیدم بـجایی نشـان جز این اسپ و، زین ازپس، اندر کشـان
دلم شـد پـر آتش، ز تـیمار اوی کـه چـون بـود؟ بـا گـور پیکار اوی!
بـماندم فـراوان بـدان مـرغزار هـمی کـردمش هـرسویی خـواستار[5]
ازو بـازگشتم چـنین نـاامید کـه گـور ژیـان بـود دیـو سـپید!»[6]
چـو بشـنید گـیو ایـن سـخن، هـوشیار؛ بـدانست کـاو را تـباه است کـار[7]
ز گـرگین سـخن سـربسر خـیره دیـد هـمی چشـمش از روی او تـیره دیـد[8]
رخش زرد، از بـیمِ سـالار شـاه سـخن لرز لرزان و دل پـر گـناه[9]
بـبرد اهـرمن، گـیو را دل ز جـای هـمی خـواست کـاو رادرآرد ز پـای[10]
بـخواهـد ازو کـینِ پـورِ گـزین أگـر چـند نـنگ آیـد او راز کـین[11]
پس انـدیشه کـرد، انـدرآن بـنگرید نـیامد هـمی روشـنایی پـدید[12]
چـه آیـد مـرا، گـفت: «از کشـتنا مگـر کـام بـدگوهر آهـرمنا[13]
بـه بـیژن چـه سـود آیـد از جـان اوی دگـرگونه سـازیم درمـان اوی[14]

---

۱ – و در این رج سر و گوش او را که همان «روی» باشد به شبرنگ بیژن مانندە می‌شود.
۲ – **یک:** بگردن چو شیر نادرست است: بگردن چون گردن شیران. **دو:** تو گفتی... **سه:** رنگ رخش چنین نبوده‌است که در رج‌های پیشین آمد.
۳ – **یک:** گرد از سوار بر نمی‌آید، از اسب برمیخیزد. **دو:** گرد هم از اسب است هم از گور. **سه:** از گرد، دود بر نمی‌خیزد.
۴ – **یک:** دریا دم بر نمی‌آورد. **دو:** در لت دویم «شد» نادرست است: «شدند».
۵ – **یک:** فراوان بماندم نادرست است: «زمان دراز ماندم». **دو:** خواستار «کردنی» نیست «بودنی» است.
٦ – بیژن در آنجا دیده نمی‌شد که «از او» بازگردد.
۷ – هوشیار در پایان سخن نابجا است: «چون گیو هوشیار سخن را شنید».
۸ – **یک:** «سخن» دیدنی نیست. **دو:** لت دویم نیز نادرخور است. **سه:** نمونه‌های دیگر نیز ره بجایی نمی‌برند.
۹ – این رج را گونه‌های بسیار است و همه سست می‌نمایند (بنگرید به. خالقی مطلق ۳۴۰-۳).
۱۰ – «اهرمن گیو را دل» نادرست است: «اهرمن دلِ گیو را».
۱۱ – **یک:** بخواهد در این رج با همی خواست در رج پیشین همخوان نیست. **دو:** لت دویم نیز نادرست است. نمونه‌های دیگر بجایی ز کین «از این» آورده‌اند که نابجا است.
۱۲ – **یک:** اندیشه کردن و نگریستن هردو یکی است. **دو:** لت دویم را نیز «کردنی» پیوند درست با لت نخست نیست.
۱۳ – کشتنا آهرمنا!
۱۴ – **یک:** از جان اوی نادرست است: «از کشتن او». درمان نیز «ساختنی» نیست کردنی است.

بباشیم تا زین سخن نزد شاه ‌‌ شود آشکارا ز گرگین گناه[1]
ازو کین کشیدن بسی کار نیست ‌‌ سنان مرا پیش، دیوار نیست»[2]
بگرگین یکی بانگ برزد بلند ‌‌ که: «ای بدکنش ریمنِ پرگزند
ببردی ز من شید و ماه مرا ‌‌ گزین سواران و شاه مرا
فکندی مرا در تک‌وپوی پوی ‌‌ بگردِ جهان اندرون، چاره‌جوی
پس اکنون بدستان و بند و فریب ‌‌ کجا؟ یابی آرام و خواب و شکیب
نباشد ترا، بیش‌ازین؛ دستگاه ‌‌ کجا من ببینم یکی روی شاه؛
پسآنگه بخواهم ز تو کین خویش ‌‌ ز بهرِ گرامی جهانبین خویش»

آوردن گیو، گرگین را
بنزد
کیخسرو

اُز آنجا بیامد بنزدیک شاه ‌‌ دو دیده پراز خون و دل کینه‌خواه
بر او آفرین کرد که:«ای شهریار ‌‌ همیشه جهان را بشادی گذار
انوشه جهاندار نیک اخترا ‌‌ نبینی که بر سر چه آمد مرا[3]
ز گیتی، یکی پور بودم؛ جوان* ‌‌ شب و روز بودم بدو بر، نوان
بجانش بر، از بیم گریان بدم ‌‌ ز درد جدایش بریان بدم
کنون آمد ای شاه، گرگین ز راه ‌‌ زبان پر ز یافه، روان پرگناه
بد آگاهی آورده از پور من ‌‌ ازان نامور پاک دستور من
یکی اسب دیدم نگونسار زین ‌‌ ز بیژن نشانی ندارد جزین[4]
اگر شاه بیند، بدین کار ما؛ ‌‌ یکی بنگرد، ژرف، سالار ما
ز گرگین دهد داد من شهریار ‌‌ کز او گشتم اندر جهان خاکسار»[5]
غمین شد ز دردِ دلِ گیو، شاه ‌‌ برآشفت و بنهاد فرخ کلاه[6]
رخ شاه، برگاه بیرنگ شد ‌‌ ز تیمار بیژن دلش تنگ شد[7]

۱ - «این سخن» در لت نخست، با گناه گرگین در لت دویم هردو یکی است.
۲ - لت نخست نادرست است: «کشیدن کین از او کار دشواری نیست».
۳ - اخترا!
* - مرا پسری جوان بود.
۴ - بیگمان اسپ را با زین نگونسار براه دراز نمی‌توانستند بردن، که می‌بایستی زین را بر آن استوار کردن!
۵ - داد مرا از گرگین «بدهد» نادرست است: «داد مرا از گرگین بستاند».
۶ - غمین شد؟ یا برآشفت؟
۷ - رخِ مرد برآشفته سرخ میشود، نه بیرنگ.

به گیو آنگهی گفت «گرگین چه گفت؟ چگوید کجا ماند از نیک جفت؟»[1]
ز گفتار گرگین پس آنگاه گیو سخن گفت با خسرو از پور نیو[2]
چو از گیو بشنید خسرو سخن بدو گفت: «مندیش و زاری مکن
که بیژن بجایست، خرسند باش! بر امّیدِ گم بوده فرزند باش
که ایدون شنیده‌ستم از موبدان ز بیداردل نامور بخردان[3]
که من با سواران ایران بجنگ سوی شهر توران شوم بی‌درنگ[4]
بکین سیاوش کشم لشکرا به پیلان سرآرم از آن کشورا[5]
بدان کینه اندر بود بیژنا همی رزم جوید چو آهرمنا[6]
تو دل را بدین کار غمگین مدار من او را، همانا، بسم خواستار»
بشد گیو یکدل پر اندوه و درد دو دیده پراز آب و رخساره زرد[7]

*

چو گرگین بدرگاه خسرو رسید ز گردان، درِ شاه پردخته دید[8]
ز تیمار بیژن همه مهتران ز درگاه، با گیو رفته نَوان[9]
همه پر ز درد و همه پر ز رنج همه همچو گم کرده سدگونه گنج[10]
پراکنده رای و پراکنده دل همه خاک ره ز اشگ کرده چو گل[11]
اُزین روی گرگین شوریده رفت بنزدیک ایوان درگاه تفت[12]
چو در پیش کیخسرو آمد، زمین ببوسید و بر شاه کرد آفرین[13]
چو الماس، دندان‌های گراز برِ تخت بنهاد و بردش نماز[14]
که: «خسرو به هر کار پیروز باد همه روزگارش چو نوروز باد[15]
سر دشمنان تو بادا به گاز بریده چنان کاین سرانِ گراز»[16]

---

۱ – **یک:** آنگهی نادرست است. **دو:** «چه گفت» با «چه گوید» در لت دویم همخوان نیست.
۲ – سخن آشفته است: «آنگاه گیو از گفتار گرگین دربارهٔ پسرش (یاد کرد)».
۳ – سخن درست است، اما پیوسته به رج پسین است.
۴ – «بیدرنگ» در پایان لت دویم نابجا است، و تنها برای پساوا آمده‌است. **۵** –لشکرا و کشورا!
٦ – **یک:** بیژنا آهرمنا! **دو:** پادشاه را نشاید که یکی از پهلوانان بیداردل خویش را آهرمن(؟) بخواند!
۷ – یکدل نادرست است: «با دلی». **۸** – گیو و گرگین هردو با هم بدرگاه خسرو رفتند.
۹ – همچنین. **۱۰** – دنباله... لت دویم نیز سخت سست است.
۱۱ –اگر پهلوانان رفته‌بودند و در درگاه کسی نبود، از کجا دانسته می‌شود که خاک راه را چون گِل کرده بودند، یا پراکنده رای! بودند؟
۱۲ – چهار رج پیشتر گرگین را در «درگاه»، که بخشی از خانه یا کاخ است دیده می‌شود.
۱۳ – «در» پیش نادرست است، و گرگین با گیو پیش کیخسرو رفته‌بود.
۱۴ – **یک:** دندان هرچند که سپیدتر بوده باشد، بالماس مانند نیست، زیرا که الماس، آبگون است. **دو:** نماز را بهنگام اندر شدن به پیشگاه می‌برند، نه پس‌از نهادن دندان‌ها. **۱۵** – دنبالهٔ سخن...
۱٦ – بادا بگاز نادرست است: «کنده باد بگاز». سرهای گرازان را نیاورده‌بود، و «این سران» نادرست است.

بند کردن کیخسرو گرگین را ۵۱۳

بدندانها چون نگه کرد شاه   بپرسید و گفتش که «چون بود راه؟[1]
کجا ماند از تو جدا بیژنا   بر او بر، چه بد ساخت اهریمنا؟»[2]
چو خسرو چنین گفت گرگین بجای   فروماند خیره همیدون بپای[3]
ندانست پاسخ چه گوید بدوی   فروماند بر جای بر، زرد روی[4]
زبان پر ز یافه روان پر گناه   رخان زرد و لرزان تن از بیم شاه[5]
چو گفتارها یک بدیگر نماند   برآشفت و از پیش تختش براند[6]
همش خیره سر دید هم بدگمان   بدشنام بگشاد خسرو زبان[7]
بدو گفت «نشنیدی آن داستان؟   که دستان زده‌ست از گهِ باستان؛[8]
که: «گر شیر، با کینِ گودرزیان   بپیچد، تنش را، سرآید زیان!»[9]
اگر نیستی از پی نام بد   اُگر پیش یزدان سرانجام بد[10]
بفرمودمی تا سرت را ز تن   بکندی بکردار مرغ اهرمن»[11]
⇐ بفرمود خسرو به پولادگر   که: «بند گران آر و مسمار سر»
هم اندر زمان پای کردش به بند   که از بند، گیرد، بداندیش؛ پند
به گیو آنگهی گفت «بازآر هوش   بجویش به هر جای و هرسو بکوش[12]
من اکنون ز هرسو فراوان سپاه   فرستم بجویم به هر جایگاه[13]
ز بیژن مگر آگهی یابما   بدین کار هشیار بشتابما[14]
اُگر دیر یابیم زو آگهی   تو جای خرد رامگردان تهی[15]
بمان تا بیاید مه فرودین   که بفزاید اندر جهان هور دین[16]

---

۱ - «بپرسید» و «گفت» هردو یکی است. اما اگر برای گفت «ش» بایسته باشد برای بپرسید نیز چنین است: «بپرسیدش».
۲ - بیژنا و اهریمنا!   ۳ - خیره ماندن درست است و خیره «بپای» ماندن نادرست و همیدون نادرست‌تر.
۴ - دنبالهٔ سخن.
۵ - **یک:** چون خیره مانده‌بود، نمی‌توانست چیزی بگوید، زبانش پراز یاوه نمی‌توانست بود. **دو:** سخن نیز دوباره آمده‌است. **سه:** لت دویم نیز سست است.   ٦ - چون فرومانده بود و نمی‌دانست که چه گوید، چگونه گفتارهایش یکی بدیگری نمی‌ماند؟
۷ - کسیکه بر خود میلرزد و زبانش بند آمده‌است چگونه خیره سری از خویش نشان میدهد؟
۸ - **یک:** دستان یا زال پدر رستم در همان زمان میزیست و نمی‌توانست از گاه باستان داستان زند. **دو:** در زمان باستان گودرز دیده بجهان نگشوده بود تا دربارهٔ خانوادهٔ وی داستان زنند.
۹ - لت دویم با همهٔ گونه‌ها: بکوشد، بخسبد، چخداو (بنگرید به خالقی مطلق ۳۴۳-۳) نادرست می‌نماید.
۱۰ - **یک:** اگر گرگین گناهکار بوده باشد، کشتن او نه نام بد پیش می‌آورد، و نه نزد یزدان سرانجام بد! مگر آنکه گرگین بیگناه باشد. **دو:** نیستی از پی نام بد نادرست است: «اگر ترس از بدنامی در میان نبود».   ۱۱ - سر را دژخیم از تن جدا میکند، نه اهریمن!
۱۲ - **یک:** آنگهی نادرست است. **دو:** گیو که در سخنان افزوده از پیش خسرو رفته‌بود!
۱۳ - برای یافتن گمشده سپاه نمی‌فرستند، کارآگاه گسیل میکنند.   ۱۴ - یابما و بشتابما!
۱۵ - لت دویم سخت ناهموار است: جای خرد (=مغز) را تهی مکن!!
۱٦ - هور (=خورشید) دین چگونه خورشیدی باشد؟

بدان گه که از گل شود باغ شاد — اَبَر سر همی گل فشاندت باد[1]
زمین چادر سبز درپوشدا — هوا بر گلان زار بخروشدا[2]
به هرسو شود پاک فرمان ما — پرستش که فرمود یزدان ما[3]
بخواهم من آن جام گیتی نمای — شوم پیش یزدان بباشم بپای[4]
کجا هفت کشور بدو اندرا — ببینم بر و بوم هر کشورا[5]
کنم آفرین بر نیاکان خویش — گزیده جهاندار و پاکان خویش[6]
بگویم ترا هر کجا بیژن است — به جام اندرون این مرا روشن است»[7]
چو بشنید گیو این سخن شاد شد — ز تیمار فرزند آزاد شد[8]
بخندید و بر شاه کرد آفرین — که «بی تو مبادا زمان و زمین[9]
به کام تو بادا سپهر بلند — به جان تو هرگز مبادا گزند[10]
ز نیکی‌دهش بر تو باد آفرین — که بر تو برازد کلاه و نگین»[11]
چو گیو از برِ گاه خسرو برفت — ز هرسو سواران فرستاد و تفت[12]
به جُستن گرفتند گرد جهان — که یابد مگر زو به جایی نشان[13]
همه شهر ارمان و توران بپای — سپَردند و نامد نشانش بجای[14]

دیدن کیخسرو بیژن را
در
جام گیتی نمای

چو نوروز فرخ فراز آمدش — بدان جام روشن نیاز آمدش[15]
بیامد پر امّید دل پهلوان — ز بهر پسر گوژ گشته، نوان[16]

---

۱ – سخن سست است. باغ شاد نمی‌شود، و باد تنها بر سر گیو گل نمی‌فشاند (بفشانَدَت). که بر زمین می‌فشاند، و بر سرِ هرکس که بباغ اندر شود.
۲ – پوشدا بخروشدا!   ۳ – سخن سخت نادرست است.
۴ – چگونه کس را شاید پیشِ یزدان رفتن!   ۵ – **یک:** اندرا و کشورا! **دو:** سخن نیز به یزدان باز میگردد، نه بجام گیتی‌نمای.
٦ – نیایش به یزدان، یا آفرین بر نیاکان؟   ۷ – **یک:** هنوز روشن نشده‌است. **دو:** «این مرا روشن است» سست است.
۸ – از تیمار فرزند هنگامی توان آزاد شدن، که او آزاد گردد!   ۹ – نیز...
۱۰ – مبادا گزند نادرست است: «گزند مرساد».   ۱۱ – آفرین یزدان تنها برای شاهان نیست!
۱۲ – بیژن در هرسو، گم نشده بود: و تنها می‌بایستی سواران را بتوران رفتن، که آن نیز انجام شدنی نبود.
۱۳ – گردِ جهان نه: «توران».   ۱۴ – همچنین.   ۱۵ – نوروز، برای یک کس فراز نمی‌آید، «آمدش».
١٦ – پهلوان پر امید، که با خنده از نزد کیخسرو رفته‌بود گوژ و نوان نمی‌شود.

چو خسرو رخ گیو پژمرده دید	دلش را بدرد اندر، آزرده دید[1]
بیامد بپوشید رومی قبای	بدان تا بود پیش یزدان بپای[2]
خروشید پیش جهان‌آفرین	به خورشید بر چند کرد آفرین[3]
ز فریادرس زور و فریاد خواست	از اهریمن بدکنش داد خواست[4]
خرامان، ازان جا؛ بیامد بگاه	بسر برنهاد آن خجسته کلاه
یکی جام بر کف نهاده نبید	بدو اندرون هفت کشور پدید[5]
زمان و نشان سپهر بلند	همه کرد پیدا، چه و چون و چند!
ز ماهی به جام اندرون تا بره	نگاریده پیکر همه یکسره[6]
چو کیوان و بهرام و ناهید و شیر	چو خورشید و تیر از بروماه زیر[7]
همه بودنی‌ها بدو اندرا	بدیدی جهاندار افسونگرا[8]
نگه کرد و پس جام بنهاد پیش	بدید اندرو بودنی‌ها ز پیش[9]
به هر هفت کشور همی بنگرید	ز بیژن بجایی نشانی ندید[10]
سوی کشور کرگساران رسید	بفرمان یزدان مر او را بدید[11]
بچاهی ببسته ببندِ گران	ز سختی همی مرگ جُست اندران[12]
یکی دختری از نژاد کیان	ز بهرزواریش بسته میان[13]
سوی گیو کرد آنزمان روی، شاه	بخندید و رخشنده شد پیشگاه
که: «زنده‌ست بیژن، دلت؛ شاد دار	از اندیشه، جان و دل؛ آزاد دار
نگر غم نداری ز زندان و بند	ازانپس که بر جانْش، نامد گزند
که بیژن به توران ببند اندرست	زوارش یکی نامور دخترست
ز بس رنج و سختی و تیمار اوی	پراز درد گشتم من از کار اوی[14]

---

۱ - پژمُرده را با آزَرده پساوا نباشد.

۲ - **یک:** روم در جهان پدیدار نشده بود. **دو:** مگر برای نزدیکی بیزدان، تنها قبای رومی بایسته است؟

۳ - خروش برای خداوند، شایسته نمی‌نماید، چند کرد آفرین نیز نادرست است.

۴ - بیژن در توران گم شده بود، نه در دست اهریمن!

۵ - جام جهان‌نمای را با جام می یکی دانسته‌اند!

٦ - **یک:** از بره تا ماهی درست است، نه از ماهی تا بره. زیرا که شمار برج‌های آسمان از بره (فروردین) آغاز می‌شود و به ماهی (اسفنده) پایان می‌پذیرد. **دو:** چون همه برج‌ها در آن نگاشته شده بود، «همه یکسره» نابجا است.

۷ - چو نادرست است، و این ستارگان را با دوازده برجِ یاد شده در رج پیشین پیوند نباشد.

۸ - اندرا و افسونگرا!

۹ - پس‌از نگریستن جام را پیش نهاد؟ پیش‌ازآن چنین می‌بایستی کردن!

۱۰ - پیشتر سخن از نگاره‌های آسمان در جام بود، و نه نگاره هفت کشورِ زمین.

۱۱ - شش رج پس‌ازاین نشان بیژن در توران داده می‌شود، و اینجا در کرگساران؟

۱۲ - این رج را با رج پیشین پیوند «که» بایسته است.

۱۳ - منیژه از نژاد کیان نبود... زنجیرهٔ کیان با کیقباد آغاز می‌شود.

۱۴ - «پراز درد» پس‌از خندیدن و مژده دادن؟ خود بگیو می‌گوید از زندان و بند بیژن غم مدار، و خود درد سزاست؟

بدان سان گذارد همی روزگار | که هزمان بر او بر بگرید زوار [1]
ز پیوند و خویشان شده ناامید | گزازنده برسان یک شاخ بید [2]
دو چشمش پراز خون و دل پر ز درد | زبانش ز خویشان پراز یاد کرد [3]
چو ابر بهاران به بارندگی | همی مرگ جوید بدان زندگی [4]
بدین چاره اکنون، که جنبد؟ ز جای! | که خیزد؟ -میان بسته، این را- بپای!
که دارد بدین کار ما را وفا | که آرد ز سختی مر او را رها؟ [5]
نشاید جزاز رستم تیزچنگ! | که از ژرف دریا برآرد نهنگ
کمر؛ بند و، برکش سوی نیمروز | شب از رفتنِ راه، مآسای و روز
ببر نامهٔ من برِ رستما | مزن داستان را به ره بر دما، [6]
نویسندهٔ نامه را پیش خواند | اُزین داستان چند با او براند [7]

نامه نوشتن کیخسرو به رستم

برستم یکی نامه فرمود شاه | نوشتن ز مهتر، سوی نیکخواه
که: «ای پهلوان‌زادهٔ پرهنر | ز گُردان لشکر برآورده سر
دل شهریاران و پشت کیان | بفریادِ هرکس، کمر بر میان
تویی از نیاکان، مرا؛ یادگار | همیشه کمربستهٔ کارزار
ترا داد گردن بمردی، پلنگ | بدریا، ز بیمت خروشان، نهنگ [8]
جهان را ز دیوان مازندران | بشستی و کندی بدان را سران [9]
چه مایه سر تاجداران ز گاه | ربودیّ و برکندی از پیشگاه [10]
بسا دشمنا کز تو بی‌جان شده‌ست | بسا بوم و بر کز تو ویران شده‌ست [11]

---

۱ – هزمان نادرست است. و خرد نمی‌پذیرد که کیخسرو، چندین، از درد و رنج بیژن با پدرش سخن گوید.

۲ – «گزازنده»، و در نمونه‌های دیگر: گیارنده، گذارنده، گدازنده، گدازیده، گزارنده (بنگرید به. خالقی ۳۴۷–۳) همه نادرستند.

۳ – دنبالهٔ گفتار. ۴ – بارَندگی را با زِندگی پساوا نیست.

۵ – لت نخست نادرست است: «که، بدین کار با ما وفا میکند؟» ۶ – رستما و دما(؟).

۷ – سخنِ درست در رج پسین می‌آید. ۸ – «مردی» در این سخن به پلنگ باز میگردد.

۹ – رستم هیچگاه از کسی سر نکنده بود. ۱۰ – سر تاجداران را در رزم برید، نه کنده، نه ربود!

۱۱ – ویران کردن مایهٔ سرشکستگی ایرانیان بود.

سرِ پهلوانانِ لشکرپناه — بنزدیک شاهان، ترا؛ دستگاه
همه جادوان را ببستی به گرز — بیفروختی تاج شاهان به برز[1]
چه افراسیاب و چه شاهان چین — نوشته همه نام تو بر نگین[2]
هر آن بند کز دست تو بسته شد — گشایندگان را جگر خسته شد[3]
گشایندهٔ بندِ بسته تویی — کیان را سپهر خجسته تویی
ترا ایزد این زور و مردی که داد — دل و هوش و فرهنگ و، فرخ نژاد؛
بدان داد، تا دستِ فریادخواه — بگیری برآری ز تاریک چاه
کنون این یکی کار بایسته پیش — فراز آمد و اینت شایسته خویش[4]
بتو دارد امّید گودرز و گیو — که هستی به هر کشور امروز نیو[5]
شناسی به نزدیک من جاهشان — زبان و دل و رای یکتاه‌شان[6]
سزد گر تو این رانداری برنج — بخواه آنچه باید ز مردان و گنج[7]
که هرگز بدین دودمان غم نبود — فروزنده‌تر زین چنان کم شنود[8]
نبد گیو را خود؛ جز این پور، کس — چه فرزند بود و چه فریادرس
فراوان بنزد منش دستگاه — مرا و نیای مرا نیکخواه
بهرسو که جویمْش، یابم بجای — بهر نیک و بد، پیش من بر، بپای
چو این نامهٔ من بخوانی مپای — بزودی تو با گیو، خیز، ایدر آی
بدان، تا بدین کار با ما بهم — زنی رای فرخ بهر بیش و کم[9]
ز مردان و ز گنج و ز خواسته — بیارم به پیش تو آراسته[10]
به فرخ پی و برشده نام تو — ز توران برآید همه کام تو[11]
چنانچون بباید بسازی نوا — مگر بیژن از بند یابد رها»[12]

*

چو بر نامه بنهاد، خسرو؛ نگین — بشد گیو و بر شاه کرد آفرین

---

۱ - باگرز کسی را نمی‌بندند. و رستم تاج پادشاهان را در کدام «بُرز» افروخته بود؟
۲ - چنین نیست و هر پادشاه نام خویش را بر نگین خویش می‌نویسد.
۳ - بند، «از» دست بسته نمی‌شود «با» دست چنین می‌شود افزاینده خواسته است که در برابر گشایندهٔ بند، در سخن درست فردوسی در رج پسین، بستن بند را نیز بیفزاید.
۴ - هنوز کار را برای رستم باز نگفته است، «این» نمیتواند آوردن!
۵ - گودرز و گیو امید (دارند).
٦ - زبان و دل بسنده می‌نمود، «رای یکتاه» نادرست است.
۷ - **یک:** سزد که این رنج را از برای گیو بپذیری! **دو:** دربارهٔ مردان و گنج بهنگام رفتن بتوران سخن خواهد آمدن.
۸ - «غم» را فروزنده خواندن نادرست است، که «کاهنده» است.
۹ - درباره «کم» چگونه رای توان زدن؟
۱۰ - دوباره سخن از گنج و خواسته میرود.
۱۱ - **یک:** باری اگر رای فرخ را بپذیریم، پای فرخ را جای نباشد. **دو:** کام گیو و بیژن برخواهد آمدن، نه کام تو (=رستم).
۱۲ - باز از «نوا» و گنج سخن میرود.

سواران دوده همه برنشاند / به یزدان پناهید و لشکر براند [1]
چو نخچیر از آنجا که برداشتی / دو روزه به یک روزه بگذاشتی [2]
بیابان گرفت و ره هیرمند / همی رفت پویان، بسان نوند
بکوه و به صحرا نهادند روی / همی شد خلیده‌دل و راه‌جوی [3]
چو از دیده‌گه، دیده‌بانش بدید / سوی زاولستان فغان برکشید
که: «آمد سواری سوی هیرمند / سواران بگرد اندرش نیز چند
درفشی درفشان پس پشت اوی / یکی زاولی تیغ در مشت اوی [4]»
غَو دیده، بشنید دستانِ سام / بفرمود؛ بر چرمه، کردن لگام
پر اندیشه آمد پذیره براه / بدان تا نباشد یکی کینه‌خواه [5]
برَه گیو را دید پژمرده روی / همی آمد آسیمه و پوی‌پوی
بدل گفت: «کاری نو آمد به شاه / فرستاده گیوست کامد به راه» [6]
چو نزدیک شد پهلوانِ سپاه / نیایش کنان برگرفتند راه [7]
بپرسید دستان، ز ایرانیان / ز شاه و ز پیکار تورانیان
درود بزرگان بدستان بداد / ز شاه و ز گردان فرّخ نژاد
همه درد دل، پیش دستان بخواند / غمِ پورِ گم بوده، با او براند
همی گفت: «رویم نبینی برنگ / ز خون مژه پشت پایم پلنگ» [8]
ازان پس نشانِ تهمتن بخواست / بپرسیدوگفتش که «رستم کجاست؟» [9]
بدو گفت «رستم به نخچیر گور / بیاید هماناکه برگشت هور» [10]

---

۱ – **یک:** کسیکه به پیام بردن می‌رود نمی‌باید که با همهٔ سواران زیر فرمانش برود! که چند سوار، بسنده است و در رج پنجم پس‌ازاین، چنین می‌آید. **دو:** سواران دوده را، «را» باید.

۲ – **یک:** سخن سست است. افزاینده را رای آن بوده‌است که بگوید همانند نخچیران راه دو روزه را بیک روز میرفت، و نخچیران پیرامون زیستگاه خویش می‌چرند، و بجایی نمی‌روند. **دو:** از آنجا که برداشتی نادرست است. گیو از پایتخت کیخسرو (آذربایجان نزدیک دریای چیچست (اورمیهٔ امروز) بسوی سیستان رفت.

۳ – در رج پیشین سخن درست آمده‌است. و در این رج لت نخست کنش نهادند (گروه) آمده‌است و رج دویم شد (یگانه) که با یکدگر همخوان نیستند.

۴ – **یک:** کسیکه به پیامبری میرود، و نیز آنانکه بجنگ میروند، در میان راه شمشیر را بدست نمی‌گیرند! **دو:** از راه دور چگونه توان شمشیر زاولی را از دیگر شمشیرها بازشناختن؟ ۵ – کینه‌خواه، با «چند سوار» بجنگ نمی‌رود.

٦ – **یک:** سخن نادرست است: «کاری نو برای شاه پیش آمد». **دو:** کامد براه نیز ناهموار است: «فرستاده‌ای که در راه می‌آید، گیو است».

۷ – پهلوان سپاه کیست؟ گیو است یا زال؟ چه کسان «راه را برگرفتند»؟ راه برگرفتن چگونه باشد؟

۸ – پشت پای چگونه «پلنگ» تواند بودن؟ افزاینده خواسته است بگوید که از بس خون گریسته‌ام پشت پایم لکه لکه شده‌است... چه کودکانه؟

۹ – سخن درهم که در آن سه بار، یک پرسش می‌آید: ۱) نشان خواست ۲) بپرسید ۳) رستم کجا است، گفتش نیز نابجا است.

۱۰ – **یک:** سخن در لت نخست بی‌پایان است: «رفته‌است» می‌باید. **دو:** آن‌کس که به نخجیر می‌رود، بنخجیر می‌رود، و نمیتوان از نخچیر گور یاد کردن زیرا که از آغاز نمیداند که در راه کدام جانور به پیش می‌آید؟

«شوم» گفت: «تا من ببینمش روی ... ز خسرو یکی نامه دارم بدوی»[1]
بدو گفت دستان که: «ز ایدر مرو ... که زود آید از دشتِ نخچیر گو[2]
تو تا رستم آید بخانه بپای ... یک امروز با ما بشادی گرای»[3]
چو گیو اندر آمد بایوان ز راه ... تهمتن بیامد ز نخچیرگاه
پذیره شدش گیو، کامد فراز ... پیاده شدش پیش و بردش نماز
پراز آرزو دل، پر آژنگ؛ روی ... برخ برنهاده ز دو دیده؛ جوی
چو رستم دلِ گیو را خسته دید ... به آب مژه روی او شسته دید[4]
بدل گفت: «باری تباه است کار ... به ایران و بر شاه بد روزگار»[5]
ز اسپ اندر آمد گرفتش ببر ... بپرسیدش از خسرو تاجور[6]
ز گودرز و از توس و از گستهم ... ز گردان لشکر همه بیش و کم[7]
ز شاپور و فرهاد و ز بیژنا ... ز رهّام و گرگین و ز هر تنا[8]
چو آواز بیژن رسیدش به گوش ... برآمد بناکام از او یک خروش[9]
برستم چنین گفت که: «ای بآفرین ... گزینِ همه خسروانِ زمین
چنان شاد گشتم بدیدار تو ... بدین پرسش خوب و گفتار تو[10]
درستند ایشان که بردی تو نام ... از ایشان فراوان درود و پیام[11]
نبینی که بر من به پیران سرم ... چه آمد ز بخت بد اندرخورم[12]
چه چشم بد آمد به گودرزیان ... کزان سود ما را سرآمد زیان؟[13]
ز گیتی مرا خود یکی پور بود ... که هم پور و هم پاک دستور بود
شد از چشم من در جهان ناپدید ... بدین دودمان، کس، چنین غم ندید
چنینم که بینی به پشت ستور ... شب و روز تازان به تاریک و هور[14]

---

۱ - مگر نخجیرگاه را نشان هست که گیو بسوی آن رود!

۲ - از کجا پیدا که «زود آید»؟، گو در پایان سخن نیز نابجا است، زیرا پیدا است که دربارهٔ رستم گفت‌وگو می‌شود.

۳ - پیشتر گفت «که برگشت هور»، و اکنون می‌گوید «امروز»!

۴ - خَسته را با شُسته پساوا نباشد.

۵ - لت دویم را پیوند با لت نخست نیست.

۶ - **یک:** از اسپ فرود می‌آیند، اندر آمدن (= اندرون آمدن) نادرست است. **دو:** لت دویم نیز ناهماهنگ است. «بپرسید، از خسرو تاجور» و در آن «ش» کاربرد ندارد.

۷ - چگونه از گردان بیشتر یا کمتر توان پرسیدن؟

۸ - بیژنا و هر تنا!

۹ - خروش، در این رج، با رجِ پسین همخوان نیست.

۱۰ - این رج را با رج پسین پیوند نیست، و پایان ندارد.

۱۱ - سخنی که در آن پرسش از شاه و دیگران بود، افزوده می‌نمود، و این پاسخ نیز پیوسته بدانست.

۱۲ - **یک:** سخن نادرست است: «نبینی که به پیران سر، بر من چه آمد؟ **دو:** اندرخور را هیچ گزارش نیست.

۱۳ - کدام سود؟ سود از چشم بد؟

۱۴ - **یک:** گیو در ایوانِ دستان است نه در پشت ستور. **دو:** تاریک و هور را بجای روز و شب آوردن سخت ناروا است. و نارواتر آنست که پیشتر، خود از شب و روز یاد کرده بود.

ز بیژن شب و روز چون بیهشان　　بجستم به هرسو ز هرکس نشان[1]
کنون شاه با جام گیتی‌نمای　　به پیش جهان‌آفرین شد بپای[2]
چه مایه خروشید و کرد آفرین　　به جشن کیان هرمز فرودین[3]
پس آمد ز آتشکده تا به گاه　　کمر بست و بنهاد بر سر کلاه[4]
همان جام رخشنده بنهاد پیش　　به هرسو نگه کرد ز اندازه بیش[5]
بتوران نشان داد زو، شهریار　　ببند گران و، ببد روزگار
چو در جام کیخسرو ایدون نمود　　سوی پهلوانم دوانید زود[6]
کنون آمدم با دلی پر امید　　دو رخساره زرد و دو دیده سپید[7]
ترا دیدم اندر جهان چاره‌گر　　تو بندی بفریاد هرکس کمر»[8]
همی گفت و مژگان پراز آب کرد　　همی برکشید از جگر باد سرد[9]
ازانپس که نامه به رستم بداد　　همه کار گرگین بدو کرد یاد[10]
از او نامه بستد دو دیده پر آب　　همه دل پراز کین افراسیاب
پس از بهر بیژن خروشید زار　　فرو ریخت از دیده خون بر کنار[11]
بگیو آنزمان گفت: «مندیش ازین!　　که رستم نگرداند از رخش زین؛
مگر دست بیژن گرفته بدست　　همه بند و زندان او کرده پست؛
بنیروی یزدان و فرمان شاه　　برآرم من او را ز تاریک چاه»
اُزانجا به ایوان رستم شدند　　بره بر، همی رای رفتن زدند[12]
چو آن نامهٔ شاه، رستم بخواند　　ز گفتار خسرو بخیره بماند[13]
ز بس آفرین جهاندار شاه　　بدان نامه بر پهلوان سپاه[14]
بگیو آنگهی گفت: «بشناختم　　بفرمان او راه را ساختم[15]

۱ – دوباره شب و روز.

۲ – یک: کنون نادرست است، زیرا که پیشتر، کیخسرو جام گیتی‌نمای را دیده‌بود. دو: «شد بپای» نیز نادرست است: «برپای خاست».

۳ – جشن نوروز، جشن کیان نیست و جشن جمشید است. و دربارهٔ خروش همراه با آفرین نیز پیشتر سخن گفته‌ام.

۴ – پیشتر، سخنی از آتشکده در میان نبود!

۵ – در رج سیوم پیش‌ازاین از جام سخن رفته‌بود.

٦ – یک: ایدون نمود نادرست است: «ایدون دیده». دو: لت دویم نیز نادرست است زیرا که گیو بر اسپ سوار بود، و ندویده بود.

۷ – دارندهٔ دل پر امید. چشمانش سپید نمی‌شود، باری با چشم سپید شده (=کور) چگونه از آذربایجان تا سیستان ره پیمود؟ و چگونه دستان و رستم را دید؟

۸ – گیو، رستم را پیشنهاد نکرده بود که کیخسرو چنین کرده بود.

۹ – «همی گفت» با «کرد» همخوان نیست.

۱۰ – پیشتر روشن نبود که چه زمان نامه را برستم داده بود و نامه در رج پسین، پس‌ازاین سخن برستم داده می‌شود.

۱۱ – افزاینده، گمان می‌برد که رستم پهلوان را نیز شایسته است که چون پیرزنان زار بخروشد! و کسیکه چنان زار بخروشد نمی‌تواند با چنین استواری بگیو پشت‌گرمی دهد.

۱۲ – نه تُنها، در میان راه، رای رفتن نزدند، که سه روز نیز برامش نشستند.

۱۳ – نامهٔ شاه را دبیران بر رستم می‌خواندند، نه خودِ رستم.

۱۴ – پیوند درست میان دو لت نیست.

۱۵ – یک: آنگهی نادرست است. دو: «بشناختم» ناروا است. سه: راه را ساختن خاکبرداری و پی‌کنی و دیگر کارها است: «آمادهٔ رفتنم».

بدانستم این رنج و کردار تو — کشیدن بهرکار تیمار تو[1]
چه مایه ترا نزد من دستگاه — بهر کینه گاه اندرون، کینه‌خواه[2]
چه کین سیاوش چه مازندران — کمر بسته بر پیش جنگاوران[3]
بر این آمدن رنج برداشتی — چنین راه دشوار بگذاشتی[4]
بدیدار تو سخت شادان شدم — ولیکن ز بیژن غریوان شدم[5]
نبایستمی کاین چنین سوکوار — ترا دیدمی خستهٔ روزگار[6]
من از بهر این نامهٔ شاه را — بفرمان، بسر بسپرم راه را[7]
ز بهر ترا، خود جگرخسته‌ام — بدین کار بیژن کمر بسته‌ام[8]
بکوشم بدین کار، گر جان من — ز تن بگسلد پاک یزدان من[9]
من از بهر بیژن ندارم به رنج — فدی کردن جان و مردان و گنج[10]
به نیروی یزدان ببندم کمر — به بخت شهنشاه پیروزگر[11]
بیارمش زان بند و تاریک چاه — نشانمش با شاه در پیشگاه[12]
سه روز اندرین خان من شاد باش — ز رنج و ز اندیشه آزاد باش
که این خانه زان خانه بخشیده نیست — مرا با تو گنج و تن و جان یکیست[13]
چهارم سوی شهر ایران شویم — بنزدیک شاه دلیران شویم[14]
چو رستم چنین گفت برجست گیو — ببوسید دست و سر و پای نیو[15]
بر او آفرین کرد ک: «ای نامور — به مردیّ و نیروی و بخت و هنر[16]
بماناد بر تو چنین جاودان — تن پیل و هوش و دل موبدان
ز هر نیکی ای بهره‌ور بادیا — چنین کز دلم زنگ بزدادیا»[17]

---

۱ – **یک:** رنج گیو از برای بیژن است، و با کردار گیو پیوند ندارد. **دو:** لت دویم نیز آشفته است.

۲ – لت دویم را پیوند درست با لت نخست نیست گیو کینه‌خواه است یا من «رستم».

۳ – گیو در جنگ مازندران، خود در بند بود. ۴ – بر این نادرست است: «برای آمدن».

۵ – شادی و غریو با یکدیگر همساز نیست، و چگونه کسیکه سخن بدین درازی را (که افزاینده سروده است) میگوید، در میانِ آن غریو بر می‌آورد؟ ٦ – «دیدمی» در لت دوئِم با «نبایستمی» در لت نخست همخوان نیست: نبایستمی ترا چنین سوگوار «دیدن».

۷ – پیشتر همین سخن بگونه‌ای دیگر آمده‌بود. ۸ – پیشتر نیز این گفتار آمده‌بود.

۹ – «بدین کار» در این رج با «بدین کار» در رج پیشین ناهمخوان است.

۱۰ – **یک:** این سخن در برابر گفتار درست شاهنامه در رج‌های یاد شده، می‌ایستد. **دو:** ندارم برنج نیز با لت دویم همخوان نیست «ندارم دریغ...». ۱۱ – **یک:** «بنیروی یزدان» نیز در همان گفتار آمده‌بود. **دو:** بنیروی یزدان؟ یا ببخت شهنشاه؟

۱۲ – این سخن نیز در رج‌های یاد شده آمده‌بود.

۱۳ – سخن درست است: خانهٔ من از خانهٔ تو جدا نیست، اما این رج میان رج‌های پیشین‌وپسین جدایی می‌افکند.

۱۴ – سیستان نیز در ایرانشهر بوده و هست.

۱۵ – **یک:** برجستن از یک پهلوان بزرگ ایرانی دور می‌نماید. **دو:** مگر رستم می‌گذاشت که گیو پای وی را ببوسد.

۱٦ – سخنانی که در این رج و رج پسین چنین می‌آید «آفرین» نیست، آرزو است.

۱۷ – **یک:** «بادیا» نادرست، و «بزدادیا». **دو:** نادرستی دارد، زیرا که واژه «بزداد» نیست «بزدوده» است.

چو رستم دل گیو پدرام دید   ازانپس بنیکی سرانجام دید[1]
بسالار خوان گفت «پیش آر خوان   بزرگان و فرزانگان را بخوان»[2]
زواره، فرامرز و دستان و گیو   نشستند بر خوانِ سالار نیو
بخوردند خوان و بپرداختند   نشستنگه رود و می ساختند[3]
نوازندهٔ رود با میگسار   بیامد بایوان گوهرنگار[4]
همه روی لئل از می لئل فام   غریونده چنگ و خروشنده جام[5]
بروز چهارم گرفتند ساز   چو آمدْش هنگام رفتن فراز؛
بفرمود رستم که: «بندید بار   سوی شاه ایران پسیچید کار.»[6]
سواران گردنکش از کشورش   همه راه را ساخته بر درش[7]
بیامد به رخش اندر آورد پای   کمر بست و پوشید رومی قبای[8]
بزین اندر افکند گرز نیا   پراز جنگ سر، دل پراز کیمیا
به گردون برافراخته گوش، رخش   ز خورشید برتر سر تاجبخش
خود و گیو با زاولی سدسوار   ز لشکر گزید از در کارزار[9]
که نابردنی بود برگاشتند   به زال و فرامرز بگذاشتند[10]
سوی شهر ایران نهادند روی   همه راه، پویان و دل، کینه‌جوی[11]

*

چو رستم بنزدیک ایران* رسید   سرِ کاخ● کیخسرو آمد پدید؛
یکی باد نوشین، درود سپهر؛   برستم رسانید، شادان بمهر[12]

---

۱ - لت دویم نادرست است و پیوند با لت نخست نیز ندارد.

۲ - **یک:** فراخواندن بزرگان و فرزانگان می‌بایستی پیش‌از آوردن خوان انجام گیرد. **دو:** سخن را پساوای درست نیست.

۳ - خوان (=میز) خوردنی نیست.

۴ - **یک:** «بیامد» درست نیست: «بیامدند». **دو:** میگساران همواره در همان کاخ میزیستند.

۵ - **یک:** لت نخست «کنشِ» بایسته را ندارد: «همه روی هاشان لئل‌گون شد». **دو:** جام را خروش نیست.

٦ - **یک:** «سازگرفتن راه» در رج پیشین بستن بار نیز هست. **دو:** «کار» سوی کسی «پسیچیدن» درست نیست.

۷ - **یک:** «از» نابجا است. **دو:** لت دویم نیز پایان ندارد.

۸ - **یک:** رستم از کجا «بیامد»؟ **دو:** کمر را پیش‌از سوار شدن می‌بندند. **سه:** رومی قبای!!

۹ - **یک:** «خود» و گیو نادرست است: «با گیو»، «رستم با گیو». **دو:** زمان گزینش سواران پس‌از سوار شدنِ رستم نیست که پیشتر می‌بایستی آنانرا برگزینند.

۱۰ - سخن نادرست: «آنانرا که...» و نابردنی برای سواران، چه روی دارد.

۱۱ - مگر زابلستان، ایران نبوده‌است؟

* - در همهٔ نمونه‌ها «ایران» آمده‌است که نادرست می‌نماید. در اندیشهٔ من، «ایوان» درست است چون رستم بایوان کیخسرو رسید.

● - و این واژه نیز «سر و تاجِ» است، زیراکه سرِ کاخ، از دورْ دیده می‌شود نه از نزدیک. نمونه‌های دیگر بنزدیک شهر دلیران رسید که آن نیز درست نمی‌نماید.

۱۲ - **یک:** «نوشین» شیرین است، و «باد» نوشین نمی‌شود. **دو:** چنانکه «شادان» نیز نگردد.

بـرِ رسـتم آمـد هـمان گـاه گـیو — کـ :«ز ایـدر نـباید شـدن پـیش نـیو»[1]
«شـوم» گـفت: «و آگـه کـنم شـاه را — کـه پـیمود رخش تـهم راه را»[2]
چـو رفت از بـر رسـتم پـهلوان — بـیامد بـه درگـاه شـاه جـوان[3]
چـو نـزدیک کـیخسرو آمـد فـراز — سـتودش فـراوان و بـردش نـماز[4]
پس از گـیو گـودرز پـرسید شـاه — کـه «رستم کجا ماند و چون بود راه؟»[5]
بـدو گـفت گـیو «ای شـه نـامدار — بـرآیـد بـبخت تـو هـرگونه کـار[6]
نـتابید رسـتم ز فـرمان تـو — دلش بسـته دیـدم بـه پـیمان تـو[7]
چـو آن نـامهٔ شـاه دادم بـدوی — بـمالید بـر نـامه بـر، چشـم و روی[8]
عـنان بـا عـنان مـن انـدر ببست — چـنانچون بـود گـرد خسـروپرست[9]
بـرفتم مـن از پـیش تـا بـا تـو شـاه — بگـویم کـه آمـد تـهمتن ز راه»[10]
بـه گـیو آنگـهی گـفت «رستم کجاست — کـه پشت بـزرگی و تـخم وفـاست[11]
گـرامـیش کـردن سـزاوار هست — کـه نـیکی نـمای است و خسروپرست»[12]
⇐ بـفرمود خسـرو بـفرزانگـان — بـه مـهتر نـژادان و آزادگـان
پـذیره شـدن پـیش او بـا سـپاه — کـه آمـد بـفرمان خسـرو بـه راه[13]
بگـفتند گـودرز کشـواد را — شـه نـوذران تـوس و فـرهاد را[14]
دو بـهره ز گـردان گـردنکشان — چـه از گـرزداران مـردم کشـان[15]
بـر آیـین کـاووس، بـرخـاستند — پـذیره شـدن را بـیاراسـتند
جـهان شـد ز گـرد سـواران بـنفش — درخشـان سـنان و درفشـان درفش[16]
چـو نـزدیک رسـتم فـراز آمـدند — پـیاده بـه رسـم نـماز آمـدند[17]

---

۱ – گیو که در کنار رستم اسپ میراند، از کجا به «برِ رستم» آمد؟ **دو:** «همانگاه» نادرخور است. **سه:** لت دویم ناساز است.

۲ – **یک:** آگاهی را دیوان برید، پیشتر میرساند. **دو:** «رخش تهم» نادرست است.

۳ – «بیامد» در لت دویم نادرست است: «برفت» و «بیامد» کدامیک؟

۴ – لت یکم، همان لت دویم رج پیشین است. و «چو» در آغاز آن با «چو» در آغاز رج پیشین همخوان نیست.

۵ – شاه از «او» پرسید. ٦ – دنبالهٔ سخن. ۷ – نیز...

۸ – «آن» نامه شاه نادرست است: «چون نامه ترا»، «چون نامه شاه را».

۹ – اگر لگام اسپان رابیکدیگر ببندند، راهپیمایی آنانرا دشوار میکند.

۱۰ – برفتم نادرست است: «بیامدم» سخن نیز در لت نخست سست می‌نماید.

۱۱ – **یک:** آنگهی نادرست است. **دو:** لت دویم نیز سست است.

۱۲ – **یک:** گرامی «کردنی» نیست، «داشتنی» است. **دو:** لت دویم نیز سخت سست است.

۱۳ – لت دویم را پیوند درست با لت نخست نیست.

۱۴ – کیخسرو دو رج پیش خود به فرزانگان و... فرمان پذیره شدن داده بود، و این رج سخن دوباره است.

۱۵ – **یک:** چرا دو بهر؟ **دو:** دو بهره از چند بهره؟ **سه:** پاژنام مردم‌کش ویژهٔ دژخیمان است و نه سزاوار پهلوانان! **چهار:** در «لی» و «و» دشمن کشان آمده‌است که آن نیز سست است. ۱٦ – برخاستن پهلوانان جهان را از گرد بنفش نمی‌کند.

۱۷ – **یک:** رستم بنزد آنان رسید. **دو:** اگر پهلوانان بآزرم رستم پیاده شدند، می‌بایستی بیاید: «از اسپ پیاده شدند»، یا «از اسپ بزیر

←

ز اسپ انـدر آمـد جـهان‌پهلوان ‏ ‏ همـه پـهلوانـان بـه پـیشش نـوان[۱]
بـپرسید مـر هـر یکـی را ز شـاه ‏ ‏ ز گـردنده خـورشید و تـابنده مـاه[۲]
نشسـتند گـردان و رسـتم بـر اسپ ‏ ‏ بکـردار رخشـنـده آذرگشسپ[۳]
چـو آمـد بـرِ شـاه کـهترنواز ‏ ‏ نـوان پـیش او رفت و بـردش نـماز[۴]
سـتایش‌کنان پـیش خسـرو دویـد ‏ ‏ کـه مـهر و سـتایش مـر اورا سزید[۵]
یکـی آفـرین کـرد رستم بـه شـاه ‏ ‏ کـه هـرگز نکـرد آن کس از دیـرگاه[۶]
بـرآورد سـر آفـرین کـرد و گـفت ‏ ‏ «مـبادت جـزاز بـخت پـیروز جـفت[۷]
چـو هـرمزد بـادت بـدین پـایگاه ‏ ‏ چـو بـهمن نگـهبان فـرخ کـلاه
هـمه سـاله اردیـبهشت هـژیر ‏ ‏ نگـهبان تـو بـاهش و رای پـیر
چـو شـهریر بـادات پـیروزگر ‏ ‏ بـه نـام بـزرگیّ و فـرّ و هـنر
سـپندارمـذ پـاسبان تـو بـاد ‏ ‏ خـرد جـان روشـن‌روان تـو بـاد
ز خـرداد بـاش از بـر و بـوم شـاد ‏ ‏ تـن چـارپایانت مـرداد بـاد!
دی و اورمـزدت خـجسته بـواد ‏ ‏ درِ هـر بـدی بـر تـو بسته بـواد
دی‌ات آذرافـروز و فـرخـنده روز ‏ ‏ تـو شـادان و تـاج تـو گـیتی‌فروز»[۸]
چـو ایـن آفـرین کـرد رستم بـپای ‏ ‏ بـپرسید و کـردش بـرِ خـویش جـای[۹]

← آمدند». سه: «رسم» در آیین سخن فردوسی نیست.

۱ – **یک:** از اسپ اندر آمدن نادرست است: «پیاده شد». **دو:** گریه و زاری پهلوانان را «نوان» در نزد رستم چه روی باشد؟

۲ – **یک:** «مر هر» نادرست است: «از هر». **دو:** هر یکی نادرست است: «هریک». **سه:** بس می‌نمود که از گودرز پیر، دربارهٔ کیخسرو پرسد، نه از یکایک آنان. **چهار:** مگر رستم خود خورشید و ماه را نمی‌دید که از آنان پرسد!! افزاینده را، رای بر آن بوده‌است، که از «گذر روزگار» در دربار شاه گوید.

۳ – **یک:** سوار شدن پهلوانان را هیچ همانندی با آتشکدهٔ آذرگشسب نیست، مگرآنکه افزاینده را پساوای اسپ بوده باشد. **دو:** «گُشسپ» را با «بر اسب» پساوا نیست.

۴ – نالان و گریان بودن جهان‌پهلوان را هیچ روی نیست.

۵ – **یک:** «دوید»، با «رفت» در رج پیشین همخوان نیست. **دو:** ستایش همزمان با دویدن روی نمیدهد.

٦ – لت دویم سخت ناهماهنگ است: «که هرگز (همانند) آن (را) از زمان (باستان) نکرد(ه بودند)».

۷ – دوباره سخن از آفرین میرود...

۸ – این هفت رج، افزودهٔ کسی است که از گروه دیگر افزایندگان نبوده‌است، و اندکی نام امشاسپندان را میدانسته است و از خویشکاری هریک از آنها اندکی آگاهی داشته است، اما بیشتر سخنان سست و نادرخور می‌نماید: چو هرمزد = اهورامزدا، بدین پایگاه نادرست است، چو بهمن نگهبان تخت و کلاه نیز... زیرا که شهریور نماد پادشاهی آرمانی است، اردیبهشت نماد راستی و پاکی و زیبایی و سزاواری است که گاهِ او را از زیبایی و جوانی به ماه اردیبهشت داده‌اند، و از «پیری» او یاد کردن درست نمی‌نماید. شهریر نادرست است و سراینده را توان درست سرودن با نام شهریور نبوده‌است، با دات = باداترا. پس شهریور بر او پیروز می‌شود و وی (کیخسرو) شکست خورده خواهد بودن! و بدینسان شاهی کیخسرو نه بر آیین دین نمایانده می‌شود و «خرد» در لت دویم این رج «خرد» از امشاسپندان نیست، و نام درست هفتمین امشاسپند امرداد است نه مرداد. و پس‌از امرداد، دوباره بازگشت به اورمزد نادرست است و یاد کردن وی در برابر اورمزد، بازگشت بنام روزهای ماه است و نادرخور است. و در پایان باز از «دی» سخن میرود که آذرافروز باشد، و این سخنان را همه پیوند با کیش زرتشتی است، و در زمان کیخسرو، زرتشت بجهان نیامده بود!

۹ – لت نخست سخت سست است و «کرد بر خویش جای» نادرست است: «بر خویش جای (داد)».

رسیدن رستم به کیخسرو

بدو گفت خسرو: «درست آمدی — که از جان تو دور بادا بدی
تویی پهلوان کیانِ جهان — نهان آشکار، آشکارت نهان [۱]
گزین کیانیّ و پشت سپاه — نگهدار ایران و لشکرپناه
مرا شاد کردی بدیدار خویش — بدین پرهنر جان بیدار خویش
زواره فرامرز و دستان سام — درستند؟ ازیشان چه داری پیام؟» [۲]
فرو برد رستم ببوسید تخت — که «ای نامور خسرو نیکبخت؛
به بخت تو هر سه درستند و شاد — انوشه کسی که‌ش کند شاه یاد»
بسالار نوبت بفرمود شاه — که «گودرز و توس و گوان را بخواه» [۳]
درِ باغ بگشاد سالار بار — نشستنگهی ساخت، بس؛ شاهوار
بفرمود تا تاج زرّین و تخت — نهادند زیر گل‌افشان درخت
همه دیبهٔ خسروانی بباغ — بگسترد و شد گلْستان چون چراغ
درختی زدند از برِ گاهِ شاه — کجا سایه گسترد، بر تاج و گاه
تنش سیم و شاخش ز یاقوت و زر — بر اوگونه‌گون خوشه‌های گهر
عقیق و زمرد همه برگ و بار — فروهشته از شاخ چون گوشوار [۴]
همه بار زرّین ترنج و بهی — میان ترنج و بهی‌ها تهی [۵]
بدو اندرون مشک سوده به می — همه پیکرش سفته برسان نی [۶]
که را، شاه بر گاه بنشاندی — بر او باد ازان مشک بفشاندی [۷]
همه میگساران به پیش اندرا — همه بر سران افسر از گوهرا [۸]
ز دیبای زربفت چینی قبای — همه پیش گاه سپهبد بپای [۹]
همه توق بربسته و گوشوار — بر ایشان همه جامه گوهرنگار [۱۰]

---

۱ - سخن درست دربارهٔ کیان در رج پسین می‌آید.

۲ - سه رج بس زیبا است، اما انگشت بر آنها توان نهادن؛ **نخست:** شاید که کیخسرو از برای بزرگی زال (= دستان سام) از وی بپرسد که چه پیام از وی داری اما زواره و فرامرز را چه پایگاه باشد که چنین بزرگداشت دربارهٔ آنان، در سخن رود؟ **دودیگر:** ناراستی سخن؛ رستم چه چیز را فرو برد؟ **سدیگر:** رج سیوم سخت بآیین سروده شده‌است، اما پیوسته بدو رج پیشین است.

۳ - **یک:** «نوبت» را در گفتار فردوسی جای نیست «سالار بار». **دو:** افزاینده خود، آنانرا به پذیرهٔ رستم فرستاده و با وی برگردانده بود فراموش کرده است که آنان در پیشگاه کیخسرواند.

۴ - **یک:** از «بار» (= میوه، خوشه) در رج پیشین یاد شد. **دو:** میوه را به «گوشوار» مانده کردن درست نمی‌نماید.

۵ - **یک:** از میوه پیشتر یاد شد! **دو:** میانِ تهیِ ترنج و بهی چگونه دیده و دانسته می‌شود؟

۶ - **یک:** پیکر شُفته (= سوراخ شده) چه باشد؟ آنهم برسانِ نی!!! **دو:** پیکرش نیز نادرخور است «پیکرشان». **سه:** «بدو اندرون» نادرست است: «در اندرون آنها»... و چگونه اندرون آنها دیده می‌شود؟

۷ - بنشاندی را با بفشاندی پساوا نیست.

۸ - اندرا و گوهرا!

۹ - لت دویم این رج در لت نخست رج پیشین آمده‌بود.

۱۰ - **یک:** توغ «بربستنی» نیست، «آویختنی» است. **دو:** «برایشان همه جامه» نادرست است: «جامهٔ ایشان». **سه:** از جامهٔ آنان در رج پیشین یاد شده بود.

۵۲۶ کیخسرو

همه رخ چو دیبای رومی به رنگ — فروزنده اود و خروشنده چنگ[1]
همه دل پراز شادی و می بدست — رخان ارغوانی و نابوده مست[2]
بفرمود تا رستم آمد بتخت — نشست از برِ گاه، زیر درخت
برستم چنین گفت پس شهریار — که: «ای نیک پیوندِ بهٔ روزگار
ز هر بد، تویی؛ پیش ایران سپر — همیشه؛ چو سیمرغ، گسترده پر
تو در کارِ ایران چو پشتِ کیان — همه بر درِ رنج، بندی میان
شناسی تو کردار گودرزیان — بآسانی و رنج و سود و زیان
میان، بسته دارند پیشم، بپای — همیشه بنیکی مرا رهنمای
بتنها تن گیو کز انجمن — ز هر بد، سپر بوده در پیش من
چنین غم بدین دوده نامد پدید — غم از درد فرزند برتر که دید[3]
بدین کار اگر تو نبندی کمر — نبینم بگیتی دگر چاره گر[4]
کنون چارهٔ کارِ بیژن بجوی — که او را، ز توران، بد آمد بروی!
ز گردان و اسپان و شمشیر و گنج — ببر هرچه باید، مدار این به رنج»[5]
چو رستم ز کیخسرو ایدون شنود — زمین را ببوسید و برجست زود[6]
بر او آفرین کرد که :«ای نیکنام — چو خورشید، هر جای، گسترده کام؛
ز تو دور باد آز و خشم و نیاز — دل بدسگالت به گُرم و گداز
تویی بر جهان شاه و سالار و کی — کیان جهان مر ترا خاکِ پی
که چون تو ندیده‌ست یکشاه گاه — نه تابنده خورشید و گردنده ماه[7]
بدان را ز نیکان تو کردی جدا — تو داری به افسون و بند اژدها[8]
بکندم دل دیو مازندران — به فرِّ کیانی و گرز گران[9]
مرا مادر از بهرِ رنج تو زاد — تو باید که، باشی بآرام و شاد[10]
منم گوش داده بفرمان شاه — بدان ره روم، کهم نمایی تو راه

---

۱ – **یک:** روم در جهان پدیدار نشده بود. **دو:** «اود» برافروخته نمی‌شود، دود میکند.

۲ – اینجا از رنگِ رخ ارغوانی آنان یاد میکند و در رج پیشین از رنگِ دیبای رومی!

۳ – از این غم بزرگتر بدیشان رسیده بوده و آن از دست دادن چند پهلوان از فرزندان گودرز، در جنگ هماون.

۴ – سخن درست می‌نماید، اما با لت درست پسین همخوان نیست.

۵ – «مدار این برنج» نادرست است.

۶ – بوسیدن زمین و برجستن زود برای جهان‌پهلوان نادرست می‌نماید، بویژه که کیخسرو او را بر تخت نشانده بود.

۷ – لت نخست نادرست است: «گاهِ شاهی، چون ترا بخود ندیده‌است».

۸ – **یک:** سخن پریشان است... بدان همواره همراه نیکان بوده و هستند. **دو:** افسون را با کاربرد امروزین آن آورده است.

۹ – **یک:** سخن یکباره از ستایش کیخسرو به ستایش خود باز میگردد! **دو:** دیو مازندران نادرست است: «دیوان مازندران» و دل آنان را نیزه نکنده بود.

۱۰ – سخن درست در رج پسین می‌آید.

دل و جان نهاده به سوی کلاه / بران ره روم کم بفرمود شاه[1]
جز آن کز پی گیو اگر بر سرم / هوا بارد آتش بدان ننگرم[2]
رسیده به مژگانم اندر سنان / ز فرمان خسرو نتابم عنان[3]
برآرم ببخت تو این کارکرد / سپهبد نخواهم نه مردان مرد[4]
کلید چنین بند باشد فریب / نه هنگام گرزست و روز نهیب»[5]
چو رستم چنین گفت گودرز و گیو / فریبرز و فرهاد و شاپور نیو[6]
به می دست بردند و مستان شدند / ز یاد سپهبد به دستان شدند*

بخشیدن کیخسرو
گناه گرگین را
بخواهش رستم

چو گرگین نشان تهمتن شنید / بدانست، کآمد غمش را؛ کلید
فرستاد نزدیک رستم پیام / که: «ای نیک‌پی، فرخِ نیکنام
درخت بزرگیّ و گنج وفا / در رادمردیّ و بند بلا[7]
گرت رنج ناید ز گفتار من / سخن گسترانم ز کردار من[8]
نگه کن تو در کارِ این گوژپشت / که خیره، چراغ دلم را بکشت[9]
بتاریکی اندر مرا ره نمود / نوشته چنین بود و بود آنچه بود[10]
برآتش نهم خویشتن پیشِ شاه / که آمرزش آید مرا زین گناه[11]

---

۱ – لت نخست سست و لت دویم دوباره‌گویی رج پیشین با گفتاری‌سست‌تر.

۲ – «جز آن» در آغاز سخن نادرست است. «بجزاز پیروی از شاه، اگر برای گیو...».

۳ – روی تخت بهنگام رامش، چگونه سنان بمژگان رستم رسیده است؟ افزاینده خواسته است بگوید که برای رهایی بیژن، نیز بدست می‌روم و سنان را بر میان دشمن میزنم... زهی سستی سخن!

۴ – «بر آوردن کارکرد» نادرست است، و مگر رستم برای انجام کاری نیاز به سپهبد دارد؟

۵ – بهنگام رامش سخن از شیوهٔ کار درست نمی‌نماید، و درست همان بود که رستم گفت: بدان ره روم کم تو فرمان دهی.

۶ – از چند پهلوان نام بردن درست نیست، و درست در رج پسین آمده‌است که: «همه» بمی دست بردند.

* – در می خوردن پس‌از نام کیخسرو، نام زال را بردند.

۷ – هیچیک از این سخنان درست نیست... درخت بزرگی... گنج وفا دروازهٔ رادی، بند (=سدّ) بلا!

۸ – زکردارِ من نادرست است: «کردارم». ۹ – چراغِ دل را «خیره» کشتن، چه روی دارد؟

۱۰ – در میان تاریکی، ره نمودن، کاریست نیک! اما افزاینده خواسته است بگوید که مرا بسوی تاریکی ره نمود، و نتوانسته است سخن را بدرستی بیاراید!

۱۱ –کسیکه از رستم می‌خواهد، تا شاه، وی را از بند برهاند، چگونه خویش رابآتش می‌افکند، نه «می‌نهد»!

۵۲۸ کیخسرو

مگر بازگردد ز بد نام من — به پیران سر این بُد سرانجامِ من [1]
مرا گر بخواهی ز شاهِ جوان — چو غُرمِ ژیان، با تو آیم، دوان
شوم پیش بیژن بغلتم بخاک — مگر بازیابم من آن کیش پاک» [2]
چو پیغام گرگین برستم رسید — یکی باد سرد از جگر برکشید
بپچید از آن درد و پیغام اوی — غم آمدْش از آن گم شده، نام اوی
فرستاده را گفت: «رو بازگرد — بگویش که: ای خیره ناپاک مرد
تو نشنیدی آن داستان پلنگ — بدان ژرف دریا که زد با نهنگ [3]
که گر بر خرد چیره گردد هوا — نیابد ز چنگ هوا کس رها [4]
خردمند کارد هوا را به زیر — بود داستانش چو شیر دلیر [5]
نبایدش بردن به نخچیر روی — نه نیز از ددان رنجش آید بدوی [6]
تو دستان نمودی، چو روباه پیر — ندیدی؟ همی دامِ نخچیرگیر!
نشاید کزین بیهده کام تو — که من پیش خسرَوْ برم نام تو
ولیکن چو اکنون به بیچارگی — فرومانده بینمْتْ یکبارگی؛
ز خسرو بخواهم گناه ترا — درفشان کنم تیره ماه ترا
اگر بیژن از بند یابد رها — بفرمان دادار گیهان خدا؛
رها گشتی از بند و رستی بجان! — ز تو دور شد کینهٔ پهلوان
اُگر جز بر این روی، گردد سپهر — ز جان و تن خویش بردار مهر
نخستین من آیم بدین، کینه‌خواه — بنیروی یزدان و فرمانِ شاه [7]
اُگر من نیایم هنرمند گیو — بخواهد ز تو کینهٔ پور نیو.» [8]
برآمد بر این کار یک روز و شب — اُز این گفته بر شاه نگشاد لب [9]
دوم° روز چون شید بنمود تاج — نشست از برِ سیمگون تختِ آج

---

۱ – گرگین جوان بوده‌است، و هنوز به سرانجام نرسیده بود و افزاینده را، در بکار بردن پیرانسر درباره گیو (پیش‌ازاین) و دربار گرگین؛ رهنمای آن سخن درست شاهنامه است که: نبینی کزین بد هنر دخترم /چه رسوایی آمد به پیران سرم!

۲ – «کیش پاک» را هیچ روی نیست.

۳ – **یک:** تو نشنیدی نادرست است: «نشنیده‌ای»؟ **دو:** «بدان» ژرف دریا، نادرست است، زیرا که روشن نیست کدام دریای ژرف است؟ سه: پلنگ در میان دریا چگونه می‌زید؟ داستانی را که پلنگ، در دریای ژرف با نهنگ زده است چگونه بگوش مردمان رسید؟

۴ – دنبالهٔ داستان. که سر تا پا دروغ است، از آنجا پلنگ در کوه و دشت و نهنگ در دریا بجز کشتن و خوردن نخچیر کاری ندارند!

۵ – هوا را بزیر آوردن، درست نیست: «خردمندی که فرمانبر هوا نباشد».

٦ – سست‌ترین سخن... که شیر بی‌نخچیر چگونه تواند زیستن؟! افزاینده خواسته است «شیر» را به روباه در رج پسین پیوستن!

۷ – من آیم نادرست است، چون گرگین بهمراه رستم بتوران میرد: «من باشم». ۸ – دنبالهٔ سخن.

۹ – این گفته نادرست است: «از آن سخن»، «از آن داستان».

○ – شاهنامهٔ فلورانس: شوم روز. لی، ب: سیوم. آ: سوم. س ۲، لن، ق ۲، لن ۲: سیم. و پیدا است که «دگر روز» درست است.

بخشودن کیخسرو گرگین را ۵۲۹

بیامد تهمتن، بگسترد پر — بخواهش برِ شاه خورشید فر
ز گرگین سخن گفت با شهریار — از آن گمشده بختِ بد روزگار
بدو گفت شاه «ای سپهدار من — همی بگسلی بند و زنهار من[1]
که سوگند خوردم به تخت و کلاه — به دارای بهرام و خورشید و ماه
که گرگین نبیند ز من جز بلا — مگر بیژن از بند یابد رها[2]
جز این آرزو هرچه باید بخواه — ز تخت و ز مهر و ز تیغ و کلاه»[3]
پس آنگه چنین گفت رستم به شاه — که «ای پرهنر نامور پیشگاه[4]
که گر بدسگالد بپیچد همی — فدا کردن جان بپیچد همی[5]
هرآن‌کس که گردد، ز راه خرد — سرانجام، پیچد ز کردار خوَد
سزد گر کنی یاد، کردار اوی — همیشه به هر کینه پیکار اوی
به پیش نیاکانت بسته کمر — به هر کینه گه با یکی کینه‌ور[6]
اگر شاه بیند، بمن بخشدش — مگر اختر نیک بدرَخْشَدش»
برستم ببخشید پیروز شاه — رهانیدش از بند و تاریک چاه

*

ز رستم بپرسید پس شهریار — که: «چون راند خواهی؟ بدین کینه، کار
چه باید؟ ز گنج و ز لشکر بخواه! — که باید؟ که با تو بیاید به راه!»[7]
بترسم ز بدگوهر افراسیاب — که بر جان بیژن بگیرد شتاب[8]
یکی بادسار است دیو نژند — بسی خوانده افسون و نیرنگ و بند[9]
بجنباندش اهرمن دل ز جای — بیندازد آن تیغزن را ز پای»[10]
چنین گفت رستم بشاه جهان — که: «این کار، بپسیچم اندر نهان
کلید چنین بند، باشد فریب — نباید براین کار، کردن نهیب
نه هنگام گرز است و تیغ و سنان — بدین کار باید، کشیدن، عنان
فراوان گهر باید و زرّ و سیم — برفتن، پر امّید و بودن به بیم[11]
بکردار بازارگانان شدن — شکیبا، فراوان، بتوران بُدن

---

۱ – «بند» و «زنهار»، درست رو در روی هم‌اند.　　۲ – چنین سوگند نخورده‌بود.
۳ – هرچه باید نادرست: «هرچه بایدت».　　۴ – دنبالهٔ سخن.
۵ – **یک:** «پیچد» نادرست است: «سر پیچیده است». **دو:** پیچد در این رج، با پیچد در رج پسین همخوان نیست.
٦ – «کینه گه» نادرخور است «به هر آوردگاه» یا «در هر رزمگاه» کینه در نیز نادرست است: «دشمن»، و نه با یکی دشمن: «با دشمنان».
۷ – «لشکر» در لت نخست همانست که در لت دویم با «که» آمده‌است، و آن نیز لشکر است.
۸ – گوهر افراسیاب «بد» نیست، زیرا که گوهر کیخسرو نیز از اوست و افراسیاب از نژاد فریدون است.
۹ – «افسون» را با کاربرد تازه‌اش همراه با نیرنگ و بند آورده است.　　۱۰ – این رج را با رج پیشین پیوند نیست.
۱۱ – **یک:** رستم از «بیم» سخن نمیگوید. **دو:** این رج میان رج‌های پیشین‌وپسین جدایی می‌افکند.

زگستردنی هم ز پوشیدنی	بباید بهایی و بخشیدنی»
چو بشنید خسرو ز رستم سخن	بفرمود تا گنج‌های کهن [1]
همه پاک بگشاد گنجور شاه	به دینار و گوهر بیاراست گاه [2]
تهمتن بیامد همه بنگرید	هر آنچه‌ش ببایست، زان برگزید [3]
ازان ده شتر بار دینار کرد	سد استر ز گنج درم بار کرد [4]
بفرمود رستم بسالار بار	که: «بگزین ز لشکر سواری هزار [5]
ز مردان گردنکش و نامور	بباید تنی چند بسته کمر
چو گرگین و چون زنگهٔ شاوران	دگر گستهم شیر جنگ‌آوران [6]
چهارم گرازه که راند سپاه	فروهل نگهبان تخت و کلاه [7]
چو فرهاد و رهّام گرد دلیر	چو اشکش که صید آورد نرّه شیر [8]
چنین هشت یل باید آراسته	نگهبان این لشکر و خواسته [9]
همه تاج و زیور بینداختند	چنان چون ببایست بر ساختند [10]
پس آگاهی آمد به گردنکشان	بدان گرزداران دشمن‌کشان [11]
بپرسید زنگه که: خسرو کجاست	چه آمد به رویش که ما را بخواست؟ [12]
چو سالار نوبت بیامد بدر	بشبگیر بستند گردان کمر [13]
همه نیزه‌داران جنگ‌آوران	همه مرزبانان ناماوران [14]
همه نیزه و تیر بار هیون	همه جنگ را دست شسته به خون [15]

---

۱ - گنج‌های کهن را «راه باید. ۲ - دینار و گوهر در گنج است و آنرا روی تخت شاه نمی‌ریزند.

۳ - دنبالهٔ سخن.

۴ - **یک:** از آن گنج «بار کرد»، یا از دینار بار کرد؟ روشن نیست، هنوز براه نیافتاده‌اند چرا اُشتران و استران را بار کنند؟ **دو:** سخن درست نیز چنین می‌نمود .بفرمود تا ده شتر...

۵ - **یک:** این سخن رو در روی رج پسین می‌ایستد که از تنی چند، یاد شده‌است!! **دو:** سالار بار را کارِ دیگریست و کارِ سپاه، با سپهسالاران است. ۶ - «چو» نادرست است. ۷ - فروهل نامی ساختگی است.

۸ - **یک:** چو... **دو:** گرد، همان دلیر است. **سه:** گرد دلیر به چه کس باز میگردد. برهام، یا بفرهاد؟ که نه پیش‌ازاین، و نه ازین پس در شاهنامه نیامده است، اگر به هردو باز می‌گردد «گردان» باید! **چهار:** آوَرَد نادرست است: «می آوژَد».

۹ - این لت از داستان سیاوخش گرفته شده‌است: «از ایشان دو یل باید آراسته /بمیدان، نبرد مرا ساخته».

۱۰ - بینداختند نادرست است «برگرفتند»، یا «برداشتند».

۱۱ - دوباره کاربردِ «دشمن‌کشان» که نادرست است. فلورانس «مردم‌کشان» که بدتر است زیرا که؛ آن پاژنام دژخیمان است. نمونه‌های دیگر دامن‌کشان، که نادرست‌تر است.

۱۲ - **یک:** پیدا است که کیخسرو در کاخ شاهی بوده‌است. **دو:** افزاینده، خود از این پهلوانان در بزمگاه کیخسرو یاد کرده بود، و آنان داستان را شنیده و می‌دانستند. وپرسش نابجا است، آنهم چرا تنها یکی از آنان بپرسد؟

۱۳ - سالار «نوبت» سپهسالار نیست. و آنان با رستم براه خواهند رفتن.

۱۴ - **یک:** پهلوانان خود، نیزه بر نمی‌داشتند، و هریک، نیزه‌داری بهمراه خود داشت. **دو:** مرزبانان ناماوران نادرست است: «مرزبانان نام‌آور». ۱۵ - لت نخست پایان و پیوند ندارد.

رفتن رستم زال
به توران
بآیین بازرگانان

سپیده‌دمان، گاهِ بانگِ خروس ببستند بر کوههٔ پیل؛ کوس
تهمتن بیامد چو سرو بلند به چنگ اندرون گرز و بر زین کمند
سپاه ازپسِ پشت و گُردان ز پیش نهاده بکف بر، همه، جان خویش
برفت از درِ شاه با لشکرش بسی آفرین خواند بر کشورش [1]
چو نزدیکی مرز توران رسید سران را ز لشکر همه برگزید
به لشکر * چنین گفت پس پهلوان که: «ایدر بباشید روشنروان
مجنبید از ایدر مگر جان من ز تن بگسلد پاک یزدان من [2]
بپیچیده باشید مر جنگ را همه تیز کرده بخون، چنگ را»
سپه بر سر مرز ایران بماند سر سرکشان سوی توران براند [3]
همه جامه برسان بازاریان بپوشید و بگشاد بند از میان
گشادند گردان، کمرهای سیم بپوشیدشان جامه‌های گلیم
گرانمایه هفت اسپ باکاروان یکی رخش و دیگر نشستِ گوان [4]
سد اشتر همه بار او گوهرا سد اشتر همه جامهٔ لشکرا [5]
ز بس هایِ‌وهوی و جَرَنگِ درای؛ بکردار تهمورسی کَرّنای؛
همه شهر از آوازشان می‌خُنید همی رفت تا شهر پیران ● رسید
چو آمد بنزدیک شهر ختن نظاره بیامد برش مرد و زن [6]

---

۱ – سخن سست است و لشکره‌ش» نادرخور است، و کشورش، از آن نادرخورتر زیرا که کشورِ (او) کشور ایران است و آفرین بر ایران خواندن سزاوار است. * – در همهٔ نمونه‌ها چنین است، اما باید «بدیشان چنین گفت...».

۲ – **یک:** آنکس که بجنگ میرود، جانش را دشمن شاید گرفتن نه «یزدان». **دو:** در رج پیشین سخن درست آمده‌بود که مجنبید از ایدر...

۳ – **یک:** سپه بر سرِ مرز بماند، نادرست است: «سپه را». **دو:** چهار رج پیش سپاه را به نزدیکی مرز توران رساند، نه سرِ مرز ایران!

۴ – سخن نادرست است، زیرا که اسپان گرانمایهٔ دیگر نیز بهمراه داشتند که در آینده به پیران پیشکش می‌کند!

۵ – گوهر، لشکرا!

● – در شاهنامه فلورانس: سوی گاهِ پیران. ل، ق، ل ۲، و:بدرگاهِ... لن، ب، لن ۲ برِ گاه باشد... اما درست چنین می‌نماید: بنزدیک پیران... زیراکه پیران از نخچیرگاه باز می‌گردد، و رستم را در میان راه می‌بینند چنین پیدا است که افزاینده، «بنزدیک» را از این رج به رج افزودهٔ پسین برده‌است و سخن درست، چنین می‌نماید: «چنین، تا بنزدیک پیران رسید».

٦ – بیامد در لت دویم نادرست است: «بیامدند».

همه پهلوانان توران بجای — شده پیش پیران ویسه بپای[1]
چو پیران ویسه ز نخچیرگاه — بیامد، تهمتن؛ بدیدش براه؛
یکی جام زرّین پراز گوهرا — به دیبا بپوشید رستم سرا[2]
دو اسپ گرانمایهٔ تیزتگ — سیه چشم و کوچک سر و سخت رگ؛
بفرمانبران داد و خود پیش رفت — بدرگاه پیران خرامید، تفت
بر او آفرین کرد که:«ای نامور — بایران و توران ببخت و هنر»[3]
چنان کرد رویش جهاندار، ساز — که پیران مر او را ندانست باز[4]
بپرسید و گفت: «از کجایی؟ بگوی! — چه مردیّ و چون آمدی؟ پوی پوی!»
بدو گفت رستم: «ترا کهترم — بشهر تو کرد ایزد آبشخورم
ببازارگانی از ایران بتور — بپیمودم این راه دشوار و دور
فروشنده‌ام هم خریدار نیز — فروشم بخرم ز هر گونه چیز[5]
بمهر تو دادم، روان را، نوید — چنین چیره شد، بر دلم بر؛ امید
اگر پهلوان گیردم زیر پر — خَرَم چارپای و فروشم گهر
هم از داد تو کس نیازاردم — هم از ابر مهرت گهر باردم»[6]
پس آن جام پرگوهر شاهوار — میان کیان کرد پیشش نثار[7]
گرانمایه اسپان تازی‌نژاد — که بر مویشان گرد نفشاند باد[8]
بسی آفرین کرد و آن خواسته — بدو داد و شد کار آراسته
چو پیران بدان گوهران بنگرید — کزان جام رخشنده آمد پدید[9]
بر او آفرین کرد و بنواختش — بران تخت پیروزه بنشاختش[10]
که: «رو شاد و ایمن، بشهر، اندرآ — کنون نزد خویشت بسازیم جای[11]
کزین خواسته بر تو تیمار نیست — کسی را بدین، با تو پیکار نیست[12]
برو هرچه داری بهایی بیار — خریدار کن هرسویی خواستار[13]
فرود آی در خان فرزند من — چنان باش با من که پیوند من»[14]
بدو گفت رستم که «ای پهلوان — هم ایدر بباشیم با کاروان[15]

---

۱ - پیران ویسه از نخچیرگاه باز میگردد. چگونه پهلوانان توران پیش او «بپای شده» بودند. ۲ - «گوهرا، سرا»!
۳ - این رج میان رج‌های پیشین‌وپسین جدایی می‌افکند. ۴ - «کرد ساز» نادرست است.
۵ - **یک:** «هم» و «نیز» همخوان نیستند. **دو:** فروشم بخرّم نیز سست می‌نماید.
۶ - لت دویم نادرخور است: «بر سر من گهر بارد». ۷ - کدام «کیان» در آنجا بودند؟!
۸ - سخن درست در رج پسین می‌آید. ۹ - گوهران نادرست است: «گوهرها».
۱۰ - بر کدام تخت پیروزه؟
۱۱ - **یک:** پیوستهٔ سخن پیشین است. **دو:** «کنون» در رج دویم با «که» در رج نخست همخوان نیست. ۱۲ - دنبالهٔ سخن.
۱۳ - هرسویی نادرست است: «از هرسو». ۱۴ - پیشتر او را نزد خود جای داده بود!! ۱۵ - دنبالهٔ گفتار.

که با ما ز هرگونه مردم بود — نباید که زان گوهری گم بود»[1]
بدو گفت: «رو، بآرزو؛ گیر جای — کنم پاسبانان به پیشت؛ بپای»
یکی خانه بگرفت و برساخت کار — بکلبه* درون رخت بنهاد و بار
خبر شد کز ایران یکی کاروان — بیامد برِ نامور پهلوان□
ز هر سو خریدار بنهاد گوش — چو آگاهی آمد ز گوهرفروش[2]
خریدار دیبا و فرش و گهر — بدرگاه پیران نهادند سر[3]
چو خورشید، گیتی بیاراستی — بدان کلبه، بازار؛ برخاستی

آمدن منیژه
بنزد
رستم

منیژه خبر یافت از کاروان — یکایک، بشهر اندر آمد؛ دوان
برهنه سر، آن دخت افراسیاب — برِ رستم آمد، دو دیده پر آب
همی بآستین خونِ مژگان برُفت — بر او آفرین کرد و پرسید و گفت●
که: «برخوردی از جان و از گنج خویش — مبادت پشیمانی از رنج خویش
بکام تو بادا سپهر بلند — ز چشم بدانت مبادا گزند
بر امّید، دل را، که بستی میان — ز رنجی که بردی، مبادت زیان
همیشه خرد بادت آموزگار — خُنُک شهر ایران و خوشروزگار
چه آگاهی استت؟ ز گردان شاه! — ز گیو و ز گودرز و ایرانسپاه!
نیامد؟ بایران، ز بیژن خبر! — نیایَش نخواهد بُدَن؟ چاره‌گر!
که چونین جوانی ز گودرزیان — همی○ بگسلاند ز آهن میان؛
بسوده‌ست پایش ز بند گران — دو دستش به مسمارِ آهنگران
کشیده بزنجیر و بسته ببند — همه چاه پر خون از آن مستمند
نیابم ز درویشیِ خویش، خواب — ز نالیدن او، دو چشمم پر آب»

---

۱ - سخن سست است.
* - کلبه: دکان، مغازه.
□ - بنزدیک پیران.
۲ - پس از آگاهی، گوش نهادن درست نیست.
۳ - رستم با خویش گوهر آورده‌بود نه دیبا و فرش... و کلبهٔ رستم نیز در درگاه پیران نبود.
● - در همهٔ نمونه‌ها، این رج را پس و پیش آورده‌اند، و من چنینش آراستم.
○ - در همهٔ نمونه‌ها «همی» و چون نیک بنگریم می‌باید «که می» بوده باشد (جوانی) که آهن را از هم می‌گسلاند... .

*

بترسید رستم ز گفتار اوی — یکی بانگ برزد، بلندش؛ به روی!
بدو گفت که:«ز پیش من دور شو! — نه خسرو● شناسم نه سالار نو
ندارم ز گودرز و گیو آگهی — که مغزم ز گفتار کردی تهی!»

*

برستم نگه کرد و بگریست زار — ز خواری ببارید خون بر کنار
بدو گفت که:«ای مهترِ پر خرد — ز تو سرد گفتن، نه اندر خورد
سخن گر نگویی، مرانم ز پیش — که من خود؛ دلی دارم از درد، ریش
چنین باشد؟ آیین ایران، مگر! — که درویش را کس نگوید خبر!»
بدو گفت رستم که: «ای زن چه بود؟ — مگر کاهرمن رستخیزت نمود!
همی درنوشتی* تو بازار من — بدانروی بُد با تو پیکار من
بدین بَد، تو از من میازار؛ بیش — که دل بسته بودم ببازار خویش
اُدیگر بجایی که کیخسروست — بدان شهر من، خود؛ ندارم نشست
نه، دانم همی گیو و گودرز را — نه، پیموده‌ام هرگز آن مرز را»
بفرمود تا خوردنی هرچه بود — نهادند در پیش درویش، زود
یکایک سخن کرد ازو خواستار — که: «با تو چرا؟ شد دژم، روزگار!
چه؟ پرسی ز گردان و شاه و سپاه! — چه؟ داری همی راه ایران نگاه!»
منیژه بدو گفت که:«ز کار من — چه؟ پرسی ز رنج و ز تیمار من
کزان چاهسر با دلی پر ز درد — دویدم بنزد تو ای زادمرد
زدی بانگ بر من چو جنگاوران! — نترسیدی؟ از داورِ داوران!
منیژه منم! دختِ افراسیاب — برهنه ندیده، رخم آفتاب؛
کنون دیده پر خون و دل پر زدرد — ازین در، بدان در، دو رخساره زرد؛
همی نانِ کشکین° فراز آورم — چنین راند یزدان، قضا بر سرم!
ازین زارتر چون؟ بود روزگار! — سرآرد مگر بر من، این؛ کردگار!
چو بیچاره بیژن بدان ژرف چاه — نبیند شب و روز و خورشید و ماه
به غلّ و به مسمار و بند گران — همی مرگ خواهد ز یزدان بران!

● - «خسرو» و «سالارِ نو» که در این لت آمده‌است، و هردو یکی است که کیخسرو بوده باشد، و من می‌اندیشم که بجای خسرو، از «رستم» نام برده می‌شود زیراکه در رج پسین از گیو و گودرز نیز یاد می‌شود: «نه رستم شناسم، نه سالارِ نو».

* - نمونه‌ها چنین آورده‌اند، و «برنوشتی» درست می‌نماید.

○ - نان نرمه‌های خشکگِ ته‌ماندهٔ سفره که در آب کشک میریزند و می‌خورند.

۱۷۰۵۵	مرا درد بر درد بفزود از آن — نم از دیدگانم بپالود از آن
	کنون گرت باشد بایران گذر — ز گودرز کشواد یابی خبر
	بدرگاه خسرو مگر گیو را — ببینی و گر رستم نیو را
	بگویی که: بیژن بسختی درست — اگر دیر مانی، شود کار پست!
	گرش دیدخواهی، میاسای دیر — که بر سرش سنگ است و آهن بزیر،[۱]
۱۷۰۶۰	بدو گفت رستم که: «ای خوبچهر — که مهرت مبزاد از وی؛ سپهر
	چرا نزد باب تو خواهشگران — نینگیزی؟ از هر سویی مهتران!
	مگر بر تو بخشایش آرد پدر — بجوشدش مهر و بسوزد جگر!
	گر آزار بابت نبودی ز پیش — ترا دمی چیز ز اندازه بیش»[۲]
	به خوالیگرش گفت کز هر خورش — که او را بباید بیاور برش[۳]
۱۷۰۶۵	یکی مرغ بریان بفرمود گرم — نوشته بدو اندرون، نان نرم[°]
	سبکدست رستم، بسان پری — نهان کرد در مرغ، انگشتری
	بدو داد و گفتش: «بدان چاه بر — که بیچارگان را تویی راهبر

آگاهی یافتن بیژن از آمدن رستم

	منیژه بیامد بدان چاهسر — دوان و خورش‌ها* گرفته ببر
	نوشته بدستار چیزی که برد — چنان هم که بستد ببیژن سپرد
۱۷۰۷۰	نگه کرد بیژن، بخیره بماند — از آن چاه، خورشیدرخ را بخواند
	که: «ای مهربان از کجا یافتی؟ — خورش‌ها، کزین گونه بشتافتی!
	بسا رنج و سختی کت آمد به روی — ز بهر منی در جهان پوی پوی!
	منیژه بدو گفت ک: «ز کاروان — یکی مایه‌ور مرد بازارگان[۴]

---

۱ - میاسای دیر، با دیر مانی در رج پیشین همخوان نیست. ۲ - وز پیش، در لت نخست، نادرست است.

۳ - خورش را با برش پساوا نیست. * - نوشته: پیچانده، نوردیده.

° - این لت در همهٔ نمونه‌ها بهمین گونه آمده‌است مگر در س ۲ که بگونهٔ نان گرم است، و خالقی مطلق افزوده‌است: «بساوند ندارد».
این سخن نادرست است زیراکه نان نرم را «در اندرونِ» مرغ نمی‌پیچند، که مرغ را در میان نان نرم می‌پیچند (می‌نوردند) زیراکه بهنگام سپردن مرغ، از سوی منیژه به بیژن، نیز «نوشته بدستار» آمده‌است و بر این بنیاد سخن فردوسی چنین می‌نماید: «نوشته براو بر، یکی نان گرم».

* - خورش وراء می‌باید.

۴ - سخن سست است و میان دو رج پیشین و پسین جدایی می‌افکند.

از ایران به توران ز بهر درم *** کشیده ز هرگونه بسیار غم[1]
یکی مرد پاکیزه باهوش و فر *** ز هرگونه با او فراوان گهر[2]
گُشن دستگاهی نهاده فراخ *** یکی کلبه سازیده بر پیش کاخ[3]
بمن داد، ازین گونه دستارِ خوان *** که بر من، جهان‌آفرین را بخوان*!
بدان چاه، نزدیک آن بسته رَو *** دگر هرچه باید، ببر، نَو بنَو»

*

بگسترد بیژن پس آن نان پاک *** بر اومید یزدان، دل از بیم، پاک[4]
چو دستِ خورش برد از داوری● *** بدید آن نهان کرده انگشتری
نگینش نگه کرد و نامش بخواند *** ز شادی بخندید و خیره بماند[5]
یکی مهر پیروزه، «رستم» بر اوی *** نبشته بآهن بکردار موی
چو بار درخت وفا را بدید *** بدانست کامد غمش را کلید؛
بخندید؛ خندیدنی شاهوار *** چنان، کآمد آوازش از چاهسار[6]
منیژه چو بشنید خندیدنش *** از آن چاه تاریک و بسته تنش
زمانی فروماند زان کار سخت *** بگفت «این چه خنده‌ست این نیکبخت؟»[7]
شگفت آمدش داستانی بزد *** که:«دیوانه خندد ز کردار خوَد
چگونه گشادی؟ بخنده دو لب *** که شب؛ روز بینی همی، روز؛ شب!
چه راز است؟ پیش آر و با من بگوی! *** مگر بخت نیکت نموده‌ست روی؟!»
بدو گفت بیژن که:«زین کار سخت *** بر اومید آنم که بگشاد بخت
چو با من به سوگند پیمان کنی *** همانا وفای مرا نشکنی[8]
بگویم سراسر ترا داستان *** چو باشی بسوگند همداستان
که گر لب بدوزی ز بهر گزند *** زنان را زبان کم بماند به بند»[9]

---

۱ - **یک:** رستم برای درم نیامده بود، اسب می‌خرید. **دو:** بسیار غم نیز نادرست است. در نمونه‌های دیگر بسیار و کم که باز درست نمی‌نماید.   ۲ - دنبالهٔ سخن.

۳ - **یک:** «دستگاه» با «کلبه» همخوان نیست. **دو:** سازید، نیز نادرست است. کلبهٔ رستم نیز نزدیک کاخ پیران نبود.

* - بگفتار امروز؛ برای من دعا کن.

۴ - لت دویم بدینسان که در شاهنامه مسکو آمده‌است؛ پساوا ندارد: نانِ پاک، با بیم پاک. در شاهنامه فلورانس: پر امید دل، گاه با ترس و باک که سخن سست می‌نماید نمونه‌های دیگر ل: یزدان دل از بیم و باک. ل ۳: دل کرده و ز بیم پاک، باز پساوا ندارد.

● - ایرانیان؛ پیش از خوراک، ستایش یزدان می‌کردند، که چون با آوای نرم و آهسته سروده می‌شد. آنرا زمزمه می‌نامیدند.

۵ - در رج پسین سخن درست می‌آید.   ٦ - خندیدن شاهوار!

۷ - **یک:** خندیدن کار سخت بشمار نمی‌رود. مگر آنکه «زان کُار، سخت» بخوانیم. **دو:** اما بیژن را در چاه ژرف چگونه توان نیکبخت خواند؟   ۸ - سخن درست در رج پسین آمده‌است.

۹ - «گر» در لت نخست نابجا آمده‌است. در لت دویم نیز «کم بماند».

آگاهی بیژن ۵۳۷

منیژه چو بشنید، نالید سخت که: «بر من چه آمد ز بدخواهْ بخت
دریغ آن شده روزگاران من دلِ خسته و چشمِ گریان من
بدادم ببیژن تن و خان و مان کنون گشت بر من، چنین بدگمان!
همان گنجِ دینار و تاج گهر به تاراج دادم همه سربسر[1]
پدر گشته بیزار و خویشان ز من برهنه دوان بر سر انجمن[2]
از امّید بیژن شدم ناامید جهانم سیاه و دو دیده سپید[3]
بپوشد همی راز، بر من، چنین تو داناتری! ای جهان‌آفرین!»
بدو گفت بیژن: «همه راستی است ز من، کارِ تو؛ پاک، برکاستی است
چنین؛ گفتم، اکنون نبایست گفت* ایا مهربان یار و هشیار جفت!
سزد گر بهرکار پندم دهی که مغزم برنج اندرون شد تَهی
چنان دان که آن مردِ گوهرفروش که خوالیگرش مر ترا داد، توش؛
ز بهرِ من آمد بتوران فراز اگرنه نبودش بگوهر نیاز
ببخشود بر من جهان‌آفرین ببینم مگر، پهنْ رویِ زمین
رهاند مرا، زین غمان دراز ترا، زین تکاپوی و گُرم و گداز
بنزدیک او شو، بگویش نهان که ای پهلوان کیان جهان
بدل مهربان و بتن چاره‌جوی اگر تو خداوند رخشی بگوی!»
منیژه بیامد بکردار باد سراسر پیامش برستم بداد
چو بشنید گفتارِ آن خوبروی کزان راه دور آمده پوی پوی[4]
بدانست رستم که بیژن، سَخُن گشاده‌ست بر لالهٔ سروبن●
چنین گفت رستم که: «ای خوبچهر که یزدان ترا، زو؛ مبرّاد مهر؛
بگویش که آری، خداوندِ رخش؛ ترا داد یزدان فریادبخش!
ز زاول بایران، از ایران بتور ز بهر تو پیمودم این راه دور[5]
بگویش که ما را بسان پلنگ بسود از پی تو کمرگاه و چنگ[6]
چو با او بگویی سخن، راز دار شبِ تیره، گوشَت بآواز دار

---

۱ - سخن سست. او بتاراج نداده بود و بفرمان افراسیاب چنین شد.
۲ - یک: «پدر و خویشان» بیزار گشته‌اند. دو: در انجمن شاید دویدن و بر سر انجمن نیز نشاید.
۳ - لت نخست نادرست است: «بر بیژن امید ندارم». چشم سپید نیز «چشم کور» است و منیژه کور نشده بود.
* - مرا چنین گفته نبایستی گفتن. ۴ - لت دویم سست است.
● - در گوشِ سروبن: «در گوش سروِ روان؛ منیژه»! لاله: لالهٔ گوش.
۵ - زاول از ایران است و «تور» را نیز نشاید با «ایران» آوردن «از ایران بتوران».
۶ - «بگویش» دوباره‌گویی است، و پلنگ را هیچگاه میان سوده نمی‌شود، که میان و چنگِ سوده را بمیان و چنگ او همانند کنند.

ز بیشه فراز آر هیزم بروز ... شب آید، یکی آتشی برفروز»[1]

*

منیژه ز گفتار او شاد شد ... دلش، ز اندهان، یکسر آزاد شد
بیامد دوان تا بدان چاهسار ... که بودش بچاه اندرون، غمگسار
بگفتش که: «دادم سراسر پیام ... بدان مردِ فرّخ‌پیِ نیکنام
چنین داد پاسخ که: «آنم درست ... که بیژن بنام و نشانم بجست
تو با داغ دل چند پویی همی ... که رخ را به خوناب شویی همی[2]
کنون چون درست آمد از تو نشان ... ببینی سرِ تیغ مردم‌کشان[3]
زمین را بدرّانم اکنون بچنگ ... به پروین برانداز م آسوده سنگ.[4]
مرا گفت چون تیره گردد هوا ... شب از چنگ خورشید یابد رها؛
بکردار کوه آتشی برفروز ... که سنگ و سرِ چاه، گردد چو روز
بدان، تا ببینم سر چاه را ... بدان روشنی بسپَرم راه را»
بدو گفت بیژن، که: «آتش فروز! ... که رَستیم هردو، ز تاریک روز»
سوی کردگار جهان کرد سر ... که «ای پاک بخشندهٔ دادگر[5]
ز هر بد تو باشی مرا دستگیر ... تو زن بر دل و جان بدخواه تیر
بده داد من زانکه بیداد کرد ... تو دانی غمان من و داغ و درد
مگر بازیابم بر و بوم را ... بمانم بسنگ، اختر شوم را
تو ای دُختِ رنج آزموده ز من؛ ... فداکرده جان‌ودل و چیز و تن!
بدین رنج کز من تو برداشتی ... زیان مرا سود پنداشتی
بدادی به من گنج و تاج و گهر ... جهاندار خویشان و مام و پدر[6]
اگر یابم از چنگ این اژدها ... بدین روزگارِ جوانی، رها[7]
بکردار نیکان یزدان‌پرست ... بپویم بپای و بیازم بدست[8]
بسانِ پرستار، پیش کیان ... بپاداش نیکیت، بندم میان»[9]

۱ - سخن را در لت دویُم «چو» باید! «چون شب آید...» سخن دربارهٔ افروختن آتش در رج نهم پس‌ازاین می‌آید.

۲ - لت دویم را با لت نخست پیوند درست نیست.

۳ - **یک:** روی سخن از منیژه به بیژن باز میگردد. **دو:** باز از «مردم‌کشان» یاد می‌شود و مردم‌کش پاژنام دژخیمان است نه پهلوانان.

۴ - «اکنون» درست نیست، از آنجا که رستم شبانگاه بسر چاه خواهد رفتن.

۵ - هفت رج افزوده بجزاز کاستی‌های سخن، میان رج پیشین و رج هشتم پس‌ازاین، که گفتار با منیژه است، جدایی می‌افکند.

۶ - هفت لت پیشین میان «رستیم هر روز تاریک روز» با رج درست پسین جدایی می‌افکند، و در آن شادمانی دل بیژن بسوی نفرین گرگین نمی‌گراید، و «رستیم» هم به بیژن برمیگردد و هم بمنیژه، وُ سخن درست دربارهٔ منیژه در رج‌های پسین می‌آید.

۷ - کدام اژدها؟ اگر افراسیاب را گوید بایستی آن اژدها باشد.

۸ - لت دویم سخت نابهنجار است.

۹ - نیکان [یزدانپرست] پرستار کیان نشایند شد.

*

منیژه بهیزم شتابید سخت چو مرغان برآمد بشاخ درخت
بخورشید بر، چشم و هیزم، ببر که تا کی برآرد، شب، از کوه، سر
چو از چشم، خورشید شد ناپدید شب تیره بر کوه دامن کشید
بدان گه که آرام گیرد جهان شود آشکارای گیتی نهان[1]
که لشکر کشد تیره شب پیش روز بگردد سر هور گیتی‌فروز[2]
منیژه سبک آتشی برفروخت که چشم شب قیرگون را بسوخت
بدلْش اندرون بانگ رویینه‌خُم* که آید ز ره؟ رخشِ رویینه‌سُم!

رهاندن رستم بیژن را
از
چاه

بدانگه که رستم به بر بر، زره□ برافکند بند زره را گره
بشد پیش یزدانِ خورشید و ماه بیامد بدو کرد پشت و پناه[3]
همی گفت چشم بدان کور باد بدین کار بیژن مرازور باد[4]
بگُردان بفرمود تا همچنین ببستند بر گُردگه■ بندِ کین
بر اسپان نهادند زین پلنگ همه جنگ را تیز کردند چنگ
تهمتن، برخشنده، بنهاد روی همی رفت پیش اندرون، راهجوی○
چو آمد برِ سنگِ اکوان فراز بدان چاه اندوه و گُرم و گداز؛[5]

---

۱ – چون شب «شد» با آرام «گیرد» در این رج همخوان نیست.   ۲ – و نیز بالشکر «کشد» در این رج.

* – بانگ تپش دل منیژه، که در مغز شنیده می‌شود: «بگوش اندرون».

□ – در همهٔ نمونه‌ها «رومی زره» آمده‌است، مگر در ل که چنین است: «بدانگه که رستم ببر بر گره» نوشتهٔ ل نادرست است، و زره رومی نیز همچنین نادرست است، زیراکه در آن هنگام هنوز کشور روم پدید نیامده بود! درست، چنین می‌نماید: «تهمتن بپوشید بر بر، زره».

۳ – «بشد» در لت نخست با «بیامد» در لت دویم همخوان نیست. و نیز «بشد پیش»، «بدو کرد پشت»!

۴ – در کار بیژن پیروزی بایسته می‌نماید، وگرنه رستم زورمندترین مرد جهان بوده‌است.

■ – گُردَگاه؛ جایگاهِ گرده (کلیه) میان! میانِ تن.

○ – **یک**: پیش اندرون نادرست است، و گفتار فردوسی چنین می‌نماید: «همی رفت پیش سپه، راهجوی». **دو**: در شاهنامهٔ ماکان این گفتار آمده‌است که در هیچیک از شاهنامه‌های خالقی مطلق نیست:

بنیروی یزدان، بکوشید مرد سرِ چاه بگشاد و آواز کرد

۵ – **یک**: پیشتر نیز دیدیم که سنگ اکوان نادرست است. **دو**: سنگ در چاه نبوده‌است، بر سر چاه بوده‌است.

چنین گفت با نامور هفت گُرد / که «روی زمین را بباید سترد [1]
بباید شما را کنون ساختن / سر چاه از سنگ پرداختن»
پیاده شدند آن سران سپاه / که از سنگ پردَخته مانند چاه [2]
بسودند بسیار بر سنگ چنگ / شده مانده گردان و آسوده سنگ! [3]
چو از نامداران بپالود خوی / که سنگ از سر چاه ننهاد پی [4]
ز رخش اندر آمد گو شیر نر / زره دامنش را بزد بر کمر [5]
ز یزدان جان‌آفرین زور خواست / بزد دست و آن سنگ برداشت راست [6]
بینداخت در بیشهٔ شهر چین / بلرزید از آن سنگ روی زمین [7]
ز بیژن بپرسید و نالید زار / که: «چون بود؟ کارت، ببد روزگار
همه نوش بودی ز گیتیت بهر! / ز دستش چرا بستدی جام زهر؟»
بدو گفت بیژن ز تاریک چاه / که: «چون بود بر پهلوان رنج راه؟
مرا چون خروش تو آمد بگوش / همه زهرِ گیتی شدم پاک، نوش *
بدینسان که بینی مرا خان و مان / ز آهن زمین و ز سنگ آسمان [8]
بکنده دلم زین سرای سپنج / ز بس درد و سختی و اندوه و رنج» [9]
بدو گفت رستم که: «بر جان تو / ببخشود، روشن جهانبانِ تو
کنون ای خردمند آزاده خوی / مرا هست با تو یکی آرزوی؛
بمن بخش، گرگین میلاد را / ز دل دور کن کین و بیداد را»
بدو گفت بیژن که «ای یار من / ندانی که چون بود پیکار من؟ [10]
ندانی تو ای مهتر شیرمرد / که گرگین میلاد با من چه کرد [11]
گر افتد بر او بر جهانبین من / بر او رستخیز آید از کین من» [12]
بدو گفت رستم که «گر بدخوی / بسیاریّ و گفتار من نشنوی [13]

---

۱ - **یک:** روی زمین را پاک کردن «ستَردن» را با برداشتن سنگ پیوند نیست. **دو:** افزاینده «ستَرد» را با آوای تازهٔ آن «ستُرد» آورده است که باگُرد پساوا یابد، و درست نیست.

۲ - سنگ در چاه نبوده‌است که چاه را از آن پردخته کنند! سنگ بر سر چاه بوده‌است.

۳ - «شده» نادرست است: «شدند».

۴ - سنگ را پا (= پی) نباشد که کنار رود.

۵ - «اندر آمد» نادرست: «پیاده شد»، «بزیر آمد».

٦ - سنگ برداشت راست نادرست است: «سنگ را برداشت».

۷ - گزافهٔ سخت، و دروغ ناهنجار!

* - همه زهرها، برای من نوش گشت (شیرین) گشت.

۸ - این سخن با رج پیشین همخوان نیست.

۹ - نیز این سخن!

۱۰ - «ای یار من» گفتاری نادرست است، زیرا که همگان رستم را «ای پهلوان» می‌خوانده‌اند.

۱۱ - ندانی در این رج با ندانی در رج پیشین همخوان نیست.

۱۲ - پاسخ رستم پهلوان که بخشیدن گرگین را خواسته بود، چنین سخن گستاخانه نیست، و سخن درست در رج ششم پس‌ازاین می‌آید.

۱۳ - «بدخویی» آوردنی نیست، کردنی است.

رهاندن رستم بیژن را ۵۴۱

بمانم ترا بسته در چاه، پای   به رخش اندرآرم شوم باز جای»[1]
چو گفتار رستم رسیدش به گوش   از آن تنگ زندان بر آمد خروش[2]
چنین داد پاسخ که: «بد، بختِ من   ز گردان و از دوده و انجمن
ز گرگین بدان بد که بر من رسید   چنین روز، نیزم بباید کشید
کشیدیم و گشتیم خشنود از اوی   ز کینه، دل من، بیاسود از اوی»
فروهشت رستم بزندان کمند   برآوردش از چاه، با پای‌بند
برهنه تن و موی و ناخن دراز   گدازیده از رنج و درد و نیاز
همه تن پراز خون و رخساره زرد   ازان بند و زنجیرِ زنگار خورد[3]
خروشید رستم چو او را بدید   همه تن در آهن شده ناپدید
بزد دست و بگسست زنجیر و بند   رها کرد ازو حلقهٔ پای‌بند
سوی خانه رفتند زان چاهسار   به یک دست بیژن، بدیگر، زوار!
تهمتن بفرمود شستن سرش   یکی جامه پوشید نو، بر برش
ازانپس چو گرگین به نزدیک اوی   بیامد بمالید بر خاک روی[4]
ز کردار بد، پوزش آورد پیش   بپیچید زان خام کردار خویش[5]
دل بیژن از کینش آمد به راه   مکافات ناورد پیش گناه[6]
شتر، بار کردند و اسپان بزین   بپوشید رستم سلیح گزین[7]
نشستند بر باره ناماوران   کشیدند شمشیر و گرز گران[8]
گُسی کرد بار و برآراست کار   چنانچون بود، درخورِ کارزار[9]
بشد با بنه اشکشِ تیزهوش   که دارد سپه را به هر جای، گوش[10]
ببیژن بفرمود رستم که «شو   تو با اشکش و با منیژه برو[11]

---

۱ - این نیز درست نیست، زیرا که پیشتر به گرگین گفته بود که: «اگر بیژن از بندِ یابد رها... رهاگشتی از بند و رستی بجان» و نگفته بود که اگر بیژن از تو خشنود نشود، او را دوباره بچاه می‌افکنم!

۲ - «بر آمد خروش» با چنین داد پاسخ در رج پسین همخوان نیست.

۳ - کسی که در بند است، چرا می‌بایستی که خونین نیز بوده باشد؟

۴ - اگر گرگین از او بخشش می‌خواست، می‌بایستی بر سر همان چاه، چنین کند، نه پس‌از شست و شو و جامه پوشیدن.

۵ - دنبالهٔ سخن.

۶ - «از کینه آمد براه» نادرست است، «کینه را فراموش کرد»، «از کینه بازگشت» و پیشتر این سخن را برستم گفته بود: «گشتیم خشنود از اوی».

۷ - **یک:** اسپان بزین با شتر «بار کردند» همخوان نیست. **دو:** جنگ‌افزار رستم با او بود که از سر چاه بازگشتند.

۸ - شمشیر و گرز گران را در راهپیمایی چرا باید کشیدن؟   ۹ - کارزاری در میان نبود.

۱۰ - پیش‌آهنگان (طلایه) را شاید گوش داشتن بکار سپاه، و بُنه را چنین خویشکاری نیست.

۱۱ - «شو» در لت نخست! «برو» در لت دویم همخوان نیست.

که ما امشب از کین افراسیاب   نیابیم آرام و نه خورد و نه خواب [1]
یکی کار سازم کنون بر درش   که فردا بخندد بر او کشورش.» [2]
بدو گفت بیژن «منم پیشرو   که از من همی کینه سازید نو!» [3]
نرفتند با رستم آن هفت گرد   بنه اشکش تیزهش را سپرد [4]
عنان‌ها فکندند بر پیش زین   کشیدند یکسر همه تیغ کین [5]

شبیخون رستم در ایوان افراسیاب

بشد تا بدرگاه افراسیاب   بهنگام مستیّ و آرام و خواب [6]
برآمد خروش ده‌دار و گیر   درفشیدن تیغ و باران تیر [7]
سران را بسی سر جدا شد ز تن   پراز خاک ریش و پراز خون دهن [8]
ز دهلیزِ در رستم آواز داد   که: «خواب تو خوش باد و، گُردانْت شاد [9]
بخفتی تو بر گاه و، بیژن بچاه!   مگر باره دیدی، از آهن؟ براه [10]
منم رستم زاولی پور زال   نه هنگام خواب است و آرام و هال [11]
شکستم در و بندِ زندان تو   که سنگ گران بُد نگهبان تو [12]
رها شد سر و پای بیژن ز بند   بد اماد بر، کس نسازد گزند! [13]
ترا رزم و کین سیاوخش بس   بدین دشت گردیدن رخش بس.» [14]
همیدون برآورد بیژن خروش   که: «ای ترک بدگوهر تیره‌هوش [15]
براندیش زان تخت فرخنده جای   مرا بسته در پیش کرده بپای [16]

---

۱ – آرام را «نه» می‌باید: «نه آرام و نه خورد و خواب»، و در همهٔ نمونه‌ها چنین آمده‌است.   ۲ – دنبالهٔ گفتار.

۳ – با بودن رستم بیژن نمیتواند پیشرو بوده باشد. لت دویم را نیز پیوند و گزارش درست نیست.

۴ – لت دویم دوباره‌گویی است، و لت نخست بی‌گزارش است، که اگر رستم دارای برآنست که بکاخ افراسیاب یورش آوَرَد، آنان نیز می‌بایستی بهمراهش بروند.   ۵ – این بار تنها شمشیر کشیدند!

۶ – **یک:** «بشد» نادرست است «بشدند» برفتند. **دو:** پایتخت افراسیاب در شهر ختن نبود و در گنگدژ بوده‌است.

۷ – در کنار کاخ دربسته، و رو در روی دیوارها شمشیر را کاربرد نیست.

۸ – **یک:** در کنار دیوارِ کاخ نیمه شب، اینان کدام سران بوده‌اند که سرانشان از تن جدا شود؟ **دو:** لت دویم سست و نابهنجار و بی‌پیوند.

۹ – دهلیز پس‌از دروازه جای دارد، و دروازه را نیز شبها می‌بستند!   ۱۰ – بخفتی نادرست است: «خفته‌ای».

۱۱ – سخن زیبا است اما پیوسته بداستان است.   ۱۲ – سنگِ درِ چاه را نشکسته بود، که برداشته بود.

۱۳ – گزند، ساختنی نیست، رساندنی است.   ۱۴ – اُیرانیان بکین سیاوخش می‌جنگیدند، نه تورانیان و افراسیاب.

۱۵ – تورانیان ترک نبوده‌اند، و هوش نیز تیره نمی‌شود، یا کسی بیهوش است یا کم هوش و هوشیار!

۱٦ – سخن نارسا است، افزاینده می‌خواهد بگوید «بیاد آور» که بر روی تخت بودی و من بسته دست، پیش تو ایستاده بودم.

همی رزم جستم بسان پلنگ   مرا دست بستی بکردار سنگ [1]
کنونم گشاده بهامون ببین   که با من نجوید ژیان شیر کین [2]
بزد دست، بر جامه افراسیاب   که: «جنگ‌آوران را ببسته‌ست خواب؟ [3]
بریشان ز هرسو، بگیرید راه   که جوید؟ زگردان، نگین و کلاه!» [4]
ز هرسو خروش و تکاپوی خاست   ز خون ریختن بر درش جوی خاست [5]
هر آن‌کس که آمد ز تورانسپاه   زمانه تهی ماند ازو جایگاه
گرفتند بر کینه جستن شتاب   ازان خانه بگریخت افراسیاب
بکاخ اندر آمد، خداوندِ رخش   همه فرش و دیبای او کرد بخش [6]
پریچهرگان سپهبدپرست   گرفته همه دست گردان به دست [7]
گرانمایه اسپان و زین پلنگ   نشانده گهر در جناغ خدنگ [8]
ازانپس ز ایوان ببستند بار   بتوران نکردند بس روزگار [9]
ز بهر بنه تاخت اسپان به زور   بدان تا نخیزد ازان کار شور [10]
چنان رنجه بُد رستم از رنج راه   که بر سرش بر، درد بود از کلاه [11]
سواران ز بس رنج و اسپان ز تگ   یکی را به تن بر نجنبید رگ [12]
بلشکر فرستاد رستم پیام   که: «شمشیر کین برکشید از نیام [13]
که من بیگمانم کزین پس بکین   سیه گردد از سمّ اسپان زمین [14]
گَشَن لشکری سازد افراسیاب   به نیزه بپوشد رخ آفتاب [15]

---

۱ - دست بیژن را گرسیوز بسته بود نه افراسیاب.

۲ - ژیان شیر نیز یک گفتار سست است که درسرتاسر گفتارها زبان فارسی همانند ندارد!

۳ - دست بر جامه زدن را چه روی و چه سود باشد؟

۴ - مگر جنگاوران آواز افراسیاب را از درون خوابگاهش می‌شنوند؟

۵ - «خروش» را شاید «برخاستن» اما تکاپوی را نشاید، و «جوی» را شاید «روان شدن» اما نشاید «برخاستن»!

۶ - افزایندهٔ دریوزه‌گر... نیمه شب، هشت پهلوان ایران فرش (= جامه گستردنی در زبان فردوسی) را میان خود بخش میکنند؟

۷ - «گرفته» در لت دویم نادرست است.

۸ - **یک:** «اسبان» را «زین‌های پلنگ» بایسته است. **دو:** جناغ «خدنگ» نیز نادرست است و پیشتر دربارهٔ آن سخن گفته‌ام.

۹ - بتوران «نکردند» بس روزگار نادرست است.

۱۰ - **یک:** «تاخت» نادرست است: «بتاختند». **دو:** تازش اسپ با «زور» نیست. **سه:** و شور از آن برتر چگونه تواند بودن؟

۱۱ - **یک:** خسته در زبان فارسی ریشناک (= مجروح) است، و واژه‌ای که در برابر خستگی امروز در زبان فارسی داریم «مانده» است، آنگاه رستم از رنج راه خسته یا رنجه شده، آنرا با کلاه چه پیوند؟! **دو:** و این نخستین بار است که از رنجه شدن یا مانده شدن رستم سخن میرود، باز آنکه دیگران نیز همراه وی بودند، آنان چرا مانده و رنجه نشدند؟

۱۲ - افزاینده در این رج بیاد دیگران می‌افتد. اما در جنبش و شتاب «رگ» بیشتر بر خود می جنبد!

۱۳ - نیمه شب، هنوز سپاه افراسیاب بایرانیان نرسیده، چرا می‌باید شمشیر کین از نیام برکشند؟

۱۴ - زمین سیاه نمیشود، که از آن گرد بر میخیزد.

۱۵ - پس در روزِ فردا جنگ بهم خواهد پیوستن نه در همان شب!

برفتند یکسر سواران جنگ / همه رزم را تیز کردند چنگ [1]
همه نیزه‌داران زدوده سنان / همی جنگ را گرد کرده عنان [2]
منیژه نشسته به خیمه درون / پرستنده بر پیش او رهنمون [3]
یکی داستان زد تهمتن بر اوی / که: «گر، مَی بریزد نریزدش بوی [4]
چنین است رسم سرای سپنج / گهی ناز و نوش و گهی درد و رنج» [5]

آمدن افراسیاب بجنگ رستم

⇐ چو خورشید، سر برزد از کوهسار / سواران ایران ببستند بار [*]
بتوفید شهر و برآمد خروش / تو گفتی همی کر کند نره گوش [6]
بدرگاه افراسیاب آمدند / کمر بستگان بر درش صف زدند [7]
همه یکسره جنگ را ساخته / دل از بوم و آرام پرداخته [8]
بزرگان توران گشاده کمر / به پیش سپهدار بر خاک سر [9]
همه جنگ را پاک بسته میان / همه دل پراز کین ایرانیان [10]
که: «ز اندازه بگذشت ما را سخُن / چه افکند باید بدین کار بُن؟ [11]
کزین ننگ بر شاه و گردنکشان / بماند زکردار بیژن نشان [12]

---

۱ – سواران جنگ، کجا رفتند؟ ۲ – دنبالهٔ گفتار.

۳ – یک: خیمه را در گفتار فردوسی جای نیست. دو: پرستنده در پیش او «ایستاده» نه «رهنمون»!

۴ – سخن از رسیدن رستم به لشکرگاه نیامده بود که از سخن گفتن رستم با منیژه یاد شود. ۵ – دنبالهٔ داستان.

* – در بیشتر نمونه‌ها سواران توران آمده‌است، و نیز سواران ترکان. و تنها شاهنامه فلورانس است که «ایران» آورده‌است و استاد خالقی مطلق آنرا به‌زیرنویس برده، و نشانهٔ پرسش بر آن نهاده است. از آنجا که افزایندگان داستان شبیخون به ایوان افراسیاب را بشاهنامه بسته‌اند. این رج را به سواران توران ویژه کرده‌اند. باز آنکه، سواران آماده برای جنگ «بار» بر نمی‌بندند، و بر اسپان می‌نشینند. این سواران ایران بوده‌اند که پس‌از رهایی بیژن، «بار بسوی ایران» می‌بندند. من چنین می‌اندیشم سخن فردوسی چنین بوده‌است: «سواران ز توران».

٦ – تو گفتی... لت دویم سست است.

۷ – در سخن درست شاهنامه «سواران توران ببستند بار» آمده‌بود، پس چگونه اکنون بدرگاه آمدند و رده کشیدند؟

۸ – سواران پیش‌از نبرد، دل از آرام می‌پردازند، اما دل از بوم (= سرزمین و کشور) بر نمی‌دارند، زیر که برای همان سرزمین بجنگ میروند.

۹ – سخن پست‌تر از این نمیشود که بزرگان را می‌باید که کمر بر میان بسته باشند، نه گشاده کمر، بهنگام جنبش سپاه، سر را بر خاک نهند! درست در رج پسین، آنان را میان بسته می‌بینم.

۱۰ – «پاک» بسته نادرخور است: «بسته». زیرا که پاک برابر است با (بتمامی) و آنکس که میان می‌بندد، بستنش کم و بسیار ندارد.

۱۱ – لت دویم ناهموار است زیرا که بدان کار نمیتوان بن یا ریشه افکندن می‌بایستی پاسخ آنرا دادن، یا دژی آنرا کردن.

۱۲ – از این ننگ؟ یا از کردار بیژن؟

به ایران به مردان ندانندمان زنان کمربسته خوانندمان»[1]
برآشفت پس شه بسان پلنگ اُزان پس بفرمودشان ساز جنگ[2]
به پیران بفرمود تا بست کوس کزاین‌پس ندارند بر ما فسوس[3]
بزد نای رویین بدرگاه شاه بجوشید در شهر توران، سپاه[4]
یلان صف کشیدند بر در سرای خروش آمد از بوق و هندی درای[5]
سپاهی ز توران بدان مرز راند که روی زمین جز بدریا نماند[6]
چو از دیده گه، دیده‌بان بنگرید زمین را چو دریای جوشان بدید[7]
برِ رستم آمد که: «بسپیچ کار که گیتی سیه شد ز گرد سوار»[8]
بدو گفت: «ما زین نداریم باک همی، جنگ را، برفشانیم خاک»[9]
بُنه با منیژه گسی کرد و بار بپوشید خود جامهٔ کارزار[10]
ببالا برآمد سپه را بدید خروشی چو شیر ژیان برکشید[11]
یکی داستان زد سوار دلیر که: «رو به چه سنجد، به چنگال شیر»[12]
بگُردان جنگاور آواز کرد که: «پیش آمد آن روزگارِ نبرد
کجا تیغ و ژوپین آهن گذار کجا نیزه و گرزهٔ گاوسار[13]
هنرها کنون کرد باید پدید بر این دشت بر، کینه باید کشید»[14]
برآمد خروشیدن کرنای تهمتن برخش اندر آورد پای[15]
ازان کوه‌سر سوی هامون کشید چو لشکر به تنگ اندر آمد پدید[16]

---

۱ - **یک:** «ندانند» نادرست است: «نشمارند». **دو:** «نشمارنده. **سه:** زن کمربسته نیست.

۲ - **یک:** در میان راه، برآشفت، یا از پیش برآشفته بود؟ **دو:** سپاه را بایسته است پیش‌ازجنبش «ساز جنگ» کردن، نه در میانهٔ راه. **سه:** رج ششم پیش‌ازاین «جنگ را ساخته» بودند.

۳ - **یک:** پیران بدانهنگام نزد افراسیاب نبود. **دو:** و بر بستن کوس را در آغاز کار، باید! **سه:** لت دوئِم را پیوند با لت نخست نیست.

۴ - سپاهیان در درگاه‌شان نبوده‌اند، و در میانهٔ راه بودند.

۵ - **یک:** بار دوئِم است که از رده بستن، پس‌از جنبش سپاه یاد می‌شود. **دو:** «درسرای» نادرست است. بر درگاه، با هر درِ افراسیاب.

٦ - از راندن سپاه، پیش‌ازاین یاد شده بود، اما اینان بکدام مرز راندند؟

۷ - سپاهیان ایران را در راهِ رفتن دیدگاه و دیده‌بان نبود.

۸ - رستم در راهست، و نمیتوان گفتن برِ رستم آمد: «بنزدیک رستم رفت».

۹ - **یک:** رستم را بدیده‌بان پاسخ دادن شایسته نمی‌نماید. **دو:** برای جنگ خاک برافشاندن چگونه باشد.

۱۰ - **یک:** بنه و بار هردو یکی است. **دو:** مگر پیشتر از آن، در سخنان افزوده، رستم جامهٔ رزم بر تن نداشت؟

۱۱ - در میان راه، بکدام بالا برآمد؟

۱۲ - **یک:** بالای تپه یا کوه بتنهایی برای چه‌کس داستان زد؟ **دو:** «سوار دلیر» نیز نابجا است زیرا که پیشتر از «رستم» یاد شده بود.

۱۳ - از چنین سخن، بدانهنگام یاد می‌شود که تیغ و ژوبین و نیزه و گرز نداشته باشند، باز آنکه همهٔ این جنگ‌افزارها در دست ایشان بود.

۱۴ - باری اگر تورانیان سخن از کینه آورند، درست گفته‌اند، اما ایرانیان را که پیروز بر میگردند، با کینه چه کار؟

۱۵ - تهمتن در میان راه سوار بر رخش بود.

١٦ -لشکر بتنگ (اندر) آمد؟ یالشکر پدیدار شد؟

کشیدند لشکر بران پهن جای — به هرسو ببستند ز آهن سرای[1]
بیاراست رستم یکی رزمگاه — که از گرد اسپان هوا شد سیاه[2]
ابر میمنه اشکش و گستهم — سواران بسیار با او بهم[3]
چو رهام و چون زنگه بر میسره — به خون شسته مر چنگ را یکسره[4]
خود و بیژن گیو در قلبگاه — نگهدار گردان و پشت سپاه[5]
پس پشت لشکر که بیستون — حصاری ز شمشیر پیش اندرون[6]
چو افراسیاب آن سپه را بدید — که سالارشان رستم آمد پدید[7]
غمی گشت و پوشید خفتان جنگ — سپه را بفرمود کردن درنگ[8]
برابر بآیین صفی برکشید — هوا نیلگون شد زمین ناپدید[9]
چپ لشکرش را به پیران سپرد — سوی راستش را به هومان گرد[10]
به گرسیوز و شیده قلب سپاه — سپرد و همی کرد هرسو نگاه[11]
تهمتن همی گشت گرد سپاه — ز آهن بسر بر، نهاده کلاه[12]
فغان کرد ک:«ای ترک شوریده‌بخت — که ننگی تو بر لشکر و تاج و تخت[13]
ترا چون سواران دل جنگ نیست — ز گردان لشکر ترا ننگ نیست[14]
که چندین به پیش من آیی به کین — به مردان و اسپان بپوشی زمین[15]
چو در جنگ لشکر شود تیزچنگ — همی پشت بینم ترا سوی جنگ[16]

---

۱ – **یک:** در سخن افزوده خود بتنهایی بر سرِ کوه رفته‌بود، نه همهٔ سپاهیان! **دو:** سخن لت دویم نیز ناپیوسته و سست است.

۲ – آراستن رزمگاه گرد بر هوا بلند نمی‌کند.

۳ – **یک:** میمنه را در گفتار فردوسی راه نیست. **دو:** «با او» نادرست: «با آنان». **سه:** افزاینده رااشکش نگهبان بنه کرده‌بود. و در این رج او را به سوی راسته سپاه آورده‌است.

۴ – چو، و چون، نادرست است، چنانکه «میسره».

۵ – **یک:** خود و بیژن نادرست است. **دو:** قلبگاه پشتیبان سپاه نیست.

٦ – کوه بیستون از کجا آمد؟ اگر پهلوانی بود که پشت لشکر را چون کوه بیستون گرفته‌بود، می‌بایستی نام او را آوردن. **دو:** «پیش اندرون» نادرست است.

۷ – افراسیاب که میدانست سالار آن لشکر رستم است.

۸ – **یک:** تازه خفتان پوشید؟؟! **دو:** او که سپاه را بشتاب فراخوانده بود، درنگش برای چه بود؟

۹ – دنبالهٔ گفتار.

۱۰ – دنبالهٔ همان سخن... سپهداران از پیش پایگاه چپ و راست و میان را بسرداران می‌سپردند، نه بهنگام جنگ!

۱۱ – دو سردار برای یک کار نادرست بوده‌است. لت دویم نیز نادرخور است.

۱۲ – **یک:** تهمتن را نیز می‌بایستی در میان سپاه بودن و نه بگردِ سپاه گردیدن! **دو:** این سخن را چه جای گفتن است؟ کسیکه آمادهٔ جنگ است بیگمان بایستی «خود» بر سر نهاده باشد.

۱۳ – **یک:** تورانیان ترک نبوده‌اند. **دو:** فغان کار پیرزنان است. **سه:** او که گرد سپاه می‌گردید چگونه با افراسیاب سخن گفت؟

۱۴ – چون سواران نادرست است زیرا که؛ **یک:** افراسیاب پادشاه توران، پادشاهِ سواران است. **دو:** روی دیگر این سخن چنانست که چون پیادگان دل جنگ دارد. **سه:** لت دویم پرسشی است و می‌بایستی از لت نخست جدا باشد، باز آنکه، پیوسته است.

۱۵ – دنبالهٔ سخن.

۱٦ – **یک:** لشکریان را همواره بایستی تیزچنگ بودن، نه تنها در میدان جنگ. **دو:** «پشت»، و «سو» در کنار هم نادرست: «پشت بمیدان».

ز دستان تو نشنیدی آن داستان   که دارد به یاد از گه باستان[۱]
که: شیری نترسد ز یک دشت گور   ستاره نتابد چو تابنده هور[۲]
بدرّد دل و گوش غرم سترگ   اگر بشنود نام چنگال گرگ[۳]
چو اندر هوا بازگسترد پر   بترسد ز چنگال او کبگ نر[۴]
نه روبه شود ز آزمودن دلیر   نه گوران پسایند چنگال شیر»[۵]
چو تو کس، سبکسار، خسرو مباد   چو باشد دهد پادشاهی به باد[۶]
بدین دشت و هامون تو از دست من   رهایی نیابی به جان و به تن»[۷]
چو این گفته بشنید ترک دژم   بلرزید و برزد یکی تیزدم[۸]
برآشفت که:«ای نامداران تور   که این دشتِ رزم است؟ گر بزمِ سور؟![۹]
بجوشید و یکباره جنگ آورید   جهان بر بداندیش تنگ آورید![۱۰]
چو گفتار سالارشان شد بگوش   ز گردان لشکر برآمد خروش[۱۱]
چنان تیره گون شد ز گرد آفتاب   که گفتی همی غرقه ماند اندر آب[۱۲]
ببستند بر پیل روینه‌خم   دمیدند شیپور با گاودم[۱۳]
ز جوشن یکی بارهٔ آهنین   کشیدند گردان به روی زمین[۱۴]
بجوشید دشت و بتفسید کوه   ز بانگ سواران هردو گروه[۱۵]
درفشان بگرد اندرون تیغ تیز   تو گفتی برآمد همی رستخیز[۱۶]
همی گرز بارید همچون تگرگ   ابر جوشن و ببر و بر خود و ترگ[۱۷]
اُزان رستمی اژدهافش درفش   شده روی خورشید تابان بنفش[۱۸]

---

۱ - افراساب را که با دستان نشست بوده‌است؟ که از وی داستان شنود!

۲ - سخن سست می‌نماید، اما اگر داستان باشد، دربارهٔ یک چیز و یک‌کس است و اینجا به شیر و خورشید بازگشت و در رج‌های پیشین گرگ و میش و باز و کبک و روباه و گور نیز بدان افزوده می‌شود، و در پایان، دوباره بشیر باز می‌گردد! راستی مگر میدان نبرد، انجمن سخنرایی است؟ که بتوان در آن چندین سخن گفتن!

۳ - **یک:** غُرم «سترگ» نمی‌شود که سخت بی‌آزار است. **دو:** نام چنگال گرگ را بشنود؟ یا گرگ را ببیند؟

۴ - «گسترد» زمان گذشته با بترسد در لت دویم همخوان نیست.   ۵ - «روبه» یگانه، با «گوران» همخوان نیست.

۶ - **یک:** سخن اندکی آشفته است. «سبکساری چون تو پادشاه مباد». **دو:** خسرو، پاژنام کیخسرو بوده‌است، نه دیگر شاهان!

۷ - دنبالهٔ سخن.   ۸ - **یک:** افراسیاب ترک نبوده‌است. **دو:** بلرزید و تیزدم بر زد، در این رج...

۹ - با برآشفت در این رج همخوان نیست.   ۱۰ - سخن سست می‌نماید، بجوشید نادرست است.

۱۱ - شد بگوش نادرست است، شنیدند.   ۱۲ - از خروش گُردان چگونه گرد برمیخیزد؟

۱۳ - **یک:** خم روین را پیش‌از جنبش سپاه بر پیل می‌بندند! **دو:** لت دویُم نادرست است: «(در) شیپور و گاودم دمیدند».

۱۴ - **یک:** اگر دو سپاه باشند، **دو:** «باره» کشیده می‌شود.

۱۵ - افزاینده بیاد آورد که «دو گروه» در دشت بوده‌اند.   ۱۶ - تو گفتی...

۱۷ - در لت دویُم «اَبر» و «بَر» هردو یکی است.

۱۸ - گرد سپاه را شاید روی هوا رابنفش کردن، اما یک درفش را نشاید چنین کردن.

بپوشید روی هوا گرد پیل   به خورشید گفتی بر اندود نیل[1]
به هرسو که رستم برافکند رخش   سران را سر از تن همی کرد بخش[2]
به چنگ اندرون گرزهٔ گاوسار   بسان هیونی گسسته مهار[3]
همی کشت و می‌بست در رزمگاه   چو بسیار کرد از بزرگان تباه؛[4]
به قلب اندر آمد بکردار گرگ   پراکنده کرد آن سپاه بزرگ[5]
چو گرگین و رهّام و فرهاد گرد   چپ لشکر شاه توران ببرد[6]
درآمد چوباد اشکش از دست راست   ز گرسیوز تیغ‌زن کینه خواست[7]
به قلب اندرون بیژن تیزچنگ   همی بزمگاه آمدش جای جنگ[8]
سران سواران چو برگ از درخت   فروریخت از باد و، برگشت بخت[9]
همه رزمگه سربسر جوی خون   درفش سپهدار توران نگون[10]
سپهدار، چون بخت، برگشته دید   دلیران توران همه کشته دید[11]
بیفکند شمشیر هندی ز دست   یکی اسپ آسوده را برنشست[12]
ابا ویژگان سوی توران شتافت   کز ایرانیان کامِ کینه نیافت[13]
برفت از پسش رستم گرد گیر شیر   ببارید بر لشکرش گرز و تیر[14]
دو فرسنگ چون اژدهای دژم   همی مردم آهخت ازیشان به دم[15]
سواران جنگی ز توران هزار   گرفتند زنده‌پس از کارزار[16]
به لشکرگه آمد از آن رزمگاه   که بخشش کند خواسته بر سپاه[17]
ببخشید و بنهاد بر پیل بار   به پیروزی آمد برِ شهریار[18]

---

۱ – گرد پیل چه باشد؟ گرد را اسبان بلند می‌کنند، و رفتار پیل گرد بر نمی‌انگیزد.

۲ – لت دویم را هیچ گزارش نیست. **یک:** در همه سو «سران» نمی‌توانند باشند. **دو:** سر از تن، همی کرد بخش، یا پخش هردو نادرست است.

۳ – دنبالهٔ سخن.

۴ – در هنگامهٔ رزم، سرگرم شدن به بستن نشاید.

۵ – «هیون» به «گرگ» برگشت.

٦ – **یک:** «ببرد» نادرست است: «ببردند». **دو:** کجا بردند؟

۷ – **یک:** اشکش نگهبان بنه بود. **دو:** چگونه کینه خواست، که گرسیوز سالها پس‌ازآن زنده بود.

۸ – لت دویم سست است.

۹ – از باد فرو ریخت؟ یا از شمشیر ایرانیان؟

۱۰ – سخن پایان ندارد.

۱۱ – **یک:** دلیران توران، پس‌ازآن جنگ در نبردهای فراوان رو در روی ایرانیان بودند، و همه کشته نشدند. **دو:** کُشته را نیز باگَشته پساوا نیست.

۱۲ – برای گریز، اگر شمشیر در دست باشد به از آنست که بی‌شمشیر بگریزند.

۱۳ – **یک:** اگر نبرد نزدیک بکاخ افراسیاب بوده‌است، آنان در سرزمین توران بوده‌اند، و بسوی توران شتافتن درست نمی‌نماید. **دو:** لت دویم ناهموار است. «کام کینه» هیچگاه در زبان فارسی نیامده است.

۱۴ – رستم اگر ازپس افراسیاب رفته باشد، نیمتواند برلشکر اوگرز و تیر ببارد چون افراسیاب با ویژگان خویش گریخته و ازلشکرش بدور است.

۱۵ – مردم را از دم (نفس) خویش چگونه بیرون می‌کشید؟

١٦ – لت نخست نادرست است: از تورانیان هزار سوار جنگی بُه بند کشیدند.

۱۷ – **یک:** دریوزه‌گری افزاینده. **دو:** تورانیان را لشکرگاه نبود، و ازپسِ ایرانیان تاخته بودند.

۱۸ – بار بر پیل نهادن، کار اشکش بود نه رستم.

بازآمدن رستم
به نزد
کیخسرو

چو آگاهی آمد بشاه دلیر — که: «از بیشه پیروز برگشت شیر [1]
اُبیژن شد از بند و زندان رها — ز بند بداندیش نرّ اژدها [2]
سپاهی ز توران بهم برشکست — همه لشکر دشمنان کرد پست» [3]
بشادی به پیش جهان‌آفرین — بمالید روی و کله بر زمین [4]
چو گودرز و گیو آگهی یافتند ⇐ — سوی شاه پیروز بشتافتند
برآمد خروش و بیامد سپاه — تبیره‌زنان برگرفتند راه
دمنده دمان گاودم بر درش — برآمد خروشیدن از لشکرش [5]
سیه کرده میدانش اسپان به سم — همه شهر آوای رویینه‌خم [6]
بیک دست بر بسته شیر و پلنگ — بزنجیر و، دیگر، سواران جنگ [7]
گرازان سواران دمان و دنان — به دندان زمین ژنده‌پیلان گنان [8]
به پیش سپاه اندرون بوق و کوس — درفش ازپس پشت گودرز و توس [9]
پذیره شدن پیش پهلو سپاه — بدین گونه فرمود بیدار شاه [10]
برفتند لشکر گروها گروه — زمین شد ز گردان بکردار کوه
چو آمد پدیدار از انبوه نیو — پیاده شد از باره گودرز و گیو [11]
ز اسپ اندرآمد جهان‌پهلوان — بپرسیدش از رنج‌دیده گوان [12]
بر او آفرین کرد گودرز و گیو — که: «ای نامبردار و سالار نیو [13]

---

۱ - آگاهی پس‌ازاین بگیو میرسد. ۲ - دنبالهٔ سخن.

۳ - شکستن سپاه از افزوده‌ها بود و نیز همهٔ سپاهیان توران کشته نشده بودند.

۴ - اگر روی را بر زمین مالیدن بپذیریم، کلاه را بر زمین مالیدن چه روی دارد؟

۵ - از خروشیدن در رج پیشین یاد شده بود. ٦ - مگر میدان با سم اسبان سیاه می‌شود؟

۷ - سواران جنگ در لت دویم به‌کنش «بسته» باز می‌گردد.

۸ - **یک:** لت نخست نادرست است، گرازان با دمان و دنان همخوان نیست. **دو:** پیل را دندانِ آشکار نیست و هیچگاه نیز دیده نشده‌است که پیل؛ آج خویش زمین را بکَنَد. ۹ - پیش اندرون، نادرست است.

۱۰ - «پهلو سپاه» نیز نادرخور است.

۱۱ - **یک:** نیو، هر پهلوان دیگر نیز شاید باشد. **دو:** گیو و گودرز را پیاده «شدند» باید!

۱۲ - **یک:** از اسب «اندر نمی‌آیند»: «پیاده می‌شوند»، یا «بزیر می‌آیند». **دو:** بپرسیدش نادرست است: «بپرسید».

۱۳ - «کردند» باید.

دلیر از تو گردد به هر جای شیر سپهر از تو هرگز مگرداد سیر[1]
ترا جاودان باد یزدان پناه به کام تو گرداد خورشید و ماه[2]
همه بنده کردی تو این دوده را ز تو یافتم پور گُم بوده را[3]
ز درد و غمان رستگان تو ایم به ایران کمربستگان تو ایم»[4]
بر اسپان نشستند یکسر مهان گرازان به نزدیک شاه جهان[5]
چو نزدیک شهر جهاندار شاه فراز آمد آن گُرد لشکرپناه[6]
پذیره شدش شهریارِ جهان نگهدار گُردان و پشتِ مهان[7]
چو رستم به فرّ جهاندار شاه نگه کرد کآمد پذیره براه[8]
پیاده شد و برد پیشش نماز غمی گشته از رنجِ راه دراز[9]
جهاندار خسرو گرفتش ببر که: «ای بیخ مردیّ و جان هنر»[10]
بخورشید ماند همه کار تو بگیتی پراکنده کردار تو[11]
تهمتن سبک دست بیژن گرفت چنان کش ز شاه و پدر بپذرفت[12]
بیاورد و بسپرد و بر پای خاست چنان بخت خمیّده را کرد راست[13]
ازان پس اسیران توران هزار بیاورد بسته بر شهریار[14]
بر او آفرین کرد○ خسرو به مهر که: «جاوید بادا به کامت سپهر
خنک زال کش بگذرد روزگار بماند به گیتی ترا یادگار
خجسته بر و بوم زابل که شیر همی پرورانند گوان و دلیر[15]
خنک شهر ایران و فرّخ گوان که دارند چون تو یکی پهلوان
اُزین هرسه برتر، سرِ بختِ من که چون تو، پَرَستَد همی، تختِ من
تویی تاج ایران و پشتِ گَوان نخواهیم بی‌تو جهان، یکزمان
به خورشید ماند همی کار تو به گیتی پراکنده کردار تو»

---

۱ – نه چنین است که شیر در برابر وی زبون می‌گردد. اما افزاینده را رای بر آن بوده‌است که بگوید، شیر، از تو دلیری می‌آموزد، که آن نیز نادرست است زیرا که شیر خود بخود دلیر است.

۲ – «گرداد» برای یک چیز یا خورشید، یا ماه کاربرد دارد.

۳ – گیو و گودرز هردو سخن میگویند. و در اینجا «یافتم» ناکارآمد است. ۴ – دنبالهٔ سخن. ۵ – سخن پایان ندارد.

۶ – تنها رستم بشهر نرسیده است. سپاهیان همه میرسند.

۷ – لت دویم برای فراهم آوردن پساوا است، وگرنه کیخسرو بارها، رستم را نگهبان و پشت ایران و پهلوانان نامیده بود.

۸ – فرّ دیدنی نیست، بپذیره رفتنی نیز نیست. ۹ – پهلوان از راه دراز «غمی» نمی‌شود. و «غمی» خود نادرست است.

۱۰ – لت دویم سست است. ۱۱ – این سخن از گفتار چند رج آینده برگرفته شده‌است.

۱۲ – **یک:** رستم بیژن را از چاه بدر آورد، و از شاه و گیو نپذیرفته‌بود. **دو:** چنین پساوای نادرخور، در سخن فارسی همانند ندارد.

۱۳ – **یک:** هنوز در راهند، و ننشسته‌اند که برپا می‌خیزد. **دو:** چون «آورد» پس پیشتر برپای خاسته بوده‌است.

۱۴ – اسیرانِ توران هزار، نادرست است: «اسیران توران را». ○ – «**برستم چنین گفت**» درست می‌نماید.

۱۵ – لت دویم پریشان است.

بگیو آنگهی گفت شاه جهان / که: «نیک است با کردگارت نهان[1]
که بر دست رستم جهان‌آفرین / به تو داد پیروز پور گزین»[2]
گرفت آفرین گیو بر شهریار / که: «شادان بزی تا بود روزگار[3]
سر رستمت جاودان سبز باد / دلِ زال فرخ بدو باد شاد»[4]
بفرمود خسرو که: «بنهید خوان؛ / بزرگان برترمنش را بخوان»[5]
چو از خوان سالار برخاستند / نشستنگه می بیاراستند[6]
فروزندهٔ مجلس و میگسار / نوازندهٔ چنگ با گوشوار[7]
همه بر سران افسران گران / به زر اندرون پیکر از گوهران[8]
همه رخ چو دیبای رومی به‌رنگ / خروشان ز چنگِ پریزاده چنگ[9]
تبق‌های سیمین پراز مشک ناب / به پیش اندرون آبگیر گلاب[10]
همی تافت از فرّ شاهنشهی / چو ماه دو هفته ز سرو سهی[11]
همه پهلوانان خسروپرست / برفتند ز ایوان سالار، مست[12]
بشبگیر چون رستم آمد بدر / گشاده دل و تنگ بسته کمر[13]
بدستوریِ بازگشتن بجای / همی زد هشیوار با شاه رای[14]
یکی دست جامه بفرمود شاه / گهر بافته با قبا و کلاه
یکی جام پر گوهر شاهوار / سد اسپ و سد اشتر به‌زین و به‌بار
دو پنجه پریروی بسته کمر / دو پنجه پرستار با توق زر
همه پیش شاه جهان کدخدای / بیاورد و کردند یکسر بپای[15]
همه رستم زابلی را سپرد / زمین را ببوسید و برخاست گرد[16]
به سر برنهاد آن کلاه کیان / ببست آن کیانی کمر بر میان[17]
اَبَر شاه کرد آفرین و برفت / ره سیستان را بسیچید، تفت[18]

---

۱ – آنگهی نادرست است.
۲ – جهان‌آفرین در این رج با «کردگار» در رج پیشین همخوان نیست.
۳ – آفرین، گرفتنی نیست، خواندنی است.
۴ – رستمت نادرست است زیرا که رستم از آنِ همهٔ ایرانیان بوده‌است.
۵ – بزرگان را «بخوانید» باید.
٦ – دنبالهٔ گفتار.
۷ – دنبالهٔ گفتار.
۸ – نوازنده را نشاید بهنگام نواختن «افسرِ گران» بر سر داشتن زیرا که او را از نوازندگی باز میدارد و افسر، خود، ویژه شاه است.
۹ – پریزاده نادرست است: «پریزادگان».
۱۰ – **یک:** مشک را روی تبق نمی‌ریختند. **دو:** پیش اندرون نادرست است. **سه:** آبگیر گلاب اگر بوده، از آغاز در ساختمان یا باغ بوده‌است، و بهمراه آن تبق‌ها آورده نشده‌است.
۱۱ – **یک:** سخن یکباره از تبق و آبگیر و رامشگر بشاه بازگشت. **دو:** میان دو لت نیز پیوند درست نیست. از چه می‌تابید؟ «فر»؟ یا از «سرو»؟
۱۲ – دنبالهٔ گفتار.
۱۳ – همچنین.
۱۴ – همی‌زد نادرست است: «بزد».
۱۵ – این چهار رج همانند همیشه با گفتارهای نادرست همراه است، و در این رج پایانی «بیاورد» به چه کس باز میگردد؟
١٦ – دنباله گفتار.
۱۷ – کلاه کیان؛ تاج شاه است و (آن) کلاه، نادرست است.
۱۸ – دنباله گفتار.

بزرگان که بودند با او بهم — برزم و ببزم و بشادی و غم [1]
بر اندازه‌شان سربسر هدیه داد — از ایوان خسرو برفتند شاد [2]
چو از کار گردان بپرداخت شاه — به آرام بنشست بر پیشگاه [3]
⇐ بفرمود تا بیژن آمد به پیش — سخن گفت، زان رنج و تیمارِ خویش
از آن تنگ زندان و رنجِ زوار — فراوان سخن گفت با شهریار
چون از گردش روزگاران بد — همه داستان پیش خسرو بزد [4]
بپیچید و بخشایش آورد سخت — ز درد و غم دختِ گم بوده بخت
بفرمود سد جامه دیبای روم — همه پیکرش گوهر و زرّ بوم [5]
یکی تاج و ده بدره دینار نیز — پرستنده و فرش و هرگونه چیز [6]
به بیژن بفرمود ک:«این خواسته — ببر سوی دخت روان کاسته [7]
به رنجش مفرسا و سردش مگوی — نگر تا چه آوردی او را بروی! [8]
تو با او جهان را به شادی گذار — نگه کن بدین گردش روزگار
یکی را برآرد به چرخ بلند — ز تیمار و دردش کند بی‌گزند
اُزانجاش گردان برد سوی خاک — همه جای بمی است و تیمار و باک
هم آن را که پرورده باشد به ناز — بیفگند خیره به چاه نیاز
یکی را ز چاه آورد سوی گاه — نهد بر سرش بر ز گوهر کلاه
جهان را ز کردار بد شرم نیست — کسی را بروش آب و آزرم نیست
همیشه به هر نیک و بد دسترس — ولیکن نجوید خود آزرم کس
چنین است کار سرای سپنج — گهی ناز و نوش و گهی درد و رنج
ز بهر درم تا نباشی به درد — بی‌آزار بهتر دل رادمرد» [9]
بدین کار بیژن سخن ساختم — به پیران و گودرز پرداختم [10]

---

۱ - بزرگان نادرست است: «به بزرگان»، یا «آن بزرگان را». ۲ - دنبالهٔ سخن.
۳ - شاه با دست خویش، آن پیشکشی‌ها را نداده بود که مانده شود، و پس‌ازآن بآرام نشیند!
۴ - **یک:** گردش روزگاران بد، نادرست است. زیرا که همهٔ روزگاران را در بر میگیرد. **دو:** داستان زدن (=ضرب‌المثل) است و اینجا «داستان را بگفت» درست است.
۵ - **یک:** روم پدیدار نشده بود. **دو:** اگر بوم آن جامه‌ها از زر بوده باشد، چگونه «دیبا» خوانده شد؟
۶ - «فرش و هرگونه چیز» نادرخور است. ۷ - روان هیچگاه کاسته نمی‌شود، و بهنگام مرگ از پیکر جدا میگردد.
۸ - پیوسته به گفتار افزوده. ۹ - سخنان همیشگی و بدگویی بجهان که نیاز بشکافتن آن نمی‌بینم.
۱۰ - **یک:** سخن ساختنی نیست، «آراستنی»، یا «گفتنی» است. **دو:** هنوز پرداخته نشده‌است.

داستان دوازده رخ

جهان چون برآری برآید همی بد و نیک روزی سرآید همی [1]
چو بستی کمر بر در راه آز شود کار گیتیت یکسر دراز [2]
به یک روی جستن بلندی سزاست اگر در میان دم اژدهاست [3]
اُ دیگر که گیتی ندارد درنگ سرای سپنجی چه پهن و چه تنگ [4]
پرستندهٔ آز و جویای کین بگیتی، ز کس نشنود آفرین [5]
چو سرو سهی کوژ گردد به باغ بدو بر شود تیره روشن چراغ [6]
کند برگ پژمرده و بیخ سست سرش سوی پستی گراید نخست [7]
بروید ز خاک و شود باز خاک همه جای ترس است و تیمار و باک [8]
سرِ مایهٔ مرد سنگ و خرد ز گیتی بی‌آزاری اندر خورد [9]
درِ دانش و آنگهی راستی گزین دو نیابی‌روان کاستی [10]
اگر خود بمانی به گیتی دراز ز رنج تن آید به رفتن نیاز [11]
یکی ژرف دریاست بن ناپدید در گنج رازش ندارد کلید [12]
اُزو چند یابی فزون بایدت همان خورده یک روز بگزایدت [13]
سه چیزت بباید کزان چاره نیست وز او بر سرت نیز پیغاره نیست [14]
خوری گر بپوشی و گر گستری سزد گر به دیگر سخن ننگری [15]
چو زین سه گذشتی همه رنج و آز چه در آز پیچی چه اندر نیاز [16]

---

۱ - **یک:** «جهان را» باید. **دو:** جهان راکس نتواند برآوردن.
۲ - «کمر بر در آز» بست؟ یا «کمر در راه آز»؟ ناهمخوان است.
۳ - **یک:** پیدا نیست که این بلندی جُستن، چه باشد. **دو:** در میان دَم نادرست است: «در دمِ اژدها».
۴ - «تنگ» در برابر گشاد می‌آید، نه در برابر پهن! چه بسا، که چیزی پهن باشد و تنگ نیز باشد!
۵ - سخن بسیار زیبا است، اما پیوسته بگفتار است.
۶ - **یک:** سرو هیچگاه کوژ نمی‌شود. **دو:** سرو را چراغ نیست تا تیره شود.
۷ - سرورا برگ پژمرده نمی‌شود.
۸ - سرو را تخم نیست که از خاک بروید، و نیز هنوز در ایران سروهای چند هزار ساله داریم که سبز و شادابند و بخاک (باز) نگشته‌اند!
۹ - لت دویم را با لت نخست پیوندِ درست نیست: «بی‌آزاریست».
۱۰ - این رج در بسیار شاهنامه‌ها نیست و در شاهنامهٔ مسکو آمده‌است، و کودکان دانند که نادرست و درهمریخته است.
۱۱ - پیوند بگفتار پیشین‌وپسین ندارد.
۱۲ - راز راگنج نباشد.
۱۳ - سخن از راز بود، و به آز (فزونی) رسید.
۱۴ - «سه چیز» در برابر «او» در لت دویم نادرست است: «آنها».
۱۵ - «گر»ها در این سخن نابجا است، و در برخی نمونه‌ها «یا» آمده‌است که آن نیز چنین است: «خوری (و) بپوشی (و) گستری» و اما چه چیز را می‌باید گستردن؟ این گفتار رودرروی آن گفتار فردوسی می‌ایستد که در داستان نوشزاد پسر انوشیروان فرموده است:

اگر پادشا باشد، ار زیر دست أگر پاکدل مردِ یزدانپرست
چنان دان که چاره نباشد ز جفت ز پوشیدن خورد و جای نهفت

۱۶ - سخن در لت نخست پایان ندارد، و لت دویم را نیز با آن پیوند نیست.

۱۷۴۰۵ چـو دانــی کـه بـر تـو نـماند جهان چـه پـیچی تـو زان جـای نـوشین روان[1]
بـخور آنـچه‌داری و بـیشی مـجوی کـه از آز کـاهد هـمی آبـروی[2]

---

[1] «جای نوشین روان» نادرست است، رای افزاینده جهان مینوی و بهشت است، اما از کجا که همگان را بهشت جایگاه باشد؟ «چه پیچی» نیز نادرست است: «چرا پیچی؟» [2] - دنبالهٔ گفتار.

فهرست نام‌های این دفتر

فهرست نام‌های این دفتر ۵۵۷

آب مَیَم، ۳۱۴

آذرآبادگان، ۲۱۹

آذربایجان، ۱۹۸، ۲۰۶، ۲۲۷، ۲۲۸، ۲۳۹، ۴۴۵، ۵۰۸، ۵۱۸، ۵۲۰

آذرگشسب، ۱۱۳، ۱۵۴، ۲۰۸، ۲۱۴، ۲۷۶، ۵۲۴

آریایی، ۷۹، ۲۴۴

آپَئوش (دیو)، ۳۳۳

اردیبهشت (ایزد، روز)، ۴۹، ۸۸، ۱۰۷، ۲۰۷، ۲۲۵، ۳۷۵، ۵۲۴

ارمان، ۴۸۸، ۴۹۰، ۴۹۴، ۵۰۷، ۵۰۹، ۵۱۴

ارمانیان، ۴۸۷، ۴۸۸

اروندرود، ۱۹۴، ۲۰۳

اسپنوی، ۲۲۷، ۲۸۱، ۲۸۲

استخر، ۲۰۰

اسفند، ۲۲۵

اسفندیار، ۱۴۶، ۲۴۹

اشکبوس، ۳۱۶، ۳۶۸، ۳۸۶، ۳۸۷، ۳۸۸، ۳۹۰، ۳۹۱، ۳۹۳، ۳۹۶، ۴۱۳، ۴۴۱

اشکش، ۲۳۵، ۲۹۴، ۵۳۰، ۵۴۱، ۵۴۲، ۵۴۶، ۵۴۸

اصفهان، ۱۹۷، ۱۹۸

اغریرث، ۵۴، ۵۹، ۱۲۰، ۱۲۱

افراسیاب، در بیشتر صفحات از جمله: ۴۲، ۴۳، ۴۴، ۴۶، ۴۷، ۴۸، ۴۹، ۵۰، ۵۱، ۵۲، ۵۳، ۵۴، ۵۵، ۵۶، ۵۷، ۵۸، ۵۹، ۶۰، ۶۱، ۶۲، ۶۳، ۶۴، ۶۶، ۶۷، ۶۸، ۷۰، ۷۱، ۷۳، ۷۴، ۷۵، ۷۶، ۷۷، ۷۸، ۷۹، ۸۰، ۸۱، ۸۲، ۸۳، ۸۴، ۸۵، ۸۷، ۸۸، ۹۰، ۹۱، ۹۲، ۹۳، ۹۵، ۹۶، ۹۷، ۱۰۱، ۱۰۴، ۱۰۵، ۱۰۶، ۱۰۷، ۱۰۸، ۱۱۴، ۱۱۵، ۱۱۶، ۱۱۸، ۱۱۹، ۱۲۰، ۱۲۱، ۱۲۳، ۱۲۴، ۱۲۵، ۱۲۶، ۱۲۷، ۱۲۸، ۱۳۰، ۱۳۱، ۱۳۲، ۱۳۳، ۱۳۴، ۱۳۵، ۱۳۶، ۱۳۷، ۱۳۸، ۱۳۹، ۱۴۱، ۱۴۲، ۱۴۳، ۱۴۴، ۱۵۰، ۱۵۱، ۱۵۳، ۱۵۶، ۱۵۷، ۱۵۸، ۱۶۱، ۱۶۲، ۱۶۳، ۱۶۴، ۱۶۵، ۱۶۶، ۱۶۷، ۱۶۸، ۱۶۹، ۱۷۰، ۱۷۳، ۱۷۴، ۱۷۸، ۱۷۹، ۱۸۲، ۱۸۵، ۱۸۶، ۱۸۹، ۱۹۰، ۱۹۱، ۱۹۲، ۱۹۴، ۱۹۵، ۱۹۶، ۱۹۷، ۱۹۹، ۲۰۱، ۲۰۲، ۲۰۳، ۲۰۷، ۲۱۹، ۲۲۰، ۲۲۱، ۲۲۲، ۲۲۵، ۲۲۸، ۲۳۰، ۲۳۹، ۲۴۲، ۲۴۴، ۲۷۱، ۲۷۵، ۲۷۷، ۲۷۸، ۲۸۰، ۲۸۳، ۲۸۴، ۲۸۹، ۲۹۹، ۳۰۵، ۳۱۱، ۳۲۰، ۳۲۱، ۳۲۶، ۳۴۱، ۳۵۲، ۳۵۶، ۳۵۷، ۳۵۸، ۳۵۹، ۳۷۱، ۳۷۲، ۳۸۳، ۳۹۰، ۳۹۳، ۴۰۰، ۴۰۴، ۴۰۵، ۴۰۷، ۴۰۹، ۴۱۰، ۴۱۱، ۴۱۳، ۴۱۴، ۴۱۷، ۴۱۸، ۴۱۹، ۴۲۳، ۴۲۴، ۴۲۸، ۴۳۵، ۴۴۷، ۴۴۸، ۴۵۵، ۴۵۶، ۴۵۷، ۴۵۸، ۴۵۹، ۴۶۰، ۴۶۲، ۴۶۶، ۴۶۷، ۴۶۸، ۴۶۹، ۴۷۱، ۴۷۳، ۴۷۹، ۴۸۰، ۴۸۱، ۴۹۳، ۴۹۵، ۴۹۷، ۴۹۸، ۴۹۹، ۵۰۱، ۵۰۲، ۵۰۳،
۵۰۴، ۵۰۵، ۵۰۷، ۵۱۷، ۵۲۰، ۵۲۹، ۵۳۳، ۵۳۴، ۵۳۷، ۵۳۸، ۵۴۲، ۵۴۳، ۵۴۴، ۵۴۵، ۵۴۶، ۵۴۷، ۵۴۸

افغانستان، ۴۷۶

اکوان، ۴۵۰، ۴۷۵، ۴۷۶، ۴۷۷، ۴۷۸، ۴۷۹، ۴۸۱، ۴۸۲، ۴۸۳، ۴۸۴، ۵۰۵، ۵۳۹

البرز، ۲۰۳، ۲۳۹، ۳۲۳

الوای، ۳۹۳، ۳۹۵

امرداد، ۲۰۵، ۲۸۶، ۳۴۷، ۵۲۴

امیربهادری (شاهنامه)، ۱۲۸

امیرکبیر (شاهنامه)، ۹۱، ۳۷۸، ۴۰۸

امیر منصور، ۱۲۵

انوشیروان، ۳۵۶، ۵۵۳

ارومیه، ۲۱۴، ۴۴۵، ۵۱۸

اوستا، ۱۴، ۴۲، ۷۱، ۹۲، ۱۳۰، ۱۴۵، ۱۷۲، ۲۱۵، ۲۵۵، ۲۸۸، ۳۱۶، ۳۳۲، ۳۳۵، ۳۶۲، ۳۸۵، ۴۳۲، ۴۵۸، ۴۷۳

اهرمن، ۲۹، ۳۴، ۶۶، ۶۸، ۱۳۷، ۴۱۹، ۴۳۴، ۴۸۵، ۵۰۱، ۵۱۰، ۵۱۳، ۵۲۹

اهریمن، ۳۴، ۳۶، ۱۲۰، ۱۳۰، ۱۸۰، ۲۰۴، ۲۰۵، ۲۰۷، ۳۲۶، ۳۶۱، ۴۳۴، ۴۷۱، ۴۷۶، ۵۱۳، ۵۱۵

ایران، در بیشتر صفحات از جمله: ۱۴، ۱۵، ۱۸، ۱۹، ۲۰، ۲۱، ۲۳، ۲۴، ۲۸، ۲۹، ۳۸، ۴۳، ۴۴، ۴۵، ۴۷، ۴۸، ۴۹، ۵۰، ۵۲، ۵۵، ۵۶، ۵۸، ۶۰، ۶۲، ۶۵، ۶۶، ۷۴، ۷۷، ۷۸، ۷۹، ۸۱، ۸۳، ۸۵، ۸۶، ۸۷، ۸۸، ۹۱، ۹۲، ۹۳، ۱۰۱، ۱۰۲، ۱۰۳، ۱۰۴، ۱۰۸، ۱۰۹، ۱۱۲، ۱۱۴، ۱۱۵، ۱۱۶، ۱۲۰، ۱۲۱، ۱۲۳، ۱۲۴، ۱۲۵، ۱۲۷، ۱۲۸، ۱۲۹، ۱۳۱، ۱۳۳، ۱۳۷، ۱۴۱، ۱۴۸، ۱۴۹، ۱۵۰، ۱۵۱، ۱۵۳، ۱۵۴، ۱۵۵، ۱۵۶، ۱۵۸، ۱۵۹، ۱۶۰، ۱۶۱، ۱۶۲، ۱۶۴، ۱۶۶، ۱۶۸، ۱۶۹، ۱۷۰، ۱۷۲، ۱۷۷، ۱۷۸، ۱۸۲، ۱۸۴، ۱۸۵، ۱۹۱، ۱۹۳، ۱۹۴، ۱۹۵، ۱۹۶، ۱۹۸، ۱۹۹، ۲۰۱، ۲۰۲، ۲۰۳، ۲۰۸، ۲۱۳، ۲۱۴، ۲۱۷، ۲۱۸، ۲۱۹، ۲۲۰، ۲۲۲، ۲۲۳، ۲۲۴، ۲۲۵، ۲۲۷، ۲۲۸، ۲۲۹، ۲۳۰، ۲۳۱، ۲۳۲، ۲۳۳، ۲۳۶، ۲۳۷، ۲۳۹، ۲۴۱، ۲۴۲، ۲۴۳، ۲۴۴، ۲۴۵، ۲۴۶، ۲۴۷، ۲۴۸، ۲۴۹، ۲۵۰، ۲۵۱، ۲۵۳، ۲۵۶، ۲۶۰، ۲۶۱، ۲۶۲، ۲۶۳، ۲۶۴، ۲۶۹، ۲۷۱، ۲۷۴، ۲۷۵، ۲۷۶، ۲۷۷، ۲۷۸، ۲۷۹، ۲۸۰، ۲۸۳، ۲۸۴، ۲۸۵، ۲۸۷، ۲۸۹، ۲۹۲، ۲۹۳، ۲۹۴، ۲۹۵، ۲۹۷، ۲۹۸، ۳۰۰، ۳۰۲، ۳۰۵، ۳۰۹، ۳۱۰، ۳۱۵، ۳۱۶، ۳۱۷، ۳۱۹، ۳۲۰، ۳۲۱، ۳۲۲، ۳۲۴، ۳۲۵، ۳۲۶، ۳۲۹، ۳۳۱، ۳۳۳، ۳۳۴، ۳۳۵، ۳۳۶، ۳۳۹، ۳۴۱، ۳۴۲، ۳۴۳، ۳۴۴، ۳۴۶، ۳۴۷، ۳۴۸، ۳۴۹، ۳۵۱، ۳۵۳، ۳۵۴، ۳۵۵، ۳۵۷، ۳۵۸، ۳۵۹، ۳۶۰، ۳۶۲، ۳۶۳، ۳۶۴، ۳۶۵، ۳۶۶، ۳۶۷، ۳۶۸، ۳۶۹، ۳۷۰، ۳۷۱، ۳۷۲، ۳۷۳، ۳۷۴، ۳۷۵، ۳۷۶، ۳۷۷، ۳۷۸، ۳۷۹، ۳۸۰،

فهرست نام‌های این دفتر ۵۵۸

۳۸۲، ۳۸۴، ۳۸۵، ۳۸۶، ۳۸۷، ۳۸۹، ۳۹۰، ۳۹۲، ۳۹۳،
۳۹۵، ۳۹۶، ۳۹۷، ۴۰۰، ۴۰۲، ۴۰۴، ۴۰۵، ۴۰۸، ۴۰۹،
۴۱۲، ۴۱۵، ۴۱۹، ۴۲۳، ۴۲۴، ۴۲۸، ۴۳۱، ۴۳۲، ۴۳۳،
۴۳۵، ۴۳۸، ۴۴۰، ۴۴۱، ۴۴۲، ۴۴۳، ۴۴۶، ۴۴۷، ۴۴۸،
۴۴۹، ۴۵۰، ۴۵۲، ۴۵۴، ۴۵۵، ۴۵۶، ۴۵۷، ۴۵۸، ۴۵۹،
۴۶۱، ۴۶۴، ۴۶۵، ۴۶۶، ۴۶۷، ۴۶۹، ۴۷۰، ۴۷۱، ۴۷۳،
۴۷۴، ۴۷۵، ۴۷۹، ۴۸۰، ۴۸۴، ۴۸۷، ۴۸۸، ۴۹۱، ۴۹۲،
۴۹۵، ۴۹۸

ایرانیان، ۷، ۸، ۱۶، ۱۸، ۱۹، ۲۴، ۲۸، ۴۱، ۴۳، ۴۴،
۴۵، ۶۱، ۶۳، ۸۳، ۸۴، ۸۷، ۱۰۴، ۱۱۴، ۱۲۷، ۱۲۸،
۱۲۹، ۱۳۱، ۱۳۲، ۱۳۹، ۱۴۷، ۱۴۸، ۱۵۱، ۱۵۷، ۱۵۸،
۱۵۹، ۱۶۲، ۱۶۴، ۱۶۹، ۱۷۰، ۱۷۱، ۱۸۴، ۱۹۱، ۱۹۵،
۱۹۸، ۲۰۳، ۲۲۲، ۲۲۵، ۲۳۲، ۲۴۸، ۲۵۲، ۲۵۷، ۲۶۶،
۲۶۷، ۲۶۹، ۲۷۴، ۲۷۵، ۲۸۳، ۲۸۵، ۲۸۶، ۲۸۷،
۲۸۸، ۲۹۰، ۲۹۵، ۲۹۹، ۳۰۰، ۳۱۰، ۳۱۱، ۳۱۵، ۳۱۷،
۳۲۲، ۳۲۴، ۳۳۱، ۳۳۳، ۳۳۴، ۳۳۵، ۳۳۶، ۳۳۸، ۳۳۹،
۳۴۰، ۳۴۲، ۳۴۳، ۳۴۴، ۳۴۵، ۳۴۶، ۳۴۸، ۳۴۹، ۳۵۳،
۳۵۴، ۳۵۵، ۳۵۸، ۳۵۹، ۳۶۰، ۳۶۱، ۳۶۲، ۳۶۴، ۳۶۵،
۳۶۸، ۳۶۹، ۳۷۰، ۳۷۱، ۳۷۲، ۳۷۳، ۳۷۴، ۳۷۶، ۳۷۷،
۳۷۸، ۳۷۹، ۳۸۱، ۳۸۲، ۳۸۴، ۳۸۵، ۳۸۶، ۳۸۹، ۳۹۳،
۳۹۷، ۴۰۱، ۴۰۵، ۴۰۹، ۴۱۲، ۴۱۳، ۴۲۰، ۴۲۱، ۴۲۴،
۴۲۸، ۴۲۹، ۴۳۲، ۴۳۳، ۴۳۵، ۴۳۶، ۴۳۷، ۴۴۰، ۴۴۱،
۴۴۴، ۴۴۶، ۴۴۹، ۴۵۰، ۴۵۱، ۴۵۳، ۴۶۶، ۴۷۰، ۴۷۱،
۴۷۲، ۴۷۳، ۴۸۳، ۴۸۷، ۴۸۹، ۴۹۸، ۵۰۲، ۵۰۴، ۵۰۵،
۵۱۶، ۵۱۸، ۵۳۶، ۵۴۲، ۵۴۴، ۵۴۵، ۵۴۸، ۵۵۱، ۵۵۸

باختر، ۱۶۹، ۳۶۲

بارمان، ۴۷، ۴۹، ۱۵۷، ۲۸۴، ۴۱۵

بجنورد، ۲۶۲

بخارا، ۶۰، ۴۵۰

بربریان (مانوئل)، ۳۷۴

برلین (شاهنامه)، ۴۲۱

بغداد، ۲۳۶

بلخ، ۴۷، ۴۸، ۵۰، ۵۷، ۶۰، ۶۱، ۶۴، ۶۵، ۶۷، ۳۵۹،
۳۹۹

بلخیان، ۳۵۹

بلغار، ۱۶۶

بلوچ، ۴۵، ۲۳۵

بنداری، ۲۰، ۲۸، ۳۶، ۳۷، ۳۸، ۴۱، ۴۳، ۴۴، ۴۷، ۴۸،
۵۶، ۵۹، ۶۰، ۶۱، ۶۳، ۶۸، ۷۲، ۷۳، ۷۹، ۸۰، ۸۱، ۸۳،
۸۷، ۸۸، ۹۱، ۹۷، ۱۰۲، ۱۱۰، ۱۱۶، ۱۱۹، ۱۲۵، ۱۲۶،
۱۴۷، ۱۴۹، ۱۵۳، ۱۵۶، ۱۵۸، ۱۵۹، ۱۶۱، ۱۶۲، ۱۶۳،
۱۶۴، ۱۶۷، ۱۷۲، ۱۷۷، ۱۸۰، ۱۸۵، ۱۸۶، ۱۸۷، ۱۸۸،

۱۹۱، ۱۹۴، ۱۹۹، ۲۰۵، ۲۱۳، ۳۶۳، ۴۷۶

بنیاد نیشابور، ۳۷۴

بهرام، ۴۵، ۶۵، ۶۷، ۶۸، ۶۹، ۷۵، ۷۶، ۹۱، ۱۰۸، ۱۳۳،
۱۴۶، ۱۴۹، ۲۰۷، ۲۴۵، ۲۴۸، ۲۴۹، ۲۵۰، ۲۵۱، ۲۵۲،
۲۵۳، ۲۵۴، ۲۵۵، ۲۶۹، ۲۷۰، ۲۷۶، ۲۷۸، ۲۹۸، ۲۹۹،
۳۰۰، ۳۰۱، ۳۰۲، ۳۰۳، ۳۰۴، ۳۰۵، ۳۰۶، ۳۰۷، ۳۰۸،
۳۰۹، ۳۱۰، ۳۱۳، ۳۱۷، ۳۱۸، ۳۳۸، ۳۶۶، ۳۸۶، ۳۹۱،
۴۰۷، ۴۱۹، ۴۳۸، ۴۸۵، ۵۱۵، ۵۲۹

بهرام چوبین، ۲۵۳

بهزاد، ۱۷۹، ۱۸۱

بهمن، ۲۸۱، ۵۲۴

بهمن دژ، ۲۰۵

بیرجند، ۲۰

بیژن، ۱۷۲، ۲۲۶، ۲۲۷، ۲۳۴، ۲۴۷، ۲۵۵، ۲۶۱، ۲۶۲،
۲۶۳، ۲۶۴، ۲۶۵، ۲۶۶، ۲۶۷، ۲۶۸، ۲۶۹، ۲۷۱، ۲۷۲،
۲۷۳، ۲۷۴، ۲۷۶، ۲۷۷، ۲۸۰، ۲۸۱، ۲۸۲، ۲۸۳، ۲۸۶،
۲۹۶، ۲۹۷، ۲۹۸، ۲۹۹، ۳۰۶، ۳۰۹، ۳۱۸، ۳۲۴، ۳۳۲،
۳۳۶، ۳۴۰، ۳۴۶، ۳۴۸، ۳۴۹، ۳۶۳، ۳۶۵، ۳۸۹، ۳۹۰،
۴۱۶، ۴۳۹، ۴۵۱، ۴۵۳، ۴۵۴، ۴۵۹، ۴۶۰، ۴۶۴، ۴۶۶،
۴۶۹، ۴۸۴، ۴۸۵، ۴۸۷، ۴۸۹، ۴۹۰، ۴۹۱، ۴۹۲، ۴۹۴،
۴۹۵، ۴۹۶، ۴۹۷، ۴۹۸، ۴۹۹، ۵۰۰، ۵۰۱، ۵۰۲، ۵۰۳،
۵۰۴، ۵۰۵، ۵۰۶، ۵۰۷، ۵۰۸، ۵۰۹، ۵۱۰، ۵۱۱، ۵۱۲،
۵۱۳، ۵۱۴، ۵۱۵، ۵۱۶، ۵۱۷، ۵۱۹، ۵۲۰، ۵۲۱، ۵۲۶،
۵۲۷، ۵۲۹، ۵۳۳، ۵۳۴، ۵۳۵، ۵۳۶، ۵۳۷، ۵۳۸، ۵۳۹،
۵۴۰، ۵۴۱، ۵۴۲، ۵۴۳، ۵۴۴، ۵۴۶، ۵۴۸، ۵۴۹، ۵۵۰،
۵۵۲

پارت، ۹۴، ۱۶۹

پارس، ۴۵، ۹۴، ۱۰۴، ۱۶۹، ۲۱۴

پشنگ، ۵۰، ۱۱۵، ۲۰۱، ۲۲۱، ۲۲۴

پلاشان، ۲۲۵، ۲۲۶، ۲۷۱، ۲۷۲، ۲۷۳، ۲۷۴، ۲۸۳

پولاد، ۷۵، ۸۲، ۱۱۹، ۱۵۵، ۱۸۲، ۱۸۴، ۱۸۵، ۱۹۰،
۲۲۴، ۲۳۴، ۲۳۶، ۲۵۳، ۳۲۷، ۳۲۸، ۳۳۵، ۳۴۷، ۳۸۶،
۳۹۴، ۴۰۶، ۴۲۱، ۴۲۴، ۴۲۵، ۴۲۹، ۴۳۲، ۴۴۰، ۴۶۴،
۴۶۸، ۴۶۹، ۴۷۰، ۴۷۴، ۴۸۱، ۴۸۵، ۴۹۱، ۵۰۱، ۵۰۴،
۵۰۶، ۵۱۰، ۵۱۳

پولادوند، ۴۶۰، ۴۶۱، ۴۶۲، ۴۶۳، ۴۶۴، ۴۶۵، ۴۶۶،
۴۶۷، ۴۶۸، ۴۶۹، ۴۷۳، ۴۷۴

پهلوی، ۴، ۱۴، ۸۴، ۹۲، ۱۰۶، ۱۱۰، ۱۲۳، ۱۳۰، ۱۳۷،
۲۰۷، ۲۱۵، ۲۲۱، ۲۵۵، ۲۷۰، ۳۰۰، ۳۰۲، ۳۱۶، ۳۳۲،
۳۳۳، ۳۳۵، ۳۴۳، ۳۶۱، ۳۶۷، ۳۸۵، ۴۲۸، ۴۳۲، ۴۴۳،
۴۵۸، ۴۶۲، ۴۸۲، ۴۸۶، ۴۹۰، ۵۰۸

پیران، در بیشتر صفحات از جمله: ۵۶، ۷۱، ۷۲، ۷۳، ۷۶،

فهرست نام‌های این دفتر

۷۷، ۷۸، ۷۹، ۸۰، ۸۲، ۸۷، ۸۸، ۹۰، ۹۱، ۹۳، ۹۴، ۹۵، ۹۶، ۹۷، ۹۸، ۹۹، ۱۰۱، ۱۰۲، ۱۰۳، ۱۰۵، ۱۰۶، ۱۰۷، ۱۰۸، ۱۰۹، ۱۱۰، ۱۲۷، ۱۳۰، ۱۳۱، ۱۳۴، ۱۳۶، ۱۳۷، ۱۳۸، ۱۳۹، ۱۴۱، ۱۴۲، ۱۴۳، ۱۴۴، ۱۵۱، ۱۵۸، ۱۵۹، ۱۶۰، ۱۶۱، ۱۶۴، ۱۶۶، ۱۸۲، ۱۸۳، ۱۸۴، ۱۸۵، ۱۸۶، ۱۸۷، ۱۸۸، ۱۸۹، ۱۹۰، ۱۹۱، ۱۹۲، ۲۰۰، ۲۴۱، ۲۴۴، ۲۶۰، ۲۷۵، ۲۸۴، ۲۸۵، ۲۹۲، ۲۹۳، ۲۹۴، ۲۹۵، ۲۹۸، ۲۹۹، ۳۰۰، ۳۰۳، ۳۰۴، ۳۰۵، ۳۱۰، ۳۱۱، ۳۱۲، ۳۱۹، ۳۲۰، ۳۲۱، ۳۲۳، ۳۲۵، ۳۲۶، ۳۲۸، ۳۳۰، ۳۳۲، ۳۳۳، ۳۳۴، ۳۳۷، ۳۳۸، ۳۳۹، ۳۴۰، ۳۴۱، ۳۴۲، ۳۴۳، ۳۴۴، ۳۴۵، ۳۴۶، ۳۴۷، ۳۵۰، ۳۵۱، ۳۵۴، ۳۵۵، ۳۵۶، ۳۵۷، ۳۵۸، ۳۵۹، ۳۶۰، ۳۶۱، ۳۶۷، ۳۶۸، ۳۶۹، ۳۷۱، ۳۷۲، ۳۷۳، ۳۷۷، ۳۸۱، ۳۸۲، ۳۸۳، ۳۸۴، ۳۸۹، ۳۹۰، ۳۹۱، ۳۹۲، ۳۹۴، ۳۹۹، ۴۰۵، ۴۰۶، ۴۰۷، ۴۰۸، ۴۰۹، ۴۱۰، ۴۱۱، ۴۱۲، ۴۱۳، ۴۱۴، ۴۱۵، ۴۱۶، ۴۱۷، ۴۱۸، ۴۱۹، ۴۲۰، ۴۲۱، ۴۲۲، ۴۲۳، ۴۲۴، ۴۳۴، ۴۳۷، ۴۳۸، ۴۳۹، ۴۴۰، ۴۴۸، ۴۵۹، ۴۶۰، ۴۶۶، ۴۶۹، ۵۰۲، ۵۰۳، ۵۰۵، ۵۱۹، ۵۲۸، ۵۳۱، ۵۳۲، ۵۳۳، ۵۳۶، ۵۴۵، ۵۴۶، ۵۵۲

پیران ویسه، ۱۳۶، ۲۸۳، ۳۰۷، ۳۱۰، ۳۲۰، ۵۰۲، ۵۰۳، ۵۳۲

پیلتن، ۱۷، ۳۶، ۴۴، ۴۶، ۴۷، ۵۶، ۵۷، ۵۸، ۶۰، ۶۲، ۶۶، ۶۹، ۱۰۵، ۱۳۰، ۱۴۸، ۱۵۱، ۱۵۳، ۱۵۵، ۱۵۸، ۱۶۲، ۱۶۳، ۱۶۷، ۱۶۸، ۱۹۶، ۲۰۱، ۲۱۷، ۲۲۲، ۲۳۱، ۲۳۶، ۲۴۱، ۲۴۲، ۳۱۶، ۳۴۵، ۳۵۰، ۳۵۱، ۳۵۲، ۳۶۶، ۳۷۳، ۳۷۵، ۳۷۸، ۳۸۰، ۳۸۲، ۳۸۵، ۳۹۶، ۳۹۷، ۳۹۹، ۴۰۲، ۴۰۹، ۴۲۳، ۴۲۷، ۴۳۰، ۴۳۱، ۴۳۵، ۴۳۶، ۴۳۹، ۴۴۴، ۴۵۰، ۴۵۷، ۴۶۷، ۴۷۲، ۴۷۸

پیلسم، ۱۳۰، ۱۳۱، ۱۳۴، ۱۳۶، ۱۵۸، ۱۵۹، ۱۶۰، ۱۶۱، ۴۱۰، ۴۱۲

تاجیکستان، ۹۲، ۳۰۲، ۳۳۳، ۴۷۶

تازی، ۲۸۷

تالقان، ۴۷

تبرستان، ۳۳۳

تبریز، ۴۹۵

تخوار، ۲۴۴، ۲۴۵، ۲۴۶، ۲۴۸، ۲۴۹، ۲۵۱، ۲۵۵، ۲۵۶، ۲۵۷، ۲۵۸، ۲۶۰، ۲۶۳

ترک، ۱۴، ۱۶، ۵۰، ۵۳، ۶۳، ۶۶، ۷۹، ۱۱۲، ۱۵۷، ۱۶۰، ۱۶۳، ۱۶۶، ۱۶۷، ۱۷۰، ۱۷۳، ۱۷۴، ۱۸۲، ۱۸۴، ۱۸۸، ۲۲۹، ۲۳۰، ۲۴۴، ۲۴۸، ۲۵۳، ۲۵۴، ۲۶۱، ۲۶۲، ۲۶۵، ۲۶۶، ۲۷۱، ۲۸۰، ۲۸۱، ۲۸۲، ۲۹۹، ۳۰۰، ۳۳۳، ۳۳۶، ۳۹۳، ۳۹۵، ۴۱۵، ۴۲۶، ۴۴۰، ۴۵۴، ۴۶۲، ۴۶۳، ۴۸۰، ۴۸۲، ۴۹۴، ۵۰۲، ۵۴۲، ۵۴۶، ۵۴۷

ترکان، ۱۶، ۵۳، ۶۳، ۶۶، ۸۴، ۱۱۲، ۱۵۷، ۱۶۰، ۱۶۳، ۱۷۳، ۱۸۴، ۱۸۵، ۱۸۸، ۱۹۹، ۲۳۰، ۲۳۱، ۲۴۴، ۲۶۶، ۲۶۷، ۲۷۱، ۲۷۹، ۲۸۳، ۲۸۶، ۲۸۷، ۲۹۷، ۲۹۸، ۳۰۰، ۳۱۰، ۳۱۹، ۳۲۱، ۳۲۳، ۳۳۳، ۳۳۶، ۳۴۳، ۳۵۹، ۳۶۱، ۴۱۵، ۴۲۶، ۴۴۰، ۴۵۴، ۴۶۲، ۴۶۳، ۴۸۰، ۴۸۲، ۴۹۴، ۵۴۴

ترکستان، ۹۹، ۱۷۳

ترمذ، ۴۹، ۷۶

تژاو، ۲۲۶، ۲۲۷، ۲۲۸، ۲۷۷، ۲۷۸، ۲۷۹، ۲۸۰، ۲۸۱، ۲۸۲، ۲۸۳، ۲۸۴، ۳۰۵، ۳۰۶، ۳۰۷، ۳۰۸، ۳۰۹

تور، ۱۴، ۵۰، ۵۶، ۷۹

توران، در بیشتر صفحات از جمله: ۴۳، ۵۳، ۵۴، ۵۵، ۵۶، ۵۹، ۶۷، ۷۱، ۷۴، ۷۶، ۷۹، ۸۰، ۸۴، ۸۵، ۸۶، ۸۷، ۸۸، ۹۱، ۹۳، ۹۶، ۱۰۲، ۱۰۴، ۱۰۵، ۱۰۷، ۱۰۹، ۱۱۱، ۱۱۲، ۱۱۳، ۱۱۵، ۱۱۹، ۱۲۰، ۱۲۱، ۱۲۲، ۱۲۷، ۱۲۸، ۱۳۲، ۱۳۳، ۱۳۷، ۱۴۰، ۱۴۳، ۱۴۷، ۱۵۰، ۱۵۴، ۱۵۸، ۱۵۹، ۱۶۰، ۱۶۳، ۱۶۴، ۱۶۶، ۱۶۸، ۱۶۹، ۱۷۰، ۱۷۴، ۱۷۵، ۱۷۷، ۱۸۲، ۱۸۳، ۱۸۴، ۱۸۵، ۱۸۶، ۱۸۷، ۱۸۸، ۱۹۴، ۱۹۶، ۱۹۷، ۲۰۰، ۲۰۲، ۲۰۳، ۲۱۶، ۲۲۲، ۲۲۳، ۲۲۵، ۲۲۷، ۲۲۹، ۲۳۰، ۲۳۱، ۲۳۶، ۲۳۹، ۲۴۰، ۲۴۸، ۲۴۹، ۲۵۱، ۲۵۳، ۲۶۰، ۲۷۱، ۲۷۵، ۲۷۹، ۲۸۱، ۲۸۲، ۲۸۳، ۲۸۴، ۲۸۵، ۲۸۶، ۲۸۹، ۲۹۰، ۲۹۱، ۲۹۳، ۳۰۰، ۳۰۴، ۳۰۷، ۳۰۹، ۳۱۲، ۳۱۴، ۳۱۵، ۳۲۰، ۳۲۱، ۳۲۲، ۳۲۳، ۳۲۸، ۳۲۹، ۳۳۱، ۳۳۳، ۳۴۳، ۳۴۴، ۳۴۵، ۳۴۶، ۳۴۷، ۳۵۲، ۳۵۵، ۳۵۶، ۳۵۷، ۳۶۱، ۳۶۳، ۳۶۵، ۳۷۰، ۳۷۱، ۳۷۲، ۳۷۳، ۳۷۴، ۳۷۶، ۳۸۰، ۳۸۴، ۳۸۵، ۳۹۳، ۴۰۴، ۴۰۵، ۴۰۶، ۴۰۷، ۴۰۸، ۴۰۹، ۴۱۱، ۴۱۲، ۴۱۸، ۴۲۱، ۴۲۷، ۴۳۰، ۴۳۹، ۴۴۵، ۴۴۶، ۴۴۸، ۴۴۹، ۴۵۰، ۴۵۴، ۴۵۵، ۴۵۸، ۴۶۱، ۴۶۵، ۴۶۶، ۴۶۹، ۴۷۱، ۴۸۰، ۴۸۷، ۴۹۲، ۴۹۳، ۴۹۸، ۵۰۰، ۵۰۱، ۵۰۲، ۵۰۴، ۵۱۲، ۵۱۴، ۵۱۵، ۵۱۷، ۵۲۰، ۵۲۶، ۵۲۸، ۵۲۹، ۵۳۱، ۵۳۲، ۵۳۶، ۵۳۷، ۵۴۳، ۵۴۴، ۵۴۵، ۵۴۸، ۵۴۹، ۵۵۰

توران‌زمین، ۴۴، ۷۶، ۸۶، ۱۰۳، ۱۰۵، ۱۰۸، ۱۲۴، ۱۲۶، ۱۳۵، ۱۴۲، ۱۶۴، ۱۶۶، ۱۶۷، ۱۹۳، ۲۰۰، ۲۲۳، ۲۳۱، ۲۶۰، ۲۷۰، ۳۸۲، ۴۰۷، ۲۰۶، ۴۲۳، ۴۴۸، ۴۹۵

تورانیان، ۵۳، ۶۳، ۶۶، ۷۱، ۷۷، ۷۹، ۱۰۳، ۱۱۲، ۱۳۲، ۱۳۹، ۱۴۸، ۱۵۷، ۱۵۸، ۱۶۰، ۱۶۳، ۱۶۶، ۱۶۹، ۱۷۳، ۱۷۴، ۱۷۹، ۱۸۳، ۱۸۸، ۱۹۱، ۲۳۰، ۲۳۱، ۲۵۵، ۲۷۵، ۲۸۳، ۲۸۴، ۲۸۷، ۳۰۰، ۳۱۵، ۳۱۷، ۳۲۸، ۳۳۳، ۳۳۴، ۳۳۶، ۳۳۸، ۳۴۰، ۳۴۲، ۳۴۵، ۳۴۶، ۳۴۸، ۳۴۹، ۳۵۹، ۳۶۱، ۳۶۲، ۳۷۵، ۳۷۶، ۳۸۱، ۳۹۳، ۳۹۵، ۴۰۴، ۴۰۹، ۴۲۰، ۴۲۲، ۴۲۶، ۴۴۰، ۴۴۵، ۴۵۰، ۴۵۳، ۴۶۲، ۴۶۳

فهرست نام‌های این دفتر

۴۸۰، ۴۸۲، ۴۹۴، ۴۹۸، ۵۰۰، ۵۰۲، ۵۰۳، ۵۰۴، ۵۱۸،
۵۴۲، ۵۴۵، ۵۴۶، ۵۴۸
توس، ۱۴، ۱۵، ۱۸، ۴۵، ۶۴، ۶۵، ۶۶، ۶۷، ۶۸، ۷۶،
۸۸، ۱۳۰، ۱۴۸، ۱۴۹، ۱۵۵، ۱۵۶، ۱۵۸، ۱۶۲، ۱۶۳،
۱۶۵، ۱۶۹، ۱۹۶، ۲۰۱، ۲۰۲، ۲۰۳، ۲۰۴، ۲۰۵، ۲۰۶،
۲۱۳، ۲۱۷، ۲۱۸، ۲۲۲، ۲۲۳، ۲۲۴، ۲۳۴، ۲۳۸، ۲۳۹،
۲۴۰، ۲۴۱، ۲۴۲، ۲۴۳، ۲۴۴، ۲۴۶، ۲۴۸، ۲۴۹، ۲۵۰،
۲۵۱، ۲۵۲، ۲۵۳، ۲۵۴، ۲۵۵، ۲۵۶، ۲۵۷، ۲۵۸، ۲۵۹،
۲۶۱، ۲۶۴، ۲۶۵، ۲۶۹، ۲۷۰، ۲۷۱، ۲۸۰، ۲۸۲، ۲۸۳،
۲۸۴، ۲۸۵، ۲۸۶، ۲۸۸، ۲۸۹، ۲۹۰، ۲۹۱، ۲۹۲، ۲۹۳،
۲۹۶، ۳۱۴، ۳۱۵، ۳۱۶، ۳۱۷، ۳۱۸، ۳۱۹، ۳۲۰، ۳۲۱،
۳۲۲، ۳۲۳، ۳۲۴، ۳۲۵، ۳۲۶، ۳۲۷، ۳۲۸، ۳۲۹، ۳۳۰،
۳۳۱، ۳۳۲، ۳۳۵، ۳۳۶، ۳۳۷، ۳۳۸، ۳۳۹، ۳۴۱، ۳۴۳،
۳۴۴، ۳۴۵، ۳۴۶، ۳۴۸، ۳۴۹، ۳۵۰، ۳۵۱، ۳۵۲، ۳۵۳،
۳۵۴، ۳۵۵، ۳۵۶، ۳۵۷، ۳۵۸، ۳۶۱، ۳۶۶، ۳۶۷، ۳۷۰،
۳۷۳، ۳۷۴، ۳۷۵، ۳۷۶، ۳۷۷، ۳۷۸، ۳۷۹، ۳۸۰، ۳۸۲،
۳۸۴، ۳۸۵، ۳۸۷، ۳۸۹، ۳۹۰، ۳۹۲، ۳۹۴، ۳۹۵، ۴۱۲،
۴۱۶، ۴۱۹، ۴۲۰، ۴۲۱، ۴۳۱، ۴۳۵، ۴۳۸، ۴۴۰، ۴۴۵،
۴۴۷، ۴۵۱، ۴۵۲، ۴۵۴، ۴۶۰، ۴۶۱، ۴۶۳، ۴۶۴، ۴۶۶،
۴۷۲، ۴۸۷، ۴۹۳، ۵۰۴، ۵۱۹، ۵۲۳، ۵۲۵، ۵۴۹
تهران، ۲۵، ۳۵۸
تهمتن، ۱۷، ۴۵، ۴۷، ۵۸، ۶۴، ۹۱، ۱۳۲، ۱۴۸، ۱۴۹،
۱۵۴، ۱۵۵، ۱۵۹، ۱۶۰، ۱۶۲، ۱۶۳، ۱۶۴، ۱۶۵، ۱۶۶،
۱۶۷، ۱۶۸، ۱۶۹، ۲۱۷، ۲۱۸، ۲۳۰، ۲۳۷، ۳۱۶، ۳۱۸،
۳۴۹، ۳۵۳، ۳۷۴، ۳۷۵، ۳۷۶، ۳۷۹، ۳۸۷، ۳۸۸، ۳۹۵،
۴۰۲، ۴۰۴، ۴۱۷، ۴۲۱، ۴۲۲، ۴۳۰، ۴۳۱، ۴۳۲، ۴۳۳،
۴۳۴، ۴۳۷، ۴۴۲، ۴۴۴، ۴۵۰، ۴۵۱، ۴۵۳، ۴۵۴، ۴۵۵،
۴۶۳، ۴۶۵، ۴۶۷، ۴۶۹، ۴۷۰، ۴۷۲، ۴۷۳، ۴۷۴، ۴۷۸،
۴۸۱، ۴۸۴، ۵۱۸، ۵۱۹، ۵۲۳، ۵۲۷، ۵۲۹، ۵۳۰، ۵۳۱،
۵۳۲، ۵۳۹، ۵۴۱، ۵۴۴، ۵۴۵، ۵۴۶، ۵۵۰
تیشتر، ۳۳۳
تیشتریشت، ۳۳۳
جرم، ۲۴۲، ۲۴۵، ۲۵۵، ۲۵۹، ۲۷۱، ۲۸۹، ۲۹۱، ۳۱۴،
۳۱۵
جریره، ۸۸، ۸۹، ۹۰، ۹۴، ۱۰۹، ۲۴۳، ۲۴۴، ۲۴۵،
۲۶۵، ۲۶۸
جستاری در پیشینهٔ دانش کیهان و زمین در ایرانویج، ۳۷۴
جم، ۲۵، ۲۵۹، ۴۶۳، ۴۷۶
جمشید، ۱۶۵، ۳۱۴، ۴۳۳، ۴۶۳، ۵۲۰
جهن، ۸۲، ۸۷
جیحون، ۵۰، ۵۶، ۵۷، ۶۶، ۱۲۷، ۱۵۰، ۱۹۳، ۱۹۵،

۱۹۶، ۱۹۷، ۲۰۰، ۲۲۹، ۲۳۰، ۳۶۶
چاچ، ۶۰، ۷۶، ۱۶۵
چغانی، ۳۵۸، ۴۳۵
چیچست، ۲۱۴، ۴۴۵، ۵۱۸
چین، ۱۸، ۲۴، ۵۱، ۱۰۵، ۱۰۷، ۱۱۵، ۱۲۱، ۱۲۲،
۱۲۳، ۱۲۴، ۱۲۵، ۱۳۱، ۱۶۶، ۱۹۶، ۲۵۰، ۲۵۳، ۳۰۷،
۳۰۸، ۳۲۶، ۳۵۶، ۳۵۷، ۳۶۷، ۳۷۰، ۳۹۳، ۴۲۳، ۴۲۹،
۴۳۰، ۴۳۲، ۴۳۳، ۴۳۴، ۴۳۵، ۴۳۶، ۴۴۱، ۴۴۳، ۴۴۵،
۴۴۹، ۴۵۴، ۴۶۱، ۴۷۰، ۴۷۸، ۴۹۵، ۵۰۵، ۵۱۷، ۵۴۰
چینی، ۳۸۵
حمدالله مستوفی، ۱۴۷
خاقان، ۱۶، ۳۵۶، ۳۵۷، ۳۵۸، ۳۶۰، ۳۶۱، ۳۶۵، ۳۶۶،
۳۶۷، ۳۶۸، ۳۶۹، ۳۷۱، ۳۷۲، ۳۷۴، ۳۸۰، ۳۸۲، ۳۸۳،
۳۸۴، ۳۸۵، ۳۸۸، ۳۸۹، ۳۹۲، ۳۹۳، ۳۹۴، ۳۹۹، ۴۰۰،
۴۰۱، ۴۰۳، ۴۰۶، ۴۰۷، ۴۰۸، ۴۱۱، ۴۱۲، ۴۱۳، ۴۱۴،
۴۱۵، ۴۱۶، ۴۲۱، ۴۲۲، ۴۲۷، ۴۳۲، ۴۳۳، ۴۳۴، ۴۳۵،
۴۳۶، ۴۳۷، ۴۳۸، ۴۴۱، ۴۴۴، ۴۴۸، ۴۴۹، ۴۵۷، ۴۵۹،
۴۶۱، ۴۶۲
خالقی مطلق (جلال)، ۲۰، ۲۸، ۶۳، ۶۵، ۷۹، ۸۸،
۱۱۷، ۱۲۸، ۱۴۰، ۱۶۴، ۱۹۰، ۲۰۸، ۲۵۸، ۲۹۳، ۲۹۵،
۳۱۱، ۳۱۳، ۳۳۳، ۳۳۷، ۳۵۵، ۳۶۲، ۳۷۱، ۳۹۰، ۴۰۰،
۴۱۵، ۴۶۸، ۴۷۵، ۴۷۶، ۴۷۷، ۵۱۰، ۵۱۳، ۵۳۵، ۵۳۹،
۵۴۴
ختن، ۹۷، ۱۳۸، ۱۶۶، ۳۱۲، ۴۴۸، ۴۵۴، ۵۳۱، ۵۴۲
خرّاد، ۱۸، ۱۹۲، ۳۱۸، ۳۳۲، ۳۴۶، ۴۱۶، ۴۷۶
خراسان، ۲۰، ۲۲، ۲۵، ۹۲، ۱۷۵، ۲۲۳، ۲۳۹، ۲۴۵،
۳۳۷، ۴۴۳، ۴۶۷، ۴۷۶
خسرو، ۱۶، ۸۸، ۹۰، ۱۱۱، ۱۴۱، ۱۴۲، ۱۴۳، ۱۴۴،
۱۴۸، ۱۴۹، ۱۵۱، ۱۵۷، ۱۶۸، ۱۷۵، ۱۷۷، ۱۷۸، ۱۸۰،
۱۸۲، ۱۸۴، ۱۸۵، ۱۹۳، ۱۹۵، ۱۹۸، ۱۹۹، ۲۰۱، ۲۰۲،
۲۰۷، ۲۰۸، ۲۱۴، ۲۱۶، ۲۱۷، ۲۱۹، ۲۲۱، ۲۲۲، ۲۲۳،
۲۲۸، ۲۳۰، ۲۳۱، ۲۳۲، ۲۳۳، ۲۳۵، ۲۴۱، ۲۴۸، ۲۴۹،
۲۵۰، ۲۵۳، ۲۵۸، ۲۶۰، ۲۶۳، ۲۷۵، ۲۹۰، ۲۹۱، ۳۱۴،
۳۱۶، ۳۱۸، ۳۲۰، ۳۴۱، ۳۵۰، ۳۵۱، ۳۵۲، ۳۵۳، ۳۵۷،
۳۶۵، ۳۷۲، ۳۹۰، ۴۰۰، ۴۰۹، ۴۲۰، ۴۳۴، ۴۳۹، ۴۴۳،
۴۴۴، ۴۴۵، ۴۴۷، ۴۵۱، ۴۶۲، ۴۶۸، ۴۷۲، ۴۷۴، ۴۷۶،
۴۸۷، ۴۸۸، ۴۹۰، ۴۹۳، ۴۹۵، ۵۰۱، ۵۰۳، ۵۱۲، ۵۱۳،
۵۱۴، ۵۱۵، ۵۱۷، ۵۱۹، ۵۲۰، ۵۲۳، ۵۲۴، ۵۲۵، ۵۲۷،
۵۲۸، ۵۳۰، ۵۳۴، ۵۳۵، ۵۴۷، ۵۵۰، ۵۵۱، ۵۵۲
خوروران، ۲۲، ۱۹۸، ۲۰۶، ۲۳۹، ۳۶۲
خوزستان، ۲۳۹
دربیس، ۲۸

فهرست نام‌های این دفتر

دری، ۱۰۰، ۱۰۶، ۱۸۷

دریای چین، ۷۴، ۹۶، ۹۷، ۱۰۰، ۱۰۳، ۱۰۷، ۱۲۲، ۱۶۵، ۳۵۶، ۳۸۲، ۳۸۵، ۴۵۹

دریای روم، ۱۰۷، ۳۸۵

دژ بهمن، ۲۰۴، ۲۰۵، ۲۰۶

دستان، ۲۱، ۳۲، ۴۶، ۴۷، ۸۸، ۹۰، ۹۱، ۱۳۲، ۱۶۹، ۲۱۷، ۲۲۰، ۲۲۱، ۲۳۶، ۳۴۵، ۴۸۰، ۵۰۴، ۵۱۱، ۵۱۳، ۵۱۸، ۵۱۹، ۵۲۰، ۵۲۲، ۵۲۵، ۵۲۷، ۵۲۸، ۵۴۷

دشت سروج، ۴۵

دمور، ۸۷، ۱۱۳، ۱۱۴، ۱۳۰، ۱۳۱، ۲۸۹

رستم، ۱۷، ۱۸، ۱۹، ۲۲، ۴۳، ۴۴، ۴۶، ۴۷، ۵۰، ۵۵، ۵۶، ۵۷، ۵۸، ۵۹، ۶۰، ۶۱، ۶۲، ۶۳، ۶۴، ۶۶، ۶۷، ۷۰، ۸۵، ۹۱، ۱۰۵، ۱۳۰، ۱۳۱، ۱۳۲، ۱۴۸، ۱۴۹، ۱۵۰، ۱۵۱، ۱۵۳، ۱۵۶، ۱۵۷، ۱۵۸، ۱۵۹، ۱۶۰، ۱۶۱، ۱۶۲، ۱۶۳، ۱۶۴، ۱۶۶، ۱۶۷، ۱۷۷، ۱۸۴، ۱۹۱، ۱۹۶، ۲۰۱، ۲۱۶، ۲۱۷، ۲۱۸، ۲۱۹، ۲۲۰، ۲۲۱، ۲۳۰، ۲۳۱، ۲۳۶، ۲۳۸، ۲۴۱، ۲۴۲، ۲۴۴، ۲۴۹، ۲۷۴، ۳۱۱، ۳۱۲، ۳۱۴، ۳۱۵، ۳۱۶، ۳۲۵، ۳۳۰، ۳۳۹، ۳۴۱، ۳۴۵، ۳۴۶، ۳۴۸، ۳۵۱، ۳۵۲، ۳۵۳، ۳۵۴، ۳۶۱، ۳۶۲، ۳۶۴، ۳۷۰، ۳۷۱، ۳۷۲، ۳۷۳، ۳۷۴، ۳۷۵، ۳۷۶، ۳۷۸، ۳۷۹، ۳۸۰، ۳۸۲، ۳۸۳، ۳۸۴، ۳۸۵، ۳۸۶، ۳۸۷، ۳۸۸، ۳۸۹، ۳۹۰، ۳۹۱، ۳۹۳، ۳۹۴، ۳۹۵، ۳۹۶، ۳۹۷، ۴۰۰، ۴۰۱، ۴۰۲، ۴۰۳، ۴۰۴، ۴۰۵، ۴۰۶، ۴۰۷، ۴۰۸، ۴۰۹، ۴۱۰، ۴۱۱، ۴۱۲، ۴۱۳، ۴۱۴، ۴۱۵، ۴۱۶، ۴۱۷، ۴۱۹، ۴۲۰، ۴۲۱، ۴۲۳، ۴۲۴، ۴۲۵، ۴۲۶، ۴۲۷، ۴۲۸، ۴۲۹، ۴۳۰، ۴۳۱، ۴۳۲، ۴۳۳، ۴۳۴، ۴۳۵، ۴۳۶، ۴۳۷، ۴۳۸، ۴۳۹، ۴۴۰، ۴۴۱، ۴۴۳، ۴۴۴، ۴۴۵، ۴۴۶، ۴۴۷، ۴۴۸، ۴۴۹، ۴۵۰، ۴۵۱، ۴۵۲، ۴۵۳، ۴۵۴، ۴۵۵، ۴۵۶، ۴۵۷، ۴۵۸، ۴۵۹، ۴۶۰، ۴۶۱، ۴۶۲، ۴۶۳، ۴۶۴، ۴۶۵، ۴۶۶، ۴۶۷، ۴۶۸، ۴۶۹، ۴۷۰، ۴۷۱، ۴۷۲، ۴۷۳، ۴۷۴، ۴۷۶، ۴۷۷، ۴۷۸، ۴۷۹، ۴۸۰، ۴۸۱، ۴۸۲، ۴۸۳، ۴۸۴، ۴۹۳، ۵۰۴، ۵۱۳، ۵۱۶، ۵۱۷، ۵۱۸، ۵۱۹، ۵۲۰، ۵۲۱، ۵۲۲، ۵۲۳، ۵۲۴، ۵۲۵، ۵۲۶، ۵۲۷، ۵۲۸، ۵۲۹، ۵۳۰، ۵۳۱، ۵۳۲، ۵۳۳، ۵۳۴، ۵۳۵، ۵۳۶، ۵۳۷، ۵۳۸، ۵۳۹، ۵۴۰، ۵۴۱، ۵۴۲، ۵۴۳، ۵۴۴، ۵۴۵، ۵۴۶، ۵۴۸، ۵۴۹، ۵۵۰، ۵۵۱

رودابه، ۳۱

رود سند، ۱۰۳، ۴۵۷

روم، ۱۱۵، ۱۲۴، ۱۲۵، ۱۲۶، ۱۳۱، ۱۶۷، ۲۲۵، ۲۴۱، ۲۴۴، ۲۴۸، ۲۵۶، ۲۸۱، ۲۹۴، ۳۰۷، ۳۱۲، ۳۱۷، ۳۲۴، ۳۵۷، ۳۷۰، ۳۸۵، ۴۳۴، ۴۴۱، ۴۸۸، ۴۹۴، ۴۹۵، ۴۹۷، ۵۰۵، ۵۱۵، ۵۲۶، ۵۳۹، ۵۵۲

رویین، ۸۳، ۱۳۷، ۲۲۴، ۳۰۳، ۳۰۴، ۳۰۵، ۳۲۷، ۴۱۲،

۴۴۰

رهام، ۱۴۸، ۱۴۹، ۲۱۸، ۲۳۴، ۲۵۰، ۲۶۷، ۲۶۸، ۲۶۹، ۲۹۰، ۲۹۲، ۲۹۳، ۳۱۸، ۳۲۰، ۳۳۱، ۳۳۲، ۳۳۴، ۳۳۵، ۳۳۶، ۳۴۸، ۳۶۱، ۳۶۳، ۳۸۶، ۳۸۷، ۳۹۵، ۴۱۶، ۴۳۳، ۴۳۴، ۴۶۴، ۴۶۶، ۴۶۹، ۴۷۲، ۴۷۶، ۴۸۷، ۵۱۹، ۵۳۰، ۵۴۶، ۵۴۸

ریونیز، ۲۲۴، ۲۴۷، ۲۵۴، ۲۵۵، ۲۵۶، ۲۵۹، ۲۶۲، ۲۷۰، ۲۷۶، ۲۹۸، ۲۹۹، ۳۰۱، ۳۰۲، ۳۱۶، ۳۱۷، ۴۳۸

زابل، ۱۴۸، ۳۵۹، ۳۷۸، ۵۵۰

زابلستان، ۱۸، ۴۶، ۲۳۱، ۳۵۹، ۵۲۲

زابلی، ۱۵۱، ۱۵۸، ۳۸۲، ۳۹۵، ۴۰۸، ۴۱۶، ۴۲۲، ۴۵۷، ۴۶۳، ۵۵۱

زادشم، ۵۰، ۱۴۳، ۲۲۱

زال، ۳۱، ۴۱، ۴۶، ۴۷، ۵۶، ۱۰۵، ۱۴۸، ۱۵۳، ۲۱۶، ۲۱۷، ۲۱۸، ۲۴۴، ۲۷۴، ۳۱۴، ۳۲۵، ۳۳۹، ۳۴۵، ۳۴۹، ۳۵۲، ۳۹۷، ۴۰۹، ۴۲۶، ۴۴۳، ۴۵۱، ۴۶۳، ۴۷۳، ۴۸۴، ۵۱۳، ۵۱۸، ۵۲۲، ۵۲۵، ۵۲۷، ۵۳۱، ۵۴۲، ۵۵۰، ۵۵۱

زاول، ۴۷، ۳۷۱، ۵۳۷

زاولستان، ۱۷، ۴۶، ۷۸، ۱۶۹، ۲۳۰، ۳۴۱، ۳۴۹، ۳۵۳، ۳۵۹، ۳۸۲، ۳۹۷، ۴۰۷، ۴۱۲، ۴۷۴، ۵۱۸

زرتشت، ۵۲۴

زرسپ، ۲۲۳، ۲۵۶، ۲۵۷، ۲۵۹، ۲۶۱، ۲۶۲، ۲۷۰، ۲۷۶، ۳۱۶، ۳۱۷، ۳۳۶

زنگهٔ شاوران، ۴۵، ۴۷، ۶۷، ۶۸، ۶۹، ۷۰، ۷۱، ۷۴، ۷۵، ۹۱، ۱۳۳، ۲۳۶، ۲۳۹، ۲۴۵، ۲۴۷، ۲۵۰، ۲۶۹، ۲۹۶، ۳۱۸، ۵۳۰، ۵۴۶

زو، ۹۹

زواره، ۴۷، ۱۵۶، ۱۶۶، ۱۶۷، ۲۱۷، ۲۳۰، ۵۲۵

سام، ۴۶، ۲۱۶، ۲۱۷، ۲۴۴، ۳۱۴، ۳۲۵، ۴۰۹، ۴۲۰، ۴۸۰، ۴۸۴، ۵۰۴، ۵۱۸، ۵۲۵

سپاهان، ۱۹۲، ۱۹۸

سپدکوه، ۲۴۳، ۲۶۳، ۲۶۵، ۲۶۹، ۲۷۶، ۲۸۹

سپهرم، ۴۷، ۴۸، ۴۹، ۵۴، ۱۹۱

سپیجاب، ۱۵۱، ۱۶۶، ۳۵۷

سدویس، ۴۹۵

سرخه، ۱۵۳، ۱۵۴، ۱۵۵، ۱۵۶

سروش (روز، ایزد)، ۱۰۷، ۱۰۸، ۱۴۰، ۱۷۰، ۱۷۱، ۱۷۲، ۲۰۷، ۴۷۸

سغد، ۴۹، ۵۱، ۶۰، ۶۷، ۴۵۰، ۴۵۵

سغدی، ۵۶، ۲۳۵

سقلاب، ۱۶۷، ۳۵۷، ۳۷۰، ۳۸۵، ۳۹۲، ۴۱۰، ۴۲۳، ۴۲۶، ۴۲۸، ۴۲۹، ۴۴۱، ۴۴۵، ۴۴۹، ۴۶۱

فهرست نام‌های این دفتر ۵۶۲

سگزی، ۳۹۰، ۴۱۴، ۴۱۵، ۴۲۶، ۴۲۸، ۴۳۰، ۴۳۳
سگسار، ۳۵۷، ۴۱۹
سلم، ۵۶، ۱۳۲، ۲۲۲، ۲۳۸، ۳۱۷، ۴۵۲
سمرقند، ۶۰، ۴۵۰
سند، ۳۹۲
سودابه، ۱۶، ۲۱، ۲۳، ۲۴، ۲۵، ۲۶، ۲۷، ۲۸، ۲۹، ۳۰، ۳۱، ۳۲، ۳۳، ۳۴، ۳۵، ۳۶، ۳۷، ۳۹، ۴۰، ۴۱، ۴۲، ۴۳، ۶۷، ۱۴۸، ۱۴۹
سوداوه، ۲۱، ۲۲، ۲۳، ۲۵، ۲۶، ۲۷، ۲۸، ۳۲، ۳۷، ۴۱، ۶۷
سیاوخش، ۱۱، ۱۳، ۱۶، ۱۷، ۱۸، ۱۹، ۲۰، ۲۱، ۲۲، ۲۳، ۲۴، ۲۵، ۲۶، ۲۷، ۲۸، ۲۹، ۳۰، ۳۱، ۳۲، ۳۷، ۳۸، ۳۹، ۴۰، ۴۱، ۴۲، ۴۴، ۴۵، ۴۶، ۴۷، ۴۸، ۴۹، ۵۰، ۵۲، ۵۵، ۵۶، ۵۷، ۶۰، ۶۱، ۶۲، ۶۳، ۶۵، ۶۷، ۷۱، ۷۲، ۷۴، ۷۵، ۷۶، ۷۷، ۷۹، ۸۰، ۸۱، ۸۲، ۸۳، ۸۴، ۸۵، ۸۶، ۸۷، ۸۸، ۹۰، ۹۱، ۹۳، ۹۴، ۹۶، ۹۷، ۹۸، ۹۹، ۱۰۲، ۱۰۳، ۱۰۴، ۱۰۵، ۱۰۶، ۱۰۷، ۱۰۸، ۱۱۰، ۱۱۱، ۱۱۲، ۱۱۳، ۱۱۴، ۱۱۵، ۱۱۶، ۱۱۷، ۱۱۸، ۱۱۹، ۱۲۱، ۱۲۳، ۱۲۴، ۱۲۵، ۱۲۶، ۱۲۸، ۱۲۹، ۱۳۰، ۱۳۳، ۱۳۴، ۱۳۵، ۱۳۶، ۱۳۷، ۱۳۹، ۱۴۴، ۱۴۷، ۱۴۸، ۱۵۰، ۱۵۸، ۱۶۶، ۱۶۷، ۱۷۰، ۱۷۸، ۱۷۹، ۱۸۱، ۱۸۲، ۱۸۸، ۱۹۸، ۲۱۱، ۲۲۸، ۲۳۶، ۲۴۱، ۲۴۴، ۲۴۵، ۲۵۰، ۲۵۳، ۲۵۹، ۲۶۰، ۲۶۴، ۲۶۸، ۲۶۹، ۲۷۰، ۲۸۹، ۲۹۱، ۲۹۸، ۳۰۰، ۳۴۴، ۳۵۴، ۴۰۴، ۴۰۷، ۴۱۲، ۴۱۳، ۴۱۴، ۴۳۲، ۴۶۱، ۵۳۰، ۵۴۲

سیاوخشکرد، ۱۰۵، ۱۰۸، ۱۴۵، ۲۲۸
سیاوش، ۱۷، ۱۸، ۱۹، ۲۰، ۲۱، ۲۲، ۲۳، ۲۴، ۲۵، ۲۶، ۲۷، ۲۸، ۲۹، ۳۰، ۳۱، ۳۲، ۳۳، ۳۴، ۳۶، ۳۷، ۳۹، ۴۰، ۴۱، ۴۳، ۴۴، ۴۵، ۴۷، ۵۰، ۵۳، ۵۴، ۵۷، ۵۸، ۵۹، ۶۰، ۶۱، ۶۲، ۶۳، ۶۴، ۶۶، ۷۰، ۷۲، ۷۳، ۷۵، ۷۸، ۷۹، ۸۰، ۸۱، ۸۲، ۸۳، ۸۴، ۸۵، ۸۶، ۸۷، ۸۸، ۸۹، ۹۰، ۹۱، ۹۲، ۹۳، ۹۴، ۹۵، ۹۶، ۹۷، ۹۸، ۱۰۰، ۱۰۱، ۱۰۲، ۱۰۳، ۱۰۴، ۱۰۵، ۱۰۶، ۱۰۷، ۱۰۸، ۱۰۹، ۱۱۰، ۱۱۱، ۱۱۲، ۱۱۳، ۱۱۵، ۱۱۷، ۱۱۸، ۱۱۹، ۱۲۰، ۱۲۲، ۱۲۳، ۱۲۴، ۱۲۵، ۱۲۶، ۱۲۷، ۱۲۸، ۱۲۹، ۱۳۰، ۱۳۱، ۱۳۲، ۱۳۳، ۱۳۴، ۱۳۵، ۱۳۹، ۱۴۲، ۱۴۵، ۱۴۷، ۱۴۸، ۱۴۹، ۱۵۰، ۱۵۱، ۱۵۲، ۱۵۵، ۱۵۶، ۱۶۴، ۱۶۶، ۱۷۰، ۱۷۶، ۱۷۷، ۱۷۹، ۱۸۱، ۱۸۶، ۱۹۷، ۱۹۸، ۲۰۳، ۲۱۴، ۲۱۸، ۲۲۰، ۲۲۱، ۲۲۸، ۲۴۱، ۲۴۳، ۲۴۴، ۲۴۵، ۲۵۰، ۲۵۳، ۲۵۴، ۲۵۹، ۲۶۳، ۲۶۹، ۲۷۲، ۲۷۵، ۲۷۶، ۳۰۴، ۳۱۵، ۳۲۰، ۳۲۱، ۳۴۴، ۳۶۳، ۳۷۰، ۳۹۰، ۴۰۴، ۴۰۵، ۴۰۶، ۴۰۷، ۴۰۹، ۴۱۰، ۴۱۳، ۴۱۷، ۴۱۹، ۴۳۲، ۴۴۵، ۴۶۲، ۴۸۴، ۴۸۷، ۴۹۵، ۵۰۴، ۵۱۲، ۵۲۱

سیاوشکرد، ۹۹، ۱۰۴، ۱۲۵
سیاووش، ۸۱، ۸۶، ۹۰، ۹۹، ۱۰۵، ۱۰۹، ۱۱۰، ۱۲۵، ۱۳۳، ۲۵۱، ۲۶۹، ۵۰۴
سیستان، ۱۷، ۱۸، ۱۴۸، ۱۵۵، ۲۱۸، ۲۳۰، ۲۳۶، ۲۳۹، ۳۷۰، ۳۷۱، ۳۷۳، ۴۰۹، ۴۱۳، ۴۷۴، ۵۱۸، ۵۲۰، ۵۵۱
سیمرغ، ۳۶۴، ۵۲۶
شاپور، ۱۴۸، ۱۴۹، ۴۸۷، ۵۱۹، ۵۲۷
شاهنامه، ۴، ۱۶، ۱۹، ۲۲، ۲۵، ۲۸، ۳۹، ۵۹، ۶۱، ۷۳، ۷۹، ۸۶، ۸۷، ۸۸، ۹۲، ۱۰۳، ۱۱۰، ۱۲۲، ۱۲۵، ۱۲۶، ۱۲۸، ۱۳۶، ۱۴۶، ۱۴۷، ۱۵۴، ۱۵۶، ۱۵۸، ۱۶۲، ۱۶۷، ۱۶۸، ۱۷۷، ۱۸۶، ۲۰۱، ۲۲۴، ۲۲۷، ۲۲۹، ۲۴۲، ۲۵۱، ۲۵۲، ۲۵۵، ۲۵۸، ۲۶۱، ۲۸۷، ۲۹۴، ۲۹۶، ۲۹۸، ۲۹۹، ۳۰۳، ۳۰۴، ۳۰۵، ۳۱۱، ۳۱۳، ۳۱۸، ۳۲۲، ۳۲۳، ۳۳۰، ۳۳۴، ۳۴۷، ۳۴۹، ۳۶۰، ۳۷۱، ۳۷۵، ۳۷۶، ۳۷۷، ۳۷۸، ۳۷۹، ۳۸۵، ۳۹۰، ۳۹۵، ۳۹۶، ۴۰۰، ۴۱۲، ۴۱۳، ۴۱۵، ۴۲۷، ۴۲۸، ۴۳۲، ۴۳۶، ۴۴۳، ۴۴۴، ۴۶۳، ۴۶۴، ۴۹۲، ۴۹۵، ۴۹۷، ۵۰۲، ۵۲۱، ۵۲۸، ۵۳۰، ۵۳۶، ۵۳۹، ۵۴۴، ۵۵۳

شبرنگ بهزاد، ۱۲۷، ۱۷۸، ۱۷۹، ۱۸۱، ۱۹۴
شکنی، ۳۸۵
شگنان، ۴۲۹، ۴۳۴
شگنی، ۳۵۸، ۳۹۲، ۳۹۹، ۴۲۸، ۴۳۵، ۴۴۳، ۴۴۸
شمیران، ۳۵۸، ۳۹۲
شنگل، ۳۵۷، ۳۵۸، ۳۶۷، ۳۸۰، ۳۸۲، ۳۹۲، ۴۱۱، ۴۱۳، ۴۱۴، ۴۱۵، ۴۱۶، ۴۲۱، ۴۲۲، ۴۲۵، ۴۲۶، ۴۲۷، ۴۲۹، ۴۳۳، ۴۵۷
شهریور (ایزد، روز)، ۵۲۴
شهیدی مازندرانی (بیژن)، ۷۹، ۱۶۸، ۱۹۷، ۲۳۰
شیدوش، ۱۴۹، ۲۳۴، ۲۴۷، ۲۵۰، ۳۳۲، ۳۳۶، ۳۴۸، ۳۴۹، ۳۶۳، ۴۵۴، ۴۶۰
شیده، ۸۱، ۸۳، ۴۵۷، ۴۵۹، ۴۶۰، ۴۶۱، ۴۶۷، ۴۶۸، ۵۴۶
شیرویی، ۲۲۴
صطخر، ۲۰۰
فرامرز، ۱۴۹، ۱۵۱، ۱۵۲، ۱۵۴، ۱۵۵، ۱۶۰، ۱۶۲، ۲۱۷، ۲۳۰، ۲۳۱، ۲۳۶، ۲۳۹، ۴۰۹، ۵۲۲، ۵۲۵
فرتوس، ۳۵۸، ۳۸۲، ۴۱۹، ۴۳۷، ۴۶۱
فردوسی، ۴، ۱۳، ۲۲، ۲۸، ۳۷، ۴۴، ۴۸، ۵۶، ۶۱، ۶۵، ۷۱، ۷۳، ۷۹، ۸۰، ۸۴، ۸۶، ۹۲، ۱۰۷، ۱۰۸، ۱۰۹، ۱۲۵، ۱۲۷، ۱۳۵، ۱۴۶، ۱۵۹، ۱۶۳، ۱۸۰، ۱۸۹، ۱۹۵، ۲۰۱، ۲۰۵، ۲۰۷، ۲۳۲، ۲۴۴، ۲۵۰، ۲۵۳، ۲۵۸، ۲۶۴

فهرست نام‌های این دفتر ۵۶۳

قلان، ۱۴۱	۲۶۷، ۲۶۸، ۲۸۵، ۲۹۰، ۲۹۴، ۳۰۱، ۳۰۷، ۳۰۸، ۳۱۵،
قلزم، ۱۷۰	۳۱۶، ۳۱۷، ۳۲۷، ۳۳۳، ۳۳۵، ۳۳۹، ۳۴۱، ۳۴۳، ۳۴۶،
قلون، ۱۴۱	۳۵۱، ۳۵۲، ۳۶۱، ۳۶۲، ۳۷۳، ۳۷۶، ۳۸۰، ۳۸۱، ۳۸۴،
قنوج، ۲۳۶	۳۸۶، ۳۸۸، ۳۹۲، ۳۹۶، ۳۹۷، ۴۰۳، ۴۰۴، ۴۱۵، ۴۲۱،
قهستان، ۲۰، ۱۱۲	۴۲۲، ۴۲۳، ۴۲۹، ۴۳۵، ۴۳۷، ۴۵۱، ۴۵۴، ۴۶۱، ۴۶۳،
کابل، ۹۰، ۱۴۸، ۲۱۶، ۲۳۶، ۲۳۹، ۳۵۹	۴۶۷، ۴۷۴، ۴۷۵، ۴۸۶، ۴۹۴، ۵۰۵، ۵۱۷، ۵۲۳، ۵۲۵،
کاس‌رود، ۲۷۱، ۲۷۵، ۲۷۶، ۲۷۷، ۲۸۶، ۳۱۰	۵۳۹، ۵۴۳، ۵۴۴، ۵۴۶، ۵۵۳
کاسه‌رود، ۲۲۸، ۲۲۹	فرشیدورد، ۱۳۶، ۱۳۷، ۲۹۴، ۲۹۵، ۳۳۲، ۳۷۲،
کافور، ۳۹، ۱۰۴، ۲۷۰، ۲۷۱، ۳۴۳، ۴۵۰، ۴۵۱، ۴۹۷،	۴۰۵، ۴۱۱، ۴۵۹
کاموس، ۳۱۲، ۳۱۴، ۳۵۶، ۳۵۷، ۳۵۸، ۳۶۵، ۳۶۷،	فرنگیس، ۹۰، ۹۲، ۹۵، ۹۷، ۱۰۶، ۱۰۷، ۱۰۸، ۱۱۰،
۳۶۸، ۳۶۹، ۳۷۱، ۳۷۲، ۳۷۳، ۳۷۵، ۳۷۶، ۳۷۷، ۳۷۸،	۱۱۵، ۱۱۷، ۱۱۸، ۱۲۳، ۱۲۴، ۱۲۵، ۱۲۶، ۱۲۷، ۱۳۲،
۳۸۰، ۳۸۲، ۳۸۳، ۳۸۴، ۳۸۶، ۳۸۸، ۳۸۹، ۳۹۰، ۳۹۱،	۱۳۵، ۱۳۶، ۱۳۷، ۱۳۸، ۱۳۹، ۱۴۵، ۱۶۶، ۱۷۸، ۱۸۱،
۳۹۲، ۳۹۳، ۳۹۴، ۳۹۵، ۳۹۶، ۳۹۷، ۳۹۹، ۴۰۰، ۴۰۱،	۱۸۲، ۱۸۳، ۱۸۶، ۱۸۹، ۱۹۰، ۱۹۱، ۱۹۵، ۲۴۴، ۳۰۰،
۴۰۳، ۴۰۷، ۴۱۳، ۴۱۵، ۴۱۹، ۴۲۱، ۴۳۰، ۴۳۵، ۴۳۸،	۳۱۹، ۴۱۰، ۴۱۷
۴۴۱، ۴۴۸، ۴۴۹، ۴۵۷، ۴۵۹، ۴۶۱، ۴۶۲، ۴۷۴	فرود، ۸۸، ۱۰۹، ۲۳۹، ۲۴۱، ۲۴۳، ۲۴۴، ۲۴۵، ۲۴۸،
کاموس کُشانی، ۳۱۳، ۳۹۵	۲۴۹، ۲۵۰، ۲۵۱، ۲۵۲، ۲۵۳، ۲۵۴، ۲۵۵، ۲۵۶، ۲۵۷،
کاول، ۴۷، ۳۷۱	۲۵۸، ۲۵۹، ۲۶۰، ۲۶۱، ۲۶۳، ۲۶۴، ۲۶۵، ۲۶۶، ۲۶۷،
کاولستان، ۷۸، ۳۵۳، ۳۵۹، ۳۹۷، ۴۱۲	۲۶۸، ۲۶۹، ۲۷۰، ۲۷۱، ۲۷۴، ۲۷۶، ۲۸۸، ۲۸۹، ۲۹۰،
کاووس، ۱۵، ۱۶، ۱۸، ۱۹، ۲۱، ۲۳، ۲۶، ۲۷، ۲۸، ۳۰،	۲۹۱، ۲۹۸، ۳۰۲، ۳۱۲، ۳۱۴، ۳۱۵، ۳۱۶، ۳۱۷، ۴۲۸
۳۲، ۳۳، ۳۴، ۳۵، ۳۶، ۳۷، ۳۹، ۴۰، ۴۱، ۴۲، ۴۳، ۴۴،	فروهل، ۵۳۰
۴۶، ۴۷، ۴۸، ۴۹، ۵۲، ۵۴، ۶۱، ۶۲، ۶۳، ۶۴، ۶۵، ۶۶،	فرهاد، ۱۳۰، ۱۴۸، ۲۲۴، ۲۳۵، ۲۴۷، ۲۴۸،
۶۷، ۶۸، ۶۹، ۷۰، ۷۱، ۷۲، ۷۳، ۷۴، ۷۵، ۸۰، ۸۲، ۸۸،	۴۵۴، ۴۸۷، ۵۰۹، ۵۱۹، ۵۲۳، ۵۲۷، ۵۳۰، ۵۴۸
۹۰، ۹۱، ۹۳، ۱۰۱، ۱۰۳، ۱۰۵، ۱۰۸، ۱۱۱، ۱۱۵، ۱۱۸،	فرهنگ شاهنامه، ۱۹۷
۱۳۰، ۱۳۱، ۱۳۲، ۱۴۷، ۱۴۸، ۱۴۹، ۱۵۶، ۱۶۶، ۱۶۸،	فریبرز، ۱۳۱، ۲۰۵، ۲۰۶، ۲۱۳، ۲۲۳، ۲۳۳، ۲۳۴،
۱۷۷، ۱۷۸، ۱۹۷، ۱۹۹، ۲۰۰، ۲۰۲، ۲۰۳، ۲۰۴، ۲۰۵،	۲۳۹، ۲۴۷، ۲۵۲، ۲۸۸، ۲۹۰، ۲۹۱، ۲۹۲، ۲۹۳، ۲۹۴،
۲۱۳، ۲۱۴، ۲۱۹، ۲۲۰، ۲۲۱، ۲۲۳، ۲۳۱، ۲۴۷، ۲۵۳،	۲۹۵، ۲۹۶، ۲۹۷، ۲۹۸، ۳۴۶، ۳۵۳، ۳۶۴، ۳۶۹، ۳۷۰،
۲۸۸، ۲۹۰، ۲۹۲، ۲۹۴، ۲۹۵، ۲۹۷، ۲۹۸، ۲۹۹، ۳۰۰،	۳۷۲، ۳۷۳، ۳۷۶، ۳۸۲، ۳۸۴، ۳۹۳، ۳۹۴، ۴۲۱، ۴۴۲،
۳۱۶، ۳۲۵، ۳۵۳، ۳۶۹، ۳۷۰، ۳۷۲، ۳۷۳، ۳۸۲، ۳۸۴،	۴۴۳، ۴۴۴، ۴۴۵، ۴۴۶، ۴۴۷، ۴۵۰، ۴۶۴، ۴۷۲
۴۴۲، ۴۴۴، ۴۴۵، ۴۸۷، ۴۸۸، ۴۸۹، ۵۰۴، ۵۲۳	فریدون، ۳، ۴، ۲۵، ۵۰، ۵۶، ۸۸، ۹۳، ۱۳۲، ۱۴۰،
کردستان، ۱۹۸، ۲۰۶، ۲۳۹	۱۴۱، ۱۴۳، ۱۹۴، ۲۰۳، ۲۲۱، ۲۳۸، ۳۱۴، ۳۱۵، ۳۳۴،
کردی (زبان)، ۳۶۶	۳۷۶، ۳۹۵، ۴۳۳، ۴۵۲، ۴۶۳، ۵۲۹
کرگساران، ۵۱۵	فلورانس (شاهنامه)، ۱۹، ۲۰، ۳۲، ۵۳، ۵۹، ۲۶۰،
کشانی، ۳۵۷، ۳۷۸، ۳۸۵، ۳۸۷، ۳۸۸، ۳۹۵، ۳۹۶،	۲۸۷، ۳۰۲، ۳۰۷، ۳۰۹، ۳۱۱، ۳۱۳، ۳۱۴، ۳۱۶، ۳۱۸،
۳۹۷، ۳۹۹، ۴۱۰، ۴۳۰، ۴۴۳، ۴۴۸، ۴۵۴	۳۲۰، ۳۲۳، ۳۲۴، ۳۲۶، ۳۳۱، ۳۳۷، ۳۴۵، ۳۴۷، ۳۴۸،
کشمیر، ۹۰، ۱۴۸، ۲۳۶، ۲۳۹، ۳۵۷، ۴۴۳، ۴۵۷	۳۴۹، ۳۵۵، ۳۶۰، ۳۶۲، ۳۷۱، ۳۷۵، ۳۷۷، ۳۸۴، ۳۸۷،
کشواد، ۱۷۶، ۱۹۸، ۲۰۰، ۲۰۲، ۲۰۳، ۲۲۳، ۲۳۴،	۴۰۱، ۴۲۱، ۴۳۱، ۴۳۳، ۴۳۴، ۴۴۰، ۴۴۳، ۴۵۲، ۴۵۵،
۲۴۷، ۲۶۹، ۲۹۵، ۲۹۶، ۳۲۴، ۳۲۶، ۳۳۰، ۳۷۸، ۳۹۴،	۴۵۸، ۴۶۷، ۴۷۲، ۴۷۳، ۵۲۸، ۵۳۱، ۵۳۶، ۵۴۴
۴۱۲، ۴۲۱، ۴۸۷، ۴۹۹، ۵۰۴، ۵۰۸، ۵۲۳، ۵۳۵	قاین، ۲۰
کشوادگان، ۱۹۷، ۲۰۳، ۲۰۶، ۲۰۸، ۲۱۹، ۲۴۸، ۳۲۶،	قباد، ۶۸، ۸۸، ۹۰، ۲۵۱، ۲۵۹
۳۵۱، ۳۶۱، ۴۹۹	قجغارباشی، ۷۶، ۷۸، ۱۶۸، ۲۳۰
کلات، ۸۸، ۲۴۱، ۲۴۲، ۲۴۳، ۲۵۱، ۲۵۵، ۲۶۵، ۲۶۹،	قراخان، ۴۹۸
۲۸۹، ۲۹۱، ۳۱۵	قریب (مهدی)، ۱۲۸، ۱۸۵، ۵۰۵

کلباد، ۸۲، ۱۸۲، ۱۸۳، ۱۹۰، ۱۹۱، ۲۶۰، ۳۳۲، ۳۷۳، ۳۸۴، ۴۰۵، ۴۰۶، ۴۱۱، ۴۳۷، ۴۴۰، ۴۵۹
کندر، ۳۵۷، ۳۹۲، ۴۱۶، ۴۲۱، ۴۲۹، ۴۵۷
کنگ، ۶۰، ۷۹، ۱۲۶، ۱۵۳، ۱۶۵، ۱۶۹، ۴۴۴
کنگ دز، ۹۹، ۱۰۰، ۱۰۱
کوچ، ۴۵، ۲۳۵
کوه هماون، ۳۳۹، ۳۴۰، ۳۴۲، ۳۴۴، ۳۵۵، ۳۵۹، ۳۷۳، ۳۷۹
کهرم، ۱۵۷
کهستان، ۲۰
کیان، ۲۰، ۴۳، ۹۶، ۱۰۶، ۱۱۳، ۱۱۸، ۱۴۳، ۱۴۵، ۱۷۷، ۱۸۰، ۲۰۵، ۲۰۷، ۲۱۴، ۲۱۸، ۲۲۳، ۲۷۰، ۲۷۸، ۴۹۶، ۵۰۴، ۵۰۵، ۵۱۵، ۵۱۶، ۵۲۰، ۵۲۵، ۵۲۶، ۵۳۲، ۵۳۷، ۵۳۸، ۵۵۱
کیانی، ۴۰، ۸۲، ۸۴، ۹۶، ۱۰۲، ۱۰۶، ۱۴۳، ۱۷۶، ۱۸۰، ۲۰۳، ۲۲۰، ۲۴۴، ۲۶۶، ۲۷۸، ۴۴۶، ۴۷۷، ۴۷۹، ۴۸۷، ۴۹۶، ۵۲۵، ۵۲۶، ۵۵۱
کیانیان، ۲۲۳
کیخسرو، ۴، ۸۵، ۸۸، ۹۹، ۱۱۳، ۱۲۶، ۱۲۷، ۱۳۹، ۱۴۱، ۱۴۲، ۱۴۳، ۱۴۴، ۱۴۵، ۱۷۰، ۱۷۱، ۱۷۳، ۱۷۴، ۱۷۵، ۱۷۶، ۱۷۷، ۱۷۸، ۱۷۹، ۱۸۰، ۱۸۱، ۱۸۲، ۱۸۳، ۱۸۴، ۱۸۵، ۱۸۶، ۱۸۹، ۱۹۰، ۱۹۱، ۱۹۲، ۱۹۳، ۱۹۴، ۱۹۵، ۱۹۷، ۱۹۹، ۲۰۲، ۲۰۵، ۲۰۶، ۲۰۷، ۲۰۸، ۲۱۳، ۲۱۴، ۲۱۶، ۲۱۸، ۲۱۹، ۲۲۳، ۲۲۵، ۲۲۶، ۲۲۷، ۲۲۸، ۲۳۱، ۲۳۲، ۲۳۳، ۲۳۵، ۲۳۶، ۲۴۲، ۲۴۳، ۲۴۴، ۲۴۵، ۲۴۹، ۲۵۰، ۲۵۳، ۲۵۴، ۲۶۰، ۲۶۱، ۲۶۳، ۲۶۹، ۲۷۱، ۲۷۴، ۲۸۸، ۲۸۹، ۲۹۰، ۲۹۳، ۲۹۷، ۳۰۲، ۳۱۰، ۳۱۲، ۳۱۴، ۳۱۵، ۳۱۶، ۳۲۰، ۳۴۶، ۳۵۰، ۳۵۱، ۳۵۲، ۳۵۳، ۳۵۶، ۳۷۳، ۳۷۵، ۳۸۲، ۳۹۳، ۴۰۴، ۴۰۹، ۴۱۷، ۴۲۳، ۴۳۳، ۴۳۹، ۴۴۲، ۴۴۳، ۴۴۴، ۴۴۵، ۴۴۶، ۴۴۷، ۴۵۰، ۴۵۶، ۴۷۱، ۴۷۲، ۴۷۳، ۴۷۴، ۴۷۶، ۴۸۳، ۴۸۴، ۴۸۷، ۴۸۸، ۴۸۹، ۴۹۱، ۴۹۴، ۵۰۸، ۵۱۲، ۵۱۴، ۵۱۶، ۵۱۸، ۵۲۰، ۵۲۲، ۵۲۳، ۵۲۴، ۵۲۵، ۵۲۶، ۵۲۷، ۵۲۹، ۵۳۰، ۵۳۴، ۵۴۷، ۵۵۰
کیقباد، ۷۸، ۹۳، ۹۹، ۱۴۰، ۱۷۰، ۱۷۷، ۱۹۳، ۱۹۷، ۲۵۳، ۳۵۲، ۵۱۵
کیکاووس، ۶۰، ۶۳، ۱۴۷، ۱۴۸
کیمال، ۱۶۹
گرازه، ۱۴۹، ۲۲۴، ۲۳۵، ۲۴۷، ۲۹۶، ۳۳۲، ۳۳۶، ۳۴۹، ۴۶۰، ۵۳۰
گرسیوز، ۱۵، ۱۶، ۴۷، ۴۸، ۵۰، ۵۱، ۵۲، ۵۴، ۵۵، ۵۶، ۵۷، ۵۸، ۵۹، ۶۰، ۶۲، ۶۷، ۸۲، ۸۴، ۸۷، ۸۸، ۱۰۵،

۱۰۸، ۱۰۹، ۱۱۰، ۱۱۱، ۱۱۲، ۱۱۳، ۱۱۴، ۱۱۵، ۱۱۶، ۱۱۷، ۱۱۸، ۱۱۹، ۱۲۰، ۱۲۱، ۱۲۲، ۱۲۳، ۱۲۴، ۱۲۵، ۱۲۶، ۱۲۸، ۱۳۰، ۱۳۱، ۱۳۳، ۱۳۴، ۱۳۵، ۲۸۹، ۴۰۴، ۴۰۵، ۴۱۳، ۴۹۸، ۴۹۹، ۵۰۰، ۵۰۱، ۵۰۲، ۵۰۳، ۵۰۵، ۵۰۶، ۵۴۳، ۵۴۶، ۵۴۸
گرگین میلاد، ۱۸، ۱۳۰، ۱۴۹، ۱۹۶، ۲۱۸، ۲۲۴، ۲۳۰، ۲۵۰، ۲۷۰، ۳۱۸، ۳۵۴، ۳۹۰، ۴۱۶، ۴۶۰، ۴۶۹، ۴۷۲، ۴۷۶، ۴۸۷، ۴۹۰، ۴۹۱، ۴۹۲، ۴۹۳، ۴۹۴، ۴۹۷، ۵۰۷، ۵۰۸، ۵۰۹، ۵۱۰، ۵۱۱، ۵۱۲، ۵۱۳، ۵۱۹، ۵۲۰، ۵۲۷، ۵۲۸، ۵۲۹، ۵۳۰، ۵۳۸، ۵۴۰، ۵۴۱، ۵۴۸
گروگرد، ۲۷۷، ۲۷۸، ۲۷۹، ۲۸۰، ۲۸۳، ۲۸۴
گروی زره، ۸۷، ۱۱۳، ۱۱۴، ۱۳۰، ۱۳۱، ۱۳۴، ۲۸۹
گژدهم، ۲۲۴، ۲۳۴، ۲۴۲، ۲۴۷، ۴۹۳
گستهم، ۲۱۸، ۲۲۴، ۲۳۴، ۲۳۵، ۲۴۷، ۲۵۰، ۲۶۱، ۲۶۲، ۲۶۳، ۲۹۶، ۲۹۷، ۲۹۹، ۳۳۲، ۳۳۶، ۳۴۸، ۳۴۹، ۴۱۶، ۴۵۰، ۴۵۱، ۴۵۳، ۴۵۴، ۴۶۰، ۴۷۶، ۴۸۷، ۴۹۳، ۵۱۹، ۵۳۰، ۵۴۶
گلزریون، ۱۶۶، ۱۸۸، ۲۳۰
گلشهر، ۸۸، ۹۰، ۹۴، ۹۵، ۱۰۷، ۱۰۹، ۱۳۸، ۱۳۹، ۱۹۰
گنآباد، ۲۰
گودرز، ۴۳، ۶۸، ۱۰۵، ۱۰۸، ۱۳۰، ۱۴۸، ۱۴۹، ۱۵۸، ۱۶۵، ۱۶۶، ۱۶۹، ۱۷۰، ۱۷۱، ۱۷۲، ۱۷۴، ۱۷۶، ۱۷۷، ۱۷۸، ۱۸۶، ۱۹۶، ۱۹۷، ۱۹۸، ۲۰۰، ۲۰۱، ۲۰۲، ۲۰۳، ۲۰۴، ۲۰۵، ۲۰۶، ۲۰۸، ۲۱۷، ۲۱۸، ۲۱۹، ۲۲۲، ۲۳۴، ۲۳۵، ۲۳۹، ۲۴۲، ۲۴۳، ۲۴۷، ۲۴۸، ۲۴۹، ۲۵۰، ۲۵۲، ۲۵۳، ۲۶۹، ۲۷۰، ۲۷۶، ۲۸۵، ۲۸۸، ۲۹۰، ۲۹۲، ۲۹۴، ۲۹۵، ۲۹۶، ۳۰۰، ۳۱۸، ۳۲۰، ۳۲۴، ۳۲۵، ۳۲۶، ۳۳۰، ۳۳۱، ۳۳۲، ۳۳۵، ۳۳۶، ۳۳۸، ۳۴۱، ۳۴۳، ۳۴۴، ۳۴۵، ۳۴۶، ۳۴۹، ۳۵۱، ۳۵۲، ۳۵۴، ۳۵۵، ۳۵۶، ۳۵۷، ۳۶۱، ۳۶۲، ۳۶۳، ۳۶۴، ۳۶۹، ۳۷۰، ۳۷۱، ۳۷۶، ۳۷۸، ۳۷۹، ۳۸۰، ۳۸۴، ۴۱۱، ۴۱۲، ۴۱۶، ۴۱۸، ۴۱۹، ۴۲۰، ۴۲۳، ۴۲۵، ۴۳۱، ۴۳۳، ۴۳۸، ۴۴۲، ۴۴۵، ۴۵۲، ۴۵۴، ۴۶۰، ۴۶۴، ۴۶۵، ۴۶۹، ۴۷۲، ۴۷۳، ۴۷۶، ۴۸۷، ۴۸۹، ۴۹۹، ۵۰۴، ۵۰۹، ۵۱۳، ۵۱۷، ۵۱۹، ۵۲۳، ۵۲۴، ۵۲۵، ۵۲۶، ۵۲۷، ۵۳۳، ۵۳۴، ۵۳۵، ۵۴۹، ۵۵۰، ۵۵۲
گودرزیان، ۲۴۰، ۲۴۹، ۲۵۰، ۲۵۳، ۲۹۴، ۲۹۵، ۲۹۹، ۳۱۵، ۳۳۸، ۳۴۴، ۳۵۲، ۳۵۳، ۳۵۴، ۳۷۰، ۳۷۹، ۴۰۴، ۴۰۷، ۴۱۹، ۵۱۳، ۵۱۹، ۵۲۶، ۵۳۳
گهار، ۴۲۱، ۴۵۷
گهار گهانی، ۳۵۸، ۴۳۰، ۴۳۱
گیلان، ۴۵، ۱۱۲

فهرست نام‌های این دفتر ۵۶۵

گیو، ۱۴، ۱۵، ۱۸، ۱۳۳، ۱۴۸، ۱۴۹، ۱۵۸، ۱۵۹، ۱۶۰،
۱۶۹، ۱۷۰، ۱۷۱، ۱۷۲، ۱۷۳، ۱۷۴، ۱۷۵، ۱۷۶، ۱۷۷،
۱۷۸، ۱۷۹، ۱۸۰، ۱۸۱، ۱۸۲، ۱۸۳، ۱۸۴، ۱۸۵، ۱۸۶،
۱۸۷، ۱۸۸، ۱۸۹، ۱۹۰، ۱۹۱، ۱۹۲، ۱۹۳، ۱۹۴، ۱۹۵،
۱۹۷، ۱۹۸، ۲۰۰، ۲۰۱، ۲۰۷، ۲۰۸، ۲۱۷، ۲۱۸، ۲۱۹،
۲۲۶، ۲۲۸، ۲۲۹، ۲۳۴، ۲۳۵، ۲۴۷، ۲۵۰، ۲۵۹، ۲۶۰،
۲۶۱، ۲۶۳، ۲۶۴، ۲۶۹، ۲۷۰، ۲۷۱، ۲۷۲، ۲۷۳، ۲۷۴،
۲۷۶، ۲۷۷، ۲۷۹، ۲۸۰، ۲۸۱، ۲۸۵، ۲۸۶، ۲۹۰، ۲۹۴،
۲۹۵، ۲۹۶، ۲۹۷، ۲۹۸، ۲۹۹، ۳۰۰، ۳۰۱، ۳۰۶، ۳۰۷،
۳۰۸، ۳۰۹، ۳۱۸، ۳۲۰، ۳۲۴، ۳۲۶، ۳۳۲، ۳۳۶، ۳۳۷،
۳۳۹، ۳۴۰، ۳۴۴، ۳۴۶، ۳۴۸، ۳۴۹، ۳۵۲، ۳۶۱، ۳۶۳،
۳۶۴، ۳۶۵، ۳۶۷، ۳۷۶، ۳۷۷، ۳۷۸، ۳۷۹، ۳۸۰، ۳۸۹،
۳۹۰، ۳۹۵، ۴۱۲، ۴۱۶، ۴۳۳، ۴۳۷، ۴۳۸، ۴۴۵، ۴۵۱،
۴۵۴، ۴۶۰، ۴۶۴، ۴۶۶، ۴۶۸، ۴۶۹، ۴۷۲، ۴۷۶، ۴۸۷،
۴۸۹، ۴۹۳، ۴۹۴، ۴۹۵، ۴۹۶، ۴۹۷، ۴۹۹، ۵۰۲، ۵۰۴،
۵۰۶، ۵۰۷، ۵۰۸، ۵۱۰، ۵۱۱، ۵۱۲، ۵۱۳، ۵۱۴، ۵۱۵،
۵۱۷، ۵۱۸، ۵۱۹، ۵۲۰، ۵۲۱، ۵۲۲، ۵۲۳، ۵۲۶، ۵۲۷،
۵۲۸، ۵۳۳، ۵۳۴، ۵۳۵، ۵۴۶، ۵۴۹، ۵۵۰، ۵۵۱

لرستان، ۱۷۲، ۱۹۸، ۲۳۹، ۲۹۴، ۴۸۹

لغتنامهٔ دهخدا، ۸۵

لهاک، ۱۳۶، ۲۹۴، ۲۹۵، ۳۳۲، ۳۴۲، ۳۷۲، ۴۰۵

ماد، ۱۶۹

ماکان (شاهنامه)، ۵۳۹

ماوراءالنهر، ۲۰، ۳۵۶

مای، ۳۷۱، ۴۲۲

محمود، ۱۲۵

مدیترانه، ۱۰۷، ۱۷۰

مرورود، ۴۷

مسکو (شاهنامه)، ۲۰، ۹۲، ۱۱۷، ۱۶۴، ۱۹۰، ۲۸۷،
۳۰۵، ۳۱۸، ۳۲۳، ۳۳۸، ۳۷۵، ۴۰۰، ۴۱۳، ۴۱۵، ۴۹۵،
۵۳۶، ۵۵۳

مقاتوره، ۲۵۳

مکران، ۹۶، ۱۰۳

ملک الهاماوران، ۲۸

منصوری (فیروز)، ۲۰

منوچهر، ۱۱۰، ۱۳۲، ۱۷۶، ۲۰۱، ۲۲۲، ۲۳۰، ۲۹۰،
۲۹۱، ۳۱۵

مِنیژه، ۴۸۵، ۴۹۴، ۴۹۵، ۴۹۶، ۴۹۷، ۴۹۸، ۴۹۹، ۵۰۵،
۵۰۶، ۵۱۵، ۵۳۳، ۵۳۴، ۵۳۵، ۵۳۶، ۵۳۷، ۵۳۸، ۵۳۹،
۵۴۱، ۵۴۴، ۵۴۵

نستیهن، ۸۲، ۱۸۲، ۱۸۳، ۱۸۴، ۱۸۵، ۱۹۰، ۱۹۱،
۲۸۴، ۴۰۵، ۴۱۵، ۴۳۷، ۴۵۹

نشر بلخ، ۳۷۴

نوذر، ۱۵، ۱۵۵، ۲۰۱، ۲۰۳، ۲۰۵، ۲۲۳، ۲۳۴، ۲۳۹،
۲۴۰، ۲۵۲، ۲۵۹، ۲۷۰، ۲۹۰، ۲۹۱، ۲۹۲، ۳۱۵، ۳۲۶،
۳۳۸، ۳۵۴، ۳۸۴، ۳۹۴، ۴۲۱، ۴۶۴، ۴۸۷، ۴۹۳، ۵۲۳

نوشزاد، ۳۵۶، ۵۵۳

نیمروز، ۵۶، ۱۴۸، ۱۵۶، ۲۱۶، ۲۱۷، ۲۳۶، ۲۳۹، ۳۸۰،
۵۱۶

نیمروزان، ۲۴، ۴۹۵

واتیکان (شاهنامه)، ۴۲۱

وارارود، ۲۰، ۳۵۶

ورازاد، ۱۵۱، ۱۵۲، ۱۵۳، ۱۵۵

وهر، ۴۰۶، ۴۲۹، ۴۳۵، ۴۴۱

ویسه، ۷۹، ۱۶۰، ۳۲۳، ۳۳۰، ۴۰۵، ۴۰۷، ۴۰۸، ۴۱۱

هاماوران، ۲۸، ۳۳، ۳۵، ۳۷، ۶۹

هــامون، ۴۰، ۴۵، ۸۷، ۹۹، ۱۰۰، ۱۰۵، ۱۵۳، ۱۵۴،
۱۵۵، ۱۶۱، ۱۸۴، ۱۸۶، ۱۸۹، ۲۲۲، ۲۲۴، ۲۶۶، ۲۷۲،
۲۷۳، ۲۷۵، ۲۷۷، ۲۷۸، ۲۷۹، ۲۸۷، ۳۱۱، ۳۲۱، ۳۳۱،
۳۳۵، ۳۳۷، ۳۴۳، ۳۶۱، ۳۷۵، ۳۷۶، ۳۷۸، ۳۸۴، ۳۸۵،
۴۱۹، ۴۳۲، ۴۳۵، ۴۴۰، ۴۴۸، ۴۵۳، ۴۶۰، ۴۶۱، ۴۷۰،
۴۷۸، ۴۷۹، ۵۴۳، ۵۴۵، ۵۴۷

هجیر، ۱۵۸، ۲۴۶

هرزبد، ۲۱، ۲۳، ۲۴، ۲۷

هری، ۴۷، ۳۸۵، ۴۲۸، ۴۴۸

هند، ۱۸، ۱۰۳، ۱۰۵، ۳۵۷، ۳۷۰، ۳۷۱، ۳۸۵، ۳۹۲،
۳۹۴، ۴۱۰، ۴۱۵، ۴۲۱، ۴۲۳، ۴۲۶، ۴۲۹، ۴۴۱، ۴۴۳،
۴۴۵، ۴۵۷

هندوان، ۴۷، ۱۵۳، ۴۴۱

هندوستان، ۴۷، ۹۰، ۱۰۳، ۲۰۰، ۲۳۶، ۴۴۳

هندی، ۵۵، ۶۰، ۱۲۴، ۱۵۳، ۱۵۷، ۱۷۸، ۱۸۸، ۱۹۴،
۲۲۴، ۲۳۵، ۲۶۴، ۲۶۶، ۲۶۷، ۲۸۴، ۲۹۳، ۳۰۲، ۳۰۷،
۳۱۱، ۳۲۶، ۳۲۷، ۳۲۸، ۳۳۶، ۳۸۳، ۳۹۲، ۳۹۴، ۴۱۰،
۴۱۹، ۴۲۱، ۴۲۲، ۴۲۳، ۴۲۶، ۴۲۸، ۴۳۰، ۵۰۱، ۵۴۵،
۵۴۸

هوشنگ، ۲۵

هومان، ۸۲، ۱۶۳، ۱۶۴، ۱۹۳، ۱۹۶، ۲۹۵، ۲۹۷، ۳۲۳،
۳۲۴، ۳۲۵، ۳۲۶، ۳۲۷، ۳۲۸، ۳۲۹، ۳۳۰، ۳۳۲، ۳۳۴،
۳۴۱، ۳۴۲، ۳۴۳، ۳۴۵، ۳۴۶، ۳۴۷، ۳۴۸، ۳۴۹، ۳۵۰،
۳۵۵، ۳۵۹، ۳۶۵، ۳۷۲، ۳۷۷، ۳۸۱، ۳۸۲، ۳۸۴، ۳۸۹،
۳۹۹، ۴۰۳، ۴۰۵، ۴۰۶، ۴۰۷، ۴۰۸، ۴۱۱، ۴۱۲، ۴۱۵،
۴۱۶، ۴۳۴، ۴۳۷، ۴۳۸، ۴۴۰، ۴۵۹، ۴۶۶، ۵۴۶

هیرمند، ۵۱۸